FiDES FIDES Treuhandgesellschaft KG
Wirtschaftsprüfungsgesellschaft
Steuerberatungsgesellschaft

D1696426

Handbuch der Korruptionsprävention

Handbuch der Korruptionsprävention

für Wirtschaftsunternehmen
und öffentliche Verwaltung

Herausgegeben von

Prof. Dr. Dieter Dölling

Direktor des Instituts für Kriminologie der Universität Heidelberg

Verlag C. H. Beck München 2007

Verlag C. H. Beck im Internet:
beck.de

ISBN 978 3 406 52296 3

© 2007 Verlag C. H. Beck oHG
Wilhelmstraße 9, 80801 München
Druck: fgb.freiburger graphische betriebe, Freiburg

Satz: Textservice Zink
Neue Steige 33, 74869 Schwarzach

Gedruckt auf säurefreiem, alterungsbeständigem Papier
(hergestellt aus chlorfrei gebleichtem Zellstoff)

Vorwort

Korruption ist ein erhebliches Problem für Staat, Wirtschaft und Gesellschaft. Immer wieder werden gravierende Korruptionsfälle bekannt. Die durch Korruption verursachten materiellen und immateriellen Schäden sind beträchtlich. Korruption führt bei der öffentlichen Hand und bei Wirtschaftsunternehmen zu hohen finanziellen Schäden und kann die Funktionsfähigkeit von Staat und Wirtschaft beeinträchtigen. Daher ist eine konsequente Eindämmung der Korruption notwendig. Hierzu möchte das vorliegende Buch einen Beitrag leisten. Es beruht auf der interdisziplinären Zusammenarbeit von Juristen, Kriminologen und Wirtschaftswissenschaftlern. Behandelt werden die rechtlichen und tatsächlichen Aspekte der Korruptionsprävention. Hierbei geht es nicht nur um die strafrechtlichen Verfolgung von Korruptionsstraftaten, sondern auch um die Möglichkeiten, die das Zivil-, Arbeits- und Gesellschaftsrecht, das Verwaltungsrecht und das Steuerrecht für die Korruptionseindämmung bieten.

Der Vorbeugung von Korruption kommt ein hoher Stellenwert zu. In dem Buch wird daher dargestellt, welche Maßnahmen Unternehmen und Verwaltungen ergreifen können, um Korruption zu verhindern. Diese Maßnahmen betreffen etwa die Einstellung des Personals, die Organisation, die Aufstellung und Umsetzung von eindeutigen Verhaltensrichtlinien, die Durchführung von effektiven Kontrollen und die Aufdeckung von Korruptionsfällen. Weiterhin wird erläutert, wie die rechtlichen Beziehungen zu Mitarbeiterinnen und Mitarbeitern und zu Dritten so ausgestaltet werden können, dass Korruptionsgefahren entgegengewirkt werden kann. Wird ein Korruptionsfall bekannt, ist eine konsequente Reaktion erforderlich. Die Rechtsgrundlagen, die hierfür im Zivil- und Arbeitsrecht, im Verwaltungsrecht und im Strafrecht bestehen, werden erläutert. Neben dem materiellen Strafrecht wird auch das Strafverfahrensrecht aus der Sicht von Staatsanwaltschaft und Verteidigung behandelt. Mit der Umsetzung der in diesem Buch dargestellten Maßnahmen zur Korruptionsprävention können von Unternehmen und öffentlichen Verwaltungen erhebliche Schäden abgewendet werden.

Für die sorgfältige Erstellung der Druckvorlage danke ich Frau Marlis Peters-Hofmann.

Heidelberg, im Dezember 2006 *Prof. Dr. Dieter Dölling*

Bearbeiterverzeichnis

Jochen Benz
Manager KPMG Deutsche Treuhandgesellschaft Wirtschaftsprüfungsgesellschaft
Aktiengesellschaft, Advisory Forensic

Dr. Peter Dieners
Rechtsanwalt
Clifford Chance, Düsseldorf

Prof. Dr. Dieter Dölling
Direktor des Instituts für Kriminologie der Universität Heidelberg

Dr. Stefan Heißner
Partner KPMG Deutsche Treuhandgesellschaft Wirtschaftsprüfungsgesellschaft
Aktiengesellschaft, Advisory Forensic

Dieter John
Steuerberater
Bereichsleitender Partner KPMG Deutsche Treuhandgesellschaft Wirtschaftsprüfungsgesellschaft Aktiengesellschaft, Advisory Forensic

Dr. Matthias Korte
Ministerialrat im Bundesministerium der Justiz

Ulrich Lembeck
Rechtsanwalt und Steuerberater
of counsel bei Clifford Chance, Düsseldorf

Prof. Dr. Frank Maschmann
Direktor des Instituts für Unternehmensrecht der Universität Mannheim

Dr. Manfred Möhrenschlager
Ministerialrat im Bundesministerium der Justiz a.D.

Dr. Jürgen Möllering, M.C.J.
Leiter des Bereichs Recht im Deutschen Industrie- und Handelskammertag

Manfred Nötzel
Leitender Oberstaatsanwalt
Generalstaatsanwaltschaft München

Prof. Dr. Mark Pieth
Ordentlicher Professor für Strafrecht an der Universität Basel

Norbert Portz
Beigeordneter des Deutschen Städte- und Gemeindebundes

Dr. Jürgen Taschke
Rechtsanwalt
Clifford Chance, Frankfurt am Main

Inhaltsverzeichnis

Vorwort	V
Bearbeiterverzeichnis	VII
Abkürzungsverzeichnis	XXIX

1. Kapitel. Grundlagen der Korruptionsprävention
von Dieter Dölling

I. Begriff der Korruption	2
II. Umfang und Strukturen der Korruption	4
1. Umfang	4
2. Strukturen	16
III. Schäden durch Korruption	26
IV. Die Täter von Korruptionsdelikten	28
V. Die Ursachen von Korruption	31
VI. Die strafrechtliche Verfolgung von Korruptionsdelikten	34
VII. Die Prävention von Korruption	37

2. Kapitel. Korruptionsprävention in Wirtschaftsunternehmen und durch Verbände
von Jochen Benz, Stefan Heißner, Dieter John und Jürgen Möllering

A. Korruptionsprävention als Aufgabe von Wirtschaftsunternehmen	44
I. Einleitung	44
II. Ökonomische Theorie der Korruption	44
III. Erfahrungen im Wirtschaftsleben	47
IV. Die richtige Organisation – organisatorische Grundprinzipien	49
1. Vier-Augen-Prinzip	49
2. Prinzip der Funktionstrennung	50
3. Das Need-to-know-Prinzip	50
4. Job-Rotation	51
V. Vorgelagerte Kontrollen – Personal- und Lieferantenauswahl	51
1. Personal	52
2. Lieferanten	53
VI. Permanente und nachgelagerte Kontrollen – Das unternehmerische Überwachungs- und Steuerungssystem	55
1. Geschäftsleitung	56
2. Controlling	56
3. Aufsichtsrat	59
4. Interne Revision	61
5. Externe Revision	64

Inhaltsverzeichnis

    VII. Korruption als Aspekt des Risikomanagements – Korruptionsindikatoren .. 67
   VIII. Die Vereinfachung von Meldewegen 71
       1. Audit Committee 72
       2. Ombudsmann 72
    IX. Unternehmenskultur, Unternehmensethik und Wertemanagement 73
     X. Restrisiko 77
    XI. Resümee 78

B. Prävention von Korruption durch Verbände 79
      I. Verantwortung für die Prävention von Korruption 79
     II. Die Rolle von Verbänden 80
       1. Verbände, deren Verbandszweck die Korruptionsbekämpfung ist 81
          a) Der Verein gegen das Bestechungsunwesen 81
          b) Transparency International (TI) 81
          c) Das Schwedische Institut zur Bekämpfung der Korruption 82
       2. Industrie- und Handelskammern (IHK/ICC) 82
          a) Deutsche Industrie- und Handelskammern 82
          b) Auslandshandelskammern 83
          c) Der Deutsche Industrie- und Handelskammertag (DIHK) 83
          d) Die Internationale Handelskammer (ICC) 83
          e) ICC Deutschland 84
       3. Wirtschafts- und Branchenverbände 84
          a) Der Bundesverband der Deutschen Industrie (BDI) 84
          b) Der EthikManagementSystem e.V. 85
       4. Weitere Organisationen 85
          a) Der Verein PRO HONORE e.V. 85
          b) Die Arbeitsgemeinschaft für Sicherheit in der Wirtschaft e.V.
             (ASW) 85
          c) Das Deutsche Forum für Kriminalprävention (DFK) 85
          d) Das European Business Ethics Network (EBEN) und
             das Deutsche Netzwerk Wirtschaftsethik (DNWE) 86

3. Kapitel. Vermeidung von Korruptionsrisiken aus Unternehmenssicht – Arbeits- und Zivilrecht, Corporate Governance –
von Frank Maschmann

A. Arbeitsrecht 93
      I. Überblick und Grundsätze 93
       1. Überblick 93
       2. Befugnis zur Korruptionsbekämpfung 94
       3. Grenzen 95
          a) Allgemeines Persönlichkeitsrecht 95
          b) BundesdatenschutzG (BDSG) 96
            aa) Grundsatz 96
            bb) Weitere Konsequenzen 97
       4. Arbeitnehmerrechte bei Persönlichkeitsrechtsverletzungen 97
          a) Primärrechte 97
            aa) Erfüllung 97
            bb) Beseitigung, Unterlassung 98
          b) Sekundärrechte 98

	aa) Schadensersatz und Schmerzensgeld	98
	bb) Außerordentliche Kündigung	98
	c) Prozessrechtliche Folgen	99
	d) Strafrechtliche Folgen	100
5.	Mitbestimmung des Betriebsrats	101
	a) Einschlägige Mitbestimmungtatbestände	101
	aa) § 87 Abs. 1 Nr. 1 BetrVG	101
	bb) § 87 Abs. 1 Nr. 6 BetrVG	102
	b) Sanktionen bei Nichtbeteiligung	102
	aa) Unterlassungsanspruch	102
	bb) Beweisverwertungsverbot	102
II. Korruptionsbekämpfung bei der Einstellung		103
1.	Überblick	103
	a) Notwendigkeit und in Betracht kommende Maßnahmen	103
	b) Bewerberauswahl: Befugnis und Grenzen	104
2.	Datenerhebung beim Bewerber	104
	a) Fragerecht des Arbeitgebers	104
	b) Zulässigkeit einzelner Fragen	105
	aa) Verurteilung wegen Korruptionsstraftaten	105
	bb) Nach einem laufenden Ermittlungsverfahren wegen einer Korruptionsstraftat	105
	cc) Vermögensverhältnisse	105
	c) Mitbestimmung	106
	d) Sanktionen des Arbeitgebers	106
	aa) Anfechtung	106
	bb) Außerordentliche Kündigung	107
	e) Offenbarungspflichten	107
3.	Datenerhebung bei Dritten	108
	a) Bedeutung	108
	b) Grundsätze	108
	c) Auskünfte bei früheren Arbeitgebern	109
	aa) Ohne Einverständnis des Bewerbers	109
	bb) Mit Einverständnis des Bewerbers	109
	d) Registerauskünfte	110
	aa) Mit Einverständnis des Bewerbers	110
	bb) Ohne Einverständnis des Bewerbers	110
4.	Garantieerklärungen	110
III. Korruptionsbekämpfung im bestehenden Arbeitsverhältnis		111
1.	Verhaltenskodex	111
	a) Grundsätze	111
	aa) Begriff und Funktion	111
	bb) Recht und Pflicht zur Schaffung eines Verhaltenskodex	111
	b) Aufbau des Verhaltenskodex	112
	c) Inhalt des Pflichtenkatalogs	112
	aa) Allgemeines	112
	bb) Anbieten und Gewähren von Vorteilen	112
	cc) Fordern und Annehmen von Vorteilen	113
	dd) Spenden	113
	ee) Vermeiden von Interessenkonflikten	114
	ff) Sanktionen	114
	d) Implementierung	115
	aa) Schriftliche Bestätigung	115
	bb) Muster	115
	cc) Weitere Maßnahmen	115

dd) Mitbestimmung	116
2. Frageechte und Auskunftspflichten im bestehenden Arbeitsverhältnis	116
a) Bedeutung	116
b) Allgemeine Grundsätze	116
aa) § 241 Abs. 2 BGB	116
bb) Vertragliche Regelung	117
c) Fragen im Einzelnen	117
aa) Annahme von Geschenken und sonstigen Vorteilen	117
bb) Interessenkonflikt	117
cc) Nebentätigkeit	117
d) Mitbestimmung	118
e) Sanktionen	118
3. Verbot von Nebentätigkeiten	119
a) Bedeutung	119
b) Grundsätze	119
aa) Gesetzliche Verbote	119
bb) Vertragliche Nebentätigkeitsverbote	121
cc) Genehmigungsvorbehalt	121
c) Mitbestimmung	122
d) Sanktionen	122
4. Ämtertausch	122
a) Bedeutung	122
b) Zulässigkeit	123
aa) Direktionsrecht	123
bb) Mitbestimmung	124
IV. Kontrollrechte des Arbeitgebers	125
1. Allgemeines	125
a) Bedeutung	125
b) Grundsätze	125
2. Einzelne Kontrollmaßnahmen	126
a) Spontanes Aufsuchen am Arbeitsplatz	126
b) Videoüberwachung	127
c) Abhören und Mithören von Telefongesprächen	129
d) Kontrolle der Mitarbeiterpost	130
e) Kontrolle der Internet- und E-Mail-Nutzung am Arbeitsplatz	131
aa) Grundsätze	131
bb) Verbot privater, Gestattung dienstlicher Nutzung	131
cc) Gestattung der privaten Nutzung	132
f) Zuverlässigkeitstests	133
g) Einsatz von Detektiven	136
aa) Grundsätze	136
bb) Mitbestimmung	136
V. Whistleblowing	138
1. Bedeutung und Interessenlage	138
a) Mitarbeiter als „Whistleblower"	138
b) Interessenlage	139
aa) Öffentlichkeit	139
bb) Arbeitgeber	139
cc) Arbeitnehmer	140
2. Verschwiegenheitspflicht des Mitarbeiters	140
a) Bedeutung und dogmatische Grundlage	140
b) Gesetzliche Anzeigerechte als Durchbrechung der Verschwiegenheitspflicht	141

Inhaltsverzeichnis

c) Vertragliche Anzeigepflicht als Durchbrechung der Verschwiegenheitspflicht	142
3. Grenzen der Verschwiegenheitspflicht	142
a) Unmittelbare Beschränkung durch höherrangiges Recht?	142
aa) Grundrechtsgeltung im Privatrecht	142
bb) Anzeigerecht aus Art. 5 GG?	142
cc) Anzeigerecht aus Art. 17 GG?	143
b) Immanente Grenzen der Verschwiegenheitspflicht	144
aa) Dogmatischer Ansatzpunkt	144
bb) Rechtsprechung	145
c) Voraussetzungen des Anzeigerechts	146
aa) Grundsatz	146
bb) Gesetzwidriges Verhalten	146
cc) Vorheriger Versuch innerbetrieblicher Abhilfe	147
dd) Keine missbräuchliche Anzeige	148
4. Konsequenzen	149
a) Rechtmäßige Arbeitnehmeranzeige	149
b) Rechtswidrige Arbeitnehmeranzeige	149
VI. Arbeitsrechtliche Konsequenzen	150
1. Abmahnung	150
2. Außerordentliche Kündigung	151
a) Grundsätze	151
aa) Allgemeines	151
bb) Prüfungsschema	151
b) Korruption als „an sich" wichtiger Grund	152
aa) Grundsatz	152
bb) Korruption im öffentlichen Dienst	153
cc) Kasuistik	153
dd) Korruption in der Privatwirtschaft	154
ee) Kasuistik	154
c) Umfassende Interessenabwägung	154
aa) Ultima-ratio-Grundsatz	155
bb) Prognoseprinzip	155
cc) Übermaßverbot	155
d) Kündigungserklärungsfrist	156
aa) Inhalt und Zweck	156
bb) Fristbeginn	157
cc) Fristende	157
e) Betriebsratsanhörung	158
3. Verdachtskündigung	159
a) Grundsätze	159
aa) Zulässigkeit	159
bb) Abgrenzung zur Tatkündigung	159
b) Voraussetzungen	160
aa) Verdacht	160
bb) Anhörung	161
cc) Ultima ratio	162
dd) Interessenabwägung	162
ee) Ausschlussfrist	162
4. Aufhebungsvertrag	163
a) Grundsätze	163
b) Nachträgliche Beseitigung des Aufhebungsvertrags	164
aa) Gerichtliche Inhaltskontrolle	164
bb) Widerruf	164

cc) Anfechtung	164
5. Freistellung von der Arbeit	165
B. Zivilrecht	166
I. Vorbemerkung	166
II. Folgen für durch Korruption zustande gekommene Verträge	166
1. Schmiergeldabrede	166
a) Nichtigkeit bei Tatbestandserfüllung des § 299 StGB	166
b) Nichtigkeit wegen Sittenwidrigkeit	166
c) Beispiele für sittenwidrige Schmiergeldvereinbarungen aus der Rechtsprechung	167
2. Folgevertrag	168
3. Rechtsfolgen der Unwirksamkeit	169
C. Corporate Governance (CG)	170
I. Überblick und Rechtsquellen	170
1. Bedeutung und Entwicklung von Corporate Governance	170
a) Begriff	170
b) Kodex-Bewegung	171
aa) Internationale Entwicklung	171
bb) Entwicklung in Deutschland	171
2. Deutscher Corporate Governance Kodex (CGC)	172
a) Funktion und Bedeutung	172
b) Haftungsrechtliche Folgen der Entsprechenserklärung	173
3. Sarbanes-Oxley-Act (SOX Act)	174
a) Funktion und Bedeutung	174
b) Code of Ethics	175
II. Einzelne Pflichten zur Korruptionsbekämpfung	175
1. Vorstand	176
a) Allgemeines	176
b) Vermeidung von Korruption	176
c) Verpflichtung auf das Unternehmensinteresse	176
d) Offenlegung von Interessenkonflikten	176
e) Nebentätigkeiten	177
f) Pflicht zur Einhaltung der gesetzlichen Bestimmungen	177
g) Risikomanagement und Risikocontrolling	178
2. Aufsichtsrat	179
a) Beratungs- und Überwachungsfunktion	179
b) Einrichtung eines Prüfungsausschusses	180
c) Verpflichtung zu eigener Integrität	180

4. Kapitel. Vermeidung von Korruptionsrisiken aus Unternehmenssicht – Rechtliche Gestaltung von Geschäftsbeziehungen, Behördenkontakten und Lobbying –

von Peter Dieners

A. Ausgangssituation	185
I. Perspektiven des Staates	185
II. Unternehmensperspektiven	186
1. Notwendigkeit von Korruptionsprävention	186
2. Umsetzung einer effektiven Prävention im Unternehmen	191

      a) Externe Rechtsbeziehungen 193
          aa) Unterbindung unzulässiger Einflussnahmen auf Dritte 193
          bb) Abwehr unzulässiger Einflussnahmen durch Dritte 195
      b) Interne Rechtsbeziehungen 195
          aa) Rechtsbeziehungen des Unternehmens zu seinen Mitarbeitern 195
          bb) Organisatorische Aspekte 196
          cc) Compliance-Programm 196

B. Innerbetriebliche Verhaltensregeln und Vertragsgestaltung 198

    I. Rechtsbeziehungen und Vertragspartner 198

    II. Prinzipien 201
      1. Trennungsprinzip 201
      2. Transparenz-/Genehmigungsprinzip 202
      3. Äquivalenzprinzip 202
      4. Dokumentationsprinzip 203
      5. Weitere Prinzipien 204

    III. Ausgestaltung der Rechtsbeziehungen mit Dritten 204
      1. Einseitige Leistungen 204
         a) Grundsätzliche Überlegungen 204
         b) Typische Formen 206
            aa) Geschenke 206
            bb) Spenden 208
            cc) Bewirtungen 210
            dd) Betriebsbesichtigungen und Teilnahme an
                 Fortbildungsveranstaltungen 211
      2. Leistungsaustauschbeziehungen 213
         a) Keine unlautere Beeinflussung von Beschaffungsentscheidungen 213
         b) Sachliche Rechtfertigung der Vertragsbeziehung 213
         c) Wahl des Vertragspartners 214
         d) Einbeziehung der Dienstherren/Arbeitgeber 215
         e) Angemessenheit von Leistung und Gegenleistung 216
         f) Zahlungsbedingungen 217

C. Compliance Governance 217

    I. Unternehmensrichtlinien und Dienstanweisungen 218

    II. Mitarbeiterschulungen 219

    III. Zentrale Stelle und „Compliance Officer" 219

    IV. Abschluss von Verträgen 220

    V. Follow-up von Projekten und Dokumentation 220

    VI. „Compliance Hotlines" 221

    VII. „Compliance Audits" 221

    VIII. Unternehmensbroschüren 221

    IX. Durchsetzung der Unternehmensleitlinien gegenüber Dritten 222

    X. Förderung von Branchenkodices 222

    XI. Verhalten bei Durchsuchungen und Beschlagnahmen 223

D. Lobbying 223

    I. Lobbyarbeit als „politische Kommunikation" 223

    II. Aufgaben 224

Inhaltsverzeichnis

III. Mögliche Konfliktlagen	225
IV. Beziehungen zu Dritten	227
1. Regierungs- und Verwaltungsvertreter	227
2. Abgeordnete	230
V. Präventive Maßnahmen	232
1. Verhaltensrichtlinien	233
2. Organisatorische Ausgestaltung und Überwachung	234
E. Zusammenfassung und Ausblick	234

**5. Kapitel. Steuerrecht und Korruptionseindämmung
– Inhalt, Grenzen, Spannungsfelder –**

von Ulrich Lembeck

A. Die Rolle des Steuerrechts bei der Eindämmung der Korruption	240
I. Die Entwicklung des Korruptionssteuerrechts in Deutschland	240
II. Die Entwicklung des Korruptionssteuerrechts in anderen Ländern	245
III. Maßnahmen der Unternehmen gegen Korruption und steuerliche Mehrbelastungen	246
IV. Der Beitrag des Steuerstrafrechts und des Handelsbilanzrechts zur Bekämpfung der Korruption	246
B. Die steuerrechtlichen Folgen korruptiver Handlungen	248
I. Ertragsteuerliche Folgen der Gewährung von Vorteilen bei dem Zuwendenden	249
1. Leistungsaustauschbeziehungen	249
a) Abzugsverbot des § 4 Abs. 5 Satz 1 Nr. 10 EStG (Korruptionsdelikte etc.)	251
aa) Zusammenhang der Aufwendungen mit der rechtswidrigen Zuwendung	252
bb) Vorteilzuwendung durch den Steuerpflichtigen	253
cc) Die rechtswidrige Handlung	254
dd) Mitteilungspflicht im Verdachtsfall	256
ee) Mitteilungspflicht ohne Erklärung von Betriebsausgaben	257
ff) Mitteilungspflicht bei Vorliegen anderer Abzugsverbote	258
gg) Mitteilungspflicht bei Entgegennahme von Vorteilen	259
hh) Mitteilungspflicht bei Verzicht auf Einnahmen	259
ii) Mitteilungspflicht bei eingetretener Strafverfolgungsverjährung	259
jj) Belehrungspflichten	260
kk) Korrespondenzprinzip, Kontrollmitteilungen	262
b) Abzugsverbot des § 4 Abs. 5 Satz 1 Nr. 1 EStG (Geschenke)	262
c) Abzugsverbote des § 4 Abs. 5 Satz 1 Nr. 8 EStG (Geldbußen, Ordnungsgelder, Verwarnungsgelder) und des § 12 Nr. 4 EStG (Geldstrafen, sonstige Rechtsfolgen vermögensrechtlicher Art)	265
d) Abzugsverbot des § 4 Abs. 5 Satz 1 Nr. 7 EStG (Private Lebensführung, Unangemessenheit)	266
e) Vermittlungs- und Provisionsverträge	267
f) Berater- und Referentenverträge	267
g) Verträge mit Politikern	268
h) Sponsoringverträge	269

2. Einseitige Leistungen 271
   a) Spenden 271
      aa) Spendenbegriff 271
      bb) Sachspenden 272
      cc) Aufwandsspenden 273
   b) Geschenke 273
   c) Bewirtungsaufwendungen 274
      aa) Unbeschränkt abziehbare Bewirtungsaufwendungen 275
      bb) Beschränkt abziehbare Bewirtungsaufwendungen 276
      cc) Nicht abziehbare Bewirtungsaufwendungen 277
II. Ertragsteuerliche Folgen der Gewährung von Vorteilen
    bei dem Vorteilsempfänger 278
    1. Steuerpflicht von Vorteilen bei nicht-selbständig tätigen Angestellten
       und Amtsträgern 278
    2. Steuerpflicht von Vorteilen bei selbständig Tätigen
       und Unternehmen 280
    3. Steuerpflicht von Vorteilen bei Drittvorteilsfällen 280
    4. Auswirkungen der Rückforderung von Vorteilen,
       Schadenersatzansprüchen und Verfallsanordnungen 281
    5. Steuererklärungspflicht 281
III. Umsatzsteuerliche Aspekte 282
    1. Umsatzsteuerpflicht des Vorteilsempfängers 282
       a) Unternehmereigenschaft des Vorteilsempfängers 282
       b) Umsatzsteuerpflicht der Bevorzugungsleistung 283
       c) Steuerschuldnerschaft bei unzutreffendem Leistungsausweis 284
       d) Reduzierung der Umsatzsteuer bei Rückforderung von Vorteilen,
          bei Schadenersatzansprüchen und Verfallsanordnungen 284
    2. Vorsteuerabzug beim Vorteilsgewährenden 285
       a) Vorsteuerschädliche Abzugsverbote 285
       b) Vorsteuerabzug bei unzutreffendem Leistungsausweis 286
IV. Schenkungsteuerliche Aspekte 286

C. Ausblick 287

6. Kapitel. Korruptionsprävention im öffentlichen Bereich
von Matthias Korte

A. Überblick 292

B. Präventive Maßnahmen zur Korruptionsbekämpfung 292
I. Präventionskonzepte 292
II. Maßnahmen zur Korruptionsprävention 295
    1. Besonders korruptionsgefährdete Arbeitsgebiete 295
    2. Risikoanalysen 296
    3. Mehr-Augen-Prinzip 296
    4. Personalauswahl und -rotation 297
    5. Sensibilisierung und Belehrung, Aus- und Fortbildung 299
    6. Dienst- und Fachaufsicht 300
    7. Ansprechperson für Korruptionsprävention 301
    8. Ombudsleute/Vertrauensanwälte 302
    9. Zentrale Stelle zur Korruptionsbekämpfung 303

10. Innenrevision 305
11. Verpflichtung von Verwaltungshelfern 306
12. Einwerbung von Mitteln 307
    a) Drittmitteleinwerbung 308
    b) Sponsoring und Spenden 309
13. Informationsfreiheit 312
14. Vergabe öffentlicher Aufträge, Korruptionsregister 313

C. Dienstrecht 314
  I. Annahme von Belohnungen und Geschenken 314
    1. Annahmeverbot 314
       a) Belohnungen und Geschenke 315
       b) Annahme 317
       c) In Bezug auf das Amt 317
       d) Zeitliche Geltung 318
    2. Genehmigung 318
       a) Allgemeine Genehmigung, Verwaltungsvorschriften 318
          aa) Geringwertige Aufmerksamkeiten 320
          bb) Geschenke aus dem Mitarbeiterkreis 320
          cc) Bewirtung bei allgemeinen Veranstaltungen 320
          dd) Arbeitsessen 321
          ee) Sonstige Arbeitserleichterungen 321
          ff) Nicht erfasste Belohnungen und Geschenke 321
       b) Einzelfall-Genehmigung 322
       c) Ablehnung der Genehmigung 323
  II. Mitteilungs- und Anzeigepflicht 323
  III. Nebentätigkeiten 325
    1. Beamte und Arbeitnehmer 325
       a) Genehmigungsbedürftige Nebentätigkeiten 326
       b) Nicht genehmigungsbedürftige Nebentätigkeiten 326
    2. Kommunale Hauptverwaltungsbeamte 327
    3. Regierungsmitglieder 328
  IV. Wechsel in die Privatwirtschaft 328

D. Rechtsfolgen bei Verstößen 329
  I. Disziplinarrecht 330
    1. Verfahren 330
    2. Maßnahmen 331
    3. Kronzeugenregelung 333
  II. Arbeitsrecht 333
    1. Kündigungsgrund 334
    2. Interessenabwägung 335
    3. Kündigungsfrist 335
    4. Vorläufige Regelung 336
  III. Sonderfrage: Hinweisgeber 337
    1. Beamte 337
    2. Arbeitnehmer 338
    3. „Mobbing" durch Kollegen 338
  IV. Schadensersatz 339
  V. Herausgabe von Bestechungsgeldern, Belohnungen und Geschenken 341

E. Verhaltenspflichten der Abgeordneten ... 343
    I. Verhaltensregeln ... 344
        1. Annahme von Zuwendungen ... 344
            a) Grundregel ... 344
            b) Interessentenzahlungen ... 344
            c) Leistungen ohne angemessene Gegenleistung ... 345
            d) Ausnahmen ... 346
            e) Abgeordnete der Landtage ... 346
        2. Spenden ... 346
        3. Gastgeschenke ... 347
        4. Vor- und Nebentätigkeiten ... 347
            a) Anzeige ... 347
            b) Veröffentlichung ... 348
    II. Rechtsfolgen bei Verletzung der Verhaltensregeln ... 349
        1. Verletzung von Anzeigepflichten ... 349
            a) Veröffentlichung als Drucksache ... 349
            b) Ordnungsgeld ... 349
        2. Annahme unzulässiger Zuwendungen und Spenden ... 350
            a) Veröffentlichung als Drucksache ... 350
            b) Herausgabeanspruch ... 350

7. Kapitel. Korruptionsprävention bei der öffentlichen Auftragsvergabe
von Norbert Portz

A. Ausgangslage ... 352
    I. Korruptionsprävention offensiv betreiben ... 352
    II. Strafrechtliche Grundlagen ... 353
    III. Korruptionsindikatoren ... 354
    IV. Die öffentliche Auftragsvergabe als Gefährdungsbereich ... 355
    V. Vergaberecht entbürokratisieren ... 355

B. Allgemeine Präventionsmaßnahmen ... 355
    I. Wettbewerb und Transparenz ... 356
    II. Sensibilisierung und Schulung ... 356
    III. Kontrolle des Vergabeverfahrens („Mehr-Augen-Prinzip") ... 356
    IV. Rotationsprinzip ... 357
    V. Regelungen zur Geschenkannahme ... 357
    VI. Regelungen zum Sponsoring ... 358
    VII. Genehmigungspflicht für Nebentätigkeiten ... 358
    VIII. Anti-Korruptions-Beauftragte ... 359
    IX. Zentrale Vergabestelle/Zentrale Submissionsstelle ... 359
    X. Eigenerklärungen zur Zuverlässigkeit und „Korruptionsklauseln" ... 360
    XI. Elektronische Vergabe/EDV-gestütztes Kontrollwesen ... 360
    XII. Aufgabentrennung ... 361
    XIII. Führung einer Firmen- und Bieterdatei ... 361
    XIV. Ausschluss vom Vergabeverfahren/„Korruptionsregister" ... 361
    XV. Dokumentation des Vergabeverfahrens/Vergabevermerk ... 362

C. Präventionsmaßnahmen während der einzelnen Vergabephasen ... 363
I. Präventive Maßnahmen in der Planungs- und Ausschreibungsphase ... 363
1. Interessenkollision verhindern ... 363
2. Vorrang der Öffentlichen Ausschreibung beachten ... 364
3. Vergabe nach Losen ... 364
II. Präventive Maßnahmen beim Erstellen des Leistungsverzeichnisses ... 365
1. Ordnungsgemäße Vergabeunterlagen und Leistungsbeschreibung ... 365
2. Exakte Mengenermittlung ... 365
3. Bedarfs- und Alternativpositionen vermeiden ... 366
4. Spekulationsangebote vermeiden ... 366
5. Produktneutrale Ausschreibung ... 367
III. Präventive Maßnahmen in der Angebotsphase bis zum Eröffnungstermin ... 368
1. Bemessung und Einhaltung der Fristen ... 368
2. Geheimhaltung der Bieterlisten sowie der eingegangenen Angebotsunterlagen ... 368
IV. Präventive Maßnahmen bei der Submission und Wertung ... 368
1. Ordnungsgemäße Durchführung des Eröffnungstermins gewährleisten ... 368
2. Nachgeschobene Angebote zurückweisen ... 369
3. Nachträgliches Verändern der Angebotsunterlagen verhindern ... 369
4. Ausschluss von Angeboten bei Preisabsprachen ... 370
V. Präventive Maßnahmen bei der Auftragsausführung und Abrechnung ... 371
1. Häufung von Nachtragsaufträgen vermeiden ... 371
2. Weitere Maßnahmen bei der Ausführung ... 372
3. Präventive Maßnahmen bei der Abrechnung ... 372

D. Zusammenfassung: 10-Punkte-Katalog des Deutschen Städte- und Gemeindebundes zur Korruptionsprävention bei Auftragsvergaben ... 373

8. Kapitel. Der strafrechtliche Schutz gegen Korruption
von Manfred Möhrenschlager

A. Materielles Strafrecht ... 387
I. Einleitung ... 387
II. Bestechlichkeit und Bestechung (§§ 332, 334 und 335 StGB) ... 389
1. Entwicklung der Gesetzgebung ... 389
2. Tatbestandsfassung und Rechtsgut ... 390
3. Täter ... 391
4. Vorteil ... 397
5. Unrechtsvereinbarung ... 400
6. Diensthandlung ... 401
7. Pflichtverletzung ... 404
8. Tathandlung des Amtsträgers ... 406
9. Tathandlung des Gebers ... 409
10. Fehlende Genehmigungsfähigkeit ... 410
11. Subjektive Tatseite ... 410
12. Bestechlichkeit und Bestechung von Richtern ... 411
13. Besonders schwere Fälle ... 411

III. Vorteilsannahme und Vorteilsgewährung (§§ 331, 333 StGB) 413
  1. Entwicklung der Gesetzgebung 413
  2. Tatbestandsfassung 414
  3. Dienstausübung 415
  4. Unrechtsvereinbarung 415
  5. Genehmigung 419
IV. Teilnahme und Konnivenz (§ 357 StGB) 421
  1. Täterschaft 421
  2. Mittäterschaft 421
  3. Teilnahme 422
  4. Verleitung eines Untergebenen 423
V. Bestechung von und gegenüber Abgeordneten 424
  1. Entwicklung der Gesetzgebung und Rechtsgut 424
  2. Volksvertretung 425
  3. Unrechtsvereinbarung 425
  4. Unternehmensdelikt 427
VI. Wählerbestechung (§ 108b i.V. mit § 108d StGB) 428
  1. Tatbestandsfassung und Rechtsgut 428
  2. Angriffsziel und Vorteilsbegriff 428
  3. Unrechtsvereinbarung 429
VII. Bestechung im Geschäftsverkehr 429
  1. Entwicklung der Gesetzgebung und Rechtsgüter 429
  2. Bestechlichkeit im Geschäftsverkehr (§ 299 Abs. 1 StGB) 431
    a) Geschäftlicher Verkehr 431
    b) Täter 432
    c) Vorteil 434
    d) Unrechtsvereinbarung 434
    e) Tathandlungen und subjektive Tatseite 438
    f) Handlungen im ausländischen Wettbewerb 438
    g) Strafverfolgung 438
  3. Bestechung im Geschäftsverkehr (§ 299 Abs. 2 StGB) 439
    a) Täter 439
    b) Unrechtsvereinbarung 439
  4. Besonders schwere Fälle 440
VIII. Untreue (§ 266 StGB) 441
  1. Grundlagen 441
  2. Missbrauchstatbestand 442
  3. Treubruchstatbestand 444
  4. Pflichtverletzung 446
  5. Vermögensschaden 449
  6. Subjektive Tatseite 452
  7. Verfolgungsvoraussetzungen 453
  8. Besonders schwere Fälle 453
IX. Betrug (§ 263 StGB) 453
  1. Grundlagen 453
  2. Tatbestandsmerkmale 454
  3. Besonders schwere Fälle und Qualifikation 455
  4. Beispiel aus dem Korruptionsbereich 456
X. Wettbewerbsbeschränkende Absprachen bei Ausschreibungen
  (§ 298 StGB) 460
  1. Entstehungsgeschichte und Rechtsgut 460
  2. Ausschreibung 461

XXI

Inhaltsverzeichnis

      3. Rechtswidrige Absprache 463
      4. Angebotsabgabe 464
      5. Subjektive Tatseite und tätige Reue 465
  XI. Verletzung von Strafvorschriften zum Schutz von Geheimnissen 465
      1. Bedeutung von Geheimnisverletzungen 465
      2. Verletzung von Dienstgeheimnissen (§ 353b Abs. 1 StGB) 465
      3. Verletzung von Privatgeheimnissen (§ 203 Abs. 2, § 204 StGB) 467
      4. Verletzung von Geschäfts- und Betriebsgeheimnissen (§ 17 UWG) 469
  XII. Gebühren- und Abgabenüberhebung (§§ 352, 353 StGB) 473
      1. Grundlagen 473
      2. Gebührenüberhebung (§ 352 StGB) 473
      3. Abgabenüberhebung; Leistungskürzung (§ 353 StGB) 475
  XIII. Geldwäsche und Verschleierungshandlungen bei Korruptionsstraftaten
     (§ 261 StGB) 476
      1. Grundlagen 476
      2. Die Straftatbestände des § 261 StGB 477
      3. Exkurs: Geldwäsche- und Zollverwaltungsgesetz 480
  XIV. Sanktionen und Maßnahmen 482
      1. Hauptstrafen 482
      2. Amtsverlust, Verlust des passiven Wahlrechts und Berufsverbot 483
      3. Verfall (§§ 73 bis 73e, 76 und 76a StGB) 484
         a) Grundlagen 484
         b) Der Verfall des unmittelbar Erlangten 485
         c) Der Wertersatzverfall 489
         d) Mittelbare Vorteile 490
         e) Verfall gegen Drittbegünstigte 490
         f) Erweiterter Verfall 492
         g) Wirkung des Verfalls und selbständige und nachträgliche
           Anordnung 493
      4. Einziehung (§§ 74 bis 76a StGB) 493
         a) Grundlagen 493
         b) Einziehung mit Strafcharakter 494
         c) Einziehung mit Sicherungscharakter 496
         d) Einziehung gegenüber Vereinigungen 496
         e) Einziehung des Wertersatzes 497
         f) Verhältnismäßigkeitsgrundsatz 497
         g) Wirkung der Einziehung und selbständige und nachträgliche
           Anordnung 498
      5. Geldbuße und andere Sanktionen gegen juristische Personen
        und Personenvereinigungen 498
         a) Grundlagen 498
         b) Voraussetzungen des § 30 OWiG 500
         c) Selbständige Festsetzung einer Geldbuße 505
         d) Höhe der Geldbuße 506

**B. Die strafrechtliche Bekämpfung internationaler Korruption
auf internationaler und nationaler Ebene** 507

  I. Einführung 507
  II. Korruptionsbekämpfung in internationalen Rechtsinstrumenten –
     ein materiellstrafrechtlicher Rechtsvergleich 508
      1. Überblick 508
      2. Strafvorschriften 511
         a) Bestechung und Bestechlichkeit von Amtsträgern 511

Inhaltsverzeichnis

aa) Allgemeines	511
bb) Täter und Bezugspersonen	512
cc) Tathandlungen	515
dd) Vorteilsbegriff	515
ee) Indirektes Handeln und Drittzuwendungen	515
ff) Unrechtsvereinbarung	515
b) Strafvorschriften betreffend die Bestechung von Personen, die auf Amtsträger Einfluss nehmen („trading in influence")	516
c) Bestechung im Geschäftsverkehr	517
d) Sonstige in Bereicherungsabsicht begangene Amtsträgerdelikte und weitere ergänzende Tatbestände	518
e) Geldwäsche und Hehlerei	519
aa) Geldwäsche	519
bb) Hehlerei	523
3. Sonstige straftatenbezogene Regelungen	524
a) Verantwortlichkeit juristischer Personen	524
aa) Gemeinschaftsrecht	524
bb) Rechtsakte der Zusammenarbeit im Bereich Justiz und Inneres nach dem Vertrag über die Europäische Union	525
cc) Sonstige internationale Rechtsinstrumente	526
b) Sanktionen und Maßnahmen	527
c) Gerichtsbarkeits(Jurisdiktions)regelungen	529
aa) Territorialitätsprinzip	529
bb) Prinzip des „aut dedere aut iudicare"	530
cc) Aktives Nationalitätsprinzip	531
dd) Weitere (regelmäßig) nicht bindende Jurisdiktionsprinzipien bei Auslandstaten	531
III. Schutz ausländischer und internationaler Rechtsgüter im deutschen Korruptionsstrafrecht	532
1. Bestechung betreffend Abgeordnete, Amtsträger, Richter, Soldaten und für den öffentlichen Dienst besonders Verpflichtete	532
a) Abgeordnetenbestechung	532
b) Bestechungshandlungen betreffend Amtsträger, Richter, Soldaten und für den öffentlichen Dienst besonders Verpflichtete	532
c) Sonstige Sonderregelungen	544
2. Andere Korruptionsstraftaten	547
a) Straftaten betreffend Amtsträger und für den öffentlichen Dienst besonders Verpflichtete	547
b) Sonstige Straftaten	547
IV. Die Strafbarkeit von Auslandstaten	549
1. Einleitende Bemerkungen	549
2. Auslandsbezogene Ausdehnung des Territorialitätsprinzips	549
3. Das Flaggenrechtsprinzip	553
4. Aktives Personalitäts-/Nationalitäts-/Staatsangehörigkeitsprinzip	554
a) Grundlagen	554
b) Auslieferungsverbot	555
c) Neubürgervariante	558
d) Beiderseitige Strafbarkeit	558
e) Uneingeschränktes Nationalitätsprinzip	558
5. Schutzprinzip/Passives Personalitätsprinzip	559
6. Prinzip der stellvertretenden Strafrechtspflege („aut dedere aut iudicare")	560

9. Kapitel. Das OECD-Übereinkommen über die Bekämpfung der Bestechung ausländischer Amtsträger im internationalen Geschäftsverkehr

von Mark Pieth

A. Einleitung: Ein altes Thema wird neu entdeckt	566
I. Weshalb der Einstellungswandel in den 1990er Jahren?	566
II. Die neuen Initiativen	566
III. Die Bestechung im internationalen Geschäftsverkehr	568
IV. Die Methode der OECD-Instrumente	569
1. Funktionale Äquivalenz	569
2. Die Instrumente	570
3. Monitoring (Evaluation)	571
a) „Tour de Table"	571
b) Phase 1 – Monitoring	571
c) Phase 1bis – Monitoring	571
d) Phase 2 – Monitoring	571
B. Der Straftatbestand (Art. 1 Ü)	572
I. Der objektive Tatbestand	572
1. Der Täter	572
2. Das Gegenüber: der fremde Amtsträger	572
a) Institutioneller Amtsträger	573
b) Funktionaler Amtsträger	573
c) Staatlich beherrschte oder kontrollierte Unternehmen	573
d) Funktionäre internationaler Organisationen	574
3. Die Tathandlung	574
a) Die Leistung	574
aa) Das Tatmittel: Der nicht gebührende Vorteil	574
bb) Indirekte Bestechung	574
b) Die Tathandlung i.e.S.	575
4. Die Gegenleistung	575
a) Die Beeinflussung des Amtsträgers	575
b) Drittbegünstigung	575
c) „Um im internationalen Geschäftsverkehr …"	576
d) „… einen Auftrag oder einen sonstigen unbilligen Vorteil zu erlangen oder zu behalten"	576
II. Der subjektive Tatbestand	576
III. Ausnahmen: Rechtfertigungs- und Entschuldigungsgründe	577
IV. Versuch und Beteiligung	577
C. Die Verantwortlichkeit juristischer Personen (Art. 2 Ü)	578
I. Zur Bedeutung der Haftung der juristischen Person	578
II. Die Vorgaben der Konvention	578
III. Strafrechtliche versus nicht-strafrechtliche Haftung?	579
IV. Anforderungen an die Haftungsvoraussetzungen	579
1. Die erfassten Körperschaften	579
2. Bezugstaten	580
3. Bezug zwischen Tat und Unternehmenszweck	580
4. Haftungsbegründende Täterperson	580
5. Haftungsmodalitäten	581

Inhaltsverzeichnis

    V. Sanktionsmodelle 581
        1. Geldsanktionen 581
        2. Weitere Sanktionen 581
        3. Strafzumessungsfaktoren 582
    VI. Rechtsanwendung 582

D. Sanktionen gegen Individuen (Art. 3 Ü) 582
    I. Freiheitsstrafe 582
        1. Die Anforderungen der Konvention 582
        2. Das Bild der Umsetzungsgesetze 583
    II. Geldstrafen 583
    III. Einziehung (respektive Verfall oder Konfiskation) 583
        1. Einziehung 584
        2. Konfiskatorische Vermögensstrafe 585

E. Anwendbares Recht (Art. 4 Ü) 585
    I. Territorialität (Art. 4 I Ü) 586
    II. Aktive Personalität (Art. 4 II und IV Ü) 586
    III. Konsultationspflicht 586

F. Durchsetzung (Art. 5 Ü) 587
    I. Respektierung der nationalen Lösungen 587
    II. Einstellung nur nach professionellen Grundsätzen 587
    III. Adäquate Ressourcen 588

G. Verjährung (Art. 6 Ü) 588

H. Geldwäsche (Art. 7 Ü) 589

I. Buchführungsdelikte (Art. 8 Ü) 590

J. Rechtshilfe (Art. 9-11 Ü) 591
    I. Generelles 591
    II. Kleine Rechtshilfe (Art. 9 Ü) 591
    III. Auslieferung (Art. 10 Ü) 592

K. Revisionsbestrebungen 593

10. Kapitel. Strafverfolgung in Korruptionssachen
von Manfred Nötzel

A. Allgemeines 598
    I. Das Bild in den Medien und die Lage 598
    II. Maßnahmen der Justiz 599
    III. Maßnahmen des Gesetzgebers 600

B. Verdachtschöpfung 601

Inhaltsverzeichnis

I. Legalitätsprinzip	601
II. Anfangsverdacht	602
III. Spezifische Probleme der Korruptionsverfahren	604
C. Das Vorgehen bei den Ermittlungen	605
I. Grundregel	605
II. Prüfung der Substanz	606
1. Allgemeine Überlegungen	606
2. Risiken	607
III. Verjährungsprobleme	607
IV. Aktenführung	608
1. Anlage der Akten	608
a) Ermittlungsakten	608
b) Sonstige Fall- und Beweismittelakten	609
2. Beispiel: Bauvorhabensdeckblatt	610
V. Zeugenvernehmungen, Zusage der Vertraulichkeit, verdeckte Ermittler	610
D. Einsatz von Zwangsmitteln	612
I. Abgrenzung	612
II. Telekommunikations-Überwachung und „Großer Lauschangriff"	612
1. § 100a StPO	612
2. Hinweise zur Anwendung	612
3. Forderungen	613
III. Die Durchsuchung	613
1. Allgemeines	613
2. Vorbereitung der Durchsuchung	614
a) Lageprüfung und Logistik	614
b) EDV-Problematik	614
c) Gewinnabschöpfung	614
d) Steuerfahndung, Wirtschaftsfachkräfte, Wirtschaftsprüfer	615
3. Fassung der Durchsuchungsbeschlüsse	615
4. Zusammenfassung	619
IV. Haft	619
1. Voraussetzungen	619
2. Muster eines Haftbefehls	620
3. Taktische Überlegungen	623
E. Vernehmungen	624
I. Allgemeines	624
1. Verjährungsunterbrechung	624
2. Bedeutung der Vernehmungen	624
II. Hindernisse	625
III. Kronzeugenproblematik, Zusagen	625
IV. Technisches	627
V. Methoden	627
VI. Geständnisse	628
1. Preisabsprachen	628
2. Mittäter	628

Inhaltsverzeichnis

    3. Das Problem des „Verrats" 629
  VII. Zusammenfassung und Fragenliste 629

F. Gewinnabschöpfung 631
    I. Grundlagen und Probleme 631
   II. Rückgewinnungshilfe 632
  III. Zusammenfassung und Ausblick 632

G. Führung des Tatnachweises, Anklageerhebung, Hauptverhandlung 633
    I. Allgemeines zum Tatnachweis 633
   II. Verfahrensbeschleunigende oder -beendigende Absprachen 633
  III. Anklageerhebung 634
      1. Strafbefehl 634
      2. Anklage zum Amtsgericht 634
      3. Anklage zur Strafkammer 635
      4. § 444 StPO 635
   IV. Hauptverhandlung 635
      1. Vorbereitende Absprachen 635
      2. Die üblichen Streitpunkte 636
        a) Schäden beim Betrugsvorwurf oder „Absprache" bei § 299 StGB 636
        b) „Nachteil" beim Untreuevorwurf 637

H. Sanktionen 638
    I. Strafrechtliche Sanktionen 638
   II. Bußgelder, Unternehmens„strafrecht" 639
  III. Weitere Konsequenzen für Amtsträger und Firmen 639
      1. Konsequenzen für Amtsträger 639
      2. Konsequenzen für Firmen 640
   IV. Steuerliche Aspekte 640
    V. Schadensersatzforderungen 640

J. Schlussbemerkungen 641
    I. Kein Alleingang der Strafverfolger 641
   II. Umfang des Phänomens 641
  III. Bedeutung der Prävention durch Aufklärung 642

11. Kapitel. Verteidigung in Korruptionsstrafsachen
von Jürgen Taschke

A. Begleitung bei Durchsuchungen, Beschlagnahmen und sonstigen Zwangsmaßnahmen 644
    I. Im Vorfeld von Durchsuchungen und Beschlagnahmen 644
   II. Zum Verhalten bei Durchsuchungen und Beschlagnahmen 644
  III. Haftbefehl 651

B. Maßnahmen nach der Einleitung eines Verfahrens 652
    I. Beurteilung der aktuellen Geschäftspolitik 652

XXVII

Inhaltsverzeichnis

    II. Interne Sachverhaltsaufklärung 653
        1. Steuerliche Aspekte 653
        2. Vorbereitung der Verteidigung/interne „Standortbestimmung" 653
    III. Akteneinsicht 653
        1. Individualverteidigung 653
        2. Akteneinsicht für Unternehmen 655
    IV. Kontaktaufnahme mit der Staatsanwaltschaft 655
    V. Schriftliche Stellungnahme im Ermittlungsverfahren? 656
        1. Individualmandat 656
        2. Die Unternehmensstellungnahme 656
    VI. Koordinierung der Verteidigung durch einen Unternehmensanwalt 658
        1. Allgemeine Überlegungen 658
        2. „Sockelverteidigung" 658
        3. Koordinierung der Verteidigung der Unternehmensmitarbeiter 659
        4. Koordination der Zeugenbeistände 659
        5. Verteidigung von Ärzten? 659
    VII. Kommunikation 660
    VIII. Übernahme von Verteidigerkosten, Verfahrenskosten,
         Geldstrafen o.ä. 660

C. Abschluss des Ermittlungsverfahrens durch die Staatsanwaltschaft 663

D. Zwischenverfahren 664
    I. Ablauf 664
    II. Verteidigungsstrategien 664

E. Hauptverhandlung 665

Sachverzeichnis 669

Abkürzungsverzeichnis

AB	Amtsblatt
Abl	Amtsblatt
ABPI	Association of the British Pharmaceutical Industry
ABR	Archiv für Bürgerliches Recht
ACE	Agreed Common Elements
AEAO	Anwendungserlass zur Abgabenordnung
AG	Die Aktiengesellschaft
AGG	Allgemeines Gleichbehandlungsgesetz
AHK	Auslandshandelskammer
AiB	Arbeitsrecht im Betrieb
AktG	Aktiengesetz
AllMBl.	Allgemeines Ministerialblatt
AnwBl	Anwaltsblatt
AO	Abgabenordnung
AP	Arbeitsrechtliche Praxis
ArbEG	Gesetz über Arbeitnehmererfindungen
ArbGG	Arbeitsgerichtsgesetz
AR-Blattei SD	Arbeitsrecht-Blattei Systematische Darstellungen
ArbSchG	Arbeitsschutzgesetz
ArbuR	Arbeit und Recht
ArbVG-E	Entwurf eines Arbeitsvertragsgesetzes
ASW	Arbeitsgemeinschaft für Sicherheit der Wirtschaft e.V.
AuA	Arbeit und Arbeitsrecht
AÜG	Arbeitnehmerüberlassungsgesetz
AuR	Arbeit und Recht
AusfG	Ausführungsgesetz
AV	Allgemeine Verfügung
AWG	Außenwirtschaftsgesetz
AW-Prax	Außenwirtschaftliche Praxis
BAFin	Bundesanstalt für die Finanzdienstleistungsaufsicht
BAG	Bundesarbeitsgemeinschaft, Bundesarbeitsgericht
BAGE	Entscheidungen des Bundesarbeitsgerichts
BAG GS	Bundesarbeitsgericht Großer Senat
BaKred	Bundesaufsichtsamt für das Kreditwesen
BargeldVV	Verwaltungsvorschrift zur Überwachung des grenzüberschreitenden Bargeldverkehrs
BAT	Bundesangestelltentarifvertrag
BAT-O	Erster Tarifvertrag zur Anpassung des Tarifrechts – Manteltarifrechtl. Vorschriften
BayObLGSt	Entscheidungen des Bayerischen Obersten Landesgerichts in Strafsachen
BAZ	Bundesanzeiger
BB	Brandenburg, Der Betriebsberater
BBauG	Bundesbaugesetz
BBG	Bundesbeamtengesetz
BBK	Buchführung, Bilanzierung, Kostenrechnung
BDI	Bundesverband der Deutschen Industrie

Abkürzungsverzeichnis

BDSG	Bundesdatenschutzgesetz
BE	Berlin
Bek.	Bekanntmachung
BetrVG	Betriebsverfassungsgesetz
BFH	Bundesfinanzhof
BFH/NV	Sammlung der Entscheidungen des Bundesfinanzhofs mit allen amtlich veröffentlichten und nicht amtlich veröffentlichten Entscheidungen
BFHE	Sammlung der Entscheidungen des Bundesfinanzhofs
BG	Beamtengesetz
BGB	Bürgerliches Gesetzbuch
BGBl.	Bundesgesetzblatt
BGHSt	Entscheidungen des Bundesgerichtshofs in Strafsachen
BGHZ	Entscheidungen des Bundesgerichtshofs in Zivilsachen
BkartAmt	Bundeskartellamt
BM	Bundesminister
BMF	Bundesministerium der Finanzen
BMI	Bundesminister des Innern, Bundesministerium des Innern
BMinG	Bundesministergesetz
BMJ	Bundesministerium der Justiz
BMVBS	Bundesministerium für Verkehr, Bau und Stadtentwicklung
BMVg	Bundesministerium der Verteidigung
BPersVG	Bundespersonalvertretungsgesetz
BPI	Bribe Payers Index
BPO	Betriebsprüfungsordnung
BR-Drs.	Bundesrats-Drucksache
BReg.	Bundesregierung
BRRG	Beamtenrechtsrahmengesetz
BStatusG	Beamtenstatusgesetz
BStBl.	Bundessteuerblatt
BVerfG	Bundesverfassungsgericht
BVerfGE	Entscheidungen des Bundesverfassungsgerichts
BVerwG	Bundesverwaltungsgericht
BVerwGE	Entscheidungen des Bundesverwaltungsgerichts
BVMB	Bundesvereinigung Mittelständischer Bauunternehmen
BW	Baden-Württemberg
BY	Bayern
BZRG	Bundeszentralregistergesetz
CCI	Chambre de commerce internationale
CG	Corporate Governance
CGC	Corporate Governance Codex
CPI	Corruption Perception Index
DB	Der Betrieb
DBAGZustV	Verordnung über die Zuständigkeit der Deutschen Bahn AG für die Entscheidungen in Angelegenheiten der zugewiesenen Beamten des Bundeseisenbahnvermögens
DBl.	Dienstblatt
DFK	Deutsches Forum für Kriminalprävention
DIHK	Deutscher Industrie- und Handelskammertag
DJT	Deutscher Juristentag
DNV	Die neue Verwaltung
DNWE	Deutsches Netzwerk Wirtschaftsethik

Abkürzungsverzeichnis

DÖD	Der Öffentliche Dienst
DR	Deutsches Recht
DRiG	Deutsches Richtergesetz
DRK	Deutsches Rotes Kreuz
DSB	Datenschutz-Berater
DStR	Deutsches Steuerrecht
DStRE	Deutsches Steuerrecht – Entscheidungsdienst
DStZ	Deutsche Steuer-Zeitung
DSW	Deutscher Schutzverband gegen Wirtschaftskriminalität
DSWR	Datenverarbeitung Steuer, Wirtschaft, Recht
DuD	Datenschutz und Datensicherung
DVBl.	Deutsches Verwaltungsblatt
E	Entwurf
EBEN	European Business Ethics Network
EFG	Entscheidungen der Finanzgerichte
eGen	Eingetragene Genossenschaft
EGGVG	Einführungsgesetz zum Gerichtsverfassungsgesetz
EGOWiG	Einführungsgesetz zum Gesetz über Ordnungswidrigkeiten
EGStGB	Einführungsgesetz zum Strafgesetzbuch
EGV	Vertrag zur Gründung der Europäischen Gemeinschaft
EGZPO	Einführungsgesetz zur Zivilprozessordnung
EMRK	(Europ.) Konvention zum Schutze der Menschenrechte und Grundfreiheiten
EPA	Europäisches Parlament
Erl.	Erlass
EStG	Einkommensteuergesetz
ETS	European Treaty Series
EU	Europäische Union
EuBestG	EU-Bestechungsgesetz
EUGH	Gerichtshof der Europäischen Gemeinschaften
EuR	Europarecht
EWiR	Entscheidungen zum Wirtschaftsrecht
EWIV	Europäische Wirtschaftliche Interessenvereinigung
EzA	Entscheidungen zum Arbeitsrecht
F & E-Abteilung	Forschungs- und Entwicklungsabteilung
FATF	Financial Action Task Force
FAZ	Frankfurter Allgemeine Zeitung
FCPA	Foreign Corrupt Practices Act
FG	Finanzgericht
FIFA	Fédération Internationale de Football Association
FMBl.	Amtsblatt des Bayerischen Staatsministeriums der Finanzen
FMG	Flughafen München GmbH
FR	Finanz-Rundschau. Dt. Steuerblatt
FS	Festschrift
FSA	Freiwillige Selbstkontrolle für die Arzneimittelindustrie
G	Gesetz
GA	Goltdammer's Archiv für Strafrecht
GABl.	Gemeinsames Amtsblatt
GemBekBoG	Gemeinsame Bekanntmachung Verbot der Annahme von Belohnungen oder Geschenken durch die Bediensteten des Freistaates Bayern

XXXI

Abkürzungsverzeichnis

GenG	Ges. betr. d. Erwerbs- und Wirtschaftsgenossenschaften
GewO	Gewerbeordnung
GG	Grundgesetz
GKKE	Gemeinsame Konferenz Kirche und Entwicklung
GmbH	Gesellschaft mit beschränkter Haftung
GmbHG	Gesetz betreffend die Gesellschaft mit beschränkter Haftung
GMBl.	Gemeinsames Ministerialblatt
GRECO	Group of States against Corruption – Groupe d'Etats contre la Corruption – Staatengruppe gegen Korruption (des Europarats)
GRUR	Gewerblicher Rechtsschutz und Urheberrecht
GS	Gedächtnisschrift
GTZ	Deutsche Gesellschaft für technische Zusammenarbeit
GVBl.	Gesetz- und Verordnungsblatt
GVG	Gerichtsverfassungsgesetz
GWB	Gesetz gegen Wettbewerbsbeschränkungen
GWG	Gemeindewahlgesetz
HB	Bremen
HE	Hessen
HFA	Hauptfachausschuss
HGB	Handelsgesetzbuch
HH	Hamburg
HOAI	Honorarordnung für Architekten und Ingenieure
HRRS	Höchstrichterliche Rechtsprechung Strafrecht
HWG	Gesetz über die Werbung auf dem Gebiete des Heilwesens
ICC	International Chamber of Commerce
ICG	Initiative Corporate Governance
ICTA	Income and Corporation Taxes Act
IDW PS	Prüfungsstandards des Instituts der Wirtschaftsprüfer in Deutschland e.V.
IDW	Institut der Wirtschaftsprüfer in Deutschland e.V.
IHK	Industrie- und Handelskammer
IHKG	Gesetz ü. d. Industrie- und Handelskammern
IIR	Deutsches Institut für Interne Revision e.V.
IKS	Internes Kontrollsystem
IMF	International Monetary Fund
IMK	Innenministerkonferenz
INF	Die Information über Steuer und Wirtschaft
INPOL	Polizeiliches Informationssystem der deutschen Polizeien
IntBestG	Gesetz zur Bekämpfung internationaler Bestechung
IOC	International Olympic Committee
IRG	Gesetz über die internationale Rechtshilfe in Strafsachen
ISA	International Standard on Auditing
IStR	Internationales Steuerrecht/Zeitschrift für europäische und internationale Steuer- und Wirtschaftsberatung
IWB	Internationale Wirtschafts-Briefe
JurBüro	Das juristische Büro
juris PR-AbR	juris Praxis Report Arbeitsrecht
JuS	Juristische Schulung
JZ	Juristenzeitung
K&R	Zeitschrift für Kommunikation und Recht

Abkürzungsverzeichnis

KG	Kammergericht
KgaA	Kommanditgesellschaft auf Aktien
KGR	Kammergerichtsreport
KJ	Kritische Justiz
KOM	Kommission der Europäischen Union
KonTraG	Gesetz zur Verbesserung der Kontrolle und Transparenz im Unternehmensbereich
KorrBekG	Gesetz zur Bekämpfung der Korruption (Bund)
KorruptionsbG	Korruptionsbekämpfungsgesetz (NW)
KÖSDI	Kölner Steuerdialog
KPMG	Klynveld, Peat, Marwick und Goerdeler
KrzErgG	Gesetz zur Ergänzung der Kronzeugenregelungen im Strafrecht
KSchG	Kündigungsschutzgesetz
KSchR	Kündigungsschutzrecht
KStG	Körperschaftsteuergesetz
KStR	Körperschaftsteuer-Richtlinien
KWKG	Gesetz über die Kontrolle von Kriegswaffen
KWMBl.	Amtsblatt der Bayerischen Staatsministerien für Unterricht und Kultus und Wissenschaft, Forschung und Kunst
LAG	Landesarbeitsgericht
LAGE	Entscheidungen der Landesarbeitsgerichte
LBG	Landesbeamtengesetz
LDO	Landesdisziplinarordnung
LK	Leipziger Kommentar
LKA	Landeskriminalamt
LM	Nachschlagewerk des Bundesgerichtshofs, hrsg. von Lindenmaier, Möhring u.a.
LTag	Landtag
LuftVG	Luftverkehrsgesetz
MBl.	Ministerialblatt
MBO-Ä	Musterberufungsordnung für die Deutschen Ärztinnen und Ärzte
MDR	Monatsschrift für Deutsches Recht
MedR	Medizinrecht
MK	Münchener Kommentar
MMR	Multimedia und Recht
MPR	MedizinProdukteRecht
MRK	siehe EMRK
MTArb.	Manteltarifvertrag für Arbeiterinnen und Arbeiter des Bundes
MV	Mecklenburg-Vorpommern
NGO	Non-Governmental Organizations
NI	Niedersachsen
NJW	Neue Juristische Wochenschrift
NJW-RR	NJW-Rechtsprechungs-Report Zivilrecht
NK	NOMOS-Kommentar
NStZ	Neue Zeitschrift für Strafrecht
NVwZ	Neue Zeitschrift für Verwaltungsrecht
NW	Nordrhein-Westfalen
NWB	Neue Wirtschafts-Briefe für Steuer- und Wirtschaftsrecht
NZA	Neue Zeitschrift für Arbeits- und Sozialrecht
NZA-RR	NZA-Rechtsprechungs-Report
NZG	Neue Zeitschrift für Gesellschaftsrecht

Abkürzungsverzeichnis

NZWehrR	Neue Zeitschrift für Wehrrecht
OAS	Organisation Amerikanischer Staaten
OECD	Organization for Economic Cooperation and Development
OFD	Oberfinanzdirektion
OHG	Offene Handelsgesellschaft
OLAF	Office de la Lutte AntiFraude
OLG	Oberlandesgericht
OrgKG	Gesetz zur Bekämpfung des illegalen Rauschgifthandels und anderer Erscheinungsformen der Organisierten Kriminalität
OVG	Oberverwaltungsgericht
OWiG	Gesetz über Ordnungswidrigkeiten
PartG	Parteiengesetz
PCAOB	Public Company Accounting Oversight Board
Pharm.Ind.	Pharmazeutische Industrie (Zeitschrift)
PharmaR	Pharma-Recht
PhRMA	The Pharmaceutical Research and Manufacturers of America
PrStGB	Preußisches Strafgesetzbuch
PStR	Praxis Steuerstrafrecht
RAF	Regulatory Affairs Focus
RAO	Reichsabgabenordnung
RdA	Recht der Arbeit
RdErl.	Runderlass
RDV	Recht der Datenverarbeitung
RegE	Regierungsentwurf
RGBl.	Reichsgesetzblatt
RGRK	Reichsgerichtsrätekommentar
RGSt	Entscheidungen des Reichsgerichts in Strafsachen
RGZ	Entscheidungen des Reichsgerichts in Zivilsachen
RiStBV	Richtlinien für das Strafverfahren und das Bußgeldverfahren
RIW	Recht der internationalen Wirtschaft
RL	Richtlinie
RP	Rheinland-Pfalz
RS	Rundschreiben
RStGB	Reichsstrafgesetzbuch
RzK	Rechtsprechung zum Kündigungsrecht
SADC	Protocol to the Treaty Establishing the Southern African Development Community against Corruption
SAE	Sammlung arbeitsrechtlicher Entscheidungen
SAS	Statement on Auditing Standards
Schufa	Schutzgemeinschaft für allgemeine Kreditsicherung
SDÜ	Schengener Durchführungsübereinkommen
SEC	Security Exchange Commission
SGB	Sozialgesetzbuch
SH	Schleswig-Holstein
SK	Systematischer Kommentar
SL	Saarland
SN	Sachsen
SOX	Sarbanes-Oxley-Act
SprAuG	Sprecherausschussgesetz
ST	Sachsen-Anhalt

Abkürzungsverzeichnis

St	Staatssekretär
StBP	Die steuerliche Betriebsprüfung
StGB	Strafgesetzbuch
StPO	Strafprozessordnung
StraFo	Strafverteidiger Forum
StV	Strafverteidiger
StVÄG	Strafverfahrensänderungsgesetz
SZ	Süddeutsche Zeitung
TDDSG	Teledienstedatenschutzgesetz
TDSV	Telekommunikations-Datenschutzverordnung
TH	Thüringen
TI	Transparency International
TKG	Telekommunikationsgesetz
TKÜ	Telekommunikationsüberwachung
TransPuG	Transparenz- und Publizitätsgesetz
TVG	Tarifvertragsgesetz
TVöD	Tarifvertrag für den öffentlichen Dienst
UKG	Gesetz zur Bekämpfung der Umweltkriminalität
UN	United Nations
UNCTOC	UN-Convention against Transnational Organized Crime
UNO	United Nations Organization
UNODC	United Nations Office on Drugs and Crime
US-GAAP	United States Generally Accepted Accounting Principles
USSG	United States Sentencing Commission Guidelines Manual
UStG	Umsatzsteuergesetz
UStR	Umsatzsteuer-Richtlinien
UWG	Gesetz über den unlauteren Wettbewerb
VAG	Versicherungsverein auf Gegenseitigkeit
Vfg.	Verfügung
VG	Verwaltungsgericht
VgV	Vergabeverordnung
VMBl.	Ministerialblatt des Bundesministers der Verteidigung
VN	Vereinte Nationen
VOB	Vergabe- und Vertragsordnung für Bauleistungen
VOF	Verdingungsordnung für freiberufliche Leistungen
VOL	Verdingungsordnung für Leistungen
VR	Versicherungsrundschau
VSV	Vertrauensschadenversicherung
VwV	Verwaltungsvorschrift
WGB	Working Group on Bribery
WIK	Zeitschrift für die Sicherheit der Wirtschaft
WiKG	Gesetz zur Bekämpfung der Wirtschaftskriminalität
WissenschaftsR	Wissenschaftsrecht
WiStG	Wirtschaftsstrafgesetz
wistra	Zeitschrift für Wirtschaft, Steuer, Strafrecht
WiVerw	Wirtschaft und Verwaltung
WM	Wertpapier-Mitteilungen
WRP	Wettbewerb in Recht und Praxis
WuW	Wirtschaft und Wettbewerb

Abkürzungsverzeichnis

WuW/E	Wirtschaft und Wettbewerb. Entscheidungssammlung zum Kartellrecht
ZfA	Zeitschrift für Arbeitsrecht
ZfB	Zeitschrift für Betriebswirtschaft
ZfbF	Schmalenbachs Zeitschrift für betriebswirtschaftliche Forschung
ZG	Zeitschrift für Gesetzgebung
ZGR	Zeitschrift für Unternehmens- und Gesellschaftsrecht
ZHR	Zeitschrift für das gesamte Handelsrecht und Wirtschaftsrecht
ZIP	Zeitschrift für Wirtschaftsrecht (früher Zeitschrift für die gesamte Insolvenzpraxis)
ZIR	Zeitschrift Interne Revision
ZollVG	Zollverwaltungsgesetz
ZParl	Zeitschrift für Parlamentsfragen
ZPO	Zivilprozessordnung
ZRP	Zeitschrift für Rechtspolitik
ZStW	Zeitschrift für die gesamte Strafrechtswissenschaft
ZTR	Zeitschrift für Tarifrecht
ZZP	Zeitschrift für Zivilprozeß

1. Kapitel. Grundlagen der Korruptionsprävention

von Dieter Dölling

Literatur: *Ahlf*, Zum Korruptionsbegriff, Kriminalistik 1996, 154 ff.; *Aufderheide/Dabrowski* (Hrsg.), Corporate Governance und Korruption, 2005; *Backes/Lindemann*, Staatlich organisierte Anonymität als Ermittlungsmethode bei Korruptions- und Wirtschaftsdelikten, 2006; *Bannenberg*, Korruption in Deutschland und ihre strafrechtliche Kontrolle, 2002; *Bannenberg/Schaupensteiner*, Korruption in Deutschland. Portrait einer Wachstumsbranche, 2004; *Behlers* (Hrsg.), Politische Korruption, 1989; *Benz/Seibel* (Hrsg.), Zwischen Kooperation und Korruption, 1992; *Bottke*, Korruption und Kriminalrecht in der Bundesrepublik Deutschland, ZRP 1998, 215 ff.; Bundeskriminalamt (Hrsg.), Wirtschaftskriminalität und Korruption, 2003; *Brünner* (Hrsg.), Korruption und Kontrolle, 1981; *Bundesministerium des Innern/Bundesministerium der Justiz* (Hrsg.), Zweiter Periodischer Sicherheitsbericht, 2006; *Bussmann/Salvenmoser*, Internationale Studie zur Wirtschaftskriminalität, NStZ 2006, 203 ff.; *Claussen/Ostendorf*, Korruption im öffentlichen Dienst, 2. Aufl. 2002; *Della Porta/Rose-Ackermann* (Hrsg.), Corrupt Exchanges, 2002; *Dieners*, Selbstkontrolle der Wirtschaft zur Verhinderung von Korruption, JZ 1998, 181 ff.; *Dölling*, Empfehlen sich Änderungen des Straf- und Strafprozessrechts, um der Gefahr von Korruption in Staat, Wirtschaft und Gesellschaft wirksam zu begegnen? Gutachten C zum 61. Deutschen Juristentag, 1996; *Eigen*, Das Netz der Korruption, 2003; *Eisenberg*, Kriminologie, 6. Aufl. 2005; *Eser/Kubiciel*, Institutions against Corruption. A Comparative Study of the National Anti-Corruption Strategies reflected by GRECO's First Evaluation Round, 2005; *Ferchland*, Wer gut schmiert, der gut fährt. Korruption in der Bundesrepublik Deutschland – ein unabwendbares Übel? Kriminalistik 1988, 549 ff.; *Fiebig/Junker*, Korruption und Untreue im öffentlichen Dienst, 2. Aufl. 2004; *Fleck/Kuzmics* (Hrsg.), Korruption, 1985; *Friedrich-Ebert-Stiftung* (Hrsg.), Korruption in Deutschland, 1995; *Göppinger*, Kriminologie, 5. Aufl. 1997; *Herbig*, Korruptionsfälle in der Stadtverwaltung Frankfurt. Situationsbericht und Gegenstrategien, Verwaltungsarchiv 1989, 391 ff.; *Höffling*, Korruption als soziale Beziehung, 2002; *Holtkamp/Munier*, Klüngel, Korruption & Kommune, in: Munier (Hrsg.), Kriminalität und Sicherheit, 2002, S. 185 ff.; *Holz*, Korruption in der Polizei? Kriminalistik 1997, 407 ff.; *Justizministerium Baden-Württemberg* (Hrsg.), Korruption. Eine neue Qualität der Organisierten Kriminalität in Deutschland? 1995; *Kaiser*, „Eine Hand wäscht die andere ...". Korruption in Politik und Wirtschaft, Universitas 1991, 1062 ff.; *ders.*, Kriminologie. Ein Lehrbuch, 3. Aufl. 1996; *Karstedt*, Macht, Ungleichheit und Korruption: Strukturelle und kulturelle Determinanten im internationalen Vergleich. In: Oberwittler/Karstedt (Hrsg.), Soziologie der Kriminalität, 2004, S. 384 ff.; *Kerbel*, Korruption in der öffentlichen Verwaltung am Beispiel einer Großstadtverwaltung, Diss. Speyer 1995; *Kilian*, Korruption im Bauwesen, Kriminalistik 1994, 249 ff.; *Killias*, Korruption: Vive La Repression! – Oder was sonst?, in: Schwind u.a. (Hrsg.), FS Hans Joachim Scheider, 1998, S. 239 ff.; *Kube/Vahlenkamp*, Korruption – hinnehmen oder handeln? Verwaltungsarchiv 1994, 432 ff.; *Landfried*, Parteifinanzen und politische Macht, 2. Aufl. 1994; *Lang*, Korruption – Pestilenz unserer Tage, Kriminalistik 1993, 363 ff.; *Lindemann*, Staatlich organisierte Anonymität als Ermittlungsmethode bei Korruptions- und Wirtschaftsdelikten, ZRP 2006, 127 ff.; *Meier*, Kriminologie, 2. Aufl. 2005; *Miller*, Korruption, Kontrolle und Konzept zum Abbau von Missständen in Politik und Verwaltung, Die Verwaltung 1990, 227 ff.; *Mischkowitz/Bruhn/Desch/Hübner/Beese*, Einschätzungen zur Korruption in Polizei, Justiz und Zoll, 2000; *Müller*, Korruption in der öffentlichen Verwaltung, Kriminalistik 1993, 509 ff.; *Müller/Marcus*, Der Korruption auf der Spur, Kriminalistik 1995, 103 ff.; *Nieuwbeerta/de Geest/Siegers*, Corruption in industrialized and developing countries, in: Nieuwbeerta (Hrsg.), Crime victimization in comparative perspective, 2002, S. 163 ff.;

Noack, Korruption – die andere Seite der Macht, 1985; OECD (Hrsg.), No Longer Business as Usual, 2001; *Odenthal*, Kriminalität am Arbeitsplatz. Korruption und Unterschlagung durch Mitarbeiter erkennen und verhindern, 2005; *Ohlemacher*, Verunsichertes Vertrauen? Gastronomen in Konfrontation mit Schutzgelderpressung und Korruption, 1998; *Pieth/Eigen* (Hrsg.), Korruption im internationalen Geschäftsverkehr, 1999; *Quambusch*, Korruption als Ausweg. Oder: Wie der Staat zur Korruption anregt, Kriminalistik 1998, 82 ff.; *Rennstich*, Korruption. Eine Herausforderung für Gesellschaft und Kirche, 1990; *Ricks*, Ökonomische Analyse der Wirtschaftskriminalität unter besonderer Berücksichtigung der Korruption und Bestechung, 1995; *Schaupensteiner*, Korruptions-Kartelle, Kriminalistik 1990, 507 ff.; *ders.*, Bekämpfung von Korruptionsdelinquenz, Kriminalistik 1994, 514 ff.; *ders.*, Korruption in Deutschland. Ursachen, Erscheinungsformen, Bekämpfungsstrategien, der kriminalist 1996, 7 ff.; *Scheuch/Scheuch*, Cliquen, Klüngel und Karrieren, 1992; *Schneider*, Verhütung und Bekämpfung von Korruption, Die Öffentliche Verwaltung 1997, 578 ff.; *Schönherr*, Vorteilsgewährung und Bestechung als Wirtschaftsstraftaten, 1985; *Schubert*, Artikel Korruption, in: *Wabnitz/Janovsky* (Hrsg.), Handbuch des Wirtschafts- und Steuerstrafrechts, 2. Aufl. 2004, S. 691 ff.; *Seidel*, Nimmt die Korruption zu? Überlegungen zu einer effektiven Strafverfolgung, Kriminalistik 1993, 2 ff.; *Steinke*, Wer gut schmiert, der gut fährt. Korruption im öffentlichen Dienst, Kriminalistik 1992, 359 ff.; *Steinrücken*, Illegale Transaktionen und staatliches Handeln. Eine institutionenökonomische Analyse korrupter Austauschbeziehungen, 2003; *Transparency International*, Jahrbuch Korruption 2005. Schwerpunkt: Bau und Wiederaufbau, 2005; *Transparency International*, Jahrbuch Korruption 2006. Schwerpunkt: Gesundheitswesen, 2006; *Vahlenkamp/Knauß*, Korruption – hinnehmen oder handeln? 1995; *Van Kesteren/Mayhew/Nieuwbeerta*, Criminal Victimisation in Seventeen Industrialised Countries, 2000; *Volk*, Die Merkmale der Korruption und die Fehler bei ihrer Bekämpfung. In: Gössel/Triffterer (Hrsg.), GS Zipf, 1999, S. 419 ff.; *von Alemann* (Hrsg.), Dimensionen politischer Korruption, Sonderheft der Politischen Vierteljahresschrift, 2005; *von Arnim* (Hrsg.), Korruption. Netzwerke in Politik, Ämtern und Wirtschaft, 2003; *P. Walter*, Korruption – Herausforderung für Politik und öffentliche Verwaltung, der kriminalist 1996, 13 ff.; *ders.*, Politik und Korruption – Einheit oder Gegensatz? der kriminalist 1997, 184 ff.

Inhaltsübersicht

	Rn.
I. Begriff der Korruption	1, 2
II. Umfang und Strukturen der Korruption	3–32
1. Umfang	3–13
2. Strukturen	14–32
III. Schäden durch Korruption	33–39
IV. Die Täter von Korruptionsdelikten	40–44
V. Die Ursachen von Korruption	45–49
VI. Die strafrechtliche Verfolgung von Korruptionsdelikten	50–53
VII. Die Prävention von Korruption	54–57

I. Begriff der Korruption

1   Wirksame Eindämmung von Korruption setzt Klarheit darüber voraus, was unter Korruption zu verstehen ist. Eine genaue **Definition** von Korruption ist jedoch schwierig, denn Korruption tritt in vielfältigen Erscheinungsformen auf. Das geltende Recht enthält keine Legaldefinition der Korruption, sondern sanktioniert in verschiedenen Vorschriften bestimmte Formen korruptiven Verhaltens. In den einzelnen Wissenschaftsbereichen

I. Begriff der Korruption

sind unterschiedliche Begriffsbestimmungen entwickelt worden.[1] Nach einer weiten Definition umfasst Korruption alle Formen des Missbrauchs von Macht zur Verschaffung unzulässiger Vorteile.[2] Dieses Verständnis von Korruption erscheint jedoch zu unspezifisch, da hiervon z.B. auch Unterschlagung und Untreue erfasst werden und damit die Grenze zu den Eigentums- und Vermögensdelikten unscharf wird. Es empfiehlt sich daher eine genauere Abgrenzung von Korruption. So werden vom Bundeskriminalamt folgende Merkmale der Korruption genannt:

– Missbrauch eines öffentlichen Amtes, einer Funktion in der Wirtschaft oder eines politischen Mandats
– zugunsten eines anderen
– auf dessen Veranlassung oder aus Eigeninitiative
– zur Erlangung eines Vorteils für sich oder einen Dritten,
– mit Eintritt oder in Erwartung des Eintritts eines Schadens oder Nachteils
– für die Allgemeinheit (in amtlicher oder politischer Funktion) oder
– für ein Unternehmen (in wirtschaftlicher Funktion).[3]

Im Kern geht es bei der Korruption darum, dass eine Person, die bestimmte Aufgaben wahrzunehmen hat, für ein Handeln oder Unterlassen im Rahmen der Aufgabenerfüllung unzulässige Vorteile erhält. Hierbei kann die Person für eine öffentlich-rechtliche oder privatrechtliche (wirtschaftliche oder gesellschaftliche) Organisation tätig sein.[4] Der Vorteilsgeber will regelmäßig die Aufgabenerfüllung durch den Vorteilsnehmer in sachwidriger Weise beeinflussen. Der Vorteilsnehmer missbraucht seine Machtposition, um unzulässige Vorteile zu erreichen.[5] Aus dieser Definition ergeben sich der Unrechtskern und die Gefährlichkeit der Korruption: Die Aufgabenerfüllung durch den Vorteilsnehmer orientiert sich nicht mehr an den hierfür geltenden Regeln, sondern an den unzulässigen Vorteilen. Das bringt die Gefahr mit sich, dass der Vorteilsnehmer seine Aufgaben nicht mehr sachgerecht erfüllt und er die Organisation, für die er tätig ist, schädigt. Dies kann dazu führen, dass die Organisation die ihr von der Gesellschaft zugewiesenen Aufgaben nicht mehr angemessen erfüllt und damit auch gesamtgesellschaftliche Schäden eintreten.[6] Korruption ist somit ein Angriff auf die sachgerechte Aufgabenerfüllung durch eine regelwidrige Austauschbeziehung zwischen Geber und Nehmer.[7] Unter den Begriff der Korruption fallen danach die in den §§ 331 ff. StGB unter Strafe gestellte Korruption von Amtsträgern, die Abgeordnetenbestechung (§ 108e StGB) und die Bestechlichkeit und Bestechung im geschäftlichen Verkehr (§ 299 StGB). Darüber hinaus werden auch vom geltenden deutschen Korruptionsstrafrecht nicht pönalisierte Formen der sachwidrigen Einflussnahme auf eine Aufgabenerfüllung durch unzulässige Austauschbeziehungen erfasst, z.B. die Zuwendung von Geld an einen Fußballschiedsrichter, damit er Entscheidungen zugunsten einer Mannschaft trifft. Allen diesen Versuchen der Entscheidungsmanipulation durch unzulässige Vorteilszuwendung gilt es unabhängig von ihrer Erfassung durch das geltende Recht im Interesse der Funktionsfähigkeit von Staat und Gesellschaft entgegenzuwirken. Teilweise wird die Heimlichkeit des Vorgehens als Merkmal der Korruption angesehen.[8] Hierfür spricht, dass Korruption in der Regel ver-

2

---

[1] Zum Begriff der Korruption vgl. *Bannenberg*, Korruption in Deutschland und ihre strafrechtliche Kontrolle, 2002, S. 11 ff.; *Dölling*, Gutachten C zum 61. Deutschen Juristentag, 1996, C 9 ff.; *Volk*, GS Zipf 1999, S. 419, 421 ff.
[2] Siehe etwa *Landfried*, Parteifinanzen und politische Macht, 2. Aufl. 1994, S. 173 ff.
[3] *Bundeskriminalamt*, Lagebild Korruption Bundesrepublik Deutschland 2002 (Stand 30.6.2003), S. 4.
[4] *Dölling* (Fn. 1), C 11.
[5] *Bannenberg* (Fn. 1), S. 16.
[6] Vgl. *Bottke*, ZRP 1998, 215.
[7] Siehe *Ahlf*, Kriminalistik 1996, S. 154 f.
[8] *Vahlenkamp/Knauß*, Korruption – hinnehmen oder handeln? 1995, S. 20.

deckt begangen wird. Begriffsnotwendig dürfte das Merkmal der Heimlichkeit aber nicht sein. Auch wenn der Täter – etwa weil er sich besonders sicher füllt – die Bestechung nicht oder kaum verschleiert, liegt Korruption vor.

II. Umfang und Strukturen der Korruption

1. Umfang

3   Wirksame Maßnahmen gegen Korruption erfordern Kenntnisse über Umfang und Strukturen dieser Delinquenz. Die **Polizeiliche Kriminalstatistik** für die Bundesrepublik Deutschland enthält seit 1994 näher aufgegliederte Daten über die Korruptionsstraftaten. In Tabelle 1 sind die von 1994 bis 2005 polizeilich registrierten Korruptionsdelikte dargestellt. Danach sind bei den von der Polizei jährlich registrierten Straftaten nach den §§ 331 bis 334 StGB starke Schwankungen zu verzeichnen. Während von 1994 bis 1996 mehr „Geber-Delikte" (Vorteilsgewährung und Bestechung) als „Nehmer-Delikte" (Vorteilsannahme und Bestechlichkeit) registriert wurden, überwiegen seit 1997 die „Nehmer-Delikte". Unter diesen werden seit 1998 Fälle der Vorteilsannahme häufiger registriert als solche der Bestechlichkeit. Bei den „Geber-Delikten" sind bis auf das Jahr 2004 bei der Bestechung höhere Zahlen zu verzeichnen als bei der Vorteilsgewährung. Fälle der Bestechlichkeit und Bestechung im geschäftlichen Verkehr werden nur selten registriert, von 1998 bis 2003 ist allerdings eine ansteigende Tendenz erkennbar.

Tabelle 1: Polizeilich registrierte Korruptionsdelikte 1994 bis 2005

	1994	1995	1996	1997	1998	1999	2000	2001	2002	2003	2004	2005
Vorteilsannahme (§ 331 StGB)	291	241	621	1.068	1.746	905	3.579	1.107	1.433	899	802	718
Bestechlichkeit (§ 332 StGB)	851	818	1.281	1.239	619	716	453	1.008	492	301	254	281
§ 331 und § 332 StGB	1.142	1.059	1.902	2.307	2.365	1.621	4.032	2.115	1.925	1.200	1.056	999
Vorteilsgewährung (§ 333 StGB)	194	150	474	406	280	363	311	413	399	333	462	254
Bestechung (§ 334 StGB)	1.906	1.666	1.917	1.493	853	968	750	1.134	582	516	430	554
§ 333 und § 334 StGB	2.108	1.816	2.391	1.899	1.133	1.331	1.061	1.547	981	849	892	808
§§ 331–334 StGB	3.242	2.875	4.293	4.207	3.498	2.952	5.093	3.662	2.906	2.049	1.948	1.807
Bestechlichkeit und Bestechung im geschäftlichen Verkehr (§ 12 UWG[1]/ § 299 StGB)	–	161	149	198	55	63	124	238	324	431	382	353

[1] Bis 1997.

Quelle: *Bundeskriminalamt* (Hrsg.), Polizeiliche Kriminalstatistik 1994 bis 2005.

4   Über die Zahl der von der Polizei geführten Verfahren, die Korruptionsdelikte zum Gegenstand haben, gibt das **Lagebild Korruption** des Bundeskriminalamts Auskunft. Wie Tabelle 2 zeigt, ist die Zahl dieser Verfahren von 1994 bis 2002 im Wesentlichen kontinuierlich gestiegen. Während 1994 258 Verfahren gemeldet wurden, waren es 2002

II. Umfang und Strukturen der Korruption

1.683. 2003 wurden 1.100 Verfahren registriert, 2004: 1.207 und 2005: 1649. Die Zahl der in diesen Verfahren bearbeiteten Korruptionsstraftaten schwankt stark (zur Diskrepanz zwischen den Zahlen der Polizeilichen Kriminalstatistik und des Lagebildes Korruption siehe Rn. 8). Die Zahl der wegen einer Korruptionsstraftat verurteilten Personen kann der **Strafverfolgungsstatistik** entnommen werden. Tabelle 3 enthält die Zahl der wegen Korruptionsdelikten Verurteilten von 1994 bis 2004. Die Zahlen betreffen nur die alten Bundesländer. Es überwiegen Verurteilungen wegen „Geber-Delikten". Verurteilungen wegen der schwereren Tatbestände Bestechlichkeit und Bestechung sind häufiger als solche wegen der leichteren Delikte Vorteilsannahme und Vorteilsgewährung.

Tabelle 2: Verfahrenszahlen und gemeldete Straftaten nach dem Bundeslagebild Korruption 1994 bis 2005

	1994	1995	1996	1997	1998	1999	2000	2001	2002	2003	2004	2005
Verfahrenszahlen	258	291	410	993	1.072	1.034	1.234	1.278	1.683	1.100	1.207	1.649
Gemeldete Korruptionsstraftaten	11.241	15.968	9.585	12.612	11.049	6.743	9.348	7.962	8.283	7.232	7.610	14.689
Direkt damit zus'hängende Straftaten	2.462	2.291	3.849	3.261	2.905	2.580	1.693	5.876	22.337	3.098	4.976	1.643

Quelle: *Bundeskriminalamt* (Hrsg.), Lagebild Korruption Bundesrepublik Deutschland 2003 (Stand 4.8.2004), S. 11 und 13; Bundeslagebild Korruption 2005 Kurzfassung (Stand Juli 2006), S. 2 und 4.

Tabelle 3: Wegen Korruptionsdelikten Verurteilte 1994 bis 2004

	1994	1995	1996	1997	1998	1999	2000	2001	2002	2003	2004
Vorteilsannahme (§ 331 StGB)	–	15	8	15	28	31	30	35	38	38	33
Bestechlichkeit (§ 332 StGB)	–	48	63	85	88	100	79	76	83	58	50
§ 331 und § 332 StGB	52	63	71	100	116	131	109	111	121	96	83
Vorteilsgewährung (§ 333 StGB)	–	13	5	19	11	23	32	29	23	27	91
Bestechung (§ 334 StGB)	–	268	355	421	283	218	169	181	172	182	149
§ 333 und § 334 StGB	180	281	360	440	294	241	201	210	195	209	240
Besonders schwere Fälle der Bestechlichkeit und Bestechung (§ 335 StGB)	–	–	–	–	17	23	12	10	22	28	32
§§ 331–335 StGB	232	344	431	540	427	395	322	331	338	333	355
Bestechlichkeit und Bestechung im geschäftlichen Verkehr (§ 12 UWG[1]/§ 299 StGB)	–	–	–	–	1	5	26	27	32	44	16

[1] Bis 1997.

Quelle: *Statistisches Bundesamt* (Hrsg.), Fachserie 10: Rechtspflege, Reihe 3: Strafverfolgung 1994 bis 2004.

---

[9] Zur begrenzten Aussagekraft der Kriminalstatistiken vgl. *Meier*, Kriminologie, 2. Aufl. 2005, § 5 Rn. 3 ff.

1. Kapitel. Grundlagen der Korruptionsprävention

5   Die in den amtlichen Statistiken veröffentlichten Daten ergeben kein vollständiges Bild der tatsächlichen Korruptionskriminalität.[9] Registriert werden nur die Straftaten, die der Polizei oder der Justiz bekannt geworden sind. Bei den Korruptionsdelikten muss von einem erheblichen **Dunkelfeld** tatsächlich begangener, aber den Strafverfolgungsorganen nicht bekannt gewordener Straftaten ausgegangen werden.[10] Für diese Annahme spricht, dass Korruptionsdelikte kein natürliches Opfer haben, das in erster Linie als Anzeigeerstatter in Betracht kommt. Geber und Nehmer eines Korruptionsgeschäfts sind beide Täter und haben folglich beide kein Interesse am Bekanntwerden der Tat. Eher ist mit einer Anzeige zu rechnen, wenn eine auf ein Korruptionsgeschäft angesprochene Person das Angebot ablehnt. Aber auch in einem solchen Fall muss es nicht unbedingt zu einer Strafanzeige kommen. Wird ein Korruptionsfall in einer Behörde oder einem Unternehmen bekannt, kann es sein, dass die Vorgesetzten von einer Strafanzeige absehen, weil sie fürchten, dass bei einem Bekanntwerden des Falles das Ansehen der Behörde oder des Unternehmens beeinträchtigt werden könnte. Im Rahmen eines Forschungsprojekts des Bundeskriminalamts wurden Amtsleiter von kommunalen und staatlichen Verwaltungsbehörden gebeten, das Anzeigeverhalten von Amtsleitungen einzuschätzen. Während nach der Beurteilung von 37 % der Amtsleiter alle Korruptionsfälle angezeigt werden, nahmen 18 % an, es würden die meisten Fälle angezeigt, und gingen 29 % davon aus, dass eine Anzeige nur von Fall zu Fall erfolgt.[11] Bei einer Befragung von Personen aus der gewerblichen Wirtschaft im Rahmen dieses Forschungsprojekts wurde die Befürchtung geäußert, dass durch eine Strafanzeige aufgedeckte Schwachstellen und Fehler der Unternehmensorganisation auf den Ruf des Unternehmens zurückschlagen könnten.[12]

6   Für ein erhebliches Dunkelfeld sprechen auch weitere **Befragungsergebnisse**. In der erwähnten Untersuchung des Bundeskriminalamts gaben ein Viertel der befragten Bediensteten kommunaler Verwaltungen (Amtsleiter und Sachbearbeiter) an, es seien bereits Beeinflussungsversuche auf sie unternommen worden; von den befragten Bediensteten von Landesverwaltungen bejahten dies 18 % und von den Bediensteten von Bundesbehörden fast 30 %.[13] Insgesamt nahmen an der Befragung 276 Verwaltungsbedienstete teil.[14] In einem weiteren Forschungsprojekt des Bundeskriminalamts wurden 770 Vertreter von Polizei, Zoll und Justiz (darunter fast 600 Polizeibeamte) u.a. gefragt, in welchem Ausmaß nach ihrer Einschätzung diese Institutionen von Korruption betroffen sind. Zur Schutzpolizei lauten die Einschätzungen: 2 % nicht betroffen, 56 % eher gering betroffen, 32 % eher stark betroffen (hier und im Folgenden jeweils einschließlich sehr stark betroffen), zur Kriminalpolizei: 2 % nicht betroffen, 60 % eher gering betroffen, 29 % eher stark betroffen. Die Einschätzungen zur Staatsanwaltschaft verteilten sich wie folgt: 13 % nicht betroffen, 59 % eher gering betroffen, 10 % eher stark betroffen. Die Gerichte sahen 29 % als nicht betroffen, 46 % als eher gering betroffen und 5 % als eher stark betroffen an. Für den Justizvollzug ergaben sich folgende Beurteilungen: 1 % nicht betroffen, 21 % eher gering betroffen und 59 % eher stark betroffen. Für den Zoll lauteten die Einschätzungen: 1 % nicht betroffen, 35 % eher gering betroffen und 43 % eher stark betroffen.[15] Danach nahmen die Befragten an, dass von den in die Untersuchung einbezogenen Institutionen der Justizvollzug und der Zoll am stärksten von Korruption betroffen sind. Bei der Frage, wie die Befragten das Ausmaß der Betroffenheit von Korruption bei der Institution, bei der sie selbst tätig sind, einschätzen, unterschieden sich Schutz- und Krimi-

---

[10] *Bannenberg* (Fn. 1), S. 58 ff.; *Dölling* (Fn. 1), C 16 ff.; Eisenberg, Kriminologie, 6. Aufl. 2005, § 45 Rn. 128.
[11] *Vahlenkamp/Knauß* (Fn. 8), S. 120.
[12] *Vahlenkamp/Knauß* (Fn. 8), S. 51.
[13] *Vahlenkamp/Knauß* (Fn. 8), S. 119 f.
[14] *Vahlenkamp/Knauß* (Fn. 8), S. 117.
[15] *Mischkowitz/Bruhn/Desch/Hübner/Beese*, Einschätzungen zur Korruption in Polizei, Justiz und Zoll, 2000, S. 138.

II. Umfang und Strukturen der Korruption

nalpolizei sowie Justizvollzug und Zoll nicht voneinander, wobei die Einschätzungen schwerpunktmäßig bei dem Wert „eher gering betroffen" lagen.[16] Auch wenn diese Beurteilungen vorsichtig interpretiert werden müssen, weisen sie doch auf eine erhebliche Relevanz der Korruptionsproblematik hin.

Auf ein beträchtliches Dunkelfeld deuten auch eine Reihe insbesondere im Bereich der öffentlichen Bauaufträge aufgedeckte Korruptionsfälle hin, in denen über viele Jahre systematisch bestochen wurde.[17] Diese Fälle indizieren ohne größeres Unrechtsbewusstsein praktizierte korruptive Handlungsstile und lassen vermuten, dass auch in nicht bekannt gewordenen Fällen ähnlich vorgegangen wurde. *Schaupensteiner*[18] schätzt das Dunkelfeld bei der Korruptionsdelinquenz auf mindestens 95 % Da somit ein erhebliches Dunkelfeld anzunehmen ist, sollte die verhältnismäßig geringe Zahl der in der Polizeilichen Kriminalstatistik registrierten Korruptionsfälle – ihr Anteil an den in der Polizeilichen Kriminalstatistik 2005 erfassten Zahl von 6.391.715 Taten betrug lediglich 0,03 %[19] – nicht über das tatsächliche Ausmaß der Korruptionsproblematik hinwegtäuschen.[20] 7

Selbst die amtliche bekannt gewordenen Korruptionsdelikte werden in den **Kriminalstatistiken nicht vollständig** erfasst. Werden mehrere Straftatbestände in Tateinheit (§§ 52 StGB) verwirklicht, wird in der Polizeilichen Kriminalstatistik nur die Straftat mit der schwersten Strafdrohung registriert.[21] Steht also ein Korruptionsdelikt in Tateinheit mit der Verwirklichung eines schwereren Straftatbestandes, wird nur dieser in der Polizeilichen Kriminalstatistik erfasst. Außerdem werden mehrere gleichartige Straftaten desselben Tatverdächtigen oder eines unbekannten Täters gegen denselben Geschädigten oder bei Nichtvorhandensein eines Geschädigten unter bestimmten Umständen als eine Tat gezählt.[22] Das kann dazu führen, dass mehrere Korruptionsdelikte in der Polizeilichen Kriminalstatistik als eine Tat registriert werden. Die erhebliche Differenz zwischen den Zahlen des Lagebildes Korruption und der Polizeilichen Kriminalstatistik wird in dem Lagebild damit erklärt, dass es sich bei der Polizeilichen Kriminalstatistik um eine Ausgangsstatistik handelt, bei der die Daten erst nach Abschluss der polizeilichen Ermittlungen erfasst werden, während die Daten des Lagebildes meist zu Beginn der polizeilichen Ermittlungen erhoben werden.[23] Es kann sein, dass sich im Verlauf der polizeilichen Ermittlungen ein ursprünglich bestehender Korruptionsvorwurf nicht bestätigt. Außerdem ist es möglich, dass im Lagebild angegebene Korruptionsstraftaten bei der Registrierung in der Polizeilichen Kriminalstatistik durch schwerere Delikte „verdrängt" werden oder mehrere Korruptionsstraftaten als ein Fall gezählt werden. In der Strafverfolgungsstatistik wird bei Tateinheit und Tatmehrheit nur die Straftat mit dem schwersten Strafrahmen erfasst.[24] Auch insoweit kann es daher bei den Korruptionsdelikten zu einem durch die statistischen Erfassungsregeln bedingten Fallschwund kommen. Die kriminalstatistischen Daten erfassen somit Ausmaß und Bedeutung der Korruptionskriminalität nicht hinreichend. 8

Einen Indikator für die **internationale Verbreitung** der Korruption stellt der **Transparency International Corruption Perceptions Index** (CPI) dar. Transparency International ist eine 1993 gegründete internationale Nichtregierungsorganisation, die sich welt- 9

---

[16] *Mischkowitz* u.a. (Fn. 15), S. 140, 144 f. Vgl. auch die Untersuchung von *Ohlemacher*, Verunsichertes Vertrauen? 1998, S. 65, 73; danach gaben 5 % bis 10 % der befragten Gastronomen an, mit einem korrupten Beamten konfrontiert gewesen zu sein, bezogen auf „nachvollziehbare Fälle" waren es 3 % bis 6 %.
[17] *Schaupensteiner*, Kriminalistik 1990, 507; 1994, 516; vgl. auch *Müller*, Kriminalistik 1993, 510.
[18] In: *Bundeskriminalamt* (Hrsg.), Wirtschaftskriminalität und Korruption, 2003, S. 76.
[19] Berechnet nach *Bundeskriminalamt* (Hrsg.), Polizeiliche Kriminalstatistik 2005, S. 27 und 213.
[20] *Bannenberg* (Fn. 1), S. 53.
[21] *Bundeskriminalamt* (Fn. 19), S. 20.
[22] *Bundeskriminalamt* (Fn. 19), S. 21.
[23] *Bundeskriminalamt* (Fn. 3), S. 15.
[24] *Meier* (Fn. 9), § 5 Rn. 13.

1. Kapitel. Grundlagen der Korruptionsprävention

weit für die Eindämmung der Korruption einsetzt.[25] Der CPI ist ein Index für das Korruptionsniveau (Nehmerseite) in zahlreichen Ländern, in dem verschiedene Einschätzungen des Ausmaßes der Korruption in diesen Ländern zusammengefasst werden.[26] Bei den Einschätzungen handelt es sich um Angaben von Geschäftsleuten in Umfragen, die durch verschiedene Institutionen durchgeführt werden, und um Beurteilungen durch Länderanalysten. Der Index wird seit 1997 erstellt. Tabelle 4 enthält den CPI 2006. Danach schneiden die nordeuropäischen Staaten, Neuseeland, Singapur und Australien sowie die Schweiz und Österreich am günstigsten ab. In diesen Ländern gibt es nach den Einschätzungen nur sehr wenig Korruption. Ein hohes Ausmaß an Korruption wird dagegen für einige Staates Afrikas, Südamerikas und Asiens sowie für einige aus der ehemaligen Sowjetunion hervorgegangene Staaten angenommen. Deutschland steht an 16. Stelle. Bei Veränderungen im Einzelnen bestehen in den Grundstrukturen erhebliche Ähnlichkeiten mit den CPI früherer Jahre.[27]

Tabelle 4: Transparency International Corruption Perceptions Index 2006

Rang	Land/Territorium	CPI 2006 Punktwert*	Vertauens- intervall**	Anzahl Untersuchungen***
1	Finnland	9.6	9.4–9.7	7
	Island	9.6	9.5–9.7	6
	Neuseeland	9.6	9.4–9.6	7
4	Dänemark	9.5	9.4–9.6	7
5	Singapur	9.4	9.2–9.5	9
6	Schweden	9.2	9.0–9.3	7
7	Schweiz	9.1	8.9–9.2	7
8	Norwegen	8.8	8.4–9.1	7
9	Australien	8.7	8.3–9.0	8
	Niederlande	8.7	8.3–9.0	7
11	Österreich	8.6	8.2–8.9	7
	Luxemburg	8.6	8.1–9.0	6
	Großbritannien	8.6	8.2–8.9	7
14	Kanada	8.5	8.0–8.9	7
15	Hongkong	8.3	7.7–8.8	9
16	Deutschland	8.0	7.8–8.4	7
17	Japan	7.6	7.0–8.1	9
18	Frankreich	7.4	6.7–7.8	7
	Irland	7.4	6.7–7.9	7
20	Belgien	7.3	6.6–7.9	7
	Chile	7.3	6.6–7.6	7
	USA	7.3	6.6–7.8	8

---

[25] Vgl. zu Transparency International *Eigen* u. *Wiehen*, in: Pieth/Eigen (Hrsg.), Korruption im internationalen Geschäftsverkehr, 1999, S. 293 ff., 297 ff.; Eigen, Das Netz der Korruption, 2003.

[26] Zu den Grundgedanken des CPI siehe *Johann Graf Lambsdorff*, in: Pieth/Eigen (Fn. 25), S. 169 ff.

[27] Zu aufgrund des CPI erkennbaren Korruptionstrends vgl. *Johann Graf Lambsdorff*, in: *Transparency International*, Jahrbuch Korruption 2006, 2006, S. 460 ff.

II. Umfang und Strukturen der Korruption

Rang	Land/Territorium	CPI 2006 Punktwert*	Vertauens-intervall**	Anzahl Untersuchungen***
23	Spanien	6.8	6.3–7.2	7
24	Barbados	6.7	6.0–7.2	4
	Estland	6.7	6.1–7.4	8
26	Macao	6.6	5.4–7.1	3
	Portugal	6.6	5.9–7.3	7
28	Malta	6.4	5.4–7.3	4
	Slowenien	6.4	5.7–7.0	8
	Uruguay	6.4	5.9–7.0	5
31	Vereinigte Arabische Emirate	6.2	5.6–6.9	5
32	Bhutan	6.0	4.1–7.3	3
	Katar	6.0	5.6–6.5	5
34	Israel	5.9	5.2–6.5	7
	Taiwan	5.9	5.6–6.2	9
36	Bahrain	5.7	5.3–6.2	5
37	Botswana	5.6	4.8–6.6	6
	Zypern	5.6	5.2–5.9	4
39	Oman	5.4	4.1–6.2	3
40	Jordanien	5.3	4.5–5.7	7
41	Ungarn	5.2	5.0–5.4	8
42	Mauritius	5.1	4.1–6.3	5
	Südkorea	5.1	4.7–5.5	9
44	Malaysia	5.0	4.5–5.5	9
45	Italien	4.9	4.4–5.4	7
46	Tschechische Republik	4.8	4.4–5.2	8
	Kuwait	4.8	4.0–5.4	5
	Litauen	4.8	4.2–5.6	6
49	Lettland	4.7	4.0–5.5	6
	Slowakei	4.7	4.3–5.2	8
51	Südafrika	4.6	4.1–5.1	8
	Tunesien	4.6	3.9–5.6	5
53	Dominica	4.5	3.5–5.3	3
54	Griechenland	4.4	3.9–5.0	7
55	Costa Rica	4.1	3.3–4.8	5
	Namibia	4.1	3.6–4.9	6
57	Bulgarien	4.0	3.4–4.8	7
	El Salvador	4.0	3.2–4.8	5
59	Kolumbien	3.9	3.5–4.7	7
60	Türkei	3.8	3.3–4.2	7

1. Kapitel. Grundlagen der Korruptionsprävention

Rang	Land/Territorium	CPI 2006 Punktwert*	Vertauens-intervall**	Anzahl Untersuchungen***
61	Jamaika	3.7	3.4–4.0	5
	Polen	3.7	3.2–4.4	8
63	Libanon	3.6	3.2–3.8	3
	Seychellen	3.6	3.2–3.8	3
	Thailand	3.6	3.2–3.9	9
66	Belize	3.5	2.3–4.0	3
	Kuba	3.5	1.8–4.7	3
	Grenada	3.5	2.3–4.1	3
69	Kroatien	3.4	3.1–3.7	7
70	Brasilien	3.3	3.1–3.6	7
	China	3.3	3.0–3.6	9
	Ägypten	3.3	3.0–3.7	6
	Ghana	3.3	3.0–3.6	6
	Indien	3.3	3.1–3.6	10
	Mexiko	3.3	3.1–3.4	7
	Peru	3.3	2.8–3.8	5
	Saudi-Arabien	3.3	2.2–3.7	3
	Senegal	3.3	2.8–3.7	5
79	Burkina Faso	3.2	2.8–3.6	5
	Lesotho	3.2	2.9–3.6	5
	Moldawien	3.2	2.7–3.8	7
	Marokko	3.2	2.8–3.5	6
	Trinidad and Tobago	3.2	2.8–3.6	5
84	Algerien	3.1	2.7–3.6	5
	Madagaskar	3.1	2.3–3.7	5
	Mauretanien	3.1	2.1–3.7	4
	Panama	3.1	2.8–3.3	5
	Rumänien	3.1	3.0–3.2	8
	Sri Lanka	3.1	2.7–3.5	6
90	Gabun	3.0	2.4–3.3	4
	Serbien	3.0	2.7–3.3	7
	Surinam	3.0	2.7–3.3	4
93	Argentinien	2.9	2.7–3.2	7
	Armenien	2.9	2.7–3.0	6
	Bosnien und Herzegowina	2.9	2.7–3.1	6
	Eritrea	2.9	2.2–3.5	3
	Syrien	2.9	2.3–3.2	3
	Tansania	2.9	2.7–3.1	7

II. Umfang und Strukturen der Korruption

Rang	Land/Territorium	CPI 2006 Punktwert*	Vertauens- intervall**	Anzahl Untersuchungen***
99	Dominikanische Republik	2.8	2.4–3.2	5
	Georgien	2.8	2.5–3.0	6
	Mali	2.8	2.5–3.3	7
	Mongolei	2.8	2.3–3.4	5
	Mozambique	2.8	2.5–3.0	7
	Ukraine	2.8	2.5–3.0	6
105	Bolivien	2.7	2.4–3.0	6
	Iran	2.7	2.3–3.1	3
	Libyen	2.7	2.4–3.2	3
	Mazedonien	2.7	2.6–2.9	6
	Malawi	2.7	2.5–3.0	7
	Uganda	2.7	2.4–3.0	7
111	Albanien	2.6	2.4–2.7	5
	Guatemala	2.6	2.3–3.0	5
	Kasachstan	2.6	2.3–2.8	6
	Laos	2.6	2.0–3.1	4
	Nicaragua	2.6	2.4–2.9	6
	Paraguay	2.6	2.2–3.3	5
	Ost-Timor	2.6	2.3–3.0	3
	Vietnam	2.6	2.4–2.9	8
	Jemen	2.6	2.4–2.7	4
	Sambia	2.6	2.1–3.0	6
121	Benin	2.5	2.1–2.9	6
	Gambia	2.5	2.3–2.8	6
	Guyana	2.5	2.2–2.6	5
	Honduras	2.5	2.4–2.7	6
	Nepal	2.5	2.3–2.9	5
	Philippinen	2.5	2.3–2.8	9
	Russland	2.5	2.3–2.7	8
	Ruanda	2.5	2.3–2.6	3
	Swasiland	2.5	2.2–2.7	3
130	Aserbaidschan	2.4	2.2–2.6	7
	Burundi	2.4	2.2–2.6	5
	Zentralafrikanische Republik	2.4	2.2–2.5	3
	Äthiopien	2.4	2.2–2.6	7
	Indonesien	2.4	2.2–2.6	10
	Papua-Neuguinea	2.4	2.3–2.6	4
	Togo	2.4	1.9–2.6	3

1. Kapitel. Grundlagen der Korruptionsprävention

Rang	Land/Territorium	CPI 2006 Punktwert*	Vertauens-intervall**	Anzahl Untersuchungen***
	Simbabwe	2.4	2.0–2.8	7
138	Kamerun	2.3	2.1–2.5	7
	Ecuador	2.3	2.2–2.5	5
	Niger	2.3	2.1–2.6	5
	Venezuela	2.3	2.2–2.4	7
142	Angola	2.2	1.9–2.4	5
	Republik Kongo	2.2	2.2–2.3	4
	Kenia	2.2	2.0–2.4	7
	Kirgisien	2.2	2.0–2.6	6
	Nigeria	2.2	2.0–2.3	7
	Pakistan	2.2	2.0–2.4	6
	Sierra Leone	2.2	2.2–2.3	3
	Tadschikistan	2.2	2.0–2.4	6
	Turkmenistan	2.2	1.9–2.5	4
151	Weißrussland	2.1	1.9–2.2	4
	Kambodscha	2.1	1.9–2.4	6
	Elfenbeinküste	2.1	2.0–2.2	4
	Äquatorialguinea	2.1	1.7–2.2	3
	Usbekistan	2.1	1.8–2.2	5
156	Bangladesch	2.0	1.7–2.2	6
	Tschad	2.0	1.8–2.3	6
	Demokratische Republik Kongo	2.0	1.8–2.2	4
	Sudan	2.0	1.8–2.2	4
160	Guinea	1.9	1.7–2.1	3
	Irak	1.9	1.6–2.1	3
	Myanmar	1.9	1.8–2.3	3
163	Haiti	1.8	1.7–1.8	3

Hinweise:
* **CPI Punktwert** bezieht sich auf das von Geschäftsleuten und Länderanalysten wahrgenommene Ausmaß der Korruption und reicht von 10 (als frei von Korruption wahrgenommen) bis 0 (als extrem von Korruption befallen wahrgenommen).
** **Vertrauensintervall** gibt eine Spannweite von möglichen CPI Punktwerten an. Dies zeigt, wie die Punktwerte in den einzelnen Ländern, entsprechend der Messgenauigkeit, abweichen können. Normalerweise liegt der Wert mit 5%iger Wahrscheinlichkeit über dem Intervall und mit weiterer 5%iger Wahrscheinlichkeit unterhalb diesem. Insbesondere dann, wenn nur wenige Quellen zur Verfügung stehen, ist eine erwartungstreue Schätzung des Mittelwertes nur noch mit weniger als 90%iger Sicherheit möglich
*** **Verwendete Untersuchungen** bezieht sich auf die Anzahl der Untersuchungen, die das Abschneiden eines Landes bewerten. 12 Untersuchungen wurden verwendet. Um in den CPI aufgenommen zu werden, musste jedes Land in mindestens drei Untersuchungen vorkommen.

Quelle: www.transparency.de

II. Umfang und Strukturen der Korruption

Ähnliche Befunde erbrachten 1996 und 2000 in zahlreichen Staaten durchgeführte **Opferbefragungen**. Hierbei wurde u.a. gefragt, ob es den Befragten im letzten Jahr passiert ist, dass ein Beamter in ihrem Land von ihnen verlangt oder erwartet hat, dass sie ihm für seine amtlichen Dienstleistungen Schmiergeld zahlen.[28] Nach den in Tabelle 5 dargestellten Ergebnissen ist die Korruption in den westlichen Ländern gering, während in Asien und Lateinamerika sowie in Afrika und in Ländern des ehemaligen Ostblocks erheblich höhere Korruptionsraten zu verzeichnen sind.

Tabelle 5: Anteil der Befragten, die angaben, 1995 oder 1999 von einem Beamten aufgefordert worden zu sein, Schmiergeld zu zahlen

Land	Anteil der Befragten in %	
	1995	1999
Nordirland	0	0,2
Schweiz	0,2	–
Schweden	0,2	0,1
England & Wales	0,3	0,1
Schottland	0,3	0
USA	0,3	0,2
Kanada	0,4	0,4
Niederlande	0,5	0,4
Frankreich	0,7	1,3
Österreich	0,7	–
Estland	3,8	3,0
Ungarn	3,9	3,3
Philippinen	4,4	4,4
Polen	4,8	7,3
Mongolei	5,1	5,1
Zimbabwe	7,2	6,8
Südafrika	7,6	6,9
Tschechien	7,9	9,2
Costa Rica	9,9	10,3
Rumänien	11,9	11,6
Litauen	13,5	13,2
Albanien	13,8	13,7
Jugoslawien	17,4	17,3
Russland	18,7	18,0
Kirgisistan	20,4	20,1

---

[28] *Killias*, in: FS Hans Joachim Schneider, 1998, S. 240; *Van Kesteren/Mayhew/Nieuwbeerta*, Criminal Victimisation in Seventeen Industrialised Countries, 2000, S. 185.

1. Kapitel. Grundlagen der Korruptionsprävention

Land	Anteil der Befragten in %	
	1995	1999
Georgien	21,9	28,6
Indien	23,1	25,4
Uganda	25,6	21,0
Bolivien	25,9	24,4
Argentinien	29,0	30,2
Indonesien	–	32,1

Quellen: *Killias*, FS Hans Joachim Schneider, 1998, S. 243; *van Kesteren u.a.*, Criminal Victimisation in Seventeen Industrialised Countries, 2000, S. 184 f.; *Nieuwbeerta u.a.*, in: Nieuwbeerta (Hrsg.), Crime victimization in comparative perspective, 2002, S. 173 (teilweise betrafen die Befragungen nur größere Städte).

11 Ein Indikator für das Ausmaß der Korruption auf der Geberseite ist der 1999 erstmals erstellte **Transparency International Bribe Payers Index** (BPI). Der BPI 2006 basiert auf Befragungen von 11.232 Führungskräften von Unternehmen in 125 Ländern[29]. Die Befragten sollten angeben, mit welcher Häufigkeit nach ihrer Erfahrung Unternehmen aus führenden Exportländern undokumentierte Zusatzzahlungen oder die Zahlung von Bestechungsgeld tätigen. In Tabelle 6 sind die Ergebnisse des BPI 2006 dargestellt.

Tabelle 6: Transparency International Bribe Payers Index 2006

Rang	Land	Durchschnittliche Bewertung[1]
1	Schweiz	7,81
2	Schweden	7,62
3	Australien	7,59
4	Österreich	7,50
5	Kanada	7,46
6	Vereinigtes Königreich	7,39
7	Deutschland	7,34
8	Niederlande	7,28
9	Belgien	7,22
	Vereinigte Staaten	7,22
11	Japan	7,10
12	Singapur	6,78
13	Spanien	6,63
14	Vereinigte Arabische Emirate	6,62
15	Frankreich	6,50
16	Portugal	6,47
17	Mexiko	6,45
18	Hong Kong	6,01
	Israel	6,01

---

[29] Vgl. hierzu und zum Folgenden die Dokumentation unter www.transparency.de.

II. Umfang und Strukturen der Korruption

Rang	Land	Durchschnittliche Bewertung[1]
20	Italien	5,94
21	Südkorea	5,83
22	Saudi-Arabien	5,75
23	Brasilien	5,65
24	Südafrika	5,61
25	Malaysia	5,59
26	Taiwan	5,41
27	Türkei	5,23
28	Russland	5,16
29	China	4,94
30	Indien	4,62

[1] Die Skala reicht von 10 (= Bestechungsgelder kommen niemals vor) bis 0 (= Bestechungsgelder sind üblich).
Quelle: www.transparency.de

Danach werden die Staaten, die auf der Nehmer-Seite günstige Einschätzungen erreichen, auch im Hinblick auf die Geberseite positiv eingeschätzt. Deutschland liegt auf dem siebenten Rang. Insgesamt deuten die angeführten Daten auf eine erhebliche Verbreitung von Korruption hin, wobei das Ausmaß der Korruption in verschiedenen Staaten variiert.

Nach dem **Globalen Korruptionsbarometer 2006**, das auf einer im Auftrag von 12 Transparency International von Gallup im Jahr 2006 durchgeführten Befragung von 59.661 Personen in 62 Ländern beruht, gaben insgesamt 9% der Befragten an, dass sie oder ein anderes Mitglied ihres Haushalts Bestechungszahlungen geleistet haben.[30] Am höchsten waren die Anteile in den afrikanischen Ländern (36%), in den Ländern Lateinamerikas (17%) und in den „New Independent States" (Moldawien, Russland, Ukraine: 12%). Mittlere Raten waren in Südost-Europa (9%) und im asiatisch-pazifischen Raum (7%) zu verzeichnen. Am niedrigsten lagen die Anteile mit jeweils 2% in Nordamerika und in den Staaten der EU sowie des sonstigen westlichen Europas.[31] In Deutschland betrug die Rate 2%.[32] Die Institution, an die weltweit am häufigsten Bestechungsgeld gezahlt wurde, war die Polizei. Das lag insbesondere an häufigen Zahlungen in Afrika und in Lateinamerika.[33]

Nach Ansicht der Befragten sind weltweit die politischen Parteien und die Parlamente 13 am stärksten in Korruption verwickelt. Es folgen der wirtschaftliche und private Sektor, die Polizei und das Rechtswesen.[34] In Deutschland werden die politischen Parteien, der wirtschaftliche und private Sektor, die Medien und das Parlament als die Bereiche angesehen, die am stärksten von Korruption beeinflusst werden.[35] Weltweit schätzen 22% der Befragten die jeweiligen Regierungsaktivitäten im Kampf gegen Korruption als effektiv

---

[30] Report on the Transparency International Global Corruption Barometer 2006, www.transparency.de, S. 17.
[31] A.a.O., S. 17 f.
[32] A.a.O, S. 17.
[33] A.a.O., S. 6 f.
[34] A.a.O., S. 12 f., 21 f.
[35] A.a.O., S. 21.

oder sehr effektiv ein. 38 % halten sie für nicht effektiv und nach Ansicht von 16 % unternimmt die Regierung nichts gegen Korruption. 15 % sind der Meinung, dass die Regierung Korruption ermutigt.[36] Von den deutschen Befragten stuften 13 % die Regierungsaktivitäten als effektiv oder sehr effektiv ein, 51 % hielten sie für nicht effektiv. Nach Ansicht von 12 % bekämpft die Regierung die Korruption nicht und nach Auffassung von 19 % ermutigt sie die Korruption.[37]

2. Strukturen

14 Ebenso wie die Frage nach dem Umfang der Korruption wirft auch die Frage nach ihren Strukturen erhebliche **methodische Probleme** auf. Amtliche Statistiken und Strafakten enthalten nur Angaben über aufgedeckte Korruptionsdelikte und bei der Befragung von Personen, die in Korruptionstaten verwickelt sein könnten, muss mit Zurückhaltung im Antwortverhalten gerechnet werden. Für die bekannt gewordenen Korruptionsfälle lassen sich aber einige Strukturmerkmale herausarbeiten.[38]

15 Korruption tritt in unterschiedlichen Erscheinungsformen auf. Es kann zwischen situativer und struktureller Korruption unterschieden werden. Bei der **situativen Korruption**, die auch als Gelegenheitskorruption bezeichnet werden kann, begeht der Täter die Tat aus einer bestimmten Situation heraus aufgrund eines spontanen Entschlusses. Die Tat ist nicht gezielt geplant und nicht auf Wiederholung angelegt.[39] Am Tatgeschehen sind meistens nur zwei oder wenig mehr Personen beteiligt, Geber und Nehmer kennen sich in der Regel vor der Tat nicht.[40] Die zugewendeten oder angebotenen Vorteile haben häufig einen verhältnismäßig geringen Wert, so dass auch von Bagatellkorruption gesprochen wird.[41] Ein Beispiel für situative Korruption ist der Fall, dass ein alkoholisierter Autofahrer einem kontrollierenden Polizisten 50 Euro anbietet, damit dieser auf die Abnahme einer Blutprobe verzichtet. Delikte der situativen Korruption werden häufig dadurch bekannt, dass der Amtsträger den ihm angebotenen Vorteil zurückweist und Strafanzeige erstattet.

16 **Strukturelle Korruption** ist demgegenüber durch längerfristig angelegte korruptive Beziehungen gekennzeichnet. Die Taten sind geplant und auf Wiederholung angelegt.[42] Geber und Nehmer kennen sich und kooperieren über längere Zeit in korruptiver Weise. Mit *Bannenberg*[43] können im Bereich der strukturellen Korruption mehrere **Untergruppen** unterschieden werden: Bei der Gruppe der **gewachsenen Beziehungen** handelt es sich um längerfristige Korruptionsbeziehungen, die räumlich und personell begrenzt sind. Ein Beispiel hierfür ist eine sich über viele Jahre erstreckende korruptive Beziehung zwischen dem Leiter eines städtischen Gartenbauamts und örtlichen Gartenbauunternehmen, in deren Rahmen der Amtsleiter von den Unternehmen regelmäßig Zuwendungen erhält und den Unternehmen dafür städtische Aufträge verschafft.[44] Die Fallgruppe

---

[36] A.a.O., S. 11.
[37] A.a.O., S. 19. Zum Globalen Korruptionsbarometer 2004 siehe *Wolkers*, in: Transparency International, Jahrbuch Korruption 2005, 2005, S. 303 ff. In einer 2005 durchgeführten Befragung gaben 9 % der deutschen Unternehmen an, dass sie in den letzten zwei Jahren durch Korruption geschädigt wurden, vgl. *Bussmann/Salvenmoser*, NStZ 2006, 203, 204.
[38] *Bannenberg* (Fn. 1), S. 64 ff.
[39] *Bundeskriminalamt* (Fn. 3), S. 5.
[40] *Bannenberg* (Fn. 1), S. 89 f.
[41] *Bannenberg* (Fn. 1), S. 89.
[42] *Bundeskriminalamt* (Fn. 3), S. 5.
[43] *Bannenberg* (Fn. 1), S. 89 ff.; ähnlich *Höffling*, Korruption als soziale Beziehung, 2002, S. 34 ff.
[44] Siehe die Falldarstellung bei *Kerbel*, Korruption in der öffentlichen Verwaltung am Beispiel einer Großstadtverwaltung, Diss. Speyer 1995, S. 50 ff.

II. Umfang und Strukturen der Korruption

der **Netzwerke** ist dadurch gekennzeichnet, das eine Vielzahl von Personen auf Nehmer- und Geberseite über viele Jahre hinweg in ein korruptives Geflecht involviert ist, in dem Korruption von Unternehmen massiv als Teil der Unternehmensstrategie eingesetzt wird. Die Fälle können häufig der organisierten Wirtschaftskriminalität[45] zugeordnet werden. Korruption ist hierbei mit anderen Straftaten wie Betrug, Untreue und Steuerhinterziehung verknüpft. Beispiele hierfür sind Korruptionskartelle in der Bauwirtschaft, die systematisch Korruption einsetzen, damit öffentliche Aufträge an die Unternehmen erteilt werden, die durch das Kartell bestimmt worden sind.[46] Bei der dritten Untergruppe der strukturellen Korruption geht es um die systematische Einflussnahme der **organisierten Nicht-Wirtschafts-Kriminalität** auf Politik, Justiz und Verwaltung: Kriminelle Organisationen, bei denen es sich anders als in der zweiten Untergruppe nicht um grundsätzlich legal agierende Wirtschaftsunternehmen handelt, setzen Korruption als Strategie ein, um Entscheidungen von Politik, Justiz und Verwaltung zu ihren Gunsten zu beeinflussen. Insgesamt weist die Unterscheidung zwischen situativer und struktureller Korruption darauf hin, dass Korruption um so gefährlicher ist, je stärker sie in geplanter und organisierter Form betrieben wird. Ist Korruption so weit verbreitet, dass sie das politische System untergräbt, wird von **systemischer Korruption** gesprochen.[47]

Nach dem Bundeslagebild Korruption überwiegt der Anteil der Verfahren, die Fälle 17 struktureller Korruption zum Gegenstand haben. Der Anteil der Verfahren mit Delikten situativer Korruption ist von 27 % im Jahr 2000 über 13 % im Jahr 2001 auf jeweils 11 % in den Jahren 2002 bis 2004 zurückgegangen; 2005 lag der Anteil bei 13 %.[48] Die Bedeutung der strukturellen Korruption zeigt sich auch in der Aktenuntersuchung von *Bannenberg*. Hierbei muss allerdings berücksichtig werden, das es in dieser Untersuchung um die Analyse von Fällen „bedeutender Korruption" ging[49], so dass Fälle situativer Korruption unterrepräsentiert sein könnten. Untersucht wurden 208 Strafverfahren (gezählt nach Aktenzeichen) der Zeit um 1995 aus 14 Bundesländern, die 101 Fallkomplexe – z.B. ein Bauvorhaben – betrafen.[50] Während es bei 58 % der Fallkomplexe um situative Korruption ging, ergab eine Zählung nach Aktenzeichen, dass 71 % der Verfahren strukturelle Korruption (gewachsene Beziehungen und Netzwerke) betrafen, und eine Zählung nach Beschuldigten, dass sich 81 % der Beschuldigten wegen Delikten der strukturellen Korruption verantworten mussten.[51]

Werden die **Zielbereiche** der Korruption in den Blick genommen, so dominiert in den 18 bekannt gewordenen Fällen die **allgemeine öffentliche Verwaltung**. Nach dem vom Bundeskriminalamt für das Jahr 2005 erstellten Lagebild Korruption betrafen 91 % der gemeldeten Korruptionsfälle die allgemeine öffentliche Verwaltung, 3 % den Bereich „Strafverfolgung/Justiz" und 6 % die Wirtschaft. Der Anteil der gegen Wirtschaftsunternehmen gerichteten Korruptionsdelikte ist hierbei von 2000 bis 2002 gestiegen (vgl. Tabelle 7). 2003, 2004 und 2005 wurden auch Fälle gemeldet, in denen versucht wurde, durch Korruption Entscheidungen der Politik zu beeinflussen. Bei den gegen die allgemeine öffentliche Verwaltung gerichteten Korruptionsdelikten geht es vor allem um die

---

[45] Dazu *Reich*, in: Wabnitz/Janovsky, Handbuch des Wirtschafts- und Steuerstrafrechts, 2. Aufl. 2004, Kap. 5 Rn. 66 ff.
[46] Vgl. *Schaupensteiner*, Kriminalistik 1990, 507 ff.
[47] *Claussen/Ostendorf*, Korruption im öffentlichen Dienst, 2. Aufl. 2002, S. 17.
[48] *Bundeskriminalamt*, Lagebild Korruption Bundesrepublik Deutschland 2000, S. 8; 2001, S. 10; 2002, S. 8; 2003, S. 11; 2004, S. 12; 2005 (Kurzfassung) S. 2. Dagegen wurden in einer Analyse von 118 Korruptionsdelikten aus den Jahren 1991 bis 1994 durch das Landeskriminalamt Baden-Württemberg 81 Straftaten der situativen und 37 Delikte der strukturellen Korruption zugeordnet, vgl. *Landeskriminalamt Baden-Württemberg*, Korruption in Baden-Württemberg. Eine Hellfeldanalyse. Kurzfassung, 1995, S. 4.
[49] *Bannenberg* (Fn. 1), S. 70.
[50] *Bannenberg* (Fn. 1), S. 84 ff.
[51] *Bannenberg* (Fn. 1), S. 91 ff.

1. Kapitel. Grundlagen der Korruptionsprävention

Vergabe öffentlicher Aufträge. Im Lagebild Korruption 2005 sind 3.058 Fälle registriert, in denen die korruptiven Handlungen die Vergabe öffentlicher Aufträge betrafen; in 153 Fällen standen die Korruptionsdelikte im Zusammenhang mit behördlichen Dienstleistungen (Erteilung von Genehmigungen).[52] Nach dem Bundeslagebild Korruption bestehen mehr als die Hälfte der von den Gebern durch Korruptionsdelikte erlangten Vorteile in der Erlangung von Aufträgen oder sonstigen Wettbewerbsvorteilen (vgl. Tabelle 8; die Zahlen für 2004 werden hierbei durch ein Verfahren verzerrt, das 2007 Fälle der illegalen Erlangung behördlicher Genehmigungen umfasst). Die Bedeutung, die dem Vergabe- und Beschaffungswesen als Zielbereich der Korruption zukommt, wird auch deutlich, wenn die Verteilung der Nehmer und Geber in Korruptionsfällen betrachtet wird. Nach dem Lagebild Korruption spielen unter den Nehmern insbesondere Bau- und Kommunalbehörden eine erhebliche Rolle; unter den Gebern mit Branchenzugehörigkeit ist vor allem die Baubranche von Bedeutung (vgl. Tabellen 9 bis 11).

Tabelle 7: Zielbereiche der Korruption in %

	2000	2001	2002	2003	2004	2005
Allg. öff. Verwaltung	72	76	79	79	76	91
Strafverfolgungs-/Justizbehörden	17	15	6	8	8	3
Wirtschaft	11	12	15	12	15	6
Politik	0	0	0	1	2	0,2
n	1.161	1.194	1.557	1.114	2.254	4.811

Quelle: *Bundeskriminalamt*, Lagebild Korruption Bundesrepublik Deutschland 2000, S. 19; 2001, S. 24; 2002, S. 20; 2003, S: 27; 2004, S. 29; 2005 (Kurzfassung), S. 6.

Tabelle 8: Art der Vorteile der Geber in %

	2000	2001	2002	2003	2004	2005
Erlangung von Aufträgen	43	44	46	62	18	79
sonst. Wettbewerbsvorteile	10	7	18	6	3	4
Bezahlung fingierter/überhöhter Rechnungen	6	4	5	7	3	5
behördliche Genehmigungen	6	13	13	12	64	3
Beeinflussung der Strafverfolgung	4	6	4	3	2	2
behördeninterne Informationen	2	3	1	4	1	1
Sonstiges	30	22	14	7	9	6
n	1.045	916	1.143	1.087	3.324	2.742

Quelle: *Bundeskriminalamt*, Lagebild Korruption Bundesrepublik Deutschland 2000, S. 32; 2001, S. 39; 2002, S. 36; 2003, S. 39; 2004, S. 45; 2005 (Kurzfassung), S. 13.

---

[52] *Bundeskriminalamt*, Bundeslagebild Korruption 2005 (Kurzfassung), S. 6.

II. Umfang und Strukturen der Korruption

Tabelle 9: Art der Nehmer in %

	2000	2001	2002	2003	2004	2005
Baubehörden	21	25	11	19	11	3
Kommunalbehörden	17	8	6	14	25	24
Gesundheit	16	16	34	19	15	3
Polizeibehörden	9	8	1	4	3	1
Wirtschaftsunternehmen	1	7	6	8	11	3
Sonstige	36	36	41	37	35	66
n	1.534	897	1.968	1.003	996	5.406

Quelle: *Bundeskriminalamt*, Lagebild Korruption Bundesrepublik Deutschland 2000, S. 21; 2001, S. 26; 2002, S. 23; 2003, S. 30; 2004, S. 33; 2005 (Kurzfassung), S. 7.

Tabelle 10: Verteilung der Geber in %

	2000	2001	2002	2003	2004	2005
Geber mit Branchenzugehörigkeit	66	78	82	79	76	90
Privatperson	27	18	12	8	19	6
Straftäter	0,4	1	1	1	2	1
Sonstige	6	2	5	12	3	3
n	1.243	1.090	1.272	851	1.050	2.804

Quelle: *Bundeskriminalamt*, Lagebild Korruption Bundesrepublik Deutschland 2000, S. 26; 2001, S. 32; 2002, S. 30; 2003, S. 34; 2004, S. 38; 2005 (Kurzfassung), S. 10.

Tabelle 11: Art der Geber nach Branchen in %

	2000	2001	2002	2003	2004	2005
Baubranche	25	39	39	43	15	9
Handwerk	20	10	17	12	15	3
Dienstleistung	15	11	6	15	8	6
Gesundheit	11	8	15	4	15	1
Handel	10	5	2	7	15	69
Sonstige	18	28	21	18	32	12
n	824	852	1.047	675	797	2.524

Quelle: *Bundeskriminalamt*, Lagebild Korruption Bundesrepublik Deutschland 2000, S. 26; S. 33; 2002, S. 31; 2003, S. 35; 2004, S. 38; 2005 (Kurzfassung), S. 10.

Die Korruption bei der Vergabe öffentlicher Aufträge betrifft unterschiedliche Verwaltungszweige. Korruptive Praktiken werden z.B. bei Materialeinkäufen von Behörden oder bei Beschaffungen der Polizei oder der Bundeswehr eingesetzt. Nach den bekannt gewordenen Fällen ist Korruption bei **öffentlichen Bauvorhaben** besonders weit verbreitet. Sie wird sowohl bei kleineren Aufträgen als auch bei Großaufträgen eingesetzt (z.B. Flughä-

1. Kapitel. Grundlagen der Korruptionsprävention

fen, Autobahnbau, Klärwerke oder Mülldeponien). Mit *Müller*[53] können die ihm Rahmen korruptiver Praktiken vorgenommenen Manipulationen in drei Phasen eingeteilt werden (siehe auch Kap. 7 Rn 43 ff.): Die erste Phase betrifft den Zeitraum vor der Angebotsabgabe. In diese Phase fallen u.a.: Einfluss auf die Planung des Vorhabens („Wer plant, der baut"), vorschriftswidrige Ausschreibungsart (beschränkte Ausschreibung statt öffentlicher Ausschreibung, unzulässige freihändige Vergabe), Einflussnahme auf die Erstellung des Leistungsverzeichnisses (z.B. Einbau von „Luftnummern", also Leistungen, die später nicht erbracht werden müssen und die deshalb besonders kostengünstig angeboten werden können), nochmalige Ausschreibung bereits ausgeführter Bauleistungen, Informationen über das für das Vorhaben zur Verfügung stehende Budget, über angeschriebene Unternehmen, Bieterlisten und den Inhalt von Konkurrenzangeboten sowie unzulässige Preisabsprachen. Die zweite Phase reicht von der Angebotsabgabe bis zur Auftragsvergabe. Manipulationen in dieser Phase sind u.a. die nachträgliche Veränderung von Angebotsunterlagen, unzulässige Preisverhandlungen nach Eröffnung und der Rücktritt des günstigsten Bieters, damit ein von vornherein bestimmtes Unternehmen den Auftrag erhalten kann. In die dritte Phase – den Zeitraum nach der Auftragsvergabe – fallen z.B. Nachtragsangebote infolge von unsachgemäßen Leistungsbeschreibungen, überhöhte Aufmaße oder die Abrechnung von überhaupt nicht erbrachten Leistungen (sog. Luftrechnungen).

20 Häufig dienen korruptive Handlungen bei der Vergabe öffentlicher Aufträge der Absicherung von **Absprachen zwischen Unternehmen**, mit denen Ausschreibungen umgangen werden sollen. Hierbei einigen sich die Unternehmen auf eine Firma, die den Auftrag erhalten soll. Die übrigen Unternehmen geben höhere Schutzangebote ab. Sie erhalten Abstandssummen und es wird vereinbart, welche Unternehmen die nächsten Aufträge erhalten sollen. Als Bestechungssumme wird häufig ein bestimmter Prozentsatz der Auftragssumme gezahlt. Die Bestechungssummen werden in die Preise eingerechnet. Teilweise haben aus zahlreichen Unternehmen bestehende Kartelle über viele Jahre hinweg abgesichert durch Korruptionszahlungen öffentliche Aufträge auf bestimmten Märkten untereinander aufgeteilt.[54] Bei korruptiven Netzwerken mit Beteiligung zahlreicher Unternehmen kam es zum Einsatz von Vermittlern oder Koordinatoren. Diese hatten die Aufgabe, die korruptiven Aktivitäten der Unternehmen aufeinander abzustimmen und den Kontakt zwischen dem Absprachekartell und den bestochenen Amtsträgern zu halten.[55] Werden von der öffentlichen Hand für die Planung von Bauvorhaben und die Auftragsvergabe private Ingenieurbüros eingeschaltet, kann es zur Bestechung der Mitarbeiter dieser Büros kommen.[56] Zur Verschleierung von Zahlungen und zwecks Schwarzgeldbeschaffung werden auf Nehmer- und auf Geberseite Scheinfirmen gegründet.[57] Es wurden „Korruptions-Kartelle"[58] aufgedeckt, in denen Korruption als eingeschliffener Handlungsstil über viele Jahre ohne größeres Unrechtsbewusstsein praktiziert wurde.[59] Im Laufe der Entwicklung von Korruptions-Kartellen ist es auch zu betrügerischen Handlungen der an dem Kartell beteiligten Unternehmen untereinander gekommen. So wurde für die zu zahlenden Bestechungssumme ein zu hoher Betrag angegeben; dies ermöglichte es dem täuschenden Unternehmen, wegen der „überhöhten" Zahlung der getäuschten Firma den eigenen Anteil an der Bestechungssumme zu sparen.[60]

---

[53] Fn. 17, S. 512 ff. Zu den Manipulationsmöglichkeiten bei der Vergabe von Bauvorhaben vgl. auch *Schubert*, in: Wabnitz/Janovsky (Fn. 45), Kap. 10 Rn. 21 ff.
[54] Vgl. die Fallbeispiele bei *Bannenberg* (Fn. 1), S. 109 ff., 114 ff.
[55] *Bannenberg* (Fn. 1), S. 115.
[56] *Bannenberg* (Fn. 1), S. 115 f., 127 ff.
[57] *Bannenberg* (Fn. 1), S. 116.
[58] *Schaupensteiner* (Fn. 46), 507.
[59] *Dölling* (Fn. 1). C 18.
[60] *Bannenberg* (Fn. 1), S. 115.

II. Umfang und Strukturen der Korruption

Erhebliche Bedeutung hat die Korruptionsproblematik auch im **Gesundheitsbereich** 21 gewonnen. Hier haben Firmen, die Medizinprodukte oder Medikamente vertreiben, Zuwendungen an Ärzte geleistet, die Beschaffungsentscheidungen maßgeblich beeinflussen konnten.[61] In diesem Zusammenhang kann die Abgrenzung von Korruption und zulässiger Forschungsförderung problematisch sein (siehe dazu Kap. 4 Rn. 50, 54, 61, 76, 82; Kap. 6 Rn. 54 ff.; Kap. 8 Rn. 45, 63, 66). Als Leistungen der Firmen kommen in Betracht: Geldzahlungen (z.B. umsatzzahlabhängige Bonuszahlungen), Bewirtungen in teuren Restaurants, Finanzierung von Feiern, kostenlose „Werksbesichtigungen", Finanzierung von Kongressreisen oder Honorare für Vorträge auf Fortbildungsveranstaltungen, Gutachten oder Beratungstätigkeit. Weiterhin können Leistungen darin bestehen, dass Geräte für die Forschungstätigkeit finanziert werden oder Geld für die Bezahlung von wissenschaftlichen Mitarbeitern zur Verfügung gestellt wird. Teilweise sind diese Mittel an von Wissenschaftlern gegründete private Vereine zur Förderung der Forschung gezahlt worden.

Abgrenzungsprobleme zwischen Korruption und legalem Verhalten können sich auch 22 beim **Sponsoring** ergeben, wenn Firmen z.B. einerseits Gemeinden mit Spenden unterstützen (z.B. für den Bau eines Brunnens auf dem Marktplatz oder für Sport- und Kulturveranstaltungen) und andererseits an Aufträgen durch die Gemeinde interessiert sind (näher Kap. 6 Rn. 59 ff.; Kap. 7 Rn 21 f., 104; Kap. 8 Rn. 63, 68, 123).

Korruption zur Erlangung von Aufträgen wird auch im Rahmen **internationaler** 23 **Wirtschaftsbeziehungen** in erheblichem Umfang eingesetzt.[62] Als besonders gefährdet werden Entwicklungsländer angesehen.[63] Korruptive Praktiken im internationalen Geschäftsverkehr können u.a. darin bestehen, dass Unternehmen an Vermittler „Provisionen" zahlen, die dann als Bestechungsgelder eingesetzt werden, oder dass zur Verschleierung von den Beteiligten Firmen zwischengeschaltet werden.

Bei den Korruptionsdelikten zur Erlangung von **Genehmigungen** und Erlaubnissen 24 geht es u.a. um die Erteilung von Führerscheinen und Fahrzeugzulassungen, Baugenehmigungen, Erlaubnisse zum Aufbau von Ständen in Markthallen und ausländerrechtliche Entscheidungen wie z.B. Aufenthaltserlaubnisse.[64] Auch in diesem Bereich kann Korruption ein erhebliches Ausmaß annehmen. So erreichten die Fahrlehrer dreier Fahrschulen durch die über viele Jahre erfolgte Bestechung von Prüfern, dass mehrere tausend ansonsten chancenlose Fahrschüler einen Führerschein erhielten.[65] Ziel korruptiver Praktiken kann es auch sein, die Erhebung von **Gebühren** oder die Zahlung von Steuern oder Zoll abzuwenden.[66] Auch im Zusammenhang mit **staatlichen Leistungen** kann es zu Korruptionsdelikten kommen. Gegenstand korruptiver Vereinbarungen können z.B. die Gewährung von Krediten durch öffentlich-rechtliche Bankinstitute[67] oder die Zuweisung von Sozialwohnungen[68] sein. Bei der Privatisierung der Staatsbetriebe der ehemaligen DDR ermöglichte es die Bestechung von Mitarbeitern der Treuhandanstalt den Gebern, Unternehmen zu einem günstigen Preis zu erwerben und dann mit Gewinn zu verwerten.[69] Insgesamt sind somit in zahlreichen Zweigen der öffentlichen Verwaltung Korruptionsfälle bekannt geworden. *Liebl*, der 509 Strafverfahren nach den §§ 331 bis 334 StGB unter Ausschluss der „Polizeikorruption" aus den Jahren 1976 bis 1985 untersucht hat, unterscheidet zwischen folgenden Grundtypen der Korruption: Gewinnmaximierungskorrup-

---

[61] Vgl. zu den „Herzklappen-Verfahren" *Bannenberg* (Fn. 1), S. 152 ff.
[62] Siehe *Rose-Ackermann*, in: Pieth/Eigen (Fn. 25), S. 40 ff.
[63] *Bannenberg* (Fn. 1), S. 28.
[64] *Bannenberg* (Fn. 1), S. 99, 104, 146 ff.; *Schönherr*, Vorteilsgewährung und Bestechung als Wirtschaftsstraftaten, 1985, S. 221 f.
[65] Siehe die Falldarstellung bei *Bannenberg* (Fn. 1), S. 147 ff.
[66] *Kerbel* (Fn. 36), S. 108 ff.; *Schönherr* (Fn. 64), S. 222.
[67] *Schönherr* (Fn. 64), S. 221.
[68] *Kerbel* (Fn. 44), S. 122 ff.
[69] Vgl. die Fallschilderungen bei *Bannenberg* (Fn. 1), S. 167 ff.

tion (Abrechnung nicht erbrachter Leistungen), Verdrängungs- und Leistungskorruption (Ausschaltung der Konkurrenz), Finanzierungskorruption (Krediterlangung bei öffentlich-rechtlichen Institutionen), Auflagenkorruption (Vermeidung von Umweltauflagen), Grenzkontrollkorruption (Abgabenumgehung im wirtschaftlichen Verkehr), Genehmigungskorruption (Erlangung staatlicher Genehmigungen) und Aufenthaltskorruption (Bestechung von Beamten der Ausländerbehörden).[70]

25 Im Bereich der **Strafverfolgungs- und Justizbehörden** betreffen die meisten Verfahren die Polizei. In dem vom Bundeskriminalamt erstellten Lagebild Korruption für das Jahr 2005 sind 161 Verfahren registriert, in denen wegen eines Korruptionsvorwurfs im Bereich der Strafverfolgungs- und Justizbehörden ermittelt wurde. In 107 dieser Verfahren waren Polizeibehörden Zielbereich der Korruption.[71] Hierbei geht es z.B. um Fälle, in denen alkoholisierte Autofahrer bei polizeilichen Alkoholkontrollen versuchen, Atemalkoholtests oder die Abnahme von Blutproben zu verhindern. Bestechung kann auch dazu dienen, Polizeibeamte dazu zu veranlassen, vor bevorstehenden Strafverfolgungsmaßnahmen, z.B. Razzien, zu warnen. Ziel von Bestechungen kann es weiterhin sein, Informationen aus polizeilichen Dateien zu erhalten. Bei Bestechungen im Rahmen des Justizvollzugs kann es u.a. um das Einschmuggeln von Alkohol oder Drogen in Vollzugsanstalten gehen. Bestechungen von Staatsanwälten oder Richtern sind bisher nur selten bekannt geworden (z.B. Bestechung eines Insolvenzrichters, um Aufträge für die Abwicklung von Insolvenzen zu erhalten).

26 Im Bereich der **Politik** sind korruptive Einflussnahmen auf Ministerialbeamte, Regierungsmitglieder und Parlamentsabgeordnete denkbar. So können z.B. Zuwendungen an Abgeordnete dazu dienen, diese zu einer bestimmten Stimmabgabe oder zum Tätigwerden im Sinne bestimmter Interessen zu veranlassen. Problematisch kann die Abgrenzung zum zulässigen **Lobbying** sein, also zu dem Bemühen von Unternehmen und Verbänden, auf Ministerialbeamte, Regierungsmitglieder und Abgeordnete Einfluss auszuüben, um erwünschte politische Entscheidungen zu erreichen (näher dazu Kap. 4 Rn. 99 ff.).

27 Korruptionsdelikte werden auch **zu Lasten von Wirtschaftsunternehmen** begangen. Insbesondere kommt die Bestechung von Angestellten von Wirtschaftsunternehmen durch Lieferanten in Betracht, die eine Bevorzugung bei der Auftragsvergabe erstreben. Auch Korruption zu Lasten von Wirtschaftsunternehmen kann im Rahmen von Ausschreibungen erfolgen. Durch Korruption können auch andere wirtschaftliche Entscheidungen beeinflusst werden, z.B. über Grundstücksverkäufe, Unternehmensverkäufe oder Übernahmen. Die Korruption kann auch Beratungsfirmen treffen.

28 Im **gesellschaftlichen Bereich** kann Korruption z.B. im Zusammenhang mit der Medienberichterstattung erfolgen. So können Journalisten Gelder für eine günstige Berichterstattung gezahlt werden. Auch im Sport kann es zu korruptiven Praktiken kommen (z.B. Geldzahlungen an Spieler für einen absichtlichen Spielverlust, an Schiedsrichter für günstige Entscheidungen oder an Vorstandsmitglieder von Sportverbänden für die Vergabe von Sportveranstaltungen).

29 Korruption kann **auf allen Ebenen** der staatlichen und kommunalen Verwaltung und der Wirtschaftsunternehmen stattfinden. Nach dem Bundeslagebild Korruption sind die Nehmer der Korruptionsdelikte überwiegend in sachbearbeitender Funktion tätig. Sie Leitungsebene ist jedoch unter den Nehmern im Verhältnis zu ihrem Anteil an der Gesamtzahl der Beschäftigten überrepräsentiert (vgl. Tabelle 12). Dies hängt mit den Entscheidungsbefugnissen der Leitungsebene zusammen, die sie für korruptive Praktiken interessant macht.[72] In Korruption verwickelt sein können nicht nur die Personen, von denen die Entscheidungen getroffen werden, sondern auch diejenigen, die die Entschei-

---

[70] *Liebl*, in: Benz/Seibel, Zwischen Kooperation und Korruption, 1992, S. 283, 287 ff.
[71] *Bundeskriminalamt* (Fn. 52), S. 7.
[72] *Bundeskriminalamt* Bundeslagebild Korruption 2004, S. 35.

II. Umfang und Strukturen der Korruption

dung vorbereiten und die wegen ihres fachspezifischen Sachverstands großen Einfluss auf die Entscheidungsfindung haben können. Die Bestechung kann auch Mitarbeiter privatrechtlicher Organisationen betreffen, die in die Erfüllung öffentlicher Aufgaben eingeschaltet sind, z.B. die Gesellschaft für Technische Zusammenarbeit GmbH oder private Bauplanungs- und Ingenieurbüros, die in die Planung und Abwicklung öffentlicher Bauvorhaben einbezogen sind. Die Geber sind nach dem Bundeslagebericht Korruption überwiegend Angehörige einer bestimmten Wirtschaftsbranche (siehe Tabelle 10). Unter den Gebern mit Branchenzugehörigkeit überwiegen Personen aus der Leitungsebene; es handelt sich vor allem um Firmeninhaber, Geschäftsführer und leitende Angestellte (vgl Tabelle 13). In manchen Fällen sind auf Nehmer- und/oder Geberseite Personen aus mehreren Hierarchieebenen an den korruptiven Praktiken beteiligt.[73] Zahlreiche Nehmer üben im Tatzeitpunkt die ihnen übertragenen Tätigkeiten bereits verhältnismäßig lange aus. Dies kann die Gefahr korruptiver Anbahnungsversuche erhöhen.[74] Nach dem Bundeslagebild Korruption nahm die Mehrzahl der Nehmer, zu denen insoweit Angaben vorliegen, die ihnen zugewiesenen Aufgaben bereits länger als fünf Jahre wahr (siehe Tabelle 14). Allerdings enthält das Lagebild nur zu einem relativ kleinen Teil der Nehmer Angaben zur Dauer der Aufgabenwahrnehmung; für das Jahr 2004 lag diese Angabe zu 525 der insgesamt 1.167 tatbereiten Nehmer vor.[75]

Tabelle 12: Funktion der Nehmer in %

	2000	2001	2002	2003	2004	2005
Sachbearbeitung	64	43	60	50	38	41
Leitung	19	40	30	43	29	55
Bürgermeister	1	2	1	1	5	1
Sonstige	16	14	9	7	28	2
n	1.569	1.049	1.833	1.099	1.056	5.289

Quelle: *Bundeskriminalamt*, Lagebild Korruption Bundesrepublik Deutschland 2000, S. 23; 2001, S. 29; 2002, S. 26; 2003, S. 31; 2004, S. 35; 2005 (Kurzfassung), S. 8.

Tabelle 13: Funktion der einer bestimmen Branche angehörenden Geber in %

	2000	2001	2002	2003	2004	2005
Firmeninhaber	34	39	51	31	26	7
Geschäftsführer	31	26	24	41	33	83
leitende Angestellte	10	10	12	12	23	4
Angestellte ohne Führungsverantwortung	9	10	11	11	11	3
Sonstige Funktion	16	15	2	5	7	3
n	789	857	984	766	1.121	2.522

Quelle: *Bundeskriminalamt*, Lagebild Korruption Bundesrepublik Deutschland 2000, S. 27; 2001, S. 34; 2002, S. 32; 2003, S. 35; 2004, S. 39; 2005 (Kurzfassung), S. 11.

---

[73] *Bannenberg* (Fn. 1), S. 114, 142.
[74] *Bundeskriminalamt* (Fn. 52), S. 37.
[75] *Bundeskriminalamt* (Fn. 52), S. 36.

1. Kapitel. Grundlagen der Korruptionsprävention

Tabelle 14: Dauer der Aufgabenwahrnehmung durch die Nehmer in %

Beschäftigungsdauer in Jahren	2000	2001	2002	2003	2004
bis 1	3	2	0,3	0,8	3
1–2	7	16	10	13	10
3–5	19	18	19	22	25
6–10	28	42	48	35	37
> 10	42	22	23	29	24
n	615	385	648	376	525

Quelle: *Bundeskriminalamt*, Lagebild Korruption Bundesrepublik Deutschland 2000, S. 25; 2001, S. 31; 2002, S. 28; 2003, S. 33; 2004, S. 37.

30 Die **Initiative** zur Korruption kann sowohl von der Geber- als auch von der Nehmerseite ausgehen. Korruptive Praktiken von Amtsträgern können bis hin zur Erpressung von Privatpersonen reichen, die auf die Entscheidung des Amtsträgers angewiesen sind.[76] Wird die korruptive Beziehung von der Geberseite angeknüpft, geschieht dies insbesondere im Bereich der Wirtschaftskriminalität häufig in der Weise, dass zunächst kleinere Geschenke und Aufmerksamkeiten „zur Kontaktpflege" gewährt werden, die dann in konkrete Korruptionsgeschäfte übergehen (sog. **Anfüttern**).[77] Diese Zuwendungen können als „Streugeschenke" nach dem „Gießkannenprinzip" zunächst an einen größeren Kreis von Amtsträgern erfolgen, wobei dann eine Konzentration auf bestimmte Bedienstete erfolgt, bei denen sich Korrumpierbarkeit andeutet. Der Wert der Geschenke wird erhöht, ohne diese zunächst mit Forderungen nach Gegenleistungen zu verknüpfen. Ist dann die Hemmschwelle bei den Bediensteten gesunken und ein Abhängigkeitsverhältnis angebahnt, werden Geschäfte mit Leistung und Gegenleistung abgeschlossen. Bei länger andauernden Korruptionsbeziehungen kann es zu einer Steigerung der Forderungen von Geber- oder von Nehmerseite kommen[78] und kann eine Ausweitung der korruptiven Beziehung dadurch stattfinden, dass auf Geber- oder Nehmerseite immer mehr Personen in das korruptive Geflecht einbezogen werden, insbesondere durch Ausdehnung der korruptiven Praktiken von den oberen auf die unteren Hierarchieebenen.[79] *Schönherr*, der die von 1974 bis 1979 von den Staatsanwaltschaften zur „Bundesweiten Erfassung von Wirtschaftsstraftaten nach einheitlichen Gesichtspunkten" gemeldeten Verfahren wegen Vorteilsgewährung und Bestechung untersucht und mit nicht in die Bundesweite Erfassung eingegangenen Verfahren nach den §§ 333 und 334 StGB verglichen hat, kennzeichnet die Bestechungen im Bereich der Wirtschaftskriminalität als aggressive, aus eigener Initiative begangene Delikte und die Bestechungen der Vergleichsgruppe als eher defensive Taten zur Abwehr staatlicher Eingriffe.[80]

31 Die **Vorteile der Nehmer** aus korruptiven Beziehungen können vielfältig sein. Nach dem Bundeslagebild Korruption bestehen sie überwiegend in Bargeld, Sachzuwendungen (z.B. Elektrogeräte oder Fahrzeuge) und Bewirtungen/Feiern. Hinzu kommen u.a. die Teilnahme an Veranstaltungen, Reisen und Arbeits- oder Dienstleistungen (vgl. Tabelle 15). Die Vorteile können auch an dritte Personen fließen, z.B. Ehegatten oder Verwandte des Nehmers, oder an Organisationen, denen sich der Nehmer verbunden weiß. Zur Verschleierung der Leistungen können auf Geber- wie auf Nehmerseite speziell zu diesem

---

[76] Vgl. die Falldarstellung bei *Kerbel* (Fn. 36).
[77] *Vahlenkamp*, in: Vahlenkamp/Knauß (Fn. 8), S. 206 f.
[78] *Bannenberg* (Fn. 1), S. 104.
[79] *Bannenberg* (Fn. 1), S. 142 f.
[80] *Schönherr* (Fn. 64), S. 147.

II. Umfang und Strukturen der Korruption

Zweck gegründete Firmen eingeschaltet werden. Der Gesamtwert der Vorteile der Nehmer wird im Bundeslagebild Korruption 2003 auf der Basis der Daten von 10 Landeslagebildern mit ca. 16 Millionen Euro, im Bundeslagebild 2004 nach den Erkenntnissen aus 12 Bundesländern mit ca. 19 Millionen Euro und im Bundeslagebild 2005 mit 27 Millionen Euro angegeben.[81]

Tabelle 15: Art der Vorteile der Nehmer in %

	2000	2001	2002	2003	2004	2005
Bargeld	43	33	37	29	18	14
Sachzuwendungen	23	22	21	39	25	68
Bewirtung/Feier	13	23	26	11	39	6
Teilnahme an Veranstaltungen	5	9	10	3	2	2
Reisen	5	4	3	6	8	3
Arbeits-/Dienstleistungen	5	4	2	6	3	2
Sonstiges	6	5	3	5	5	6
	1.120	1.200	1.530	1.164	2.251	2.896

Quelle: *Bundeskriminalamt*, Lagebild Korruption Bundesrepublik Deutschland 2000, S. 30; 2001, S. 37; 2002, S. 35; 2003, S. 38; 2004, S. 44; 2005 (Kurzfassung), S. 12.

Korruptionsdelikte sind häufig mit **weiteren Straftaten** verbunden (vgl. Tabelle 2). Als 32 weitere Delikte kommen insbesondere Betrug, Untreue, wettbewerbsbeschränkende Absprachen bei Ausschreibungen, Verletzung von Privat- und Dienstgeheimnissen, Strafvereitelung, Geldwäsche und Steuerhinterziehung in Betracht. Als besonders gefährlich werden Korruptionsdelikte angesehen, die von Gruppierungen der **organisierten Kriminalität** begangen werden, um Politik, Verwaltung oder Justiz zu beeinflussen. Solche Fälle sind allerdings bisher selten bekannt geworden. Nach dem Bundeslagebild Korruption des Jahres 2004 weisen weniger als 1% der Verfahren wegen Korruptionsstraftaten Bezüge zur organisierten Kriminalität auf und nach dem Bundeslagebild Organisierte Kriminalität wird in weniger als 5% der Verfahren wegen organisierter Kriminalität auch wegen Korruptionsstraftaten ermittelt (vgl. Tabelle 16). In den von *Bannenberg* analysierten Strafakten fand sich kein Fall einer systematischen Einflussnahme organisierter Kriminalität auf Verwaltungen oder Justizorgane.[82] Diese Aussagen müssen sich freilich auf das Hellfeld beschränken.

Tabelle 16: Beziehungen zwischen Korruptionsstraftaten und organisierter Kriminalität (in %)

	2000	2001	2002	2003	2004
Anteil der Verfahren mit Bezügen zur organisierten Kriminalität an den Verfahren wegen Korruptionsstraftaten	0,4	0,4	0,8	3,5	0,6
Anteil der Verfahren auch wegen Korruptionsstraftaten an den Verfahren wegen organisierter Kriminalität	2,8	2,9	2,3	4,7	4,5

Quelle: *Bundeskriminalamt*, Lagebild Korruption Bundesrepublik Deutschland 2000, S. 17; 2001, S. 22; 2002, S. 19; 2003, S. 49; 2004, S. 50.

---

[81] *Bundeskriminalamt*, Lagebild Korruption Bundesrepublik Deutschland 2003, S. 39; 2004, S. 44; 2005 (Kurzfassung), S. 12.
[82] *Bannenberg* (Fn. 1), S. 111.

1. Kapitel. Grundlagen der Korruptionsprävention

III. Schäden durch Korruption

33   Korruption verursacht materielle und immaterielle Schäden. Der Umfang der **materiellen Schäden** lässt sich nicht genau angeben. Die durch im Dunkelfeld verbleibende Korruptionsdelikte hervorgerufenen Schäden sind nicht bekannt, und bei bekannt gewordenen Korruptionsdelikten wird die Strafverfolgung häufig beschränkt und der verursachte Schaden nicht vollständig ermittelt.[83] Vorliegende Untersuchungen von Strafakten zeigen jedoch, dass durch Korruptionsstraftaten erhebliche materielle Schäden verursacht werden. Diese kommen insbesondere dadurch zustande, dass überhöhte Preise gezahlt werden, weil der Wettbewerb ausgeschaltet wird und die Bestechungssummen in die Preise eingerechnet werden, und dass qualitativ minderwertige oder überhaupt nicht erbrachte oder nicht benötigte Leistungen bezahlt werden.[84] In den von *Schönherr* untersuchten zur Bundesweiten Erfassung von Wirtschaftsstraftaten gemeldeten Verfahren lag der finanzielle Schaden in über 80 % der Verfahren über 10.000 DM,[85] wobei die Korruptionsdelikte „oftmals zentrale Bestandteile der Schadensherbeiführung" waren.[86] Die Bestechungsstraftaten waren in 64 % der Verfahren, in denen sich der Schadensumfang ermitteln ließ, für Schäden über 10.000 DM ursächlich.[87] *Bannenberg* stellt aus ihrer Aktenuntersuchung Verfahren dar, in denen jeweils Schäden von mehreren hunderttausend DM bzw. in Millionenhöhe verursacht wurden.[88]

34   Weiterhin liegen eine Reihe von Schätzungen über die durch Korruption verursachten Schäden vor. Nach einer Schätzung von *Schaupensteiner* haben durch Korruption abgesicherte Preisabsprachen 1988 in Hessen bei Landesbaumaßnahmen (ohne Städte und Gemeinden, einschließlich Baumaßnahmen des Bundes und der Stationierungsstreitkräfte) zu einem Schaden von 217 Millionen DM geführt.[89] Er geht bei dieser Schätzung davon aus, dass die bei nicht öffentlich ausgeschriebenen Baumaßnahmen in Rechnung gestellten Baupreise durchschnittlich um 25 % höher sind als bei vergleichbaren privaten Auftraggebern und dass von den Landesbaumaßnahmen in Höhe von 1,5 Milliarden DM ein Betrag von ca. 873 Millionen DM ausgeschrieben oder direkt vergeben wurde. *Müller* hat eine Schadensschätzung aufgrund einer Prüfung von über 70 korruptionsbelasteten Baumaßnahmen durch den Hessischen Rechnungshof vorgenommen. Er geht hierbei von einer Schadensquote (Anteil korruptionsbedingter Mehrausgaben) von ca. 12 % aus. Bei Baumaßnahmen des Landes Hessen mit einem Haushaltsvolumen von 2,4 Milliarden DM pro Jahr (Durchschnittssumme aus den Haushalten 1990 bis 1992) ergibt dies bei einer Anfälligkeitsquote (Anteil der korruptionsbelasteten Baumaßnahmen) von 58 % einen jährlichen Schaden für das Land Hessen von 170 Millionen DM und bei einer Anfälligkeitsquote von 40 % einen jährlichen Schaden von 120 Millionen DM.[90] Hierbei handelt es sich nach *Müller* um eine „sehr grobe und am untersten Rand ansetzende sehr vorsichtige Schätzung".[91]

35   *Tiedemann* hat 1992 den Schaden, den die öffentliche Hand in der Bundesrepublik Deutschland durch – in der Regel mit Korruption verbundene – Preisabsprachen bei öf-

---

[83] *Bannenberg* (Fn. 1), S. 240.
[84] *Bannenberg* (Fn. 1), S. 240 f.
[85] *Schönherr* (Fn. 64), S. 155 ff.
[86] *Schönherr* (Fn. 64), S. 163.
[87] *Schönherr* (Fn. 64), S. 167.
[88] *Bannenberg* (Fn. 1), S. 126 f., 129 f., 145, 174, 189 und 191; vgl. auch *Schubert* (Fn. 53), Rn. 8.
[89] *Schaupensteiner* (Fn. 46), 508 f.
[90] *Müller* (Fn. 17), 516.
[91] *Müller* (Fn. 17), 516.

III. Schäden durch Korruption

fentlichen Baumaßnahmen erleidet, auf ca. 10 Milliarden DM geschätzt.[92] Er geht hierbei davon aus, dass 60% des Bauvolumens auf die öffentliche Hand entfällt, 40% dieser Aufträge abgesprochen sind und die Preiserhöhung im Durchschnitt bei 10% über dem Marktpreis liegt. *Schaupensteiner* hat den durch Preisabsprachen bei öffentlichen Baumaßnahmen der öffentlichen Hand jährlich entstehenden Schaden 1993 ebenfalls auf ca. 10 Milliarden DM geschätzt.[93] Er hat hierbei zugrunde gelegt, dass die öffentlichen Haushalte 1991 etwa 67,201 Milliarden DM für Baumaßnahmen investiert haben und dass die Hälfte der durch die öffentliche Hand vergebenen Aufträge mit einem Preiserhöhungseffekt von 30% abgesprochen sind. Auch 2002 geht *Schaupensteiner* davon aus, dass infolge von Bestechung und Preisabsprachen die Kosten der öffentlichen Baumaßnahmen jährlich um geschätzte 5 Milliarden Euro überteuert sind.[94] Bei diesen Zahlen handelt es sich nicht um exakte Berechnungen. Möglicherweise müssten die Schätzungen heute wegen verbesserter Maßnahmen zur Eindämmung von Korruption niedriger ausfallen. Immerhin liefern die Zahlen aber Anhaltspunkte für die Höhe der durch Korruption drohenden Schäden. Hierbei ist zu bedenken, dass eine Reihe von Schadensposten, wie z.B. die Kosten für die Aufdeckung und Verfolgung von Korruption, in den Schätzungen noch nicht berücksichtigt sind.[95]

Die der öffentlichen Hand durch Korruption im öffentlichen Bau- und Beschaffungswesen entstehenden Schäden verbleiben zu einem großen Teil nicht bei der öffentlichen Hand, sondern werden über Steuern und andere Abgaben auf die Bürger umgelegt. Die öffentliche Hand ist insoweit ein „Opfer auf Zeit".[96] Durch die korruptiven Praktiken werden auch die redlichen Mitbewerber geschädigt, denen die Aufträge der öffentlichen Hand entgehen. Erhebliche materielle Schäden entstehen auch durch Korruption in privatrechtlichen Wirtschaftsbeziehungen. Die Unternehmen der bestochenen Angestellten werden dadurch geschädigt, dass sie überteuerte oder qualitativ minderwertige Waren oder Leistungen erhalten. Möglicherweise können überhöhte Beschaffungskosten über den Preis an die Kunden weitergegeben werden. Minderwertige Lieferungen können sich in mangelhaften Produkten des belieferten Unternehmens niederschlagen, die den Ruf des Unternehmens schädigen und erhebliche wirtschaftliche Verluste zur Folge haben.[97] Geschädigt werden auch die durch Korruption in privatrechtlichen Wirtschaftsbeziehungen ausgeschalteten Mitbewerber. 36

Korruption verursacht außerdem gravierende **immaterielle Schäden**.[98] Korruption in der öffentlichen Verwaltung bedeutet, dass sich das Verwaltungshandeln nicht an Recht und Gesetz, sondern am persönlichen Vorteil des Amtsträgers orientiert. Damit werden das Rechtsstaatsprinzip und der Gleichheitsgrundsatz verletzt und wird das Demokratieprinzip ausgehöhlt. Werden durch Korruption Mittel fehlgeleitet, die für sozialstaatliche Zwecke bestimmt sind, wird außerdem das Sozialstaatsprinzip untergraben. Korruption bedroht daher Grundwerte des demokratischen und sozialen Rechtsstaats. In Entwicklungsländern können korruptive Praktiken dazu führen, dass Gelder in nach dem Entwicklungsstand des Landes nicht sinnvolle Projekte fließen; hierdurch kann die Entwicklung des Landes nachhaltig beeinträchtigt werden.[99] 37

---

[92] *Tiedemann*, ZRP 1992, 151.
[93] *Schaupensteiner*, ZRP 1993, 251.
[94] *Schaupensteiner* (Fn. 18). Vgl. aber auch *Bundesministerium des Innern/Bundesministerium der Justiz* (Hrsg.), Zweiter Periodischer Sicherheitsbericht, 2006, S. 257; danach sind zuverlässige Angaben über die Schadenshöhe nach wie vor kaum möglich.
[95] *Müller* (Fn. 17), 515.
[96] *Kube/Vahlenkamp*, Verwaltungsarchiv 1994, 432, 436.
[97] *Bannenberg* (Fn. 1), S. 241.
[98] *Dölling* (Fn. 1), C 27 ff.
[99] *Frisch*, in: Pieth/Eigen (Fn. 25), S. 93; *Cartier-Bresson*, in: OECD (Hrsg.), No longer Business as Usual, 2001, S. 20.

38 Verbreitet sich Korruption in der öffentlichen Verwaltung und orientieren die Amtsträger ihr Handeln nicht mehr am Gemeinwohl, sondern am persönlichen Vorteil, wird das Ethos des öffentlichen Dienstes verdorben. Die Effizienz der öffentlichen Verwaltung sinkt, das Vertrauen der Bürger in Staat und Verwaltung schwindet und die Bereitschaft der Bürger, staatliche Entscheidungen zu befolgen, geht zurück. Auch auf das Verhältnis der Bürger untereinander kann sich Korruption im öffentlich Dienst auswirken. Sehen die Bürger, dass sogar die Amtsträger ihre persönlichen Interessen über das Gemeinwohl stellen, kann das zur Folge haben, dass die Bürger „erst recht" ihre Interessen ohne Rücksicht auf die Belange anderer und der Gemeinschaft verfolgen.

39 Korruption kann eine „Sog- und Spiralwirkung" entfalten.[100] Das gilt insbesondere, wenn als Auftraggeber nur die öffentliche Hand in Betracht kommt. Verschaffen sich hier Unternehmen durch Korruption Aufträge, besteht die Gefahr, dass andere Unternehmen ebenfalls zu korruptiven Praktiken greifen, um sich Aufträge zu sichern. Die korruptiven Handlungen sind dabei häufig mit weiteren Straftaten verbunden. Auch im Rahmen privatrechtlicher Wirtschaftsbeziehungen kann erfolgreiche Korruption Nachahmungseffekte auslösen. Breitet sich Korruption auf diese Weise aus, besteht die Gefahr, dass sie zur „zunehmend tolerierten Geschäftspraktik" wird und die Geschäftsmoral verfällt.[101] Tritt Korruption an die Stelle von Leistungswettbewerb, sinkt die Leistungsfähigkeit der Wirtschaft. Korruption kann dann die Grundlagen der Marktwirtschaft erschüttern. Es wird angenommen, dass mit der Verbreitung von Korruption die Investitions- und Wachstumsraten und die Produktivität sinken.[102]

IV. Die Täter von Korruptionsdelikten

40 Wie bereits die Ausführungen zu den Strukturen der Korruption (Rn. 29) gezeigt haben, sind Täter von Korruptionsstraftaten auf der Nehmer- und auf der Geberseite auf allen Hierarchieebenen zu finden, wobei die Täter mit Leitungsfunktionen eine erhebliche Rolle spielen. Im Hinblick auf **soziodemographische Merkmale** sind nach den Daten der Polizeilichen Kriminalstatistik (Tabellen 17 und 18) und nach Aktenuntersuchungen[103] Männer unter den wegen Korruptionsdelikten ermittelten Tatverdächtigen noch stärker überrepräsentiert als bei den Straftätern insgesamt. So betrug nach der Polizeilichen Kriminalstatistik 2005 der Anteil der Männer an den Tatverdächtigen bei Straftaten nach den §§ 331 und 332 StGB 78%, bei Delikten gemäß den §§ 333 und 334 StGB 83% und bei Straftaten nach § 299 StGB 93%, während sich der Männeranteil bezogen auf die Straftaten insgesamt auf 76% belief (vgl. Tabelle 18). Auch in früheren Jahren war der Anteil der Männer unter den wegen eines Korruptionsdelikts ermittelten Tatverdächtigen überdurchschnittlich hoch (siehe Tabelle 17 für 1998). Bei den tatverdächtigen Frauen handelt es sich nach der Aktenuntersuchung von *Bannenberg* häufig um Ehefrauen oder Freundinnen von Tätern, die unterstützende Aufgaben, z.B. beim Verbergen von Geld, wahrnehmen.[104] Im Gegensatz zu den Straftaten insgesamt, bei denen die Täter mit einem Alter von unter 40 Jahren dominieren, sind bei den Korruptionsdelikten die Täter überwiegend über 40 Jahre alt. Nach der Polizeilichen Kriminalstatistik 2005 betrug der

---

[100] *Tiedemann*, in: ders. (Hrsg.), Multinationale Unternehmen und Strafrecht, 1980, S. 37.
[101] *Kube/Vahlenkamp* (Fn. 96), 440.
[102] *Frisch*, in: Pieth/Eigen (Fn. 25), S. 93 f.; *Cartier-Bresson*, in: OECD (Fn. 99), S. 19 f.; *Johann Graf Lambsdorff*, in: von Alemann (Hrsg.), Dimensionen politischer Korruption, 2005, S. 233 ff.
[103] *Bannenberg* (Fn. 1), S. 209.
[104] *Bannenberg* (Fn. 1), S. 217.

IV. Die Täter von Korruptionsdelikten

Tabelle 17: Wegen Korruptionsdelikten ermittelte Tatverdächtige 1998

	Gesamtzahl der ermittelten Tatverdächtigen	Männlich in %	Alter in % (jeweils bis unter)						Nichtdeutsche in %	Bereits als Tatverdächtige in Erscheinung getretene Personen in %
			14–18	18–21	21–30	30–40	40–50	50–60	60 u. älter		
Vorteilsannahme und Bestechlichkeit (§ 331 und § 332 StGB)	1.451	92,5	0	0,1	4,8	24,6	43,2	22,2	5,0	2,1	6,1
Vorteilsgewährung und Bestechung (§ 333 und § 334 StGB)	912	87,6	0,5	3,8	18,8	28,2	20,8	20,4	7,5	29,9	25,6
Bestechlichkeit und Bestechung im geschäftlichen Verkehr (§ 299 StGB)	58	82,8	0	0	8,6	22,4	25,9	34,5	8,6	6,9	19,6
Straftaten insgesamt	2.319.895	76,8	13,0	10,2	23,4	21,1	12,8	7,7	5,1	27,1	50,1

Quelle: *Bundeskriminalamt* (Hrsg.), Polizeiliche Kriminalstatistik 1998.

Tabelle 18: Wegen Korruptionsdelikten ermittelte Tatverdächtige 2005

	Gesamtzahl der ermittelten Tatverdächtigen	Männlich in %	Alter in % (jeweils bis unter)							Nichtdeutsche in %	Bereits als Tatverdächtige in Erscheinung getretene Personen in %
			14–18	18–21	21–30	30–40	40–50	50–60	60 u. älter		
Vorteilsannahme und Bestechlichkeit (§ 331 und § 332 StGB)	935	78,0	0,1	0,2	3,4	24,3	30,8	30,2	11,0	2,5	8,2
Vorteilsgewährung und Bestechung (§ 333 und § 334 StGB)	853	83,2	0,8	2,0	15,1	25,9	26,5	20,0	9,6	29,3	30,9
Bestechlichkeit und Bestechung im geschäftlichen Verkehr (§ 299 StGB)	478	93,1	0	0,2	2,9	22,0	31,4	31,6	11,9	8,6	22,0
Straftaten insgesamt	2.313.136	76,3	12,3	10,7	23,7	19,2	15,4	8,1	6,3	22,5	41,2

Quelle: *Bundeskriminalamt* (Hrsg.), Polizeiliche Kriminalstatistik 2005.

1. Kapitel. Grundlagen der Korruptionsprävention

Anteil der Tatverdächtigen im Alter von 40 Jahren oder mehr bei den §§ 331 und 332 StGB 72%, bei den §§ 333 und 334 StGB 56% und bei § 299 StGB 75%. Bezogen auf die Straftaten insgesamt lag dieser Anteil demgegenüber bei 30% (vgl. Tabelle 18).

41 Unter den Tätern der §§ 331 und 332 StGB sind Nichtdeutsche unterrepräsentiert, weil die Amtsträger in der Regel die deutsche Staatsangehörigkeit haben. Nach der Polizeilichen Kriminalstatistik 2005 hatten 3% der Tatverdächtigen nach den §§ 331 und 332 StGB nicht die deutsche Staatsangehörigkeit (siehe Tabelle 18). Der Anteil der Nichtdeutschen an den Tatverdächtigen nach den §§ 333 und 334 StGB ist mit 29% nach der Polizeilichen Kriminalstatistik 2005 höher als der Anteil an den Straftaten insgesamt, der 23% beträgt (Tabelle 18). Nach Aktenuntersuchungen liegt der Schwerpunkt der Beteiligung von Ausländern an Korruptionsdelikten bei Taten der situativen Korruption und nicht bei der strukturellen Korruption.[105] Strafrechtliche Vorbelastungen sind bei Tätern von Korruptionsdelikten seltener als bei Tätern anderer Deliktsarten. Nach der Polizeilichen Kriminalstatistik 2005 betrug der Anteil der Tatverdächtigen, die bereits in einem früheren Verfahren als Tatverdächtige in Erscheinung getreten sind, bei den Straftaten nach den §§ 331 und 332 StGB 8%, bei den Delikten gemäß §§ 333 und 334 StGB 31% und bei den Straftaten nach § 299 StGB 22%. Bezogen auf die Straftaten insgesamt belief sich der Anteil demgegenüber auf 41% (vgl. Tabelle 18). Diese Daten deuten darauf hin, dass bei Korruptionsdelikten sozial eingeordnete Täter eine größere Rolle spielen als bei Straftaten der „klassischen" Kriminalität.

42 Die Aktenuntersuchung von *Bannenberg* ergab, dass die Taten der situativen Korruption von unterschiedlichen Tätern begangen wurden, die sich nicht kategorisieren ließen.[106] Für die Delikte der strukturellen Korruption (gewachsene Beziehungen und Netzwerke) konnte *Bannenberg* jedoch zwei **„Tätertypen"** ermitteln. Die typischen Täter der strukturellen Korruption konnten als „unauffällig" beschrieben werden:[107] Sie sind über 40 Jahre alt, verheiratet, haben eine gute bis sehr gute Ausbildung, verfügen über Entscheidungsbefugnisse in Verwaltungen oder Unternehmen, sind nicht vorbestraft und haben keine Schulden. Sie sind beruflich ehrgeizig, investieren viel Zeit in ihren Beruf und zeichnen sich meist durch Fachkompetenz aus. Häufig handelt es sich um „Aufsteiger", die den zweiten Bildungsweg und zusätzliche Aus- und Fortbildungen absolviert haben. Sie legen Wert auf gesellschaftlichen Status und hohen Lebensstandard. Bei ihnen sind Neutralisierungsstrategien ausgeprägt, mit denen sie ihr Verhalten rechtfertigen, indem sie z.B. äußern: „Ich spare dem Staat Geld, da kann ich auch für mich zusätzlich etwas annehmen." Diese „unauffälligen" Täter der strukturellen Korruption entsprechen im Sozialprofil dem „typischen Wirtschaftsstraftäter".[108] Auch in der Untersuchung von *Schönherr* ergab sich, dass sich die Verfahren wegen Korruption im Rahmen von Wirtschaftskriminalität vorwiegend gegen Personen mit gehobener beruflicher Qualifikation und hohem sozialen Status richteten,[109] und *Liebl* stellte in seiner Untersuchung ebenfalls einen hohen Anteil von Beschuldigten mit leitenden Positionen in der Wirtschaft fest. Korruption ist danach zu einem erheblichen Teil „Weiße-Kragen-Kriminalität".[110]

43 Dem unauffälligen Täter stellt *Bannenberg* „Betrügerpersönlichkeiten" gegenüber, die in eher seltenen Fällen für strukturelle Korruption verantwortlich waren.[111] Es handelt sich hierbei um Personen, die mit einem hohen Maß an Täuschungen vorgehen, über geringe Qualifikationen in Ausbildung und Beruf verfügen, aber hohe Qualifikationen

---

[105] *Bannenberg* (Fn. 1), S. 209 f.; Schönherr (Fn. 64), S. 124.
[106] *Bannenberg* (Fn. 1), S. 210.
[107] *Bannenberg* (Fn. 1), S. 216 ff.
[108] *Bannenberg* (Fn. 1), S. 342.
[109] Schönherr (Fn. 64), S. 131, 133.
[110] Dölling (Fn. 1), C 23. Zum Begriff der Weiße-Kragen-Kriminalität vgl. *Kaiser*, Kriminologie. Ein Lehrbuch. 3. Aufl. 1996, § 72 Rn. 1 ff.
[111] *Bannenberg* (Fn. 1), S. 211 ff.

vorspiegeln, oder bei nach außen hin existierendem hohen beruflichen Status (z.B. als Unternehmer oder Rechtsanwalt) Auffälligkeiten wie etwa Konkurse, Rückgabe der Notariatszulassung oder Strafverfahren aufweisen. Sie verfügen über einen ausgeprägten Hang zur Selbstdarstellung und Angeberei und praktizieren einen luxuriösen Lebensstil (mehrere teure PKW, Villen im In- und Ausland). Diese Täter weisen hohe manipulative Fähigkeiten auf, verstehen es, den erfolgreichen Geschäftsmann zu spielen, und setzen andere geschickt für ihre Zwecke ein. Ihre hohe kriminelle Energie zeigt sich in einer Vielzahl von Vermögensstraftaten. Sie neutralisieren ihre Straftaten in extremer Form. Einsicht in das begangene Unrecht, Verantwortungsübernahme und Wiedergutmachungsbereitschaft fehlen. Insgesamt sind nach der Aktenuntersuchung von *Bannenberg* die dominierenden Motive für Korruptionsstraftaten das Streben nach Geld und Statusgewinn.[112]

Die von *Mischkowitz u.a.* befragten Bediensteten von Polizei, Justiz und Zoll sehen die **44** folgenden Faktoren als **Indikatoren für eine erhöhte Gefährdung** von Personen für Korruptionsstraftaten an: Suchtproblematik, Umgang mit Geld (z.B. auffällig hoher Lebensstandard), auffälliges Arbeitsverhalten sowohl im Sinne eines dienstlichen Übereifers als auch eines Desinteresses, problematische Sozialkontakte (z.B. zu Straftätern oder Personen aus dem Rotlichtmilieu), Probleme mit der beruflichen Rollenerfüllung (berufliche Unter- bzw. Überforderung) und problematische Persönlichkeitseigenschaften (z.B. Labilität).[113] Bei diesen Kriterien ist zu beachten, dass es nicht auf das Vorhandensein eines einzelnen Faktors, sondern auf das Vorliegen von Gefährdungskonstellationen ankommt, die unter sorgfältiger Würdigung der individuellen Umstände des Einzelfalls zu ermitteln sind.[114] Insgesamt zeigen die Befunde zu den Tätern von Korruptionsstraftaten, dass diese Delikte nicht nur von Personen begangen werden, die aus den Forschungen zur „klassischen Kriminalität" bekannte Gefährdungsmerkmale aufweisen, sondern insbesondere auch von äußerlich sozial eingeordneten Personen, es sich also bei Korruption häufig um „Kriminalität bei sonstiger sozialer Unauffälligkeit"[115] handelt.

V. Die Ursachen von Korruption

Eine allgemein anerkannte differenzierte und empirisch fundierte Theorie zur Erklärung korruptiven Verhaltens gibt es nicht. Es können aber eine Reihe von Faktoren genannt werden, von denen angenommen wird, dass sie das Risiko des Auftretens von Korruption erhöhen. Diese Faktoren sind auf der Ebene der Gesamtgesellschaft, der institutionellen Ebene und auf der Ebene der Individuen angesiedelt.[116] Auf der **gesamtgesellschaftlichen Ebene** wird ein Zusammenhang zwischen dem Umfang der Staatstätigkeit und Korruption angenommen.[117] Je stärker der Staat in das wirtschaftliche und gesellschaftliche Leben eingreift, desto häufiger sind die Kontakte zwischen Staat, Wirtschaft und Gesellschaft. Da hierbei häufig erhebliche finanzielle Interessen im Spiel sind, wächst die Gefahr der Korruption. Mit der Intensivierung der Staatstätigkeit und der damit verbundenen Zunahme des Personalbestandes des öffentlichen Dienstes steigt außerdem die Wahrscheinlichkeit der Einstellung weniger qualifizierten Personals und wird die Kontrolle der Bediensteten erschwert.[118] Besonders hoch ist die Korruptionsge- **45**

---

[112] *Bannenberg* (Fn. 1), S. 222.
[113] *Mischkowitz/Bruhn*, in: Mischkowitz u.a. (Fn. 15), S. 315 f.
[114] *Mischkowitz/Bruhn*, in: Mischkowitz u.a. (Fn. 15), S. 317.
[115] Dazu *Göppinger*, Kriminologie, 5. Aufl. 1997, S. 426 ff.
[116] Zur Einteilung in diese drei Ebenen vgl. *Mischkowitz*, in: Mischkowitz u.a. (Fn. 15), S. 40, 205; *Claussen/Ostendorf* (Fn. 47), S. 18. Siehe auch *Höffling* (Fn. 43), S. 81 ff.
[117] Vgl. dazu *Dölling* (Fn. 1), C 30 f.
[118] *Wewer*, in: Benz/Seibel (Fn. 70), S. 304 f.

fahr, wenn der Staat ein Monopol für die Erteilung von Aufträgen an bestimmte Wirtschaftszweige hat. Es wird angenommen, dass sich Korruption umso mehr ausbreitet, je stärker der wirtschaftliche Wettbewerb eingeschränkt ist. So gelten Länder als korruptionsgefährdet, in denen die Märkte von wenigen Firmen beherrscht werden und einheimische Firmen vor ausländischer Konkurrenz geschützt sind.[119] Außerdem werden der niedrige Entwicklungsstand eines Landes und ein niedriges Bildungsniveau mit Korruption in Zusammenhang gebracht.[120] Sind in einem Land öffentliche Güter knapp, erhöht dies die Wahrscheinlichkeit, dass zu ihrer Erlangung Korruption eingesetzt wird.[121] Weiterhin deuten empirische Forschungsergebnisse darauf hin, dass Korruption in hierarchisch geprägten Gesellschaften stärker verbreitet ist; korruptives Handeln dient in diesen Gesellschaften dazu, aufgrund von sozialer Ungleichheit bestehende Handlungsbeschränkungen zu kompensieren.[122]

46 Als ein Faktor, der Korruption begünstigt, wird auch das Anwachsen rechtlicher Regelungen zu einer „Normenflut" angesehen, die die Handhabung von Verwaltungsvorgängen erschwert und die Wahrscheinlichkeit informellen Vorgehens einschließlich korruptiver Praktiken erhöht.[123] Andererseits können sich auch sehr breite Ermessensspielräume von Amtsträgern aufgrund von Regelungsdefiziten begünstigend auf Korruption auswirken. Auch unklare und ungeeignete Regelungen können zu korruptivem Verhalten führen.[124] Mit zunehmender Komplexität von Staat und Verwaltung steigt außerdem der Einfluss spezialisierter unterer Verwaltungseinheiten und wird deren Kontrolle durch die Verwaltungsspitze erschwert.[125] Auf gesamtgesellschaftlicher Ebene wird außerdem häufig ein „Werteverfall" im Sinne eines Verblassens altruistischer Werte wie Loyalität gegenüber dem Gemeinwohl[126] und eines Trends zum Eigennutz[127] als Ursache für die Ausbreitung von Korruption angesehen. Im Zusammenhang hiermit wird auf die fehlende Vorbildfunktion von Führungskräften und Vertretern der Politik hingewiesen[128] und angenommen, dass „negative Vorbilder" aus der Politik auf die Einstellungen der öffentlichen Bediensteten abstrahlen.[129] Korruptionsfördernd kann sich auch eine Geschäftsmoral in der Wirtschaft auswirken, die für den wirtschaftlichen Erfolg auch Normverstöße in Kauf nimmt.[130]

47 Auf der **Ebene der Institutionen** werden als Ursachen der Korruption vor allem fehlende Dienst- und Fachaufsicht und fehlende Kontrollen genannt.[131] Aufsichts- und Kontrolldefizite dürften häufig die Folge mangelnder Sensibilität für die Gefahren der Korruption sein. Korruptionsfördernd können sich auch die unzureichende Transparenz von Entscheidungsvorgängen und die Bündelung von Befugnissen bei bestimmten Personen auswirken.[132] Außerdem kann die langjährige Wahrnehmung bestimmter Aufgaben

---

[119] *Cartier-Bresson*, in: OECD (Fn. 99), S. 17. Kritisch dazu *Karstedt*, in: Oberwittler/Karstedt (Hrsg.), Soziologie der Kriminalität, 2004, S. 384, 392.
[120] *Cartier-Bresson*, in: OECD (Fn. 99), S. 17.
[121] *Cartier-Bresson*, in: OECD (Fn. 99), S. 18.
[122] *Karstedt* (Fn. 119), S. 403 ff.
[123] *Wewer*, in: Benz/Seibel (Fn. 70), S. 306 ff.
[124] *Cartier-Bresson*, in: OECD (Fn. 99), S. 15.
[125] *Bellers/Schröder*, in: Bellers (Hrsg.), Politische Korruption, 1989, S. 96 f.
[126] *Schaupensteiner*, Kriminalistik 1994, 514, 523.
[127] *Wewer*, in *Benz/Seibel* (Fn. 70), S. 308.
[128] In der Befragung von Bediensteten aus Polizei, Justiz und Zoll durch *Mischkowitz u.a.* wurden Werteverfall und fehlende Vorbildfunktion von Führungskräften und Politikern am häufigsten als Ursachen von Korruption genannt, vgl. *Mischkowitz/Bruhn*, in: Mischkowitz u.a. (Fn. 15), S. 208.
[129] *Schaefer*, NJW 1994, 774.
[130] Vgl. dazu *Dölling* (Fn. 1), C 33 f.
[131] *Mischkowitz/Bruhn*, in: Mischkowitz u.a. (Fn. 15), S. 212.
[132] *Mischkowitz/Bruhn*, in: Mischkowitz u.a. (Fn. 15), S. 205.

V. Die Ursachen von Korruption

durch dieselbe Person die Gefahr des Aufbaus korruptiver Beziehungen erhöhen.[133] Das Risiko von Korruption steigt auch, wenn ungeeignete Personen in den öffentlichen Dienst eingestellt werden. Als ein Korruption begünstigender Faktor werden weiterhin niedrige Gehälter im öffentlichen Dienst angesehen, insbesondere dann, wenn für ähnliche Tätigkeiten in der privaten Wirtschaft erheblich höhere Gehälter gezahlt werden.[134] Von Bedeutung ist außerdem die Führung einer Behörde. Sie muss die innere Bindung der Bediensteten an die von ihnen zu erfüllenden Aufgaben fördern, einem „Jobdenken", das im Beruf nur ein Mittel zum Gelderwerb sieht, entgegenwirken und Korruption unzweideutig entgegentreten. Geschieht dies nicht, steigt die Wahrscheinlichkeit von Korruption. Auch das in einem Wirtschaftsunternehmen herrschenden „Klima" hat Einfluss darauf, ob die Mitarbeiter des Unternehmens zu korruptiven Praktiken greifen. Wird Korruption in einem Unternehmen nicht eindeutig abgelehnt, sondern hingenommen oder sogar erwartet oder gebilligt, erhöht dies die Bereitschaft der Mitarbeiter zu korruptivem Verhalten.

Auf der **individuellen Ebene** werden Korruptionsdelikte zum Teil von Personen begangen, die nach ihrem allgemeinen Lebensstil dazu neigen, sich durch betrügerische Handlungen Vorteile zu verschaffen („Betrügerpersönlichkeiten" im Sinne von *Bannenberg*, dazu Rn. 43). Außerdem können Täter der „klassischen Kriminalität" mit den von der Kriminologie bei Mehrfachtätern dieser Deliktsformen häufig festgestellten sozialen Defiziten[135] auch in Korruptionsfälle verwickelt sein, wenn sie z. B korruptive Praktiken anwenden, um sich vor Strafverfolgung zu schützen oder sich Vorteile im Strafvollzug zu verschaffen. Daneben werden aber Korruptionsdelikte insbesondere im Rahmen von Wirtschaftskriminalität vielfach von ansonsten sozial angepassten und sich in anderen Zusammenhängen rechtstreu verhaltenden Personen begangen (siehe Rn. 42). Für die Straftaten dieser Tätergruppe könnten situative Aspekte von erheblicher Bedeutung sein.[136] So können sich diese Täter bei günstigen Gelegenheiten, in denen Vorteile mit geringem Aufwand und bei niedrigem Entdeckungsrisiko erzielt werden können, zur Tatbegehung entschließen. Auslöser für Delikte dieser Tätergruppe können auch kritische Lebenssituationen wie finanzielle Engpässe sein. In der Befragung von *Mischkowitz u.a.* wurden finanzielle Probleme des Täters und das Streben nach einem hohen Lebensstandard nach dem Werteverfall und der fehlenden Vorbildfunktion von Führungskräften und Politikern am häufigsten als Ursache für Korruptionsdelikte genannt.[137] Auch mangelnde Identifikation mit den dienstlichen Aufgaben und berufliche Unzufriedenheit können das Risiko für korruptives Verhalten erhöhen.[138] **48**

Die auf der gesamtgesellschaftlichen, der institutionellen und der individuellen Ebene angesiedelten Risikofaktoren führen in ihrem **Zusammenwirken** zu Korruptionsdelikten. Gesamtgesellschaftliche Entwicklungen wirken sich auf Institutionen aus und das institutionelle Umfeld prägt das Verhalten der in den Institutionen tätigen Personen mit. Andererseits beeinflussen individuelle Handlungen und deren Konsequenzen die Institutionen und hat das Geschehen auf der institutionellen Ebene wiederum Auswirkungen auf die Gesamtgesellschaft. Sind korruptive Handlungen erfolgreich, bringen sie also Vorteile und werden sie nicht sanktioniert, kann das zu weiteren Korruptionsstraftaten in der Institution führen. Hat sich Korruption in Institutionen einmal eingenistet, wird es in einer Gesellschaft insgesamt schwerer, Korruption einzudämmen. Auch beim Vorgehen gegen Korruption kommt es also darauf an, den Anfängen zu wehren. **49**

---

[133] *Bundeskriminalamt* (Fn. 52), S. 37.
[134] *Cartier-Bresson*, in: OECD (Fn. 99), S. 16, 18.
[135] Vgl. zu diesen Merkmalen und der kontinuierlichen Hinentwicklung zur Kriminalität *Göppinger* (Fn. 115), S. 394 ff., 414 ff. und 419 ff.
[136] *Bannenberg* (Fn. 1), S. 363 ff.
[137] *Mischkowitz/Bruhn*, in: Mischkowitz u.a. (Fn. 15), S. 209.
[138] *Mischkowitz/Bruhn*, in: Mischkowitz u.a. (Fn. 15), S. 206.

VI. Die strafrechtliche Verfolgung von Korruptionsdelikten

50 Die **Einleitung von Strafverfahren** wegen Korruptionsstraftaten wird dadurch erschwert, dass Personen, die von korruptiven Praktiken Kenntnis erlangen, häufig keine Strafanzeige erstatten.[139] Personen, die in das korruptive Geschehen verwickelt sind, zeigen nicht an, weil sie sich nicht selbst belasten wollen; Personen, die nicht in die Delikte involviert sind, sehen häufig von einer Anzeige ab, weil sie Unannehmlichkeiten für ihre Behörde, ihr Unternehmen oder die eigene Personen befürchten. In Korruptionsstrafsachen spielt daher die Einleitung von Ermittlungsverfahren von Amts wegen eine erhebliche Rolle. Von den im Bundeslagebild Korruption erfassten Korruptionsverfahren, zu denen Angaben zur Einleitung des Verfahrens vorliegen, wurden 2000 65 %, 2002 57 %, 2004 48 % und 2005 31 % von Amts wegen eingeleitet.[140] Eine wichtige Rolle spielt hierbei der „Domino-Effekt": In Verfahren wegen bestimmter Delikte ergeben sich Anhaltspunkte dafür, dass weitere Straftaten begangen worden sind; dies führt zur Einleitung neuer Ermittlungsverfahren.[141] Soweit Strafverfahren durch Anzeigen eingeleitet werden, kommen als Anzeigenerstatter u.a. Konkurrenten, die im Wettbewerb um Aufträge durch korruptive Praktiken geschädigt werden, Rechnungsprüfungsämter, Rechnungshöfe, Steuerbehörden, Personen, die auf korruptive Angebote nicht eingehen, und Personen aus dem Umfeld von Nehmern und Gebern in Betracht. Nicht selten werden Anzeigen wegen Korruptionsstraftaten anonym erstattet. Nach dem Bundeslagebild Korruption wurden 2005 68 Verfahren durch anonyme Hinweise eingeleitet.[142] Diese Anzeigen können insbesondere dann, wenn sie mit detaillierten Angaben verbunden sind, einen realen Hintergrund haben, so dass ihnen nachzugehen ist.[143] Rechnungsprüfungsämter, Rechnungshöfe und Steuerbehörden verfügen teilweise über wichtige Informationen über Korruptionsfälle. Ihre Sensibilität für die Korruptionsproblematik und ihre Bereitschaft, Informationen an die Strafverfolgungsbehörden weiterzugeben, ist jedoch unterschiedlich.[144] Auch Zufälle und Presseveröffentlichungen können Ermittlungsverfahren wegen Korruptionsstraftaten auslösen.[145]

51 Die **Führung der Ermittlungen** in Korruptionsstrafsachen erfolgt bei der Polizei zunehmend durch spezialisierte Dienststellen. Nach dem Bundeslagebild Korruption 2004 lagen die polizeilichen Ermittlungen in 71 % der Verfahren in den Händen von Spezialdienststellen für Korruption und wurden die Ermittlungen in 19 % der Verfahren durch Fachdienststellen für Wirtschaftskriminalität geführt (vgl. Tab. 19). Bei den Staatsanwaltschaften werden Korruptionssachen teilweise durch Sonderabteilungen oder durch Wirtschaftsabteilungen bearbeitet.[146] Dies wirkt sich nach den Befunden der Aktenuntersuchung von *Bannenberg*[147] günstig auf die Qualität der Ermittlungen aus. In der

---

[139] *Bannenberg* (Fn. 1), S. 141, 254, 260, 262.
[140] Berechnet nach *Bundeskriminalamt*, Lagebild Korruption Bundesrepublik Deutschland 2000, S. 33; 2002, S. 37; 2004, S. 48; 2005 (Kurzfassung), S. 14.
[141] *Bundeskriminalamt* (Fn. 52), S. 14.
[142] *Bundeskriminalamt* a.a.O.
[143] *Bannenberg* (Fn. 1), S. 254. Vgl. aber die Kritik von *Backes/Lindemann*, Staatlich organisierte Anonymität als Ermittlungsmethode bei Korruptions- und Wirtschaftsdelikten, 2006, S. 105 f., und *Lindemann*, ZRP 2006, 127 ff., an dem vom LKA Niedersachsen eingerichteten „Business Keeper Monitoring System", einer Internet-Plattform, auf der anonym Hinweise auf Korruptionsdelikte und Wirtschaftsstraftaten gegeben werden können.
[144] *Bannenberg* (Fn. 1), S. 258.
[145] *Bannenberg* (Fn. 1), S. 255 ff.
[146] *Bannenberg* (Fn. 1), S. 74 ff.
[147] Fn. 1, S. 259 f., 264.

VI. Die strafrechtliche Verfolgung von Korruptionsdelikten

Polizeilichen Kriminalstatistik werden für die Korruptionsstraftaten hohe Aufklärungsquoten ausgewiesen. Im Jahr 2005 betrugen die Aufklärungsquoten für Vorteilsannahme und Bestechlichkeit 95%, für Vorteilsgewährung und Bestechung 98% und für Bestechlichkeit und Bestechung im geschäftlichen Verkehr 99%.[148] Hierbei ist jedoch zu berücksichtigen, dass ein Fall unabhängig von justiziellen Beweisschwierigkeiten schon dann als aufgeklärt in die Polizeiliche Kriminalstatistik eingeht, wenn ein namentlich bekannter Tatverdächtiger vorhanden ist.[149] In Korruptionssachen ist häufig ein Tatverdächtiger bereits zu Beginn der Ermittlungen bekannt und besteht das Problem in der Führung des Tatnachweises. Erhebliche Beweisschwierigkeiten bestehen insbesondere in Fällen der strukturellen Korruption. Diese ergeben sich u.a. aus dem Fehlen unmittelbarer Tatzeugen, einer auf Verschleierung angelegten Tatbegehung, einer Vielzahl teilweise lange zurückliegender Tathandlungen und einem geschickten Agieren der Tatverdächtigen, die – wenn sie Mitarbeiter von Unternehmen sind – teilweise von den Unternehmen z.B. durch die Bestellung von Verteidigern und die Bezahlung von Kautionen unterstützt werden.[150] Zu den Ermittlungsmaßnahmen gehören „diskrete Umfeldermittlungen", um zu verhindern, dass der Verdächtige durch unvorsichtige Ermittlungen gewarnt wird, und Telefonüberwachungen, die auf den Verdacht der Bildung einer kriminellen Vereinigung gestützt werden; die Anordnung von Untersuchungshaft wird häufig mit dem Haftgrund der Verdunkelungsgefahr begründet.[151] Umfang und Komplexität des Verfahrensstoffs führen zu seiner Begrenzung durch Abtrennungen und Einstellungen nach den §§ 153 ff. StPO und zu informellen Erledigungen durch Absprachen[152] (näher zur Strafverfolgung in Korruptionssachen Kap. 10).

Tabelle 19: Sachbearbeitende Polizeidienststelle in %

	2000	2001	2002	2003	2004
Spezialdienststelle Korruption	55	51	62	40	71
Fachdienststelle Wirtschaftskriminalität	37	28	23	29	19
Spezialdienststelle OK	2	1	2	5	1
Sonderkommission/ Ermittlungsgruppe	1	6	2	16	1
Sonstige Polizeidienststelle	5	13	12	10	8
N	1.212	1.089	1.639	996	1.204

Quelle: *Bundeskriminalamt*, Lagebild Korruption Bundesrepublik Deutschland 2000, S. 34; 2001, S. 42; 2002, S. 39; 2003, S. 42; 2004, S. 50.

Zum **Abschluss der Strafverfahren** ermittelte *Bannenberg*[153] in ihrer – allerdings nicht repräsentativen – Aktenuntersuchung für 311 erledigte Verfahren folgende Entscheidungen: 42% der Verfahren wurden nach § 170 Abs. 2 StPO eingestellt, 5% nach § 153 StPO und 10% nach § 153a StPO. In 32% der Verfahren wurde ein Strafbefehl erlassen oder erfolgte eine Verurteilung. Zu einem Freispruch kam es nur in einem Fall. Diese Daten zeigen, dass ein beachtlicher Anteil der Verfahren mangels hinreichenden Tatverdachts ein-

---

[148] *Bundeskriminalamt* (Fn. 19), S. 213.
[149] *Bundeskriminalamt* (Fn. 19), S. 12.
[150] *Bannenberg* (Fn. 1), S. 263, 286.
[151] *Bannenberg* (Fn. 1), S. 265 ff.
[152] *Bannenberg* (Fn. 1), S. 264, 312.
[153] *Bannenberg* (Fn. 1), S. 275.

1. Kapitel. Grundlagen der Korruptionsprävention

gestellt wird. Auf der Ebene der Strafgerichte wurden 2004 von allen nach den §§ 331 bis 335 StGB Abgeurteilten[154] 71% verurteilt; gegen 22% wurde das Verfahren von den Gerichten eingestellt und 2% wurden freigesprochen (vgl. Tabelle 20). Damit liegt die Verurteilungsquote unter der Quote von 84% für alle Straftaten und ist der Anteil der Einstellungen höher als die allgemeine Einstellungsquote von 14%. Der Anteil der Freisprüche entspricht mit 2% etwa der allgemeinen Freispruchsquote von 3%.

Tabelle 20: Gerichtliche Entscheidungen in Korruptionsstrafsachen nach allgemeinem Strafrecht in % der Abgeurteilten

	Verurteilungen	Einstellungen	Freisprüche	Andere Entscheidungen
1998				
Straftaten insgesamt	84,4	12,8	2,7	0,2
§ 299 StGB	50,0	50,0	0,0	0,0
§ 331 StGB	75,7	10,8	13,5	0,0
§ 332 StGB	70,4	20,0	8,8	0,8
§ 333 StGB	42,3	46,2	11,5	0,0
§ 334 StGB	79,9	15,7	4,4	0,0
§ 335 StGB	88,2	5,9	5,9	0,0
§§ 331 f. StGB	71,6	17,9	9,9	0,6
§§ 333 f. StGB	77,3	17,8	4,9	0,0
§§ 331 ff. StGB	76,0	17,5	6,4	0,2
2004				
Straftaten insgesamt	83,7	13,6	2,6	0,1
§ 299 StGB	72,7	27,3	0,0	0,0
§ 300 StGB	76,5	23,5	0,0	0,0
§ 331 StGB	56,9	39,7	3,4	0,0
§ 332 StGB	69,4	27,8	2,8	0,0
§ 333 StGB	91,9	6,1	2,0	0,0
§ 334 StGB	84,7	13,6	1,7	0,0
§ 335 StGB	97,0	3,0	0,0	0,0
§§ 331 f. StGB	67,7	33,1	3,1	0,0
§§ 333 f. StGB	87,3	10,9	1,8	0,0
§§ 331 ff. StGB	71,0	22,0	2,0	0,3

Quelle: *Statistisches Bundesamt* (Hrsg.), Strafverfolgung 1998 und 2004.

---

[154] Hierunter sind die Angeklagten zu verstehen, gegen die Strafbefehle erlassen wurden oder Strafverfahrens nach Eröffnung des Hauptverfahrens durch Urteil oder Einstellungsbeschluss rechtskräftig abgeschlossen worden sind, siehe *Statistisches Bundesamt* (Hrsg.), Fachserie 10: Rechtspflege, Reihe 3: Strafverfolgung, 2004, S. 13.

Die von den Gerichten wegen Korruptionsdelikten verhängten **Strafen** sind schwerer 53
als für die Straftaten insgesamt. 2004 erhielten 43% der wegen einer Straftat nach den
§§ 331 bis 335 StGB Verurteilten eine Freiheitsstrafe; bezogen auf die Straftaten insgesamt
war das nur bei 19% der Fall (siehe Tabelle 21). Die wegen Korruptionsdelikten verhängten Freiheitsstrafen wiesen häufiger als die für die Straftaten insgesamt ausgesprochenen
Freiheitsstrafen eine Länge von sechs Monaten und mehr auf, und bei den verhängten
Geldstrafen waren die Tagessatzzahlen überdurchschnittliche hoch. Allerdings erfolgte bei
den Freiheitsstrafen häufiger eine Strafaussetzung zur Bewährung. Nach der Aktenuntersuchung von *Bannenberg*[155] werteten die Gerichte in den Strafzumessungsbegründungen
insbesondere folgende Umstände zu Lasten der Täter: Mehrzahl von Taten, langer Tatzeitraum, hoher Schaden, hohe Bestechungssummen, erhebliche kriminelle Energie bei der
Tatausführung und Verstrickung weiterer Personen in Bestechungen. Zugunsten der Täter
wurden insbesondere die folgenden Gesichtspunkte berücksichtigt: Ausgehen der Initiative
zur Tat vom Partner der korruptiven Vereinbarung, fehlende Kontrolle (in einem Teil der
Entscheidungen), Geständnis, Schadenswiedergutmachung, fehlende Vorstrafen, hohes Alter, negative berufliche Folgen des Strafverfahrens, insbesondere Verlust der Beamtenstellung, Belastungen durch das Strafverfahren für den Täter und seine Familie. Zu Schadenswiedergutmachung durch die Täter kam es häufig unter dem Druck des Strafverfahrens.[156]

VII. Die Prävention von Korruption

Da Korruption gravierende Schäden verursacht, sind energische Maßnahmen zu ihrer 54
Eindämmung erforderlich. Dies liegt im Interesse von Staat, Wirtschaft und Gesellschaft.
Verwaltungsbehörden und Unternehmen müssen Korruption verhindern, weil Korruption zu schwerwiegenden Beeinträchtigungen der Funktionsfähigkeit und des Ansehens
der Organisation führt. Zur wirksamen Korruptionseindämmung bedarf es eines **Gesamtkonzepts**, das die Kriminalprävention und das Strafrecht umfasst.[157] Das Strafrecht
ist als Mittel der Korruptionseindämmung unverzichtbar, um das Unwerturteil über Korruption aufrechtzuerhalten, potentielle Täter abzuschrecken und weiteren Korruptionshandlungen entdeckter Täter vorzubeugen.[158] Daneben hat die Prävention von Korruption wegen der begrenzten Wirkungen des Strafrechts besondere Bedeutung. Es muss
möglichst verhindert werden, dass es zu korruptiven Praktiken kommt.

Zur Prävention von Korruption sind eine Reihe von Vorschlägen entwickelt worden, 55
die in dem vorliegenden Band im Einzelnen dargelegt werden.[159] Die Maßnahmen betreffen sowohl die gesamtgesellschaftliche Ebene als auch die Verwaltungsbehörden und die
Unternehmen. Im **gesamtgesellschaftlichen Bereich** kommt es darauf an, die allgemeine
sozialethische Missbilligung von Korruption zu stärken. Sie ist eine wichtige Voraussetzung für die nachdrückliche und kontinuierliche Verwirklichung einzelner Präventionsmaßnahmen.[160] Die Führungskräfte in Staat, Wirtschaft und Gesellschaft können durch
Ausübung einer „Vorbildfunktion" einen erheblichen Beitrag zu dem erforderlichen all-

---

[155] Fn. 1, S. 304 ff.
[156] *Bannenberg* (Fn. 1), S. 297.
[157] *Bannenberg* (Fn. 1), S. 446; *Dölling* (Fn. 1), C 42.
[158] *Dölling* (Fn. 1), C 43.
[159] Vgl. auch *Bannenberg* (Fn. 1), S. 446 ff.; *Bundesministerium des Innern/Bundesministerium der Justiz* (Fn. 94), S. 258 ff.; *Dölling* (Fn. 1), C 44 ff.; *Schaupensteiner* (Fn. 18), S. 78 ff.; *Wiehen*, in: von Alemann (Fn. 102), S. 397 ff.
[160] *Dölling* (Fn. 1), C 44.

1. Kapitel. Grundlagen der Korruptionsprävention

Tabelle 21: Wegen Korruptionsdelikten verhängte Strafen nach allgemeinem Strafrecht in % der Verurteilten

1998	Freiheitsstrafe insgesamt (in % der Verurteilten)	Höhe der Freiheitsstrafe (in % der zu Freiheitsstrafe Verurteilten)			Sanktionen Zur Bewährung ausgesetzte Freiheitsstrafen (in % der zu Freiheitsstrafe Verurteilten)	Geldstrafe insgesamt (in % der Verurteilten)	Zahl der Tagessätze (in % der zu Geldstrafe Verurteilten)		
		unter 6 M	6 M – 1 J	mehr als 1 J			5–30	31–90	mehr als 90
Straftaten insgesamt	18,6	39,1	39,6	21,3	67,9	81,4	51,4	42,7	5,9
§ 299 StGB	0,0	0,0	0,0	0,0	0,0	100,0	0,0	100,0	0,0
§ 331 StGB	25,0	0,0	71,4	28,6	100,0	75,0	4,8	47,6	47,6
§ 332 StGB	79,5	0,0	30,0	70,0	70,0	20,5	0,0	38,9	61,1
§ 333 StGB	9,1	100,0	0,0	0,0	100,0	90,9	20,0	70,0	10,0
§ 334 StGB	55,3	11,8	50,0	38,2	88,2	44,7	4,1	58,5	37,4
§ 335 StGB	33,3	0,0	80,0	20,0	100,0	66,7	20,0	30,0	50,0
§§ 331 f. StGB	66,4	0,0	33,8	66,2	72,7	33,6	2,6	43,6	53,8
§§ 333 f. StGB		53,5	12,4	49,7	37,9	88,2	46,5	5,3	59,4
§§ 331 ff. StGB	56,4	8,1	45,1	46,8	83,4	43,6	5,5	54,4	40,1
2004									
Straftaten insgesamt	19,4	35,0	41,6	23,4	70,6	80,6	49,2	45,1	5,7
§ 299 StGB	25,0	0,0	50,0	50,0	75,0	75,0	33,3	41,7	25,0
§ 300 StGB	69,2	0,0	88,9	11,1	100,0	30,8	75,0	25,0	0,0
§ 331 StGB	24,2	25,0	37,5	37,5	100,0	75,6	4,0	68,0	28,0
§ 332 StGB	78,0	2,6	41,0	56,4	97,4	14,0	0,0	71,4	28,6
§ 333 StGB	14,3	0,0	92,3	7,7	100,0	87,7	39,7	56,4	3,9
§ 334 StGB	52,3	12,8	56,4	30,8	87,2	47,6	4,2	57,7	38,1
§ 335 StGB	96,9	0,0	3,2	96,8	45,2	3,1	0,0	0,0	100,0
§§ 331 f. StGB	56,6	6,7	40,4	53,2	97,9	38,6	3,1	68,8	28,1
§§ 333 f. StGB		37,9	11,0	61,5	27,5	89,0	62,1	22,8	57,0
§§ 331 ff. StGB	43,2	7,9	47,1	45,0	81,0	56,8	16,1	62,2	21,7

Quelle: Statistisches Bundesamt (Hrsg.), Strafverfolgung 1998 und 2004.

VII. Die Prävention von Korruption

gemeinen Klima der Ablehnung von Korruption leisten.[161] Auf der Ebene der **Institutionen** können von Unternehmen und Behörden aufgestellte Verhaltensrichtlinien und Ethik-Kodizes die Missbilligung von Korruption verdeutlichen (zur Korruptionsprävention durch Unternehmen und Behörden siehe Kap. 2 bis 7).[162] Diese Richtlinien können außerdem durch Information über die verbotenen Verhaltensweisen und durch Empfehlungen für das Verhalten in kritischen Situationen zur Handlungssicherheit der Organisationsmitglieder beim Umgang mit der Korruptionsproblematik beitragen. Die Eindämmung der Korruption sollte außerdem Gegenstand der Aus- und Fortbildung sein. Auch bei der Personaleinstellung sollten ethische Standards berücksichtigt werden. Bei der Gestaltung der Arbeitsabläufe kommen als Vorkehrungen gegen Korruption z.B. in Betracht: Transparenz und Dokumentation der Entscheidungsprozesse, Vier-Augen-Prinzip bei wichtigen Entscheidungen, Personalrotation jedenfalls in besonders korruptionsanfälligen Bereichen, und bei Vergabeentscheidungen Trennung der Zuständigkeiten für Planung, Auftragserteilung, Ausführung und Abrechnung.

Von besonderer Bedeutung ist die Durchführung wirksamer **Kontrollen**. Wie die Analyse bekannt gewordener Korruptionsfälle zeigt, sind gravierende Korruptionsdelikte häufig durch erhebliche Kontrolldefizite erleichtert worden.[163] Es sind daher angemessen ausgestattete und sachkundige organisationsinterne und -externe Kontrollinstanzen erforderlich, die u.a. stichprobenartige und unangemeldete Kontrollen durchführen. Es sollten Stellen vorhanden sein, an die sich die Mitglieder der Organisationen in Verdachtsfällen in unbürokratischer Form wenden können, und es sollte sichergestellt werden, dass Organisationsmitglieder, die Korruptionsfälle aufdecken, vor Nachteilen geschützt werden. Dem Verdacht von Korruption muss nachgegangen und festgestellte Korruptionstaten müssen konsequent geahndet werden. Bei der Strafverfolgung gewonnene Erkenntnisse über Korruptionsdelinquenz müssen bei der Entwicklung von Präventionsmaßnahmen genutzt werden. Der Korruption wird auch durch eine sachgerechte und zügige Aufgabenerfüllung entgegengewirkt, denn damit entfallen ineffektive und schwerfällige Verwaltungspraktiken als Auslöser für korruptive Beeinflussungsversuche.

Die Vorschläge zur Korruptionsprävention sind in einer Reihe von **Richtlinien** der öffentlichen Hand, von Verbänden und Unternehmen aufgegriffen worden. So hat die Bundesregierung Richtlinien zur Korruptionsprävention in der Bundesverwaltung erlassen, die am 30. Juli 2004 neu gefasst wurden. Auch in den meisten Bundesländern sind Richtlinien zur Eindämmung der Korruption verfasst worden (siehe zu den Richtlinien Kap. 6 Rn. 3 ff.). Der Deutsche Städtetag hat 1996 Hinweise zur Verhütung von Korruption vorgelegt und der Deutsche Städte- und Gemeindebund hat 2002 einen Zehn-Punkte-Katalog zur Korruptionsprävention bei der Vergabe öffentlicher Aufträge veröffentlicht (vgl. zu diesem Katalog Kap. 7 Rn. 100 ff.). Außerdem haben Kommunen Konzeptionen gegen Korruption entwickelt und z.B. Anti-Korruptionsreferate eingerichtet.[164] Nach *Schaupensteiner*[165] handelt es sich hierbei allerdings um „vereinzelte Insellösungen". Der Bundesverband der Deutschen Industrie hat 1995 Empfehlungen an Geschäftsführungen und Vorstände der gewerblichen Wirtschaft zur Bekämpfung der Korruption in Deutschland vorgelegt (2. Aufl. 2002) und die Internationale Handelskammer Deutschland hat 1998 mit dem Deutschen Industrie- und Handelskammertag und dem Bundesverband der Deutschen Industrie Verhaltensrichtlinien zur Bekämpfung der Korruption im Geschäftsverkehr erarbeitet (zur Korruptionsprävention durch Wirtschaftsverbände siehe

---

[161] *Schaefer* (Fn. 129), 774 f.
[162] Zu den ethischen Aspekten der Korruptionseindämmung vgl. auch *Ahlf*, in: Vahlenkamp/Knauß (Fn. 8), S. 401 ff.
[163] *Bannenberg* (Fn. 1), S. 453.
[164] Zur Korruptionsprävention der Stadt Frankfurt am Main vgl. *Bannenberg* (Fn. 1), S. 459 f.
[165] Fn. 18, S. 79.

Kap. 2 Rn. 164 ff.). Ansätze zur Prävention von Korruption sind somit vorhanden. Es kommt darauf an, diese Ansätze zu verbreiten, die Maßnahmen der Korruptionsprävention im Hinblick auf ihre Wirksamkeit zu überprüfen[166] sowie auf der Grundlage der gesammelten Erfahrungen zu verbessern und Korruptionsprävention langfristig und energisch zu betreiben. Prävention von Korruption ist eine Daueraufgabe; sie darf sich nicht in Einzelaktionen erschöpfen.[167] Bestrebungen zu einer „Verschlankung" der Verwaltung[168] und das Bemühen um Kosteneinsparung dürfen nicht dazu führen, die Korruptionsprävention zu vernachlässigen, denn langfristig kommt es teuer zu stehen, wenn der Korruption nicht energisch entgegengetreten wird.

---

[166] *Bannenberg* (Fn. 1), S. 467.
[167] *Schaupensteiner* (Fn. 18), S. 108.
[168] Dazu *Bannenberg* (Fn. 1), S. 468 ff.

2. Kapitel. Korruptionsprävention in Wirtschaftsunternehmen und durch Verbände

von *Jochen Benz, Stefan Heißner, Dieter John* und *Jürgen Möllering*

Literatur: *Allen/Craft*, The Organizational Unconscious, 1982; *Bäcker*, Dolose Handlungen – Forensische Prüfungen und Kriminalitätsprävention als Pflichtaufgabe für die Interne Revision, 2002; *Baetge*, Überwachung, in: Bitz u.a. (Hrsg.), Vahlens Kompendium der Betriebswirtschaftslehre, Bd. 2, 3. Aufl. 1993, S. 175 ff.; *Becker*, If You Want to Cut Corruption, Cut Government, Business Week v. 11.12.1995, S. 26; *Beise*, Das Risiko der Kontrolleure, SZ vom 23.11.1999, S. 2; *Berg*, Bananenrepublik Deutschland, 1997; *Briefs*, Grenzmoral in der pluralistischen Gesellschaft, in: v. Bekkerath u.a. (Hrsg.), Wirtschaftsfragen der freien Welt, 1957, S. 97 ff.; *Brönner*, Geschichte der Revision, in: Coenenberg/Wysocki (Hrsg.), Handwörterbuch der Revision, 2. Aufl. 1992, Sp. 663 ff.; *Brünner*, Korruption und Kontrolle, 1981; *Bundesverband der Deutschen Industrie*, Empfehlungen für die gewerbliche Wirtschaft zur Bekämpfung der Korruption in Deutschland, in: Reichmann/Schlaffke/Then (Hrsg.), Korruption in Staat und Wirtschaft, 1997, S. 110 ff.; *Coenenberg*, Kostenrechnung und Kostenanalyse, 2. Aufl. 1993; *Dabla-Norris*, A Game-Theoretic Analysis of Corruption in Bureaucracies, IMF-Working Papers 00/106, 2000; *Fiebig/Junker*, Korruption und Untreue im öffentlichen Dienst, 2. Aufl. 2004; *Freiling*, Aufgaben der Internen Revision aus der Sicht der Unternehmensleitung, ZfbF 1988, 191 ff.; *Geerds D.*, Wirtschaftsstrafrecht und Vermögensschutz, 1990; *Granovetter*, The Strength of Weak Ties, American Journal of Sociology 1973, 1360 ff.; *Hamm-Brücher*, Die aufgeklärte Republik. Eine kritische Bilanz, 1989; *Hasenburg/Büchin*, Reformen im Zeichen von Internationalität, Transparenz und Kontrolle, hrsg. von KPMG, 1998; *Heigl*, Organisation: Controlling und Interne Revision, Controlling 1990, 192 ff.; *Heißner*, Die Bekämpfung von Wirtschaftskriminalität – Eine ökonomische Analyse unternehmerischer Handlungsoptionen, 2001; *ders.*, Wertemanagement als Instrument der Kriminalprävention in den Unternehmen, WIK – Zeitschrift für die Sicherheit der Wirtschaft 2002, Nr. 2, 24 f.; *Hoffmann/Sandrock*, Der Ombudsmann – betriebliche Möglichkeit zur Bekämpfung von Wirtschaftskriminalität, DB 2001, 433 ff.; *Hofmann*, Intensität und Effizienz der Überwachung der Führungskräfte von Kapitalgesellschaften, DB 1990, 2333 ff.; *ders.*, Interne Revision, Aufgaben, in: Coenenberg/Wysocki (Hrsg.), Handwörterbuch der Revision, 2. Aufl. 1992, Sp. 855 ff.; *ders.*, Unterschlagungsprophylaxe und Unterschlagungsprüfung: Leitfaden zur Verhütung und Aufdeckung unrechtmäßiger Bereicherungen in Unternehmen, 2. Aufl. 1997; *Holzer/Makowski*, Corporate Governance, DB 1997, 688 ff.; *Homann*, Unternehmensethik und Korruption, ZfbF 1997, 187 ff.; *ders.*, Ökonomik: Fortsetzung der Ethik mit anderen Mitteln, in: Lütge (Hrsg.), Vorteile und Anreize, 2002, S. 243 ff.; *Horváth*; Controlling, 5. Aufl. 1994, 7. Aufl. 1998; IIR-Revisionsstandard Nr. 1: Zusammenarbeit von Interner Revision und Abschlussprüfer, ZIR 2001, 34 ff.; IIR-Revisionsstandard Nr. 2: Prüfung des Risikomanagement durch die Interne Revision, ZIR 2001, 152 ff.; *KPMG* (Hrsg.), Integriertes Risikomanagement, 3. Aufl. 1999; *dies.*, Fraud Risk Aide-Memoire, 2002; *dies.*, Wirtschaftskriminalität in Deutschland 2003/2004 – Ergebnisse einer Umfrage bei 1.000 Unternehmen, 2003; *Klitgaard*, Gifts and Bribes, in: Zeckhauser (Hrsg.), Strategy and Choice, 1991, S. 211 ff.; *Kohlhoff/Langenhan/Zorn*, Risikomanagement nach dem KonTraG – zwischen Theorie und Praxis, ZIR 2000, 2 ff.; *Kräkel*, Organisation und Management, 1999; *Kretschmer*, Maßnahmen zur Kontrolle von Korruption – eine modelltheoretische Untersuchung, Arbeitspapiere des Instituts für Genossenschaftswesen der Westfälischen Wilhelms-Universität Nr. 25, 2002; *Kromschröder/Lück* für den Arbeitskreis „Externe und Interne Überwachung der Unternehmung" der Schmalenbach-Gesellschaft für Betriebswirtschaft e.V., Grundsätze risikoorientierter Unternehmensüberwachung, ZIR 1998, 237 ff.; *Küpper*, Controlling. Konzeption, Aufgaben und Instrumente, 2. Aufl. 1997; *Lambsdorff Johann Graf*, Korruption als mühseliges Geschäft – eine Transaktionskostenanalyse, in: Pieth/Eigen (Hrsg.), Korruption im internationalen Geschäftsverkehr, 1999, S. 56 ff.; *Lindemann*, Interne Revision, ZfB 1957, 242 ff.; *Lück*, Der Umgang mit unternehmerischen Risiken durch ein Risikomanagementsystem und durch ein Überwachungssystem, DB 1998, 1925 ff.; *ders.*, Stichwort „Interne Revision", in: ders. (Hrsg.), Lexikon der Rechnungslegung und Abschlussprüfung, 4. Aufl. 1998, 403 ff.; *ders.*, Risikomanagementsysteme und Überwachungssysteme einrichten – Neue Anforderungen an Vorstand, Aufsichtsrat, Interne Revision und Abschlussprüfer, FAZ v. 25.1.1999, S. 29; *Mayer*, Innenrevision und Abschlussprüfung in der österreichischen Versicherungswirtschaft, VR 1987, 43 ff.; *Mischkowitz/Bruhn/Desch/Hübner/Beese*, Einschätzungen zur Korruption in Polizei, Justiz und Zoll, 2000; *Moldzio,*: Auswirkungen des KonTraG auf die Rechnungslegung, NWB 1999, Fach 18, 3713 ff.; *Nüchter*, Aufgaben, Verfahren und Instrumente des Finanz- und Investitions-Controlling, in: Steinle/Bruch (Hrsg.), Controlling. Ein Kompendium für Controller/innen und ihre Ausbildung, 1998; *Ohland*, Strategische Kontrolle, 1988; *Peacock/Pelfrey*, Internal Auditors and the Code of Conduct, The Internal Auditor 1991, Nr. 1, 45 ff.; *Peemöller*, Aufgaben der Internen Revision, DSWR 1993, 291 ff.; *Peemöller/Geiger*, Maßnahmen zur Effizienzsteigerung in der Internen Revision, BBK 1998, Fach 28, 1089 ff.; *Peemöller/Kunowski*, Entwicklungsperspektiven der Internen Revision, BBK 1997, Fach 28, 1053 ff.; *Pies*, Korruption – eine ökonomische Analyse mit einem Ausblick auf die Wirtschafts- und Unternehmensethik, in: Arnold (Hrsg.), Wirtschaftsethische Perspektiven VI – Korruption, Strafe und Vertrauen, Verteilungs- und Steuergerechtigkeit, Umweltethik, Ordnungsfragen, 2002, S. 13 ff.; *Pietsch/Scherm*, Die Präzisierung des Controlling als Führungs- und Führungsunterstützungsfunktion, Die Unternehmung 2000, 395 ff.; *Porter*, Wettbewerbsstrategie, 10. Aufl. 1999; *Preißler*, Controlling: Lehrbuch und Intensivkurs, 10. Aufl. 1998; *Prentice Hall Editorial Staff*, Corporate Treasurer's and Controller's Encyclopedia, 1975; *Reinstein/Weirich*, Ethics and Fraud: Opening Doors for Internal Auditing, The Internal Auditor 1988, Nr. 5, 43 ff.; *Ricks*, Ökonomische Analyse der Wirtschaftskriminalität unter besonderer Berücksichtigung der Korruption und Bestechung, 1995; *Römer*, Neuland in der Versicherungswirtschaft: Der Ombudsmann ist da, BB 2002, Heft 14, Beilage 3; *Schreyögg*, Kann und darf man Unternehmenskulturen ändern? in: Dülfer (Hrsg.), Organisationskultur, 1988, S. 155 ff.; *Schreyögg/Steinmann*, Strategische Kontrolle, ZfB 1985, 391 ff.; *See*, Wirtschaftsverbrechen – der innere Feind der freien Marktwirtschaft und der Demokratie, in: See/Schenk (Hrsg.), Wirtschaftsverbrechen. Der innere Feind der freien Marktwirtschaft, 1992, S. 39 ff.; *Smith*, Der Wohlstand der Nationen, nach der 5. Aufl. London 1789 aus dem Englischen übertragen von H.K. Recktenwald, 3. Aufl. 1983; *Solaro*, Stichwort „Controlling", in: Busse von Colbe/Pellens (Hrsg.), Lexikon des Rechnungswesens, 4. Aufl. 1998, S. 169 ff.; *Tanski*, Berufsbild des Internen Revisors, BB 1998, 1251 ff.; *Tietzel*, Zur ökonomischen Theorie des Betrügens und des Fälschens, Jahrbücher für Nationalökonomie und Statistik, Bd. 204/1, 1988, 17 ff.; *Ulrich*, Systemsteuerung und Kulturentwicklung, Die Unternehmung 1984, 303 ff.; *Vahlenkamp/Knauß*, Korruption – hinnehmen oder handeln? 1995; *van Rijckeghem/Weder*, Corruption and the Rate of Temptation: Do Low Wages in the Civil Service Cause Corruption? IMF Working Papers 97/73, 1997; *Vassel*, Die Vertrauensschadenversicherung, BB 1959, 677 ff.; *Vogler/Gundert*, Einführung von Risikomanagementsystemen – Hinweise zur praktischen Ausgestaltung, DB 1998, 2377 ff.; *Vogt*, Korruption im Wirtschaftsleben – Eine betriebswirtschaftliche Schaden-Nutzen-Analyse, 1996; *Wassermann*, Was tun?, in: Tiedemann (Hrsg.), Die Verbrechen in der Wirtschaft, 2. Aufl. 1972, S. 162 ff.; *Weber*, Einführung in das Controlling Teil 2. Instrumente, 3. Aufl. 1991; *ders.*, Einführung in das Controlling, 6. Aufl. 1995; *Weber/Schäffer*, Sicherstellung der Rationalität von Führung als Aufgabe des Controlling? Die Betriebswirtschaft 1999, 731 ff.; *Weilbach*, Die interne Revision – Ein Führungsinstrument des Managements?, DB 1995, 1037 ff.; *Weise* u.a., Neue Mikroökonomie, 2. Aufl. 1991; *Wild*, Grundlagen der Unternehmensplanung, 1974.

Inhaltsübersicht

	Rn.
A. Korruptionsprävention als Aufgabe von Wirtschaftsunternehmen	1–163
I. Einleitung	1–3
II. Ökonomische Theorie der Korruption	4–12
III. Erfahrungen im Wirtschaftsleben	13–19
IV. Die richtige Organisation – organisatorische Grundprinzipien	20–39
1. Vier-Augen-Prinzip	24–27
2. Prinzip der Funktionstrennung	28–31
3. Das Need-to-Know-Prinzip	32–35
4. Job-Rotation	36–39
V. Vorgelagerte Kontrollen – Personal- und Lieferantenauswahl	40–57
1. Personal	41–51
2. Lieferanten	52–57
VI. Permanente und nachgelagerte Kontrollen – Das unternehmerische Überwachungs- und Steuerungssystem	58–117
1. Geschäftsleitung	59–64
2. Controlling	65–79
3. Aufsichtsrat	80–89
4. Interne Revision	90–98
5. Externe Revision	99–117
VII. Korruption als Aspekt des Risikomanagements – Korruptionsindikatoren	118–129
VIII. Die Vereinfachung von Meldewegen	130–139
1. Audit Committee	131–133
2. Ombudsmann	134–139
IX. Unternehmenskultur, Unternehmensethik und Wertemanagement	140–154
X. Restrisiko	155–159
XI. Resümee	160–163
B. Prävention von Korruption durch Verbände	164–198
I. Verantwortung für die Prävention von Korruption	164–170
II. Die Rolle von Verbänden	171–198
1. Verbände, deren Vereinszweck die Korruptionsbekämpfung ist	173–181
a) Der Verein gegen das Bestechungsunwesen	174, 175
b) Transparency International (TI)	176–180
c) Das Schwedische Institut zur Bekämpfung der Korruption	181
2. Industrie- und Handelskammern (IHK/ICC)	182–190
a) Deutsche Industrie- und Handelskammern	183, 184
b) Auslandshandelskammern	185
c) Der Deutsche Industrie- und Handelskammertag (DIHK)	186
d) Die Internationale Handelskammer (ICC)	187–189
e) ICC Deutschland	190
3. Wirtschafts- und Branchenverbände	191–193
a) Der Bundesverband der Deutschen Industrie (BDI)	192
b) Der EthikManagementSystem e.V.	193
4. Weitere Organisationen	194–198
a) Der Verein PRO HONORE e.V.	195
b) Die Arbeitsgemeinschaft für Sicherheit in der Wirtschaft e.V. (ASW)	196
c) Das Deutsche Forum für Kriminalprävention (DFK)	197
d) Das Business Ethics Network (EBEN) und das Deutsche Netzwerk Wirtschaftsethik (DNWE)	198

2. Kapitel. Korruptionsprävention in Wirtschaftsunternehmen und durch Verbände

A. Korruptionsprävention als Aufgabe von Wirtschaftsunternehmen

I. Einleitung

1   Im Rahmen dieses Beitrages werden wir uns mit der Korruptionsprävention als Aufgabe von Wirtschaftsunternehmen auseinandersetzen. Hierbei soll zunächst versucht werden, das Phänomen Korruption[1] deduktiv aus ökonomischen Überlegungen herzuleiten. Anschließend soll ein induktiver Weg beschritten werden, um die Relevanz und Ursachen von Korruption durch Erfahrungen aus der Praxis zu belegen. Korruption im wirtschaftlichen Verkehr wirkt sich letztlich hemmend auf die Geschäftstätigkeit aller Unternehmen aus. Insbesondere die weltweite Vernetzung der Geschäftsbeziehungen und der Handel mit Unternehmen aus anderen Kulturkreisen bedeuten eine steigende Notwendigkeit zur Korruptionsbekämpfung.[2]

2   Im Fortgang dieses Beitrages soll aufgezeigt werden, welche Möglichkeiten Unternehmen zur Eindämmung von Korruption zur Verfügung stehen. Dabei werden zum einen organisatorische, zum anderen unternehmenskulturelle Möglichkeiten diskutiert. Nicht immer ist hierbei eine Eingrenzung auf Korruption alleine zweckmäßig, da die Ursache-Wirkungs-Beziehungen nicht monokausal sind. Insofern betreffen einige der vorgestellten Möglichkeiten auch Wirtschaftskriminalität bzw. dolose Handlungen allgemein.

3   Abschließend sollen dann Möglichkeiten aufgezeigt werden, wie Unternehmen mit dem stets verbleibenden Restrisiko umgehen können. Es bleibt aber jeweils zu beachten, dass Unternehmen stets in einem gesellschaftlichen Kontext agieren, zu dem unter anderem auch die rechtlichen und soziokulturellen Rahmenbedingungen gehören. Diese haben einen nicht zu unterschätzenden Einfluss auf das Auftreten von Korruption. Insofern kann die Eindämmung von Korruption im Wirtschaftsleben nicht allein die Aufgabe der Unternehmen sein, wohl aber können sie einen wesentlichen Beitrag dazu leisten.

II. Ökonomische Theorie der Korruption

4   Eines der wohl meistzitierten und grundlegenden Werke der Nationalökonomie ist das 1776 erschienene „An Inquiry into the nature and causes of the wealth of nations" von *Adam Smith*. Hierin erkennt *Smith* im menschlichen Eigennutz eine wesentliche Eigenschaft der freien Marktwirtschaft.[3] Er formuliert sinngemäß:[4] Jeder Einzelne wird sich darum bemühen, sein Kapital so anzulegen, dass es den höchsten Wert erzielen kann. Im Allgemeinen wird er weder darauf aus sein, das öffentliche Wohl zu fördern, noch wird er wissen oder gar messen können, inwieweit er es fördert. Er interessiert sich

---

[1] Zu einer sehr umfangreichen Darstellung des Phänomens Korruption aus verschiedenen Perspektiven siehe beispielsweise *Brünner* (Hrsg.), Korruption und Kontrolle, 1981. Eine sehr kurzweilige Einführung hierzu gibt *Berg*, Bananenrepublik Deutschland, 1997.
[2] Vgl. *Tanski*, BB 1998, 1251, 1252.
[3] Vgl. ausführlicher *Heißner*, Die Bekämpfung von Wirtschaftkriminalität – Eine ökonomische Analyse unternehmerischer Handlungsoptionen, 2001, S. 197 ff.
[4] *Weise u.a.*, Neue Mikroökonomie, 2. Aufl. 1991, S. 328 m.w.N.

lediglich für seine eigene Sicherheit und seinen eigenen Profit. Und dabei wird er von einer unsichtbaren Hand geleitet, ein Ziel zu fördern, das keineswegs in seiner Absicht gelegen hatte. Indem er seinem eigenen Interesse dient, fördert er das Wohl der Allgemeinheit oft auf weit wirksamere Weise, als wenn es in seiner wahren Absicht gelegen hätte, es zu fördern.

Die Koordinationsfunktion des Marktes führt also zu einem gesamtgesellschaftlich wünschenswerten Ergebnis, und das obwohl der Einzelne kein Gemeinwohlziel verfolgt. Damit wird der Wunsch nach individueller Besserstellung zur impliziten Motivation für Solidarität und Marktwirtschaft hier zu einer modernen Form der Wohlfahrt. 5

Diese Idee, dass zur Entfaltung dieser Koordinationsfunktion eine Liberalisierung der Märkte und die Entfaltung persönlicher Freiheiten notwendig ist, findet sich auch in der bundesrepublikanischen „**Wirtschaftsordnung**" wieder und wird durch das Grundgesetz (GG) wie folgt definiert:[5] 6

– Nach Art. 2 Abs. 1 GG erstreckt sich die gewährleistete freie Entfaltung der Persönlichkeit auch auf das wirtschaftliche Handeln als einen bedeutenden Teil personaler Entfaltung. Die freie Entfaltung der Persönlichkeit gewährleistet dabei u.a. auch die Freiheit des Konsums, des Gewerbebetriebes, des Marktzugangs und die Produktions- und Handelsfreiheit.
– Art. 9 GG garantiert auch auf dem wirtschaftlichen Gebiet die Vereinigungsfreiheit und die Koalitionsfreiheit. Art. 12 GG gewährleistet die Berufs- und Gewerbefreiheit und Art. 14 GG die Eigentumsgarantie.

Dem GG folgend dient somit das Ausmaß der Verwirklichung individueller Grundfreiheiten als Vorgabe des wirtschaftlichen Systems der bundesrepublikanischen Gesellschaft.

Smith als Vertreter einer doktrinären Laisser-faire-Haltung zu verstehen, wäre jedoch falsch. Beispielsweise fordert er den Staat als Hüter der verfassungsmäßig garantierten Freiheiten. Um diese Aufgabe zu erfüllen, kann dieser ggf. auch **Normen zum Schutz der wirtschaftlichen Betätigungsfreiheit** erlassen.[6] Diese Normen fordert auch Art. 14 Abs. 2 GG, der eine Sozialbindung des Eigentums (zum Wohle der Allgemeinheit) vorsieht.[7] Das Sozialstaatsprinzip fordert vom Staat nicht nur die soziale Integration, sondern auch die soziale Intervention, die durch Maßnahmen sozialer Störungs- und Missbrauchsabwehr sowie des Ausschlusses unsozialen Verhaltens ermöglicht werden soll.[8] 7

---

[5] Über explizit als Wirtschaftsordnung bezeichnete Regelungen, die den Rahmen unseres Wirtschaftssystems bilden, verfügt die Bundesrepublik Deutschland nicht. Auch das GG beinhaltet keine speziellen Vorschriften hinsichtlich einer Wirtschaftsordnung. Es verfügt auch nicht über einen eigenständigen Abschnitt zur Wirtschaftsverfassung. Allerdings besitzt es in seinem Grundrechtsteil, aber auch in den Staatszielbestimmungen, den Vorschriften über die Gesetzgebung und den Abschnitten über die Gemeinschaftsaufgaben sowie das Finanzwesen zahlreiche Bestimmungen, die für eine wirtschaftliche Betätigung von grundlegender Bedeutung sind. Vgl. *D. Geerds*, Wirtschaftsstrafrecht und Vermögensschutz, 1990, S. 32 f.

[6] Vgl. *Smith*, Der Wohlstand der Nationen, 3. Aufl. 1983, S. 582 f.

[7] *Ricks*, Ökonomische Analyse der Wirtschaftskriminalität unter besonderer Berücksichtigung der Korruption und Bestechung, 1995, S. 150 f. Das ist eine Abkehr von der klassisch liberalen Wirtschaftstheorie, der zufolge das individuelle Profitstreben allgemeinen Wohlstand bringen soll, das Eigentum aber nicht sozialgebunden sein soll. Trotz der Möglichkeit der Sozialisierung nach Art. 15 GG steht das GG mit der sozialen Marktwirtschaft in Übereinstimmung. Dies ist eine Marktwirtschaft, in der es Privateigentum an den Produktionsmitteln gibt und der Staat dafür Sorge zu tragen hat, dass der Wettbewerb zwischen den Wirtschaftssubjekten bestimmten Qualitätsnormen genügt und dass kollektive Güter bereitgestellt werden.

[8] Bestimmte Eingriffs- und Lenkungsmöglichkeiten des Gesetzgebers im Hinblick auf das Wirtschaftsgeschehen finden sich im GG in den Abschnitten über die Gesetzgebung, z.B. im Art. 74 Nr. 11 GG, über die Gemeinschaftsaufgaben und das Finanzwesen, z.B. in den Art. 104a und 109 GG.

2. Kapitel. Korruptionsprävention in Wirtschaftsunternehmen und durch Verbände

Dabei ist allerdings dem Einzelnen ein größtmögliches Maß freiheitlicher Entfaltung zu gewähren, sozial Schwache sind vor Missbrauch wirtschaftlicher Macht zu schützen und unter Umständen sogar gezielt zu fördern.[9]

8 In der Realität ist der Markt jedoch häufig durch Unvollkommenheiten der verschiedensten Art nicht in der Lage, seiner Koordinationsfunktion im oben beschriebenen Sinne nachzukommen. Damit verschwindet dann auch die unsichtbare Hand, die die Einzelnen zu einem Gemeinwohl zusammenführt. In der Praxis sind vielfach Rahmenbedingungen gegeben, in denen rationales Verhalten gerade kein optimales Ergebnis hervorbringt. Ein Beispiel hierfür ist das Gefangenen-Dilemma,[10] bei dem individuell rationale Entscheidungen kein Wohlfahrtsoptimum darstellen.[11] Ein weiteres Beispiel ist das Thema des sog. Rent-Seeking. Hierunter versteht man den Versuch, durch gezielte Lobby-Arbeit (bis hin zur Korruption) Konkurrenz zu reduzieren und auf Märkten monopolistische Strukturen zu schaffen. Volkswirtschaftlich ist dies aus zwei Gründen zu bedauern: Zum einen müssen die Aufwendungen für die Lobby-Arbeit als verschwendet angesehen werden, da im Gegensatz zu natürlichen Monopolen keine Innovation damit verbunden ist; zum anderen entsteht durch monopolistische Marktformen gesamtgesellschaftlich ein weiterer Wohlfahrtsverlust. Die Rahmenbedingungen sind also keinesfalls so, dass Eigennutz zu guten Ergebnissen führen muss.

9 In diesem Sinne würden *Tietzel* zufolge „Zyniker unter den Ökonomen ... weder die Erbitterung der Kulturpessimisten, noch das entsetzte Erstaunen des Durchschnittsverbrauchers über Art und Ausmaß von Lug und Trug im Wirtschaftsleben überhaupt nur verstehen, sagen doch ihre Modelle für eine breite Skala von Umständen exakt dieses Verhalten voraus ...".[12] Fehlt ein vollkommener Markt zur Koordination der Einzelinteressen, so müssen Gesetze und Normen eine Korrektivfunktion erfüllen. Diese müssen nicht immer anreizkompatibel sein, so dass es aus individueller Sicht rational sein kann, Gesetze und Normen zu übertreten. Somit wird es immer eine Tendenz geben, an die Grenzen des Erlaubten vorzudringen. Viele Autoren sprechen in diesem Zusammenhang von einer **Tendenz zur Grenzmoral**, was vielfach auch als Verfall gesellschaftlicher Werte bezeichnet wird.[13]

10 *Briefs* sagt dazu, dass in jeder Wettbewerbswirtschaft nur diejenigen erfolgreich seien, die das jeweils mögliche Geringstmaß an Verkehrsmoral besäßen.[14] Man kann fast sagen, dass die Wettbewerber dann genötigt sind, bei Strafe in Form von Verlusten oder geschäftlichem Untergang ihre Verkehrsmoral der jeweils in der Marktsituation durchschlagenden, hemmungslosesten Verkehrsmoral anzupassen. Unterstützt wird diese Situation dadurch, dass wirtschaftliche Zwänge auf einem enger werdenden Markt dazu führen, dass Unternehmer ihre Bedenken aufgeben und beispielsweise an Korruptionszirkeln partizipieren.[15]

---

[9] Vgl. BVerfG 4, 7.
[10] Das Gefangenen-Dilemma soll auf *Flood/Dresher* zurückgehen. Es wurde später von *Tucker* erstmals formalisiert, vgl. *Weise u.a.* (Fn. 2), S. 87. Die Situation des Gefangenen-Dilemma-Spiels stellt sich vereinfacht wie folgt dar: „In einem Prozess seien zwei Täter angeklagt, gemeinsam Verbrechen begangen zu haben. Der Staatsanwalt kann aufgrund der mangelnden Beweislage ohne ein Geständnis beide nur einer geringen Straftat überführen. Daher versucht er, beide als Kronzeugen gegen den jeweils anderen Angeklagten zu gewinnen [die Angeklagten können keine Absprachen treffen]. Gestehen beide, erhalten sie eine hohe Strafe (10 Jahre). Gesteht keiner, kommen sie mit leichter Bestrafung davon (2 Jahre). Gesteht aber nur einer, geht er als Kronzeuge frei aus, der andere erhält eine sehr schwere Strafe (12 Jahre)", *Ricks* (Fn. 7), S. 35.
[11] Vgl. *Heißner* (Fn. 3), S. 186 f.
[12] *Tietzel*, Jahrbücher für Nationalökonomie und Statistik, 1988, S. 17.
[13] Vgl. *Heißner* (Fn. 3), S. 200.
[14] Vgl. *Briefs*, in: von Bekkerath u.a. (Hrsg.), Wirtschaftsfragen der freien Welt, 1957, S. 97 ff.
[15] Vgl. *Vahlenkamp/Knauß*, Korruption – hinnehmen oder handeln? 1995, S. 338.

Übertragen auf Korruption verdrängen die schlechten Geschäftssitten somit die guten. 11
Auch hier erklärt sich der Verdrängungsprozess dadurch, dass die Alternativkosten für
ein gesetzeskonformes Verhalten über den Alternativkosten für korruptes Verhalten liegen. Die vielzitierte **Sog- und Spiralwirkung**, die der Korruption immanent sein soll, entspricht diesem Szenario.

Insoweit kann man auch von einer **Systemimmanenz der Korruption in der Markt-** 12 **wirtschaft** sprechen, was im Übrigen auch für die Wirtschaftskriminalität im allgemeinen gilt. *See* sieht in den Wirtschaftsdelikten den größten und noch einzigen verbleibenden inneren Feind der freien Marktwirtschaft und der rechts- und sozialstaatlichen Demokratie – „Wirtschaftsverbrechen zerstören am Ende alle Verfassungen. Ja sie bedrohen selbst jenes demokratisch legitimierte System, das ihnen am weitesten entgegenkommt, die freie Marktwirtschaft."[16] *Wassermann* ergänzt, dass der „... Kampf gegen die Wirtschaftskriminalität ... [demzufolge] ein Korrektiv zum kapitalistischen System ist, dazu bestimmt, diesem die asozialen Flügel zu stutzen ...".[17]

Es sei abschließend erwähnt, dass in jüngster Zeit einige sehr interessante Ansätze entwickelt wurden, Korruption modelltheoretisch abzubilden. An dieser Stelle wird auf die Arbeiten von *Kretschmer*[18] und *Pies*[19] verwiesen.

III. Erfahrungen im Wirtschaftsleben

Die eben theoretisch abgeleiteten Überlegungen spiegeln auch die Erfahrungen aus der 13 Praxis wider. Die mangelnde Koordinationsfunktion durch unvollkommene Märkte erhält dadurch zusätzlich Gewicht, dass unsere Gesellschaft immer mehr zur Individualisierung des Einzelnen tendiert. Durch steigende Individualisierung reduzieren sich soziale Bindungen, zugleich nimmt die **soziale Kontrolle** ab, da funktional stark ausdifferenzierte Gesellschaften wenig normativ wirken. Eigennutz steht dort meist über sozialer Verantwortung und Mitgefühl.[20] Der Umstand, dass Korruption selbst ein Delikt ist, das regelmäßig keinen direkt Geschädigten erkennen lässt und insofern eine geringe inhärente Hemmschwelle zeigt, fördert diese Form von Wirtschaftskriminalität zusätzlich.

Besonders begünstigend für Korruption ist zudem die **Intransparenz** in den Qualitäts- 14 eigenschaften des jeweiligen Basisgeschäfts. Ob dieses Basisgeschäft eine Bauleistung ist, die einer Kommune oder einem Unternehmen angeboten wird, oder aber ein Bewerber, der unter anderen Bewerbern zur Einstellungsauswahl steht, ist dabei völlig gleich. Entscheidend ist, dass gegebenenfalls existierenden Kontrolleinrichtungen oder aber dem Wettbewerber der Einblick in die Qualitätsdetails fehlt.

Auf der anderen Seite müssen die an der Korruption beteiligten Parteien über einen 15 ausreichenden **Dispositionsspielraum** verfügen. Das bedeutet, dass sie diejenigen sind,

---

[16] Vgl. *See*, in: See/Schenk (Hrsg.), Wirtschaftsverbrechen, 1992, S. 39 f. Wenn durch Wirtschaftskriminalität das Misstrauen dem Staat gegenüber wächst, kann dies auch zu einem Rückzug der Bürger in den Privatbereich und zu Politikverdrossenheit führen. Gute Entscheidungen i.S. von Entscheidungen, die von der Mehrheit getragen werden, können in einer Demokratie jedoch nur getroffen werden, wenn möglichst viele Bürger daran aktiv beteiligt sind, vgl. *Hamm-Brücher*, Die aufgeklärte Republik, 1989. Der Verfall von politischen Systemen in ihrer Gesamtheit, mit dem sich die Politikwissenschaft beschäftigt, wird oft auch als Korruption bezeichnet, vgl. *Ricks* (Fn. 7), S. 231.

[17] *Wassermann*, in: Tiedemann (Hrsg.), Die Verbrechen in der Wirtschaft, 2. Aufl. 1972, S. 164.

[18] Siehe *Kretschmer*, Maßnahmen zur Kontrolle von Korruption – eine modelltheoretische Untersuchung, Arbeitspapiere des Instituts für Genossenschaftswesen der Westfälischen Wilhelms-Universität Nr. 25, 2002.

[19] Siehe *Pies*, in: Arnold (Hrsg.), Wirtschaftsethische Perspektiven VI, 2002, S. 13 ff.

[20] Vgl. *Heißner* (Fn. 3), S. 222 f.

die maßgeblich über Art und Umfang der Vorteilsgewährung entscheiden können. Dispositionsspielraum und Intransparenz sind dabei meist interdependent.

16 Kommen diese Faktoren in der beschriebenen Weise zusammen, stellt sich additiv nur noch die Frage der **Gelegenheit** oder gegebenenfalls auch der **„subjektiven Notwendigkeit"**. Was bei höherer individueller krimineller Energie eher als Gelegenheit wahrgenommen wird, kann sich bei geringerer krimineller Energie für den Akteur auch als Notwendigkeit darstellen, sobald möglicherweise die wirtschaftliche Existenz davon abhängt.

17 Korruption entsteht insbesondere in Branchen und Sektoren, die durch Marktverbote oder Marktbeschränkungen belegt oder monopolistisch dominiert sind. Systemseitig ist dabei weniger die Ursache, sondern vielmehr die Wirkung eines unvollkommenen Wettbewerbs mit **Mengenungleichgewichten** bei Nachfrager und Anbieter entscheidend.[21]

18 **Marktverbote** und sich daraus ergebende Korruptionsmärkte sind dort vorhanden,
– wo bestimmte Bedürfnisbefriedigungen verboten sind, so z.B. der Markt für Diebesgüter.

Marktbeschränkungen und sich daraus ergebende Korruptionsmärkte gibt es u.a. dort, wo
– die Verfügung über Güter bestimmten Personen in bestimmter Art untersagt ist, z.B. der Markt für Betäubungsmittel, Waffenhandel, Glücksspiel, atomwaffenfähiges Plutonium oder für Informationen der Hochtechnologie,
– nicht jedermann am Markt teilnehmen darf, z.B. der Markt der Steuer- und Rechtsberatung, Kreditvergabe, Titelvergabe (Akademiker oder Adel) oder der Heilbehandlung,
– Preisbewertungen der Transaktion nicht zugelassen sind, z.B. der Gebühren-, Strafen- und Bußgeldmarkt, der Arbeitsmarkt und zum Teil auch der Wohnungsmarkt (sozialer Wohnungsbau),
– Marktinformationen mangelhaft sind und die Verbesserung der Information nicht vermarktet werden darf, z.B. der Glücksspielmarkt (Toto, Lotto, Spielbank, Verlosungen) oder der Markt für Auftragsvergaben,
– Mangel an Ausweich- oder Abwanderungsmöglichkeiten besteht und dadurch der Marktmechanismus als Sanktionsmechanismus entfällt, so z.B. im monopolistischen Markt, in dem der Staat oder Großunternehmen als Nachfrager auftreten.

19 Korruption entsteht stets dann, wenn gegebene, interessenkonträre **Restriktionen** durch Gewährung von Vorteilen umgangen werden sollen. Die Umgehung der Restriktionen kann ebenfalls als eine Transaktion aufgefasst werden, die auf illegalen Korruptionsmärkten abgewickelt wird.[22] Sowohl potentielle Korruptionsgeber als auch Korruptionsnehmer agieren in diesen Korruptionsmärkten und werden in ihrem Handeln im Wesentlichen determiniert durch das Maß angedrohter und durchgeführter Sanktionen, durch die Wahrscheinlichkeit der Aufdeckung ihrer Taten und durch ihre eigenen Wertvorstellungen.[23] Das Auftreten von Korruption wird ökonomisch gesprochen damit durch die Transaktionskosten, die Suchkosten, die sog. Post-enforcement Lock-in-Kosten[24] sowie die moralischen Kosten bestimmt. Die **Transaktionskosten** bezeichnen hierbei die Kosten der Transaktion und sind abhängig von der Entdeckungswahrscheinlichkeit und den zu erwartenden Sanktionen. Die **Suchkosten** sind ein Maß für die Schwierigkeit, geeignete Partner für Korruption zu finden. Diese sind umso höher, je

---

[21] Zu einer Analyse des makroökonomischen Schadens von Korruption siehe beispielsweise *Vogt*, Korruption im Wirtschaftsleben, 1996, S. 91–136.
[22] Vgl. *Heißner* (Fn. 3), S. 205 ff. m.w.N.
[23] Zu Mechanismen des menschlichen Entscheidungsprozesses siehe beispielsweise auch *Heißner* (Fn. 3), S. 167 ff.
[24] Vgl. *Lambsdorff Johann Graf*, in: Pieth/Eigen (Hrsg.), Korruption im internationalen Geschäftsverkehr, 1999, S. 77.

„verboten" der jeweilige Markt ist. Die **Post-enforcement Lock-in-Kosten** berücksichtigen, dass die Beteiligten nach der Korruption in einer Abhängigkeit voneinander stehen, da die Information über die Korruptionshandlung einen gewissen Wert, beispielsweise für Strafverfolgungsbehörden oder Konkurrenzunternehmen, hat. Um alle an der Korruption Beteiligten an der Annahme solcher Angebote zu hindern, fallen insofern weitere Kosten an. Die **moralischen Kosten** schließlich bezeichnen das subjektive Unrechtsempfinden. Diese sind individuell verschieden, können aber durch geeignete Sensibilisierungsmaßnahmen und klare Festlegung von Verhaltensnormen gesteigert werden.

IV. Die richtige Organisation – organisatorische Grundprinzipien

Korruption ist hinsichtlich seiner Ursachen ein äußerst komplexes Phänomen. Man wird daher kein einfaches Patentrezept für die Korruptionsvermeidung finden können, oder wie *Becker* es formuliert hat: „There is no magic bullet to cure this disease"[25]. Es besteht jedoch Einigkeit darüber, dass mangelnde Kontrolle eine der Hauptursachen darstellt. So schreibt beispielsweise *Dabla-Norris*: „Lack of transparency and of effective institutional controls are commonly viewed as the main factors contributing to corruption".[26] 20

Die Möglichkeiten, die einem Unternehmen zur Eindämmung von Korruption zur Verfügung stehen, sind damit zum einen die Erhöhung von Transparenz, zum anderen die Einführung effektiver Kontrollen. Die Erhöhung der **Transparenz** soll Gegenstand dieses Kapitels sein. Kontrollen werden in den Abschnitten V und VI (Rn. 40 ff.) behandelt. 21

Eine transparente Organisation verlangt zuvorderst die Einhaltung organisatorischer Grundprinzipien. Durch diese wird zum einen die für Korruption so notwendige Geheimhaltung erschwert, was ökonomisch gesprochen zu einem Ansteigen der Transaktionskosten führt, da die Entdeckungswahrscheinlichkeit wächst. Zum anderen nimmt die Zahl derjenigen, die an der Korruption beteiligt sein müssen, zu. Dies reduziert ebenfalls die Wahrscheinlichkeit für das Auftreten von Korruption, erhöht aber darüber hinaus die Suchkosten nach geeigneten Partnern. Weiterhin nehmen auch die Post-enforcement Lock-in-Kosten mit wachsender Anzahl der Akteure zu. 22

Im Folgenden sollen exemplarisch das Vier-Augen-Prinzip, das Prinzip der Funktionstrennung, das Need-to-know-Prinzip sowie die Job-Rotation betrachtet werden. 23

1. Vier-Augen-Prinzip

Dieses Prinzip besagt, dass kein Mitarbeiter einen Vorgang alleine und abschließend bearbeiten darf. Mit dem Vier-Augen-Prinzip wird insofern verhindert, dass ein Mitarbeiter alleine für wichtige und damit tendenziell korruptionsanfällige Entscheidungen zuständig ist.[27] Es ist daher ein besonders geeignetes Mittel zur Korruptionsvorbeugung und sollte den Mindeststandard definieren. 24

Das Vier-Augen-Prinzip kann **in allen Unternehmensbereichen** Anwendung finden. Insbesondere bei der Konzeption von Stellenbeschreibungen, Arbeits- und Verfahrensanweisungen sowie Unterschriftenrichtlinien sollte auf die Einhaltung des Vier-Augen- 25

---

[25] *Becker*, Business Week v. 11.12.1995, S. 26.
[26] *Dabla-Norris*, IMF-Working Papers 00/106, 2000, S. 4.
[27] Vgl. *Mischkowitz u.a.*, Einschätzungen zur Korruption in Polizei, Justiz und Zoll, 2000, S. 345 f.

Prinzips geachtet werden. Häufig empfiehlt es sich auch, Prozesse innerhalb des Unternehmens zu visualisieren, da so bestehende Regelungslücken oder Kontrollrisiken schnell erkannt werden können.

26 Das Vier-Augen-Prinzip sollte stets so umgesetzt werden, dass der **Kontrollierende** über **ausreichende Fachkenntnisse** verfügt, um seine Kontrollfunktion sinnvoll auszuüben. Andernfalls werden unter einem Präventionsaspekt sinnlose und unnötige Verantwortungen zugewiesen. Die organisatorische Umsetzung stellt allerdings insgesamt recht geringe Ansprüche.

27 Das Vier-Augen-Prinzip erhöht somit wesentlich die Transaktionskosten von Korruption.

2. Prinzip der Funktionstrennung

28 Unter Funktionstrennung wird allgemein eine **Trennung** zwischen den Prozessen der **Auftragserfüllung** und der **Auftragsüberprüfung** verstanden.[28] Ebenso wie das Vier-Augen-Prinzip kann dieses Prinzip in die Organisationsstruktur eines Unternehmens hineingetragen werden. So sollte beispielsweise die Berechtigung zur Anlage von Stammdaten in der Kreditorenbuchhaltung und die Berechtigung zur Freigabe von Auszahlungen nicht gleichzeitig an einen einzelnen Mitarbeiter vergeben werden.

29 Das Prinzip der Funktionstrennung greift wesentlich den Gedanken auf, dass Kontrolle nur dann sinnvoll ausgeübt werden kann, wenn kein Einbezug in den eigentlichen Prozess gegeben ist. Es fördert somit die für eine wirksame Kontrolle so wichtigen Eigenschaften Distanz und Objektivität. Es ist allerdings wiederum darauf zu achten, dass der Kontrollierende aufgrund seiner Kenntnisse zur Ausübung dieser Kontrollfunktion auch in der Lage ist.

30 Wie schon das Vier-Augen-Prinzip ist auch die Funktionstrennung organisatorisch recht leicht umzusetzen, so dass auch sie zum Grundrüstzeug der Unternehmen gegen Korruption gehören sollte.

31 Die Funktionstrennung erhöht sowohl die Transaktions- als auch die Suchkosten von Korruption, da die Aufdeckungswahrscheinlichkeit und die nötige Anzahl derer, die an der Korruption mindestens beteiligt sein müssen, erhöht werden.

3. Das Need-to-know-Prinzip

32 Das Need-to-know-Prinzip besagt, dass jedem Mitarbeiter **nur die Informationen verfügbar sein sollten, die** er zur Verrichtung seiner täglichen Arbeit **benötigt**. Es bezieht sich insofern vorrangig auf die Einrichtung von Berechtigungskonzepten beispielsweise in den EDV-Systemen eines Unternehmens. Vielfach bestehen gerade dort erhebliche Überberechtigungen, die mit den Stellenbeschreibungen in keiner Weise konsistent sind.

33 Das Need-to-know-Prinzip greift wesentlich den Schutzgedanken des geistigen Eigentums eines Unternehmens auf. Sensible Unternehmensinformationen sollten daher nur im kleinstmöglichen Kreis verfügbar sein. Das Need-to-know-Prinzip sollte darüber hinaus um weitere Sicherungsmaßnahmen ergänzt werden, welche die Weitergabe sensibler Informationen erschweren.

34 Das Need-to-know-Prinzip erfordert zu seiner Umsetzung detaillierte und inhaltlich korrekte **Stellenbeschreibungen**, auf deren Basis die Informationsrechte beispielsweise innerhalb der EDV-Systeme vergeben werden können. Es ist damit grundsätzlich für je-

---

[28] Vgl. *Bundesverband der Deutschen Industrie*, in: Reichmann/Schlaffke/Then, Korruption in Staat und Wirtschaft, 1997, S. 111.

des Unternehmen einsetzbar. Damit sollte auch dieses Prinzip bei der konkreten Ausgestaltung organisatorischer Abläufe stets beachtet werden.

Es ist klar ersichtlich, dass bei Beachtung dieses Prinzips die Anzahl der Personen, die sich korrupt verhalten könnten, reduziert wird. Mithin wird auch die Eintrittswahrscheinlichkeit von Korruption insgesamt reduziert.

4. Job-Rotation

Bei der Job-Rotation **wechseln die Mitarbeiter** im Laufe des Beschäftigungsverhältnisses **zwischen verschiedenen Aufgabengebieten** in vorgegebenen Zeitabständen.[29] Zu unterscheiden ist die Zuständigkeits- und die Personalrotation. Bei der Personalrotation vollzieht sich der Wechsel im Aufgabengebiet, bei der Zuständigkeitsrotation wechseln bestimmte Aufgaben, z.B. andere Kundenzuteilung in der Debitorenbuchhaltung etc.

Der Bezug zur Korruptionseindämmung ist offensichtlich. Wird beispielsweise ein Kunde oder Lieferant seit Jahren von einem festen Mitarbeiter betreut, so ist das Risiko von Korruption deutlich höher, als wenn der zuständige Mitarbeiter turnusmäßig wechseln würde. Weiterhin steigt die Aufdeckungswahrscheinlichkeit, sobald der Aufgabenbereich von einem anderen Mitarbeiter übernommen wird. Gerade in gefährdeten Arbeitsbereichen ist die Rotation als Mittel der Korruptionsvorsorge daher ernsthaft in Betracht zu ziehen.

Job-Rotation bringt allerdings auch Nachteile mit sich. Zum einen kann eine vertrauliche Beziehung zwischen Mitarbeitern und Kunden bzw. Lieferanten des Unternehmens durchaus gewünscht und auch zum Vorteil des Unternehmens sein. Zum anderen ist der Verlust von Fach- und Detailkenntnissen bei einem Wechsel in ein anderes Aufgabengebiet zu berücksichtigen. Weiterhin können auch Personalmangel oder das Fehlen von Fachkräften Unternehmen davon abhalten, Job-Rotation einzuführen.

Letztlich sind Vor- und Nachteile sowie Chancen und Risiken sorgfältig gegeneinander abzuwägen. Grundsätzlich ist eine Rotation desto eher möglich, je vorübergehender die erwarteten Qualitätseinbußen sind.

V. Vorgelagerte Kontrollen – Personal- und Lieferantenauswahl

In diesem Abschnitt sollen exemplarisch Möglichkeiten für vorgelagerte Kontrollen als einem weiteren Baustein der Korruptionsbekämpfung aufgezeigt werden. Grundsätzlich kann jeder Bereich eines Unternehmens von Korruption betroffen sein. Die Erfahrung zeigt jedoch, dass einzelne Bereiche von besonderer Relevanz hinsichtlich wirtschaftskrimineller Risiken sind. Korruption bedeutet immer, eigene Interessen durch Gewährung gewisser Vorteile durchzusetzen. Ein guter Ausgangspunkt für die Identifizierung von Risikobereichen sind daher die klassischen Stakeholder eines Unternehmens. Wir beschränken uns hier auf die Betrachtung der Lieferantenbeziehungen, da hier ein ständiger monetärer Leistungsaustausch besteht. Weiterhin besteht aus Sicht des Lieferanten ein Anreiz dafür, Mitarbeitern des Unternehmens Vorteile zu gewähren, um beispielsweise bei der Vergabe von Aufträgen bevorzugt zu werden. Es besteht für das Unternehmen also die Gefahr, dass die Mitarbeiter ihre Entscheidungsspielräume für unternehmensfremde Interessen nutzen. Diese Betrachtung impliziert daher zunächst die Bewusstmachung eigener Personalrisiken, da erst über die Zusammenarbeit zwischen unternehmensinternen und -externen Personen Korruptionsbeziehungen entstehen.

---

[29] Vgl. *Kräkel*, Organisation und Management 1999, S. 171.

2. Kapitel. Korruptionsprävention in Wirtschaftsunternehmen und durch Verbände

1. Personal

41 Die Personalpolitik eines Unternehmens ist ein wesentliches Instrument zur Korruptionsprävention, da hier vielfache Einflussmöglichkeiten des Unternehmens gegeben sind, die Kosten von Korruption für die Akteure zu erhöhen. Möglichkeiten der vorgelagerten Kontrolle ergeben sich bereits vor der Einstellung durch ein sogenanntes Pre-Employment-Screening. Später kann beispielsweise durch Lohn- und Weiterbildungspolitik ebenso wie letztlich durch das Aussprechen von Kündigungen weiter Einfluss auf die Vermeidung von Korruption genommen werden. Die einzelnen Möglichkeiten sollen im Folgenden skizziert werden.

42 Bei Fällen von Korruption zeigt sich oft, dass von den Akteuren bereits bei der Bewerbung unvollständige, falsche oder irreführende Angaben gemacht wurden. Noch ist es in deutschen Unternehmen weitgehend unüblich, die Referenzen eines Bewerbers zu überprüfen bzw. Zeugnis-Originale oder beglaubigte Kopien anzufordern. Hierdurch wird präventiv nicht verhindert, Angaben zu manipulieren, da die Wahrscheinlichkeit, entdeckt zu werden, sehr gering ist. Für den Bewerber ist es somit zunächst rational, unaufrichtig zu sein. Die Durchführung präventiver Kontrollen in diesem Bereich leistet somit zweierlei: Zum einen wird das Unternehmen vor der Einstellung von möglicherweise wenig integren Mitarbeitern bewahrt, zum anderen wird hier im ökonomischen Sinne ein Anreiz geschaffen, sich regelkonform zu verhalten, da der Einzelne damit rechnen muss, bei diesen Kontrollen der Manipulation überführt zu werden.

43 Eine effektive **Einstellungskontrolle** umfasst damit eine unabhängige Kontrolle der von den Bewerbern vorgelegten Informationen und Referenzen. Diesbezüglich sollte vor einer Einstellung unbedingt auf die Vorlage von **Originalen** geachtet werden. Kopien alleine sind nicht ausreichend, da sie problemlos sogar von Laien verändert werden können. Weiterhin sollten die in der Bewerbung angegebenen **Referenzen** persönlich überprüft werden. Weitere Hinweise, denen nachgegangen werden sollte, sind Lücken im Lebenslauf, die von dem Bewerber nicht zufriedenstellend erklärt werden können.

44 Je nach Wichtigkeit und Einfluss der vakanten Position kann es sich für ein Unternehmen lohnen, **eigene Nachforschungen** anzustellen. Bei einem umfassenden Pre-Employment-Screening sollten zunächst detaillierte Informationen zusammengetragen werden. Hierzu gehören beispielsweise Informationen über Integrität, Beteiligungen, Vermögensverhältnisse, bisherige Geschäftsführungs- und Aufsichtsratstätigkeiten, mögliche Vorstrafen und Berufsverbote. Diese Informationen sind allerdings nur zum Teil öffentlich verfügbar.

45 Informationen über die Integrität einer Person erhält man durch Internet- und Presserecherchen und Anfragen bei gewerblichen Auskunfteien. Hierzu ist unter Umständen ein berechtigtes Interesse nachzuweisen bzw. das Einverständnis des Bewerbers einzuholen. Informationen bezüglich Beteiligungen erhält man bei gewerblichen Auskunfteien als Sekundärinformation bzw. beim Handelsregister als Primärinformation. Über die bisherige Geschäftsführungs- und Aufsichtsratstätigkeit geben das Internet, gewerbliche Auskunfteien, Handels-, Gewerbe- und Vereinsregister Auskunft. Informationen bzgl. möglicher Vorstrafen und Berufsverbote erhält man, indem man von der betreffenden Person die Vorlage einer Auskunft aus dem Bundeszentralregister und dem Gewerbezentralregister erbittet.

46 Zu einer umfassenden Gewinnung von Informationen empfiehlt es sich daher, den Bewerber in den Prozess einzubinden und dessen **Einwilligung** einzuholen. Dies hat den Vorteil, dass weitreichende Informationen eingesehen bzw. weiterführende Datenquellen konsultiert werden können und dem Bewerber gegenüber offen kommuniziert wird.

47 Abhängig von den aus den Informationen ableitbaren Erkenntnissen können dann weitere Interviews mit dem Bewerber geführt werden, um noch offene Fragen zu klären. Weiterhin kann aber auch das Gespräch mit früheren Arbeitgebern gesucht werden, um so einen umfassenden Eindruck von dem Bewerber und der Richtigkeit der in der Bewerbung gemachten Angaben zu bekommen.

Hat der Bewerber letztlich überzeugt, so sollte der Arbeitsvertrag so gestaltet sein, dass ein Bestandteil der **Code of Conduct des Unternehmens** ist. Weiterhin wird empfohlen, dass der Mitarbeiter jährlich eine schriftliche Erklärung zur Einhaltung des Code of Conduct abgibt. Dadurch wird dieser den Mitarbeitern stärker in das Bewusstsein gebracht. Andererseits können diese Hinweise bei Disziplinar- und Entlassungsverfahren eine wesentliche Rolle spielen. **48**

Die **Lohnpolitik** ist ein Mittel, mit dessen Hilfe Unternehmen die Transaktionskosten von Korruption erhöhen können. Bei Entdeckung droht dem beteiligten Mitarbeiter der Verlust des Arbeitsplatzes. Sieht er sich mit einer Situation am Arbeitsmarkt konfrontiert, in der er eine seiner bisherigen Entlohnung äquivalente Bezahlung nicht mehr realisieren könnte, steigt für ihn das Risiko von Korruption. Korruption wird mithin unrentabler und seltener. So haben beispielsweise *van Rijckeghem/Weder* in einer empirischen Untersuchung festgestellt, dass Korruption im öffentlichen Dienst dann signifikant niedriger ist, wenn die Gehälter höher sind als die in privatwirtschaftlichen Unternehmen.[30] Weiterhin steigert die Zahlung überdurchschnittlicher oder zumindest wettbewerbsfähiger Gehälter die Zufriedenheit des Mitarbeiters sowie dessen Identifikation mit dem Unternehmen, so dass zu dem ökonomischen Aspekt noch ein moralisch-emotionaler Präventionsaspekt hinzutritt. **49**

Die **Weiterbildungspolitik** stellt einen weiteren Aspekt der unternehmerischen Prävention dar. Beispielsweise sind regelmäßige **Beurteilungsgespräche** nicht nur für die Leistungskontrolle und Karriereentwicklung geeignet. Ebenso gut kann den Mitarbeitern dort die Gelegenheit gegeben werden, Unzufriedenheiten und andere Probleme zur Sprache zu bringen. Auf diese Weise kann negativen Entwicklungen bereits früh gegengesteuert werden. Darüber hinaus sollten auch Sensibilisierungsmaßnahmen hinsichtlich wirtschaftskrimineller Risiken Teil der betrieblichen Weiterbildung sein. Ökonomisch gesprochen werden durch diese Art der Fortbildung die moralischen Kosten der Korruption erhöht.[31] Durch die Institutionalisierung eines **Verhaltenskodex** und die Festlegung der Erwartungen an das Verhalten der Mitarbeiter können Unternehmen unterstützend darauf einwirken, die bezüglich des Entscheidungsspielraumes der einzelnen Mitarbeiter bestehende Grauzone zu verringern. Dieses Thema wird nochmals ausführlich in Abschnitt IX (Rn. 140 ff.) innerhalb des Wertemanagements dargestellt. Insofern soll auf eine weitere Ausführung an dieser Stelle verzichtet werden. **50**

Weiterhin sollte ein Unternehmen unmissverständlich deutlich machen, dass Korruption keinesfalls geduldet oder totgeschwiegen wird. Eine **konsequente Haltung** der Unternehmen beinhaltet daher auch arbeitsrechtliche Maßnahmen bis hin zur außerordentlichen **Kündigung**. Bei ordentlicher Kündigung eines Mitarbeiters sollte unbedingt ein Austrittsgespräch geführt werden, da ausscheidende Mitarbeiter oft wertvolle Informationen hinsichtlich der weiteren Aufklärungsarbeit geben können. **51**

2. Lieferanten

Lieferanten stellen als eine der Five-Forces von *Porter*[32] eine wesentliche Bestimmungsgröße des Wettbewerbsumfelds eines jeden Unternehmens dar. Entsprechend groß kann daher auch das Interesse an gezielten Beeinflussungen bzw. an der Gewäh- **52**

---

[30] Vgl. *van Rijckeghem/Weder*, Corruption and the Rate of Temptation, IMF-Working Papers 97/73, 1997, S. 9.
[31] Vgl. *Klitgaard*, Gifts and Bribes, in: Zeckhauser (Hrsg.), Strategy and Choice, 1991, S. 224.
[32] Vgl. *Porter*, Wettbewerbsstrategie, 10. Aufl. 1999, S. 34.

rung und Annahme von Vorteilen sein. Vorgelagerte Kontrollen können hier insbesondere das Lieferanten-Monitoring sowie ein detailliert geregeltes Ausschreibungsverfahren sein.

53 **Lieferanten-Monitoring** beginnt bereits bei der Auswahl neuer Lieferanten. Um größtmögliche Sicherheit hinsichtlich der Seriosität der Lieferanten zu gewinnen, sollte vor Eingehen neuer Lieferantenbeziehungen ein umfassendes Business-Partner-Screening durchgeführt werden. Dieses beinhaltet wiederum die umfangreiche Sammlung von Informationen bezüglich des Geschäftspartners. Mögliche Aspekte der Informationsgewinnung sind hierbei Identität, mögliche Insolvenzen, Geschäftsgebaren, Unternehmens- und Personenverflechtungen sowie Beteiligungsverhältnisse, Geschäftsführungs- und Aufsichtsratstätigkeit, Einhaltung von Zahlungszielen und Einhaltung von Richtlinien und Standards. Bezüglich der Auskunftsquellen sei an dieser Stelle auf die Ausführungen unter 1. Personal (Rn. 41 ff.) verwiesen. Sollte bei der Aufnahme der Lieferantenbeziehung keine Überprüfung stattgefunden haben, so kann man bei der Fortsetzung von Lieferantenbeziehungen grundsätzlich wie bei der Aufnahme von neuen Lieferantenbeziehungen vorgehen.

54 Bei bestehenden Lieferanten empfiehlt sich ferner die regelmäßige Durchführung einer **Lieferantenbewertung** z.B. auf Basis eines Scoring-Modells. Hierbei sollten auch die in den Jahresabschlüssen und Geschäftsberichten verfügbaren Informationen berücksichtigt werden. Wesentlich für den Nutzen und die Aussagekraft einer Lieferantenbewertung ist allerdings die Aktualität der verfügbaren Informationen. Es muss deshalb gewährleistet sein, dass Veränderungen zeitnah berücksichtigt werden. Hierfür können Unternehmen beispielsweise auf die Dienste von Wirtschaftsauskunfteien oder spezialisierten Abteilungen von Wirtschaftsprüfungsgesellschaften zurückgreifen.

55 Weiter empfiehlt es sich, die **intern verfügbaren Daten** beispielsweise in Form von Reports aus dem Buchhaltungssystem zu **analysieren**. Fragestellungen können hier beispielsweise sein, ob es Auffälligkeiten, unbegründete Preisaufschläge oder plötzliche Qualitätseinbußen zu verzeichnen gibt. Weiterhin kann die Bestimmung des Umsatzanteils des Lieferanten Anhaltspunkte dafür geben, ob der Wettbewerb zwischen den Lieferanten intakt ist oder ob einzelne Lieferanten monopolistische oder oligopolistische Positionen besetzen.

56 Ein immer häufiger eingesetztes Mittel zur Korruptionsbekämpfung im Bereich der Lieferanten eines Unternehmens ist die Aufnahme des Rechts zu einem sog. „**Vendor Audit**" in die Vertragsbeziehungen. Diese Klausel beinhaltet das Recht des Abnehmers, die Geschäftsbücher des Lieferanten entweder selbst oder durch einen unabhängigen Dritten überprüfen zu lassen. Eine weitere interessante Möglichkeit, die sich gerade in jüngster Zeit großer Beliebtheit erfreut, ist die **Ausdehnung eigener Integritätsstandards** auf die Lieferanten im Rahmen einer umfassenden Supply-Chain-Integrity.

57 Neben diesen präventiven Kontrollmaßnahmen ist es aber zur Vermeidung von Korruption entscheidend, den Prozess der **Auftragsvergabe** detailliert zu regeln. Insbesondere sollte die Auftragsvergabe nach objektiven nachvollziehbaren Kriterien erfolgen. Der Prozess selbst muss so gestaltet sein, dass die Möglichkeiten der steuernden Einflussnahme möglichst gering gehalten werden. Hier kann beispielsweise an die Durchführung von Ausschreibungen ab bestimmten Wertgrenzen und die gleichzeitige Öffnung der eingehenden Angebote an einem bestimmten Stichtag gedacht werden.[33]

---

[33] Vgl. hierzu auch die Ausführungen von *Fiebig/Junker*, Korruption und Untreue im öffentlichen Dienst, 2. Aufl. 2004, S. 140 ff.

VI. Permanente und nachgelagerte Kontrollen – Das unternehmerische Überwachungs- und Steuerungssystem

Nach *Baetge* gliedert sich jeder betriebliche Prozess in drei Phasen: Planung, Realisation und Überwachung.[34] Dabei ist Überwachung definiert als das Feststellen und Analysieren von Abweichungen zwischen Ist- und Soll-Zuständen mit dem Ziel der Erlangung entscheidungsunterstützender Information.[35] Im Folgenden soll ein Überblick über das unternehmerische Überwachungs- und Steuerungssystem gegeben werden. Die einzelnen Bestandteile werden hinsichtlich ihrer Aufgaben und organisatorischen Einbettung, soweit für das Thema der Korruptionsbekämpfung relevant, vorgestellt. Danach soll jeweils die Frage beantwortet werden, inwiefern sie geeignet sind, Korruption bzw. dolose Handlungen zu erkennen und damit die Transaktionskosten für Korruption ansteigen zu lassen. Ein gut funktionierendes Überwachungs- und Steuerungssystem erhöht die Entdeckungswahrscheinlichkeit doloser Handlungen und trägt so ebenfalls zur Prävention bei.

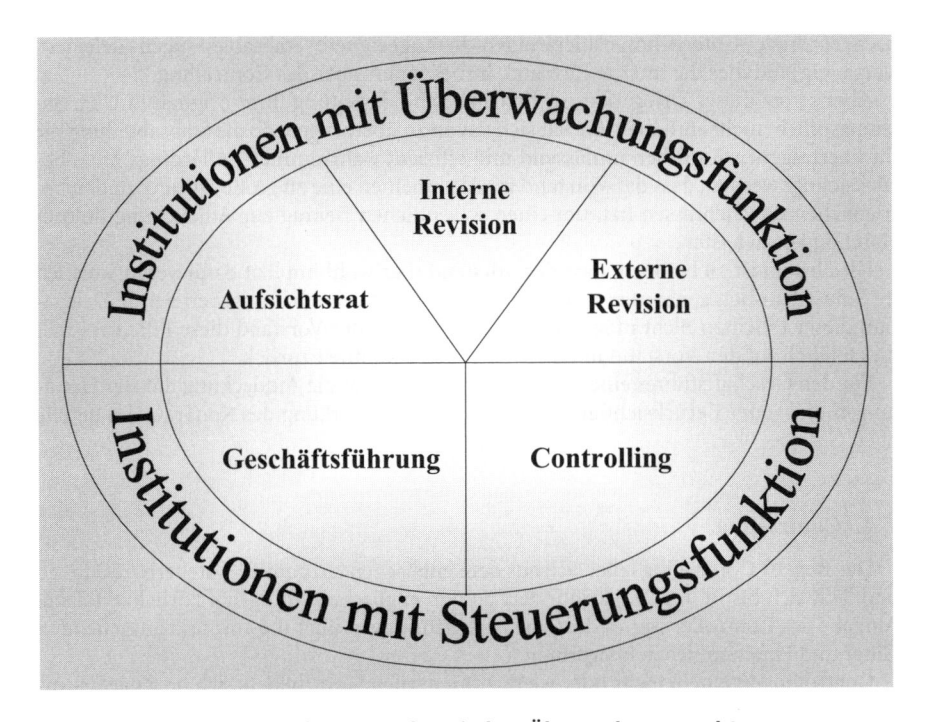

58

Abbildung 1: Institutionen des unternehmerischen Überwachungs- und Steuerungssystems nach *Bäcker*, Dolose Handlungen, 2002.

---

[34] Vgl. *Baetge*, in: Bitz u.a. (Hrsg.), Vahlens Kompendium der Betriebswirtschaftslehre, 3. Aufl. 1993, S. 177.
[35] Vgl. *Bäcker*, Dolose Handlungen, 2002, S. 87.

2. Kapitel. Korruptionsprävention in Wirtschaftsunternehmen und durch Verbände

1. Geschäftsleitung

59 Unter dem Begriff Geschäftsleitung sollen im Weiteren der Vorstand einer Aktiengesellschaft sowie der Geschäftsführer einer GmbH vertieft behandelt werden.

60 Wesentlich für die Pflichten des Vorstandes und seiner Kontrollgremien ist das 1998 in Kraft getretene Gesetz zur Verbesserung der Kontrolle und Transparenz im Unternehmensbereich (KonTraG). Der Vorstand ist damit verpflichtet, für ein angemessenes **Risikomanagement** und eine angemessene Interne Revision zu sorgen[36]. Weiterhin wird der Vorstand gemäß § 91 Abs. 2 AktG zur Einrichtung eines Überwachungssystems verpflichtet, das den Fortbestand der Gesellschaft gefährdende Entwicklungen früh zu erkennen erlaubt. Die konkrete Ausgestaltung eines solchen Frühwarnsystems ist unbestimmt, dennoch sind seitdem Haftungsfragen des Vorstands, die sich aus nicht rechtzeitig erkannten dolosen Handlungen ergeben, von deutlich höherer Relevanz.[37] Das GmbHG enthält zwar keine § 91 Abs. 2 AktG vergleichbaren Regelungen, jedoch hat das Aktiengesetz Ausstrahlungswirkung, so dass sich vergleichbare Verpflichtungen für den Geschäftsführer der GmbH ergeben.

61 Die operative Umsetzung eines Risikomanagement- oder eines Frühwarnsystems wird in der Regel nicht vom Vorstand selbst übernommen, da dessen primäre Aufgabe die strategische Positionierung des Unternehmens ist. Überwiegend wird die Umsetzung an nachgeordnete Unternehmenshierarchien bzw. geeignete Stabsabteilungen delegiert. Vorrangig sind dies die Interne Revision, insbesondere aber das Controlling.[38]

62 Aber „trotz dieser Delegation ist die Unternehmensleitung ihrer originären Überwachungspflicht nicht enthoben. Sie hat sich davon zu überzeugen, ob die Stabsabteilung die ihr übertragenen Aufgaben umfassend und effizient wahrnimmt".[39] Allerdings muss berücksichtigt werden, dass der Vorstand im Allgemeinen eine zu große Distanz zu den betrieblichen Geschehnissen hat, um einen wesentlichen Beitrag zur Aufdeckung doloser Handlungen zu leisten.

63 Gleichwohl ist zu betonen, dass der Vorstand sehr wohl implizit dafür verantwortlich im Sinne der oben genannten Pflichten sein kann,[40] da eine haftungsbefreiende Delegation dieser Pflichten nicht möglich ist. Vernachlässigt der Vorstand diese Pflichten, fällt dies folglich auf den Vorstand in seiner Personengesamtheit zurück.[41]

64 Für den Geschäftsführer einer GmbH gilt in Bezug auf die Aufdeckung doloser Handlungen und unter Berücksichtigung der Ausstrahlungswirkung des KonTraG das bereits oben Gesagte.

2. Controlling

65 Der **Begriff** Controlling leitet sich aus dem englischen „to control = steuern, regeln" ab und lässt sich bis in das 15. Jahrhundert an den englischen Königshof zurückverfolgen. Aufgabe des Controller war es dort, die Aufzeichnungen über die ein- und ausgehenden Güter und Finanzmittel zu überprüfen.[42]

66 Controlling in einem mehr oder weniger modernen Sinne bildete sich im Zuge der industriellen Entwicklung in der zweiten Hälfte des 19. Jahrhunderts in den USA heraus.[43]

---

[36] Vgl. *Moldzio*, NWB 1999, Fach 18, S. 3713.
[37] Vgl. *Bäcker* (Fn. 35), S. 106.
[38] Vgl. *Heigl*, Controlling 1990, 192, 197.
[39] *Hofmann*, in: Coesenberg/Wysocki (Hrsg.), Handwörterbuch der Revision, 2. Aufl. 1992, Sp. 855.
[40] Derselben Ansicht auch *HFA des IDW*, 1997, S. 29.
[41] Vgl. *Kohlhoff/Langenhan/Zorn*, ZIR 2000, 2.
[42] Vgl. *Prentice Hall Editorial Staff*, Corporate Treasurer's and Controller's Encyclopedia, 1975, S. 4.
[43] A.a.O., S. 13 f.

In Deutschland hat sich Controlling erst relativ spät in der Mitte der 50er Jahre etabliert. *Horváth* vertritt die Meinung, „dass Unterschiede zwischen dem amerikanischen und dem deutschen Controller, die früher wegen der unterschiedlichen Entwicklungsphasen durchaus bestehen mochten, heute nicht mehr bestehen".[44] Die aktuelle Situation ist nach *Horváth* allerdings durch „zahlreiche methodologisch unbefriedigende, widersprüchliche und den Leser verwirrende Controlling-Begriffe und -Konzeptionen"[45] gekennzeichnet.

Grundsätzlich herrscht weder in der Theorie noch in der Praxis eine einheitliche Meinung darüber, was unter Controlling aus funktionaler Sicht zu verstehen ist. Es lassen sich allerdings drei große **Konzeptionsgruppen** unterscheiden: Die rechnungswesenorientierten, die informationsorientierten sowie die koordinationsorientierten Konzeptionen.[46] Daneben haben sich in jüngerer Zeit die Konzepte von Controlling als Rationalitätssicherung der Führung[47] sowie des Controllings als Führungs- und Führungsunterstützungsfunktion[48] herausgebildet. 67

Je nach theoretischem Verständnis wird man also zu unterschiedlichen Ergebnissen bei der Definition der Aufgaben des Controllings gelangen. Im Rahmen dieser Veröffentlichung soll Controlling als **Führungs- und Führungsunterstützungsfunktion** verstanden werden, da dieser Ansatz die Hauptaufgaben des Controllings treffend beschreibt und es darüber hinaus erlaubt, Controlling funktional exakter als beispielsweise die integrierende Perspektive von *Weber/Schäffer* zu fassen. 68

Die **Führungsfunktion** des Controllings bezeichnet die umfassende Reflexion von Entscheidungen, die im Rahmen der Unternehmensführung getroffen werden. Die aus dieser Reflexionsfunktion abgeleitete **Führungsunterstützungsfunktion** zielt dabei vorrangig auf die Bereitstellung bedarfsgerechter sowie entscheidungsrelevanter Informationen. Ein geeignetes Informationssystem muss daher insbesondere ein aussagefähiges Rechnungswesen, ein betriebliches Berichtssystem, ein Frühwarnsystem sowie die empfänger- und problemorientierte Informationsaufbereitung mit umfassen. 69

Hinsichtlich der **Entscheidungsreflexion** sind die abweichungsorientierte sowie die perspektivenorientierte Reflexion zu unterscheiden. Bei der abweichungsorientierten Reflexion handelt es sich um die traditionelle Kontrollfunktion. Die perspektivenorientierte Reflexion hat hingegen das Aufzeigen neuer und innovativer Gestaltungsmöglichkeiten zum Ziel. 70

Im Folgenden soll nur noch die abweichungsorientierte Perspektive als die im Rahmen dieses Themas interessierende Kontrollfunktion betrachtet werden. Vielfach wird **Kontrolle** als Zwillingsfunktion der Planung verstanden, was sich sehr eingängig in der bekannten Formulierung *Wilds* wiederfindet: Planung ohne Kontrolle ist sinnlos, Kontrolle ohne Planung unmöglich.[49] Damit besteht die wesentliche Aufgabe der Kontrolle darin, das jeglicher Planung als Vorwegnahme künftigen Handelns inhärente Selektionsrisiko durch Anwendung von Soll-Ist-Vergleichen zu kompensieren. Hierbei sollte unterschieden werden zwischen Prämissen-, Durchführungs- und Ergebniskontrolle. Der **Prämissenkontrolle** kommt erhebliche Bedeutung im Bereich der strategischen Planung zu, sie ist allerdings für die hier interessierenden Fragestellungen wenig relevant. 71

Die **Durchführungskontrolle** setzt die operationale Festlegung von Zwischenzielen innerhalb eines Planes voraus und ist auf die Erfassung von Abweichungen ausgerichtet. Die Kontrollgrößen können hierbei monetärer oder nicht monetärer Natur sein, sie müs-

---

[44] Vgl. *Horvárth*, Controlling, 5. Aufl. 1994, S. 68.
[45] Vgl. *Horvárth*, Controlling, 8. Aufl. 1998, S. 73 f.
[46] Vgl. *Weber*, Einführung in das Controlling, 6. Aufl. 1995, S. 24 ff.
[47] Vgl. *Weber/Schäffer*, Die Betriebswirtschafts 1999, 731, 734 f.
[48] Vgl. *Pietsch/Scherm*, Die Unternehmung 2000, 395, 400 ff.
[49] Vgl. *Wild*, Grundlagen der Unternehmensplanung, 1974, S. 44.

sen lediglich auf Basis gewisser Kenngrößen messbar sein. Weiterhin ist es Aufgabe der Durchführungskontrolle, relevante Planabweichungen zu klären und geeignete Gegenmaßnahmen einzuleiten.[50] In diesem Sinne wird das Controlling stets darauf drängen, dass die Unternehmensziele explizit und messbar formuliert vorliegen. Weiterhin sollten für alle Bereiche im Unternehmen anhand der angestrebten Ziele Handlungsalternativen entwickelt und ausgewählt sowie deren erwartete Ergebnisse geplant werden. Die **Ergebniskontrolle** schließlich überprüft das Maß der Zielerreichung am Ende des Planungshorizonts.[51] Um steuernd einzugreifen, ist diese Art der Kontrolle somit nicht geeignet. Sie wird daher nur dort einsetzbar sein, wo Ex-post-Korrekturen keinen unangemessen hohen Aufwand für das Unternehmen bedeuten.

72 Dem Controlling stehen zur Erfüllung dieser Aufgaben verschiedene Controlling-Instrumente zur Verfügung. Es soll hierbei unterschieden werden zwischen Instrumenten des strategischen bzw. zukunftsorientierten sowie des operativen bzw. gegenwartsorientierten Controlling. Zu den Instrumenten des **strategischen Controlling** gehören beispielsweise die strategische Budgetierung, das Target-Costing oder die Wertsteigerungsanalyse.[52] Auf sie soll hier nicht weiter eingegangen werden. Als Instrumente des **operativen Controlling** werden meist die Abweichungsanalyse sowie Kennzahlen verwendet.

73 Traditionelle **Abweichungsanalysen** basieren methodisch üblicherweise auf einem Soll-Ist-Vergleich. So können beispielsweise Kostenabweichungsanalysen, Erlösabweichungsanalysen, Deckungsbeitrags- bzw. Erfolgsabweichungsanalysen unterschieden werden.[53] Die operativen Abweichungsanalysen beziehen sich damit vorrangig auf Größen der Kosten- und Leistungsrechnung. Sie basieren, wie bereits oben ausgeführt, auf der Vorgabe von Planwerten und daraus abgeleiteten Soll-Werten. Die Abweichungen werden dann auf die jeweiligen Ursachen bzw. auf die Kostenbestimmungsfaktoren zurückgeführt. Weiteres wesentliches Instrument des operativen Controlling sind **Kennzahlen** bzw. Kennzahlensysteme. Sie spiegeln relevante Zusammenhänge in komprimierter Form quantitativ wider.[54] Kennzahlen können selbst Ausdruck von Unternehmenszielen[55] (z.B. Umsatzvorgaben) oder rein beschreibend[56] sein. Die Abweichungsanalyse und Kennzahlen stehen selbstverständlich nicht unabhängig voneinander, sondern ergänzen sich wechselseitig und werden in der Praxis kombiniert eingesetzt.

74 Controlling muss in der Praxis keinesfalls immer als eigene Abteilung existieren. Vielfach werden Controllingaufgaben von anderen Stellen im Unternehmen als Zusatzaufgabe übernommen. Dies muss nicht zwangsläufig falsch sein, zumal kein Konsens bezüglich der **organisatorischen Einbettung** des Controlling besteht. Controlling kann sowohl zentral als auch dezentral organisiert werden, darüber hinaus können sowohl die Führungsfunktion als auch die Führungsunterstützungsfunktion unterschiedlich betont werden. Insofern ist *Solaros* allgemeiner Feststellung zuzustimmen: „Zur Wahrnehmung der vielfältigen Aufgaben ist es sinnvoll, das Controlling entsprechend der Organisation des Gesamtunternehmens aufzubauen (z.B. Sparten- oder Matrixorganisation), um eine ausreichende Mitwirkung des Controlling in allen wichtigen Unternehmensbereichen sicherzustellen."[57]

---

[50] Vgl. *Ohland*, Strategische Kontrolle, 1988, S. 258 ff.
[51] Vgl. *Schreyögg/Steinmann*, ZfB 1985, 391, 392.
[52] Vgl. hierzu beispielsweise *Horváth* (Fn. 45).
[53] Vgl. *Coenenberg*, Kostenrechnung und Kostenanalyse, 2. Aufl. 1993, S. 372 ff.
[54] Vgl. *Küpper*, Controlling, 2. Aufl. 1997, S. 317.
[55] A.a.O., S. 323 f.
[56] A.a.O., S. 320 ff.
[57] *Solaro*, Stichwort „Controlling", in: Busse von Colbe/Pellers (Hrsg.), Lexikon des Rechnungswesens, 4. Aufl. 1998, S. 173.

Es bleibt nun die Frage zu beantworten, inwiefern das Controlling zur **Aufdeckung** 75
doloser Handlungen geeignet ist. Für das Controlling als aufdeckende Institution spricht
lediglich,[58]
– dass Controlling auch die Sicherung des Unternehmensvermögens zum Ziel hat und
  dolose Handlungen oftmals zu erheblichen Vermögensverlusten führen,
– dass das Controlling an den Unternehmenszielen ausgerichtet ist und dolose Handlungen mit diesen in einem Zielkonflikt stehen.

Eine Betrachtung der Arbeitsweise sowie der prozessualen Einbindung des Control- 76
ling zeigt jedoch, dass Controlling kaum als aufdeckende Institution geeignet sein kann.
Zum einen ist das Controlling direkt in die unternehmerischen Abläufe involviert. Insofern kann von keiner für Aufklärungsarbeiten ausreichenden Distanz ausgegangen werden. Weiterhin ist Controlling nicht vergangenheits-, sondern wesentlich gegenwarts-
bzw. zukunftsorientiert. Die Aufklärung doloser Handlungen setzt aber meist die akribische und detaillierte Aufarbeitung der Vergangenheit voraus.

Entscheidendes Argument scheint aber hier, dass das Controlling seiner Arbeit keine 77
Misstrauenshypothese zugrunde legt. Das bedeutet, dass von der Richtigkeit der Informationen ausgegangen wird. Innerhalb des Controlling hat die schnelle Generierung von
Informationen eindeutige Priorität. Die Validierung bzw. das Hinterfragen ist nicht Aufgabe des Controlling. Damit ergibt sich eine im Vergleich zur aufklärenden Vorgehensweise diametrale Position.

Die Bedeutung des Controlling im Rahmen der Aufklärung doloser Handlungen sollte 78
aber dennoch nicht unterschätzt werden. Zwar ist das Controlling nicht primär als aufdeckende Instanz geeignet, verfügt aber meist über hervorragende **Detailkenntnisse** der
betrieblichen Abläufe und ist so ein wertvoller **Hinweisgeber** z.B. für die Interne Revision.[59]

Abschließend bleibt zu bemerken, dass die Aufdeckung wirtschaftskrimineller Hand- 79
lungen auch nicht dem gängigen Selbstverständnis des Controllers entspricht. Der Controller ist vielmehr der „Lotse oder Navigator des betrieblichen Schiffes, [...] der in erster
Linie steuert und nur insoweit kontrolliert, dass die angesteuerte Richtung des Schiffes
nicht gefährdet wird – der gesuchte Hafen erreicht wird".[60]

3. Aufsichtsrat

Die Einrichtung eines Aufsichtsrats ist für Aktiengesellschaften (§§ 95–116 AktG), 80
Versicherungsvereine auf Gegenseitigkeit (§ 29 VAG), Kommanditgesellschaften auf Aktien (§§ 278, 287 AktG), eingetragene Genossenschaften (§§ 9, 36–41 GenG) sowie unter
bestimmten Voraussetzungen für Gesellschaften mit beschränkter Haftung (§ 52
GmbHG) vorgeschrieben. Im Folgenden wird stets der Aufsichtsrat einer Aktiengesellschaft betrachtet, da diese vorbildhaft für aufsichtsratspflichtige Unternehmen ist.

Primäre Aufgabe des Aufsichtsrats ist die **Überwachung der Geschäftsführung** (§ 111 81
Abs. 1 AktG). Hierzu kommen dem Aufsichtsrat eigenständige Einsichts- und Prüfungsrechte zu (§ 111 Abs. 2 AktG). Darüber hinaus ist er berechtigt, jederzeit aus seiner Mitte
einen oder mehrere Ausschüsse zu bestellen (§ 107 AktG). Er darf seine Aufgaben grundsätzlich nicht delegieren (§ 111 Abs. 5 AktG), kann jedoch für bestimmte Aufgaben auch
Sachverständige beauftragen (§ 111 Abs. 2 S. 2 AktG).

In den Zuständigkeitsbereich des Aufsichtsrats fällt es ferner, potenzielle Unterneh- 82
mensrisiken zu erkennen und rechtzeitig Gegenmaßnahmen zu ergreifen. Die Bewertung

---

[58] *Bäcker* (Fn. 35), S. 120 f.
[59] A.a.O., S. 122.
[60] *Preißler*, Controlling, 10. Aufl. 1998, S. 15.

der rechnungsnahen Risiken alleine reicht dabei nicht aus, sondern er muss außerdem prüfen, ob ein ausreichendes Risikomanagement- und Überwachungssystem (einschließlich einer Internen Revision) eingeführt wurde und ob dieses effizient arbeitet. Dazu kann der Aufsichtsrat auf die Prüfungsergebnisse des Abschlussprüfers zurückgreifen.

83 Der Aufsichtsrat ist kein Teil der Unternehmenshierarchie, sondern nimmt die Position eines Beobachters und Kontrolleurs ein.[61] Ihm stehen lediglich beschränkte Mitwirkungsbefugnisse zu (§ 111 Abs. 4 AktG). Der Aufsichtsrat ist die höchste Überwachungsinstanz eines Unternehmens und nicht weisungsgebunden. Für die Arbeit des Aufsichtsrats hat die Kontrollfunktion daher einen äußerst hohen Stellenwert.

84 Die Erwartung, dass der Aufsichtsrat auch eine wesentliche Rolle bei der Aufdeckung wirtschaftskrimineller Handlungen spielt, wäre allerdings überzogen. Der Aufsichtsrat nimmt seine Überwachungsfunktion vorrangig dadurch wahr, dass er die **Geschäftsleitung zu** einem ordnungsgemäßen **Früherkennungssystem** sowie zu einer angemessenen **Transparenz** im Hinblick auf Corporate-Governance-Grundsätze **anhält** und dies auch gegebenenfalls einfordert.

85 Hinzu kommen strukturelle Probleme, die gerade im Zusammenhang mit der sog. Überwachungsmisere der neunziger Jahre aufgeworfen und diskutiert wurden. Nach *Hofmann* hängt die Frage, ob ein Aufsichtsrat der ihm übertragenen Verantwortung gerecht werden kann, maßgeblich von drei Faktoren ab:[62]

86 **Fachliche Qualifikation und Objektivität**: Teilweise werden Aufsichtsräte nicht vorrangig nach Überwachungsaspekten ausgewählt. Auch Zweckmäßigkeitserwägungen und die Repräsentationsfunktion spielen in der Praxis eine Rolle.[63]

87 **Information durch den Vorstand**: Nicht immer wird der Aufsichtsrat zeitnah und vollumfänglich informiert. Die vom Vorstand zur Verfügung gestellten Daten und Fakten sind teilweise hoch aggregiert, so dass in diesen Fällen eine kritische und objektive Analyse schwer möglich ist.[64]

88 **Überwachungsintensität**: Die Überwachungsintensität und auch die Überwachungseffizienz der Aufsichtsräte können durch die nebenberufliche Wahrnehmung der Aufsichtsratstätigkeit und die oft zu beobachtende Mandatshäufung eingeschränkt sein.[65] Hierauf wurde mit den Empfehlungen des Corporate Governance Codex reagiert. Vorstandsmitglieder einer börsennotierten Gesellschaft sollen hiernach insgesamt nicht mehr als fünf Aufsichtsratsmandate in konzernexternen börsennotierten Gesellschaften wahrnehmen.[66]

89 Es sind mehrere Vorschläge in der Diskussion, wie diese Situation verbessert werden könnte. *Holzer/Makowski* schlagen beispielsweise vor, den Aufsichtsrat als Controller zu verstehen und die Aufsichtsratkontrolle „als eine Holschuld und nicht als eine Bringschuld" anzusehen.[67] *Bäcker* argumentiert, dass eine laufende Kontrolle der Vorstandsaktivitäten durch den Aufsichtsratsvorsitzenden bei gleichzeitig laufendem Kontakt des Aufsichtsrats zum Abschlussprüfer und zur Internen Revision erfolgen sollte.[68] Dieses Verfahren wird so auch teilweise bereits praktiziert.

---

[61] *Lück* macht diese Ansicht besonders plastisch, indem er das Wort „Aufsichtsrat" schlicht zweiteilt und daraus die „Pflicht der Aufsicht" und die „Pflicht zum Rat" generiert. Siehe *Lück*, FAZ vom 25.1.1999, S. 29.

[62] Vgl. *Hofmann*, DB 1990, 2333, 2337 f. Siehe zu den Überwachungsproblemen des Aufsichtsrates auch die Ausführungen bei *Holzer/Makowski*, DB 1997, 689, die vier Faktoren anführen, die sich inhaltlich jedoch kaum von den drei hier genannten unterscheiden.

[63] Wesentlich deutlicher formuliert dies beispielsweise *Hofmann*, Unterschlagungsprophylaxe und Unterschlagungsprüfung, 2. Aufl. 1997, S. 204.

[64] Vgl. *Hofmann*, a.a.O., S. 205.

[65] Vgl. *Hofmann* (Fn. 62), S. 2338.

[66] Vgl. Corporate Governance Codex in der Fassung vom 21. Mai 2003.

[67] Vgl. *Holzer/Makowski*, DB 1997, 692.

[68] Vgl. *Bäcker* (Fn. 35), S. 131.

4. Interne Revision

Die Interne Revision ist Bestandteil des Internen Überwachungssystems eines Unternehmens. Der **Begriff** selbst wird sowohl für die entsprechende Organisationseinheit im Unternehmen als auch für die dazugehörige Tätigkeit verwendet und reicht bis ins 16. Jahrhundert zurück. Damals bezeichnete Interne Revision die Überprüfung der Handelsbücher und Abrechnungen nach rein formalen Gesichtspunkten.[69] Heute versteht man in der Theorie unter Interner Revision „eine unabhängige und objektive Tätigkeit mit dem Ziel, durch Prüfung und Bewertung zur angemessenen Beurteilung der Risikosituation („assurance"), zur Sicherheit, Wertsteigerung und Verbesserung der Geschäftsprozesse beizutragen. Die Interne Revision unterstützt die Organisationen bei der Erreichung ihrer Ziele durch systematische, zielgerichtete und anerkannte Vorgehensweise zur Bewertung und Verbesserung der Effektivität des Risikomanagements, der Steuerung und Überwachung sowie der Prozesse in Bezug auf Unternehmensverfassung und Unternehmensführung („corporate governance")."[70] Diese Tätigkeit schließt auch die Überwachung der Angemessenheit und Wirkungsweise der unternehmerischen Kontrollen ein.[71] Ähnlich wie schon zuvor beim Controlling herrscht allerdings kein einheitliches Verständnis von Interner Revision bezüglich deren Aufgaben oder organisatorischer Einbettung. Die Aufgaben der Internen Revision haben im Zeitablauf einen erheblichen Wandel erfahren. Dieser Wandel ist in Abbildung 2 übersichtsartig dargestellt. 90

Wesentlich für den Übergang von Vollprüfungen zu stichprobenhaften Prüfungen war die Entwicklung des **Internen Kontrollsystems** (IKS). Zu Anfang des letzten Jahrhunderts hat die Interne Revision im Rahmen des Financial Auditing lückenlose Einzelfallprüfungen im Finanz- und Rechnungswesen durchgeführt. Financial Auditing bezeichnet insofern die klassischen Ordnungsmäßigkeitsprüfungen im Finanz- und Rechnungswesen und umfasst ebenfalls die Prüfung auf dolose Handlungen. 91

Mit dem Ausbau des IKS in den Unternehmen wurde die lückenlose Prüfung in bestimmten Gebieten durch stichprobenartige Prüfungen ersetzt.[72] Nach 1960 hat sich die Bedeutung des IKS als Instrument zur Unternehmensüberwachung weiter verstärkt. Diese Entwicklung war Basis für den allgemeinen Einsatz des Statistical Sampling bei der Prüfung durch die Interne Revision. Die amerikanische Prüfungspraxis bezeichnete die Prüfungsweise der Internen Revision zu dieser Zeit als das sogenannte **„Operational Auditing"**.[73] Beim Operational Auditing werden durch die Interne Revision auch die Rationalität der Arbeitsabwicklungen und die Verbindungen zwischen den einzelnen Unternehmensbereichen geprüft.[74] Des Weiteren geht das Operational Auditing im Gegensatz zum Financial Auditing auch über die reinen, primär vergangenheitsorientierten Prüfungsaspekte hinaus. 92

Etwa ab 1970 findet man in den meisten Unternehmen ausgeprägte IKS vor und der zunehmende Einsatz von Computern machte es auch für die Interne Revision erforderlich, computergestützt zu prüfen. Inzwischen hat sich aufgrund der zu prüfenden Datenfülle eine klare Tendenz weg von den Vollprüfungen hin zu Stichprobenprüfungen und weg von den Einzelfallprüfungen hin zu Systemprüfungen[75] ergeben. Zeitgleich zu diesen Veränderungen hat sich das Operational Auditing zum sogenannten **„Management Au-** 93

---

[69] Vgl. zu den Anfängen der Internen Revision *Brönner*, in: Coenenberg/Wysocki (Fn. 39), Sp. 663 ff.
[70] IIR-Revisionsstandard Nr. 1, ZIR 2001, 34.
[71] Vgl. *Hofmann* (Fn. 39), Sp. 855 f.
[72] Vgl. *Hofmann* (Fn. 39), Sp. 859.
[73] Vgl. *Hofmann* (Fn. 39), Sp. 858.
[74] Vgl. *Lück*, in: ders. (Hrsg.), Lexikon der Rechnungslegung und Abschlussprüfung, 4. Aufl. 1998, S. 404.
[75] Vgl. *Peemöller*, DSWR 1993, 291, 292.

2. Kapitel. Korruptionsprävention in Wirtschaftsunternehmen und durch Verbände

Zeitspanne	Revisionsschwerpunkte	Prüfungsumfang/-vorgehen	IKS
bis 1900	• Dolose Handlungen • Buchungsfehler	• überwiegend lückenlose Prüfung (Vollprüfung)	unbekannt
1900 bis ca. 1960	• Grundsätze ordnungsmäßiger Buchführung • Dolose Handlungen • Buchungsfehler **(Financial Auditing)**	• lückenlose und stichprobenweise Prüfung	rudimentär
1960 bis ca. 1970	• Grundsätze ordnungsmäßiger Buchführung und Berichterstattung **(Operational Auditing)**	• Stichprobenprüfungen → Statistical Sampling (Teil-/Auswahlprüfung) • Systemprüfungen ex post und z.T. ex ante	verstärkt
1970 bis ca. 1998	• Grundsätze ordnungsmäßiger Buchführung und Berichterstattung • Erste Ex-ante-Prüfungen: → Insolvenzprophylaxe → Unterschlagungsprophylaxe **(Management Auditing)**	• Computergestützte Stichprobenprüfungen → Statistical Sampling • Systemprüfungen ex post und ex ante • Risikoorientierte Prüfungen • zunehmender Einsatz analytischer Prüfungshandlungen	ausgeprägt
seit 1998	• Grundsätze ordnungsmäßiger Buchführung und Berichterstattung • Frühwarnsysteme • Prüfung des Risikomanagementsystems		gesetzlich verpflichtend; Risikomanagementsystem als Ergänzung

Abbildung 2: Übersicht über die Aufgaben der Internen Revision, Darstellung nach *Bäcker*, Dolose Handlungen, 2002

diting" weiterentwickelt, welches quasi ein Operational Auditing unter dem Blickwinkel des Top-Managements darstellt.[76] Systemprüfungen ex post machen zwar weiterhin den überwiegenden Teil der internen Revisionsarbeit aus, bereits mit den Ansätzen zur Systemverbesserung im Rahmen des Operational Auditing hat es aber Entwicklungstendenzen hin zu Systemprüfungen ex ante gegeben.[77]

94 Den bisher letzten einschneidenden Zeitpunkt im Wandel des Aufgabengebietes der Internen Revision markiert in dieser Hinsicht die Verabschiedung des **KonTraG**. Seit Inkrafttreten des KonTraG wächst die Bedeutung der Internen Revision als führungsunterstützende Abteilung.[78] *Bäcker* hat allerdings treffend argumentiert, dass eine ex-ante-Orientierung der Internen Revision, wie sie sich aus dem KonTraG ergibt, kritisch zu bewerten ist,[79] da die Interne Revision mit ihren ex-post-Prüfungen bereits zu einem erheblichen Teil ausgelastet ist. Derzeit kann die Aufgabe der Internen Revision als eine Mischung aus Financial, Operational und Management Auditing verstanden werden.

---

[76] Vgl. *Weilbach*, DB 1995, 1037, 1039.
[77] Vgl. *Hofmann* (Fn. 39), Sp. 858.
[78] Vgl. beispielsweise *Peemöller/Kunowski*, BBK 1997, Fach 28, 1053 ff.
[79] Vgl. *Bäcker* (Fn. 35), S. 164 f.

Organisatorisch muss die Interne Revision aufgrund ihrer Aufgabenstellung und ihrer **95**
hohen Verantwortung stets als **Stabsstelle** in das Unternehmen integriert werden.[80] Häufig wird vorgeschlagen, die Interne Revision direkt der Unternehmensleitung zu unterstellen.[81]

Nunmehr bleibt die Frage zu beantworten, inwiefern die Interne Revision zur **Aufde- 96 ckung doloser Handlungen** geeignet ist. Für die Interne Revision als aufdeckende Institution spricht:[82]

– Dass sie prozessunabhängig ist. Das versetzt die Interne Revision in die Lage, unternehmerische Prozesse weitgehend unabhängig und objektiv einer Prüfung zu unterziehen.
– Dass die Interne Revision große Autorität besitzt, da sie meist hierarchisch hoch angesiedelt ist.
– Dass sie meist bestens mit den betrieblichen Abläufen und Gegebenheiten vertraut ist.
– Dass ihre Arbeit traditionell schwerpunktmäßig auf die Vergangenheit ausgerichtet ist.[83]
– Dass der Vermögensschutz ein traditionelles Arbeitsziel der Internen Revision ist.[84]
– Dass die Mitarbeiter der Internen Revision gemäß den Standards des Institute of Internal Auditors über ausreichende Fachkompetenz verfügen müssen, um Indizien für dolose Handlungen zu erkennen.
– Dass zum Prüfungsumfang der Internen Revision nach IIR-Standard[85] Nr. 2 Ziffer 5, 12 auch das Risikomanagementsystem gehört. In Ziffer 20 werden unter dem Punkt Personalrisiken „Integrität und dolose Handlungen" explizit als Risikofeld aufgeführt.
– Dass Feststellen und Prüfen auf der einen Seite sowie Vorbeugen und Verbessern auf der anderen Seite zu den typischen Vorgehensweisen und Methoden der Internen Revision gehören (Aufdeckungs- sowie Präventionsaspekt).
– Dass sie flexibel, fallweise und rasch einsetzbar ist.[86]
– Dass ihr bei der Durchführung einer Prüfung zur Aufdeckung von dolosen Handlungen ihr dokumentationsorientiertes und genaues Arbeiten zugute kommt, da bei forensischen Prüfungen die lückenlose Dokumentation von erheblicher Bedeutung ist.
– Dass nach Inkrafttreten des KonTraG die Bedeutung der Internen Revision als die zentrale Überwachungsinstitution gestiegen ist. Die Geschäftsführung eines Unternehmens wird qua lege zur Einrichtung einer angemessenen Internen Revision verpflichtet.
– Dass von der Prüfung durch die Interne Revision eine starke Präventivwirkung ausgeht, weil sie quasi ständig und kurzfristig „vor Ort" sein kann.[87]

Gegen die Interne Revision als aufdeckende Institution spricht, dass sie unter Umstän- **97** den einer gewissen „Betriebsblindheit" unterliegen kann. Weiterhin können gegebenen-

---

[80] Vgl. u.a. *Lindemann*, ZfB 1957, 242, 244.
[81] Vgl. *Peemöller/Geiger*, BBK 1998, Fach 28, 1089, 1090.
[82] Die Argumentation folgt hier wesentlich *Bäcker* (Fn. 35), S. 177 ff.
[83] Die Geschäftsführung sollte daher darauf achten, dass trotz neuer Aufgaben der Internen Revision (bspw. im Zuge des KonTraG) die klassischen Aufgabengebiete, zu denen auch das Aufdecken doloser Handlungen gehört, nicht in den Hintergrund treten, vgl. beispielsweise *Freiling*, ZfbF 1998, 191, 198. Trotz vielfach geäußerter Literaturmeinungen, dass die Arbeit der Internen Revision inzwischen auch exante-orientiert erfolgen müsse, bleibt das Financial Auditing nach wie vor die zentrale Aufgabe der Internen Revision.
[84] Vgl. auch *Mayer*, VR 1987, 43.
[85] IIR bezeichnet das Deutsche Institut für Interne Revision e.V., Frankfurt am Main.
[86] Vgl. *Mayer* (Fn. 84).
[87] Vgl. auch *Reinstein/Weirich*, The Internal Auditor 1988, Nr. 5, 43, 44; *Peacock/Pelfrey*, The Internal Auditor 1991, Nr. 1, 45, 48 f.

falls persönliche Beziehungen der Mitarbeiter der Internen Revision zu Mitarbeitern aus anderen Bereichen des Unternehmens die Arbeit der Internen Revision beeinträchtigen. Weiterhin kann die Aufdeckung wirtschaftskrimineller Handlungen, in die auch das Top-Management verwickelt ist, aufgrund ihrer organisatorischen Stellung problematisch sein.

98 Die Argumente für die Interne Revision überwiegen hingegen mit Abstand, so dass ihr eine wesentliche Bedeutung bei der Aufdeckung wirtschaftskrimineller Handlungen und damit implizit der Prävention zukommt.[88]

5. Externe Revision

99 An dieser Stelle sollen der Zuständigkeitsrahmen sowie die Grenzen der Wirtschaftsprüfung als einer externen Revision erläutert werden, um wiederum eine Aussage darüber treffen zu können, inwiefern die externe Revision zur Aufdeckung doloser Handlungen in der Lage ist.

100 Die **Aufgabe des Wirtschaftsprüfers** ist im Wesentlichen die Vornahme von gesetzlich vorgeschriebenen Jahresabschlussprüfungen. Hinzu kommt die Durchführung von sog. **Unterschlagungsprüfungen**, d.h. Prüfungen bei Verdacht von vermögensschädigenden Handlungen, auf die später noch eingegangen wird.

101 Die Wirtschaftsprüfer bzw. die Wirtschaftsprüfungsgesellschaften sind in der **Wirtschaftsprüferkammer**, Berlin, einer Körperschaft des öffentlichen Rechts, zentral organisiert. Wirtschaftsprüfer werden durch die Wirtschaftsprüferkammer öffentlich bestellt.

102 Ferner haben sich die deutschen Wirtschaftsprüfer und Wirtschaftsprüfungsgesellschaften im **Institut der Wirtschaftsprüfer in Deutschland e.V. (IDW)**, Düsseldorf, zusammengeschlossen.

103 Insbesondere fördert das IDW die Facharbeit und entwickelt **Prüfungsstandards** (IDW PS), die unter anderem die Berufsauffassung des IDW zu bestimmten Fragestellungen der Jahresabschlussprüfung dokumentieren. Die IDW PS Standards lehnen sich überwiegend an internationale Standards an und haben eine herausragende Leitlinienfunktion für die Wirtschaftsprüfer, da sie den Ablauf und den Inhalt der Prüfungen maßgeblich beeinflussen und oft auch in Rechtsstreitigkeiten als Standard zugrunde gelegt werden.

104 Zu den wesentlichen Pflichten des Jahresabschlussprüfers gehört es, im Rahmen einer **Jahresabschlussprüfung** festzustellen, ob bei der Aufstellung des Jahresabschlusses bzw. des Konzernabschlusses die gesetzlichen Vorschriften und sie ergänzende Bestimmungen des Gesellschaftsvertrags oder der Satzung beachtet worden sind. Die Prüfung ist so anzulegen, dass Unrichtigkeiten und Verstöße gegen gesetzliche Vorschriften und sie ergänzende Bestimmungen des Gesellschaftsvertrags oder der Satzung, die sich auf die Darstellung des sich nach den Grundsätzen ordnungsgemäßer Buchführung ergebenden Bildes der Vermögens-, Finanz- und Ertragslage des Unternehmens wesentlich auswirken, bei gewissenhafter Berufsausübung erkannt werden. Der Lagebericht bzw. der Konzernlagebericht sind darauf zu prüfen, ob der Lagebericht mit dem Jahresabschluss und der Konzernlagebericht mit dem Konzernabschluss sowie mit den bei der Prüfung gewonnenen Erkenntnissen des Wirtschaftsprüfers in Einklang stehen und ob der Lagebericht insgesamt eine zutreffende Vorstellung von der Lage des Unternehmens und der Konzernlagebericht insgesamt eine zutreffende Vorstellung von der Lage des Konzerns vermittelt. Der Konzernabschlussprüfer hat auch die im Konzernabschluss zusammengefassten Jahresabschlüsse, insbesondere die konsolidierungsbedingten Anpassungen, nach gleicher Maßgabe zu prüfen.

---

[88] Vgl. *Tanski* (Fn. 2).

Bei einer börsennotierten Aktiengesellschaft ist weiterhin zu beurteilen, ob der Vorstand die ihm nach § 91 Abs. 2 AktG obliegenden Maßnahmen in einer geeigneten Form getroffen hat und ob das danach einzurichtende **Überwachungssystem** seine Aufgaben erfüllen kann. Ferner umfasst die Prüfung, ob die Aktiengesellschaft eine **Erklärung nach § 161 AktG** in der vorgeschriebenen Form abgegeben hat. Nach § 161 AktG muss einmal jährlich erklärt werden, ob die Gesellschaft den Empfehlungen der „Regierungskommission Deutscher Corporate Governance Kodex" entspricht bzw. welche Empfehlung nicht angewendet wurde („comply or explain"). 105

Sofern der Jahresabschlussprüfer bei der Prüfung Unrichtigkeiten oder Verstöße gegen gesetzliche Vorschriften oder sonstige Tatsachen feststellt, die **schwerwiegende Verstöße gesetzlicher Vertreter oder Arbeitnehmer** gegen Gesetz, Gesellschaftsvertrag oder die Satzung erkennen lassen, so hat er dies in seinem Prüfungsbericht in gebotener Klarheit darzustellen. Nach bisheriger Auffassung konnte aber nicht ohne weiteres von einer Pflicht zur Aufdeckung von Unterschlagungen ausgegangen werden, es sei denn, dies ist ausdrücklicher Vertragsgegenstand. Aufgrund seiner Risikobeurteilung und unter Berücksichtigung der bisherigen Prüfungsergebnisse musste der Jahresabschlussprüfer seine Prüfungshandlungen jedoch so durchführen, dass er hinsichtlich der Aufdeckung von falschen Angaben aufgrund von vermögensschädigenden Handlungen (z.B. Unterschlagung oder Untreue), die für den Jahresabschluss wesentlich sind, eine hinreichende Aufklärungssicherheit gewährleisten kann (so die Stellungnahme des Hauptfachausschusses des IDW in HFA 7/1997). 106

Es ist jedoch davon auszugehen, dass sich der Aufgabenkreis des Jahresabschlussprüfers vor dem Hintergrund der jüngeren Bilanzskandale und der daraufhin geänderten und weiter differenzierten Standards für Jahresabschlussprüfungen erweitern wird. Die Ausdifferenzierung von **IDW Prüfungsstandards** bezüglich der Aufdeckung von Unterschlagungen und sonstigen vermögensschädigenden Handlungen befindet sich in einem dynamischen Entwicklungsprozess auf nationaler wie internationaler Ebene. Bereits in der Stellungnahme des Hauptfachausschusses des IDW in HFA 7/1997 sind Standards für die Durchführung von Unterschlagungsprüfungen gesetzt worden, die sich auf die Berufspflichten des Wirtschaftsprüfers auswirken. Diese Standards sind durch den IDW Prüfungsstandard „Zur Aufdeckung von Unregelmäßigkeiten im Rahmen der Abschlussprüfung" (IDW PS 210) ersetzt und zugleich weitreichend modifiziert worden. 107

Der **IDW PS 210** betrifft Abschlussprüfungen, d.h. Prüfungen von Jahres-, Konzern- und Zwischenabschlüssen. Der IDW Prüfungsstandard entspricht dem International Standard on Auditing (ISA) 240 „The Consideration of Fraud and Error in an Audit of Financial Statements" sowie dem International Standard on Auditing (ISA) 250 „Consideration of Laws and Regulations in an Audit of Financial Statements" des International Auditing and Assurance Standards Board (IFAC). Der IDW Prüfungsstandard beinhaltet zudem die Anforderungen, die sich aus der deutschen Rechtslage ergeben. Es ist allerdings denkbar, dass der IDW PS 210 vor dem Hintergrund der fortschreitenden internationalen Entwicklung in absehbarer Zeit eine Überarbeitung erfährt. Abgestellt auf die z.Z. aktuelle Version des IDW PS 210 ist es aus kriminalpräventiver Sicht insbesondere bemerkenswert, dass dem Abschlussprüfer eine Reihe von Prüfungshandlungen obliegen, aus denen das geprüfte Unternehmen Erkenntnisse zur Vermeidung von wirtschaftskriminellen Handlungen gewinnen kann. 108

Insbesondere nach **Ziffer 5 des IDW PS 210** obliegt dem Jahresabschlussprüfer eine umfangreiche **Risikobeurteilung**. Er hat vorläufig zu beurteilen, inwieweit das Risiko besteht, dass Unrichtigkeiten (unbeabsichtigte falsche Angaben) und Verstöße (beabsichtigte Verstöße gegen Vorschriften oder Rechnungslegungsgrundsätze) zu wesentlichen falschen Angaben im Abschluss geführt haben könnten. Diese Risikoeinschätzung ist während der Prüfung laufend zu aktualisieren. Im Rahmen der Risikoeinschätzung hat 109 der Jahresabschlussprüfer insbesondere dann Täuschungen und Vermögensschädigungen zu erwarten, wenn eine Motivation dafür vorliegt. Eine solche Motivation kann gegeben sein, wenn z.B.:

- eine Person wesentlich über ihre Verhältnisse lebt,
- erheblicher Druck des Mutterunternehmens auf die gesetzlichen Vertreter des geprüften Unternehmens, bestimmte finanzielle Ziele zu erreichen, ausgeübt wird.

110 Gelegenheiten für Täuschungen und Vermögensschädigungen können sich zudem bei bestehenden **Umgehungsmöglichkeiten der Regelungen im internen Kontrollsystem** ergeben. Mögliche Anfälligkeiten für falsche Angaben sind bereits bei der Prüfungsplanung mit dem Prüfungsteam zu erörtern.

111 Die **gesetzlichen Vertreter** des zu prüfenden Unternehmens sind weiterhin bereits bei der Planung der Prüfung zu gesetzlichen Verstößen und Unregelmäßigkeiten sowie der Reaktion des Unternehmens hierauf zu befragen.

112 Der Abschlussprüfer hat auf Grundlage der mit den gesetzlichen Vertretern angesprochenen Sachverhalte zu entscheiden, ob einzelne der in Ziffer 5 des IDW PS 210 genannten Sachverhalte mit **Vertretern des Aufsichtsorgans** zu erörtern sind.

113 Der Abschlussprüfer hat **Anhaltspunkten für erhöhte Risiken** falscher Angaben aufgrund von Unrichtigkeiten und Verstößen nachzugehen. Diese können sich ergeben aus den vorangegangenen Befragungen der gesetzlichen Vertreter oder von Mitgliedern des Aufsichtsorgans sowie aus festgestellten Schwächen in Gestaltung und Wirksamkeit des internen Kontrollsystems. In IDW PS 210 sind exemplarisch Sachverhalte genannt, welche Indizien für solche Risiken sein können.

114 Solche Anhaltspunkte können bspw. sein: behördliche Untersuchungen, Straf- oder Bußgeldbescheide, Zahlungen für nicht spezifizierte Dienstleistungen, Darlehen an Berater, nahestehende Personen oder Mitarbeiter des Unternehmens sowie an Personen, die dem benannten Personenkreis nahe stehen, außergewöhnliche Einkaufs- oder Verkaufspreise, hohe Provisionen, ungewöhnliche Zahlungen in bar, durch Inhaberschecks, auf Nummernkonten oder Zahlungen ohne angemessenen Nachweis des Zahlungsgrundes, außergewöhnliche Geschäfte mit Unternehmen in Niedrigsteuerländern, Zahlungen an einen Empfänger in einem anderen Land als dem Ursprungsland von bezogenen Waren- und Dienstleistungen, nicht autorisierte oder ungenügend dokumentierte Geschäfte sowie nachteilige Presseberichterstattungen. Auch diese Hinweise hat der Jahresabschlussprüfer kritisch zu würdigen.

115 Bei Unternehmen, die **US-amerikanischen Prüfungsstandards** unterliegen, sind vom Abschlussprüfer ähnliche Überlegungen in Bezug auf vermögensschädigende Handlungen anzustellen. Den US-Amerikanischen Prüfungsstandards unterliegen Unternehmen, die an einer US-amerikanischen Börse gelistet sind oder von denen sonstige Wertpapiere an einer US-amerikanischen Börse gehandelt werden. Nach dem im Oktober 2002 vom US-amerikanischen Auditing Standards Board herausgegebenen Statement on Auditing Standards mit dem Titel „Consideration of Fraud in a Financial Statement Audit 99" (SAS 99) sind ebenfalls weitreichende Risikobeurteilungen im Rahmen von Jahresabschlussprüfungen nach US-GAAP durchzuführen. Der SAS 99 Standard stellt ebenfalls wie IDW PS und ISA 240/ISA 250 Leitlinien für die Abschlussprüfung auf. So hat das Audit Team nach **SAS 99 Ziffer 14** potenzielle Gefahrenquellen zu erörtern, die zu einer falschen Testierung des Jahresabschlusses aufgrund von vermögensschädigenden Handlungen führen können. Ferner hat der Abschlussprüfer das Management umfangreich zu vergangenen vermögensschädigenden Handlungen und möglichen Gegenmaßnahmen zu befragen. Über die kritische Grundhaltung des Abschlussprüfers hinaus verlangt der SAS 99, dass der Abschlussprüfer grundsätzlich nicht mehr von der **Ehrlichkeit und Integrität des Managements** ausgehen kann und diese Einstellung auch in der ganzen Phase des Prüfungsprozesses beibehält. Dieser von professioneller Skepsis geprägte An-

satz hat naturgemäß auch Auswirkungen auf andere Bereiche des Prüfungsfeldes, die nicht im direkten Einflussbereich des Managements liegen.

Die Kompetenz zur Setzung von Prüfungsstandards ist mittlerweile auf das **Public Company Accounting Oversight Board** (PCAOB) übergegangen. Auch hier ist ein dynamischer Entwicklungsprozess im Gange, der sich in Zukunft auf die Prüfungsstandards auswirken kann. 116

Zusammenfassend kann festgestellt werden, dass der Abschlussprüfer nach IDW PS 210 eine umfangreiche Risikoeinschätzung vorzunehmen hat. Mit ihrer Hilfe kann das geprüfte Unternehmen Erkenntnisse generieren, die sich zur Vermeidung wirtschaftskrimineller Handlungen verwenden lassen. Zahlreiche Faktoren, die das Risiko von Wirtschaftskriminalität erhöhen bzw. welche erste Anzeichen von Wirtschaftskriminalität darstellen können, kann das geprüfte Unternehmen aufgreifen. Gleiches gilt für den Abschlussprüfer, sofern ISA 240/ISA 250 bzw. SAS 99 Anwendung finden. Gleichwohl muss aber an dieser Stelle darauf hingewiesen werden, dass der Abschlussprüfer, für den die IDW PS und deutsche Rechtsnormen wie insbesondere das Handelsgesetzbuch einschlägig sind, Risikobeurteilungen und Prüfungshandlungen so durchzuführen hat, dass mit hinreichender Sicherheit auf Unrichtigkeiten oder Verstößen beruhende falsche Angaben entdeckt werden, die für den Abschluss wesentlich sind. Dies bedeutet, dass bei der Abschlussprüfung aufgrund der ihr innewohnenden begrenzten Erkenntnis- und Feststellungsmöglichkeiten keine absolute Sicherheit erlangt werden kann und sie damit keine Garantie darstellt, dass wesentliche falsche Angaben vom Abschlussprüfer aufgedeckt werden. **Die gezielte Aufdeckung von wirtschaftskriminellen Handlungen erfordert einen von der Abschlussprüfung abweichenden Prüfungsansatz,** der von einem über die kritische Grundhaltung des Wirtschaftsprüfers hinausgehenden, besonderen Misstrauen des Prüfers ausgeht und in vielen Fällen eine vollständige Prüfung der zu dem verdächtigen Prüfungsgebiet gehörenden Geschäftsvorfälle erfordert.[89] Ein Merkmal groß angelegter Betrugsfälle ist z.B. die Fälschung von Unterlagen und Belegen in perfekter Art und Weise, so dass eine Beurteilung ohne Einbindung von kriminaltechnischen Spezialisten praktisch nicht möglich ist. Nach Ziffer 6.2.1 IDW PS 210 kann der Wirtschaftsprüfer aber auch weiterhin grundsätzlich von der Echtheit der ihm vorgelegten Dokumente ausgehen. Beides zusammengenommen zeigt exemplarisch die begrenzten „Ermittlungsmöglichkeiten" des Wirtschaftsprüfers im Rahmen der Jahresabschlussprüfung. 117

VII. Korruption als Aspekt des Risikomanagements – Korruptionsindikatoren

In diesem Abschnitt sollen zunächst die Aufgaben, die Funktionsweise und die organisatorische Einbettung eines Risikomanagementsystems dargestellt werden. Das Risikomanagement wurde bewusst nicht unter dem unternehmerischen Überwachungs- und Steuerungssystem abgehandelt, da es alle Bereiche des unternehmerischen Überwachungs- und Steuerungssystems betrifft bzw. teilweise mit umfasst und insofern übergeordnet ist. Eine Behandlung des Themas in einem eigenen Abschnitt scheint insofern angemessen. Zentrale Frage soll auch hier sein, wie das Risiko von Korruption in das Risikomanagementsystem integriert werden kann. In diesem Sinne steht Unternehmen somit ein weiteres System zur Korruptionsprävention zur Verfügung. 118

---

[89] Siehe hierzu IDW-Fachgutachten 1/1937 i.d.F. v. 1990.

2. Kapitel. Korruptionsprävention in Wirtschaftsunternehmen und durch Verbände

119   Das Gesetz zur Kontrolle und Transparenz im Unternehmensbereich hat durch die Änderung **des § 91 Abs. 2 AktG** unter anderem die Pflicht des Vorstands definiert, „geeignete Maßnahmen zu treffen, insbesondere ein **Überwachungssystem** einzurichten, damit den Fortbestand der Gesellschaft gefährdende Entwicklungen früh erkannt werden"[90]. Durch diese Vorschrift soll – so die Regierungsbegründung – die Verpflichtung des Vorstands, neben anderem[91] für ein angemessenes Risikomanagementsystem zu sorgen, verdeutlicht werden. Letztlich – so die Literatur[92] – wird durch diese Regelung kodifiziert, was auch schon zuvor verlangt wurde. Insbesondere das sogenannte **ARAG-Urteil**[93] ist hier einschlägig.

120   Weder das KonTraG noch die Begründung hierzu geben allerdings Aufschluss, wie das geforderte Risikomanagementsystem konkret auszusehen hat. Es sind im Zuge dieser gesetzlichen Änderung deshalb eine Vielzahl von Beiträgen darüber veröffentlicht worden, wie das Risikomanagementsystem aus praktischer und theoretischer Sicht auszugestalten ist. Im Folgenden soll die Definition aus dem **IIR-Revisionsstandard Nr. 2** zugrunde gelegt werden, da dort bereits verschiedene Ideen, Konzepte und bisherige Erfahrungen im theoretischen und praktischen Entwicklungsprozess des Risikomanagements eingeflossen und zusammengeführt sind.

121   Man versteht diesem Revisionsstandard zufolge unter **Risikomanagement** „ein nachvollziehbares, alle Unternehmensaktivitäten umfassendes Regelungssystem, das auf der Basis einer definierten Risikostrategie ein systematisches und permanentes Vorgehen mit folgenden Elementen umfasst: Identifikation, Analyse, Bewertung, Steuerung, Dokumentation und Kommunikation sowie die Überwachung dieser Aktivitäten. Risikomanagement ist integraler Bestandteil der Geschäftsprozesse sowie der Planungs- und Kontrollprozesse."[94]

122   Die **Ablauforganisation** eines Risikomanagementsystems ist nachfolgend dargestellt.[95] Dieses System soll in jedem Falle so ausgestaltet sein, dass bestandsgefährdende Entwicklungen aus „beispielsweise risikobehafteten Geschäften, Unrichtigkeiten der Rechnungslegung und Verstößen gegen gesetzliche Vorschriften mit wesentlichen Auswirkungen auf die Vermögens-, Finanz- und Ertragslage der Gesellschaft oder des Konzerns" rechtzeitig erkannt werden können. Rechtzeitig bedeutet hierbei, dass noch geeignete Gegenmaßnahmen eingeleitet werden können."[96]

123   Das Risikomanagement muss nicht zwingend eine selbstständige Institution oder **Organisationseinheit** im Unternehmen sein.[97] Die herrschende Meinung ist vielmehr die, dass sich das Risikomanagement in vielen Fällen kostengünstig z.B. in den Planungsprozess eines Unternehmens integrieren lässt.[98]

124   Um das Risiko wirtschaftskrimineller Handlungen und damit auch implizit der Korruption mit in ein umfassendes Risikomanagementsystem zu integrieren, ist es notwendig, **Indikatoren für die Risikoidentifikation** zu finden.[99] Im Folgenden sollen vier relevante Risikokategorien unterschieden werden: Personelle Risiken, unternehmenskulturelle Risiken, strukturelle Risiken sowie Geschäftsrisiken.

---

[90] Vgl. *Lück*, DB 1998, 1925.
[91] A.a.O.
[92] Vgl. beispielsweise *Hasenburg/Büchin*, Reformen im Zeichen von Internationalität, Transparenz und Kontrolle, 1998, S. 8.
[93] *BGHZ* 135, S. 244 ff.
[94] IIR-Revisionsstandard Nr. 2, ZIR 2001, 152.
[95] Vgl. *Hasenburg/Büchin* (Fn. 92), S. 9.
[96] A.a.O., S. 10 m.w.N.
[97] Vgl. *Kromschröder/Lück*, ZIR 1998, 237, 245.
[98] Vgl. bspw. *Vogler/Gundert*, DB 1998, 2377, 2382.
[99] Vgl. hierzu beispielsweise *KPMG*, Fraud Risk Aide-Mémoire, 2002, S. 8 f., oder *Vahlenkamp/Knauß* (Fn. 15), S. 46 ff.

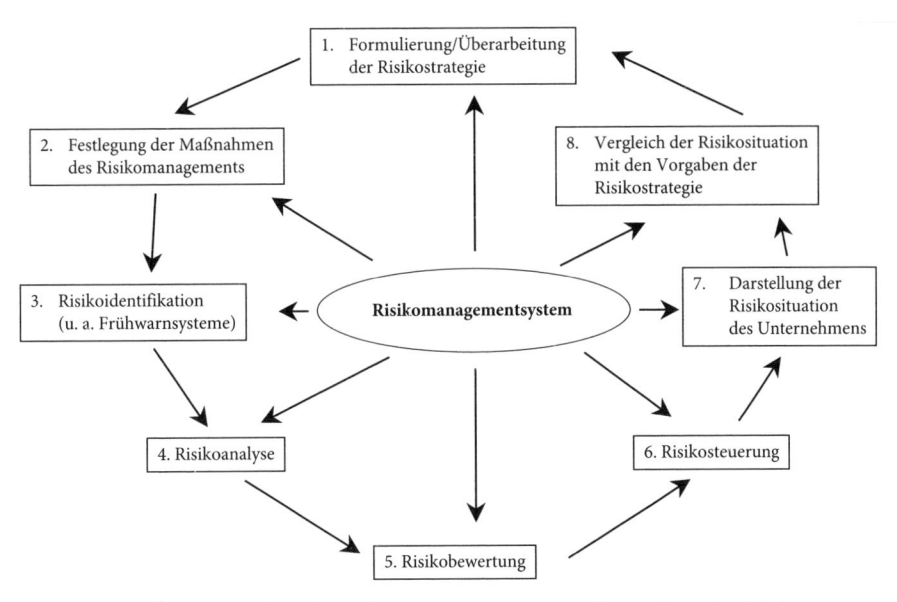

```
        1. Formulierung/Überarbeitung
              der Risikostrategie

2. Festlegung der Maßnahmen           8. Vergleich der Risikosituation
     des Risikomanagements                mit den Vorgaben der
                                          Risikostrategie

3. Risikoidentifikation                7. Darstellung der
   (u. a. Frühwarnsysteme)  ← Risikomanagementsystem →   Risikosituation
                                                          des Unternehmens

        4. Risikoanalyse               6. Risikosteuerung

                   5. Risikobewertung
```

Abbildung 3: Übersicht über ein Risikomanagementsystem, Darstellung in Anlehnung an Lück, DB 1998, 1926

Für die Identifikation von **personellen Risiken** sollte insbesondere auf nachfolgende 125 Punkte geachtet werden:

- **Autokratischer Führungsstil**: Die ausgeprägte Dominanz eines Geschäftsführers, Vorstands, Managers etc. spielt in der Praxis immer wieder eine Rolle. Aber auch das Fehlen einer solchen Dominanz kann ein Problem darstellen. Indikatoren hierfür sind, dass bei gewissen Geschäftsvorfällen nur eine begrenzte Anzahl Personen involviert bzw. informiert werden und/oder dass die Autorität von Personen systematisch umgangen wird.
- **Widerspruch zwischen Persönlichkeit und Status**: In vielen Unternehmen besteht eine Kluft zwischen der formalen und der tatsächlichen Machtstruktur. Persönlichkeiten mit einem hohen Maß an Autorität und Einfluss fällt es leicht, Kontrollen zu umgehen oder Informationen unter Verschluss zu halten, was eine wesentliche Voraussetzung für das Verschleiern zahlreicher Delikte ist.
- **Verhaltensmuster von Tätern**: Jedes ungewöhnliche Verhalten eines einzelnen Mitarbeiters verdient Aufmerksamkeit, z.B. ein Manager, der mühselige Aufgaben selbst übernimmt, die normalerweise delegiert werden, ein Zulieferer, der außerhalb des üblichen Einkaufssystems verwaltet wird, Kontakte, die über das übliche Maß hinausgehen, oder der ausschweifende Lebenswandel eines Mitarbeiters, der im Widerspruch zu seinem Einkommen steht. Ein häufiges Erscheinungsbild ist auch die Nichtbeanspruchung des Jahresurlaubs, um eine Aufdeckung von wirtschaftskriminellen Handlungen durch die Urlaubsvertretung zu vermeiden.
- **Unqualifiziertes Personal**: Ein Unternehmen lässt sich oft anhand der Qualität seiner Mitarbeiter bewerten. Diese lässt Rückschlüsse auf seinen Ruf, seine Position im Markt oder die Unternehmenskultur zu. Und auch interne Kontrollen zur Vermeidung von Wirtschaftskriminalität sind nur so effektiv wie die Menschen, die sie ausführen.
- **Schlechtes Betriebsklima**: Ein schlechtes Betriebsklima ist ein Nährboden für Wirtschaftskriminalität. Bei unmotivierten Mitarbeitern ist die Wahrscheinlichkeit höher, dass sie Kontrollen nicht effektiv umsetzen beziehungsweise Kontrollverfahren umge-

hen. In einigen Fällen, die mit massiven Entlassungen oder Standortschließungen einhergingen, haben sich Mitarbeiter an ihrem Unternehmen gerächt und Vermögenswerte oder Bargeld entwendet.
– **Hohe Personalfluktuation**: Hohe Personalfluktuation verdient in doppelter Weise besondere Aufmerksamkeit: Zum einen kann sie ein Indiz für die latente Unzufriedenheit der Mitarbeiter mit ihren Vorgesetzten sein; zum anderen birgt sie ein Risiko in sich: Ständig wechselnde Mitarbeiter sind schwierig zu kontrollieren und dem Unternehmen wenig loyal verbunden.
– **Leistungsabhängige Vergütung**: Ist die Vergütung eng an finanzielle Leistungen gekoppelt, müssen die Art und die Qualität der Gewinne geprüft werden, die von den so entlohnten Mitarbeitern erzielt werden.

126 Mögliche Indikatoren, die auf **unternehmenskulturelle Risiken** hinweisen, sind beispielsweise:

– **Ergebnisse um jeden Preis**: Unter Umständen konzentriert sich das Management derart auf das kurzfristige Erreichen von finanziellen Zielen oder operativen Vorgaben, dass diese – auf Kosten der langfristigen Produktivität oder Effektivität – zum vorrangigen Ziel werden. In solchen Fällen kann das Management in Versuchung geraten, Ergebnisse zu manipulieren, um Erfolg auf dem Papier vorzutäuschen.
– **Unzureichendes Kontrollbewusstsein**: Manche Unternehmen stehen Kontrollen, Vorschriften und Prüfungen geradezu feindselig gegenüber. Eine ablehnende Haltung gegenüber Kontrollmaßnahmen zeigt sich an der Einstellung zu internen Kontrollvorgängen oder Mitarbeitern, die mit der Durchführung von Prüfungen beauftragt sind, sowie in Bestrebungen, den Prüfungsumfang zu beschränken oder den Zugang zu bestimmten Personen oder Unterlagen zu verwehren.
– **Fehlen einer Unternehmensethik**: Unternehmensethik muss von einer kompromisslos ablehnenden Haltung zur Wirtschaftskriminalität gekennzeichnet sein. Dabei müssen alle leitenden Mitarbeiter als Vorbild vorangehen und sicherstellen, dass Vorschriften nicht umgangen werden, dass Geschäftspraktiken auch für den Vorstand gelten und dass es keine im Verborgenen bleibenden Nutznießer gibt. Es ist wichtig, Grauzonen in den Vorschriften zu vermeiden, z.B. in Bezug auf Geschenke, Gratifikationen, Provisionen oder Interessenkonflikte.
– **Blinder Gehorsam**: Wenn Mitarbeiter Vorgaben blindlings befolgen, geht dies häufig auf einen autokratischen Führungsstil in einem Unternehmen oder in einer Abteilung zurück. Das Risiko, dass autoritätshörige Mitarbeiter über Betrug oder andere unlautere Aktivitäten ihrer Vorgesetzten hinwegsehen oder sich sogar aktiv daran beteiligen, ist relativ hoch.

127 Daneben können auch **strukturelle Risiken** eine Rolle spielen. Im Einzelnen sollte die für das Risikomanagement zuständige Stelle auf folgende Punkte achten:

– **Komplexe Strukturen**: Es sind gerade die bestehenden oder künstlich geschaffenen komplexen, zunehmend international verflochtenen Finanz- und Unternehmensstrukturen, die Wirtschaftskriminalität erst ermöglichen. Häufig wird deshalb gar nicht erkannt, dass hinter einer Unternehmenskrise oder einem Vermögensverlust wirtschaftskriminelles Handeln steht. Bei vielen Fällen, über die in den letzten Jahren berichtet wurde, haben unübersichtliche Organisationsformen eine Rolle gespielt. Jegliche Anzeichen für unnötig komplexe Strukturen sollten Anlass zur Sorge sein.
– **Ungenügend kontrollierte Niederlassungen**: Das Auftreten wirtschaftskrimineller Handlungen ist immer dann am wahrscheinlichsten, wenn die Kontrollen durch das Management oder die Aufsichtsgremien am schwächsten sind. Unabhängigkeit kann missbraucht werden, wenn keine regelmäßigen Besuche und Kontrollen vor Ort stattfinden.

- **Einsatz verschiedener Prüfungsgesellschaften**: Der Einsatz verschiedener Prüfungsgesellschaften innerhalb eines Konzerns führt stets zu einer Risikoerhöhung und erleichtert unter Umständen das Verschleiern von wirtschaftskriminellen Handlungen. Das ist vor allem dann der Fall, wenn Prüfer nicht hinreichend miteinander kommunizieren. Bei einer großen Anzahl von Geschäftsvorfällen zwischen einzelnen Gesellschaften des Konzerns und/oder Tochtergesellschaften beziehungsweise Filialen in verschiedenen Ländern kann der fragmentarische Charakter der Prüfung zu einem gravierenden Problem werden. Bei den oben angesprochenen komplexen Strukturen verschärft sich dieses Problem, wenn zusätzlich die Abrechnungszeiträume (Geschäftsjahre) variieren, da dies die Vergleichbarkeit von Daten und Ergebnissen behindert.

Letztlich müssen auch die **Geschäftsrisiken** in die Betrachtung einbezogen werden. Zu den Geschäftsrisiken zählen: **128**

- Eine **unausgereifte Unternehmensstrategie**: Fragen der Unternehmensstrategie und -politik sind maßgeblich für die Ausbildung einer Unternehmenskultur, die dazu beiträgt, Wirtschaftskriminalität zu verhindern. Eine schlecht definierte Strategie ist zwar selten eine direkte Ursache für wirtschaftskriminelle Handlungen, oft aber eine wichtige Basis.
- **Gewinne über der Branchennorm**: Unternehmen, deren Ergebnisse weit über den in ihrer Branche üblichen liegen, sollte man mit Vorsicht begegnen. Dazu gehören auch ein rascher Anstieg der Umsätze, ungewöhnlich hohe Rentabilitätsraten oder eine außerordentliche Attraktivität für Anleger oder Investoren.
- **Divergenz zwischen Wachstum und Systementwicklung**: Ein unausgewogenes Verhältnis zwischen dem Wachstum oder anderen geschäftlichen Veränderungen einerseits und den dazugehörigen Buchführungssystemen andererseits hat sich besonders im Finanzsektor als schwerwiegendes Problem erwiesen. Deshalb sind interne und externe Prüfer bemüht, mit der raschen Entwicklung innovativer finanzieller Instrumente, wie zum Beispiel der Derivate, Schritt zu halten. Zu einem ähnlichen Problem kommt es bei einem Wachstum durch unzureichend koordinierte Akquisitionen, die die gewachsene Führungsstruktur eines Konzerns sprengen können.
- **Schlechtes Image**: Das Bild, das sich andere Marktteilnehmer von einem Unternehmen gemacht haben, fällt grundsätzlich stark ins Gewicht. Das Image eines Unternehmens auf dem Markt gestattet häufig unmittelbare Rückschlüsse auf seine Produkte, seine Mitarbeiter und sein Geschäftsgebaren.
- **Liquiditätsprobleme**: Liquiditätsengpässe können den Anreiz für wirtschaftskriminelle Handlungen erhöhen: Viele Delikte wurden dadurch ausgelöst, dass Zielvorgaben eingehalten werden mussten oder dass man einen vorteilhaften Eindruck von der finanziellen Lage vermitteln wollte.

Natürlich lässt sich aus dem Auftreten eines Indikators nicht zwingend auf wirtschaftskriminelle Handlungen schließen. Es sollte jedoch speziell bei einem kumulativen Auftreten von Indikatoren immer eine erhöhte Wachsamkeit der für das Risikomanagement verantwortlichen Stelle herrschen. **129**

VIII. Die Vereinfachung von Meldewegen

In diesem Abschnitt soll es um Möglichkeiten gehen, wie in einem Unternehmen geeignete Meldewege zur **Anzeige von Korruption** eingerichtet werden können. Vielfach werden Beobachtungen nicht zur Kenntnis gebracht, weil die Hinweisgeber nicht na- **130** mentlich bekannt werden wollen. Die Gründe hierfür sind mannigfaltig. Zum einen möchte niemand als Denunziant gelten, vor allem da es sich anfänglich meist nur um vage Verdachtsmomente oder Indikatoren handelt. Zum anderen sind für den einzelnen Mitarbeiter immer dann Nachteile zu befürchten, wenn sich der Verdacht gegen hierarchisch übergeordnete Stellen richtet. Damit sind zwei Merkmale einer Meldestelle besonders zu beachten: Es muss erstens die **Anonymität des Hinweisgebers** sichergestellt werden und zweitens muss gewährleistet sein, dass der **Hinweisgeber keine Nachteile** zu befürchten hat. Im Folgenden sollen exemplarisch zwei Institutionen vorgestellt werden, die dies zu leisten in der Lage sind: das Audit Committee und die Stelle des betrieblichen Ombudsmanns.

1. Audit Committee

131   Im Zuge des **Sarbanes-Oxley-Act** von 2002 (SOX) ist u.a. der Securities Exchange Act von 1934 geändert worden. Die dadurch verursachten Änderungen sind relevant für alle Unternehmen, die an einer US-amerikanischen Börse notiert sind bzw. von denen sonstige Wertpapiere dort gehandelt werden. Alle Unternehmen, für die das SOX einschlägig ist, haben schon seit längerem ein **Audit Committee** (vergleichbar einem Bilanzausschuss einer Aktiengesellschaft) einzurichten, dessen Hauptaufgabe es ist, die vom Unternehmen beauftragten Wirtschaftsprüfungsgesellschaften zu kontrollieren und ggf. den Einsatz und die Beauftragung zu koordinieren.

132   Nach der neu eingefügten Regelung durch das SOX **Section 301** (4) ist zudem Section 10a des Securities Exchange Act geändert worden. Danach haben die Audit Committees Prozesse einzurichten, welche sicherstellen, dass jeder Mitarbeiter sich mit fragwürdigen oder sonst auffälligen Geschäftsvorfällen **direkt an das Audit Committee wenden** kann. Die Hinweise von Mitarbeitern sollen vertraulich und anonym behandelt werden.[100] Mit Hilfe dieser, dem Audit Committee auferlegten Aufgabe soll sichergestellt werden, dass Hinweise von Mitarbeitern – ohne dass diese Angst vor Sanktionen haben müssten – direkt an das Audit Committee gemeldet werden können. Durch den anonymen Prozess soll die – menschlich verständliche – Hürde, Hinweise zu Unregelmäßigkeiten an Aufsichtsgremien weiterzuleiten, gesenkt und die Motivation von Mitarbeitern, sich ggf. zu melden, erhöht werden.

133   Zudem wurde durch SOX **Section 806** eine Änderung des United States Code durch Einfügung von „§ 1514a Civil action to protect against retaliation in fraud cases" vorgenommen. Hinweisgeber werden dadurch weitgehend rechtlich geschützt, so sind **diskriminierende Handlungen gegenüber Hinweisgebern** (sog. Whistleblower) **unzulässig**.

2. Ombudsmann

134   Im Rahmen forensischer Prüfungen ist häufig zu beobachten, dass Mitarbeitern bereits **früh Sachverhalte bekannt** waren, deren Nachverfolgung möglicherweise großen Schaden vermieden hätte. Meist werden diese Sachverhalte allerdings nicht gemeldet und wenn, dann lediglich in Form anonymer Briefe an die Unternehmensleitung. Zwar wird den Hinweisen in der Regel nachgegangen, zielgerichtete Nachfragen sind allerdings nicht möglich, da der Hinweisgeber nicht bekannt ist.

---

[100] SOX Section 301 (4) COMPLAINTS. – Each audit committee shall establish procedures for (B) the confidential, anonymous submission by employees of the issuer of concerns regarding questionable accounting or auditing matters.

Die Aufgabe des Ombudsmanns besteht insofern darin, dem Hinweisgeber weitge- 135
hende Anonymität zuzusichern, aber gleichzeitig mit dem Hinweisgeber zur Klärung von
Fragen zusammenzuarbeiten. Der Ombudsmann **nimmt Meldungen** der Mitarbeiter
entgegen, dokumentiert diese und stellt **erste Nachforschungen** an.[101] Bei begründetem
Anfangsverdacht können die weiteren Untersuchungen dann beispielsweise durch die Interne Revision übernommen werden.

Die Stelle des Ombudsmann kann entweder mit einem Angehörigen des Unterneh- 136
mens oder aber mit einem **außenstehenden Dritten** besetzt werden. Gegen eine dem Unternehmen zugehörige Person sprechen allerdings einige gewichtige Argumente. Zum einen kann aus Sicht der Hinweisgeber wiederum eine gewisse Hemmschwelle bestehen, da
die Neutralität einer unternehmensinternen Person angezweifelt werden kann. Weiterhin
würde ein interner Ombudsmann den normalen arbeitsvertraglichen Nebenpflichten unterliegen. *Hoffmann/Sandrock* haben argumentiert, dass hieraus möglicherweise Interessenskonflikte ableitbar sind.[102] Daneben bliebe eine gewisse Abhängigkeit von hierarchischen Strukturen bestehen, was zu einem weiteren Vertrauensverlust in der Belegschaft
führen könnte.

Es sprechen daher gute Gründe für einen externen Ombudsmann. Auf diese Weise 137
kann die für dieses Amt so wichtige Unabhängigkeit und Objektivität sichergestellt werden, da keine direkten Weisungsbefugnisse bestehen und der Ombudsmann ferner in die
betrieblichen Abläufe nicht involviert ist. Daneben sollte bei der Wahl eines Ombudsmanns darauf geachtet werden, dass eine ausreichende fachliche **Qualifikation** zur vertraulichen Durchführung erster Nachforschungen besteht. Daneben muss dem Bedürfnis
nach **Anonymität des Hinweisgebers** weitestgehend Rechnung getragen werden. Es ist
daher überlegenswert, die Stelle des Ombudsmanns beispielsweise durch einen **Wirtschaftsprüfer** oder einen **Rechtsanwalt** zu besetzen, da für diese Berufe ein gesetzliches
Zeugnisverweigerungsrecht auch in gerichtlichen Verfahren besteht. Darüber hinaus verfügen beide über entsprechende Fachkompetenzen zur professionellen Durchführung
der entsprechenden Untersuchungshandlungen.

Die Möglichkeiten eines betrieblichen Ombudsmanns werden in der Praxis leider 138
noch wenig genutzt. Dies ist bedauernswert, da dieser ein **wirksames Präventionsinstrument** zur Vermeidung von Korruption bzw. dolosen Handlungen allgemein darstellt.

Abschließend ist zu bemerken, dass der Begriff des Ombudsmanns vielfach auch in der 139
Bedeutung eines außergerichtlichen Schlichters verwendet wird.[103] Dieser unterscheidet
sich jedoch von dem hier verwendeten Verständnis des betrieblichen Ombudsmanns.

IX. Unternehmenskultur, Unternehmensethik und Wertemanagement[104]

In diesem Abschnitt sollen Möglichkeiten diskutiert werden, wie durch gezielte unter- 140
nehmenskulturelle Maßnahmen das Risiko von Korruption bzw. wirtschaftskrimineller
Handlungen vermindert werden kann. Dabei ist zunächst zu diskutieren, inwiefern **Unternehmenskultur** überhaupt beeinflussbar ist. Hierzu werden in der Literatur äußerst
unterschiedliche Meinungen vertreten, die in drei Gruppen eingeteilt werden können.

---

[101] Vgl. *Hoffmann/Sandrock*, DB 2001, 433.
[102] A.a.O., 434.
[103] Vgl. *Römer*, BB 2002, Heft 14, Beilage Nr. 3.
[104] Vgl. *Heißner*, WIK – Zeitschrift für die Sicherheit der Wirtschaft 2002, Nr. 2, 24 ff.

141 Die „Kulturingenieure" gehen davon aus, dass Kulturen vergleichbar zu anderen Instrumenten der Unternehmensführung gezielt eingesetzt und planmäßig verändert werden können.[105] Antipodisch hierzu findet man den Standpunkt der sog. Kulturalisten, die eine Unternehmenskultur als organisch gewachsen und damit einer gezielten Beeinflussung entzogen begreifen.[106] Eine dritte Position lässt sich mit **„Kurskorrektur"** beschreiben. Diese Position akzeptiert die Möglichkeit eines unternehmenskulturellen Wandels auf Basis des Initiierens einer Veränderung.[107] Diese letzte Position entspricht auch den Erfahrungen der Autoren, wonach Unternehmenskultur zwar in der Tat gewachsen und komplex ist, dennoch aber Möglichkeiten des Wandels beinhaltet.

142 Wesentlich für die Möglichkeit einer solchen Veränderung ist es, Anstöße zu einer Kurskorrektur zu geben. Dazu gehört es, gegebenenfalls veraltete oder unproduktive Muster aufzuzeigen und deren problematische Wirkungen augenscheinlich zu machen. Veränderung innerhalb der Unternehmenskultur ist also nur durch die Einsicht der Beteiligten zu erreichen, kann also keinesfalls angeordnet werden. Uns hier interessierende Anstöße betreffen wesentlich die **Unternehmensethik**.

143 Wenn über Unternehmensethik gesprochen wird, stellt sich zunächst die Frage, was Ethik ist und welche Ziele sie verfolgt. Dafür sollten zunächst die Begriffe Moral und Ethos von Ethik[108] abgegrenzt werden.

144 **Moral** ist kurz gesagt das, was im Menschen an traditionellen Vorstellungen über die Frage nach gutem oder schlechtem Handeln existiert. Diese Vorstellungen sind noch nicht reflektiert, sondern stellen dar, was war oder was ist. Häufig entspricht Moral einem nach den allgemeinen Regeln der Gesellschaft ausgerichteten „anständigen" Leben. Im Gegensatz zur Moral beschreibt **Ethos** die moralische Grundhaltung von Einzelpersonen oder einer Gruppe. Das Leben nach einem Ethos macht es erforderlich, über sein eigenes Handeln nachzudenken und somit zu reflektieren. Ethos und Werte unterliegen dem Einfluss von Kultur und Erziehung und sind demnach wandelbar. Moral und Ethos zeigen sich im Verhalten, dem Empfinden oder der Haltung der Menschen. Unter der Voraussetzung, dass zwischen der beobachtbaren Moral und dem beobachtbaren Ethos auf der einen Seite und der Idee eines sinnvollen Verhaltens, Empfindens oder einer Haltung auf der anderen Seite eine Differenz besteht, versucht **Ethik** den Menschen als Handelnden bzw. Unterlassenden umfassend zu begreifen, kritisch zu reflektieren und Aussagen über gutes und gerechtes Handeln zu machen. In der Unternehmensethik entsprechen die Aussagen über gutes und gerechtes Handeln der formulierten Unternehmensvision, die möglicherweise in Form eines Unternehmensleitbildes vorliegt, sowie den gemeinsamen Werten und Normen.

145 Die eher abstrakten Formulierungen eines Unternehmensleitbildes können auch Aussagen zum erwünschten Umgang mit kriminellen Verhaltensweisen enthalten. So könnte formuliert sein, dass sich die Unternehmensmitarbeiter bei allen ihren geschäftlichen Aktivitäten an geltendes Recht halten. Eine solche Formulierung ist dann natürlich von diesem eher abstrakten Niveau her für die Arbeitsebene handhabbar zu machen, um die Mitarbeiter moralisch entscheidungsbefugt zu machen. **Moralische Entscheidungsbefugnis** der Mitarbeiter setzt voraus, dass diese klare Vorstellungen darüber haben, was erwünscht und was nicht erwünscht bzw. erlaubt und verboten ist. Vielfach ist zum Beispiel nicht klar geregelt, in welchem Umfang Mitarbeiter Geschenke von Geschäftspartnern annehmen dürfen. Es ist möglicherweise auch nicht klar geregelt, ob Mitarbeiter aus der Einkaufsabteilung die versuchte Bestechung durch einen Lieferanten ihren Vorgesetzten

---

[105] Siehe hierzu beispielsweise *Allen/Craft*, The Organizational Unconscious, 1982.
[106] Siehe hierzu beispielsweise *Ulrich*, Die Unternehmung 1984, 303 ff.
[107] Siehe hierzu beispielsweise *Schreyögg*, in: Dülfer (Hrsg.), Organisationskulturen, 1988, S. 155 ff.
[108] Es ist zu betonen, dass diese Unterscheidung nicht zwingend ist. Ursprünglich bezeichnen sowohl mores als auch éthos Sitte im Sinne der guten Gewohnheit.

mitteilen sollen oder nicht, und möglicherweise wissen sie nicht einmal, wie sich Korruptionsversuche in all ihren Facetten darstellen.

146 Die folgende Darstellung zeigt das **Zusammenspiel von Erlaubtem und Verbotenem**. Die grau gekennzeichnete Fläche stellt den Dispositionsrahmen der Mitarbeiter dar, der nicht oder nicht klar formuliert ist und in dem der individuelle Ethos der Mitarbeiter zu anderen Entscheidungen führen kann, als vom Unternehmen erwünscht. Um eine im Sinne der Unternehmensvision erstrebte moralische Entscheidungsbefugnis der Mitarbeiter zur erhalten, ist die grau gekennzeichnete Fläche – sind nicht oder nicht klar formulierte Dispositionsrahmen – zu minimieren, so dass deutlich wird, was erwünscht (erlaubt) und was nicht erwünscht (verboten) ist.

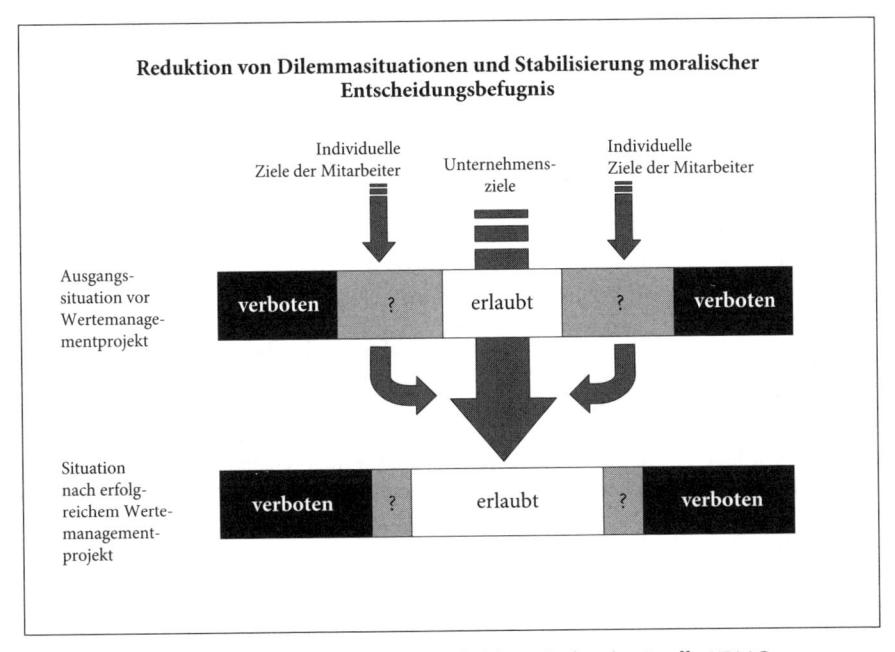

Abbildung 4: Stabilisierung moralischer Entscheidungsbefugnis, Quelle KPMG.

147 Die klare Formulierung von Erlaubtem und Verbotenem reicht allerdings nicht aus. Viel wesentlicher ist es, moralische Normen zu implementieren. *Tietzel* bezieht sich auf eine Eigenschaft des Menschen, die einen wesentlichen Faktor der funktionierenden Marktwirtschaft darstellt, seinen Eigennutz.[109] Eigennütziges Verhalten ist nicht grundsätzlich als negative Eigenschaft zu betrachten. Nach der **Theorie der „gegenseitigen desinteressierenden Vernünftigkeit"** hat Eigennutz unter verschiedenen Rahmenbedingungen auch verschiedene Auswirkungen: Bei starken emotionalen Bindungen zwischen den Beteiligten, also zum Beispiel im Kreise der Familie oder von Freunden, bedeutet Eigennutz auch, dass man sich aus eigenem Vorteil um das Wohlergehen der anderen Mitglieder kümmert. Was bei wiederkehrenden Beziehungen (beispielsweise auch enge und dauerhafte Geschäftsbeziehungen) dazu führt, dass regelmäßig auch auf den Nutzen des Partners geachtet wird, führt in einer anonymen, funktional differenzierten Umgebung tendenziell dazu, dass nur auf das eigene Wohlergehen geachtet wird.

---

[109] *Tietzel* (Fn. 12).

148 Nun ist es natürlich nicht immer der Fall, dass eigennütziges Handeln in anonymer Umgebung auch kriminell ist. Die Hemmschwelle hin zur sozialen Inadäquanz und Kriminalität sinkt aufgrund der fehlenden Sanktionsmechanismen allerdings deutlich. Während beispielsweise die Face-to-face-Gesellschaft einer dörflichen Gemeinschaft ein stark normatives Element beinhaltet, da kriminelle Handlungen direkt durch soziale Abkehr sanktioniert werden, fehlen diese Mechanismen der sozialen Kontrolle in einer modernen, globalisierten Gesellschaft mit fortschreitender Individualisierung der Menschen. Die soziale Integration erfolgt in einer **modernen Gesellschaft** überwiegend nicht mehr durch eine einzige stabile Gruppe, sondern über mannigfache Zugehörigkeiten, die ihrerseits aber nur auf wenige Funktionen abstellen, also auf „weak ties" im Gegensatz zu „strong ties".[110]

149 Aus dieser Perspektive betrachtet lautet die Schlussfolgerung hinsichtlich der Implementierung moralischer Normen, dass ihre Erfüllung nicht mehr aus ethischen Gefühlen heraus erwartet werten kann, vielmehr muss eine Implementierung „auf das unmittelbar handlungsleitende Motiv individuellen Vorteilsstrebens gegründet werden".[111] Normen müssen also selbstdurchsetzend sein. Damit besteht wesentlich die Aufgabe, von einer Tugendethik zu einer Ordnungsethik überzugehen. Normen werden nur dann eingehalten, wenn ihre **Einhaltung rational attraktiver** ist als ihre Umgehung. Die Organisationsstruktur muss sicherstellen, dass erwünschtes Verhalten gefördert und unerwünschtes Verhalten sanktioniert wird. Die Entwicklung eines Unternehmensleitbildes impliziert damit immer auch eine Reflexion auf die Organisation. *Homann* hat treffend formuliert: „Die normative Gültigkeit von moralischen Regeln hängt von der anreizkompatiblen Implementierbarkeit ab: Die Implementierbarkeit schlägt auf die Geltung durch".[112]

150 **Wertemanagement** dient so verstanden dem **Aufzeigen kontraproduktiver bzw. nicht anreizkompatibler Muster anhand von Dilemmasituationen**. Im skizzierten Sinne ist es erforderlich, Situationen zu identifizieren, in denen die Mitarbeiter im Rahmen ihrer Tätigkeiten in Konflikt- bzw. Dilemmasituationen geraten, entweder weil die Dispositionsrahmen nicht klar geregelt oder die Anreizstrukturen unzureichend sind. Es gibt unterschiedliche **Techniken**, solche **Dilemmata zu identifizieren**. Als sehr zielführend haben Wertemanagementprojekte Techniken identifiziert, die Mitarbeiter nicht bereits in der Erhebungsphase eines Wertemanagementprojektes in ein neues Dilemma führen, etwa weil gerade ihre anwesenden Kollegen oder Vorgesetzten Ursachen für Dilemmasituationen sind. So führt zum Beispiel das Prüfungs- und Beratungsunternehmen KPMG seine Wertemanagement-Projekte mit Hilfe eines Spiels – des Integrity Spiels – durch.

151 In diesem **Brettspiel Integrity**© werden den Mitspielern in Workshops zunächst allgemein gültige Dilemmasituationen und Lösungsalternativen vorgegeben. Die vorgegebenen Lösungsalternativen müssen von den Mitspielern individuell bewertet und begründet werden. Bereits hier stellen sich regelmäßig unterschiedliche Lösungsansätze unter den Mitspielern dar, die das Vorhandensein von Dilemmata verdeutlichen.

152 In der **Erhebungsphase** eines Wertemanagementprojektes werden diese Dilemmata zusammengetragen und hinsichtlich ihrer Ursachen und Wirkungen hinterfragt. Im Sinne der Vision eines vorhandenen oder noch zu erarbeitenden Unternehmensleitbildes werden Dilemmata durch die Beschreibung von erwünschten Lösungen reduziert. In der **Implementierungsphase** der im Sinne des Leitbildes erwünschten Unternehmensethik fließen die erarbeiteten Lösungen in die Organisation des Unternehmens (Organisationsanweisungen, Beschreibungen von Stellen und von Arbeitsabläufen etc.) ein.

---

[110] Vgl. *Granovetter*, American Journal of Sociology 1973, 1360 ff.
[111] *Homann*, in: Lütge (Hrsg.), Vorteile und Anreize, 2002, S. 243, 249. In diesem äußerst lesenswerten Aufsatz interpretiert *Homann* den „Wohlstand der Nationen" als Beitrag zur Ethik im Sinne der Implementierung moralischer Normen.
[112] A.a.O., S. 257.

Gleichzeitig werden über Workshops und mit Hilfe eines eigens auf das Unternehmen 153
angepassten Integrity Spiels die einschlägigen, im Unternehmen anzutreffenden Dilemmata skizziert. Hierdurch kann über die Einsicht der am Spiel Teilnehmenden eine anreizkompatible Struktur für die Ausrichtung auf die erwünschten gemeinsamen Werte des Unternehmens geschaffen werden. Eine klar definierte Unternehmensethik kombiniert mit einer anreizkompatiblen Struktur soll hier als homogene Ethik bezeichnet werden. Neben ihrer kriminalpräventiven Wirkung hat eine homogene Unternehmensethik auch **weit reichende positive Effekte** auf den Unternehmenserfolg, da durch eine klare Organisation und das daran ausgerichtete Verhalten der Mitarbeiter Reibungsverluste in der täglichen Arbeit reduziert werden.

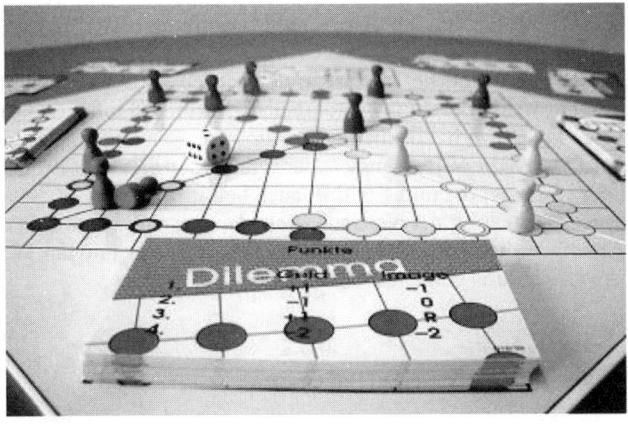

Abbildung 5: Ansicht des Brettspiels Integrity©

Wertemanagement als Instrument der Kriminalprävention in Unternehmen ist eine 154 **kontinuierliche prozessbegleitende Aktivität.** Unternehmerische Umstrukturierungen durch Zukäufe oder auch Verkäufe, strategische Neuausrichtungen und auch die Fluktuation unter den Mitarbeitern wirken dabei ständig auf die Ausgestaltung der Unternehmensethik ein.

X. Restrisiko

Das Auftreten von Wirtschaftskriminalität ist hinsichtlich seiner Ursachen ein außer- 155
ordentlich komplexes Phänomen. Es wurde in den vorangegangen Abschnitten gezeigt, dass den Unternehmen eine Vielzahl an Möglichkeiten zur Verfügung stehen, das Risiko, Opfer wirtschaftskrimineller Handlungen zu werden, zu vermindern. Dies wird zum ei-

nen durch organisatorische, zum anderen durch unternehmenskulturelle Maßnahmen erreicht. Jedoch kann auch ein noch so gutes Präventionssystem die in der Realität herrschende Komplexität nicht voll umfassen. Stets muss durch Auswahl bestimmter Risikobereiche eine Komplexitätsreduktion zur praktischen Umsetzbarkeit erfolgen. Somit verbleibt systemtheoretisch stets ein gewisses Restrisiko, dass dieser Selektion inhärent ist. Die Unternehmen haben nun verschiedene Möglichkeiten, mit diesem Restrisiko umzugehen. Hierbei stehen vier **Strategiealternativen** zur Auswahl. Ein Unternehmen kann Risiken akzeptieren, vermindern, übertragen oder aber vermeiden.[113]

156 Bei der Betrachtung eines Restrisikos ist davon auszugehen, dass die Möglichkeiten zur Risikoverminderung bereits ausgeschöpft sind. Weiterhin ist eine komplette Vermeidung nicht möglich, was folgendes Zitat verdeutlichen mag: „Letzte Sicherheit freilich kann es nie geben. Solange in Unternehmen Menschen arbeiten, wird es Nachlässigkeiten geben – und auch kriminelle Energie."[114]

157 Es bleiben also wesentlich noch die Möglichkeiten der Akzeptanz bzw. der Übertragung des Restrisikos. Insbesondere die Möglichkeit der Risikoübertragung wird von Unternehmen häufig in Form einer sog. **Vertrauensschadenversicherung** (VSV) genutzt. Bei der Vertrauensschadenversicherung ersetzt der Versicherer dem Versicherungsnehmer Vermögensschäden, die ihm durch unerlaubte Handlungen von Vertrauenspersonen entstehen.[115]

158 Die Vertrauensschadenversicherung hat in der betriebswirtschaftlichen Literatur erstaunlicherweise nur wenig Beachtung gefunden. Ein Grund ist möglicherweise darin zu sehen, dass es sich um ein verhältnismäßig unorthodoxes Versicherungswerk handelt. Es ist aber zu betonen, dass die Vertrauensschadenversicherung aus den Erfordernissen der Praxis heraus entwickelt wurde und sich dort auch bewährt hat.[116]

159 Eine komplette Darstellung der Vertrauensschadenversicherung würde den Rahmen dieser Arbeit sprengen, eine gute Übersicht über die Geschichte und das Wesen der Vertrauensschadenversicherung gibt beispielsweise *Bäcker*.[117]

XI. Resümee

160 Abschließend soll nochmals der Gedankengang der vorstehenden Ausführungen nachvollzogen werden. Zentrale Fragestellung war, was Unternehmen tun können oder bereits tun, um Korruption zu vermeiden. Dabei war eine alleinige Betrachtung von Korruption allerdings nicht immer zweckmäßig, da oft der größere Themenkomplex wirtschaftskrimineller Handlungen allgemein angesprochen wurde.

161 Als Elemente unternehmerischer Kriminalprävention wurden eine klare und abschließend definierte **Organisation**, effiziente **Kontrollen** sowie eine homogene **Unternehmensethik** identifiziert. Die Abfolge ist nachfolgend nochmals dargestellt.

162 Dass all diese Maßnahmen das Risiko, Opfer doloser Handlungen zu werden, nicht ausschließen, jedoch reduzieren können, liegt in der Natur der Sache. Ein Großteil des Restrisikos ist allerdings in Form von Versicherungen übertragbar.

163 Wie wichtig es ist, alle Stufen der Präventionspyramide in einem umfassenden Präventionsprozess zu berücksichtigen, zeigen die Ergebnisse einer KPMG-Umfrage aus dem

---

[113] Vgl. *KPMG*, Integriertes Risikomanagement, 1999, S. 25.
[114] *Beise*, SZ vom 23.11.1999, S. 2.
[115] Vgl. *Bäcker* (Fn. 35), S. 264 f.
[116] Vgl. *Vassel*, BB 1959, 677, 680.
[117] Vgl. *Bäcker* (Fn. 35), S. 262 ff.

Elemente unternehmerischer Kriminalprävention

- Restrisiko
- Homogene Unternehmensethik
- Effiziente Kontrollen
- Klare und abschließend strukturierte Organisation

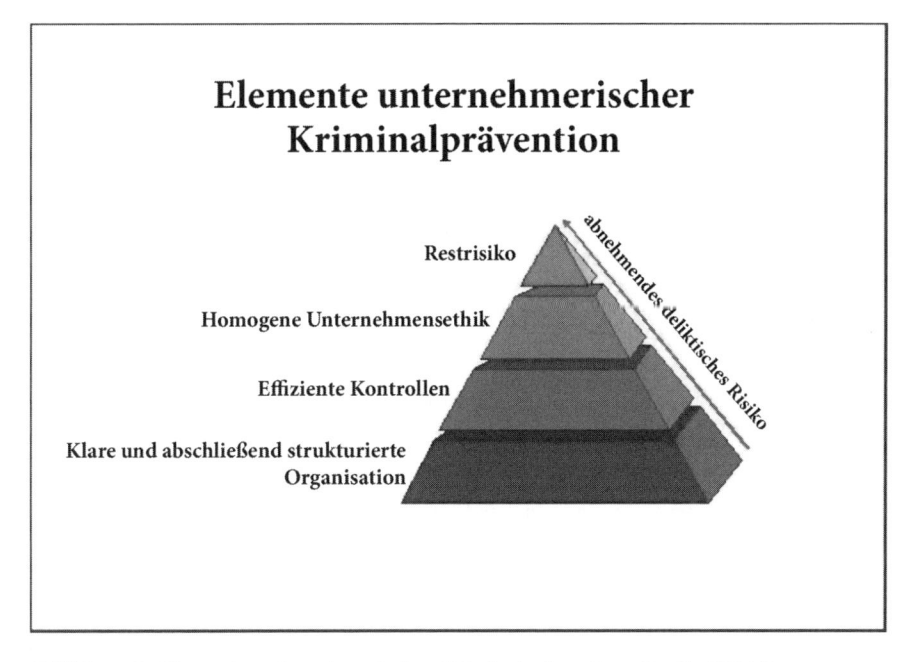

abnehmendes deliktisches Risiko

Abbildung 6: Elemente unternehmerischer Kriminalprävention, Quelle KPMG.

Jahre 2003, wonach an 84 % der gegen die Unternehmen gerichteten Wirtschaftsdelikte die eigenen Mitarbeiter beteiligt waren und die jährliche Schadenssumme durch Mitarbeiterkriminalität ist erheblich. Es gibt im Rahmen der Kriminalitätsprävention und mithin der Bekämpfung von Korruption also mehr als genug zu tun.

B. Prävention von Korruption durch Verbände

I. Verantwortung für die Prävention von Korruption

Die Verhinderung von Korruption ist in erster Linie eine Aufgabe, die sich an diejenigen richtet, welche für die Geber und die Nehmer in dem Prozess der Korruption die **Verantwortung** tragen. Auf der Seite der Geber sind das vor allem die Akteure im Wirtschaftsleben, die Unternehmen – wenngleich der Kreis der Urheber aktiver Bestechungshandlungen nicht zwingend auf diese beschränkt ist. Auf der Nehmerseite können sowohl Unternehmen als auch die öffentliche Hand in Betracht kommen. 164

Die doppelte potenzielle Betroffenheit der Unternehmen – als Täter und als Opfer von Korruption – verlangt nach einer in sich **konsistenten Präventionsstrategie**. Kein Unternehmen wird auf die Dauer verhindern können, Opfer von Bestechungshandlungen zu werden, wenn es seinerseits die aktive Bestechung als adäquates Mittel zur Förderung des eigenen Absatzes begreift. Aktive und passive Bestechung müssen also im Unternehmen gleichermaßen tabuisiert und auch sanktioniert werden. 165

166 Die Korruption ist allerdings ein Problem, welches sich nicht allein mittels Androhung drakonischer **Strafen** aus der Welt schaffen lässt – weder auf staatlicher noch auf privater Ebene. Das folgt schon aus dem Umstand, dass dann, wenn Geber und Nehmer zusammenhalten, in aller Regel niemand von dem Bestechungsvorgang erfährt. Man kann sogar die Auffassung vertreten, dass die staatliche Strafandrohung die Beziehung zwischen beiden Akteuren stabilisiert. Die Strafandrohung ist daher wahrscheinlich das schwächste Glied in der Kette von Präventionsmaßnahmen. Dennoch darf im gesamten Unternehmen kein Zweifel daran gelassen werden, dass bei Aufdeckung von Korruptionsstraftaten auch strafrechtliche Sanktionen nicht ausgespart bleiben.

167 Korruption entwickelt sich schleichend. Wie schnell und wie weit diese Entwicklung fortschreitet, ist vor allem eine Frage des Betriebsklimas und der Unternehmensethik. Dort, wo sich die Mitarbeiter mit dem Unternehmen identifizieren, wo sie stolz auf „ihr" Unternehmen sind, ist der Boden für die Entwicklung von Korruption mager. Ein wichtiger Faktor der Prävention von Korruption ist die Vermittlung eines solchen Bewusstseins. Die Ablehnung jeglicher Korruption muss Teil der **Corporate Identity** sein.

168 Da eine Unternehmensethik und auch eine entsprechende Corporate Identity nicht vom Himmel fallen, bedarf es ständiger Befassung mit dem Thema Korruption. Das Verhalten gegenüber Korruption muss daher **Gegenstand kontinuierlicher Unterweisung** aller Mitarbeiter sein.

169 Ein ganz wesentliches Element bei der Prävention von Korruption ist auch die **Organisation des Unternehmens**. Das beginnt mit der Finanzverfassung (Vier-Augen-Prinzip), geht über die Schaffung korruptionsfeindlicher Strukturen (beispielsweise Rotation in besonders korruptionsgefährdeten Bereichen, Trennung von Planern und Entscheidern; transparente Vergabeverfahren) bis hin zu einem effektiven Controlling und einer unabhängigen und starken Revision. Auch ein Meldesystem für die Beobachtung von Indizien, die auf Korruption im Unternehmen hindeuten könnten, kann sinnvoll und notwendig sein.

170 Korruption ist aber nicht zuletzt ein Führungsthema und damit auch ein Thema der **Corporate Governance**. Nirgendwo gilt der Grundsatz, dass der „Fisch am Kopf anfängt zu stinken", mehr als hier. Die Geschäftsführung oder der Vorstand eines Unternehmens muss daher mit gutem Beispiel vorangehen und sich sowohl nach außen wie auch nach innen klar gegen Korruption positionieren.

II. Die Rolle von Verbänden

171 Wenngleich die Verantwortung für die Prävention von Korruption in erster Linie bei den Unternehmen selbst und dort bei der Unternehmensführung liegt, haben Unternehmensverbände stets eine bedeutende Rolle bei diesem Thema eingenommen. Das betrifft einmal die Erarbeitung allgemeiner **Standards**, an denen sich eine Branche oder ein ganzer Wirtschaftszweig orientiert. Es betrifft ferner die politische Dimension und dabei die Mitwirkung an der Gestaltung der **gesetzlichen Grundlagen** der Korruptionsprävention und Korruptionsbekämpfung. Darüber hinaus haben die Verbände eine wichtige **Informations- und Beratungsfunktion**, in dem sie ihre Mitglieder über gesetzliche Entwicklungen aufklären und spezifische Fragen betreffend die Grenze von erlaubten zu verbotenen Verhaltensweisen beantworten. Sie bieten Foren für **Best Practice** bei der Korruptionsbekämpfung im Unternehmen und schlagen zudem nicht selten die Brücke zwischen der Wirtschaft und den öffentlichen Auftraggebern, um gemeinsame **Maßnahmen zur Verhinderung und Verfolgung** von Korruption abzustimmen. Und schließlich gibt es Verbände, die sich ganz und ausschließlich der Bekämpfung der Korruption gewidmet haben.

Der nachfolgende Überblick zeigt Beispiele für die unterschiedlichen Antikorruptions-Aktivitäten einiger wichtiger Wirtschaftsverbände und Organisationen auf nationaler und internationaler Ebene auf. Er kann zwangsläufig nicht vollständig sein. 172

1. Verbände, deren Verbandszweck die Korruptionsbekämpfung ist

Verbände, die sich exklusiv der Bekämpfung von Korruption widmen, sind eher die Ausnahme. 173

a) Der Verein gegen das Bestechungsunwesen

Der Verein gegen das Bestechungsunwesen war wohl der erste Verband, der in Deutschland mit dem speziellen Ziel der Korruptionsbekämpfung am 6. Mai 1911 unter maßgeblicher Beteiligung des Deutschen Handelstags und mehrerer Handelskammern gegründet wurde. Er hat in den ersten Jahrzehnten seines Bestehens ganz wesentlich zur Eindämmung des Bestechungsunwesens beigetragen. Dies geschah einmal durch Aufklärung und Förderung der Forschung, aber auch durch Einwirkung auf die Politik. Als ultima ratio wurden auch bereits Verstöße gegen den damaligen § 12 UWG zur Anzeige gebracht. Das war damals nicht gerade selbstverständlich, denn die Bestechung wurde im Wesentlichen als ein Mittel des Wettbewerbs gesehen, und es gab sogar Institutionen, die sich erboten, die Bestechung gewerbsmäßig zu organisieren. 174

Der Verein wurde im Jahre 1943 aufgelöst. Nach seiner Wiederbegründung am 25. Februar 1955 widmete er sich neben der Bekämpfung von Korruption auch dem Kampf gegen andere Erscheinungsformen der Wirtschaftskriminalität und änderte dementsprechend im Jahre 1973 seinen Namen zunächst in Verein gegen Bestechung und Wirtschaftskriminalität und zum 1. Januar 1978 – nach Vereinigung mit der Zentralstelle zur Bekämpfung der Schwindelfirmen – in **Deutscher Schutzverband gegen Wirtschaftskriminalität**.[118] Heute – nachdem die Angestelltenbestechung aus dem UWG in das Strafgesetzbuch überführt wurde – steht die Bekämpfung der Bestechung nicht mehr im Fokus des Vereinszwecks. Die Aufbereitung von Verfolgungsmaßnahmen wäre wohl auch von einem solchen privaten Verein nicht mehr zu leisten. 175

b) Transparency International (TI)

Transparency International (TI) dürfte heute der wichtigste private Verband sein, der sich speziell die Bekämpfung der Korruption zum Ziel gesetzt hat. Er wurde im Jahre 1993 in Berlin in der Rechtsform eines e.V. gegründet. Dort hat er auch heute noch sein Sekretariat. Weltweit gibt es jedoch inzwischen mehr als 70 nationale Sektionen. TI stützt sich insbesondere auf die ehrenamtliche Mitarbeit ehemaliger Weltbankfunktionäre, Politiker und Manager von großen Unternehmen. Der Verband wirkt als NGO beratend bei vielen nationalen und internationalen Gesetzgebungsvorhaben und Übereinkommen zur Bekämpfung der Korruption mit. 176

Schwerpunkt der Arbeit von TI sind Prävention und strukturelle Reformen. TI deckt keine Einzelfälle von Korruption auf. Durchgeführt werden etwa **Integritäts-Analysen**, mittels derer in verschiedenen Staaten korruptionsfördernde Schwachstellen im System der staatlichen Verwaltung und Justiz sowie in der Zivilgesellschaft aufgedeckt werden. Als Instrument dazu werden Integrity Workshops eingesetzt, in denen über mehrere Tage Repräsentanten der gesellschaftlichen Gruppen gemeinsam Vorschläge für die Stärkung der Institutionen und Systeme erarbeiten und diese anschließend der Öffentlichkeit präsentieren.[119] 177

---

[118] Zum Ganzen *Kisseler*, WRP 1986, 589; vgl. auch www.dsw-frankfurt.de.
[119] *Wiehen*, in: Pieth/Eigen (Fn. 24), S. 297 ff., 303.

2. Kapitel. Korruptionsprävention in Wirtschaftsunternehmen und durch Verbände

178   TI gibt jährlich den von *Johann Graf Lambsdorff,* Universität Passau, erstellten **Corruption Perception Index (CPI)** heraus, der auch die Aufmerksamkeit der Medien auf sich gezogen hat. Darin gibt es ein Korruptions-Ranking der Staaten, basierend auf der Einschätzung von international tätigen Geschäftsleuten, Risikoanalysten und der Öffentlichkeit allgemein. In einem **Handbuch für nationale Integritätssysteme (Source Book)** werden zudem die nationalen und internationalen Institutionen und Systeme, die zusammen das Integritätssystem einer Nation bestimmen, dargestellt.[120] Die Aussagekraft des Index ist wegen der Unzuverlässigkeit der zur Verfügung stehenden Zahlen und der Subjektivität der Meinung befragter Länderanalysten nicht unumstritten.[121]

179   Ein bekanntes Konzept von TI zur Bekämpfung der Korruption bei großen öffentlichen Investitions- und Bauvorhaben ist der **Integritätspakt (Islands of Integrity)**, bei dem sich der öffentliche Auftraggeber und alle Anbieter vertragsstrafenbewehrt zu bestechungsfreiem Verhalten verpflichten.[122] So positiv dieses Zusammenwirken grundsätzlich zu werten ist, kann doch nicht übersehen werden, dass damit möglicherweise auch ein Forum für weiter reichende Absprachen eröffnet wird.

180   TI gibt ebenfalls als Leitfaden für Unternehmen ein „**A-B-C der Korruptionsprävention**" heraus, in dem in alphabetischer Ordnung das Vokabular der Korruption und der Prävention von Korruption erläutert wird. Das A-B-C kann auch über die Website von TI[123] abgerufen werden.

c) Das Schwedische Institut zur Bekämpfung der Korruption

181   Das Schwedische Institut zur Bekämpfung der Korruption (Institutet Mot Mutor) wurde bereits im Jahre 1923 gegründet. Träger sind die Schwedische Unternehmensvereinigung, der Schwedische Gewerbeverband und die Stockholmer Handelskammer, wo das Institut auch seine Geschäftsstelle hat. Zweck des Instituts ist es, die Öffentlichkeit über Rechtsgrundlagen und Korruptionsfälle zu informieren. Es werden jedoch auch konkrete Einzelfragen beantwortet und im Auftrag von Gerichten und Behörden Gutachten erstellt. Das Institut wird durch einen Vorstand, bestehend aus Vertretern der oben genannten Verbände, geleitet und kann fachlich auf die Expertise erfahrener Juristen zurückgreifen.[124]

2. Industrie- und Handelskammern (IHK/ICC)

182   Industrie- und Handelskammern haben traditionell die Aufgabe, für Anstand und Sitte des ehrbaren Kaufmanns zu wirken.

a) Deutsche Industrie- und Handelskammern

183   Für die deutschen IHKs ist diese Aufgabe ausdrücklich in § 1 Abs. 1 IHKG festgelegt. Der Gesetzgeber hat die IHKs jedoch nur in unzureichendem Maße mit Instrumenten ausgestattet, um diese Aufgabe wirksam durchzuführen. Sie haben mit Ausnahme der auf besondere Fallgestaltungen beschränkten Verbandsklagebefugnis keine Machtmittel, um Unternehmer, die sich der Bestechung schuldig gemacht haben, zur Rechenschaft zu ziehen. IHKs führen keine Berufsaufsicht wie etwa die freiberuflichen Kammern und verfügen dementsprechend nicht über das dort vorhandene Aufsichts-Instrumentarium. Es gibt auch keine Ehrengerichtsbarkeit.

---

[120] A.a.O., S. 304 ff.
[121] ASW-Anmerkungen zur Sicherheitslage der deutschen Wirtschaft 2002/2003, S. 30.
[122] *Wiehen*, in: Pieth/Eigen (Fn. 24), S 304.
[123] www.transparency.de.
[124] www.chamber.se/imm.

Die Aktionsmöglichkeiten der IHKs im Bereich der Prävention von Korruption be- 184
schränken sich daher im Wesentlichen auf die Mitwirkung an Gesetzgebungsverfahren
durch die Abgabe von Stellungnahmen und Mitwirkung bei Anhörungen, auf die Erhebung empirischer Daten zur Korruptionshäufigkeit und zu den dadurch verursachten
Schäden, auf allgemeine Information über die Rechtslage und Beratung im Einzelfall.
IHKs beteiligen sich an der Erarbeitung und freiwilligen Implementierung ethischer Normen in der Wirtschaft. Von vielen IHKs werden Veranstaltungen und Seminare zur Korruptionsverhinderung durchgeführt. In den IHK-Zeitschriften wird über die Rechtslage
informiert.

b) Auslandshandelskammern

Im internationalen Geschäft informieren die deutschen Auslandshandelskammern 185
(AHK) und Delegiertenbüros der deutschen Wirtschaft über die Praxis und Rechtslage in
den einzelnen Gastländern.

c) Der Deutsche Industrie- und Handelskammertag (DIHK)

Der Deutsche Industrie- und Handelskammertag (DIHK) informiert die IHKs und 186
koordiniert deren Arbeit. Er vertritt die IHKs in allen Anhörungen und Arbeitsgruppen
zum Thema Korruption auf Bundesebene und auf europäischer Ebene. Er entsendet ferner einen ständigen Vertreter in die Commission on Anti-Corruption der Internationalen Handelskammer. Der DIHK hat verschiedene Veranstaltungen zur Korruptionsbekämpfung durchgeführt, darunter gemeinsam mit anderen NGOs die Tagung zum
Thema „Korruption als Entwicklungshindernis" am 2. April 1998 betreffend die Implementierung des OECD-Übereinkommens 1997 über die Bekämpfung der Bestechung
ausländischer Amtsträger im internationalen Geschäftsverkehr.[125]

d) Die Internationale Handelskammer (ICC)

Die Internationale Handelskammer (ICC) in Paris befasst sich seit langem mit dem 187
Problem der Korruption. Das mit internationalen Experten besetzte Standing Committee
on Extortion and Bribery – nunmehr in **Commission on Anti-Corruption** umbenannt –
erstellte bereits im Jahre 1977 einen **Report on Extortion and Bribery in Business
Transactions**, der jeweils 1996, 1999 und 2005 in einer überarbeiteten Version erschienen ist[126]. Teil I des Reports enthält **Rules of Conduct** zur Bekämpfung von aktiver und
passiver Bestechung, die sich an die Unternehmen richten. Sie enthalten unter anderem
ein generelles Verbot des Verlangens bzw. der Annahme von Schmiergeldern, der Gewährung von „Kickbacks" an Angestellte und Vertreter der Geschäftspartner, ordnungsgemäße Buchführung und regelmäßiges Auditing, die Verantwortlichkeit der Unternehmensführung, die strikte Beachtung der nationalen Rechtsvorschriften sowie
Transparenz bei Parteispenden oder ähnlichen Zuwendungen an Vertreter der Politik. In
seinem Teil II werden die **politischen Ziele und Methoden** der ICC im Feld der Verhinderung von Korruption beschrieben. Der Report richtet sich in seinem Teil III an **nationale Regierungen** und **internationale Organisationen** und verlangt von diesen vor allem die Einführung von Methoden regelmäßiger und systematischer Überwachung der
an wirtschaftlichen Transaktionen beteiligten Amtsträger und die Veröffentlichung der
Ergebnisse, den Abbau bürokratischer Prozeduren (Erlaubnispflichten, Lizenzen u.a.) für

---

[125] Tagungsbericht und Vorträge in *Kulessa/Waller/von Wietersheim* (Hrsg.), Korruption als Entwicklungshindernis Teil IV, Materialien der GKKE Heft D 20, 1998.
[126] Neueste Version: ICC Rules of Conduct and Recommendations to Combat Extortion and Bribery (2005 edition).

die Ausübung wirtschaftlicher Tätigkeit durch Private, transparente Vergabestrukturen bei öffentlichen Aufträgen und die Dokumentation von Spenden an politische Parteien sowohl auf der Geber- wie auch auf der Nehmerseite.

188 Eine spezielle Hilfestellung für Unternehmer gibt die ebenfalls von der ICC herausgegebene Publikation **„Fighting Corruption: A Corporate Practices Manual"**. Dort werden zur Korruptionsbekämpfung im eigenen Unternehmen geeignete Maßnahmen – zugeschnitten auch auf die unterschiedlichen Unternehmensgrößen – ausführlich dargestellt.

189 Die Commission on Anti-Corruption der ICC hat sich intensiv für die Verabschiedung des OECD-Übereinkommens von 1997 und für das UN-Übereinkommen gegen Korruption, welches im Dezember 2003 in Merida unterzeichnet wurde, eingesetzt. Im Jahre 2001 hat sie ein Gutachten des Max-Planck-Instituts für ausländisches und internationales Strafrecht in Freiburg anfertigen lassen[127] und auf dessen Basis am 23.4.2003 Empfehlungen an die OECD zur Erweiterung des Übereinkommens auf die Bestechung im privaten Geschäftsverkehr erstellt.[128] Über Verbindungen zu Universitäten und Business Schools versucht die Commission darauf hinzuwirken, dass die Verhinderung der Korruption auch in den Lehrplänen für die Studenten der Rechts- und Wirtschaftswissenschaften berücksichtigt wird.

e) ICC Deutschland

190 Die ICC Deutschland in Köln hat als deutsche Sektion der Internationalen Handelskammer im August 1998 einen eigenen **Verhaltenskodex**[129] veröffentlicht, an dessen Erstellung die Chefjuristen deutscher Großunternehmen aus den verschiedensten Branchen und Vertreter des Bundesverbandes der Deutschen Industrie (BDI) und des Deutschen Industrie- und Handelskammertags (DIHK) mitgewirkt haben. Der Kodex richtet sich ausschließlich an Unternehmen. In einem ersten Teil werden allgemeine Grundsätze der Firmenethik und die Verantwortung der Unternehmensleitung verankert. Teil II enthält Leitsätze für die Mitarbeiter. Teil III befasst sich mit internen Organisationsmaßnahmen und Teil IV schließlich mit Kontrolle und Sanktion. Die ICC Deutschland organisiert daneben gemeinsam mit dem Generalkonsulat der U.S.A. in Düsseldorf einen Business Roundtable zum Thema Korruption.

3. Wirtschafts- und Branchenverbände

191 Wirtschafts- und Branchenverbände verfügen zum Teil ebenfalls über eigene Kodizes oder Systeme zur Korruptionsprävention.

a) Der Bundesverband der Deutschen Industrie (BDI)

192 Der Bundesverband der Deutschen Industrie (BDI) veröffentlichte im Jahre 2002 bereits in zweiter Auflage seinen **Leitfaden** für Geschäftsführungen und Vorstände der gewerblichen Wirtschaft mit dem Titel „Korruption verhindern – Empfehlungen des BDI". Die darin niedergelegten Grundsätze umfassen die Themen Gesetzesbefolgung, Vorbildfunktion der Unternehmensleitung, Umgang mit Zulieferern und Abnehmern, Ge-

---

[127] *Heine/Huber/Rose* (Hrsg.), Private Commercial Bribery: A Comparison of National and Supranational Legal Structures, Freiburg und Paris, 2003.

[128] *ICC-Commission on Anti-Corruption*, Observations on Private-sector Bribery – Document 194/rev., 2003.

[129] ICC-Verhaltensrichtlinien zur Bekämpfung der Korruption im Geschäftsverkehr – ein Verhaltenskodex der ICC Deutschland, 1998.

schenke, Trennung zwischen geschäftlichen und privaten Aufwendungen, Beauftragung von Geschäftspartnern für private Zwecke, Interessenkonflikte durch Nebentätigkeiten bzw. Kapitalbeteiligungen, die Einschaltung von Agenten, Spenden an Parteien und Politiker, Aus- und Fortbildung, Personalrotation, Lieferantenalternativen, Buchführung und Rechnungsprüfung, Meldeverfahren und Kontrolle.[130]

b) Der EthikManagementSystem e.V.

Der EthikManagementSystem e.V. der Bayerischen Bauindustrie verpflichtet seine Mitglieder auf ein **Werteprogramm**, welches mehrere Bausteine (Verhaltensstandards mit Hinweisen zur praktischen Umsetzung, Schulung und Informationsoffenheit) enthält. Aufbauend auf das Werteprogramm gibt es noch ein freiwilliges Wertesystem, welches besonders auf größere Unternehmen zugeschnitten ist und intensive Trainingsprogramme für Mitarbeiter vorsieht. Der Verein führt auch Beratungen durch. Das EthikManagementSystem ist nicht ausschließlich auf die Prävention von Korruption gerichtet. Letztere ist jedoch ein wesentliches Vereinsziel.[131] 193

4. Weitere Organisationen

Es gibt zahlreiche weitere Organisationen, die von der Wirtschaft allein oder in Zusammenarbeit mit der öffentlichen Hand unterhalten werden und die sich bei der Bekämpfung der Kommission engagieren. 194

a) Der Verein PRO HONORE e.V.

Der bereits 1925 gegründete Verein PRO HONORE e.V. in Hamburg betreibt unter Mitwirkung der Handelskammer Hamburg, der Handwerkskammer Hamburg und der Versammlung Eines Ehrbaren Kaufmanns e.V. die **Vertrauensstelle der Hamburger Wirtschaft im Kampf gegen Korruption**. Sie wird durch einen externen Hamburger Rechtsanwalt geleitet, um so Vertraulichkeit der Informationen und den Schutz der Anonymität der Informanten (whistleblowers) sicherzustellen. Die Vertrauensstelle recherchiert branchennah und wirtschaftsverbunden, veranlasst nach Absprache die Benachrichtigung der zuständigen Strafverfolgungsbehörden und stellt im Namen von PRO HONORE e.V. eventuell erforderliche Strafanträge.[132] 195

b) Die Arbeitgemeinschaft für Sicherheit in der Wirtschaft e.V. (ASW)

Die Arbeitgemeinschaft für Sicherheit in der Wirtschaft e.V. (ASW) befasst sich ebenfalls mit der Analyse von Korruption[133] und organisiert über ihre Landesverbände Veranstaltungen zum Thema Korruption bzw. nimmt aktiv an solchen Veranstaltungen teil.[134] 196

c) Das Deutsche Forum für Kriminalprävention (DFK)

Das Deutsche Forum für Kriminalprävention (DFK) ist eine vom Bund, den Bundesländern sowie Institutionen und Unternehmen der Wirtschaft getragene Stiftung des bürgerlichen Rechts. Sie hat seit ihrer Gründung im Jahre 2001 an mehreren Veranstaltungen zum Thema Korruptionsprävention als Mitveranstalterin teilgenommen. Im Sommer 197

---

[130] www.bdi-online.de/infothek.
[131] EthikManagementSystem e.V., Oberanger 32, 80331 München (4. Aufl. 2002).
[132] www.prohonore.de; info@strate.net.
[133] ASW-Anmerkungen zur Sicherheitslage der deutschen Wirtschaft 2002/2003, S. 30 ff.
[134] www.asw-online.de.

2002 wurde ein Arbeitskreis „Informationsrechte und Kriminalprävention" eingerichtet, der sich aus Vertretern von Wirtschaft, Wissenschaft, Justiz, Innenressorts und Datenschutz zusammensetzt. Sein Ziel ist es, realistische Optimierungsmöglichkeiten für die Kriminalprävention in der Wirtschaft aufzuzeigen und entsprechende Empfehlungen zu erarbeiten, die sich an den Gesetzgeber, staatliche Institutionen und Wirtschaftsunternehmen richten.[135]

d) Das European Business Ethics Network (EBEN) und das Deutsche Netzwerk Wirtschaftsethik (DNWE)

198 Erwähnung verdienen auch das European Business Ethics Network (EBEN)[136] und das Deutsche Netzwerk Wirtschaftsethik (DNWE)[137], dessen Geschäftsstelle sich in Konstanz befindet. Die genannten Netzwerke fördern den Gedankenaustausch zwischen Wissenschaft und Wirtschaft über ethische Fragen des Wirtschaftens und die Entwicklung ethischer Orientierungen für das wirtschaftliche Handeln. Sie sind ebenfalls nicht auf Fragen der Korruption beschränkt. Letztere stellen jedoch ein bedeutendes Arbeitsfeld für die Netzwerke dar. Heft 3/1995 der Mitgliederzeitschrift „Forum Wirtschaftsethik" sowie in den Folgejahren verschiedene Konferenzen widmeten sich dem Leitthema Korruption.[138]

---

[135] DFK Jahresbericht 2003, S. 14.
[136] eben@nijenrode.nl.
[137] dnwe@fh-konstanz.de.
[138] *Löhr*, in: Pieth/Eigen (Fn. 24), S. 315 ff.

3. Kapitel. Vermeidung von Korruptionsrisiken aus Unternehmenssicht
– Arbeits- und Zivilrecht, Corporate Governance –

von *Frank Maschmann*

Literatur: a) Arbeits- und Zivilrecht: *Ascheid/Preis/Schmidt*, Kündigungsrecht. Großkommentar zum gesamten Recht der Beendigung von Arbeitsverhältnissen, 2. Aufl. 2004; *Bachner/Lerch*, Ethik- und Verhaltensrichtlinien, AiB 2005, 229 ff.; *Backmeister/Trittin/Mayer*, Kündigungsschutzgesetz mit Nebengesetzen, 3. Aufl. 2004; *Baumgärtel*, Der BGH zu Indizienketten und Lauschzeugen im Beweisrecht, MDR 1994, 766 ff.; *Beckschulze*, Internet-, Intranet-, Emaileinsatz am Arbeitsplatz, DB 2003, 2273 ff.; *Beckschulze/Henkel*, Der Einfluss des Internets auf das Arbeitsrecht, DB 2001, 1491 ff.; *Bengelsdorf*, Die Verdachtskündigung, AuA 1995, 196 ff.; *Berkowsky*, Die personen- und verhaltensbedingte Kündigung, 4. Aufl. 2005; *Birk*, Ethikrichtlinien und Whistleblowing, Der Personalleiter 2005, 200 ff.; *Boemke*, Auskunftspflichten im Arbeitsverhältnis, AR-Blattei SD 320; *Borgmann*, Ethikrichtlinien und Arbeitsrecht, NZA 2003, 352 ff.; *Bürkle*, Weitergabe von Informationen über Fehlverhalten in Unternehmen (Whistle-blowing) und Steuerung auftretender Probleme durch ein Compliance-System, DB 2004, 2158 ff.; *Busch*, Die Verdachtskündigung im Arbeitsrecht, MDR 1995, 217 ff.; *Colneric*, Kündigung wegen Anzeigen gegen Arbeitgeber, AiB 1987, 261 ff.; *Däubler*, Gläserne Belegschaften, 4. Aufl. 2003; *ders.*, Arbeitsrecht und Internet, 2. Aufl. 2002; *Däubler/Kittner/Klebe*, Betriebsverfassungsgesetz, 9. Aufl. 2004; *Deiseroth*, Grundrechtsschutz bei Anzeigen gegenüber der Staatsanwaltschaft, ArbuR 2002, 161 ff.; *Dieterich/Müller-Glöge/Preis/Schaub*, Erfurter Kommentar zum Arbeitsrecht, 6. Aufl. 2006; *Diller*, Der Arbeitnehmer als Informant, Handlanger und Zeuge im Prozess des Arbeitgebers gegen Dritte, DB 2004, 313 ff.; *Erman*, Kommentar zum BGB, 11. Aufl. 2004; *Ernst*, Der Arbeitgeber, die Email und das Internet, NZA 2002, 585 ff.; *Fischer*, Prozessuales Verwertungsverbot für mitbestimmungswidrig erlangte Beweismittel, BB 1999, 154 ff.; *Fitting*, Betriebsverfassungsgesetz, 22. Aufl. 2004; *Fleck*, Brauchen wir ein Arbeitnehmerdatenschutzgesetz?, BB 2003, 306 ff.; *Frank*, Die Verwertbarkeit rechtswidriger Tonbandaufnahmen Privater, 1996; *Gach/Rützel*, Verschwiegenheitspflicht und Behördenanzeigen von Arbeitnehmern, BB 1997, 1959 ff.; *Gamp*, Zur Verwertbarkeit materiell rechtswidrig erlangter Beweismittel, ZZP 96, 115 ff.; *Gemmeke*, Beweisverwertungsverbote im arbeitsgerichtlichen Verfahren, 2003; *Gras*, Kriminalprävention durch Videoüberwachung, 2003; *Graser*, Whistleblowing – Arbeitnehmeranzeigen im US-amerikanischen und deutschen Recht, 2000; *Grosjean*, Überwachung von Arbeitnehmern – Befugnisse des Arbeitgebers und mögliche Beweisverwertungsverbote, DB 2003, 2650 ff.; *Großbach/Born*, Die „Whistleblower"-Gesetzgebung in den USA, AuR 1989, 374 ff.; *Helle*, Die heimliche Videoüberwachung – zivilrechtlich betrachtet, JZ 2004, 340 ff.; *ders.*, Besondere Persönlichkeitsrechte im Privatrecht, 1991; *ders.*, Lauschzeugen als Beweismittel, JZ 1994, 914 ff.; *Hellich/Raffler*, Unter welchen Voraussetzungen ist die Überwachung von Arbeitnehmer-Emails zulässig?, NZA 1997, 862 ff.; *Hilber/Frick*, Rechtliche Aspekte der Nutzung von Netzwerken durch Arbeitnehmer und den Betriebsrat, RdA 2002, 89 ff.; *Hohenstatt/Stamer/Hinrichs*, Background Checks von Bewerbern in Deutschland: Was ist erlaubt?, NZA 2006, 1065; *von Hoyningen-Huene/Boemke*, Die Versetzung, 1991; *von Hoyningen-Huene/Linck*, Kündigungsschutzgesetz, 13. Aufl. 2002; *Hromadka*, Inhaltskontrolle von Arbeitsverträgen, FS Dieterich, 1999, S. 251 ff.; *ders.*, Das allgemeine Weisungsrecht, DB 1995, 2601; *Hromadka/Maschmann*, Arbeitsrecht, 3. Aufl. 2005; *Hunold*, Rechtsprechung zur Nebentätigkeit des Arbeitnehmers, NZA-RR 2002, 505 ff.; *Künzl*, Zur Verdachtskündigung, EWiR 2000, 613 ff.;

3. Kapitel. Vermeidung von Korruptionsrisiken aus Unternehmenssicht

Küttner, Personalhandbuch 2004; *Lüke/Wax*, Münchener Kommentar zur ZPO, 2. Aufl. 2000 ff.; *Maschmann*, Zuverlässigkeitstests durch Verführung illoyaler Mitarbeiter?, NZA 2002, 13 ff.; *ders.*, Mitarbeiterkontrolle – Wie weit kann der Arbeitgeber gehen?, AuA 2000, 519 ff.; *Maurer*, Befragung von Stellenbewerbern nach Vorstrafen nach Inkrafttreten des Bundeszentralregistergesetzes, AuR 1972, 9 ff.; *Miceli/Near*, Labour Law 1992, 151 ff.; *Miersch*, Die Rechtsfolgen mitbestimmungswidriger Maßnahmen für das Arbeitsverhältnis, 1998; *Müller, M.*, Whistleblowing – Ein Kündigungsgrund, NZA 2002, 424 ff.; *Musielak*, Kommentar zur ZPO, 4. Aufl. 2005; *Ohlendorf/Bünning*, Ethik-Richtlinien – Mitbestimmung nach BetrVG, AuA 2006, 200 ff.; *Oetker*, Zur außerordentlichen Kündigung wegen Diebstahls, Anmerkung zu BAG, Urt. v. 20.9.1985, SAE 1985, 175; *Harro Otto*, Verwertbarkeit von Beweismitteln, FS Kleinknecht, 1985, S. 319 ff.; *Hansjörg Otto*, Anm. zu BAG, Urt. v. 27.3.2003, AP Nr. 36 zu § 87 BetrVG 1972 Überwachung; *ders.*, Anm. zu BAG, Urt. v. 3.7.2003, AP Nr. 45 zu § 1 KSchG 1969 Verhaltensbedingte Kündigung; *Palandt*, BGB, 64. Aufl. 2005; *Peter/Rohde-Liebenau*, Whistleblowing – ein neues Thema für die Betriebsratsarbeit, AiB 2004, 615 ff.; *Peters*, Die Verwertbarkeit rechtswidrig erlangter Beweise und Beweismittel im Zivilprozess, ZZP 76, 145 ff.; *Preis* (Hrsg.), Der Arbeitsvertrag, 2. Aufl. 2005; *ders.*, Prinzipien des Kündigungsrechts bei Arbeitsverhältnissen, 1987; *Preis/Reinfeld*, Schweigepflicht und Anzeigerecht im Arbeitsverhältnis, AuR 1989, 361 ff.; *Raab*, Das Fragerecht des Arbeitsgebers nach schwebenden Strafverfahren und die Unschuldsvermutung des Bewerbers, RdA 1995, 36 ff.; *Rebmann/Säcker/Rixecker* (Hrsg.), Münchener Kommentar zum BGB, 4. Aufl. 2003 ff.; RGRK – Das BGB, hrsg. von den Mitgliedern des BGH, 12. Aufl. 1974 ff.; *Rhotert*, Prozessuales Verwertungsverbot für mitbestimmungswidrig erlangte Beweismittel?, BB 1999, 1378 ff.; *Richardi*, Kommentar zum Betriebsverfassungsgesetz, 9. Aufl. 2004; *Richardi/Wlotzke*, Münchener Handbuch zum Arbeitsrecht, 2. Aufl. 2000; *Ricken*, Außerordentliche Kündigung, RdA 2001, 52 ff.; *Röckl/Fahl*, Kündigung nach heimlicher Videoüberwachung, NZA 1998, 1035 ff.; *Schaub/Koch/Linck*, Handbuch zum Arbeitsrecht, 11. Aufl. 2005; *Schneider, U.*, Compliance als Aufgabe der Unternehmensleitung, ZIP 2003, 645 ff.; *Schuster/Darsow*, Einführung von Ethikrichtlinien durch Direktionsrecht, NZA 2005, 273 ff.; *Soergel/Siebert* u.a., BGB, 13. Aufl. 1999 ff.; *Stahlhacke/Preis/Vossen*, Kündigung und Kündigungsschutz im Arbeitsverhältnis, 8. Aufl. 2002; *Staudinger*, Kommentar zum BGB, 13. Aufl. 1993 ff.; *Stein*, Die rechtsmissbräuchliche Strafanzeige, BB 2004, 1961 ff.; *Stein/Jonas*, Kommentar zur ZPO, 22. Aufl. 2003; *Taeger*, Die Offenbarung von Betriebs- und Geschäftsgeheimnissen, 1988; *Thomas/Putzo*, ZPO, 26. Aufl. 2004; *Tinnefeld/Viethen*, Recht am eigenen Bild als besondere Form des Persönlichkeitsrechts, NZA 2003, 468 ff.; *Vehslage*, Privates Surfen am Arbeitsplatz, AnwBl 2001, 145 ff.; *Wendeling-Schröder*, Autonomie im Arbeitsrecht, 1994; *Werner*, Verwertung rechtswidrig erlangter Beweismittel, NJW 1988, 993 ff.; *Wiese*, Videoüberwachung von Arbeitnehmern durch den Arbeitgeber und Persönlichkeitsschutz, FS Egon Lorenz, 2004, S. 915 ff.; *ders.*, Anm. zu BAG, Beschl. v. 27.1.2004, AP Nr. 40 zu § 87 BetrVG 1972 Überwachung; *ders.*, Persönlichkeitsschutz des Arbeitnehmers gegenüber dem Arbeitgeber, ZfA 1971, 273 ff.; *Wisskirchen/Jordan/Bissels*, Arbeitsrechtliche Probleme bei der Einführung internationaler Verhaltens- und Ethikrichtlinien, DB 2005, 2190 ff.; *Wisskirchen/Körber/Bissels*, „Whistleblowing" und „Ethikhotlines", BB 2006, 1567 ff.; *Zeiss*, Die Verwertung rechtswidrig erlangter Beweismittel, ZZP 89, 377 ff.; *Zeuner*, Rechtsvergewisserung und Wahrheitsermittlung als Funktionen des zivilgerichtlichen Verfahrens und ihre Beeinflussung unter persönlichkeitsrechtlichen Aspekten in der neueren Entwicklung des deutschen Rechts, FS Beys, 2003, S. 1787 ff.; *Zimmer/Stetter*, Korruption und Arbeitsrecht, BB 2006, 1445 ff.; *Zöller/Geimer*, ZPO, 25. Aufl. 2005.

b) Corporate Governance: *Berndt/Hoppler*, Whistleblowing – ein integraler Bestandteil effektiver Corporate Governance, BB 2005, 2623 ff.; *Cromme*, Corporate Governance Report, 2003; *Donald*, Die Entwicklung des US-amerikanischen Corporate Governance nach Enron, WM 2003, 705 ff.; *Eggemann/Konradt*, Risikomanagement nach KonTraG aus dem Blickwinkel des Wirtschaftsprüfers, BB 2000, 503 ff.; *Ettinger/Grützedick*, Haftungsrisiken im Zusammenhang mit der Abgabe der Corporate Governance Entsprechenserklärung gemäß § 161 AktG, AG 2003, 353 ff.; *Fleischer*, Vorstandsverantwortlichkeit und Fehlverhalten von Unternehmensangehörigen – Von der Einzelüberwachung zur Errichtung einer Compliance-Organisation, AG 2003, 291 ff.; *Füser/Gleisner/Meier*, Risikomanagement (KonTraG) – Erfahrungen aus der Praxis, DB 1999, 753 ff.; *Gruson/Kubicek*, Der Sarbanes-Oxley Act, Corporate Governance und das deutsche Aktienrecht (Teil I und II), AG 2003, 337, 393 ff.; *Heintzen*, Der Deutsche Corporate Governance Kodex aus der Sicht des deutschen Verfassungsrechts, ZIP 2004, 1933 ff.; *Hommelhoff*, Die OECD-Principles on Corporate Governance – ihre Chancen und Risiken aus dem Blickwinkel der deutschen Corporate Governance-Bewegung, ZGR 2001, 238 ff.; *Hommelhoff/Hopt/von Werder*, Handbuch Corporate Governance, 2003; *Hopt*, Comparative Corporate Governance, 1998; *Hucke/Ammann*, Der Deutsche Corporate Governance Kodex, 2003; *Kollmann*, Aktuelle Corporate-Governance-Diskussion in Deutschland, WM Sonderbeil. Nr. 1 zu Heft 1/2003, 1 ff.; *Lück*, Elemente eines Risiko-Managements, DB 1998, 8 ff.; *ders.*, Der Umgang mit unternehmerischen Risiken durch ein Risikomanagementsystem und durch ein Überwachungssystem, DB 1998, 1925 ff.; *Lutter*, Die Erklärung zum Corporate Governance Kodex gemäß § 161 AktG, ZHR 166 (2002), 523 ff.; *ders.*, Deutscher Corporate Governance Kodex, in: Dörner/Menold/Pfitzer/Oser (Hrsg.), Reform des Aktienrechts, der Rechnungslegung und der Prüfung, 2003; *Peltzer*, Deutsche Corporate Governance, 2. Aufl. 2004; *Pfitzer/Oser*, Deutscher Corporate Governance Codex. Ein Leitfaden für Entscheidungsträger, 2003; *Preußner*, Deutscher Corporate Governance Kodex und Risikomanagement, NZG 2004, 303; *Ringleb/Kremer/Lutter/von Werder*, Kommentar zum Deutschen Corporate Governance Kodex, 2. Aufl. 2005; *Seibt*, Deutscher Corporate Governance Kodex und Entsprechens-Erklärung (§ 161 AktG-E), AG 2002, 249 ff.; *Semler/Wagner*, Deutscher Corporate Governance Kodex – Die Entsprechenserklärung und Fragen der gesellschaftsinternen Umsetzung, NZG 2003, 553 ff.; *Ulmer*, Der Deutsche Corporate Governance Kodex – ein neues Regulierungsinstrument für börsenorientierte Aktiengesellschaften, ZHR 166 (2002), 150 ff.; *von Werder*, Der Deutsche Corporate Governance Kodex – Grundlagen und Einzelbestimmungen, DB 2002, 801 ff.

Inhaltsübersicht

	Rn.
A. Arbeitsrecht	1–197
I. Überblick und Grundsätze	1–24
1. Überblick	1, 2
2. Befugnis zur Korruptionsbekämpfung	3, 4
3. Grenzen	5–8
a) Allgemeines Persönlichkeitsrecht	5, 6
b) Bundesdatenschutzgesetz (BDSG)	7, 8
aa) Grundsatz	7
bb) Weitere Konsequenzen	8
4. Arbeitnehmerrechte bei Persönlichkeitsrechtsverletzungen	9–17
a) Primärrechte	10, 11
aa) Erfüllung	10
bb) Beseitigung, Unterlassung	11
b) Sekundärrechte	12, 13
aa) Schadensersatz und Schmerzensgeld	12
bb) Außerordentliche Kündigung	13
c) Prozessrechtliche Folgen	14–16
d) Strafrechtliche Folgen	17
5. Mitbestimmung des Betriebsrats	18–24
a) Einschlägige Mitbestimmungstatbestände	18–21
aa) § 87 Abs. 1 Nr. 1 BetrVG	19, 20
bb) § 87 Abs. 1 Nr. 6 BetrVG	21
b) Sanktionen bei Nichtbeteiligung	22–24
aa) Unterlassungsanspruch	22
bb) Beweisverwertungsverbot	23, 24

3. Kapitel. Vermeidung von Korruptionsrisiken aus Unternehmenssicht

II. Korruptionsbekämpfung bei der Einstellung	25–42
1. Überblick	25–26
a) Notwendigkeit und in Betracht kommende Maßnahmen	25
b) Bewerberauswahl: Befugnis und Grenzen	26
2. Datenerhebung beim Bewerber	27–35
a) Fragerecht des Arbeitgebers	27
b) Zulässigkeit einzelner Fragen	28–30
aa) Verurteilung wegen Korruptionsstraftaten	28
bb) Laufendes Ermittlungsverfahren wegen Korruptionsstraftat	29
cc) Vermögensverhältnisse	30
c) Mitbestimmung	31, 32
d) Sanktionen des Arbeitgebers	33, 34
aa) Anfechtung	33
bb) Außerordentliche Kündigung	34
e) Offenbarungspflichten	35
3. Datenerhebung bei Dritten	36–41
a) Bedeutung	36
b) Grundsätze	37
c) Auskünfte bei früheren Arbeitgebern	38, 39
aa) Ohne Einverständnis des Bewerbers	38
bb) Mit Einverständnis des Bewerbers	39
d) Registerauskünfte	40, 41
aa) Mit Einverständnis des Bewerbers	40
bb) Ohne Einverständnis des Bewerbers	41
4. Garantieerklärungen	42
III. Korruptionsbekämpfung im bestehenden Arbeitsverhältnis	43–86
1. Verhaltenskodex	44–62
a) Grundsätze	44–46
aa) Begriff und Funktion	44
bb) Recht und Pflicht zur Schaffung eines Verhaltenskodex	45, 46
b) Aufbau des Verhaltenskodex	47
c) Inhalt des Pflichtenkatalogs	48–58
aa) Allgemeines	48
bb) Anbieten und Gewähren von Vorteilen	49
cc) Fordern und Annehmen von Vorteilen	50–53
dd) Spenden	54, 55
ee) Vermeiden von Interessenkonflikten	56
ff) Sanktionen	57, 58
d) Implementierung	59–62
aa) Schriftliche Bestätigung	59
bb) Muster	60
cc) Weitere Maßnahmen	61
dd) Mitbestimmung	62
2. Fragerechte und Auskunftspflichten im bestehenden Arbeitsverhältnis	63–70
a) Bedeutung	63
b) Allgemeine Grundsätze	64, 65
aa) § 241 Abs. 2 BGB	64
bb) Vertragliche Regelung	65
c) Fragen im Einzelnen	66–68
aa) Annahme von Geschenken und sonstigen Vorteilen	66
bb) Interessenkonflikt	67
cc) Nebentätigkeit	68
d) Mitbestimmung	69

e) Sanktionen	70
3. Verbot von Nebentätigkeiten	71–79
a) Bedeutung	71
b) Grundsätze	72–77
aa) Gesetzliche Verbote	72–74
bb) Vertragliche Nebentätigkeitsverbote	75, 76
cc) Genehmigungsvorbehalt	77
c) Mitbestimmung	78
d) Sanktionen	79
4. Ämtertausch	80–86
a) Bedeutung	80
b) Zulässigkeit	81–86
aa) Direktionsrecht	81–83
bb) Mitbestimmung	84–86
IV. Kontrollrechte des Arbeitgebers	87–124
1. Allgemeines	87–89
a) Bedeutung	87
b) Grundsätze	88, 89
2. Einzelne Kontrollmaßnahmen	90–124
a) Spontanes Aufsuchen am Arbeitsplatz	90
b) Videoüberwachung	91–95
c) Abhören und Mithören von Telefongesprächen	96–99
d) Kontrolle der Mitarbeiterpost	100, 101
e) Kontrolle der Internet- und E-Mail-Nutzung am Arbeitsplatz	102–110
aa) Grundsätze	102, 103
bb) Verbot privater, Gestattung dienstlicher Nutzung	104–108
cc) Gestattung der privaten Nutzung	109, 110
f) Zuverlässigkeitstests	111–118
g) Einsatz von Detektiven	119–124
aa) Grundsätze	119–121
bb) Mitbestimmung	122–124
V. Whistleblowing	125–153
1. Bedeutung und Interessenlage	125–129
a) Mitarbeiter als „Whistleblower"	125, 126
b) Interessenlage	127–129
aa) Öffentlichkeit	127
bb) Arbeitgeber	128
cc) Arbeitnehmer	129
2. Verschwiegenheitspflicht des Mitarbeiters	130–133
a) Bedeutung und dogmatische Grundlage	130, 131
b) Gesetzliche Anzeigerechte als Durchbrechung der Verschwiegenheitspflicht	132
c) Vertragliche Anzeigepflicht als Durchbrechung der Verschwiegenheitspflicht	133
3. Grenzen der Verschwiegenheitspflicht	134–150
a) Unmittelbare Beschränkung durch höherrangiges Recht?	134–137
aa) Grundrechtsgeltung im Privatrecht	134
bb) Anzeigerecht aus Art. 5 GG?	135–136
cc) Anzeigerecht aus Art. 17 GG?	137
b) Immanente Grenzen der Verschwiegenheitspflicht	138–143
aa) Dogmatischer Ansatzpunkt	138
bb) Rechtsprechung	139–143
c) Voraussetzungen des Anzeigerechts	144–150
aa) Grundsatz	144

3. Kapitel. Vermeidung von Korruptionsrisiken aus Unternehmenssicht

bb) Gesetzwidriges Verhalten	145
cc) Vorheriger Versuch innerbetrieblicher Abhilfe	146–149
dd) Keine missbräuchliche Anzeige	150
4. Konsequenzen	151–153
a) Rechtmäßige Arbeitnehmeranzeige	151, 152
b) Rechtswidrige Arbeitnehmeranzeige	153
VI. Arbeitsrechtliche Konsequenzen	154–197
1. Abmahnung	155, 156
2. Außerordentliche Kündigung	157–175
a) Grundsätze	157, 158
aa) Allgemeines	157
bb) Prüfungsschema	158
b) Korruption als „an sich" wichtiger Grund	159–164
aa) Grundsatz	159, 160
bb) Korruption im öffentlichen Dienst	161
cc) Kasuistik	162
dd) Korruption in der Privatwirtschaft	163
ee) Kasuistik	164
c) Umfassende Interessenabwägung	165–170
aa) Ultima-ratio-Grundsatz	166
bb) Prognoseprinzip	167
cc) Übermaßverbot	168–170
d) Kündigungserklärungsfrist	171–174
aa) Inhalt und Zweck	171
bb) Fristbeginn	172, 173
cc) Fristende	174
e) Betriebsratsanhörung	175
3. Verdachtskündigung	176–188
a) Grundsätze	176–179
aa) Zulässigkeit	176
bb) Abgrenzung zur Tatkündigung	177–179
b) Voraussetzungen	180–188
aa) Verdacht	180
bb) Anhörung	181–184
cc) Ultima ratio	185, 186
dd) Interessenabwägung	187
ee) Ausschlussfrist	188
4. Aufhebungsvertrag	189–196
a) Grundsätze	189, 190
b) Nachträgliche Beseitigung des Aufhebungsvertrags	191–196
aa) Gerichtliche Inhaltskontrolle	192
bb) Widerruf	193
cc) Anfechtung	194–196
5. Freistellung von der Arbeit	197
B. Zivilrecht	198–208
I. Vorbemerkung	198
II. Folgen für durch Korruption zustande gekommene Verträge	199–208
1. Schmiergeldabrede	200–202
a) Nichtigkeit bei Tatbestandserfüllung des § 299 StGB	200
b) Nichtigkeit wegen Sittenwidrigkeit	201
c) Beispiele für sittenwidrige Schmiergeldvereinbarungen aus der Rechtsprechung	202
2. Folgevertrag	203–206

3. Rechtsfolgen der Unwirksamkeit 207, 208
C. **Corporate Governance (CG)** 209–234
I. **Überblick und Rechtsquellen** 210–221
   1. Bedeutung und Entwicklung von Corporate Governance 210–212
      a) Begriff 210
      b) Kodex-Bewegung 211, 212
         aa) Internationale Entwicklung 211
         bb) Entwicklung in Deutschland 212
   2. Deutscher Corporate Governance Kodex (CGC) 213–218
      a) Funktion und Bedeutung 213–215
      b) Haftungsrechtliche Folgen der Entsprechenserklärung 216–218
   3. Sarbanes-Oxley-Act (SOA) 219–221
      a) Funktion und Bedeutung 219
      b) Code of Ethics 220, 221
II. **Einzelne Pflichten zur Korruptionsbekämpfung** 222–234
   1. Vorstand 223–231
      a) Allgemeines 223
      b) Vermeidung von Korruption 224
      c) Verpflichtung auf das Unternehmensinteresse 225
      d) Offenlegung von Interessenkonflikten 226
      e) Nebentätigkeiten 227
      f) Pflicht zur Einhaltung der gesetzlichen Bestimmungen 228, 229
      g) Risikomanagement und Risikocontrolling 230, 231
   2. Aufsichtsrat 232–234
      a) Beratungs- und Überwachungsfunktion 232
      b) Einrichtung eines Prüfungsausschusses 233
      c) Verpflichtung zu eigener Integrität 234

A. Arbeitsrecht

I. Überblick und Grundsätze

1. Überblick

Dem Unternehmensinnenrecht – inbesondere der Beziehung zwischen dem Unternehmen und seinen Mitarbeitern – kommt bei der Korruptionsbekämpfung eine Schlüsselfunktion zu. Nur wenn es gelingt, bei den für das Unternehmen Handelnden Verständnis dafür zu wecken, dass Bestechung und Bestechlichkeit die Wirtschaft nachhaltig schädigen, weil sie die Integrität im Geschäftsverkehr untergraben, lässt sich die Korruption wirksam bekämpfen. Das setzt naturgemäß das Bekenntnis der Firmenleitung zu einem lauteren Geschäftsgebaren voraus, das Korruption in jeder Form ablehnt. Hierzu gibt es keine ernsthafte Alternative. Die **Ächtung und Bekämpfung der Korruption** gehören heute zum „Wertekanon" moderner Unternehmensphilosophien und sind deshalb unverzichtbare Aspekte der „Corporate Governance". Schon bei der **Einstellung neuer Mitarbeiter** ist darauf zu achten, integre Bewerber auszuwählen. Die Möglichkeiten, sich ein Bild über neue Firmenangehörige zu machen, sind vielfältig. Der Arbeitgeber kann Informationen beim Bewerber selbst erheben, aber auch bei dessen letztem Arbeitgeber oder bei Auskunfteien und Registern. Ist der Bewerber eingestellt, kann er auf einen **Verhaltenskodex** verpflichtet werden, der die Grundsätze lauterer Verhaltensweisen aufzeigt und dem Arbeitnehmer vorgibt, wie er sich in für Korruption anfälligen Situationen richtig zu verhalten hat. Auch nach der Einstellung bleibt der Arbeitgeber berechtigt – und im Rahmen von § 130 OWiG auch verpflichtet –, die Lauterkeit seiner Mitarbeiter zu **über-**

1

3. Kapitel. Vermeidung von Korruptionsrisiken aus Unternehmenssicht

prüfen, sei es offen für den Mitarbeiter erkennbar, sei es heimlich, etwa durch Videokontrollen, Mithören von Gesprächen oder die Überwachung der Telekommunikation des Mitarbeiters. Da die meisten Korruptionsfälle erst durch **Anzeigen** von Unternehmensangehörigen entdeckt werden, kommt dem richtigen Umgang mit diesen „Whistleblowern" besondere Bedeutung zu. Erweist sich ein Arbeitnehmer als korrupt, bleibt dem Unternehmen häufig nichts anderes übrig, als sich so schnell wie möglich von ihm zu trennen. In Betracht kommen dann eine fristlose **Kündigung**, die als Tat- oder als Verdachtskündigung ausgesprochen werden kann, oder der Abschluss eines Aufhebungsvertrags.

2 Dass der Arbeitgeber Maßnahmen zur Korruptionsbekämpfung ergreifen darf, ja muss, steht außer Zweifel. Das **allgemeine Persönlichkeitsrecht** des Arbeitnehmers zieht den Maßnahmen allerdings enge Grenzen. Mangels spezialgesetzlicher Regelung – das seit langem angekündigte Arbeitnehmerdatenschutzgesetz[1] fehlt noch immer – wird die Rechtslage vor allem durch die höchstrichterliche Rechtsprechung bestimmt, die aus dem allgemeinen Persönlichkeitsrecht eine Vielzahl konkreter Verhaltensanforderungen entwickelt hat. Hinzu kommen die allgemeinen und speziellen Vorschriften über den **Datenschutz**. Der Arbeitgeber tut gut daran, diese Grenzen zu beachten, da er sonst zivil- und strafrechtliche Sanktionen zu befürchten hat. Überdies lassen sich Beweise, mit denen korrupte Mitarbeiter überführt werden sollen, nicht gerichtlich verwerten, wenn sie unter Verstoß gegen Persönlichkeitsrechte erhoben wurden. In Betrieben, in denen ein Betriebsrat besteht, sind dessen **Mitbestimmungsrechte** zu wahren.

2. Befugnis zur Korruptionsbekämpfung

3 Die Befugnis des Arbeitgebers, Korruption im Unternehmen nachhaltig zu bekämpfen, wird – obwohl detaillierte spezialgesetzliche Regelungen fehlen – im Grundsatz allgemein anerkannt.[2] Eine Befugnisnorm ist erforderlich, wenn Maßnahmen zur Korruptionsbekämpfung zu Freiheitsbeschränkungen führen oder das allgemeine Persönlichkeitsrecht tangieren. Da der Arbeitgeber zur Rücksichtnahme auf die Rechte, Rechtsgüter und berechtigten Interessen des anderen Teils verpflichtet ist (§ 241 Abs. 2 BGB), muss sein Tun sachlich gerechtfertigt und verhältnismäßig sein.

4 Kontrollbefugnisse können – soweit sie sich nicht bereits aus dem Hausrecht des Arbeitgebers ergeben[3] – aus Tarifverträgen, Betriebsvereinbarungen[4] und dem Arbeitsvertrag resultieren. **Arbeitsvertragliche Kontrollbefugnisse** spielen in der Praxis die größte Rolle. Bei ihnen ist fraglich, ob der Arbeitnehmer ihn belastende Maßnahmen ausdrücklich billigen muss oder ob er sie bereits aufgrund einer impliziten arbeitsvertraglichen Nebenpflicht (§ 241 Abs. 2 BGB) zu ertragen hat. Angesichts des berechtigten Sicherheitsbedürfnisses des Arbeitgebers wird allgemein von einer nicht eigens zu vereinbarenden Duldungspflicht ausgegangen.[5] Indes willigt der Arbeitnehmer nur in solche Beschränkungen seines Persönlichkeitsrechts ein, die zur Begründung und Durchführung des Arbeitsverhältnisses erkennbar notwendig sind und keine übermäßig gravierenden Belastungen darstellen.[6] Duldungspflichten treffen den Mitarbeiter also nur insoweit, als

---

[1] Dazu *Fleck*, BB 2003, 306.
[2] BAG, Urt. v. 27.3.2003, AP Nr. 36 zu § 87 BetrVG 1972 Überwachung m.w.N.; Beschl. v. 29.6.2004, AP Nr. 41 zu § 87 BetrVG 1972 Überwachung m.w.N.
[3] BAG, Beschl. v. 29.6.2004, AP Nr. 41 zu § 87 BetrVG 1972 Überwachung.
[4] BAG, Urt. v. 21.8.1990, 19.1.1999, AP Nr. 17, 28 zu § 87 BetrVG 1972 Ordnung des Betriebes; Beschl. v. 29.6.2004, AP Nr. 41 zu § 87 BetrVG 1972 Überwachung.
[5] BAG, Urt. v. 18.11.1999, AP Nr. 32 zu § 626 BGB Verdacht strafbarer Handlung; MünchArbR/*Blomeyer*, § 95 Rn. 6; ErfK/*Dieterich*, Art. 2 GG Rn. 55; *Künzl*, EWiR 2000, 613; *Maschmann*, AuA 2000, 519; *Ricken*, RdA 2001, 52.
[6] ErfK/*Dieterich*, Art. 2 GG Rn. 55.

Maßnahmen bei anerkennenswerten Anlässen in angemessener Art und Weise durchgeführt werden. Erklärt sich der Arbeitnehmer ausdrücklich mit ihnen einverstanden, ist der Umfang der dem Arbeitgeber eingeräumten Kontrollbefugnisse zu ermitteln. Weiter ist zu prüfen, ob das Einverständnis wirksam erteilt wurde. Dabei ist zu berücksichtigen, dass angesichts des typischerweise zwischen Arbeitnehmer und Arbeitgeber bestehenden strukturellen Ungleichgewichts arbeitsvertragliche Abmachungen – jedenfalls soweit sie nicht frei ausgehandelt wurden – einer gerichtlichen Inhaltskontrolle am Maßstab der §§ 307 ff. BGB unterzogen werden.[7] Eine Erweiterung von impliziten Duldungspflichten ist nur selten möglich. Eine „Blankoermächtigung" wäre jedenfalls unwirksam.[8] In der Regel sind Abmachungen zur Mitarbeiterkontrolle rein deklaratorisch zu verstehen. Sie weisen den Arbeitnehmer auf seine bereits nach § 241 Abs. 2 BGB bestehenden Duldungspflichten hin oder konkretisieren diese branchen- bzw. betriebsspezifisch. Da kollektivvertraglich regelbar nur das ist, was auch im Individualvertrag vereinbart werden könnte,[9] lassen sich in Tarifverträgen oder Betriebsvereinbarungen keine weitergehenden Kontrollbefugnisse festlegen. Beide geben dem Arbeitgeber nicht die Befugnis zu unangebrachten oder unverhältnismäßigen Maßnahmen. Dasselbe gilt, wenn sich der Arbeitgeber auf sein Hausrecht – im Sinne der freien Verfügungsmöglichkeit über seine Räumlichkeiten – beruft. Im Gegensatz zu Besuchern, die frei entscheiden können, ob sie sich eine Kontrolle gefallen lassen oder den überwachten Räumen fernbleiben, muss sich der Arbeitnehmer an dem vom Arbeitgeber bestimmten Ort aufhalten und darf sich aus Rechtsgründen den Kontrollmaßnahmen nicht entziehen. Schon von daher liegt in der widerspruchslosen Hinnahme der Kontrolle nicht ohne weiteres das Einverständnis des Mitarbeiters mit der Überwachung.[10]

3. Grenzen

a) Allgemeines Persönlichkeitsrecht

Maßnahmen zur Korruptionsbekämpfung müssen – selbst wenn sie an sich zulässig sind – das allgemeine Persönlichkeitsrecht beachten.[11] Das allgemeine Persönlichkeitsrecht bewahrt den Einzelnen vor einer nicht gebotenen Überwachung und Ausforschung seiner Person. Ebenfalls geschützt sind die speziellen Ausprägungen des Persönlichkeitsrechts,[12] namentlich das Recht am eigenen Bild,[13] die Vertraulichkeit des Wortes,[14] der Ehrschutz[15] und das Recht auf informationelle Selbstbestimmung.[16]

5

---

[7] Dazu instruktiv *Hromadka*, FS Dieterich, 1999, S. 251 ff.; das gilt auch bei nicht frei ausgehandelten Vereinbarungen mit einem einzelnen Arbeitnehmer, vgl. BAG, Urt. v. 25.5.2005, NZA 2005, 1111.
[8] ErfK/*Dieterich*, Einl. GG, Rn. 65 und Art. 2 GG Rn. 55.
[9] BAG GS, Beschl. v. 16.9.1986, AP Nr. 17 zu § 77 BetrVG 1972.
[10] BAG, Beschl. v. 29.6.2004, AP Nr. 41 zu § 87 BetrVG 1972 Überwachung.
[11] BAG GS, Urt. v. 27.2.1985, AP Nr. 14 zu § 611 BGB Beschäftigungspflicht mit Hinweis auf BVerfGE 34, 269, 280 = AP Nr. 21 zu Art. 2 GG; BAG, Urt. v. 15.7.1987, AP Nr. 14 zu § 611 BGB Persönlichkeitsrecht; Urt. v. 27.3.2003, AP Nr. 36 zu § 87 BetrVG 1972 Überwachung.
[12] BAG, Urt. v. 27.3.2003, 29.6.2004, AP Nr. 36, 41 zu § 87 BetrVG 1972 Überwachung m.w.N.; dazu allgemein ErfK/*Dieterich*, Art. 2 GG Rn. 39 ff.
[13] BVerfGE 101, 361; BAG, Urt. v. 27.3.2003, AP Nr. 36 zu § 87 BetrVG 1972 Überwachung; BAG, Beschl. v. 29.6.2004, AP Nr. 41 zu § 87 BetrVG 1972 Überwachung; BGH, Urt. v. 25.4.1995, LM § 823 BGB (Ah) Nr. 120; s. dazu *Tinnefeld/Viethen*, NZA 2003, 468.
[14] BVerfGE 54, 208, 219; 82, 236, 239; 106, 28, 50; BVerfG, Urt. v. 9.10.2002, AP BGB § 611 Persönlichkeitsrecht Nr. 34.
[15] BVerfGE 54, 208, 217.
[16] BVerfGE 65, 1, 41; 80, 367, 373; 92, 191, 197.

6 Die Grenzen des Persönlichkeitsrechts sind zwingend und stehen weder zur Disposition der Tarifvertrags- noch der Betriebsparteien[17] (§ 75 Abs. 2 BetrVG). Allerdings verletzt nicht jede Kontrollmaßnahme das Persönlichkeitsrecht. Eingriffe können – soweit sie nicht schon durch ein rechtswirksam erteiltes Einverständnis des Arbeitnehmers gedeckt sind[18] – durch die Wahrnehmung schutzwürdiger Interessen des Arbeitgebers gerechtfertigt sein.[19] Um zu klären, ob dem Persönlichkeitsrecht des Arbeitnehmers schutzwürdige Belange des Arbeitgebers vorgehen, bedarf es einer **Güter- und Interessenabwägung**.[20] Wo die Grenze eines unantastbaren Bereichs privater Lebens- und Informationsgestaltung beginnt, ist ebenso wenig gesetzlich bestimmt wie die Frage, welche Kontrollbefugnisse dem Arbeitgeber im Einzelnen zustehen. Maßgeblich sind die Umstände des Einzelfalles. Richtschnur ist dabei der Grundsatz der **Verhältnismäßigkeit**,[21] der auf zwei Ebenen relevant wird: Zum einen, wenn zu bestimmen ist, aus welchen Anlässen der Arbeitgeber Mitarbeiter kontrollieren darf, zum anderen, wenn es um die konkrete Durchführung einer Überprüfung geht. Das Übermaßverbot gilt folglich für das „Ob" und das „Wie" einer Maßnahme. Stets müssen die Kontrolle an sich sowie ihr Vollzug in einem angemessenen Verhältnis zum Überwachungszweck stehen. Der Arbeitgeber darf nicht schlechthin ungeeignete Maßnahmen einsetzen, und er muss sich auf diejenigen beschränken, die den Arbeitnehmer am geringsten belasten. Eine Rolle spielt, wie viele Personen einer Kontrolle ausgesetzt sind, ob sie hierfür einen Anlass gegeben haben, ob sie als Personen anonym bleiben, welche Umstände und Inhalte ihrer Kommunikation bei einer Überprüfung erfasst werden können und welche Nachteile daraus drohen oder nicht ohne Grund befürchtet werden müssen. Bedeutsam ist ferner, ob die Überwachung in einer Privatwohnung oder in den Betriebs- und Geschäftsräumen des Arbeitgebers erfolgt und ob unverdächtige Dritte mitbetroffen sind. Die Intensität der Beeinträchtigung hängt dabei nicht zuletzt von der Dauer (vorübergehend oder dauerhaft) und der Art der Überwachung (offen oder verdeckt) ab.[22] Intensive Grundrechtseingriffe sind nur zulässig, wenn der konkrete Verdacht einer strafbaren Handlung oder einer schweren Vertragsverletzung besteht, weniger einschneidende Mittel zur Aufklärung des Verdachts ausgeschöpft sind und der Einsatz des noch verbleibenden Mittels insgesamt nicht unverhältnismäßig ist.[23]

b) BundesdatenschutzG (BDSG)

7 **aa) Grundsatz.** Setzt der Arbeitgeber zur Korruptionsbekämpfung Datenverarbeitungsanlagen ein, mit denen er personenbezogene Daten von Bewerbern oder Mitarbeitern verarbeitet – das ist bereits bei einer Videoüberwachung[24] der Fall –, ist er an die Vorschriften des BDSG gebunden (§§ 1 Abs. 2 Nr. 3, 28 BDSG). Dieses schützt – zusammen

---

[17] BAG, Urt. v. 21.8.1990, 19.1.1999, 28.5.2002 AP Nr. 17, 28, 39 zu § 87 BetrVG 1972 Ordnung des Betriebes; BAG, Beschl. v. 29.6.2004, AP Nr. 41 zu § 87 BetrVG 1972 Überwachung; *Fitting*, BetrVG, 22. Aufl. 2004, Rn. 77; GK-BetrVG/*Kreutz*, § 75 Rn. 93.

[18] Zu den Voraussetzungen eines solchen Einverständnisses ErfK/*Dieterich*, Art. 2 GG Rn. 55.

[19] St. Rspr., zuletzt BAG, Beschl. v. 29.6.2004, AP Nr. 41 zu § 87 BetrVG 1972 Überwachung.

[20] BVerfG, Urt. v. 9.10.2002, AP Nr. 34 zu § 611 Persönlichkeitsrecht; Urt. v. 19.12.1991, NJW 1992, 815; BAG, Urt. v. 18.12.1984, 15.7.1987, 7.10.1987 AP Nr. 8, 14, 15 zu § 611 BGB Persönlichkeitsrecht; Beschl. v. 29.10.1997, BAGE 87, 31; Beschl. v. 18.11.1999, BAGE 93, 1; Urt. v. 15.8. 2002, AP BetrVG 1972 § 103 Nr. 48; Urt. v. 27.3.2003, AP Nr. 36 zu § 87 BetrVG 1972 Überwachung; Beschl. v. 29.6.2004, AP Nr. 41 zu § 87 BetrVG 1972 Überwachung; BGH, BGHZ 13, 334 (338); 24, 72 (80); 36, 77 (82); LAG Hamm, 24.7.2001, NZA-RR 2002, 464.

[21] BAG, Urt. v. 19.1.1999, AP Nr. 28 zu § 87 BetrVG 1972 Ordnung des Betriebes; Urt. v. 27.3.2003, AP Nr. 36 zu § 87 BetrVG 1972 Überwachung; Beschl. v. 29.6.2004, AP Nr. 41 zu § 87 BetrVG 1972 Überwachung.

[22] BVerfG, Urt. v. 3.3.2004, BVerfGE 109, 279; BVerfG, Urt. v. 12.4.2005 – 2 BvR 581/01; BAG, Beschl. v. 29.6.2004, AP Nr. 41 zu § 87 BetrVG 1972 Überwachung.

[23] BAG, Urt. v. 27.3.2003, AP Nr. 36 zu § 87 BetrVG 1972 Überwachung; BAG, Beschl. v. 29.6.2004, AP Nr. 41 zu § 87 BetrVG 1972 Überwachung.

[24] BAG, Urt. v. 29.6.2004, AP Nr. 41 zu § 87 BetrVG 1972 Überwachung.

mit den Datenschutzgesetzen der Länder – das Recht auf informationelle Selbstbestimmung, das verfassungsrechtlich in Art. 1 Abs. 1, 2 Abs. 1 GG garantiert ist. Unter dem Recht auf informationelle Selbstbestimmung versteht man die Befugnis, frei darüber zu entscheiden, „wer, was, wann und bei welcher Gelegenheit über eine Person weiß".[25] Das BDSG schützt den Arbeitnehmer aber nicht vor jeder Datenverarbeitung, sondern nur vor einem zweckwidrigen und missbräuchlichen Umgang mit seinen personenbezogenen Daten. Es verpflichtet den Arbeitgeber zu entsprechenden technischen und organisatorischen Maßnahmen (§ 9 BDSG) sowie unter den Voraussetzungen von §§ 4 f., 4g BDSG zur Bestellung eines betrieblichen Datenschutzbeauftragten. Zudem stellt § 4 BDSG die Verarbeitung, Erhebung und Nutzung personenbezogener Daten als „Datenverarbeitung im weiteren Sinne" unter ein generelles Verbot mit Erlaubnisvorbehalt. Bei privaten Arbeitgebern ist sie zulässig, soweit sie dem Zweck des Arbeitsverhältnisses dient oder zur Wahrung berechtigter Interessen des Arbeitgebers erforderlich ist und kein Grund zur Annahme besteht, dass schutzwürdige Interessen des Betroffenen an der Geheimhaltung überwiegen (§ 28 Abs. 1 Satz 1 BDSG).[26] Das wird bei Maßnahmen zur Korruptionsbekämpfung regelmäßig der Fall sein. Die Zwecke, für die die Datenerhebung erfolgt, sind konkret festzulegen (§ 28 Abs. 1 Satz 2 BDSG) und einzuhalten. Bewerberdaten dürfen beispielsweise nur für die Einstellung, nicht für die Führung von Mitarbeitern und erst recht nicht für deren umfassende Kontrolle genutzt werden.[27]

bb) Weitere Konsequenzen. Das BDSG enthält eine Reihe allgemeiner Rechtsgedanken, die auch gelten, wenn personenbezogene Daten nicht durch Datenverarbeitungssysteme verarbeitet werden. Dazu gehören die Gebote der Datenvermeidung, der Datensparsamkeit (§ 3a BDSG), der Datenwahrheit und der Direkterhebung beim Betroffenen (§ 4 Abs. 2 Satz 1 BDSG). Vor der erstmaligen Speicherung von personenbezogenen Daten hat der Arbeitgeber den Betroffenen zu informieren (§ 33 BDSG); der Betroffene hat einen Auskunftsanspruch (§ 34 BDSG). Personenbezogene Daten sind zu berichtigen, wenn sie unrichtig sind (§ 35 Abs. 1 BDSG), und zu löschen, wenn ihre Speicherung unzulässig ist (§ 35 Abs. 2 BDSG)[28]. 8

4. Arbeitnehmerrechte bei Persönlichkeitsrechtsverletzungen

Werden im Zuge der Korruptionsbekämpfung Arbeitnehmerrechte verletzt, stehen dem Betroffenen verschiedene Rechtsbehelfe zur Seite. Als Primärrechte kommen Beseitigungs- und Unterlassungsansprüche sowie Zurückbehaltungsrechte in Betracht. Als Sekundärrechte ist an Schadensersatz- und Schmerzensgeldansprüche zu denken. Schließlich kann die Persönlichkeitsrechtsverletzung prozessrechtliche und strafrechtliche Folgen haben. 9

a) Primärrechte

aa) Erfüllung. Der Arbeitnehmer kann zunächst **Erfüllung** der ihm gegenüber bestehenden Rücksichtnahme- und Schutzpflichten verlangen.[29] Notfalls darf er die Arbeit nach § 273 BGB zurückhalten; bei geringfügigen Beeinträchtigungen dürfte ein solches Zurückbehaltungsrecht allerdings nicht in Betracht kommen.[30] 10

---

[25] BVerfGE 61, 1, 43.
[26] BAG, Urt. v. 29.6.2004, AP Nr. 41 zu § 87 BetrVG 1972 Überwachung.
[27] *Schaub*, Arbeitsrechts-Handbuch, 11. Aufl. 2005, § 148 Rn. 37.
[28] *Schaub* (Fn. 27), § 148 Rn. 41 ff.; ErfK/*Wank*, § 35 BDSG Rn. 1 ff.
[29] ErfK/*Dieterich*, Art. 2 GG Rn. 74.
[30] BAG, Urt. v. 7.6.1973, AP Nr. 28 zu § 615 BGB; MünchArbR/*Blomeyer* § 97 Rn. 47; ErfK/*Dieterich*, Art. 2 GG Rn. 74.

11   bb) Beseitigung, Unterlassung. Wurde das Persönlichkeitsrecht verletzt, besteht ein Anspruch auf **Beseitigung der Verletzungsfolgen** entsprechend §§ 12, 862, 1004 Abs. 1 Satz 1 BGB. Der Betroffene kann verlangen, dass falsche oder ehrenrührige Angaben aus der Personalakte entfernt,[31] widerrechtlich erstellte Bildaufnahmen vernichtet[32] oder heimlich mitgeschnittene Telefongespräche gelöscht werden.[33] Der Beseitigungsanspruch verlangt kein Verschulden des Arbeitgebers; der objektiv rechtswidrige Eingriff in das Persönlichkeitsrecht genügt.[34] **Drohende Verletzungen** des Persönlichkeitsrechts lassen sich entsprechend §§ 12, 862, 1004 Abs. 1 Satz 2 BGB mit einem selbständig einklagbaren **Unterlassungsanspruch** abwehren,[35] wenn Tatsachen die dringende Gefahr einer erstmaligen oder wiederholten Verletzung begründen.[36] Eine Erstbegehungsgefahr besteht, wenn sich der Arbeitgeber des Rechts berühmt, bestimmte (Verletzungs-)Handlungen vornehmen zu dürfen, oder wenn er seinen Tatentschluss bereits endgültig gefasst hat.[37] Indiz für eine Wiederholungsgefahr ist die bereits erfolgte Persönlichkeitsrechtsverletzung. In keinem Fall führt die Verletzung von Persönlichkeitsrechten zu Einstellungsansprüchen; ein derartiger Kontrahierungszwang ist dem deutschen Recht bislang fremd.

b) Sekundärrechte

12   aa) Schadensersatz und Schmerzensgeld. Bei schuldhaftem Handeln kommen Schadensersatz- und Schmerzensgeldansprüche wegen Vertragsverletzung (§ 280 Abs. 1 Satz 1 BGB) oder – beim Bewerber – wegen culpa in contrahendo (§§ 280 Abs. 1 Satz 1, 311 Abs. 2, 241 Abs. 2 BGB) in Betracht.[38] Die objektive Persönlichkeitsrechtsverletzung indiziert dabei das Verschulden; der Arbeitgeber kann sich zwar grundsätzlich exkulpieren (§ 280 Abs. 1 Satz 2 BGB); er trägt jedoch die Verantwortung für die von ihm eingesetzten Erfüllungsgehilfen (§ 278). Ferner sind Ansprüche aus Deliktsrecht (§ 823 Abs. 1, 2 BGB) denkbar.[39] Führt der Verstoß gegen Vorschriften des BDSG über die Erhebung, Verarbeitung oder Nutzung personenbezogener Daten zu einem Schaden, haftet der Arbeitgeber auch nach § 7 Satz 1 BDSG; sein Verschulden wird vermutet (§ 7 Satz 2 BDSG). Allerdings hat der in seinen Persönlichkeitsrechten Verletzte die Kausalität zwischen Datenschutzverstoß und entstandenem Schaden nachzuweisen;[40] das gelingt in der Praxis nur selten.

13   bb) Außerordentliche Kündigung. Eine Persönlichkeitsrechtsverletzung kann der Arbeitnehmer zum Anlass für eine außerordentliche Kündigung nehmen. Eine solche Arbeitnehmerkündigung bemisst sich nach denselben Grundsätzen wie eine Arbeitgeberkündigung.[41]

---

[31] MünchArbR/*Blomeyer* § 97 Rn. 46.
[32] MünchArbR/*Blomeyer* § 97 Rn. 44; *Wiese* ZfA 1971, 311 ff.
[33] BGH, NJW 1988, 1016.
[34] Allgemein zur Unbeachtlichkeit des Verschuldens beim Beseitigungsanspruch BGHZ 107, 384.
[35] BAG, Urt. v. 15.7.1987, AP Nr. 14 zu § 611 BGB Persönlichkeitsrecht; ErfK/*Dieterich*, Art. 2 GG Rn. 74.
[36] Statt aller Palandt/*Putzo*, Einf. v. § 823 BGB Rn. 24.
[37] Allgemein BGHZ 117, 264 (271 f.); OLG Karlsruhe, NJW-RR 1999, 1699.
[38] MünchArbR/*Blomeyer* § 97 Rn. 45 f.; ErfK/*Dieterich*, Art. 2 GG Rn. 74; ErfK/*Preis*, § 611 BGB Rn. 335, 768; *Wiedemann*, FS Herschel, 1982, S. 463.
[39] ErfK/*Dieterich*, Art. 2 GG Rn. 76.
[40] Für § 280 BGB Palandt/*Heinrichs*, § 280 BGB Rn. 35; für § 823 BGB Palandt/*Thomas*, § 823 BGB Rn. 167; für § 7 BDSG ErfK/*Wank*, § 7 BDSG Rn. 1.
[41] BAG, Urt. v. 25.7.1963, AP Nr. 1 zu § 448 ZPO; Urt. v. 19.6.1967, AP Nr. 1 zu § 124 GewO; ErfK/*Müller-Glöge*, § 626 BGB Rn. 193; Staudinger/*Preis*, § 626 BGB Rn. 237.

c) Prozessrechtliche Folgen

Verletzungen des allgemeinen Persönlichkeitsrechts können prozessrechtlich zu einem Verwertungsverbot privat erlangter Beweismittel – etwa heimlich angefertigter Bild- oder Tonaufnahmen[42] zur Überführung eines korrupten Mitarbeiters – führen. Besteht ein **Beweisverwertungsverbot**, dürfen entsprechende Beweismittel weder zum Gegenstand der Beweiswürdigung noch der Urteilsfindung gemacht werden. Ein entsprechender Beweisantrag ist abzulehnen.[43]

14

Während die StPO zahlreiche Vorschriften über die Zulässigkeit der Verwertung von Beweismitteln enthält,[44] sind dem ArbGG und der ZPO solche Bestimmungen weitgehend fremd.[45] Umfang und Reichweite von Beweisverboten sind deshalb umstritten.[46] Zweifelhaft ist insbesondere die analoge Anwendung der Beweisverwertungsverbote der StPO, die an sich nahezuliegen scheint: Ist eine Kündigung wegen einer rechtskräftig nachgewiesenen Straftat möglich, müssten Beweismittel, die im Strafverfahren eine Verurteilung zuließen, auch in einem Zivilverfahren beachtlich sein. Das überzeugt aber schon deshalb nicht, weil Straf- und Zivilverfahren unterschiedlichen Prozessmaximen folgen. Aus guten Gründen ist der Zivilrichter nicht an das Strafurteil gebunden (§ 14 Abs. 2 Nr. 1 EGZPO), sondern muss den Sachverhalt selbst bewerten.[47] Richtig ist jedoch, wie erst jüngst vom BVerfG[48] bestätigt wurde, dass nicht aus jedem Beweiserhebungsverbot ein Beweisverwertungsverbot resultieren muss.[49] Wann das der Fall ist, ist bislang nicht abschließend geklärt.[50] Maßgeblich ist stets der Schutzzweck der Norm, gegen die bei der Beweisgewinnung verstoßen wurde.[51] Nach der vom BGH vertretenen „Rechtskreistheorie" bleiben jedenfalls Verstöße gegen Beweiserhebungsverbote, die ausschließlich dem Schutz des Staates oder dritter Personen dienen, folgenlos.[52]

15

Um derartige Beweiserhebungsverbote geht es bei der Überführung korrupter Mitarbeiter jedoch nicht. Entscheidend ist hier, dass in der gerichtlichen Verwertung eines persönlichkeitsrechtswidrig erlangten Beweismittels ein erneuter Eingriff in das Persönlichkeitsrecht liegt, der einer sachlichen Rechtfertigung unter Beachtung des Verhältnismäßigkeitsprinzips bedarf.[53] Bei der notwendigen Abwägung der betroffenen Rechtsgüter

16

---

[42] BAG, Urt. v. 27.3.2003, AP Nr. 36 zu § 87 BetrVG 1972 Überwachung.
[43] *Thomas/Putzo*, § 284 ZPO Rn. 4 f.; *Zöller/Stephan*, § 284 ZPO Rn. 5.
[44] §§ 69 Abs. 3, 100d Abs. 5 Satz 2, 136a Abs. 3 Satz 2, 252 StPO.
[45] Vgl. aber z.B. § 383 Abs. 3 ZPO.
[46] Allgemein zur Verwertung rechtswidrig erlangter Beweismittel im Zivilprozess Stein/Jonas-*Berger*, vor § 371 Rn. 10 f.; MünchKommZPO-*Damrau*, § 371 Rn. 13; ErfK-*Dieterich*, Art. 2 GG Rn. 79; Musielak/*Foerste*, § 284 ZPO Rn. 7 f.; *Gemmeke*, Beweisverwertungsverbote im arbeitsgerichtlichen Verfahren, 2003, S. 201 ff.; Zöller/*Greger*, § 286 ZPO Rn. 15a f.; *Helle*, Besondere Persönlichkeitsrechte im Privatrecht, 1991; *ders.*, JZ 1994, 915 ff.; Musielak-*Huber* § 371 ZPO Rn. 15 f.; Stein/Jonas-*Leipold*, § 284 ZPO Rn. 54 ff., 61 ff.; *Otto*, Anm. zu BAG, AP Nr. 36 zu § 87 BetrVG 1972 Überwachung; MünchKommZPO-*Prütting*, § 284 Rn. 63 ff.; Rosenberg/Schwab/Gottwald, Zivilprozessrecht, § 109 Rn. 24 f.; *Werner*, NJW 1988, 993 ff; *Zeuner*, FS Beys, 2003, S. 1787, 1806 ff.
[47] Zöller/*Gummer*, § 14 EGZPO Rn. 2.
[48] Urt. v. 24.7.2000 – 2 BvR 1990/96.
[49] BGHSt 19, 325, 331; 24, 125, 128; 25, 325, 331; 27, 355, 357; 31, 304, 308; 33, 83; 34, 39, 52; 37, 30, 32; 38, 214, 219; *Beulke*, Strafprozessrecht, 8. Aufl. 2005, Rn. 457; Kleinknecht/*Müller-Goßner*, StPO, 48. Aufl. 2005, Einl. Rn. 55 m.w.N.
[50] Zu Systematisierungsversuchen *Amelung*, NJW 1991, 2533; *Beulke*, StV 1990, 184; *Gössel*, GA 1991, 483.
[51] *Baumgärtel*, FS Klug, 1983, S. 477, 484; Musielak/*Foerste*, § 286 ZPO Rn. 6; *Zeiss*, ZZP 89 (1976), 377, 389.
[52] BGHSt 1, 39; 11, 213; BGH, GA 1976, 219; BGH, NStZ 1983, 354.
[53] BVerfG, Beschl. v. 19.12.1991, 9.10.2002, AP Nr. 24, 34 zu § 611 BGB Persönlichkeitsrecht; BAG, Urt. v. 29.10.1997, AP Nr. 27 zu § 611 BGB Persönlichkeitsrecht; Urt. v. 27.3.2003, AP Nr. 36 zu § 87 BetrVG 1972 Überwachung; OLG Karlsruhe, Urt. v. 25.2.2000, NJW 2000, 1577; Zöller/*Stephan*, Vor § 284 Rn. 12; *Thomas/Putzo*, § 286 ZPO Rn. 7.

ist zunächst das Rechtsstaatsgebot zu berücksichtigen. Im Zivilprozess, in dem über Rechte und Rechtspositionen der Parteien innerhalb eines privatrechtlichen Rechtsverhältnisses gestritten wird, sind die Aufrechterhaltung einer funktionstüchtigen Rechtspflege und das Streben nach einer materiell richtigen Entscheidung wichtige Belange des Gemeinwohls, weshalb die Gerichte grundsätzlich gehalten sind, zur Wahrheitsfindung die von den Parteien angebotenen Beweismittel zu berücksichtigen, wenn und soweit eine Tatsachenbehauptung erheblich und beweisbedürftig ist; das gebietet schon das grundrechtsähnliche Recht auf rechtliches Gehör (Art. 103 Abs. 1 GG). Hätten die Gerichte allerdings auch unzulässig erlangte Beweismittel zu beachten, bliebe der (unzulässige) Eingriff in das Persönlichkeitsrecht im Wesentlichen ohne rechtlichen Schutz.[54] Das allgemeine Interesse an einer funktionstüchtigen Zivilrechtspflege kann deshalb für sich allein den Eingriff ebenso wenig rechtfertigen[55] wie das Bedürfnis, sich ein Beweismittel für zivilrechtliche Ansprüche zu sichern.[56] Vielmehr müssen weitere Umstände hinzutreten, bei deren Vorliegen das Interesse an der Beweiserhebung schwerer als die Persönlichkeitsbeeinträchtigung wiegt.[57] Das hat die Rechtsprechung ausnahmsweise angenommen, wenn eine an sich verbotene Maßnahme das einzig mögliche Mittel ist, den Täter zu überführen,[58] oder wenn die Beweisnot der beweisbelasteten Partei ausgenutzt wird,[59] etwa bei einer offenbaren Verletzung der Wahrheits- (§ 138 ZPO) oder der Vorlagepflicht (§§ 422, 423 ZPO). Unter diesen Umständen wird man allerdings schon die Beweiserhebung für zulässig halten müssen. Umgekehrt gilt: War der mit der privaten Beweiserhebung verbundene Eingriff in das Persönlichkeitsrecht gerechtfertigt, spricht nichts dagegen, das so gewonnene Beweismittel auch im Prozess zu verwerten.[60] Die materiellen Rechtfertigungsgründe, die dem Arbeitgeber bei der Beweisgewinnung zur Seite standen, wirken in einem späteren Prozess fort.[61]

d) Strafrechtliche Folgen

17 Bestimmte Persönlichkeitsrechte hat der Gesetzgeber für so wichtig erachtet, dass er sie strafrechtlich bewehrt hat. Das gilt für die Vertraulichkeit des gesprochenen Worts (§ 201 StGB) sowie für den Schutz des Brief- (§ 203 StGB) und des Post- und Fernmeldegeheimnisses (§ 206 StGB). Maßnahmen zur Korruptionsbekämpfung, die in strafrechtlich geschützte Persönlichkeitsrechte eingreifen, sind nur dann straflos, wenn sich der Arbeitgeber auf einen Rechtfertigungsgrund berufen kann. In Betracht kommen Notwehr (§ 32 StGB) und – bei Vertretern des Arbeitgebers – Nothilfe. Beide setzen einen nicht anders abwehrbaren Angriff auf ein geschütztes Rechtsgut voraus. Geschützte Rechtsgüter können außer dem Eigentum und Vermögen auch Betriebs- und Geschäftsgeheimnisse des Arbeitgebers sein. In jedem Fall ist der konkrete Verdacht einer entsprechenden Straftat erforderlich.

---

[54] BGH, NJW 1982, 277 (278); BAG, Urt. v. 2.6.1982, AP Nr. 3 zu § 284 ZPO; Urt. v. 29.10.1997, AP Nr. 27 zu § 611 BGB Persönlichkeitsrecht.
[55] Zu Vorstehendem BAG, Urt. v. 27.3.2003, AP Nr. 36 zu § 87 BetrVG 1972 Überwachung.
[56] BAG, Urt. v. 29.10.1997, AP Nr. 27 zu § 611 BGB Persönlichkeitsrecht; Urt. v. 27.3.2003, AP Nr. 36 zu § 87 BetrVG 1972 Überwachung m. insoweit zust. Anm. *Otto*.
[57] BAG, Urt. v. 27.3.2003, AP Nr. 36 zu § 87 BetrVG 1972 Überwachung.
[58] BGH, NJW 1982, 277.
[59] BVerfG, Beschl. v. 19.12.1991, 9.10.2002, AP Nr. 24, 34 zu § 611 BGB Persönlichkeitsrecht; BAG, Urt. v. 27.3.2003, AP Nr. 36 zu § 87 BetrVG 1972 Überwachung.
[60] *Beulke* (Fn. 49), Rn. 480; LR/*Harnack*, § 136a StPO Rn. 10; *Otto*, FS Kleinknecht, 1985, S. 319, 332.
[61] OLG Hamm, Beschl. v. 8.5.1987, 5 Ss 481/87 n.v.; LAG Berlin, DB 1988, 1024; *Frank*, die Verwertbarkeit rechtswidriger Tonbandaufnahmen Privater, 1996, S. 94 f.; *Liermann*, Die Tonbandaufnahme als Beweismittel im Strafprozess, 1963, S. 96 f.; Schönke/Schröder/*Lenckner*, StGB, 26. Aufl. 2001, § 201 Rn. 29.

5. Mitbestimmung des Betriebsrats

a) Einschlägige Mitbestimmungstatbestände

Maßnahmen zur Korruptionsbekämpfung können mitbestimmungspflichtig sein. Beteiligungsrechte des Betriebsrats ergeben sich vor allem aus § 87 Abs. 1 Nr. 1 und 6, § 94 und § 99 BetrVG. Im folgenden Abschnitt werden die allgemeinen Grundsätze dargestellt, die Besonderheiten werden bei den Einzelmaßnahmen erläutert. 18

aa) § 87 Abs. 1 Nr. 1 BetrVG. Nach dieser Vorschrift hat der Betriebsrat mitzubestimmen bei Fragen der Ordnung des Betriebes und des Verhaltens der Arbeitnehmer im Betrieb. Gegenstand des Mitbestimmungsrechts ist das betriebliche Zusammenwirken und Zusammenleben, an dessen Gestaltung die Mitarbeiter über den Betriebsrat gleichberechtigt teilhaben sollen.[62] Mitbestimmungspflichtig sind verbindliche Verhaltensregeln mit Normwirkung und sonstige Maßnahmen, die das betriebliche Verhalten der Arbeitnehmer berühren, wenn sie darauf gerichtet sind, die vorgegebene **Ordnung des Betriebes** zu gewährleisten und aufrechtzuerhalten.[63] Mitbestimmungsfrei sind hingegen Anordnungen, die ein Verhalten des Arbeitnehmers betreffen, das keinen Bezug zur betrieblichen Ordnung hat, sei es, dass sich eine Weisung nur auf die Arbeitsleistung des Arbeitnehmers bezieht, sei es, dass eine Maßnahme in sonstiger Weise lediglich das Verhältnis des einzelnen Arbeitnehmers zum Arbeitgeber berührt.[64] Dementsprechend wird das Mitbestimmungsrecht vorrangig bei generellen Maßnahmen mit kollektivem Bezug ausgelöst, wogegen Anordnungen und Vereinbarungen, die durch die besonderen, individuellen Umstände des einzelnen Arbeitsverhältnisses bedingt sind, mitbestimmungsfrei bleiben.[65] 19

Für das Mitbestimmungsrecht macht es keinen Unterschied, ob der Arbeitgeber Maßnahmen zur Korruptionsbekämpfung einseitig anordnet oder mit dem Mitarbeiter vereinbart, da sie regelmäßig nicht den individuellen Bedürfnissen der Arbeitnehmer, sondern dem Koordinationsinteresse des Arbeitgebers Rechnung tragen. Überdies hat der einzelne Arbeitnehmer, wenn überhaupt, nur geringe Möglichkeiten, durch den Einsatz persönlicher Verhandlungsstärke eine in seinem Interesse liegende Vertragsgestaltung zu erreichen. Schon von daher ist das Mitbestimmungsrecht als kollektives Schutzinstrument notwendig.[66] Das Mitbestimmungsrecht besteht auch dann, wenn die Kontrolle nicht vom Arbeitgeber selbst, sondern von einem Dritten (Detektive, Sicherheitsunternehmen usw.) durchgeführt wird.[67] Der Arbeitgeber kann sich der Mitbestimmung nicht dadurch entziehen, dass er Aufgaben auf andere Personen überträgt. Das Mitbestimmungsrecht besteht auch für Anweisungen, die der Arbeitgeber seinen Außendienstmitarbeitern für das Verhalten in Kundenbetrieben gibt.[68] Dabei macht es keinen Unterschied, ob der Arbeitgeber die Weisungen selbst erteilt oder anordnet, die Regeln des Kundenbetriebs zu beachten.[69] Dass ihm Verhaltensregeln oder technische Überwachungseinrichtungen von seinem Vertragspartner vorgegeben sind, kann der Arbeitgeber nicht gegen das Mitbestimmungsrecht anführen. Vielmehr muss er durch entsprechende Vertragsgestaltung sicherstellen, dass die ordnungsgemäße Wahrnehmung der Mitbe- 20

---

[62] BAG, Beschl. v. 23.7.1996, AP Nr. 26 zu § 87 BetrVG 1972 Ordnung des Betriebes.
[63] BAG, Beschl. v. 8.8.1989, 8.6.1999. AP Nr. 15, 31 zu § 87 BetrVG 1972 Ordnung des Betriebes; Beschl. v. 18.4.2000, AP Nr. 33 zu § 87 BetrVG 1972 Überwachung.
[64] BAG, Beschl. v. 26.3.1991, AP Nr. 10 zu § 87 BetrVG 1972 Ordnung des Betriebes; Urt. v. 12.8.1999, AP Nr. 28 zu § 626 BGB Verdacht strafbarer Handlung.
[65] BAG, Beschl. v. 21.12.1982, 27.11.1990, AP Nr. 9, 41 zu § 87 BetrVG 1972 Arbeitszeit.
[66] BAG, Beschl. v. 28.5.2002, AP BetrVG 1972 § 87 Ordnung des Betriebs Nr. 39.
[67] BAG, Beschl. v. 17.3.1987, AP Nr. 29 zu § 80 BetrVG 1972; Beschl. v. 13.3.2001, 1 ABR 34/00.
[68] BAG, Beschl. v. 28.5.2002, 11.6.2002, AP Nr. 38, 39 zu § 87 BetrVG 1972 Ordnung des Betriebes; Beschl. v. 27.1.2004, AP Nr. 40 zu § 87 BetrVG 1972 Überwachung.
[69] BAG, Beschl. v. 27.1.2004, AP Nr. 40 zu § 87 BetrVG 1972 Überwachung m. Anm. *Wiese*.

stimmungsrechte des Betriebsrats gewährleistet ist.[70] Der Grundsatz der vertrauensvollen Zusammenarbeit verpflichtet den Betriebsrat aber, bei der Ausübung seines Mitbestimmungsrechts die mögliche Beeinträchtigung betrieblicher Belange zu bedenken. Diese kann auch in der Gefährdung von Kundenbeziehungen liegen.[71]

21 bb) § 87 Abs. 1 Nr. 6 BetrVG. Mitbestimmungspflichtig sind ferner die Einführung und Anwendung von **technischen Einrichtungen**, die dazu bestimmt sind, das Verhalten oder die Leistung der Arbeitnehmer zu überwachen. Das Mitbestimmungsrecht dient in besonderer Weise dem Persönlichkeitsschutz.[72] Die Mitarbeiter sollen vor den Gefahren anonymer Kontrolleinrichtungen bewahrt werden, die ihre Abwehrreaktionen und -mechanismen zu unterlaufen drohen.[73] Technische Einrichtungen in diesem Sinne sind insbesondere Film- und Videokameras,[74] aber auch Anlagen zur Telefondatenerfassung[75] sowie Telefonabhöranlagen[76] und biometrische Zugangskontrolleinrichtungen (Fingerabdruckerfassung usw.).[77] Der Betriebsrat hat mitzubestimmen bei der Einführung von Kontrolleinrichtungen und bei der Anwendung, d.h. beim „Ob" und beim „Wie".[78] Bei seinen Überlegungen hat er die berechtigten Belange des Arbeitgebers, zu denen auch die Abwehr von Gefahren und die Sicherung des Eigentums rechnen, gegen das Persönlichkeitsrecht des Mitarbeiters abzuwägen.[79]

b) Sanktionen bei Nichtbeteiligung

22 aa) **Unterlassungsanspruch.** Wurde der Betriebsrat bei einer Maßnahme zur Korruptionsbekämpfung nicht ordnungsgemäß beteiligt, kann er vom Arbeitgeber Unterlassung verlangen, sei es nach § 23 Abs. 3 BetrVG, sei es direkt aus § 87 Abs. 1 BetrVG wegen Verletzung des Betriebsverhältnisses.[80] Individualrechtlich hat eine Verletzung der Mitbestimmungsrechte aus § 87 BetrVG die Unwirksamkeit der Maßnahme zur Folge.[81] Der davon betroffene Arbeitnehmer kann ebenfalls Unterlassung verlangen.[82] Stets ist zu beachten, dass die gehörige Beteiligung des Betriebsrats nur eine zusätzliche Voraussetzung für die Wirksamkeit der vom Arbeitgeber ergriffenen Maßnahmen ist. Verletzt die Korruptionsbekämpfung das allgemeine Persönlichkeitsrecht des Mitarbeiters, vermag auch die Zustimmung des Betriebsrats daran nichts zu ändern.[83]

23 bb) **Beweisverwertungsverbot.** Ob Beweismittel, die unter Verletzung von Mitbestimmungsrechten gewonnen wurden, gerichtlich verwertbar sind, ist streitig.[84] In der Li-

---

[70] BAG, Beschl. v. 16.6.1998, AP Nr. 92 zu § 87 BetrVG 1972 Lohngestaltung; Beschl. v. 18.4.2000, 27.1.2004, AP Nr. 33, 40 zu § 87 BetrVG 1972 Überwachung.
[71] BAG, Beschl. v. 27.1.2004, AP Nr. 40 zu § 87 BetrVG 1972 Überwachung.
[72] BAG, Beschl. v. 8.11.1994, 27.1.2004, AP Nr. 27, 40 zu § 87 BetrVG 1972 Überwachung.
[73] *Hromadka/Maschmann*, Arbeitsrecht 2, 3. Aufl. 2004, § 16 Rn. 455.
[74] BAG, Beschl. v. 27.3.2003, 29.6.2004, AP Nr. 36, 41 zu § 87 BetrVG 1972 Überwachung.
[75] BAG, Beschl. v. 27.5.1985, AP Nr. 15 zu § 87 BetrVG 1972 Überwachung.
[76] BAG, Beschl. v. 30.8.1995, AP Nr. 29 zu § 87 BetrVG 1972 Überwachung.
[77] BAG, Beschl. v. 27.1.2004, AP Nr. 40 zu § 87 BetrVG 1972 Überwachung.
[78] BAG, Beschl. v. 27.1.2004, AP Nr. 40 zu § 87 BetrVG 1972 Überwachung.
[79] BAG, Beschl. v. 11.3.1986, 27.5.1986, AP Nr. 14, 15 zu § 87 BetrVG 1972 Überwachung.
[80] BAG, Beschl. v. 3.5.1994, 19.7.1995, AP Nr. 23, 25 zu § 23 BetrVG 1972; Beschl. v. 23.7.1996, 11.12.2001, AP Nr. 68, 93 zu § 87 BetrVG 1972 Arbeitszeit; Beschl. v. 27.1.2004, AP Nr. 40 zu § 87 BetrVG 1972 Überwachung; dazu *Lobinger*, ZfA 2004, 101 ff.
[81] Allgemein zu den individualarbeitsrechtlichen Folgen unterlassener Mitbestimmung *Hromadka/Maschmann*, (Fn. 73), § 16 Rn. 436 ff.
[82] *Fitting* (Fn. 17), § 87 Rn. 256.
[83] BAG, Beschl. v. 26.3.1991, AP Nr. 21 zu § 87 BetrVG 1972 Überwachung.
[84] Vgl. dazu BAG, Urt. v. 27.3.2003, AP Nr. 36 zu § 87 BetrVG 1972 Überwachung; LAG Baden-Württemberg, Urt. v. 6.9.1999, BB 1999, 1439; *Fischer*, BB 1999, 154 ff.; *Fitting* (Fn. 17), § 87 Rn. 256; *Grosjean*, DB 2003, 2650; *Kopke*, NZA 1999, 917; *Maschmann*, NZA 2002, 13, 21; *Otto*, Anm. zu BAG, AP

teratur wird teilweise die Ansicht vertreten, für mitbestimmungswidrig erlangte Beweismittel bestehe ein generelles Beweisverwertungsverbot.[85] Dafür könnte die vom BAG in ständiger Rechtsprechung[86] vertretene „Theorie der Wirksamkeitsvoraussetzung" sprechen. Wenn eine unter Verletzung des Mitbestimmungsrechts in sozialen Angelegenheiten einseitig getroffene Maßnahme des Arbeitgebers nicht nur rechtswidrig, sondern unwirksam ist, wäre es nur konsequent, dem Arbeitgeber die Verwertung eines mitbestimmungswidrig erlangten Beweismittels zu versagen.[87] Andere wollen danach unterscheiden, ob das jeweils verletzte Mitbestimmungsrecht allein die Ordnung des Betriebes sichern will oder auch dem individuellen Schutz einzelner Arbeitnehmer dient.[88] Nur im letzteren Fall könne die unterlassene Mitbestimmung zu einem Beweisverwertungsverbot führen. Nach einer dritten Ansicht soll die Mitbestimmungswidrigkeit für sich allein kein Beweisverwertungsverbot begründen, weil es sich um einen rein formalen Verstoß handele; die über das Mitbestimmungsrecht vermittelte Schutzwirkung bleibe hinter dem allgemeinen Persönlichkeitsrecht zurück.[89]

Nach der Rechtsprechung[90] erfordert der Schutzzweck des § 87 Abs. 1 Nr. 6 BetrVG jedenfalls dann kein Verwertungsverbot, wenn die Verwertung des Beweismittels nach allgemeinen Grundsätzen zulässig ist und der Betriebsrat der Kündigung in Kenntnis einer Persönlichkeitsrechtsverletzung zustimmt. Die unterbliebene Mitbestimmung gibt, was den Schutz des Persönlichkeitsrechts des Arbeitnehmers betrifft, der Beweisverwertung durch die staatlichen Gerichte keinen eigenen Unrechtsgehalt. Deshalb kann sie für sich allein nicht zu einem Beweisverwertungsverbot führen. Ist die Beweisverwertung nach den allgemeinen Grundsätzen zulässig, führt die Missachtung von Mitbestimmungsrechten nur dann zu einem Beweisverwertungsverbot, wenn die damit verbundene kollektivrechtliche Kompetenzüberschreitung eine solche Sanktion fordert. Daran fehlt es, wenn der Betriebsrat den Verstoß gegen ein Mitbestimmungsrecht nach § 87 Abs. 1 BetrVG kennt und der Verwertung der so gewonnenen Beweismittel sowie der darauf gestützten Kündigung zustimmt. Er gibt damit zu erkennen, dass er seine Rechte nicht für berührt hält und trotz der Kompetenzüberschreitung jedenfalls für den konkreten Fall die Beweisverwertung billigt.[91] 24

II. Korruptionsbekämpfung bei der Einstellung

1. Überblick

a) Notwendigkeit und in Betracht kommende Maßnahmen

Die Korruptionsbekämpfung beginnt bereits bei der Einstellung eines Mitarbeiters. Freilich werden sich korrupte Praktiken meist erst im Laufe der Zeit zeigen, da sie eine 25

Nr. 36 zu § 87 BetrVG 1972 Überwachung; *ders.*, Anm. zu BAG, AP Nr. 27 zu § 611 BGB Persönlichkeitsrecht; *Röckl/Fahl*, NZA 1998, 1035, 1038 ff.; *Schlewing*, NZA 2004, 1071, 1077; *Wiese*, FS Lorenz, 2004, S. 938 ff.

[85] LAG Baden-Württemberg, Urt. v. 6.5.1999, BB 1999, 1439; *Fischer*, BB 1999, 154; *Röckl/Fahl*, NZA 1998, 1035, 1038.

[86] BAG GS, Beschl. v. 3.12.1991, AP Nr. 51, 52 zu § 87 BetrVG 1972 Lohngestaltung; BAG, Beschl. v. 3.5.1994, 19.7.1995, AP Nr. 23, 25 zu § 23 BetrVG 1972.

[87] *Maschmann*, NZA 2002, 13, 21 m.w.N.

[88] *Rhotert*, BB 1999, 1378.

[89] *Grosjean*, DB 2003, 2653; *Otto*, Anm. zu BAG, AP Nr. 36 zu § 87 BetrVG 1972 Überwachung; *Schlewing*, NZA 2004, 1071, 1077; *Wiese*, FS Lorenz, 2004, S. 938, 940.

[90] BAG, Urt. v. 27.3.2003, AP Nr. 36 zu § 87 BetrVG 1972 Überwachung.

[91] Zu Vorstehendem BAG, Urt. v. 27.3.2003, AP Nr. 36 zu § 87 BetrVG 1972 Überwachung.

gewisse Erfahrung in den betrieblichen Abläufen voraussetzen, ohne die das Eindringen in die netzwerkartigen Beziehungsgeflechte nicht möglich ist. Das schließt es nicht aus, Bewerber, deren korrupte Praktiken bereits bekannt sind, von vornherein nicht zu beschäftigen. Der Arbeitgeber wird bemüht sein, sich ein umfassendes Bild vom Bewerber zu machen, etwa durch eine intensive Befragung in einem Bewerbungsgespräch. Zur weiteren Absicherung wird er versuchen, Informationen bei Dritten über den Bewerber einzuholen, vor allem bei dessen letztem Arbeitgeber. Zu denken ist aber auch an Registerauskünfte sowie – in seltenen Fällen – an die Beauftragung von Auskunfteien und Detekteien.

b) Bewerberauswahl: Befugnis und Grenzen

26 Der Arbeitgeber kann grundsätzlich frei entscheiden, welchen Bewerber er einstellt. Das ergibt sich aus der von Art. 12 Abs. 1 GG geschützten Berufsausübungsfreiheit. Zum Recht auf freie Auswahl gehört es, sich ein Bild von der Person und ihrer Eignung für die zu besetzende Stellung zu machen, um das mit dem Vertragsschluss verbundene Risiko richtig abzuschätzen.[92] Zu diesem Zweck darf der Arbeitgeber Informationen über die für ihn maßgeblichen Umstände auch durch Fragen an den Bewerber einholen.[93] Allerdings hat der Arbeitgeber auf die Rechte, Rechtsgüter und die berechtigten Interessen des Bewerbers Rücksicht zu nehmen (§ 241 Abs. 2 BGB), da mit der Aufnahme von Vertragsverhandlungen und der damit verbundenen Anbahnung des Arbeitsvertrags ein vorvertragliches Schuldverhältnis entsteht (§ 311 Abs. 2 BGB). Zu den vorvertraglichen Pflichten des Arbeitgebers rechnet auch die Wahrung des allgemeinen Persönlichkeitsrechts des Bewerbers.[94] Überdies hat er für ein diskriminierungsfreies Auswahlverfahren zu sorgen, bei dem die Kriterien Rasse, ethnische Herkunft, Geschlecht, Religion, Weltanschauung, Behinderung, Alter und sexuelle Identität grundsätzlich keine Rolle spielen dürfen (§§ 1, 7 AGG) und die einschlägigen Mitbestimmungsrechte zu beachten sind.

2. Datenerhebung beim Bewerber

a) Fragerecht des Arbeitgebers

27 Die h.M. gesteht dem Arbeitgeber ein Fragerecht zu, soweit er im Zusammenhang mit dem zu begründenden Arbeitsverhältnis ein berechtigtes, billigenswertes und **schutzwürdiges Interesse** an der Beantwortung seiner Frage hat. Dazu muss die Frage in einem sachlichen Zusammenhang mit den Pflichten des Arbeitnehmers aus dem Arbeitsverhältnis stehen,[95] wobei das Informationsinteresse des Arbeitgebers objektiv so stark sein muss, dass das Geheimhaltungsinteresse des Arbeitnehmers dahinter zurücktritt.[96] Eine Frage ist um so eher zulässig, je mehr sie die erforderliche fachliche Qualifikation für die in Aussicht genommene Stelle betrifft. Je weniger eine Frage sich auf die unmittelbare fachliche Qualifikation des Bewerbers bezieht, desto größer muss das Risiko sein, das der Arbeitgeber eingeht, wenn die Frage offen bleibt.[97]

---

[92] MünchArbR/*Buchner*, § 41 Rn. 9 f; ErfK/*Preis*, § 611 BGB Rn. 331.
[93] GK-*Kraft*, § 94 BetrVG Rn. 18; ErfK/*Preis*, § 611 BGB Rn. 330 m.w.N.
[94] ErfK/*Preis*, § 611 BGB Rn. 324.
[95] MünchArbR/*Buchner*, § 41 Rn. 33 ff.; *Zöllner*, Daten- und Informationsschutz im Arbeitsverhältnis, 1982, S. 33 ff.
[96] BAG, Urt. v. 7.6.1984, AP Nr. 26 zu § 123 BGB; Urt. v. 7.9.1995, BB 1996, 749; ErfK/*Preis*, § 611 BGB Rn. 330 m.w.N.
[97] ErfK/*Preis*, § 611 BGB Rn. 336.

b) Zulässigkeit einzelner Fragen

aa) Verurteilung wegen Korruptionsstraftaten. Allgemein darf der Arbeitgeber nach Vorstrafen fragen, wenn und soweit die Art des zu besetzenden Arbeitsplatzes dies erfordert.[98] Dabei kommt es nicht auf die subjektive Einschätzung des Arbeitgebers an; entscheidend ist ein objektiver Maßstab.[99] Die Vorstrafe muss insoweit „einschlägig" sein.[100] Da der Arbeitgeber korruptes Verhalten generell nicht zu dulden braucht, kann er jederzeit ohne Ansehen der Person nach entsprechenden Verurteilungen fragen. Eine tätigkeitsspezifische Einschränkung nur für besonders korruptionsanfällige Positionen ist schon aus generalpräventiven Gründen nicht anzuerkennen. Vorstrafen können verschwiegen werden, wenn diese nicht mehr in ein polizeiliches Führungszeugnis aufzunehmen sind, da sich der Betreffende dann als nicht vorbestraft bezeichnen darf (§ 53 BZRG).[101] Das ist der Fall, wenn die Löschungsfrist nach § 46 BZRG[102] verstrichen ist. 28

bb) Nach einem laufenden Ermittlungsverfahren wegen einer Korruptionsstraftat. Nach einem laufenden Ermittlungsverfahren wegen einer Korruptionsstraftat darf gefragt werden, weil auch dieses Zweifel an der persönlichen Eignung des Arbeitnehmers begründen kann.[103] Ist das Delikt einschlägig, hat der Bewerber kein schützenswertes Interesse daran, seine Einstellung dadurch zu erreichen, dass er wahrheitswidrig bei der Bewerbung angibt, es laufe gegen ihn kein Ermittlungsverfahren.[104] Dem steht auch nicht die in Art. 6 Abs. 2 EMRK verankerte Unschuldsvermutung entgegen. Die Unschuldsvermutung bedeutet nicht, dass dem Betroffenen überhaupt keine Nachteile wegen des Ermittlungsverfahrens entstehen dürfen.[105] 29

cc) Vermögensverhältnisse. Die Vermögensverhältnisse des Bewerbers gehen den Arbeitgeber an sich nichts an; sie sind Teil seiner Privatsphäre. Anderes gilt, wenn der Arbeitgeber ein berechtigtes Interesse an geordneten Vermögensverhältnissen des Bewerbers hat.[106] Das kann der Fall sein, wenn der Bewerber eine besondere Vertrauensstellung bekleiden soll, bei der er entweder mit Geld umgehen muss oder die Gefahr der Bestechung oder des Geheimnisverrats besteht.[107] Überschuldung und hohe Unterhaltsverpflichtungen sind dann anzugeben, wenn der in Aussicht genommene Arbeitsplatz erhebliche finanzielle Spielräume eröffnet.[108] 30

---

[98] BAG, Urt. v. 5.12.1957, AP Nr. 2 zu § 123 BGB; *Linnenkohl*, AuR 1983, 129; *Maurer*, AuR 1972, 9; *Schaub* (Fn. 27), § 26 Rn. 29.
[99] BAG, Urt. v. 5.12.1957, AP Nr. 2 zu § 123 BGB; Urt. v. 15.1.1970, AP Nr. 7 zu § 1 KSchG1969 Verhaltensbedingte Kündigung; Urt. v. 20.5.1999, AP Nr. 50 zu § 123 BGB.
[100] BAG, Urt. v. 20.5.1999, AP Nr. 50 zu § 123 BGB; MünchArbR/*Buchner*, § 41 Rn. 147 ff.; *Fitting* (Fn. 17), § 94 Rn. 19; *Raab*, RdA 1995, 36; *Richardi/Thüsing*, BetrVG, 9. Aufl. 2004, § 94 Rn. 18.
[101] LAG Berlin, DB 1997, 101; Hess. LAG, NZA 1987, 352; *Fitting* (Fn. 17), § 94 Rn. 19; GK-*Kraft*, § 94 BetrVG Rn. 23; *Linnenkohl*, AuR 1983, 129; ErfK/*Preis*, § 611 BGB Rn. 341; *Schaub* (Fn. 27), § 26 Rn. 29.
[102] Gesetz über das Zentralregister und das Erziehungsregister v. 21.9.1984, BGBl. I S. 1229, i.d.F. v. 22.12.2003, BGBl. I S. 2834.
[103] Str., wie hier Richardi/*Thüsing* (Fn. 100), § 94 Rn. 18; a.A. *Moritz*, NZA 1987, 329, 334; vgl. auch MünchArbR/*Buchner*, § 41 Rn. 152; ErfK/*Preis*, § 611 BGB Rn. 370.
[104] BAG, Urt. v. 20.5.1999, AP Nr. 50 zu § 123 BGB; *Schaub* (Fn. 27), § 26 Rn. 29; a.A. ArbG Münster, NZA 1993, 461.
[105] BAG, Urt. v. 14.9.1994, AP Nr. 24 zu § 626 BGB Verdacht strafbarer Handlung; Urt. v. 20.5.1999, AP Nr. 50 zu § 123 BGB.
[106] *Brill*, AuR 1968, 143; *Fitting* (Fn. 17), § 94 Rn. 17; GK-*Kraft*, § 94 BetrVG Rn. 8.
[107] *Fitting* (Fn. 17), § 94 Rn. 21; Richardi/*Thüsing* (Fn. 100), § 94 Rn. 22.
[108] *Däubler*, Gläserne Belegschaften, 4. Aufl. 2003, Rn. 211.

c) Mitbestimmung

31 Erfolgt die Bewerberauswahl mittels **Personalfragebogen**, wird das Mitbestimmungsrecht nach § 94 BetrVG ausgelöst.[109] Unter einem Personalfragebogen ist die formularmäßige Zusammenfassung von Fragen über die persönlichen Verhältnisse einer Person, insbesondere ihre Eignung, Kenntnisse und Fähigkeiten zu verstehen.[110] Allgemein soll das Beteiligungsrecht sicherstellen, dass Fragen auf die Gegenstände beschränkt bleiben, für die ein berechtigtes Auskunftsbedürfnis besteht.[111] Keine Rolle spielt, ob die befragte Person den Bogen selbst ausfüllt und unterschreibt oder ob ein Interviewer die Fragen anhand eines standardisierten Fragenkatalogs – einer „Checkliste" – mündlich stellt und die Antworten schriftlich festhält.[112] Stets geht es darum, dem Betriebsrat durch das Beteiligungsrecht die Möglichkeit zu geben, Fragen auszuschließen, die für das Arbeitsverhältnis keine Bedeutung haben oder die zu sehr in die Privatsphäre eingreifen.[113] Grenzen des Fragerechts können sich deshalb auch aus einer – allerdings nicht erzwingbaren[114] – Betriebsvereinbarung ergeben.[115]

32 Dem Mitbestimmungsrecht unterliegt die Einführung und jede Änderung eines Personalfragebogens sowie die Festlegung seines Verwendungszwecks.[116] Werden die ermittelten Daten **elektronisch weiterverarbeitet**, wird zusätzlich das Mitbestimmungsrecht nach § 87 Abs. 1 Nr. 6 BetrVG ausgelöst.[117] Fehlt die Zustimmung des Betriebsrats zu einem Fragebogen, darf der Bewerber eine nach Individualarbeitsrecht zulässige Frage nicht wahrheitswidrig beantworten.[118] Ist eine Frage bereits individualrechtlich unzulässig, wird sie auch nicht durch die Zustimmung des Betriebsrats zulässig. Nicht von § 94 BetrVG erfasst ist die Einholung von Auskünften bei Dritten,[119] etwa beim früheren Arbeitgeber.

d) Sanktionen des Arbeitgebers

33 **aa) Anfechtung.** Beantwortet ein Bewerber eine zulässig gestellte Frage wissentlich falsch, kommt eine Anfechtung des Arbeitsvertrags nach § 123 BGB wegen arglistiger Täuschung in Betracht. Es genügt, dass die Falschbeantwortung mitursächlich für den Abschluss des Arbeitsvertrags war.[120] Der getäuschte Arbeitgeber muss Umstände dartun, die für seinen Entschluss von Bedeutung sein können; entscheidend ist dann, ob die Täuschung nach der Lebenserfahrung Einfluss auf die Entscheidung haben konnte.[121] Der Bewerber handelt arglistig, wenn er die Unrichtigkeit seiner Angaben kennt und zumindest billigend in Kauf nimmt, dass der Erklärungsempfänger durch die Täuschung beeinflusst werden könnte.[122] Arglistig handelt nicht, wer auf eine unzulässige Frage die Unwahrheit

---

[109] Offengelassen von BAG, Beschl. v. 28.5.2002, AP BetrVG 1972 § 87 Ordnung des Betriebs Nr. 39.
[110] BAG, Beschl. v. 21.9.1993, AP Nr. 4 zu § 94 BetrVG; *Fitting* (Fn. 17), § 94 Rn. 6; GK-*Kraft*, § 94 BetrVG Rn. 8; Richardi/*Thüsing* (Fn. 100), § 94 Rn. 5.
[111] Begr. RegE, BT-Drucks. VI/1786, S. 50.
[112] BAG, Beschl. v. 21.9.1993, AP Nr. 4 zu § 94 BetrVG 1972; *Fitting* (Fn. 17), § 94 Rn. 12; GK-*Kraft*, § 94 BetrVG Rn. 8; Richardi/*Thüsing* (Fn. 100), § 94 Rn. 5.
[113] BAG, Beschl. v. 21.9.1993, AP Nr. 4 zu § 94 BetrVG 1972.
[114] GK-*Kraft*, § 94 BetrVG Rn. 16.
[115] *Fitting* (Fn. 17), § 94 Rn. 4.
[116] *Fitting* (Fn. 17), § 94 Rn. 6 f.; *Simitis*, RDV 1989, 49, 57.
[117] GK-*Kraft*, § 94 BetrVG Rn. 15.
[118] So ausdrücklich für die fehlende Zustimmung eines Personalrats BAG, Urt. v. 2.12.1999, AP Nr. 16 zu § 79 BPersVG.
[119] Streitig, wie hier GK-*Kraft*, § 94 BetrVG Rn. 17; ErfK/*Hanau/Kania*, § 94 BetrVG Rn. 3; a.A. Däubler/Kittner/*Klebe*, BetrVG, 9. Aufl. 2004, § 94 Rn. 5.
[120] BAG, Urt. v. 28.3.1998, 2 AZR 549/97; Urt. v. 20.5.1999, AP Nr. 50 zu § 123 BGB.
[121] BAG, Urt. v. 20.5.1999, AP Nr. 50 zu § 123 BGB.
[122] BAG, Urt. v. 20.5.1999, AP Nr. 50 zu § 123 BGB; Urt. v. 6.7.2000, 2 AZR 543/99.

sagt.[123] Die Jahresfrist des § 124 BGB gilt auch für die Anfechtung des Arbeitsvertrags.[124] Allerdings darf die Anfechtung nicht gegen Treu und Glauben verstoßen. Die Anfechtung ist ausgeschlossen, wenn die Rechtslage des Getäuschten im Zeitpunkt der Anfechtung nicht mehr beeinträchtigt ist.[125] Die arglistige Täuschung kann nämlich im Laufe der Zeit soviel an Bedeutung verloren haben, dass sie eine Auflösung des Arbeitsverhältnisses nicht mehr zu rechtfertigen vermag.[126] Ob das zu bejahen ist, richtet sich nach der vertraglich geschuldeten Tätigkeit des Arbeitnehmers und dem mit der Fragestellung verfolgten Zweck.[127] Bei Korruption wird das Anfechtungsrecht kaum jemals verwirken.

bb) Außerordentliche Kündigung. Bei einer Falschbeantwortung kommt auch 34 eine außerordentliche Kündigung in Betracht. Der Kündigungsgrund liegt in dem durch die Lüge verursachten Vertrauensverlust in die Redlichkeit des Mitarbeiters. Regelmäßig führt nur eine schuldhafte Falschbeantwortung zu einem derart gravierenden Vertrauensverlust.[128] Bei der für die Kündigung erforderlichen negativen Zukunftsprognose ist zu berücksichtigen, ob das Arbeitsverhältnis beanstandungsfrei über lange Jahre fortgesetzt worden ist, ehe der Arbeitgeber von der Falschbeantwortung erfahren hat.[129]

e) Offenbarungspflichten

Wer einen Vertrag schließt, muss sich selbst ein Bild über die damit verbundenen 35 Chancen und Risiken verschaffen.[130] Was für ihn wichtig ist, kann und wird er bei seinem Verhandlungspartner erfragen. Der Verhandlungspartner darf davon ausgehen, dass er nach bedeutsamen Umständen ausdrücklich gefragt wird. Ungefragt braucht er deshalb grundsätzlich nichts, vor allem nichts Negatives über seine Person zu offenbaren. **Umstände, die geeignet sind, den Vertragszweck zu vereiteln,** müssen jedoch auch ungefragt dargelegt werden.[131] Jedermann geht davon aus, dass sein Verhandlungspartner zumindest die elementarsten Grundanforderungen des Vertrages erfüllen wird. Wer dazu objektiv nicht in der Lage ist und trotzdem auf das Vertragsangebot eingeht, verhält sich treuwidrig. Welche (negativen) Eigenschaften und Verhältnisse die Erreichung des Vertragszwecks vereiteln können, bestimmt sich nach den Umständen des Einzelfalles. Ist bereits eine ausdrückliche Frage des Arbeitgebers unzulässig, scheidet erst recht eine Offenbarungspflicht aus.[132] Offenbarungspflichten im Hinblick auf Vorstrafen können bei besonderen Vertrauenspositionen bestehen, in denen es erkennbar auf die Integrität des Stelleninhabers ankommt.[133] Insoweit müssen auch Korruptionsstraftaten benannt werden. Die Nichterfüllung einer Offenbarungspflicht steht in ihren Rechtsfolgen einer arglistigen Täuschung durch Tun gleich.

---

[123] MünchArbR/*Buchner*, § 38 Rn. 184; *Moritz*, NZA 1987, 329, 336; ErfK/*Preis*, § 611 BGB Rn. 334.
[124] BAG, Urt. v. 19.5.1983, AP Nr. 25 zu § 123 BGB.
[125] BAG, Urt. v. 11.11.1993, BAGE 75, 77, 86; BAG, Urt. v. 28.5.1998, AP BGB § 123 Nr. 46.
[126] BAG, Urt. v. 18.9.1987, AP Nr. 32 zu § 123 BGB.
[127] BAG, Urt. v. 28.5.1998, AP Nr. 46 zu § 123 BGB; Urt. v. 6.7.2000, 2 AZR 543/99.
[128] BAG, Urt. v. 16.9.1999 – 2 AZR 902/98 – n.v.; Urt. v. 21.6.2001, 2 AZR 291/00.
[129] BAG, Urt. v.21.6.2001, 2 AZR 291/00.
[130] BGH, Urt. v. 13.7.1988, NJW 1989, 764.
[131] BGH, Urt. v. 13.7.1989, NJW 1989, 764; BAG, Urt. v. 21.2.1991, AP Nr. 35 zu § 123 BGB; MünchArbR/*Buchner*, § 41 Rn. 165; *Hofmann*, ZfA 1975, 47 ff.; *Moritz*, NZA 1987, 329, 331; Staudinger/*Richardi*, § 611 BGB Rn. 109.
[132] ErfK/*Preis*, § 611 BGB Rn. 353.
[133] ErfK/*Preis*, § 611 BGB Rn. 355.

3. Datenerhebung bei Dritten

a) Bedeutung

36 Zuweilen wird der Arbeitgeber versuchen, bei Dritten weitere Informationen über den Bewerber einzuholen: Er kann Kontakt mit dem früheren Arbeitgeber aufnehmen, sich mit einer Auskunftei in Verbindung setzen oder das Angebot eines Branchenauskunftsdienstes in Anspruch nehmen.[134] Da sich diese eher informellen, gleichwohl höchst effizienten Auskunftsmöglichkeiten nur schwer kontrollieren lassen – vor allem bei einmaligen Telefonaten –, sind die Persönlichkeitsrechte des Bewerbers besonders bedroht. Der Bewerber kann mangels Kenntnis häufig nichts dagegen unternehmen. Freilich kann er sich mit einer Datenerhebung bei einem Dritten ausdrücklich oder konkludent einverstanden erklären. Dann ist fraglich, wie weit dieses Einverständnis reicht und ob es freiwillig erklärt wurde.[135] Wird ein Dritter um Informationen gebeten, hat dieser sorgfältig zu prüfen, ob und wie weit er zur Auskunftserteilung berechtigt ist; anderenfalls sieht er sich Schadensersatz- und Schmerzensgeldansprüchen des Bewerbers aus § 280 Abs. 1 (bei Verletzung einer nachvertraglichen Nebenpflicht) oder aus § 823 Abs. 1, 2 BGB[136] (bei Verletzung des Persönlichkeitsrechts) ausgesetzt.

b) Grundsätze

37 Der Persönlichkeitsschutz des Bewerbers darf nicht durch eine Datenerhebung bei Dritten unterlaufen werden. Daher findet das Auskunftserteilungsrecht seine Grenze im **Fragerecht des Arbeitgebers**.[137] Der Dritte darf nur über solche Umstände Auskunft erteilen, an deren Kenntnis der Arbeitgeber ein berechtigtes, billigenswertes und schutzwürdiges Interesse hat.[138] In dieselbe Richtung zielt § 4 Abs. 2 Satz 1 BDSG, der den allgemeinen Rechtsgedanken enthält, dass personenbezogene Daten grundsätzlich beim Betroffenen zu erheben sind. Ohne Mitwirkung des Betroffenen dürfen von ihm Daten insbesondere dann erhoben werden, wenn die **Erhebung bei ihm selbst einen unverhältnismäßigen Aufwand** erfordern würde und keine Anhaltspunkte dafür bestehen, dass überwiegende schutzwürdige Interessen des Betroffenen beeinträchtigt werden (§ 4 Abs. 2 Satz 2 Nr. 2 BDSG).[139] Dass eine direkte Befragung eines Bewerbers unverhältnismäßigen Aufwand bereitet, wird selten vorkommen. Gleichzustellen ist aber der Fall, dass die Informationsgewinnung direkt beim Bewerber **ersichtlich fruchtlos** ist.[140] Das ist anzunehmen, wenn deutliche Anhaltspunkte für unrichtige Angaben bestehen oder wenn die Auskünfte des Bewerbers so unspezifisch sind, dass sich der Arbeitgeber kein sicheres Bild machen kann. In diesen Fällen hat der Bewerber kein überwiegendes schutzwürdiges Interesse an der Geheimhaltung bestimmter Umstände.

---

[134] *Däubler* (Fn. 108), Rn. 235; ErfK/*Preis*, § 611 BGB Rn. 360.
[135] Dazu *Däubler* (Fn. 108), Rn. 150 ff.
[136] LAG Berlin, 8.5.1989, NZA 1989, 965.
[137] ErfK/*Preis*, § 611 BGB Rn. 361; *Schulz*, NZA 1990, 717, 719.
[138] MünchArbR/*Blomeyer*, § 99 Rn. 19; *Däubler* (Fn. 108), Rn. 235; *Gola*, DuD 1986, 232; *Simitis*, Schutz von Arbeitnehmerdaten, 1980, S. 102; ErfK/*Preis*, § 611 BGB Rn. 360; *Schulz*, NZA 1990, 717 (719); *Wohlgemuth*, DB 1985, Beil. 21, S. 6; weitergehend *Baumann*, DVBl 1984, 615, der eine Informationsgewinnung bei Dritten generell ablehnt.
[139] Ähnlich formuliert dies § 90d Abs. 2 Satz 3 BBG bzw. § 56d Abs. 2 Satz 3 BRRG hinsichtlich der Erteilung von Auskünften über Beamte; auch diese dürfen nur mit Einwilligung des Bediensteten erteilt werden, es sei denn, dass die Abwehr einer erheblichen Beeinträchtigung des Gemeinwohls oder der Schutz berechtigter, höherwertiger Interessen Dritter die Auskunftserteilung zwingend erfordert. Diese Regelungen gelten über tarifvertragliche Bezugnahmeklauseln auch für Arbeitnehmer des öffentlichen Dienstes.
[140] *Däubler* (Fn. 108), Rn. 237.

c) Auskünfte bei früheren Arbeitgebern

aa) Ohne Einverständnis des Bewerbers. Die frühere Rechtsprechung ging davon 38 aus, dass der Arbeitgeber aus Gründen der Sozialpartnerschaft andere Arbeitgeber bei der Wahrung ihrer Belange unterstützen dürfe.[141] Folgerichtig hielt sie den alten Arbeitgeber für berechtigt, auch ohne und sogar gegen den ausdrücklich erklärten Willen des Bewerbers Auskünfte an andere Arbeitgeber zu erteilen.[142] Angesichts der Entwicklung des allgemeinen Persönlichkeitsrechts kann man hieran heute nicht mehr festhalten,[143] zumal schon das frühere Schrifttum in dieser Frage gespalten war[144]. Nach neuerer Rechtsprechung darf eine Personalakte Dritten nicht ohne die Zustimmung des Arbeitnehmers zugänglich gemacht werden.[145] Das gilt erst recht, wenn der Bewerber dem neuen Arbeitgeber untersagt, bei seinem derzeitigen Arbeitgeber Auskünfte einzuholen.[146] Fehlt das Einverständnis des Bewerbers, kommt eine Datenerhebung bei Dritten nur in Betracht, wenn die **Direkterhebung keine Aussicht auf Erfolg** hat. Das setzt den konkreten Verdacht voraus, dass die Angaben des Bewerbers falsch oder unvollständig sind. Insoweit kann das Befragen eines Dritten immer nur ein „Nachfragen" sein.

bb) Mit Einverständnis des Bewerbers. Der Bewerber kann mit der Auskunftserteilung durch einen Dritten ausdrücklich einverstanden sein. Die Einwilligung muss 39 aber auf der freien Entscheidung des Betroffenen beruhen (vgl. § 4a Abs. 1 BDSG).[147] Daran können bei einer vom Arbeitgeber vorformulierten Einverständniserklärung Zweifel bestehen. Eine solche Erklärung ist unwirksam, wenn sie den Bewerber unangemessen benachteiligt (§ 307 Abs. 1 BGB). Das ist der Fall, wenn der Arbeitgeber keinen Grund für weitere Nachforschungen bei Dritten hat oder Fragen stellt, die er dem Bewerber nicht stellen dürfte.[148] Gibt der Dritte die erbetenen Auskünfte, haben diese wahr zu sein.[149] Bei **unrichtigen Angaben** kann sich der Dritte schadensersatzpflichtig machen, wenn er wissentlich unwahre Auskünfte erteilt, sich der Möglichkeit schädlicher Folgen bewusst ist und sie trotzdem billigend in Kauf nimmt.[150] Wegen Mitverschuldens des neuen Arbeitgebers kann die Schadensersatzpflicht allerdings gemindert sein, wenn dieser aus den einschlägigen Zeugnisformulierungen erkennen musste – etwa weil erforderliche Angaben über die Ehrlichkeit des Bewerbers fehlen –, dass dieser im letzten Arbeitsverhältnis Verfehlungen begangen hat. Auf Verlangen ist dem Arbeitnehmer die Auskunft bekannt zu geben, die der alte Arbeitgeber über ihn erteilt hat.[151] Da der alte Arbeitgeber wegen seiner nachwirkenden Fürsorgepflicht (vgl. § 241 Abs. 2 BGB) verpflichtet ist, einem ausgeschiedenen Mitarbeiter in seinem Fortkommen behilflich zu sein, kann dieser verlangen, einem Dritten Auskunft über seine Person zu erteilen. Das gilt jedenfalls dann, wenn der Ausgeschiedene ein berechtigtes Interesse an der Auskunftserteilung hat und die Erteilung dem alten Arbeitgeber keine große Mühe

---

[141] BAG, Urt. v. 25.10.1957, AP Nr. 1 zu § 630 BGB.
[142] BAG, Urt. v. 5.8.1976, AP Nr. 10 zu § 630 BGB; Urt. v. 18.12.1984, AP Nr. 8 zu § 611 BGB Persönlichkeitsrecht.
[143] Wie hier ErfK/*Müller-Glöge*, § 109 GewO Rn. 118 m.w.N.; MünchKomm/*Henssler*, § 630 BGB Rn. 80.
[144] Bejahend ErfK/*Preis*, § 611 BGB Rn. 360; *Schaub* (Fn. 27), § 147 Rn. 3; *Schröder*, DB 1959, 1371 (1372); ablehnend *Dieckhoff*, BB 1961, 573 (574); MünchKomm/*Henssler*, § 630 BGB Rn. 80; zusammenfassend *Schulz*, NZA 1990, 719.
[145] BAG, Urt. v. 18.12.1984, AP Nr. 8 zu § 611 BGB Persönlichkeitsrecht; Urt. v. 14.9.1994, AP Nr. 13 zu § 611 BGB Abmahnung.
[146] *Schaub* (Fn. 27), § 24 Rn. 7.
[147] Dazu *Däubler* (Fn. 108), Rn. 150 ff.
[148] MünchArbR/*Blomeyer*, § 99 Rn. 25; *Däubler* (Fn. 108), Rn. 167.
[149] BAG, Urt. v. 5.8.1976, AP Nr. 10 zu § 630 BGB; LAG Hamburg, 16.8.1984, DB 1985, 284, 285.
[150] BAG, AP Nr. 10, 16 zu § 826 BGB; BGH, NJW 1979, 1882.
[151] BGH, Urt. v. 10.7.1959, AP Nr. 2 zu § 630 BGB; *Däubler* (Fn. 108), Rn. 238.

macht.¹⁵² Der alte Arbeitgeber braucht aber nicht noch einmal ein allgemeines Zeugnis abzugeben, sondern kann sich auf die Beantwortung von Fragen beschränken, die im Zeugnis nicht besonders behandelt wurden.¹⁵³ Da aus nicht erteilten Auskünften leicht negative Schlüsse gezogen werden, hat der alte Arbeitgeber zu begründen, warum er eine erbetene Auskunft verweigert (fehlendes Erinnerungsvermögen, grundsätzlich keine Auskünfte ohne Einverständnis des Arbeitnehmers usw.).¹⁵⁴ Der ausscheidende Arbeitnehmer und sein alter Arbeitgeber können auch Abreden treffen, ob und inwieweit Auskünfte erteilt werden dürfen.¹⁵⁵

d) Registerauskünfte

40   aa) **Mit Einverständnis des Bewerbers.** Zur Abrundung eines Persönlichkeitsbildes kann der Arbeitgeber Interesse an Registerauskünften über die Person des Bewerbers haben. Als „nicht öffentliche Stelle" benötigt er für die meisten Auskünfte das Einverständnis des Bewerbers. Ob er dieses verlangen kann, richtet sich nach den allgemeinen Grundsätzen. Die Vorlage eines amtlichen **Führungszeugnisses** kann der Arbeitgeber nicht ohne weiteres beanspruchen, da sich aus ihm mehr Verurteilungen ergeben können, als der Bewerber anzugeben verpflichtet ist. Damit droht das Fragerecht unterlaufen zu werden.¹⁵⁶ Etwas anderes kann aber bei Mitarbeitern in Vertrauenspositionen und bei leitenden Angestellten gelten, da ihre Offenbarungspflichten weiter reichen.¹⁵⁷ Die Vorlage einer **Schufa-Selbstauskunft** darf der Arbeitgeber nicht verlangen. Sie geht über das berechtigte Informationsinteresse des Arbeitgebers hinaus.¹⁵⁸

41   bb) **Ohne Einverständnis des Bewerbers.** Ohne Einverständnis des Bewerbers erhält der Arbeitgeber Auskünfte nur bei privaten Stellen, wie **privaten Auskunfteien** oder **Detekteien**. Dabei ist besonders sorgfältig auf die Wahrung des Persönlichkeitsrechts zu achten. Es gelten die allgemeinen Grundsätze. Durch Einschaltung privater Dritter dürfen die Grenzen des arbeitgeberseitigen Fragerechts nicht unterlaufen werden. Auskünfte müssen wahrheitsgemäß und vollständig sein.

4. Garantieerklärungen

42   Vor der Einstellung werden von Bewerbern zuweilen Garantieerklärungen verlangt. Soweit darin bestimmte persönliche Eigenschaften zugesichert werden sollen – etwa dass der Bewerber sich bislang keiner Korruptionsstraftat schuldig gemacht hat oder in geordneten Vermögensverhältnissen lebt – gelten die **Grundsätze über das Fragerecht**. Es macht keinen Unterschied, ob der Arbeitgeber dem Bewerber eine Frage stellt, die dieser mündlich beantwortet, oder ob er bestimmte Erklärungen über seine Person schriftlich abzugeben hat. Ferner kann der Bewerber zusichern, nach seiner Einstellung den Verhaltenskodex der Firma zu beachten. Dann gelten die im Abschnitt III.2 (Rn. 63 ff.) dargestellten Regeln.

---

[152] BAG, Urt. v. 5.8.1976, AP Nr. 10 zu § 630 BGB; Soergel/*Kraft*, § 630 BGB Rn. 16; ErfK/*Müller-Glöge*, § 109 GewO Rn. 116; *Schaub* (Fn. 27), § 147 Rn. 5; Staudinger/*Preis*, § 630 BGB Rn. 83; MünchKomm/*Henssler*, § 630 BGB Rn. 79.
[153] *Schaub* (Fn. 27), § 147 Rn. 5; MünchKomm/*Henssler*, § 630 BGB Rn. 79.
[154] *Schaub* (Fn. 27), § 147 Rn. 5.
[155] BAG, Urt. v. 29.9.1994, 8 AZR 570/93 n.v.
[156] *Däubler* (Fn. 108), Rn. 217; *Schaub* (Fn. 27), § 26 Rn. 29; *Wohlgemuth*, DB 1985, Beil. 21, S. 6.
[157] *Schaub* (Fn. 27), § 26 Rn. 29.
[158] *Däubler* (Fn. 108), Rn. 211; *Gola*, DuD 198, 270; *Moritz*, NZA 1987, 332.

III. Korruptionsbekämpfung im bestehenden Arbeitsverhältnis

Leitgedanke der Korruptionsbekämpfung im bestehenden Arbeitsverhältnis ist es, den Mitarbeitern schon durch organisatorische Maßnahmen keine Gelegenheit zur Bestechung oder Vorteilsannahme zu geben. Wo alle Geschäftsabläufe transparent organisiert sind, das 4-Augen-Prinzip eingeführt wurde und für eine regelmäßige Umbesetzung korruptionsanfälliger Dienstposten gesorgt ist, wird sich die Korruption schwer tun. Freilich sind die Grenzen zwischen integrem, noch hinnehmbarem und korruptem Verhalten nicht immer scharf zu ziehen. Um so wichtiger ist es, durch eindeutige Verhaltensanweisungen für Klarheit zu sorgen. 43

1. Verhaltenskodex

a) Grundsätze

aa) Begriff und Funktion. Ein Verhaltenskodex ist ein für den Arbeitnehmer verbindlicher **Katalog von Ge- und Verboten**, mit dem der Arbeitgeber unter anderem Verhaltensregeln zur Korruptionsbekämpfung aufstellt[159]. Viele Unternehmen verfügen bereits über solche Bestimmungen, die die unterschiedlichsten Bezeichnungen tragen: „Ethik-Richtlinien", „Code of Conduct", „Business Conduct Guidelines" usw. Dem Mitarbeiter muss dabei verdeutlicht werden, dass die Unternehmensleitung Korruption in jeder Form ablehnt, weil sie die Integrität im Geschäftsverkehr untergräbt. Korruptionsbekämpfung verlangt also zunächst nichts weiter als das Bekenntnis zur Gesetzestreue. Gesetzestreue erfordert jedoch auch Kenntnis der Rechtslage. Folglich muss der Arbeitgeber darüber informieren, welche Geschäftspraktiken die Firma duldet und welche nicht. Ohne Pflichtenkatalog werden Arbeitnehmer kein Unrechtsbewusstsein entwickeln. Nur wer einsieht, dass Korruption Unrecht ist, wird sich integer gebaren. Freilich wird mancher nur dann zur rechten Einsicht gelangen, wenn er erkennt, dass der Arbeitgeber die Korruption aktiv bekämpft. Verhaltenskodices werden deshalb häufig mit Sanktionen bewehrt. 44

bb) Recht und Pflicht zur Schaffung eines Verhaltenskodex. Die wesentlichen Regeln eines Verhaltenskodex kann der Arbeitgeber einseitig aufstellen[160]. Grundlage ist das **Direktionsrecht**, das nicht nur Weisungen zu Inhalt, Art und Ort der Arbeitsleistung, sondern auch zum „arbeitsbegleitenden Verhalten" ermöglicht (§ 106 GewO). Daneben schafft der Verhaltenskodex aber auch Regeln, die Ausfluss der allgemeinen Pflicht zur gegenseitigen Rücksichtnahme auf die berechtigten Interessen des anderen Teils sind[161]. Diese Pflichten bestehen bereits nach **§ 241 Abs. 2 BGB** und brauchen daher nicht eigens vereinbart zu werden. Dem Kodex kommt insoweit klarstellende Funktion zu, vor allem in den Zweifelsfällen des Alltags. Auch **freie Mitarbeiter** (Handelsagenten, Vertreter usw.) sollten auf die Verhaltensregeln verpflichtet werden. Da ihnen gegenüber kein Direktionsrecht besteht, müssen sie ausdrücklich zur Einhaltung des Kodex verpflichtet werden. Hat das Unternehmen **Tochtergesellschaften**, muss es durch geeignete Maßnahmen sicherstellen, dass der Verhaltenskodex auch bei ihnen zur Anwendung gelangt. Die Verhaltensregeln müssen zum Ausdruck bringen, dass allen Mitarbeitern der Unternehmensgruppe die gleichen Gebote und Verbote auferlegt werden. 45

---

[159] *Borgmann*, NZA 2003, 352 ff.; *Schneider*, ZIP 2003, 645 ff.; *Schuster/Darsow*, NZA 2005, 273 ff.
[160] Ausführlicher: *Bachner/Lerch*, AiB 2005, 229 ff.
[161] *Ohlendorf/Binning*, AuA 2006, 200 ff.; *Schuster/Darsow*, NZA 2005, 273 ff.

46 Eine gesetzliche Pflicht zur Schaffung eines betrieblichen Verhaltenskodex besteht derzeit nicht. Umgekehrt kann der Arbeitgeber korruptem Verhalten nicht einfach tatenlos zusehen. Das verbietet bereits **§ 130 OWiG**[162]. Danach handelt ordnungswidrig, wer als Inhaber eines Betriebes oder Unternehmens vorsätzlich oder fahrlässig die Aufsichtsmaßnahmen unterlässt, die erforderlich sind, um in dem Betrieb oder Unternehmen Zuwiderhandlungen gegen Pflichten zu verhindern, die den Inhaber als solchen treffen und deren Verletzung mit Strafe oder Geldbuße bedroht ist. Ist die Pflichtverletzung mit Strafe bedroht, kann die mangelnde Aufsicht mit einer Geldbuße bis zu einer Million Euro geahndet werden. Mit dem Erlass und der tatsächlichen Durchsetzung eines betrieblichen Verhaltenskodex kann der Arbeitgeber einen wesentlichen Beitrag zur Erfüllung seiner Aufsichtspflichten leisten.

b) Aufbau des Verhaltenskodex

47 Üblicherweise besteht ein Verhaltenskodex aus vier Teilen. Die **Präambel** enthält das allgemein gehaltene Bekenntnis der Firma, Korruption in jeder Form zu ächten und zu bekämpfen. Insoweit gehört die Verpflichtung, die einschlägigen Gesetze einzuhalten, an den Anfang der Verhaltensregeln. Daran schließt sich ein mehr oder weniger detailliert gehaltener **Pflichtenkatalog** an, der durch Anlagen ergänzt und aktualisiert werden kann. Dabei bietet es sich an, die einschlägigen „Antikorruptionsgesetze" zu nennen und die wichtigsten Bestimmungen im Wortlaut wiederzugeben. Sodann folgt die Inaussichtstellung von **Sanktionen** bei Nichtbeachtung des Kodex. Den Schluss bildet das schriftliche **Einverständnis** des Mitarbeiters mit diesen Regeln.

c) Inhalt des Pflichtenkatalogs

48 aa) Allgemeines[163]. Der Pflichtenkatalog muss das von den Mitarbeitern erwartete Verhalten knapp und präzise definieren. Abstrakt gehaltene Ge- und Verbote lassen sich häufig durch Beispiele verdeutlichen. Für nicht unmittelbar einsichtige Verpflichtungen sollten kurze Begründungen gegeben werden. Häufig lassen sich die Grenzen zwischen korrektem und korruptem Verhalten kaum bestimmen. Zudem werden sie von unterschiedlichen Erfahrungen und Wahrnehmungen der Akteure beeinflusst. Bereits der Ort einer Besprechung – im nüchternen Dienstzimmer oder bei einem Geschäftsessen – kann für die Befangenheit oder Unabhängigkeit von Bedeutung sein. Ziel des Pflichtenkatalogs muss es sein, die Mitarbeiter für diese Grauzonen zu sensibilisieren. Dabei gilt es, bereits den Anschein einer Bereitschaft zur Bestechung oder Bestechlichkeit zu vermeiden. Schon wenn sich erste Anzeichen einer versuchten rechtswidrigen Einflussnahme auf die Entscheidungen eines Geschäftspartners zeigen, müssen die Mitarbeiter aufmerksam reagieren und das korrupte Ansinnen ablehnen oder dem Vorgesetzten anzeigen.

49 bb) Anbieten und Gewähren von Vorteilen. Den Mitarbeitern muss eingeschärft werden, dass das Untenehmen um Aufträge nur mit der Qualität und dem Preis seiner Produkte und Dienste kämpft. Vordringlich ist deshalb das Verbot, dass Mitarbeiter im Zusammenhang mit der geschäftlichen Tätigkeit weder direkt noch indirekt unberechtigte Vorteile anbieten oder gewähren, sei es als Geldzahlung, sei es in Form von anderen Leistungen.[164] **Werbegeschenke** an Mitarbeiter von Kunden müssen danach ausgewählt werden, dass jeder Anschein von Unredlichkeit vermieden wird. Im Zweifel ist der Empfänger zu bitten, sich den Erhalt des Vorteils von seiner Führungskraft oder seiner vorgesetzten Dienststelle vorab genehmigen zu lassen. Sträubt sich der Empfänger hiergegen,

---

[162] *Schneider*, ZIP 2003, 649.
[163] *Bachner/Lerch*, AiB 2005, 229 ff.; *Borgmann*, NZA 2003, 352 ff.; *Schuster/Darsow*, NZA 2005, 273 ff.; *Wisskirchen/Jordan/Bissels*, BB 2005, 2190 ff.
[164] *Schaub* (Fn. 27), § 53 Rn. 28.

zeigt dies, dass er selbst den Empfang als inkorrekt einstuft. Geschenke an Beamte und andere Amtsträger sind zu verbieten. Eindeutig und verbindlich geregelt werden müssen auch Zulässigkeit und Grenzen von **Bewirtungen**, bei denen Mitarbeiter als Gastgeber von Amtsträgern, Geschäftspartnern oder anderen geschäftlich relevanten Personen für das Unternehmen auftreten. Für Zweifelsfälle muss die Genehmigung durch den Vorgesetzten verlangt werden.

cc) Fordern und Annehmen von Vorteilen. Kein Mitarbeiter darf seine dienstliche Stellung dazu benutzen, Vorteile zu fordern, anzunehmen, sich zu verschaffen oder zusagen zu lassen[165]. Hierzu gehört vor allem die im Geschäftsleben verbreitete und mit wenig Problembewusstsein geübte Annahme von **Geschenken**. Sie gehört zu den unverzichtbaren Regelungstatbeständen in jedem Verhaltenskodex. Der Begriff „Geschenk" muss weit gefasst und sollte mit Beispielen aus der branchentypischen Praxis des Unternehmens verdeutlicht werden. Geschenke sind Zuwendungen jeglicher Art: Sachwerte, Dienstleistungen, Einladungen, Gefälligkeiten, Rabatte usw. Manche Unternehmen definieren die Grenze für akzeptable Geschenke durch einen Höchstbetrag; andere untersagen die Gewährung oder Annahme von Geschenken jeder Art. Beides ist ohne weiteres erlaubt.[166] 50

Ausnahmslos verboten werden sollte das Fordern von Geschenken und die Annahme von Geldgeschenken. Das Geben und Annehmen sonstiger Geschenke darf nur zugelassen werden, wenn dadurch nicht der Anschein einer verpflichtenden Abhängigkeit entsteht. Unbedenklich sind Gelegenheitsgeschenke von unbedeutendem Wert, wenn diese offen, nicht ohne besonderen Anlass und nicht wiederholt gegeben werden. Für Zweifelsfälle ist die Genehmigung durch den Vorgesetzten zu verlangen. Ob der Arbeitnehmer ohne weiteres verpflichtet ist, den Arbeitgeber über jedes unerlaubt unterbreitete Geschenk zu unterrichten, ist in der Literatur umstritten,[167] aber zu bejahen. Jedenfalls hat der Arbeitnehmer auf Nachfrage wahrheitsgemäß zu antworten (zu den Auskunftspflichten s. unten Rn. 63 ff.). Denkbar ist auch, an einzelne Personen gegebene Geschenke einzusammeln und im Haus zu verteilen oder an karitative Organisationen weiterzugeben. Hat der Arbeitnehmer ein Geschenk unerlaubt angenommen, muss er es an den Arbeitgeber nach den Regeln der unerlaubten Eigengeschäftsführung gemäß § 687 Abs. 2 BGB herausgeben.[168] 51

Einladungen von Geschäftspartnern dürfen nur dann angenommen werden, wenn Anlass und Umfang der Einladung angemessen sind und die Ablehnung der Einladung dem Gebot der Höflichkeit widersprechen würde. Das gilt erst recht für **Geschäftsreisen**. Da deren Zulässigkeit und kostenmäßige Erstattungsfähigkeit in jedem Betrieb schon aus steuerlichen Gründen geregelt werden, liegt es nahe, darin auch ein Verbot der Kostenübernahme durch Dritte – etwa Geschäftspartner – zu bestimmen. 52

Kein Mitarbeiter darf **private Aufträge** von Firmen ausführen lassen, mit denen er geschäftlich zu tun hat, wenn ihm dadurch Vorteile entstehen könnten. Das gilt besonders dann, wenn der Mitarbeiter auf die Beauftragung der Firma für seinen Arbeitgeber direkt oder indirekt Einfluss hat oder Einfluss nehmen kann. 53

dd) Spenden. Spenden können, wenn nicht bestimmt, so doch zumindest geeignet sein, Einfluss auf die Unabhängigkeit von wichtigen Entscheidungsträgern zu gewinnen, die den durch die Zuwendung geförderten Institutionen nahe stehen. Erhalten **politische Parteien**, einzelne Mandatsträger oder Kandidaten für politische Ämter Zuwendungen, 54

---

[165] LAG Düsseldorf, Beschl. v. 14.11.2005, DB 2006, 162 ff.
[166] MünchArbR/*Blomeyer*, § 53 Rn. 98; ErfK/*Preis*, § 611 BGB Rn. 884.
[167] Bejahend *Schaub* (Fn. 27), § 53 Rn. 28; verneinend MünchArbR/*Blomeyer*, § 53 Rn. 104.
[168] BAG, Urt. v. 14.7.1961, AP Nr. 1 zu § 687 BGB; BAG, Urt. v. 15.4.1970, AP Nr. 4 zu § 687 BGB; LAG Köln, Urt. v. 1.9.1998, NZA 1999, 597; MünchArbR/*Blomeyer*, § 57 Rn. 109 ff.; ErfK/*Preis*, § 611 BGB Rn. 885.

sind die Parteien an die Bestimmungen des Parteiengesetzes gebunden. Dieses richtet sich zwar unmittelbar nur an die Parteien; im betrieblichen Verhaltenskodex sollte jedoch auf die Bestimmungen des Parteiengesetzes hingewiesen und festgelegt werden, dass nur die Unternehmensleitung über die Spendenvergabe entscheiden darf. Darüber hinaus empfiehlt es sich, Spenden an Einzelpersonen gänzlich zu untersagen. Der Verhaltenskodex sollte auf die mit der Spendengewährung verbundenen Gefahren hinweisen und die **Vergabeentscheidung bei wenigen Verantwortlichen** – etwa bei der Unternehmensleitung – **konzentrieren**. In jedem Fall müssen Spenden **transparent** sein. Der Empfänger der Spende und die konkrete Verwendung durch den Empfänger müssen bekannt sein. Über den Grund für die Spende und die zweckbestimmte Verwendung muss jederzeit Rechenschaft abgelegt werden können. Diese Grundsätze gelten selbst bei geringfügigen Spenden. Die verbreitete Übung, Geschäftspartner Geld für die in Büros oder Behörden geführte „Kaffeekasse" spenden zu lassen, sollte deshalb wegen der unvermeidlichen Nähe zur Bestechung und zum Schmiergeld – insbesondere bei öffentlichen Dienststellen – unterbunden werden.

55   Verboten werden müssen auch **spendenähnliche Vergütungen**. Darunter versteht man Zuwendungen, die nur scheinbar als Vergütung einer Leistung gewährt werden, weil sie den wahren Wert der Leistung deutlich übersteigen. Spendenähnliche Vergütungen verstoßen gegen das Transparenzgebot, weil sie nicht deutlich offenbarte Zuwendungen für andere Zwecke enthalten. Unter Korruptionsgesichtspunkten ist auch das **Sponsoring** problematisch. In der Praxis wird nämlich nicht hinreichend deutlich zwischen Spende (einseitige Zuwendung) und Sponsoring (Äquivalenz zwischen Leistung und Gegenleistung) unterschieden. Bei der Zusage von Sponsoring-Leistungen an private oder öffentliche Geschäftspartner bzw. an diesen nahe stehende Institutionen ist deshalb auf die Konkretisierung und Transparenz der erwarteten/vereinbarten Gegenleistung zu achten. Insgesamt empfehlen sich Zurückhaltung und klare Zuständigkeitsregeln wie bei Spenden.

56   **ee) Vermeiden von Interessenkonflikten.** Der Arbeitgeber muss darauf achten, dass Mitarbeiter bei ihrer dienstlichen Tätigkeit nicht in Interessens- oder Loyalitätskonflikte geraten. Neben der allgemeinen Aufforderung, private und geschäftliche Interessen auseinander zu halten, sollte der Pflichtenkatalog konkrete Beispiele benennen und regeln. Interessenkonflikte können sich vor allem daraus ergeben, dass **Angehörige** von Mitarbeitern unerlaubte Zuwendungen und Vorteile erhalten. Deshalb sollte der private Bezug von Lieferungen und Leistungen durch Mitarbeiter, deren Angehörige oder ihnen nahe stehende Personen nur unter der Bedingung erfolgen, dass der marktübliche Preis vereinbart und auch tatsächlich gezahlt wird. Darüber hinaus sollten die Mitarbeiter verpflichtet werden, mögliche Interessenkonflikte dem Arbeitgeber anzuzeigen (allgemein zur Anzeigepflicht s. unten Rn. 63 ff.). Ferner ist eine **Anzeigepflicht** geboten, wenn Arbeitnehmer in die für das Umfeld von Korruption typischen „Grauzonen" geraten und Zweifel darüber bestehen, ob eine bestimmte Handlungsweise erlaubt, unerwünscht oder untersagt ist.

57   **ff) Sanktionen.** Die Sanktionen bilden den „repressiven" Teil der Verhaltensregeln. Mit ihrer Ankündigung und Anwendung dokumentiert das Unternehmen die Absicht, den Kodex auch tatsächlich durchzusetzen. Den Mitarbeitern machen die Sanktionen deutlich, welche Folgen korruptes Verhalten hat. Die Sanktionen können arbeitsrechtlicher (disziplinarischer), zivilrechtlicher und strafrechtlicher Art sein. Arbeitsrechtlich drohen dem Mitarbeiter Abmahnung, Verweis, „Strafversetzung", Betriebsbuße, Gehaltskürzung und Kündigung (s. unten Rn. 154 ff.). Zivilrechtlich kommen Schadensersatzforderungen in Betracht. Strafrechtlich muss der Mitarbeiter mit den Strafandrohungen des StGB und des Nebenstrafrechts rechnen. Die Verhaltensregeln sollen unmissverständlich klarstellen, dass die Unternehmensleitung entschlossen ist, Straftaten im Be-

reich der Korruption nachzugehen und ggf. anzuzeigen. Sanktionen wirken nur dann abschreckend, wenn sie im Ernstfall auch tatsächlich verhängt werden.

Der Verhaltenskodex kann einen allgemeinen Hinweis auf die Sanktionen enthalten 58
oder diese im Einzelnen benennen. Fehlt ein Hinweis auf Sanktionen, heißt das nicht, dass keine Sanktionen verhängt werden dürfen. Ein Verstoß gegen den Verhaltenskodex bedeutet in aller Regel zugleich die Verletzung einer vertraglichen Nebenpflicht (§ 241 Abs. 2 BGB). Besonderer Vereinbarung bedürfen nur Vertragsstrafeversprechen.

d) Implementierung

aa) Schriftliche Bestätigung. Üblicherweise lässt sich der Arbeitgeber den Erhalt 59
und die Kenntnisnahme der Verhaltensregeln schriftlich bestätigen. Mitunter haben die Mitarbeiter auch ausdrücklich zu versprechen, den Kodex gewissenhaft einzuhalten. Da der Arbeitgeber die meisten Verhaltensregeln bereits einseitig kraft Direktionsrechts aufstellen darf, kommt der Bestätigung nur deklaratorische Bedeutung zu. Das gilt erst recht, wenn der Kodex in Gestalt einer Betriebsvereinbarung besteht und damit kollektivrechtlich wirkt (§ 77 Abs. 4 BetrVG). Die Bestätigung hat **Dokumentationsfunktion**. Mit ihr kann der Arbeitgeber gegebenenfalls nachweisen, den Mitarbeiter entsprechend aufgeklärt und angewiesen zu haben. Verweigert der Mitarbeiter die Bestätigung, ändert das nichts an der Verbindlichkeit der Verhaltensregeln. Eine arbeitsvertragliche Nebenpflicht, den Kodex schriftlich anzuerkennen, besteht nur dann, wenn der Arbeitgeber an diesem Bekenntnis ein besonderes Interesse hat, etwa weil er es anderen Behörden oder Organisationen – etwa der US-Börsenaufsicht (SEC) – nachzuweisen hat. Nur unter diesen Umständen kann die Weigerung, den Kodex schriftlich anzuerkennen, disziplinarisch geahndet werden. Erkennt der Mitarbeiter den Kodex an, wird sich sein Einverständnis nur auf solche Regeln beziehen, die ihn nicht unangemessen benachteiligen (vgl. § 307 Abs. 1 BGB). Das sind Ge- und Verbote, für die der Arbeitgeber sachliche Gründe hat und bei deren Anordnung und Durchsetzung er billiges Ermessen walten lässt (§ 106 Abs. 1 GewO, § 315 Abs. 1 BGB).

bb) Muster. Verpflichtung zur Einhaltung der Gesetze und der Richtlinien zur Kor- 60
ruptionsbekämpfung

Hiermit bestätige ich, (Name, Personalnummer, Dienststelle), dass ich von meiner Führungskraft auf die Pflicht, alle bei meiner dienstlichen Tätigkeit geltenden Gesetze einzuhalten, hingewiesen wurde. Ferner wurde ich auf die Firmen-Richtlinien zur Korruptionsbekämpfung hingewiesen, die dieser Verpflichtungserklärung beigefügt sind. Ich verpflichte mich, auch diese bei meiner Tätigkeit einzuhalten.

Mir ist bekannt, dass das Unternehmen Rechtsverstöße missbilligt und ich bei entsprechenden Pflichtverletzungen – unabhängig von den gesetzlich vorgesehenen Sanktionen – auch mit Konsequenzen für das Arbeitsverhältnis zu rechnen habe.
Ort, Datum   Unterschrift

cc) Weitere Maßnahmen. Eine effektive Korruptionsbekämpfung kann sich nicht 61
darauf beschränken, den Mitarbeitern die relevanten Gesetze, Bestimmungen und Verhaltensregeln auszuhändigen und sich die Kenntnisnahme schriftlich bestätigen zu lassen. Vielmehr muss sichergestellt sein, dass die Verhaltensgebote und -verbote auch inhaltlich verstanden und deren Schutzzwecke akzeptiert werden. Die Mitarbeiter müssen lernen, sie in der Praxis umzusetzen. Für die Sensibilisierung von Führungskräften und Mitarbeitern in besonders gefährdeten Funktionen (Einkauf, Verkauf) bedarf es eines **Verhaltenstrainings**, dessen Erfolg regelmäßig zu überprüfen ist. Darüber hinaus müssen nach gewissen Zeitabständen – meist von zwei Jahren – die **Verhaltensregeln erneut bekannt gemacht werden**.

62 **dd) Mitbestimmung.** Die Aufstellung eines Verhaltenskodex kann der betrieblichen Mitbestimmung nach § 87 Abs. 1 Nr. 1 BetrVG unterfallen, was jedoch für jede Klausel gesondert zu beurteilen ist[169]. Es geht um die Grundfragen der kollektiven Verhaltensordnung im Betrieb (s. oben Rn. 19 f.). Aufgrund der Mitbestimmungspflicht bietet es sich an, den Verhaltenskodex als unmittelbar und zwingend geltende Betriebsvereinbarung zu verabschieden, etwa in Gestalt einer „Arbeitsordnung".

2. Fragerechte und Auskunftspflichten im bestehenden Arbeitsverhältnis

a) Bedeutung

63 Da sich Korruptionsdelikte zumeist im Geheimen vollziehen, spielen Offenbarungspflichten bei der Bekämpfung korrupter Praktiken im bestehenden Arbeitsverhältnis eine wichtige Rolle. Sie schaffen die erforderliche Transparenz. Der Arbeitgeber ist an einer umfassenden Offenlegung sämtlicher Umstände, die Ansatzpunkte für korruptes Verhalten liefern können, interessiert. Insbesondere möchte er wissen, ob Mitarbeitern während des Dienstes Vorteile für die ungesetzliche Vornahme bestimmter Handlungen geboten wurden. Sein Informationsbedürfnis beschränkt sich aber nicht auf die dienstliche Tätigkeit, sondern erfasst auch die Privatsphäre des Mitarbeiters. Bedeutsam sind Fragen nach der „privaten" Annahme von Geschenken und ähnlichen Vorteilen für bestimmte Handlungen, nach Nebentätigkeiten und Nebeneinkünften sowie nach drohenden Interessenkonflikten.

b) Allgemeine Grundsätze

64 **aa) § 241 Abs. 2 BGB.** Der Arbeitnehmer ist auch nach seiner Einstellung verpflichtet, rechtmäßige Fragen des Arbeitgebers zu beantworten.[170] In jedem Schuldverhältnis besteht nach Treu und Glauben (§ 241 Abs. 2) ein **Auskunftsanspruch**, wenn die zwischen den Parteien bestehenden Rechtsbeziehungen es mit sich bringen, dass der Berechtigte in entschuldbarer Weise über Bestehen oder Umfang seines Rechts im Ungewissen ist und der Verpflichtete die zur Beseitigung der Ungewissheit erforderliche Auskunft unschwer geben kann.[171] Im Arbeitsverhältnis wird der Inhalt dieser – bereits gewohnheitsrechtlich anerkannten – Nebenpflicht[172] durch die besondere persönliche Bindung der Vertragspartner geprägt, aus der sich spezifische Pflichten zur Rücksichtnahme auf die Interessen des jeweiligen Vertragspartners ergeben.[173] Die Grundsätze über das Fragerecht bei der Einstellung können jedoch im bestehenden Arbeitsverhältnis nicht unbesehen übernommen werden, weil die Interessen- und die Gefahrenlagen für die Vertragspartner nicht völlig gleich gelagert sind.[174] Voraussetzung für die Auskunftspflicht im bestehenden Arbeitsverhältnis ist ein berechtigtes, billigenswertes und **schutzwürdiges Interesse des Arbeitgebers** an der Beantwortung einer Frage, die im Zusammenhang mit der vom Ar-

---
[169] LAG Düsseldorf, Beschl. v. 14.11.2005, DB 2006, 162 ff.; *Bachner/Lerch*, AiB 2005, 229 ff.; *Birk*, Der Personalleiter, 2005, 200 ff.; *Ohlendorf/Binning*, AuA 2006, 200 ff.; *Schuster/Darsow*, NZA 2005, 273 ff.; *Wisskirchen/Jordan/Bissels*, DB 2005, 2190 ff.; a.A. *Richardi*, § 87 Rn. 195, der ein Mitbestimmungsrecht des BR grundsätzlich verneint.
[170] BAG, Urt. v. 22.4.1967, 21.10.1979, 7.9.1995, 18.1.1996, AP Nr. 12, 13, 24, 25 zu § 242 BGB Auskunftspflicht.
[171] RGZ 108, 7; BGHZ 10, 387; 81, 24; BGH, NJW 1995, 387; *Boemke*, AR-Blattei SD 320 Rn. 17 ff.; Palandt/*Heinrichs*, §§ 259 bis 261 BGB Rn. 8 ff; *Köhler*, NJW 1992, 1480; ErfK/*Preis*, § 611 BGB Rn. 898.
[172] Std. Rspr. vgl. BAG, Urt. v. 22.4.1967, 21.10.1979, 7.9.1995, 18.1.1996, AP Nr. 12, 13, 24, 25 zu § 242 BGB Auskunftspflicht.
[173] Vgl. nur MünchArbR-*Blomeyer*, § 49 Rz. 16 ff.
[174] BAG, Urt. v. 7.9.1995, AP Nr. 24 zu § 242 BGB Auskunftspflicht.

beitnehmer geschuldeten Leistung oder den von ihm zu beachtenden Nebenpflichten steht.[175] Ferner darf die Auskunftsverpflichtung keine übermäßige Belastung für den Arbeitnehmer darstellen; sie muss der Bedeutung des Auskunftsinteresses entsprechen. Kann sich der Arbeitgeber die Information auf zumutbare Weise anderweitig verschaffen, ist der Anspruch ausgeschlossen. Greift die Frage in das allgemeine Persönlichkeitsrecht des Arbeitnehmers ein, ist der Grundsatz der Verhältnismäßigkeit zu beachten. Ein unantastbarer Bereich privater Lebensgestaltung muss in jedem Falle gewahrt bleiben.[176] Schließlich ist die gesetzliche Verteilung der Darlegungs- und Beweislast im Prozess zu berücksichtigen. Sie darf durch die Gewährung materiellrechtlicher Auskunftsansprüche nicht unzulässig verändert werden. Der Auskunftsanspruch kann nach Treu und Glauben nur da ergänzend eingreifen, wo auch die grundsätzliche Verteilung der Darlegungs- und Beweislast einer entsprechenden Korrektur bedarf. Nach § 1 Abs. 2 Satz 4 KSchG hat der Arbeitgeber die Tatsachen zu beweisen, die die Kündigung bedingen. Eine vorprozessuale Auskunftspflicht des Arbeitnehmers stünde hierzu im Widerspruch. Soweit nicht besondere rechtliche Grundlagen bestehen, ist der Arbeitnehmer nicht verpflichtet, außergerichtliche Erklärungen zu möglichen Kündigungsgründen abzugeben.[177]

bb) Vertragliche Regelung. Anzeigepflichten lassen sich, soweit sie nicht bereits – wie im öffentlichen Dienst – durch Gesetz bestimmt sind, auch durch Tarifvertrag,[178] Betriebsvereinbarung und Arbeitsvertrag[179] regeln.[180] Entsprechende individual- und kollektivvertragliche Bestimmungen können die mit jedem Arbeitsvertrag auch ohne Vereinbarung verbundenen Anzeigepflichten aus § 241 Abs. 2 BGB jedoch nur konkretisieren, nicht aber erweitern. Vorformulierte Anzeigepflichten in Arbeitsverträgen unterliegen überdies einer Inhaltskontrolle am Maßstab der §§ 307 ff. BGB. Sie sind unwirksam, wenn der Arbeitnehmer unangemessen belastet wird. 65

c) Fragen im Einzelnen

aa) Annahme von Geschenken und sonstigen Vorteilen. Nach der Rechtsprechung des BGH kann der Geschäftsherr von einem bestochenen Geschäftsführer die Herausgabe des Schmiergelds verlangen.[181] Entsprechendes gilt im Arbeitsverhältnis. Zur Vorbereitung seines Herausgabeanspruch muss deshalb der Arbeitgeber seinen Mitarbeiter danach fragen dürfen, ob er unerlaubterweise Geschenke oder sonstige Vorteile angenommen hat. Der Arbeitnehmer hat wahrheitsgemäß zu antworten. 66

bb) Interessenkonflikt. Jedenfalls Arbeitnehmer in leitender Position müssen verwandtschaftliche Beziehungen zu einem Dritten offenbaren, mit dem der Arbeitgeber über den Abschluss eines bedeutenden Geschäfts verhandelt, dessen spätere Abwicklung in den Verantwortungsbereich des Arbeitnehmers fällt. Das Unterlassen der Anzeige kann eine fristlose Kündigung rechtfertigen.[182] 67

cc) Nebentätigkeit. Der Arbeitgeber kann grundsätzlich nicht verlangen, alle Nebentätigkeiten des Arbeitnehmers zu erfahren.[183] Auch ist es ihm verwehrt, Nebentätigkeiten, die ihn überhaupt nicht berühren, unter einen Genehmigungsvorbehalt (s. unten 68

---

[175] BAG (Fn. 174).
[176] BAG (Fn. 174).
[177] BAG (Fn. 174).
[178] BAG, Urt. v. 28.2.2002, 6 AZR 357/01; eine tarifliche Anzeigepflicht kann auch durch Verweisung auf die entsprechende gesetzliche Vorschrift begründet werden, vgl. nur BAG, Urt. v. 22.2.2001, 6 AZR 421/99.
[179] BAG, Beschl. v. 28.5.2002, AP BetrVG 1972 § 87 Ordnung des Betriebs Nr. 39.
[180] ErfK/*Preis*, § 611 BGB Rn. 890.
[181] BGHZ 39, 1.
[182] LAG Nürnberg, Urt. v. 5.9.1990, DB 1990, 2330.
[183] BAG, Urt. v. 7.9.1995, 18.1.1996 AP Nr. 24, 25 zu § 242 BGB Auskunftspflicht.

Rn. 77) zu stellen.[184] Keine Anzeigepflicht besteht für die Übernahme von Ehrenämtern oder politischen Wahlämtern,[185] jedenfalls soweit es hierdurch zu keinen Interessenkonflikten kommen kann.[186] Auskunftspflichtig ist jedoch, wer unerlaubten Wettbewerb zu unterlassen hat (s. unten Rn. 71 ff.). Davon abgesehen muss eine Nebentätigkeit angezeigt werden, soweit dadurch **Interessen des Arbeitgebers bedroht** sind. Das ist der Fall, wenn die Nebentätigkeit mit der vertraglich geschuldeten Arbeitsleistung nicht vereinbar ist und die Ausübung der Nebentätigkeit somit eine Verletzung der Arbeitspflicht darstellt.[187] Um das prüfen zu können, ist die Angabe von Art und Umfang der Nebentätigkeit erforderlich.

d) Mitbestimmung

69 Die allgemeine Einführung einer formalisierten Anzeigepflicht – etwa im Hinblick auf Nebentätigkeiten[188] – unterliegt der betrieblichen Mitbestimmung nach § 87 Abs. 1 Nr. 1 BetrVG. Dem steht nicht entgegen, dass eine solche Anzeigepflicht die private Lebensführung reglementiert, in die Betriebsparteien an sich nicht eingreifen dürfen. Da der Eingriff aus betrieblichen Gründen erfolgt, wird er Teil des betrieblichen Geschehens und unterfällt damit der Regelungsbefugnis der Betriebsparteien.[189] Das Mitbestimmungsrecht wird ausgelöst, wenn die Auskünfte nicht individuell und spontan, sondern standardisiert unter Verwendung eines Formblattes erhoben werden sollen.[190] Der Betriebsrat ist sowohl bei der Einführung als auch beim Inhalt einer Anzeigepflicht zu beteiligen.[191] Können sich die Betriebsparteien nicht auf die Art und Weise der Durchführung der Anzeigepflicht einigen, entscheidet die Einigungsstelle. Hat das Formblatt die Gestalt eines Personalfragebogens (s. oben Rn. 31 f.), wird zudem das Mitbestimmungsrecht nach § 94 BetrVG ausgelöst.[192] Dem Mitbestimmungsrecht unterliegt die Einführung und jede Änderung eines Fragebogens sowie die Festlegung des Verwendungszwecks der erbetenen Informationen.[193] Werden die Daten maschinell weiterverarbeitet, ist ferner das Mitbestimmungsrecht nach § 87 Abs. 1 Nr. 6 BetrVG zu beachten. Fehlt die Zustimmung des Betriebsrats, muss der Arbeitnehmer eine individualrechtlich zulässigerweise gestellte Frage trotzdem wahrheitsgemäß beantworten.[194] Ist dagegen eine Frage bereits individualrechtlich unzulässig, wird sie auch nicht durch die Zustimmung des Betriebsrats zulässig.

e) Sanktionen

70 Der Arbeitgeber kann seinen Auskunftsanspruch gerichtlich durchsetzen.[195] Kommt der Arbeitnehmer einem berechtigten Auskunftsverlangen nicht nach, kann er

---

[184] BAG, Urt. v. 11.12.2001, AP Nr. 8 zu § 611 BGB Nebenpflicht.
[185] *Hanau/Preis*, Arbeitsvertrag, 1997, II N 10 Rn. 21 ff.; *Wank*, Nebentätigkeit, 1995, Rn. 369; *Säcker/Oetker*, ZfA 1987, 95, 123.
[186] Allgemein zur Anzeigepflicht im Hinblick auf Nebentätigkeiten, die die Interessen des Arbeitgebers berühren BAG, Urt. v. 18.11.1988, DB 1989, 781; Urt. v. 6.9.1990, NZA 1991, 221; Urt. v. 18.1.1996, DB 1996, 2182.
[187] BAG, Urt. v. 18.1.1996, AP Nr. 25 zu § 242 BGB Auskunftspflicht.
[188] Str., wie hier BAG, Beschl. v. 28.5.2002, AP BetrVG 1972 § 87 Ordnung des Betriebs Nr. 39.; verneinend LAG Düsseldorf, Beschl. v. 29.5.2001, 3 TaBV 14/01.
[189] BAG, Urt. v. 19.1.1999, BAGE 90, 316 (324); Urt. v. 11.7.2000, BAGE 95, 221 (226).
[190] BAG, Beschl. v. 21.1.1997, 28.5.2002, AP BetrVG 1972 § 87 Ordnung des Betriebes Nr. 27, 39.
[191] BAG, Urt. v. 19.1.1999, BAGE 90, 316 (324); Urt. v. 25.11.2000, BAGE 93, 276; kritisch *Däubler/Kittner/Klebe* (Fn. 119), § 87 Rn. 44 ff.; *Fitting* (Fn. 17), § 87 Rn. 66 ff.
[192] Offengelassen von BAG, Beschl. v. 28.5.2002, AP BetrVG 1972 § 87 Ordnung des Betriebs Nr. 39.
[193] *Fitting* (Fn. 17), § 94 Rn. 6 f.; *Simitis*, RDV 1989, 57.
[194] So ausdrücklich für die fehlende Zustimmung eines Personalrats BAG, Urt. v. 2.12.1999, AP Nr. 16 zu § 79 BPersVG.
[195] BAG, Urt. v. 7.9.1995, 18.1.1996, AP Nr. 24, 25 zu § 242 BGB Auskunftspflicht.

abgemahnt¹⁹⁶ werden. Die vorsätzliche Falschbeantwortung von für die Korruptionsbekämpfung relevanten Fragen kann – soweit sie beharrlich erfolgt – unter Umständen auch eine **außerordentliche Kündigung** ohne vorherige Abmahnung rechtfertigen.¹⁹⁷ Grund für eine solche verhaltensbedingte Kündigung ist die (nachhaltige) Störung des Vertrauensverhältnisses. Im Rahmen der Interessenabwägung ist zu prüfen, ob eine einmalige Unehrlichkeit des Arbeitnehmers Auswirkungen auf die konkret auszuübende Tätigkeit oder auf ein schützenswertes Vertrauen des Arbeitgebers in seine Arbeitnehmer hat.¹⁹⁸ Die Nichtbeantwortung zulässigerweise gestellter Fragen steht einer Falschbeantwortung allerdings nicht gleich.¹⁹⁹ Die schuldhafte Verletzung der Anzeigepflicht kann überdies **Schadensersatzansprüche** nach § 280 Abs. 1 BGB auslösen.²⁰⁰

3. Verbot von Nebentätigkeiten

a) Bedeutung

Ein Nebentätigkeitsverbot soll verhindern, dass ein Arbeitnehmer wegen seiner Arbeit für einen Dritten direkt oder indirekt in **Konflikt mit seinen arbeitsvertraglichen Dienstpflichten** gerät.²⁰¹ Dabei macht es keinen Unterschied, ob die Nebentätigkeit entgeltlich oder unentgeltlich – etwa in einem Ehrenamt – erfolgt. Stets kann der Mitarbeiter der Gefahr ausgesetzt sein, den Arbeitgeber wegen einer Tätigkeit außerhalb des Hauptarbeitsverhältnisses durch korruptes Verhalten zu schädigen. Der Arbeitgeber wird deshalb versuchen, Nebentätigkeiten soweit wie möglich zu verbieten. Das ist insofern problematisch, als der Arbeitnehmer dem Arbeitgeber nicht seine ganze Arbeitskraft schuldet, sondern nur für die vereinbarte Zeitspanne, und er deshalb **außerhalb der Arbeitszeit grundsätzlich frei** ist, ohne Benachrichtigung des Arbeitgebers einer Nebentätigkeit nachzugehen.²⁰² Soweit die Nebentätigkeit beruflicher Natur ist, kann er sich dabei auf das Grundrecht der freien Berufswahl berufen (Art. 12 Abs. 1 Satz 1 GG),²⁰³ nichtberufliche Tätigkeiten sind durch das Recht auf freie Entfaltung der Persönlichkeit (Art. 2 Abs. 1 GG) geschützt.²⁰⁴

71

b) Grundsätze

aa) Gesetzliche Verbote. Das Recht, frei eine Nebentätigkeit auszuüben, wird durch gesetzliche und vertragliche Verbote beschränkt. Verboten ist zunächst jede **Konkurrenztätigkeit** ohne Einwilligung des Arbeitgebers.²⁰⁵ Das gilt nicht nur für kaufmännische Angestellte, bei denen dies § 60 HGB ausdrücklich verbietet, sondern für jeden Mitarbeiter.²⁰⁶ Unzulässig ist jede spekulative, auf Gewinn gerichtete Teilnahme am Geschäftsverkehr²⁰⁷ im Geschäftsbereich des Arbeitgebers.²⁰⁸ Keine Rolle spielt, in wel-

72

---

[196] BAG, Urt. v. 11.12.2001, AP Nr. 8 zu § 611 BGB Nebentätigkeit.
[197] BAG, Urt. v. 20.8.1997, RzK I 5i Nr. 129 für die Frage nach einer Tätigkeit beim DDR-Ministerium für Staatssicherheit.
[198] BAG, Urt. v. 13.6.1996, EzA § 1 KSchG Verhaltensbedingte Kündigung Nr. 48.
[199] BAG, Urt. v. 10.10.1996, ZTR 1997, 88.
[200] BAG, Urt. v. 18.11.1988, AP BGB § 611 Doppelarbeitsverhältnis Nr. 3.
[201] *Hunold*, NZA-RR 2002, 505 ff. zur aktuellen Rechtsprechung.
[202] ErfK/*Preis*, § 611 BGB Rn. 886; *Schaub* (Fn. 27), § 43 Rn. 4.
[203] BAG, Urt. v. 24.6.1999, 11.12.2001, AP Nr. 5, 8 zu § 611 BGG Nebentätigkeit.
[204] BAG 18.1.1996, AP Nr. 25 zu § 242 BGB Auskunftspflicht.
[205] Zur Kasuistik s. *Hunold*, NZA-RR 2002, 509 f.
[206] BAG, Urt. v. 11.4.2000, NZA 2001, 94.
[207] BAG, Urt. v. 30.1.1963, 24.4.1970, AP Nr. 3, 5 zu § 60 HGB; Urt. v. 15.2.1962, AP Nr. 1 zu § 61 HGB.
[208] BAG, Urt. v. 25.5.1970, 12.5.1972, 7.9.1972, AP Nr. 4, 6, 7 zu § 60 HGB.

cher Form die Geschäfte gemacht werden[209] (Tätigkeit im eigenen oder fremden Namen, Beteiligung am Handelsgewerbe eines Konkurrenten, Gewährung von Darlehen, Vorfühlen beim Kunden).[210] Erlaubt sind dagegen Tätigkeiten, denen das spekulative Moment fehlt (Arbeit zur reinen Befriedigung eigener Bedürfnisse) oder die ihrer Natur nach die Stellung des Arbeitgebers nicht ernsthaft gefährden können, weil sie sich nicht auf der gleichen geschäftlichen Ebene abspielen (Reinigungskraft mit mehreren Putzstellen, Buchhalter im Automobilwerk erledigt Buchhaltungsarbeiten für Handwerksbetrieb, Kantinenkellner arbeitet im Ausflugslokal usw.).[211]

73 Nebentätigkeitsverbote können sich auch aus der allgemeinen Pflicht des Arbeitnehmers zur Rücksichtnahme auf die berechtigten Interessen des Arbeitgebers (§ 241 Abs. 2 BGB) ergeben.[212] Der Arbeitnehmer hat jede Nebentätigkeit zu unterlassen, die mit der Arbeitspflicht kollidiert. Das ist stets der Fall, wenn der Arbeitnehmer während seiner Arbeitszeit für private Zwecke arbeitet,[213] selbst wenn es sich um Ehrenämter (z.B. Funktionär beim Sportbund)[214] handelt. Bei nicht gleichzeitiger Ausübung kommt es darauf an, ob die Nebentätigkeit die **berechtigten Interessen des Arbeitgebers objektiv erheblich beeinträchtigt**.[215] Der Begriff „berechtigte Interessen des Arbeitgebers" wird von der Rechtsprechung im weitesten Sinne verstanden.[216] Erfasst sind sämtliche Umstände, die für den Bestand und die Verwirklichung der Ziele des Arbeitgebers von Bedeutung sein können. Hierzu gehören nicht nur die dienstlichen Belange, die innerbetrieblich für einen störungsfreien Ablauf der zu erledigenden Arbeitsaufgaben erforderlich sind. Berechtigte Interessen des Arbeitgebers sind auch beeinträchtigt, wenn sich Nebentätigkeiten seiner Mitarbeiter negativ auf die Wahrnehmung des Arbeitgebers in der Öffentlichkeit auswirken.[217] Ob solche Interessen gegenüber dem Interesse des Arbeitnehmers an der Ausübung der Nebentätigkeit den Vorrang genießen, ist nach den Umständen des Einzelfalls unter Berücksichtigung des Grundrechts der Berufsfreiheit zu entscheiden.[218]

74 Berechtigte Arbeitgeberinteressen können beispielsweise bedroht sein, wenn ein Arbeitnehmer trotz Aufforderung des Arbeitgebers über Jahre hinweg Angaben über einen Teil seiner erheblichen Nebentätigkeiten völlig verweigert.[219] Zulässig sind nach der Rechtsprechung Nebentätigkeitsverbote zur Abwehr von Maßnahmen, die Einfluss auf das Konkurrenzverhältnis zwischen privaten und gesetzlichen Krankenversicherungen haben könnten. Einem beim medizinischen Dienst der gesetzlichen Krankenkassen angestellten Arzt darf untersagt werden, nebenberuflich als Gutachter für private Kranken- und Pflegeversicherungen tätig zu werden.[220] Einem in einem Krankenhaus beschäftigten Krankenpfleger darf verboten werden, nebenher als Leichenbestatter zu arbeiten.[221]

---

[209] BAG, Urt. v. 24.4.1970, AP Nr. 5 zu § 60 HGB.
[210] ErfK/*Schaub*, § 60 HGB Rn. 14 m.w.N.
[211] Küttner/*Reinecke*, Personalhandbuch 2004, 469, Rn. 6. m.w.N.
[212] BAG, Urt. v. 6.9.1990, AP Nr. 47 zu § 615 BGB; BAG, Urt. v. 18.1.1996, AP Nr. 25 zu § 242 BGB Auskunftspflicht; MünchArbR/*Blomeyer*, § 55 Rn. 4, Küttner/*Kania*, Personalhandbuch 2004, 322, Rn. 14. m.w.N.; ErfK/*Preis*, § 611 BGB Rn. 887.
[213] ArbG Passau, Urt. v. 16.1.1992, BB 1992, 567.
[214] BAG, Urt. v. 5.12.2002 – 2 AZR 478/01.
[215] BAG, Urt. v. 7.9.1995, 18.1.1996, AP Nr. 24, 25 zu § 242 BGB Auskunftspflicht; ErfK/*Preis*, § 611 BGB Rn. 886.
[216] BAG, Urt. v. 28.2.2002 – 6 AZR 357/01.
[217] So für den öffentlichen Arbeitgeber BVerwG, Urt. v. 26.6.1980, BVerwGE 60, 254; Urt. v. 30.6.1983, BVerwGE 67, 287.
[218] BAG, Urt. v. 8.12.1989, ZTR 1990, 379; Urt. v. 24.6.1999, AP BGB § 611 Nebentätigkeit Nr. 5; Urt. v. 28.2.2002, 6 AZR 357/01.
[219] BAG, Urt. v. 18.1.1996, AP Nr. 3 zu § 611 BGB Nebentätigkeit.
[220] BAG, Urt. v. 28.2.2002 – 6 AZR 33/01.
[221] BAG, Urt. v. 28.2.2002 – 6 AZR 357/01.

bb) **Vertragliche Nebentätigkeitsverbote.** Möglich sind auch individual- oder kollektivvertragliche Nebentätigkeitsverbote. Ein einseitiger Erlass kraft arbeitgeberseitigen Direktionsrechts ist dagegen unzulässig.[222] Soweit sich Nebentätigkeitsverbote nicht ohnehin bereits aus § 241 Abs. 2 BGB ergeben, bedürfen sie stets einer entsprechenden Vereinbarung.[223] Nebentätigkeitsverbote in Tarifverträgen und Betriebsvereinbarungen unterliegen einer Rechtskontrolle. Werden sie durch einen vorformulierten Arbeitsvertrag eingeführt, müssen sie zusätzlich einer Inhaltskontrolle am Maßstab von § 307 BGB standhalten. 75

Gegen Art. 12 Abs. 1 GG (Berufsfreiheit) verstoßen Klauseln, die dem Arbeitnehmer jede vom Arbeitgeber nicht genehmigte Nebentätigkeit untersagen.[224] Auch bei vereinbarten Verboten kann der Arbeitgeber nur dann die **Unterlassung** einer Nebentätigkeit verlangen, wenn er ein **berechtigtes Interesse** darlegen kann. Dies setzt voraus, dass die Arbeitsleistung durch die Nebentätigkeit beeinträchtigt werden kann.[225] Zu weit geratene tarifliche Nebentätigkeitsverbote versucht die Rechtsprechung verfassungskonform auszulegen. Eine Regelung, nach der die Genehmigung zu versagen ist, wenn zu besorgen ist, dass durch die Nebentätigkeit dienstliche Interessen beeinträchtigt werden, hat das BAG dahin ausgelegt, dass dem Arbeitgeber kein Ermessensspielraum zusteht, sondern ein Rechtsanspruch auf Genehmigung besteht, wenn nicht der Versagungsgrund „Besorgnis der Beeinträchtigung dienstlicher Interessen" vorliegt.[226] Vertragliche Regelungen, die eine Genehmigungspflicht für jede Nebentätigkeit vorsehen, hat es im Hinblick auf Art. 12 GG dahin ausgelegt, dass dem Arbeitnehmer für solche Nebentätigkeiten ein Anspruch auf Genehmigung zusteht, bei deren Ausübung eine Beeinträchtigung der Interessen des Arbeitgebers nicht zu erwarten ist.[227] 76

cc) **Genehmigungsvorbehalt.** Nebentätigkeitsverbote sind von reinen „Genehmigungsvorbehalten" zu unterscheiden, die eine Nebenbeschäftigung an die (vorherige) Zustimmung des Arbeitgebers binden.[228] Ein solcher Vorbehalt dient nur dazu, dem Arbeitgeber bereits vor Aufnahme der Nebentätigkeit die **Überprüfung zu ermöglichen**, ob seine Interessen beeinträchtigt sind. Im Ergebnis wird dem Arbeitnehmer nichts anderes als eine Information des Arbeitgebers angesonnen. Unterlässt es der Arbeitnehmer, die Genehmigung einzuholen, so ist eine Abmahnung auch dann berechtigt, wenn er Anspruch auf deren Erteilung hat.[229] 77

Wurde die Ausübung einer Nebentätigkeit unter einen Genehmigungsvorbehalt gestellt, darf die Genehmigung **nur aus sachlichen Gründen versagt** werden.[230] Einen Ermessensspielraum hat der Arbeitgeber dabei nicht. Vielmehr besteht ein Rechtsanspruch auf Genehmigung, wenn kein Versagungsgrund besteht.[231] Ein Versagungsgrund ist gegeben, wenn nach den Umständen des Einzelfalls eine Beeinträchtigung dienstlicher Inter-

---

[222] BAG, Urt. v. 21.9.1999, AP BGB § 611 Nebentätigkeit Nr. 6; BAG, Urt. v. 26.6.2001, AP TVG § 1 Tarifverträge: Verkehrsgewerbe Nr. 8; BAG, Beschl. v. 28.5.2002, 1 ABR 32/01.
[223] BAG, Urt. v. 21.9.1999, AP Nr. 6 zu § 611 BGB Nebentätigkeit; Urt. v. 26.6.2001, AP Nr. 8 zu § 1 TVG Tarifverträge: Verkehrsgewerbe; Beschl. v. 28.5.2002, AP BetrVG 1972 § 87 Ordnung des Betriebs Nr. 39.
[224] BAG, Urt. v. 6.7.1990, AP Nr. 47 zu § 615 BGB; ErfK-*Preis*, § 611 BGB Rn. 890; Preis/*Rolfs*, Arbeitsvertrag, 2. Aufl. 2005, II N 10 Rn. 34.
[225] BAG, Urt. v. 6.9.1990 AP BGB § 615 Nr. 47; BAG, Urt. v. 18.1.1996 AP BGB § 242 Auskunftspflicht Nr. 25; MünchArbR/*Blomeyer* § 55 Rn. 4.
[226] BAG, Urt. v. 7.12.1989 – 6 AZR 241/88 m.w.N.
[227] BAG, Urt. v. 26.8.1976, AP Nr. 68 zu § 626 BGB; mit Anm. *Löwisch/Röde*; Urt. v. 13.11.1979, AP Nr. 5 zu § 1 KSchG1969 Krankheit.
[228] BAG, Urt. v. 21.9.1999, 11.12.2001, AP Nr. 6, 8 zu § 611 BGB Nebentätigkeit.
[229] BAG, Urt. v. 30.5.1996, AP Nr. 2 zu § 611 BGB Nebentätigkeit.
[230] BAG, Urt. v. 21.9.1999, 11.12.2001, AP Nr. 6, 8 zu § 611 BGB Nebentätigkeit.
[231] BAG, Urt. v. 7.12.1989, ZTR 1990, 379; Urt. v. 24.6.1999, AP BGB § 611 Nebentätigkeit Nr. 5.

essen bei verständiger Würdigung der im Zeitpunkt der Entscheidung erkennbaren Umstände und unter Berücksichtigung der erfahrungsgemäß zu erwartenden Entwicklung wahrscheinlich ist. Die kaum je auszuschließende „abstrakte" Gefahr einer Interessenkollision genügt nicht. Umgekehrt braucht die Gefahr nicht schon so konkret zu sein, dass mit hoher Wahrscheinlichkeit in absehbarer Zeit mit einer Beeinträchtigung von Arbeitgeberinteressen zu rechnen ist.[232]

c) Mitbestimmung

78 Die Einführung eines Nebentätigkeitsverbots unterliegt nicht der Mitbestimmung nach § 87 Abs. 1 Nr. 1 BetrVG, da es sich um das mitbestimmungsfreie Arbeitsverhalten handelt, das keinen Bezug zur betrieblichen Ordnung aufweist.[233] Erst recht nicht lässt sich ein Nebentätigkeitsverbot durch Betriebsvereinbarung regeln. Derartige Betriebsvereinbarungen würden unzulässig in die Gestaltung der arbeitsfreien Zeit eingreifen.[234] Streitig ist, ob der Betriebsrat zumindest darüber informiert werden muss, welche Mitarbeiter angemeldete Nebentätigkeiten verrichten, welchen Umfang die Nebentätigkeit hat und welcher Art sie ist.[235] Das ist zu verneinen.[236] Es ist nicht Aufgabe des Betriebsrats, den Mitarbeiter mit „Munition" für einen Prozess gegen den Arbeitgeber zu versorgen und so die Position des Mitarbeiters unmittelbar zu stärken.

d) Sanktionen

79 Der Arbeitgeber kann verlangen, dass der Arbeitnehmer die unerlaubte Nebentätigkeit unverzüglich unterlässt. Allerdings spielt der Unterlassungsanspruch bei schlichten Nebentätigkeiten ohne Konkurrenz kaum eine Rolle.[237] Wichtiger sind Abmahnung und Kündigung. **Abgemahnt** werden darf, wer vor Aufnahme einer Nebentätigkeit nicht die erforderliche Genehmigung einholt, und zwar selbst dann, wenn er die Genehmigung mit Recht verlangen kann. Der Arbeitgeber hat ein berechtigtes Interesse daran zu prüfen, ob Versagungsgründe vorliegen.[238] **Gekündigt** werden darf, wenn die vertraglich geschuldeten Leistungen durch die Nebentätigkeit beeinträchtigt werden.[239] Im Regelfall ist eine vorherige Abmahnung erforderlich.

4. Ämtertausch

a) Bedeutung

80 Erfahrungsgemäß nimmt, je länger Arbeitnehmer Positionen bekleiden, bei denen Bestechung oder Vorteilsannahme möglich sind, die Anfälligkeit für Korruptionsdelikte zu. Die langjährige Zusammenarbeit derselben Personen kann Bindungen erzeugen, die die Grenzen zwischen privaten und dienstlichen Interessen verschwimmen lassen. Deshalb sollte versucht werden, das Personal auf solchen Stellen ohne Rücksicht auf konkrete Verdachtsmomente regelmäßig auszutauschen. Freilich hängt die Verwirklichung eines sol-

---

[232] BAG, Urt. v. 7.12.1989 (Fn. 231); Urt. v. 24.6.1999 (Fn. 231); Urt. v. 28.2.2002 – 6 AZR 33/01.
[233] Wie hier LAG Düsseldorf, Beschl. v. 29.5.2001 – 3 TaBV 14/01 n.v.; ausdrücklich offengelassen von BAG, Beschl. v. 28.5.2002, 1 ABR 32/01.
[234] Str., wie hier *Fitting* (Fn. 17), § 77 Rn. 56; GK-*Kreutz*, § 77 BetrVG Rn. 335; *Richardi* (Fn. 100), § 77 Rn. 104; a.A. *Knevels*, DB 1961, 168, 169; *Schaub* (Fn. 27), § 43 Rn. 7.
[235] Dafür LAG Baden-Württemberg, AiB 1993, 238.
[236] Wie hier LAG Köln, Urt. v. 11.1.1995, NZA 1995, 443.
[237] ErfK-*Preis*, § 611 BGB Rn. 891.
[238] BAG, Urt. v. 30.5.1996, AP Nr. 2 zu § 611 BGB Nebentätigkeit; Beschl. v. 22.2.2001, 6 AZR 398/99.
[239] BAG, Urt. v. 26.8.1976, AP BGB § 626 Nr. 68.

chen „Rotationsprinzips" davon ab, dass genügend Mitarbeiter zur Verfügung stehen, die sich gegeneinander austauschen lassen.

b) Zulässigkeit

aa) Direktionsrecht. Die Zuweisung eines anderen Dienstpostens unterliegt dem Direktionsrecht des Arbeitgebers. Das Direktionsrecht erlaubt es, die Einzelheiten der vom Arbeitnehmer zu erbringenden Leistung einseitig festzulegen, soweit diese nicht geregelt sind (vgl. § 106 S. 1 GewO).[240] Kraft Direktionsrechts können daher Dienstposten zugewiesen und wieder entzogen werden. Je enger der Arbeitsvertrag die versprochene Tätigkeit beschreibt, desto schwieriger ist eine Versetzung,[241] jedenfalls wenn keine Versetzungsklausel vereinbart wurde. Umschreibt der Arbeitsvertrag die Tätigkeit nur allgemein-abstrakt, etwa durch ein Berufsbild (Kaufmännischer Angestellter, Buchhalter usw.), können dem Arbeitnehmer sämtliche dem Berufsbild entsprechenden Tätigkeiten übertragen werden.[242]

81

Die Zuweisung eines anderen Dienstpostens ist ausgeschlossen, wenn sich der Arbeitsvertrag auf eine bestimmte Tätigkeit konkretisiert hat.[243] Hierzu genügt es nicht, dass der Arbeitnehmer jahrelang auf derselben Stelle beschäftigt war. Es bedarf vielmehr zusätzlicher Umstände, die das Vertrauen des Arbeitnehmers rechtfertigen, dass ihm die Stelle nicht mehr entzogen wird,[244] etwa bei entsprechenden Erklärungen des Arbeitgebers. Umgekehrt tritt eine Konkretisierung dann nicht ein, wenn der Arbeitsvertrag den ausdrücklichen Vorbehalt für die Zuweisung einer anderen Beschäftigung enthält.[245] In keinem Fall darf der Arbeitnehmer kraft Direktionsrechts auf einen geringerwertigen Arbeitsplatz versetzt werden, selbst dann nicht, wenn ihm die bisherige Vergütung fortgezahlt wird.[246]

82

Die Versetzung auf einen höherwertigen Dienstposten bereitet, da sie als Beförderung angesehen wird, praktisch keine Schwierigkeiten. Streng ist die Rechtsprechung[247] allerdings, wenn der höherwertige Dienstposten nur **auf Zeit** übertragen werden soll, was für die Durchführung eines Rotationskonzepts unverzichtbare Voraussetzung ist. Hier soll es in einem ersten Schritt darauf ankommen, ob es billigem Ermessen entspricht, dem Arbeitnehmer die anders bewertete Tätigkeit überhaupt zu übertragen. In einem zweiten Schritt ist, wenn die Übertragung von Anfang an oder auch erst nach einer bestimmten Zeit mit einer höheren Vergütung verbunden ist, zu prüfen, ob es billigem Ermessen entspricht, diese Tätigkeit nur vorübergehend und nicht auf Dauer zu übertragen. Wird demselben Arbeitnehmer eine höherwertige Tätigkeit mehrmals nacheinander vorübergehend oder vertretungsweise übertragen, so unterliegt jeder Übertragungsakt für sich der gerichtlichen Billigkeitskontrolle (§ 315 BGB), wobei der Arbeitnehmer nicht gehalten ist, jedes Mal einen Vorbehalt zu erklären. Erforderlich ist also eine „doppelte" Billigkeitsprüfung.[248] Die Billigkeitskontrolle bezieht sich sowohl auf das Gesamtkonzept als

83

---

[240] BAG, Urt. v. 20.8.1995, 24.4.1996, AP BGB § 611 Direktionsrecht Nr. 44, 49; BAG, Urt. v. 29.10.2002, 6 AZR 643/00.
[241] *Hromadka*, DB 1995, 2601, 2602; *Preis*, Arbeitsvertrag, 2. Aufl. 2005, II D 30 Rn. 32 ff.
[242] LAG Hamm, Urt. v. 13.12.1990, LAGE BGB § 611 BGB Direktionsrecht Nr. 7.
[243] ErfK/*Preis*, § 611 BGB Rn. 801 m.w.N.
[244] LAG Rheinland-Pfalz, Urt. v. 13.10.1987, NZA 1988, 471; LAG Düsseldorf, Urt. v. 23.6.1994, LAGE BGB § 611 Direktionsrecht Nr. 18; LAG Rheinland-Pfalz, Urt. v. 5.7.1996, NZA 1997, 1113.
[245] LAG Köln, Urt. v. 23.2.1987, LAGE BGB § 611 Direktionsrecht Nr. 1.
[246] BAG, Urt. v. 14.7.1965, 30.8.1995, 24.4.1996, AP Nr. 19, 44, 49 zu § 611 BGB Direktionsrecht.
[247] BAG, Urt. v. 17.4.2002, 4 AZR 174/01 unter Aufgabe von BAG, Urt. v. 26.3.1997, ZTR 1997, 413.
[248] Entspricht die vorübergehende Übertragung der Tätigkeit nicht billigem Ermessen, so erfolgt die Bestimmung der „Leistung" entsprechend § 315 Abs. 3 Satz 2 BGB durch eine richterliche Entscheidung. Sie kann bei der Übertragung einer höherwertigen Tätigkeit auf Zeit – je nachdem, worin die Unbilligkeit liegt – darin bestehen, dass die Übertragung der Tätigkeit nicht als nur vorübergehend, sondern als auf

auch auf die einzelne Übertragung, deren Umstände vor dem Hintergrund des Gesamtkonzepts verdeutlicht werden müssen.[249] Ein solches „Gesamtkonzept" kann in der Bekämpfung der Korruption gesehen werden. Soll mit der Übertragung auf Zeit verhindert werden, dass sich netzwerkartige Strukturen bilden, die Mitarbeiter in die Abhängigkeit von Dritten bringen, liegt bereits darin ein sachlicher Grund. Voraussetzung ist allerdings, dass der Dienstposten in erhöhtem Maße Gelegenheit zur Korruption bietet. Das ist zu bejahen, wenn es auf diesem Posten bereits zu Korruptionsdelikten gekommen ist oder diese doch greifbar nahe liegen.

84 bb) **Mitbestimmung.** Führt der Ämtertausch zu einer **Versetzung** im Sinne des § 95 Abs. 3 Satz 1 BetrVG, wird in Unternehmen mit in der Regel mehr als zwanzig Arbeitnehmern das Mitbestimmungsrecht nach § 99 BetrVG ausgelöst. Versetzung im Sinne des BetrVG ist die Zuweisung eines anderen Arbeitsbereichs, die voraussichtlich die Dauer von einem Monat überschreitet oder die mit einer erheblichen Änderung der Umstände verbunden ist, unter denen die Arbeit zu leisten ist. Ein **anderer Arbeitsbereich** wird dann zugewiesen, wenn sich der Gegenstand der nunmehr geforderten Arbeitsleistung und das Gesamtbild der Tätigkeit ändern.[250] Für das Mitbestimmungsrecht spielt es dagegen keine Rolle, ob die Versetzung individualrechtlich zulässig, also vom Direktionsrecht des Arbeitgebers gedeckt ist; entscheidend ist nur, ob tatsächlich ein anderer Tätigkeitsbereich zugewiesen wurde. Dabei kommt es darauf an, ob sich die Tätigkeiten des Arbeitnehmers vor und nach der personellen Maßnahme so voneinander unterscheiden, dass ein mit den betrieblichen Verhältnissen vertrauter Beobachter die neue Tätigkeit als eine andere betrachten kann. Der Begriff des Arbeitsbereichs wird in § 81 BetrVG durch die Aufgabe und die Verantwortung sowie die Art der Tätigkeit und ihre Einordnung in den Arbeitsablauf des Betriebes umschrieben. Welche Arbeitsbereiche in einem Betrieb vorhanden sind, ergibt sich aus dessen Organisation. In jedem Arbeitsbereich treten ständig Änderungen ein, die die Unterrichtungspflicht des Arbeitgebers nach § 81 BetrVG auslösen. Nicht jede dieser Veränderungen stellt jedoch eine mitbestimmungspflichtige Versetzung dar. Bagatellfälle und Änderungen innerhalb der üblichen Schwankungsbreite werden nicht erfasst. Die Veränderung muss so erheblich sein, dass sich das Gesamtbild der Tätigkeit ändert.[251]

85 Eine solche Veränderung kann sich auch dadurch ergeben, dass dem Arbeitnehmer eine neue Aufgabe übertragen oder eine bisherige Funktion entzogen wird.[252] Dabei muss die übertragene oder die entzogene Tätigkeit nicht unbedingt überwiegen. Maßgeblich ist, dass sie der Gesamttätigkeit ein solches Gepräge gibt, dass nach ihrem Wegfall bzw. ihrem Hinzutreten insgesamt von einer anderen Tätigkeit ausgegangen werden kann. Erforderlich ist also auch hier, dass es sich um eine erhebliche Änderung der **Teilfunktionen** handelt.[253] Ob der Entzug von Teilfunktionen nur zu einer Verkleinerung des unveränderten Arbeitsbereichs führt oder einen neuen Arbeitsbereich schafft, ist nicht allein quantitativ zu bestimmen.[254] Überwiegt der entzogene Teilbereich, wird man schon aus

---

Dauer vorgenommen erklärt wird oder die zeitliche Dauer anders bestimmt wird. Die Beweislast dafür, dass die Ausübung des Direktionsrechts billigem Ermessen entspricht, trägt derjenige, der das Leistungsbestimmungsrecht ausübt, vgl. BAG 16.9.1998, AP BAT-O § 24 Nr. 2; BAG, Urt. v. 17.12.1997 – 5 AZR 332/96 – BAGE 87, 311.

[249] BAG, Urt. v. 17.4.2002, 4 AZR 174/01; BAG, Urt. v. 22.1.2003, 4 AZR 517/01.
[250] BAG, Beschl. v. 2.4.1996, AP Nr. 34 zu § 95 BetrVG 1972.
[251] St. Rsp. vgl. etwa BAG, Beschl. v. 19.2.1991, 16.7.1991, 23.11.1994, AP Nr. 25, 28, 33 zu § 95 BetrVG 1972.
[252] BAG, Urt. v. 27.4.1980, AP Nr. 26 zu § 611 BGB Direktionsrecht; Beschl. v. 19.2.1991 – 1 ABR 33/90 n.v.
[253] V. Hoyningen-Huene/Boemke, Die Versetzung, 1991, S. 143; Griese, BB 1995, 458.
[254] Belling, DB 1985, 335, 337.

diesem Grund eine Änderung des Arbeitsbereichs insgesamt annehmen können.[255] Die Teilfunktion kann aber auch dann prägend sein, wenn sie einen zeitlich geringeren Anteil ausmacht.[256] Manche halten den Entzug oder die Hinzufügung von 20 % der Aufgaben für unerheblich.[257] Andere sehen darin bereits ein Indiz für die Bildung eines neuen Arbeitsbereichs.[258]

Liegt eine mitbestimmungspflichtige Versetzung vor, ist der Betriebsrat unter Vorlage der erforderlichen Unterlagen über die Person des zu Versetzenden und über die Auswirkungen der Versetzung zu informieren. Ferner hat der Arbeitgeber die **Zustimmung des Betriebsrats** einzuholen, die dieser nur aus den in § 99 Abs. 2 BetrVG genannten Gründen schriftlich und binnen einer Woche nach ordnungsgemäßer Information verweigern darf. Zwar kann der Betriebsrat der Versetzung an sich widersprechen, wenn dadurch andere Mitarbeiter (§ 99 Abs. 2 Nr. 3 BetrVG) oder der betroffene Arbeitnehmer selbst (§ 99 Abs. 2 Nr. 4 BetrVG) benachteiligt werden. Dies gilt jedoch nicht, wenn die Versetzung aus betrieblichen oder in der Person des zu Versetzenden liegenden Gründen gerechtfertigt ist. Ob das der Fall ist, bemisst sich im Wesentlichen nach den bereits oben dargestellten Grundsätzen über die individualrechtliche Zulässigkeit der Versetzung. Dient die Versetzung der Bekämpfung der Korruption auf einem konkret gefährdeten Arbeitsplatz, darf der Betriebsrat ihr nicht widersprechen. Die gleichwohl verweigerte Zustimmung muss der Arbeitgeber arbeitsgerichtlich ersetzen lassen (§ 99 Abs. 4 BetrVG). **86**

IV. Kontrollrechte des Arbeitgebers

1. Allgemeines

a) Bedeutung

Dass der Arbeitgeber ein erhebliches Sicherheitsinteresse hat, bedarf keiner weiteren Ausführungen. Freilich liegt es an ihm, Pflichtverletzungen schon im Vorfeld zu begegnen: durch klare Unternehmensleitbilder, eine durchschaubare Betriebsorganisation mit eindeutigen Handlungsanweisungen und vor allem durch regelmäßig durchgeführte Kontrollen.[259] Das Recht des Arbeitgebers, seine Mitarbeiter zu kontrollieren, ist, obwohl bislang nirgends spezialgesetzlich geregelt, im Grundsatz allgemein anerkannt.[260] Kontrollbefugnisse können sich auch aus Tarifverträgen und Betriebsvereinbarungen oder dem Arbeitsvertrag ergeben. Nicht selten wird der Arbeitnehmer mit betriebsüblichen Kontrollen einverstanden sein. **87**

b) Grundsätze

Einschneidende Methoden sind nur dann gerechtfertigt, wenn bereits konkrete Verdachtsmomente gegen einen Arbeitnehmer bestehen, die auf eine schwere Pflichtverletzung oder eine gegen den Arbeitgeber gerichtete Straftat hindeuten.[261] Die den Strafver- **88**

---
[255] Vgl. etwa *v. Hoyningen-Huene/Boemke* (Fn. 253), S. 143.
[256] S. schon BAG, Beschl. v. 19.9.1991 – 1 ABR 33/90 n.v.; BAG, Urt. v. 27.3.1980, AP Nr. 26 zu § 611 BGB Direktionsrecht; LAG Frankfurt, Beschl. vom 22.2.1983, DB 1983, 2143, 2144.
[257] *Griese*, BB 1995, 458.
[258] LAG München, Beschl. v. 16.11.1978, BB 1979, 1092.
[259] Vgl. ausf. *Maschmann*, AuA 2000, 519 ff.
[260] St. Rspr., vgl. zuletzt BAG, Urt. v. 27.3.2003, AP Nr. 36 zu § 87 BetrVG 1972 Überwachung; Beschl. v. 29.6.2004, AP Nr. 41 zu § 87 BetrVG 1972 Überwachung.
[261] BAG, Urt. v. 27.3.2003, AP Nr. 36 zu § 87 BetrVG 1972 Überwachung.

3. Kapitel. Vermeidung von Korruptionsrisiken aus Unternehmenssicht

folgungsbehörden eingeräumten Befugnisse (Hausdurchsuchung, Beschlagnahme usw.) stehen dem Arbeitgeber jedoch nicht zu. Bei konkretem Tatverdacht und der damit verbundenen Entscheidung, den Arbeitnehmer zu entlassen, sollte deshalb auch die zügige **Einschaltung der Strafverfolgungsorgane** erwogen werden, vor allem dann, wenn es um den strafbaren Verrat von Betriebs- und Geschäftsgeheimnissen nach §§ 17 ff. UWG geht.

89 Um den Erfolg von Kontrollmaßnahmen nicht zu gefährden, kann es zuweilen erforderlich sein, sie nicht offen und sofort für den Arbeitnehmer erkennbar durchzuführen, sondern heimlich und verdeckt. Aus dem vom Arbeitgeber zu beachtenden Grundsatz der Verhältnismäßigkeit folgt allerdings im Regelfall der Vorrang der offen erkennbaren vor der heimlichen Überwachung.[262] **Heimliche Kontrollen** hat die Rechtsprechung zugelassen, wenn der konkrete Verdacht einer strafbaren Handlung oder einer anderen schweren Verfehlung zu Lasten des Arbeitgebers besteht, weniger einschneidende Mittel zur Aufklärung des Verdachts ausgeschöpft sind und die verdeckte Überwachung praktisch das einzig verbleibende Mittel darstellt, das insgesamt nicht unverhältnismäßig sein darf.[263]

2. Einzelne Kontrollmaßnahmen

a) Spontanes Aufsuchen am Arbeitsplatz

90 Ein spontanes Aufsuchen des Mitarbeiters am Arbeitsplatz ist ohne weiteres **zulässig**.[264] Der Arbeitgeber darf, wie jeder Gläubiger einer Dienstleistung, von Zeit zu Zeit prüfen, ob die Arbeitspflicht ordnungsgemäß erfüllt wird. Mit einer solchen Kontrolle wird sich der Arbeitnehmer normalerweise bereits im Arbeitsvertrag einverstanden erklären; sie gehört zu den unvermeidlichen Einschränkungen der Persönlichkeitssphäre. Eines konkreten Anlasses bedarf es für diese Überwachung ebenso wenig wie einer vorherigen Ankündigung. Der Umfang zulässiger Maßnahmen bestimmt sich nach dem Überwachungszweck. Der Arbeitgeber darf den Arbeitnehmer am Arbeitsplatz aufsuchen, seine Anwesenheit kontrollieren, ihn zum Stand der übertragenen Arbeiten befragen und entsprechende Weisungen erteilen. Ferner ist er befugt, die Einhaltung arbeitsrechtlicher Nebenpflichten zu überwachen. Dabei hat der Arbeitgeber jedes ehrverletzende oder maßregelnde Verhalten zu unterlassen und den Grundsatz der **Verhältnismäßigkeit** zu wahren. Unzulässig ist es, den Mitarbeiter bei der Kontrolle vor seinen Kollegen bloßzustellen. Zwar lässt der stichprobenartige Charakter dieser Überwachungsform eine strenge Bindung an den allgemeinen Gleichbehandlungsgrundsatz nicht zu; das heißt jedoch nicht, dass dem Arbeitgeber diskriminierendes Verhalten erlaubt wäre. Eine auf bestimmte Arbeitnehmergruppen (Arbeiter, Teilzeitbeschäftigte, Frauen usw.) begrenzte Kontrolle ist ohne sachlichen Grund unzulässig. Soweit sich der Arbeitgeber auf konkret-individuelle Überprüfungen bestimmter Mitarbeiter am Arbeitsplatz beschränkt und diese weder systematisch noch mittels technischer Hilfsmittel durchführt, ist der Betriebsrat nicht zu beteiligen. Zwar hat der Betriebsrat bei Fragen der Ordnung des Betriebes und des Verhaltens der Arbeitnehmer im Betrieb ein erzwingbares Mitbestimmungsrecht (§ 87 Abs. 1 Nr. 1 BetrVG). Mitbestimmungspflichtig sind aber nur Vorgänge, die das sog. Ordnungsverhalten betreffen, d.h. die Gestaltung des Zusammenlebens und Zusammenwirkens der Arbeitnehmer im Betrieb. Mitbestimmungsfrei

---

[262] BAG, Urt. v. 27.3.2003, AP Nr. 36 zu § 87 BetrVG 1972 Überwachung; Beschl. v. 29.5.2004, AP Nr. 41 zu § 87 BetrVG 1972 Überwachung.
[263] BAG, Urt. v. 27.3.2003, AP Nr. 36 zu § 87 BetrVG 1972 Überwachung; Beschl. v. 29.5.2004, AP Nr. 41 zu § 87 BetrVG 1972 Überwachung.
[264] Allg. M., vgl. nur MünchArbR/*Blomeyer*, § 95 Rn. 6.

sind dagegen Anordnungen bezüglich des Arbeitsverhaltens, d.h. der Erbringung der Arbeitsleistung.[265] Das gilt nicht nur für Weisungen zur Ausführung der Arbeit, sondern auch für die Erfassung und Kontrolle, soweit sie nicht mittels technischer Überwachungseinrichtungen erfolgt.[266] Auch bei Fragen, die das Ordnungsverhalten betreffen, bezieht sich das Mitbestimmungsrecht auf kollektive bzw. generell-abstrakte Maßnahmen, die nicht durch die Umstände des einzelnen Arbeitsverhältnisses bedingt sind, sondern sich auf mehrere Arbeitnehmer sogleich oder später auswirken.[267]

b) Videoüberwachung

Videoaufzeichnungen mittels offen angebrachter oder versteckter Kamera ermöglichen eine permanente Überwachung. Sie können gezielt zur Mitarbeiterkontrolle erfolgen oder bloße Nebenfolge der Beobachtung einer technischen Anlage oder eines sicherheitsempfindlichen Bereichs (Bankschalter, Rechenzentrum usw.) sein. Eine Videoaufzeichnung ohne Tonmitschnitt erfüllt zwar nicht den Straftatbestand des § 201 StGB (Schutz der Vertraulichkeit des Wortes); sie kann aber unzulässig in das Recht des Mitarbeiters am eigenen Bild eingreifen, das der Arbeitgeber als Teil des allgemeinen Persönlichkeitsrechts zu wahren hat.[268] Das **allgemeine Persönlichkeitsrecht** schützt den Arbeitnehmer vor einer lückenlosen technischen Überwachung am Arbeitsplatz durch offene oder heimliche Videoaufnahmen. Bei einer Videoüberwachung sieht sich der Arbeitnehmer einem ständigen Überwachungsdruck ausgesetzt, dem er sich während seiner Tätigkeit nicht entziehen kann.[269]

Ein derart erheblicher Eingriff in das allgemeine Persönlichkeitsrecht ist nur dann gerechtfertigt, wenn bei einer umfassenden, am Grundsatz der Verhältnismäßigkeit orientierten Interessenabwägung das **Kontrollinteresse** des Arbeitgebers das Persönlichkeitsrecht des Arbeitnehmers eindeutig **überragt**. Das ist noch nicht der Fall, wenn der Arbeitgeber schlicht überprüfen will, ob die Mitarbeiter ihrer Arbeitspflicht nachkommen.[270] Vielmehr müssen rechtlich geschützte Güter des Arbeitgebers schwerwiegend beeinträchtigt sein, etwa durch gegen ihn gerichtete Straftaten (Diebstahl, Unterschlagung, Verrat von Betriebs- und Geschäftsgeheimnissen usw.). Überdies darf sich Abhilfe nicht auf andere Weise erreichen lassen. Bei Bankschaltern kann eine permanente Videoüberwachung erforderlich sein, wenn sie das einzige Mittel darstellt, um Täter zu ermitteln, bei Warenhäusern, wenn ständiger Warenlust droht71[64] Weiterhin muss ein konkreter Tatverdacht bestehen; der ohne nähere Anhaltspunkte bestehende „Generalverdacht" gegen eine größere Arbeitnehmergruppe genügt nicht.[272] Liegen konkrete Verdachtsmomente für eine Straftat vor, muss sich der Verdacht nicht auf eine bestimmte Person beziehen. Die Videoüberwachung ist schon dann zulässig, wenn sie dazu dient, einen bereits räumlich und funktional konkretisierten Verdacht auf eine Person einzugrenzen, und damit zugleich die Möglichkeit bietet, die übrigen Arbeitnehmer aus dem Kreis der Verdächtigen auszuschließen.

---

[265] St. Rspr., zuletzt BAG, Beschl. v. 21.1.1997, AP Nr. 27 zu § 87 BetrVG 1972 Ordnung des Betriebs.
[266] BAG, Beschl. v. 8.11.1994, AP Nr. 24 zu § 87 BetrVG 1972 Ordnung des Betriebs.
[267] Sog. Lehre vom „qualitativen Kollektiv", vgl. BAG GS, Beschl. v. 3.12.1991, AP Nr. 51 zu § 87 BetrVG 1972 Lohngestaltung; *Hromadka/Maschmann* (Fn. 73), § 16 Rn. 429.
[268] BVerfG, Urt. v. 9.10.2002, AP BGB § 611 Persönlichkeitsrecht Nr. 34; BGH, Urt. v. 25.4.1995, NJW 1995, 1955.
[269] BAG, Urt. v. 27.3.2003, AP Nr. 36 zu § 87 BetrVG 1972 Überwachung; Beschl. v. 29.5.2004, AP Nr. 41 zu § 87 BetrVG 1972 Überwachung; BAG, Urt. v. 7.10.1987, AP BGB § 611 Persönlichkeitsrecht Nr. 15; LAG Hamm, Urt. v. 24.7.2001, NZA-RR 2002, 464; LAG Niedersachsen, Urt. v. 19.12.2001 – 6 Sa 1376/01 n.v.; LAG Baden-Württemberg, Urt. v. 6.7.1999, BB 1999, 1439.
[270] BAG, Urt. v. 27.3.2003, AP Nr. 36 zu § 87 BetrVG 1972 Überwachung.
[271] BAG, Urt. v. 7.10.1987, AP Nr. 15 zu § 611 Persönlichkeitsrecht.
[272] LAG Baden-Württemberg, Urt. v. 6.5.1999, BB 1999, 1439.

3. Kapitel. Vermeidung von Korruptionsrisiken aus Unternehmenssicht

93   Problematischer als der offene Einsatz von Videokameras ist ihre **heimliche Verwendung**. Obwohl der Arbeitnehmer keinen Überwachungsdruck verspürt, lässt die Rechtsprechung heimliche Aufnahmen nur zu, wenn eine sichtbare Videoüberwachung keinen Erfolg verspricht. Das ist zumeist dann der Fall, wenn Straftaten heimlich begangen werden. Auf Heimlichkeit angelegtes Verhalten kann seiner Natur nach nicht durch offen angekündigte Beobachtung entdeckt werden.[273] Für eine heimliche Videoüberwachung müssen die Voraussetzungen einer offenen Überwachung erfüllt sein, und sie darf insgesamt nicht unangemessen sein. Unangemessen ist die Kontrolle nicht, wenn sie nur den räumlichen Bereich, auf den sich der Verdacht erstreckt, betrifft und sie zeitlich begrenzt durchgeführt wird.[274]

94   Aus der besonderen Schutzbedürftigkeit des Bürgers bei einer Videoüberwachung hat mittlerweile auch der Gesetzgeber Konsequenzen gezogen. Durch die Novelle des Bundesdatenschutzgesetzes (BDSG), die am 19.5.2001 in Kraft getreten ist[275] und mit der die EG-Richtlinie[276] zum Schutz natürlicher Personen bei der Verarbeitung personenbezogener Daten und zum freien Datenverkehr in deutsches Recht umgesetzt wurde, werden privaten Ermittlungen enge Grenzen gesetzt. Nach § 6b BDSG ist die **Beobachtung öffentlich zugänglicher Räume** mit optisch-elektronischen Einrichtungen – d.h. die Videoüberwachung – zulässig, soweit sie zur Aufgabenerfüllung öffentlicher Stellen oder zur Wahrnehmung des Hausrechts oder sonstiger berechtigter Interessen für konkret festgelegte Zwecke erforderlich ist und keine Anhaltspunkte bestehen, dass schutzwürdige Interessen des Betroffenen überwiegen. Der Umstand der Beobachtung und die verantwortliche Stelle sind dem zu Beobachtenden durch geeignete Maßnahmen erkennbar zu machen (§ 6b Abs. 2 BDSG).[277] Einer heimlichen Beobachtung wird damit weitgehend ein Riegel vorgeschoben. Das Verbot heimlicher Videoaufnahmen ist eines der erklärten Hauptziele der Datenschutznovelle.[278] Allerdings regelt das Gesetz nur die Beobachtung öffentlich zugänglicher Räume,[279] bei denen der Gesetzgeber vor allem „Bahnsteige, Ausstellungsräume eines Museums, Verkaufsräume oder Schalterhallen" vor Augen hat.[280] Die Überwachung nicht öffentlich zugänglicher Betriebs- und Geschäftsräume eines Unternehmens bleibt der Regelung in einem Arbeitnehmerdatenschutzgesetz vorbehalten.

95   Die Installation einer Videoüberwachungsanlage – gleichgültig ob sie offen oder verdeckt erfolgen soll – ist **mitbestimmungspflichtig** nach § 87 Abs. 1 Nr. 6 BetrVG.[281] Aufzeichnungsgeräte sind technische Einrichtungen im Sinne dieser Vorschrift. Sie sind auch dann dazu bestimmt, das Verhalten oder die Leistung von Arbeitnehmern zu überwachen, wenn die Mitarbeiterkontrolle bloßer Nebeneffekt ist; es genügt, wenn der Einsatz objektiv zu deren Überwachung geeignet ist.[282] Der Betriebsrat hat mitzubestimmen bei der Einführung der Videoüberwachung und bei ihrer Anwendung. Bei seinen Überlegungen hat er die berechtigten Belange des Arbeitgebers gegen die Interessen der Arbeitnehmer auf Schutz ihres Persönlichkeitsrechts abzuwägen.[283] Die Zustimmung des Betriebsrats zu einer geplanten Überwachungsmaßnahme rechtfertigt allerdings noch nicht ihre Durchführung; deren Zulässigkeit richtet sich allein nach materiellen Kriterien.

---

[273] BAG, Urt. v. 27.3.2003, AP Nr. 36 zu § 87 BetrVG 1972 Überwachung.
[274] BAG (Fn. 273).
[275] Gesetz zur Änderung des BDSG und anderer Gesetze vom 18.5.2001, BGBl I S. 904.
[276] 95/46 vom 23.11.1995, ABl. Nr. L 281 S. 31 ff.
[277] Etwa durch die Aufstellung deutlich sichtbarer Hinweisschilder, vgl. BT-Drucks. 14/4329 S. 38.
[278] BT-Drucksache 14/4329 S. 30, 38.
[279] BAG, Urt. v. 27.3.2003, AP Nr. 36 zu § 87 BetrVG 1972 Überwachung.
[280] BT-Drucksache 14/4329 S. 38.
[281] BAG, Urt. v. 14.5.1974, AP Nr. 1 zu § 87 BetrVG 1972 Überwachung; BAG, Urt. v. 27.3.2003, AP Nr. 36 zu § 87 BetrVG 1972 Überwachung.
[282] BAG, Urt. v. 14.5.1974, 23.4.1985, AP Nr. 1, 11 zu § 87 BetrVG 1972 Überwachung.
[283] BAG, Beschl. v. 27.5.1986, AP Nr. 15 zu § 87 BetrVG 1972 Überwachung.

c) Abhören und Mithören von Telefongesprächen

Korruptes Verhalten und der Verrat von Betriebs- und Geschäftsgeheimnissen lassen sich häufig nur durch Abhören und Mithören von Gesprächen nachweisen, die der Arbeitnehmer während seines Dienstes führt. Beim Abhören weiß keiner der Gesprächspartner, dass er von einem Dritten belauscht wird, beim Mithören einer von beiden. Das Mithören bietet die Möglichkeit einer Hörfalle. Der Arbeitnehmer wird in ein Gespräch verwickelt, in dem er bestimmte Geheimnisse preisgeben soll, über die der Mithörende später als Zeuge berichten kann. 96

Das **Abhören** von Telefongesprächen sowie jedes anderen, nicht öffentlich gesprochenen Wortes und dessen Aufzeichnung können nach § 201 StGB strafbar sein. § 201 StGB schützt die Vertraulichkeit des Wortes, weil mündliche Äußerungen in dem Bewusstsein der Flüchtigkeit des gesprochenen Wortes und seiner jederzeitigen Korrigierbarkeit erfolgen.[284] Dagegen sind die Benutzung einer Telefonaufschaltanlage, mit der sich der Arbeitgeber deutlich wahrnehmbar in ein laufendes Gespräch einschalten kann,[285] und das bloße heimliche Mithören von Gesprächen nicht strafbar. Entschließt sich der Arbeitgeber gleichwohl zum Abhören, kann das durch **Notwehr** (§ 32 StGB) gerechtfertigt sein. Ein Handeln in Notwehr verlangt einen gegenwärtigen rechtswidrigen Angriff auf ein rechtlich geschütztes Gut des Arbeitgebers. Dieser wird regelmäßig gegeben sein, wenn ein Mitarbeiter Arbeitgebereigentum unterschlägt oder Betriebs- und Geschäftsgeheimnisse verrät. Dass der Arbeitgeber den Angriff möglicherweise provoziert hat, nimmt ihm ebenso wenig die Rechtswidrigkeit wie die verdeckte Beobachtung der Tat. Diebstahl, Unterschlagung und Geheimnisverrat sind keine „Heimlichkeitsdelikte".[286] Es schadet auch nicht, dass der Arbeitgeber durch das Abhören zugleich Beweismaterial sammeln will, um dieses in einem späteren Prozess gegen den Arbeitnehmer zu verwenden. Dem Arbeitgeber geht es auch und vor allem darum, den (zumeist fortgesetzten) Angriff auf sein Eigentum oder sein „Know-how" zu beenden,[287] und das gelingt ihm nur, wenn er den illoyalen Arbeitnehmer einer Straftat überführen und ihn daraufhin entlassen darf. Stets unzulässig ist ein permanentes Abhören, das nur zur „Vorbeugung" gegen Straftaten dient. Erforderlich ist immer ein konkreter Tatverdacht gegen eine bestimmte Person oder einen bestimmten Personenkreis. 97

Im Gegensatz zum Abhören ist das **Mithörenlassen**, d.h. das Belauschen eines Mitarbeitergesprächs durch einen Dritten, das unter Kenntnis und Billigung des Gesprächspartners, mit dem sich der Mitarbeiter unterhält, stattfindet, grundsätzlich nicht strafbar.[288] Niemand kann sicher sein, dass eine Person, der er Geheimnisse anvertraut, diese nicht gegenüber Dritten offenbart.[289] Ob der Gesprächspartner das ihm Anvertraute weitererzählt oder einem Dritten gestattet, sich selbst und unmittelbar Kenntnis vom Gesprächsinhalt zu verschaffen, macht letztlich keinen Unterschied.[290] In beiden Fällen wird kein Straftatbestand erfüllt.[291] Gleichwohl kann das Persönlichkeitsrecht des Mitarbeiters verletzt sein, namentlich dann, wenn der Mitarbeiter unzulässig über die Vertraulichkeit des Gespräches getäuscht wird, etwa weil ihm diese ausdrücklich zugesichert wurde.[292] 98

---

[284] BGH, NJW 1991, 1180.
[285] BAG, Urt. v. 1.3.1973, AP Nr. 1 zu § 611 BGB Persönlichkeitsrecht.
[286] BGH, NStZ 1987, 71.
[287] *Röckl/Fahl*, NZA 1998, 1035, 1040.
[288] BGH, Urt. v. 8.10.1993, NJW 1994, 596; OLG Düsseldorf, Urt. v. 21.1.2000, NJW 2000, 1578.
[289] BGH, NJW 1994, 2289, 2292 f.; *Baumgärtel*, MDR 1994, 767, 768; Musielak/*Foerste*, § 286 ZPO Rn. 8; *Helle*, JZ 1994, 915.
[290] Ausf. BGH GS, Urt. v. 13.5.1996, BGHSt 42, 139; vgl. auch BGHSt, 39, 335, 339 f.
[291] BGH, Urt. v. 8.10.1993, NJW 1994, 596; OLG Düsseldorf, Urt. v. 21.1.2000, NJW 2000, 1578.
[292] BAG, Urt. v. 2.6.1982, AP Nr. 3 zu § 284 ZPO; Urt. v. 29.10.1997, AP Nr. 27 zu § 611 BGB Persönlichkeitsrecht.

Hier verbietet es bereits § 242 BGB, sich später auf den Gesprächsinhalt zu berufen. Wer dem Mitarbeiter Vertraulichkeit des Wortes zusagt, diese aber nicht wahrt, verhält sich treuwidrig.

99 Problematisch sind allerdings all jene Gespräche im Betrieb, bei denen der Arbeitnehmer nicht ahnt, dass sein Gesprächspartner die Unterredung von einem Dritten mithören lässt. Im Grundsatz ist anerkannt, dass die Vertraulichkeit des Wortes nicht vor den Werkstoren halt macht.[293] Selbst angesichts der Vielfalt an technischen Mithörmöglichkeiten muss nicht damit gerechnet werden, dass betriebliche Unterhaltungen ständig von Dritten belauscht werden.[294] Das heimliche Mithören ist noch immer die Ausnahme. Zu Recht ist deshalb das BAG der Auffassung, dass dieser Ausnahmefall einer **besonderen Rechtfertigung** bedarf.[295] Unter normalen Umständen hat der Gesprächspartner – so das BAG – keinen anerkennenswerten Grund, einen Mitarbeiter zu belauschen.[296] Das kann freilich anders sein, wenn der Arbeitgeber handelt, um einen illoyalen Mitarbeiter aufgrund konkreter Verdachtsmomente zu überführen. In diesem Fall gilt das oben zu heimlichen Bildaufnahmen Gesagte sinngemäß. Zweifelhaft ist allerdings die vom BAG vertretene Ansicht, dass „von der persönlichen Sphäre des Sprechenden völlig losgelöste Daten oder Informationen" unter gewissen Umständen nicht dem Persönlichkeitsschutz unterfallen sollen. Übersehen wird dabei, dass das Persönlichkeitsrecht – zumindest prima facie – umfassend gewährt wird, und zwar unabhängig vom Inhalt eines Gesprächs. Zudem ist die Aufteilung in von vornherein nicht geschützte Kundgaben und solche, die unter dem Vertraulichkeitsschutz stehen, nicht praktikabel, zumal für diese Unterscheidung, wie das BAG zutreffend annimmt, der Umstand, dass das Gespräch am Arbeitsplatz geführt wird, ohne Belang ist. Freilich hat das BAG insofern Recht, als ein heimliches Belauschen eines Mitarbeitergespräches unter besonderen Umständen sehr wohl erlaubt sein kann. Das liegt aber nicht am besonderen Inhalt des Gespräches, sondern daran, dass das Persönlichkeitsrecht nur einen „prima facie"-Schutz gewährt, dessen effektive Reichweite sich nach den gesamten Umständen des Einzelfalles bemisst, namentlich danach, ob sich der Arbeitgeber bei einem anerkennenswerten Überwachungsanlass auf angemessene, verhältnismäßige Maßnahmen beschränkt hat.

d) Kontrolle der Mitarbeiterpost

100 Der Arbeitgeber hat das Briefgeheimnis zu wahren. Das unbefugte Öffnen von Briefen und verschlossenen Schriftstücken, die nicht zu seiner Kenntnis bestimmt sind, ist nach § 202 StGB strafbar. Geschützt ist jedoch nur die Privatpost. **Dienstpost**, bei der als Absender oder Empfänger der Arbeitgeber selbst angegeben ist, fällt nicht unter den Anwendungsbereich der Strafnorm, und zwar auch dann nicht, wenn der Name des Mitarbeiters neben der Firmenadresse vermerkt ist. Es spielt – eine anderweitige betriebliche Übung vorbehalten – auch keine Rolle, ob der Name des Mitarbeiters über oder unter dem Firmennamen steht. In jedem Fall handelt es sich um Betriebspost, die vom Arbeitgeber geöffnet und gelesen werden darf. Etwas anderes gilt dann, wenn der Brief von vornherein den Vermerk „persönlich/vertraulich" o.ä. trägt. Auch wenn sich nach dem Öffnen erkennbar ergibt, dass dieser Brief einen solchen Vermerk hätte tragen müssen (z.B. Anwaltspost in einer privaten Angelegenheit an die Firmenadresse), muss der Brief sofort nach dem Öffnen vertraulich behandelt werden.

---

[293] BVerfG, Beschl. v. 19.12.1991, AP Nr. 24 zu § 611 BGB Persönlichkeitsrecht.
[294] Str., wie hier BVerfG, Beschl. v. 19.12.1991, AP Nr. 24 zu § 611 BGB Persönlichkeitsrecht; BAG, Urt. v. 29.10.1997, AP Nr. 27 zu § 611 BGB Persönlichkeitsrecht; BGH, Urt. v. 13.10.1987, NJW 1988, 1016; Urt. v. 4.12.1990, NJW 1991, 1180); a.A. die ältere Rechtsprechung, vgl. BGH, Urt. v. 21.10.1963, NJW 1964, 165; Urt. v. 17.2.1982, AP Nr. 2 zu § 284 ZPO.
[295] A.A. offenbar OLG Düsseldorf, Urt. v. 21.1.2000, NJW 2000, 1578.
[296] BAG, Urt. v. 29.10.1997, AP Nr. 27 zu § 611 BGB Persönlichkeitsrecht.

Telefaxe unterliegen als Dienstpost dem Zugriff des Arbeitgebers. Jedoch gilt auch hier, 101
dass ein Fax von erkennbar privater Natur (ein Rechtsanwalt leitet ein Fax zum Scheidungsverfahren des Arbeitnehmers versehentlich an die dienstliche Faxnummer) selbst dann vertraulich zu behandeln ist, wenn sein Inhalt für jeden offenkundig ist.

e) Kontrolle der Internet- und E-Mail-Nutzung am Arbeitsplatz

aa) Grundsätze. Hat der Arbeitnehmer Zugang zum Internet, kann durch den 102
Proxy Server/Web Server des Arbeitgebers die Internetnutzung umfänglich protokolliert und ausgewertet werden. Aus diesen Protokollen können nicht nur die Benutzeridentifikation (IP-Adresse, Ethernet-Adresse), Datum und Uhrzeit des Zugriffs sowie die übertragene Datenmenge hervorgehen, sondern auch die Zieladresse des Zugriffs. Anhand des Protokolls lässt sich nachvollziehen, welcher Mitarbeiter wann welche Seite benutzt hat. Damit stellt sich die Frage, ob und inwieweit die bei der Benutzung anfallenden Verbindungs- und Nutzungsdaten kontrolliert werden dürfen, um mögliche Korruptionspraktiken von Mitarbeitern zu erkennen und sie zu unterbinden. Ferner fragt es sich, ob der Arbeitgeber auf den Inhalt von E-Mails von oder an Mitarbeiter zugreifen darf.[297]

Nach allgemeiner Ansicht sollen die Kontrollmöglichten davon abhängen, ob den Mit- 103
arbeitern neben der dienstlichen auch die private Nutzung des Internets am Arbeitsplatz gestattet wird.[298] Je nach der konkreten Ausgestaltung der Nutzungsmöglichkeiten sind die Vorschriften des Teledienstedatenschutzgesetzes (TDDSG), des Telekommunikationsgesetzes (TKG), der Telekommunikations-Datenschutzverordnung (TDSV) sowie des Bundesdatenschutzgesetzes (BDSG) zu beachten. Soweit im Einzelfall Betriebsvereinbarungen vorliegen, sind auch diese zu berücksichtigen; freilich müssen sie zwingendes Gesetzesrecht beachten.

bb) Verbot privater, Gestattung dienstlicher Nutzung. Gestattet der Arbeitgeber 104
die Nutzung von E-Mail und anderen Internetdiensten ausschließlich zu dienstlichen Zwecken, ist er nicht Anbieter im Sinne des Telekommunikations- (vgl. § 3 Nr. 6 TKG) bzw. Teledienstsrechts (vgl. § 1 Abs. 1 S. 2 Nr. 1 TDDSG). Im Falle der nur dienstlichen Nutzung besteht zwischen Arbeitgeber und Arbeitnehmer kein Anbieter-Nutzer-Verhältnis, da es sich bei der Bereitstellung der Dienste nicht um ein Angebot von Telekommunikation und Telediensten i.S. des Telekommunikationsgesetzes bzw. des Teledienstegesetzes handelt. Dabei ist es auch unerheblich, dass auf dienstlichen Anschlüssen private E-Mails ankommen können. Das telekommunikationsrechtliche Abwehrrecht zeigt in diesem Fall keine Wirkung.[299]

Einschlägig ist jedoch das Bundesdatenschutzgesetz (BDSG). Soweit die Nutzung von 105
E-Mail und Internetdiensten nur zur Sicherung des ordnungsgemäßen Betriebes der DV-Anlage protokolliert wird, unterliegt sie der besonderen Zweckbindung des § 14 Abs. 4 BDSG, d.h. die erhobenen Daten dürfen nicht für andere Zwecke, insbesondere nicht für die Verhaltenskontrolle der Mitarbeiter verwendet werden. Allerdings darf der Arbeitgeber, da er nur den Dienst-, nicht aber den Privatgebrauch gestattet hat, stichprobenartig prüfen, ob die **Internetnutzung** der Arbeitnehmer dienstlicher Natur ist. Die Zulässigkeit richtet sich dann gemäß § 12 Abs. 4 BDSG nach § 28 Abs. 1 BDSG. Protokolldaten, die der Kontrolle dienen, ob die arbeitsrechtlichen Vorgaben für die Nutzung von Internetdiensten eingehalten werden, müssten an sich eigens für diesen Zweck erhoben werden. Da diese Daten mit den für die Datensicherheit erhobenen Daten identisch sind,

---

[297] *Beckschulze/Henkel*, DB 2001, 1491; *Beckschulze*, DB 2003, 2773, 2775; *Ernst*, NZA 2002, 585, 589 f.
[298] *Beckschulze* (Fn. 297); *Beckschulze/Henkel* (Fn. 297), 1494; *BDSG-Beauftragter*, Grundsätze, S. 1; *Ernst* (Fn. 297), 587 ff.; *Hilber/Frick*, RdA 2002, 89.
[299] *Beckschulze/Henkel* (Fn. 297), 1496; *Däubler*, K&R 2000, 323, 327; *Ernst* (Fn. 297), 588; *Gola*, MMR 1999, 322 (324 f.); *Vehslage*, AnwBl 2001, 145 (147).

kann von einer doppelten Datenerhebung abgesehen werden. Keinesfalls zulässig wäre eine wahllos durchgeführte automatisierte Vollkontrolle durch den Arbeitgeber. Sie bedeutet einen schwerwiegenden Eingriff in das Persönlichkeitsrecht.[300]

106 Von dienstlichen **E-Mails** seiner Mitarbeiter darf der Arbeitgeber im selben Maße Kenntnis nehmen wie von ihrem dienstlichen Schriftverkehr.[301] Die E-Mail steht trotz mangelnder Verkörperung in einem Schriftstück nicht dem flüchtig gesprochenen Wort gleich, sondern ähnelt mehr einer Postkarte. Hierfür spricht, dass die E-Mail zunächst schriftlich niedergelegt und in einem zweiten Schritt versandt werden muss.[302] Verfügt das Unternehmen nur über eine elektronische Firmenadresse (z.B. info@firma.de), so ist die gesamte über die Adresse abgewickelte Post als betriebliche Korrespondenz zu werten; sie unterliegt damit vollständig dem Zugriff des Arbeitgebers. Dieser elektronische Briefkasten ist ebenso zu behandeln wie der physische. Der Vorgesetzte darf also anordnen, dass ihm jede ein- oder ausgehende E-Mail zur Kenntnis zu geben ist. Ferner ist er berechtigt, den E-Mail-Briefkasten abwesender Arbeitnehmer einzusehen. Gleiches gilt, wenn eine Adresse eindeutig als Adresse einer bestimmten Unterabteilung der Firma zu qualifizieren ist (z.B. personalabteilung@firma.de).[303]

107 Streitig ist, ob eine **E-Mail, die den Namen eines Arbeitnehmers enthält** (z.B. Hans.Schulze@firma.de), noch als vom Arbeitgeber einsehbare Dienstpost gilt. Zwar wird bei einer solchen Sendung der Mitarbeiter direkt und unmittelbar angesprochen; das nimmt der E-Mail jedoch nicht ihren dienstlichen Charakter. Enthält die E-Mail-Adresse einen Firmenzusatz, handelt es sich nicht um die persönliche Adresse des Mitarbeiters, sondern um eine dienstliche Adresse, die nur direkt zu bestimmten Accounts der Mitarbeiter weitergeleitet wird.[304] Schutzwürdige Interessen der Absender werden dadurch nicht verletzt. Nach dem objektiven Empfängerhorizont muss vielmehr davon ausgegangen werden, dass elektronische Post an eine E-Mail-Adresse mit einem Firmenzusatz vom Arbeitgeber eingesehen werden darf. Will der Absender dies vermeiden, muss er – wie bei normaler Briefpost – die E-Mail als „persönlich/vertraulich" kennzeichnen und entsprechend verschlüsseln. Fehlt es an solchen ausdrücklichen Vermerken, ist vom dienstlichen Charakter der E-Mail auszugehen.

108 Einem umfassenden Kontrollverbot unterliegen allerdings die E-Mail-Adressen von **Geheimnisträgern** wie dem Betriebsrat und – sofern vorhanden – einem Betriebsarzt bzw. Betriebspsychologen. Auch diese dürfen ihre Stellungnahmen per E-Mail abgeben, insbesondere wenn sie bereits zuvor vom Mitarbeiter angeschrieben wurden. Aus Gründen des besonderen Geheimnisschutzes darf der Arbeitgeber hier auch nicht erfassen, wer Absender und Adressat der Korrespondenz ist.[305]

109 **cc) Gestattung der privaten Nutzung.** Der Arbeitgeber ist nicht verpflichtet, dem Arbeitnehmer die private Nutzung des Internets zu erlauben. Hat er den Privatgebrauch erlaubt, nimmt er die Funktion eines Telekommunikations- bzw. Telediensteanbieters (§ 3 Nr. 6 TKG) wahr, und zwar auch dann, wenn der Arbeitnehmer für die private Inanspruchnahme des Internets keine Vergütung zu entrichten hat. Damit gelten die Vorschriften des TKG. Als Telekommunikationsanbieter hat der Arbeitgeber das Fernmeldegeheimnis (§ 88 TKG) zu beachten. Der Rahmen für eine zulässige Verarbeitung der Verbindungs-, Nutzungs- und Abrechnungsdaten ist sehr eng gesteckt. Die anfallenden Daten dürfen nur für die Erbringung und Abrechnung der Dienste verarbeitet und genutzt werden. Damit steht der Arbeitgeber in der Praxis vor dem Problem, die dienstliche

---

[300] *Ernst* (Fn. 297), 590.
[301] *Beckschulze* (Fn. 297); *BDSG-Beauftragter*, Grundsätze, S. 5; *Ernst* (Fn. 297), 589.
[302] So mit Recht *Beckschulze* (Fn. 297).
[303] *Beckschulze* (Fn. 298); *Ernst* (Fn. 297), 589.
[304] So mit Recht *Beckschulze* (Fn. 297); a.A. *Ernst* (Fn. 297), 589.
[305] *Ernst* (Fn. 297), 590 m.w.N.

von der privaten Nutzung abgrenzen zu müssen. Lösungsmodelle, die von zwei user accounts ausgehen, erfordern nicht nur zusätzlichen Verwaltungsaufwand; sie erscheinen auch angesichts der „Natur" des Internets unrealistisch. Da der Arbeitgeber andererseits aber nicht verpflichtet ist, die private Nutzung des Internets zu gestatten, und er ein berechtigtes Interesse daran hat, Missbrauch oder strafbare Handlungen nicht nur im dienstlichen Bereich, sondern auch bei der privaten Nutzung des dienstlichen Internet-Zugangs zu unterbinden, kann er die Erlaubnis der privaten Nutzung an bestimmte Bedingungen hinsichtlich des Zeitrahmens, der zugelassenen Bereiche und der regelmäßig durchzuführenden Kontrollen knüpfen.

Sobald der Arbeitnehmer in Kenntnis der Regelungen das Internet privat nutzt, 110 stimmt er entsprechenden Kontrollbefugnissen konkludent zu, wenn ihn der Arbeitgeber umfassend über die Nutzungsbedingungen und seine Kontrollbefugnisse informiert hat. Akzeptiert er die Kontrollbefugnisse nicht, muss er die private Nutzung unterlassen.

f) Zuverlässigkeitstests

Korrupte Mitarbeiter, die bereits über einschlägige Erfahrung und entsprechende kri- 111 minelle Energie verfügen, lassen sich dadurch überführen, dass man ihnen eine Falle stellt, um sie bei der Begehung einer strafbaren Handlung „auf frischer Tat" zu ertappen. Auch ohne konkrete Anhaltspunkte für eine Straftat kann der Arbeitgeber ein Interesse daran haben, Mitarbeiter auf die Probe zu stellen, wenn er sie nicht permanent überwachen kann, weil sie im Außendienst oder in schlecht kontrollierbaren Filialen arbeiten.

Bei einem Zuverlässigkeitstest verschafft der Arbeitgeber oder eine von ihm beauf- 112 tragte Person – ein Betriebsangehöriger oder ein Betriebsfremder (Detektiv, Mitarbeiter einer Sicherheitsfirma usw.) – einem Mitarbeiter bewusst und gewollt die kontrollierte und beobachtete Möglichkeit zu einer gegen den Arbeitgeber gerichteten strafbaren Handlung oder einer (schweren) Arbeitsvertragsverletzung. Entscheidend ist, dass der Arbeitgeber eine alltägliche Standardsituation schafft, die den Arbeitnehmer zwar auf die Probe stellt, dabei jedoch nicht so „verführend" ist, dass ein „durchschnittlich rechtstreuer" Mitarbeiter der Versuchung, sich strafbar zu machen, nicht widerstehen könnte. Das eigentliche Problem des Zuverlässigkeitstests liegt darin, dass es der Arbeitgeber ist, der den Mitarbeiter zu einer Pflichtverletzung „verführt" oder zumindest „herausfordert".

In seiner Entscheidung vom 18.11.1999[306] hat das BAG mit Recht festgestellt, dass 113 „Ehrlichkeitstests" nicht von vornherein das Persönlichkeitsrecht verletzen, sondern durch berechtigte **betriebliche (Sicherheits-)Interessen** gerechtfertigt sein können. Allerdings sei der „Verführung" des Mitarbeiters durch den Arbeitgeber angemessen Rechnung zu tragen. Die „Tatprovokation" könne nicht ohne Einfluss auf die Auswahl der Sanktionen bleiben, die der Arbeitgeber nach einem nicht bestandenen Zuverlässigkeitstest verhängen dürfe. Sie könne es dem Arbeitgeber im Einzelfall sogar verwehren, eine außerordentliche Tat- oder Verdachtskündigung auszusprechen; er müsse sich dann mit einer Abmahnung begnügen.[307] Ferner könne von Bedeutung sein, ob der Arbeitgeber auf die mögliche Durchführung von Ehrlichkeitskontrollen hingewiesen habe.

Nach dem „Primat der offenen Kontrolle" dürfen „spontane" Tests ohne jeden An- 114 fangsverdacht gegen bestimmte Personen oder Personengruppen nur dann durchgeführt werden, wenn der Arbeitgeber seine Mitarbeiter **nicht jederzeit unverdeckt** und für sie frei erkennbar **überwachen kann**. Das ist besonders bei Außendienstlern und sonstigen Mitarbeitern der Fall, die unbeaufsichtigt in Filialen und ähnlich „selbständigen" Be-

---

[306] AP Nr. 32 zu § 626 BGB Verdacht strafbarer Handlung.
[307] BAG, Urt. v. 18.11.1999, AP Nr. 32 zu § 626 BGB Verdacht strafbarer Handlung.

triebseinheiten arbeiten. Ohne Ehrlichkeitstest hätte der Arbeitgeber hier kaum eine Chance, sich kontinuierlich von der Rechtschaffenheit seines Personals zu überzeugen.[308] Folgerichtig hat die Rechtsprechung bei diesem Personenkreis Zuverlässigkeitstests bislang stets zugelassen.[309] Der permanente Einsatz von Videokameras und vergleichbaren Überwachungseinrichtungen stellt keine geeignete Alternative dar, zumal der ständige Überwachungsdruck, dem der Arbeitnehmer regelmäßig nicht auszuweichen vermag, ungleich stärker ist.[310]

115 Dort, wo der Arbeitgeber jederzeit offen den Arbeitnehmer überwachen und spontan aufsuchen kann, darf er ihn allenfalls dann auf die Probe stellen, wenn bereits **konkrete Verdachtsmomente** für eine gegen den Arbeitgeber gerichtete Straftat oder eine schwere Arbeitsvertragsverletzung vorliegen und andere Maßnahmen zu seiner Überführung keinen hinreichenden Erfolg versprechen. „Prophylaktische" Zuverlässigkeitstests, die ohne jeden Anhaltspunkt womöglich nur zur Abschreckung durchgeführt werden, sind unzulässig.[311] Sie greifen rechtswidrig in das allgemeine Persönlichkeitsrecht des Mitarbeiters ein, und zwar auch dann, wenn dieser bereits bei der Einstellung seine Bereitschaft zu derartigen Kontrollen erklärt hat; ein derart weitreichendes Einverständnis wäre unwirksam.[312] Das allgemeine Persönlichkeitsrecht verlangt freilich nicht, jeden Zuverlässigkeitstest dem Mitarbeiter vorher anzukündigen, wenn dadurch der Untersuchungszweck gefährdet würde. Deshalb darf dem Arbeitgeber – anders als das BAG[313] offenbar erwägt – das Unterlassen eines vorherigen Hinweises in einem späteren Kündigungsrechtsstreit nicht zum Nachteil gereichen. Bei Außendienstlern, die auch ohne konkrete Verdachtsmomente jederzeit auf die Probe gestellt werden dürfen, gebietet es die Fairness, wenigstens den Zeitraum zu nennen, innerhalb dessen mit „Routine-Kontrollen" zu rechnen ist. Eine andere Frage ist, ob der Betriebsrat von dem Test benachrichtigt werden muss. Das ist zu bejahen, wenn ihm ein zwingendes Mitbestimmungsrecht zukommt, was nur unter besonderen Umständen der Fall ist.

116 Stets ist bei Ehrlichkeitstest die Besonderheit im Auge zu behalten, dass es der Arbeitgeber ist, der dem Arbeitnehmer eine – wenn auch kontrollierte – günstige Gelegenheit zu einer strafbaren oder vertragswidrigen Handlung bietet. Der Mitarbeiter darf nicht allein deshalb auf die Probe gestellt werden, um ihn „hereinzulegen".[314] Unzulässig ist ferner die Anwendung verwerflicher Mittel, vor allem solcher, die in den Bereich der Strafbarkeit reichen oder sich als Zeugnis besonderer „Verführungskunst" erweisen.[315] Strafbar kann vor allem die **Anstiftung** des Mitarbeiters zu einer Straftat sein. Zu einer Straftat stiftet an, wer den anderen zu einer vorsätzlich begangenen rechtswidriger Straftat bestimmt (§ 26 StGB). Bestimmen des Täter zur Tat heißt, in ihm den Tatentschluss hervorzurufen.[316] Dabei spielt es keine Rolle, welcher Mittel sich der Anstiftende bedient.[317] Eine Anstiftung kommt deshalb nicht nur bei ausdrücklicher Überredung,[318] Anregung[319] oder

---

[308] LAG Rostock, Urt. v. 24.6.1998, 2 Sa 78/98 n.v.
[309] BAG, Urt. v. 18.11.1999, AP Nr. Nr. 32 zu § 626 BGB Verdacht strafbarer Handlung.
[310] BAG, Urt. v. 7.10.1987, AP Nr. 15 zu § 611 BGB Persönlichkeitsrecht; *Wiese*, ZfA 1971, 273, 284 ff.
[311] Großzügiger *Ricken*, RdA 2001, 52, 53, der lediglich verlangt, dass Zuverlässigkeitstests mit der konkreten Arbeitssituation in Zusammenhang stehen müssen.
[312] ErfK/*Dieterich*, Art. 2 GG Rn. 55.
[313] Urt. v. 18.11.1999, AP Nr. 32 § 626 BGB Verdacht strafbarer Handlung.
[314] Vgl. BGH, Urt. v. 25.2.1992, X ZR 41/90 n.v. zur ähnlich gelagerten Frage, ob und inwieweit Testkäufer Mitbewerber zu wettbewerbswidrigen Handlungen provozieren dürfen; ähnlich zuvor bereits BGH, Urt. v. 29.3.1960, I ZR 21/59; Urt. v. 14.4.1965, BGHZ 43, 359; Urt. v. 2.4.1965, GRUR 1965, 607; Urt. v. 19.12.1984, GRUR 1985, 447, 450; Urt. v. 3.11.1988, GRUR 1989, 113.
[315] BGH, Urt. v. 25.2.1992, X ZR 41/90 n.v.
[316] BGHSt 9, 379.
[317] BGH, Urt. v. 3.10.1978, 1 StR 197/78.
[318] RGZ 53, 190.
[319] RGZ 36, 405.

sonstiger Erteilung von Ratschlägen an den Täter[320] in Betracht, sondern schon bei einer konkludenten Aufforderung,[321] die nach umstrittener Ansicht auch in einer bewussten und gewollten Verschaffung einer günstigen Gelegenheit zu einer Straftat liegen kann. Nicht mehr anstiften lässt sich allerdings der „omni modo facturus", d.h. eine Person, die bereits fest zu einer konkreten Tat entschlossen ist. Ob der illoyale Mitarbeiter bereits „zu allem entschlossen" ist und deshalb als taugliches „Tatobjekt" ausfällt, lässt sich zuweilen schwer feststellen. Sind Ehrlichkeitstest wegen des Primats der offenen Kontrolle nur dann erlaubt, wenn ein konkreter, sich auf tatsächliche Anhaltspunkte stützender Tatverdacht gegen einen Mitarbeiter besteht, ist im Allgemeinen davon auszugehen, dass der Mitarbeiter bereits in der Vergangenheit Straftaten gegen den Arbeitgeber begangen hat und davon nicht ablassen wird, wenn sich eine ihm günstige Gelegenheit bietet. Da der Mitarbeiter zu weiteren strafbaren Handlungen bereit ist, lässt er sich auch nicht mehr anstiften. Folglich kann das Stellen einer Zuverlässigkeitsfalle bei ihm auch nicht verwerflich sein, weil der entscheidende Handlungsimpuls nicht vom Arbeitgeber, sondern vom Mitarbeiter ausgeht. Der Arbeitgeber bietet dem Mitarbeiter nur die besonders kontrollierte Gelegenheit zur strafbaren Handlung, die der Mitarbeiter auch sonst, wenngleich später oder zu anderen Bedingungen begangen hätte.

Anders liegt es, wenn erst der Arbeitgeber beim Mitarbeiter den Entschluss zu einer **117** erstmaligen strafbaren Handlung setzt. Fordert der Arbeitgeber einen bislang unbescholtenen Mitarbeiter selbst oder durch einen Dritten zur Preisgabe eines wichtigen Geschäftsgeheimnisses auf, um seine Zuverlässigkeit zu prüfen, so ist dieser Test verwerflich, weil die entscheidende Initiative zum strafbaren Handeln nicht beim Mitarbeiter liegt: Unter sonst unveränderten Umständen hätte dieser ohne Zutun des Arbeitgebers mit großer Wahrscheinlichkeit keine Straftat begangen. Hier liegt eine echte Mitarbeiterverführung vor, die schon deshalb nicht zu rechtfertigen ist, weil sich der Arbeitgeber selbst ins Unrecht setzt. Umgekehrt gilt: Verhält sich der Arbeitgeber oder die von ihm beauftragte Person rechtstreu wie ein „normaler Dritter", kann darin nichts Verwerfliches gesehen werden, wenn der „herausgeforderte" Mitarbeiter beim Ehrlichkeitstest versagt. So liegt es, wenn der Test ganz gewöhnliche Vorgänge des Alltagslebens betrifft.[322] Die „Provokation" besteht dann allein darin, dass der Arbeitnehmer mit einer Situation konfrontiert wird, die zwar regelwidrig vom Normalfall abweicht, mit der aber immer gerechnet werden kann und muss. Der Arbeitgeber, der die Falle stellt, wendet keine besondere List oder Verführungskunst an, sondern „provoziert" eine alltägliche Gegebenheit, deren Besonderheit in der günstigen Gelegenheit zur Begehung einer Straftat oder Arbeitspflichtverletzung liegt.

Da alle Zuverlässigkeitstest in der entscheidenden Phase ohne Zugriff des Arbeitgebers **118** ablaufen, muss für ein **aussagekräftiges Ergebnis** gesorgt werden, das störenden Einflüssen Dritter entzogen ist. So hat der Arbeitgeber sicherzustellen, dass die zu überführende Verkäuferin alleinigen Zugang zur Kasse hat, dass der Lagerarbeiter den einzigen Schlüssel für das Depot besitzt, dass der Zahlstellenmitarbeiter die Wertmarken allein verwaltet usw. Anderenfalls riskiert der Arbeitgeber, dass sich der ertappte Arbeitnehmer auf die Möglichkeit eines ihn entlastenden alternativen Geschehensablaufs beruft. Im übrigen stärkt es die Beweisposition des Arbeitgebers nicht gerade, wenn der unterschlagene Gegenstand nicht beim Mitarbeiter gefunden wird. Überdies ist mit den üblichen Ausreden zu rechnen: Man habe das Wechselgeld an sich genommen, um es später zu registrieren, die überzählige Ware sei nur „vorläufig" sichergestellt worden, die Wertmarken hätte man sogleich verbucht usw. Hier ist es Sache des Arbeitgebers, für einen klaren und eindeutigen Betriebsablauf zu sorgen. Insbesondere muss er dem Mitarbeiter mitteilen, wie er in

---

[320] RGZ 3, 93.
[321] BGH, Urt. v. 28.6.1983, 1 StR 294/83.
[322] So auch *Ricken*, RdA 2001, 55.

3. Kapitel. Vermeidung von Korruptionsrisiken aus Unternehmenssicht

der vom Normalfall abweichenden Ausnahmesituation zu verfahren hat: dass überzähliges Wechselgeld sofort zu verbuchen ist, dass unregistrierte Ware unverzüglich zu registrieren ist, dass nicht erfasstes Material alsbald zu erfassen ist. Unklare Handlungsanweisungen gehen im Zweifel zu Lasten des Arbeitgebers.

g) Einsatz von Detektiven

119   aa) **Grundsätze.** Korrupte Mitarbeiter lassen sich auch durch Detektive beschatten. Freilich scheitert die Verwendung des zusammengetragenen Materials nicht selten bereits an rein praktischen Umständen, etwa an der mangelnden Seriosität der Detekteien oder an der Unkenntnis, worauf es bei der Untermauerung bestimmter Kündigungsgründe ankommt, zumal sich innere Beweggründe für das Handeln eines Mitarbeiters kaum detektivisch erfassen lassen. Nur zeitnahe und detaillierte Berichte bieten Gewähr, in einem späteren Gerichtsverfahren nicht vom Prozessvertreter des Arbeitnehmers „auseinander genommen" zu werden. Angesichts der zum Teil erheblichen Tagessätze von Detekteien sollte auf ein frühes Abstimmen mit dem Anwalt oder Verbandsvertreter des Arbeitgebers geachtet werden.

120   Der Einsatz von Detektiven bedeutet ebenfalls einen schwerwiegenden Eingriff in das allgemeine Persönlichkeitsrecht des Arbeitnehmers. Er ist nur bei dem **konkreten Verdacht** einer gegen den Arbeitgeber gerichteten Straftat oder einer schweren Arbeitspflichtverletzung erlaubt,[323] wenn er die einzig Erfolg versprechende Möglichkeit ist, den Verdacht zu erhärten. Der Einsatz muss verhältnismäßig sein und ist auf das unbedingt Erforderliche zu beschränken. Verboten ist das nachhaltige Ausspähen der Privat- oder gar Intimsphäre des Arbeitnehmers. Fertigt der Detektiv heimlich Bild- oder Tonaufnahmen oder hört er Telefongespräche ab oder mit, gelten die bereits dargestellten Grundsätze.

121   Die **Kosten**, die durch das Tätigwerden eines Detektivs entstehen, hat der Arbeitnehmer zu ersetzen, wenn gegen ihn ein konkreter Tatverdacht bestand und er später einer vorsätzlichen vertragswidrigen Handlung überführt wird.[324] Die Kosten müssen sachdienlich und notwendig sein und zum Streitgegenstand in einem angemessenen Verhältnis stehen.[325] „Vorsorgekosten", wie etwa die Personalaufwendungen für einen angestellten Hausdetektiv, sind nicht erstattungsfähig, weil sie sich keiner konkreten Pflichtverletzung zurechnen lassen.[326] Streitig ist, ob der Anspruch als Hauptforderung in der Klage[327] oder im Kostenfestsetzungsverfahren[328] geltend zu machen ist. Für erstere Ansicht spricht, dass es sich um Aufwendungen handelt, die der Arbeitgeber zur Vorbereitung weiterer arbeitsvertraglicher Entscheidungen (Kündigung, Abmahnung, Vertragsstrafe usw.) tätigt, und nicht unmittelbar zur gerichtlichen Rechtsverfolgung oder Rechtsverteidigung macht. Dass der Detektiveinsatz auch einer gerichtsfesten Aufklärung des Sachverhalts dient, stellt den Bezug zu einem späteren Rechtsstreit noch nicht her, weil offen ist, ob sich der Arbeitnehmer wegen der gegen ihn verhängten Sanktionen gerichtlich zu Wehr setzt.[329]

122   bb) **Mitbestimmung.** Detektiveinsätze gegen einen bestimmten Arbeitnehmer sind nicht nach § 87 BetrVG mitbestimmungspflichtig. Richtig ist zwar, dass das Mitbestim-

---

[323] ArbG Köln, Urt. v. 15.7.1998, DSB 1998, Nr. 12, 15.
[324] BAG, Urt. v.17.9.1998, NZA 1998, 1334.
[325] LAG Hamm, Urt. v. 7.11.1995, DB 1996, 279.
[326] BGHZ 75, 270; BAG, Urt. v. 3.12.1985, 3 AZR 277/84 n.v.
[327] BAG, Urt. v. 3.12.1985, 3 AZR 277/84 n.v.; LAG Nürnberg, Urt. v. 12.9.1994, 7 Ta 104/94; LAG Hamburg, Urt. v. 7.11.1995, NZA-RR 1996, 226; LAG Frankfurt, Urt. v. 23.10.1998, NZA-RR 1999, 322.
[328] LAG Hamm, Urt. v. 12.2.1988, RDV 1989, 183; LAG Düsseldorf, Urt. v. 13.7.1989, JurBüro 1989, 1702; LAG Hamm, Urt. v. 28.8.1991, DB 1992, 431.
[329] LAG Frankfurt a. M., Urt. v. 23.10.1998, NZA-RR 1999, 322.

mungsrecht nicht dadurch ausgeschlossen wird, dass der Arbeitgeber die Mitarbeiterkontrolle von einem Drittunternehmen durchführen lässt – soweit ein Mitbestimmungsrecht besteht, hat der Arbeitgeber durch eine entsprechende Vertragsgestaltung sicherzustellen, dass dieses ordnungsgemäß wahrgenommen werden kann –;[330] die reine Beobachtung eines Mitarbeiters – etwa durch einen Detektiv – ist aber mitbestimmungsfrei, soweit dabei keine technischen Einrichtungen im Sinne von § 87 Abs. 1 Nr. 6 verwendet werden.[331] Die Beobachtung dient nämlich nicht der Beeinflussung des Mitarbeiters, sondern allein der Aufdeckung einer von ihm begangenen Straftat oder Arbeitsvertragsverletzung.[332] Aus diesem Grund vermag auch eine zu diesem Zweck beim Verdächtigen durchgeführte Taschenkontrolle oder Leibesvisitation nicht das Mitbestimmungsrecht auszulösen. Es handelt sich nicht um kollektive Maßnahmen, sondern um die individuelle Kontrolle des Leistungsverhaltens.[333]

Um den Arbeitnehmer längerfristig zu überwachen und ihn auf die Probe zu stellen, **123** kann es erforderlich sein, **Detektive in den Betrieb einzuschleusen**, die sich das Vertrauen illoyaler Mitarbeiter erwerben. Werden sie, um verdeckt ermitteln zu können, „wie Arbeitnehmer" in den Betriebsablauf eingegliedert, wird das Beteiligungsrecht bei personellen Einzelmaßnahmen nach § 99 BetrVG ausgelöst.[334] Das BAG versteht den Begriff der „Einstellung", die das Mitbestimmungsrecht auslöst, sehr weit. Unter „Einstellung" fällt danach nicht nur die Beschäftigung von Arbeitnehmern. Eine Einstellung liegt bereits dann vor, wenn Personen – auch wenn sie nicht als Arbeitnehmer beschäftigt werden sollen – in den Betrieb eingegliedert werden, um zusammen mit den dort schon tätigen Arbeitnehmern den arbeitstechnischen Zweck durch weisungsgebundene Tätigkeit zu verwirklichen. Maßgebend ist, ob die zu verrichtende Arbeit „ihrer Art nach" eine weisungsgebundene Tätigkeit ist, die der Verwirklichung des arbeitstechnischen Zwecks des Betriebs zu dienen bestimmt ist und daher vom Arbeitgeber organisiert werden muss. Unerheblich ist, ob und von wem diese Personen tatsächlich Weisungen hinsichtlich ihrer Dienste erhalten.[335] Die Begriffserweiterung entspricht dem aus § 99 Abs. 2 BetrVG ablesbaren Normzweck, den Schutz der bereits im Betrieb beschäftigten Arbeitnehmer durch Mitsprache des Betriebsrats bei der personellen Zusammensetzung des Arbeitsverbands zu gewährleisten. Dementsprechend wurde das Mitbestimmungsrecht bejaht bei der Arbeitsaufnahme von Leiharbeitern,[336] freien Mitarbeitern und Fremdfirmenmitarbeitern, soweit sich bei letzteren die von den Fremdfirmen erbrachten Dienste nicht vom arbeitstechnischen Zweck des Betriebes entkoppeln lassen; das ist der Fall, wenn die Fremdfirmenmitarbeiter derart in die Arbeitsorganisation des Auftraggebers eingegliedert sind, dass dieser die für ein Arbeitsverhältnis typischen Entscheidungen über deren Arbeitseinsatz auch nach Zeit und Ort zu treffen hat, d.h. soweit ihm die Personalhoheit zukommt.[337] Soll ein Detektiv zur Tarnung in den Betrieb eingegliedert werden, muss dem Auftragsunternehmen diese Personalhoheit zustehen; sie ist dagegen nicht erforderlich, wenn Mitarbeiter von Sicherheitsunternehmen nur einmalige Testkäufe durchführen, da

---

[330] BAG, Beschl. v. 17.3.1987, AP Nr. 29 zu § 80 BetrVG 1972; Beschl. v. 18.4.2000, AP Nr. 33 zu § 87 BetrVG 1972 Überwachung; ErfK/*Hanau/Kania*, § 87 BetrVG Rn. 59.
[331] BAG, Beschl. v. 26.3.1991, AP Nr. 21 zu § 87 BetrVG 1972 Überwachung; Urt. v. 18.11.1999, AP Nr. 32 zu § 626 BGB Verdacht strafbarer Handlung; LAG Schleswig-Holstein, Beschl. v. 2.11.1983, 4 TaBV 5/83 n.v.; LAG Rheinland-Pfalz, Beschl. v. 18.9.1997, 5 TaBV 27/97 n.v.; a.A. LAG Frankfurt a.M., Beschl. v. 24.2.2000, 5 TaBV 97/99.
[332] BAG, Beschl. v. 26.3.1991, AP Nr. 21 zu § 87 BetrVG 1972 Überwachung.
[333] BAG (Fn. 332).
[334] BAG (Fn. 332).
[335] *Fitting* (Fn. 17), § 99 Rn. 32 m.w.N.; *Hunold*, NZA 1990, 461.
[336] Inzwischen § 14 Abs. 3 AÜG.
[337] Zu Vorstehendem BAG, Beschl. v. 30.1.1991, AP Nr. 8 zu § 10 AÜG m.w.N.

unter diesen Umständen ihr Arbeitseinsatz nicht vom Auftraggeber, sondern vom Sicherheitsunternehmen gesteuert wird.[338]

124 Das BAG hat in dem Beschluss vom 26.3.1991[339] ausdrücklich klargestellt, dass eine mitbestimmungspflichtige Eingliederung i.S.d. § 99 BetrVG auch dann gegeben ist, wenn die „Eingliederung" von Detektiven im Wesentlichen der Überwachung einzelner Mitarbeiter dient. Die Detektive müssen dann nämlich zum Zwecke der Tarnung „wie Arbeitnehmer" tätig werden. Das genügt, um das Mitbestimmungsrecht auszulösen. Das LAG Hamm hat diese Rechtsauffassung bereits in seinem Beschluss vom 28.5.1986[340] vertreten. Das LAG Hamm hat darüber hinaus deutlich gemacht, dass der Betriebsrat zwar nicht im Rahmen von § 87 Abs. 1 Nr. 1 BetrVG, wohl aber nach § 99 Abs. 1 BetrVG über die Kontrollaufgaben der nur zur Tarnung beschäftigten Detektive aufzuklären ist. Dem ist zuzustimmen. § 99 Abs. 1 BetrVG verlangt, dass dem Betriebsrat die erforderlichen Bewerbungsunterlagen vorzulegen sind und ihm Auskunft über die Person des Bewerbers zu geben ist. Weiterhin muss der Arbeitgeber dem Betriebsrat unter Vorlage der erforderlichen Unterlagen Auskunft über die Auswirkungen der geplanten Maßnahme erteilen. Bei Einstellungen hat der Arbeitgeber den in Aussicht genommenen Arbeitsplatz mitzuteilen. Hierzu genügt es nicht, den Betriebsrat über die Person und den vorgesehenen Arbeitsplatz des Detektivs im Betrieb zu unterrichten, sondern er muss darüber hinaus über dessen Kontrollaufgaben aufgeklärt werden, wenn diese, wie hier üblich, nicht nur Motiv der Einstellung, sondern Inhalt der vertraglichen Verpflichtung sind. Eine Spaltung des Arbeitsvertrags, etwa derart, dass die Detektive dem Arbeitgeber gegenüber nur zur Erbringung der Arbeitsleistung am zugewiesenen Arbeitsplatz und dem Detektivbüro gegenüber zusätzlich zur Beobachtung der Arbeitnehmer verpflichtet sind, ist nicht möglich. Wäre dies zutreffend, müssten das Arbeitsverhältnis und das „Kontrollverhältnis" vollkommen unabhängig voneinander abgewickelt werden. Das ist gewöhnlich nicht der Fall, da das Arbeitsverhältnis mit Abschluss der Beobachtungsaufgaben endet. Gehören die Beobachtungsaufgaben zu den Tätigkeiten, die von den als „Arbeitnehmer" beschäftigten Detektiven wahrzunehmen sind, muss der Betriebsrat darüber im Rahmen des § 99 Abs. 1 BetrVG informiert werden. Der Betriebsrat unterliegt dabei der Verschwiegenheitspflicht nach § 79 Abs. 1 BetrVG.[341]

V. Whistleblowing

1. Bedeutung und Interessenlage

a) Mitarbeiter als „Whistleblower"

125 Da die Korruption ein Heimlichkeitsdelikt ist, sind Arbeitgeber wie Strafverfolgungsbehörden in besonderer Weise auf die Mithilfe **betriebsangehöriger Informanten** – sogenannter „Whistleblower" – angewiesen. Allgemein versteht man unter „Whistleblowing" kritische Äußerungen, Beschwerden oder Anzeigen von Arbeitnehmern über Missstände oder Fehlverhalten in ihrem Unternehmen gegenüber internen oder externen

---

[338] BAG, Beschl. v. 13.3.2001, 1 ABR 34/00; teilweise a.A. LAG Frankfurt a.M., Beschl. v. 24.2.2000, 5 TaBV 97/99.
[339] BAG (Fn. 332).
[340] BB 1986, 1575.
[341] Ein besonderes Problem stellt sich, wenn Betriebsratsmitglieder selbst überwacht werden sollen; vgl. dazu *Maschmann*, Detektiv-Kurier 2/2001, 34 f.

Stellen.³⁴² Einen entsprechenden deutschen Begriff gibt es nicht. „Whistleblowing" mit „verpfeifen" zu übersetzen, verfehlt den Sinn. Während nämlich „verpfeifen" im Deutschen stets den negativen Beiklang eines treuwidrigen Verhaltens des Anzeigenden hat – zumal man nur eine Person, nicht aber einen Zustand oder ein Verhalten verpfeifen kann – erschöpft sich die englische Bedeutung in der bloßen Anzeige eines rechtswidrigen Zustands,³⁴³ so etwa wenn ein Schiedsrichter bei einem Regelverstoß ein Spiel „abpfeift". „Whistleblower" sind also besser als „Aufpasser", „Anzeiger", „Abpfeifer" oder – nüchterner – als betriebsinterne Informanten anzusprechen.³⁴⁴

Üblicherweise unterscheidet man **„internes" und „externes" Whistleblowing**.³⁴⁵ 126 Beim internen Whistleblowing wendet sich der Mitarbeiter an Stellen innerhalb des Betriebs, Unternehmens oder Konzerns. Das können Vorgesetzte oder Kollegen, aber auch die Belegschaftsvertretung (Betriebsrat, Sprecherausschuss, Jugend- und Auszubildendenvertretung) sein. Größere Unternehmen unterhalten mitunter auch Korruptionsbeauftragte („compliance officers"). Als externe Adressaten kommen die Strafverfolgungsbehörden (Staatsanwaltschaft, Kriminalpolizei, Steuerfahndung usw.), aber auch Kunden und Lieferanten oder ganz allgemein „die Öffentlichkeit" (Rundfunk, Presse, Verbände usw.) in Betracht.

b) Interessenlage

aa) Öffentlichkeit. Dass ein öffentliches Interesse an der Verfolgung von Straftaten 127 besteht, insbesondere bei der Bekämpfung der Korruption, bedarf keiner besonderen Darlegung. Dass sich die Korruption ohne Hinweise von Unternehmensangehörigen nicht wirksam bekämpfen lässt, liegt auf der Hand. Man schätzt, dass etwa die Hälfte der polizeilichen Ermittlungen auf Anzeigen von Betriebsangehörigen zurückgeht. Ihre Beobachtungen und Kenntnisse der betriebsinternen Abläufe sind für Polizei und Staatsanwaltschaft unverzichtbar. Umgekehrt gilt, dass es in einem freiheitlich verfassten Gemeinwesen keine Strafverfolgung um jeden Preis geben darf. Aus leidvoller Erfahrung der jüngeren Geschichte sind den Deutschen die Konsequenzen gegenseitigen Misstrauens und heimlicher Überwachung vielleicht bewusster als anderen Nationen. Insofern besteht ein öffentliches Interesse auch daran, Bespitzelung und Denunziantentum zu verhindern und für ein Klima der vertrauensvollen Zusammenarbeit zu sorgen. Effizientes Wirtschaften verlangt ein Mindestmaß von Verlässlichkeit und Loyalität zwischen den Arbeitsvertragsparteien. Dieses zu schützen und zu erhalten, zieht dem an sich berechtigten Anliegen, die Korruption einzudämmen, Grenzen.

bb) Arbeitgeber. Das Interesse des Arbeitgebers ist ebenfalls ambivalent. Einerseits 128 ist er am Erhalt intakter Vertrauensbeziehungen innerhalb des Betriebes interessiert; nichts stört den Betriebsfrieden so sehr wie dauernde Kontrollen und ein Klima gegenseitigen Argwohns; überdies wird er mit allen Mitteln zu verhindern suchen, dass Umstände, die geeignet sind, das Unternehmen zu diskreditieren, an die Strafverfolgungsbehörden oder die interessierte Öffentlichkeit gelangen. Andererseits kann der Arbeitgeber korruptem Verhalten seiner Mitarbeiter nicht tatenlos zusehen, zumal wenn seine Firma Gefahr läuft, in ein Korruptionsregister eingetragen zu werden. Daher werden Arbeit-

---

³⁴² *Graser*, Whistleblowing, 2000, S. 4; *Müller*, NZA 2002, 424, 426; *Berndt/Hoppler*, BB 2005, 2623 ff.; *Bürkle*, DB 2004, 2158; *Peter/Rohde-Liebenau*, AiB 2004, 615 ff.; *Wisskirchen/Körber/Bissels*, BB 2006, 1567 ff.
³⁴³ Freilich herrscht auch in der amerikanischen Literatur Streit über den juristischen Begriffsinhalt. Eine eng gefasste Definition geben z.B. *Miceli/Near*, Labour Law, 1992, S. 15: „The disclosure by organisation members ... of illegal, immoral, or illegitimate practices under the control of their employers to persons or organisations that may be able to effect action".
³⁴⁴ *Müller* (Fn. 342).
³⁴⁵ *Graser* (Fn. 342), S. 4; *Müller* (Fn. 342).

nehmer in manchen Verhaltenskodizes angeregt – zum Teil sogar verpflichtet –, Verstöße von Vorgesetzten oder Kollegen gegen das Gesetz oder gegen den Kodex beim Arbeitgeber anzuzeigen. Mitunter wird hierzu eine anonyme Hotline zur Verfügung gestellt oder ein Compliance-Beauftragter benannt.

129 cc) **Arbeitnehmer.** Da Arbeitnehmer kaum selbst Opfer korrupten Verhaltens sind, weil regelmäßig Dritte geschädigt werden, haben sie nur selten echte Eigeninteressen für eine Anzeige. Die wahren Motive sind meist banaler und zeugen häufig von niederer Gesinnung: Rache und Revanche für das Übergehen bei einer Beförderung oder mangelnde Bezahlung sind nicht selten die Triebfeder.[346] Zum Sachwalter öffentlicher Interessen werden sich Mitarbeiter nur ausnahmsweise aufschwingen. Der Preis für ihre Zivilcourage ist hoch, denn die „Vergeltung" für das „going public" folgt häufig auf dem Fuße. Die Kündigung ist dabei die massivste Antwort. Häufig sind die Reaktionen subtiler: die Versagung von Gratifikationen, das Kaltstellen durch Zuweisung sinnentleerter Arbeit, das Übergehen bei Beförderungen usw.[347] Viele „Whistleblower" scheiden deshalb in der Folgezeit freiwillig aus dem Unternehmen aus. Eine Reihe von ihnen hat auch lange nach einer Anzeige mit Sanktionen zu rechnen. So entspricht es in den USA verbreiteter Übung, Whistleblower auf „Schwarze Listen" zu setzen, mit denen sich die Unternehmen gegenseitig vor entsprechenden Bewerbern warnen, was ihren Ausschluss vom Arbeitsmarkt bedeuten kann.[348] Andererseits wird das Whistleblowing in den USA nicht nur sehr viel reger diskutiert als in Deutschland, sondern ist auch Gegenstand eines komplexen Geflechts von gesetzlichen Normen und Richterrecht,[349] das nur vor dem Hintergrund des freien Kündigungsrechts gemäß der „at will"-Doktrin begreiflich ist und damit auch keine Rückschlüsse auf ein angeblich niedrigeres Schutzniveau in Deutschland zulässt. Die „Unaufgeregtheit" des deutschen Arbeitsrechts hinsichtlich des Phänomens „Whistleblowing" zeigt sich nicht zuletzt an der geringen Zahl veröffentlichter Gerichtsentscheidungen[350] und der spärlichen Behandlung des Themas in der Literatur.[351] Ursächlich hierfür mag sein, dass die öffentliche Meinung Whistleblowing – anders als in den USA – noch immer als „Denunziantentum" missbilligt, und deshalb bei vielen die Angst, als „Nestbeschmutzer" diffamiert zu werden, größer als die eigene Zivilcourage ist.

2. Verschwiegenheitspflicht des Mitarbeiters

a) Bedeutung und dogmatische Grundlage

130 Derzeit bestehen keine gesetzlichen Regelungen, die es dem Arbeitnehmer ohne weiteres gestatten würden, korrupte Vorgesetzte oder Kollegen bei den zuständigen Behörden

---

[346] S. insoweit auch den Sachverhalt bei BAG, Urt. v. 3.7.2003, AP Nr. 45 zu § 1 KSchG 1969 Verhaltensbedingte Kündigung.

[347] Nach einer amerikanischen Studie aus dem Jahr 1992, die 13.000 Bundesangestellte erfasste, gaben die meisten der befragten Whistleblower an, subtile Vergeltungsmaßnahmen erlitten zu haben: 49% wurden von Vorgesetzten, Kollegen oder Mitarbeitern geschnitten, 47% wurden verbal angegriffen oder erhielten schlechte Leistungsbeurteilungen, 37% waren weniger begehrte Arbeiten zugewiesen worden, 30% wurden Belohnung versagt, 19% eine anstehende Beförderung oder Weiterbildung verweigert, vgl. *Graser* (Fn. 335), S. 7.

[348] *Graser* (Fn. 342), S. 6 f.

[349] *Graser* (Fn. 342), S. 9; *Müller* (Fn. 342), 425.

[350] Zuletzt BAG, Urt. v. 3.7.2003, AP Nr. 45 zu § 1 KSchG 1969 Verhaltensbedingte Kündigung; weitere Nachweise bei *Graser* (Fn. 342), S. 175 ff. und *Müller* (Fn. 342), 432 ff.

[351] Vgl. *Colneric*, AiB 1987, 260, 261; *Deiseroth*, AuR 2002, 161; *Gach/Rützel*, BB 1997, 1959; *Großbach/Born*, AuR 1989, 374; *Müller* (Fn. 342), 424 ff.; *Preis/Reinfeld*, AuR 1989, 361; *Stein*, BB 2004, 1964; monographisch bislang nur *Graser* (Fn. 335). *Wendeling-Schröder*, Autonomie im Arbeitsrecht, 1994, S. 26, hält das Problem der Arbeitnehmeranzeigen von betrieblichen Missständen gar für „gänzlich ungeklärt".

anzuzeigen oder öffentlich bekannt zu machen; entsprechende Gesetzesvorschläge hat der Gesetzgeber bislang nicht aufgegriffen.[352] Erst recht fehlt es an einem positiv-rechtlichen Informantenschutz. Vielmehr kollidieren Anzeigen von Arbeitnehmern regelmäßig mit der arbeitsvertraglichen **Verschwiegenheitspflicht.**

Der Arbeitnehmer ist grundsätzlich verpflichtet, über betriebliche Vorgänge Stillschweigen zu bewahren; insbesondere ist es ihm untersagt, Betriebs- und Geschäftsgeheimnisse unbefugt zu offenbaren.[353] Die allgemeine Verschwiegenheitspflicht ist eine arbeitsvertragliche Nebenpflicht, die jeden Arbeitnehmer trifft. Sie ergibt sich aus dem allgemeinen Gebot zur Rücksichtnahme auf die berechtigten Interessen der anderen Vertragspartei (§ 241 Abs. 2 BGB).[354] Als Ausfluss der verfassungsrechtlich geschützten Unternehmerfreiheit hat der Arbeitgeber ein rechtlich geschütztes Interesse, nur mit solchen Arbeitnehmern zusammenzuarbeiten, die die Ziele des Unternehmens fördern und das Unternehmen vor Schäden bewahren.[355] Daneben bestehen spezialgesetzlich geregelte Verschwiegenheitspflichten, die sich entweder an bestimmte Arbeitnehmergruppen richten oder besonders geheimhaltungsbedürftige Umstände schützen sollen. Einer besonderen Geheimhaltungspflicht unterliegen beispielsweise Betriebsräte und Mitglieder des Wirtschaftsausschusses (§ 79 BetrVG) sowie Personen, die den Datenschutz zu wahren haben (§ 5 BDSG). Eine Reihe von Geheimhaltungspflichten hat der Gesetzgeber für so wichtig erachtet, dass er sie mit einer Strafandrohung bewehrt hat, so etwa bei § 17 UWG und § 121 BetrVG. 131

b) Gesetzliche Anzeigerechte als Durchbrechung der Verschwiegenheitspflicht

Den Grundsatz, dass jedem Arbeitsvertrag eine Verschwiegenheitspflicht immanent ist, hat der Gesetzgeber an mehreren Stellen durch Ausnahmeregelungen durchbrochen. Nach § 21 Abs. 6 Satz 1 der Gefahrstoffverordnung kann sich ein Arbeitnehmer an die zuständige Überwachungsbehörde wenden, wenn eine bestimmte Gefahrstoffkonzentration am Arbeitsplatz erreicht wird und der Arbeitgeber einer hiergegen erhobenen Beschwerde nicht unverzüglich abhilft, nachdem auch die innerbetrieblichen Beschwerdemöglichkeiten ausgeschöpft worden sind. Gemäß § 17 Abs. 2 ArbSchG darf sich der Arbeitnehmer an die zuständige Arbeitsschutzbehörde wenden, wenn konkrete Anhaltspunkte die Auffassung rechtfertigen, dass die vom Arbeitgeber getroffenen Maßnahmen und bereitgestellten Mittel nicht ausreichen, um die Sicherheit und den Gesundheitsschutz bei der Arbeit zu gewährleisten, und eine entsprechende Beschwerde beim Arbeitgeber ohne Erfolg geblieben ist. Schließlich darf sich ein diskriminiert fühlender Arbeitnehmer zur Wahrung seiner Rechte unmittelbar an die zuständigen Antidiskriminierungsverbände und die Antidiskriminierungsstelle des Bundes wenden. Die genannten Anzeigerechte räumen dem Arbeitnehmer zwar weitreichende Beschwerdemöglichkeiten ein und gewähren ihm Schutz gegen unerlaubte Maßregelung; doch sind sie strikt auf den ausdrücklich bestimmten Anwendungsbereich bezogen. Ihnen liegt der Gedanke zugrunde, dass der Arbeitnehmer konkrete Gefahren für Leib und Leben sowie seine Persönlichkeitsrechte auch durch Einschaltung behördlicher Hilfe abwehren können muss, wenn sich der Arbeitgeber weigert, den Missstand zu beseitigen. Dieser Gedanke lässt sich jedoch nicht auf die Korruptionsbekämpfung übertragen. Eine analoge Anwendung der genannten Vorschriften kommt deshalb nicht in Betracht. Da die Anzeigerechte positiv- 132

---

[352] Überblick bei *Graser* (Fn. 342), S. 249 ff.
[353] BAG, Urt. v. 3.7.2003, AP Nr. 45 zu § 1 KSchG 1969 Verhaltensbedingte Kündigung; MünchArbR/*Blomeyer*, § 53 Rn. 55; *Gach/Rützel*, BB 1997, 1959 (1961); Palandt/*Putzo* § 611 BGB Rn. 40; ErfK/*Preis* § 611 BGB Rn. 872, 906.
[354] BAG, Urt. v. 10.10.2002, 3.7.2003, AP Nr. 44, 45 zu § 1 KSchG 1969 Verhaltensbedingte Kündigung; MünchArbR/*Blomeyer*, § 51 Rn. 19 ff.; ErfK/*Preis*, § 611 BGB Rn. 906.
[355] BAG, Urt. v. 3.7.2003, AP Nr. 45 zu § 1 KSchG 1969 Verhaltensbedingte Kündigung.

rechtlich offensichtlich abschließend geregelt sind, können sich Anzeigebefugnisse nur daraus ergeben, dass die Verschwiegenheitspflicht selbst immanente Grenzen aufweist.

c) Vertragliche Anzeigepflicht als Durchbrechung der Verschwiegenheitspflicht

133 Soweit die Beschäftigten an Whistleblower-Klauseln zum Offenbaren von Verstößen gegenüber dem Arbeitgeber verpflichtet werden, ist es mit dem aus § 242 BGB hergeleiteten Verbot widersprüchlichen Verhaltens unvereinbar, den Beschäftigten wegen solcher Meldungen abzumahnen oder zu kündigen.[356] Derartige Klauseln gehen über die allgemeine Schadensabwendungspflicht des Arbeitnehmers hinaus. Ob derartige Denunzierungspflichten der Mitbestimmung nach § 87 Abs. 1 Nr. 1 BetrVG unterliegen, ist jedenfalls dann zu bejahen, wenn der Arbeitgeber ein bestimmtes Verfahren vorschreibt, wie die Beschäftigten bei Kenntnis oder Vermutung von Verstößen anderer zu verfahren haben.[357]

3. Grenzen der Verschwiegenheitspflicht

a) Unmittelbare Beschränkung durch höherrangiges Recht?

134 **aa) Grundrechtsgeltung im Privatrecht.** Ein möglicher Weg zur rechtlichen Anerkennung nicht positiv geregelter Anzeigerechte besteht darin, sie aus höherrangigem Recht herzuleiten. In Betracht kommen grundrechtliche Rechtspositionen des Arbeitnehmers, insbesondere aus Art. 5 GG (Meinungsfreiheit) und Art. 17 GG (Petitionsrecht). Nach ständiger Rechtsprechung des BVerfG gelten Grundrechte zwar nicht unmittelbar im Privatrecht; sie prägen dieses aber. Gesetzgebung, Verwaltung und Rechtsprechung empfangen vom Grundgesetz und den dort verbürgten Grundrechten Impulse und Richtlinien, die auch das Privatrecht beeinflussen, dessen Vorschriften nicht in Widerspruch zum Grundgesetz stehen dürfen, sondern in seinem Lichte verfassungskonform ausgelegt werden müssen.[358] „Einbruchsstellen" für die Ausstrahlung der Grundrechte in das Privatrecht sind die zivilrechtlichen Generalklauseln, wie etwa die §§ 138, 242, 307, 315 BGB.

135 **bb) Anzeigerecht aus Art. 5 GG?** Das Grundrecht der Meinungsfreiheit gilt auch im Arbeitsverhältnis. Mit der elementaren Bedeutung des Grundrechts aus Art. 5 Abs. 1 Satz 1 GG wäre es unvereinbar, wollte der Gesetzgeber die Freiheit der Meinungsäußerung von dem Bereich der betrieblichen Arbeitswelt, der die Lebensgestaltung zahlreicher Staatsbürger wesentlich bestimmt, schlechthin fernhalten.[359] Arbeitnehmeranzeigen fallen in den **Schutzbereich des Art. 5 Abs. 1 GG**. Das mag insoweit zweifelhaft sein, als Meinungsäußerungen – anders als bloße Tatsachenbehauptungen – durch das Element der Stellungnahme, des Dafürhaltens oder Meinens geprägt sind und nicht jede Anzeige mit einer persönlichen Stellungnahme verbunden sein muss. Reine Tatsachenäußerungen stehen nach der Rechtsprechung aber insoweit unter grundrechtlichem Schutz, „als sie die Voraussetzung für die Bildung von Meinungen sind, welche Art. 5 Abs. 1 GG in seiner Gesamtheit gewährleistet".[360] Die Schutzwürdigkeit von Tatsachenbehauptungen

---

[356] *Wisskirchen/Jordan, Bissels*, DB 2005, 2193.
[357] So LAG Düsseldorf, Beschl. v. 14.11.2005, DB 2006, 162 ff.; *Schuster/Darsow*, NZA 2005, 276; *Wisskirchen/Jordan/Bissels*, DB 2005, 2191.
[358] Grundlegend BVerfGE 7, 198, 206 – Lüth.
[359] *Buchner*, ZfA 1982, 49 ff.; ErfK/*Dieterich*, Art. 5 GG Rn. 4, 28 ff.; *Preis/Stoffels*, RdA 1996, 210; *Söllner*, FS Herschel, 1982, S. 389 ff.
[360] BVerfG, Urt. v. 9.10.1991, BVerfGE 85, 1, 15; Urt. v. 13.4.1994, BVerfGE 90, 241, 247; Urt. v. 31.10.1996, BVerfGE 94, 1, 7.

endet nach Auffassung des BVerfG erst dort, wo sie weder mit Werturteilen verbunden noch sonst für die Meinungsbildung relevant sind. Lediglich erwiesene oder bewusst unwahre Tatsachenbehauptungen fallen nicht in den Schutzbereich des Art. 5 Abs. 1 GG.[361] Entsprechendes gilt für anonyme Anzeigen, da hier der Anzeiger ungenannt bleibt und gerade keine persönliche Meinung kundtun will.[362]

Offene Arbeitnehmeranzeigen genießen zwar den grundrechtlichen Schutz der Meinungsfreiheit;[363] diese wird jedoch nicht schrankenlos gewährleistet. Vielmehr steht die Meinungsfreiheit unter dem **Vorbehalt der „allgemeinen Gesetze"** (Art. 5 Abs. 2 GG). Darunter begreift das BVerfG Regelungen, die sich nicht gegen bestimmte Meinungen als solche richten, sondern dem Schutz eines Rechtsguts dienen, dem gegenüber der Betätigung der Meinungsfreiheit der Vorrang zukommt.[364] Zu diesen allgemeinen, „meinungsneutralen" Gesetzen rechnet das BAG die **„allgemein anerkannten arbeitsrechtlichen Grundsätze"**.[365] Als eine wesentliche Grundregel des Arbeitsverhältnisses wird dabei die Pflicht erachtet, sich so zu verhalten, dass weder die Wettbewerbsinteressen des Arbeitgebers noch der Betriebsfrieden durch Meinungsäußerungen schwer und ernstlich beeinträchtigt werden.[366] Allerdings ist bei der Beschränkung der Meinungsfreiheit die „Wechselwirkungstheorie" zu beachten. Rechte und Pflichten aus dem Arbeitsverhältnis müssen selbst wieder im Lichte der Gewährleistung der Freiheitsrechte interpretiert werden. Die Pflicht zur Rücksichtnahme kann inhaltlich nicht weiter reichen, als die grundrechtliche Wertentscheidung dies zulässt. Das gilt auch für das an den Arbeitnehmer adressierte Gebot, unternehmensschädliche Äußerungen zu unterlassen. Der Mitarbeiter kann deshalb nicht pauschal daran gehindert sein, seine Meinung zu äußern bzw. Strafanzeigen zu stellen.[367] Umgekehrt gewährt Art. 5 Abs. 1 GG keinen Freibrief für die Preisgabe von Betriebsgeheimnissen, da insoweit auch der Arbeitgeber zur Wahrung seiner berechtigten Interessen Grundrechtsschutz für sich reklamieren kann, namentlich aus Art. 12 und 14 GG. Damit kommt es zu der für Privatrechtsfälle typischen „Grundrechtskollision".[368] Wie diese aufzulösen ist, sagt das Grundgesetz nicht, sondern hält nur ganz allgemeine Formeln bereit. Es verlangt die „praktische Konkordanz" beider Grundrechtspositionen.[369] Sollen beide nebeneinander bestehen, müssen sie nach beiden Seiten hin „schonend ausgeglichen" werden, und zwar unter Beachtung des Grundsatzes der Verhältnismäßigkeit.[370] Mit Blick darauf, dass der Gesetzgeber selbst bestimmte Anzeigebefugnisse geregelt und damit das Kollisionsproblem einfachrechtlich gelöst hat, begegnet allerdings jede unmittelbare Berufung auf Art. 5 Abs. 1 GG zur Rechtfertigung einer Arbeitnehmeranzeige Bedenken. Sie setzt sich nämlich über den erklärten Willen des Gesetzgebers hinweg, der gerade kein allgemeines Anzeigerecht geschaffen hat.

cc) **Anzeigerecht aus Art. 17 GG?** Die gleichen Bedenken treffen im Ergebnis Bestrebungen, Anzeigebefugnisse aus dem Petitionsrecht herzuleiten.[371] Nach Art. 17 GG

---

[361] BVerfG, Urt. v. 9.10.1991, BVerfGE 85, 1, 15.
[362] BAG, Urt. v. 3.7.2003, AP Nr. 45 zu § 1 KSchG 1969 Verhaltensbedingte Kündigung; ErfK/*Dieterich*, Art. 5 GG Rn. 5. m.w.N.
[363] So grundsätzlich auch BAG, Urt. v. 3.7.2003, AP Nr. 45 zu § 1 KSchG 1969 Verhaltensbedingte Kündigung.
[364] BVerfGE 7, 198, 209 f.
[365] BAG, Urt. v. 28.9.1972, AP Nr. 2 zu § 134 BGB.
[366] BAG, Urt. v. 11.8.1982, AP Nr. 9 zu Art. 5 GG.
[367] *Müller* (Fn. 342), 430.
[368] ErfK/*Dieterich*, Einl. GG, Rn. 70.
[369] BVerfG, Urt. v. 25.1.1984, BVerfGE 66, 116 (136); *Hesse*, Grundzüge des Verfassungsrechts, 25. Aufl. 1999, Rn. 317 ff.
[370] BAG, Urt. v. 3.7.2003, AP Nr. 45 zu § 1 KSchG 1969 Verhaltensbedingte Kündigung.
[371] Mit Recht offengelassen von BAG, Urt. v. 3.7.2003, AP Nr. 45 zu § 1 KSchG 1969 Verhaltensbedingte Kündigung; s. weiter *Graser* (Fn. 342), S. 164, 192 mit Verweis auf LAG Düsseldorf, DB 1972, 2164; *Müller* (Fn. 342), 430 f.

hat jedermann das Recht, sich einzeln oder in Gemeinschaft mit anderen schriftlich mit Bitten oder Beschwerden an die zuständigen Stellen und an die Volksvertretung zu wenden. Aus der systematischen Stellung der Vorschrift innerhalb des Grundrechtskatalogs folgt, das Art. 17 GG mit „Bitten und Beschwerden" nur Anzeigen meint, die sich gegen hoheitliches Handeln wenden. Das dürfte aber selten eine Beschränkung bedeuten. Denn in der Anzeige korrupten Verhaltens von Vorgesetzten oder Kollegen bei einer Behörde wird in der Regel zugleich die „Bitte" um hoheitliches Einschreiten liegen, womit der Schutzbereich des Art. 17 GG eröffnet ist.[372] Das Problem liegt wiederum darin, dass sich der Arbeitgeber zur Abwehr petitionsrechtlich begründeter Anzeigebefugnisse auf seinen eigenen Grundrechtsschutz aus Art. 12 und 14 GG berufen kann, und es somit zu einer erneuten Grundrechtskollision kommt, die aufzulösen zuvörderst Sache des Gesetzgebers ist. Schon von daher kann es keine unmittelbare Berufung auf Art. 17 GG geben. Hinzu kommt, dass der Gesetzgeber das Beschwerderecht einfachrechtlich geregelt hat. Nach § 84 BetrVG hat nämlich jeder Arbeitnehmer das Recht, sich bei der zuständigen Stelle des Betriebs zu beschweren, wenn er sich vom Vorgesetzten oder von Kollegen benachteiligt oder ungerecht behandelt oder in sonstiger Weise beeinträchtigt fühlt. Als zuständige Stelle im Sinne des Art. 17 GG hat der Gesetzgeber ausdrücklich eine innerbetriebliche Stelle vorgesehen. Ein unvermitteltes „going public" ist damit nicht zu vereinbaren. Im übrigen ist zu beachten, dass der Gesetzgeber eine Betroffenheit in eigenen Angelegenheiten zur Bedingung des Beschwerderechts gemacht hat. Der Einzelne soll sich nicht zum Sachwalter der Allgemeinheit aufschwingen.

b) Immanente Grenzen der Verschwiegenheitspflicht

138 **aa) Dogmatischer Ansatzpunkt.** Die Verschwiegenheitspflicht kann immanente Grenzen aufweisen. Allgemein anerkannt ist, dass der Arbeitgeber nur so weit die Geheimhaltung von bestimmten Tatsachen verlangen kann, als er daran ein **berechtigtes Interesse** hat. Bislang wurde das Merkmal des berechtigten Interesses allein wirtschaftlich gedeutet. Wettbewerbsinteressen standen dabei im Vordergrund.[373] Seit einiger Zeit wird diskutiert, ob die Verschwiegenheitspflicht auch dann uneingeschränkt bestehen kann, wenn der Arbeitgeber gegen geltendes Recht verstößt.[374] Ist die Verschwiegenheitspflicht Ausdruck der Treuepflicht (§ 242 BGB), kommt es darauf an, ob der Arbeitgeber berechtigterweise darauf vertrauen darf, dass der Arbeitnehmer zu korrupten Praktiken von Vorgesetzten und Kollegen schweigt. Das ist zu verneinen.[375] Vertragstreue kann nur dann eingefordert werden, wenn sich der Arbeitgeber selbst keines Treueverstoßes schuldig macht. Die Pflicht zur Rücksichtnahme des Arbeitnehmers reicht nur so weit, wie der Arbeitgeber in den Bahnen des Rechts bleibt.[376] Verlässt er sie, kann er nicht mehr ohne weiteres davon ausgehen, dass der Arbeitnehmer dies hinnehmen wird. Der Arbeitgeber, der sich bewusst und gewollt ins Unrecht setzt, verdient nicht den Schutz der Rechtsordnung. Wer aufgrund eigenen, vermeidbaren Verhaltens weder schutzbedürftig noch schutzwürdig ist, kann nicht erwarten, dass ihn seine Mitarbeiter „decken". Die Rücksichtnahmepflicht verpflichtet nicht zur „Ganoventreue".[377] Es kann kein Anliegen des

---

[372] *Müller* (Fn. 342), 430.
[373] *Baumbach/Hefermehl*, Wettbewerbsrecht, 22. Aufl. 2001, § 17 UWG Rn. 6; *Gloy/Harte-Bavendamm*, Handbuch des Wettbewerbsrechts, 2. Aufl. 1997, § 44 Rn. 12.
[374] *Colneric* (Fn. 351), 260; ErfK/*Preis*, § 611 BGB Rn. 878; *Preis*, Arbeitsvertrag (Fn. 241), II V 20 Rn. 14 ff.; *Preis/Reinfeld*, AuR 1989, 361, 369 ff.; *Stein*, BB 2004, 1961 (1963).
[375] ErfK/*Dieterich*, Art. 5 GG, Rn. 37; *Wendeling-Schröder* (Fn. 351), S. 197 ff.
[376] *Preis/Reinfeld*, AuR 1989, 361, 371 ff.; *Taeger*, Die Offenbarung von Betriebs- und Geschäftsgeheimnissen, 1988, S. 165; ein Interesse an der Geheimhaltung sitten- und gesetzeswidriger Geheimnisse bejahen *Reimer*, Wettbewerbs- und Warenzeichenrecht II, 4. Aufl. 1972, S. 486; *Schwarz*, AR-Blattei (D), Geheimnisschutz im Arbeitsrecht, B IV.
[377] *Kittner/Trittin*, KSchR, 3. Aufl. 1997, § 626 BGB Rn. 108.

Arbeitsrechts sein, innerhalb des Unternehmens einen „sanktionsfreien Raum für objektiv schutzunwürdige Verhaltensweisen des Arbeitgebers zu schaffen".[378] Das Interesse, Gesetzesverstöße vor den Verfolgungsbehörden geheim zu halten, ist kein schutzwürdiger Belang,[379] erst recht nicht verdient es den Schutz des Strafrechts.[380]

bb) Rechtsprechung. Die ältere Rechtsprechung hat dies zumeist anders gesehen.[381] **139** Anzeigen gegen einen gesetzwidrig handelnden Arbeitgeber wurden regelmäßig als Verstoß gegen die Verschwiegenheitspflicht gewertet. 1959 bejahte das Bundesarbeitsgericht[382] beispielsweise die Rechtmäßigkeit einer fristlosen Kündigung eines Speditionsangestellten wegen einer gegen den Arbeitgeber gerichteten Strafanzeige nach Verstößen gegen Güterfernverkehrsvorschriften, an denen der Arbeitnehmer teilweise selbst mitwirken musste. Zwar sei das damalige Vorbringen des Arbeitnehmers richtig gewesen, zumal auch die Gefahr weiterer Gesetzesverstöße bestand; trotzdem hielt das Gericht die Kündigung für wirksam, weil der Arbeitnehmer die Alternative gehabt hätte, die Arbeit zu verweigern.

Erst ein Jahrzehnt später rückte das BAG von der extremen Betonung der Rücksicht- **140** nahmepflicht ab. In einem 1972 entschiedenen Fall[383] befand es, dass Arbeitnehmer, denen – wie z.B. Strahlenschutzbeauftragten – die Aufgabe obliege, die Sicherheit betrieblicher Einrichtungen zu kontrollieren, das Recht hätten, Sicherheitsbedenken bei den zuständigen Stellen vorzubringen. Erst wenn ihre Bedenken nach objektiven Maßstäben ausgeräumt seien, dürfe der Arbeitgeber das Beharren auf der Kritik zum Anlass für eine ordentliche Kündigung nehmen. In dieselbe Richtung weist eine Entscheidung des Gerichts aus dem Jahre 2003.[384]

Noch weiter ging 1987 das LAG Baden-Württemberg.[385] Für unwirksam erklärte das **141** Gericht die Kündigung einer Kaufhausangestellten, die den Wirtschaftskontrolldienst darüber informierte, dass in der Metzgerei-Abteilung altes Hackfleisch mit neuem vermischt und insgesamt als frisch hergestelltes verkauft werde. Das Gericht befand, dass die Anzeige gegen einen gesetzwidrig handelnden Arbeitgeber zwar „an sich" eine fristlose Kündigung des Anzeigenden rechtfertigen könne. Im konkreten Fall habe der Arbeitgeber jedoch gegen eine Vorschrift verstoßen, an deren Einhaltung ein besonderes öffentliches Interesse bestehe, da sie dem Schutz von Leben und Gesundheit der Bevölkerung diene. Es habe im wohl verstandenen Interesse des Arbeitgebers gelegen, die Manipulation abzustellen. Dass der Arbeitgeber gegenüber dem Wirtschaftskontrolldienst schlecht dastehe, sei unbeachtlich, zumal sich bereits andere Mitarbeiter beim Arbeitgeber beschwert hatten.

Auch das Problem **unrichtiger Behördenanzeigen** beschäftigte die Rechtsprechung **142** bereits mehrfach. Anzeigen, die der Arbeitnehmer allein oder überwiegend aus Schädigungsabsicht erstattet, rechtfertigen nach Ansicht der Gerichte regelmäßig eine außeror-

---

[378] *Froschauer*, Arbeitsschutz und Umweltrecht, 1994, S. 144.
[379] *Colneric* (Fn. 351), 265; *Graser* (Fn. 342), S. 211; a.A. BAG, Urt. v. 3.7.2003, AP Nr. 45 zu § 1 KSchG 1969 Verhaltensbedingte Kündigung für den Fall, dass der Arbeitgeber selbst weder rechtswidrig noch vorsätzlich gehandelt hat.
[380] Bejahend *Baumbach/Hefermehl* (Fn. 373), § 17 UWG Rn. 8; *Wabnitz/Janovsky-Möhrenschlager*, Handbuch des Wirtschafts- und Steuerstrafrechts, 2. Aufl. 2004, Kap. 13 Rn. 10 m.w.N. in Fn. 22; ErfK-*Preis*, § 611 BGB Rn. 878; a.A. *Brammsen*, in: Kregler/Otto (Hrsg.), Schützen Sie Ihr Unternehmen vor unlauterem Wettbewerb, vor Medienattacken, vor Wirtschaftsspionage, 1991, S. 76, *Müller-Gugenberger-Niemeyer*, Wirtschaftsstrafrecht, 3. Aufl. 2000, § 27 Rn. 73; Jacobs/Lindacher/Teplitzky-*Otto*, UWG-Großkommentar, 1991 ff., § 17 UWG Rn. 16 m.w.N.
[381] Ausf. Nachweise bei *Graser* (Fn. 342), S. 175 ff.
[382] BAG, Urt. v. 5.2.1959, AP Nr. 2 zu § 70 HGB.
[383] BAG, AP Nr. 8 zu § 1 KSchG Verhaltensbedingte Kündigung.
[384] BAG, Urt. v. 3.7.2003, AP Nr. 45 zu § 1 KSchG 1969 Verhaltensbedingte Kündigung.
[385] Urt. v. 3.2.1987, AiB 1987, 260.

dentliche Kündigung, beispielsweise wenn ein Arbeitnehmer wegen Zerrüttung seiner privaten Beziehungen zum Arbeitgeber aus niederen Beweggründen dem Finanzamt Tatsachen mitteilt, die eine Steuerfahndung auslösen. Das BAG befand,[386] dass die Mitteilung an das Finanzamt in diesem Fall nicht als Wahrnehmung berechtigter Interessen anerkannt werden könne. Entsprechend beurteilte das Gericht die Erstattung einer Anzeige bei der Staatsanwaltschaft, die ein daraufhin eingeleitetes strafrechtliches Ermittlungsverfahren mangels hinreichender Verdachtsmomente wieder eingestellt hatte.[387] Eine „leichtfertige", zur ordentlichen Kündigung berechtigende Anzeigenerstattung ist nach Ansicht des LAG Frankfurt[388] gegeben, wenn die erhobenen Beschuldigungen aus der Sicht eines vernünftig urteilenden Dritten nicht nachvollziehbar oder auf den ersten Blick in keiner Weise sachlich fundiert sind.

143　Auf den Aspekt „**Wahrung staatsbürgerlicher Pflichten**" macht schließlich das BVerfG aufmerksam. In dem vom Gericht entschiedenen Fall wurde einem Mitarbeiter gekündigt, der zwar nicht selbst Anzeige erstattet, aber in dem gegen den Arbeitgeber gerichteten Ermittlungsverfahren besonderen „Belastungseifer" gezeigt hatte. Mehrfach sagte dieser „freiwillig" und umfangreich bei der Staatsanwaltschaft aus und übergab ihr aus eigenem Antrieb einen Ordner mit unregelmäßigen Abrechnungen. Das LAG Hamm als Tatsachengericht hielt die Kündigung für rechtens, weil der Arbeitnehmer aus eigenem Antrieb häufiger zur Staatsanwaltschaft gekommen war, um das Verfahren „voranzutreiben". Dagegen befand das BVerfG im nachfolgenden Verfassungsbeschwerdeverfahren, dass die den Arbeitgeber belastenden Aussagen im Ermittlungsverfahren nicht ohne weiteres die außerordentliche Kündigung des Arbeitsverhältnisses rechtfertigten. Der Arbeitnehmer habe mit seinem Auftreten bei der Staatsanwaltschaft seine Zeugenpflicht als eine von der Rechtsordnung aufgestellte allgemeine Staatsbürgerpflicht[389] erfüllt. Die Wahrnehmung staatsbürgerlicher Rechte im Strafverfahren dürfe nicht dazu führen, einem Arbeitnehmer fristlos zu kündigen, soweit er nicht wissentlich unwahre oder leichtfertig falsche Aussagen gemacht habe. Ob aus dieser Entscheidung auch eine Anzeigebefugnis hergeleitet werden kann,[390] ist fraglich. Die staatsbürgerliche Pflicht zur Zeugenaussage gewährt jedenfalls keinen Freibrief, jederzeit ein gegen den Arbeitgeber gerichtetes Straf- oder Bußgeldverfahren loszutreten.

c) Voraussetzungen des Anzeigerechts

144　aa) **Grundsatz.** Eine Anzeige des Arbeitnehmers ist nur dann rechtmäßig, wenn sie **keine unverhältnismäßige Reaktion** auf ein Verhalten des Arbeitgebers oder seiner Repräsentanten darstellt.[391] Dabei können als Indizien für eine unverhältnismäßige Reaktion sowohl die Berechtigung der Anzeige als auch die Motivation des Anzeigenden oder ein fehlender innerbetrieblicher Hinweis auf die angezeigten Missstände sprechen.[392]

145　bb) **Gesetzwidriges Verhalten.** Die „Flucht in die Öffentlichkeit" ist grundsätzlich nur dann zulässig, wenn Arbeitgeber, Vorgesetzte, Untergebene oder Kollegen objektiv gesetzwidrig gehandelt haben. Die nur subjektive Annahme eines Gesetzesverstoßes genügt nicht, erst recht nicht, wenn die Anzeige wissentlich unwahr oder leichtfertig falsch ist.[393] Bewusst unwahre Tatsachenbehauptungen fallen auch nicht in den Schutzbereich

---

[386] BAG, Urt. v. 4.7.1991, RzK I 6a Nr. 74; ähnlich LAG Düsseldorf, Urt. v. 18.1.1961, BB 1961, 532.
[387] BAG, Urt. v. 3.7.2003, AP Nr. 45 zu § 1 KSchG 1969 Verhaltensbedingte Kündigung.
[388] Urt. v. 14.2.1991, NZA 1992, 124.
[389] Dazu BVerfGE 76, 363, 383.
[390] So aber *Müller* (Fn. 342), 434.
[391] BAG, Urt. v. 4.7.1991, RzK I 6 a Nr. 74; Urt. v. 3.7.2003, AP Nr. 45 zu § 1 KSchG 1969 Verhaltensbedingte Kündigung; MünchArbR/*Blomeyer*, § 53 Rn. 70.
[392] BAG, Urt. v. 3.7.2003, AP Nr. 45 zu § 1 KSchG 1969 Verhaltensbedingte Kündigung.
[393] ErfK-*Preis*, § 611 BGB Rn. 878.

des Art. 5 Abs. 1 GG[394]. Die Anzeige ist leichtfertig falsch, wenn die erhobenen Beschuldigungen aus der Sicht eines vernünftig urteilenden Dritten nicht nachvollziehbar oder auf den ersten Blick in keiner Weise sachlich fundiert sind oder der Anzeigeerstatter objektiv unrichtige Behauptungen gerade auch deshalb aufstellt, weil er sie nicht einmal in einem ihm unter den konkreten Umständen zumutbaren Umfang vorher auf ihre Richtigkeit überprüft hatte.[395] Streitig ist, ob den Arbeitnehmer als „Insider" strengere Sorgfaltspflichten treffen als Betriebsfremde. Bejaht wird das mit dem Argument, der Arbeitnehmer könne sich im Vergleich zu Betriebsfremden leichter über den Inhalt der erhobenen Vorwürfe informieren.[396] Abgelehnt wird das unter Hinweis auf die Gefahren für das Betriebsklima und den Arbeitsablauf, die mit der Pflicht zu eigenen, womöglich umfangreichen Recherchen verbunden wären; dem Arbeitnehmer dürfe schon deshalb nicht das volle Risiko seiner Angaben aufgebürdet werden, weil sonst faktisch eine „Meinungsäußerungssperre" errichtet würde.[397] Im Ergebnis unterscheiden sich die Ansichten nur wenig. Grundlage für das Anzeigerecht ist kein bereits vom Anzeigenden sorgfältig recherchierter und umfassend aufgeklärter Sachverhalt – dazu wird der Arbeitnehmer häufig nicht in der Lage sein –, sondern ein Anfangsverdacht, dessen tatsächliche Ausgangsbasis in einer dem Anzeigenden zumutbaren Weise ermittelt werden muss. Ausgeschlossen ist nicht jede fahrlässige, sondern nur die leichtfertige Falschanzeige.

cc) Vorheriger Versuch innerbetrieblicher Abhilfe. Diskutiert wird ferner, ob sich der Arbeitnehmer vor einer Anzeige bei einer Behörde um innerbetriebliche Abhilfe bemühen muss.[398] Teilweise befürchtet man, dass Arbeitnehmer aus Angst vor möglichen Sanktionen, die ihnen bei einer innerbetrieblichen „Vorschaltbeschwerde" drohen, ganz auf eine Anzeige verzichten. Überdies sei der unbedingte Vorrang der internen vor der externen Abhilfe unverhältnismäßig, wenn hiervon nicht nur haltlose, sondern auch zutreffende Anzeigen erfasst würden.[399] Der erwünschte „Abschreckungseffekt" des Strafrechts würde verfehlt, wenn der Arbeitgeber aufgrund der „Vorschaltbeschwerde" nie befürchten müsste, aufgrund einer überraschenden Anzeige überführt zu werden.[400] Die wohl h.M. gewährt das Anzeigerecht erst nach erfolgloser Ausschöpfung der innerbetrieblichen Abhilfemöglichkeiten.[401] Dem ist zuzustimmen. Die Treuepflicht verlangt auch dann die gebotene Rücksichtnahme auf die Interessen des Arbeitgebers, wenn sich dieser gesetzeswidrig verhalten hat. Ziel der Anzeige ist es nicht, den Arbeitgeber „ans Messer zu liefern", sondern einen rechtswidrigen Zustand abzustellen, der sich intern nicht bereinigen lässt. Dieser Grundsatz liegt auch den spezialgesetzlich geregelten Anzeigerechten zugrunde.[402] Die Anzeigebefugnis hängt dort davon ab, dass sich der Mitarbeiter zuvor an innerbetriebliche Stellen gewandt hat. Ähnliches bestimmen die bislang noch nicht umgesetzten Entwürfe für ein Arbeitsvertragsgesetz.[403] Generell wird man sa-

146

---

[394] BVerfGE 54, 208, 219 ff.; 61, 1, 8.
[395] LAG Frankfurt, Urt. v. 14.2.1991, NZA 1992, 124.
[396] LAG Frankfurt, Urt. v. 14.2.1991, NZA 1992, 124; *Graser* (Fn. 342), S. 214.
[397] *Graser* (Fn. 342), S. 214; *Wendeling-Schröder* (Fn. 344), S. 202.
[398] Ausf. *Graser* (Fn. 342), S. 207 ff.
[399] So insbesondere zum arbeitsschutzrechtlichen Anzeigerecht *Bücker/Feldhoff/Kohte*, Vom Arbeitsschutz zur Arbeitsumwelt, 1994, Rn. 615 zu § 18 ArbschG-E; *Colneric* (Fn. 351), 265; *Kollmer-Oppenauer*, Arbeitsschutzgesetz, 2005, § 17 II ArbSchG Rn. 14 f.
[400] *Graser* (Fn. 342), S. 211.
[401] MünchArbR-*Blomeyer*, § 53 Rn. 70; *Buchner*, ZfA 1982, 49, 70; *Denck*, DB 1980, 2123, 2133 ff.; *Graser* (Fn. 342), S. 208 m.w.N. in Fn. 771; *Müller* (Fn. 342), 436; ErfK-*Preis*, § 611 BGB Rn. 878 f.; *Preis/Reinfeld*, AuR 1989, 370; a.A. *Wendeling-Schröder* (Fn. 344), S. 195.
[402] Vgl. § 17 Abs. 2 Satz 1ArbSchG, § 21 Abs. 6 Satz 1 GefahrstoffVO.
[403] § 77 Abs. 3 ArbVG-E 1977, § 84 Abs. 2 ArbVG-E 1992 (*Arbeitskreis deutsche Rechtseinheit im Arbeitsrecht*, Gutachten D zum 59. DJT 1992, S. 114 f.); § 84 Abs. 2 ArbVG-E Sachsen, BR-Drucks. 293/95; s. auch *Graser* (Fn. 342), S. 249 ff. m.w.N.

gen müssen, dass ein einmaliger Gesetzesverstoß des Arbeitgebers keine Anzeige rechtfertigt, erst recht nicht, wenn es möglich ist, den Missstand betriebsintern zu beseitigen und der Arbeitgeber auch ohne weiteres dazu bereit ist. Die Anzeige ist dann nicht „ultima ratio".[404] Nichts anderes kann in Fällen der Korruption gelten. Der Arbeitgeber kann zwar nicht darauf vertrauen, dass zu seinem korrupten Verhalten geschwiegen wird, doch wird auch ihm die Chance eingeräumt werden müssen, ohne Imageverlust für das Unternehmen – der die zwangsläufige Folge einer öffentlichen Anzeige ist – sofort den Missstand zu beheben. Es ist nicht Sache der Mitarbeiter, für eine Bestrafung von Vorgesetzten oder Kollegen zu sorgen. Der Mitarbeiter ist auch nicht Walter des öffentlichen Interesses.

147 Eine vorherige innerbetriebliche Meldung und Klärung ist dem Arbeitnehmer allerdings unzumutbar, wenn er Kenntnis von Straftaten erhält, durch deren Nichtanzeige er sich selbst einer Strafverfolgung aussetzen würde. Hier muss regelmäßig die Pflicht des Arbeitnehmers zur Rücksichtnahme auf die Interessen des Arbeitgebers zurücktreten.[405]

148 Eine andere Frage ist, welche **Anforderungen an** das Bemühen um innerbetriebliche **Abhilfe** zu stellen sind.[406] Teils verlangt man, dass der Arbeitnehmer sämtliche innerbetrieblichen Möglichkeiten auszuschöpfen hat,[407] teils hält man bereits einen einmaligen Abhilfeversuch beim Arbeitgeber für ausreichend.[408] Richtigerweise ist auch hier auf die Zumutbarkeit für den Arbeitnehmer abzustellen.[409] Diese richtet sich nach dem verletzten Rechtsgut und dem Kenntnisstand des Arbeitgebers. Gerechtfertigt ist die Anzeige jedenfalls dann, wenn der Versuch, innerbetriebliche Abhilfe zu schaffen, erfolglos geblieben ist.[410] Der Vorrang innerbetrieblicher Abhilfe ist zu verneinen, wenn dem Arbeitgeber die Gesetzwidrigkeit bekannt ist und von ihm gebilligt wurde.[411] Unzumutbar kann das Zuwarten mit einer Anzeige auch dann sein, wenn die dem Anzeigewilligen zugesagte Abhilfe nicht durchgeführt wird. Etwas anderes wird hingegen dann gelten, wenn nicht der Arbeitgeber selbst oder sein gesetzlicher Vertreter, sondern ein Vorgesetzter oder Kollege seine Pflichten verletzt oder strafbar handelt. Hier erscheint es eher zumutbar, vom Arbeitnehmer – auch wenn ein Vorgesetzter betroffen ist – vor einer Anzeigenerstattung einen Hinweis an den Arbeitgeber zu verlangen. Dies gilt insbesondere dann, wenn es sich um Pflichtwidrigkeiten handelt, die – auch – den Arbeitgeber selbst schädigen.[412]

149 Der Vorrang innerbetrieblicher Abhilfe lässt sich durch Individual- oder Kollektivvereinbarung ausdrücklich regeln. Das bietet sich an, wenn der Arbeitgeber ein innerbetriebliches **Compliance System** schaffen will. In diesen Fällen ist der Arbeitnehmer gehalten, zunächst den Korruptionsbeauftragten zu verständigen. Erst wenn dieser keine Abhilfe schaffen kann oder will, darf sich der Arbeitnehmer an Behörden oder die Öffentlichkeit wenden. Die Anzeigebefugnis lässt sich durch ein Compliance System nur zeitlich beschränken, nicht aber vollständig ausschließen.

150 **dd) Keine missbräuchliche Anzeige.** Eine an sich bestehende Anzeigebefugnis darf nicht rechtsmissbräuchlich ausgeübt werden.[413] Rechtsmissbräuchlich handelt, wem

---

[404] MünchArbR-*Blomeyer*, § 51 Rn. 51 ff.; *Preis*, Arbeitsvertrag (Fn. 241), II, V 20 Rn. 17.
[405] BAG, Urt. v. 3.7.2003, AP Nr. 45 zu § 1 KSchG 1969 Verhaltensbedingte Kündigung.
[406] Ausf. *Graser* (Fn. 342), S. 209 ff.; *Müller* (Fn. 342), 435.
[407] *Wlotzke*, FS Hilger/Stumpf, 1983, S. 751 für die Verletzung von Arbeitsschutzvorschriften.
[408] *Colneric*, Anm. zu LAG Baden-Württemberg, Urt. v. 2.2.1987, AiB 1987, 261, 265.
[409] BAG, Urt. v. 3.7.2003, AP Nr. 45 zu § 1 KSchG 1969 Verhaltensbedingte Kündigung; *Graser* (Fn. 342), S. 210; *Müller* (Fn. 342), 435; *Stein*, BB 2004, 1961, 1964.
[410] BAG, Urt. v. 3.7.2003, AP Nr. 45 zu § 1 KSchG 1969 Verhaltensbedingte Kündigung; MünchArbR-*Blomeyer*, § 53 Rn. 71; *Preis/Reinfeld*, AuR 1989, 372; *Stein*, BB 2004, 1963.
[411] LAG Baden-Württemberg, Urt. v. 3.2.1987 NZA 1987, 756.
[412] BAG, Urt. v. 3.7.2003, AP Nr. 45 zu § 1 KSchG 1969 Verhaltensbedingte Kündigung.
[413] BAG, Urt. v. 4.7.1991, RzK I 6a Nr. 74; Urt. v. 3.7.2003, AP Nr. 45 zu § 1 KSchG 1969 Verhaltensbedingte Kündigung; *Graser* (Fn. 342), S. 217; *Müller* (Fn. 342), 435; ErfK-*Preis*, § 611 BGB Rn. 879; *Stahlhacke/Preis/Vossen*, Kündigung und Kündigungsschutz, 9. Aufl. 2005, Rn 505.

es nicht oder nicht vorrangig um die Beseitigung des gesetzeswidrigen Zustands geht. Wer den Arbeitgeber aus verwerflichen Motiven (Rache, Schädigungsabsicht[414] usw.) anzeigt, begeht selbst eine Treupflichtverletzung, die eine Kündigung rechtfertigt.[415] Schikanen oder Diffamierungen von Vorgesetzten oder Kollegen des Mitarbeiters braucht sich der Arbeitgeber auch dann nicht bieten zu lassen, wenn er selbst einen Gesetzesverstoß begangen hat.

4. Konsequenzen

a) Rechtmäßige Arbeitnehmeranzeige

Bei einer rechtmäßigen Arbeitnehmeranzeige kann dem Arbeitnehmer kein vertragswidriges Verhalten vorgeworfen werden. Vielmehr macht er in zulässiger Weise von seinen Rechten Gebrauch. Gleichwohl gegen ihn verhängte **Sanktionen** verstoßen gegen das Maßregelverbot des § 612a BGB und sind deshalb nach § 134 BGB **unwirksam**.[416] Das betrifft zunächst die „förmlichen" Sanktionen wie Abmahnung und Kündigung.[417] Unzulässig sind aber auch rein tatsächliche Diskriminierungen, wie das Bloßstellen, die Beschäftigung mit sinnlosen Arbeiten oder die maßregelnde Freistellung von der Arbeit. Derartige Anordnungen sind rechtswidrig und für den Arbeitnehmer unverbindlich. Er braucht sie nicht zu beachten, ohne sich auf ein Zurückbehaltungsrecht nach § 273 BGB berufen zu müssen.[418] Der Arbeitnehmer kann Beseitigung der Maßnahme und Unterlassung verlangen. Ist dem Arbeitnehmer ein Vermögensschaden entstanden, kann er nach Maßgabe von § 280 Abs. 1 BGB bzw. §§ 823 Abs. 2, 612a BGB Ersatz verlangen. Das kann der Fall sein, wenn ihm Vorteile (Gehaltserhöhung, Beförderung) vorenthalten wurden.[419]

151

Für das Vorliegen einer Maßregelung ist der Arbeitnehmer darlegungs- und beweispflichtig. Anders als § 611a Abs. 1 Satz 3 BGB, der in dem seit 18.8.2006 geltenden § 22 AGG aufgegangen ist, sieht § 612a BGB keine Abstufung und Umkehr der Darlegungs- und Beweislast vor. Die Regelung in § 611a Abs. 1 Satz 3 BGB ist auch nicht auf § 612a BGB übertragbar.[420] Besteht jedoch ein offensichtlicher Zusammenhang zwischen einer benachteiligenden Maßnahme und der Rechtsausübung, kann sich für den Arbeitnehmer eine Beweiserleichterung nach den Grundsätzen des Anscheinsbeweises ergeben.[421]

152

b) Rechtswidrige Arbeitnehmeranzeige

Wurde die Anzeige rechtswidrig erstattet, bedeutet dies eine Verletzung der Verschwiegenheitspflicht, die die **üblichen arbeitsrechtlichen Sanktionen** (Abmahnung, ordentliche/außerordentliche Kündigung) nach sich ziehen kann.[422] Fraglich ist, ob der Arbeitgeber sogleich eine außerordentliche Kündigung erklären darf. Das ist grundsätz-

153

---

[414] LAG Frankfurt, Urt. v. 12.2.1987, DB 1987, 1696.
[415] BAG, Urt. v. 4.7.1991, RzK I 6a Nr. 74; *Graser* (Fn. 342), S. 217; *Müller* (Fn. 342), 435.
[416] Ausf. *Graser* (Fn. 342), S. 129 ff.
[417] BAG, Urt. v. 2.4.1987, AP Nr. 1 zu § 612a BGB; BAG, Urt. v. 16.2.1989, AP Nr. 46 zu § 138 BGB; *Preis*, NZA 1997, 1256, 1265.
[418] Str.; wie hier KR-*Pfeiffer*, § 612a BGB Rn. 11; ErfK/*Preis*, § 612a BGB Rn. 23; a.A. RGRK-*Michels-Holl*, § 612a BGB Rn. 11; MünchKomm-*Müller-Glöge*, § 612a BGB Rn. 21.
[419] Palandt-*Putzo*, § 612a BGB Rn. 1.
[420] BAG, Urt. v. 2.4.1987, AP Nr. 1 zu § 612a BGB; BAG, Urt. v. 25.11.1993, AP Nr. 3 zu § 14 KSchG 1969; KR-*Pfeiffer*, 2. Aufl. 2004, § 612a BGB Rn. 12; ErfK/*Preis*, § 612a BGB Rn. 22.
[421] ArbG Augsburg, NZA-RR 1998, 542; Palandt-*Putzo*, § 612a BGB Rn. 1.
[422] BAG, Urt. v. 3.7.2003, AP Nr. 45 zu § 1 KSchG 1969 Verhaltensbedingte Kündigung.

lich zu bejahen,[423] vor allem wenn es sich um eine rechtsmissbräuchlich erstattete Arbeitnehmeranzeige handelt. Bei einem entschuldbaren Irrtum können die Dinge im Einzelfall anders liegen.

VI. Arbeitsrechtliche Konsequenzen

154   Gegen korrupte Mitarbeiter kann der Arbeitgeber die bekannten Sanktionen verhängen[424]. In leichteren Fällen wird er sich mit einer Abmahnung begnügen (unten 1). Wo Mitarbeiter fortgesetzt und massiv Korruption betreiben, bleibt häufig nur die außerordentliche Kündigung (unten 2). Ist die Korruption bereits erwiesen, kommt eine Tatkündigung in Betracht. Besteht nur ein begründeter Verdacht, wird der Arbeitgeber eine Verdachtskündigung erklären, wenn das für das Arbeitsverhältnis unverzichtbare Vertrauensverhältnis zwischen den Arbeitsvertragsparteien erheblich gestört ist (unten 3). Um Aufsehen zu vermeiden, wird das Arbeitsverhältnis eines korrupten Mitarbeiters häufig einvernehmlich beendet. Dann stellt sich die Frage nach der Wirksamkeit eines Aufhebungsvertrags und den Möglichkeiten, ihn später durch Widerruf, Anfechtung oder sonstwie aus der Welt zu schaffen (unten 4). Wo korrupte Mitarbeiter nicht fristlos gekündigt werden (können), stellt sich das Problem ihrer sofortigen Suspendierung von der Arbeit (unten 5).

1. Abmahnung

155   Als mildeste Sanktion in Korruptionsfällen kommt die Abmahnung in Betracht. An sie ist bei geringfügigen Verfehlungen zu denken, vor allem bei Ersttätern, denen gegenüber der Arbeitgeber noch keine Kündigung erklären will. Bei der Abmahnung handelt es sich um die Ausübung eines arbeitsvertraglichen Gläubigerrechts.[425] Als Gläubiger der Arbeitsleistung weist der Arbeitgeber den Arbeitnehmer auf seine vertraglichen Pflichten hin und macht ihn darauf aufmerksam, dass er sie verletzt hat (Rüge- bzw. Dokumentationsfunktion).[426] Zugleich fordert er ihn für die Zukunft zu einem vertragstreuen Verhalten auf und droht ihm für den Fall erneuter Pflichtverletzung individualrechtliche Konsequenzen an, die bis zur Kündigung reichen können (Warnfunktion).[427]

156   Für die Abmahnung kommt es nicht darauf an, ob dem Arbeitnehmer die Pflichtverletzung subjektiv vorgeworfen werden kann; es reicht aus, wenn der Arbeitgeber einen objektiven Verstoß des Arbeitnehmers gegen seine arbeitsvertraglichen Pflichten rügt.[428] Die Abmahnung ist jedoch ungerechtfertigt, wenn sie unrichtige Tatsachenbehauptungen enthält,[429] das Verhalten des Arbeitnehmers unzutreffend bewertet wird, oder wenn die Abmahnung eine unangemessene Reaktion auf eine nur geringfügige Pflichtverletzung darstellt und sie damit den Grundsatz der Verhältnismäßigkeit verletzt.[430] Da der Arbeitnehmer durch eine unzulässige Abmahnung in seinem beruflichen Fortkommen und da-

---

[423] LAG Baden-Württemberg, Urt. v. 3.2.1987, AiB 1987, 260.
[424] *Zimmer/Stetter*, BB 2006, 1449 ff.
[425] BAG, Urt. v. 11.12.2001, AP Nr. 8 zu § 611 BGB Nebentätigkeit.
[426] BAG Urt. v. 26.1.1995, AP Nr. 34 zu § 1 KSchG1969 Verhaltensbedingte Kündigung.
[427] BAG Urt. v. 10.11.1993, AP Nr. 4 zu § 78 BetrVG1972.
[428] BAG, Urt. v. 7.9.1988, AP Nr. 2 zu § 611 BGB Abmahnung; Urt. v. 10.1.1992, AP Nr. 84 zu § 37 BetrVG 1972.
[429] BAG, Urt. v. 27.11.1985, AP Nr. 93 zu § 611 BGB Fürsorgepflicht.
[430] BAG, Urt. v. 13.11.1991, AP Nr. 7 zu § 611 BGB Abmahnung; Urt. v. 10.11.1993, AP Nr. 4 zu § 78 BetrVG 1972; Urt. v. 31.8.1994, AP Nr. 98 zu § 37 BetrVG 1972.

mit auch in seinen Persönlichkeitsrechten beeinträchtigt wird, kann er entsprechend §§ 241 Abs. 2, 1004 BGB ihre Beseitigung verlangen.[431] Dasselbe gilt, wenn die Abmahnung formell nicht ordnungsgemäß zustande gekommen ist[432] oder der Arbeitgeber kein schutzwürdiges Interesse mehr daran hat, dass die Abmahnung in der Personalakte verbleibt.[433]

2. Außerordentliche Kündigung

a) Grundsätze

aa) Allgemeines. Massive Korruptionsfälle werden sich – wenn der überführte Mitarbeiter keinen Aufhebungsvertrag zu schließen bereit ist (s. dazu unten Rn. 189 ff.) – häufig nur mit einer außerordentlichen Kündigung beantworten lassen. Eine solche „Kündigung aus wichtigem" Grund ist nach § 626 BGB zulässig, wenn Tatsachen vorliegen, aufgrund derer dem Kündigenden unter Berücksichtigung aller Umstände des Einzelfalles und unter Abwägung des Interesses beider Vertragsteile die **Fortsetzung des Arbeitsverhältnisses** bis zum Ablauf der Kündigungsfrist oder bis zu der vereinbarten Beendigung des Arbeitsverhältnisses **nicht zugemutet** werden kann. Ob ein wichtiger Grund für eine außerordentliche Kündigung vorliegt, beurteilt sich nach objektiven Gesichtspunkten. Das Motiv des Kündigenden spielt keine Rolle.[434] Entscheidend für die Beurteilung ist der Zeitpunkt, zu dem die Kündigung zugeht. Spätere Umstände können die Kündigung nicht rechtfertigen; sie können aber Grundlage einer weiteren Kündigung sein.[435] Dagegen können Umstände, die zur Zeit der Kündigung vorlagen, dem Kündigenden aber unbekannt waren, auch noch nach Zugang der Kündigung als Rechtfertigungsgrund verwendet werden; allerdings muss zuvor der Betriebsrat angehört werden.[436] Der Mangel eines wichtigen Grundes muss innerhalb der dreiwöchigen Klagefrist des § 4 KSchG geltend gemacht werden, da sonst nach §§ 7, 13 Abs. 1 Satz 2 KSchG das Vorliegen eines wichtigen Grundes fingiert wird.

157

bb) Prüfungsschema. Ob ein wichtiger Grund für eine außerordentliche Kündigung vorliegt, ist nach der Rechtsprechung des BAG in **zwei Schritten** zu prüfen.[437] Zunächst ist festzustellen, ob ein Sachverhalt unabhängig vom Einzelfall „an sich" geeignet ist, einen Kündigungsgrund zu bilden. Ist das zu bejahen, erfolgt in einem zweiten Schritt eine **umfassende Interessenabwägung**, bei der sämtliche Umstände des Einzelfalles zu berücksichtigen sind. Die systematische Trennung der Prüfung dient der Rechtssicherheit und der Rechtsklarheit, weil für die vorrangige Frage, ob ein bestimmter Grund an sich eine außerordentliche Kündigung zu rechtfertigen vermag, allgemeine Grundsätze aufgestellt werden können, die die Anwendung des Rechtsbegriffs des wichtigen Grundes erleichtern.[438] Die Rechtsprechung hat lange Zeit nach Störungen im Bereich der Leis-

158

---

[431] BAG Urt. v. 27.11.1985, AP Nr. 93 zu § 611 BGB Fürsorgepflicht; Urt. v. 5.8.1992, 15.7.1992, AP Nr. 8 und 9 zu § 611 BGB Abmahnung; Urt. v. 14.9.1994, AP Nr. 13 zu § 611 BGB Abmahnung; Urt. v. 11.12.2001, AP Nr. 8 zu § 611 BGB Nebentätigkeit.
[432] AP Nr. 2 zu § 13 BAT.
[433] BAG, Urt. v. 27.1.1988, ZTR 1988, 309; Urt. v. 13.4.1988, AP Nr. 100 zu § 611 BGB Fürsorgepflicht; Urt. v. 8.2.1989, ZTR 1989, 236; Urt. v. 14.12.1994, AP Nr. 15 zu § 611 BGB Abmahnung.
[434] BAG, Urt. v. 2.6.1960, AP Nr. 42 zu § 626 BGB; Urt. v. 18.11.1980, EzA § 626 BGB n.F. Nr. 71.
[435] BAG, Urt. v. 30.1.1963, 17.8.1972, 18.1.1980, EzA § 626 BGB n.F. Nr. 4, 22, 71.
[436] BAG, Urt. v. 11.4.1985, AP Nr. 39 zu § 102 BetrVG 1972.
[437] BAG, Urt. v. 17.5.1984, AP Nr. 14 zu § 626 BGB Verdacht strafbarer Handlung; kritisch dazu die h.L., *Ascheid*, Kündigungsschutzrecht, 1993, Rn. 119 ff. m.N.
[438] BAG, Urt. v. 17.4.1984, AP Nr. 14 zu § 626 BGB Verdacht strafbarer Handlung (Bienenstich); bestätigt durch BAG, Urt. v. 12.8.1999, AP Nr. 28 zu § 626 BGB Verdacht strafbarer Handlung.

tung, bei der betrieblichen Verbundenheit der Mitarbeiter, im persönlichen Vertrauen oder im Betrieb und Unternehmen unterschieden.[439] Diese Unterscheidung ist nur von eingeschränktem Wert.[440] In der Literatur unterscheidet man vielfach wie bei der ordentlichen Kündigung nach personen-, verhaltens- und betriebsbedingten Kündigungsgründen.[441] Mitunter wird auch auf das „Stufenverhältnis" zwischen ordentlicher und außerordentlicher Kündigung abgestellt. Zu prüfen sei, ob ein Umstand, der zur ordentlichen Kündigung des Arbeitsverhältnisses genügt, ein solches Gewicht habe, dass ausnahmsweise auch die außerordentliche Kündigung gerechtfertigt erscheine.[442] Kann ein Umstand eine ordentliche Kündigung nicht rechtfertigen, ist er erst recht kein „an sich" geeigneter Grund für eine außerordentliche Kündigung.

b) Korruption als „an sich" wichtiger Grund

159 aa) **Grundsatz.** „Korruption" wird von der Rechtsprechung durchweg als ein „an sich" wichtiger Grund aufgefasst. Der Kündigungsgrund liegt zumeist in einem erheblichen, vorwerfbaren Verstoß gegen die Pflichten aus dem Arbeitsverhältnis. Denkbar sind auch Gründe in der Person, wie etwa bei einer (echten) Verdachtskündigung die Zerstörung des für eine gedeihliche Zusammenarbeit notwendigen Vertrauensverhältnisses zwischen den Arbeitsvertragsparteien (s. dazu ausführlich Rn. 176 ff.); Eignungsmängel können dagegen nur ausnahmsweise eine außerordentliche Kündigung rechtfertigen.[443] Die Annahme sozialadäquater Gelegenheitsgeschenke oder üblicher Trinkgelder rechtfertigt keine außerordentliche Kündigung.[444] Keine Rolle spielt die Bezeichnung der Zuwendung; es genügen auch „Geldgeschenke für die Kaffeekasse".[445]

160 Kontrovers beurteilt wird die Frage, ob eine einmalige Pflichtverletzung des Arbeitnehmers, die zu einer lediglich **geringfügigen Schädigung** des Arbeitgebers führt, eine außerordentliche Kündigung „an sich" rechtfertigen kann. Während vereinzelt vertreten wird, dass etwa der Diebstahl oder die Unterschlagung geringwertiger Sachen nicht einmal die Schwelle des wichtigen Grundes erreichen,[446] wird das vom BAG[447] im Einklang mit der h.M. in der Literatur zu Recht anders gesehen.[448] Das von der Mindermeinung[449] angesprochene Ungleichgewicht zwischen Vertragsverletzung und Sanktion besteht nicht.[450] Wer einer einmaligen und geringfügigen Pflichtverletzung von vornherein die

---

[439] BAG, Urt. v. 6.2.1969, EzA § 626 BGB Nr. 11; Urt. v. 3.2.1970, EzA § 626 BGB n.F.
[440] So jetzt m. R. BAG, Urt. v. 12.8.1999, NZA 2000, 421, 426.
[441] *Ascheid* (Fn. 437), Rn. 132; *Kittner/Däubler/Zwanziger* (Fn. 377), § 626 BGB Rn. 40; vgl. jetzt auch BAG, Urt. v. 12.8.1999, NZA 2000, 426.
[442] *Preis*, Prinzipien des Kündigungsrechts bei Arbeitsverhältnissen, 1987, S. 478 ff.
[443] Umfassende Rechtsprechungsübersicht bei *Schaub* (Fn. 27), § 125 Rn. 135 ff.
[444] ErfK/*Müller-Glöge*, § 626 BGB Rn. 146.
[445] BAG, Urt. v. 15.11.2001, AP Nr. 175 zu § 626 BGB.
[446] ArbG Reutlingen Urt. v. 4.6.1996 – 1 Ca 73/96 – RzK I 6d Nr. 12 (Diebstahl von zwei Bechern Joghurt); HK-KSchG/*Dorndorf*, 4. Aufl. 2001, § 1 Rz. 834; MünchKomm/*Henssler*, § 626 BGB Rn. 76 ff.
[447] BAG, Urt. v. 17.5.1984, AP Nr. 14 zu § 626 BGB Verdacht strafbarer Handlung (Verzehr eines Stücks Bienenstich); Urt. v. 20.9.1984, AP Nr. 80 zu § 626 BGB (Entwendung dreier Kiwi-Früchte in einem anderen Warenhaus des Arbeitgebers); Urt. v. 13.12.1984, AP Nr. 81 zu § 626 BGB (Diebstahl einer umstrittenen Menge Dieselkraftstoffs); Urt. v. 3.4.1986, AP Nr. 18 zu § 626 BGB Verdacht strafbarer Handlung (Entwendung eines Lippenstifts); Urt. v. 16.10.1986, RzK I 6d Nr. 5 (Entwendung zweier Päckchen Tabak); Urt. v. 2.4.1987, RzK I 6d Nr. 7 (Mitnahme eines Liters Sahne im Wert von 4,80 DM); Beschl. v. 10.2.1999, AP Nr. 42 zu § 15 KSchG1969 (Verkauf von Metallschrott).
[448] *Berkowsky*, Die personen- und verhaltensbedingte Kündigung, 4. Aufl. 2005, § 21 Rn. 122 bis 125; *Hueck/von Hoyningen-Huene*, Kündigungsschutzgesetz, 13. Aufl. 2002, § 1 Rn. 353; *Knorr/Bichlmeier/Kremhelmer*, Handbuch des Kündigungsrechts, 4. Aufl. 1998, Abschnitt 6 Rn. 72 f.; *Löwisch*, Kommentar zum Kündigungsschutzgesetz, 9. Aufl. 2004, § 1 Rn. 148 f.; KR-*Fischermeier*, § 626 BGB Rn. 445.
[449] MünchKomm/*Henssler*, § 626 BGB Rn. 77; dazu auch *Gerhards*, BB 1996, 794, 796.
[450] *Oetker*, Anm. zu BAG, Urt. v. 20.9.1984, SAE 1985, 171, 175.

Bedeutung eines „an sich" tauglichen Grundes für eine außerordentliche Kündigung abspricht, läuft zudem Gefahr, die systematische Zweiteilung des § 626 Abs. 1 BGB, die der Rechtssicherheit dient, zu verfehlen. Ob ein Schaden als geringfügig zu betrachten ist, ist bereits eine Wertungsfrage. Das spricht dafür, das Ausmaß der Pflichtverletzung und die Schadenshöhe erst im Rahmen der Interessenabwägung zu berücksichtigen. Auch geringfügige (objektive) Pflichtverletzungen vermögen deshalb eine außerordentliche Kündigung „an sich" zu rechtfertigen.[451] Der Pflichtenverstoß setzt nach der Rechtsprechung kein Verschulden voraus; die Frage des Verschuldens im Sinne einer subjektiven Vorwerfbarkeit ist ebenfalls erst bei der Interessenabwägung zu berücksichtigen.[452]

bb) Korruption im öffentlichen Dienst. Die bei den Gerichten bekannt gewordenen Fälle[453] betreffen vornehmlich den öffentlichen Dienst. Hier wird – unter Beifall der Literatur[454] – einhellig davon ausgegangen, dass der Verstoß gegen das Verbot des § 10 BAT, jetzt: § 3 Abs. 2 TVöD, ohne Zustimmung des Arbeitgebers Belohnungen oder Geschenke in Bezug auf die dienstliche Tätigkeit anzunehmen, an sich einen wichtigen Grund zur außerordentlichen Kündigung darstellen kann. Das Verbot der unzulässigen Geschenkannahme bedeutet eine wesentliche Dienstpflicht, die die saubere und unbestechliche Diensterfüllung gewährleisten soll. Schon der böse Anschein, ein Bestechungsversuch könnte erfolgreich sein, soll vermieden werden. Die Bürger sollen nicht veranlasst werden, zusätzliche Leistungen für Dienste aufzubringen, auf die sie einen Rechtsanspruch haben. Außerdem sollen Bürger, die solche zusätzlichen Leistungen nicht aufbringen können oder wollen, keinen Grund zu der Befürchtung haben, benachteiligt zu werden. Beide Regelungsziele lassen sich nur erreichen, wenn Belohnungen und Geschenke jeder Art unterbleiben, soweit es sich nicht nur um geringwertige Aufmerksamkeiten handelt.[455] „Korruption" im öffentlichen Dienst rechtfertigt daher „an sich" eine außerordentliche Kündigung, und zwar bereits bei einem einmaligen Verstoß, selbst wenn die „Belohnung" gering war, ihre Annahme aber ausdrücklich vom Dienstherrn verboten wurde. Auf eine Schädigung des Arbeitgebers kommt es nicht an.[456]

cc) Kasuistik. In folgenden Einzelfällen hat die Rechtsprechung im öffentlichen Dienst einen „an sich" bestehenden Grund für eine außerordentliche Kündigung bejaht: Annahme von 30.000 DM Schmiergeld durch einen Sachbearbeiter in der Bauabteilung einer Gemeinde.[457] Ein Pförtner in einem staatlichen Universitätskrankenhaus vermittelt entgegen einer ausdrücklichen Dienstanweisung Taxifahrten für den Transport von Patienten oder Besuchern an einen kleinen Kreis ihm bekannter Mietwagenzentralen und Taxifahrer gegen Zahlung eines Teils des Fahrgelds sowie Gewährung kleinerer Sachleistungen und kostenfreier Beförderung.[458] Ein bauleitender Architekt (Monatsvergütung ca. 7.000 DM), dem die Maße- und Kostenermittlung, das Erstellen von Leistungsverzeichnissen, das Prüfen und Auswerten von Angeboten, die Vergabevorschläge, die örtliche Bauleitung, die Abnahme von Firmenleistungen sowie die Rechnungsprüfung im Bauamt

---

[451] BAG, Urt. v. 17.5.1984, AP Nr. 14 zu § 626 BGB Verdacht strafbarer Handlung; Urt. v. 12.8.1999, AP Nr. 28 zu § 626 BGB Verdacht strafbarer Handlung.
[452] BAG, Urt. v. 21.1.1999, NZA 1999, 863.
[453] BAG, Urt. v. 17.8.1972, EzA § 626 BGB n.F. Nr. 22; Urt. v. 17.4.1984, AP Nr. 1 zu § 10 BAT; Urt. v. 15.11.1995, EzA § 102 BetrVG Nr. 89; Urt. v. 15.11.2001, AP Nr. 175 zu § 626 BGB; Urt. v. 26.9.2002, AP Nr. 37 zu § 626 BGB Verdacht strafbarer Handlung; LAG Köln, Urt. v. 7.7.2000 – 11 Sa 396/00; LAG Köln, Urt. v. 16.3.2000 – 10 Sa 1181 I 2.
[454] *Böhm/Spiertz/Sponer/Steinherr*, § 10 BAT Rn. 34; *Clemens/Scheuring/Steingen/Wiese*, § 10 BAT Rn. 1; *Crisolli/Tiedtke/Ramdohr*, Das Tarifrecht der Angestellten im öffentlichen Dienst, 1981 ff., § 10 BAT Anm. 7; KR-*Fischermeier*, § 626 BGB Rn. 337.
[455] BAG, Urt. v. 17.4.1984, AP Nr. 1 zu § 10 BAT; Urt. v. 15.11.2001, AP Nr. 175 zu § 626 BGB.
[456] BAG, Urt. v. 15.11.2001, AP Nr. 175 zu § 626 BGB.
[457] BAG, Urt. v. 20.4.1977, AP Nr. 1 zu § 54 BAT.
[458] BAG, Urt. v. 26.9.2002, AP Nr. 37 zu § 626 BGB Verdacht strafbarer Handlung.

einer Großstadt obliegen, nimmt über einen Zeitraum von vier Jahren 10 x 100,00 DM in bar an, die in zwei Fällen versteckt in Weihnachtspräsenten übergeben wurden.[459]

163 **dd) Korruption in der Privatwirtschaft.** In der Privatwirtschaft gelten vergleichbare Grundsätze. Den Mitarbeitern obliegen dort zwar keine „Amtspflichten", doch handelt, wer sich durch „Schmiergelder" in seinem geschäftlichen Verhalten zum Nachteil seines Arbeitgebers beeinflussen lässt, dessen Interessen zuwider und liefert damit regelmäßig einen Grund zur fristlosen Kündigung.[460] Dabei kommt es auch im Bereich der Privatwirtschaft nicht darauf an, ob der Arbeitgeber geschädigt wurde. Es genügt, dass der gewährte Vorteil allgemein die Gefahr begründet, der Annehmende werde nicht mehr allein die Interessen des Geschäftsherrn wahrnehmen. Der wichtige Grund für eine Kündigung liegt hier weniger in der Verletzung vertraglicher Pflichten als in der zu Tage getretenen Einstellung des Arbeitnehmers, unbedenklich eigene Vorteile bei der Erfüllung von Aufgaben wahrzunehmen, die er allein im Interesse des Arbeitgebers durchzuführen hat. Dadurch zerstört der Arbeitnehmer das Vertrauen in seine Zuverlässigkeit und Redlichkeit.[461]

164 **ee) Kasuistik.** In folgenden Einzelfällen hat die Rechtsprechung in der Privatwirtschaft einen „an sich" bestehenden Grund für eine außerordentliche Kündigung bejaht: Ein Berufsfußballspieler nimmt von einem fremden Verein eine „Siegprämie" in Höhe von 25.000 DM an.[462] Eine bei einem Rechtsanwalt als Dolmetscherin tätige ausländische Mitarbeiterin verlangt von den vorwiegend ausländischen Mandanten finanzielle Zuwendungen.[463] Ein Einkäufer veranlasst den Lieferanten seines Arbeitgebers, ihm privat Werkzeug im Wert von 300 DM kostenfrei zu liefern.[464] Ein Einkäufer kauft nach Schmiergeldzahlung in unbestimmter Höhe Kartoffeln und Zwiebeln zu weit überhöhten Preisen bei einem bestimmten Lieferanten ein, wodurch dem Arbeitgeber ein Schaden von fast 400.000 DM entsteht.[465] Annahme von Schmiergeldern für die Vergabe von Aufträgen für Maschinen und Apparate durch den zuständigen Betriebsingenieur der Firma in Höhe von mehr als 1,4 Mio. DM.[466] Dagegen ist nach Ansicht des BAG eine außerordentliche Kündigung „an sich" nicht gerechtfertigt, wenn der Mitarbeiter eines Unternehmens von einem Bewerber für seine Vermittlung in das Unternehmen eine Provision verlangt und kassiert, wenn dadurch weder das Vertrauensverhältnis noch der Betriebsfrieden gestört wird.[467] Diese Entscheidung ist im Schrifttum zu Recht kritisiert worden.[468]

c) Umfassende Interessenabwägung

165 Auch wenn ein „an sich" wichtiger Kündigungsgrund vorliegt, ist es dem Kündigenden nicht in jedem Fall unzumutbar, am Arbeitsvertrag festgehalten zu werden. Vielmehr ist die Unzumutbarkeit durch Abwägung aller vernünftigerweise in Betracht zu ziehenden Umstände des Einzelfalles festzustellen.[469] Dabei sind der ultima-ratio-Grundsatz, das Prognoseprinzip und das Übermaßverbot zu beachten.[470]

---

[459] BAG, Urt. v. 15.11.2001, AP Nr. 175 zu § 626 BGB.
[460] ErfK/*Müller-Glöge*, § 626 BGB Rn. 146.
[461] BAG, Urt. v. 15.11.1995, AP Nr. 73 zu § 102 BetrVG 1972 m.w.N.; *Schaub* (Fn. 27), § 125 Rn. 110 m.w.N.
[462] LAG Düsseldorf, Urt. v. 21.4.1972, DB 1972, 1443.
[463] LAG Berlin, Urt. v. 16.5.1978, EzA § 626 BGB n.F. Nr. 62.
[464] LAG Schleswig-Holstein, Urt. v. 6.5.1996, LAGE § 626 BGB Nr. 95.
[465] BAG, Urt. v. 13.9.1995, AP Nr. 25 zu § 626 BGB Verdacht strafbarer Handlung.
[466] BAG, Urt. v. 15.11.1995, AP Nr. 73 zu § 102 BetrVG 1972.
[467] BAG, Urt. v. 24.9.1987, EzA § 1 KSchG Verhaltensbedingte Kündigung Nr. 18.
[468] HK-KSchG/*Dorndorf*, § 1 Rn. 828; KR-*Fischermeier*, § 626 BGB Rn. 447; *Löwisch*, Anm. zu BAG, Urt. v. 24.9.1987, EzA § 1 KSchG Verhaltensbedingte Kündigung Nr. 18.
[469] Std. Rspr. seit BAG, Urt. v. 9.12.1954, AP Nr. 1 zu § 123 GewO.
[470] Staudinger/*Preis*, § 626 BGB Rn. 82 ff.

aa) Ultima-ratio-Grundsatz. Die außerordentliche Kündigung muss das unausweichlich letzte Mittel – die ultima ratio – sein, um die eingetretene Vertragsstörung zu beseitigen. Nur wenn alle anderen nach den Umständen des Einzelfalles möglichen, geeigneten und angemessenen Mittel erschöpft sind, die in ihren Wirkungen „milder" sind als eine außerordentliche Kündigung, darf das Arbeitsverhältnis auch außerordentlich gekündigt werden.[471] Mildere Mittel sind im Allgemeinen die Abmahnung, die Versetzung, die einvernehmliche Änderung des Vertrages und die ordentliche Beendigungskündigung.

166

bb) Prognoseprinzip. Die außerordentliche Kündigung will weder den Gekündigten für eine Verfehlung „bestrafen"[472] noch eine in der Vergangenheit eingetretene Leistungsstörung abwickeln[473] (kein Rücktritt!), sondern dem Kündigenden die Möglichkeit geben, sich wegen der **künftigen Auswirkungen** gegenwärtiger oder vergangener Ereignisse sofort vom Arbeitsvertrag zu lösen. § 626 BGB stellt nicht schlechthin auf Unzumutbarkeit ab, sondern auf die Unzumutbarkeit der Fortsetzung des Arbeitsverhältnisses in der Zukunft.[474] Das Prognoseprinzip hat in der Rechtsprechung ursprünglich vor allem bei krankheitsbedingten Kündigungen eine Rolle gespielt.[475] Mittlerweile hat es sich auch bei der verhaltensbedingten Kündigung durchgesetzt.[476] Das Prognoseprinzip verlangt eine **zweistufige Prüfung**. Zunächst ist die in der Vergangenheit liegende schwerwiegende Störung des Arbeitsverhältnisses festzustellen. Danach ist zu prüfen, ob das Arbeitsverhältnis auch künftig erheblich beeinträchtigt sein wird (**„Negativprognose"**).[477] Schwerwiegende Störungen in der Vergangenheit stützen in aller Regel die Prognose, dass das Arbeitsverhältnis auch in Zukunft nicht störungsfrei verlaufen wird. Der Betroffene kann die Vermutungswirkung jedoch ausräumen, etwa durch eine glaubwürdige Entschuldigung oder durch die Wiedergutmachung eines Schadens.[478]

167

cc) Übermaßverbot. Die außerordentliche Kündigung muss das angemessene Mittel zur Beseitigung der Störung sein. Sie darf keine übermäßige Reaktion auf die Störung des Arbeitsverhältnisses darstellen. Bei der Abwägung aller in Betracht kommenden Umstände muss das Interesse an der sofortigen Beendigung des Arbeitsverhältnisses das Bestandsschutzinteresse überwiegen.[479] In die Abwägung sind alle, aber auch nur die Umstände einzubeziehen, die konkret mit dem Arbeitsverhältnis zusammenhängen.[480] Auf Seiten des Arbeitgebers sind grundsätzlich sämtliche betriebs- und unternehmensbezogenen Interessen zu berücksichtigen (z.B. Ordnung im Betrieb, Betriebsfrieden, Arbeitsablauf, wirtschaftliche Lage).[481] Auf Seiten des Arbeitnehmers kommen in Betracht: die Dauer der Betriebszugehörigkeit,[482] das Alter,[483] Ansehensverlust und Sperrfrist beim Arbeitslosengeld,[484] Art, Schwere und Folgen des Pflichtverstoßes und das Verschulden, ins-

168

---

[471] BAG, Urt. v. 8.10.1957, 30.5.1978, AP Nr. 14, 70 zu § 626 BGB.
[472] Die Kündigung ist keine Sanktion: BAG, Urt. v. 17.1.1991, AP Nr. 25 zu § 1 KSchG 1969 Verhaltensbedingte Kündigung; MünchKomm/*Henssler*, § 626 BGB Rn. 44.
[473] *Ascheid* (Fn. 437), Rn. 44.
[474] Erman/*Belling*, § 626 BGB Rn. 32; KR-*Fischermeier*, § 626 BGB Rn. 89; Staudinger/*Preis*, § 626 BGB Rn. 89; MünchKomm/*Henssler*, § 626 BGB Rn. 109; krit. *Rüthers*, NJW 1998, 1433 ff.
[475] BAG, Urt. v. 9.9.1992, 21.3.1996, AP Nr. 3, 8 zu § 626 BGB Krankheit.
[476] BAG, Urt. v. 21.11.1996, NZA 1997, 487.
[477] BAG, Urt. v. 16.8.1991, EzA § 1 KSchG Verhaltensbedingte Kündigung Nr. 41.
[478] *Backmeister/Trittin*, KSchR, § 626 BGB Rn. 14.
[479] KR-*Fischermeier*, § 626 BGB Rn. 239; Staudinger/*Preis*, § 626 BGB Rn. 75.
[480] *Ascheid* (Fn. 427), Rn. 137, 203 ff.; Erman/*Belling*, § 626 BGB Rn. 38 ff.
[481] KR-*Fischermeier*, § 626 BGB Rn. 240.
[482] BAG, Urt. v. 13.12.1984, AP Nr. 81 zu § 626 BGB.
[483] BAG, Urt. v. 22.2.1980, EzA § 1 KSchG Krankheit Nr. 5.
[484] BAG, Urt. v. 11.3.1999, NZA 1999, 587, 590.

besondere auch die Frage der Entschuldbarkeit eines Rechtsirrtums.[485] Unterhaltspflichten können nur im Ausnahmefall berücksichtigt werden.[486] Stehen die Umstände fest, so sind die Einzelinteressen zu gewichten.

169 Bei gleich gelagerten Pflichtverletzungen mehrerer Arbeitnehmer darf der Arbeitgeber einzelne Mitarbeiter nicht „herausgreifend" kündigen, wenn es hierfür an sachlichen Gründen mangelt. Im Übrigen ist der Gleichbehandlungsgrundsatz nach h.M. nicht unmittelbar heranzuziehen, weil er mit dem Gebot der umfassenden Abwägung der Umstände des Einzelfalles kollidiert.[487] Dem Arbeitgeber ist es also erlaubt, einem Arbeitnehmer wegen einer Verfehlung zu kündigen und einem anderen wegen derselben Verfehlung nicht, wenn bei ihm aufgrund der Interessenabwägung der „an sich" gegebene Kündigungsgrund nicht für eine außerordentliche Kündigung ausreicht.

170 Eine erleichterte außerordentliche Kündigung lässt die Rechtsprechung zu, wenn der Arbeitnehmer „**unkündbar**" ist, d.h. wenn Gesetz, Kollektivvertrag oder Arbeitsvertrag die ordentliche Kündigung ausschließen und wenn das Arbeitsverhältnis sinnentleert (der Arbeitnehmer ist auf Dauer arbeitsunfähig oder der Arbeitsplatz ist weggefallen) oder doch schwer gestört ist (die Leistungsfähigkeit ist erheblich eingeschränkt).[488] Um den „Unkündbaren" nicht schlechter zu stellen als einen ordentlich kündbaren Arbeitnehmer, verändert das BAG sowohl den Tatbestand als auch die Rechtsfolge des § 626 BGB. Es prüft nicht, ob dem Arbeitgeber die Fortsetzung des Arbeitsverhältnisses bis zu dessen Ablauf (in der Regel Vollendung des 65. Lebensjahres oder Eintritt der Erwerbsunfähigkeit) zumutbar ist, sondern ob es ihm zumutbar ist, das Arbeitsverhältnis bis zum Ablauf der Kündigungsfrist fortzusetzen, die bei ordentlicher Kündbarkeit gelten würde. Und es setzt an die Stelle der Fristlosigkeit eine „Auslauffrist" in der Länge eben dieser Kündigungsfrist. Außerdem berücksichtigt es den besonderen Kündigungsschutz des Arbeitnehmers bei der Interessenabwägung zusätzlich zu dessen Gunsten.[489] Gegen diese Rechtsprechung wird zu Recht eingewandt, dass sie bei unkündbaren Arbeitnehmern Gründe zu wichtigen Gründen macht, die bei ordentlich kündbaren Arbeitnehmern keine wichtigen Gründe wären. Die – im Ergebnis zutreffende – Lösung des BAG, nämlich sinnentleerte oder schwer gestörte Arbeitsverhältnisse zu beenden, muss auf anderem Wege gesucht werden: Durch teleologische Reduktion von Unkündbarkeitsklauseln oder durch ergänzende Vertragsauslegung ist eine ordentliche Kündigung zu ermöglichen.[490]

d) Kündigungserklärungsfrist

171 **aa) Inhalt und Zweck.** Die außerordentliche Kündigung muss innerhalb einer Ausschlussfrist von zwei Wochen erklärt werden (§ 626 Abs. 2 Satz 1 BGB). Nach Ablauf dieser Frist gilt die unwiderlegbare Vermutung, dass die Fortsetzung des Arbeitsverhältnisses nicht unzumutbar ist.[491] Das Arbeitsverhältnis kann dann mit gleicher Begründung allenfalls noch ordentlich gekündigt werden.[492] Die Ausschlussfrist dient der Rechtsklarheit und dem Rechtsfrieden; sie konkretisiert das Institut der Verwirkung. Die Frist schützt den Arbeitnehmer, weil er nach ihrem Ablauf nicht mehr mit einer außerordentlichen Kündigung zu rechnen braucht. Die Einschränkung des Kündigungsrechts des Ar-

---

[485] BAG, Urt. v. 14.2.1978, EzA Art. 9 GG Arbeitskampf Nr. 22; Urt. v. 14.2.1996, DB 1996, 2134.
[486] BAG, Urt. v. 2.3.1989, AP Nr. 101 zu § 626 BGB; problematisch Urt. v. 11.3.1999, NZA 1999, 587 (590): Berücksichtigung unter dem Gesichtspunkt der finanziellen Folgen.
[487] BAG, Urt. v. 14.10.1965, EzA § 133b GewO Nr. 1.
[488] BAG, Urt. v. 23.8.1985, AP Nr. 86 zu § 626 BGB.
[489] BAG, Urt. v. 18.10.2000, NJW 2001, 1229 ff.
[490] *Bröhl*, FS Schaub, 1998, S. 55 ff.
[491] BAG, Urt. v. 17.8.1972, EzA § 626 BGB n.F. Nr. 16.
[492] BAG, Urt. v. 4.3.1980, AP Nr. 4 zu Art. 140 GG; Erman/*Belling*, § 626 BGB Rn. 93.

beitgebers ist verfassungsgemäß, weil ihm mit der zweiwöchigen Frist eine angemessene Bedenkzeit verbleibt.[493] Sie kann vertraglich weder ausgeschlossen noch verkürzt noch verlängert werden.[494]

bb) Fristbeginn. Die **Frist beginnt** mit dem Zeitpunkt, in dem der Kündigungsberechtigte von den für die Kündigung maßgebenden Tatsachen Kenntnis erlangt (§ 626 Abs. 2 Satz 2 BGB). **Kündigungsberechtigter** ist, wer befugt ist, im konkreten Fall die Kündigung auszusprechen.[495] Das sind die Vertragsparteien selbst sowie ihre gesetzlichen und bevollmächtigten Vertreter. Bei Gesamtvertretung können zwar nur alle Vertreter gemeinsam kündigen; die Ausschlussfrist läuft jedoch schon dann, wenn auch nur einer von ihnen den Kündigungsgrund kennt.[496] Die Kenntnis eines Dritten muss sich der Kündigungsberechtigte entsprechend § 166 BGB zurechnen lassen, wenn dieser eine ähnlich selbständige Stellung innehat wie ein gesetzlicher oder bevollmächtigter Vertreter und seine Position ihn zur Feststellung der für eine außerordentliche Kündigung entscheidenden Umstände verpflichtet. Dritte in diesem Sinne sind vor allem Betriebs- und Abteilungsleiter. Ihre Stellung lässt erwarten, dass sie den Kündigungsberechtigten informieren.[497] Mängel im internen Informationsfluss gehen zu Lasten des Arbeitgebers.[498] **Kenntnis** bedeutet zuverlässiges und möglichst umfassendes Wissen über die Tatsachen, die für die Kündigungsentscheidung benötigt werden; dazu gehören sowohl die be- als auch die entlastenden Umstände.[499] Selbst grob fahrlässige Unkenntnis genügt nicht.[500] Kündigungsgründe, die bei Ausspruch einer Kündigung vorliegen, dem Kündigenden jedoch nicht bekannt sind, können nach Ablauf der Ausschlussfrist noch nachgeschoben werden.[501]

Der Lauf der Frist ist **gehemmt**, solange der Kündigungsberechtigte die zur Aufklärung des Sachverhalts nach pflichtgemäßem Ermessen notwendig erscheinenden Maßnahmen mit der gebotenen Eile durchführt.[502] Der Arbeitgeber kann den Arbeitnehmer vor der Kündigung **anhören** – allerdings innerhalb einer kurz zu bemessenden Frist (im Regelfall binnen einer Woche)[503] – oder den Ausgang des erstinstanzlichen Strafverfahrens oder den Eintritt der Rechtskraft abwarten.[504] Entschließt er sich zum Abwarten, so kann er später nicht spontan und unvermittelt kündigen, wenn er zuvor trotz hinreichenden Anfangsverdachts von eigenen Ermittlungen abgesehen hat.[505] Weder der Verdacht strafbarer Handlungen noch eine begangene Straftat stellen Dauerzustände dar, die es dem Arbeitgeber ermöglichen, bis zur strafrechtlichen Verurteilung des Arbeitnehmers zu irgendeinem beliebigen Zeitpunkt eine fristlose Kündigung auszusprechen.[506]

cc) Fristende. Das Fristende berechnet sich nach den allgemeinen Vorschriften (§§ 187 ff. BGB). Der Tag, an dem der Kündigungsberechtigte den wichtigen Grund erfahren hat, zählt bei der Berechnung nicht mit (§ 187 Abs. 1 BGB). Erfährt der Kündigungsberechtigte den Sachverhalt z.B. am Montag, endet die Frist am übernächsten Montag (§ 188 Abs. 2 Satz 1 HS 1 BGB). Endet die Frist an einem Samstag, Sonntag oder

---

[493] BAG, Urt. v. 28.10.1971, 6.7.1972, AP Nr. 1, 3 zu § 626 BGB Ausschlussfrist.
[494] BAG, Urt. v. 12.2.1973, 12.4.1978, AP Nr. 6, 13 zu § 626 BGB Ausschlussfrist.
[495] BAG, Urt. v. 28.2.1971, 6.7.1972, 9.1.1986 AP Nr. 1, 3, 20 zu § 626 BGB Ausschlussfrist.
[496] BAG, Urt. v. 20.9.1984, EzA § 626 BGB n.F. Nr. 92; Erman/*Belling*, § 626 BGB Rn. 97.
[497] BAG, Urt. v. 6.7.1972, 5.5.1977, AP Nr. 3, 11 zu § 626 BGB Ausschlussfrist.
[498] BAG, Urt. v. 26.11.1987, AP Nr. 11 zu § 626 BGB Ausschlussfrist.
[499] BAG, Urt. v. 10.6.1988, DB 1989, 282.
[500] BAG, Urt. v. 16.8.1990, NZA 1991, 141.
[501] BAG, Urt. v. 4.6.1997, AP Nr. 5 zu § 626 BGB Nachschieben von Kündigungsgründen.
[502] BAG, Urt. v. 10.6.1988, 31.3.1993, AP Nr. 27, 32 zu § 626 BGB Ausschlussfrist.
[503] BAG, Urt. v. 6.7.1972, 12.2.1972, 10.6.1988, AP Nr. 3, 6, 27 zu § 626 BGB Ausschlussfrist.
[504] BAG, Urt. v. 8.6.2000, NZA 2000, 1282 (1288).
[505] BAG, Urt. v. 29.7.1993, AP Nr. 31 zu § 626 BGB Ausschlussfrist.
[506] BAG (Fn. 505).

gesetzlichen Feiertag, läuft sie erst mit dem Ende des nächsten Werktages ab (§ 193 BGB). Spätestens an diesem Tag muss die Kündigung zugehen. In Ausnahmefällen kann es dem Gekündigten verwehrt sein, sich auf den Ablauf der Ausschlussfrist zu berufen. So wäre eine Berufung auf die Frist ein Rechtsmissbrauch (§ 242 BGB), wenn er selbst die Versäumung veranlasst oder bewirkt hat.

e) Betriebsratsanhörung

175 Vor der Kündigung hat der Arbeitgeber den Betriebsrat anzuhören (§ 102 Abs. 1 Satz 1 BetrVG). Soll ein leitender Angestellter (§ 5 Abs. 3 BetrVG) gekündigt werden, ist der Sprecherausschuss anzuhören (§ 31 Abs. 2 Satz 1 SprAuG). Dabei sind die Personalien des zu kündigenden Arbeitnehmers, die Beschäftigungsdauer, die Kündigungsart sowie die Kündigungsgründe mitzuteilen. Das Anhörungsverfahren hat über die reine Unterrichtung hinaus den Sinn, dem Betriebsrat Gelegenheit zu geben, seine Überlegungen zu der Kündigungsabsicht zur Kenntnis zu bringen. Die Anhörung soll in geeigneten Fällen dazu beitragen, dass es gar nicht zum Ausspruch einer Kündigung kommt.[507] Daraus folgt für den Arbeitgeber die Verpflichtung, die Gründe für seine Kündigungsabsicht so mitzuteilen, dass der Betriebsrat eine nähere Umschreibung des für die Kündigung maßgeblichen Sachverhalts erhält. Der Betriebsrat muss in die Lage versetzt werden, ohne eigene Nachforschungen selbst die Stichhaltigkeit der Kündigungsgründe zu prüfen und sich ein Bild zu machen. Es genügt nicht, den Kündigungssachverhalt nur pauschal, schlagwort- oder stichwortartig zu umschreiben oder lediglich ein Werturteil abzugeben, ohne die für seine Bewertung maßgeblichen Tatsachen mitzuteilen.[508] Die Anforderungen an die Mitteilungspflicht sind weniger streng als die Darlegungslast im Kündigungsschutzprozess. Im Anhörungsverfahren gilt der Grundsatz der subjektiven Determinierung. Danach wird der Betriebsrat ordnungsgemäß angehört, wenn der Arbeitgeber die aus seiner Sicht tragenden Gründe darlegt.[509] Bei einer Verdachtskündigung sind auch die Sozialdaten des Arbeitnehmers mitzuteilen, obwohl es sich um Umstände handelt, die nicht das beanstandete Verhalten des Arbeitnehmers selbst betreffen. Nach Sinn und Zweck der Anhörung dürfen persönliche Umstände des Arbeitnehmers, die sich im Rahmen der Interessenabwägung entscheidend zu seinen Gunsten auswirken können, nicht vorenthalten werden.[510] Das gilt nur dann nicht, wenn es dem Arbeitgeber wegen der Schwere der Kündigungsvorwürfe auf die genauen Daten ersichtlich nicht ankommt und der Betriebsrat die ungefähren Daten sowieso kennt und daher die Kündigungsabsicht des Arbeitgebers ausreichend beurteilen kann.[511] Im Zweifel sollte der Arbeitgeber den Betriebsrat ausführlicher informieren. Eine Kündigung ist wegen § 102 Abs. 1 Satz 3 BetrVG nicht erst unwirksam, wenn die Unterrichtung ganz unterblieben ist, sondern schon dann, wenn der Unterrichtungspflicht nicht richtig, insbesondere nicht ausführlich genug nachgekommen wurde.[512]

---

[507] BAG, Urt. v. 2.11.1983, AP Nr. 29 zu § 102 BetrVG 1972.
[508] BAG, Urt. v. 26.9.2002, AP Nr. 37 zu § 626 BGB Verdacht strafbarer Handlung.
[509] Std. Rspr., vgl. nur BAG, Urt. v. 21.6.2001, NZA 2002, 232; Urt. v. 26.9.2002, AP Nr. 37 zu § 626 BGB Verdacht strafbarer Handlung.
[510] BAG, Urt. v. 21.6.2001, EzA BGB § 626 Unkündbarkeit Nr. 7; Urt. v. 2.3.1989, AP BGB § 626 Nr. 101.
[511] BAG, Urt. v. 21.6.2001, EzA BGB § 626 Unkündbarkeit Nr. 7; Urt. v. 15.11.1995, AP BetrVG 1972 § 102 Nr. 73.
[512] BAG, Urt. v. 21.6.2001, EzA BGB § 626 Unkündbarkeit Nr. 7.

3. Verdachtskündigung

a) Grundsätze

aa) Zulässigkeit. Ausnahmsweise kann schon der bloße Verdacht einer strafbaren 176 Handlung oder einer anderen schwerwiegenden Vertragsverletzung eine außerordentliche Kündigung rechtfertigen, wenn dem Arbeitsverhältnis dadurch die **Vertrauensgrundlage entzogen** ist.[513] Da eine schuldhafte Verfehlung nicht tatsächlich vorliegen muss, handelt es sich bei einer Verdachtskündigung nicht um eine verhaltens-, sondern um eine personenbedingte Kündigung. Deswegen steht auch die Unschuldsvermutung des Art. 6 Abs. 2 MRK diesem Rechtsinstitut nicht entgegen.[514] Ob das erforderliche Vertrauensverhältnis zwischen den Arbeitsvertragsparteien noch besteht, bestimmt sich nicht nach der subjektiven Einschätzung des Arbeitgebers, sondern ist objektiv zu beurteilen.[515] Der Verdacht muss sich auf Indiztatsachen gründen. Bloße Vermutungen genügen nicht.[516] Der Tatverdacht ist nur dann dringend, wenn eine **erhebliche Wahrscheinlichkeit für die Täterschaft** spricht.[517] Maßgeblicher Zeitpunkt für die Beurteilung der Rechtmäßigkeit ist der Zugang der Kündigung. Be- und Entlastungsvorbringen will das BAG bis zum Schluss der letzten mündlichen Verhandlung in der Tatsacheninstanz berücksichtigen.[518] Damit rückt die Verdachtskündigung sehr in die Nähe einer Tatkündigung. Die wohl h.L. lehnt deshalb diese Rechtsprechung ab.[501] Erweist sich die Unschuld des Arbeitnehmers erst nach Abschluss eines Kündigungsschutzprozesses – oder, wenn man der h.L. folgt, nach Zugang der Kündigung –, kann dem Arbeitnehmer ein Wiedereinstellungsanspruch zustehen.[520]

bb) Abgrenzung zur Tatkündigung. Der Verdacht einer strafbaren Handlung 177 stellt gegenüber dem Vorwurf, der Arbeitnehmer habe die Tat begangen, einen eigenständigen Kündigungsgrund dar, der in dem Tatvorwurf nicht enthalten ist.[521] Eine Kündigung darf deshalb nur dann als Verdachtskündigung behandelt werden, wenn der Arbeitgeber die Kündigung auch, zumindest hilfsweise, auf den entsprechenden Verdacht stützt. Dies kann sowohl vor dem Prozess, etwa im Kündigungsschreiben, als auch später in den Tatsacheninstanzen geschehen.[522] Stets muss es gerade der Verdacht sein, der das zur Fortsetzung des Arbeitsverhältnisses notwendige Vertrauen des Arbeitgebers in die Rechtschaffenheit des Arbeitnehmers zerstört oder auf andere Weise eine unerträgliche Belastung des Arbeitsverhältnisses darstellt.

Steht nach der Überzeugung des Arbeitgebers die Verfehlung fest, so kann er eine „Tat- 178 kündigung" aussprechen.[523] Dazu ist er aber selbst bei „erdrückenden" Verdachtsmomenten nicht gehalten, weil stets ein Beweisrisiko verbleibt.[524] Umgekehrt hängt die Wirksamkeit der Verdachtskündigung nicht von der strafgerichtlichen Würdigung des Mitarbeiterverhaltens ab, sondern von der Beeinträchtigung des für das Arbeitsverhältnis erforderlichen Vertrauens.[525] Der Ausgang des Strafverfahrens ist weder für die Zivil-

---

[513] Std. Rspr., BAG, Urt. v. 20.8.1997, AP Nr. 27 zu § 626 BGB Verdacht strafbarer Handlung.
[514] BAG, Urt. v. 14.9.1994, AP Nr. 24 zu § 626 BGB Verdacht strafbarer Handlung.
[515] BAG (Fn. 514).
[516] BAG, Urt. v. 13.9.1995, 20.8.1997, AP Nr. 25, 27 zu § 626 BGB Verdacht strafbarer Handlung.
[517] MünchKomm/*Henssler*, § 626 BGB Rn. 46; *Stahlhacke/Preis/Vossen*, Kündigung, Rn. 579.
[518] BAG (Fn.514).
[519] *Stahlhacke/Preis/Vossen*, Kündigung, Rn. 582.
[520] Std. Rspr., vgl. BAG, Urt. v. 20.8.1997, AP Nr. 27 zu § 626 BGB Verdacht strafbarer Handlung.
[521] BAG, Urt. v. 3.4.1986, AP Nr. 18 zu § 626 BGB Verdacht strafbarer Handlung.
[522] BAG (Fn. 521).
[523] BAG, Urt. v. 26.3.1992, 20.8.1997, AP Nr. 23, 27 zu § 626 BGB Verdacht strafbarer Handlung.
[524] BAG, Urt. v. 14.9.1994, AP Nr. 24 zu § 626 BGB Verdacht strafbarer Handlung.
[525] BAG, Urt. v. 20.8.1997, AP Nr. 27 zu § 626 BGB Verdacht strafbarer Handlung.

noch für die Arbeitsgerichte bindend (§ 14 EGZPO). Zudem kommt es bei der Verdachtskündigung nicht darauf an, ob der Arbeitnehmer einer Straftat verdächtig ist, da bereits der Verdacht einer sonstigen schweren Pflichtverletzung genügt.[526] Keine Verdachts-, sondern eine Tatkündigung liegt vor, wenn der Arbeitgeber zwar nur einen Verdacht hegt, die Verfehlung des Arbeitnehmers aber als sicher hinstellt und mit dieser Begründung kündigt. Dies gilt auch dann, wenn der Vorwurf, der Mitarbeiter habe bestimmte Pflichtverletzungen begangen, auf Schlussfolgerungen des Arbeitgebers beruht oder wenn der Arbeitgeber nach dem Ergebnis der Beweisaufnahme im Kündigungsprozess nicht den vollen Beweis für seine Behauptungen erbringen kann.[527] Hat der Arbeitgeber nach rechtskräftiger Verurteilung des Arbeitnehmers mit der Begründung gekündigt, der Arbeitnehmer habe die ihm vorgeworfene Straftat tatsächlich begangen, bleibt es auch dann bei einer Tatkündigung, wenn der Arbeitnehmer trotz rechtskräftiger Verurteilung weiterhin die Tatbegehung bestreitet. In diesem Fall hat das Arbeitsgericht ohne Bindung an das strafgerichtliche Urteil die erforderlichen Feststellungen selbst zu treffen. Die Ergebnisse des Strafverfahrens können dabei nach den allgemeinen Beweisregeln verwertet werden.[528]

179 Stützt der Arbeitgeber die Kündigung erst nach ihrem Ausspruch auf den Verdacht einer strafbaren Handlung, schiebt er damit einen andersartigen Kündigungsgrund nach. Das ist prozessrechtlich möglich, unterliegt aber kollektivrechtlichen Beschränkungen. Besteht im Betrieb ein Betriebsrat, der nach § 102 Abs. 1 BetrVG vor der Kündigung zu hören ist, kann der Verdachtsgrund selbst bei unverändert gebliebenem Sachverhalt nicht nachgeschoben werden, wenn dem Betriebsrat dieser Kündigungsgrund nicht im Rahmen des Anhörungsverfahrens mitgeteilt worden ist.[529]

b) Voraussetzungen

180 aa) Verdacht. Um die Kündigung eines Unschuldigen zu verhindern, stellt die h.M. an die Verdachtskündigung mit Recht hohe Anforderungen. Die strafbare Handlung oder schwere Arbeitspflichtverletzung, derer der Arbeitnehmer verdächtigt wird, muss so erhebliche Auswirkungen auf das Arbeitsverhältnis haben, dass sie – ihre Erweislichkeit unterstellt – eine außerordentliche Kündigung rechtfertigen würde.[530] Dass ist bei „Korruption" regelmäßig der Fall. Die zu diesem Themenkreis veröffentlichten Gerichtsentscheidungen betreffen auch hier vor allem den öffentlichen Dienst. Das BAG verweist darauf, dass Arbeitnehmer des öffentlichen Dienstes, die für die Ausführung von vertraglichen Aufgaben Vorteile fordern, sich versprechen lassen oder entgegennehmen, sich nicht nur strafbar machen, sondern zugleich arbeitsvertragliche Pflichten verletzen und den Interessen des öffentlichen Arbeitgebers zuwiderhandeln. Insoweit besteht regelmäßig immer auch ein Grund zu einer außerordentlichen Kündigung. Dabei soll es grundsätzlich keine Rolle spielen, ob es zu einer den Arbeitgeber schädigenden Handlung gekommen ist. Es genüge, dass auf Grund des gewährten Vorteils das Vertrauen in die Integrität von Trägern staatlicher Funktionen erheblich erschüttert werde. Der wichtige Grund liege hier vor allem in der zu Tage getretenen Einstellung des Arbeitnehmers, bei der Erfüllung von Aufgaben unbedenklich eigene Vorteile wahrzunehmen. Durch sein Verhalten zerstöre der Arbeitnehmer regelmäßig das Vertrauen in seine Zuverlässigkeit und Redlichkeit. Das rechtfertige im Regelfall an sich bereits eine Verdachtskündigung.[531]

---

[526] BAG (Fn. 525).
[527] BAG (Fn. 521).
[528] BAG, Urt. v. 26.3.1992, AP Nr. 23 zu § 626 BGB Verdacht strafbarer Handlung.
[529] BAG, Urt. v. 18.12.1980, 1.4.1981, AP Nr. 22, 23 zu § 102 BetrVG1972.
[530] BAG, Urt. v. 23.2.1961, AP Nr. 9 zu § 626 BGB Verdacht strafbarer Handlung.
[531] BAG, Urt. v. 21.6.2001, EzA BGB § 626 Unkündbarkeit Nr. 7; Urt. v. 15.11.1995, AP BetrVG 1972 § 102 Nr. 72; Urt. v. 26.9.2002, AP Nr. 37 zu § 626 BGB Verdacht strafbarer Handlung.

bb) Anhörung. Ferner muss der Arbeitgeber vor Ausspruch einer Verdachtskündi- 181
gung alles ihm Zumutbare zur Aufklärung des Sachverhalts unternehmen.[532] Insbesondere hat er den verdächtigen Arbeitnehmer anzuhören und ihm Gelegenheit zu geben, die Verdachtsgründe zu entkräften und Entlastungstatsachen vorzubringen.[533] Die Anhörung ist Wirksamkeitsvoraussetzung für die Verdachtskündigung,[534] und zwar auch dann, wenn sie objektiv zu keinem anderen Ergebnis geführt hätte.[535] Denn es ist nicht dasselbe, ob der Arbeitnehmer vor Ausspruch der Kündigung gehört wird oder ob sich erst nachher im Prozess zu den gegen ihn erhobenen Vorwürfen äußern kann.[536]

Die Anhörung hat im Zuge der gebotenen Aufklärung des Sachverhalts zu erfolgen, je- 182
doch nicht zwingend erst nach Abschluss der Ermittlungen.[537] Ihr Umfang richtet sich nach den Umständen des Einzelfalles. Die Anforderungen sind weniger streng als bei einer Anhörung des Betriebsrats gemäß § 102 Abs. 1 BetrVG,[538] weil beide Anhörungen unterschiedlichen Zwecken dienen und schon im Ansatz nicht vergleichbar sind.[539] Allerdings genügt es nicht, den Arbeitnehmer lediglich mit einer unsubstantiierten Wertung zu konfrontieren. Notwendig ist der Vorwurf eines konkretisierten Sachverhalts, da der Beschuldigte sonst keine Möglichkeit hat, sich zum Verdachtsvorwurf und den ihn tragenden Verdachtsmomenten substantiiert zu äußern. Dabei darf der Arbeitgeber Erkenntnisse, die er im Anhörungszeitpunkt bereits besitzt, nicht zurückhalten, sondern muss alle relevanten Umstände angeben, aus denen er den Verdacht ableitet.[540] Andernfalls würden die Einlassungs- und Verteidigungsmöglichkeiten des Arbeitnehmers unzulässig beschränkt.[541]

Verletzt der Arbeitgeber schuldhaft die sich aus der Aufklärungspflicht ergebende An- 183
hörungspflicht, so kann er sich im Prozess nicht auf den Verdacht einer strafbaren Handlung oder einer Pflichtverletzung des Arbeitnehmers berufen. Eine hierauf gestützte Kündigung ist unwirksam.[542] An einer schuldhaften Verletzung der Anhörungspflicht fehlt es, wenn der Arbeitnehmer von vornherein nicht bereit war, sich auf die gegen ihn erhobenen Vorwürfe einzulassen und nach Kräften an der Aufklärung mitzuwirken. Bestreitet der Arbeitnehmer den Tatvorwurf pauschal, obwohl die ihm bislang bekannten und vorgehaltenen Tatsachen eine konkrete Einlassung ermöglichen würden, lässt dies regelmäßig den Schluss zu, der Arbeitnehmer sei an einer Mitwirkung an der Aufklärung des Verdachts nicht interessiert.[543] Erklärt der Arbeitnehmer sogleich, er werde sich zum Vorwurf nicht äußern, und nennt er auch für seine Verweigerung keine relevanten Gründe (vorherige Prüfung von Unterlagen usw.),[544] muss ihn der Arbeitgeber nicht näher über die Verdachtsmomente informieren. Eine solche Anhörung wäre überflüssig, weil sie zur Aufklärung des Sachverhalts und zur Willensbildung des Arbeitgebers nichts beitragen kann.[545]

---

[532] BAG, Urt. v. 13.9.1995, 20.8.1997, AP Nr. 25, 27 zu § 626 BGB Verdacht strafbarer Handlung.
[533] BAG, Urt. v. 26.9.2002, AP Nr. 37 zu § 626 BGB Verdacht strafbarer Handlung.
[534] BAG, Urt. v. 30.4.1987, 13.9.1995, AP Nr. 19, 25 zu § 626 BGB Verdacht strafbarer Handlung.
[535] BAG, Urt. v. 30.4.1987, AP Nr. 19 zu § 626 BGB Verdacht strafbarer Handlung.
[536] BAG (Fn. 535).
[537] BAG, Urt. v. 13.9.1995, AP Nr. 25 zu § 626 BGB Verdacht strafbarer Handlung.
[538] BAG, Urt. v. 13.9.1995, AP BGB § 626 Verdacht strafbarer Handlung Nr. 25; *Hoefs*, Die Verdachtskündigung, 2001, S. 196.
[539] *Höland*, Anm. zu BAG AP BGB § 626 Verdacht strafbarer Handlung Nr. 25; *Kraft*, Anm. zu BAG EzA BGB § 626 Verdacht strafbarer Handlung Nr. 6.
[540] *Busch*, MDR 1995, 217, 218; *Schönfeld*, NZA 1999, 299, 300.
[541] BAG, Urt. v. 26.9.2002, AP Nr. 37 zu § 626 BGB Verdacht strafbarer Handlung.
[542] BAG, Urt. v. 11.4.1985, AP BetrVG 1972 § 102 Nr. 39; Urt. v. 30.4.1987, AP BGB § 626 Verdacht strafbarer Handlung Nr. 19; Urt. v. 13.9.1995, AP § 626 Verdacht strafbarer Handlung Nr. 25.
[543] BAG, Urt. v. 13.9.1995, AP Nr. 25 zu § 626 BGB Verdacht strafbarer Handlung.
[544] *Hoefs* (Fn. 528), S. 201; KR-*Fischermeier*, § 626 BGB Rn. 231.
[545] BAG, Urt. v. 30.4.1987, 26.9.2002, AP Nr. 19, 37 zu § 626 BGB Verdacht strafbarer Handlung; KR-*Fischermeier*, § 626 BGB Rn. 231.

3. Kapitel. Vermeidung von Korruptionsrisiken aus Unternehmenssicht

184 Lässt sich demgegenüber der Arbeitnehmer zu den vorgehaltenen Verdachtsmomenten konkret ein, so dass der Verdacht zerstreut wird oder aus der Sicht des Arbeitgebers für eine Kündigung nicht mehr ausreicht, und führen erst die daraufhin durchgeführten weiteren Ermittlungen aus der Sicht des Arbeitgebers zu einer Widerlegung des Entlastungsvorbringens des Arbeitnehmers, so ist dieser vor Ausspruch der Verdachtskündigung erneut anzuhören.[546] Hat sich der Arbeitnehmer erst im Prozess zur Sache geäußert, müssen die Gerichte seinem Vortrag, mit dem er sich von dem ihm gegenüber vorgebrachten Verdacht reinigen will, durch eine vollständige Aufklärung des Sachverhalts nachgehen.[547]

185 cc) **Ultima ratio.** Die Verdachtskündigung muss den Grundsatz der Verhältnismäßigkeit wahren. Zu prüfen ist deshalb, ob der Arbeitnehmer auf einen anderen – freien – Arbeitsplatz versetzt werden kann, der keine besonderen Vertrauensbeziehungen zwischen den Arbeitsvertragsparteien voraussetzt.[548] Das dürfte bei Korruption jedoch nur selten möglich sein. Das Vertrauen in die Lauterkeit der Dienstgeschäfte wird regelmäßig eine sofortige Entfernung aus dem Amt gebieten.

186 Aus den gleichen Gründen bedeutet auch die bezahlte Freistellung vom Dienst des in Verdacht geratenen Arbeitnehmers kein milderes Mittel gegenüber dem Ausspruch einer fristlosen Kündigung.[549] Ist die Vertrauensgrundlage für eine weitere Zusammenarbeit der Parteien endgültig zerstört, so ist es dem Arbeitgeber regelmäßig unzumutbar, dem Arbeitnehmer ohne entsprechende Gegenleistung das Gehalt bis zum Ablauf der Kündigungsfrist und eine hohe Abfindung zu zahlen. Auch die Gefahr weiterer Pflichtverletzungen, möglicherweise unter Hinweis auf das formell noch bestehende Arbeitsverhältnis, kann in einem derartigen Fall die Unzumutbarkeit der Fortsetzung des Arbeitsverhältnisses begründen.[550]

187 dd) **Interessenabwägung.** Schließlich sind die gesamten für und gegen eine sofortige Beendigung des Arbeitsverhältnisses sprechenden Umstände erschöpfend zu würdigen und gegeneinander abzuwägen. Besonders kritisch zu prüfen ist, ob ein dringender Verdacht einer ihrer Art nach schweren Verfehlung gerade gegen diesen bestimmten Arbeitnehmer durch Tatsachen objektiv begründet ist, nachdem alles Zumutbare zur Aufklärung des Sachverhaltes geschehen ist.[551] Geht diese Prüfung für den Arbeitnehmer negativ aus, dann kann schon der dringende Verdacht der Entwendung eines Stücks Bienenstich im Wert von 1,00 DM[552] oder des Krankfeierns (Betrug) eine außerordentliche Verdachtskündigung rechtfertigen. Bei einer außerordentlichen Kündigung, die auf ein vorsätzliches Vermögensdelikt zum Nachteil des Arbeitgebers gestützt wird, sind Unterhaltspflichten des Arbeitnehmers im Rahmen der Interessenabwägung grundsätzlich nicht zu berücksichtigen. Sie können allenfalls dann Bedeutung gewinnen, wenn eine durch Unterhaltspflichten bedingte schlechte Vermögenslage das bestimmende Motiv für die Tat gewesen ist und den Schuldvorwurf mindern kann.[553]

188 ee) **Ausschlussfrist.** Der Beginn der Ausschlussfrist des § 626 Abs. 2 BGB ist gehemmt, solange der Kündigungsberechtigte die zur Aufklärung des Kündigungssachverhalts nach pflichtgemäßem Ermessen notwendig erscheinenden Maßnahmen mit der ge-

---

[546] BAG, Urt. v. 13.9.1995, AP BGB § 626 Verdacht strafbarer Handlung Nr. 25.
[547] BAG, Urt. v. 4.6.1964, AP Nr. 13 zu § 626 BGB Verdacht strafbarer Handlung; Urt. v. 18.11.1999, AP Nr. 32 zu § 626 BGB Verdacht strafbarer Handlung.
[548] Erman/*Belling*, § 626 BGB Rn. 78; KR-*Fischermeier*, § 626 BGB Rn. 232.
[549] BAG, Urt. v. 11.3.1999, AP Nr. 149 zu § 626 BGB.
[550] Vgl. dazu BAG, Urt. v. 17.2.1982 – 7 AZR 663/79 n.v.
[551] BAG, Urt. v. 4.6.1964, AP Nr. 13 zu § 626 BGB Verdacht strafbarer Handlung.
[552] BAG, Urt. v. 17.5.1984, AP Nr. 14 zu § 626 BGB; weitere Beispiele in Urt. v. 12.8.1999, NZA 2000, 421, 426.
[553] BAG, Urt. v. 2.3.1989, AP Nr. 101 zu § 626 BGB.

botenen Eile durchführt. Ob diese Voraussetzungen erfüllt sind, hängt von den Umständen des Einzelfalles ab. Eine Regelfrist gilt, anders als für die Anhörung des Kündigungsgegners, für die Durchführung der übrigen Ermittlungen nicht.[554] Im Übrigen gelten die oben Rn. 171 ff. dargestellten Grundsätze sinngemäß. Ist eine vom Arbeitgeber ausgesprochene Verdachtskündigung rechtskräftig für unwirksam erklärt worden, weil die den Verdacht begründenden Umstände dem Arbeitgeber beim Zugang der Kündigung länger als zwei Wochen bekannt gewesen und daher nach § 626 Abs. 2 BGB verfristet sind, so hindert die Rechtskraft dieses Urteils den Arbeitgeber nicht, nach dem Abschluss des gegen den Arbeitnehmer eingeleiteten Strafverfahrens eine nunmehr auf die Tatbegehung gestützte außerordentliche Kündigung auszusprechen, selbst wenn das Strafverfahren nicht zu einer Verurteilung des Arbeitnehmers geführt hat, sondern gegen Zahlung eines Geldbetrages nach § 153a Abs. 2 StPO eingestellt worden ist. Die zweiwöchige Ausschlussfrist des § 626 Abs. 2 BGB für eine solche auf die Tatbegehung gestützte außerordentliche Kündigung beginnt jedenfalls dann nicht vor dem Abschluss des Strafverfahrens gegen den Arbeitnehmer, wenn der Arbeitgeber vorher zwar Verdachtsumstände kannte, diese Verdachtsumstände aber noch keine jeden vernünftigen Zweifel ausschließende sichere Kenntnis der Tatbegehung begründeten.[555]

4. Aufhebungsvertrag

a) Grundsätze

Nicht selten werden in Korruptionsfällen die Parteien das Arbeitsverhältnis einvernehmlich aufheben. Der Auflösungsvertrag ist schriftlich zu schließen (§ 623 BGB), und zwar auch dann, wenn in dem Vertrag die Worte „Auflösung oder Aufhebung" nicht verwendet werden.[556] Die Auflösung kann mit sofortiger Wirkung, aber auch für einen Termin in der Zukunft oder – wenn das Arbeitsverhältnis bereits außer Vollzug gesetzt war[557] – in der Vergangenheit vereinbart werden. Der Arbeitgeber hat den Mitarbeiter **auf seine Verpflichtung nach § 37b SGB III hinzuweisen**, sich unverzüglich nach Kenntnis des Beendigungszeitpunkts persönlich bei der Agentur für Arbeit arbeitssuchend zu melden (§ 2 Abs. 2 Satz 2 Nr. 3 SGB III). Eine **allgemeine Aufklärungspflicht** über die Rechtsfolgen des Aufhebungsvertrags besteht **nicht**, da der Arbeitgeber nicht der Sachwalter der wirtschaftlichen Interessen des Arbeitnehmers ist.[558] Eine Hinweispflicht kann allenfalls dann bestehen, wenn der Arbeitnehmer zum Ausdruck gebracht hat, dass er entsprechenden Rat benötigt, und der Arbeitgeber ohne weiteres zu einer entsprechenden Aufklärung imstande ist.[559] Selbst dann genügt es, wenn der Arbeitgeber den Arbeitnehmer an die Arbeitsagentur verweist, ohne dass er zusätzlich erläutern müsste, welche Fragen er dort stellen und welche Auskünfte er genau einholen muss.[560] Da der Arbeitnehmer das Beschäftigungsverhältnis durch einen Aufhebungsvertrag „löst", muss die Arbeitsagentur vor Bezug des Arbeitslosengeldes eine Sperrzeit verhängen (§ 144 Abs. 1 Satz 1 Nr. 1 SGB III). 189

Zuweilen werden selbst in Korruptionsfällen Abfindungen gezahlt. Diese stellen einkommensteuerpflichtige Einkünfte aus nicht selbständiger Tätigkeit dar. Wird das Ar- 190

---

[554] BAG, Urt. v. 10.6.1988, AP Nr. 27 zu § 626 BGB Ausschlussfrist im Anschluss an BAG 24, 341 = AP Nr. 3 zu § 626 BGB Ausschlussfrist.
[555] BAG, Urt. v. 12.12.1984, AP Nr. 19 zu § 626 BGB Verdacht strafbarer Handlung.
[556] ErfK/*Müller-Glöge*, § 623 BGB Rn. 12.
[557] BAG, Urt. v. 21.9.1999, AP Nr. 77 zu § 7 BUrlG Abgeltung.
[558] BAG, Urt. v. 11.12.2001, AuA 2002, 84; Urt. v. 29.9.2005, 8 AZR 571/04.
[559] ArbG Frankfurt, Urt. v. 21.11.1993, DB 1997, 625.
[560] BAG, Urt. v. 10.3.1988, AP Nr. 99 zu § 611 BGB Fürsorgepflicht.

beitsverhältnis bei Zahlung einer Abfindung sofort beendet, ruht der Anspruch auf Arbeitslosengeld, und zwar von dem Ende des Arbeitsverhältnisses an bis zu dem Tage, an dem das Arbeitsverhältnis bei Einhaltung der ordentlichen Kündigungsfrist geendet hätte (§ 143a Abs. 1 Satz 1 SGB III).

b) Nachträgliche Beseitigung des Aufhebungsvertrags

191 Wird der Arbeitnehmer zum Abschluss eines Aufhebungsvertrags gedrängt, etwa unter Androhung einer Strafanzeige oder sonstiger nachteiliger Folgen, kann die Wirksamkeit der Vereinbarung fraglich sein.

192 **aa) Gerichtliche Inhaltskontrolle.** Eine Kontrolle auf Unangemessenheit am Maßstab des § 307 BGB kommt nicht in Betracht. Die Aufhebung des Arbeitsvertrages selbst ist nicht kontrollfähig, da es sich hierbei um die Hauptleistungspflicht handelt.[561] Aufhebungsverträge können aber wegen **Sittenwidrigkeit** nach § 138 Abs. 1 BGB unwirksam ein. Wurde dem Mitarbeiter gedroht, müssen besondere Umstände hinzukommen, um die Annahme zu rechtfertigen, das Geschäft sei nach seinem Gesamtcharakter gemäß § 138 BGB als sittenwidrig und damit als nichtig anzusehen, da die widerrechtliche Drohung durch § 123 BGB eine rechtliche Sonderregelung erfahren hat. Eine „Überrumpelung" genügt nicht.

193 **bb) Widerruf.** In manchen Tarifverträgen ist die Möglichkeit zum Widerruf eines Aufhebungsvertrags vorgesehen. Ein gesetzliches Widerrufsrecht besteht nicht, auch nicht aus § 242 BGB.[562] Das Widerrufsrecht nach § 312 BGB gilt nicht für Aufhebungsverträge. Weder ist der Arbeitnehmer Verbraucher i.S.d. § 13 BGB,[563] noch ist der Aufhebungsvertrag ein Haustürgeschäft i.S.d. § 312 BGB.[564]

194 **cc) Anfechtung.** Denkbar ist eine Anfechtung des Aufhebungsvertrags wegen **rechtswidriger Drohung** (§ 123 BGB). Die Androhung des Arbeitgebers, das Arbeitsverhältnis durch eine außerordentliche Kündigung beenden zu wollen, falls der Arbeitnehmer nicht selbst kündigt oder einen Aufhebungsvertrag schließt, stellt die Ankündigung eines zukünftigen empfindlichen Übels dar, dessen Verwirklichung in der Macht des ankündigenden Arbeitgebers liegt.[565] Die Drohung mit einer außerordentlichen Kündigung ist widerrechtlich, wenn ein verständiger Arbeitgeber eine solche Kündigung nicht ernsthaft in Erwägung ziehen durfte. Die Widerrechtlichkeit der Kündigungsandrohung kann sich regelmäßig nur aus der Inadäquanz von Mittel und Zweck ergeben. Hat der Drohende an der Erreichung des verfolgten Zwecks – die Eigenkündigung oder den Abschluss eines Aufhebungsvertrags – kein berechtigtes Interesse oder ist die Drohung nach Treu und Glauben nicht mehr als angemessenes Mittel zur Erreichung des Zwecks anzusehen, so ist die Drohung widerrechtlich.[566] Dabei ist es nicht erforderlich, dass die angedrohte Kündigung, wenn sie ausgesprochen worden wäre, sich in einem Kündigungs-

---

[561] LAG Hamm, Urt. v. 1.4.2003, DB 2003, 1443; *Bauer*, NZA 2002, 169 ff., 173; *Gotthardt*, Arbeitsrecht nach der Schuldrechtsreform, 2. Aufl. 2003, Rn. 308.

[562] BAG, Urt. v. 30.9.1993, AP Nr. 37 zu § 123 BGB gegen LAG Hamburg, Urt. v. 3.7.1991, LAGE § 611 BGB Aufhebungsvertrag Nr. 6.

[563] Str.; wie hier *Bauer*, NZA 2002, 169, 171; *Bauer/Kock*, DB 2002, 42, 43 f.; *Joussen*, NZA 2001, 745, 749; *Löwisch*, NZA 2001, 465, 466; *Natzel*, NZA 2002, 595, 596; *Wolff*, AuA 2003, 15, a.A. BAG, Urt. v. 25.5.2005, NZA 2005, 1111; *Boemke*, DB 2002, 96, 97; *Gotthardt* (Fn. 561), Rn. 8 ff., 214; *Grundstein*, FA 2003, 41, 44; *Hümmerich/Holthausen*, NZA 2002, 173, 178; *Lakies*, NZA-RR 2002, 337, 343; *Reim*, DB 2002, 2434, 2437; *Reinecke*, DB 2002, 583, 587; *Schleusener*, NZA 2002, 949, 951.

[564] BAG, Urt. v. 27.11.2003, 2 AZR 177/03; LAG Brandenburg, Urt. v. 30.10.2002 – 7 Sa 386/02; *Bauer*, NZA 2002, 169, 171; *Bauer/Kock*, DB 2002, 42, 44; *Brors*, DB 2002, 2046, 2048.

[565] BAG, Urt. v. 9.3.1995, RzK I 9 k Nr. 25; Urt. v. 21.3.1996, 12.8.1999, AP BGB § 123 Nr. 42, 51; Urt. v. 6.12.2001, AP ZPO § 286 Nr. 33.

[566] BAG, Urt. v. 9.3.1995, RzK I 9 k Nr. 25; Urt. v. 21.3.1996, AP BGB § 123 Nr. 42.

schutzprozess als rechtsbeständig erwiesen hätte,⁵⁶⁷ weil von einem verständigen Arbeitgeber nicht generell verlangt werden kann, dass er bei seiner Abwägung die Beurteilung des Tatsachengerichts „trifft". Die Drohung ist jedoch dann unzulässig, wenn eine außerordentliche Kündigung bei der gebotenen Abwägung aller Umstände des Einzelfalls höchstwahrscheinlich unwirksam wäre.⁵⁶⁸

Ob der Arbeitgeber schon dann widerrechtlich mit einer Kündigung droht, wenn er 195 den Arbeitnehmer überstürzt zum Abschluss des Aufhebungsvertrags auffordert und dabei jede Überlegungsfrist ablehnt, wird unterschiedlich beurteilt. Ein Teil der Gerichte⁵⁶⁹ und der Literatur⁵⁷⁰ bejaht dies. Das BAG ist dem zu Recht nicht gefolgt.⁵⁷¹ Der Zeitdruck, unter dem ein Arbeitnehmer einen Aufhebungsvertrag schließt, berechtigt nicht zur Anfechtung, da dieser Umstand keine „Drohung" im Sinne des Inaussichtstellens eines Übels bedeutet.⁵⁷² Auch eine analoge Anwendung kommt nicht in Betracht. Die Vertragsabschlussfreiheit wird nicht gegen jede Art von Beeinträchtigung geschützt, sondern nur gegen die rechtswidrige Beeinflussung durch arglistige Täuschung und widerrechtliche Drohung.⁵⁷³

Ist ein Anfechtungsgrund gegeben, kann der Aufhebungsvertrag innerhalb der Jahres- 196 frist des § 124 Abs. 1 BGB angefochten werden. Die 2-Wochen-Frist des § 626 Abs. 2 BGB findet keine entsprechende Anwendung.⁵⁷⁴ Eine Verwirkung des Anfechtungsrechts ist im Hinblick auf den eigenen Verstoß des Arbeitgebers nur unter ganz außergewöhnlichen Umständen anzunehmen. Bei der Prüfung des erforderlichen Zeitmoments ist zu berücksichtigen, dass der Gesetzgeber dem Bedrohten schon für die Anfechtung in § 124 BGB eine Überlegungsfrist von einem Jahr einräumt. Der Drohende muss sich deshalb nach Treu und Glauben regelmäßig damit abfinden, dass der Bedrohte die Nichtigkeit des Rechtsgeschäfts auch noch einige Monate nach der Anfechtung und Klageandrohung klageweise geltend macht.⁵⁷⁵

5. Freistellung von der Arbeit

Bei einem besonders schwerwiegenden Verdacht gegen einen Arbeitnehmer in einer 197 Vertrauensstellung ist dem Arbeitgeber das Recht zuzubilligen, den Arbeitnehmer für die Zeit der Sachverhaltsaufklärung zu suspendieren.⁵⁷⁶ Unter diesen Umständen kommt eine Suspendierung von den Amtspflichten auch dann in Betracht, wenn sie sich der Arbeitgeber nicht eigens im Arbeitsvertrag vorbehalten hat.

---

⁵⁶⁷ BAG, Urt. v. 30.9.1993, BAGE 74, 281, 285; Urt. v. 9.3.1995, RzK I 9 k Nr. 25; Urt. v. 21.3.1996, AP BGB § 123 Nr. 42.
⁵⁶⁸ BAG, Urt. v. 9.3.1995, RzK I 9 k Nr. 25; Urt. v. 21.3.1996, 12.8.1999, AP BGB § 123 Nr. 42, 51; Urt. v. 6.12.2001, AP ZPO § 286 Nr. 33.
⁵⁶⁹ LAG Hamburg, Urt. v. 3.7.1991, LAGE § 611 BGB Aufhebungsvertrag Nr. 6.
⁵⁷⁰ *Flume*, Das Rechtsgeschäft, 4. Aufl. 1992, § 28 Nr. 2, S. 537 f.; MünchKomm-*Kramer*, § 123 BGB Rn. 49; ähnlich MünchKomm-*Henssler*, Vor § 620 BGB Rn. 28.
⁵⁷¹ BAG, Urt. v. 16.2.1983, 30.9.1993, AP Nr. 22, 37 zu § 123 BGB.
⁵⁷² BAG (Fn. 571); offengelassen aber im Urt. v. 30.1.1986, NZA 1987, 91; vgl. auch BGH, Urt. v. 7.6.1988, AP Nr. 33 zu § 123 BGB.
⁵⁷³ BAG, Urt. v. 16.2.1983, 30.9.1993, AP Nr. 22, 37 zu § 123 BGB; BGH, Urt. v. 7.6.1988, AP Nr. 33 zu § 123 BGB.
⁵⁷⁴ BAG, Urt. v. 19.5.1983, AP BGB § 123 Nr. 25.
⁵⁷⁵ BAG, Urt. v. 6.11.1997, AP Nr. 45 zu § 242 BGB Verwirkung.
⁵⁷⁶ *Ascheid* (Fn. 437), Rn. 62; *Bengelsdorf*, AuA 1995, 199; KR-*Fischermeier*, § 626 BGB Rn. 231; *Kraft*, Anm. zu EzA § 102 BetrVG Rn. 62; *Ring*, BuW 1994, 873.

B. Zivilrecht

I. Vorbemerkung

198 Die zivilrechtlichen Konsequenzen der Korruption – insbesondere die Frage nach möglichen Schadensersatzansprüchen – sind so weitreichend, dass sie hier nicht erschöpfend behandelt werden können. Aus dem Kreis der relevanten Fragestellungen sollen daher nur die Folgen für die durch Korruption zustandegekommenen Verträge geschildert werden.

II. Folgen für durch Korruption zustande gekommene Verträge

199 In Korruptionsfällen werden regelmäßig mehrere Vereinbarungen getroffen. Üblicherweise wird unterschieden zwischen der eigentlichen Schmiergeldabrede und dem „Folgevertrag", der durch die Bestechung zustande kommt und abgewickelt wird. Beide Vereinbarungen müssen nicht von denselben Parteien getroffen werden.[577] Bestechender und Bestochener können als Vertreter für Dritte handeln, die zumeist Opfer korrupter Machenschaften sind.

1. Schmiergeldabrede

a) Nichtigkeit bei Tatbestandserfüllung des § 299 StGB

200 Die Vereinbarung, ein Schmiergeld zu zahlen, ist bereits nach § 134 BGB nichtig, wenn die Beteiligten den Tatbestand des § 299 StGB verwirklichen. Ziel des § 299 StGB ist es, im öffentlichen Interesse das „Schmiergeldunwesen in jeder Form" zu bekämpfen.[578] Zu den typischen unerwünschten Folgen des Schmiergeldunwesens gehört die Verfälschung des Wettbewerbs unter den Anbietern des Unternehmens, dem der Bestochene angehört, d.h. die Manipulation der – grundsätzlich an der Leistungsfähigkeit und Preiswürdigkeit der Anbieter orientierten – Auswahl der Vertragspartner.[579] Eine weite Auslegung des § 299 StGB ist angesichts des Schutzzweckes der Vorschrift geboten.[580] Die Nichtigkeitsfolge trifft auch Vermittlungsverträge, die abgeschlossen werden, um eine Schmiergeldvereinbarung herbeizuführen.[581]

b) Nichtigkeit wegen Sittenwidrigkeit

201 Schmiergeldabreden sind auch wegen Sittenwidrigkeit (§ 138 BGB) unwirksam. Zuwendungen an Vertreter oder Angestellte des anderen Vertragsteils mit dem Ziel, von diesen bei der Vergabe von Aufträgen ihres Unternehmens bevorzugt zu werden, verstoßen

---

[577] BGH, Urt. v. 10.1.1990, DB 1990, 1321.
[578] So bereits für § 12 UWG RGSt 48, 291; BGHSt 10, 558; BGH NJW 1983, 1919.
[579] BGH, NJW 1983, 1919.
[580] OLG Karlsruhe, Urt. v. 18.3.1999, BB 2000, 635.
[581] AG Offenbach, Urt. v. 20.2.1991, NJW-RR 1992, 1204.

gegen die einfachsten und grundlegenden Sätze des geschäftlichen Anstandes und kaufmännischer guter Sitte.[582] Dabei spielt es keine Rolle, ob der Bestochene den Auftrag unmittelbar selbst erteilen soll oder ob er über die Vergabe durch einen Dritten mitzubestimmen hat, selbst dann nicht, wenn der Vertretene an einer möglichst guten Erledigung des Auftrags – eben durch den Bestochenen – ein eigenes wirtschaftliches Interesse hat.[583] In keinem Fall ist auszuschließen, dass sich der Bestochene von dem eigennützigen Interesse leiten lässt, für die Auftragsvergabe eine heimliche Zuwendung zu erhalten. Ob die an der Zuwendung Beteiligten den Geschäftsherrn benachteiligen wollen oder solche Nachteile tatsächlich eingetreten sind, ist unerheblich.[584] Zu missbilligen sind bereits die Verquickung von eigennützigen Interessen des Vertreters mit den Interessen des Vertretenen, der darin liegende Missbrauch des dem Vertreter gewährten Vertrauens und die hiervon ausgehenden Gefahren.[585] Dass den Beteiligten im Einzelfall kein sittlicher Vorwurf gemacht werden kann, schließt die Annahme der Sittenwidrigkeit des Vertrages nicht aus. Es genügt, dass das Rechtsgeschäft schon nach seinem objektiven Inhalt sittlich-rechtlichen Grundsätzen widerspricht.[586] Soweit der BGH das Vorliegen subjektiver Voraussetzungen verlangt, handelt es sich um Fälle, in denen sich die Sittenwidrigkeit nicht ohne weiteres aus dem objektiven Inhalt des Rechtsgeschäfts ergibt.[587] Dabei genügt es, dass den Vertragsparteien die Umstände, die die Sittenwidrigkeit begründen, bekannt sind; nicht erforderlich ist, dass sie selbst verwerflich gehandelt haben oder sich der Sittenwidrigkeit des Rechtsgeschäfts bewusst waren.[588]

c) Beispiele für sittenwidrige Schmiergeldvereinbarungen aus der Rechtsprechung

Ein Leitender Angestellter einer Verkehrs-Aktiengesellschaft, die wichtigen Interessen der Allgemeinheit dient, lässt sich von dieser ohne sachlichen Grund Vorteile erheblicher Art für eine Tätigkeit versprechen und gewähren, die zu seinen Arbeitspflichten gehört.[589] Ein Architekt zahlt ein Schmiergeld in Höhe von 10 x 5000 DM für die Erteilung eines Plattenbau-Sanierungsprojekts im Wert von über 3,6 Mio. DM.[590] Ein Gesellschafter eines im Konkurs befindlichen Bauunternehmens verlangt für die Vermittlung und Abwicklung eines Kaufvertrags über zwei gebrauchte Bagger aus der Konkursmasse zu 200.000 DM ein Schmiergeld in Höhe von 50.000 DM.[591] Ein Unternehmensberater vereinbart mit einem vermittelten Lieferanten ohne Kenntnis des beratenen Unternehmens, dass er von dem Lieferanten auf alle künftigen Umsätze aus der Geschäftsbeziehung zu dem beratenen Unternehmen eine Provision von 5 % erhalten soll.[592] Ein Geschäftsführer einer GmbH gibt gegen das Versprechen einer an ihn persönlich zu zahlenden Provision bestimmte Mitarbeiter der GmbH zugunsten eines Konkurrenten frei.[593]

202

---

[582] BGH, Urt. vom 26.3.1962, LM Nr. 13 zu § 138 [Cb] m.w.N.; Urt. v. 14.12.1972, AP Nr. 31 zu § 138 BGB; KG, Urt. v. 1.6.2001, KGR Berlin 2001, 289.
[583] BGH, Urt. v. 14.12.1972, AP Nr. 31 zu § 138 BGB.
[584] BGH (Fn. 582; Urt. v. 14.12.1972 (Fn. 582).
[585] BGH, Urt. v. 14.12.1972, AP Nr. 31 zu § 138 BGB.
[586] So m. R. *Flume*, Allg. Teil, Bd. 2, 4. Aufl. 1992, § 18, 3; Erman/Brox, BGB, 7. Aufl., § 138 Rn. 36; *Larenz*, Juristenjahrbuch, 1966/1967, S. 98, 119, *Lindacher*, AcP 173, 128.
[587] BGHZ 10, 228, 233; 20, 43, 52; Urt. v. 29.4.1953, 14.5.1959 LM BGB § 138 [Ca] Nr. 1 und 3; Urt. v. 22.1.1976, WM 1976, 289, 291; im Urt. v. 16.6.1971, BB 1971, 1177, wird die Frage ausdrückl. dahingestellt gelassen.
[588] RGRK-*Krüger-Nieland/Zöller*, § 138 BGB Rn. 30 m.w.N.
[589] BAG, Urt. v. 18.6.1963, AP Nr. 25 zu § 138 BGB.
[590] BGH, Urt. v. 6.5.1999, BGHZ 141, 357.
[591] BGH, Urt. v. 10.1.1990, DB 1990, 1321.
[592] OLG Karlsruhe, Urt. v. 18.3.1999, BB 2000, 635.
[593] OLG Hamburg, Beschl. v. 13.8.1997, GmbHR 1998, 89.

2. Folgevertrag

203 Die Nichtigkeit einer Schmiergeldabrede erfasst nicht ohne weiteres einen daraufhin abgeschlossenen Folgevertrag.[594] Der Folgevertrag muss seinerseits von der Rechtsordnung derart missbilligt sein, dass auch ihm die Wirksamkeit zu versagen ist.

204 Gegen **gesetzliche Verbote** verstößt der Folgevertrag regelmäßig nicht. Der Straftatbestand des § 299 StGB wird durch den Abschluss des Folgevertrags nicht verwirklicht.[595] § 299 StGB bezweckt zwar den Schutz des lauteren Wettbewerbs und will deshalb nicht nur Bestechungen unterbinden, sondern auch unlautere Verzerrungen des Wettbewerbs verhindern. Dieses Ziel ändert jedoch nichts daran, dass sich die Strafnorm auf Bestechungen bezieht und nicht auf sich erst daran anschließende Vertragsschlüsse. Auch die § 299 StGB zugrunde liegende, in § 1 UWG umfassend normierte rechtliche Missbilligung unlauterer Verhaltensweisen führt für sich allein noch nicht zur Unwirksamkeit des Folgevertrags. Voraussetzung für die Nichtigkeit aus wettbewerbsrechtlichen Gründen ist, dass der rechtsgeschäftlichen Verpflichtung selbst die Wettbewerbswidrigkeit des Verhaltens innewohnt.[596] Das ist bei dem Abschluss des Folgevertrags regelmäßig nicht der Fall.[597]

205 Der Folgevertrag ist **sittenwidrig**, wenn sein Abschluss gegen das Anstandsgefühl aller billig und gerecht Denkenden verstößt,[598] d.h. nach seinem Inhalt, Beweggrund oder Zweck nicht mit den guten Sitten zu vereinbaren ist.[599] Die Nichtigkeit der Schmiergeldabsprache kann auf den Folgevertrag übergreifen, wenn beide an sich selbständigen Verträge ein **einheitliches Vertragswerk** bilden, dessen Vereinbarungen nach den Vorstellungen der Vertragsschließenden miteinander stehen und fallen sollen.[600] Dass an den mehreren Rechtsgeschäften zum Teil verschiedene Personen beteiligt sind, schließt die Einheitlichkeit nicht von vornherein aus; sie muss jedoch bei Vertragsschluss von mindestens einer Partei erkennbar gewollt und von allen übrigen Parteien hingenommen worden sein.[601]

206 Der Folgevertrag ist auch dann sittenwidrig, wenn die Schmiergeldabrede zu einer für den Geschäftsherrn **nachteiligen Gestaltung** des Folgevertrags geführt hat.[602] Fehlt ein solcher Nachteil, ist der Folgevertrag trotz Bestechung wirksam.[603] Bestehen Anhaltspunkte für einen Nachteil, hat nicht der Geschäftsherr den Nachteil, sondern der Bestechende dessen Fehlen zu beweisen.[604] Es gelten die Grundsätze über den Beweis des ersten Anscheins.[605] Als beachtlichen Nachteil erachtet die Rechtsprechung die Überteuerung des in Rechnung gestellten Preises.[606] Bereits bei einem 10%igen Aufschlag auf den normalen Kaufpreis geht der BGH von einer bestechungsbedingten Willensbeeinflussung zum Schaden des Geschäftsherrn und damit von einem sittenwidrigen Nachteil aus.[607] Dagegen soll es keinen Nachteil bedeuten, wenn für ein Architektenhonorar nicht der Mindest-, sondern der Mittelsatz nach der einschlägigen Honorarordnung (HOAI)

---

[594] BGH, Urt. v. 6.5.1999, BGHZ 141, 357.
[595] BGH (Fn. 594).
[596] BGH, Urt. v. 25.1.1990, BGHZ 110, 156, 175; Urt.v. 14.5.1998, NJW 1998, 2531.
[597] BGH (Fn. 594).
[598] St. Rspr., vgl. BGH, Urt. v. 29.9.1977, BGHZ 69, 295, 297; Urt. v. 6.5.1999, BGHZ 141, 357.
[599] BGH, Urt. v. 28.2.1989, BGHZ 107, 92, 97 m.w.N.
[600] BGH, Urt. v. 10.1.1990, BB 1990, 733.
[601] BGH, Urt. v. 20.5.1966, WM 1966, 899, 900; Urt. v. 30.4.1976, NJW 1976, 1931, 1932.
[602] BGH, Urt. v. 17.5.1988, NJW 1989, 26; Urt. v. 10.1. 1990, NJW-RR 1990, 442; Urt. v. 6.5.1999, BGHZ 141, 357.
[603] BGH, Urt. v. 10.1.1990, BB 1990, 733.
[604] BGH, Urt. v. 17.5.1988, NJW 1989, 26.
[605] BGH, Urt. v. 6.5.1999, BGHZ 141, 357.
[606] RG, Urt. v. 1.6.1932, RGZ 136, 359.
[607] BGH, Urt. v. 17.5.1988, WM 1988, 1380.

vereinbart wird, jedenfalls wenn die Anforderungen an das Bauvorhaben das hergeben und keine weiteren Anzeichen für ein überteuertes Honorar bestehen.[608] Hält die betroffene Partei den Vertrag in Kenntnis aller Umstände für sinnvoll und ausgewogen, ist für die Annahme von Sittenwidrigkeit daher kein Raum.[609] Bloß denkbare Benachteiligungen bei der Abwicklung des Folgevertrags genügen nicht, zumal es um die rechtliche Würdigung des Folgevertrags selbst und nicht um seine Abwicklung geht.[610] Der Folgevertrag kann auch deshalb unwirksam sein, weil der Geschäftsführer durch die Bestechung erkennbar seine **Vertretungsmacht missbraucht** hat.[611] Ohne vorherige Information seines Geschäftsherrn ist ein Geschäftsführer im Zweifel nämlich nicht befugt, einen Vertrag für diesen mit einer Person abzuschließen, die den Geschäftsführer gerade bestochen hat.[612] Vielmehr ist davon auszugehen, dass der Folgevertrag entsprechend § 177 Abs. 1 BGB schwebend unwirksam ist und vom Geschäftsherrn genehmigt werden kann.[613]

3. Rechtsfolgen der Unwirksamkeit

Bestechungsgeld, das aufgrund sittenwidriger Vereinbarung geleistet wird, kann nach § 812 Abs. 1 Satz 1 Alt. 1 bzw. § 817 Satz 1 BGB herausverlangt werden.[614] Die Rückforderung ist ausgeschlossen, wenn der Leistende gewusst hat, dass er nicht zur Leistung verpflichtet war (§ 814 BGB) oder wenn dem Leistenden ein Gesetz- oder Sittenverstoß zur Last fällt (§ 817 S. 2 BGB). Ein gesetzes- oder sittenwidriges Verhalten kann dem Leistenden aber nur dann zur Last gelegt werden, wenn er zum Zeitpunkt der Leistung vorsätzlich verbotswidrig gehandelt und den Gesetzes- bzw. Sittenverstoß zumindest leichtfertig billigend in Kauf genommen hat.[615] Die Beweislast dafür trägt der Bereicherte.[616] § 817 Satz 2 BGB versagt dem Leistenden deshalb den Bereicherungsanspruch, weil er sich selbst durch seinen Gesetzes- oder Sittenverstoß außerhalb der Rechtsordnung bewegt.[617] Der Norm kommt also in gewisser Weise Strafcharakter zu.[618] Folgerichtig braucht auch ein zur Erfüllung eines sittenwidriges Geschäfts gegebenes Leistungsversprechen – etwa die Hingabe eines Schecks – nicht eingehalten zu werden. Erst die tatsächlich erfolgte Einlösung des Leistungsversprechens – etwa eines Schecks – führt zu einer dem Empfänger nach Maßgabe von § 817 Satz 2 BGB verbleibenden endgültigen Bereicherung.[619]

207

Der Geschäftsherr kann von dem bestochenen Geschäftsführer die Herausgabe eines Schmiergelds verlangen.[620] Allerdings ist diese Forderung mit dem sich aus §§ 73 ff. StGB ergebenen Verfallsanspruch belastet. Sie entfällt also, wenn der Verfall angeordnet wird.[621]

208

---

[608] BGH (Fn. 594).
[609] BGH (Fn. 594); Staudinger/*Sack*, § 138 Rd. 473.
[610] BGH (Fn. 594).
[611] Vgl. zum Missbrauch der Vertretungsmacht BGH, Urt. v. 5.12.1983, NJW 1984, 1461; Urt. v. 19.4.1994, NJW 1994, 2082.
[612] BGH (Fn. 594).
[613] Vgl. Palandt/*Heinrichs*, § 164 Rn. 14 f.; *Jauernig*, § 164 Rn. 8; MünchKomm/*Schramm*, § 164 Rn. 121.
[614] AG Offenbach, Urt. v. 20.2.1991, NJW-RR 1992, 1204.
[615] BGHZ 50, 90; BGH, NJW 1984, 1420; BGH, NJW 1989, 3217; KG, Urt. v. 1.6.2001, KGR Berlin 2001, 289.
[616] Palandt/*Thomas*, § 817 BGB Rn. 26.
[617] *Dauner*, JZ 1980, 499; *Esser/Weyers*, Schuldrecht, 8. Aufl. 2000, § 49 IV 1; *Koppensteiner/Kramer*, Ungerechtfertigte Bereicherung, 2. Aufl. 1988, § 7 IV 2b; *Reuter/Martinek*, Ungerechtfertigte Bereicherung, 1983, § 6 V 1b; krit. *Larenz/Canaris*, Schuldrecht II/2, 13. Aufl. 1994, § 68 III S. 162 f.
[618] BGHZ 39, 87, 91; 63, 365, 369.
[619] FG Baden-Württemberg, Urt. v. 15.1.1997, EFG 1997, 875.
[620] BGHZ 39, 1.
[621] BGHZ (Fn. 620).

Ferner kann gegenüber dem Bestechenden ein Schadensersatzanspruch nach § 826 BGB bestehen. Nach der Rechtsprechung soll ein Anscheinsbeweis dafür sprechen, dass der Arbeitgeber um das dem Arbeitnehmer zugeflossene Schmiergeld geschädigt ist.[622] Ein Arbeitgeber, der seinem Buchhalter gestattet hat, als Schweigegeld bestimmte Beträge der Kasse zu entnehmen, handelt allerdings rechtsmissbräuchlich, wenn er unter Berufung auf die Sittenwidrigkeit des Vertrages im Wege der Schadensersatzklage Rückzahlung des Schweigegeldes verlangt.[623]

C. Corporate Governance (CG)

209 Ächtung und Bekämpfung der Korruption gehören zum Wertekanon moderner Unternehmensphilosophien. Sie zeichnen eine faire Unternehmungsführung aus. Es verwundert daher nicht, dass Maßnahmen zur Korruptionsbekämpfung auch zur Corporate Governance rechnen. Deren Ziel besteht gerade darin, Standards guter Unternehmensführung zu etablieren und allgemein durchzusetzen.

I. Überblick und Rechtsquellen

1. Bedeutung und Entwicklung von Corporate Governance

a) Begriff

210 Der Begriff Corporate Governance lässt sich am besten mit „Unternehmensverfassung" übersetzen.[624] Gemeint ist der rechtliche und faktische Ordnungsrahmen für die Leitung und Überwachung eines Unternehmens.[625] Corporate Governance beschreibt insoweit das Zusammenspiel der verschiedenen Unternehmensorgane und ihr Verhältnis zu den wesentlichen Bezugsgruppen des Unternehmens, den „Stakeholdern" und „Shareholdern".[626] Doch darin erschöpft sich Corporate Governance nicht. Corporate Governance soll vor allem zeigen, wie **gute Unternehmensführung** aussieht.[627] Zwar hat dieses Thema in Deutschland eine lange Tradition; die „Corporate-Governance-Bewegung"[628] ist aber deutlich jüngeren Datums. Sie ist Reaktion auf die zahlreichen Unternehmenszusammenbrüche der 1990er Jahre, die nicht selten durch Missmanagement verursacht wurden. Eine positive Corporate Governance soll Unternehmen für Aktionäre und mögliche Anleger attraktiv machen. Sie sollen davon überzeugt werden, dass sich ihr Geld in guten Händen befindet, weil sich das Unternehmen zu bestimmten Grundsätzen guter Unternehmensführung bekennt.

---

[622] LAG Köln, Urt. v. 16.11.1995 – 6 Sa 713/95 n.v.
[623] BAG, Urt. v. 20.10.1967, AP Nr. 27 zu § 138 BGB.
[624] Allgemein zum Begriff Unternehmensverfassung *Bleicher/Wagner*, FS Witte, 1993, S. 3 f.
[625] *Böckli*, Schweizerische Zeitschrift für Wirtschaftsrecht, 1999, 2 f.; *Hopt/Prigge*, in: Hopt et al., Comparative Corporate Governance, 1998, S. V.
[626] *Ringleb/Kremer/Lutter/von Werder-von Werder*, Kommentar zum Deutschen Corporate Governance Kodex, 2005, Rn. 1.
[627] *Peltzer*, Deutsche Corporate Governance, 2004, Rn. 11.
[628] *Hommelhoff*, ZGR 2001, 238.

b) Kodex-Bewegung

aa) Internationale Entwicklung. Seit Anfang der 1990er Jahre sind weltweit „Governanceregeln" in Gebrauch,[629] deren Einführung von den Unternehmen selbst und von bedeutenden Investmentfonds angestoßen wurde.[630] Auch die **OECD** hat sich mit ihrer „Ad Hoc Task Force on Corporate Governance" des Themas angenommen und einschlägige Richtlinien geschaffen.[631] Die **EG-Kommission** hat am 21.5.2003 einen Aktionsplan „Modernisierung des Gesellschaftsrechts und Verbesserung der Corporate Governance in der Europäischen Union"[632] vorgelegt und sich damit in den Kreis der Regelgeber eingereiht. Die Terminologie ist dabei so uneinheitlich wie der Inhalt der Führungsgrundsätze, die sich selbst als „Codes", „Guidelines" und „Principles" bezeichnen. Gemeinsam ist ihnen, dass sie keine Gesetze im formalen Sinne darstellen, sondern die einschlägigen staatlichen Regelungen ausfüllen und häufig nur durch **Selbstbindung der Unternehmen** Gültigkeit beanspruchen. Governanceregeln können für ein einzelnes Unternehmen gelten oder – als „Kodex" – für eine Vielzahl von Unternehmen – etwa für alle an einer bestimmten Börse notierten – Gültigkeit beanspruchen. Auch die Befolgung eines Kodex ist uneinheitlich geregelt. Sie kann im vollkommenen Belieben eines Unternehmens stehen oder – wie seit 2002 in den USA – zwingende Voraussetzung der Börsenzulassung sein. Möglich ist auch eine Philosophie des **„Comply or Explain"**. Bei ihr ist den Unternehmen die Einhaltung des Kodex freigestellt, Abweichungen vom Kodex sind aber zu begründen.[633]

211

bb) Entwicklung in Deutschland. In Deutschland wurde das Kodexthema erst vergleichsweise spät aufgegriffen. Im Jahr 2000 hatte die Frankfurter Grundsatzkommission Corporate Governance einen „Code of Best Practice" für börsennotierte Gesellschaften (sog. Frankfurter Grundsätze)[634] aufgestellt. Ihm folgte der vom Berliner Initiativkreis German Code of Corporate Governance vorgelegte Kodex.[635] Beide Projekte stießen auf positive Resonanz und veranlassten die Bundesregierung zur Einsetzung der „Baums-Kommission", die wenig später durch die „Cromme-Kommission" abgelöst wurde. Das Ergebnis der Kommissionsarbeit – der „Deutsche Corporate Governance Kodex (CGC)" – konnte bereits im Februar 2002 der Bundesjustizministerin übergeben werden, die ihn am 30. September 2002 im elektronischen Bundesanzeiger[636] veröffentlichte. Seitdem steht der CGC auf der Homepage der Kodexkommission,[637] die als „Standing Commission" erforderliche Anpassungen des Kodex vornimmt,[638] allgemein zur Verfügung. Er wurde bereits mehrfach geändert.[639]

212

---

[629] S. die Zusammenstellungen von Code of Corporate Governance bei *Van den Berghe/De Ridder*, International Standardisation of Good Corporate Governance, 1999, S. 51 ff.; *Gregory/Simmelkjaer*, Comparative Study of Corporate Governance Codes Relevant to the European Union And Its Member States, 2002, S. 14 ff.
[630] Nachweise bei Ringleb/Kremer/Lutter/von Werder-*von Werder* (Fn. 626), Rn. 4.
[631] OECD Principles of Corporate Governance.
[632] Mitteilung an den Rat und das Europäische Parlament (KOM [2003] 284 endg.); Abdruck in NZG 2003, Sonderbeil. zu Heft 13.
[633] Ringleb/Kremer/Lutter/von Werder-*von Werder* (Fn. 626), Rn. 121.
[634] DB 2000, 238; dazu *Schneider*, DB 2000, 2414; *Schneider/Strenger*, AG 2000, 106.
[635] DB 2000, 1573; dazu *Bernhard/von Werder*, ZfB 2000, 1269; *Peltzer/von Werder*, AG 2001, 1; *Pohle/von Werder*, DB 2001, 1101.
[636] Die Adresse lautet: www.ebundesanzeiger.de.
[637] Die Adresse lautet: www.corporate-governance-code.de.
[638] Ringleb/Kremer/Lutter/von Werder-*Ringleb*, Rn. 39 f.
[639] Ringleb/Kremer/Lutter/von Werder-*Ringleb* (Fn. 626), Rn. 33.

2. Deutscher Corporate Governance Kodex (CGC)

a) Funktion und Bedeutung

213 Ziel des Deutschen Corporate Governance Kodex (CGC) ist es, das deutsche CG-System transparent und nachvollziehbar zu machen. Zugleich soll er das Vertrauen der Anleger, der Kunden, der Mitarbeiter und der Öffentlichkeit in die Leitung und die Überwachung deutscher börsennotierter Aktiengesellschaften fördern (Präambel Abs. 1 Sätze 2, 3 CGC). Der Kodex schafft jedoch keine neuen Vorschriften, sondern stellt die Grundzüge der Leitung und Kontrolle dieser Aktiengesellschaften nach derzeit geltendem Recht dar.[640]

214 Daneben soll der Kodex national und international anerkannte Standards guter und verantwortungsvoller Unternehmensführung setzen (Präambel Abs. 1 Satz 1 CGC). Dazu enthält er eine systematisch aufbereitete Zusammenstellung von (Mindest-)Empfehlungen und Anregungen, die sich auch der Korruptionsbekämpfung widmen (s. unten Rn. 222 ff.). Die im Kodex enthaltenen Empfehlungen und Anregungen sind jedoch nicht rechtsverbindlich, weshalb die Gesellschaften von ihnen abweichen können.[641] Ziel ist es gerade, einen auf die individuellen Verhältnisse des Unternehmens zugeschnittenen eigenen „Code of Best Practice" zu entwickeln und dem Kapitalmarkt gegenüber offen zu legen.[642] Die Empfehlungen des Kodex – sprachlich durch Verwendung des Wortes „soll" gekennzeichnet – sind aber insoweit bedeutsam, als der Vorstand und der Aufsichtsrat nach § 161 AktG[643] (geschäfts-)jährlich[644] verpflichtet sind zu erklären,[645] ob der Kodex überhaupt angewandt und falls ja, von welchen Empfehlungen des Kodex gegebenenfalls abgewichen wird. Ob die Entsprechenserklärung nach § 161 AktG abgegeben wurde, ist vom Abschlussprüfer der Gesellschaft zu prüfen und gegebenenfalls im Anhang zum Jahresabschluss anzugeben (§ 285 Nr. 16 HGB). Der Prüfer prüft jedoch nicht, ob die Entsprechenserklärung richtig ist, d.h. ob den Empfehlungen des CGC tatsächlich gefolgt wurde, sondern nur, ob es zutrifft, dass Vorstand und Aufsichtsrat eine entsprechende Erklärung abgegeben haben.[646] Die verlangte Erklärung kann beispielsweise auch darin bestehen, dass der Kodex überhaupt nicht oder dass ein Haus-Kodex angewandt wird.[647] In jedem Fall muss die Erklärung den Aktionären dauerhaft zugänglich gemacht werden (§ 161 Satz 2 AktG), etwa auf der Homepage des Unternehmens.[648] Wendet ein Unternehmen den Kodex nicht an oder weicht es von seinen Empfehlungen ab, so verlangt § 161 AktG hierfür keine Begründung.[649] Freilich wird eine solche im wohlverstandenen Eigeninteresse der Gesellschaft liegen.[650] Dementsprechend empfiehlt der Kodex, jährlich im Geschäftsbericht über die Corporate Governance des Unternehmens zu berichten und in diesem Rahmen auch eventuelle Abweichungen von den Empfehlungen des Kodex zu er-

---

[640] Ringleb/Kremer/Lutter/von Werder-*Ringleb* (Fn. 626), Rn. 35.
[641] *Semler/Wagner*, NZG 2003, 557.
[642] S. Begr. RegE zum TransPuG, BT-Drucks. 14/8769, S. 51.
[643] Diese Vorschrift wurde mit Wirkung vom 1.8.2002 in das AktienG eingefügt, vgl. Transparenz- und Publizitätsgesetz (TransPuG) v. 25.7.2002, BGBl. I S. 2681.
[644] Für eine geschäftsjährliche Erklärung Ringleb/Kremer/Lutter/von Werder-*Ringleb* (Fn. 626), Kodex, Rn. 1582 ff.; für eine kalenderjährliche Erklärung *Seibert*, BB 2002, 581, 584.
[645] Zur verfahrensmäßigen Umsetzung s. Ringleb/Kremer/Lutter/von Werder-*Lutter* (Fn. 626), Rn. 1515 ff.; zur Struktur der Entsprechenserklärung *Semler/Wagner*, NZG 2003, 553 ff.
[646] S. Begr. RegE zum TransPuG, BT-Drucks. 14/8769, S. 63.
[647] Ausf. zu den unterschiedlichen Arten der Entsprechenserklärung s. Ringleb/Kremer/Lutter/von Werder-*Ringleb* (Fn. 626), Rn. 1552 ff.
[648] Ringleb/Kremer/Lutter/von Werder-*Ringleb* (Fn. 616), Rn. 1023.
[649] *Berg/Stöcker*, WM 2002, 1569 (1573); Ringleb/Kremer/Lutter/von Werder-*Ringleb* (Fn. 626), Rn. 1561.
[650] Davon geht auch der Gesetzgeber aus, vgl. Begr. RegE zum TransPuG, BT-Drucks. 14/8769, S. 52.

läutern (vgl. Ziff. 3.10 CGC). Von daher gilt für die Empfehlungen also das Prinzip „Comply or Explain".[651] Der Kodex selbst wird in der Regel einmal jährlich von der CGC-Kommission überprüft und bei Bedarf den nationalen und internationalen Entwicklungen angepasst (vgl. Präambel CGC, letzter Abs.).

Der Kodex und die Pflicht zur Entsprechenserklärung nach § 161 AktG sind an **bör- 215 sennotierte Gesellschaften** gerichtet. Das entspricht internationaler Übung.[652] Börsennotiert sind in Deutschland die rund 1000 Gesellschaften mit Zulassung zu einem organisierten, d.h. von staatlich anerkannten Stellen geregelten und überwachten regelmäßig stattfindenden und für das Publikum zugänglichen Markt.[653] Soweit der Kodex allgemeingültige Standards guter Unternehmensführung enthält, die nichts mit der Börsenzulassung zu tun haben, richtet er sich auch an nicht börsennotierte Gesellschaften (vgl. Präambel CGC, vorletzter Absatz).

b) Haftungsrechtliche Folgen der Entsprechenserklärung

Welche haftungsrechtlichen Folgen die Nichtbefolgung des Kodex, die Verweigerung 216 der Entsprechenserklärung und die Behauptung unwahrer Tatsachen haben, die zu einem Schaden bei der Gesellschaft selbst oder bei einem ihrer Anleger führen, ist nicht abschließend geklärt.[654] Fest steht, dass weder der Kodex selbst noch § 161 AktG Grundlage für einen Schadensersatzanspruch sind. Fest steht weiter, dass als Anspruchsgegner nur die Mitglieder des Vorstands und des Aufsichtsrats in Betracht kommen. Sie haften persönlich, weil sie die Erklärung nach § 161 AktG im eigenen Namen und nicht im Namen der Gesellschaft abgeben.[655] In vielen Einzelfragen herrscht jedoch Streit. Die Diskussion ist im Fluss.

Macht die Gesellschaft selbst Ansprüche gegen Mitglieder von Vorstand und Auf- 217 sichtsrat geltend, kommen als Anspruchsgrundlagen die §§ 93, 116 AktG in Betracht. Die Gesellschaft hat den Tatbestand einer angeblichen Pflichtverletzung, den ihr entstandenen Schaden und die Kausalität zwischen Pflichtverletzung und Schaden darzulegen und ggf. zu beweisen. Das in Anspruch genommene Mitglied kann sich exkulpieren. Verschiedene Konstellationen sind denkbar. Geben die Organe gar keine Erklärung nach § 161 AktG ab, handeln sie in jedem Falle pflichtwidrig; entsteht der Gesellschaft daraus ein Schaden, weil der Abschlussprüfer nicht testieren kann, sind die Organe haftbar. Haben die Organe erklärt, sich an den Kodex zu halten, tun dies aber nicht, sind sie ebenfalls haftbar.[656] Werden die Empfehlungen des Kodex, die selbst nicht rechtsverbindlich sind, über die Satzung der Gesellschaft, die Geschäftsordnung oder den Anstellungsvertrag in interne Pflichten gegenüber der Gesellschaft transformiert und verstößt ein Organ dagegen, kommt ebenfalls eine Haftung nach §§ 93, 116 AktG in Betracht. Dass sich die Organe von ihrer Haftung nach den §§ 93, 116 AktG nicht einfach durch die Erklärung freizeichnen können, den Kodex nicht zu befolgen, versteht sich von selbst.[657]

Schwieriger zu beurteilen sind Schadensersatzansprüche von Dritten im Außenver- 218 hältnis. Solche Ansprüche könnten etwa in Betracht kommen, wenn Anleger im Vertrauen auf eine positive und vorbehaltlose Entsprechenserklärung in die Aktien eines Unternehmens investieren, dessen Börsenkurs später dramatisch einbricht, nachdem be-

---

[651] Ringleb/Kremer/Lutter/von Weder-*von Werder* (Fn. 626), Rn. 121.
[652] Ringleb/Kremer/Lutter/von Werder-*von Werder* (Fn. 626), Rn. 128.
[653] *Hüffer*, § 3 AktG Rn. 6.
[654] Zur Diskussion *Bachmann*, WM 2002, 2137; *Berg/Stöcker*, WM 2002, 1569; *Hopt*, in: Hommelhoff/Lutter/Schmidt/Schön/Ulmer, Corporate Governance, 2003, 27, 51 f.; Ringleb/Kremer/Lutter/von Werder-*Lutter* (Fn. 626), Rn. 1615 ff.; *Lutter*, ZHR 166 (2002), 523; *Ulmer*, ZHR 166 (2002), 150, 168 ff.; *Seibt*, AG 20002, 249, 254 ff.
[655] *Lutter*, FS Druey, 2002, S. 476; *Pelzer* (Fn. 627), Rn. 329.
[656] *Lutter* (Fn. 654), S. 476; *Pelzer* (Fn. 627), Rn. 331; Ringleb/Kremer/Lutter/von Werder-*Lutter* (Fn. 626), Rn. 1622 ff.; MünchKomm-*Semler*, § 161 AktG Rn. 198.
[657] *Pelzer* (Fn. 627), Rn. 333.

kannt wird, dass Mitglieder von Vorstand und Aufsichtsrat massiv gegen den Kodex verstoßen haben. Nach verbreiteter Meinung[658] sollen hier die allgemeinen zivilrechtlichen Grundsätze über die **Prospekthaftung** Anwendung finden. Danach haben die Initiatoren von sog. nicht-förmlichen Prospekt-Erklärungen, mit denen um Investoren geworben wird, für die Richtigkeit ihrer Angaben einzustehen.[659] Die Anwendung dieser allgemeinen Grundsätze liegt insofern nahe, als die Gesellschaft mit der Entsprechenserklärung in „qualifizierter Weise" um Vertrauen in ihre CG wirbt und der Verstoß dagegen einen Vertrauensbruch darstellt. Andere Stimmen lehnen eine Haftung rundweg ab[660] oder wollen diese auf vorsätzlich falsch abgegebene Erklärungen beschränken.[661] Die Diskussion ist noch nicht abgeschlossen. Das gilt auch für die Frage, ob eine Außenhaftung gegenüber den Anlegern zumindest dann ausscheidet, wenn die Nichtbefolgung nach § 161 AktG erklärt worden ist.[662]

3. Sarbanes-Oxley-Act (SOA)

a) Funktion und Bedeutung

219 Mit Fragen der Corporate Governance beschäftigt sich auch der US-amerikanische Sarbanes-Oxley Act (SOA) vom 30.7.2002.[663] Er gilt als direkte Reaktion auf die Bilanzskandale der Konzerne Enron und WorldCom, die im Herbst 2001 die Finanzwelt erschütterten.[664] Erklärtes Ziel des Gesetzes ist es, verlorengegangenes Vertrauen der Marktteilnehmer zurückzugewinnen. Dazu dienen die zwingende Einrichtung eines von der Unternehmensführung unabhängigen Audit Committees, verlässlichere Publizitätspflichten (Disclosure Controls and Procedures), die Schaffung eines internen Finanzkontrollsystems (Internal Control over Financial Reporting), die Etablierung firmeneigener „Codes of Ethics" sowie der Zwang zu persönlicher Verantwortlichkeit des Managements, insbesondere durch Abgabe von Compliance-Erklärungen durch den Principal Executive Officer und den Principal Financial Officer, die zu zivilrechtlicher (§ 302 SOA) bzw. strafrechtlicher (§ 906 SOA) Haftung führen können. Unmittelbar gilt das Gesetz zwar nur für die an US-amerikanischen Börsen notierten Unternehmen[665] gleich welcher Herkunft,[666] denen bei Nichtbeachtung der Ausschluss vom US-amerikanischen Kapitalmarkt droht. Die rechtspolitische Bedeutung des SOA geht aber weit darüber hinaus. Sie liegt in einer grundlegenden Reform des US-amerikanischen Corporate Governance Systems, das zum weltweiten Standard aller auf globalisierten Märkten tätigen Unternehmen werden könnte.

---

[658] Ringleb/Kremer/Lutter/von Werder-*Lutter* (Fn. 626), Rn. 1632 ff.; *Ulmer*, ZHR 166 (2002), 249, 257.

[659] BGHZ 71, 284; 111, 314; 123, 106; BGH, NJW 2000, 3346; Palandt-*Heinrichs*, § 280 BGB Rn. 54 ff. m.w.N.

[660] *Bachmann*, WM 2002, 2137, 2140; *Berg/Stöcker*, WM 2002, 1569, 1580; *Schüppen*, ZIP 2002, 1269, 1273.

[661] *Berg/Stöcker*, WM 2002, 1569.

[662] *Pelzer* (Fn. 627), Rn. 335; MünchKomm-*Semler*, § 161 AktG Rn. 231.

[663] H.R. 3763, 107th Cong., 2d Sess., Pub. L. 107–204, 116 Stat. 745 (2002). Das Gesetz steht im Internet zur Verfügung und ist abrufbar auf der Homepage der US-Börsenaufsicht (Securities and Exchange Commission, SEC) unter www.sec.gov.

[664] Dazu aus deutscher Sicht *Donald*, WM 2003, 705 ff.; *Gruson/Kubicek*, AG 2003, 337 ff. und 393 ff.; *Schiessl*, AG 2000, 593 ff.; *Schwarz/Holland*, ZIP 2002, 1661 ff.

[665] An der New Yorker Börse sind derzeit (Stand Nov. 2005) folgende deutsche Unternehmen notiert: Allianz AG, Altana AG, BASF AG, Bayer AG, DaimlerChrysler AG, Deutsche Bank AG, Deutsche Telekom AG, E.ON AG, Epcos AG, Fresenius Medical Care AG, Infineon Technologies AG, Pfeiffer Vacuum Technology AG, Qimouda AG, SAP AG, *Schering AG*, SGL Carbon AG und Siemens AG; aktualisiert: http://www.nyse.com.

[666] § 2 (a) (7) SOA i.V.m. § 3 (8) Exchange Act.

b) Code of Ethics

Im Hinblick auf die Korruptionsbekämpfung kommt § 406 SOA besondere Bedeutung 220 zu. Diese Vorschrift verpflichtet die börsennotierten Unternehmen zwar nicht unmittelbar zur Korruptionsbekämpfung, wohl aber zur Erklärung, ob für die Unternehmensleitung[667] ein „Code of Ethics" gilt. Darunter versteht das Gesetz Standards, die notwendig sind, um folgende Ziele zu erreichen:

1. ein redliches und den Grundsätzen der Unternehmensethik entsprechendes Verhalten, einschließlich einer ethisch korrekten Behandlung tatsächlicher oder scheinbarer Konflikte zwischen persönlichen und geschäftlichen Interessen,
2. die vollständige, angemessene, genaue, rechtzeitige und nachvollziehbare Darstellung der bei der zuständigen Behörde einzureichenden Unternehmensberichte,
3. die Einhaltung der einschlägigen Rechtsvorschriften.

Die weiteren Einzelheiten regelt der SOA nicht selbst, sondern überlässt sie der US-Börsenaufsichtsbehörde, der Securities Exchange Commission (SEC), die bereits kurz nach Inkrafttreten des Gesetzes am 23.1.2003 eine **Ausführungsverordnung** zu § 406 SOA erlassen hat.[668] In dieser sind zwei weitere Vorgaben enthalten. Zum einen muss der Code eine Person benennen, die bei Verletzungen des Codes unverzüglich darüber in Kenntnis gesetzt wird. Zum anderen muss der Code die Folgen von Normverletzungen regeln. Dezidierte Anweisungen oder Empfehlungen zur Korruptionsbekämpfung enthält der SOA zwar nicht, doch lassen sich entsprechende Maßnahmen nach § 406 Nr. 1 und 3 SOA rechtfertigen. Ähnlich wie bei der deutschen Entsprechenserklärung nach § 161 AktG kann die Unternehmensleitung nach US-amerikanischem Recht erklären, dass im Unternehmen kein Code of Ethics verwendet wird. Anders als im deutschen Recht hat die Firmenleitung aber die Nichterstellung eines Code of Ethics ausdrücklich zu begründen. Eine völlige Nichtanwendung wird aus haftungsrechtlichen Gründen nicht vorkommen. In der Praxis verfügt die Mehrzahl der börsennotierten Gesellschaften über entsprechende „policies". Besteht ein Code, ist er als Anlage zum Jahresbericht bei der SEC einzureichen und auf der Homepage des Unternehmens im Internet zu veröffentlichen, auf die im Jahresbericht hinzuweisen ist. Ferner muss sich das Unternehmen im Jahresbericht bereiterklären, den Code jedem Interessierten auf Anfrage kostenlos zur Verfügung zu stellen. Verlangt der SOA lediglich eine Erklärung darüber, ob ein „Code of Ethics" für einen bestimmten Personenkreis erlassen wurde, geht der von der SEC genehmigte und am 4. Mai 2004 in Kraft getretene Listed Company Manual (LCM) der NYSE noch einen Schritt weiter. Nach Sec. 303 A Ziff. 10 werden die dem LCM unterfallenden Unternehmen zur Einführung und Veröffentlichung eines „Code of business conduct and ethics" für sämtliche Mitarbeiter verpflichtet.

II. Einzelne Pflichten zur Korruptionsbekämpfung

Der deutsche Coporate Governance Codex (CGC) enthält eine Reihe spezieller Pflich- 222 ten, die im Zusammenhang mit der Korruptionsbekämpfung stehen. Sie richten sich an die für die Einhaltung der CG verantwortlichen Unternehmensorgane, d.h. an den Vorstand und den Aufsichtsrat.

---

[667] Darunter sind folgende Personen zu verstehen: Principal Executive Officer, Principal Financial Officer, Principal Accounting Officer oder Controller oder Unternehmensangehörige mit vergleichbaren Funktionen.
[668] SEC Release 33-8177, 34-47235 v. 23.1.2003 (Disclosure Required by Sections 406 and 407 of the Sarbanes-Oxley Act of 2002), Fed. Reg. Bd. 68, S. 5110 ff. Der Text findet sich im Internet auf der Homepage der SEC (www.sec.gov).

3. Kapitel. Vermeidung von Korruptionsrisiken aus Unternehmenssicht

1. Vorstand

a) Allgemeines

223   Der CGC bekennt sich klar zu den Prinzipien „**Korruptionsvermeidung**" und „**Transparenz**". Außer der Pflicht zur Einhaltung der gesetzlichen Bestimmungen (Ziff. 4.1.3 CGC) und zur Schaffung eines angemessenen Risikomanagements und Risikocontrollings (Ziff. 4.1.4 CGC) enthält der Kodex klare Regelungen über Bestechung und Bestechlichkeit, Interessenkonflikte, Nebentätigkeits- und Wettbewerbsverbote.

b) Vermeidung von Korruption

224   Der Kodex weist auf das strafgesetzlich abgesicherte Verbot aktiver und passiver Bestechung hin, wenn er den Vorstandsmitgliedern in Ziff. 4.3.2 CGC ausdrücklich verbietet, im Zusammenhang mit ihrer dienstlichen Tätigkeit weder für sich noch für andere Personen von Dritten Zuwendungen oder sonstige Vorteile zu fordern oder anzunehmen oder Dritten ungerechtfertigte Vorteile zu gewähren. Mit dieser Vorschrift bekennt sich der Kodex auch zu den Empfehlungen der OECD zur Bekämpfung der internationalen Korruption vom 23.5.1997. Das Bestechungsverbot richtet sich nicht allein an die Vorstandsmitglieder, sondern an sämtliche Mitarbeiter der Gesellschaft. Damit bringt der Kodex zum Ausdruck, dass Korruptionsbekämpfung und redliche Geschäftsführung Prinzipien sind, die auf allen Ebenen des Unternehmens Geltung beanspruchen.[669] Der Kodex enthält sich detaillierter Regelungen und überlässt es den Unternehmen, durch firmeninterne Anweisungen (Verhaltenskodex, Business Conduct Guidelines, Ethikregeln usw.) für eine angemessene Umsetzung zu sorgen. Wie umfassend die Unternehmen das tun, ist ihre Sache. Dabei ist es eine Frage des Stils, ob auch einem Vorstandsmitglied mögliche Sanktionen bei Korruption angedroht werden. Sicher ist, dass Korruption einen wichtigen Grund zum Widerruf seiner Bestellung liefert. Jede andere Reaktion wäre schon aus Gründen der „Konzernhygiene" bedenklich.[670]

c) Verpflichtung auf das Unternehmensinteresse

225   Vorstandsmitglieder sind dem Unternehmensinteresse verpflichtet (Ziff. 4.1.1 Satz 2, Ziff. 4.3.3 Satz 1 CGC). Ausfluss dieser umfassenden Verpflichtung ist das Verbot, bei Unternehmensentscheidungen persönliche Interessen zu verfolgen und Geschäftschancen, die an sich dem Unternehmen zustehen, für sich selbst zu nutzen. Das gilt auch für solche Geschäfte, die Vorteile sowohl für die Gesellschaft als auch für die Verwaltungsorgane mit sich bringen. Sie würden zu einem „double dipping" führen, das schon deshalb unzulässig ist, weil es angesichts der erfolgsabhängigen Vergütung des Vorstands eine unerlaubte doppelte Vergünstigung darstellt.[671]

d) Offenlegung von Interessenkonflikten

226   Im direkten Zusammenhang mit der Wahrung der Unternehmensinteressen steht die Pflicht der Vorstandsmitglieder, Interessenkonflikte unverzüglich dem Aufsichtsrat anzuzeigen und hierüber auch die Vorstandskollegen zu informieren (Ziff. 4.3.4 Satz 1 CGC). In dieser Verpflichtung scheint das „**Schaffen von Transparenz**" als wichtiger Grundgedanke des Kodex auf.[672] Genauere Empfehlungen oder Sanktionen für die Nichtbefolgung

---

[669] Ringleb/Kremer/Lutter/von Weder-*Ringleb* (Fn. 626), Rn. 807.
[670] *Pelzer* (Fn. 627), Rn. 104.
[671] Ringleb/Kremer/Lutter/von Weder-*Ringleb* (Fn. 626), Rn. 822.
[672] Ringleb/Kremer/Lutter/von Weder-*Ringleb* (Fn. 626), Rn. 823.

dieses Gebots enthält der Kodex – entgegen verbreiteter Forderungen[673] – allerdings nicht; sie wären auch wenig überzeugend. Eingedenk der Offenlegungspflicht werden die Vorstandsmitglieder sorgsam darauf bedacht sein, schon den bösen Schein eines Interessenkonflikts zu vermeiden. Wegen der besonderen Gefahr von Interessenkonflikten weist Ziff. 4.3.4 Satz 2 CGC noch einmal ausdrücklich darauf hin, dass Geschäfte zwischen dem Unternehmen und seinen Vorstandsmitgliedern und ihnen nahe stehenden Personen branchenüblichen Standards zu entsprechen haben. Etablierte Vorzugsbedingungen wie Personaleinkauf, Dienstwagen usw., die das Unternehmen allen Unternehmensangehörigen gewährt, können auch Vorstandsmitgliedern eingeräumt werden. Wesentliche Geschäfte empfiehlt der Kodex der Zustimmung des Aufsichtsrats zu unterwerfen, ohne genauer zu definieren, was darunter zu verstehen ist. Das ist Sache der Unternehmen. Eine allgemein-abstrakte Wertgrenze dürfte sich verbieten. Maßgeblich für die Bestimmung wird vielmehr sein, welchen Eindruck ein bestimmtes Geschäft in der Öffentlichkeit erweckt.

e) Nebentätigkeiten

Nach Ziff. 4.3.5 CGC sollen Vorstandsmitglieder Nebentätigkeiten, insbesondere Aufsichtsratsmandate außerhalb des Unternehmens, nur mit Zustimmung des Aufsichtsrats übernehmen. Der Kodex empfiehlt den Unternehmen, die gesetzliche Regelung zu verschärfen. Nicht nur die unter § 88 AktG fallenden, sondern sämtliche Nebentätigkeiten sollten der Zustimmungspflicht unterliegen. Der Kodex will damit möglichen Interessenkonflikten schon im Vorfeld begegnen. Das entspricht praktischer Übung. Die meisten Anstellungsverträge von Vorstandsmitgliedern sehen die Einwilligung des Aufsichtsrats zur Übernahme von Aufsichtsratsmandaten vor, wenn diese außerhalb des Unternehmens bestehen. Dagegen ist die Übernahme konzerninterner Mandate üblicherweise zustimmungsfrei. 227

f) Pflicht zur Einhaltung der gesetzlichen Bestimmungen

Der Vorstand hat für die Einhaltung der gesetzlichen Bestimmungen zu sorgen und auf deren Beachtung durch die Konzernunternehmen hinzuwirken (Ziff. 4.1.3 CGC). Insoweit wiederholt der Kodex die in § 130 OWiG geregelte Aufsichtspflicht aller Betriebs- und Unternehmensinhaber. Bestehen greifbare Anhaltspunkte für Gesetzesverletzungen durch Unternehmensangehörige, müssen Vorstandsmitglieder dem unverzüglich nachgehen.[674] Ferner hat der Vorstand geeignete organisatorische Maßnahmen zu treffen, um Pflichtverletzungen von Unternehmensangehörigen zu unterbinden. Hierzu ist insbesondere die genaue Verantwortlichkeit der Mitarbeiter festzulegen.[675] Des Weiteren ist der Vorstand zu laufender **Kontrolle** verpflichtet, die nicht erst dann einsetzen darf, wenn Missstände entdeckt worden sind. Die Intensität der erforderlichen Überwachungsmaßnahmen hängt von der Gefahrgeneigtheit der Tätigkeit und dem Gewicht der zu beachtenden Vorschriften ab.[676] Stichprobenartige, überraschende Kontrollen sind erforderlich und ausreichend, wenn sie den Mitarbeitern vor Augen führen, dass Verstöße entdeckt und geahndet werden.[677] Die Schaffung eines „flächendeckenden Kontrollnetzes" wird nicht verlangt,[678] zumal die Mitarbeiter eine gewisse Eigenverant- 228

---

[673] *Baums*, Bericht, Rn. 264.
[674] BGH, Urt. v. 8.10.1984, GmbHR 1984, 143.
[675] *Fleischer*, AG 2003, 291, 294; *Landwehrmann*, Aktiengesetz, 2003, § 93 AktG Rn. 16, 55; *Rogall*, § 130 OWiG Rn. 53.
[676] BGH, Urt. v. 11.7.1956, BGHSt 9, 319, 323.
[677] BGH, Urt. v. 24.3.1981, WuW/E BGH 1799; Urt. v. 25.6.1985, WuW/E BGH 2202, 2203.
[678] *Fleischer*, AG 2003, 291, 295; *Rogall*, § 130 OWiG Rn. 40.

wortlichkeit trifft.[679] Allerdings steigen die Anforderungen an die Aufsichtspflicht, wenn bereits Unregelmäßigkeiten vorgekommen sind.[680]

229 Die Aufsichtspflicht wird vom Kodex weder durch Empfehlungen noch durch Anregungen genauer beschrieben. Insbesondere fehlen Aussagen zur Einrichtung von „**Compliance-Systemen**", die in vielen Unternehmen bereits anzutreffen sind. In den USA sind diese wegen einer Vorschrift in den US Federal Sentencing Guidelines bereits weit verbreitet.[681] In diesen öffentlich-rechtlichen Verwaltungsanweisungen (Guidelines) werden Tatbestands- und Verschuldensvoraussetzungen bestimmt, nach denen sich die Verhängung von Ordnungsstrafen bei Gesetzesverstößen durch die Gesellschaft oder einzelne Direktoren richtet. Strafmildernd wirkt, dass ein Unternehmen durch die Einführung und Überwachung von Richtlinien (Policies) zur Einhaltung der geltenden Gesetze (Compliance) zeigt, dass es gewillt ist, das Recht zu beachten. Inhalt und Umfang firmeneigener Policies und Compliance-Systeme sind von Unternehmen zu Unternehmen verschieden. Nicht selten existiert auch ein „Compliance-Beauftragter", der mit besonderen Befugnissen ausgestattet ist und unmittelbar dem Vorstand berichtet. Teil eines Compliance-Programms können auch Maßnahmen zur Korruptionsbekämpfung sein. Eine Empfehlung hierzu enthält der deutsche CGC aber ebenso wenig wie Anregungen zur Ausgestaltung unternehmensinterner Maßnahmen.

g) Risikomanagement und Risikocontrolling

230 Der Vorstand hat schließlich für ein angemessenes Risikomanagement und Risikocontrolling (Ziff. 4.1.4 CGC) zu sorgen. Der Kodex trifft auch hier keine eigene Regelung, sondern bezieht sich auf **§ 91 Abs. 2 AktG**, der 1998 durch das Gesetz zur Kontrolle und Transparenz im Unternehmen (KonTraG)[682] in das AktG eingeführt wurde. Danach ist der Vorstand verpflichtet, geeignete Maßnahmen zu treffen, insbesondere ein **Überwachungssystem** einzurichten, um Entwicklungen, die den Fortbestand der Gesellschaft gefährden können, frühzeitig zu erkennen. Mit Risikocontrolling ist das in § 91 Abs. 2 AktG erwähnte „Überwachungssystem" gemeint. Zu einem angemessenen Risikomanagement gehört die möglichst vollständige, systematische und strukturierte Erfassung möglicher Gefährdungen, ihre anschließende Bewertung unter Berücksichtigung von Schadenswahrscheinlichkeit und Schadenshöhe sowie die Erarbeitung angemessener und wirksamer Strategien zur Vermeidung und Steuerung von Risiken.[683] Wie weit ein Überwachungssystem i.S.d. § 91 Abs. 2 AktG reichen muss – insbesondere ob es nur auf akut-konkrete Gefahren reagieren muss, wie das rechtswissenschaftliche Schrifttum annimmt,[684] oder ob es darüber hinaus bereits bei abstrakten Risiken und bedrohlichen Entwicklungen anzusetzen hat, wie die Betriebswirtschaftslehre[685] meint –, ist umstritten. Fest steht, dass die konkrete Ausformung des Überwachungssystems von der Größe, der Branche, der Struktur und dem Kapitalmarktzugang des jeweiligen Unternehmens ab-

---

[679] BGH, Urt. v. 11.3.1986, WuW/E BGH 2262.
[680] OLG Düsseldorf, Urt. v. 12.11.1998, wistra 1999, 115, 116; zustimmend *Fleischer*, AG 2003, 291, 295; *Göhler*, § 130 OWiG Rn. 13; *Rogall*, § 130 OWiG Rn. 41.
[681] United States Sentencing Commission Guidelines Manual (USSG) § 8 C. 2.5 (f).
[682] V. 27.4.1998, BGBl. I S. 786.
[683] *Lück*, DB 1998, 8; *ders.*, DB 1998, 1925; Ringleb/Kremer/Lutter/von Weder-*Ringleb* (Fn. 626), Rn. 657.
[684] *Fleischer*, AG 2002, 291, 298; *Hefermehl/Spindler*, Münchener Kommentar zum AktG, 2. Aufl. 2004, § 91 AktG Rn. 15, 23; *J. Hüffer*, FS Imhoff, 1998, S. 91, *Hüffer*, AktG, 6. Aufl. 2004, § 91 Rn. 8 f.; *Seibert*, FS Bezzenberger, 2000, S. 427, 437; *Zimmer/Sonneborn*, in: Lange/Wall, Risikomanagement nach dem KonTraG, 2001, § 1 Rn. 158.
[685] *Brebeck*, in: Schmidt/Riegger, Gesellschaftsrecht 1999, 2000, S. 181; *Eggemann/Konrad*, BB 2000, 503; *Füser/Gleisner*, DB 1999, 753; *Lück*, DB 1998, 8; *ders.*, DB 1998, 1925; *Pollanz*, DB 1999, 393.

hängt.[686] Konkrete Vorgaben sind schwierig, weshalb der Vorstand über einen breiten, gerichtlich nur eingeschränkt kontrollierbaren Spielraum verfügt.[687]

Nicht zuletzt deshalb gibt der Kodex weder zum Risikomanagement noch zum Risikocontrolling Empfehlungen oder Anregungen. Erst recht enthält er sich jeder Aussage zur Korruptionsbekämpfung. Daraus darf aber nicht geschlossen werden, dass entsprechende Maßnahmen ins freie Belieben des Vorstands gestellt wären. Vielmehr ergibt sich aus § 91 Abs. 2 AktG auch die Verpflichtung, zum Schutze des Unternehmens sowie seiner Angehörigen und Anteilseigner der Korruption aktiv entgegenzutreten. Welche Maßnahmen der Vorstand ergreift, ist seine Sache. Ein angemessenes Präventionsprogramm sollte jedenfalls gewisse „Mindeststandards" der Korruptionsbekämpfung enthalten. Dazu gehört zunächst die systematische Ermittlung und Ausmerzung besonders korruptionsanfälliger Schwachstellen in der Aufbau- und der Ablauforganisation. Als Stichpunkte seien hier genannt Funktionstrennung, Vier-Augen-Prinzip, Personalrotation, Kontrollsysteme. Ferner sollten verbindliche, mit arbeits-, zivil- und strafrechtlichen Sanktionen bewehrte Verhaltensrichtlinien (Code of Conduct, Code of Ethics) erlassen werden. Schließlich ist auch an Maßnahmen zum Schutz von Whistleblowern zu denken, da die meisten Korruptionshinweise aus den eigenen Reihen stammen. In Betracht kommt die Einrichtung einer Hotline oder die Bestellung eines Korruptionsbeauftragten, eines Compliance-Officers oder eines Ombudsmanns. Die Wirksamkeit all dieser Maßnahmen hängt letztlich davon ab, ob und inwieweit sich die Unternehmensleitung selbst zur Korruptionsbekämpfung bekennt. Nur wenn „Integrität" und „Ächtung unlauteren Geschäftsgebarens" als feste Ziele im Wertekanon des Unternehmens verankert sind, lässt sich der Korruption nachhaltig begegnen. **231**

2. Aufsichtsrat

a) Beratungs- und Überwachungsfunktion

Aufgabe des Aufsichtsrats ist es, den Vorstand bei der Leitung des Unternehmens regelmäßig zu beraten und zu überwachen (§ 111 Abs. 1 AktG, Ziff. 5.1.1 CGC). Allerdings haben das KonTraG und das TransPuG das Rollenverständnis des Aufsichtsrats verändert. Ihm kommt nicht mehr allein die Funktion eines Überwachungsorgans zu.[688] Vielmehr ist er zu aktiver Beratung und Begleitung des Vorstands und zur Mitentscheidung bei wesentlichen Fragen der Unternehmensleitung aufgerufen.[689] Der Aufsichtsrat wird dadurch mächtiger,[690] und er rückt näher an den Vorstand heran.[691] Mit diesem Machtzuwachs geht größere Verantwortung einher. Der Aufsichtsrat wird mitverantwortlich für das unternehmerische Geschehen und zum „Mitunternehmer".[692] Auf diese Weise bewegt sich das deutsche „dualistische" Führungssystem auf das international verbreitete „Boardsystem" zu, dem die Funktionstrennung zwischen einem das Unternehmen leitenden „Vorstand" und einem ihn überwachenden „Aufsichtsrat" fremd ist. Deutlichstes **232**

---

[686] Vgl. Begr. RegE, BT-Drucks. 13/9712, S. 15; *Fleischer*, AG 2002, 291, 298; *Hefermehl/Spindler* (Fn. 684), § 93 Rn. 20.

[687] BGH, Urt. v. 21.4.1997, BGHZ 135, 244; *Hefermehl/Spindler* (Fn. 684), § 91 Rn. 20; *Hüffer* (Fn. 684), § 93 Rn. 8.

[688] Zu den einzelnen Pflichten des Aufsichtsrats siehe *Peltzer*, NZG 2002, 12.

[689] So führt der BGH davon aus, dass das AktG dem Aufsichtsrat „unternehmerische Aufgaben überträgt", vgl. BGHZ 135, 244, 254.

[690] *Seibert*, AG 2002, 419.

[691] Ringleb/Kremer/Lutter/von Weder-*Lutter* (Fn. 626), Rn. 921; siehe auch *Preußner*, NZG 2004, 307, der Vorstand und Aufsichtsrat in einem gemeinsamen Pflichtensystem sieht.

[692] Dazu *Lutter*, FS Albach, 2001, S. 225.

Kennzeichen für diesen „schleichenden Systemwandel" ist der Zustimmungsvorbehalt in § 111 Abs. 4 Satz 2 AktG für Geschäfte von grundlegender Bedeutung. Entscheidungen und Maßnahmen, die die Vermögens-, Finanz- oder Ertragslage des Unternehmens grundlegend verändern (Ziff. 3.3 Satz 2 CGC), darf der Vorstand nicht mehr allein, sondern nur noch im Einvernehmen mit dem Aufsichtsrat treffen. Zu den Beratungs- und Überwachungsaufgaben des Aufsichtsrats gehört – obwohl nicht ausdrücklich erwähnt – auch die Korruptionsbekämpfung. Ist der Aufsichtsrat mitverantwortlich für die Unternehmensleitung, treffen ihn ähnliche Sorgfaltspflichten wie den Vorstand. Auch er hat dafür Sorge zu tragen, dass im Unternehmen die einschlägigen Rechtsvorschriften eingehalten werden und die Nichtbeachtung unverzüglich geahndet wird.

b) Einrichtung eines Prüfungsausschusses

233   Der Kodex empfiehlt dem Aufsichtsrat, einen Prüfungsausschuss einzurichten, der sich insbesondere mit Fragen der Rechnungslegung (Jahresabschluss, Konzernabschluss, Lageberichte, Bericht des Aufsichtsrats) und des Risikomanagements nach § 91 Abs. 2 (s. oben Rn. 229 f.) beschäftigen soll. Zu Letzterem lässt sich ohne weiteres auch die Korruptionsbekämpfung zählen. Der Prüfungsausschuss darf nicht mit dem „Audit Committee" des anglo-amerikanischen Rechtskreises verwechselt werden (vgl. nur § 301 SOX Act[693]). Das Audit Committee ist dort ein ständiger Ausschuss des Board of Directors; schon von daher sind seine Aufgaben regelmäßig weiter gefasst als die des Prüfungsausschusses, zumal den USA das dualistische Führungssystem der deutschen Aktiengesellschaft unbekannt ist. Welche Themen der Prüfungsausschuss außer den im Kodex zugewiesenen Kernfragen zu behandeln hat und wie dies geschehen muss, sagt der Kodex nicht. Er empfiehlt lediglich, kein ehemaliges Vorstandsmitglied zum Vorsitzenden des Prüfungsausschusses zu berufen (Ziff. 5.3.2 CGC). Damit soll der Prüfungsausschuss seine Kontrollfunktion effektiv und wirklich unabhängig vom Vorstand wahrnehmen können. Vorstandsmitglieder sollten dem Prüfungsausschuss dann nicht angehören, wenn es um die Prüfung der eigenen Tätigkeiten geht.

c) Verpflichtung zu eigener Integrität

234   Ausfluss der Treuepflicht jedes Aufsichtsratsmitglieds zu der von ihm überwachten Gesellschaft ist die Verpflichtung zu eigener Integrität. Jedes Aufsichtsratsmitglied ist dem Unternehmensinteresse verpflichtet (Ziff. 5.5.1 Satz 1 CGC). Allerdings ist, da das AktG das Aufsichtsratsamt als Nebenamt ausgestaltet hat, die Gefahr von Interessenkonflikten größer als bei Vorstandsmitgliedern. Um so wichtiger ist das in Ziff. 5.5.1 Satz 2 CGC aufgestellte Verbot, dass Aufsichtsratsmitglieder bei ihren Entscheidungen weder persönliche Interessen verfolgen noch Geschäftschancen, die dem Unternehmen zustehen, für sich selbst nutzen dürfen. Deshalb bestimmt Ziff. 5.5.2 CGC als Empfehlung, dass jedes Aufsichtsratsmitglied **Interessenkonflikte**, insbesondere solche, die aufgrund einer Beratung oder Organfunktion bei Kunden, Lieferanten, Kreditgebern oder sonstigen Geschäftspartnern entstehen können, dem Aufsichtsrat gegenüber **offenlegen** soll. Hat sich ein Aufsichtsratsmitglied gegenüber dem Vorsitzenden offenbart, hat dieser zu prüfen, ob und welche Folgen nach allgemeinen gesellschaftsrechtlichen Grundsätzen aus der Interessenkollision zu ziehen sind. Denkbar sind das Ruhen des Mandats für die Dauer des Konflikts, die Nichtteilnahme an der Beratung zu Tagesordnungspunkten, die vom Interessenkonflikt betroffen sind, oder ein Stimmverbot im Einzelfall.[694] Wesentliche und nicht nur vorübergehende Interessenkonflikte in der Person eines Aufsichtsratsmit-

---

[693] Dazu und zum Vergleich mit dem deutschen Aufsichtsrat *Gruson/Kubicek*, AG 2003, 337, 340 ff.
[694] Ringleb/Kremer/Lutter/von Weder-*Kremer* (Fn. 626), Rn. 1108 ff.; *Lutter/Krieger*, Rechte und Pflichten des Aufsichtsrats, 4. Aufl. 2002, Rn. 769 ff.

glieds sollen zur Beendigung des Mandats führen (Ziff. 5.5.3 Satz 2 CGC). Wie das Mandat beendet werden soll (Amtsniederlegung oder Abberufung aus wichtigem Grund)[695] und welcher Zeitpunkt dafür der geeignetste ist, sagt der Kodex nicht. Ergänzend zur individuellen Anzeigepflicht bestimmt Ziff. 5.5.3 Satz 1 CGC, dass der Aufsichtsrat in seinem Bericht an die Hauptversammlung über aufgetretene Interessenkonflikte und deren Behandlung informieren soll. Der Wahrung von Integrität und Unabhängigkeit dient auch Ziff. 5.5.4 CGC, der die gesetzliche Vorschrift des § 114 Abs. 1 AktG übernimmt, wonach Berater- und sonstige Dienstleistungs- und Werkverträge eines Aufsichtsratsmitglieds mit der Gesellschaft der Zustimmung des Aufsichtsrats bedürfen. Zustimmungsfähig können nur solche Dienste sein, die nicht bereits in den Aufgabenbereich des Aufsichtsrats gehören und schon mit der Aufsichtsratsvergütung abgegolten sind. Vor der Zustimmung hat das Aufsichtsratsmitglied den wesentlichen Inhalt des Vertrags offenzulegen,[696] damit sich der Aufsichtsrat davon überzeugen kann, dass der Vertrag keine verdeckten Sonderzuwendungen an das Mitglied enthält.[697] Verträge, die ohne die erforderliche Zustimmung des Aufsichtsrats geschlossen werden, sind nichtig.[698]

---

[695] S. dazu *Lutter/Krieger* (Fn. 694), Rn. 800 ff.
[696] *Hüffer*, § 114 AktG Rn. 6; *Lutter/Krieger* (Fn. 694), Rn. 737.
[697] BGHZ 126, 340, 344.
[698] Ringleb/Kremer/Lutter/von Weder-*Kremer* (Fn. 626), Rn. 1128.

4. Kapitel. Vermeidung von Korruptionsrisiken aus Unternehmenssicht – Rechtliche Gestaltung von Geschäftsbeziehungen, Behördenkontakten und Lobbying –

von *Peter Dieners*

Literatur: *v. Arnim*, Abgeordnetenkorruption, JZ 1990, 1014 ff.; *Ax/Schneider*, Rechtshandbuch Korruptionsbekämpfung, 2006; *Barton*, Der Tatbestand der Abgeordnetenbestechung (§ 108e StGB), NJW 1994, 1098 ff.; *Bender/Reulecke*, Handbuch des deutschen Lobbyisten, 2003; *Bernhardt*, Corporate Governance statt Unternehmensführung? RIW 2004, 401 ff.; *Beul*, Den Staatsanwalt im Nacken, Immobilien Manager 11/2004, 48 ff.; *Böckenförde*, Die politische Funktion wirtschaftlich-sozialer Verbände und Interessenträger in der sozialstaatlichen Demokratie, in: Steinberg (Hrsg.), Staat und Verbände, 1985, S. 305 ff.; *Bürkle*, Weitergabe von Informationen über Fehlverhalten in Unternehmen (Whistleblowing) und Steuerung auftretender Probleme durch ein Compliance-System, DB 2004, 2158 ff.; *Creifelds*, Beamte und Werbegeschenke, GA 62, 33 ff.; *Dannecker*, Die Entwicklung des Wirtschaftsstrafrechts in der Bundesrepublik Deutschland, in: Wabnitz/Janovsky (Hrsg.), Handbuch des Wirtschafts- und Steuerstrafrechts, 2. Aufl. 2004, S. 3 ff.; *de With*, Zwischen Lobbying und politischer Korruption, Kriminalistik 1997, 400 ff.; *Deiters*, Zur Strafbarkeit von Gemeinderäten wegen Vorteilsannahme und Bestechlichkeit, NStZ 2003, 453 ff.; *Dieners*, Selbstkontrolle der Wirtschaft zur Verhinderung von Korruption, JZ 1998, 181 ff.; *ders.* (Hrsg.), Zusammenarbeit der Pharmaindustrie mit Ärzten, 2. Aufl. 2007; *ders./Lembeck/Taschke*, Der „Herzklappenskandal" – Zwischenbilanz und erste Schlussfolgerungen für die weitere Zusammenarbeit der Industrie mit Ärzten und Krankenhäusern, PharmaR 1999, 156 ff.; *ders./Milbradt/Balzer*, The Abolition of the University Scientist Privilege and its Effects on Research Agreements, RAF 2004, 40 ff.; *ders./Taschke*, Die Kooperation der medizinischen Industrie mit Ärzten und Krankenhäusern – Die aktuelle Rechtsprechung und ihre Konsequenzen, PharmaR 2000, 309 ff.; *Dölling*, Empfehlen sich Änderungen des Straf- und Strafprozeßrechts, um der Gefahr von Korruption in Staat, Wirtschaft und Gesellschaft wirksam zu begegnen? Gutachten C zum 61. Deutschen Juristentag, 1986; *Fenger/Göben*, Sponsoring im Gesundheitswesen, 2004; *Fleischer*, Vorstandsverantwortlichkeiten und Fehlverhalten von Unternehmensangehörigen – Von der Einzelüberwachung zur Errichtung einer Compliance-Organisation, AG 2004, 291 ff.; *Fleming*, Lifting the Lid on Lobbying, European Lawyer, 12/2004, 26; *Ipsen*, Abgeordnetenspenden – eine Regelungslücke des Parteiengesetzes?, NVwZ 2003, 14 ff.; *Forsthoff*, Der Staat der Industrie-Gesellschaft, 1971; *Geßler* (Hrsg.), Aktiengesetz, Stand: 44. Ergänzungslieferung, 2005; *Fuhrmann*, Die Annahme von sogenannten Aufmerksamkeiten durch Beamte, GA 59, 97 ff.; *Göben*, Drittmittelbeschaffung, in: Eiff/Fenger (Hrsg.), Der Krankenhausmanager, Bd. 2, 2. Aufl. 2002, Kap. 12/03; *Grützner/Reimann/Wissel*, Richtiges Verhalten bei Kartellamtsverfahren im Unternehmen, 3. Aufl. 1993; *Hamann*, Geld für gute Worte, Die Zeit, Nr. 4 v. 20.1.2005, 19; *Hauschka*, Compliance am Beispiel der Korruptionsbekämpfung, ZIP 2004, 877 ff.; *ders.*, Der Compliance-Bauftragte im Kartellrecht, BB 2004, 1178 ff.; *ders.*, Compliance, Compliance-Manager, Compliance-Programme: Eine geeignete Reaktion auf gestiegene Haftungsrisiken für Unternehmen und Management?, NJW 2004, 257 ff.; *ders.*, Corporate Compliance – Unternehmensorganisatorische Ansätze zur Erfüllung der Pflichten von Vorständen und Geschäftsführern, AG 2004, 461 ff.; *ders.*, Grundsätze pflichtgemäßer Unternehmensführung, ZRP 2004, 645 ff.; *Hautkapp*, Unter Strom, Neue Rhein Zeitung v. 12.2.2004, 2; *Hopt/Wiedemann* (Hrsg.), Großkommentar AktG, 16. Lieferung: §§ 131, 132, 2001; *Hüffer*, Aktiengesetz, 6. Aufl. 2004; *Kind*, Darf der Vorstand einer AG Spenden an politische Parteien verge-

4. Kapitel. Vermeidung von Korruptionsrisiken aus Unternehmenssicht

ben?, NZG 2000, 567 ff.; *Klinger/Klinger,* Das Interne Kontrollsystem (IKS) im Unternehmen, 2000; *Kropff/Semler* (Hrsg.), Münchener Kommentar zum Aktiengesetz, Bd. 3, Bd. 4, 2. Aufl. 2004; *Kulitz,* Unternehmensspenden an politische Parteien, 1983; *Lampert,* Gestiegenes Unternehmensrisiko Kartellrecht – Risikoreduzierung durch Competition-Compliance-Programme, BB 2002, 22 ff.; *Krupa,* Korruption von A bis W, Die Zeit, Nr. 29 v. 10.7.2003, 3; *Lembeck/Lützeler/Happe,* Vertragsgestaltung für die Kooperation von Krankenhäusern, Industrie und Ärzten, das Krankenhaus 2001, 980 ff.; *Lenz,* Das neue Parteienfinanzierungsrecht, NVwZ 2002, 769 ff.; *Morlok,* Spenden – Rechenschaft – Sanktionen – Aktuelle Rechtsfragen der Parteienfinanzierung, NJW 2002, 761 ff.; *Osterrieth,* Patentrecht, 2. Aufl. 2004; *ders./Holweg,* Aktuelle Fragen des gewerblichen Rechtsschutzes (I) – Die Abschaffung des Hochschullehrerprivilegs und ihre praktischen Auswirkungen, MPR 2002, 18 ff.; *Rudolphi,* Spenden an politische Parteien als Bestechungsstraftaten, NJW 1982, 1417 ff.; *Saliger,* Korruption und Betrug durch Parteispenden, NJW 2005, 1073 ff.; *Schmidt-Leithoff,* Die Verantwortung der Unternehmensleitung, 1989; *Schneider,* Compliance als Aufgabe der Unternehmensleitung, ZIP 2003, 645 ff.; *Scheu,* Parteispenden und Vorteilsnahme, NJW 1981, 1195 ff.; *Schönke/Schröder,* Strafgesetzbuch, 27. Aufl. 2006; *Schubert,* Korruption, in: Wabnitz/Janovsky (Hrsg.), Handbuch des Wirtschafts- und Steuerstrafrechts, 2. Aufl. 2004, S. 691 ff.; *Sedemund,* Due Diligence bei Unternehmenskauf: Existenzbedrohung bei unterlassener Prüfung von Schmiergeld- und Bestechungszahlungen, DB 2004, 2256 ff.; *Steinberg,* Die Interessenverbände in der Verfassungsordnung, in: ders. (Hrsg.) Staat und Verbände, 1985, S. 228 ff.; *Taschke,* Strafbewehrung, in: Semler/Peltzer (Hrsg.), Arbeitshandbuch für Vorstandsmitglieder, 2005, S. 780 ff.; *Tröndle/ Fischer,* Strafgesetzbuch, 53. Aufl. 2006; *Ulsenheimer,* Arztstrafrecht in der Praxis, 3. Aufl. 2003; *Wolters,* Die Änderungen des StGB durch das Gesetz zur Bekämpfung der Korruption, JuS 1998, 1100 ff.; *Zöllner* (Hrsg.), Kölner Kommentar zum Aktiengesetz, Bd. 1, 1. Aufl. 1970; Bd. 2, 2. Aufl. 1996.

Inhaltsübersicht

	Rn.
A. Ausgangssituation	1–33
I. Perspektiven des Staates	1, 2
II. Unternehmensperspektiven	3–33
1. Notwendigkeit von Korruptionsprävention	3–9
2. Umsetzung einer effektiven Prävention im Unternehmen	10–33
a) Externe Rechtsbeziehungen	15–22
aa) Unterbindung unzulässiger Einflussnahmen auf Dritte	16–21
bb) Abwehr unzulässiger Einflussnahmen durch Dritte	22
b) Interne Rechtsbeziehungen	23–33
aa) Rechtsbeziehungen des Unternehmens zu seinen Mitarbeitern	24
bb) Organisatorische Aspekte	25
cc) Compliance-Programm	26–33
B. Innerbetriebliche Verhaltensregeln und Vertragsgestaltung	34–82
I. Rechtsbeziehungen und Vertragspartner	34–40
II. Prinzipien	41–50
1. Trennungsprinzip	42, 43
2. Transparenz-/Genehmigungsprinzip	44, 45
3. Äquivalenzprinzip	46, 47
4. Dokumentationsprinzip	48, 49
5. Weitere Prinzipien	50
III. Ausgestaltung der Rechtsbeziehungen mit Dritten	51–82
1. Einseitige Leistungen	52–70
a) Grundsätzliche Überlegungen	52–54
b) Typische Formen	55–70
aa) Geschenke	56–59

    bb) Spenden 60–64
    cc) Bewirtungen 65–67
    dd) Betriebsbesichtigungen und Teilnahme
        an Fortbildungsveranstaltungen 68–70
  2. Leistungsaustauschbeziehungen 71–82
    a) Keine unlautere Beeinflussung von Beschaffungsentscheidungen 72
    b) Sachliche Rechtfertigung der Vertragsbeziehung 73, 74
    c) Wahl des Vertragspartners 75–77
    d) Einbeziehung der Dienstherren/Arbeitgeber 78, 79
    e) Angemessenheit von Leistung und Gegenleistung 80
    f) Zahlungsbedingungen 81, 82

C. Compliance Governance 83–98
  I. Unternehmensrichtlinien und Dienstanweisungen 85, 86
  II. Mitarbeiterschulungen 87
  III. Zentrale Stelle und „Compliance Officer" 88–90
  IV. Abschluss von Verträgen 91
  V. Follow-up von Projekten und Dokumentation 92
  VI. „Compliance Hotlines" 93
  VII. „Compliance Audits" 94
  VIII. Unternehmensbroschüren 95
  IX. Durchsetzung der Unternehmensleitlinien gegenüber Dritten 96
  X. Förderung von Branchenkodices 97
  XI. Verhalten bei Durchsuchungen und Beschlagnahmen 98

D. Lobbying 99–120
  I. Lobbyarbeit als „politische Kommunikation" 99, 100
  II. Aufgaben 101, 102
  III. Mögliche Konfliktlagen 103–105
  IV. Beziehungen zu Dritten 106–116
    1. Regierungs- und Verwaltungsvertreter 106–113
    2. Abgeordnete 114–116
  V. Präventive Maßnahmen 117–120
    1. Verhaltensrichtlinien 118, 119
    2. Organisatorische Ausgestaltung und Überwachung 120

E. Zusammenfassung und Ausblick 121, 122

A. Ausgangssituation

I. Perspektiven des Staates

Aus Sicht des Staates besteht ein fundamentales Interesse an einer wirksamen und ef- 1
fektiven Vermeidung jeder Form von Korruption. Geht man der Einfachheit halber von
einer sehr weiten Begriffsbestimmung aus, wonach unter Korruption „alle Formen des
Missbrauchs von Macht zur Verschaffung unzulässiger Vorteile" zu verstehen ist (vgl.
Kap. 1 Rn. 1), liegt auf der Hand, dass der Staat schon seinem eigenen Selbstverständnis
nach hierdurch bewirkte Einflussnahmen auf die für ihn oder in seiner Sphäre agierenden Personen, seien es Beamte, Richter, Angestellte des öffentlichen Dienstes oder andere
mit der Wahrnehmung von Aufgaben der öffentlichen Verwaltung betraute Personen

4. Kapitel. Vermeidung von Korruptionsrisiken aus Unternehmenssicht

(§ 11 Abs. 1 Nr. 2 bis 4 StGB), nicht dulden kann. Der moderne Staat definiert sich im Wesentlichen durch die Inanspruchnahme des **Gewaltmonopols**, dessen Umsetzung einer ihm allein verpflichteten Verwaltungstätigkeit bedarf. Nicht umsonst geht die Entwicklung des modernen Staates seit der frühen Neuzeit mit der Ausbildung des Beamtenstandes einher, der zum Staat in einem besonderen Treueverhältnis[1] steht, von ihm zugleich aber auch in besonderer Weise rechtlich privilegiert und alimentiert wird.

2   Es erstaunt also nicht, wenn der Staat in Form der Korruptionsbekämpfungsgesetze besonders empfindlich auf jede **unzulässige Einflussnahme auf seine Bediensteten** oder für ihn tätigen Personen reagiert, die auch nur den Anschein der Käuflichkeit erwecken könnte oder eine derartige Käuflichkeit tatsächlich darstellt. Von daher ist auch der Schutzzweck der Straftaten im Amt zu verstehen. Sie stellen ihrem Wesen nach einen die „Rechte Dritter, das Treueverhältnis zum Staat und das Vertrauen der Allgemeinheit in die Lauterkeit der Amtsführung verletzenden Missbrauch der Amtsgewalt durch deren Träger"[2] dar und werden von den Korruptionsdelikten angeführt. Daneben steht das **fiskalische Interesse** des Staates, wonach auf Grund missbräuchlicher Einflussnahmen seine Mittelverwendungen nicht von unsachlichen Kriterien abhängig gemacht oder unnötig verteuert werden dürfen. Abseits der öffentlichen Sphäre verbietet der Staat schließlich auch die Bestechung und Bestechlichkeit im geschäftlichen Verkehr Privater untereinander (§ 299 StGB), um die auf dem Leistungs-, Qualitäts- und Preiswettbewerb basierende **freie Wirtschaftsordnung**, aber auch den Geschäftsherrn und den Mitbewerber vor unlauteren Einflussnahmen zu ihren Lasten zu schützen.[3]

II. Unternehmensperspektiven

1. Notwendigkeit von Korruptionsprävention

3   Korruptionseindämmung und Korruptionsbekämpfung liegen nicht nur im wohlverstandenen Interesse des Staates, die eigene Verwaltungstätigkeit und das Vertrauen der Allgemeinheit in die Lauterkeit seiner Amtsträger zu schützen. Der Staat schützt zugleich auch die auf freiem Wettbewerb basierende Wirtschaftsordnung sowie den Geschäftsherrn vor korruptiven Einflüssen (§ 299 StGB). Dass dies im Interesse der Unternehmen ist, liegt ganz offensichtlich überall auf der Hand, wo Unternehmen Opfer missbräuchlicher Einflussnahmen Dritter auf ihre Mitarbeiter werden können, indem Dritte auf deren Beschaffungs- und sonstigen Entscheidungen durch Zuwendungen an Mitarbeiter Einfluss nehmen (etwa im Bereich des Wareneinkaufs oder der Auftragsvergabe) (Rn. 22). Hier bedarf es auch keiner weiteren Erläuterung, dass die bloße Strafandrohung des Staates allein nicht ausreicht, um das Unternehmen vor unlauteren Einflussnahmen auf seine Mitarbeiter und damit vor Schaden zu schützen, sondern dass hierzu eine Vielzahl organisatorischer Vorkehrungen notwendig ist. Aber nicht nur, wenn es um eine effektive **Abwehr von korruptiven Maßnahmen** gegenüber eigenen Mitarbeiter geht, sondern auch dort, wo **eigene missbräuchliche Zuwendungen** an Mitarbeiter Dritter (etwa Behörden oder andere Unternehmen) denkbar sind, wo es also um die Unterbindung von Korruption gegenüber Dritten geht (Rn. 16 ff.), ist für die am Wirtschaftsleben teilnehmenden Unternehmen eine effektive **eigene Kor-**

---

[1] Vgl. hierzu etwa das Allgemeine Preußische Landrecht (II 10 § 2). Danach sind Militär- und Zivilbeamte, „außer den allgemeinen Untertanenpflichten, dem Oberhaupte des Staates besondere Treue und Gehorsam schuldig".

[2] *Tröndle/Fischer*, StGB, 53. Aufl. 2006, Vor § 331 Rn. 3.

[3] *Tröndle/Fischer* (Fn. 2), § 299 Rn. 2.

ruptionsprävention von Bedeutung, die nicht allein bereits durch die Strafandrohungen des Staates erreicht wird.[4]

– Im Fall von Korruptionssachverhalten besteht das Risiko einer Strafandrohung nicht nur für diejenigen Mitarbeiter, die unzulässige Vorteile gewähren, sondern auch für die Leitungsorgane des Unternehmens, die solche Geschäftspraktiken fördern. Auch bei nur passiver Kenntnisnahme von unternehmensinternen Sachverhalten können sich die verantwortlichen Leitungsorgane wegen Vorteilsgewährung oder Bestechung, begangen durch Unterlassen, strafbar machen oder zivilrechtlich haftbar sein, weil sich das Verhalten der Mitglieder des Vorstands eines Unternehmens nicht mehr im Rahmen der Grundsätze pflichtgemäßer Unternehmensführung bewegt.[5]

– Das Unternehmen selbst ist zwar im strafrechtlichen Sinn weder handlungs- noch schuldfähig und kann daher nicht Subjekt einer Kriminalstrafe sein. Dennoch kennt das deutsche Recht auch Instrumente zur Verhängung von Sanktionen gegen Unternehmen, wenn deren Mitarbeiter Straftaten oder Ordnungswidrigkeiten begangen haben (§§ 72 ff. StGB, §§ 20a, 30 OWiG). Nach § 130 OWiG kann gegen den Inhaber eines Betriebes auch eine Geldbuße verhängt werden, wenn er vorsätzlich oder fahrlässig Aufsichtsmaßnahmen unterlässt, die erforderlich sind, um im Betrieb den Verstoß gegen Pflichten zu verhindern, deren Verletzung mit einer Strafe oder Geldbuße bedroht ist. Bedeutung können Sanktionen gegenüber dem Unternehmen mit Blick auf Verfallsanordnungen nach § 73 ff. StGB auch im Rahmen von Unternehmenskäufen erlangen. Dies kann etwa dann der Fall sein, wenn Schmiergeld- und Bestechungszahlungen im Rahmen der Due Diligence von dem Erwerber vor dem Kauf eines neuen Tochterunternehmens nicht erkannt wurden. In diesem Fall besteht die latente Gefahr einer Verfallsanordnung gegenüber dem neuen Tochterunternehmen aufgrund einer Ergebnisübernahme durch die Muttergesellschaft.[6] Daneben droht dem Unternehmen in solchen Fällen im Inland eine Sperre bei der Vergabe öffentlicher Aufträge und im Ausland der Ausschluss von Finanzierungen durch Institutionen wie der EU und der Weltbank.

– Eine unzureichende Unternehmensführung und -kontrolle, die im Unternehmen zu korruptiven Handlungen führt, kann zu einer Schadensersatzhaftung des Unternehmens und allgemein zu einer abträglichen öffentlichen Kritik führen. Dieses Risiko besteht dort in erhöhtem Maße, wo, wie etwa jüngst im Bereich der pharmazeutischen Industrie, Selbstkontroll- und Sanktionsmechanismen etabliert werden, die bei Verstößen nicht nur strafbewehrte Unterlassungsverpflichtungen und Geldstrafen, sondern auch eine öffentliche Rüge aussprechen können.[7] Mit Blick auf die Notwendigkeit der Etablierung einer effektiven Korruptionsprävention im Unternehmen sind unter dem Gesichtspunkt einer zivilrechtlichen Haftung der Vorstandsmitglieder im Regelfall weniger persönliche Verfehlungen von Vorstandsmitgliedern von Bedeutung, die nach § 93 Abs. 2 AktG ohne weiteres zu einer zivilrechtlichen Verantwortlichkeit führen. Vielmehr kann eine derartige Verantwortlichkeit auch für das Fehlverhalten gegenüber nachgeordneten Mitarbeitern infolge der Vernachlässigung der Auswahl-, Einweisungs- und Überwachungspflichten der Vorstandsmitglieder bezüglich dieser Personen bestehen.[8]

– Auch unter steuerrechtlichen Gesichtspunkten können missbräuchliche Einflussnahmen eigener Mitarbeiter auf Dritte erhebliche Nachteile für das Unternehmen zur Folge haben, etwa durch eine fehlende Abzugsfähigkeit der mit unzulässigen Zuwen-

---

[4] Siehe auch *Hauschka*, ZIP 2004, 877, 879.
[5] Siehe etwa BGHZ 135, 244; *Hauschka*, ZRP 2004, 65 ff.
[6] Siehe hierzu BGH, DB 2004, 2265 sowie *Sedemund*, DB 2004, 2256.
[7] *Dieners*, in: ders. (Hrsg.), Zusammenarbeit der Pharmaindustrie mit Ärzten, 2. Aufl. 2007, Kap. 4 Rn. 18; Kap. 10 Rn 1 ff., 242, 308.
[8] *Fleischer*, AG 2003, 291 ff.

dungen verbundenen Aufwendungen, steuerstrafrechtliche Konsequenzen, die Haftung der Organe bei unrichtiger Buchführung und Erklärungen sowie strafrechtliche Ermittlungsverfahren auf Grund von Mitteilungen der Finanzverwaltungen an die Strafverfolgungsbehörden (siehe hierzu im Einzelnen Kapitel 5).

– Selbst wenn etwa eine Sperre bei der Vergabe öffentlicher Aufträge nicht verhängt wird, führt die negative **Presseberichterstattung**, welche die Einleitung von Ermittlungsverfahren regelmäßig zur Folge hat, in der Praxis zu einer **Zurückhaltung öffentlicher Auftraggeber**, um in keiner Weise auch nur in den „Dunstkreis" negativer Schlagzeilen zu geraten. Auch nur vermeintliche Regelverstöße, die zu Ermittlungsverfahren führen, können daher bereits zu einem **Imageverlust** führen, der weiteren wirtschaftlichen Schaden auslösen kann.

4 In der die Spielregeln der Weltwirtschaft maßgeblich bestimmenden anglo-amerikanischen Sphäre, also den USA und Großbritannien, in zunehmendem Maße aber auch in Deutschland, wird von größeren Unternehmen erwartet, dass sie sich **freiwillig** zur Einhaltung besonders hoher Verhaltensstandards verpflichten. Diese Erwartung richtet sich heute nicht mehr allein an börsennotierte Gesellschaften, die ohnehin strengeren gesetzlichen Anforderungen an eine ordnungsgemäße Unternehmensführung unterliegen, insbesondere dann, wenn sie zugleich eine Börsenzulassung in den USA besitzen und den **Regeln der US-amerikanischen Börsenaufsicht** (SEC) unterliegen. Auch ist zu erwarten, dass die nach „Basel II" ab 2006 geltenden strengeren **Kreditvergabestandards** dazu führen werden, dass viele Unternehmen die Etablierung einer ordnungsgemäßen Unternehmensführung im Hinblick auf die Effektivierung des bestehenden Risikomanagements – auch und gerade im Bereich der Korruptionsbekämpfung – proaktiv für die Erreichung eines besseren **Unternehmensratings** einsetzen werden.[9]

5 Das bestehende rechtliche Risikopotential legt es mithin für jedes Unternehmen und seine Leitungsorgane nicht nur nahe, korruptiven Sachverhalten im Wege einer rückwärtsgewandten Einzelüberwachung zu begegnen. Vielmehr ergibt sich hieraus auch die Notwendigkeit der Einrichtung einer **vorbeugenden Compliance-Organisation**. Hierzu zählen neben dem Einschreiten bei Verdachtsmomenten, der laufenden Kontrolle gefahrgeneigter Geschäftsbereiche, gesteigerten Überwachungspflichten im Fall von Unregelmäßigkeiten in der Vergangenheit und der Etablierung mehrstufiger Überwachungspflichten in größeren Unternehmensorganisationen auch weiter reichende Organisations- und Überwachungspflichten zur Verhinderung von Gesetzesverstößen unabhängig von bereits eingetretenen oder erkannten Fehlentwicklungen.[10] Normative Anknüpfungspunkte sind insofern neben § 130 OWiG die aktienrechtlichen Vorschriften der §§ 91 Abs. 2 und 93 Abs. 2 AktG. Zwar entstammen der Begriff und die Funktion der „Compliance" ursprünglich der anglo-amerikanischen Bankenwelt und bezeichnen dort ein systematisches Konzept zur Sicherstellung eines regelkonformen Verhaltens in den klassischen Risikobereichen der Banken (Verhinderung von Insidergeschäften, Behandlung von Interessenkonflikten, Einhaltung aufsichtsrechtlicher Bestimmungen des Bank- und Börsenrechts sowie Verhinderung von Geldwäsche).[11] Die Notwendigkeit der Einrichtung einer auf Schadensprävention und Risikokontrolle angelegten Compliance-Organisation beschränkt sich in der aktuellen Diskussion aber nicht auf das Kapitalmarktrecht.[12] Die Diskussion hat sich vielmehr angesichts der angelsächsischen Spruchpraxis[13] sowie vor al-

---

[9] Zu Basel II siehe etwa: www.bundesbank.de/bankenaufsicht/bankenaufsicht-basel.php.
[10] Zur aktuellen Diskussion siehe *Fleischer* (Fn. 8), 298 ff. Kritisch *Bernhardt*, RIW 2004, 401 ff.
[11] *Fleischer* (Fn. 8), 299 m.w.N.
[12] Kritisch mit Blick auf die aktuelle Corporate Governance Diskussion *Bernhardt* (Fn. 10).
[13] Grundlegend für die USA *In Re Caremark International Inc.*, 698 A. 2d 959, 971 (del. Ch. 1996); für Großbritannien *Re Barings plc and others* (No. 5), 1999 1 BCLC 433, 486 ff. 2004, 877 ff.; a.A. *Schneider*, ZIP 2003, 645.

lem der Rechtsprechung zu § 130 OWiG in zunehmendem Maße aus ihrem ursprünglichen kapitalmarktrechtlichen Kontext herausgelöst. Vor dem Hintergrund kartellrechtlicher Bußgeldverfahren wird danach aus § 130 OWiG die Notwendigkeit abgeleitet, in größeren Unternehmen geeignete Competition-Compliance-Programme[14] zu erarbeiten und entsprechende organisatorische Vorkehrungen zu treffen, um Kartellrechtsverstößen und hieraus resultierenden Bußgeldern, die inzwischen bilanzrelevante Größenordnungen erreicht haben, entgegen zu arbeiten.[15]

Derartige Compliance-Programme gewinnen auch unter **aktienrechtlichen Gesichtspunkten** (§§ 91 Abs. 2 und 93 Abs. 1 S. 1 AktG) in dem Maße an Bedeutung, in dem Regelverstöße von Unternehmensangehörigen nicht nur die Verhängung erheblicher Bußgelder, sondern auch zivilrechtliche Schadensersatzklagen geschädigter Dritter zur Folge haben.[16] Nach § 91 Abs. 2 AktG hat der Vorstand „geeignete Maßnahmen zu treffen, insbesondere ein Überwachungssystem einzurichten, damit den Fortbestand gefährdende Entwicklungen früh erkannt werden". Nach § 93 Abs. 1 S. 1 AktG sind die Vorstandsmitglieder ferner verpflichtet, „bei ihrer Geschäftsführung die Sorgfalt eines ordentlichen und gewissenhaften Geschäftsleiters anzuwenden". Dementsprechend wird die Überwachungssorgfalt der Vorstandsmitglieder dahingehend ausgelegt, Risiken von vornherein durch geeignete und zumutbare präventive Maßnahmen zu begegnen. Als Risikobereiche von besonderer Relevanz für die Etablierung von Compliance-Programmen werden neben den oben genannten kapitalmarktrechtlichen und kartellrechtlichen Themen regelmäßig das Umweltrecht, die Diskriminierung und sexuelle Belästigung am Arbeitsplatz, das Produkthaftungsrecht, branchenspezifische Pflichten und Spezialgebiete des öffentlichen Rechts, Vermögensstraftaten von Mitarbeitern sowie Korruptionssachverhalte genannt.[17]

6

Das Ob und Wie der **erforderlichen Maßnahmen** hängt hierbei von einer Reihe unterschiedlicher Faktoren im Einzelfall ab, wie etwa von der Größe des Unternehmens, der Vielfalt und der Bedeutung der von dem Unternehmen zu beachtenden Vorschriften, der Gefahrgeneigtheit bestimmter Unternehmenstätigkeiten sowie früheren Missständen und Unregelmäßigkeiten. Dies bedeutet, dass die Compliance bei einem Kreditinstitut anders aussieht als die eines Chemieunternehmens, die sich wiederum bei international tätigen Unternehmen von der Compliance nur national tätiger Unternehmen unterscheidet, weil dort etwa auch exportrechtliche Vorgaben sowie ausländische Sachverhalte zu berücksichtigen sind. Dennoch trifft alle Unternehmen dasselbe Grundproblem, alle einschlägigen Normen zu beachten.[18] Mit Blick auf die Art und den Umfang der erforderlichen Aufsichtsmaßnahmen zur Vermeidung von Kartellabsprachen hat der Bundesgerichtshof zwar festgestellt, dass sich solche Aufsichtsmaßnahmen nicht allein an dem Ziel auszurichten haben, durch eine möglichst umfassende Beaufsichtigung der Betriebsangehörigen jegliche Zuwiderhandlung gegen betriebliche Pflichten zu verhindern.[19] Allerdings können Maßnahmen dann geboten sein, wenn sie erfahrungsgemäß besonders geeignet sind, ein gesetzwidriges Verhalten zu verhindern.[20] Dies bedeutet gleichzeitig, dass generelle Rezepte zur Etablierung und genauen Ausgestaltung einer effektiven Compli-

7

---

[14] *Lampert*, BB 2002, 2237.
[15] Vgl. etwa BGH, WuW/E 1799; BGH, WuW/E 2202; BGH, WuW/E 2262; BGH, WuW/E 2329; BGH, WuW/E 2394.
[16] Siehe etwa EUGH v. 20.9.2001, Slg. 2001, I-6314; *Hefermehl/Spindler*, in: Kropff/Semler (Hrsg.), Münchener Kommentar zum Aktiengesetz, 2. Aufl. 2004, § 91 Rn. 21 ff. m.w.N. Gegen eine allgemeine Rechtspflicht für alle Unternehmen zur Vorhaltung von Compliance-Programmen: *Hauschka* (Fn. 4), 877 ff.; a.A. *Schneider* (Fn. 13).
[17] *Hauschka*, NJW 2004, 257, 258 f.; *Fleischer* (Fn. 8), 300.
[18] *Schneider* (Fn. 13), 646 f.
[19] BGH, WuW/E 2262.
[20] A.a.O.

ance nicht existieren, da die erforderlichen Maßnahmen immer von dem konkreten Unternehmen und den mit seiner Tätigkeit verbundenen Geschäftsfeldern sowie den hieraus resultierenden rechtlichen Risiken abhängen. Die nachfolgend vorgestellten Maßnahmen zur Ausgestaltung von Geschäftsbeziehungen, Behördenkontakten und Lobbyingaktivitäten werden daher in der Praxis nur selten in ihrer Gesamtheit zu implementieren sein. Sie sollen vielmehr das Spektrum der Möglichkeiten markieren, die von einem Unternehmen im Rahmen korruptionspräventiver Maßnahmen vor dem Hintergrund ihrer jeweiligen konkreten Verhältnisse in Betracht gezogen werden können.

8 So sehr damit die Notwendigkeit der Einleitung korruptionsvermeidender Maßnahmen im Unternehmen auf der Hand liegt, so schwierig kann gleichzeitig deren rechtliche Gestaltung, d.h. deren **Umsetzung** in eindeutigen rechtlichen Handlungsanweisungen und anderen Vorgaben, vor allem aber deren **konsequente organisatorische Durchsetzung** sein. Die Leitungsorgane eines Unternehmens stehen hierbei vor dem Problem, die korruptionsgefährdeten Bereiche und Geschäftssituationen zu untersuchen und tatsächlich zu erkennen. Dies kann dort der Fall sein, wo sich Situationen nicht ohne weiteres bestimmen lassen, weil sie sich in rechtlichen Grauzonen bewegen oder aber ein bestimmter, allseits akzeptierter und bislang nicht weiter hinterfragter Branchenusus herrscht. Selbst wenn eine Identifizierung solcher Situationen gelingt, kann es später schwierig sein, einen in einer rechtlichen Grauzone liegenden Branchenusus konsequent abzustellen, wenn dieser etwa von Wettbewerbern weiter praktiziert wird. Dieses Problem besteht insbesondere in **exportorientierten Branchen**, in denen eine strikte Einhaltung der deutschen sowie der im jeweiligen Exportland geltenden Bestimmungen auf Grund der dort herrschenden faktischen Gegebenheiten Wettbewerbsnachteile zur Folge haben kann. In vielen Ländern ist Korruption in sämtlichen Bereichen des öffentlichen und wirtschaftlichen Lebens anzutreffen und entspricht dort – aus vielfältigen politischen, ökonomischen, sozialen und mentalen Gemengelagen – einem gewissen Normalzustand. In diesen Ländern stehen Unternehmen vor dem Dilemma, sich entweder nicht an die im Heimatland und dem Zielland geltenden Korruptionsbekämpfungsgesetze zu halten oder erhebliche Wettbewerbsnachteile in Kauf zu nehmen. Eine effektive Korruptionsprävention des Unternehmens kann hier unter Umständen einem Marktausschluss gleichkommen. Orientiert sich das Unternehmen in solchen Ländern dagegen an den in diesen Ländern üblichen korruptiven Praktiken, mag es dies dort erst wettbewerbsfähig machen, setzt es zugleich aber auch den oben beschriebenen Risiken (Rn. 3 ff.) im Heimatland oder zusätzlich auch in den USA durch die Einleitung von Ermittlungen der SEC aus. Dieses Dilemma ist seiner Natur nach kein juristisches, auf das sich ein Unternehmen berufen könnte. Denn die hier einschlägigen Rechtsnormen sind widerspruchslos und verbieten korruptive Einflussnahmen, und zwar auch diejenigen in anderen Staaten. Das beschriebene Dilemma lebt vielmehr aus der erheblichen Diskrepanz zwischen den vorhandenen Rechtsnormen einerseits und der Rechtswirklichkeit, d.h. der in vielen Ländern völlig mangelhaften Um- und Durchsetzung dieser Rechtssätze, andererseits. Der beschriebene Konflikt ist daher auch juristisch nicht aufzulösen. Eine Möglichkeit, eine konsequente Korruptionsbekämpfung in anderen Staaten zu fördern, mag hier die politische Hilfe von Seiten der Regierungen der Heimatländer sein, Importe aus solchen Ländern oder auch Zollerleichterungen von einem bestimmten Niveau der Korruptionsbekämpfung abhängig zu machen. In der Praxis ist dies allerdings aufgrund der fehlenden Exportabhängigkeit solcher Länder, des vielfach anzutreffenden Nepotismus der dortigen politischen Eliten oder auch aufgrund der großen finanziellen Abhängigkeiten der dortigen Amtsträger von Einnahmen aus Handlungen, die nach hiesiger Auffassung als korruptiv zu qualifizieren sind, schwierig umzusetzen. Als andere Lösungsmöglichkeit mögen sich daher Selbstverpflichtungen der betroffenen Unternehmen im Rahmen von Branchenkodices anbieten, um auf diese Weise einen fairen Wettbewerb auch in diesen Ländern zu befördern. Ohne gleichzeitige Sanktionsmechanismen bleiben derartige Ko-

dices allerdings ein stumpfes Schwert, insbesondere dann, wenn das Entdeckungsrisiko als gering eingeschätzt wird oder sich einheimische, nur national tätige Unternehmen nicht beteiligen.

Bestimmte Branchen, wie etwa der Gesundheitssektor, können sich ferner durch sehr **komplexe Geschäftsbeziehungen** zwischen den Unternehmen einerseits und den für die Beschaffung von Produkten zuständigen Personen andererseits auszeichnen, welche die Gefahr der Verwirklichung von korruptiven Situationen im Sinne der §§ 331 ff., 299 StGB bergen können. Unternehmen der pharmazeutischen und medizintechnologischen Industrie stehen etwa täglich in einer Vielzahl von Arbeitsbeziehungen und Kontakten zu Klinikärzten. Diese Kontakte betreffen nicht nur die Bewerbung von Arzneimitteln und Medizinprodukten sowie die Beratung der Ärzte hinsichtlich eines sachgemäßen und effektiven Einsatzes dieser Produkte durch die für die Industrie tätigen Pharma- und Medizinprodukteberater. Vielmehr sind die Hersteller von Arzneimitteln und Medizinprodukten auch auf die Neu- und Weiterentwicklung von Produkten angewiesen, die ohne eine enge Zusammenarbeit mit Ärzten in den Bereichen der Forschung und Entwicklung sowie der klinischen Erprobung von Produkten nicht denkbar ist. Schließlich hängen sachgerechte Verordnungs- und Therapieentscheidungen sowie die richtige Anwendung von Arzneimitteln und Medizinprodukten entscheidend davon ab, dass Ärzte den Anschluss an den aktuellen Forschungs- und Wissensstand halten. Während die Rechtsordnung einerseits im Bereich des Absatzes von Arzneimitteln und Medizinprodukten eine strikte Trennung zwischen Industrie und Ärzten vorschreibt, um die Beschaffungs-, Verordnungs- und Therapieentscheidungen der Ärzte möglichst unbeeinflusst zu lassen, erfordert die notwendige Kooperation von Industrie und Ärzten in diesem Bereich andererseits ein besonderes Näheverhältnis. Aus derartigen **Spannungsverhältnissen** einer „strikten Trennung" und gleichzeitiger „enger Kooperation" können eine Vielzahl rechtlicher Probleme entstehen, die in der Praxis der Unternehmen (aber auch ihrer Geschäftspartner) bewältigt werden müssen.[21] Die Umsetzung einer effektiven Vermeidungsstrategie kann aber auch unabhängig von solchen Spannungsverhältnissen schwierig sein, wenn einerseits **ambitionierte Umsatzerwartungen** bestehen und andererseits die Einhaltung höchster rechtlicher und ethischer Verhaltensstandards gefordert wird. Die Unternehmensführung steht insofern nicht nur vor dem Problem, einer strukturellen Korruption konsequent entgegenzuwirken, sondern auch Fälle „situativer Korruption" von Mitarbeitern zu erkennen und zu vermeiden.

2. Umsetzung einer effektiven Prävention im Unternehmen

Die Bedeutung einer effektiven unternehmensinternen Korruptionsprävention steht mithin außer Frage, gleichzeitig aber auch die damit verbundenen Schwierigkeiten, die je nach der betroffenen Branche unterschiedlich ausgeprägt und von unterschiedlichem Gewicht sein können. Die interne Umsetzung korruptionsverhindernder Maßnahmen im Unternehmen betrifft eine Reihe unterschiedlicher Aspekte: (1.) die Rechtsbeziehungen **zwischen dem Unternehmen und Dritten** (etwa zu Mitarbeitern von Behörden, Unternehmen der öffentlichen Hand oder anderen Unternehmen), nachfolgend als „**externe Rechtsbeziehungen**" bezeichnet, sowie (2.) die Rechtsbeziehungen **zwischen dem Unternehmen und seinen Mitarbeitern** einerseits und (3.) die **interne Durchsetzung** und **organisatorische Absicherung** der gefundenen Festlegungen im Unternehmen andererseits, (2.) und (3.) nachfolgend als „**interne Rechtsbeziehungen**" bezeichnet.

---

[21] Hierzu *Dieners* (Fn. 7), Kap. 1 Rn. 1 ff.; Kap. 3 Rn. 1 ff.

4. Kapitel. Vermeidung von Korruptionsrisiken aus Unternehmenssicht

11 Bei der genauen Ausgestaltung der externen und internen Rechtsbeziehungen des Unternehmens zum Zwecke der Korruptionsprävention sind höchst unterschiedliche Fallkonstellationen denkbar, die im Einzelfall davon abhängen, in welchem Verhältnis das Unternehmen der öffentlichen Hand oder anderen privatrechtlich organisierten Unternehmen bzw. deren Mitarbeitern gegenübertritt. Das Unternehmen kann diesen zunächst als **Empfänger von Rechten oder als Auftragnehmer** gegenübertreten: Das Unternehmen erwartet etwa die Erteilung einer Baugenehmigung von einer Behörde oder die Erteilung eines Auftrages über Dienst- oder Warenleistungen von Behörden oder Unternehmen der öffentlichen oder privaten Hand. Hierbei handelt es sich um einen Bereich der Korruptionsprävention, in welchem das Unternehmen dafür Sorge tragen muss, dass Mitarbeiter der Behörde bzw. Mitarbeiter von Unternehmen der öffentlichen und privaten Hand in ihren Verwaltungs- oder Beschaffungsentscheidungen nicht in unzulässiger Weise unter Verstoß gegen straf-, wettbewerbs- oder vergaberechtliche Vorschriften durch eigene Mitarbeiter bzw. das eigene Unternehmen beeinflusst werden.

12 Unternehmen treten allerdings Behörden und Unternehmen der öffentlichen oder privaten Hand nicht nur als Antragsteller oder Auftragnehmer gegenüber. Vielmehr gewähren Unternehmen auch **Rechte oder** kommen **als Auftraggeber** in Betracht. Als beliehene Unternehmen haben etwa die Technischen Überwachungsvereine eine erhebliche Bedeutung in Genehmigungsverfahren. Im Medizinproduktebereich dürfen eine Vielzahl von Produkten nicht ohne vorherige Betrauung von sogenannten „Benannten Stellen", die Unternehmen der öffentlichen oder der privaten Hand sein können, in den Verkehr gebracht werden. Als „Erbringer" von derartigen Rechten oder aber auch als Bezieher von Dienst- und Warenleistungen stehen solche Unternehmen täglich vor der Aufgabe, missbräuchlichen Einflussnahmen Dritter auf ihre Mitarbeiter abzuwehren, um auf diese Weise das Unternehmen zu schützen.

13 Je nach dem genannten Tätigkeitsbereich des Unternehmens stehen damit entweder rechtliche Gestaltungen zur Prävention von Korruptionsrisiken im Hinblick auf die Unterbindung einer unzulässigen Beeinflussung **auf Dritte durch eigene Mitarbeiter** oder aber für die Abwehr unzulässiger Einflussnahmen **durch Dritte auf eigene Mitarbeiter** im Vordergrund. Im Regelfall sind beide Bereiche für das Unternehmen von Bedeutung: Der Betreiber eines Flughafens muss etwa nicht nur darauf achten, dass die Kontakte seiner Mitarbeiter mit den Mitarbeitern der Umwelt-, Luftfahrt- oder Gewerbeaufsicht frei von korruptiven Einflussnahmen sind. Vielmehr muss er gleichzeitig darauf Bedacht sein, dass seine eigenen Mitarbeiter bei dem Bezug von Bau- oder Reinigungsleistungen frei von missbräuchlichen Einflussnahmen der entsprechenden Dienstleister bleiben und nicht gegen persönliche Vorteile einen Anbieter bei der Auftragsvergabe bevorzugen, indem sie diesem den Auftrag erteilen oder aber Angebote einem anderen Mitbewerber im Vorfeld offen legen und auf diese Weise bestimmte Anbieter zum Nachteil des Unternehmens bevorzugen. Das Beispiel lässt sich auf andere Bereiche mühelos übertragen: Auch der Betreiber eines öffentlich oder privat geführten Krankenhauses muss einerseits dafür sorgen, dass die Auswahl der zu beschaffenden Arzneimittel und Medizinprodukte unter Ausschluss von missbräuchlichen Einflussnahmen auf die Entscheidungsträger in seiner Ärzteschaft und der Einkaufsabteilung erfolgt. Gleichzeitig muss er verhindern, dass eigene Mitarbeiter auf das baurechtliche Genehmigungsverfahren für einen neuen OP-Bereich Einfluss nehmen oder im Rahmen der Budgetverhandlungen mit den Kostenträgern Einfluss ausüben, indem Schmiergelder gezahlt werden oder der zuständige Sachbearbeiter der Baubehörde oder der Verhandlungsführer auf Seiten der Kostenträger als Gegenleistung für eine zügige und wohlwollende Behandlung des Vorgangs „milde" gestimmt wird, indem auf einen entsprechend geäußerten Wunsch hin eine großzügige Spende an den Sportverein geleistet wird, dessen Vorsitzender der Verhandlungspartner ist.[22]

---

[22] Zu Fallbeispielen aus der Praxis *Krupa*, Die Zeit, Nr. 29 v. 10.7.2003, 3.

Für jedes Unternehmen bestehen also höchst **unterschiedliche Risiken und Perspek-** 14
tiven, die sich danach differenzieren, ob das Unternehmen als Empfänger von Rechten
oder Auftragnehmer oder aber als Erbringer von Rechten oder Auftraggeber in Betracht
kommt. Mit anderen Worten: Es geht in dem ersten Fall darum, andere nicht zu „korrumpieren", während es in dem zweiten Fall darum geht, dass die eigenen Mitarbeiter
nicht „korrumpiert" werden. Der Einfachheit halber werden die mit diesen Bereichen
verbundenen präventionsvermeidenden Zielsetzungen der Unternehmen nachfolgend
als **„Unterbindung unzulässiger Einflussnahmen auf Dritte"** und **„Abwehr unzulässiger Einflussnahmen durch Dritte"** bezeichnet.

a) Externe Rechtsbeziehungen

Die Vorgabe von Festlegungen zur Ausgestaltung der externen Rechtsbeziehungen des 15
Unternehmens oder seiner Mitarbeiter gegenüber Dritten hängt davon ab, ob es sich aus
der Sicht des Unternehmens um einen Fall der „Unterbindung missbräuchlicher Einflussnahmen auf Dritte" oder um die „Abwehr missbräuchlicher Einflussnahmen durch
Dritte" handelt (siehe Rn. 10 ff.).

aa) Unterbindung unzulässiger Einflussnahmen auf Dritte. Sofern ein Unter- 16
nehmen in seiner Geschäftstätigkeit der öffentlichen Hand oder anderen Unternehmen
als Empfänger von Rechten oder Auftragnehmer gegenübertritt, geht es vor allem um die
Frage, in welcher Art und Weise das Unternehmen Mitarbeitern der öffentlichen Hand
bzw. (anderen) Unternehmen in privater Trägerschaft gegenübertreten darf, ohne sich
gleichzeitig einem **Korruptionsverdacht** auszusetzen, der bereits durch die bloße Einleitung von Ermittlungsverfahren zu erheblichen Belastungen für das Unternehmen sowie
seine Leitungsorgane und Mitarbeiter führen kann. Dass etwa im Falle einer von dem
Unternehmen beantragten Baugenehmigung dem zuständigen Beamten für die Vornahme dieses Verwaltungsaktes keine Geld- oder Sachzuwendung gemacht werden darf,
versteht sich dabei von selbst. Dasselbe gilt für die Gewährung von sogenannten **„Kickback-Zahlungen"** an für die Beschaffung von Produkten zuständige Mitarbeiter der öffentlichen Hand oder Unternehmen der privaten Hand.

Schwieriger kann es dort werden, wo sich die Mitarbeiter des eigenen Unternehmens 17
im Rahmen einer **engen Arbeitsbeziehung** mit Mitarbeitern von Behörden oder Unternehmen der öffentlichen Hand immer wieder begegnen. Auf Grund der in zunehmendem Maße kooperativen Ausgestaltung großer Teile des Verwaltungsrechts sieht dieses
eine Vielzahl von Beauftragten in den Unternehmen vor (etwa im Bereich des Umweltschutzes oder bei der Herstellung von Arzneimitteln, Medizinprodukten und Lebensmitteln), die als ständige Ansprechpartner auf Seiten des Unternehmens über die Dauer
vieler Jahre mit Behördenvertretern eng zusammenarbeiten. Dasselbe gilt bei Absatzgeschäften zwischen den im Verkauf tätigen Mitarbeitern des Unternehmens und den für
den Einkauf zuständigen Mitarbeitern von Behörden sowie Unternehmen der öffentlichen oder privaten Hand. Hier besteht zunächst regelmäßig die Frage, wie die genauen
Grenzlinien zwischen der Einhaltung der erlaubten Regeln der allgemeinen Höflichkeit
einerseits, etwa im Rahmen von Werbe- oder Weihnachtsgeschenken oder einer sozialadäquaten Bewirtung, und der Zuwendung verbotener Vorteile andererseits, etwa im Rahmen des sogenannten **„Anfütterns"**, zu ziehen sind. Soll die Abgabe von Werbe- oder
Weihnachtsgeschenken überhaupt erlaubt werden? Wenn ja, welche Wertgrenzen sind
hierbei zu beachten? Welche Voraussetzungen und Wertgrenzen sind gegebenenfalls bei
der Bewirtung von Mitarbeitern von Behörden oder Unternehmen der öffentlichen Hand
zu beachten? Sollen ähnliche Maßgaben auch im Verkehr mit Mitarbeitern von Unternehmen in privater Trägerschaft festgelegt werden? Sollen hierbei Unterschiede gelten, je
nach dem ob es sich bei der bewirteten Person um den für die Genehmigung eines Bauantrags zuständigen Verwaltungsbeamten oder den für die Gewährung eins Darlehens

maßgeblichen Direktor der kommunalen Sparkasse handelt? Wie sollen sich die eigenen Mitarbeiter mit Blick auf die Annahme von Geschenken oder bei Bewirtungseinladungen verhalten?

18 Noch schwieriger wird es, wenn neben der Dienstausübung des Mitarbeiters eines Unternehmens der öffentlichen oder privaten Hand (etwa im Rahmen der Gewährung von Genehmigungen oder der Beschaffung von Waren oder Dienstleistungen) parallele Arbeitsbeziehungen treten, die das Unternehmen aufnehmen möchte oder muss. Unter welchen genauen Voraussetzungen dürfen etwa **Beraterverträge** zwischen einem Bauunternehmen und dem für eine Behörde tätigen Architekten hinsichtlich eines Statikgutachtens geschlossen werden, wenn diese Behörde für die Erteilung von Baugenehmigungen für Projekte zuständig ist, an denen das Unternehmen ein Interesse hat? Diese Fragestellung kann auch in anderen Bereichen, etwa bei der Zusammenarbeit der pharmazeutischen Industrie mit Klinikärzten, relevant sein: Welche rechtlichen Voraussetzungen sind zu beachten, wenn ein Klinikarzt an einer **klinischen Studie** als klinischer Prüfer gegen Entgelt teilnehmen soll, der gleichzeitig in der Klinik für die Beschaffung von Arzneimittel oder Medizinprodukten verantwortlich ist oder auf solche Entscheidungen Einfluss nehmen kann?

19 Ähnliche Fragen können überall dort auftreten, wo eine enge Zusammenarbeit die Voraussetzung ist, Entscheidungsträger mit Informationen über Produkte des Unternehmens oder anderen Fragen bekannt zu machen, die hiermit in Zusammenhang stehen. Darf ein Rüstungsunternehmen auf seine Kosten einen für die Beschaffung von Rüstungsgütern zuständigen Mitarbeiter des Verteidigungsministeriums zur **Besichtigung der Betriebsstätte** einladen, um dort den aktuellen Stand der Technik auf diesem Gebiet zu erläutern und neue Entwicklungen zu präsentieren? Welche rechtlichen Gesichtspunkte sind zu beachten, wenn pharmazeutische oder medizintechnologische Unternehmen auf ihre Kosten Klinikärzte zu **Fort- und Weiterbildungsveranstaltungen** anlässlich der Einführung neuer Arzneimittel oder Medizinprodukte einladen? Wie ist zu verfahren, wenn dieselben Unternehmen die Teilnahme von Klinikärzten an medizinischen Fachkongressen durch Übernahme der Reise- und Unterbringungskosten sowie der Kongressgebühren fördern, um somit die erforderlichen Kenntnisse der Ärzte auf einem möglichst hohen Stand zu halten, ohne den nach Auffassung des Unternehmens ein sachgemäßer Einsatz der Produkte nicht denkbar ist?

20 Schließlich kann auch im Bereich der Gewährung von Spenden oder der Einleitung und Umsetzung von Sponsoringmaßnahmen eine Vielzahl von Fragen entstehen. Darf ein Unternehmen **Spenden** an gemeinnützige Einrichtungen gewähren, wenn es hierum durch den Mitarbeiter eines Kunden oder einer Behörde gebeten wird, der Vorsitzender der gemeinnützigen Einrichtung und gleichzeitig für die Beschaffung von Produkten oder behördliche Genehmigungsentscheidungen zuständig ist? Was ist zu beachten, wenn **Sponsoring- und andere Werbemaßnahmen** mit Einrichtungen verabredet werden, mit denen das Unternehmen in Absatzbeziehungen steht?

21 Die Beantwortung dieser Fragen erfordert im Regelfall nicht nur eine **rechtliche Analyse**, welche Formen der Zusammenarbeit unter strafrechtlichen, aber auch unter anderen rechtlichen Gesichtspunkten, etwa des Wettbewerbs- oder Vergaberechts, erlaubt oder verboten sind. Vielmehr gehen die in der täglichen Praxis entstehenden Fragen erheblich weiter und betreffen auch Aspekte der zivilrechtlichen Verantwortlichkeit, mögliche Ansprüche von Wettbewerbern im Fall von unlauteren Kooperationsformen oder die **Verantwortlichkeiten im Unternehmen**. Schließlich sind auch die bestehenden oder drohenden betriebswirtschaftlichen und steuerlichen Auswirkungen (siehe hierzu im Einzelnen Kap. 5) und Risiken zu berücksichtigen. Aufgrund der Vielzahl möglicher Fallkonstellationen und der hieraus resultierenden Vielzahl möglicher Antworten mit Blick auf eine effektive Umsetzung sollte bereits bei der Analyse der externen Rechtsbeziehungen die Reduzierung auf möglichst wenige Fallgruppen beachtet werden, da nur

auf diese Weise **klare und verständliche Vertragsmuster, Standardschreiben, Formulare oder Handlungsanweisungen** erarbeitet werden können. Erfahrungsgemäß sind die oftmals feinen Differenzierungen der einschlägigen Gesetze und der Rechtsprechung das eine, die effektive und für alle Mitarbeiter praktische Umsetzung dieser Bestimmungen in den Unternehmen jedoch das andere. Daher kann es unter Umständen aus unternehmensinternen Gründen ratsam oder geboten sein, in der praktischen Umsetzung restriktiver und damit **weniger detailliert** zu verfahren, als dies eigentlich nach dem Gesetz erforderlich ist, weil nur auf diese Weise im Unternehmen eine flächendeckende Einhaltung und damit eine effiziente Prävention mit verhältnismäßigem Aufwand möglich ist. Der Gesichtspunkt der möglichst weitgehenden späteren **Standardisierung** der externen Rechtsbeziehungen spielt von daher in der Regel bereits bei der Untersuchung der externen Rechtsbeziehungen eine bedeutende Rolle. Hierzu gehört auch die Bestimmung derjenigen Bereiche, die zukünftig gerade nicht einer standardisierten Behandlung, sondern der individuellen Handhabung (sei es durch die interne Rechts-, Personal- oder Finanzabteilung oder aber auch durch die Geschäftsführung selbst) überlassen werden sollen.

bb) Abwehr unzulässiger Einflussnahmen durch Dritte. Sofern das Unternehmen als Erbringer von Rechten oder als Auftraggeber Dritten gegenübertritt, geht es darum, wie sich das Unternehmen vor **missbräuchlichen Einflussnahmen durch Dritte auf seine Mitarbeiter** schützt. Hier stehen etwa Fragen nach der Zulässigkeit der Annahme von Einladungen zu Bewirtungen oder der Annahme von Geschenken sowie gegebenenfalls deren Wertgrenzen, aber auch die Zulässigkeit der Aufnahme von Nebentätigkeiten eigener Mitarbeiter für Dritte im Vordergrund, durch die diese Mitarbeiter gegebenenfalls bei ihrer Tätigkeit für das Unternehmen in rechtlich unzulässiger oder auch nur in unerwünschter Weise beeinflusst werden könnten (hierzu im Einzelnen Kap. 3). Neben genauen Festlegungen für ein richtiges Verhalten der eigenen Mitarbeiter in Form von Verhaltensrichtlinien (Rn. 85 f.) ist die **Kommunikation** der gefundenen Festlegungen und deren **Durchsetzung** gegenüber den jeweiligen Geschäftspartnern von zunehmender Bedeutung. Die Kommunikation der eigenen Verhaltensrichtlinien erfolgt in der Praxis vielfach durch deren Veröffentlichung im Internet oder durch spezielle Rundschreiben an die Geschäftspartner, in denen etwa die Modalitäten für die Gewährung von Weihnachtsgeschenken oder Bewirtungen an eigene Mitarbeiter dem Geschäftspartner zur Kenntnis gebracht werden. Es ist ferner nicht unüblich, die Lieferanten des Unternehmens vertraglich zur Einhaltung der eigenen Verhaltensanweisungen zu verpflichten, etwa im Rahmen von Lieferverträgen oder in separaten Verpflichtungserklärungen, die zum Zwecke einer effektiven Durchsetzung zuweilen auch mit einer Vertragsstrafeverpflichtung für den Fall der Zuwiderhandlung versehen sind (vgl. auch Rn. 96). 22

b) Interne Rechtsbeziehungen

Die internen Rechtsbeziehungen betreffen zum einen die Vereinbarungen oder einseitigen Festlegungen, die das Unternehmen mit oder gegenüber seinen **Mitarbeitern** im Hinblick auf die Einhaltung der einmal festgelegten unternehmensinternen Handlungsanweisungen trifft (Rn. 85 f.). Zum anderen stellt sich hier die Frage, welche weiteren **internen organisatorischen Maßnahmen** getroffen oder Rechtsbeziehungen begründet werden müssen, um für eine Einhaltung der einmal festgelegten Handlungsanweisungen mit Blick auf die genannten externen Rechtsbeziehungen zu sorgen (Rn. 87 ff.). 23

aa) Rechtsbeziehungen des Unternehmens zu seinen Mitarbeitern. Die Regelung der Rechtsbeziehungen zwischen dem Unternehmen und seinen Mitarbeitern setzt die Identifikation derjenigen Mitarbeiter im Unternehmen voraus, die auf die Handlungsanweisungen und die damit im Zusammenhang stehenden Festlegungen für die Beziehungen des Unternehmens bzw. ihre eigenen Beziehungen mit Dritten verpflichtet werden 24 sollen. Neben einer Sensibilisierung aller Mitarbeiter auf die Einhaltung dieser Handlungsanweisungen (etwa durch praxisnahe Schulungs- und Informationsveranstaltungen) (Rn. 87), ihrer Bekanntmachung (Aushändigung und Aufnahme in das Intranet des Unternehmens) und einer besonders intensiven Schulung der verantwortlichen Vorgesetzten (Abteilungsleiter) sowie der Mitarbeiter der Rechts-, Personal- und Finanzabteilungen steht die **rechtliche Verpflichtung** der einzelnen Arbeitnehmer im Vordergrund. Unter arbeitsrechtlichen Gesichtspunkten kann die Einhaltung der festgelegten Handlungsanweisungen durch Betriebsvereinbarung (bei Bestehen eines Betriebsrats) oder aber durch einzelvertragliche Vereinbarungen sichergestellt werden. Einzelvertragliche Vereinbarungen sind insbesondere im Hinblick auf leitende Angestellte, Geschäftsführer und Vorstände notwendig, da Betriebsvereinbarungen auf diese keine Anwendung finden. Eine derartige Vereinbarung sollte den Hinweis enthalten, dass ein Verstoß arbeitsrechtliche Konsequenzen nach sich ziehen kann, wenngleich ein solcher Hinweis die einer Kündigung vorhergehende Abmahnung im Regelfall nicht entbehrlich macht. Ferner sehen individualvertragliche Vereinbarungen zuweilen aus Gründen der „Abschreckung" eine Vertragsstrafe für den Fall der Nichtbeachtung der Handlungsanweisungen vor. Insofern ist im Einzelfall zu prüfen, ob ein Mitbestimmungsrecht des Betriebsrates nach § 87 Abs. 1 Nr. 1 BetrVG vorliegt, das allerdings dann nicht bestehen dürfte, wenn die Festlegung derartiger Handlungsanweisungen dem **mitbestimmungsfreien Direktionsrecht** des Arbeitgebers bezüglich des Arbeits- und Ordnungsverhaltens im Betrieb unterliegt und die vereinbarten Vertragsstrafen nicht den Charakter einer mitbestimmungspflichtigen Betriebsbuße haben (siehe hierzu Kap. 3).[23]

25 bb) **Organisatorische Aspekte.** Die internen Rechtsbeziehungen betreffen nicht nur die arbeitsvertragliche Verpflichtung der Mitarbeiter auf die Einhaltung der einmal gefundenen Handlungsanweisungen. Vielmehr setzt eine effektive unternehmensinterne Korruptionsprävention sowohl zur Unterbindung unzulässiger Einflussnahmen auf Dritte als auch zur Abwehr solcher Einflussnahmen durch Dritte organisatorische Maßnahmen voraus. Sie reichen von der Etablierung von Unternehmensrichtlinien (Rn. 85 f.) über die Schaffung eines zentralen Vertragsmanagements (Rn. 89), die Festlegung von Genehmigungs-, Budgetierungs- und Verbuchungsabläufen, regelmäßigen Mitarbeiterschulungen (Rn. 87), die Ernennung eines „Compliance-Beauftragten"[24] (Rn. 90) bis hin zur Herausgabe von Unternehmensbroschüren (Rn. 95) und der Durchführung von jährlichen „Compliance Audits" (Rn. 94). Solche Maßnahmen sind für die **nachhaltige Einhaltung** der Handlungsanweisungen eines Unternehmens von überragender Bedeutung, da nur auf diese Weise sowohl die praktische Umsetzung als auch eine dauerhafte Einhaltung und Kontrolle der Handlungsanweisungen sichergestellt werden kann.

26 cc) **Compliance-Programm.** Die Analyse und Festlegung der externen und internen Rechtsbeziehungen (einschließlich der organisatorischen Vorkehrungen) sind im Idealfall Teil eines umfassenden **„Compliance-Programms"** (siehe auch Rn. 5). Die Notwendigkeit der Etablierung eines Compliance-Programms ist keine Besonderheit, die dem Bereich der Korruptionsprävention eigen ist. Derartige Programme empfehlen sich vielmehr auch für andere Bereiche, die aufgrund ihres rechtlichen Risikopotentials für das Unternehmen und seine Leitungsorgane schadensgeneigt sind, wie etwa für kapitalmarkt-, börsengesellschafts-, konzern- und produkthaftungsrechtliche Sachverhalte, das Kartell- und Umweltrecht sowie für branchenspezifische Pflichten und Spezialgebiete des öffentlichen Rechts. Die jeweilige Ausgestaltung hängt hierbei im Einzelfall von der Un-

---

[23] Ein Mitbestimmungsrecht besteht nicht als Ganzes, sondern nur isoliert für diejenigen Bestimmungen der Handlungsanweisungen, die mitbestimmungspflichtige Inhalte haben (ArbG Wuppertal, Beschl. v. 15.6.2005 – 5BV 20/05 und LAG Düsseldorf, Beschl. v. 14.11.2005 – 10TaBV 46/05).

[24] Zum Compliance-Beauftragten im Kartellrecht siehe *Hauschka*, BB 2004, 1178.

ternehmensgröße, der Qualifikation der Mitarbeiter und einer Vielzahl anderer Faktoren ab.[25] Compliance-Programme dienen in erster Linie der Überprüfung und Sicherstellung der Befolgung von Rechtsvorschriften in dem jeweiligen Bereich sowie der Schulung der Mitarbeiter. Daneben dienen sie der Zuweisung von Verantwortlichkeiten im Unternehmen an einen oder mehrere Vorstände oder Geschäftsführer sowie der Ernennung von sogenannten „Compliance-Officers" oder „Compliance-Managers" für bestimmte Spezialbereiche auf einer weiteren Stufe. Dies hat zum einen den Vorteil einer klaren Aufgabenverteilung sowie der Hervorhebung der Bedeutung eines regelkonformen Verhaltens im Unternehmen sowie zum anderen eine **Entlastung der Mitvorstände bzw. Geschäftsführer** zur Folge.

Compliance-Programme werden regelmäßig von externen Beratern oder unter Hilfestellung von Branchenkodices oder anderen Unterstützungsleistungen der einschlägigen Verbände erarbeitet.[26] Daneben empfiehlt sich auch die Berücksichtigung der von der gemeinnützigen Organisation „Transparency International" verbreiteten Dokumente und Materialien, etwa des „ABC der Korruptionsbekämpfung – Leitfaden für Unternehmen".[27] Sie alle dienen in erster Linie einer umfassenden rechtlichen Positionsbestimmung und der hierauf beruhenden Erarbeitung von Verhaltensrichtlinien für Mitarbeiter und entsprechender Mitarbeiterschulungen sowie der Bestimmung von Prozessabläufen und anderen organisatorischen Maßnahmen zur Einhaltung dieser Verhaltensregeln. Im Regelfall beschränken sie sich auf die Analyse und verständliche Darstellung der im Einzelfall relevanten gesetzlichen Bestimmungen und Normen sowie die Optimierung von innerbetrieblichen Prozessabläufen, um Straftaten, Schäden und eine Haftung jeder Art für das Untenehmen zu vermeiden.[28] Zu Recht ist dabei aber darauf hingewiesen worden, dass sich hinter dem Begriff der „Compliance" mehr verbirgt als die bloße und selbstverständliche Gesetzestreue. Hinter dem Begriff verbirgt sich vielmehr auch der Versuch von Unternehmensleitungen, den bestehenden Haftungsrisiken für die Unternehmen, aber auch der zunehmenden Unübersichtlichkeit der an Unternehmen infolge der Ausdifferenzierung des Rechts und der Rechtsprechung gerichteten Erwartungen der Rechtsordnung eine vorbeugende Unternehmensorganisation entgegenzuhalten, die diese Risiken so weit als möglich minimiert.[29]

Für die Erarbeitung eines „Compliance-Programms" empfehlen sich in der Praxis folgende Maßnahmen:[30]

– Es sollten **Grundsätze und Leitwerte** für eine lautere und integere Zusammenarbeit mit Geschäftspartnern, öffentlichen Einrichtungen und deren Mitarbeitern gemeinsam mit anderen Leitwerten erarbeitet werden, auf die sich das Unternehmen verpflichten will. Derartige Unternehmensgrundsätze sollten einen gültigen Handlungsrahmen für die gesamte Geschäftspolitik festschreiben. Den eigenen Mitarbeitern kann auf diese Weise deutlich gemacht werden, dass es sich bei der Festlegung der notwendigen Detailregelungen nicht um isolierte Verhaltensgebote, sondern um die Konkretisierung von Grundwerten des Unternehmens handelt.

– Als nächster Schritt empfiehlt sich die Untersuchung, an welchen Stellen der Unternehmensorganisation, in welchen Geschäfts- bzw. Kooperationsfällen und in welchen

---

[25] Siehe hierzu *Hauschka* (Fn. 17), 259 ff.
[26] Siehe etwa die BDI-Empfehlungen zur Korruptionsbekämpfung, 2. Aufl. 2002, oder die in den letzten Jahren von der Pharma- und Medizinprodukteindustrie erarbeiteten Branchen-Empfehlungen und -Kodices (hierzu im Einzelnen *Dieners*, JZ 1998, 181 ff., und *ders.* [Fn. 7], Kap. 4 Rn. 7; zur Perspektive der Krankenhausverwaltungen: *Lembeck/Lützeler/Happe*, das Krankenhaus 2001, 980, 981 ff.).
[27] Die Adresse lautet: www.transparancy.de.
[28] *Hauschka* (Fn. 17), 260.
[29] A.a.O., 257.
[30] Siehe hierzu auch das von Transparency International veröffentlichte „ABC der Korruptionsbekämpfung – Leitfaden für Unternehmen" (www.transparency.de).

konkreten Situationen die Gefahr einer unlauteren Zusammenarbeit mit Dritten entstehen kann. Eine derartige Untersuchung sollte nicht am „grünen Tisch", sondern unter Beteiligung derjenigen Mitarbeiter vorgenommen werden, deren Funktionen betroffen sein können.

30 – In einem dritten Schritt geht es um die Erarbeitung von möglichen **Maßnahmen**, die geeignet sind, die festgestellten Risiken auszuschließen oder zu verringern. Hierzu sollten sowohl die Aufbau- und Ablauforganisation des Unternehmens als auch das Verhalten der Mitarbeiter berücksichtigt werden.

31 – An nächster Stelle steht die Erarbeitung von Regeln für das Verhalten der Mitarbeiter in Form von verbindlichen **internen Richtlinien** bzw. Handlungs-, Verhaltens- oder Dienstanweisungen. Je nach der konkreten Ausgestaltung von Dienstanweisungen ist unter Umständen der Betriebsrat gemäß § 87 Abs. 1 Nr. 1 BetrVG bei der Erarbeitung der Regeln zu beteiligen. Auch ohne eine entsprechende gesetzliche Verpflichtung kann sich eine Involvierung der Interessenvertretung der Arbeitnehmer empfehlen, um die Akzeptanz solcher Richtlinien im Unternehmen zu fördern.

32 – In einem nächsten Schritt erfolgt die **praktische Umsetzung** der internen Richtlinien. Die Implementierung der gefundenen Handlungsanweisungen kann sich nicht nur in der Aushändigung der Verhaltensrichtlinien an die Mitarbeiter erschöpfen. Vielmehr handelt es sich bei dieser Phase um einen kontinuierlichen Prozess, der eine gewisse Nachhaltigkeit erfordert. Zunächst müssen die Mitarbeiter im Rahmen von **Schulungen anhand von praxisnahen Fallbeispielen** mit dem Inhalt der Verhaltensregeln vertraut gemacht werden (Rn. 87). Im Anschluss daran sollten die **Mitarbeiter schriftlich** zur Einhaltung der Richtlinien und Dienstanweisungen **verpflichtet** werden. Die entsprechende Vereinbarung kann auch Sanktionen für den Fall der Nichtbeachtung der Richtlinien und Dienstanweisungen vorsehen. Daneben empfiehlt sich eine Vielzahl weiterer organisatorischer Maßnahmen zum Zwecke einer nachhaltigen Umsetzung im Unternehmen (Rn. 83 ff.).

33 – Schließlich muss das „Compliance-Programm" in seiner praktischen Umsetzung ständig beobachtet und ausgewertet werden. Die Unternehmensleitung sollte das Thema „**auf der Tagesordnung halten**" und nicht den Eindruck entstehen lassen, mit der Verabschiedung des „Compliance-Programms" seien sämtliche Fragen und Probleme endgültig gelöst. Um dies sicherzustellen, empfiehlt es sich, die Funktion eines „**Business-Compliance-Beauftragten**" (Rn. 90) im Unternehmen zu etablieren, der mit allen Fragen der Umsetzung, Einhaltung und Sanktionierung der Verhaltensregeln betraut wird. Die im Rahmen einer solchen Funktion gewonnenen Erfahrungen, insbesondere zu Schwachstellen der Verhaltensrichtlinien sowie der internen Organisationsabläufe, erleichtern erfahrungsgemäß die Fortschreibung der Verhaltensrichtlinien sowie eine kontinuierliche Verbesserung der Strukturen und Prozesse und damit der eingeleiteten präventiven Maßnahmen.

B. Innerbetriebliche Verhaltensregeln und Vertragsgestaltung

I. Rechtsbeziehungen und Vertragspartner

34 Im Mittelpunkt der Maßnahmen eines Unternehmens zur Korruptionsprävention steht die Etablierung innerbetrieblicher Verhaltensregeln sowie darauf basierender Anforderungen an die Vertragsgestaltung des Unternehmens mit Dritten (d.h. mit anderen Unternehmen in öffentlicher oder private Trägerschaft sowie deren Mitarbeitern). Im Re-

gelfall behandeln die internen Verhaltensregeln des Unternehmens, die in der Praxis oftmals auch „**Mitarbeiterrichtlinien**" oder „**Dienstanweisungen**" genannt werden, sowohl Verhaltensmaßgaben im Hinblick auf die Unterbindung missbräuchlicher Einflussnahmen auf Dritte (also Fragen, in welcher Art und Weise das Unternehmen selbst anderen Unternehmen und deren Mitarbeitern gegenübertreten darf, ohne sich gleichzeitig einem Korruptionsverdacht auszusetzen) als auch Verhaltensanforderungen zum Schutz des Unternehmens vor missbräuchlichen Einflussnahmen durch Dritte auf die eigenen Mitarbeiter.

Korruptionsgefährdete Rechtsbeziehungen mit privaten Unternehmen oder öffentlichen Einrichtungen oder deren Mitarbeitern können in vier verschiedene Kategorien unterteilt werden, die unter dem Gesichtspunkt der Korruptionsprävention jeweils unterschiedliche rechtliche Anforderungen an die Ausgestaltung der Rechtsbeziehungen stellen. Dasselbe gilt für die Rechtsbeziehungen zwischen eigenen Mitarbeitern und Dritten. Danach muss differenziert werden, ob es sich um den **Austausch von Leistungen** zwischen den Beteiligten handelt oder ob von Seiten der Unternehmen **einseitige Leistungen** an öffentliche Einrichtungen oder deren Mitarbeiter gewährt werden. 35

Im ersten Fall spricht man von sogenannten **Leistungsaustauschbeziehungen**. Beispiele hierfür sind etwa Vereinbarungen zwischen Unternehmen der pharmazeutischen und medizintechnologischen Industrie einerseits und medizinischen Einrichtungen oder Klinikärzten andererseits über die Durchführung von klinischen Prüfungen oder Anwendungsbeobachtungen. In Betracht kommen ferner Vereinbarungen zwischen Unternehmen einerseits und Mitarbeitern öffentlicher Einrichtungen oder Unternehmen in privater Trägerschaft andererseits über die Erbringung von Beratungsleistungen. Zum Teil werden diese vertraglichen Austauschbeziehungen auch als „Vertragsbeziehungen" bezeichnet, im Gegensatz zu „einseitigen Leistungen", obgleich dies rechtsdogmatisch nicht völlig korrekt ist. Denn rechtlich liegen auch der Gewährung von einseitigen Leistungen an öffentliche Einrichtungen oder deren Mitarbeiter vertragliche Regelungen zu Grunde, etwa im Rahmen der Gewährung einer Spende durch ein Unternehmen für die Anschaffung eines neuen Operationssaals an ein öffentliches Krankenhaus oder auch im Hinblick auf die Ausgestaltung der Unterstützung der Teilnahme von Klinikärzten an medizinischen Fachkongressen. Typische Beispiele für die Gewährung **einseitiger Leistungen** sind darüber hinaus die Abgabe von (Werbe-) Geschenken an Mitarbeiter öffentlicher Einrichtungen bzw. Unternehmen in privater Trägerschaft oder deren Einladung zu Reisen oder Bewirtungen. 36

Neben den Kriterien des „Austauschs" und der „Einseitigkeit" von Leistungen können die in der Praxis bestehenden Rechtsbeziehungen von Unternehmen mit öffentlichen Einrichtungen und Unternehmen in privater Trägerschaft sowie deren Mitarbeitern auch nach dem jeweiligen **Vertragspartner** bzw. **Empfänger** der Leistungen des Unternehmens unterschieden werden. Entsprechende Verträge bzw. Absprachen können sowohl zwischen dem Unternehmen einerseits und Unternehmen der öffentlichen oder privaten Hand oder deren Mitarbeitern andererseits geschlossen werden. 37

Insbesondere für den Bereich der mit der Wahrnehmung von Aufgaben der öffentlichen Verwaltung betrauten Personen sehen das Strafrecht sowie das öffentliche Dienstrecht dem Grundsatz nach eine strikte Vermeidung jeder möglichen Einflussnahme Dritter vor. Von daher stellen sowohl das Strafrecht als auch das öffentliche Dienstrecht darauf ab, dass bereits der Anschein der Käuflichkeit vermieden werden muss. Dies ist auch aus Sicht der Unternehmen, die etwa mit Amtsträgern in Verbindung stehen, relativ einfach zu erreichen, sofern diese Unternehmen nicht gleichzeitig mit den entsprechenden öffentlichen Einrichtungen oder deren Mitarbeitern in **Kooperationsbeziehungen** treten müssen. Mit anderen Worten: Dort, wo sich das Verhältnis zwischen Unternehmen und der öffentlichen Hand allein auf die Durchführung bzw. Abwicklung von Genehmigungsverfahren oder die Beschaffung von Produkten beschränkt, kom- 38

4. Kapitel. Vermeidung von Korruptionsrisiken aus Unternehmenssicht

men zwischen den Unternehmen und der öffentlichen Hand bzw. ihren Mitarbeitern Leistungsaustauschbeziehungen in der Regel nicht in Betracht. In diesen Fallkonstellationen sind daher allenfalls einseitige Leistungsbeziehungen denkbar, etwa im Rahmen von Bewirtungen oder hinsichtlich der Abgabe von (Werbe-) Geschenken, die in einer Art und Weise auszugestalten sind, dass der Eindruck der Käuflichkeit nicht entstehen kann. Dies ist regelmäßig dann der Fall, wenn sich das Unternehmen und seine Mitarbeiter an die einschlägigen **Verwaltungsvorschriften** über die Annahme von Belohnungen und Geschenken halten und sich einseitige Leistungen im Rahmen der normalen gesellschaftlichen Ordnung bewegen und damit als „sozialadäquat" verstanden werden können.

39 Schwieriger wird es dort, wo sich Unternehmen und die öffentliche Hand nicht allein in einem klassischen **Über- und Unterordnungsverhältnis** (etwa im Rahmen von Genehmigungsverfahren) oder in einer bloßen, einseitigen Kundenbeziehung bei dem Bezug von Leistungen (etwa Bauleistungen) oder Waren für die öffentliche Hand gegenüberstehen, sondern neben diesen Verhältnissen zugleich eine **Kooperation** zwischen dem Unternehmen und der öffentlichen Hand tritt. Komplexere Geschäftsbeziehungen bestehen etwa im Bereich der in der öffentlichen Hand befindlichen Banken und Sparkassen oder im Gesundheitsbereich, von dem bereits oben (Rn. 9) die Rede war. So wie die notwendige Kooperation zwischen Industrie, medizinischen Einrichtungen und Klinikärzten unweigerlich ein Näheverhältnis erzeugt und hierdurch vor dem Hintergrund der auf eine strikte Trennung abzielenden Vorschriften des Straf- und Dienstrechts Risiken für alle Beteiligten birgt, gilt dies auch für alle anderen Bereiche, in denen sich Staat und Wirtschaft nicht nur in einem klassischen Über- und Unterordnungsverhältnis oder im Rahmen von einfachen Beschaffungsverhältnissen treffen, sondern im gegenseitigen Interesse miteinander kooperieren (müssen), oder aber Unternehmen von dem Know-how der öffentlichen Hand und ihrer Mitarbeiter für ihre Geschäftstätigkeit abhängig sind. Dies kann etwa für die Rüstungsindustrie oder auch für öffentliche Banken oder Sparkassen gelten. Ähnliche Situationen sind nicht nur im Verhältnis von Unternehmen mit Mitarbeitern des öffentlichen Dienstes, sondern auch zwischen Unternehmen und den Mitarbeitern von Unternehmen in privater Trägerschaft denkbar, allerdings in der Praxis wesentlich seltener.

40 In den genannten Fällen müssen die Unternehmen also nicht nur die Frage der Gewährung einseitiger Leistungen (vor allem Bewirtungen oder die Gewährung von Geschenken) ins Auge fassen, sondern auch die Handhabung von vertraglichen Beziehungen vor allem zu Mitarbeitern der öffentlichen Hand oder der öffentlichen Hand selbst im Rahmen möglicher vertraglicher Leistungsaustauschverhältnisse. Für bestimmte Fallkonstellationen haben die im August 1997 in Kraft getretenen Korruptionsbekämpfungsgesetze die Problemlage weiter kompliziert. Danach kann auch die Annahme oder Gewährung von sogenannten **„Drittvorteilen"**[31] unzulässig sein. Während es früher „nur" strafbar war, dem Amtsträger selbst einen Vorteil für die konkrete Handlung zu gewähren, reicht es seitdem aus, dass ein Amtsträger einen Vorteil für sich selbst oder einen Dritten fordert, sich versprechen lässt oder annimmt. Die Zuwendung an einen Dritten konnte nämlich nach der alten Gesetzesfassung die Strafbarkeit des Amtsträgers nur dann begründen, wenn letzterer daraus zumindest einen mittelbaren Vorteil (z.B. greifbare Verbesserung der Arbeitsbedingungen) bezog.[32] Diese Einschränkung ist durch die Gesetzesänderung von 1997 entfallen. Danach sollen etwa nunmehr auch die Fälle erfasst werden, in denen wirtschaftliche Vorteile an Personenvereinigungen – etwa Parteien und Vereine – fließen, deren Mitglied der Amtsträger ist. Daher kann auch der Vorteil, der einem Dritten (etwa Fördervereinen von Krankenhäusern oder einer wissenschaftlichen

---

[31] *Tröndle/Fischer* (Fn. 2), § 331 Rn. 13 m.w.N.
[32] *Dieners/Taschke*, PharmaR 2000, 316 f.

Fachgesellschaft oder aber auch der Freiwilligen Feuerwehr oder einem Sportverein) zu Gute kommt, den genannten Straftatbeständen unterfallen, wenn hierdurch etwa Einfluss auf Beschaffungsentscheidungen des Chefarztes einer Universitätsklinik genommen werden soll, der zugleich Präsident des Fördervereins oder der Fachgesellschaft ist. Noch offen ist, ob auch Vorteile (etwa Spenden), die von Amtsträgern zu Gunsten der öffentlichen Hand selbst (d.h. zu Gunsten ihrer Anstellungskörperschaft) eingeworben werden, einen Drittvorteil im Sinne der neuen Korruptionsbekämpfungsdelikte darstellen.

II. Prinzipien

Aus den bestehenden gesetzlichen Vorgaben des Straf- und öffentlichen Dienstrechts sowie des Wettbewerbsrechts lassen sich eine Reihe **zentraler Grundsätze** ableiten, die **für die Gestaltung von Verträgen und Leistungsbeziehungen** zur Vermeidung bzw. weitgehenden Minimierung von Korruptionsrisiken zu Grunde gelegt werden müssen. Diese Prinzipien sind in ihrer Ausgestaltung je nach der Branche, in der das Unternehmen tätig ist, durch die Grundsätze spezialgesetzlicher Normen (im Gesundheitswesen etwa des Heilmittelwerberechts, des ärztlichen Berufsrechts oder der in diesem Bereich einschlägigen Branchenempfehlungen und Kodices) zu ergänzen. Sie können den Unternehmen gleichzeitig als Grundlage für die Ausgestaltung standardisierter Verträge sowie ihres Vertragsmanagements dienen. 41

1. Trennungsprinzip

Nach dem Trennungsprinzip sollen zur Unterbindung missbräuchlicher Einflussnahmen des Unternehmens auf Dritte Zuwendungen an Mitarbeiter der öffentlichen Hand oder Unternehmen in privater Trägerschaft **nicht in Abhängigkeit** von der Vornahme von Verwaltungsakten, Umsatzgeschäften oder Beschaffungsentscheidungen erfolgen: Entgeltliche und unentgeltliche Leistungen dürfen also nicht gewährt werden, um in missbräuchlicher Weise Einfluss auf Genehmigungs- oder Beschaffungsentscheidungen etc. zu nehmen, wobei bereits ein entsprechender Eindruck vermieden werden sollte. Das Trennungsprinzip setzt das allgemeine straf-, dienst- und wettbewerbsrechtliche Grundpostulat um, wonach Zuwendungen an Amtsträger (oder aber auch an Angestellte oder Beauftragte von Untenehmen in privater Trägerschaft) zur Beeinflussung von Verwaltungsakten oder Beschaffungsentscheidungen unzulässig sind. Um bereits einen entsprechenden Eindruck zu vermeiden, sollten grundsätzlich keine Zuwendungen gewährt werden, die privaten Zwecken dienen. Es sollte nicht einmal der Eindruck entstehen, der Amtsträger oder der Mitarbeiter eines Unternehmens in privater Trägerschaft lege den Vorteil auf die „Waagschale der Entscheidung" bzw. die Zuwendung erfolge von Seiten des Unternehmens im Hinblick darauf. 42

Dieser Grundsatz gilt nicht nur dort, wo es um die Unterbindung von unzulässigen Einflussnahmen des Unternehmens auf Mitarbeiter von Behörden oder anderer Unternehmen geht. Er ist vielmehr auch für den Schutz des Unternehmens selbst vor missbräuchlichen Einflussnahmen **auf eigene Mitarbeiter** anwendbar und im Detail auszugestalten. Dies betrifft etwa die Frage, ob und gegebenenfalls welche einseitigen Leistungen (Weihnachts- und Werbegeschenke, Einladungen zu Betriebsbesichtigungen und Fortbildungsveranstaltungen) von den eigenen Mitarbeitern angenommen werden dürfen. 43

2. Transparenz-/Genehmigungsprinzip

44   Nach dem Transparenz-/Genehmigungsprinzip sind grundsätzlich sämtliche Sach- und Geldzuwendungen an Mitarbeiter der öffentlichen Hand oder Mitarbeiter anderer Unternehmen, durch die diese Mitarbeiter begünstigt werden bzw. begünstigt werden könnten, dem **Dienstherrn** oder Arbeitgeber des Mitarbeiters offen zu legen und von diesem zu **genehmigen**. Das Transparenzprinzip sieht damit eine grundsätzliche Involvierung der Dienstherren bzw. Arbeitgeber in die Rechtsbeziehungen des Unternehmens mit Mitarbeitern der öffentlichen Hand oder anderer Unternehmen vor. Dies gilt sowohl für gegenseitige als auch für einseitige Leistungsbeziehungen, also sowohl für den Abschluss von Berater-, Gutachter- oder Forschungsverträgen als auch bei der Gewährung von Spenden, die etwa von Mitarbeitern der öffentlichen Hand oder Unternehmen in privater Trägerschaft eingeworben werden. Leistungen durch das Unternehmen dürfen danach in der Regel erst nach erfolgter Anzeige und Genehmigung erbracht werden. Die Beachtung des Transparenz-/Genehmigungsprinzips vermeidet oder vermindert zumindest den möglichen Eindruck unzulässiger Einflussnahmen auf Entscheidungen dieser Mitarbeiter. Darüber hinaus entspricht dieses Prinzip den dienstrechtlichen Anforderungen an Transparenz und Involvierung der Dienstherren und Arbeitgeber im öffentlichen Dienst. Denn eine strafrechtliche Verfolgung in den Fällen der §§ 331 und 333 StGB scheidet nur dann aus, wenn die Genehmigung des Dienstherrn bzw. des Arbeitgebers vorliegt bzw. die gegebenenfalls bestehenden hochschul- und drittmittelrechtlichen Genehmigungs- und Anzeigeverfahren eingehalten werden.

45   Auch hier ist die Einhaltung des Transparenz- bzw. Genehmigungsprinzips nicht nur von zentraler Bedeutung, wenn es um die Unterbindung unzulässiger Einflussnahmen auf Mitarbeiter von Behörden oder anderer Unternehmen geht. Diese Prinzip sollte auch dann beachtet und im Einzelnen umgesetzt werden, wenn **Nebentätigkeiten eigener Mitarbeiter** für andere Unternehmen einen auch nur denkbaren Einfluss auf die Entscheidungen der eigenen Mitarbeiter im Rahmen ihrer Dienst- oder Arbeitsverhältnisse haben könnten bzw. wenn hierdurch auch nur ein solcher Anschein entstehen könnte (zu den arbeitsrechtlichen Rahmenbedingungen und arbeitsvertraglichen Gestaltungsmöglichkeiten im Einzelnen Kap. 3).

3. Äquivalenzprinzip

46   Das Äquivalenzprinzip verlangt bei **Leistungsaustauschbeziehungen** mit Unternehmen der öffentlichen Hand oder deren Mitarbeitern, dass Leistungen und Gegenleistungen in einem **angemessenen Verhältnis** zueinander stehen. Die Einhaltung dieses Grundsatzes soll sicherstellen, dass es sich bei Zahlungen des Unternehmens für Leistungen der öffentlichen Hand oder deren Mitarbeitern ausschließlich um das Entgelt für die Erfüllung der Verträge und nicht etwa um das Erkaufen von Verwaltungs- oder Beschaffungsentscheidungen oder ein damit in Zusammenhang stehendes Wohlwollen handelt. Die Beachtung des Äquivalenzprinzips bei der Gestaltung von Vertrags- und Leistungsbeziehungen des Unternehmens soll dazu beitragen, dass in der Vergütungshöhe von vertraglichen Leistungen keine unlauteren oder möglicherweise auch strafbaren Vorteile gesehen werden können.

47   Die Einhaltung des Äquivalenzprinzips ist nicht nur im Hinblick auf die Unterbindung missbräuchlicher Einflussnahmen durch das eigene Unternehmen auf Behördenmitarbeiter oder Mitarbeiter anderer Unternehmen von Bedeutung, indem diesen etwa unter Beraterverträgen eine Vergütung gezahlt wird, die tatsächlich nicht in einem angemessenen Verhältnis zu den unter solchen Verträgen zu erbringenden Gegenleistungen steht. Das Äquivalenzprinzip ist vielmehr auch als Maßgabe auf entsprechende Verträge anzu-

legen, die eigene Mitarbeiter gegebenenfalls mit anderen Unternehmen schließen, mit denen das eigene Unternehmen in Geschäftsbeziehungen steht. Durch die Einhaltung des Äquivalenzprinzips soll auch hier das Risiko ausgeschlossen oder zumindest reduziert werden, dass durch unangemessene Vergütungen auf die Tätigkeit eigener Mitarbeiter für das eigene Unternehmen in unlauterer Weise Einfluss genommen wird. Die Frage, ob Nebentätigkeiten der eigenen Mitarbeiter für andere Unternehmen tatsächlich angemessen vergütet werden oder eher als Instrument einer unlauteren Einflussnahme dienen, ist in der Praxis oftmals nur **schwer zu beurteilen**. Dies setzt zudem die genaue Kenntnis des Vertragsinhalts entsprechender Nebentätigkeiten voraus. Von daher muss von der Unternehmensführung gegebenenfalls überlegt werden, ob derartige Nebentätigkeiten für andere Unternehmen, mit denen das eigene Unternehmen in Geschäftsbeziehungen steht, überhaupt zugelassen oder ob bestimmte Höchstgrenzen für die Vergütung bzw. im Hinblick auf die hierfür einzusetzende Zeit vorgegeben werden sollen (zu den arbeitsrechtlichen Rahmenbedingungen Kap. 3 Rn. 71 ff.). Dieser Blickwinkel ist in der Praxis vor allem für Unternehmen der öffentlichen Hand von Bedeutung, deren Mitarbeiter (wie etwa im Bereich von Krankenhäusern oder Universitätskliniken) regelmäßig mit Lieferanten, etwa Pharma- und Medizinprodukteunternehmen, auf dem Gebiet der Forschung und Entwicklung etc. eng zusammenarbeiten.

4. Dokumentationsprinzip

Schließlich erfordert das Dokumentationsprinzip, dass sämtliche Leistungen des Unternehmens sowie seiner Vertragspartner schriftlich und vollständig dokumentiert werden.[33] Dies gilt nicht nur etwa für Beraterverträge oder Gutachtenaufträge selbst, sondern auch für die auf dieser Grundlage ausgetauschten Leistungen, insbesondere Gutachter- und Beratungsleistungen. Die Einhaltung dieses Prinzips erleichtert es dem Unternehmen, ordnungsgemäß abgewickelte und rechtlich nicht zu beanstandende Rechtsbeziehungen des Unternehmens mit Mitarbeitern von Behörden oder denen anderer Unternehmen anhand einer vollständigen Dokumentation der zu Grunde liegenden Vertragsbeziehungen und der erbrachten gegenseitigen Leistungen auch später **genau nachzuvollziehen**. Hierdurch kann ein späterer Verdacht unlauterer bzw. strafbarer Momente vermieden oder ausgeräumt werden. Darüber hinaus sollten entsprechende Verträge schriftlich abgeschlossen werden.[34]

48

Wie bereits bei den oben genannten Prinzipien ist auch das Dokumentationsprinzip nicht nur in Fällen von Bedeutung, in denen es um die Unterbindung unlauterer Einflussnahmen des eigenen Unternehmens auf Mitarbeiter von Behörden oder Mitarbeiter anderer Unternehmen geht. Vielmehr sollten von dem Untenehmen auch alle Vorgänge sorgfältig dokumentiert werden, die seinem eigenen Schutz vor missbräuchlichen Einflussnahmen durch Dritte gelten, etwa im Hinblick auf die **Offenlegung und Genehmigungsanträge** eigener Mitarbeiter im Zusammenhang mit deren Nebentätigkeiten für andere Unternehmen oder auch mit Einladungen eigener Mitarbeiter durch andere Unternehmen zu Betriebsbesichtigungen oder Fortbildungsveranstaltungen.

49

---

[33] Siehe hierzu auch *Hauschka*, AG 2004, 461, 464 f.
[34] Die Einhaltung des Schriftlichkeitserfordernisses ist insbesondere bei Verträgen der pharmazeutischen oder medizintechnologischen Industrie mit Ärzten von Bedeutung, da § 333 Abs. 1 Satz 2 MBO-Ä vorsieht, dass Verträge über die Zusammenarbeit mit der Industrie schriftlich zu schließen sind und der Ärztekammer (auf deren Nachfrage) vorgelegt werden sollen. Ein Schriftlichkeitserfordernis sehen daher auch die Verhaltensempfehlungen der Verbände der pharmazeutischen Industrie sowie der „FS Arzneimittelindustrie"-Kodex vor (siehe hierzu auch: *Dieners* [Fn. 7], Kap. 9 Rn. 139).

5. Weitere Prinzipien

50 Neben den genannten Grundprinzipien kann sich – je nach den konkreten Branchengegebenheiten – bei der Gestaltung von Vertrags- und Leistungsbeziehungen die Einhaltung weiterer Prinzipien empfehlen. Hierzu gehören etwa im Bereich der **universitären Drittmittelforschung** die „Prinzipien der Bargeldlosigkeit", der „Kontendistanz" und der „Fremdnützigkeit", die vor allem im Bereich der medizinischen Forschung missbräuchliche Einflussnahmen von Unternehmen auf Klinikärzte ausschließen sollen.[35]

III. Ausgestaltung der Rechtsbeziehungen mit Dritten

51 Die genannten Prinzipien der Trennung, Transparenz, Äquivalenz und Dokumentation stellen Orientierungspunkte dar, wenn es darum geht, wie die Rechtsbeziehungen des Unternehmens mit Dritten im Einzelfall ausgestaltet werden können. Ihre Anwendung ist insbesondere hilfreich, um die erforderlichen **Grenzlinien** zu rechtlich missbräuchlichen Einflussnahmen zu ziehen, und zwar auch dann, wenn eine derartige Bestimmung auf Grund des Fehlens eindeutiger spezialgesetzlicher Normen nicht ohne weiteres möglich ist. Für die Analyse der Rechtsbeziehungen eines Unternehmens mit Dritten sowie die hieraus abzuleitenden Verhaltensregeln bietet sich (aufgrund unterschiedlicher Risikopotentiale und rechtlicher Anforderungen) eine **Differenzierung** zwischen **einseitigen** und **gegenseitigen Leistungsbeziehungen** an.

1. Einseitige Leistungen

a) Grundsätzliche Überlegungen

52 Einseitige Leistungen liegen immer dann vor, wenn von Seiten eines Unternehmens eine Zuwendung gewährt wird, **ohne dafür eine Gegenleistung** zu erhalten. Wesen und Zweck einseitiger Leistungen können unterschiedlichster Natur sein. Sie können, wie etwa Bewirtungen oder Geschenke, Zuwendungen im Rahmen der normalen gesellschaftlichen Ordnung und damit nicht zu beanstanden sein, sofern sie „sozialadäquat" sind. Die Spende eines Unternehmens an einen Fußballverein zur Förderung des Baus eines neuen Clubheims oder an ein gemeinnütziges Krankenhaus zur Beschaffung neuer Diagnosegeräte können Ausdruck der gesellschaftlichen und sozialen Verantwortung eines Unternehmens im Sinne eines „good citizenship" des Unternehmens sein. Entsprechend wenig ist grundsätzlich daran auszusetzen, wenn etwa ein Rüstungsunternehmen bestimmte Mitarbeiter des Verteidigungsministeriums oder ein Zulieferer die Mitarbeiter eines Automobilherstellers zu einer Betriebsbesichtigung einlädt, um neue Entwicklungen vorzustellen. Dasselbe gilt für ein pharmazeutisches Unternehmen, das Klinikärzten im Rahmen einer Fortbildungsveranstaltung die Ergebnisse seiner jüngsten Forschungen vorstellt.

53 Rechtlich problematisch können derartige einseitige Leistungsbeziehungen jedoch dann werden, wenn sie in **missbräuchlicher Art und Weise ausgestaltet oder instrumentalisiert** werden, um hierdurch Beschaffungsentscheidungen oder andere Maßnahmen eines Dritten in unlauterer Weise zu beeinflussen: Eine Bewirtung von Behördenver-

---

[35] Siehe hierzu *Ulsenheimer*, Arztstrafrecht in der Praxis, 3. Aufl. 2003, S. 434.

tretern oder Klinikärzten im öffentlichen Dienst findet nicht in einem angemessenen, bescheidenen Rahmen statt und hat nicht den Charakter eines Arbeitsessens, sondern erfolgt regelmäßig in Begleitung der Ehefrauen in Gourmetrestaurants. Die Spende an den Fußballverein oder das Krankenhaus wird in den Zusammenhang mit Verwaltungs- oder Beschaffungsentscheidungen zugunsten des spendenden Unternehmens gestellt. Hierzu gehört auch das Beispiel der Spende an eine politische Partei, um hierdurch ein Genehmigungsverfahren durch eine Kommune im Sinne des Unternehmens zu fördern oder zu beschleunigen (siehe hierzu auch Rn. 108 ff.). Die Einladung von Behördenvertretern oder Mitarbeitern anderer Unternehmen zu Betriebsbesichtigungen oder Fortbildungsveranstaltungen umfasst auch die Erstattung von Reise- und Übernachtungskosten mit privaten Anschlussaufenthalten ohne Kenntnis oder gar Zustimmung der Dienstherren oder Arbeitgeber dieser Mitarbeiter. In solchen Fällen ist, auch wenn sie nicht immer zwingend zur Annahme eines Verstoßes gegen die bestehenden Korruptionsbekämpfungsgesetze führen, jedenfalls der Anschein eines derartigen Verstoßes nicht von vornherein auszuschließen.

Ungeachtet davon, ob das Unternehmen (etwa der Hersteller von Diagnosegeräten) die 54 Unterbindung unzulässiger Einflussnahmen auf Dritte oder ein Unternehmen (etwa ein Krankenhaus oder eine Universitätsklinik) die Abwehr solcher Einflussnahmen auf eigene Mitarbeiter durch Dritte im Auge hat, kommt es im Hinblick auf die Regelung zur Sicherung eines ordnungsgemäßen Verhaltens der Mitarbeiter auf Folgendes an: Es ist im Einzelnen zu bestimmen, **ob und gegebenenfalls unter welchen Voraussetzungen** entweder einseitige Leistungen gewährt bzw. solche von Mitarbeitern angenommen werden dürfen. Hierbei ist zu berücksichtigen, dass einseitige Leistungen an Mitarbeiter des öffentlichen Dienstes in besonderem Maße das Risiko bergen, unter dienst- und strafrechtlichen Gesichtspunkten als unzulässige Einflussnahmen auf Verwaltungs- oder Beschaffungsentscheidungen gewertet zu werden. Die Einfügung des Tatbestandes des „Drittvorteils" in die gesetzlichen Tatbestände der Korruptionsdelikte hat diese Problematik noch weiter erhöht (Rn. 40). Es empfiehlt sich daher unter dem Gesichtspunkt der Unterbindung unzulässiger Einflussnahmen auf Dritte, dass die Gewährung einseitiger Leistungen zum Zwecke der strafrechtlichen Risikominimierung entweder völlig vermieden oder mit besonderer Sorgfalt ausgestaltet und geregelt wird. Als Anhaltspunkte können hierbei behördliche Leitlinien dienen, wie etwa die Verwaltungsvorschriften der Länder zur Annahme von Belohnungen und Geschenken[36] oder – für den Bereich der Drittmittelforschung – die Drittmittelrichtlinien der Länder.[37] Hilfreich sind vielfach auch die in verschiedenen Branchen vorhandenen Empfehlungen oder Kodices.

---

[36] Vgl. etwa die Verwaltungsvorschrift zur Durchführung des Landesbeamtengesetzes (Baden-Württemberg) v. 18.7.2003; GVBl. 2003 S. 502; die Gemeinsame Bekanntmachung der Bayerischen Staatskanzlei, der Bayerischen Staatsministerien, der Bayerischen Staatsministerien für Bundesangelegenheiten und des Bayerischen Obersten Rechnungshofes über die Annahme von Belohnungen oder Geschenken durch die Bediensteten des Freistaates Bayern v. 7.11.1995 – Nr. 21 – P 1011-3/62-67 091 (GeM-BekBoG), FMBl. v. 28.12.1995, S. 534 ff.; die Ausführungsvorschriften über die Annahme von Belohnungen und Geschenken des Berliner Innensenates v. 9.3.1990 – Inn II A 11, Dienstblatt des Senates von Berlin v. 23.3.1990, S. 87 ff.; die Verwaltungsvorschrift des Innenministeriums Brandenburg über die Annahme von Belohnungen und Geschenken durch Beschäftigte des Landes Brandenburg v. 12.4.1996, Amtsblatt für Brandenburg v. 2.5.1996, S. 418 ff.; den Erlass des Innenministeriums des Landes Mecklenburg-Vorpommern zum Verbot der Annahme von Belohnungen und Geschenken in der öffentlichen Verwaltung v. 6.5.1999 – II 250 b-0312-2, Amtsblatt für Mecklenburg-Vorpommern, S. 558 ff. oder das Verbot der Annahme von Belohnungen und Geschenken durch die Beschäftigten des Landes Schleswig-Holstein v. 13.7.1999 – IV 222 – 0312.20, Abl. Schl.-H. 1999.

[37] Nachweis der Drittmittelerlasse der Länder bei *Göben*, Drittmittelbeschaffung, in: Eiff/Fenger (Hrsg.), Der Krankenhausmanager, Bd. 2, 2. Aufl. 2002, Kap. 12/03.

b) Typische Formen

55 Einseitige Leistungen werden in der Praxis vor allem in Form von Geschenken oder Bewirtungen erbracht, die Mitarbeitern Dritter gewährt werden. Daneben werfen Spenden an gemeinnützige Organisationen sowie die Einladung zu Betriebsbesichtigungen und Fortbildungsveranstaltungen eine Reihe von Fragen auf, für die im Rahmen von Verhaltensrichtlinien **klare Vorgaben** geschaffen werden sollten.

56 aa) **Geschenke.** Die Gewährung von Geschenken an Behördenvertreter oder Mitarbeiter anderer Unternehmen birgt in besonderem Maß das rechtliche Risiko, als eine **unzulässige Zuwendung** im Sinne der Korruptionsdelikte (§§ 331 ff., 299 StGB) betrachtet zu werden, da ihnen ihrer Natur nach keine Gegenleistung gegenübersteht. Die Korruptionsdelikte knüpfen nämlich an dem Tatbestandsmerkmal des „Vorteils" an. Um einen Vorteil handelt es sich bei jeder Leistung des Zuwendenden, auf die der Empfänger keinen rechtlich begründeten Anspruch hat und die ihn materiell oder immateriell in seiner wirtschaftlichen, rechtlichen oder auch nur persönlichen Lage objektiv besser stellt.[38] Der für die Erfüllung des Tatbestandes der Korruptionsdelikte (etwa § 331 Abs. 1 StGB) weiter vorausgesetzte Zusammenhang zwischen Dienstausübung und Zuwendung fehlt im Regelfall nur in den Fällen der **Sozialadäquanz**. Als sozialadäquat können insofern nur solche Leistungen angesehen werden, die der Höflichkeit oder Gefälligkeit entsprechen und als gewohnheitsrechtlich anerkannt gelten. Hierbei soll es darauf ankommen, ob nach den Umständen des Einzelfalls Art und Umfang des geforderten oder empfangenen Vorteils seinen Charakter als „Gegenleistung" für dienstliche Tätigkeiten und daher die Vermutung unlauterer Vermischung von dienstlichen und privaten Belangen nahe legen.[39]

57 Vor dem Hintergrund des strafrechtlichen Risikopotentials der Gewährung von Geschenken, aber auch angesichts der hiermit möglicherweise verbundenen Einflussnahme Dritter auf Handlungen und vor allem Beschaffungsentscheidungen eigener Mitarbeiter, stellt sich die Frage der **genauen Ausgestaltung** von Regelungen zur Gewährung bzw. Annahme von Geschenken sowohl im Hinblick auf die Unterbindung von missbräuchlichen Einflussnahmen auf die Mitarbeiter Dritter als auch hinsichtlich der Abwehr solcher Einflussnahmen auf eigene Mitarbeiter durch Dritte.

58 Unter beiden Perspektiven wird hierbei zu entscheiden sein, ob die Gewährung bzw. Annahme von Geschenken **überhaupt zugelassen** werden soll. Zum Zwecke einer effektiven Korruptionsprävention stellt ein generelles Geschenkverbot ohne Zweifel die einfachste und rechtlich sicherste Möglichkeit dar, insbesondere dann, wenn dies das Verhältnis zu Behördenvertretern oder Angestellten im öffentlichen Dienst – und damit zu Amtsträgern – betrifft. Auf der anderen Seite ist zu berücksichtigen, dass bestimmte Geschenke, vor allem Werbegeschenke (etwa geringwertige Kugelschreiber, Notizblöcke oder Kalender), als Weihnachts- oder Neujahrsgeschenke durchaus als sozialadäquat angesehen werden können und damit auch vor dem Hintergrund der Korruptionsdelikte zulässig sind. Sofern hier eine Ausnahme von dem generellen Geschenkverbot gemacht werden sollte, empfiehlt es sich, **genaue Wertgrenzen** vorzusehen, um eine standardisierte Handhabung zu ermöglichen. Dies kann auch organisatorisch dadurch erreicht werden, dass auf Seiten des Unternehmens eine zentrale Stelle mit der Auswahl und Bereitstellung entsprechender Geschenke betraut wird (siehe auch Rn. 89). Auch hier ist jedoch darauf zu achten, dass Werbegeschenke das Kriterium der Sozialadäquanz erfüllen.

---

[38] *Tröndle/Fischer* (Fn. 2), § 331 Rn. 11; BGHSt 31, 279.
[39] *Tröndle/Fischer* (Fn. 2), § 331 Rn. 25 ff. m.w.N.; siehe hierzu auch *Fuhrmann*, GA 59, 97 ff. u. *Creifelds*, GA 62, 32 ff. Nach *Tröndle/Fischer*, a.a.O., Rn. 26, sollen Geschenke an Amtsträger im Wert von mehr als 30 Euro (Stand: 2004) „ohne besonderen Anlass" auch bei herausgehobenen Dienstposten „kaum als sozialadäquat anzusehen sein".

Dies gilt nicht nur im **Verhältnis zu Amtsträgern**, bei denen ohnehin strengere Maßstäbe anzulegen sind,[40] sondern auch in der **Privatwirtschaft**. Kriterien für die Ausgestaltung und die zu beachtenden Grenzen bei der Gewährung und Annahme von Geschenken lassen sich im Hinblick auf den öffentlichen Bereich aus den Verwaltungsvorschriften der Länder zur Annahme von Belohnungen und Geschenken ableiten, wonach dem Grundsatz nach jede Zuwendung zu genehmigen ist. Die Zustimmung zur Annahme derartiger Vorteile darf danach nur erteilt werden, wenn nach Lage des Falles nicht zu besorgen ist, dass die Annahme die objektive Amtsführung beeinträchtigt oder bei dritten Personen, die von der Zuwendung Kenntnis erlangen, den Eindruck einer Befangenheit entstehen lassen könnte. Als stillschweigend genehmigt gilt insofern nur die Annahme „von nach allgemeiner Auffassung nicht zu beanstandenden geringwertigen Aufmerksamkeiten [...] im herkömmlichen Umfang".[41]

Detaillierte Anhaltspunkte zur Ausgestaltung von Geschenkregelungen finden sich vielfach in **Branchen-Empfehlungen** oder **Branchen-Kodices** sowie in berufsrechtlichen Regelungen. Als ein besonders anschauliches Beispiel kann auch hier der Bereich des Gesundheitswesens dienen, der auf Grund der besonders engen Zusammenarbeit der Industrie mit Ärzten, aber auch vor dem Hintergrund einer Vielzahl von Ermittlungsverfahren der letzten Jahre, eine besonders hohe Dichte derartiger Empfehlungen und Kodices aufweist,[42] die aus verschiedenen Richtungen detaillierte Vorgaben machen, um Orientierungspunkte zu bieten, was in der Praxis noch als „sozialadäquat" zu verstehen ist. Nach dem „Gemeinsamen Standpunkt zur strafrechtlichen Bewertung der Zusammenarbeit zwischen Industrie, medizinischen Einrichtungen und deren Mitarbeitern", der im Oktober 2000 von einer Reihe der im Gesundheitswesen tätigen Verbänden herausgegeben worden ist, ist Mitarbeitern medizinischer Einrichtungen die Annahme von Geschenken ohne Zustimmung des Dienstherrn bzw. Arbeitgebers grundsätzlich untersagt. Nach der sowohl für Klinikärzte als auch für niedergelassene Ärzte geltenden Regelung des § 32 MBO-Ä des ärztlichen Berufsrechts ist es dem Arzt nicht gestattet, Geschenke oder andere Vorteile für sich oder Dritte zu fordern, sich oder Dritten versprechen zu lassen oder anzunehmen, wenn hierdurch der Eindruck erweckt wird, dass die Unabhängigkeit der ärztlichen Entscheidung beeinflusst wird. Nach § 32 Satz 2 MBO-Ä liegt eine derartige Beeinflussung nicht vor, wenn der Wert des Geschenkes oder des anderen Vorteils geringfügig ist. Von Bedeutung ist in diesem Zusammenhang auch die heilmittelwerbe-

59

---

[40] *Tröndle/Fischer* (Fn. 2), § 331 Rn. 26.
[41] Vgl. etwa die Gemeinsame Bekanntmachung der Bayrischen Staatskanzlei, der Bayrischen Staatsministerien, der Bayrischen Staatsministerien für Bundesangelegenheiten und des Bayrischen Obersten Rechnungshofes über das Verbot der Annahme von Belohnungen oder Geschenken durch die Bediensteten des Freistaates Bayern (die GemBekBoG) vom 7.11.1995 (Fn. 36).
[42] Für die Bundesrepublik Deutschland siehe etwa den „Gemeinsamen Standpunkt zur strafrechtlichen Bewertung der Zusammenarbeit zwischen Industrie, medizinischen Einrichtungen und deren Mitarbeitern (abgedruckt in: *Dieners* [Fn. 7], S. 331) oder den „Kodex der Mitglieder des Vereins ‚Freiwillige Selbstkontrolle für die Arzneimittelindustrie e.V.'" (abgedruckt ebd., S. 321 ff.). Siehe für Österreich den „Verhaltenskodex in Österreich" v. 27.4.2001 von Pharmig, Vereinigung pharmazeutische Unternehmen (www.pharmig.at/pharmig/2001/deutsch/) oder für die Schweiz den von den dortigen Verbänden der pharmazeutischen Industrie herausgegebenen „Verhaltenskodex der pharmazeutischen Industrie der Schweiz (Pharmakodex)" v. 4.12.2003 (www.vips.ch/media/Pharmakodex_2004_D_def.pdf). Im Vereinigten Königreich hat der „Code of Practice for the Pharmaceutical Industry" (2003 Edition) der Association of the British Pharmaceutical Industry (ABPI) große Bedeutung (www.abpi.uk/%2Fpublications% 2Fpdfs%2Fcode-ofpractice03.pdf). In den USA existieren bedeutende Verhaltenskodices der pharmazeutischen Industrie (PhRMA Code on Interactions with Healthcare Professionals v. 1.7.2002, hrsg. v. The Pharmaceutical Research and Manufacturers of America, PhRMA, www.pharma.org/publications/policy&2004-01-19.391.pdf) sowie der medizintechnologischen Industrie (Code of Ethics on Interactions with Health Care Professionals) v. 3.9.2002, hrsg. v. Advanced Medical Technology Association, AdvaMed, www.advamed.org.pulicdoes/code_of_ethics.pdf). Zur Situation im Ausland auch *Fenger/Göben*, Sponsoring im Gesundheitswesen, 2004, S. 195 ff.

rechtliche Regelung des § 7 Abs. 1 HWG, die dem Grundsatz nach ein Verbot vorsieht, im Rahmen der produktbezogenen Werbung für Heilmittel Zuwendungen oder sonstige Werbegaben anzubieten, zu gewähren, zu fordern oder anzunehmen. Demnach beschränkt sich im Gesundheitswesen die Möglichkeit zur Gewährung von Geschenken an Ärzte ebenfalls dem Grundsatz nach auf „sozialadäquate Zuwendungen", also Werbegaben von geringem Wert (bei einer produktbezogenen Werbung) sowie Zuwendungen im Rahmen der normalen gesellschaftlichen Ordnung, sofern es sich nicht um eine produktbezogene Werbung handelt. Eine betragsmäßige Höchstgrenze ist hierfür nicht gesetzlich geregelt. Die Erläuterungen der Bundesärztekammer zu § 32 Abs. 3 MBO-Ä sehen insofern allerdings eine generelle Höchstgrenze von EUR 50,00 vor,[43] die für Klinikärzte zum Teil niedriger angesetzt wird.[44] Bei regelmäßigen Zuwendungen, die im Einzelfall innerhalb dieser Grenzen liegen, soll nach den Erläuterungen der Bundesärztekammer nicht der Wert der einzelnen Leistungen zu Grunde gelegt, sondern eine Gesamtbetrachtung vorgenommen werden. Um jede auch nur denkbare Beeinflussung ihrer Mitarbeiter auszuschließen, untersagen verschiedene Kliniken die Gewährung von Geschenken an die bei ihnen tätigen Ärzte bzw. deren Annahme in ihren klinikinternen Dienstanweisungen auch kategorisch.[45]

60   **bb) Spenden.** In der Praxis werden von Unternehmen oftmals an gemeinnützige Einrichtungen oder Organisationen Spenden für karitative, mildtätige oder politische Zwecke gewährt. Rechtlich problematisch kann die Gewährung von Spenden dann werden, wenn das Unternehmen und die gemeinnützige Einrichtung oder Organisation gleichzeitig in Geschäftsbeziehungen stehen oder von den einwerbenden Personen (Behördenvertreter oder politische Amtsträger) Verwaltungsentscheidungen bzw. Einflussnahmen hierauf zu erwarten sind. Die **Parallelität von Geschäfts- und Spendenbeziehungen** ist etwa bei Unternehmen der pharmazeutischen oder medizintechnologischen Industrie anzutreffen, die gemeinnützigen Kliniken oder mildtätigen Organisationen (etwa dem DRK) Spenden zum Zwecke der Unterstützung von Forschung und Lehre, zur Verbesserung der Gesundheits- bzw. Patientenversorgung oder für andere mildtätige Zwecke gewähren. Auch wenn derartige Geschäftsbeziehungen zwischen dem Unternehmen und der gemeinnützigen Institution nicht bestehen sollten, sind strafrechtliche Risiken nicht ohne weiteres auszuschließen. Dies ist etwa dann der Fall, wenn ein Behördenvertreter oder ein Mitarbeiter eines Unternehmens der öffentlichen oder privaten Hand für Verwaltungs- oder Beschaffungsentscheidungen zuständig ist und gleichzeitig gegenüber dem Antragsteller oder Lieferanten eine Spende für eine von seinem Dienstherrn oder Arbeitgeber unabhängige Institution einwirbt: Der Behördenvertreter ist etwa Vorsitzender eines Fußballvereins und wirbt während eines laufenden Genehmigungsverfahrens bei dem antragstellenden Unternehmen eine Spende für den Bau eines Clubheims ein. Der Chefarzt einer Universitätsklinik, der Mitglied der Arzneimittelkommission des Klinikums und zugleich für die Beschaffung von Medizinprodukten zuständig ist, ist gleichzeitig Mitglied einer medizinisch-wissenschaftlichen Fachgesellschaft

---

[43] Siehe www.gaek.de/30/berufsordnung/11Zusammenarbeit.html.
[44] Hierzu *Dieners* (Fn. 7), Kap. 6 Rn. 61; Kap. 9 Rn. 260.
[45] Unternehmen in privater Trägerschaft erlauben ihren Mitarbeitern vielfach die Annahme von Geschenken nur bis zu einer bestimmten Wertgrenze oder sehen die Anzeige gegenüber dem Vorgesetzten oder einer zentralen Stelle vor. Im Verhältnis der pharmazeutischen Industrie zu niedergelassenen Ärzten sowie Klinikärzten ist ferner zu beachten, dass § 7 Abs. 2 des Kodex der Mitglieder des Vereins „Freiwillige Selbstkontrolle für die Arzneimittelindustrie e.V." für die diesem Kodex unterworfenen Unternehmen (www.fs-arzneimittelindustrie.de) eine erhebliche Verschärfung gegenüber der gesetzlichen Regelung des § 7 Abs. 1 HWG, aber auch gegenüber §§ 32 und 33 Abs. 3 MBO-Ä vorsieht, indem die Abgabe von Geschenken im Rahmen einer produktunabhängigen „Imagewerbung" nur zu „besonderen Anlässen" (etwa bei Praxiseröffnungen und -veränderungen, Jubiläen, die Ernennung zum Ober- oder Chefarzt oder Emeritierung von Professoren) in einem sozialadäquaten Rahmen zulässig sein soll.

und wirbt zu Gunsten dieser Fachgesellschaft von den pharmazeutischen und medizintechnologischen Unternehmen, mit denen er in Geschäftsbeziehungen steht, Spenden ein. Der Bürgermeister einer Kommune, der ein maßgeblicher Entscheidungsträger im Hinblick auf ein Bauprojekt ist, wirbt als Bezirksvorsitzender seiner Partei eine Spende bei einem Unternehmen ein, das als Auftragnehmer des Bauprojekts in Betracht kommt.

Grundsätzlich ist auch bei der Gewährung von Spenden das „Trennungsprinzip" **61** (Rn. 42 f.) zu beachten. Auch Spenden dürfen demnach **nur unabhängig von Umsatzgeschäften** eingeworben oder gewährt werden und nicht zur Voraussetzung von Umsatzgeschäften gemacht werden. Soweit eine Spendengewährung an gemeinnützige Einrichtungen in Betracht kommen sollte, mit denen das Unternehmen in Geschäftskontakten steht, sollte darauf geachtet werden, dass die Spenden nur auf ein Spenden- oder Drittmittelkonto erfolgen, das in der Verfügungsgewalt der Verwaltung der betroffenen gemeinnützigen Einrichtung steht. In der jüngsten Vergangenheit hat insbesondere die Gewährung von Spenden im Bereich der universitären Drittmittelforschung auf Privatkonten von Chefärzten oder ärztlichen Abteilungsdirektoren zu Problemen geführt, da hierdurch nach Auffassung verschiedener Staatsanwaltschaften der Eindruck erweckt wurde, die Spenden dienten individuellen persönlichen Interessen der Beschäftigten dieser Einrichtungen.[46] Durch die Einbeziehung der Krankenhaus- und Universitätsverwaltungen bei der Einwerbung und Administration von solchen Spenden kann ein derartiger Eindruck vermieden werden. Entsprechendes gilt, wenn Spendengelder etwa für Fördervereine von Krankenhäusern oder Universitätskliniken eingeworben werden. Hier sollten die Dienstherren bzw. Arbeitgeber der einwerbenden Klinikärzte (d.h. in der Regel die Verwaltung) in die Administration der Spenden eingebunden sein.

Die Notwendigkeit der vorherigen Einbeziehung des Dienstherrn bzw. Arbeitgebers **62** folgt auch hier vor allem aus den geltenden Korruptionsbekämpfungsgesetzen. Danach besteht ein Strafbarkeitsrisiko für diejenigen, die als Amtsträger oder Angestellte Vorteile für sich oder einen Dritten fordern, sich versprechen lassen oder annehmen. Folglich kann das Strafbarkeitsrisiko durch die **vorherige Genehmigung der Dienstherren** bzw. **Arbeitgeber** weitgehend minimiert werden. Voraussetzung ist allerdings auch hier, dass die Annahme bzw. Gewährung von Spenden nicht im Zusammenhang mit Beschaffungsentscheidungen steht. Diese Grundregeln sind in der Praxis in denjenigen Fällen erfahrungsgemäß nicht ohne weiteres um- bzw. durchsetzbar, in denen die Spende nicht für eine bestimmte gemeinnützige Einrichtung, mit der das Unternehmen in Geschäftsbeziehungen steht, sondern an eine von dieser Einrichtung unabhängige Institution (etwa an wissenschaftliche Fachgesellschaften oder andere gemeinnützige Organisationen) gewährt werden soll. Da auch in diesen Fällen ein Strafbarkeitsrisiko in Folge der Drittvorteilsproblematik (Rn. 40) nicht ausgeschlossen werden kann, ist zu empfehlen, dass in diesen Fällen ebenfalls die Dienstherren und Arbeitgeber der einwerbenden Mitarbeiter die Einwerbung bzw. Gewährung der Spende vorher genehmigen oder im Sinne des Transparenzprinzips durch eine vorherige Offenlegung zumindest hierüber informiert werden. Diese Empfehlung gilt nicht nur für solche Mitarbeiter, die als Funktionsträger (etwa als Vorsitzende oder Schatzmeister) Spenden für solche Organisationen einwerben, sondern auch für sonst einwerbende Mitarbeiter, die lediglich einfache Mitglieder dieser Organisationen sind oder Spenden einwerben, ohne selbst dieser Organisation anzugehören. In der Praxis hat sich die Einholung von Genehmigungen in solchen Fällen vielfach als schwierig oder unmöglich herausgestellt, da die zuständigen Verwaltungsstellen oder Geschäftsführungen von Unternehmen (etwa medizinischen Einrichtungen) oftmals die Notwendigkeit einer Genehmigung nicht einsehen oder aber nach ihrer Auffassung nicht über die notwendigen Hintergrundinformationen zur Erteilung einer Geneh-

---

[46] Zu strafrechtlichen Fragen im Zusammenhang der Gewährung von Spenden an universitäre Einrichtungen s. *Dauster*, NStZ, 1999, 63 ff.

migung verfügen. Aus diesem Grund empfiehlt etwa der „Gemeinsame Standpunkt zur strafrechtlichen Bewertung der Zusammenarbeit zwischen Industrie, medizinischen Einrichtungen und deren Mitarbeitern"[47] im Hinblick auf die Spendengewährung von Unternehmen der pharmazeutischen und medizintechnologischen Industrie, dass aus Gründen einer möglichst weitreichenden Risikominimierung und unter dem Gesichtspunkt des sog. „Drittvorteils" bzw. zu Dokumentationszwecken zumindest die entsprechende Information an den Dienstherrn bzw. Arbeitgeber gegeben werden soll.

63 Sofern die Dienstherren bzw. Arbeitgeber mit der Verwaltung der gemeinnützigen Einrichtung identisch sind, der die Spende zugute kommen soll, ist zu empfehlen, dass auch die **vorgesetzte Behörde** des Dienstherrn bzw. des Arbeitgebers die Einwerbung bzw. Gewährung der Spende vorher genehmigt. Der Grund hierfür besteht darin, dass es rechtlich bisher nicht eindeutig geklärt ist, ob der Dienstherr bzw. Arbeitgeber die Gewährung eines Vorteils auch dann genehmigen kann, wenn der genehmigte Vorteil der von ihm verwalteten Einrichtung selbst zugute kommt. Dies führt im Regelfall dazu, dass in diesen Fällen auch der Träger der gemeinnützigen Einrichtung einzubeziehen ist, der die Spende gewährt werden soll. Hier sollte es jedoch ausreichen, wenn eine generelle Genehmigung des Trägers vorliegt und die entsprechende Verwaltungsstelle das Vorliegen dieser Genehmigung gegenüber dem spendenden Unternehmen bestätigt. Die genannten Grundsätze gelten auch im Hinblick auf Sachspenden an gemeinnützige Einrichtungen oder andere gemeinnützige Organisationen, etwa im Zusammenhang mit der Überlassung von Geräten oder Fachliteratur.

64 Aus Sicht der Leitungsorgane oder anderer Mitarbeiter eines Unternehmens ist schließlich zu berücksichtigen, dass die Gewährung von Spenden unter bestimmten Umständen als schwerwiegender Verstoß gegen zivil- oder gesellschaftsrechtliche Pflichten eine Strafbarkeit wegen Untreue (§ 266 StGB) zur Folge haben kann. Dies soll jedenfalls dann nahe liegen, wenn keine Nähe zum Unternehmensgegenstand besteht, oder die Spendengewährung im Hinblick auf die Ertrags- und Vermögenslage unangemessen ist, oder die innerbetriebliche Transparenz fehlt, oder wenn sachwidrige Motive vorliegen, wie beispielsweise bei der Verfolgung rein persönlicher Präferenzen.[48] Hieraus sowie aus der Rechtsprechung zum „Sponsoring" wird der hohe Stellenwert eines **formalisierten Verfahrens** im Unternehmen und insbesondere der **unternehmensinternen Transparenz** abgeleitet. Diese Gesichtspunkte sind daher bei der Festlegung entsprechender Verhaltensregeln und Verfahren für die Gewährung von Spenden ebenfalls zu berücksichtigen.[49]

65 cc) **Bewirtungen.** Ähnlich wie Geschenke (Rn. 56 ff.) können auch Bewirtungen unter bestimmten Umständen als unzulässige Einflussnahmen auf Mitarbeiter Dritter bzw. eigene Mitarbeiter betrachtet werden, so dass sich für das Unternehmen auch hier die Etablierung von entsprechenden Regeln empfiehlt. Die Bewirtung als Mittel der Einflussnahme ist auch hier nicht zwingend, wenn die Bewirtung als „sozialadäquat" angesehen werden kann, also den **„allgemeinen Regeln der Höflichkeit und Gefälligkeit"** entspricht und nach den Umständen des Einzelfalls Art und Umfang der Bewirtung nicht den Charakter einer „Gegenleistung" für behördliche Maßnahmen oder Beschaffungsentscheidungen nahe legt. Die Frage, ob und wann die Grenze der Sozialadäquanz überschritten wird, ist generell nicht ohne weiteres zu bestimmen und hängt von einer Vielzahl von Umständen ab, wie etwa dem sozialen oder rechtlichen Status der bewirteten Personen (Amtsträger oder Privater), dem Anlass, Umfang und dem Charakter sowie der

---

[47] Abgedruckt bei: *Dieners* (Fn. 7), S. 331 ff.
[48] BGH, NJW 2002, 1587; hierzu auch *Hefermehl/Spindler*, in: Kropff/Semler (Fn. 16), § 93 Rn. 31 m.w.N.
[49] *Taschke*, Strafbewehrung, in: Semler/Peltzer (Hrsg.), Arbeitshandbuch für Vorstandsmitglieder, 2005, § 11 Rn. 7.

Häufigkeit der Bewirtungen. Die Rechtsprechung hat etwa regelmäßige Bewirtungen eines Amtsträgers und seiner Ehefrau in Gourmetrestaurants als unzulässige Vorteile im Sinne der Korruptionsdelikte angesehen.[50] Gleichzeitig sieht sie auch umfangreiche Bewirtungen von Vorstandsmitgliedern öffentlicher Sparkassen durch kreditsuchende Firmen im Einzelfall als unbedenklich an.[51] Zudem ist zu beachten, dass bei der Bewirtung von Privaten im Vergleich zu der Bewirtung von Amtsträgern sehr unterschiedliche Kriterien an die Sozialadäquanz angelegt werden.

Unternehmen, die ihren Mitarbeitern klare Handlungsanweisungen für die Gewährung bzw. Annahme von Bewirtungen geben möchten, stehen vor dem Problem, einerseits vernünftige, mit der allgemein akzeptierten gesellschaftlichen Ordnung im Einklang stehende und gleichzeitig **generalisierende Vorgaben** zu machen, die Auswüchse und damit Korruptionsrisiken vermeiden. Dies kann dadurch geschehen, dass das Unternehmen im Rahmen der internen Verhaltensregeln genau definiert, unter welchen Umständen eine Bewirtung als angemessen und sozialadäquat angesehen werden kann und den gesellschaftlich allgemein anerkannten Regeln des Umgangs und der Höflichkeit entspricht, denen man sich nicht entziehen kann, ohne gegen gesellschaftlich allgemein anerkannte Formen zu verstoßen. Hierbei ist die Festlegung von absoluten Wertgrenzen auf Grund der gebotenen Einzelfallbetrachtung sowie auf Grund des verschiedenen sozialen oder rechtlichen Status des jeweils Bewirteten sowie der regional unterschiedlichen Bewirtungskosten nur schwer möglich. In der Praxis geben insbesondere Unternehmen, die als Lieferanten in Geschäftsbeziehungen zu Unternehmen der öffentlichen Hand stehen, ihren Mitarbeitern vielfach bestimmte Wertgrenzen zur „Orientierung" vor.[52] In anderen Fällen wird danach differenziert, ob es sich bei den Bewirteten um Amtsträger oder Private handelt, wobei für Amtsträger geringere Orientierungsgrößen vorgegeben werden oder eine Bewirtung von Amtsträgern schlichtweg nicht in Betracht kommt. Um den jeweiligen Mitarbeitern nicht nur die Orientierungs- sondern auch Höchstgrenzen vorzugeben, werden von anderen Unternehmen in der Praxis fixe Höchstbeträge vorgegeben, die bei der Bewirtung von Amtsträgern oder Privaten in keinem Fall überschritten werden dürfen. Die genannten Verfahrensweisen sind Ausdruck der Schwierigkeit, den jeweiligen Mitarbeitern einerseits die notwendige Flexibilität zu gewähren und andererseits klare und verlässliche Vorgaben zu geben, um das Angemessenheitskriterium von Bewirtungen erfüllen zu können.

Die **Bewirtung von Amtsträgern** im Rahmen von ausgesuchten Luxus- oder Gourmet-Restaurants sowie im Rahmen der sog. Erlebnisgastronomie kann im Regelfall nicht als „angemessen" oder sozialadäquat betrachtet werden. Auch sollte im Rahmen der internen Verhaltensregeln ausgeschlossen werden, dass Bewirtungen von einem Unterhaltungsprogramm begleitet werden, so dass Bewirtungen im Rahmen von Musikdarbietungen oder Varieté-Veranstaltungen ebenfalls regelmäßig als unzulässig anzusehen sein sollten, da in solchen Fällen der Unterhaltungs- oder Erlebnischarakter den notwendigen Arbeitscharakter der Bewirtung überlagert und diese damit nicht mehr als der Höflichkeit oder Gefälligkeit entsprechend oder als gewohnheitsrechtlich anerkannt angesehen werden kann. Entsprechende Überlegungen gelten für den Fall, dass die internen Verhaltensregeln die Abwehr von unzulässigen Einflussnahmen durch Dritte auf eigene Mitarbeiter zum Gegenstand haben.

dd) Betriebsbesichtigungen und Teilnahme an Fortbildungsveranstaltungen.
In verschiedenen Branchen ist die Einladung von Behördenvertretern und Mitarbeitern anderer Unternehmen zu Betriebsbesichtigungen oder zu Fort- und Weiterbildungs-

---

[50] BGH, MedR 2000, 193.
[51] BGHSt 31, 279.
[52] Siehe hierzu etwa *Hauschka* (Fn. 4), 880.

seminaren üblich und auch allgemein anerkannt, um etwa den gebotenen **Dialog** zwischen Behörden und der Industrie oder auch zwischen Unternehmen über neue technische Entwicklungen zu führen. Dies gilt etwa für den Bereich der Pharma- und Medizinprodukteindustrie im Hinblick auf die Vermittlung von Fachwissen über neue wissenschaftliche Kenntnisse und Therapieformen gegenüber Klinikärzten oder niedergelassenen Ärzten bzw. deren Mitarbeitern, die für eine sichere bzw. verbesserte Anwendung von Arzneimitteln und Medizinprodukten erforderlich sind. An Betriebsbesichtigungen und Fortbildungsseminaren nehmen aber auch im Bereich der Rüstungsindustrie Mitarbeiter der Streitkräfte und der Bundeswehrverwaltung teil, die sich mit der Beschaffung von Rüstungsgütern befassen. Die Teilnahme von Mitarbeitern an Betriebsbesichtigungen oder Fort- und Weiterbildungsveranstaltungen kommt allerdings nicht nur im Verhältnis des Unternehmens zu Behörden, sondern auch im Verhältnis zu anderen Unternehmen in privater Trägerschaft in Betracht, wenn etwa der Leiter der IT-Abteilung von dem Software-Provider des Unternehmens zu einer entsprechenden Weiterbildung eingeladen wird. Die Teilnahme an Betriebsbesichtigungen sowie Fort- und Weiterbildungsseminaren ist jedenfalls dann unproblematisch, wenn die Teilnahme entgeltlich durch Zahlung einer üblichen Teilnahmegebühr erfolgt.

69   Im Rahmen interner Verhaltensanweisungen wird dieser Bereich dann regelungsbedürftig, wenn etwa Angehörigen aus dem Bereich der Streitkräfte und der Bundeswehrverwaltung Seminarplätze verbilligt oder unentgeltlich angeboten werden oder etwa Pharma- oder Medizinprodukteunternehmen die Teilnahme von Ärzten an Symposien, Konferenzen, Kongressen, Fortbildungs- und Informationsveranstaltungen durch die Gewährung von Reise- und Unterbringungskosten unterstützen.[53] Derartige Unterstützungsleistungen bergen dem Grundsatz nach das **Risiko, als Gewährung unzulässiger Vorteile angesehen** zu werden. In bestimmten Branchen, etwa im Gesundheitswesen, haben die Kultusverwaltungen der Länder sowie die beteiligten Verkehrskreise allerdings genaue und inzwischen allgemein anerkannte Kriterien erarbeitet, die Orientierungspunkte vorgeben, ob und unter welchen Voraussetzungen etwa Klinikärzten die Annahme von derartigen Unterstützungsleistungen der Industrie zur Teilnahme an internen und externen Fortbildungs- und Weiterbildungsveranstaltungen möglich ist. Dies gilt auch für andere Industriebranchen, etwa den Bereich der Rüstungsindustrie, für den das Bundesministerium der Verteidigung detaillierte Regelungen zur „Teilnahme von Angehörigen der Streitkräfte und der Bundeswehrverwaltung an Seminaren der Wirtschaft" sowie zur „Annahme von Belohnungen und Geschenken" erlassen hat.[54]

70   Auch hier kommt eine genaue Regelung unter Berücksichtigung der einschlägigen gesetzlichen Vorgaben und **Verwaltungsvorschriften** sowie der gegebenenfalls bestehenden **Branchen-Empfehlungen und Branchen-Kodices** nicht nur im Hinblick auf die Unterbindung möglicher Korruptionstatbestände durch das eigene Unternehmen gegenüber Dritten, sondern auch im Hinblick auf die Abwehr möglicher unzulässiger Einflussnahmen auf eigene Mitarbeiter in Betracht. Dies kann etwa dadurch erfolgen, dass die Teilnahme als „Dienstaufgabe" rechtlich ausgestaltet wird und verbilligte Teilnahmen oder andere Vorteile nur der Anstellungskörperschaft, nicht aber den teilnehmenden Mitarbeitern zugewendet werden dürfen, wobei gleichzeitig die Teilnahme von Ehepartnern oder private Anschlussreisen etc. auszuschließen sind. Auch hier können die genannten Vorschriften, Empfehlungen und Kodices hilfreiche Orientierungspunkte bieten, die sich an den oben genannten Prinzipien der Trennung und der Transparenz orientieren.

---

[53] *Dieners* (Fn. 7), Kap. 6 Rn. 38 ff.
[54] VMBl 1992, S. 118 u. VMBl 1991, S. 270.

2. Leistungsaustauschbeziehungen

Leistungsaustauschbeziehungen eines Unternehmens mit Mitarbeitern von Behörden 71
oder anderer Unternehmen kommen insbesondere dann in Betracht, wenn diese Mitarbeiter **besondere Fachkenntnisse** besitzen (etwa im Bereich der klinischen Forschung), die für die eigene Unternehmenstätigkeit von Bedeutung sind (siehe Rn. 36). Unter korruptionsrechtlichen Gesichtspunkten können derartige Leistungsaustauschbeziehungen (etwa Berater- oder Gutachterverträge) unter bestimmten Voraussetzungen zum Problem werden, wenn gleichzeitig Kontakte oder Geschäftsbeziehungen zu den Anstellungskörperschaften der Vertragspartner bestehen.[55] Hier gilt es, das Auftreten derartiger Probleme durch die Festlegung bestimmter Kriterien im Hinblick auf die Ausgestaltung der Vertragsbeziehungen von vornherein zu vermeiden. Und auch hier bedeuten die oben genannten allgemeinen Prinzipien (Rn. 41 ff.) hilfreiche Orientierungen.

a) Keine unlautere Beeinflussung von Beschaffungsentscheidungen

Nach dem Trennungsprinzip dürfen Leistungsaustauschbeziehungen zwischen Unternehmen einerseits und der öffentlichen Hand bzw. deren Mitarbeitern andererseits **nicht dazu missbraucht** werden, Verwaltungs- oder Beschaffungsentscheidungen in unlauterer Weise zu beeinflussen. Dies bedeutet, dass der Abschluss von Verträgen mit der öffentlichen Hand oder deren Mitarbeitern, etwa über Beratungsleistungen, die Durchführung von klinischen Prüfungen oder Gutachtertätigkeiten, nicht dazu instrumentalisiert werden darf, Entscheidungen des jeweiligen Vertragspartners über bestimmte Verwaltungsakte oder den Bezug von Produkten zu veranlassen oder zu beeinflussen. Dies wäre etwa dann der Fall, wenn der Abschluss eines solchen Vertrags von Seiten des Unternehmens ausdrücklich oder auch nur implizit von derartigen Entscheidungen zu Gunsten des Unternehmens abhängig gemacht würde oder umgekehrt der Mitarbeiter der öffentlichen Hand als Vertragspartner Verwaltungs- oder Beschaffungsentscheidungen zu Gunsten des Unternehmens nur unter der Voraussetzung in Aussicht stellen würde, dass mit ihm ein entsprechender Vertrag geschlossen wird. 72

b) Sachliche Rechtfertigung der Vertragsbeziehung

Korruptionsbekämpfungsgesetze bezwecken den **Schutz der Lauterkeit** der öffentlichen Verwaltung. Lauterkeitsgesichtspunkte verfolgen daneben auch das allgemeine Wettbewerbsrecht und eine Reihe von speziellen Vorschriften für bestimmte Branchen (etwa im Bereich des Gesundheitswesens das Heilmittelwerbegesetz und das ärztliche Berufsrecht). Nach den Korruptionsbekämpfungsgesetzen darf nicht einmal der Eindruck entstehen, Verwaltungs- oder Beschaffungsentscheidungen würden auf Grund sachfremder Erwägungen getroffen. Um einen derartigen Eindruck bereits im Ansatz zu vermeiden, ist es für die Begründung und Durchführung von Leistungsbeziehungen des Unternehmens mit Mitarbeitern der öffentlichen Hand oder den Mitarbeitern anderer Unternehmen von besonderer Bedeutung, dass ein sachlich gerechtfertigtes und für unbeteiligte Dritte nachvollziehbares Interesse an der Durchführung dieser Leistungsbeziehungen besteht. Das Gleiche gilt für Projekte, die Gegenstand dieser Leistungsbeziehungen sind. 73

Ein Strafbarkeitsrisiko besteht daher nicht nur in dem krassen Fall, indem etwa ein Vertrag mit einem Mitarbeiter der öffentlichen Hand nur zum Schein getroffen wird („**Scheinvertrag**")[56], um diesem unter dem Deckmantel des Vertrags einen Vorteil zukommen zu lassen. Problematisch können vielmehr auch Vertragsbeziehungen werden, 74

---

[55] *Tröndle/Fischer* (Fn. 2), § 331 Rn. 25b, 27.
[56] *Dieners* (Fn. 7), Kap. 6 Rn. 5; Kap. 9 Rn 146; siehe auch *Tröndle/Fischer* (Fn. 2), § 331 Rn. 12, 24.

bei denen nicht klar wird, aus welchen sachlich gerechtfertigten Interessen ein Projekt durchgeführt werden soll oder bei dem Bedenken in Hinblick auf die rechtliche Ausgestaltung der Vertragsbeziehung bestehen. Beispiele aus der Praxis sind etwa Forschungs- und Entwicklungsverträge zwischen Industrieunternehmen und Klinikärzten, die (ohne hinreichenden Grund) keine Regelung über das Schicksal gewerblicher Schutzrechte, die gegebenenfalls im Zusammenhang des Vertragsprojekts entstehen könnten, zu Gunsten der Unternehmen (etwa durch eine Übertragung von Patenten oder die Einräumung von Lizenzrechten) vorsehen. Die Staatsanwaltschaften haben in bisher bekannt gewordenen Ermittlungsverfahren die Frage gestellt, welchen Wert ein solches Projekt für das vertragsschließende Unternehmen haben soll. Dies bedeutet nicht, dass der Abschluss eines derartigen Vertrags ohne Übertragung der gewerblichen Schutzrechte bzw. dessen Durchführung unweigerlich zu einer Strafbarkeit der Beteiligten führen muss. Allerdings sind gute Gründe erforderlich, die die gewählte Vertragsgestaltung rechtfertigen. Dasselbe gilt für die **Auswahl des Vertragspartners**, die allein von dessen fachlicher Qualifikation und frei von dessen Einfluss oder Einflussnahme auf Verwaltungs- oder Beschaffungsentscheidungen geprägt sein soll (siehe nachfolgend Rn. 75). Denn auch die sog. „Chance auf den Abschluss eines Vertrags" kann einen Vorteil darstellen.[57]

c) Wahl des Vertragspartners

75 Unter dem Gesichtspunkt der Vermeidung von Korruptionsrisiken ist für das Unternehmen auch die Wahl des Vertragspartners von Bedeutung. Korruptionsrisiken können von vornherein ausgeschlossen werden, wenn mit der Durchführung von Beratungsleistungen nicht ein Mitarbeiter der öffentlichen Hand oder der Mitarbeiter eines Unternehmens in privater Hand beauftragt wird, mit denen das Unternehmen in Geschäftsbeziehungen steht oder von deren Beschaffungsentscheidungen das Unternehmen abhängig ist. Es sollte also daher als Maßnahme im Unternehmen vorgesehen werden, dass zunächst geprüft wird, ob die zu berechnenden Beratungsleistungen nicht auch von unabhängigen Dritten erbracht werden können. Dies ist dann nicht ohne weiteres möglich, wenn gerade der Mitarbeiter der öffentlichen Hand etwa eine **besondere Expertise** besitzt, die anderweitig nicht oder nicht in der entsprechenden Tiefe beschafft werden kann.

76 Dies gilt in besonderem Maße im **Gesundheitswesen**, in dem bestimmte Leistungen, etwa klinische Prüfungen oder Anwendungsbeobachtungen, ihrer Natur nach nur durch Klinikärzte tatsächlich durchgeführt werden können. Aus diesem Grund werden hier Leistungsaustauschbeziehungen über die Durchführung klinischer Prüfungen oder Anwendungsbeobachtungen, aber auch auf dem Gebiet der Arzneimittelforschung, regelmäßig mit erfahrenen Klinikärzten geschlossen. In der Praxis sind hier oftmals auch dreiseitige Vertragsbeziehungen zwischen der Industrie, Krankenhäusern und Ärzten üblich. Dies ist etwa dann der Fall, wenn der Prüfarzt einer klinischen Prüfung im Hinblick auf die von ihm im Rahmen der Prüfung zu übernehmenden regulatorischen Pflichten oder aber auch hinsichtlich der Übertragung gewerblicher Schutzrechte auf das Unternehmen persönlich (mit-) verpflichtet werden soll. Dies ist aber auch auf Grund der Neufassung des § 42 ArbEG notwendig geworden,[58] was anschaulich demonstriert, dass bei der Festlegung von Regeln für die Ausgestaltung von Vertragbeziehungen nicht nur die einschlägigen Gesetze zur Korruptionsbekämpfung zu berücksichtigen sind. Im Hinblick auf die Umsetzung des Trennungsprinzips ist zu empfehlen, dass derartige **Verträge**, jedenfalls im Regelfall, von Seiten des Unternehmens **mit der medizinischen Einrichtung** und

---

[57] *Tröndle/Fischer* (Fn. 2), § 331 Rn. 12 m.w.N.
[58] *Osterrieth/Holeweg*, MPR 2002, 18 ff.; *Bartenbach/Volz*, GRUR 2002, 743 ff.; *Balzer/Milbradt*, PharmaR 2003, 378 ff.; *Dieners/Milbradt/Balzer*, RAF 2004, 40 ff.; *Osterrieth*, Patentrecht, 2. Aufl. 2004, S. 315 ff.

nicht mit einzelnen Klinikärzten oder anderen Mitarbeitern medizinischer Einrichtungen geschlossen werden. Dies hat den Vorteil, dass die Vergütungen unter den entsprechenden Verträgen nicht dem Arzt, sondern der medizinischen Einrichtung zu Gute kommen. Wenn hierdurch auch vor dem Hintergrund der sog. „Drittvorteilsproblematik" (Rn. 40) ein gänzlicher Risikoausschluss nicht erreicht werden kann, führt ein Vertragsschluss mit der medizinischen Einrichtung jedoch grundsätzlich bereits zur Vermeidung des Eindrucks, wonach durch die Zuwendung der vertraglichen Vergütung an eine Einzelperson ein Vorteil zugewendet wird, wodurch Einfluss auf die Beschaffungs- oder Verordnungsentscheidung des Klinikarztes genommen werden soll. Zugleich werden auf diese Weise mögliche Konflikte mit dienst- und/oder drittmittelrechtlichen Vorschriften ausgeschlossen. Aus diesem Beispiel kann der **allgemeine Hinweis** abgeleitet werden, dass im Rahmen des Vertragsschlusses von Unternehmen regelmäßig geprüft werden sollte, ob die entsprechende Vereinbarung unbedingt mit dem Mitarbeiter der öffentlichen Hand bzw. dem Mitarbeiter eines privatrechtlich organisierten Unternehmens geschlossen werden muss oder möglicherweise auch die öffentliche Hand oder das entsprechende Unternehmen selbst als Vertragspartner in Betracht kommt.

Der Abschluss von Verträgen über Leistungsaustauschbeziehungen zwischen dem Unternehmen einerseits und der öffentlichen Hand andererseits ist jedoch **nicht zwingend**. Verträge können auch mit dem jeweiligen Mitarbeiter der öffentlichen Hand selbst abgeschlossen werden. Im Einzelfall liegt dies auf Grund der Natur verschiedener Leistungsbeziehungen (etwa im Hinblick auf die Erbringung von persönlichen Beratungs- oder Referentenleistungen) eher nahe. Insofern ist jedoch die vorherige Einbeziehung bzw. Genehmigung der Dienstherren oder Arbeitgeber der Vertragspartner von besonderer Bedeutung (Transparenz-/Genehmigungsprinzip). 77

d) Einbeziehung der Dienstherren/Arbeitgeber

Bei der Eingehung und der Durchführung vertraglicher Leistungsaustauschbeziehungen mit Mitarbeitern der öffentlichen Hand, aber auch mit Mitarbeitern von Unternehmen in privater Trägerschaft ist die Beachtung des **Transparenz-/Genehmigungsprinzips** von größter Bedeutung (siehe hierzu Rn. 44). Von Seiten der Staatsanwaltschaften wird immer wieder betont, dass Korruption „im Dunkeln" oder „im Verborgenen" gedeiht. Die Offenlegung von Leistungsbeziehungen vermeidet oder vermindert daher den Eindruck unzulässiger Einflussnahmen im Gewand eines Austauschvertrages. Sofern auf Seiten des Amtsträgers oder Mitarbeiters des Geschäftspartners dienstrechtlich die Genehmigung durch den Dienstherrn oder den Arbeitgeber vorgeschrieben ist (siehe hierzu auch Kap. 3), stellt die Einhaltung des Transparenz-/Genehmigungsprinzips als Teil des Maßnahmenkatalogs des Unternehmens sicher, dass eine solche Genehmigung auch tatsächlich eingeholt wird. Darüber hinaus hat das Transparenz-/Genehmigungsprinzip auch strafrechtliche Bedeutung. Wenn der Dienstherr die Gewährung einer Zuwendung in Kenntnis aller entscheidungserheblichen Tatsachen genehmigt, ist eine Verurteilung wegen Vorteilsannahme bzw. Vorteilsgewährung (§§ 331, 333 StGB) ausgeschlossen. Dies gilt zwar nicht für eine Verurteilung wegen Bestechung und Bestechlichkeit (§§ 332, 334 StGB); hier ist vielmehr eine pflichtwidrige Diensthandlung Voraussetzung, die nicht genehmigungsfähig ist. Ungeachtet dessen kann jedoch die tatsächliche und rechtliche Vorprüfung eines Vorgangs durch den Dienstherrn oder Arbeitgeber sowie die hiermit verbundene Transparenz den möglichen Eindruck erheblich reduzieren, ein Vorteil sei auf eine pflichtwidrige Diensthandlung im Sinne der Bestechungsdelikte gerichtet. Eine Genehmigung darf nämlich unter dienstrechtlichen Gesichtspunkten nur dann erteilt werden, wenn nach Lage des Falls nicht zu befürchten ist, dass die Annahme die objektive Amtsführung beeinträchtigt oder bei dritten Personen, die hiervon Kenntnis erlangen, der Eindruck der Befangenheit des Amtsträgers entstehen könnte. Vor diesem Hintergrund ist also die um- 78 fassende vorherige Information des Dienstherrn/Arbeitgebers und die Einholung der im Regelfall erforderlichen Genehmigung beim Abschluss von Verträgen unbedingt notwendig, um eine möglichst weitreichende Risikominimierung zu erzielen.

79 In der Praxis wird oftmals danach gefragt, ob es ausreicht, dass der Mitarbeiter der öffentlichen Hand als Vertragspartner der Industrie das Unternehmen lediglich darüber informiert, dass eine Unterrichtung seines Dienstherrn/Arbeitgebers erfolgt ist bzw. eine entsprechende Genehmigung eingeholt wurde oder vielmehr die **Vorlage der schriftlichen Genehmigung** des Dienstherrn/Arbeitgebers selbst erforderlich ist. Sofern die Unterrichtung bzw. Einholung der Genehmigung auch tatsächlich erfolgt ist, reicht eine Information durch den Vertragspartner, jedenfalls theoretisch, aus. Aus **Dokumentationsgründen** sollte jedoch die Vorlage der entsprechenden schriftlichen Genehmigung des Dienstherrn/Arbeitgebers von dem Vertragspartner auf Seiten des Unternehmens verlangt werden, um diesem eine eigene Nachprüfung der Richtigkeit der Auskunft zu ermöglichen. Darüber hinaus ist der Erhalt der schriftlichen Genehmigung des Dienstherrn/Arbeitgebers erfahrungsgemäß auch notwendig, um im Fall der Einleitung von Ermittlungsverfahren eine vollständige Vertragsdokumentation zu besitzen, aus der die Ordnungsgemäßheit der Vertragsbeziehungen eindeutig hervorgeht. Da das Verlangen der Industrie auf Überlassung der schriftlichen Genehmigung des Dienstherrn/Arbeitgebers von Seiten der Vertragspartner – zu Unrecht – zuweilen als ein Zeichen des Misstrauens gewertet und daher abgelehnt wird, sieht etwa der im Gesundheitswesen sehr beachtete „Gemeinsame Standpunkt zur strafrechtlichen Bewertung der Zusammenarbeit zwischen Industrie, medizinischen Einrichtungen und deren Mitarbeitern"[59] ausdrücklich eine Regelung vor, wonach die Überlassung der schriftlichen Genehmigung an den Vertragspartner auf Seiten der Industrie auf dessen Verlangen nicht verweigert werden sollte.[60] Wie hoch die Bedeutung der Einhaltung des Transparenz-/Genehmigungsprinzips aus Sicht des Bundesgerichtshofes ist, geht aus einem Urteil vom 25. Februar 2003 hervor. Dort heißt es mit Blick auf die Zusammenarbeit der medizintechnologischen Industrie mit Klinikärzten:

„Die Sensibilität der Rechtsgemeinschaft bei der Erwägung der Strafwürdigkeit der Entgegennahme von Vorteilen durch Amtsträger ist [...] mittlerweile deutlich geschärft. Mithin wird in derartigen Fällen künftig Amtsträgern vor der Annahme jeglicher Vorteile, die in Zusammenhang mit ihrer Dienstausübung gebracht werden können, die strikte Absicherung von Transparenz im Wege von Anzeigen und Einholungen von Genehmigungen [...] abzuverlangen sein. Die Gewährleistung eines derartigen Verhaltens obliegt namentlich auch der besonderen Verantwortung des jeweiligen Vorgesetzten."[61]

e) Angemessenheit von Leistung und Gegenleistung

80 Die Maßnahmen und Regeln müssen vorsehen, dass Leistung und Gegenleistung in einem angemessenen Verhältnis zueinander stehen (Äquivalenzprinzip). Dies bedeutet, dass **keine unangemessen hohen Vergütungen** für die Tätigkeit des jeweiligen Vertragspartners durch das Unternehmen gezahlt werden dürfen. Sofern dies der Fall sein sollte, besteht das Risiko, dass der über eine angemessene Vergütung hinausgehende Betrag als Vorteil im Sinne der Korruptionsdelikte bewertet wird. Daneben kommt auch eine Bewertung als unlauterer Vorteil unter wettbewerbsrechtlichen Gesichtspunkten in Betracht. Feste Regeln oder Anhaltspunkte für die Berechnung der jeweiligen Vergütung bestehen bis auf bestimmte Ausnahmefälle[62] nicht. Bei der Festlegung der Vergütungshöhe

---

[59] Abgedruckt bei *Dieners* (Fn. 7) Anh. Abschn. III.
[60] A.a.O., S. 340.
[61] BGH, NJW 2003, S. 171, 172.
[62] FSA-Kodex § 18 Abs. 3, www.fs-arzeneimittelindustrie.de.

sollte man sich daran orientieren, was „marktüblich" ist und auch dann gezahlt würde, wenn es sich bei dem Vertragspartner nicht um eine Person handelt, die Produkte des Unternehmens bezieht oder Einfluss auf den Bezug von Produkten oder von Verwaltungsentscheidungen zu Gunsten des Unternehmens hat („arms-length-principle").

f) Zahlungsbedingungen

Im Hinblick auf die Zahlung vertraglich vereinbarter Vergütungen ist zu berücksichtigen, dass diese nur dann erfolgt, wenn die geschuldeten Leistungen **ordnungsgemäß erbracht** worden sind. Dies schließt nicht aus, vorab Zahlungen (etwa zum Zwecke einer Vorauszahlung) zu leisten, wenn diese Vorauszahlung nach Abschluss des Vertrages mit der geschuldeten Gesamtvergütung ordnungsgemäß verrechnet wird. Die Zahlung der vertraglichen Vergütung sollte ferner nur **per Überweisung** auf das im jeweiligen Vertrag angegebene Bankkonto erfolgen und nicht bar oder per Scheck. Auch sollte die Überweisung nur auf ein Konto des Vertragspartners in dem Land erfolgen, in dem der Vertragspartner seinen Tätigkeitsschwerpunkt hat, was im Regelfall die Überweisung von vertraglich geschuldeten Vergütungen auf **Auslandskonten ausschließt**. 81

In der Praxis kommt es zuweilen vor, dass der Vertragspartner die unmittelbare **Zahlung** der Vergütung durch das Unternehmen nicht an sich selbst, sondern **an einen Dritten** verlangt. Ein Beispiel hierfür wäre das Verlangen einer medizinischen Einrichtung, die Vergütung für die Durchführung einer klinischen Prüfung nicht auf ein Konto der medizinischen Einrichtung zu zahlen, sondern stattdessen an ihren Förderverein. Ein anderes Beispiel wäre das Verlangen eines Chefarztes einer Universitätsklinik, das ihm im Rahmen eines Beratervertrages geschuldete Honorar auf ein Drittmittelkonto der medizinischen Einrichtung oder auf ein Konto einer medizinischen Fachgesellschaft zu überweisen. Derartige Regelungen sind zwar vertragsrechtlich grundsätzlich möglich. Sie sollten jedoch vermieden werden, da sie zum einen die Abwicklung der Vertragsverhältnisse, insbesondere im Fall von Schlechtleistungen die Rückerstattung von (zu Unrecht) gezahlten Beträgen, erheblich erschweren. Ferner erschweren sie auch die **Identifizierung des steuerlichen Leistungsempfängers** bzw. lassen möglicherweise unerwünschte steuerliche Folgen auf Seiten aller Beteiligten entstehen. Von daher ist zu empfehlen, eine Einheitlichkeit von vertraglichen Leistungs- und Zahlungsbeziehungen vorzusehen. 82

C. Compliance Governance

Die Erarbeitung von innerbetrieblichen „Compliance-Richtlinien", d.h. Verhaltens-, Mitarbeiter- oder Dienstanweisungen sowie die hiermit in Zusammenhang stehenden Vorgaben für die vertragliche Ausgestaltung der externen und internen Rechtsbeziehungen, ist für das Unternehmen nur dann von Wert, wenn gleichzeitig ein besonderer Augenmerk auf die **praktische Umsetzung** und die dauerhafte Kontrolle der Einhaltung dieser Vorgaben gelegt wird.[63] Jedes noch so ausgefeilte „Compliance-Programm" erweist sich im Ergebnis als wertlos, wenn nicht von der Unternehmensführung sichergestellt wird, dass die Regelungen tatsächlich in der Praxis umgesetzt und mit Leben erfüllt werden. Bei tatsächlichen oder auch nur vermeintlichen Verstößen trotz bestehender „Compliance-Programme" kann zudem möglicherweise der Eindruck entstehen, das Unternehmen habe nur zum Zwecke eines positiven Auftritts nach außen entsprechende Richtlinien eingeführt, die jedoch im Unternehmensalltag ignoriert werden. Auch wenn 83

---

[63] Siehe hierzu auch *Hauschka* (Fn. 17), 257 ff.; vgl. auch *Ax/Schneider*, Rechtshandbuch Korruptionsbekämpfung, 2006, S. 30 ff.

sich ein solcher Eindruck im Ergebnis nicht erhärten lassen sollte, kann sich eine ungenügende Umsetzung als nachteilig erweisen. Sofern nämlich Ordnungswidrigkeiten- oder strafrechtliche Verfahren eingeleitet werden, wird vielfach bei der Beurteilung des Vorsatzes, möglicher Verbotsirrtümer oder bei der Bemessung von Sanktionen von der jeweiligen staatlichen Instanz darauf verwiesen werden können, auf Grund der bestehenden „Compliance-Richtlinien" sei jeder Person im Unternehmen bekannt gewesen, dass es sich bei dem Fehlverhalten um sanktionierbare Verstöße handelte.

84 In der Praxis zeigen die Erfahrungen mit „Compliance-Richtlinien", dass es vor allem einen zentralen Umstand gibt, der über den Erfolg oder Misserfolg der Umsetzung entscheidet. Es muss bei den einzelnen Mitarbeitern des Unternehmens das **Verständnis für die Notwendigkeit** solcher Richtlinien geweckt werden (vor allem im Rahmen regelmäßiger Schulungen); außerdem ist eine konsequente organisatorische Umsetzung notwendig. Hierbei kommen insbesondere die nachfolgenden Maßnahmen in Betracht.

I. Unternehmensrichtlinien und Dienstanweisungen

85 Die von den Mitarbeitern zu beachtenden Verhaltensregeln sollten in internen „Compliance-Richtlinien" bzw. Dienstanweisungen schriftlich festgehalten sein. Sie enthalten regelmäßig einen Katalog von Geboten und Verboten, die auch eine arbeitsrechtlich verbindliche Grundlage für das Verhalten der Mitarbeiter vorgeben. Primäres Ziel eines derartigen unternehmensinternen Verhaltenskodex sollte es sein, schon das **Entstehen** von unlauteren und korruptionsgefährdeten Situationen zu verhindern. Ferner kann es sich empfehlen, dass zentral entsprechende Formulare für die Vertragsgestaltung bzw. für die hierfür vorzunehmenden internen Verwaltungsabläufe zur Verfügung gestellt werden. Beides trägt in hohem Maße zu einer **Standardisierung der Verfahrensprozeduren** und damit zu einer Entlastung der Verwaltung dieser Verfahrensprozeduren bei. Solche internen Richtlinien und Dienstanweisungen sollten ferner Regelungen vorsehen, in welcher Weise und durch welche Stelle die Vorgänge dokumentiert und aufbewahrt werden.

86 Die Erarbeitung derartiger interner Richtlinien und Dienstanweisungen kann sich im Regelfall nicht auf die bloße Übernahme eines einschlägigen Branchen- oder Verbandskodex beschränken, der zwar im Regelfall gute Orientierungspunkte für eine rechtlich einwandfreie Kooperation bieten mag, allerdings seiner Natur nach **nicht die erforderlichen organisatorischen Maßnahmen** und **Verfahrens- sowie Genehmigungsabläufe** vorgibt. Zudem sind die Verhältnisse in den Unternehmen angesichts ihrer Produktpaletten und Geschäftsfelder höchst unterschiedlich. Die einschlägigen Branchenempfehlungen und -kodices können nicht für jeden Fall die notwendigen Detailregelungen bereithalten. Die Festlegung der materiell-rechtlichen Rahmenbedingungen in Mitarbeiterrichtlinien und Dienstanweisungen ist daher immer nur ein, wenn auch wichtiger Teil des durchzuführenden „Compliance-Programms". Von ähnlicher Bedeutung ist die Festlegung von Entscheidungs- und Prüfungsprozessen im Unternehmen, die **Zuweisung von Verantwortlichkeiten** sowie die Vorgabe von standardisierten Formularen und Verträgen und Entscheidungsabläufen.[64] In der Praxis erlaubt erst das Bündel dieser Maßnahmen, Projekte zeitnah zu initiieren und sich auf kompliziertere Vorgänge konzentrieren zu können. Dasselbe gilt für die Erstellung von Rechnungen und die Überprüfung von Zahlungseingängen. Sofern Genehmigungserfordernisse (etwa für die Zusammenarbeit eigener Mitarbeiter mit anderen Unternehmen) vorgesehen sein sollten, sollte auch festgelegt werden, unter welchen Voraussetzungen eine Genehmigung erteilt werden kann

---

[64] Siehe hierzu *Klinger/Klinger*, Das Interne Kontrollsystem (IKS) im Unternehmen, 2000, S. 27 ff.

und welche Gesichtspunkte hierbei im konkreten Einzelfall genau zu prüfen sind. In der Praxis der Unternehmen werden die aktuellen Fassungen der internen Verhaltensrichtlinien regelmäßig in das Intranet eingestellt, um einen unmittelbaren Zugriff aller Mitarbeiter zu gewährleisten.

II. Mitarbeiterschulungen

Das Unternehmen sollte seinen Mitarbeitern die zu beachtenden Verhaltensregeln durch entsprechende Mitarbeiterschulungen vermitteln. Solche Schulungen sollten **kontinuierlich durchgeführt** werden. Die Erfahrung zeigt, dass eine regelmäßige Wiederholung von Schulungen zur Vermittlung der Kenntnisse über die zu beachtenden Regeln sinnvoll ist. Dies erlaubt es zum einen, neue Mitarbeiter hiermit vertraut zu machen, und zum anderen, mit bereits geschulten Mitarbeitern neu aufgetretene Fallgestaltungen und Zweifelsfragen zu diskutieren. In bestimmten Branchen verlangen zudem einschlägige Verbandskodices von den Mitgliedsunternehmen, dass diese Unternehmen ihre Mitarbeiter auf die Einhaltung des einschlägigen Kodex verpflichten und über den Inhalt schulen.[65] Konsequente Schulungen der Mitarbeiter können ferner erheblich dazu beitragen, die Belastung der zuständigen Stellen im Unternehmen durch vielfältige allgemeine Anfragen zu reduzieren und kosten- und zeitaufwändige Erläuterungen im Einzelfall zu vermeiden. 87

III. Zentrale Stelle und „Compliance Officer"

In bestimmten Branchen bestehen neben den Dienstleistungs- und Lieferbeziehungen von Unternehmen mit anderen Unternehmen (insbesondere der öffentlichen Hand) oder deren Mitarbeitern eine Vielzahl von weiteren Vertragsbeziehungen. Ein Paradebeispiel hierfür ist das Verhältnis der pharmazeutischen und medizintechnologischen Industrie zu medizinischen Einrichtungen und Klinikärzten, die in vielfacher Weise mit den Industrieunternehmen im Bereich von Forschung und Entwicklung, aber auch klinischen Prüfungen und der Beobachtung bereits im Markt eingeführter Arzneimittel und Medizinprodukte kooperieren, in dem die Rechtsordnung aber gleichzeitig für den Bereich des Absatzes dieser Produkte eine strikte Trennung zwischen Industrie und Ärzten vorschreibt, um die Verordnungs- und Therapieentscheidungen der Ärzte möglichst unbeeinflusst zu lassen (siehe hier Rn. 9). Vergleichbare Konstellationen sind auch etwa in der Rüstungs- oder der Bauindustrie denkbar. Vor dem Hintergrund dieses Spannungsverhältnisses ist in solchen Bereichen die Implementierung eines Vertragsmanagements von vorrangiger Bedeutung. Insofern kann etwa die Anbindung an die F&E-Abteilungen der Unternehmen zu empfehlen sein, weil hier die größte **Sachnähe** zu den meisten Kooperationsformen besteht. Bereits hierdurch kann eine Unabhängigkeit der entsprechenden Kooperationsbeziehungen von Umsatzgeschäften auch organisatorisch untermauert werden. 88

Zum Zwecke der weitgehenden Unabhängigkeit der Kooperationsbeziehungen von Umsatzgeschäften (Trennungsprinzip) sollte das **Vertragsmanagement** dabei möglichst 89

---

[65] Vgl. etwa § 12 des Kodex der Mitglieder des Vereins „Freiwillige Selbstkontrolle für die Arzneimittelindustrie e.V." (www.fs-arzneimittelindustrie.de).

„zentral" geführt werden. Hierdurch kommt es zu einer weiteren Entkopplung, die bereits organisatorisch einen Beitrag dazu leistet, dass die Anbahnung von Kooperationsbeziehungen und die vertragliche Ausgestaltung in Übereinstimmung mit den geltenden innerbetrieblichen Verhaltensregeln erfolgt. Die Implementierung eines zentralen Vertragsmanagements setzt ferner voraus, dass **einheitliche Vertrags- bzw. Formularmuster** zur Verfügung stehen, die den oben genannten materiell-rechtlichen Anforderungen entsprechen.

90 In größeren Unternehmen werden, in Anlehnung an entsprechende organisatorische Maßnahmen, die die Industrie in den USA ergriffen hat, Zuständigkeiten im Hinblick auf die Umsetzung und Überwachung der Verhaltensrichtlinien oftmals einem **„Compliance Officer"** übertragen. Einer solchen zentralen Stelle sollten in den relevanten Fachbereichen (Rechtsabteilung, Abteilung für Rechnungs- und Finanzwesen, Personalverwaltung) feste Ansprechpartner zugeordnet werden. Hierbei sollte organisatorisch sichergestellt werden, dass der zentralen Stelle die jeweiligen Projekte zugeleitet werden, sobald diese verhandlungsreif sind.

IV. Abschluss von Verträgen

91 In größeren Unternehmen ist es zum Teil üblich geworden, Gremien einzurichten, die Vertragsbeziehungen im korruptionsgefährdeten Bereich auf ihre Sinnhaftigkeit überprüfen und gegebenenfalls genehmigen. Dies erfolgt in Anlehnung an das etwa im Bereich der öffentlichen Verwaltung bei der Vergabe von Aufträgen vorgesehene **„Vier-" oder „Sechs-Augen-Prinzip"**, das regelmäßig dafür sorgt, inhaltlich zweifelhafte oder rechtlich bedenkliche Vorgänge durch eine weitgehende innerbetriebliche Transparenz bereits im Ansatz zu vermeiden.

V. Follow-up von Projekten und Dokumentation

92 Von besonderer Bedeutung für die Unternehmen ist ein ordnungsgemäßes „Follow-up" der vertraglichen Beziehungen und Absprachen, die in korruptionsgefährdeten Bereichen getroffen werden. Im Bereich der Kooperation der pharmazeutischen und medizintechnologischen Industrie mit medizinischen Einrichtungen und Ärzten haben z.B. die Erfahrungen gezeigt, dass insbesondere klinische Prüfungen und Anwendungsbeobachtungen von den Staatsanwaltschaften verschiedentlich nur dann als strafrechtlich unbedenklich bewertet werden, wenn die Forschungsergebnisse aufbewahrt und in dem Unternehmen tatsächlich genutzt bzw. berücksichtigt werden. In Fällen, in denen die Forschungsergebnisse nicht (mehr) vorzufinden waren bzw. nicht zum Zwecke der **Produktentwicklung oder Weiterentwicklung** verwendet wurden, hat dies vereinzelt zu einem Vorwurf der Staatsanwaltschaften geführt, es handele sich bei den zu Grunde liegenden Verträgen mit Klinikärzten um bloße Fassaden zur Kaschierung von unzulässigen Zuwendungen im Mantel von Forschungsverträgen. Entsprechenden Vorwürfen kann durch die sorgfältige zentrale Organisation in der Abwicklung und Aufbewahrung solcher Verträge begegnet werden. Dies hat auch einen erhöhten Stellenwert für die bestehenden Dokumentationserfordernisse zur Folge.

VI. „Compliance Hotlines"

Eine effektive Umsetzung des „Compliance Programms" verlangt auch die Kontrolle 93
der ordnungsgemäßen Einhaltung der internen Verhaltensrichtlinien. Daher richten größere Unternehmen in der Praxis oftmals telefonische **„Hotlines"** oder **„Helplines"** ein, unter denen Mitarbeiter unter Außerachtlassung des eigentlich vorgeschriebenen innerbetrieblichen Berichtsweges die Nichteinhaltung der entsprechenden Vorgaben (gegebenenfalls auch anonym) melden können und die auf dem US-amerikanischen Konzept des sogenannten **„Whistleblowing"** (siehe hierzu auch Kap. 3 Rn. 125 ff.) basieren, ohne dass jedoch die Informanten, wie in den USA, einen besonderen gesetzlich abgesicherten Schutz genießen (Section 806 des Sarbanes Oxley Act).[66]

VII. „Compliance Audits"

Im Rahmen regelmäßiger „Compliance-Audits" wird die Einhaltung der Unterneh- 94
mensrichtlinien anhand von **Stichproben** überprüft. Derartige Audits finden vielfach als Teil oder im Kontext der **internen „Financial Audits"** der Unternehmen statt und dienen nicht allein der Frage, ob in dem jeweils zurückliegenden Beurteilungszeitraum Verstöße gegen die Unternehmensrichtlinien vorgefallen sind. Zweck von „Compliance Audits" ist es auch, Schwachstellen der vorgesehenen Prozess- und Genehmigungsabläufe zu identifizieren. Von den Unternehmen werden diese Audits vielfach auch genutzt, ihre Richtlinien, die standardisierten Formulare und Vertragsmuster der zwischenzeitlichen Rechtsentwicklung und etwaigen neuen Kooperationsformen in einem regelmäßigen zeitlichen Abstand anzupassen und hierdurch die einmal etablierten organisatorischen Maßnahmen immer wieder zu aktualisieren. Daneben empfiehlt es sich für Unternehmen auch, die **Due Diligence-Prüfung** bei dem Erwerb anderer Unternehmen auf Schmiergeld- und Bestechungszahlungen zu erstrecken, um damit verbundene Risiken zu erkennen, die etwa aus späteren Verfallsanordnungen gegen das zu erwerbende Unternehmen[67] (Rn. 3) für den Erwerber resultieren könnten.[68]

VIII. Unternehmensbroschüren

Um anderen Unternehmen bzw. deren Mitarbeitern die entsprechenden Unterneh- 95
mensleitlinien nahe zu bringen, kann es sich empfehlen, diese etwa in Form von Broschüren zur Verfügung zu stellen. In der Praxis wird davon in zunehmenden Maße Gebrauch gemacht, insbesondere dort, wo – wie etwa im Gesundheitswesen – eine beinahe unübersehbare Vielzahl von Kooperationsbeziehungen mit Mitarbeitern von medizinischen Einrichtungen besteht, denen die rechtlichen Rahmenbedingungen für eine Kooperation nicht immer bewusst sind. Dies trägt erfahrungsgemäß dazu bei, das **Verständnis** für die von dem Unternehmen zu beachtenden rechtlichen **Rahmenbedingungen** und die da-

---

[66] Siehe *Bürkle*, DB 2004, 2158 ff.; *Hauschka* (Fn. 4), 882.
[67] Hierzu etwa BGH, DB 2004, 2265.
[68] Hierzu *Sedemund* (Fn. 6), 2256 f.

hinter stehenden **Unternehmensgrundsätze zu erhöhen**. Häufig enthalten die Broschüren auch den – zutreffenden – Hinweis, dass die Beachtung der Regeln durch das Unternehmen auch eine Risikominimierung auf Seiten der Geschäftspartner bewirkt. Im Übrigen **erleichtern** solche Unternehmensbroschüren den zumeist juristisch nicht vorgebildeten Mitarbeitern des Unternehmens die **rechtliche Argumentation**. In diesem Zusammenhang kann es sich auch empfehlen, die innerbetrieblichen Handlungs- und Dienstanweisungen auf den Internet-Seiten des Unternehmens zu veröffentlichen.

IX. Durchsetzung der Unternehmensleitlinien gegenüber Dritten

96 Im Hinblick auf eine möglichst effektive Durchsetzung der eigenen Unternehmensrichtlinien zur Abwehr missbräuchlicher Einflussnahmen Dritter auf die eigenen Mitarbeiter kann es neben der Veröffentlichung der Unternehmensleitlinien im **Internet** auch sinnvoll sein, die Lieferanten und Kunden des Unternehmens im Rahmen der bestehenden Lieferverträge zur Einhaltung dieser Unternehmensrichtlinien zu verpflichten. Dies kann auch im Wege von **eigenständigen Verpflichtungserklärungen** erfolgen, die in der Praxis zunehmend mit strafbewehrten Unterlassungsverpflichtungen verbunden werden (siehe auch Rn. 22).

X. Förderung von Branchenkodices

97 Die Akzeptanz unternehmensinterner Verhaltensrichtlinien leidet erfahrungsgemäß dann, wenn sich das Unternehmen nicht gleichzeitig auf entsprechende Verhaltensempfehlungen oder Kodices berufen kann, die für die gesamte Branche gelten, in der das Unternehmen tätig ist. Dies gilt sowohl für die Akzeptanz der Richtlinie durch die Mitarbeiter des Unternehmens als auch für diejenigen, die mit dem Unternehmen in Geschäftskontakt treten. Vor diesem Hintergrund ist zu empfehlen, dass sich das betroffene Unternehmen im Rahmen seiner jeweiligen Verbandszugehörigkeiten für die **Etablierung allgemeiner Branchenempfehlungen** bzw. eines für alle Mitgliedsunternehmen eines Verbandes verbindlichen Branchenkodex einsetzt. Das durch die Etablierung derartiger Empfehlungen bzw. Kodices regelmäßig erreichte Bekenntnis auch der Wettbewerber erleichtert in der Praxis die Präventionsbemühungen jedes einzelnen Unternehmens und sorgt regelmäßig auch in „Grauzonen" für das erforderlich „level-playing-field". Derartige Kodices können im Übrigen auch dazu beitragen, einem oftmals infolge von vereinzelten tatsächlichen oder auch nur vermeintlichen Unregelmäßigkeiten eingetretenen, vielfach aber alle Unternehmen einer Branche treffenden Vertrauensverlust in der Öffentlichkeit oder gegenüber der Politik zu begegnen. Beispiele hierfür sind etwa die jüngsten Branchenkodices der pharmazeutischen und medizintechnologischen Industrie[69] (siehe auch Rn. 59) oder auch die aktuellen Maßnahmen der „Intitiative Corporate Governance" (ICG) der deutschen Immobilienwirtschaft[70] im Hinblick auf die Etablierung von allgemein anerkannten Grundsätzen für eine ordnungsgemäße und lautere Geschäftsführung.

---

[69] Hierzu *Dieners* (Fn. 7), Kap. 4 Rn. 7 ff.; *ders.* (Fn. 26), 181 ff.; *ders.*, Pharm.Ind. 2000, 938 ff.; *Balzer/Dieners*, NJW 2004, 908 ff.
[70] Siehe hierzu www.immo-initiative.de sowie *Beul*, Immobilien Manager 11/2004, 49.

XI. Verhalten bei Durchsuchungen und Beschlagnahmen

Es ist nicht auszuschließen, dass die Geschäftsbeziehungen und Behördenkontakte 98
des Unternehmens zu Ermittlungsverfahren führen, in deren Zusammenhang die
Staatsanwaltschaft und die Polizeibehörden Durchsuchungen nach § 102 ff.
StPO durchführen und hierbei aufgefundenes Beweismaterial beschlagnahmen (§ 94 StPO).
Durchsuchungen werden im Regelfall von der Staatsanwaltschaft und der Polizei sorgfältig vorbereitet, indem genaue Einsatzpläne im Hinblick auf die zu durchsuchenden Objekte und die teilnehmenden Beamten festgelegt werden. Im Falle größerer Durchsuchungen werden neben den Räumlichkeiten eines Unternehmens zeitgleich oftmals die Wohnungen von Vorstandsmitgliedern oder anderen Mitarbeitern des Unternehmens durchsucht. Kommt es zu einer Durchsuchung, stellen sich für das betroffene Unternehmen eine Reihe von Fragen, die etwa von der Sinnhaftigkeit einer Kooperation mit der Staatsanwaltschaft und den Polizeibehörden sowie den Rechten von Mitarbeitern im Zusammenhang von Befragungen durch Polizeibeamte und Staatsanwälte über die Durchsicht von Unterlagen durch Polizeibeamte (§ 110 Abs. 1 StPO) und die möglichen Rechtsmittel des Unternehmens bis hin zu einer möglichst zeitnahen Einschaltung eines beratenden Rechtsanwalts reichen (hierzu im Einzelnen Kap. 11).[71] Darüber hinaus müssen in solchen Fällen die Berichtswege im Unternehmen klar sein, um bei derartigen Vorgängen die zuständigen Abteilungen (etwa die Rechtsabteilung) oder Leitungsorgane möglichst umgehend informieren zu können. Es sollte in diesem Zusammenhang auch feststehen, welche Mitarbeiter im Unternehmen für die ggf. notwendige Kommunikation gegenüber der Presse zuständig sind. Derartige Fragen sollten ebenfalls möglichst im Vorfeld geklärt und in die **Verhaltensrichtlinien** des Unternehmens aufgenommen werden, um hierdurch die Wahrung der Rechte des Unternehmens sowie seiner Mitarbeiter bereits im Vorfeld zu sichern, aber auch zum Zwecke der in solchen Fällen besonders wichtigen Reibungslosigkeit unternehmensinterner Kommunikationswege. Die entsprechenden Verhaltensrichtlinien werden vielfach als Annex im eigentlichen Verhaltenskodex der Unternehmen aufgenommen. Wichtig ist auch hier die regelmäßige Schulung der Mitarbeiter.

D. Lobbying

I. Lobbyarbeit als „politische Kommunikation"

Der wirtschaftliche Erfolg eines Unternehmens beruht auf einer Vielzahl unterschied- 99
licher Umstände wie etwa der Qualität seiner Produkte und Dienstleistungen, der Qualifikation und dem Fleiß seiner Mitarbeiter, einer günstigen Kostenstruktur sowie dem unternehmerischen Geschick und der Fortune seines Managements. Neben derartigen Umständen hängt das wirtschaftliche Schicksal von Unternehmen vielfach aber auch entscheidend von politischen und gesetzgeberischen Rahmenbedingungen und deren Ver-

---

[71] Zu ähnlich gelagerten Fragen in Kartellamtsverfahren siehe *Grützner/Reimann/Wissel*, Richtiges Verhalten bei Kartellamtsverfahren in Unternehmen, 3. Aufl. 1993, S. 87 ff.

änderungen ab. Von daher haben Unternehmen ein natürliches Interesse daran, möglichst zeitnahe **Informationen** über anstehende politische und legislatorische Projekte zu erhalten, ihre Positionen zu bestimmen und im Sinne dieser Positionen auf **Entscheidungsprozesse einzuwirken**.

100 Solche Tätigkeiten bezeichnet man gemeinhin als „Lobbyarbeit" oder „Lobbying". Diese Begriffe sind im allgemeinen Sprachgebrauch oftmals negativ besetzt. Daher wird zuweilen auch die Bezeichnung „politische Kommunikation" verwendet.[72] Das zum Teil schlechte Image und die hierauf beruhende oftmals negative Belegung der „Lobbyarbeit" oder des „Lobbying" besteht allerdings zu Unrecht. Die Formulierung und die Wahrung von Interessen eines Unternehmens, eines Berufsstandes oder einer Branche gehören vielmehr zu den notwendigen Elementen der parlamentarischen Demokratie. Sie sind nicht nur Ausdruck der legitimen Teilnahme von Unternehmen an dem politischen Willensbildungsprozess. Sie sind vielmehr auch für die Qualität politischer Entscheidungsprozesse selbst von Bedeutung, da die politischen Entscheidungsträger ohne die Lobbyarbeit von Unternehmen oder ihrer Verbände oftmals weder die politischen und wirtschaftlichen Folgen ihrer Entscheidungen noch die Konsequenzen unterbliebener Entscheidungen sachgerecht abschätzen können. Auf Grund der zunehmenden Komplexität und wirtschaftlichen Auswirkungen legislativer Vorhaben sind nicht nur die politischen Entscheidungsträger, sondern vor allem auch die mit der Ausarbeitung und Umsetzung politischer Leitlinien befasste Ministerialbürokratie regelmäßig auf die **Expertise und den Sachverstand** sowie die kritische Begleitung von Interessenvertretern der Wirtschaft angewiesen, um im Ergebnis sachgerechte Entscheidungen treffen zu können.[73] Dementsprechend kommt keine EU-Richtlinie und kaum ein deutsches Gesetz ohne die Mitwirkung einer Vielzahl von Lobbyisten zustande, sei es die Chemie-Richtlinie „Reach", die Tausende Stoffe einem Zulassungsregime unterwirft, das Gesetz zu erneuerbaren Energien, die steuerliche Förderung des Dieselrußfilters oder seien es die regelmäßigen Novellierungen des Arzneimittelgesetzes.

II. Aufgaben

101 Traditionellerweise sind Lobbying und Lobbyarbeit in Deutschland Aufgabe einer unüberschaubaren Zahl von **Wirtschaftsverbänden**. Gegenüber dem Bundestagspräsidenten haben sich ca. 1.700 Verbände mit ungefähr 10.000 Mitarbeitern als Interessengruppen registriert.[74] Hinzu kommen etwa 40 freischaffende Agenturen, die im Einzelfall mit der Durchsetzung von Interessen betraut werden, sowie eine Reihe von Anwaltskanzleien, die sich mit der juristischen Begleitung von Gesetzesvorhaben befassen.[75] Auf der einen Seite koordinieren die Wirtschaftsverbände die in dem Verband organisierten wirtschaftlichen Einzelinteressen der Mitgliedsunternehmen und treten auf der anderen Seite gegenüber der Politik als Interessenvertreter dieser Unternehmen auf. Obgleich sich aus Sicht der Wirtschaft die Interessenvertretung durch ihre Verbände im Großen und Ganzen bewährt hat – die Bundesrepublik wird zuweilen auch als „Verbändestaat" bezeich-

---

[72] *Bender/Reulecke*, Handbuch des deutschen Lobbyisten, 2003, S. 11.
[73] *Hamann*, Die Zeit, Nr. 4 v. 20.1.2005, 20, zitiert etwa die EU-Abgeordnete Erika Mann: „Ich will meine Freiheit. Aber ich will auch kluges Lobbying. Wenn die Unternehmen nicht zu mir kommen würden, ginge ich zu ihnen. Da liegt so viel Wissen".
[74] *Bender/Reulecke* (Fn. 72), S. 12 ff.
[75] *Hamann* (Fn. 73), 19. Zu Lobbying-Aktivitäten von Anwaltskanzleien gegenüber der EU *Fleming*, European Lawyer 12/2004, 26 ff.

net⁷⁶ –, vertreten Unternehmen ihre Interessen in zunehmendem Maße auf der politischen Bühne auch in **eigener Regie** und folgen damit dem US-amerikanischen Vorbild. Die Gründe für eine eigene Lobbyarbeit können in der Notwendigkeit großer Unternehmen und Unternehmensverbünde bestehen, die auseinander driftenden internen Partikularinteressen im Unternehmen zu bündeln, um gegenüber den Wirtschaftsverbänden, in denen das Unternehmen oder auch Teile des Unternehmens Mitglieder sind, koordiniert aufzutreten. Die Gründe für die Entfaltung eigener Lobbying-Tätigkeiten können aber auch darin liegen, dass die eigenen Positionen und Interessen durch die in den großen Wirtschaftsverbänden repräsentierte Meinungsvielfalt aus Sicht des jeweiligen Einzelunternehmens verwässert werden und an Konturen verlieren.

Die Aufgabe der Lobbyarbeit eines Unternehmens besteht – allgemein gesagt – darin, **102** seine operativ tätigen Einheiten bei der Erreichung ihrer wirtschaftlichen Ziele durch die Mitgestaltung der politischen Willensbildung und Entscheidungsfindung sowie die Formulierung entsprechender politischer Inhalte zu unterstützen. Hierunter wird zugleich die „Schaffung und Erhaltung eines bestmöglichen Klimas sowie eines entsprechenden Umfeldes als Basis für die Implementierung der Business-Pläne"⁷⁷ des Unternehmens verstanden. Die Erreichung dieser Aufgabe erfolgt durch die Gewinnung, Analyse und Aufbereitung von Informationen aus dem politischen Raum (**Informationsgewinnung**), die Kommunikation mit unternehmensinternen Entscheidungsträgern und die Koordination der erforderlichen Maßnahmen (**internes Kommunikationsmanagement**) sowie die Kommunikation mit Politik und Verwaltung und anderen am Entscheidungsprozess teilhabenden Organisationen und Meinungsbildnern (**externe Kommunikation**).⁷⁸ Die auch als „Politikberatung" bezeichnete externe Kommunikation erfolgt auf fachlicher Ebene etwa durch die Vermittlung von Informationen sowie durch die Pflege der Beziehungen mit Vertretern von Politik und Verwaltung sowie anderer Interessengruppen im Rahmen von Präsentationen oder Diskussionsrunden⁷⁹ oder aber auch durch die Initiierung von Forschungsprojekten, das Setzen von Standards oder ganz allgemein durch sog. „Best Practices".⁸⁰ Die Lobbyarbeit eines Unternehmens wird daher in der Praxis seine Partikularinteressen nur dann glaubwürdig und erfolgreich gegenüber den Entscheidungsträgern in der Politik und der Verwaltung, aber auch gegenüber der Öffentlichkeit vertreten können, wenn diese Interessen wahrheitsgemäß und im Kontext gesellschaftlicher Erfordernisse vorgetragen werden. Von der Arbeit des Lobbyisten im Unternehmen wird folglich auch verlangt, dass er durch seine Arbeit zugleich auch einen wertschöpfenden Beitrag zur Gesetzgebung und dem Verwaltungshandeln erbringt und Beispiele der gesellschaftlichen Verantwortung des Unternehmens kommuniziert.

III. Mögliche Konfliktlagen

Wenn die Lobbyarbeit von Unternehmen ungeachtet dessen in der öffentlichen Meinung vielfach einen schlechten Ruf hat, liegt dies weniger an der täglichen Arbeit von Interessenvertretern oder Interessengruppen der Wirtschaft im politischen Raum als an **103**

---

⁷⁶ *Forsthoff*, Der Staat der Industrie-Gesellschaft, 1971, S. 119 ff., 123; *Böckenförde*, Die politische Funktion wirtschaftlich-sozialer Verbände und Interessengruppen in der sozialstaatlichen Demokratie, in: Steinberg (Hrsg.), Staat und Verbände, 1985, S. 305 ff.; *Steinberg*, Die Interessenverbände in der Verfassungsordnung, a.a.O., S. 228 ff.
⁷⁷ *Bender/Reulecke* (Fn. 72), S. 19.
⁷⁸ A.a.O.
⁷⁹ *Fleming* (Fn. 75), 26.
⁸⁰ *Bender/Reulecke* (Fn. 72), S. 25.

4. Kapitel. Vermeidung von Korruptionsrisiken aus Unternehmenssicht

Auswüchsen, die von der Entfaltung eines übermäßigen Drucks auf die politischen Entscheidungsträger über politische oder auch nur ethisch bedenkliche **Interessenkonflikte** bis hin zu rechtswidrigen oder strafbaren Einflussnahmen im Bereich der Korruption reichen können. Auch für die Lobbyarbeit eines Unternehmens gilt es damit also, im Wege präventiver Maßnahmen einem möglichen Vorwurf entgegen zu arbeiten, in unlauterer oder missbräuchlicher Weise auf Entscheidungsprozesse in der politischen Sphäre Einfluss genommen zu haben. Nur wenn derartige **unzulässige Einflussnahmen** oder auch nur entsprechende Eindrücke von vornherein vermieden werden, kann die Lobbyarbeit eines Unternehmens im Ergebnis zielführend sein, da ihr Erfolg entscheidend von der Sachorientiertheit und ihrer öffentlichen Akzeptanz abhängt. Bereits als unlauter oder missbräuchlich empfundene Einflussnahmen können die im Wege der Lobbyarbeit verfolgten Ziele diskreditieren und damit kontraproduktiv wirken. Dies gilt erst recht, wenn Einflussnahmen auf den politischen Willensbildungsprozess in unzulässiger oder strafbarer Weise verfolgt werden. Neben dem damit verbundenen Reputationsverlust für das Unternehmen kommt in solchen Fällen auch eine rechtliche Inanspruchnahme des Unternehmens, der beteiligten Mitarbeiter oder seiner Leitungsorgane in Betracht. Darüber hinaus erschweren sie regelmäßig die zukünftige Lobbyarbeit, indem diese Arbeit von den Gesprächspartnern in Politik und Verwaltung nicht mehr ernstgenommen wird oder in diesem Bereich tätige Mitarbeiter oder Vertreter des Unternehmens von ihren Ansprechpartnern gemieden werden. Dies gilt insbesondere dann, wenn unzulässige Einflussnahmen auf Seiten von Politik und Verwaltung zu politischen Skandalen oder der Einleitung von Ermittlungsverfahren führen oder politische Karrieren Opfer solcher Vorgänge werden. Letzteres ist aufgrund der hohen öffentlichen Aufmerksamkeit im Falle des Bekanntwerdens derartiger Vorgänge häufig, zumal diese Vorgänge dann gleichzeitig selbst zum Gegenstand der politischen Auseinandersetzung werden.

104 Um derartige rechtliche und politische Szenarien auszuschließen, empfiehlt sich auch für den Bereich der Lobbyarbeit eines Unternehmens die Durchführung eines **Compliance-Programms**, das sich grundsätzlich an den oben beschriebenen Kriterien (Rn. 26 ff., 83 ff.) orientieren kann, gleichzeitig aber angesichts der besonderen Sachverhalte und rechtlichen Gegebenheiten des Lobbying zu modifizieren ist. Auch hier ist also eine Untersuchung notwendig, in welchen konkreten Situationen rechtliche Risiken entstehen können, die in allgemeinen Handlungsvorgaben zu berücksichtigen sind. Darüber hinaus empfiehlt es sich ebenfalls, organisatorische Maßnahmen zu ergreifen, um die Einhaltung solcher Vorgaben in der praktischen Lobbyarbeit des Unternehmens sicherzustellen. Auch hier ist der Begriff der Korruptionsprävention im Sinne der Abwehr aller „Formen des Missbrauchs von Macht zur Verschaffung unzulässiger Vorteile" (Rn. 1) und nicht nur als die Unterbindung der Verwirklichung der Tatbestände der §§ 331 ff., 299, 108e StGB oder des § 2 IntBestG zu verstehen, da das Unternehmen nur auf diese Weise Risiken für alle Beteiligten vermeiden und den Erfolg seiner Lobbyarbeit sicherstellen kann. Zu diesem Zweck ist also auch das Risikopotential von Bedeutung, das etwa infolge einer Verletzung der Vorschriften des Dienst- oder Abgeordnetenrechts oder auch des Parteiengesetzes sowie des Steuerrechts (siehe Kap. 5 Rn. 62 ff.) entstehen kann. Darüber werden sich die aus einer solchen Analyse gewonnenen Handlungsvorgaben auch immer dem „Lackmustest" unterziehen lassen müssen, ob sie trotz einer Vereinbarkeit mit den bestehenden Gesetzen mit der allgemeinen Unternehmensphilosophie, generellen ethischen Grundsätzen oder den zu erwartenden Sensibilitäten einer kritischen Öffentlichkeit vereinbar sind.

105 Die Untersuchung der risikogefährdeten Bereiche betrifft im Wesentlichen das Verhältnis zu Vertretern der Bundes- und Landesregierungen und der Ministerialverwaltungen sowie zu Bundestags- und Landtagsabgeordneten. Während die bloße Kommunikation von Informationen oder die Vermittlung des Sachverstandes des Unternehmens im Zusammenhang mit politischen Willensbildungsprozessen rechtlich grundsätzlich keine

Probleme aufwirft, bedarf es regelmäßig dort einer genaueren Untersuchung, wo angesichts eines konkreten politischen Willensbildungsprozesses oder auch nur zur allgemeinen „Klimapflege" im Rahmen einseitiger oder vertraglicher Leistungsbeziehungen **Zuwendungen** an diese Personenkreise oder Dritte (etwa politische Parteien oder andere Organisationen) gemacht werden, die als rechtlich unzulässig oder auch nur moralisch missbilligt angesehen werden können. Dies reicht etwa von der Mitnahme von Regierungsvertretern in Firmenflugzeugen, deren Einladung zu kostspieligen Jagdausflügen, über die Kostentragung gemeinsamer Urlaubsaufenthalte mit Vorstandsmitgliedern eines Unternehmens und Parteispenden bis hin zu Beraterverträgen mit Abgeordneten.

IV. Beziehungen zu Dritten

1. Regierungs- und Verwaltungsvertreter

Die Angehörigen der Bundes- und Landesregierungen, Bürgermeister und Landräte 106
sowie die Vertreter der Bundes- und Landesverwaltungen sowie die Behördenvertreter auf kommunaler Ebene sind **Amtsträger** im Sinne der §§ 331 ff. i.V.m. § 11 Abs. 1 Nr. 2 StGB. Die Ausgestaltung von Beziehungen eines Unternehmens im Rahmen seiner Beziehungen zu diesen Personen kann daher grundsätzlich nach den bereits oben ausgeführten Grundsätzen erfolgen (Rn. 34 ff., 101 ff.). Auch hier gilt natürlich der allgemeine Grundsatz der Korruptionsbekämpfungsgesetze, wonach es darauf ankommt, bereits den Anschein der Käuflichkeit von vornherein auszuschließen. Von besonderer Bedeutung ist hierbei der Umstand, dass die geltende Regelung des § 331 StGB, entgegen ihrer vormaligen Fassung, im Zusammenhang mit der Unrechtsvereinbarung auf das Merkmal der Gegenleistung sowie auf den Bezug zu einer konkreten Diensthandlung verzichtet. Der aktuelle Gesetzeswortlaut spricht vielmehr davon, dass der Vorteil „für die Dienstausübung" gefordert, versprochen oder angenommen wird. Diese Auflockerung der für die Verwirklichung des Tatbestandes erforderlichen Unrechtsvereinbarung erlaubt es, etwa auch Zuwendungen im Sinne des sogenannten „Anfütterns"[81] oder der „Klimapflege" zu erfassen, denen bestimmte Diensthandlungen ansonsten nicht konkret zugeordnet werden können.

Einseitige Leistungen, die nicht mehr als **sozialadäquat** angesehen werden können, die 107
also über das hinausgehen, was nach den allgemein anerkannten gesellschaftlichen Regeln noch der Höflichkeit oder Gefälligkeit entspricht, sollten daher von einem Unternehmen auch nicht im Rahmen seiner Lobbyarbeit gewährt werden. Auch hier können die einschlägigen Verwaltungsvorschriften zur Annahme von Belohnungen und Geschenken (siehe Rn. 56 ff.) hilfreiche Anhalts- und Orientierungspunkte bieten, um mögliche Fallkonstellationen im Rahmen unternehmensinterner Handlungsanweisungen entsprechend zu regeln, etwa die Mitnahme des betroffenen Personenkreises in Verkehrsmitteln des Unternehmens, den erlaubten Umfang von Bewirtungen oder Repräsentationsveranstaltungen etc.

Problematisch können einseitige Leistungen des Unternehmens aber auch dann wer- 108
den, wenn Zuwendungen nicht dem Amtsträger selbst zufließen, sondern Vereinigungen, wie etwa politischen Parteien oder parteinahen Stiftungen, zugute kommen oder zugute kommen sollen, denen der Amtsträger nahe steht. Nach den vormaligen Tatbestandsfassungen der §§ 331 bis 334 StGB sollte es darauf ankommen, ob die **Spende an eine politische Partei** bei dem Amtsträger als deren Mitglied erkennbar eine persönliche Besserstel-

---

[81] Hierzu *Wolters*, JuS 1998, 1105 ff.

lung zur Folge hatte.[82] Vorteile, die einem Dritten (etwa gemeinnützigen Organisationen) ohne Auswirkung auf den Amtsträger zufließen, waren dagegen von den Tatbeständen der §§ 331 bis 334 StGB nicht erfasst. Das KorrBekG hat vor dem Hintergrund der erheblichen Kritik[83] an den Tatbestandsfassungen der §§ 331 bis 334 a.F. StGB auch **Drittvorteile** einbezogen.[84] Hierdurch sollen nunmehr auch Zuwendungen erfasst werden, die zur Verschleierung korruptiver Einflussnahmen an Dritte vorgenommen werden. Die von §§ 331 ff. StGB geschützten Rechtsgüter sind bei korruptiven Zuwendungen Dritter daher in gleicher Weise betroffen wie Zuwendungen, die dem Amtsträger selbst zugute kommen. Auf die Eigennützigkeit des Amtsträgers kommt es nicht mehr an. Eine effektive Korruptionsprävention auf Seiten des Unternehmens verlangt auch für diesen Bereich die konsequente Umsetzung der Prinzipien von **Trennung und Transparenz**, die als die „**goldenen Regeln**" der unternehmensinternen Maßnahmen zur Korruptionseindämmung gelten können. Diese Prinzipien treffen sich mit der von dem Grundgesetz in Art. 21 Abs. 1 S. 4 vorgegebenen verfassungsrechtlichen Grundanforderung an die Finanzierung politischer Parteien, wonach diese „über die Herkunft und Verwendung ihrer Mittel sowie über ihr Vermögen öffentlich Rechenschaft ablegen müssen". Der Gesetzgeber hat dieses verfassungsrechtliche Grundpostulat im 5. Abschnitt des PartG im Einzelnen konkretisiert. Gemäß § 25 Abs. 2 Nr. 7 PartG ist es danach verboten, Spenden anzunehmen, die „der Partei erkennbar in Erwartung oder als Gegenleistung eines bestimmten wirtschaftlichen oder politischen Vorteils gewährt werden". Dazu zählen auch das Verbot, anonyme Spenden anzunehmen, Regeln über die Veröffentlichung der Herkunft und Verwendung von Mitteln Dritter, personelle Offenlegungspflichten für Großspenden, das Verbot der Entgegennahme von Barspenden über 1.000 Euro oder auch das Verbot der Entgegennahme von Spenden von Nicht-EU-Ausländern.[85]

109 Wie so oft liegt auch hier die Tücke im Detail, etwa wenn es um Spenden verschiedener juristischen Personen eines **Unternehmensverbundes** geht, die für sich genommen pro Kalenderjahr den Schwellenwert der zu veröffentlichenden Spenden nicht erreichen, während die Zusammenrechnung dieser Spenden die Publikationsschwelle übersteigt. Dem Grundsatz nach soll auf die formale Selbständigkeit der jeweiligen juristischen Person abgestellt werden, es sei denn, die Spende der einzelnen juristischen Personen wurden von der Leitung des Unternehmensverbundes in einer entsprechenden Gesamtgrößenordnung avisiert. Das Eingreifen des Publikationsgebotes soll danach erst der für die Partei erkennbare Wille der Spenderseite sein, ihr gegenüber als einheitlicher Spender in Erscheinung zu treten.[86]

110 Obgleich die Verletzung der spendenrechtlichen Vorschriften auf der Rechtsfolgenseite die jeweilige politische Partei und nicht das Unternehmen trifft (etwa durch den Verlust des Anspruchs auf staatliche Mittel in doppelter Höhe nach § 31a Abs. 1 PartG) und die Außerachtlassung der Vorschriften des PartG, etwa im Falle unzulässiger Stückelungen von Spenden durch das Unternehmen, auch per se noch nicht zur Annahme eines Korruptionsdeliktes auf Seiten des Unternehmens führt, zeigt die Parteispendenproblematik jedoch beispielhaft, dass präventive Maßnahmen des Unternehmens sinnvollerweise mehr ins Auge fassen müssen als lediglich vorbeugende Festlegungen zur Vermeidung korruptiver Handlungen im Sinne der §§ 331 ff. StGB. Zu diesem Zweck muss das

---

[82] BGHSt 33, 339. *Scheu*, NJW 1981, 1195 f.; *Kaiser*, NJW 1981, 321; *Rudolphi*, NJW 1982, 1417 ff. Dem parteirechtlichen Spendenbegriff zufolge fallen hierunter alle freiwilligen Zahlungen und andere geldwerte Vorteile an eine Partei, die über die Mitglieds- oder Mandatsträgerbeiträge hinausgehen (§ 27 Abs. 1 PartG).

[83] Siehe hierzu *Rudolphi* (Fn. 82), 1417; *Kuhlen*, NStZ 1988, 436, und *Dölling*, Gutachten C zum 61. Deutschen Juristentag, 1996, C 66 ff.

[84] Siehe hierzu auch *Saliger*, NJW 2005, 1073 ff.

[85] Siehe hierzu im Einzelnen *Morlok*, NJW 2000, 761 ff.; *Lenz*, NVwZ 2002, 769 ff.

[86] *Morlok* (Fn. 85), 764.

Unternehmen im Rahmen der Festlegung präventiver Maßnahmen vielmehr gleichsam **über den Horizont der eigentlichen korruptionsrechtlichen Vorschriften hinausblicken,** hier auf die spendenrechtlichen Vorschriften des PartG. Dies ist zum einen deshalb notwendig, weil ein Verstoß gegen diese Vorschriften zwar nicht unweigerlich zur Annahme eines Korruptionstatbestandes führen muss, jedoch ein Indiz hierfür sein kann. Zum anderen ist der Erfolg der Lobbyarbeit und die damit verbundene politische Glaubwürdigkeit eines Unternehmens nicht nur gefährdet, wenn seine Mitarbeiter aufgrund korruptiver Handlungen im politischen Raum zum Gegenstand von Ermittlungsverfahren werden, sondern auch dann, wenn das Unternehmen durch zweifelhafte Spendenpraktiken zum Gegenstand einer kritischen Berichterstattung in den Medien wird.

Daneben kann es sich aber auch empfehlen, generelle Festlegungen zur Spendenpraxis und zum Umgang des Unternehmens mit Spenden an politische Parteien zu treffen. Die Frage, ob die Gewährung von Parteispenden durch den Vorstand einer Aktiengesellschaft überhaupt zulässig ist, wird zwar kontrovers diskutiert, im Ergebnis jedoch von der herrschenden Meinung mit dem Argument bejaht, dass auch die Spenden an politische Parteien Ausdruck der Integration einer Aktiengesellschaft in ihr soziales und politisches Umfeld seien, daher einen Gemeinwohlbezug hätten und zu der eigenverantwortlichen Unternehmensleitung des Vorstandes nach § 76 Abs. 1 AktG zählten.[87] Es ist allerdings fraglich, ob von dem erforderlichen Gemeinwohlbezug auch dann noch ausgegangen werden kann, wenn derartige Spenden unter Verstoß gegen das Parteiengesetz nicht ordnungsgemäß deklariert und verbucht worden sind. Trotz der grundsätzlichen Zulässigkeit der Spendenvergabe darf der Vorstand nicht in unbegrenztem Umfang spenden, wenn er das Risiko einer Schadensersatzpflicht nach § 93 Abs. 2 AktG vermeiden will (siehe hierzu auch Rn. 64). Seine Befugnis wird daher allgemein auf Spenden in einem **angemessenen Umfang** beschränkt.[88] In der Literatur hat man vereinzelt versucht, eine Konkretisierung des Angemessenheitskriteriums vorzunehmen und eine feste Relation der Spendenpraxis zum Bilanzgewinn einer Aktiengesellschaft herzustellen, wobei etwa die Vergabe von (Partei-) Spenden bis zu 1 % des Bilanzgewinns als erlaubt zu betrachten sei.[89] Darüber hinaus wird die Spendentätigkeit des Vorstands inhaltlich durch das langfristige Unternehmensinteresse an einer gesellschaftlich allgemein anerkannten Stellung begrenzt, so dass nicht nur Spenden an politische Parteien den Ermessensspielraum des Vorstandes überschreiten, die den Eindruck des „Erkaufens" politischer Entscheidungen vermitteln und gegebenenfalls auch eine Verletzung von § 25 Abs. 2 Nr. 7 PartG darstellen, sondern auch solche, die derart einseitig zu Gunsten einer Partei ausfallen, dass sie dem Sozialprestige des Unternehmens schaden.[90]

Die Ermessensfreiheit des Vorstandes hängt ferner davon ab, ob die Spendenpraxis an einen **Zustimmungsvorbehalt** des Aufsichtsrates nach § 111 Abs. 4 S. 2 AktG geknüpft ist. Aus Sicht des Unternehmens kann es sich angesichts des erheblichen Einflusses größerer und publizierter Parteispenden empfehlen, dass für Parteispenden ab der Publikationsgrenze des PartG die Vergabe durch ein von der Hauptversammlung gewähltes Organ präventiv kontrolliert wird. Schließlich muss der Vorstand gerade in dem sensiblen Bereich der Parteispenden mit **Auskunftsansprüchen** von Aktionären in der Hauptversammlung rechnen, etwa im Zusammenhang mit der Entlastung der Mitglieder des Vorstands und des Aufsichtsrats. Allgemein anerkannt ist hier jedoch lediglich ein Anspruch des Aktionärs auf die Bekanntgabe des Gesamtbetrages der geleisteten Spenden,[91]

---

[87] *Kind*, NZG 2000, 567 ff. m.w.N.
[88] BGHZ 23, 150, 157.
[89] *Kind* (Fn. 87), 569, siehe hierzu auch *Geßler*, in: ders. (Hrsg.), Aktiengesetz, 2005, § 76 Rn. 4.
[90] *Kind*, a.a.O., 569 f.; siehe hierzu auch *Martens*, in: Zöllner (Hrsg.), Kölner Kommentar zum AktG, Bd. 2, 1996, § 76 Rn. 36 ff.
[91] OLG Frankfurt am Main, AG 1994, 39 f.; *Hüffer*, AktG, 6. Aufl. 2004, § 131 Rn. 18.

nicht aber auch auf eine Aufgliederung von Parteispenden nach Empfängern und Einzelbeträgen[92]. Dagegen wird ein detailliertes Auskunftsrecht des Aktionärs unter bestimmten Umständen aber auch bejaht, entweder generell,[93] bei besonderen Anlässen[94] oder aber begrenzt auf Großspenden[95]. Vor diesem Hintergrund empfiehlt es sich für das Unternehmen und seine Vorstände, die Spendenvergabe an politische Parteien nicht nur an den bestehenden strafrechtlichen und parteienrechtlichen Rahmenbedingungen auszurichten. Vielmehr sollten auch Regeln für die unternehmensinterne Entscheidungsfindung und präventive Kontrolle sowie die Kommunikation gegenüber den Aktionären von vornherein festgelegt werden.

113 Mit Blick auf Leistungsaustauschbeziehungen des Unternehmens kann vor allem der Abschluss von **Beraterverträgen** rechtlich problematisch werden, da diese von dem Tatbestand der Vorteilsgewährung bzw. -annahme erfasst werden, sofern hierdurch dem Amtsträger Vorteile gewährt werden, um ein Nähe- und Abhängigkeitsverhältnis aufzubauen.[96] Beraterverträge werden in der allgemeinen korruptionsrechtlichen Diskussion vielfach als mehr oder weniger subtile Form der Vorteilsgewährung verstanden, bei denen der Nachweis eines korruptiven Handelns vielfach sehr schwer fällt. Dasselbe gilt für die entgeltliche Mitgliedschaft von Politikern in Beiräten des Unternehmens.[97] In der aktuellen Diskussion ist allerdings bislang vergeblich gefordert worden, Amtsträgern im Sinne einer effektiveren Korruptionsprävention die Eingehung von Beraterverträgen mit Unternehmen, mit denen sie während ihrer Dienstzeit in Geschäftsbeziehungen standen, auch für eine gewisse Zeit nach ihrem Ausscheiden aus dem Amt zu untersagen.[98] Rechtliche Risiken können durch eine konsequente Einhaltung der einschlägigen Vorschriften für die Ausübung von Nebentätigkeiten und die Beachtung des Transparenz- und Genehmigungsprinzips weitgehend minimiert werden. Die strengsten Vorschriften zu Nebentätigkeiten gelten für die Mitglieder der Bundesregierung. Nach § 5 des Bundesministergesetzes dürfen sie neben ihrem Amt „kein Gewerbe und keinen Beruf" ausüben und auch nicht dem Vorstand, Aufsichtsrat oder dem Verwaltungsrat „eines auf Erwerb gerichteten Unternehmens" angehören. Sie sollen nicht einmal „ein öffentliches Ehrenamt bekleiden". Ungeachtet der bestehenden rechtlichen Grenzen für die Aufnahme von Nebentätigkeiten empfiehlt sich für die Erarbeitung interner Handlungsanweisungen eines Unternehmens auch jeweils die Berücksichtigung des möglichen öffentlichen Eindrucks derartiger Vertragsbeziehungen und des mit ihrem allgemeinen Bekanntwerden möglicherweise verbundenen Reputations- und Glaubwürdigkeitsverlustes.

2. Abgeordnete

114 Bundeskanzler, Bundesminister, Parlamentarische Staatssekretäre, Ministerpräsidenten, Landesminister, Oberbürgermeister und Landräte galten schon immer als Amtsträger im Sinne der §§ 331 ff. i.V.m. § 11 Abs. 1 Nr. 2 StGB. Dagegen sind Abgeordnete keine Amtsträger,[99] so dass auf sie die Vorschriften des 30. Abschnitts des StGB (Straftaten im

---

[92] *Zöllner*, in: ders. (Hrsg.), Kölner Kommentar zum AktG, Bd. 1, 1970, § 131 Rn. 54; *Decher*, in: Hopt/Wiedemann (Hrsg.), AktG, 16. Lieferung 2001, § 131 Rn. 411.
[93] *Kind* (Rn. 84), 572; *Kubis*, in: Kropff/Semler (Fn. 16), § 131 Rn. 205.
[94] OLG Frankfurt am Main, AG 1994, 39.
[95] *Schmidt-Leithoff*, Die Verantwortung der Unternehmensleitung, 1989, S. 430.
[96] *Tröndle/Fischer* (Fn. 2), § 331 Rn. 24.
[97] *Hautkapp*, Neue Rhein Zeitung v. 12.2.2005, 2.
[98] *Dannecker*, Die Entwicklung des Wirtschaftsstrafrechts in der Bundesrepublik Deutschland, in: Wabnitz/Janovsky (Hrsg.), Handbuch des Wirtschafts- und Steuerstrafrechts, 2. Aufl. 2004, Kap. 1 Rn. 118 m.w.N.
[99] Zur rechtlichen Qualifizierung von Gemeinderäten als Abgeordnete *Deiters*, NStZ 2003, 453 ff.

Amt) nicht anwendbar sind. Jedoch verbietet seit dem 22.1.1994 die Regelung des § 108e Abs. 1 StGB, „für eine Wahl oder Abstimmung im Europäischen Parlament oder in einer Volksvertretung des Bundes, der Länder, Gemeinden oder Gemeindeverbände eine Stimme zu kaufen oder zu verkaufen". Mit dieser Vorschrift hat der Gesetzgeber eine allgemein als peinlich empfundene Gesetzeslücke schließen wollen.[100] Aber auch diese Vorschrift wird vielfach als unvollkommen betrachtet, da lediglich der **Stimmenkauf** bzw. **Stimmenverkauf** unter Strafe gestellt ist, nicht aber die bloße Herbeiführung einer allgemeinen „Gewogenheit" des Abgeordneten durch ein sogenanntes „Anfüttern", die bei Amtsträgern strafbar wäre. Auch viele moralische Zweifelsfälle wurden vom Gesetzgeber bewusst nicht geregelt.[101] Begründet wird dies damit, dass der Gesetzgeber nur das unter Strafe stellen wollte, was gesetzestechnisch sicher fassbar war, um die „Freiheit des Mandats" im Sinne von Art. 38 Abs. 1 S. 2 unangetastet zu lassen.[102] Die Zurückhaltung des deutschen Gesetzgebers bei der Ausgestaltung des Tatbestandes des § 108e StGB führt allerdings vor dem Hintergrund des Gesetzes zur Bekämpfung internationaler Bestechung (IntBestG) zu einer paradoxen Situation. Nach dem Sondertatbestand des § 2 IntBestG ist die Vorteilsgewährung und Bestechung ausländischer Abgeordneter und deutscher oder ausländischer Parlamentarier als Mitglieder internationaler Organisationen im Zusammenhang mit dem internationalen geschäftlichen Verkehr unter Strafe gestellt. Deutsche Parlamentarier unterliegen daher einem strafrechtlich sanktionierten Verbot der Vorteilsgewährung und Bestechung nur, wenn sie Mitglied einer parlamentarischen Versammlung einer internationalen Organisation sind.[103] Infolge dessen kann sich die Situation ergeben, dass die strafrechtliche Sanktion von korruptiven Praktiken bei ausländischen Sachverhalten weiter geht als bei deutschen Parlamentariern.

Es versteht sich von selbst, dass jede Lobbyarbeit eines Unternehmens frei sein muss von unzulässigen Einflussnahmen auf Abgeordnete im Wege des Stimmenkaufs, und dass zur Vermeidung dessen geeignete Vorsorgemaßnahmen getroffen werden. Schwieriger ist allerdings die Frage zu regeln, ob und gegebenenfalls in welcher Weise Abgeordnete für das Unternehmen während ihres Mandats, etwa als **Berater**, tätig werden dürfen oder sollen. In jüngster Zeit hat zudem die Fortzahlung der Bezüge an Mitarbeiter zu öffentlichen Diskussionen geführt, die nach Aufnahme ihres Abgeordnetenmandats weiterhin, wenn auch zumeist in eingeschränktem Umfang, für das Unternehmen tätig sind, oder aber eine Fortzahlung ihrer Bezüge im Interesse an ihrer Rückkehr in das Unternehmen im Anschluss an das Abgeordnetenmandat erhalten (siehe hierzu unter steuerrechtlichen Gesichtspunkten Kap. 5 Rn. 62 ff.). Grundsätzlich ist Abgeordneten die Aufnahme von Nebentätigkeiten für Unternehmen nicht verboten. Allerdings ist es etwa Bundestagsabgeordneten über die nach §§ 44a AbgG beschlossenen Verhaltensregeln – Anlage 1 der Geschäftsordnung des Deutschen Bundestages – und nach den Ausführungsbestimmungen zu diesen Verhaltensregeln vom 26.6.1987[104] untersagt, Zuwendungen anzunehmen, die sie nur erhalten, weil von ihnen erwartet wird, dass sie im Bundestag „die Interessen des Zahlenden vertreten". Nach den für sie geltenden Verhaltensregeln sind Bundestagsabgeordnete auch zu **Auskünften** über geldwerte Zuwendungen,[105] mögliche Abhängigkeiten und Funktionen verpflichtet, etwa zu Tätigkeiten als Mitglied eines Vorstandes, 115

---

[100] v. Arnim, JZ 1990, 1014 ff. m.w.N.; Barton, NJW 1994, 1098 ff.; de With, Kriminalistik 1997, 401. Ein Beweggrund für die Einführung des Tatbestandes des § 108e StGB war der Fall des vormaligen Abgeordneten Steiner, der gegen Zahlung eines Geldbetrages von 50.000 DM bei dem konstruktiven Misstrauensvotum gegen Willy Brandt nicht für den Kanzlerkandidaten der CDU gestimmt hatte.
[101] Schönke/Schröder-Eser, StGB, 27. Aufl. 2006, § 108e Rn. 1.; Schubert, Korruption, in: Wabnitz/Janovsky (Fn. 98), Kap. 10 Rn. 125.
[102] de With (Fn. 100), 401.
[103] Hierzu Tröndle/Fischer, StGB, 50. Aufl., § 108e Rn. 2 m.w.N.
[104] BGBl. I S. 1557.
[105] Zur Problematik der sog. „Abgeordnetenspenden" Ipsen, NVwZ 2003, 14 ff.

Verwaltungs- oder Beirates oder eines sonstigen Gremiums einer Gesellschaft. Die **Anzeigepflicht** gegenüber dem Bundestagspräsidenten betrifft ferner Beraterverträge, Beteiligungen an Kapital- und Personengesellschaften bei wesentlichem wirtschaftlichen Einfluss sowie Tätigkeiten, die neben dem Beruf und dem Mandat ausgeübt werden, wobei unter bestimmten Umständen auch die erzielten Einnahmen offen zu legen sind (§ 1 Nr. 3 der Anlage 1 der Geschäftsordnung des Deutschen Bundestages). Ähnliche Regelungen gelten für die Abgeordneten der Länderparlamente.[106]

116 Bei vermuteten Verstößen gegen die Anzeigepflicht können die Parlamentspräsidenten eigene Ermittlungen anstellen. Aus parlamentsrechtlicher Sicht beschränken sich die zur Verfügung stehenden Sanktionsmöglichkeiten auf die Publikation der Ermittlungsergebnisse im Bundesanzeiger (Bund) oder die Vorlage an das Parlament selbst (etwa in Niedersachsen oder Nordrhein-Westfalen). Lediglich das Niedersächsische Abgeordnetengesetz sieht in § 27 Abs. 4 S. 1 vor, dass Abgeordneten eine Vergütung aus einem Dienst- oder Werkvertrag nur gewährt werden darf, soweit sie dem Wert der tatsächlich erbrachten und mit seinem Mandat nicht zusammenhängenden Tätigkeit entspricht, wobei im Fall der Zuwiderhandlung die entsprechende Vergütung von dem Landtagspräsidenten zugunsten des Landes eingezogen werden kann.[107] Die Außerachtlassung dieser Vorschrift birgt nicht nur für den Abgeordneten das Risiko der Abführung entsprechender Vergütungen. Vielmehr besteht bei Zahlungen, denen keine adäquaten Gegenleistungen gegenüberstehen, für die Verantwortlichen des Unternehmens, wie in einem aktuellen Beispielsfall, zugleich das Risiko der Einleitung von Ermittlungsverfahren wegen des Verdachts der Untreue mit der möglichen weiteren Folge der Geltendmachung von Regressforderungen der Gesellschaft.[108] Auch hier empfiehlt es sich also für das Unternehmen und seine Leitungsorgane, rechtlich riskante oder imagegefährdende Bereiche im Vorfeld rechtzeitig zu identifizieren und im Wege von präventiven Maßnahmen von vornherein zu vermeiden.

V. Präventive Maßnahmen

117 Der Blick auf die geschilderten materiell-rechtlichen Rahmbedingungen für die Lobbyarbeit eines Unternehmens sowie für seine sonstigen möglichen Beziehungsverhältnisse im politischen Raum, aber auch für die damit verbundenen rechtlichen und sonstigen Risiken für das Unternehmen und seine Leitungsorgane legt es auch hier nahe, **organisatorische Maßnahmen** zu ergreifen. Ziel dieser Maßnahmen ist es, denkbaren unzulässigen Einflussnahmen sowie daraus resultierenden unerwünschten Konsequenzen jeder Art präventiv zu begegnen und hierdurch von vornherein von dem Unternehmen, seinen Leitungsorganen und Mitarbeitern abzuwenden. Als Mittel stehen auch hier

---

[106] Vgl. zu den Anzeigepflichten von Bundestagsabgeordneten Anlage 1 zur Geschäftsordnung des Deutschen Bundestages (Verhaltensregeln für Mitglieder des Deutschen Bundestages) in der Fassung der Bekanntmachung vom 30.9.2005, BGBl. I S. 1246. Siehe etwa für Niedersachsen die „Verhaltensregeln für Mitglieder des Niedersächsischen Landtags" (Anlage zur Geschäftsordnung für den Niedersächsischen Landtag der 15. Wahlperiode in der Fassung v. 4.3.2003, Nds. GVBl. 2003 S. 135, zuletzt geändert durch Beschluss v. 17.9.2003, Nds. GVBl. S. 360) oder für Nordrhein-Westfalen die „Verhaltensregeln für die Mitglieder des Landtags Nordrhein-Westfalen" (Anlage 6 der Geschäftsordnung des Landtags Nordrhein-Westfalen gem. Beschluss des Landtags v. 5.6.2000, geändert durch Beschluss des Landtags v. 6.12.2000).

[107] Dies führte etwa in dem konkreten Fall zweier niedersächsischer Landtagsabgeordneter am 16.11.2005 zu einer Verurteilung durch das VG Braunschweig zur Abführung von 766.000 Euro an die Landeskasse (Az.: 1 A 162/05 und 1 A 163/05).

[108] Hierzu www.spiegel.de/politik/deutschland/0,1518,337405,00.html.

die Erarbeitung genereller Handlungs- oder Verhaltensrichtlinien sowie die Implementierung organisatorischer Maßnahmen, die die Einhaltung und Überwachung solcher Richtlinien sicherstellen können, zur Verfügung.

1. Verhaltensrichtlinien

Die Erarbeitung von Verhaltensrichtlinien setzt die Untersuchung der von dem Unternehmen praktizierten bzw. der für das Unternehmen denkbaren Beziehungen im politischen Raum sowie deren rechtliche Analyse voraus. Hierbei kommt es nicht allein darauf an, rechtlich unzulässige von zulässigen Handlungsweisen abzugrenzen. Denn nicht alles, was aus der rechtlichen Perspektive noch als zulässig anzusehen sein mag, entspricht von vornherein auch den Interessen des Unternehmens oder vermeidet rechtliche oder andere unerwünschte Folgen (wie etwa die Einleitung von Ermittlungsverfahren in bestimmten rechtlichen Grauzonen, negative rechtliche Auswirkungen auf Dritte oder eine für das Unternehmen abträgliche Berichterstattung und damit verbundene Imageschäden). Die Untersuchung der (denkbaren) tatsächlichen und rechtlichen Fallkonstellationen führt daher nur zu Zwischenergebnissen, die vor dem Hintergrund der jeweiligen Unternehmensphilosophie sowie von Gesichtspunkten außerhalb der juristischen Sphäre weiter zu überprüfen sind, bevor sie in entsprechenden **Verhaltensrichtlinien** für die mit der Lobbyarbeit oder anderen Beziehungen des Unternehmens zur Politik betrauten Mitarbeiter umgesetzt werden können. Auch hier kann es sich angesichts der Komplexität bestehender rechtlicher Regelungen, des Vorhandenseins rechtlich umstrittener Graubereiche oder aber kontroverser öffentlicher Diskussionen zum Zwecke einer besseren praktischen Handhabbarkeit bzw. Akzeptanz der Verhaltensregeln gegebenenfalls empfehlen, „holzschnittartiger" zu verfahren, als die zu Grunde liegenden gesetzlichen Regelungen dies eigentlich vorsehen. Dies bedeutet nicht, dass dem Unternehmen hierdurch die Möglichkeit differenzierter Entscheidungen im Einzelfall verwehrt wäre. Dies wäre vielmehr auch auf der Grundlage derartiger Verhaltensrichtlinien möglich, allerdings mit der Einschränkung, dass die Entscheidung über dort nicht als generell zulässig abgebildete Handlungsweisen auf eine **höhere Hierarchieebene** im Unternehmen zu verlagern und im Einzelfall zu treffen wäre. Eine solche Verfahrensweise hat den Vorteil, Entscheidungen in rechtlich oder anderweitig risikogefährdeten Bereichen ganz bewusst auf einer anderen Ebene zu treffen, gegebenenfalls unter Involvierung der Leitungsorgane des Unternehmens. 118

Für eine vernünftige, den Gesamtinteressen des Unternehmens dienliche Ausgestaltung von Verhaltensregeln für die Lobbyarbeit sowie die sonstigen Beziehungen des Unternehmens im politischen Raum greift, wie gezeigt (Rn. 110 ff., 116), der bloße Blick auf die Einhaltung der in den Strafgesetzen geregelten Korruptionsverbote zu kurz. Vielmehr ist hier die Berücksichtigung einer **Vielzahl weiterer Vorschriften**, wie etwa des PartG, der einschlägigen Abgeordnetengesetze des Bundes und der Länder sowie der Verhaltensregeln der Parlamente für die Ausgestaltung der Verhaltensregeln geboten, wenn diese tatsächlich alle unzulässigen oder missbräuchlichen Einflussnahmen auf politische Entscheidungsträger ausschließen und damit eine effektive Lobbyarbeit des Unternehmens sicherstellen sollen. Zu regeln sind daher auch etwa die Höhe erlaubter Nebeneinkünfte oder der genaue Inhalt von Vereinbarungen über die Freistellung von Mitarbeitern zur Wahrnehmung politischer Mandate und Ehrenämter. Die oben dargestellten **allgemeinen Prinzipien** der Trennung, Transparenz und Äquivalenz (Rn. 41 ff.) können Orientierungspunkte für solche Fallkonstellationen bieten, die durch die einschlägigen gesetzlichen Vorschriften keine besondere Regelung erfahren haben. Daneben bietet sich auch bei der Ausgestaltung von Verhaltensregeln für die Lobbyarbeit der Unternehmen die Berücksichtigung allgemeiner „**Branchenkodices**", wie etwa des „Verhaltenskodex 119 der Deutschen Gesellschaft für Politikberatung"[109] an, der auf diesen Prinzipien beruht und diese für den Bereich der „politischen Kommunikation" umgesetzt hat. Danach soll etwa zur „Kommunikation und Realisierung von Interessen" kein unlauterer oder ungesetzlicher Einfluss ausgeübt werden, „insbesondere weder durch direkte oder indirekte finanzielle Anreize". Ferner schreibt dieser Kodex vor, dass bei der Ausübung beruflicher Beratungstätigkeiten auf die strikte Trennung zwischen der beruflichen Tätigkeit andererseits und weiteren politischen Ämtern, Mandaten und Funktionen zu achten ist.

2. Organisatorische Ausgestaltung und Überwachung

120 Im Hinblick auf die organisatorische Ausgestaltung der Lobbyarbeit in Unternehmen empfiehlt sich vor dem Hintergrund der bereits oben beschriebenen allgemeinen Empfehlungen (Rn. 83 ff.) die Festlegung **klarer Zuständigkeiten** und **Berichtslinien**. Insofern sollte auch klar geregelt sein, unter welchen genauen Voraussetzungen die Involvierung höherer Hierarchiestufen im Unternehmen und gegebenenfalls der Leitungsorgane zu erfolgen hat. Größere Unternehmen oder Unternehmensverbünde haben vielfach eigene Abteilungen für politische Kommunikation eingerichtet, die etwa als „Public-Affairs-Abteilung", „Abteilung für Regierungsangelegenheiten" oder „Government Relations" bezeichnet werden und die interne sowie externe Kommunikation des Unternehmens (Rn. 102) bündeln. Es liegt nahe, die Ausarbeitung allgemeiner Verhaltensrichtlinien sowie deren laufende Kontrolle in diesen Abteilungen bei gleichzeitiger Zuständigkeit eines Mitglieds der Leitungsorgane zu verankern.

E. Zusammenfassung und Ausblick

121 Die Vermeidung von Korruptionsrisiken ist für Unternehmen und ihre Leitungsorgane nicht nur von zentraler Bedeutung, wenn es um die Abwehr unzulässiger Einflussnahmen durch Dritte auf die geschäftlichen Entscheidungen eigener Mitarbeiter geht. Vielmehr legen auch die mit unzulässigen Einflussnahmen eigener Mitarbeiter auf Dritte (seien es Geschäftspartner, Behördenvertreter oder Politiker) verbundenen rechtlichen Risiken und das damit verbundene Schadens- und Haftungspotential für Unternehmen und ihre Leitungsorgane präventive Maßnahmen zur Verhinderung derartiger Einflussnahmen nahe. Der hierfür im Einzelnen erforderliche Maßnahmenkatalog kann nicht generell bestimmt werden. Er ist vielmehr von dem jeweiligen Einzelfall, wie etwa der Größe des Unternehmens, der Art seiner Geschäfts- und Behördenkontakte, der jeweiligen Branche sowie von Art und Umfang früherer Missstände und Unregelmäßigkeiten abhängig. Ein effektives Mittel für die Erarbeitung präventiver Maßnahmen kann die Durchführung eines sog. **Compliance-Programms** darstellen, mit dem Risiken durch generelle Verhaltensvorgaben sowie deren Um- und Durchsetzung im Unternehmen entgegengearbeitet wird. Ein derartiges Programm setzt neben der Untersuchung der bestehenden oder möglichen risikogefährdeten Geschäfts- und Behördenbeziehungen deren Umsetzung durch die Etablierung verständlicher und handhabbarer Handlungsmaximen voraus, die durch Mitarbeiterschulungen vermittelt und laufend überwacht sowie aktualisiert werden müssen. Solche Handlungsmaximen können sich nicht allein auf die präventive Umsetzung der strafrechtlichen Korruptionsvorschriften beschränken. Sie müssen darüber hinaus eine Vielzahl weiterer Vorschriften, etwa des Steuer- oder des

---

[109] Die Adresse lautet: www.degepol.de/verhalten.php.

E. Zusammenfassung und Ausblick

öffentlichen Dienstrechts sowie der jeweiligen rechtlichen Spezialmaterien, ins Auge fassen. Nur auf diese Weise kann strafrechtlichen Risiken (etwa auch im Hinblick auf den weitreichenden Tatbestand des § 266 StGB) oder nachteiligen zivilrechtlichen Inanspruchnahmen möglicht weitgehend im Voraus begegnet werden. Bei der Bestimmung der rechtlich zulässigen Aktivitäten eines Unternehmens für die Gewährung einseitiger Leistungen bzw. für die Begründung und Durchführung vertraglicher Austauschbeziehungen erweisen sich die Prinzipien der **Trennung, Transparenz, Genehmigung, Äquivalenz** und **Dokumentation** (Rn. 41 ff.) als entscheidende Parameter.

Eine konsequente Umsetzung präventiver Maßnahmen zur Vermeidung von Korruptionsrisiken kann allerdings im Unternehmen gleichzeitig auch wirtschaftlich nachteilige Folgen haben, wenn nämlich die von dem Unternehmen praktizierten präventiven Maßnahmen, wie häufig in exportorientierten Bereichen, im Widerspruch zu dem Verhalten von Wettbewerbern oder zu der Erwartungshaltung der Geschäftspartner oder sonstiger Entscheidungsträger stehen. Dieses **Dilemma** zwischen Gesetzestreue und Wettbewerbsnachteilen ist juristisch nicht ohne weiteres auflösbar. Umso wichtiger werden in solchen Konstellationen unternehmensübergreifende Maßnahmen, wie etwa die Schaffung von **Branchenkodices**, die in der Praxis allerdings nur dann wirklich von Wert sein dürften, wenn gleichzeitig eine Sanktionierung von Verstößen vorgesehen wird und Zuwiderhandlungen tatsächlich aufgedeckt werden (können). Vor diesem Hintergrund gewinnen **begleitende staatliche Maßnahmen** an Bedeutung, die die Prävention für Unternehmen zur Vermeidung von Korruption, aber auch entsprechende Aktivitäten der Verbände, rechtlich und politisch flankieren und damit stärker fördern.[110] Mit Blick auf die staatliche Korruptionsbekämpfung, die sich sowohl auf nationaler als auch auf internationaler Ebene traditionell vor allem auf die Festlegung repressiver Maßnahmen konzentriert, würde dies die Schaffung von Instrumentarien bedeuten, die in besonderer Weise die konsequente Implementierung und Umsetzung präventiver Aktivitäten auf Seiten der Unternehmen unterstützen und gleichzeitig damit möglicherweise verbundene Wettbewerbsteile abmildern, etwa durch bestimmte Privilegierungen, die Einwirkung auf internationale Abkommen, Initiativen im Rahmen supranationaler Einrichtungen oder aber die Abhängigkeit der Gewährung von Entwicklungshilfemaßnahmen von bestimmten Standards der Korruptionsbekämpfung sowie deren Durchsetzung in den importierenden Ländern. Patentrezepte dürfte es in dieser Hinsicht allerdings nicht geben, um insbesondere die notwendige internationale Harmonisierung zu erreichen.

122

---

[110] Eine Hilfestellung für die Ausarbeitung der zu behandelnden Themenfelder bietet für den Bereich der pharmazeutischen Industrie etwa die US-amerikanische „Draft OIG Compliance Program Guidance for Pharmaceutical Manufacturers" (Federal Register/Vol. 67, No. 192 v. 3.10.2002, S. 62057).

5. Kapitel. Steuerrecht und Korruptionseindämmung
– Inhalt, Grenzen, Spannungsfelder –

von *Ulrich Lembeck*

Literatur: *Bordewin/Brandt*, Kommentar zum Einkommensteuergesetz (Loseblattsammlung); *Braun*, Praxisfragen zum Abzugsverbot bei Schmiergeldern, PStR 2003, 39 ff.; *ders.*, Das Abzugsverbot für Schmiergeldzahlungen nach § 4 Abs. 5 Nr. 10 EStG, DStZ 1999, 644 ff.; *Broudré*, Bewirtungskosten als Betriebsausgaben, DB 1995, 1430; *Burchert*, Das Abzugsverbot für Bestechungs- und Schmiergelder i.s. des § 4 Abs. 5 S. 1 Nr. 10 EStG, INF 2003, 260; *Bürger*, Bestechungsgelder im privaten Wirtschaftsverkehr – doch noch steuerlich abzugsfähig?, DStR 2003, 1421 ff.; *Buschmann*, Die ertragsteuerliche Behandlung von Sponsoringaufwendungen, StBP 1996, 35; *Dannecker*, Steuerliche Behandlung von Schmiergeldern und Provisionen, 4. Teil, Strafrechtliche und steuerrechtliche Maßnahmen zur Bekämpfung der Korruption in Deutschland, IWB Fach 3 Gruppe 1, S. 1737 ff.; *Dieners* (Hrsg.), Zusammenarbeit der Pharmaindustrie mit Ärzten. Rechtliches Umfeld, Steuern und Compliance Governance, 2004; *Dörn*, Nichtabzugsfähigkeit von Bestechungsgeldern als Betriebsausgaben, DStZ 2001, 736 ff.; *Fischer*, Kommentar zu BFH-Urteil vom 26.1.2000, IX R 87/95 (Die Rückzahlung von Bestechungsgeldern unterliegt nicht dem Verrechnungsverbot des § 22 Nr. 3 Satz 3 EStG), FR 2000, 775; *Gotzens*, Nützliche Aufwendungen und das Abzugsverbot nach § 4 Abs. 5 Nr. 10 EStG, DStR 2005, 673 ff.; *Günzler*, Steuerrecht und Korruption. Die steuerrechtliche Berücksichtigung national und international gezahlter Schmiergelder, 1999; *Hartmann*, Geschenke an „Geschäftsfreunde", DStZ 1998, 509 ff.; *Heerspink*, Bestechung und das Abzugsverbot, PStR 2002, 279 ff.; *ders.*, Zum Konflikt zwischen der steuerlichen Mitteilungspflicht des § 4 Abs. 5 Nr. 10 EStG und dem nemo-tenetur-Prinzip, wistra 2001, 441 ff.; *Hermann/Heuer/Raupach*, Einkommensteuergesetz und Körperschaftsteuergesetz mit Nebengesetzen (Loseblattsammlung); *Hofmann/Zimmermann*, Steuerliche Behandlung von Schmiergeldern als Hindernis für die effiziente Korruptionsbekämpfung, ZRP 1999, 49 ff.; *Hollatz*, Missbräuchlicher Ausweis von Umsatzsteuer bei Bestechlichkeit?, NWB Fach 7, 5557; *Joecks*, Abzugsverbot für Bestechungs- und Schmiergelder, DStR 1997, 1025 ff.; *Keuchel*, Schmiergelder erweisen sich für Firmen als Bumerang, Handelsblatt 7.7.2004; *Kiesel*, Die Zuwendung an Angestellte und Beauftragte im Ausland und das Abzugsverbot des § 4 Abs. 5 Nr. 10 EStG, DStR 2000, 949 ff.; *Kießling/Buchna*, Gemeinnützigkeit im Steuerrecht, 2000; *Kirchhof/Söhn*, Einkommensteuergesetz: Kommentar (Loseblattsammlung); *Klinghöfer*, Im Spannungsfeld von Steuer- und Strafrecht: Schmiergelder, Die steuerliche Betriebsprüfung 1999, 309 ff.; *Korn/Carlé/Stahl*, Einkommensteuergesetz: Kommentar (Loseblattsammlung); *Lademann/Söffing*, Kommentar zum Einkommensteuergesetz (Loseblattsammlung); *Leucht*, Die steuerliche Behandlung von „Nützlichen Abgaben" an inländische und ausländische Empfänger – aus Sicht der steuerlichen Betriebsprüfung, Die steuerliche Betriebsprüfung 1997, 117 ff. (Teil I) und 141 ff. (Teil II); *Littwin*, Aktuelle Entwicklungen bei der steuerlichen Behandlung von Schmier- und Bestechungsgeldern, BB 1998, 2398 ff.; *ders.*, Maßnahmen zur Bekämpfung der nationalen und internationalen Korruption, ZRP 1996, 308 ff.; *ders.*, Die steuerliche Abzugsfähigkeit von Provisionen, Schmier- und Bestechungsgeldern, BB 1994, 2326 ff.; *Moench*, Erbschaft- und Schenkungsteuer, Kommentar, 2004, § 7, 86 ff.; *Nietzer*, Die rechtliche Behandlung von Schmiergeldzahlungen in den USA („Foreign Corrupt Practices Act") und Deutschland, IStR 1998, 187 ff.; *Offerhaus*, Zur Wertneutralität im Steuerrecht. Zur Abziehbarkeit von Schmier- und Bestechungsgeldzahlungen, in: Steuerrecht und Gesellschaftsrecht als Gestaltungsaufgabe, Festschrift für Haas, 1996, S. 237 ff.; *Park*, Die Ausweitung des Abzugsverbots für Beste-

5. Kapitel. Steuerrecht und Korruptionseindämmung: Inhalt, Grenzen, Spannungsfelder

chungs- und Schmiergelder durch das Steuerentlastungsgesetz 1999/2000/2002, DStR 1999, 1097 ff.; *Pieth*, Steuerliche Behandlung von Schmiergeldern und Provisionen, 1. Teil, Internationale Vorgaben zur Strafbarkeit verbotener Zuwendungen und zum Ausschluss der steuerlichen Absetzbarkeit (OECD, EU, Europarat), IWB Fach 3 Gruppe 1, S. 1691 ff.; *Randt*, Abermals Neues zur Korruptionsbekämpfung: Die Ausdehnung der Angestelltenbestechung des § 299 StGB auf den Weltmarkt, BB 2002, 2252 ff.; *ders.*, Schmiergeldzahlungen bei Auslandssachverhalten, BB 2000, 1006 ff.; *Rößler*, Nochmals: Das Abzugsverbot für Schmiergeldzahlungen nach § 4 Abs. 5 Nr. 10 EStG, DStZ 2000, 131 ff.; *Saller*, Bußgelder und Geldstrafen als abzugsfähige Betriebsausgaben? DStR 1996, 534; *Salzberger/Theisen*, Jahressteuergesetz 1996: Steuerliche Beschränkung der Abzugsfähigkeit von Schmiergeldzahlungen – Ein Windei, DB 1996, 396 ff.; *Schaumburg*, Mitwirkung von Betriebsprüfung und Staatsanwaltschaft bei nützlichen Abgaben, in: Steuerberater-Jahrbuch 2001/2002, S. 239 ff.; *Schmidt, L.*, Kommentar zum Einkommensteuergesetz, 23. Aufl. 2004; *Schmidt, E.*, Bewirtungen bei Besprechungen? FR 1990, 245; *Sedemund*, Der Verfall von Unternehmensvermögen bei Schmiergeldzahlungen durch die Geschäftsleitung von Organgesellschaften, DB 2003, 323; *Stahl*, Schmiergeld: Steuerliche sowie zivil- und strafrechtliche Probleme, KÖSDI 1999, 12022 ff.; *ders.*, „Schmiergelderlass": Abzugsverbot und Strafverfolgungshilfe durch die Finanzbehörden, KÖSDI 2003, 13874 ff.; *Stapf*, Steuerliche Folgen der Zuwendung korrumpierender Vorteile ab 1999, DB 2000, 1092 ff.; *Tiedtke*, Zweckgebundene Spenden als abziehbare Aufwendungen, BB 1985, 985; *Tipke/Lang*, Steuerrecht, 2002; *von Schachtmeyer*, Die Berichtigung der Aufwendungen für Bewirtungen aus betrieblichem Anlass, DB 1996, 351; *Wedemeyer/Hohlfeld*, Geldstrafen, Geldbußen und Verfahrenskosten sowie deren Erstattung in ihren steuerlichen Auswirkungen, DStZ 1985, 79; *Weidemann*, Zum Abzugsverbot des § 4 V Satz 1 Nr. 10 EStG: Erfasst § 299 StGB auch „Auslandssachverhalte"?, DStZ 2002, 329 ff.; *Werner*, BMF-Anwendungsschreiben zu § 4 Abs. 5 S. 1 Nr. 10 EStG, PStR 2002, 207 ff.; *Weyand*, Beratungswissen zum Straftatbestand der „Angestelltenbestechung" nach den §§ 299, 300 StGB, INF 2003, 476 ff.; *Wichterich/Glockemann*, Steuer- und strafrechtliche Aspekte von Schmiergeldzahlungen an Mitarbeiter von Staatsunternehmen – Teil I, INF 2000, 1 ff.

Inhaltsübersicht

	Rn.
A. Die Rolle des Steuerrechts bei der Eindämmung der Korruption	1–16
I. Die Entwicklung des Korruptionssteuerrechts in Deutschland	2–9
II. Die Entwicklung des Korruptionssteuerrechts in anderen Ländern	10–12
III. Maßnahmen der Unternehmen gegen Korruption und steuerliche Mehrbelastungen	13
IV. Der Beitrag des Steuerstrafrechts und des Handelsbilanzrechts zur Bekämpfung der Korruption	14–16
B. Die steuerrechtlichen Folgen korruptiver Handlungen	17–122
I. Ertragsteuerliche Folgen der Gewährung von Vorteilen bei dem Zuwendenden	20–92
1. Leistungsaustauschbeziehungen	21–70
a) Abzugsverbot des § 4 Abs. 5 Satz 1 Nr. 10 EStG (Korruptionsdelikte etc.)	23–46
aa) Zusammenhang der Aufwendungen mit der rechtswidrigen Zuwendung	24–27
bb) Vorteilszuwendung durch den Steuerpflichtigen	28, 29
cc) Die rechtswidrige Handlung	30, 31
dd) Mitteilungspflicht im Verdachtsfall	32–34
ee) Mitteilungspflicht ohne Erklärung von Betriebsausgaben	35
ff) Mitteilungspflicht bei Vorliegen anderer Abzugsverbote	36
gg) Mitteilungspflicht bei Entgegennahme von Vorteilen	37

Inhaltsübersicht

hh) Mitteilungspflicht bei Verzicht auf Einnahmen	38
ii) Mitteilungspflicht bei eingetretener Strafverfolgungsverjährung	39–41
jj) Belehrungspflichten	42–44
kk) Korrespondenzprinzip, Kontrollmitteilungen	45, 46
b) Abzugsverbot des § 4 Abs. 5 Satz 1 Nr. 1 EStG (Geschenke)	47–53
c) Abzugsverbote des § 4 Abs. 5 Satz 1 Nr. 8 EStG (Geldbußen, Ordnungsgelder, Verwarnungsgelder) und des § 12 Nr. 4 EStG (Geldstrafen, sonstige Rechtsfolgen vermögensrechtlicher Art)	54, 55
d) Abzugsverbot des § 4 Abs. 5 Satz 1 Nr. 7 EStG (Private Lebensführung, Unangemessenheit)	56–58
e) Vermittlungs- und Provisionsverträge	59, 60
f) Berater- und Referentenverträge	61
g) Verträge mit Politikern	62–64
h) Sponsoringverträge	65–70
2. Einseitige Leistungen	71–92
a) Spenden	72–80
aa) Spendenbegriff	73–77
bb) Sachspenden	78, 79
cc) Aufwandsspenden	80
b) Geschenke	81, 82
c) Bewirtungsaufwendungen	83–92
aa) Unbeschränkt abziehbare Bewirtungsaufwendungen	85, 86
bb) Beschränkt abziehbare Bewirtungsaufwendungen	87, 88
cc) Nicht abziehbare Bewirtungsaufwendungen	89–92
II. Ertragsteuerliche Folgen der Gewährung von Vorteilen bei dem Vorteilsempfänger	93–102
1. Steuerpflicht von Vorteilen bei nicht-selbständig tätigen Angestellten und Amtsträgern	94–96
2. Steuerpflicht von Vorteilen bei selbständig Tätigen und Unternehmen	97
3. Steuerpflicht von Vorteilen bei Drittvorteilsfällen	98
4. Auswirkungen der Rückforderung von Vorteilen, Schadenersatzansprüchen und Verfallsanordnungen	99–101
5. Steuererklärungspflicht	102
III. Umsatzsteuerliche Aspekte	103–119
1. Umsatzsteuerpflicht des Vorteilsempfängers	105–114
a) Unternehmereigenschaft des Vorteilsempfängers	106–109
b) Umsatzsteuerpflicht der Bevorzugungsleistung	110
c) Steuerschuldnerschaft bei unzutreffendem Leistungsausweis	111, 112
d) Reduzierung der Umsatzsteuer bei Rückforderung von Vorteilen, bei Schadensersatzansprüchen und Verfallsanordnungen	113, 114
2. Vorsteuerabzug beim Vorteilsgewährenden	115–119
a) Vorsteuerschädliche Abzugsverbote	116–118
b) Vorsteuerabzug bei unzutreffendem Leistungsausweis	119
IV. Schenkungsteuerliche Aspekte	120–122
C. Ausblick	123–126

A. Die Rolle des Steuerrechts bei der Eindämmung der Korruption

1   Zur wirksamen Bekämpfung der Korruption steht dem Staat eine Bandbreite unterschiedlicher Instrumentarien zur Verfügung. In der gesellschaftlichen Wahrnehmung steht jedoch nahezu ausschließlich das Instrument des Strafrechts im Vordergrund, da prominente Korruptionsfälle mit mehr oder minder empfindlichen strafrechtlichen Sanktionen ihren Niederschlag auch in den allgemeinen Medien finden. Trotz breiter Kenntnis der empfindlichen Strafen und Sanktionen scheint die Abschreckungswirkung des Strafrechts allein jedoch nicht ausreichend, Korruption wirksam zu unterbinden, da die Dunkelziffer nach einhelliger Ansicht recht erheblich ist (vgl. Kap. 1 Rn. 5 ff.). Dementsprechend setzt eine wirksame Bekämpfung der Korruption durch den Staat den Rückgriff auf weitere Instrumentarien außerhalb des Strafrechts voraus. So eröffnet sich dem Staat etwa die Möglichkeit, Korruption durch beamtenrechtliche oder dienstvertragliche Maßnahmen im öffentlichen Dienst zu bekämpfen (siehe Kap. 6). Ferner kann er durch vergaberechtliche Maßnahmen Unternehmen, deren Mitarbeiter gegen korruptionsrechtliche Vorschriften verstoßen haben, von der Vergabe öffentlicher Aufträge ausschließen (Kap. 7 Rn. 38 ff.). Die geschilderten Instrumente setzen in ihrer spezial- und generalpräventiven Wirkung jedoch sämtlich voraus, dass die korruptiven Handlungen auch tatsächlich aufgedeckt werden. Unter dem Schlagwort des „**Korruptionssteuerrechts**" ist daher von politischer Seite gefordert worden, dass das Steuerrecht nicht nur eine steuerliche **Subvention von Schmiergeldzahlungen** durch Gewährung der Abzugsfähigkeit **unterbinden**, sondern insbesondere auch durch eine Prüfungskompetenz der Finanzverwaltung das Risiko strafrechtlicher Sanktionen erhöhen solle; insoweit soll das Steuerrecht einen wirksamen **Beitrag zur Aufdeckung korruptiver Handlungen** leisten.[1]

I. Die Entwicklung des Korruptionssteuerrechts in Deutschland

2   Bis zum Jahr 1996 war der Beitrag des deutschen Steuerrechts zur Bekämpfung und zur Eindämmung der Korruption gering. Der **Abzug von Schmier- und Bestechungsgeldern** aus betrieblichem Anlass war grundsätzlich zulässig. Voraussetzung für den Abzug war es im Wesentlichen, dass der Empfänger der Zuwendung für den Betrieb eine Gegenleistung erbracht hatte. Es war nicht einmal in allen Fällen erforderlich, den Bestochenen namentlich zu benennen. Bei ausländischen Empfängern von Schmier- und Bestechungsgeldern war unter bestimmten Voraussetzungen auch die grundsätzlich nach § 160 AO erforderliche Benennung des Zahlungsempfängers entbehrlich.[2]

3   Der scheinbar großzügige Umgang mit der Abzugsfähigkeit von Bestechungs- und Schmiergeldern hatte seinen Grund nicht etwa in einem besonderen Verständnis der Finanzverwaltung und Rechtsprechung für eine geschäftliche Notwendigkeit korruptiver Praktiken. Vielmehr wurde die Zulässigkeit des steuerlichen Abzugs von Aufwendungen im Zusammenhang mit rechts- oder sittenwidrigen Zuwendungen auf eine gesetzliche Vorschrift, nämlich § 40 AO, gestützt.[3] Nach § 40 AO ist es für die Besteuerung unerheb-

---

[1] *Hofmann/Zimmermann*, ZRP 1999, 49.
[2] AEAO zu § 160 Nr. 4 i.d.F. 1994, BStBl. I 1994, 303 f.
[3] BFH, BStBl. II 1982, 394.

lich, ob ein Verhalten, das den Tatbestand eines Steuergesetzes ganz oder zum Teil erfüllt, gegen ein gesetzliches Gebot oder Verbot oder gegen die guten Sitten verstößt. Aus dieser gesetzlichen Vorschrift wird der Grundsatz der **Wertneutralität des Steuerrechts** abgeleitet, der in seiner Auslegung lange Zeit dazu führte, die strafrechtliche Sanktionierung korrumpierender Zuwendungen im Hinblick auf den steuerlichen Betriebsausgabenabzug für unerheblich zu halten. Allerdings wurde auch vor dem Hintergrund der Wertneutralität des Steuerrechts in der Diskussion zu keiner Zeit verkannt, dass es zu erheblichen Störungen der Rechtsordnung in ihrer Gesamtheit führen kann, wenn das Steuerrecht Grundwertungen anderer Rechtsgebiete nicht beachtet und diese Wertungen durchkreuzt oder unterläuft.[4] Solche Störungen der „Einheit der Rechtsordnung" in Form der Wertekonkurrenz sind allenfalls dann zulässig, wenn das Steuerrecht die Störung durch die eigene Zwecksetzung hinreichend rechtfertigt.[5] Ob eine steuerliche Regelung nach ihrer Ziel- und Zwecksetzung von einer solchen Bedeutung ist, dass Beeinträchtigungen der Einheit der Rechtsordnung hingenommen werden müssen, ist ein Abwägungsvorgang, der im Einzelfall schwierig sein kann.

Der Große Senat des Bundesfinanzhofs hat vor dem Hintergrund dieser Grundsätze in der Entscheidung vom 21.11.1983 eine solche Abwägung vornehmen müssen. In dieser Entscheidung kam im Zusammenhang mit der Abziehbarkeit von Geldstrafen und Geldbußen zum Ausdruck, dass das steuerrechtliche Netto-Prinzip eine hinreichende Rechtfertigung für den Abzug von Geldstrafen und Geldbußen darstellt; allein aus dem Gesichtspunkt der **Einheit der Rechtsordnung** war es nach Auffassung des BFH seinerzeit nicht erforderlich, das steuerliche Netto-Prinzip zu durchbrechen und Geldstrafen oder Geldbußen vom Abzug auszuschließen.[6] Allerdings hat der BFH gleichzeitig unter Berufung auf das Bundesverfassungsgericht[7] auch deutlich gemacht, dass es dem Gesetzgeber grundsätzlich zustehe, einzelne Betriebsausgaben vom steuerlichen Abzug auszuschließen. Somit war klar, dass es nicht nur zur Verhinderung der steuerlichen Abziehbarkeit von Geldstrafen und Geldbußen, sondern auch zur Verhinderung der steuerlichen Abzugsfähigkeit rechtswidriger, korrumpierender Zuwendungen Maßnahmen des Gesetzgebers bedurfte. Im Hinblick auf rechtswidrige Zuwendungen und deren Abzug hatte der deutsche Gesetzgeber bis zum Jahr 1996 jedoch kein Abzugsverbot statuiert, sodass es vor dem Hintergrund des steuerlichen Netto-Prinzips bei der grundsätzlichen Abziehbarkeit solcher Zuwendungen blieb. Indessen ist trotz des vom Gesetzgeber nunmehr eingeführten Abzugsverbots die Kritik an der **Durchbrechung des Netto-Prinzips**, wonach für die Besteuerung zu berücksichtigen ist, dass Betriebsausgaben die Leistungsfähigkeit und somit den Gewinn eines Unternehmens mindern, nicht verstummt. Während auf der einen Seite das Abzugsverbot für Aufwendungen im Zusammenhang mit korrumpierenden Handlungen als „besondere Regel zum Schutz der Gesamtrechtsordnung" akzeptiert wird,[8] bleibt die andere Seite abwartend, ob „der Erfolg des Abzugsverbots die **Unruhe durch den Systembruch** aufwiegen wird".[9]

Mit dem **Jahressteuergesetz 1996** wurde erstmals in das steuerliche Regelwerk der Bundesrepublik Deutschland eine Vorschrift aufgenommen, die korrumpierende Aufwendungen vom steuerlichen Abzug ausschließt, selbst wenn der Empfänger der Zuwendungen benannt wird. Allerdings beinhaltete die Regelung des Jahressteuergesetzes 1996

---

[4] *Tipke/Lang*, Steuerrecht, 2002, § 1 Rn. 29 ff.
[5] *Tipke/Lang* (Fn. 4), § 1 Rn. 33.
[6] BFH, BStBl. II 1984, 160.
[7] BVerfG, Beschluss vom 7.11.1972, BB 1973, 321: „Ein Nettoprinzip in dem strikten Sinn, dass der Gesetzgeber jegliche Durchbrechung, für die kein besonderer sachlicher Grund vorliegt, unterlassen müsste, ist dem Einkommensteuerrecht […] nicht zu entnehmen".
[8] *Tipke/Lang* (Fn. 4), § 9 Rn. 277, 280.
[9] *Schmidt/Heinicke*, Einkommensteuergesetz, 2004, § 4 Rn. 608; zweifelnd zur Rechtfertigung des Systembruchs auch *Offerhaus*, FS Haas, 1996, S. 237.

5. Kapitel. Steuerrecht und Korruptionseindämmung: Inhalt, Grenzen, Spannungsfelder

eine bedeutsame Einschränkung für die Versagung des Abzugs, nämlich eine **rechtskräftige Verurteilung oder Ahndung** wegen der Zuwendung. Dem Jahressteuergesetz 1996 waren Gesetzesentwürfe vorangegangen, die unter dem Titel „Steuerliches Korruptionsbekämpfungsgesetz" weniger schwere Voraussetzungen für die Rechtsfolge des Abzugsverbots vorsahen.[10]

6   Eine Verschärfung der Abzugsbeschränkungen erfolgte schließlich im Rahmen der letzten Änderungen der einkommensteuerrechtlichen Vorschriften zur Bekämpfung der Korruption im Jahr 1999 durch das **Steuerentlastungsgesetz 1999/2000/2002**. Die Änderungen beinhalten nicht nur eine **Verschärfung der Regelungen** zum Abzug von Betriebsausgaben, sondern sehen insbesondere eine **wechselseitige Mitteilungspflicht** der Finanz- und Strafverfolgungsbehörden bei korruptionsrechtlich relevanten Sachverhalten vor. Diese Neuerungen folgten jedoch nicht nur politischen Erwägungen innerhalb der Bundesrepublik Deutschland, sondern resultierten auch aus **internationalen Abkommen und EU-rechtlichen Vorgaben**. So ist auf internationaler Ebene das Bewusstsein um die nicht zuletzt auch steuerlichen Aspekte der Korruption zunehmend präsenter. Die Kommission der Europäischen Union hatte die Mitgliedsstaaten allerdings erst im Jahr 1997 aufgefordert, Schmiergeldzahlungen nicht länger als steuerlich abzugsfähig anzuerkennen.[11] Hierbei forderte die Kommission auch die Versagung der steuerlichen Absetzbarkeit von Schmiergeldzahlungen, die zum damaligen Zeitpunkt in einigen Mitgliedsstaaten nicht verfolgt wurden. Da der Begriff der Schmiergeldzahlung bzw. Bestechung in den Mitgliedsstaaten unterschiedlich definiert bzw. ausgelegt wurde, musste jedoch vor einer Umsetzung dieser Aufforderung zur Korrektur des Steuerrechts zunächst einmal eine Vereinheitlichung der strafrechtlichen Normierung herbeigeführt werden. Das Steuerrecht hat insoweit keinen eigenen Begriff des Schmier- und Bestechungsgeldes entwickelt, sondern sich auf die strafrechtlichen Tatbestände bezogen. Die Mitteilung vom 21.5.1997 wurde daher zunächst durch ein Übereinkommen[12] und erstes Protokoll zum Schutz der finanziellen Interessen vom 27.9.1996 flankiert.[13] Ferner wurde ein Übereinkommen über die Bekämpfung der Bestechung, an der Beamte der Europäischen Gemeinschaften oder der Mitgliedsstaaten der Europäischen Union beteiligt sind, vom 26.5.1997[14] erzielt. Das erste Übereinkommen und das dazugehörige Protokoll wurden durch die Bundesrepublik im EuBestG umgesetzt.[15] Das Gesetz stellte ausländische Amtsträger bei Bestechungshandlungen mit inländischen gleich und erweiterte den Anwendungsbereich der §§ 332, 334 bis 336 StGB auf Auslandstaten. 1998 wurde der Bereich der Bestechung durch eine gemeinsame Maßnahme der EU betreffend die Bestechung im privaten Sektor[16] um die Bestechung Privater erweitert. Ihre Umsetzung fand diese Maßnahme durch die Erweiterung des § 299 StGB um einen weiteren Absatz § 299 Abs. 3 StGB im Jahr 2002.[17] Wie dargelegt, dienten diese strafrechtlichen Maßnahmen der Vorbereitung einer wirksamen Bekämpfung der Korruption durch das Steuerrecht.

7   Früher als die EU hatte bereits die Organisation für wirtschaftliche Zusammenarbeit (OECD) **steuerliche Maßnahmen zur Bekämpfung der Korruption** initiiert. In einer Empfehlung des Rates der OECD vom 11.4.1996 wurde denjenigen Mitgliedsstaaten, die den Abzug von Bestechungsgeldern für ausländische Amtsträger nicht verbieten, nahe

---

[10] Gesetzesentwurf der Fraktion der SPD, BT-Drucksache 13/742 vom 9.3.1995.
[11] Mitteilung vom 21.5.1997, KOM (97) 192, Bulletin EU 5-1997.
[12] Abl. C 326 vom 27.11.1998.
[13] Abl. C 313 vom 19.7.1997; Bei diesem Übereinkommen mag freilich diskutiert werden, ob die Bekämpfung der Korruption oder der Schutz des gemeinschaftlichen Finanzhaushaltes im Vordergrund stand.
[14] Abl. C 195 vom 19.7.1997.
[15] BGBl II 1998, 2340.
[16] Abl. L 358/2 vom 31.12.1998.
[17] Eingef. durch Art. 1 Nr. 4 G v. 22.8.2002 I 3387.

gelegt, diese Haltung zu überdenken. In diesem Kontext wies der Rat darauf hin, dass die empfohlenen steuerrechtlichen Maßnahmen sicher durch den Trend erleichtert würden, international die Bestechung ausländischer Amtsträger zu untersagen bzw. strafrechtlich zu ahnden. Schließlich beauftragte der Rat Arbeitsgruppen der OECD mit der Überwachung der Umsetzung seiner Empfehlung. Um den Weg der Mitgliedsstaaten auch in die steuerrechtliche Bekämpfung der Korruption zu ebnen, verfasste die OECD 1997 zunächst eine Empfehlung über die Bekämpfung der Bestechung im Geschäftsverkehr[18] und danach ein Übereinkommen über die Bekämpfung der Bestechung ausländischer Amtsträger im internationalen Geschäftsverkehr.[19] Diese Maßnahmen erfassten nur den recht engen Raum der aktiven Bestechung ausländischer Amtsträger,[20] zeichneten sich allerdings durch die Reichweite der vereinbarten Sanktionen aus. So sollten die unterzeichnenden Parteien die Bestechung mit allen Mitteln bekämpfen: Vom Strafrecht abgesehen, auch mit zivilrechtlichen Mitteln, mit Sanktionen im Bereich des Vergabewesens, der Exportrisikogarantie und mit präventiven Maßnahmen im Buchhaltungs- und Revisionsrecht.[21] Umgesetzt wurde das Übereinkommen über die Bekämpfung der Bestechung ausländischer Amtsträger im internationalen Geschäftsverkehr durch das IntBestG.[22] Darin wurden die Richter, sonstige Amtsträger und Soldaten des § 334 StGB mit ihren internationalen ausländischen „Gegenparts" gleichgestellt. Die Ansätze der OECD, die steuerrechtlichen Neuregelungen zur Bekämpfung der Korruption in den verschiedenen Mitgliedsländern und auch anderen Staaten dadurch vorzubereiten, dass zunächst die strafrechtlichen Vorschriften geändert wurden, waren ausgeprägt erfolgreich. Der Bericht der OECD Arbeitsgruppe für Bestechungsfragen vom Juni 2004 schildert die Vielzahl der in den Ländern vorgenommenen Änderungen der Steuergesetze und steuerlichen Maßnahmen. Die Verhältnisse in einzelnen ausgewählten Ländern sind nachfolgend unter Rn. 10 ff. dargestellt.

Es bleibt abzuwarten, ob die in der **Bundesrepublik Deutschland ab dem Jahr 1999** vorgenommenen **Verschärfungen**, insbesondere im Hinblick auf den Betriebsausgabenabzug nach § 4 Abs. 5 Satz 1 Nr. 10 EStG, den erwünschten Beitrag zur Eindämmung der Korruption leisten. Ob die gesetzliche Verschärfung tatsächlich bereits zu einer Änderung des Verhaltens der Steuerpflichtigen geführt hat und dementsprechende Aufwendungen etwa von vornherein gar nicht mehr getätigt werden, lässt sich naturgemäß erst Jahre später feststellen, d.h., wenn die steuerlichen Betriebsprüfungen für die entsprechenden Zeiträume abgeschlossen sind. Auch wenn in der Praxis der Betriebsprüfungen erste Erfahrungen bereits vorliegen mögen, lässt sich insoweit noch keine endgültige Beurteilung vornehmen. Denkbar ist jedenfalls, dass die Verschärfung der steuerlichen Vorschriften zu erhöhter Vorsicht bei der steuerlichen Geltendmachung von Aufwendungen im Zusammenhang mit korruptiven Handlungen geführt hat. Jedenfalls wird in der Wirtschaftspresse auf die steuerlichen Probleme der Unternehmen im Kontext korruptiver Praktiken eindringlich hingewiesen und besonders vermerkt, dass für den Fall dennoch erfolgender Schmiergeldzahlungen eine steuerliche Deklarierung nicht ratsam sei.[23] Wenn jedoch solche Aufwendungen von vornherein als nicht abziehbar erklärt werden, ist fraglich, ob der vom Steuerrecht erhoffte Beitrag zur Verhinderung oder Aufdeckung der Korruption eintritt. Hier ist darauf hinzuweisen, dass eine Empfehlung, korruptive Zahlungen, wenn sie denn schon vorkommen, steuerlich nicht

8

---

[18] C (97)123/Final.
[19] DAFFE/IME/BR(97)18/Final; BR-Drucks. 269/98 vom 27.3.1998.
[20] Art. 1 Abs. 1, 2 u. 4 des Übereinkommens über die Bekämpfung der Bestechung ausländischer Amtsträger im internationalen Geschäftsverkehr.
[21] *Pieth*, IWB Nr. 21 vom 8.11.2000.
[22] BGBl II 1998, 2327.
[23] *Keuchel*, Handelsblatt 7.7.2004.

5. Kapitel. Steuerrecht und Korruptionseindämmung: Inhalt, Grenzen, Spannungsfelder

zu deklarieren, höchst problematisch ist. Als nicht abziehbar erklärte Aufwendungen sind sie zwar für das Besteuerungsverfahren insoweit nicht relevant, als sie die Bemessungsgrundlage der Steuer nicht reduzieren. Die Mitteilungspflicht der Finanzbehörden bleibt jedoch nach dem Wortlaut des § 4 Abs. 5 Satz 1 Nr. 10 EStG hiervon unberührt. Wenn ein Finanzbeamter bei Durchsicht von Konten mit „**nicht abziehbaren Betriebsausgaben**" den durch Tatsachen gestützten Verdacht schöpft, es handele sich bei den Ausgaben um Bestechungszahlungen, ist allerdings trotz des Wortlauts höchst fraglich, ob er verpflichtet ist, diese Tatsachen den Strafverfolgungsbehörden zur Kenntnis zu bringen. Es wird mit guten Gründen vertreten, dass eine einschränkende Auslegung der Vorschrift geboten und insoweit eine Mitteilungspflicht nicht gegeben ist.[24] Auch wenn korrumpierende Aufwendungen entgegen dem gesetzlichen Verbot im Strafgesetzbuch gleichwohl getätigt werden und von der Finanzverwaltung keine Mitteilung an die Strafverfolgungsbehörden erfolgt, weil die Aufwendungen vom Täter nicht als steuerlich abziehbar erklärt werden, bleibt immerhin ein Ergebnis: Es ist jedenfalls verhindert worden, dass der Täter im Zusammenhang mit seiner rechtswidrigen Tat eine steuerliche Entlastungswirkung erzielt.

9 Im Übrigen scheint auf der Grundlage der bisherigen Erfahrungen die politische Erwartung, die eigene abschließende Prüfungskompetenz der Finanzbeamten, also insbesondere der Betriebsprüfer, werde im Hinblick auf den Abzug von Betriebsausgaben einen wirksamen Beitrag leisten,[25] in Teilbereichen enttäuscht. Das **BMF-Schreiben vom 10.10.2002** hat nämlich die Finanzverwaltung angewiesen, dass der Betriebsausgabenabzug in Fällen des Verdachts von Korruption auf der Grundlage vorläufiger Festsetzungen zu gewähren ist.[26] Somit ist bei Verdachtsfällen – und diese sind in der Praxis der Normalfall, da Betriebsprüfer selten einen klaren Korruptionstatbestand vorfinden werden oder bejahen können – der Betriebsausgabenabzug entgegen der ursprünglichen gesetzgeberischen Konzeption doch wieder abhängig vom Ausgang eines strafrechtlichen oder ordnungswidrigkeitsrechtlichen Verfahrens. Ferner scheint die Neigung der Finanzverwaltung in der Praxis tendenziell gering, strafrechtliche Sanktionen herbeizuführen. Hierbei wird wohl berücksichtigt, dass Mitteilungen an die Strafverfolgungsbehörden das Besteuerungsverfahren in die Länge ziehen und das **Verhältnis der Finanzverwaltung zu den Unternehmen** belasten.[27] Diese Erwägungen sind zumindest vor dem Hintergrund des im Besteuerungsverfahren geltenden Grundsatzes der Verfahrensökonomie berechtigt. Das erwähnte BMF-Schreiben sieht den Beitrag des Steuerrechts zur Korruptionsbekämpfung zumindest in Teilbereichen auch durch Aspekte der Verfahrensökonomie begrenzt.[28] Zu befürchten ist allerdings, dass die Umstände, die eine Mitteilungspflicht der Finanzbeamten an Strafverfolgungsbehörden auslösen können, in der Praxis dennoch eine erhebliche Bedeutung haben. Im Zweifel könnte insoweit nämlich das Interesse der Finanzverwaltung dahin gehen, von einer Mitteilung im Hinblick auf eine Steigerung des steuerlichen Mehrergebnisses abzusehen. Zumindest ist nicht auszuschließen, dass das Absehen von einer Mitteilung eine tatsächliche Verständigung im Rahmen einer Betriebsprüfung mit beeinflusst.

---

[24] *Stahl*, DStR 1997, 1025, 1030.
[25] *Hofmann/Zimmermann* (Fn. 1).
[26] BMF, BStBl. I 2002, 1031, Tz. 29.
[27] Vgl. Handelsblatt vom 7.7.2004 (Fn. 23).
[28] Vgl. insbesondere Tz. 35 zum Verhältnis von Aufklärungspflicht und Zeitaufwand.

II. Die Entwicklung des Korruptionssteuerrechts in anderen Ländern

Andere Länder haben nicht erst in der Mitte der 90er Jahre Versuche unternommen, das Steuerrecht zur Eindämmung der Korruption einzusetzen. Beispielhaft sind hier zunächst die **USA** zu erwähnen, welche seit 1977 im Bereich der Korruptionsbekämpfung durchgreifende Maßnahmen ergriffen und ebenfalls früh die steuerliche Abzugsfähigkeit gezahlter Schmiergelder versagt haben. Der Foreign Corrupt Practices Act (FCPA) entstand als direkte Folge des Lockheed-Skandals, als in der Öffentlichkeit bekannt wurde, in welchem Umfang Lockheed und amerikanische Firmen weltweit durch Bestechung Einfluss auf private und öffentliche Entscheidungsprozesse genommen hatten. Mit dem Gesetz sollten korruptive Praktiken der amerikanischen Wirtschaft unterbunden werden. Die einschlägige Vorschrift zur steuerlichen Versagung der Abziehbarkeit ist der Internal Revance Code (IRC) § 162 (c). Die letzte Änderung erfuhr IRC § 162 (c) im Jahre 1982, indem eine Versagung des Abzuges an einen Verstoß gegen das materielle Strafrecht, im Konkreten den FCPA, gekoppelt wurde und damit auch Bestechung ausländischer Beamter erfasst wurde.[29] Auf Beschwerden der Wirtschaft hin wurden allerdings 1988 die Vorgaben des FCPA wieder gelockert und gewisse Zahlungen von der Strafbarkeit und damit der Reichweite des IRC § 162 (c) ausgenommen.[30] Im Ergebnis kann festgehalten werden, dass die USA als erste Industrienation Schmiergeldzahlungen und Korruption im umfassenden Maße steuerlich für nicht abzugsfähig erklärt haben. 10

Während den USA also eine gewisse Vorreiterstellung zukommt, sind in den europäischen Nachbarländern Maßnahmen zur Eindämmung der Korruption auch mit den Mitteln des Steuerrechts erst in der jüngeren Vergangenheit mit Nachdruck eingeführt worden. In **Großbritannien** ist das Verbot der Abzugsfähigkeit in s577A des Income and Corporation Taxes Act 1988 (ICTA 1988) in der Fassung des Finance Act 1993 für Zahlungen normiert, die eine kriminelle Handlung darstellen. Durch den Finance Act 2002 wurde der Anwendungsbereich der s577A ICTA 1988 auch auf ausländische Zahlungen ausgedehnt. Wie in den USA wird auch die Abzugsfähigkeit von der Strafbarkeit der Zahlung abhängig gemacht. Ähnlich wie Großbritannien versagt **Frankreich** in Art. 39-1 des Steuergesetzes seit 1997 einen Abzug von Schmiergeldern als Betriebsausgabe. Zum gleichen Ergebnis kommen **Irland** und **Italien**, wobei Irland einen Abzug mit Hinweis auf die hier geltende Public Policy Doctrine versagt, Italien hingegen die Zahlung von Schmiergeldern nicht in den Katalog abzugsfähiger Posten nach Titel 1, Kapitel 5 des Einkommensteuergesetzes[31] aufgenommen hat. Das **belgische Steuerrecht** sah bis 1999 in Artikel 52 des Einkommensteuergesetzes eine Abzugsfähigkeit für an Ausländer gezahlte Schmiergelder vor, wenn diese im Land des Empfängers üblich waren, eine bestimmte Höhe nicht überschritten und eine Abschlagsteuer gezahlt wurde. Mit Einführung des Gesetzes zur Bekämpfung der Korruption vom 10.2.1999 wurde diese Vorschrift allerdings geändert und ein Abzugsverbot eingeführt. 11

Ein Beispiel für schleppende Maßnahmen im Korruptionssteuerrecht ist **Polen**. Hier sind Bestechungsgelder nicht ausdrücklich von einem Verbot erfasst. Sowohl Einkommen- als auch Körperschaftsteuergesetz sehen allerdings in Art. 2.1.4 bzw. Art. 2.1.3 ein Abzugsverbot für Aufwendungen im Zusammenhang mit Erträgen aus sittenwidrigen Geschäften vor. Ob von diesen Vorschriften Betriebsausgaben in Form von Schmiergel- 12

---

[29] Tax Equity and Fiscal Responsibility Act of 1982 (P.L. 97-248), § 288 (a) (1).
[30] FCPA Amendment of 1988 P.L. 100–418, §§5001-5003; wobei von der Ausnahme nur geringe Zahlungen zur Förderung einer routinemäßigen Handlung des „bestochenen" Beamten erfasst sind.
[31] Präsidialerlass 917/86.

5. Kapitel. Steuerrecht und Korruptionseindämmung: Inhalt, Grenzen, Spannungsfelder

dern erfasst werden, erscheint mehr als fraglich. Außerhalb Europas werden in **Japan** Schmiergeldzahlungen zu den Ausgaben für Unterhaltung und Geschenke gezählt und sind als solche grundsätzlich nicht abzugsfähig. Eine Ausnahme besteht bei kleineren Unternehmen, welche einen begrenzten Betrag absetzen können. In **Kanada** sind Schmiergelder nicht absetzbar; die Beweislast hängt jedoch davon ab, ob eine strafrechtliche Verurteilung erfolgt ist oder nicht.[32]

III. Maßnahmen der Unternehmen gegen Korruption und steuerliche Mehrbelastungen

13 Ebenso wie die öffentliche Hand und die Allgemeinheit ein Interesse an der wirksamen Eindämmung der Korruption haben, ist dies auf Seiten der rechtstreuen Unternehmen der Fall. Hier sind jedoch nicht nur Überlegungen im Hinblick auf die **Verhinderung von Wettbewerbsverzerrungen** und zur Erzielung eines „**common level playing fields**" maßgeblich. Gerade im Hinblick auf steuerliche Mehrergebnisse in Betriebsprüfungen ist den Unternehmen daran gelegen, diese dadurch gering zu halten, dass nicht einmal im Ansatz der Verdacht eines Betriebsprüfers aufkommen kann, es seien Aufwendungen als abziehbar behandelt worden, die im Zusammenhang mit korruptiven Handlungen stehen könnten und deretwegen unter Umständen eine Mitteilung an die Strafverfolgungsbehörden in Betracht käme. Unternehmen können sich nur sehr eingeschränkt dagegen schützen, dass einzelne Mitarbeiter, die im Interesse des von ihnen zu verantwortenden Umsatzes rechtswidrige Zuwendungen tätigen, diese unter geschickter Kaschierung als „reguläre" Zahlungen und somit als abziehbar darstellen. Die Unternehmen können aber durch das Etablieren von internen Vorschriften und Verfahren einen wirksamen Beitrag dazu leisten, dass Angestellte und Mitarbeiter keine unerwünschten Zuwendungen leisten (vgl. Kap. 4 Rn. 83 ff.). Diese Vorschriften und Verfahren setzen in erheblichem Maße auch bei der buchhalterischen und damit steuerlichen Erfassung und Behandlung von Aufwendungen an. In großen und international tätigen Unternehmen werden solche Anweisungen und Verfahren als Teil der Corporate Governance oder der Compliance Governance behandelt. Hier geht es nicht nur um die generelle Einhaltung regulatorischer und auch strafrechtlicher Vorschriften, die korruptives Handeln verhindern sollen, sondern auch um Einhaltung der steuerlichen Vorschriften (im engeren Sinn die **Tax Compliance Governance**). Letztlich schützen solche Programme zur Tax Compliance Governance nicht nur die Unternehmen vor steuerlichen Mehrergebnissen und steuerstrafrechtlichen Risiken, sondern leisten auf indirektem Wege ebenfalls einen Beitrag zur Eindämmung der Korruption.

IV. Der Beitrag des Steuerstrafrechts und des Handelsbilanzrechts zur Bekämpfung der Korruption

14 Bei der Verwirklichung eines Korruptionsdelikts kann es im Gefolge häufig auch zu einer **leichtfertigen Steuerverkürzung oder Steuerhinterziehung** kommen. Dies gilt für die beiden an einer korruptiven Handlung Beteiligten gleichermaßen. Sowohl der den Vorteil Gewährende als auch der Annehmende setzen sich steuerstrafrechtlichen Risiken

---

[32] Income Tax Act § 67.5 (1).

aus. Denn die Interessenlage desjenigen, der im betrieblichen Bereich zur Förderung des geschäftlichen Erfolgs eine rechtswidrige Zuwendung tätigt, ist dadurch geprägt, dass er oftmals gleichzeitig versuchen wird,
- die geleisteten Zahlungen buchhalterisch unter einem Zahlungstitel abzubilden, der die Rechtswidrigkeit der Zuwendung nicht offen legt, und
- die entsprechenden Aufwendungen steuerlich somit als abzugsfähig zu behandeln.

Dies gilt zumindest dann, wenn nicht ein offensichtliches Schmiergeld gezahlt wird, das von vorneherein gar nicht in den Büchern abgebildet oder als steuerlich abziehbar deklariert wird. Im Kern geht es bei den angesprochenen Fällen um solche, in denen etwa ein Beratungs- oder sonstiger Dienstleistungsvertrag als **Zahlungstitel für eine rechtswidrige Zuwendung** instrumentalisiert wird. Derjenige, der einen rechtswidrigen Vorteil annimmt, der im Zusammenhang mit der Erzielung von Einkünften steht, wird auf der anderen Seite häufig anstreben,
- den angenommenen Vorteil nicht dergestalt steuerlich zu erklären, dass die Rechtswidrigkeit der Vorteilsannahme offen gelegt wird, und folglich
- den Vorteil in seiner Steuererklärung nicht angeben oder den Vorteil ebenfalls unter einem kaschierenden Zahlungstitel abbilden.

Sowohl der den Vorteil Gewährende als auch der Annehmende haben im Rahmen der vorstehenden Szenarien steuerstrafrechtliche Tatbestände erfüllt. Wenn das Steuerstrafrecht nicht in der Lage ist, die **Kaschierung der rechtswidrigen Zuwendung** in der geschilderten Art zu verhindern, so erfolgt jedenfalls bei Entdeckung zusätzlich zu der korruptionsstrafrechtlichen Ahndung eine steuerstrafrechtliche Sanktionierung. Diese zusätzliche Sanktionierung dürfte zumindest im Hinblick auf zukünftige korrumpierende Zuwendungen oder Vorteilsnahmen eine spezialpräventive Wirkung entfalten.

Werden Aufwendungen im Zusammenhang mit der Begehung eines Korruptionsdeliktes steuerlich **nicht als Betriebsausgabe geltend gemacht**, ist steuerstrafrechtlich betrachtet grundsätzlich keine Steuerverkürzung oder Steuerhinterziehung gegeben. Dies gilt sowohl, wenn der wahre Empfänger einer Bestechungszahlung nicht angegeben wird, als auch dann, wenn die Zahlung unter einer anderen Rubrik, etwa als nicht abziehbares Geschenk, verbucht und erklärt wird. Allerdings ist bei einer Verbuchung unter Verschweigen des wahren Empfängers einer Zahlung oder bei der **wahrheitswidrigen Verbuchung** als Geschenkaufwendung davon auszugehen, dass Normen des HGB betreffend die Führung von Handelsbüchern und die Aufstellung von Jahresabschlüssen oder Grundsätze der Kapitalerhaltung verletzt sein können. Nach den Grundsätzen ordnungsmäßiger Buchführung ist es erforderlich, dass die Aufzeichnungen in den Büchern unter anderem vollständig und richtig sind.[33] Im Rahmen des Jahresabschlusses erfordern die Grundsätze ordnungsmäßiger Buchführung die Beachtung des Dokumentationsgrundsatzes in Form der Klarheit.[34] Aufzeichnungen und Ausweise, die die wahre Natur von Aufwendungen und die wahre Identität von Zahlungsempfängern verschleiern, verstoßen gegen die Pflicht zur Bilanzklarheit und Kontenwahrheit. Wird etwa eine Bestechungszahlung an den angestellten Einkäufer eines ausländischen Unternehmens geleistet, dies jedoch als Honorar für die Beratung durch einen ausländischen Unternehmensberater verbucht, sind die vorgenannten handelsrechtlichen Vorschriften verletzt.

15

Die Rechtsfolgen eines solchen Verstoßes hängen von der Größenordnung und dem Ausmaß der fehlerhaften Verbuchung und Abbildung im Jahresabschluss ab. Bei einzelnen korruptiven Zahlungen dürften die Wesentlichkeitsgrenzen selten überschritten sein. Ansonsten kommt im Extremfall die **Nichtigkeit des Jahresabschlusses** in Be-

16

---

[33] Vgl. § 239 Abs. 2 HGB.
[34] Vgl. § 243 Abs. 2 HGB.

tracht.³⁵ Stößt der Jahresabschlussprüfer auf Geschäftsvorfälle, die den Tatbestand von Korruptionsdelikten verwirklichen, kann dies Auswirkungen auf den Prüfungsbericht und den Bestätigungsvermerk haben.³⁶ In der Regel erfordern diese Konsequenzen wesentliche Unrichtigkeiten bzw. schwerwiegende Verstöße. Im Übrigen ist es nicht Aufgabe des Abschlussprüfers, Unrichtigkeiten und Verstöße zu verhindern, selbst wenn mit der Abschlussprüfung eine vorbeugende Wirkung mit Blick auf Unregelmäßigkeiten verbunden ist.³⁷ Schließlich können Verstöße gegen die genannten handelsrechtlichen Normen auch Straf- und Bußgeldvorschriften des HGB verletzen. Der von § 331 HGB und § 334 HGB betroffene Personenkreis sind die Mitglieder des vertretungsberechtigten Organs oder des Aufsichtsrats einer Kapitalgesellschaft.

B. Die steuerrechtlichen Folgen korruptiver Handlungen

17   Korruption geht stets mit der Gewährung und dem Empfang von Vorteilen einher. Die steuerrechtlichen Folgen können daher sowohl Personen oder Unternehmen treffen, die rechtswidrig Vorteile gewähren, als auch diejenigen, die die Vorteile empfangen. Ihrer Art nach können die steuerrechtlichen Folgen ertragsteuerlicher Natur sein, also die Einkommensteuer, Körperschaftsteuer und Gewerbesteuer betreffen. Korruptive Handlungen können daneben auch umsatzsteuerliche Folgen auslösen. Schließlich kommt auch in Betracht, dass die Zuwendung von Vorteilen der Schenkungsteuer unterliegt. In der Praxis haben die **Ertragsteuern** regelmäßig die **größte Bedeutung**.

18   Das Schwergewicht der ertragsteuerlichen Probleme auf der Seite desjenigen, der einen Vorteil zuwendet, liegt im betrieblichen Bereich der Einkünfteerzielung. Dementsprechend sind von der Fragestellung in der Regel Unternehmen betroffen. Ein **Privatmann**, der einem anderen einen Vorteil außerhalb seiner auf Einkünfteerzielung gerichteten Tätigkeit zuwendet, etwa um eine Baugenehmigung für ein Privathaus zu erwirken, wird dies in der Regel aus versteuerten oder von vornherein **nicht deklarierten Geldmitteln** tun. Die Zahlung wird in solchen Fällen gewöhnlich nicht steuerlich geltend gemacht. Dementsprechend hat der Privatmann insoweit – d.h. unbeschadet der strafrechtlichen Folgen – zumindest keine steuerlichen Risiken zu befürchten. Auf Seiten desjenigen, der einen Vorteil entgegennimmt, liegt der Schwerpunkt der steuerrechtlichen Probleme hingegen in einem anderen Bereich der Einkünfteerzielung. Häufig handelt es sich bei den vorteilsannehmenden Personen um Angestellte eines Unternehmens oder um Amtsträger, die in einem öffentlich-rechtlichen Dienstverhältnis stehen. Hier stellt sich insbesondere die Frage, ob die entgegengenommenen Vorteile Teil der steuerpflichtigen Einkünfte aus nicht selbstständiger Tätigkeit, bei mehrfach wiederkehrenden Vorteilsnahmen gar Einkünfte aus selbstständiger Tätigkeit oder sonstige Einkünfte darstellen.

19   Dieser Beitrag geht nachfolgend zunächst auf den erstgenannten Bereich, d.h. die ertragsteuerlichen Folgen auf Seiten der einen Vorteil zuwendenden Personen oder Unternehmen ein. Hierbei werden nicht nur die Folgen solcher Zuwendungen dargestellt, die gleichzeitig den Tatbestand eines Korruptionsdelikts erfüllen. Es werden vielmehr auch die ertragsteuerlichen Folgen von Zuwendungen beleuchtet, die zumindest tendenziell einem Korruptionsverdacht ausgesetzt sein können. Hierzu gehören Geschenke, Spen-

---

³⁵ Vgl. § 256 Abs. 1 Nr. 1 AktG für Aktiengesellschaften oder § 42a GmbHG für Gesellschaften mit beschränkter Haftung.
³⁶ Vgl. IDW Prüfungsstandard 210: Zur Aufdeckung von Unregelmäßigkeiten im Rahmen der Abschlussprüfung, Stand 8.5.2003, Die Wirtschaftsprüfung 2003, 655.
³⁷ IDW Prüfungsstandard 210 (Fn. 36), Rn. 11.

den, Bewirtungen o. ä., die als rein einseitige Leistungen schnell die Frage danach aufwerfen, aus welchem Grund sie etwa gegenüber Berufsträgern oder Angestellten anderer Unternehmen erbracht werden. Hier ist die ertragsteuerliche Abgrenzung solcher einseitiger Leistungen zu der Zuwendung von Vorteilen mit korrumpierendem Charakter in der Praxis von erheblicher Bedeutung. Ferner behandelt der Beitrag im Weiteren die mögliche Ertragsteuerpflicht der Vorteile auf Seiten der Annehmenden und die steuerlichen Folgen, wenn der Vorteilsempfänger etwa die angenommenen Vorteile wieder zurückgezahlt hat. Schließlich werden auch die Folgen rechtswidriger Vorteilszuwendung für die **Umsatzsteuer** und eine mögliche **Schenkungsteuerpflicht** der Zuwendung von Vorteilen dargestellt.

I. Ertragsteuerliche Folgen der Gewährung von Vorteilen bei dem Zuwendenden

Bei den Unternehmen steht ertragsteuerlich im Vordergrund, ob **Aufwendungen** im 20
Zusammenhang mit korruptiven Handlungen **abzugsfähige Betriebsausgaben** darstellen oder ob diese Aufwendungen aus versteuertem Einkommen zu leisten sind. Sofern ein Betriebsausgabenabzug nicht möglich ist, kann dies bei Kapitalgesellschaften zu einem steuerlichen Nachteil von rund 40 % der Aufwendungen führen. Hierbei wird unterstellt, dass das Unternehmen in der Form einer **Kapitalgesellschaft** betrieben wird und eine Gewerbesteuerbelastung von rund 19 % (abhängig von dem jeweiligen Hebesatz in den Gemeinden) besteht. Dementsprechend ist es aus unternehmerischer Sicht von erheblichem wirtschaftlichen Interesse, ob Zahlungen zur Erlangung von Aufträgen, Spenden, Sponsoringaufwendungen, Vertragsentgelte und jegliche Zuwendungen, den Umsatz oder die geschäftliche Entwicklung eines Unternehmens fördern sollen, **steuerlich abzugsfähig** sind. Die steuerliche Situation von Unternehmen, die Zuwendungen bewirken, lässt sich insoweit zunächst danach unterteilen, ob die Zuwendungen im Rahmen eines Leistungsaustauschsverhältnisses erfolgen oder rein einseitig sind. Der Kreis der einseitigen Zuwendungen ist in seinen unterschiedlichen Erscheinungsformen überschaubar. Hierzu zählen im Wesentlichen Geschenke und Spenden, die in ihrer steuerlichen Behandlung weitgehend klar umrissen sind. Weitaus vielfältiger ist der Kreis von Zuwendungen, die im Rahmen von Leistungsaustauschverhältnissen erfolgen. Dies liegt nicht zuletzt daran, dass Vertragsverhältnisse oft komplex sind und sich Zuwendungen in dem weiten Geflecht von vertraglichen Leistungen und Gegenleistungen leicht verstecken lassen, da sie äußerlich in einem anderen Gewand erscheinen können, als es ihrem wahren wirtschaftlichen Gehalt entspricht. Das Abweichen des äußeren Scheins vom wirtschaftlichen Sein macht auch die **ertragsteuerliche Qualifizierung von Leistungsaustauschbeziehungen** weitaus schwieriger, als dies bei den einseitigen Zuwendungen der Fall ist.

1. Leistungsaustauschbeziehungen

Das Grundmuster bei Leistungsaustauschbeziehungen, in die **Amtsträger involviert** 21
sind, variiert danach, ob die öffentliche Hand von einem Unternehmen eine Leistung erhält oder selbst dem Unternehmen eine Leistung erbringt und dafür Geld erhält. Diese Unterscheidung lässt sich an folgenden Beispielen erläutern.

– Beispiel 1: Die öffentliche Hand leistet eine überhöhte Zahlung und ein Dritter erhält einen Vorteil
Die öffentliche Hand/ein Amtsträger schließt in diesem Beispielsfall mit einem Unternehmen einen Vertrag über die Erbringung einer Leistung durch das Unternehmen.

5. Kapitel. Steuerrecht und Korruptionseindämmung: Inhalt, Grenzen, Spannungsfelder

Hierbei kann es sich um die Erbringung von Bauleistungen, Dienstleistungen (Gebäudereinigung, EDV-Wartung, Unternehmensberatung) oder um den Verkauf von Wirtschaftsgütern an die öffentliche Hand handeln.
Bei Vorliegen korruptiver Elemente wird es häufig der Fall sein, dass der Amtsträger eine überhöhte Bezahlung für die von Unternehmen vertraglich geschuldete Leistung akzeptiert. Die öffentliche Hand zahlt somit an das Unternehmen mehr, als dies nach normalen Umständen zu erwarten wäre. Der im Gegenzug hierfür erwartete Vorteil des Amtsträgers oder einer diesem nahe stehenden natürlichen oder juristischen Person kann darin liegen, dass das Unternehmen bereit ist, eine andere Leistung unter Marktpreis zu erbringen, um dem Empfänger so einen Vorteil zu verschaffen. So ist es im Rahmen der Bauwirtschaft anzutreffen, dass das Bauunternehmen einem Amtsträger das private Haus weit unter Preis errichtet. In Betracht kommt auch die Erbringung einer verbilligten Leistung an den Sportverein, in dem der Amtsträger engagiertes Mitglied ist, oder an die Freiwillige Feuerwehr, der sich der Amtsträger im Sinne des Gemeinwohls verpflichtet sieht. Im Rahmen dieses Geflechts stellt sich die Frage, ob das Unternehmen die Aufwendungen steuerlich geltend machen darf, die auf die Erbringung der unter Preis abgegebenen Leistung entfallen.

- Beispiel 2: Die öffentliche Hand/ein Amtsträger erbringt eine Leistung und erhält ein (überhöhtes) Entgelt
Im Rahmen des zweiten Grundmusters für die steuerliche Einordnung schließt das Unternehmen mit der öffentlichen Hand einen Vertrag, in dessen Rahmen das Unternehmen eine Leistung erhält und bereit ist, einen erhöhten Preis an die öffentliche Hand zu entrichten, um im Gegenzug eine andere vorteilhafte Leistung zu erhalten. Beispielhaft können folgende Konstellationen angeführt werden: Ein Bauunternehmen ist bereit, für das Wertgutachten eines öffentlich bestellten Sachverständigen mehr zu bezahlen, damit der Sachverständige auf diesem Weg einen Vorteil erhält. Grund für die Zuwendung des Vorteils ist, dass der Sachverständige gleichzeitig Stadtrat und Mitglied eines kommunalen Planungsausschusses ist. Dort setzt er sich für den von dem Bauunternehmen vorgelegten Projektplan ein. Ein Pharmaunternehmen ist bereit, für eine von einem Klinikarzt durchgeführte Studie ein erhöhtes Entgelt zu zahlen, damit der als klinischer Prüfer involvierte Professor sich für den Bezug oder die Verwendung der von diesem Unternehmen hergestellten Arzneimittel einsetzt. Schließlich kann ein Transportunternehmer, der von einer Kommune gebrauchte Fahrzeuge zu überhöhten Preisen erwirbt, im Gegenzug dadurch „entschädigt" werden, dass die Stadt zur Ausstattung des Rathauses Kunstwerke erwirbt, die die Ehefrau des Transportunternehmers hergestellt hat und die ansonsten unverkäuflich wären. In all diesen Fällen stellt sich für das Unternehmen die Frage, ob das gezahlte Entgelt oder der überhöhte Teil des Entgelts steuerlich abzugsfähig ist.

22 Die beispielhaft dargestellten Leistungen oder Zahlungen eines Unternehmens dienen letztlich sämtlich dem Zweck, zum Nutzen des Unternehmens eine Gegenleistung zu erhalten. Dennoch stellt sich in jedem der genannten Fälle die Frage nach der Abziehbarkeit der Aufwendungen. Gemäß § 4 Abs. 4 EStG liegen abziehbare Betriebsausgaben immer dann vor, wenn die Aufwendungen durch den Betrieb veranlasst sind. Nach Auffassung der Rechtsprechung sind Aufwendungen durch den Betrieb veranlasst, wenn sie objektiv mit dem Betrieb zusammenhängen, wenn sie subjektiv dem Betrieb zu dienen bestimmt sind und wenn es sich nicht um Aufwendungen für die Lebensführung des Steuerpflichtigen handelt. Dabei ist es ohne Belang, ob sie notwendig, üblich oder zweckmäßig sind.[38] Grundsätzlich steht die betriebliche Veranlassung bei den in Rede stehenden Leistungen außer Frage, da sie mit dem Betrieb des Unternehmens im Zusammenhang stehen und

---

[38] Vgl. beispielsweise BFHE (GrS) 126, 533, 540; BFHE (GrS) 140, 50, 55.

ihm dienen sollen. Sofern es sich bei den Unternehmen, wie im Regelfall, um Körperschaften handelt, ist der Abzug von Betriebsausgaben auch nicht deshalb zu versagen, weil es sich um Aufwendungen für die Lebensführung des Steuerpflichtigen handelt. Da eine Körperschaft nach Auffassung des Bundesfinanzhofes steuerlich betrachtet keine außerbetriebliche Sphäre hat, ist diese Einschränkung für den Betriebsausgabenabzug bei Körperschaften nicht relevant.[39] Der geschilderte Grundsatz, dass es für die Abzugsfähigkeit nicht darauf ankommt, ob die Aufwendungen notwendig, üblich oder zweckmäßig sind, findet seine Grenzen jedoch in den **gesetzlich normierten Abzugsverboten**. Im vorliegenden Zusammenhang sind insbesondere zwei Abzugsverbote von Bedeutung. Es handelt sich hierbei zum einen um das Abzugsverbot für Aufwendungen, die mit der Zuwendung von Vorteilen zusammenhängen, wenn die Zuwendung der Vorteile – neben weiteren Voraussetzungen – eine rechtswidrige Handlung darstellt, und zum anderen um das Verbot des Abzugs von Aufwendungen für Geschenke (Rn. 47 ff.). Sofern im Gefolge rechtswidriger Zuwendungen zu Lasten des Unternehmens Geldbußen, Ordnungsgelder oder Verwarnungsgelder verhängt werden, so sind diese nach § 4 Abs. 5 Satz 1 Nr. 8 EStG nicht abzugsfähig. In der Unternehmenspraxis kann daneben schließlich auch das Abzugsverbot des § 4 Abs. 5 Satz 1 Nr. 7 EStG eine Rolle spielen, denn häufig wird von der Finanzverwaltung im Rahmen von Betriebsprüfungen versucht, den Betriebsausgabenabzug zu versagen, weil bestimmte Zahlungen unangemessen hoch seien. Nachfolgend werden daher die Voraussetzungen und die begleitenden Aspekte der Abzugsverbote zunächst im Einzelnen dargestellt.

a) Abzugsverbot des § 4 Abs. 5 Satz 1 Nr. 10 EStG (Korruptionsdelikte etc.)

Gemäß § 4 Abs. 5 Satz 1 Nr. 10 EStG sind die Zuwendungen von Vorteilen sowie damit zusammenhängende Aufwendungen vom Betriebsausgabenabzug ausgeschlossen, wenn die Zuwendung der Vorteile eine **rechtswidrige Handlung** darstellt, die den Tatbestand eines Strafgesetzes oder eines Gesetzes verwirklicht, das die Ahndung mit einer Geldbuße zulässt. Die Finanzverwaltung hat sich mit diesem Abzugsverbot in einem ausführlichen Schreiben auseinander gesetzt.[40] Auch in der Literatur finden sich zahlreiche Beiträge, die sich insbesondere mit der Verschärfung der gesetzlichen Regelung durch das Steuerentlastungsgesetz 1999/2000/2002 kritisch auseinander setzen. Gegenstand des Abzugsverbots sind somit nicht angebotene oder versprochene Geld- und Sachvorteile, sondern nur solche, die **tatsächlich zugewandt** wurden. Werden daher bei Leistungsaustauschverhältnissen, etwa bei dem Kauf städtischer Gebrauchtfahrzeuge, mit dem gezahlten Geldbetrag nicht nur die Gebrauchtfahrzeuge vergütet, sondern soll mit einem Teil des zugewandten Entgelts Einfluss auf Entscheidungen des Stadtdirektors genommen werden (vgl. Beispiel 2), kann ein **Korruptionsdelikt** verwirklicht sein. Es ist dann von einer rechtswidrigen Handlung auszugehen, weshalb jedenfalls das entsprechende Teilentgelt nicht als Betriebsausgabe abziehbar ist. Die Formulierung des § 4 Abs. 5 Satz 1 Nr. 10 EStG ist sehr weit, weil diese Vorschrift die Zuwendung von Vorteilen „sowie damit zusammenhängende Aufwendungen" vom Betriebsausgabenabzug ausschließt. In dem angesprochenen Beispiel 2 stellt die Zuwendung des Teilentgelts, das nicht die Bezahlung für die erhaltenen Fahrzeuge darstellt (also der überhöhte Teil des Kaufpreises), unzweifelhaft eine Aufwendung dar, die mit der Zuwendung eines Vorteils zusammenhängt. Das Entgelt, das für den Erhalt der Fahrzeuge aufgewendet wurde, hängt nur äußerst mittelbar mit der Zuwendung des sanktionierten Vorteils zusammen. Hier ist entscheidend, ob das Teilentgelt für die Erlangung der Fahrzeuge auch ohne Zahlung des anderen Teilentgelts zur Beeinflussung der Beschaffungsentscheidung zu Gunsten der Kunstwerke der

---

[39] BFHE 182, 123; BFHE 186, 540.
[40] BMF-Schr. v. 10.10.2002, IV – A 6 – S 2145 – 35/02, BStBl. I 2002, 1031.

Ehefrau gezahlt worden wäre. Steht dies fest, dürfte das Teilentgelt für die Erlangung der Fahrzeuge nicht vom Abzugsverbot umfasst sein.

24 **aa) Zusammenhang der Aufwendungen mit der rechtswidrigen Zuwendung.**
In der Praxis stellen sich eine Vielzahl weiterer Fragen im Zusammenhang damit, welche Aufwendungen mit einer rechtswidrigen Zuwendung von Vorteilen zusammenhängen. Der Wert der einem Empfänger zugewendeten Leistung ist in der Regel auch bei Sachzuwendungen leicht zu ermitteln. Aus der Sicht des Empfängers, dem von einem Unternehmen ein privates Haus weit unter Preis errichtet wird (Beispiel 1), handelt es sich hier um die Kosten, die das zuwendende Unternehmen etwa für das Baumaterial, die Löhne der Arbeiter etc. getragen hat. Aus der Sicht des zuwendenden Unternehmens können mit der zugewendeten Leistung allerdings mittelbar zahlreiche weitere Kosten verbunden sein. Auch die Kosten für die Wartung und die Reparatur der für den Bau eingesetzten Maschinen und Fahrzeuge können Aufwendungen sein, die mit der „Zuwendung eines Vorteils zusammenhängen". Letztlich könnte ein Zusammenhang auch mit Gemeinkosten des zuwendenden Unternehmens hergestellt werden, die – wie etwa anteilige Sekretariatskosten für die Führung des Baugeschäfts – anteilig vom Abzug ausgeschlossen sein könnten. Das Gesetz definiert nicht, wie nah oder fern der Zusammenhang der Aufwendungen mit der rechtswidrigen Zuwendung zu sein hat, um die Rechtsfolge der Abzugsbeschränkung auszulösen. Eine **Begrenzung des Zurechnungszusammenhangs** kommt mangels Aussagen des Gesetzgebers im Gesetzgebungsverfahren auf der Grundlage des Sinns und Zwecks der gesetzlichen Regelung in Betracht. Die steuerliche Abzugsbeschränkung soll im Sinne der Einheitlichkeit der Rechtsordnung einen Beitrag zur Bekämpfung der Korruption leisten.[41] Aufwendungen, die korrumpierenden Charakter haben, sollen steuerlich nicht begünstigt werden, indem sie die steuerliche Bemessungsgrundlage reduzieren. Der Ausschluss einer steuerlichen Begünstigung endet aber dort, wo Aufwendungen betroffen sind, die auch ohne eine rechtswidrige Zuwendung entstanden wären. Wären vom gesetzlichen Abzugsverbot auch Aufwendungen erfasst, die zwar mittelbar mit einer rechtswidrigen Zuwendung zusammenhängen, aber auch ansonsten angefallen wären, hätte das Abzugsverbot einen Strafcharakter. Es ist aber nicht Sinn und Zweck der gesetzlichen Regelung, steuerlich Strafwirkung im Hinblick auf solche Aufwendungen zu entfalten. **Anteilige Gemeinkosten**, wie die angesprochenen Sekretariatskosten eines Bauunternehmens, sind daher nicht vom Abzugsverbot erfasst. In der Praxis werden vom Abzugsverbot des § 4 Abs. 5 Satz 1 Nr. 10 EStG in der Regel die Aufwendungen erfasst, die beim Zuwendungsempfänger zu einer Bereicherung geführt haben.

25 In der Praxis stellt sich für Unternehmen, die von Ermittlungen wegen Korruptionsdelikten betroffen sind, ferner die Frage, wie mit **Aufwendungen** zu verfahren ist, die im Rahmen der Verteidigung gegen Korruptionsvorwürfe entstehen. Auch hier besteht ein – wenn auch weiter – Zusammenhang mit der rechtswidrigen Zuwendung, weil es ohne die rechtswidrige Zuwendung (ist sie denn tatsächlich gewährt worden) nicht zu **Verteidigungskosten** gekommen wäre. Die gleiche Frage stellt sich, wenn Ermittlungen gegen Mitarbeiter von Unternehmen zur Verhängung von **Geldbußen** und **Geldstrafen** führen. Häufig werden den betroffenen Mitarbeitern von den Unternehmen solche Geldbußen und Geldstrafen oder Strafverteidigungskosten ersetzt.

26 Im Hinblick auf die Erstattung von **Strafverteidigungskosten** durch das Unternehmen ist in der Praxis Abschnitt 44 Satz 6 KStR einschlägig. Hiernach sind Verfahrenskosten, wie z.B. Gerichts- und Anwaltskosten, bei einer Körperschaft abzugsfähig. Die Richtlinien differenzieren hier nicht zwischen Strafverteidigungskosten für Korruptionsdelikte und anderen Straf- oder Zivilprozessen. Auch in der Gesetzesbegründung zu § 10 Nr. 3

---

[41] BT-Drs. 13/1686 v. 13.6.1995: Anlage 2 (Stellungnahme des Bundesrats Nr. 11.b).

KStG ist nicht die Rede davon, dass der Abzug von Strafverteidigungskosten im Zusammenhang mit strafrechtlichen Ermittlungen bei Buß und Strafverfahren gegen eine Körperschaft versagt werden soll.[42] Das BMF-Schreiben vom 10.10.2002 vertritt in Textziffer 8 augenscheinlich eine andere Auffassung, allerdings ohne eine Begründung. Zutreffend würde es sein, die Strafverteidigungskosten des Unternehmens zum Abzug zuzulassen, weil die Zwecksetzung des Abzugsverbots nicht gebietet, jede Aufwendung, und sei sie noch so weit von der rechtswidrigen Zuwendung entfernt, vom Abzug auszuschließen. Jedenfalls dann, wenn die Aufwendung in der Kausalkette der rechtswidrigen Zuwendung nachgelagert ist, handelt es sich nicht um eine Aufwendung, die eine rechtswidrige Zuwendung fördert. Der Gesetzeszweck liegt darin, einen Beitrag zur Bekämpfung der Korruption zu leisten, also alles das zu unterbinden, was in die Korruptionstat mündet und diese unterstützt. Nach vollendeter Tat entstehende Aufwendungen, die weder den Tatererfolg bewirken oder sichern, sind ungeeignet, durch ihren Ausschluss vom Abzug einen Beitrag zur Bekämpfung der Korruption zu leisten. Überdies ergäbe sich dann, wenn die Verteidigungskosten nicht zum Abzug zuzulassen wären, ein kaum zu überwindendes **Aufteilungsproblem**. Von korruptionsstrafrechtlichen Ermittlungen sind häufig eine Vielzahl von Mitarbeitern betroffen. Stellen sich im Rahmen zunächst zahlreich erhobener Vorwürfe nur einige wenige als berechtigt heraus, kann der Verteidigungsaufwand, der auf die tatsächlich rechtswidrigen Zuwendungen der dann ermittelten Mitarbeiter entfällt, wohl kaum festgestellt werden. Sofern gleichwohl eine Schätzung möglich sein sollte, wäre schließlich zu berücksichtigen, welcher Anteil der Verteidigung auf den sich als berechtigt herausstellenden Vorwurf entfällt. Insoweit eine Verteidigung erfolgreich mit Blick auf etwa überzogene oder zu weit reichende Vorwürfe war, hat auch dieser Teil keinen ausreichenden Zusammenhang mit einer rechtswidrigen Zuwendung. Er wäre dann vom Abzugsverbot auszunehmen, wobei ein Aufteilungsmaßstab auch in diesem Fall kaum zu finden ist. Denn eine Verteidigung dürfte sich in erster Linie darauf richten, die unberechtigten und überzogenen Vorwürfe abzuwehren.

Soweit einem Mitarbeiter Geldauflagen erstattet werden, die keinen Strafcharakter haben, ist die Erstattung für das Unternehmen abzugsfähige Betriebsausgabe. Die Abzugsfähigkeit von Aufwendungen im Zusammenhang mit der **Erstattung von Geldauflagen**, bei denen der Strafcharakter überwiegt, ist hingegen zweifelhaft. Bei Unternehmen in der Rechtsform der Kapitalgesellschaft dürfte ein Abzug zu bejahen sein. Die Bestimmung des § 10 Nr. 3 KStG ist wortgleich mit § 12 Nr. 4 EStG (Abzugsverbot für Geldstrafen). Aus dem Zusammenspiel mit § 4 Abs. 5 Nr. 8 EStG und der Historie der Gesetzgebung ist davon auszugehen, dass entweder der Täter oder das Unternehmen, für das der Täter gehandelt hat, in voller Höhe getroffen werden soll.[43] Der Gesetzgeber wollte aber keinesfalls beide treffen.[44] Wenn somit die Geldauflage für den Mitarbeiter des Unternehmens keine abziehbare Sonderausgabe darstellt, soll nicht auch gleichzeitig dem Unternehmen, das diese Geldauflage erstattet, der Betriebsausgabenabzug versagt werden. 27

bb) Vorteilzuwendung durch den Steuerpflichtigen. Die Rechtsfolge des § 4 Abs. 5 Satz 1 Nr. 10 EStG, nämlich der Ausschluss einer betrieblichen Aufwendung vom Abzug, setzt voraus, dass es sich um eine Aufwendung des Steuerpflichtigen handelt. Nach Textziffer 7 des BMF-Schreibens muss es sich um Vorteilzuwendungen des Steuerpflichtigen oder um solche, die ihm zuzurechnen sind, handeln. Hierbei ist nach den unterschiedlichen Rechtsformen, die Steuerpflichtige besitzen, zu unterscheiden. Wird die Vorteilzuwendung durch einen Einzelunternehmer oder durch die Mitunternehmer einer Mitunternehmerschaft bewirkt, handelt es sich ohne weiteres um eine Vorteilzuwendung des Steuerpflichtigen. Bei Steuerpflichtigen in der Rechtsform einer juristischen 28

---
[42] BT-Drs. 10/1314, S. 5 ff.
[43] BT-Drs. 10/1634, S. 7.
[44] Hierzu *Saller*, DStR 1996, 534 ff.; *Wedemeyer/Hohlfeld*, DStZ 1985, 79 ff.

Person ist ebenfalls ohne weiteres von einer Vorteilszuwendung durch den Steuerpflichtigen auszugehen, wenn der Vorteil von einem **Organ oder von Handlungsbevollmächtigten** der Gesellschaft zugewendet wird. Allerdings stellt sich ein Zurechnungsproblem dann, wenn ein Mitunternehmer eine Zuwendung ohne Kenntnis der anderen Mitunternehmer tätigt oder ein nicht vertretungsberechtigter Mitarbeiter eines Unternehmens einen Vorteil aus Mitteln des Unternehmens zuwendet. Nach Textziffer 7 des BMF-Schreibens vom 10.10.2002 soll eine solche Vorteilszuwendung dem Steuerpflichtigen zuzurechnen sein, wenn der Steuerpflichtige oder eines seiner vertretungsberechtigten Organe nachträglich von einer rechtswidrigen Vorteilszuwendung eines sonstigen Mitarbeiters erfahren und diese genehmigen. Diese Auffassung ist insoweit auf Kritik gestoßen, als eine nachträgliche Genehmigung nichts daran ändert, dass das Korruptionsdelikt im Zeitpunkt der Erteilung der Genehmigung durch die Unternehmensleitung bereits beendet ist.[45] Wenn also bis zum Zeitpunkt der Genehmigung keine Mittäterschaft oder Beihilfe der entsprechenden Personen vorlag, mit anderen Worten die Unternehmensleitung bzw. der vertretungsberechtigte Vorgesetzte von der Bestechung oder Vorteilsgewährung nichts wussten, liegt eine Vorteilszuwendung durch den Steuerpflichtigen nicht vor.

29   Für dieses Ergebnis spricht, dass Unternehmen, die etwa durch interne rechtliche und organisatorische Maßnahmen, wie z.B. Compliance-Programme, korruptive Praktiken von Mitarbeitern unterbinden (siehe Kap. 4 Rn. 83 ff.), bei dennoch eintretendem Fehlverhalten einzelner Mitarbeiter nicht vom Sinn und Zweck der gesetzlichen Abzugsbeschränkung erfasst werden. Solche Unternehmen haben ihren Beitrag zur Korruptionsbekämpfung geleistet und können weder durch strafrechtliche noch durch steuerrechtliche Sanktionen zu weiterer Rechtstreue angehalten werden. Es dürfte in der Praxis auch selten zu ausdrücklichen Genehmigungen korruptiver Handlungen von Mitarbeitern kommen. Rechtstreue Unternehmen werden das **Fehlverhalten von Mitarbeitern** regelmäßig nicht nachträglich gutheißen. Sofern Unternehmen rechtswidrig durch Mitarbeiter bewirkte Vorteilszuwendungen nicht zurückfordern, kann dies vielfältige Gründe haben, die nicht in einer Billigung von Vorteilszuwendungen liegen müssen. Es kann aus geschäftspolitischen Erwägungen opportun sein, von einem Amtsträger oder von dem Angestellten eines Lieferanten empfangene Vorteile nicht zurückzufordern oder die Handlungen dieser Personen nicht zur Anzeige zu bringen. Jedenfalls ist in einer solchen unternehmerischen Entscheidung nicht ohne weiteres eine konkludente Genehmigung zu sehen. Selbst wenn bei dem Hinzutreten weiterer Umstände von einer Begünstigung des Mitarbeiters durch den Inhaber oder die Leitung eines Unternehmens auszugehen sein sollte, führt dies nicht zu dem Abzugsverbot nach § 4 Abs. 5 Satz 1 Nr. 10 EStG.[46] Aufwendungen im Zusammenhang mit § 257 StGB sind nicht von der gesetzlichen Abzugsbeschränkung erfasst.

30   **cc) Die rechtswidrige Handlung.** Im Falle der Verwirklichung eines Korruptionsdelikts ist im Zusammenhang mit § 4 Abs. 5 Satz 1 Nr. 10 EStG darauf hinzuweisen, dass eine Verurteilung oder Ahndung wegen eines Korruptionsdelikts nicht erforderlich ist. Das Gesetz stellt darauf ab, ob „die Zuwendung der Vorteile eine rechtswidrige Handlung darstellt". Es genügt somit die **abstrakte Strafbarkeit**, unabhängig von einem Verschulden und ohne Rücksicht auf das Vorliegen eines Strafantrags oder einer Verurteilung. Die Beurteilung, ob ein rechtswidriges Korruptionsdelikt vorliegt, hat der Gesetzgeber damit in die Hände der Finanzverwaltung gelegt. Die Betriebsprüfer haben diese Frage somit im Rahmen der Betriebsprüfungen selbst zu klären. Dies begegnet u.a. deshalb Bedenken, weil die Betriebsprüfer in der Regel nicht die erforderliche juristische Ausbildung haben und die Korruptionsdelikte in der Subsumtion eine Vielzahl von Zweifelsfragen aufwer-

---

[45] *Stahl*, KÖSDI 2003, 13874, 13875.
[46] *Stahl* (Fn. 45).

fen. Das BMF-Schreiben vom 10.10.2002 sieht daher in Textziffer 29 relativierend vor, dass bei einem Verdacht eines Betriebsprüfers eine vorläufige Steuerfestsetzung erfolgen soll, die den Betriebsausgabenabzug in der Regel gewährt, bis ein Strafverfahren abgeschlossen ist. Sofern während der Betriebsprüfung kein Strafverfahren oder Ermittlungsverfahren anhängig ist, kommt eine vorläufige Festsetzung nur dann in Betracht, wenn der Betriebsprüfer eigene hinreichende Verdachtsmomente für ein Korruptionsdelikt hat. In einem solchen Fall wird sich eine Unterrichtung der Strafverfolgungsbehörenden durch den Betriebsprüfer nicht vermeiden lassen. Im Übrigen ist der **Kreis der Delikte**, der von § 4 Abs. 5 Satz 1 Nr. 10 EStG angesprochen wird, **beschränkt**. Nach dem Gesetzesentwurf sollten die Zuwendung von Vorteilen sowie damit zusammenhängende Aufwendungen erfasst werden, wenn die Zuwendung eine rechtswidrige Tat i.S.d. §§ 108b, 108e, 299, 333, 334, 335 StGB, ergänzt durch Art. 2, §§ 1 und 2 des Gesetzes zum Protokoll zum Übereinkommen über den Schutz der finanziellen Interessen der Europäischen Gemeinschaften vom 10.9.1998[47] und Art. 2 §§ 1 bis 3 des Gesetzes vom 10.9.1998 zu dem Übereinkommen vom 17.12.1997 über die Bekämpfung der Bestechung ausländischer Amtsträger im internationalen Geschäftsverkehr,[48] § 48 des Wehrstrafgesetzes, § 119 Abs. 1 des Betriebsverfassungsgesetzes, § 21 Abs. 2 i.V.m. § 81 Abs. 1 Nr. 1 des Gesetzes gegen den unlauteren Wettbewerb, § 405 Abs. 3 Nr. 3 und 7 des Aktiengesetzes, § 152 des Gesetzes betreffend die Erwerbs- und Wirtschaftsgenossenschaften oder § 23 Abs. 1 Nr. 3 des Gesetzes betreffend die gemeinsamen Rechte der Besitzer von Schuldverschreibungen ist.[49] Aus rechtstechnischen Gründen wurde diese lange Aufzählung im weiteren Gesetzgebungsverfahren abgekürzt. Nach dem Dritten Bericht des Finanzausschusses wird in § 4 Abs. 5 Satz 1 Nr. 10 EStG nur noch abstrakt auf die einschlägigen Paragraphen verwiesen.[50]

Die **Rechtswidrigkeit** einer Handlung im Zusammenhang mit den einschlägigen vorstehend aufgelisteten Tatbeständen kann allerdings in zahlreichen Fällen durch eine Genehmigung **ausgeschlossen** sein.[51] Hierbei geht es im Wesentlichen um Genehmigungen, die der Dienstherr einem Amtsträger im Hinblick auf die Annahme eines Vorteils erteilt. Es ist im Einzelfall schwierig zu beurteilen, ob eine erteilte **Genehmigung wirksam** ist. Oftmals ist es bereits nicht einfach zu ermitteln, wer im Aufbau der Behörden, Anstalten und Körperschaften nach Bundes- oder Landesrecht die für die Erteilung von Genehmigungen zuständige Stelle ist. Dies gilt insbesondere dann, wenn der Dienstherr die Befugnis zur Erteilung von Genehmigungen auf nachgelagerte Behörden oder Stellen delegiert hat. Oftmals werden bestimmten Amtsträgern auch Genehmigungen genereller Art erteilt, die etwa auf bestimmte Fallgruppen abstellen oder der Höhe nach Beschränkungen enthalten. Sofern der Amtsträger über eine rechtmäßige und die in Rede stehende Vorteilsnahme rechtfertigende Genehmigung verfügt, entfällt die Rechtswidrigkeit, und dem Steuerpflichtigen kann der Betriebsausgabenabzug nicht nach § 4 Abs. 5 Satz 1 Nr. 10 EStG versagt werden. In der Praxis fällt es dem Steuerpflichtigen allerdings regelmäßig schwer, das Bestehen der Genehmigung nachzuprüfen und zu belegen. Nur in seltenen Fällen wird der den Vorteil annehmende Amtsträger dem zuwendenden Steuerpflichtigen eine Kopie oder gar das Original einer schriftlichen Genehmigung überlassen. Der Steuerpflichtige kann sich dann allein auf die Angaben oder Versicherungen des Amtsträgers, im **Besitz einer wirksamen Genehmigung** zu sein, verlassen. Den Steuerpflichtigen trifft die 31

---

[47] BGBl. II, 2340.
[48] BGBl. II, 2327.
[49] BT-Drs. 14/23 v. 9.11.1998, S. 5.
[50] BT-Drs. 14/443 v. 3.3.1999, S. 48: „Die Änderung des Satzes 1 ist rechtstechnischer Art. An Stelle der umfassenden Auflistung aller einschlägigen gesetzlichen Vorschriften wird abstrakt auf die einschlägigen Paragraphen verwiesen".
[51] Vgl. *Taschke*, in: Dieners (Hrsg.), Zusammenarbeit der Pharmaindustrie mit Ärzten. Rechtliches Umfeld, Steuern und Compliance Governance, 2004, Kap. 2 Rn. 20 f.

5. Kapitel. Steuerrecht und Korruptionseindämmung: Inhalt, Grenzen, Spannungsfelder

Feststellungslast für die grundsätzliche Berechtigung des Betriebsausgabenabzugs im Zusammenhang mit einer Vorteilszuwendung, nicht aber die Feststellungslast dafür, dass die Voraussetzungen für ein Abzugsverbot nicht gegeben sind. Behauptet die Finanzbehörde, dass die Voraussetzungen für das Abzugsverbot des § 4 Abs. 5 Satz 1 Nr. 10 EStG vorliegen, so trägt sie hierfür die Feststellungslast.[52] Somit hat die Finanzbehörde auch positiv festzustellen, dass die Zuwendung eines Vorteils eine rechtswidrige Handlung darstellt. Kann die Finanzbehörde keine Zweifel substantiieren, wonach die Auskunft eines Amtsträgers, er sei im Besitz einer wirksamen Genehmigung für die Annahme eines Vorteils, etwa unzutreffend wäre, so geht dies zu Lasten der Finanzbehörde. Das Abzugsverbot greift in diesem Falle nicht. Im Übrigen hat die Finanzbehörde bei Prüfung des Abzugsverbots auch nachträglich erteilte Genehmigungen zu berücksichtigen. Grundsätzlich können **nachträgliche Genehmigungen** die Rechtswidrigkeit einer Vorteilsannahme ebenfalls entfallen lassen.[53] Hier hat die Finanzbehörde die Wirksamkeit im Einzelnen zu untersuchen.

32 dd) **Mitteilungspflicht im Verdachtsfall.** Im Rahmen von Betriebsprüfungen ist auch zu beachten, dass die Finanzbehörden gem. § 4 Abs. 5 Satz 1 Nr. 10 EStG verpflichtet sind, Tatsachen, die den **Verdacht einer Straftat oder einer Ordnungswidrigkeit** im Sinne eines Korruptionsdelikts begründen, der Staatsanwaltschaft oder der Verwaltungsbehörde mitzuteilen.[54] Umgekehrt haben auch Gerichte, Staatsanwaltschaften oder Verwaltungsbehörden Tatsachen, die sie dienstlich erfahren und die den Verdacht einer der in Rede stehenden Taten begründen, der Finanzbehörde für Zwecke des Besteuerungsverfahrens und zur Verfolgung von Steuerstraftaten und Steuerordnungswidrigkeiten mitzuteilen.

33 Die **wechselseitige Unterrichtungspflicht** soll nach Auffassung des BMF sicherstellen, dass es zwischen den Finanzbehörden und den Strafverfolgungsbehörden und Strafgerichten nicht zu unterschiedlichen Entscheidungen über die Verwirklichung eines Straftatbestandes kommt.[55] Was den Verdachtsgrad angeht, der eine Mitteilungspflicht der Finanzbehörde auslöst, ist nach dem Wortlaut der gesetzlichen Regelung in § 4 Abs. 5 Satz 1 Nr. 10 EStG keine Einschränkung vorgesehen. Danach käme grundsätzlich jede Form eines Verdachts für die Begründung der Mitteilungspflicht in Betracht, also auch Verdachtsstufen, die mehr Vermutungen oder Verdachtsmomente auf Grund allgemeiner Lebenserfahrung darstellen. In diesem Zusammenhang ist § 4 Abs. 5 Satz 1 Nr. 10 EStG jedoch vor dem Hintergrund des Steuergeheimnisses, § 30 AO, und dem Verwertungsverbot für Angaben, die der Steuerpflichtige vor bekannt gegebener Einleitung eines Strafverfahrens in Erfüllung steuerlicher Pflichten gemacht hat, § 393 Abs. 2 AO, einschränkend auszulegen.[56] Dementsprechend wird allgemein für die Auslösung der Mitteilungspflicht **zumindest ein Anfangsverdacht** im Sinne des § 152 Abs. 2 StPO für erforderlich gehalten.[57] Andere Stimmen fordern, dass ein hinreichender Tatverdacht bestehen muss, also die Verurteilung des Täters in einem Strafprozess mit Wahrscheinlichkeit zu erwarten ist.[58] In jedem Fall müssen zureichende tatsächliche Anhaltspunkte dafür geben sein, dass eine (verfolgbare) Straftat oder Ordnungswidrigkeit vorliegt.[59] Bloße Vermu-

---

[52] BMF-Schreiben vom 10.10.2002 (Fn. 40), Tz. 28.
[53] Vgl. *Taschke* (Fn. 51).
[54] Vgl. Anweisungen für das Straf- und Bußgeldverfahren (Steuer) v. 18.12.2003, BStBl. I 2003, 654, 686.
[55] BMF-Schreiben v. 10.10.2002 (Fn. 40), Tz. 33.
[56] *Heerspink*, wistra 2001, 441.
[57] *Bahlau*, in: Herrmann/Heuer/Raupach, Einkommensteuergesetz, § 4 Anm. 1866, 1873; *Dörn*, DStZ 2001, 736; *Stahl*, KÖSDI 1999, 12022, 12025.
[58] *Meurer*, in: Lademann/Söffing, Einkommensteuergesetz, § 4 Anm. 766; *Bordewin*, in: Bordewin/Brandt, Einkommensteuergesetz, Vor §§ 4–5 Rn. 123.
[59] *Bahlau*, in: Herrmann/Heuer/Raupach (Fn. 57), § 4 Anm. 1873; *Söhn*, in: Kirchhof/Söhn, Einkommensteuergesetz, § 4 Rn. Q 120.

tungen, Gerüchte oder Verdachtsmomente auf Grund allgemeiner Lebenserfahrung begründen keine Mitteilungspflicht der Finanzbehörde.

Ein ausreichender Verdacht besteht zum Beispiel nicht schon deshalb, weil in einer bestimmten Branche erfahrungsgemäß häufig Schmiergeld gezahlt wird oder weil der Steuerpflichtige den Empfänger einer Zahlung nicht benennt und ihm deshalb der Betriebsausgabenabzug nach § 160 AO versagt wird.[60] Auch die Tatsache einer **Zahlung an einen Amtsträger** kann für sich allein nicht einen die Mitteilungspflicht auslösenden Tatverdacht darstellen. Die gelegentlich geäußerte Ansicht, wonach zwischen einem Unternehmer und einem Amtsträger auf Grund allgemeiner Lebenserfahrung keine Geschäftsbeziehungen im Sinne eines rechtmäßigen Leistungsaustauschs bestehen,[61] verkennt die Tatsache, dass Amtsträger dem Bürger und den Unternehmen keineswegs nur in Form des Über- und Unterordnungsverhältnisses gegenübertreten. Zwar mag dies in den Bereichen der Eingriffsverwaltung (Finanzverwaltung, Ordnungsbehörden etc.) und anderen klassischen Formen hoheitlichen Tätigwerdens (Polizei, Bauverwaltung etc.) der Fall sein. Es existieren jedoch zahlreiche andere Formen staatlichen Handelns, in denen Amtsträger mit Privaten und Unternehmen in kooperativer Wechselbeziehung stehen, in deren Rahmen es zu rechtmäßigen Leistungsaustauschbeziehungen mit Amtsträgern bzw. deren Dienstherren oder Anstellungskörperschaften kommt. Beispielhaft seien hier Forschungsleistungen genannt, die von öffentlichen Kliniken, wie etwa Universitätskliniken oder Lehrkrankenhäusern, erbracht werden. Hier erbringt die öffentliche Hand Leistungen und erhält dafür ein Entgelt. Gleichzeitig bezieht die öffentliche Hand von dem Pharmaunternehmen, das die Forschung in Auftrag gegeben hat, Arzneimittel und entrichtet hierfür ebenfalls ein Entgelt. Leistungsaustauschbeziehungen dieser Art sind weder mit einem Generalverdacht zu belegen, noch gar generell zweifelhaft. Sie sind vielmehr von staatlicher Seite grundsätzlich erwünscht. Ohne **Hinzutreten von tatsächlichen Anhaltspunkten** kann in den geschilderten Fällen kein hinreichender Verdacht einer strafrechtlich relevanten Korruptionshandlung bejaht werden. Dementsprechend ersetzt die allgemeine Lebenserfahrung den konkreten Tatverdacht nicht und ist nicht geeignet, die Mitteilung auf der Grundlage von § 4 Abs. 5 Satz 1 Nr. 10 EStG zu rechtfertigen.

ee) Mitteilungspflicht ohne Erklärung von Betriebsausgaben. Eine Mitteilungspflicht der Finanzbehörden in dem Fall, dass das Unternehmen die den Verdacht auslösenden Ausgaben von vornherein als nicht abzugsfähig behandelt hat, wird in großen Teilen der Literatur verneint.[62] Hierbei wird unter anderem auf die systematische Stellung von § 4 Abs. 5 Satz 1 Nr. 10 EStG abgestellt. Die Mitteilungspflicht sei im Zusammenhang mit einem ertragsteuerlichen Abzugsverbot geregelt und daher in diesem Lichte auszulegen. Für eine allgemeine Mitteilungspflicht der Finanzbehörden außerhalb der ertragsteuerlichen Vorschriften zu der Gewährung oder Versagung des ertragsteuerlichen Betriebsausgabenabzugs sei eine explizite Regelung durch den Gesetzgeber erforderlich. Eine solche Regelung wäre systematisch in der Abgabenordnung (AO) etwa im Zusammenhang mit § 30 Abs. 4 Nr. 5 AO anzusiedeln. Andere Teile der Literatur sprechen sich im Zusammenhang mit nicht als abziehbar erklärten Aufwendungen nicht explizit gegen eine Mitteilungspflicht der Finanzbehörden aus, halten die Frage aber jedenfalls für umstritten und verweisen auf das **Verwertungsverbot** nach § 393 Abs. 2 Satz 1 AO.[63] Das Verwertungsverbot besteht nach dieser Vorschrift, so weit der Staatsanwaltschaft oder dem Gericht in einem Strafverfahren aus den Steuerakten Tatsachen oder Beweismittel

---

[60] *Burchert*, INF 2003, 260, 262; *Gotzens*, DStR 2005, 673.
[61] *Meurer*, in: Lademann/Söffing (Fn. 58), § 4 Anm. 766.
[62] *Stahl* (Fn. 57), 12022, 12026; *Joecks*, DStR 1997, 1025, 1030; *Söhn*, in: Kirchhof/Söhn (Fn. 59), § 4 Rdnr. Q125.
[63] *Bahlau*, in: Herrmann/Heuer/Raupach (Fn. 57), § 4 Anm. 1876.

5. Kapitel. Steuerrecht und Korruptionseindämmung: Inhalt, Grenzen, Spannungsfelder

bekannt werden, die der Steuerpflichtige der Finanzbehörde vor Einleitung des Strafverfahrens oder in Unkenntnis der Einleitung des Strafverfahrens in Erfüllung steuerrechtlicher Pflichten offenbart hat. Eine Ausnahme gilt dann, wenn die so gewonnenen Kenntnisse für die Verfolgung einer Tat verwendet werden, die keine Steuerstraftat ist und an deren Verfolgung ein zwingendes öffentliches Interesse (§ 30 Abs. 4 Nr. 5 AO) besteht. Diese Ausnahme greift jedoch regelmäßig nicht, d.h. es bleibt bei einem Verwertungsverbot, wenn der Steuerpflichtige die in Rede stehenden Aufwendungen nicht als abzugsfähig deklariert. Eine Steuerstraftat des Steuerpflichtigen liegt nämlich in diesem Fall nicht vor, sodass ein zwingendes öffentliches Interesse bejaht werden müsste. Die Entscheidung darüber, ob ein zwingendes öffentliches Interesse besteht, ist auf der Ebene der Finanzverwaltung zu treffen.[64] Andere Stimmen in der Literatur halten eine Mitteilungspflicht bei nicht als abzugsfähig erklärten Betriebsausgaben generell für rechtmäßig und stellen hierbei auf den nicht eingeschränkten Wortlaut des § 4 Abs. 5 Satz 1 Nr. 10 EStG sowie auf die **generalpräventive Zielrichtung** der Vorschrift ab.[65] Angesichts der gewichtigen Argumente im Zusammenhang mit § 393 Abs. 2 AO und des darin zum Ausdruck kommenden Verfassungsgrundsatzes des nemo-tenetur[66] scheinen allein generalpräventive Zielrichtungen mit Blick auf Korruptionsdelikte, also Delikte fernab des Steuerrechts, nicht geeignet, unbeschränkte Mitteilungspflichten im Steuerrecht zu rechtfertigen.[67] Auch die Finanzverwaltung scheint die geäußerten Bedenken zu berücksichtigen. Das BMF-Schreiben vom 19.10.2002 formuliert das Bestehen einer Mitteilungspflicht positiv allein für den Fall, dass der Steuerpflichtige die Vorteilszuwendungen in der steuerlichen Gewinn- oder Einkommensermittlung als Betriebsausgaben abgezogen hat. Dann „jedenfalls" bestehe die Pflicht zur Mitteilung.

36 ff) **Mitteilungspflicht bei Vorliegen anderer Abzugsverbote.** Für den Fall, dass der Steuerpflichtige Aufwendungen als abzugsfähig erklärt hat, diese aber auf Grund eines anderen Abzugsverbots als § 4 Abs. 5 Satz 1 Nr. 10 EStG vom Abzug ausgeschlossen werden, stellt sich die Frage, ob dennoch eine Mitteilungspflicht und **Mitteilungsbefugnis der Finanzbehörden** nach § 4 Abs. 5 Satz 1 Nr. 10 Satz 3 EStG besteht. Denkbar sind hier etwa Fälle, in denen eine Außenprüfung den Abzug erklärter Aufwendungen auf der Grundlage von § 160 AO (Nichtbenennung von Zahlungsempfängern), § 4 Abs. 5 Satz 1 Nr. 1 EStG (Geschenk), § 12 EStG (private Mitveranlassung) oder § 3c EStG (Zusammenhang mit steuerfreien Einkünften) etc. versagt hat, im Anschluss an die bestandskräftige Veranlagung aber Kontrollmitteilungen eingehen, die den Schluss rechtfertigen, dass die Voraussetzungen des Abzugsverbots nach § 4 Abs. 5 Satz 1 Nr. 10 EStG ebenfalls erfüllt waren. Es ist zweifelhaft, ob die dergestalt im Rahmen einer Außenprüfung gewonnenen Sachverhaltskenntnisse, die im Nachhinein in einem korruptionsstrafrechtlichen Licht erscheinen, zulässigerweise nach § 4 Abs. 5 Satz 1 Nr. 10 Satz 3 EStG an die Strafverfolgungsbehörde mitgeteilt werden dürfen. Dies dürfte allein auf der Grundlage von § 30 Abs. 4 Nr. 4 und Nr. 5 AO zulässig sein. Zum einen wäre in der Außenprüfung die erforderliche Belehrung mit Blick auf § 4 Abs. 5 Satz 1 Nr. 10 EStG unterblieben, da andere Abzugsverbote für einschlägig gehalten wurden. Bereits von daher liegt ein strafrechtliches Verwertungsverbot nahe, so dass bereits deshalb Zweifel an einer Mitteilungspflicht und -befugnis bestehen (vgl. die Ausführungen unter Rn. 42 ff.). Zum anderen ist eine generelle Mitteilungspflicht, die keinen Zusammenhang mit einer materiellen Steuerfolge in Form einer Versagung des Betriebsausgabenabzugs mehr haben kann, aus § 4 Abs. 5 Satz 1 Nr. 10 EStG nicht herauszulesen. Hier ist es steuersystematisch zutreffend, für die Mitteilung auf die generell geregelten Mitteilungspflich-

---
[64] *Heerspink* (Fn. 56), 441, 447.
[65] *Randt*, BB 2000, 1066, 1013; *Klinghöfer*, StBP 1999, 309; *Stapf*, DB 2000, 1092.
[66] BVerfGE 56, 37.
[67] So auch *Schaumburg*, Steuerberater-Jahrbuch 2001/2002, 239, 264 ff.

ten und -befugnisse abzustellen, sie also etwa auf den Fall des § 30 Abs. 4 AO zu beschränken.

gg) Mitteilungspflicht bei Entgegennahme von Vorteilen. Sofern bei dem Empfänger einer rechtswidrigen Zuwendung eine Betriebsprüfung durchgeführt wird, stellt sich die Frage, ob eine Mitteilungspflicht auch dann besteht. Nach dem Regelungsinhalt von § 4 Abs. 5 Satz 1 Nr. 10 Satz 3 EStG besteht die Mitteilungspflicht dann, wenn der Verdacht einer Straftat oder einer Ordnungswidrigkeit im Sinne des Satzes 1 besteht. Satz 1 der Vorschrift stellt jedoch allein auf die Zuwendung von Vorteilen und **nicht auf deren Empfang** ab. Die Mitteilungspflicht wird daher bei der Entgegennahme von Vorteilen nicht ausgelöst.[68] Hierbei ist es unerheblich, ob der Empfänger des Vorteils die Zuwendung wahrheitsgemäß erklärt hat oder nicht. Bei Verstoß gegen bestehende Erklärungspflichten mögen den Empfänger des Vorteils steuerstrafrechtliche Folgen treffen. Am Regelungsinhalt des § 4 Abs. 5 Satz 1 Nr. 10 EStG ändert dies indes nichts. 37

hh) Mitteilungspflicht bei Verzicht auf Einnahmen. Strafrechtlich betrachtet kann ein Korruptionsdelikt auch dadurch verwirklicht sein, dass ein Steuerpflichtiger auf Einnahmen verzichtet oder sich mit der Verminderung einer an sich höher geschuldeten Einnahme einverstanden erklärt. Im Beispielsfall 1 errichtet der Bauunternehmer einem Amtsträger das private Haus weit unter Preis, verzichtet also darauf, das übliche bzw. maximal erzielbare Entgelt abzurechnen. Dementsprechend vermindert der Bauunternehmer die Höhe der erklärten steuerpflichtigen Einkünfte. Für das Bestehen der Mitteilungspflicht in diesem Fall ist nach § 4 Abs. 5 Satz 1 Nr. 10 EStG entscheidend, ob der Bauunternehmer eine Betriebsausgabe getätigt hat. Nach Textziffer 7 des BMF-Schreibens vom 10.10.2002 besteht die Pflicht zur Mitteilung nicht, wenn der Steuerpflichtige nichts aufgewendet hat. Das Schreiben nennt in diesem Kontext die Erbringung unentgeltlicher Dienstleistungen, die Hingabe zinsloser oder verbilligter Darlehen oder die Gewährung von Rabatten. Im Fall des Bauunternehmers ist auf dieser Grundlage jedenfalls eine Verbilligung in Höhe der Marge folgenlos. Ob dann jedoch eine Mitteilungspflicht besteht, wenn mit dem Verzicht auf Einnahmen auch Gestehungskosten verbunden sind, wird unterschiedlich gesehen. So soll zum Beispiel bei der Gewährung eines zinsverbilligten Darlehens der Refinanzierungsaufwand abziehbar bleiben.[69] Es bestünde also auch in diesem Fall keine Mitteilungspflicht der Finanzbehörden. Im Übrigen wird im Zusammenhang mit den Meldepflichten der Finanzbehörde aus Kreisen der Finanzverwaltung gefordert, dass eine **Nichtaufgriffsgrenze** Beachtung finden sollte.[70] Auf diese Weise könnten **Bagatellfälle** in der Praxis von der Meldepflicht ausgenommen werden, was für Betriebsprüfungen eine erhebliche Erleichterung im Sinne der Verwaltungsökonomie mit sich bringen würde. Der Vorschlag geht dahin, die Nichtaufgriffsgrenze bei € 150 anzusetzen. 38

ii) Mitteilungspflicht bei eingetretener Strafverfolgungsverjährung. Die Strafverfolgungsverjährung tritt bei Korruptionsdelikten in der Regel fünf Jahre nach Bewirkung der rechtswidrigen Vorteilszuwendung ein. Oftmals finden Betriebsprüfungen für Veranlagungszeiträume statt, in denen es zu Vorteilszuwendungen gekommen ist, die mehr als fünf Jahre zurückliegen. In solchen Fällen stellt sich die Frage, ob solche Vorteilszuwendungen die Mitteilungspflicht nach § 4 Abs. 5 Satz 1 Nr. 10 Satz 3 EStG auslösen, und zwar unbeschadet der Entscheidung darüber, ob der Betriebsausgabenabzug aus dem Gesichtspunkt einer rechtswidrigen Zuwendung zu versagen ist. Der Wortlaut der gesetzlichen Regelung enthält keine Einschränkung im Hinblick auf strafrechtlich verjährte Zuwendungen. Zu berücksichtigen ist jedoch, dass der Sinn und Zweck der gesetz- 39

---

[68] So auch *Wichterich/Glockemann*, INF 2000, 40, 43; *Dörn*, DStZ 2001, 736, 737.
[69] *Stahl* (Fn. 45).
[70] *Burchert* (Fn. 60), 261.

5. Kapitel. Steuerrecht und Korruptionseindämmung: Inhalt, Grenzen, Spannungsfelder

lichen Regelung darin besteht, im Sinne der Einheitlichkeit der Rechtsordnung einen Beitrag zur Bekämpfung der Korruption zu leisten.[71] Dieser Sinn und Zweck kann durch eine Mitteilung der Finanzbehörden an die Strafverfolgungsbehörden dann nicht mehr erreicht werden, wenn die Strafverfolgungsbehörden an einer Verfolgung der Tat auf Grund eingetretener Verjährung gehindert sind. Aus diesem Grunde ist eine **einschränkende Auslegung** der gesetzlichen Regelung geboten, wenn und so weit eine rechtswidrige Vorteilszuwendung strafrechtlich aus Verjährungsgründen nicht mehr verfolgt werden kann. Die Befugnis zur Mitteilung an die Strafverfolgungsbehörden auf der Grundlage von § 4 Abs. 5 Satz 1 Nr. 10 Satz 3 EStG besteht in einem solchen Fall daher nicht.

40   Es wird auch vertreten, dass eine Mitteilung der Finanzbehörde unter Berücksichtigung des **Grundsatzes der Verhältnismäßigkeit unterbleiben** könne, sofern für die Finanzbehörde erkennbar feststehe, dass bei einem der von § 4 Abs. 5 Satz 1 Nr. 10 Satz 1 EStG erfassten Tatbestände Strafverfolgungsverjährung eingetreten ist.[72] Im Übrigen blieben Mitteilungen zulässig, solange der Eintritt der Strafverfolgungsverjährung zweifelhaft sei.

41   In diesem Zusammenhang ist anzumerken, dass die tatsächlichen Feststellungen der Finanzbehörde jedenfalls den die Mitteilungspflicht auslösenden Verdachtsgrad erreichen müssen. Unbeschadet der unterschiedlichen Auffassungen dazu, wie konkret ein Verdacht insoweit sein muss, wird allgemein angenommen, dass zureichende tatsächliche Anhaltspunkte bestehen müssen, wonach eine (verfolgbare) Straftat oder Ordnungswidrigkeit vorliegt (vgl. hierzu die Ausführungen unter Rn. 33 f.). Die Finanzbehörde hat insoweit die notwendigen Feststellungen selbst zu treffen. Bei Zweifeln an dem Eintritt der Strafverfolgungsverjährung hat sie daher zu prüfen, ob diese noch den Schluss zulassen, dass eine verfolgbare Tat vorliegt. Hier sind allein die getroffenen tatsächlichen Feststellungen maßgeblich. Zum anderen ist zu der geäußerten Ansicht anzumerken, dass es im Zusammenhang mit der Regelung von § 4 Abs. 5 Satz 1 Nr. 10 Satz 3 EStG um eine Durchbrechung des Steuergeheimnisses geht. Die Mitteilungspflicht steht insoweit nicht dergestalt zur Disposition, dass die Finanzbehörde von ihr unter Verhältnismäßigkeitsgesichtspunkten absehen kann; sie ist vielmehr in einem Spannungsfeld mit der Befugnis der Finanzbehörde zu betrachten, das Steuergeheimnis durch eine offenbarende Mitteilung zu durchbrechen. Insofern ist die angesichts des Steuergeheimnisses gebotene **Reduktion der Mitteilungspflicht** ein zwingendes Hindernis für die Mitteilung, wenn und soweit die tatsächlichen Feststellungen der Finanzbehörde die für eine Mitteilung erforderliche Verdachtsstufe nicht erreichen.

42   **jj) Belehrungspflichten.** Sofern die Finanzbehörde eine rechtswidrige Zuwendung von Vorteilen vermutet, hat sie den Steuerpflichtigen zu belehren, bevor sie ihn zur Mitwirkung an der Sachverhaltsaufklärung auffordert.[73] Die Belehrung hat folgende Hinweise zu beinhalten:

- die mögliche Mitteilungspflicht nach § 4 Abs. 5 Satz 1 Nr. 10 Satz 3 EStG,
- die Möglichkeit der straf- bzw. bußgeldrechtlichen Selbstbelastung im Falle der Mitwirkung und
- das Zwangsmittelverbot im Zusammenhang mit Mitwirkungspflichten des Steuerpflichtigen.

Das Belehrungserfordernis wird allgemein auf den Grundsatz des Verbots des Zwangs zur straf- und bußgeldrechtlichen Selbstbelastung (nemo-tenetur-Grundsatz) gestützt oder für den Fall, dass die rechtswidrige Vorteilszuwendung auch eine Steuerstraftat oder -ordnungswidrigkeit darstellt, auf § 393 Abs. 1 Satz 4 AO. Im Rahmen von Außenprüfun-

---

[71] BT-Drs. 13/1686 v. 13.6.1995, Anlage 2 (Stellungnahme des Bundesrats Nr. 11.b).
[72] *Burchert* (Fn. 60), 263.
[73] BMF-Schreiben vom 10.10.2002 (Fn. 40), Tz. 30.

B. Steuerrechtliche Folgen korruptiver Handlungen   I. Folgen bei dem Zuwendenden

gen ergibt sich die Belehrungspflicht auch aus § 10 Abs. 1 Satz 4 BPO, wobei die Belehrung auf Verlangen des Steuerpflichtigen schriftlich zu bestätigen ist. Da die Pflicht zur Belehrung des Steuerpflichtigen schon dann einsetzt, wenn die Finanzbehörde eine rechtswidrige Zuwendung bloß vermutet, hat der Steuerpflichtige die Möglichkeit, die **Vermutung zu entkräften** und so eine Mitteilung an die Strafverfolgungsbehörde zu vermeiden, wenn er entsprechend der Pflicht der Finanzbehörde tatsächlich belehrt worden ist. Hat die Finanzbehörde nur die Vermutung einer rechtswidrigen Zuwendung, ist sie auf Grund der Vermutung nicht zu einer Mitteilung an die Strafverfolgungsbehörden nach § 4 Abs. 5 Satz 1 Nr. 10 Satz 3 EStG berechtigt und verpflichtet.[74]

Bei unterlassener Belehrung gilt ein **strafrechtliches Verwertungsverbot**.[75] Zweifelhaft ist, ob trotz eines strafrechtlichen Verwertungsverbots auf Grund unterlassener oder fehlerhafter Belehrung die Mitteilungspflicht der Finanzbehörde gem. § 4 Abs. 5 Satz 1 Nr. 10 Satz 3 EStG bestehen bleibt. Gesetzt den Fall, dass ein Steuerpflichtiger auf Grund seiner Mitwirkung an der Sachverhaltsaufklärung die Vermutung des Außenprüfers dergestalt verstärkt, dass er nun von einer für die Mitteilung ausreichenden Verdachtsstufe ausgeht, sind die Strafverfolgungsbehörden an einer Verwertung der so gewonnenen Informationen gehindert. Die Mitteilung der Finanzbehörden an die Strafverfolgungsbehörden kann somit ihren Zweck, einen Beitrag zur Verfolgung von Korruptionsstraftaten zu leisten, nicht mehr erreichen. Gleichwohl postuliert die Finanzverwaltung, dass die **Mitteilungspflicht trotz strafrechtlichen Verwertungsverbots** bestehen bleiben soll.[76] Begründet wird diese Auffassung damit, dass über die Frage des strafrechtlichen Verwertungsverbots letztlich im Strafverfahren zu entscheiden sei. Diese Begründung vermag angesichts der vom Gesetzgeber in die Hände der Finanzverwaltung gelegten Zuständigkeit und Kompetenz zur Beurteilung korruptionsstrafrechtlicher Tatbestände nicht in jedem Fall zu überzeugen. Die Finanzbehörden haben in eigener Zuständigkeit zu prüfen, ob eine Vorteilszuwendung eine rechtswidrige Handlung darstellt, die den Tatbestand eines deutschen Strafgesetzes oder eines deutschen Gesetzes erfüllt, das die Ahndung mit einer Geldbuße zulässt. Demgegenüber ist die Prüfung der Voraussetzungen eines strafrechtlichen Verwertungsverbots zumindest in klaren Fällen der Mitwirkung des Steuerpflichtigen an der Sachverhaltsaufklärung trotz unterlassener Belehrung keine schwierige, außersteuerrechtliche Beurteilung. Jedenfalls bei Vorliegen eines zweifelsfreien strafrechtlichen Verwertungsverbots dürfte die Mitteilungspflicht angesichts des Spannungsfelds von Steuergeheimnis und § 4 Abs. 5 Satz 1 Nr. 10 Satz 3 EStG beschränkt sein.[77]

Die Kenntnisse, die die Finanzbehörde bei Verstoß gegen die Belehrungspflicht erlangt, sollen nach Auffassung der Finanzverwaltung jedoch für das weitere Besteuerungsverfahren verwertet werden dürfen.[78] Insofern würde das strafrechtliche Verwertungsverbot nicht mit einem **steuerrechtlichen Verwertungsverbot** korrelieren. Zweifel sind indes an einer unbeschränkten Verwertbarkeit geäußert worden, wenn die Finanzbehörde den Steuerpflichtigen nicht nur fahrlässig ohne Belehrung weiter an der Sachverhaltsaufklärung mitwirken lässt,[79] z.B. also bei vorsätzlicher und böswilliger Unterlassung der Belehrung.

---

[74] Vgl. Ausführungen unter Rn. 33.
[75] BMF-Schreiben vom 10.10.2002 (Fn. 40), Tz. 30; ebenso die h.M. in der Literatur, vgl. Zusammenstellung in *Schaumburg* (Fn. 67), 263.
[76] OFD München, Verfügung vom 11.7.2003, DB 2003, 1821 (koordiniert mit den obersten Finanzbehörden des Bundes und der Länder).
[77] Vgl. die Ausführungen oben zur Mitteilungspflicht im Fall eingetretener Strafverfolgungsverjährung, Rn. 39.
[78] BMF-Schreiben vom 10.10.2002 (Fn. 40), Tz. 30.
[79] *Burchert* (Fn. 60), 264.

5. Kapitel. Steuerrecht und Korruptionseindämmung: Inhalt, Grenzen, Spannungsfelder

45 **kk) Korrespondenzprinzip, Kontrollmitteilungen.** So weit bei Unternehmen Betriebsausgaben auf der Grundlage von § 4 Abs. 5 Satz 1 Nr. 10 EStG nicht zum Abzug zugelassen werden, bedeutet dies nicht, dass die Empfänger der Vorteile die empfangenen Vorteile nicht zu versteuern hätten. Insoweit existiert kein Korrespondenzprinzip.[80] Es ist somit in Betriebsprüfungen stets damit zu rechnen, dass im Zusammenhang mit Korruptionsdelikten zahlreiche **Kontrollmitteilungen** an die Finanzbehörden erfolgen, die für die Besteuerung der Vorteilsempfänger zuständig sind.

46 Im Kontext von Korruption und Steuerrecht ist jedoch im Rahmen von Leistungsaustauschverhältnissen nicht nur das Abzugsverbot des § 4 Abs. 5 Satz 1 Nr. 10 EStG von Bedeutung. Auch wenn ein steuerlicher Betriebsprüfer auf Grund seiner Prüfungshandlungen nicht zu dem Verdacht einer korruptiven Aktivität des Unternehmens bzw. seiner Mitarbeiter gelangt oder sich bei vorläufiger Steuerfestsetzung keine relevante Verurteilung oder Verfahrenseinstellung anschließt, kann der Abzug unter Umständen aus einem anderen Gesichtspunkt, nämlich dem des **Geschenks** (siehe hierzu nachfolgend Rn. 47 ff.) versagt werden.

b) Abzugsverbot des § 4 Abs. 5 Satz 1 Nr. 1 EStG (Geschenke)

47 Gemäß § 4 Abs. 5 Satz 1 Nr. 1 EStG sind Betriebsausgaben dann nicht abzugsfähig, wenn es sich um **Aufwendungen für Geschenke** an Personen handelt, die nicht Arbeitnehmer des Steuerpflichtigen sind und wenn der Wert der einem Empfänger im Wirtschaftsjahr zugewendeten Geschenke € 35,00 überschreitet. Personen in diesem Sinne sind auch Körperschaften. Sofern etwa ein Unternehmen Aufwendungen im Zusammenhang mit dem Wertgutachten eines öffentlich bestellten Sachverständigen (vgl. Beispiel 2, Rn. 21) tätigt, stellt sich die Frage, welchen Zusammenhang dies mit einem Abzugsverbot für Geschenke haben kann, da die Zahlung des vereinbarten Geldbetrags ja schließlich der Erlangung einer Gegenleistung dient. Die entscheidende Frage ist hier, ob der von dem Unternehmen aufgewendete **Geldbetrag allein der Erlangung des Wertgutachtens** dienen soll oder ob (zumindest ein Teil) des Geldbetrags anderen Zwecken dient. Geschenke i.S.v. § 4 Abs. 5 Satz 1 Nr. 1 EStG sind nämlich grundsätzlich alle unentgeltlichen Zuwendungen, die aus Sicht beider Beteiligten nicht als Gegenleistung für bestimmte Leistungen des Empfängers erbracht werden und nicht in unmittelbarem zeitlichen oder wirtschaftlichen Zusammenhang mit solchen Leistungen stehen.[81] Zuwendungen werden dann nicht als Gegenleistung für bestimmte Leistungen des Empfängers erbracht, wenn durch die Zuwendungen lediglich das Wohlwollen des Bedachten erzielt werden soll, auch wenn der Zuwendende daraus Vorteile für seinen Betrieb ziehen will. Außerdem muss die Gegenleistung bestimmt, d.h. hinreichend konkretisiert sein; sie muss im Hinblick auf eine bestimmte Handlung des Empfängers erbracht werden, damit sie nicht unter den Geschenk-Begriff des § 4 Abs. 5 Satz 1 Nr. 1 EStG fällt.[82]

48 Auch wenn durch Teile des für das Wertgutachten gezahlten Entgelts nicht auf Planungsentscheidungen des öffentlich bestellten Sachverständigen im kommunalen Planungsausschuss Einfluss genommen werden soll (hier griffe aus dem Gesichtspunkt eines Korruptionsdelikts unter Umständen das Abzugsverbot des § 4 Abs. 5 Satz 1 Nr. 10 EStG), so unterfielen diese dem **Abzugsverbot für Geschenke**, wenn mit ihnen etwa den bestehenden guten Geschäftsbeziehungen Rechnung getragen werden sollte.

49 Gesetzt den Fall, dass von dem Unternehmen ein Geldbetrag gezahlt wird, der tatsächlich nur zum Teil die Erlangung des Wertgutachtens bezweckt, im Übrigen also ein Ge-

---

[80] BMF-Schreiben betreffend ertragsteuerliche Behandlung des Sponsoring vom 18.2.1998, BStBl. I 1998, 212, Tz. 9.
[81] BFH, BStBl. II 1987, 296, 297; BMF-Schr. v. 29.5.1995, DStR 1995, 1150.
[82] BFH, BStBl. II 1993, 806, 808.

schenk vorliegt, stellt sich die Frage, ob sodann der gesamte gezahlte Betrag vom Betriebsausgabenabzug ausgeschlossen ist. Im Bereich des Ausgabenabzugs für Geschenke gilt grundsätzlich ein **Aufteilungsverbot**. Dies würde also bedeuten, dass jeder – noch so kleine – Geschenkanteil zum Abzugsverbot der gesamten Zahlung führt und nicht etwa nur herausgerechnet werden kann, sodass die übrige Zahlung abzugsfähig bliebe. Ein solches Ergebnis kann insbesondere dann unbillig sein, wenn der Geschenkanteil in Relation zur Gesamtleistung klein ist und sich leicht von den Zahlungen mit Gegenleistungscharakter abgrenzen lässt. Der Bundesfinanzhof hat eine Abgrenzung in Abweichung vom Aufteilungsverbot in anderem Kontext bejaht. Bei Fortbildungsreisen, die ein Arbeitgeber seinem Arbeitnehmer zahlt, kann fraglich sein, ob die Reise allein der Fortbildung dient oder auch einen gewissen Belohnungscharakter hat. Hier hat der Bundesfinanzhof bei einem vorhandenen Anteil an Belohnungscharakter eine Aufteilungsmöglichkeit bejaht, wenn sich die Kosten als rein betriebsfunktionelle Elemente – hier also das Interesse an der betrieblich nützlichen Fortbildung des Arbeitnehmers – leicht und eindeutig von den sonstigen Zuwendungen mit Belohnungscharakter abgrenzen lassen.[83] Bei Übertragung dieses Grundsatzes auf den Kontext des Wertgutachtens im Beispielfall 2 und der damit in Zusammenhang stehenden Zahlungen könnte somit die Abzugsfähigkeit für den Teil, der keinen Geschenkcharakter hat, erhalten bleiben. Die Rechtsprechung hat in Spendenfällen – Geschenken sind insoweit vergleichbar, als auch bei der Spende eine Gegenleistung des Empfängers fehlt – angenommen, dass bei **überwiegender Spendenmotivation** die getätigten Aufwendungen insgesamt als Spende einzuordnen sind.[84] Das FG Baden-Württemberg hat im Zusammenhang mit einer Leistung, die nur zum Teil der Erlangung einer Gegenleistung diente, Folgendes entschieden: Wenn nur eine konkrete Gegenleistung für 30 % der gezahlten Vergütung festzustellen ist, ist das gesamte gezahlte Entgelt nicht abzugsfähig.[85] In der Literatur wird vereinzelt vertreten, bei teilweise feststellbarer Gegenleistung und teilweise anzunehmendem Geschenk die gänzliche Abzugsfähigkeit davon abhängig zu machen, ob die erhaltene Gegenleistung angemessen ist. Dies sei der Fall, wenn die Gegenleistung mehr als 50 % des Werts der Aufwendungen ausmache.[86] Die Finanzverwaltung hat in dem Sponsoringerlass vom 18.2.1998 das Kriterium des „**krassen Missverhältnisses**" von Leistung und Gegenleistung eingeführt. Allerdings ist nicht quantifiziert, ab wann ein solches krasses Missverhältnis anzunehmen ist.[87]

50 Sollte somit der Teil eines von einem Unternehmen aufgewandten Geldbetrags, der nicht zur Erlangung des Wertgutachtens gezahlt wird und somit ein Geschenk darstellt, keinen all zu großen Teil der Gesamtvergütung ausmachen, besteht nach den dargestellten Kriterien mit guten Gründen die **Möglichkeit, den Gesamtbetrag** in einen abziehbaren und einen nicht abziehbaren Teil **aufzuteilen**.

51 In der Praxis kann allerdings gegebenenfalls schwer zu ermitteln sein, ob die Zahlung eines Unternehmens allein zur Erlangung der vertraglich beschriebenen Gegenleistung dient. Grundsätzlich hat das steuerpflichtige Unternehmen den **Nachweis für begünstigende Umstände** zu führen.[88] Dementsprechend trägt das Unternehmen das Risiko, ob der Nachweis dafür gelingt, dass sämtliche von ihm geleisteten Zahlungen der Erlangung des Wertgutachtens dienten. Die Frage wird in Betriebsprüfungen von der Finanzverwaltung in der Regel dann gestellt, wenn bereits bei erstem Ansehen der Belege und Verträge fraglich ist, wofür die eine oder andere Leistung in Auftrag gegeben worden ist. Erfah-

---

[83] BFH, BStBl. II 1997, 97.
[84] BFH, BStBl. II 1998, 220.
[85] FG Baden-Württemberg, EFG 1988, 461.
[86] *Buschmann*, StBP 1996, 35.
[87] BMF-Schreiben v. 18.2.1998 (Fn. 80), Tz. 5.
[88] BFH, BStBl. II 1989, 879; BFH, BStBl. II 1987, 675.

rungsgemäß sind es u.a. folgende Indizien, die eine nähere Prüfung durch die Finanzverwaltung begründen:

- unklare **Vertragsstruktur**, insbesondere keine klare Bezeichnung der Vertragsparteien und der ihnen zugeordneten Funktionen,
- keine hinreichende Beschreibung des wirtschaftlichen **Hintergrunds** und damit des Unternehmensnutzens, etwa in einer Präambel,
- Zahlung der Vergütung in bar,
- unklare **Zahlungs- und Fälligkeitszeitpunkte**.

52   Diese Aufzählung zeigt, dass bereits die **Dokumentationslage** erste und wesentliche Anhaltspunkt gibt. Den Betriebsprüfungen liegen in der Regel nur Schriftstücke vor, die ihnen als Grundlage ihrer Beurteilung dienen. Wenn bereits die Schriftstücke und deren Ordnung – das Wertgutachten ist etwa nie zu einer Verwertung gelangt, sondern allein in der Abteilung Rechnungswesen abgelegt – signalisieren, dass das Wertgutachten nur geringen wirtschaftlichen Hintergrund hat und der Unternehmensnutzen daher fraglich ist, so wird ein Betriebsprüfer hinreichend Grund für Zweifel oder zumindest weiter gehende Untersuchungen haben. Es ist somit für die Unternehmen von herausragender Bedeutung, ein wohlgeordnetes Vertrags- und Dokumentationsmanagement zu besitzen oder gegebenenfalls zu etablieren.[89]

53   Geben die vorgelegten Verträge, Leistungsnachweise und Leistungsverwertungen, Rechnungen etc. **Anlass zu substantiierten Zweifeln**, hat das Unternehmen den Nachweis zu führen, dass die gesamten Aufwendungen ausschließlich zur Erlangung der vereinbarten Gegenleistung gezahlt wurden. Im Beispielsfall des Wertgutachtens ist daher von dem Unternehmen zumindest darzulegen, dass die Bewertung einen betrieblichen Nutzen für das Bauunternehmen hat. Sofern das Wertgutachten tatsächlich Eingang in ein Projekt des Bauunternehmens gefunden hat, ist diese Darlegung vergleichsweise einfach. Bei anderen Formen des Leistungsbezugs kann sich die Darlegung des Unternehmensnutzens jedoch insoweit schwieriger gestalten. Im Beispiel 2 sind neben dem Fall des Wertgutachtens auch die Fälle genannt, in denen ein pharmazeutisches Unternehmen bei einer medizinischen Hochschule (also einer öffentlichen Einrichtung) eine Studie in Auftrag gibt und hierfür ein Entgelt zahlt. Wenn abweichend vom Beispielsfall mit der Zahlung eines (überhöhten) Entgelts nicht auf die Entscheidung der Hochschule zur Beschaffung der Arzneimittel des pharmazeutischen Unternehmens Einfluss genommen werden soll, bleibt die Frage, ob das Entgelt allein der Erlangung der Studienleistung dient oder auch der allgemein guten Geschäftsbeziehung zu der Hochschule Rechnung trägt. Je größer die Zahl der von dem Pharmaunternehmen in Auftrag gegebenen Studien ist, desto bedeutsamer werden die geschilderten Dokumentationsempfehlungen zur Darlegung des Unternehmensnutzens sowie des wissenschaftlichen und wirtschaftlichen Werts der Studie für das Unternehmen. Selbst wenn Anwendungsbeobachtungsstudien auf der Grundlage wohlstrukturierter und detaillierter Verträge erbracht und hinreichend dokumentiert sind, wird in der Praxis zuweilen die Frage gestellt, ob bei der **Vielzahl von Anwendungsbeobachtungsstudien**, die Unternehmen zu einem gleichen oder ähnlichen Thema vergeben, nicht schon Zweifel daran geäußert werden können, ob diese Studien im Sinne wissenschaftlichen Erkenntniswerts von Nutzen sind. Generelle Zweifel der Finanzverwaltung lassen jedoch nicht den Schluss zu, das steuerpflichtige Unternehmen sei seiner Beweislast nicht nachgekommen. Vielfach wird auch bei in großer Zahl vergebenen Anwendungsbeobachtungsstudien ein wissenschaftlicher Wert für das Unternehmen feststellbar sein, der sich aus den einzelnen Vertragsunterlagen und Dokumentationen nicht unmittelbar ergibt. Hilfreich kann auch hier eine schriftliche Darstellung, z.B. der statistischen Erwägungen bei Festlegung der Gesamtzahl relevanter Anwendungsbeob-

---

[89] *Lembeck*, in: Dieners (Fn. 51), Kap. 7 Rn. 4 ff.

achtungen, sein, die den Wert für das Unternehmen in einer Gesamtschau erläutert. Zweifel entstehen in der Regel nicht, wenn sich das Unternehmen an die einschlägigen behördlichen Empfehlungen[90] oder die Industrie-Kodices zu Planung und Durchführung von Anwendungsbeobachtungen hält.[91] Sofern die Finanzverwaltung Zweifel hinreichend substantiieren kann, ist der wissenschaftliche Wert vom Unternehmen nachzuweisen. Hier kommen wie in anderen Branchen und bei anderen Leistungen Sachverständigengutachten in Betracht.

c) Abzugsverbote des § 4 Abs. 5 Satz 1 Nr. 8 EStG (Geldbußen, Ordnungsgelder, Verwarnungsgelder) und des § 12 Nr. 4 EStG (Geldstrafen, sonstige Rechtsfolgen vermögensrechtlicher Art)

Sofern im Kontext korruptiver Handlungen eine Verurteilung oder eine Ahndung in sonstiger Weise eintritt, sind die Abzugsverbote nach § 4 Abs. 5 Satz 1 Nr. 8 EStG und § 12 Nr. 4 EStG von Bedeutung. Nach der gesetzlichen Regelung des § 4 Abs. 5 Satz 1 Nr. 8 EStG sind von einem Gericht oder einer Behörde im Geltungsbereich dieses Gesetzes oder von Organen der Europäischen Gemeinschaften festgesetzte Geldbußen, Ordnungsgelder und Verwarnungsgelder vom Betriebsausgabenabzug ausgeschlossen. Sofern Mitarbeit von Unternehmen wegen Korruptionsdelikten belangt werden, ist hiermit nicht automatisch auch eine Verantwortlichkeit des Unternehmens verbunden, die etwa in die Verhängung einer Geldbuße oder eines Ordnungsgeldes mündet. In der Praxis geht allerdings die strafrechtliche Belangung von Mitarbeitern wegen Korruptionsdelikten gelegentlich damit einher, dass bei dem Unternehmen der **Verfall** der etwaig aus den rechtswidrigen Taten erlangten **Vermögensvorteile** angeordnet wird. Bei solchen Verfallsanordnungen auf der Grundlage von §§ 73 ff. StGB ist dann das Abzugsverbot des § 12 Nr. 4 EStG zu untersuchen, wonach bei sonstigen Rechtsfolgen vermögensrechtlicher Art, bei denen der Strafcharakter überwiegt, ebenfalls der Betriebsausgabenabzug ausgeschlossen ist. 54

Es wird in der Literatur zum Teil problematisiert, ob Verfallsanordnungen zu den Rechtsfolgen vermögensrechtlicher Art gehören, bei denen der Strafcharakter überwiegt.[92] Die Finanzverwaltung ist jedenfalls der Auffassung, dass der Verfall von Tatentgelten (§ 73 StGB) in erster Linie dem Ausgleich von rechtswidrig erlangten Vermögensvorteilen dient und keinen Strafcharakter hat.[93] In der Praxis dürften Auseinandersetzungen mit der Finanzverwaltung bei Fortbestand der derzeit geltenden Einkommensteuerrichtlinien daher in diesem Punkt ausscheiden. Es ist im Übrigen schwer nachvollziehbar, warum sich die Rechtsprechung unter Umständen einmal anders zu der **Frage des Strafcharakters** einer Verfallsanordnung stellen sollte, weil sich die Berechnungsmethode für die Höhe eines angeordneten Verfalls geändert hat.[94] Nach der nunmehr geltenden Bruttomethode kann es sein, dass große Teile der Einzelkosten oder anteilig zurechenbarer Gemeinkosten bei Berechnung des dem Verfall unterliegenden Vorteils nicht abgezogen werden dürfen. Auch können Vorteile, die sich für das Unternehmen nicht unmittelbar aus einer korruptiven Handlung eines Mitarbeiters ergeben, dem Verfall unterliegen. Dies bedeutet, dass nicht nur der durch eine Vorteilsgewährung gewonnene Auftrag, sondern auch ein sich nur mittelbar ergebender Wettbewerbsvorteil in die Ermittlung der Verfallssumme einbezogen werden kann. Die Art der Ermittlung innerhalb der verfassungsrechtlich zulässigen Grenzen ist jedoch nicht erheblich für die Frage nach dem Strafcharakter einer Verfallsanordnung. Im Übrigen ist auch im Rahmen der Bruttome- 55

---

[90] *Dieners*, in: Dieners (Fn. 51), Kap. 6 Rn. 21 ff.; Kap. 9 Rn. 54 ff, 56.
[91] *Lembeck*, in: Dieners (Fn. 51), Kap. 4 Rn. 7 ff.
[92] Zusammenfassend zum Meinungsstand *Sedemund*, DB 2003, 323, 328.
[93] H 120 EStR unter „Rechtsfolgen vermögensrechtlicher Art".
[94] Diese Befürchtung äußert *Sedemund* (Fn. 92), 328 unter VI.

thode und selbst dann, wenn unter strafrechtlichen Kategorien dem Verfall ein Strafcharakter beizumessen wäre, in steuerlicher Hinsicht das verfassungsrechtliche Prinzip der **Besteuerung nach der wirtschaftlichen Leistungsfähigkeit** zu beachten. Was im Rahmen des strafrechtlichen Verfalls abgeschöpft wird, kann nicht noch zusätzlich der steuerrechtlichen Belastung unterliegen.[95] Mit anderen Worten: Hat das Unternehmen bei voller Abschöpfung eines erlangten Vorteils im Wege der Verfallsanordnung keine Mittel aus dem in Rede stehenden Geschäftsvorfall, die ihm die Entrichtung der Steuer ermöglichen würden, ist es insoweit nicht leistungsfähig. Der dem Verfall unterliegende Betrag, der an die Staatskasse abzuführen ist, bleibt somit eine abziehbare Betriebsausgabe.

d) Abzugsverbot des § 4 Abs. 5 Satz 1 Nr. 7 EStG (Private Lebensführung, Unangemessenheit)

56 Schließlich ist im Rahmen der einschlägigen Abzugsverbote auch die Vorschrift des § 4 Abs. 5 Satz 1 Nr. 7 EStG von Bedeutung. Hiernach sind andere als die in den Nummern 1 bis 6 bezeichneten Aufwendungen, die die **Lebensführung des Steuerpflichtigen** oder anderer Personen berühren, so weit sie nach allgemeiner Verkehrsauffassung als unangemessen anzusehen sind, ebenfalls nicht abzugsfähig. Mit der Formulierung „andere als die in den Nummern 1 bis 6 bezeichneten Aufwendungen" wird zum Ausdruck gebracht, dass das Abzugsverbot der Nr. 7 nur dann Bedeutung hat, wenn die Aufwendungen des Unternehmens nicht bereits aus dem Gesichtspunkt des Geschenks nicht abziehbar sind. Liegt also kein Geschenk vor, ist in einem weiteren Schritt zu prüfen, ob die Aufwendungen angemessen waren und die Lebensführung nicht berührt haben.

57 Die **Berührung mit der Lebensführung** kommt im Rahmen der Geschäftsbeziehungen von Unternehmen mit anderen Unternehmen, öffentlichen Einrichtungen und Amtsträgern vornehmlich dann in Betracht, wenn es um die Aufwendungen für die Unterhaltung, Beköstigung und Beherbergung von Geschäftsfreunden geht (siehe auch Rn. 83). Im Rahmen der „**Unterhaltung von Geschäftsfreunden**" kann es dann zu einer Berührung mit der Lebensführung kommen, wenn Einladungen besonders unterhaltenden Charakter haben. Einladungen in Nachtbars dürften unzweifelhaft Privatvergnügen mit unterhaltendem Charakter darstellen und somit eine abzugsschädliche Berührung mit der Lebensführung aufweisen. Der Abzug scheidet in diesem Fall unabhängig davon aus, ob sich die Aufwendungen beim Besuch der Nachtbar in bescheidenen Grenzen hielten. Zu einer Angemessenheitsprüfung kommt es hier gar nicht mehr, da bereits der Ort und die Umstände der Unterhaltung des Geschäftsfreundes im Beispielsfall der Nachtbar die betriebliche Veranlassung wohl eher unwahrscheinlich machen können. Allerdings ist zweifelhaft, ob in anderen Fällen, die stark unterhaltende Elemente beinhalten, wie Theater- oder Opernbesuche mit Geschäftsfreunden, ebenfalls ein schädlicher Zusammenhang mit der Lebensführung anzunehmen ist. Auch wenn während der Aufführungen selten Gespräche geführt werden, die Geschäft oder Betrieb betreffen, bieten sich entsprechende Möglichkeiten am Rande solcher Veranstaltungen. Unzweifelhaft können erfolgreiche geschäftliche Gespräche auch von dem richtigen Rahmen der Begegnungen mit Geschäftsfreunden abhängen. Ein generelles Abzugsverbot wird insoweit rechtsdogmatisch und von den wirtschaftlichen Auswirkungen her für bedenklich gehalten.[96]

58 Die **Angemessenheit von Aufwendungen** nach § 4 Abs. 5 Satz 1 Nr. 7 EStG wird im Allgemeinen daran gemessen, ob ein ordentlicher und gewissenhafter Geschäftsführer die Aufwendungen angesichts der erwarteten Vorteile ebenfalls auf sich genommen hätte, H 21 Abs. 12 EStR. Es gilt somit bei der notwendigen Einzelfallbetrachtung ein Maßstab

---

[95] Für den vergleichbaren Fall des Bußgeldes im Rahmen von § 4 Abs. 5 Satz 1 Nr. 8 EStG: BVerfG, Beschluss des Ersten Senats v. 23.1.1990, BStBl. II 1990, 483, 486.
[96] *Schmidt/Heinicke* (Fn. 9), § 4 Rn. 601.

allgemeiner Verkehrsauffassung. Allerdings sind auch die Größe des Unternehmens, die Höhe des längerfristigen Umsatzes und Gewinns und vor allem die Bedeutung des Repräsentationsaufwandes für den Geschäftserfolg und seine **Üblichkeit in vergleichbaren Betrieben** als Beurteilungskriterien von Bedeutung.[97]

e) Vermittlungs- und Provisionsverträge

Im Kontext korruptiver Zuwendungen kommt es häufig zu Verschleierungen in Form von Vermittlungs- oder Provisionszahlungen.[98] Strafrechtliche Verdachtsmomente liegen auf der Hand, wenn Zweifel daran bestehen, ob der Zahlung tatsächlich eine Vermittlungsleistung oder eine ähnliche Leistung zugrundegelegen hat. Dasselbe gilt, wenn von dem Empfänger der **Provision** tatsächlich eine Leistung erbracht worden ist, die Zahlung aber **unverhältnismäßig hoch** ausgefallen ist. Stellt sich heraus, dass der strafrechtliche Verdacht berechtigt ist, scheitert der Betriebsausgabenabzug des Zuwendenden an § 4 Abs. 5 Satz 1 Nr. 10 EStG. Im Übrigen begegnen dem Betriebsausgabenabzug Bedenken im Hinblick auf das für Geschenke geltende Abzugsverbot gemäß § 4 Abs. 5 Satz 1 Nr. 1 EStG. Die ertragsteuerlichen Risiken sind denen vergleichbar, wie sie im Zusammenhang mit Studienverträgen bestehen.[99]

59

Für die Abzugsfähigkeit von Vermittlungs- und Provisionszahlungen kommt es neben dem Nachweis einer tatsächlichen Leistungserbringung entscheidend darauf an, einen **Nachweis** darüber zu führen, dass die Zahlung **in angemessener Höhe** zu der erbrachten Leistung stand. Marktübliche Standards für Vermittlungen oder sonstige Beiträge zum Zustandekommen eines Geschäfts sind nur in einzelnen Bereichen verlässlich festzustellen. Hierzu sind etwa die Leistungen von Immobilienmaklern zu zählen. Bei dem Fehlen marktüblicher Standards ist es ratsam, das Interesse des Zahlungsverpflichteten an der in Rede stehenden Leistung möglichst ausführlich zu substantiieren und zu **dokumentieren**. Das Fehlen einer solchen Dokumentation kann im Nachhinein zu Zweifeln führen, obwohl eine Vermittlungsleistung tatsächlich erbracht wurde und die gezahlte Provision angemessen war. Um dem vorzubeugen, empfiehlt es sich, z.B. bereits in dem schriftlichen Vermittlungs- oder Provisionsvertrag im Einzelnen festzuhalten, aus welchem Grund und aufgrund welcher Umstände oder Eigenschaften der Zahlungsempfänger in der Lage ist, das Zustandekommen des angestrebten Geschäfts fördern zu können. Daneben kann der Zahlungsverpflichtete außerhalb eines solchen Vertrages schriftlich dokumentieren, aus welchem Grund er davon ausgeht, dass die als Vermittler agierende Person gerade bei dem angestrebten Geschäft von Nutzen sein kann. Hier kann es hilfreich sein, die besondere Expertise, Marktkenntnis, Bekanntheitsgrad oder spezielle Kontakte zu dem Geschäftspartner darzustellen. Je mehr Hintergrund der Interessenlage beschrieben ist, um so weniger können im Nachhinein Zweifel an einer üblich entlohnten und tatsächlich erbrachten Vermittlungsleistung geäußert werden.

60

f) Berater- und Referentenverträge

In korruptionsrechtlicher Hinsicht können solche Beraterverträge von Relevanz sein, die von Unternehmen mit Amtsträgern oder öffentlichen Einrichtungen abgeschlossen werden, um Beratungsleistungen für das Unternehmen zu erhalten. Bei Referentenverträgen bezieht sich die Leistung darauf, dass der Amtsträger oder die öffentliche Einrichtung sich verpflichtet, einen Vortrag für ein Unternehmen zu halten. Strafrechtliche Verdachtsmomente ergeben sich schnell dann, wenn Zweifel daran geäußert werden, ob das

61

---

[97] BFH, NV 1996, 308; BFH, NV 1989, 362.
[98] Vgl. *Günzler*, Steuerrecht und Korruption. Die steuerrechtliche Berücksichtigung national und international gezahlter Schmiergelder, 1999, Teil 1.C. II.2, S. 24.
[99] Vgl. Rn. 48 ff.

Beratungshonorar nicht zu üppig ausgefallen ist. Die steuerlichen Risiken, die solche Verträge im Hinblick auf die Abzugsfähigkeit der gezahlten Honorare mit sich bringen, ähneln auch hier denen, die unter Rn. 48 ff. im Zusammenhang mit Studienverträgen dargestellt sind. In ertragsteuerlicher Hinsicht kommt es für die Abzugsfähigkeit der gezahlten Beratungs- oder Referentenhonorare besonders auf den **Nachweis** an, dass die erbrachten **Beratungs- oder Referentenleistungen werthaltig** waren. Gerade Beratungsleistungen werden oft mündlich oder telefonisch erbracht. Dem Vorhalt der Betriebsprüfungen, dass Leistungen nicht oder nur in sehr geringem Umfang erbracht worden seien, kann nur durch eine möglichst detailgenaue Dokumentation begegnet werden. Dementsprechend ist es ratsam, empfangene Beratungsleistungen schriftlich unter Angabe des Zeitpunkts festzuhalten. Es kann sich auch empfehlen, dem Berater entsprechende Berichts- und Dokumentationspflichten aufzuerlegen. Zum Beispiel kann vereinbart werden, dass der beratende Amtsträger bei turnusmäßiger Rechnungsstellung die erbrachten Beratungsleistungen nach Zeitpunkt und Inhalt auflistet.

g) Verträge mit Politikern

62 Im Zusammenhang mit **Abgeordneten** stellen sich ähnliche Fragen, wenn diese mit Unternehmen Verträge abschließen, auf deren Grundlage die Abgeordneten eine Vergütung von dem Unternehmen erhalten. Im Regelfall stehen hier Beratungsverträge im Fokus der Betrachtung. In der Öffentlichkeit sind allerdings auch Verträge mit Abgeordneten diskutiert worden, die insbesondere dadurch geprägt sind, dass die Abgeordneten bis zu ihrem Einstieg in eine politische Tätigkeit bei einem Unternehmen angestellt waren. Hier wurden die Zahlungen in der Öffentlichkeit als schlichte „**Fortzahlung" der bisher geleisteten Bezüge** wahrgenommen. Die Gründe für die Zahlung der Bezüge auf der Grundlage solcher Verträge waren oder sind indessen unterschiedlich. Zum Teil ist es nach der Ausgestaltung der Verträge so, dass die Politiker für das Unternehmen weiterhin in beratender Funktion tätig sein sollten. Nach anderen Gestaltungen erfolgte die Vergütung auch zu dem Zweck, dem Unternehmen die Rückkehr des Politikers in das Unternehmen zu sichern und zwar für den Fall, dass die politischen Aufgaben nur für einen beschränkten Zeitraum ausgeübt werden, etwa eine oder zwei Legislaturperioden. Im Zusammenhang mit der Zahlung solcher Vergütungen sind in einzelnen Fällen auf medienwirksame Weise Zweifel geäußert worden, ob die Zahlungen der Unternehmen für den Erhalt einer werthaltigen Gegenleistung erbracht worden sind oder vielmehr Mittel der politischen Einflussnahme darstellen.

63 Aus steuerlicher Sicht können sich für die Unternehmen in diesem Kontext **Fragen im Hinblick auf die Abzugsfähigkeit der gezahlten Beträge** ergeben. Bei Zahlungen an Abgeordnete kommt die Versagung der Abzugsfähigkeit zunächst aus dem Gesichtspunkt des § 4 Abs. 5 Satz 1 Nr. 10 EStG i.V.m. § 108e StGB in Betracht. Nach § 108e StGB ist der Kauf oder Verkauf einer Stimme in jeglicher Abstimmung innerhalb des Bundestages unter Strafe gestellt. Eine Zuwendung, die eine rechtswidrige Tat nach § 108e StGB darstellt, gehört zum Kreis der Zuwendungen, die nach § 4 Abs. 5 Satz 1 Nr. 10 EStG zum Abzugsverbot für die entsprechenden Aufwendungen führen. In der Praxis ist das Abzugsverbot allerdings kaum von Bedeutung, da es äußerst selten vorkommt, dass ein echter Stimmenkauf im Sinne des Straftatbestandes nachgewiesen werden kann; das Herbeiführen einer „allgemeinen Gewogenheit" erfüllt den Tatbestand jedenfalls noch nicht.

64 Zweifel an der Abzugsfähigkeit für die Zahlungen können sich in der Praxis eher aus der Wertung der Zahlungen als Geschenk nach § 4 Abs. 5 Satz 1 Nr. 1 EStG ergeben. Hier stellen sich die gleichen Fragen wie im Zusammenhang mit Vermittlungs- und Provisionsverträgen sowie Berater- und Referentenverträgen (vgl. auch Rn. 47 ff.). Entscheidend ist somit, welche **Gegenleistung der Politiker** dem Unternehmen erbracht hat. Lässt sich keine Gegenleistung feststellen, liegt eine Unentgeltlichkeit vor, die unbeschadet der Ver-

pflichtung des Politikers zur Versteuerung der empfangenen Beträge zum Ausschluss der Abzugsfähigkeit bei dem zahlenden Unternehmen führt. Erbringt der Politiker dem Unternehmen gegenüber aber Leistungen, so kommt es im Besteuerungsverfahren auch hier maßgeblich darauf an, dass diese nachgewiesen werden können. Hier hat zunächst der Inhalt der schriftlichen Vereinbarung zwischen dem Politiker und dem Unternehmen eine Indizwirkung. Von höherer Bedeutung kann es allerdings sein, **tatsächliche Leistungen auch substantiieren und nachweisen** zu können. Hier gelten die gleichen Empfehlungen wie bei Beraterverträgen, Rn. 61. Grundsätzlich zulässig ist es, wenn Unternehmen Zahlungen auch dafür leisten, dass Mitarbeiter nach ihrer politischen Tätigkeit dem Unternehmen wieder zur Verfügung stehen. Bedenken gegen die steuerliche Abzugsfähigkeit von Vergütungszahlungen bestehen grundsätzlich nicht, wenn ein Mitarbeiter eines Unternehmens unter Fortzahlung von Bezügen freigestellt wird. Dies gilt selbst dann, wenn der Mitarbeiter in der Zeit seiner Freistellung keine Tätigkeiten ausführt, die mit seinen Aufgaben im Unternehmen zusammenhängen, das Unternehmen aber gesichert sehen will, dass ein wertvoller Mitarbeiter zukünftig wieder im Unternehmen tätig wird. Allerdings wäre es nur schwerlich nachvollziehbar, wenn das Unternehmen sein **Interesse an der Rückkehr eines Mitarbeiters** ebenso hoch bewertet wie die Ausübung der Dienste durch den Mitarbeiter. Sind die für die Zeitdauer der politischen Tätigkeit gezahlten Bezüge ebenso hoch wie die in der Zeit der Beschäftigung gezahlten Bezüge, könnten Zweifel daran aufkommen, ob das Interesse an der Rückkehr der tatsächliche wirtschaftliche Grund für die geleisteten Zahlungen war. Auch wenn es für die steuerliche Abzugsfähigkeit von Aufwendungen im betrieblichen Bereich nicht auf deren Angemessenheit ankommt, ist es bei Zahlungen an ehemalige Mitarbeiter, die zeitweise politische Aufgaben wahrnehmen, ratsam, entsprechende Zweifel von vornherein auszuschließen und die im Interesse einer Rückkehr geleisteten Zahlungen in ein adäquates Verhältnis zu der bis zu dem Ausscheiden gezahlten Vergütung zu stellen.

h) Sponsoringverträge

Im Kontext der Kooperation von Unternehmen mit öffentlichen Einrichtungen und Stellen wird der **Begriff des Sponsoring** nicht einheitlich verwandt. Sponsoring wird vielfach so verstanden, dass ein Unternehmen einseitig Zuwendungen tätigt, um die Kunst- und Kulturlandschaft, den Sport, die Wissenschaft oder gesellschaftliche Einrichtungen selbstlos bzw. gemeinnützig zu fördern. In steuerrechtlichen Kategorien sind jedoch von gemeinnützigem Streben getragene Förderungen oder Zuwendungen nicht mit Sponsoring, sondern mit den Kategorien Spenden und Geschenke assoziiert. Bei Spenden und Geschenken sind die Möglichkeiten des Betriebsausgabenabzugs indessen stark eingeschränkt. 65

Bei **echtem Sponsoring** ist für das Unternehmen ein **uneingeschränkter Betriebsausgabenabzug** möglich. Daher kommt es entscheidend darauf an, Aufwendungen für Sponsoring klar von Geschenken und Spenden abzugrenzen. Diese klare Abgrenzung kommt in der Definition der Finanzverwaltung für das Sponsoring zum Ausdruck.[100] Unter Sponsoring wird danach üblicherweise die Gewährung von Geld oder geldwerten Vorteilen durch Unternehmen verstanden, mit der regelmäßig auch eigene unternehmensbezogene Ziele der Werbung oder Öffentlichkeitsarbeit verfolgt werden. Leistungen eines Sponsors, hier also des Unternehmens, beruhen häufig auf einer vertraglichen Vereinbarung zwischen dem Sponsor und dem Empfänger der Leistungen (Sponsoringverträge), in der Art und Umfang der Leistung des Sponsors und des Empfängers geregelt sind. Zwar wird in dieser Definition auch das Allgemeininteresse und die gesellschaftspolitische Bedeutung von Sponsoring angesprochen, doch wird für die steuerliche Anerken- 66

---

[100] BMF-Schreiben v. 18.2.1998 (Fn. 80), Tz. 1.

nung des Betriebsausgabenabzugs beim Sponsor maßgeblich auf den Leistungsaustausch abgestellt.

67 Der Leistungsaustausch beinhaltet zunächst, dass das Unternehmen in der Regel einen Geldbetrag an die öffentliche Einrichtung oder Stelle entrichtet. Die öffentliche Einrichtung erbringt hierfür im Gegenzug eine Leistung, die darin bestehen kann, dass sie bei der Durchführung von Ausstellungen, Tagungen und Kongressen in den Einladungen, Veranstaltungshinweisen oder den Veranstaltungsräumen auf das sponsernde Unternehmen **werbewirksam hinweist**. Am Rande von Veranstaltungen der medizinischen Einrichtungen kommt es als Gegenleistung auch in Betracht, dass es die medizinische Einrichtung dem Unternehmen gestattet, Stände aufzubauen und Plakate aufzuhängen. Als Mitwirkung der öffentlichen Einrichtungen kommt auch ein Hinweis bei der Begrüßung oder bei der Eröffnung der einzelnen Veranstaltungen auf den Beitrag des Unternehmens zum Gelingen der Veranstaltung in Betracht.

68 Gegenleistungen der öffentlichen Einrichtungen können jedoch auch **unabhängig von Veranstaltungen** erfolgen. So kann sich z.B. ein städtisches Veranstaltungszentrum verpflichten, einzelne Räume oder Gebäudeteile nach dem Namen des Sponsors zu benennen. Die Tauglichkeit einer solchen Verpflichtung als zulässige Sponsoringmaßnahme ist finanzgerichtlich im Zusammenhang mit einem Automobilhersteller entschieden worden. Diesem gegenüber war die gesponserte Einrichtung verpflichtet, einen Gebäudeteil als „BMW-Saal" zu bezeichnen. Ferner kommt auch die zeitlich länger andauernde Gestaltung einer öffentlichen Einrichtung in Betracht, etwa im Eingangsbereich eines Museums oder einer Klinik Ausstellungsvitrinen zu platzieren und Werbetafeln anzubringen.

69 Je ausgeprägter die **Gegenleistungsverpflichtung der öffentlichen Einrichtung** ist, umso größer sind die Chancen für das Unternehmen, seine Sponsoringaufwendungen steuerlich als Betriebsausgaben geltend machen zu können. Fraglich ist allerdings, in welchem Verhältnis die vom Unternehmen aufgewendeten Beträge zum Wert der von dem Gesponserten erbrachten Leistungen stehen müssen. Grundsätzlich kommt es für die Berücksichtigung der Aufwendungen als Betriebsausgaben nicht darauf an, ob die Leistungen notwendig, üblich oder zweckmäßig sind. Nach Auffassung der Finanzverwaltung ist allerdings bei einem **krassen Missverhältnis** zwischen den Leistungen des Sponsors und dem erstrebten wirtschaftlichen Vorteil der Betriebsausgabenabzug zu versagen.[101] Definitionen, was ein krasses Missverhältnis bedeutet, sind dem einschlägigen BMF-Schreiben nicht zu entnehmen. Aus Vorsichtsgründen ist den Unternehmen anzuraten, den angestrebten wirtschaftlichen Vorteil in möglichst substantiierter Form zu dokumentieren. Da sich zur Durchführung von Sponsoringmaßnahmen regelmäßig ein schriftlicher Vertrag empfiehlt, sollte dieser auch klar zum Ausdruck bringen, welche Art von Veranstaltung betroffen ist und aus welchem Grund und auf Grund welcher Begleitumstände das Unternehmen eine Werbewirkung für sich erwartet. In dem Vertrag sollte ferner klar dokumentiert sein, welche Leistungen die öffentliche Einrichtung im Detail zu erbringen hat.

70 Die Finanzverwaltung stellt im Zusammenhang mit dem von dem Sponsoringunternehmen angestrebten wirtschaftlichen Vorteil auch darauf ab, ob die **imagefördernden Maßnahmen** in seine Öffentlichkeitsarbeit eingebunden sind.[102] Aus diesem Grund kann es hilfreich sein, Sponsoringmaßnahmen in das Gesamtkonzept des Unternehmens zu integrieren und hierzu die entsprechenden Erwägungen und Motive für steuerliche Nachweiszwecke zu dokumentieren.

---

[101] BMF-Schreiben v. 18.2.1998 (Fn. 80), Tz. 5.
[102] BMF-Schreiben v. 18.2.1998 (Fn. 80), Tz. 3.

2. Einseitige Leistungen

Im Gegensatz zum vorstehend erläuterten Leistungsaustausch sind einseitige Leistungen solche Leistungen der Unternehmen, denen **keine Gegenleistung** der öffentlichen Einrichtungen oder Stellen gegenübersteht. Einseitige Leistungen sind unter Umständen nicht nur mit einem erhöhten strafrechtlichen Risiko (Korruptionsdelikte etc.) behaftet, sondern sind auch steuerlich einem Risiko ausgesetzt. Spenden, Geschenke und Bewirtungen sind entweder nur eingeschränkt oder gar nicht abziehbar und bedürfen deshalb besonderer Aufmerksamkeit. 71

a) Spenden

Allen Spenden ist zu Eigen, dass sie nur beschränkt abziehbar sind. Ist der Spender ein Unternehmen in der Rechtsform der Körperschaft, besteht eine **Höchstbetragsregelung** dergestalt, dass der Abzug nach § 9 Abs. 1 Nr. 2 Satz 1 KStG auf: 72

- 5% des Einkommens oder
- 2‰ der Summe der gesamten Umsätze und der im Kalenderjahr aufgewendeten Löhne und Gehälter beschränkt ist.

Für wissenschaftliche, mildtätige und als besonders förderungswürdig anerkannte kulturelle Zwecke erhöht sich der Prozentsatz von 5% um weitere 5 Prozentpunkte, also auf 10%.

aa) Spendenbegriff. Das Gesetz definiert den Begriff der Spende nicht. Nach der Rechtsprechung sind Spenden Zuwendungen, die freiwillig oder auf Grund einer freiwillig eingegangenen Rechtspflicht geleistet werden, kein Entgelt für eine bestimmte Leistung des Empfängers darstellen und nicht in einem tatsächlichen wirtschaftlichen Zusammenhang mit den Leistungen des Zuwendenden stehen; ferner muss die Verfolgung steuerbegünstigter Zwecke **uneigennützig** zur Förderung bestimmter, im Allgemeininteresse liegender Zwecke erfolgen.[103] Die altruistischen Motive des Zuwendenden müssen aus den äußeren Umständen erkennbar sein.[104] 73

Dieser allgemeinen Definition ist zu entnehmen, dass stets die **fremdnützige Motivation** des Spenders im Vordergrund steht. Die Tätigkeit eines Unternehmens ist in der Regel vorwiegend auf die Erzielung eines Gewinns ausgerichtet. Hiervon unterscheidet sich eine Spendentätigkeit erheblich, da hier ein eigenes wirtschaftliches Interesse und damit die betriebliche Veranlassung an sich ausgeschlossen ist. Mit der Spende soll gerade kein eigener wirtschaftlicher Vorteil erzielt werden. Wendet beispielsweise ein Unternehmen einem Universitätslabor eine neue Einrichtung zu, will es sich aber im Gegenzug den guten Ruf der Fakultät zu Eigen machen, indem es sich werbewirksam als Ausrüster der Universität präsentiert, kommt es neben der vertraglichen Ausgestaltung auf die Art und Weise der werblichen Präsentation an, ob die Grenze der uneigennützigen Zuwendung überschritten ist.[105] Eine Gegenleistung des Spendenempfängers darf nicht vorliegen. Die Motivation, eine Spende leisten zu wollen, wird nach der Rechtsprechung an äußerlichen, objektiven Umständen festgemacht. Ein Spendenabzug wird somit insbesondere dann abzulehnen sein, wenn der objektiv erkennbare äußere Geschehensablauf gegen eine selbstlose Zuwendung durch den Spender spricht. Auch eine missbräuchliche Gestaltung eines Leistungsentgelts als Spende kann den Spendenabzug ausschließen.[106] 74

Dementsprechend **scheitert der Spendenabzug** regelmäßig dann, wenn der Spendenempfänger eine **Gegenleistung** erbringt, beispielsweise durch Überlassung einer Stand- 75

---

[103] BFH, BStBl. II 1991, 258, 259; BFH, BStBl. II 1988, 220.
[104] BFH, BStBl. II 1990, 237, 238.
[105] Vgl. hierzu *Kirchhof*, in: Kirchhof/Söhn (Fn. 59), S. 248.
[106] BFH, BStBl. II 2000, 65; FG Düsseldorf, DStRE 2000, 630 m.w.N.

fläche im Rahmen einer von einem Museum ausgerichteten Vernissage. Überlässt das Museum diese Standfläche an das Unternehmen und zahlt das Unternehmen hierfür einen Geldbetrag, kann und darf das Museum bzw. dessen öffentlicher Träger über den empfangenen Geldbetrag keine Spendenquittung ausstellen. Angesichts der von dem Museum erbrachten Gegenleistung (Vermietungsleistung) empfiehlt sich in solchen Fällen der Abschluss eines Vertrags mit Ausweis von Leistung und Gegenleistung.

76 Der Empfänger der Spende muss stets eine inländische juristische Person des öffentlichen Rechts, eine inländische öffentliche Dienststelle oder eine steuerbefreite Körperschaft oder Personenvereinigung sein.[107] Im Zusammenhang mit Krankenhäusern ist auf § 67 AO hinzuweisen. Danach dienen Krankenhäuser dann gemeinnützigen oder mildtätigen Zwecken, wenn sie in den Anwendungsbereich der Bundespflegesatzverordnung fallen und mindestens 40 % der jährlichen Pflegetage auf Patienten entfallen, bei denen nur Entgelte für allgemeine Krankenhausleistungen berechnet werden. Es ist somit **ausgeschlossen**, dass **natürliche Personen** Empfänger von Spenden sein können. Ebenfalls ist es unzulässig, einem gemeinnützigen Krankenhaus einen Geldbetrag unter der Auflage zu spenden, diesen an einen bestimmten Arzt für dessen Fort- und Weiterbildung zu verwenden.

77 Allgemein zulässig sind aber **Zweckspenden**, d.h. Zuwendungen, bei denen ein sachlicher Verwendungszweck bestimmt wird, sofern der vorbestimmte Verwendungszweck selbst steuer- bzw. satzungsgemäß begünstigt ist.[108] Zulässig ist hiernach eine Spende an ein gemeinnütziges Krankenhaus mit der Auflage, die Spende zum Aufbau einer bestimmten Abteilung zu verwenden. Zulässig ist es auch, eine Spende mit der Zweckbestimmung zu versehen, dass der gespendete Betrag zur Fort- und Weiterbildung des medizinischen Personals verwendet wird. Es ist in diesem Zusammenhang stets darauf zu achten, dass die Angabe des Zwecks nicht so eng gefasst wird, dass eine bestimmte natürliche Person als Empfänger der Zuwendung individualisierbar ist.[109] Eine Zweckbestimmung, die vorsieht, dass die Fort- und Weiterbildung beispielsweise der Leitung der kardiologischen Abteilung eines Krankenhauses dienen soll, wäre insoweit schädlich. Steht die Gewährung (auch teilweise) im Zusammenhang mit einer Gegenleistung des Spendenempfängers oder ist eine natürliche Person unmittelbar als Begünstigter zu identifizieren, so kann das Unternehmen auch nicht auf eine Spendenquittung der medizinischen Einrichtung vertrauen. Zwar kann der Spender grundsätzlich auf die **Richtigkeit der Spendenbestätigung** vertrauen.[110] Dies gilt aber dann nicht, wenn die Bestätigung durch unlautere Mittel oder falsche Angaben erwirkt wurde oder dem spendenden Unternehmen die Unrichtigkeit der Spendenquittung bekannt oder infolge grober Fahrlässigkeit nicht bekannt war.

78 bb) **Sachspenden.** Spenden können Geld- oder Sachspenden sein. Nutzungen und Leistungen können keine abziehbaren Spenden sein, so weit sie nicht mit einer **Wertabgabe** aus dem geldwerten Vermögen des Zuwendenden verbunden sind.[111] Dementsprechend sind Vermögensminderungen, die durch zeitlichen Aufwand oder Aufwand von Arbeitskraft entstehen oder Vermögensminderungen, die lediglich durch die Nutzung eines Wirtschaftsguts verursacht sind, grundsätzlich vom Spendenabzug ausgeschlossen.[112]

79 Unproblematisch ist beispielsweise die Zuwendung von **medizinischen Geräten** als Sachspende. Aus Unternehmenssicht kann insbesondere die Spende von solchen Geräten

---

[107] § 5 Abs. 1 Nr. 9 KStG, § 49 EStDV.
[108] *Tiedtke*, BB 1985, 985.
[109] R 111 Abs. 1 Satz 3 EStR.
[110] § 10b Abs. 4 EStG, § 9 Abs. 3 KStG.
[111] § 10b Abs. 3 Satz 1 EStG, § 9 Abs. 2 Satz 1 KStG.
[112] *Kießling/Buchna*, Gemeinnützigkeit im Steuerrecht, 2000, S. 280.

vorteilhaft sein, die bereits von dem Unternehmen abgeschrieben bzw. teilweise abgeschrieben wurden. Gemäß § 6 Abs. 1 Nr. 4 Satz 4 EStG können nämlich Sachspenden an körperschaftsteuerbefreite Körperschaften und an juristische Personen des öffentlichen Rechts zur Verwendung eines steuerbegünstigten Zwecks mit dem Buchwert angesetzt werden. Dieses **Buchwertprivileg** führt somit dazu, dass für das Unternehmen Spendenaufwand nur in Höhe des Restbuchwerts des zugewendeten Gegenstands entsteht. Dementsprechend ist der Restbuchwert dem Spendenempfänger mitzuteilen, damit dieser die entsprechende Spendenbestätigung zutreffend ausstellen kann.

cc) **Aufwandsspenden.** Sofern Gegenstände oder Geräte nicht als Sachspende an eine gemeinnützige Einrichtung übereignet werden, stellt sich die Frage, ob eine Sachspende auch dann anzunehmen ist, wenn die gemeinnützige Einrichtung den Gegenstand nur **leihweise** erhält. Grundsätzlich kann – wie dargestellt – eigener Aufwand des Unternehmens nicht gespendet werden. Das Gesetz macht jedoch dann eine Ausnahme, wenn der Spender auf den Ersatz von entstandenen Aufwendungen verzichtet.[113] Nach dem Wortlaut des Gesetzes darf der **Anspruch auf Aufwendungsersatz** aber nicht unter der Bedingung eingeräumt werden, dass später auf ihn verzichtet wird. Dies bedeutet, dass für eine Aufwandsspende stets ein Anspruch auf die Erstattung der Aufwendungen – im vorliegenden Kontext durch Vertrag – entstanden sein muss, auf den später freiwillig und mit der erforderlichen Spendenmotivation verzichtet wird. Gestaltungen, die diesen Geschehensablauf bereits vorwegnehmen, sind unzulässig. Der Aufwendungsersatzanspruch muss im Übrigen auch der Höhe nach angemessen sein.

b) Geschenke

Unternehmen wenden öffentlichen Einrichtungen und Stellen Geschenke in verschiedenen Erscheinungsformen zu. Zumeist handelt es sich hierbei um Gegenstände, wie z.B. Werbeartikel, Gaben zu besonderen Anlässen (etwa Blumensträuße zur Ernennung eines Amtsleiters), oder Gegenstände, die in einem Kindergarten oder einer Schule eingesetzt werden, etc. Wie bereits ausgeführt (vgl. Rn. 47) sind Geschenke dadurch geprägt, dass es sich um unentgeltliche Zuwendungen handelt, die aus Sicht beider Beteiligter nicht als Gegenleistung für bestimmte Leistungen des Empfängers erbracht werden und nicht in unmittelbarem zeitlichen oder wirtschaftlichen Zusammenhang mit solchen Leistungen stehen. Diese Definition deckt sich zu einem großen Teil mit dem Spendenbegriff. Dementsprechend ist hier zunächst eine **Abgrenzung des Geschenks zur Spende** vorzunehmen. Maßgebliches Unterscheidungskriterium ist insofern die Uneigennützigkeit. Die Spende ist dadurch charakterisiert, dass sie aus altruistischen Motiven ohne eigenen Nutzen geleistet wird. Sofern die Uneigennützigkeit einer unentgeltlichen Zuwendung nicht vorliegt, ist von einem Geschenk auszugehen.[114]

Sämtliche vorstehend erwähnten Beispiele unentgeltlicher Zuwendungen sind daher unter dem Gesichtspunkt des § 4 Abs. 5 Satz 1 Nr. 1 EStG zu prüfen. Hiernach sind Betriebsausgaben bei der steuerlichen Gewinnermittlung dann nicht abzugsfähig, wenn es sich um Geschenke an Personen handelt, die nicht Arbeitnehmer des Steuerpflichtigen sind und wenn der Wert der einem Empfänger im Wirtschaftsjahr zugewendeten Gegenstände € 35,00 überschreitet. Unzweifelhaft greift dieses Abzugsverbot, wenn von Unternehmen Geldgeschenke gemacht werden. Werden jedoch Gegenstände geschenkt, hängt die Abzugsfähigkeit davon ab, um welche Gegenstände es sich handelt. Nach dem Sinn und Zweck des Abzugsverbots des § 4 Abs. 5 Satz 1 Nr. 1 EStG unterfallen der Norm nicht solche Zuwendungen, die die private Lebensführung des Geschenkempfängers nicht berühren oder bei denen ein Missbrauch des Betriebsausgabenabzugs von vornherein aus-

---

[113] § 10b Abs. 3 Satz 3 bis 5 EStG, § 9 Abs. 2 Satz 3 bis 5 KStG.
[114] *Kirchhof*, in: Kirchhof/Söhn (Fn. 59), § 10b Rn. A 99 m.w.N.

geschlossen ist.[115] Die **teleologische Reduktion** von § 4 Abs. 5 Satz 1 Nr. 1 EStG erfolgt insbesondere im Zusammenhang mit Gegenständen, die ausschließlich zur Verwendung im Betrieb des Empfängers bestimmt und geeignet sind.[116] Die Finanzverwaltung hat beispielsweise als ausschließlich betrieblich nutzbare Gegenstände Ärztemuster, Blutdruckmessgeräte, medizinische Fachbücher, Notfallkoffer und Rezeptblocks etc. eingestuft.[117] Betragsmäßig ist der Betriebsausgabenabzug für die genannten Gegenstände grundsätzlich nicht beschränkt. Entscheidend ist allein die Bestimmung der Gegenstände für die Verwendung im Betrieb des Empfängers und deren ausschließliche **Geeignetheit für die betriebliche Nutzung**. Unter das Abzugsverbot für Geschenke fallen somit Gegenstände, die auch privaten Zwecken dienen können. Hierzu gehören z.B. Mobiltelefone, die zwar der Rufbereitschaft eines Arztes im öffentlichen Dienst dienen können, aber eben auch für private Gespräche nutzbar sind. Medizinische Geräte, die ausschließlich im medizinischen Betrieb eingesetzt werden können, wie z.B. Programmiereinheiten für Herzschrittmacher oder Ultraschallgeräte etc., sind einer privaten Nutzung grundsätzlich nicht zugänglich. Daher ist bei deren unentgeltlicher Zuwendung von einer Abzugsfähigkeit auszugehen, wenn sie nicht – wie im Regelfall – bereits Nebenleistungen im Rahmen eines Leistungsaustauschs sind.

c) Bewirtungsaufwendungen

83   Korruptionsrechtlich ist in der Praxis insbesondere der **Missbrauch von Bewirtungen zu Zwecken der Belohnung oder der Beeinflussung von Entscheidungen** von Bedeutung. Unbeschadet einer strafrechtlichen Würdigung bleibt auf Seiten desjenigen, der zu einer Bewirtung einlädt – tendenziell ist dies eher die private Hand – das steuerliche Problem, ob und in welchem Umfang die Bewirtungsaufwendungen abzugsfähig sind. Bedeutung hat am Rande auch die Frage, in welchem Umfang insoweit gezahlte Umsatzsteuer als Vorsteuer abziehbar ist. Die nachfolgenden Ausführungen beschränken sich auf Bewirtungen, die keinen korrumpierenden Charakter haben und bei denen somit das Abzugsverbot des § 4 Abs. 5 Satz 1 Nr. 10 EStG nicht greift.

84   Wie bei allen Betriebsausgaben setzt auch die Abzugsfähigkeit von Bewirtungsaufwendungen allgemein eine **betriebliche Veranlassung** voraus. Dies bedeutet, dass die Bewirtung und die hiermit verbundenen Aufwendungen objektiv mit dem Betrieb zusammenhängen müssen und subjektiv dem Betrieb zu dienen bestimmt sind; ferner darf es sich nicht um Aufwendungen für die Lebensführung des Steuerpflichtigen handeln.[118] Es liegt in der Natur der Bewirtung, dass gerade das letztgenannte Kriterium die meisten Probleme bereitet, da das Essen und Trinken einen wesentlichen Teil der Lebensführung ausmacht, also typischerweise außerbetrieblich veranlasst ist. Bei grundsätzlich betrieblich veranlassten Bewirtungen hat der Gesetzgeber dem zwangsläufig bei der Beköstigung von Personen bestehenden Zusammenhang mit der privaten Lebensführung dadurch Rechnung getragen, dass in § 4 Abs. 5 Satz 1 Nr. 2 EStG pauschal 30 % der angemessenen Bewirtungsaufwendungen vom Abzug ausgeschlossen werden. Allerdings ist nicht jede Beköstigung von Personen eine Bewirtung im Sinne dieser Vorschrift und deshalb mit einer 30 %-igen Kürzung verbunden. Vielmehr gilt die Kürzungsvorschrift bei Bewirtungen aus „geschäftlichem" Anlass, nicht bei geringen Aufmerksamkeiten oder Beköstigung eigener Angestellter. Die Kürzungsvorschrift ist auch dann nicht einschlägig, wenn die Beköstigung unangemessen ist; dann nämlich sind die Aufwendungen nicht nur zu kürzen, sondern gänzlich vom Abzug ausgeschlossen. Schließlich dürfte die **Nähe** sämtlicher Be-

---

[115] *Bahlau*, in: Herrmann/Heuer/Raupach (Fn. 57), § 4 Rn. 1162.
[116] R 21 Abs. 2 Satz 4 EStR; *Bahlau*, in: Herrmann/Heuer/Raupach (Fn. 57), § 4 Rn. 1162 m.w.N. zu Literatur und Rechtsprechung.
[117] BMF-Schreiben v. 3.8.1981, BB 1981, 1383; OFD Münster, Verfügung v. 14.4.1989, FR 1989, 314 f.
[118] BFHE (GrS) 140, 50, 55.

köstigungen **zur privaten Lebensführung** auch der Grund dafür sein, dass der Gesetzgeber strenge Anforderungen an den Nachweis sowie die Verbuchung von Bewirtungsaufwendungen stellt und bei deren Verletzung die Aufwendungen ebenfalls gänzlich vom Abzug ausschließt. In einer Übersicht lässt sich diese Systematik der Abziehbarkeit von Bewirtungsaufwendungen wie folgt zusammenfassen:

unbeschränkt abziehbar	beschränkt abziehbar	nicht abziehbar
– Aufmerksamkeiten in geringem Umfang (Kaffee, Tee, Gebäck etc.) – Bewirtung ist vertraglich im Rahmen eines Leistungsaustauschs geschuldet – bewirtete Personen sind Arbeitnehmer des bewirtenden Unternehmens (es sei denn, es liegt ein geschäftlicher Anlass vor)	– Bewirtung erfolgt aus „geschäftlichem" Anlass – Beschränkung auch für Bewirtung von eigenen Angestellten, die an „geschäftlicher" Bewirtung teilnehmen – abziehbar sind 70% der angemessenen Bewirtungskosten (nach 31.12.2003 beginnende Wirtschaftsjahre; vorher 80%)	– unangemessene Bewirtungskosten – nicht korrekt nachgewiesene Bewirtungskosten – nicht korrekt verbuchte Bewirtungskosten

Abbildung 1: Abziehbarkeit betrieblich veranlasster Bewirtungskosten

Die nachfolgende Darstellung einzelner Aspekte der Bewirtung folgt der Systematik der Übersicht:

aa) **Unbeschränkt abziehbare Bewirtungsaufwendungen.** Zu den Bewirtungsaufwendungen, die nicht der Kürzung unterliegen, gehören **Aufmerksamkeiten in geringem Umfang** und Produkt- oder Warenverkostungen. Zu den Aufmerksamkeiten in geringem Umfang zählen z.B. Kaffee, Tee und Gebäck anlässlich betrieblicher Besprechungen, wenn es sich hierbei um eine übliche Geste der Höflichkeit handelt.[119] Auch wenn ein üblicher Höflichkeitsstandard sicherlich nur schwer zu definieren ist, dürfte das Anbieten von Wasser, Säften und anderen nichtalkoholischen Getränken zweifellos dazugehören. Im Hinblick auf das in den Einkommensteuerrichtlinien beispielhaft erwähnte Gebäck liegt die schädliche Grenze wohl darin, dass die Backwaren eine Art oder einen Umfang annehmen, der dem einer Hauptmahlzeit gleichkommt. Gleichzeitig dürften jedoch auch andere Esswaren, die zwar kein Gebäck sind, aber andere Kleinigkeiten darstellen und die typischerweise zwischen den Hauptmahlzeiten verzehrt werden, diese aber nicht ersetzen, zu den zulässigen üblichen Gesten der Höflichkeit zu zählen sein. Bei den ebenfalls nicht zu Bewirtungsaufwendungen mit Kürzung zählenden **Verkostungen** handelt es sich beispielsweise um Produktpräsentationen auf Messen.[120] Dementsprechend sind etwa diätetische Produkte oder Proben künstlicher Ernährung, die auf Messen oder Kongressen angeboten werden, bereits begrifflich ebenso keine Bewirtungen im vorliegenden Sinne wie die erwähnten Aufmerksamkeiten. Sie bleiben im vollen Umfang abziehbar. 85

Ein weiteres Beispiel uneingeschränkt abziehbarer Aufwendungen für **Beköstigungen** ist es, wenn die Beköstigung **im Rahmen eines Leistungsaustauschs** geschuldet ist.[121] In dem von dem FG Düsseldorf am 16.1.2001 entschiedenen Fall bot ein Unternehmen der medizintechnologischen Industrie einem Kunden ein selbstveranstaltetes Ausbildungsse- 86

---

[119] So die Finanzverwaltung in R 21 Abs. 5 Satz 9 Nr. 1 EStG; mit weiterer Begründung *Schmidt*, FR 1990, 245.
[120] Vgl. FG Münster, Urteil v. 29.9.1995 zu Bewirtungskosten auf Messeständen, EFG 1996, 1203; das Urteil wurde wegen anderer Gründe, die nicht die hier angesprochene Problematik betreffen, aufgehoben.
[121] FG Düsseldorf, Urteil v. 16.1.2001, rkr, EFG 2001, 731; R 21 Abs. 5 Satz 6 EStR; OFD Münster Vfg. V. 2.10.2003, DStR 2003, 2225.

minar an, in dessen Rahmen die Anwender der Medizingeräte geschult wurden. Auf der Grundlage des Vertrages, den das Unternehmen zur Durchführung des Seminars mit dem Kunden abschloss, sollten die Mitarbeiter des Kunden für den Aufenthalt, also auch für die Verpflegung, nichts zahlen müssen. Das FG Düsseldorf kam zu dem (zutreffenden) Schluss, dass die Verpflegung der Mitarbeiter des Kunden keine der Kürzung unterliegende Bewirtung darstelle. Bemerkenswert ist bei dem entschiedenen Fall, dass der Kunde des medizintechnologischen Unternehmens für die in Anspruch genommenen Ausbildungsseminare keine separate Vergütung zu entrichten hatte. Das Finanzgericht stellte fest, dass es sich mangels separater Vergütung aber keinesfalls um eine unentgeltliche Zuwendung handelte, weil die Aufwendungen für das Seminar und die Verpflegung in vollem Umfang in die Kalkulation der verkauften medizintechnischen Anlage eingegangen waren. Dementsprechend war das Seminar einschließlich Bewirtung in dem Gesamtpreis vom Kunden mitbezahlt. Schließlich sind auch **Lebensmittel-Präsentkörbe** keine Bewirtungen im vorliegenden Sinne.[122] Es handelt sich bei solchen Präsentkörben ebenso wie bei der Zuwendung von Alkoholika in geschlossenen Behältnissen (etwa Sekt- oder Weinpräsente) um Geschenke, die voll abziehbar bleiben, falls sie die Freigrenze des § 4 Abs. 5 Satz 1 Nr. 1 EStG von € 35 nicht übersteigen.

87 bb) **Beschränkt abziehbare Bewirtungsaufwendungen.** Die in § 4 Abs. 5 Satz 1 Nr. 2 EStG vorgesehene Beschränkung der Abziehbarkeit auf 70 % der angemessenen Bewirtungsaufwendungen bezieht sich auf Bewirtungen aus geschäftlichem Anlass. Dies bedeutet nicht, dass bei Bewirtungen, bei denen ein geschäftlicher Anlass fehlt, der Abzug uneingeschränkt zulässig ist. Wie dargelegt, muss die **betriebliche Veranlassung der Bewirtung** als allgemeine Voraussetzung der Abziehbarkeit stets gegeben sein. Das zusätzliche Merkmal des geschäftlichen Anlasses dient vielmehr dazu, bei betrieblich veranlassten Bewirtungen, die nicht gleichzeitig auch einen „geschäftlichen" Anlass haben, die uneingeschränkte Abziehbarkeit zu bewahren. Geschäftlich veranlasst ist insbesondere die Bewirtung von Personen, zu denen bereits Geschäftsbeziehungen bestehen oder zu denen Geschäftsbeziehungen aufgenommen werden sollen. Nehmen an der Bewirtung von Personen aus geschäftlichem Anlass Arbeitnehmer des Steuerpflichtigen teil, gilt auch für sie die Abzugsbegrenzung. Nicht geschäftlich, sondern allgemein betrieblicher Natur – und damit nicht im Abzug begrenzt – ist die ausschließliche Bewirtung von Arbeitnehmern des bewirtenden Unternehmens.[123] Es stellen sich dann allenfalls lohnsteuerliche Fragen. Soweit aber Arbeitnehmer des Unternehmens bei einer Veranstaltung wie einer Fortbildungsveranstaltung oder einem Betriebsfest anwesend sind, fallen die Aufwendungen für deren Mahlzeiten nicht unter § 4 Abs. 5 Satz 1 Nr. 2 EStG. Die gesamten Bewirtungsaufwendungen können nach der Zahl der Teilnehmer aufgeteilt werden und die Aufwendungen, die auf die Arbeitnehmer entfallen, können unbegrenzt abgezogen werden. Überwiegt dagegen der geschäftliche Anlass des Essens, z.B. anlässlich eines Geschäftsabschlusses, bei dem sowohl Geschäftspartner als auch Arbeitnehmer des Unternehmens anwesend sind, so fallen die Aufwendungen für die Bewirtung der Arbeitnehmer unter § 4 Abs. 5 Satz 1 Nr. 2 EStG und sind sie nur begrenzt abziehbar.[124]

88 Die **Angemessenheit von Aufwendungen** für die Bewirtung richtet sich insbesondere nach der allgemeinen Verkehrsauffassung. Dabei sind die Umstände des Einzelfalls zu berücksichtigen. Als Kriterien für die Beurteilung der Angemessenheit kommen vor allem in Betracht: die Größe des Unternehmens, die Höhe des Umsatzes/Gewinns, Umfang und Intensität der Geschäftsbeziehungen zu den bewirteten Geschäftspartnern, wirtschaftliche Bedeutung des angestrebten Geschäftsabschlusses oder der Geschäftsbeziehungen

---

[122] *Broudré*, DB 1995, 1430, 1431.
[123] R 21 Abs. 6 Satz 1 und Abs. 7 EStR.
[124] R 21 Abs. 6 Satz 1 und Abs. 7 EStR; *Bahlau*, in: Herrmann/Heuer/Raupach (Fn. 57), § 4 Rn. 1215 m.w.N.

(z.B. will der Steuerpflichtige die Geschäftsbeziehungen gegen starke Konkurrenz erhalten), die Bedeutung der Repräsentation für den Geschäftserfolg, die Stellung der bewirteten Personen und schließlich auch die Gepflogenheiten des (potentiellen) Geschäftspartners. Nach Auffassung der Finanzverwaltung ist die Angemessenheit besonders an den jeweiligen Branchenverhältnissen zu beurteilen. Entscheidend ist, ob ein **ordentlicher und gewissenhafter Unternehmer** angesichts der erwarteten Vorteile und Kosten die Aufwendungen ebenfalls auf sich genommen hätte.[125] Auch wenn es nach den Verhältnissen der Branchen der Arzneimittel- und Medizinproduktehersteller üblich sein sollte, auch Bewirtungen gehobener Kategorie durchzuführen, wird die Angemessenheit im Sinne des Steuerrechts sicherlich nicht die in der Praxis zu beachtende Obergrenze bilden. Vielmehr dürften die Obergrenzen durch die Vorschriften des Strafrechts und der einschlägigen Branchenkodices vorgegeben sein. Mit der Einhaltung dieser Grenzen ist in der Regel nicht zu befürchten, dass die steuerlichen Maßstäbe der Angemessenheit überschritten werden.

cc) **Nicht abziehbare Bewirtungsaufwendungen.** Bei der Frage, welche Bewir- **89** tungskosten nicht abziehbar sind, stellt sich allgemein zunächst die Frage, was überhaupt Teil der Bewirtungskosten sein kann und inwieweit auch **Nebenkosten** einer Bewirtung in die Betrachtung einzubeziehen sind. Typische Kosten im Zusammenhang mit einer Bewirtung können z.B. **Trinkgelder** sein, **Garderobegebühren, Eintrittszahlungen, Taxikosten, Saalmiete** und Kosten der Darbietung für Musik oder andere Aufführungen. Inwieweit die anzuerkennenden Nebenkosten einer Bewirtung abziehbar sein können, richtet sich sodann wieder nach der Angemessenheit (vgl. hierzu Rn. 88).

Nachdem die zu berücksichtigenden Bewirtungsaufwendungen festgestellt worden **90** sind, deren Angemessenheit feststeht und bei denen wegen geschäftlichen Anlasses die Kürzung um die gesetzlich vorgesehenen 30 % vorgenommen worden ist, müssen weitere Voraussetzungen für die Abziehbarkeit des so ermittelten Betrags erfüllt sein. Materielle Voraussetzung des Abzugs von Bewirtungskosten ist der **Nachweis**. Dieser hat grundsätzlich schriftlich zu erfolgen, wobei ein bestimmter Vordruck nicht zu verwenden ist. Inhaltlich sind die Anforderungen an den Nachweis jedoch streng. Keine Probleme bereitet in der Praxis die Angabe zu Tag und Ort der Bewirtung, zur Höhe der Aufwendungen sowie der Namen der Bewirteten und des Bewirtenden. Bei einer großen Zahl von Bewirteten und einhergehender Unzumutbarkeit der Ermittlung des Namens jedes Teilnehmers ist die bloße Angabe der Zahl der Teilnehmer ausreichend.[126] Ein typischer Fall für die bloße Angabe der Zahl der Teilnehmer ist ein „Business Lunch" im Rahmen eines Kongresses. Sofern ein Unternehmen beispielsweise im Rahmen eines Kongresses oder einer Fortbildungsveranstaltung für eine gewisse Zeit einen der Kongressräume zur Abhaltung eines selbst veranstalteten Vortrages anmietet und die Teilnehmer des Kongresses dort bewirtet, ist es ausreichend, eine Zählung der Teilnehmer durchzuführen und auf dem Bewirtungsbeleg die Zahl zu vermerken. Voraussetzung für eine Bewirtung ist in diesem Zusammenhang, dass es sich bei dem „Business Lunch" nicht nur um den Verzehr von Kleinigkeiten handelt, die noch als Aufmerksamkeiten gelten. Wenn im Rahmen des „Business Lunch" ein Büfett angeboten wird, das bei Inanspruchnahme eine Hauptmahlzeit darstellt, so dürfte allerdings von einer Bewirtung auszugehen sein.

In der Praxis bereitet eine Nachweisvoraussetzung erfahrungsgemäß die meisten Pro- **91** bleme. Hierbei handelt es sich um den Anlass der Bewirtung. Dieser muss konkret angegeben werden. Allgemeine Angaben wie „Kundenpflege", „Geschäftsfreundebewirtung", „wissenschaftlicher Austausch" oder „Kontaktpflege" kennzeichnen den Anlass nicht in

---

[125] H 21 Stichwort „Angemessenheit" EStR; *Bahlau*, in: Herrmann/Heuer/Raupach (Fn. 57), § 4 Rn. 1223 m.w.N.
[126] R 21 Abs. 9 EStR.

ausreichender Weise.¹²⁷ Dementsprechend sind etwa im Rahmen von Bauprojekten Aussagen wie „planungsrechtliche Erörterung" oder „Informationsgespräch" nicht ausreichend. In der Praxis ist streng darauf zu achten, dass die Angaben zum Anlass der Bewirtung nicht nur zutreffend und möglichst detailreich beschrieben werden, sondern dass dies auch zeitnah geschieht. Die Erstellung des Nachweises und die **Angabe des Anlasses** können grundsätzlich nicht nachgeholt werden. Jedenfalls ist streitig, ob die Angaben zum Anlass der Bewirtung später zulässigerweise ergänzt werden dürfen. Die höchstrichterliche Rechtsprechung zur Möglichkeit der nachträglichen Ergänzung betrifft vorwiegend Fälle, in denen – wie dies früher vorgesehen war – ein amtlicher Vordruck zum Nachweis auszufüllen war. In der Kommentarliteratur wird davon ausgegangen, dass nachträgliche Ergänzungen zulässig sind.¹²⁸ Im Rahmen von Gaststättenbewirtungen ist dem Nachweis die Rechnung der Gaststätte beizufügen. Bei Rechnungen über € 100,00 wird von der Finanzverwaltung die Angabe des Bewirtenden auf der Rechnung der Gaststätte selbst verlangt.¹²⁹

92   Schließlich setzt der steuerliche Abzug der Bewirtungsaufwendungen eine **getrennte Verbuchung** voraus. Gemäß § 4 Abs. 7 Satz 1 EStG sind die Bewirtungsaufwendungen einzeln und getrennt von den sonstigen Betriebsausgaben aufzuzeichnen. § 4 Abs. 7 Satz 2 EStG bestimmt, dass die Bewirtungsaufwendungen bei der Gewinnermittlung nur berücksichtigt werden, wenn sie nach Satz 1 besonders aufgezeichnet sind. Die Berichtigung von Buchungen, die entgegen dem Trennungsgrundsatz oder Einzelerfassungsgrundsatz erfolgen, ist in bestimmten Grenzen zulässig.¹³⁰

II. Ertragsteuerliche Folgen der Gewährung von Vorteilen bei dem Vorteilsempfänger

93   Bei Vorteilsempfängern stellt sich in ertragsteuerlicher Hinsicht die Frage, ob die empfangenen **Vorteile steuerpflichtig** sind und welcher Einkunftsart sie ggf. zuzurechnen sind. Da der Empfang von Vorteilen im Zusammenhang mit Korruptionsdelikten häufig von den Empfängern nicht in der Steuererklärung angegeben wird, stehen in der Praxis auch steuerstrafrechtliche Fragen im Vordergrund. In den Fällen, in denen die Vorteilsempfänger die Vorteile zwar steuerlich erklären, dies jedoch unter Titeln, die die wahre Ursache des Vorteilsempfangs nicht offen legen, stellen sich unter anderem Fragen zum Inhalt eingereichter Steuererklärungen. Steuererklärungsfragen stellen sich in der Praxis aber zumeist erst dann, wenn der Empfang von Vorteilen ein Korruptionsdelikt verwirklicht und diese Tat aufgedeckt wird. Für die Betroffenen ist dann von Interesse, ob Rückzahlungspflichten, Schadenersatzansprüche oder Verfallsanordnungen die Steuerlast im Zusammenhang mit dem Empfang der Vorteile mindern können und in welchem Zeitpunkt gegebenenfalls mindernde Aufwendungen erklärt werden können.

1. Steuerpflicht von Vorteilen bei nicht-selbständig tätigen Angestellten und Amtsträgern

94   Nehmen angestellte Arbeitnehmer oder Amtsträger in einem öffentlichen Dienstverhältnis Vorteile in Form von Bestechungsgeldern entgegen, so nimmt die höchstrichterli-

---

[127] BFH/NV 1997, 218.
[128] Vgl. *Schmidt/Heinicke* (Fn. 9), § 4 Rn. 554.
[129] R 21 Abs. 8 S. 4 EStR.
[130] *Schachtmeyer*, DB 1996, 351.

che Rechtsprechung die Steuerpflicht dieser Vorteile auf der Grundlage von § 22 Nr. 3 Satz 1 EStG als **sonstige Einkünfte** an.[131] Diese Annahme basiert auf der ständigen Rechtsprechung, wonach eine sonstige Leistung im Sinne von § 22 Nr. 3 EStG jedes Tun, Unterlassen oder Dulden ist, das Gegenstand eines entgeltlichen Vertrags sein kann und das um des Entgelts willen erbracht wird.[132] Das einem Arbeitnehmer von einem Dritten gezahlte Bestechungsgeld wird nicht als Teil des steuerpflichtigen Arbeitslohns angesehen, weil es ohne Wissen und entgegen den Interessen des Arbeitgebers gezahlt wurde und daher nicht durch das Dienstverhältnis veranlasst ist.[133] Nimmt ein Angestellter einen Vorteil mit Wissen und Billigung seines Arbeitgebers oder Dienstherrn entgegen und darf er den Vorteil ganz oder teilweise behalten, so ist dieser jedoch durch das Dienstverhältnis veranlasst. Es liegt sodann **steuerbarer Arbeitslohn** vor, den der Arbeitgeber lohnzuversteuern hat

Fraglich ist die Steuerpflicht indes dann, wenn es sich bei dem Vorteil nicht um ein Bestechungsgeld bzw. einen Vorteil handelt, für dessen Entgegennahme sich der Empfänger zu einem Tun, Unterlassen oder Dulden verpflichtet, um den Vorteil zu erhalten. Zu denken ist hier an die Fälle, in denen ein Amtsträger einen Vorteil entgegennimmt, jedoch nicht den Straftatbestand der Bestechlichkeit nach § 332 StGB verwirklicht, sondern nur den der Vorteilsannahme nach § 331 Abs. 1 StGB. Da der Straftatbestand der Vorteilsannahme bereits den Eindruck jeder Käuflichkeit verhindern soll, kann er verwirklicht sein, ohne dass der Amtsträger sich dem Vorteilsgewährenden gegenüber verpflichtet, eine bestimmte Handlung zu verrichten, zu unterlassen oder zu dulden. Mit einer solchen Vorteilsannahme ist aber der steuerliche Tatbestand des § 22 Nr. 3 Satz 1 EStG nicht erfüllt, weil der Amtsträger keine Leistung um des Entgelts willen erbringt. Gleichzeitig ist auch kein steuerbarer Arbeitslohn anzunehmen, weil die Entgegennahme des Vorteils ohne Wissen und entgegen den Interessen des Arbeitgebers erfolgt und damit nicht im Sinne der Rechtsprechung durch das Dienstverhältnis veranlasst ist. Allerdings dürften Fälle solcher „**Schmiergeschenke**" in der Praxis keine besondere Relevanz haben, weil sie in der Regel auf kleinere Beträge beschränkt sind. Bei der Entgegennahme größerer Vorteile ist erfahrungsgemäß davon auszugehen, dass diese nicht ohne eine konkrete Verpflichtung zur Vornahme oder zum Unterlassen einer bestimmten Amtshandlung oder Entscheidung gewährt werden. Überdies ist zu beachten, dass sonstige Einkünfte gemäß § 22 Nr. 3 Satz 1 EStG nicht einkommensteuerpflichtig sind, wenn sie weniger als € 256,00 im Kalenderjahr betragen haben.

Ist dem Grundsatz nach eine Steuerpflicht der empfangenen Vorteile gegeben, so wird diese nicht dadurch beseitigt, dass dem Zuwendenden der Betriebsausgabenabzug nach § 4 Abs. 5 Satz 1 Nr. 10 EStG versagt wird. Insoweit besteht **kein Korrespondenzprinzip**, wonach es die Versagung der steuerlichen Entlastungswirkung beim Zuwendenden ausschließt, dass die Vorteile noch einmal beim Empfänger versteuert werden. Besteht der empfangene Vorteil nicht in Geld, sondern in einem Wirtschaftsgut oder einer Dienstleistung, so bemisst sich die Höhe der steuerpflichtigen Einnahmen nach den üblichen Endpreisen am Abgabeort, § 8 Abs. 2 Satz 1 EStG. Ein besonderes Problem bei Vorteilen, die nicht in der Gewährung und Entgegennahme von Geld bestehen, liegt in den Fällen vor, in denen z.B. Klinikärzte von der Pharmaindustrie oder der Medizinprodukteindustrie Unterstützungen in Form der Förderung der Teilnahme an Kongressen oder Fortbildungsveranstaltungen erhalten. Ermöglicht die Industrie einem Klinikarzt die Teilnahme an einem Kongress durch die Übernahme der Flug- und Übernachtungskosten etc., kann es sich hierbei unter bestimmten Voraussetzungen um eine Vorteilsannahme im Sinne von § 331 Abs. 1 StGB handeln, auch wenn der Klinikarzt sich dem Industrieunterneh-

---

[131] BFH, FR 2000, 773; BFH, NV 2001, 25.
[132] BFH, BStBl. II 1998, 133.
[133] BFH, FR 2000, 773.

5. Kapitel. Steuerrecht und Korruptionseindämmung: Inhalt, Grenzen, Spannungsfelder

men gegenüber nicht verpflichtet, ein bestimmtes Produkt oder Medikament abzunehmen. Steuerlich stellt sich in diesem Zusammenhang unter anderem die Frage, in welcher Höhe der Klinikarzt durch die Gewährung eines Sachvorteils bereichert ist, ob etwa auch der Arbeitgeber des Klinikarztes, also die Klinik, bereichert sein kann, wenn der Klinikarzt die Fortbildungsmöglichkeit im Rahmen seiner dienstlichen Tätigkeit entgegennimmt, etc.[134]

2. Steuerpflicht von Vorteilen bei selbständig Tätigen und Unternehmen

97 Bei selbständig Tätigen und Unternehmen stellt sich die Entgegennahme von Vorteilen nicht als Angestelltenbestechung im Sinne von § 299 StGB dar, selbst wenn mit der Gewährung eines Vorteils geschäftliche Entscheidungen eines selbständig Tätigen oder eines Unternehmens beeinflusst werden sollen. Soll etwa der Inhaber eines Unternehmens von einem anderen Unternehmen dazu bewogen werden, nunmehr seine Produkte von ihm zu beziehen, und wird ihm für diese Zwecke eine Reise und ein Golfset zugewendet, ist dies **keine Korruptionstat** im strafrechtlichen Sinne. Kommt es tatsächlich dazu, dass der Inhaber des Unternehmens im Rahmen seines Unternehmens nunmehr den neuen Lieferanten auswählt, kann es sich bei dem ihm hierzu zugewandten Vorteil um einen Preisnachlass für die zukünftig bestellten Waren handeln. Diese Preisnachlässe wären in den Rechnungen für die Lieferungen auszuweisen. Geschieht dies nicht, so hat der Unternehmer die empfangenen Vorteile gesondert in seiner Buchhaltung zu berücksichtigen. Die empfangenen Vorteile sind nämlich in jedem Fall dann steuerpflichtig, wenn der Empfang des Vorteils durch den gewerblichen Betrieb des Empfängers[135] bzw. seine selbständige Tätigkeit veranlasst ist. Dieser Zusammenhang liegt bei dem Inhaber des Unternehmens vor, denn ohne seine gewerbliche Tätigkeit und den Einkauf von Waren wäre ihm der Vorteil nicht zugewendet worden. Handelt es sich bei dem Vorteilsempfänger um einen Mitunternehmer, so gelten die gleichen Grundsätze. Der Mitunternehmer hat die steuerpflichtigen Vorteile im Rahmen seiner Sonderbetriebseinnahmen zu erfassen.

3. Steuerpflicht von Vorteilen bei Drittvorteilsfällen

98 Korruptionsdelikte können unabhängig davon verwirklicht sein, ob ein **Angestellter oder ein Amtsträger** den Vorteil für sich selbst entgegennimmt oder der Vorteil einem Dritten zugewendet wird. Beansprucht ein Sachbearbeiter in einem städtischen Bauamt für die Bevorzugung eines Bauunternehmers bei einem Genehmigungsprojekt keinen Vorteil für sich, veranlasst aber, dass der Bauunternehmer in einem städtischen Kindergarten einen neuen Spielplatz weit unter Preis errichtet, so kann fraglich sein, ob der Mitarbeiter des Bauamtes bereichert ist. Die Begünstigung im Zusammenhang mit der verbilligten Bauleistung dürfte in solchen Fällen nicht zu steuerpflichtigen Einkünften des Amtsträgers führen, auch wenn er die Zuwendung des Vorteils veranlasst hat und im Rahmen seiner Stellung darüber verfügen konnte, an wen dieser Vorteil gewährt wird. Entscheidend für die Steuerpflicht eines Vorteils bei dem Amtsträger ist, ob eine objektive Bereicherung des Zuwendungsempfängers eintritt.[136] Der wirtschaftliche Vorteil tritt hier aber unmittelbar bei dem städtischen Kindergarten ein. Der Mitarbeiter des Bauamtes hat keinen eigenen wirtschaftlichen Vorteil. Anders kann dies sein, wenn auch die Kinder des Mitarbeiters den Kindergarten besuchen.

---

[134] Ausführlich hierzu *Lembeck*, in: Dieners (Fn. 51), Rn. 56 ff.
[135] Vgl. BFH, BStBl II 1988, 995.
[136] Vgl. BFH, BStBl II 1986, 178.

4. Auswirkungen der Rückforderung von Vorteilen, Schadenersatzansprüchen und Verfallsanordnungen

Wird die Entgegennahme von Vorteilen in Form von Bestechungsgeldern und Schmiergeschenken aufgedeckt, stellt sich die Frage, ob es sich auf die Höhe der steuerpflichtigen Einnahmen beim Vorteilsempfänger auswirken kann, wenn die Vorteile von ihm zurückgefordert werden oder Schadenersatzansprüche von Geschädigten gegen ihn geltend gemacht werden. Bei einer Verurteilung des Vorteilsempfängers wegen eines Korruptionsdeliktes kommt es auch in Betracht, dass ein Strafgericht die aus der Korruptionstat erlangten **Beträge für verfallen** erklärt. 99

Die Rückzahlung von Bestechungsgeldern, die als steuerpflichtige sonstige Einkünfte im Sinne von § 23 Nr. 3 EStG zu behandeln sind, ist **grundsätzlich steuermindernd** zu berücksichtigen; allerdings stellt sich die Frage, ob die Rückzahlungen steuermindernd in demjenigen Veranlagungszeitraum zu erfassen sind, in dem der Vorteil vereinnahmt worden ist oder ob die Rückzahlung erst dann zu berücksichtigen ist, wenn sie tatsächlich bewirkt ist. Die Rückzahlung wird in der Regel erst Jahre nach Entgegennahme des Vorteils geleistet werden. Der BFH hat entschieden, dass die Rückzahlung im Abflusszeitpunkt in voller Höhe steuermindernd zu berücksichtigen sei.[137] Das Verlustausgleichs- und Verlustabzugsverbot des § 22 Nr. 3 Satz 3 EStG stehe einer steuermindernden Berücksichtigung im Abflusszeitpunkt in voller Höhe nicht entgegen. Dies ergäbe sich aus einer verfassungskonformen, einschränkenden Auslegung von § 22 Nr. 3 Satz 3 EStG.[138] 100

Die Zahlungen eines Steuerpflichtigen, die er aufgrund einer **strafgerichtlichen Verfallsanordnung** leistet, behandelt der BFH entsprechend.[139] Dies bedeutet, dass in Entsprechung zum Zu- und Abflussprinzip die Zahlungen aufgrund der Verfallsanordnung erst dann steuerlich geltend gemacht werden können, wenn die Zahlung tatsächlich bewirkt wird. Das Gleiche dürfte daher auch für Schadenersatzansprüche gelten, die von dritter Seite gegen den Vorteilsempfänger geltend gemacht werden. 101

5. Steuererklärungspflicht

Sofern empfangene Vorteile als sonstige Einkünfte im Sinne von § 22 Nr. 3 EStG zu qualifizieren sind, stellt sich die Frage, ob einer Steuererklärungspflicht nicht die Tatsache entgegenstehen kann, dass der Vorteilsempfänger bei wahrheitsgemäßer Steuererklärung das verwirklichte Korruptionsdelikt offenbart. Die Offenbarung gegenüber den Finanzbehörden kann zu einer strafrechtlichen Verfolgung führen, wenn die Finanzbehörden unter Durchbrechung des Steuergeheimnisses gemäß § 393 Abs. 2 Satz 2 AO und § 30 Abs. 4 Nr. 5 AO die Straftat gegenüber den Strafverfolgungsbehörden offenbaren. Auch wenn der Steuerpflichtige sich grundsätzlich auf den Verfassungsgrundsatz des nemo tenetur berufen kann, wird ihm in Anbetracht der überragenden Bedeutung der in § 30 Abs. 4 Nr. 5 AO genannten Rechtsgüter auch die Erklärung solcher Einkünfte zugemutet, durch deren Offenbarung er in den Verdacht einer Straftat geraten und durch die er sich der Gefahr der Strafverfolgung aussetzen kann.[140] Der BGH hat jedoch angesichts des Spannungsfeldes zwischen erzwungener Selbstbelastung und den in § 30 Abs. 4 Nr. 5 AO genannten Rechtsgütern ausgeführt, dass an die Konkretisierung der Steuererklärung gegebenenfalls **niedrigere Anforderungen** zu stellen sind, als sonst nach § 90 AO geboten.[141] Die mögliche Reduzierung des Erklärungsumfangs kann etwa darin bestehen, dass 102

---

[137] BFH, BStBl II 2000, 396.
[138] Vgl. ergänzend die Urteilsanmerkung von *Fischer*, FR 2000, 775.
[139] BFH, NV 2001, 25.
[140] BGH, NJW 2002, 834.
[141] BGH, Urteil vom 5.5.2004, 5 StR 139/03, abrufbar unter www.iww.de, Abrufnummer 041574.

die Einkünfte nur betragsmäßig, nicht aber unter genauer Bezeichnung der Einkunftsquelle benannt werden.

III. Umsatzsteuerliche Aspekte

103 Neben die ertragsteuerlichen Aspekte treten im Kontext rechtswidriger Vorteilszuwendungen bei den Unternehmen auch umsatzsteuerliche Fragen. Zahlreiche Aufwendungen im Zusammenhang korruptiver Handlungen lösen für die Unternehmen eine Belastung durch **Umsatzsteuer oder nicht abziehbare Vorsteuer** aus.

104 Bei einem bestochenen Vorteilsempfänger steht im Vordergrund, ob eine absprachegemäß von ihm zu erbringende Amtshandlung oder Bevorzugungsleistung eine Leistung darstellt, die der Umsatzsteuerpflicht unterliegt und auf die er die gesetzliche Umsatzsteuer abzuführen hat. Auf der Seite eines Bestechenden, der einen Vorteil gewährt und im Gegenzug eine Amtshandlung oder sonstige Bevorzugung erwartet, werden insbesondere dann umsatzsteuerliche Folgen ausgelöst, wenn er vom Bestochenen eine **Rechnung** erhält, in der etwa **nicht erbrachte Leistungen** oder nicht in dem beschriebenen Umfang erbrachte Leistungen abgerechnet werden. Für den Bestechenden stellt sich in diesen Fällen die Frage, ob er die in solchen Rechnungen ausgewiesene Umsatzsteuer als Vorsteuer abziehen kann.

1. Umsatzsteuerpflicht des Vorteilsempfängers

105 Sofern der bestochene Empfänger eines Vorteils eine Amtshandlung oder sonstige Bevorzugungsleistung erbringt, hängen dessen Umsatzsteuerpflichten wesentlich davon ab, ob er **Unternehmer** im Sinne des UStG ist und ob er eine **umsatzsteuerpflichtige Leistung** erbringt. Schließlich kommt auch in Betracht, dass der bestochene Vorteilsempfänger unzutreffende Rechnungen erteilt und dadurch zusätzlich zur Umsatzsteuerpflicht seiner Bevorzugungsleistung noch eine Umsatzsteuerschuld aus dem Gesichtspunkt einer **fehlerhaften Rechnungsstellung** auslöst.

a) Unternehmereigenschaft des Vorteilsempfängers

106 Ein bestochener Angestellter oder Amtsträger ist Unternehmer im Sinne von § 2 Abs. 1 UStG, wenn er eine gewerbliche oder berufliche Tätigkeit selbständig ausübt. Gewerblich oder beruflich ist hierbei jede **nachhaltige Tätigkeit zur Erzielung von Einnahmen**. Ein Angestellter oder ein Amtsträger, der einen Vorteil entgegennimmt, hat regelmäßig die Absicht, Einnahmen zu erzielen. Es ist nicht notwendig, dass er auch die Absicht hat, Gewinn zu erzielen, d.h. dass die empfangenen Vorteile etwa die mit der Amtshandlung oder Bevorzugungsleistung im Zusammenhang stehenden Aufwendungen übersteigen. Es kann daher dahinstehen, ob ein Amtsträger sich anderen gegenüber verpflichtet hat, Teile der empfangenen Vorteile oder sogar die gesamten Vorteile mit anderen zu teilen. Ausschlaggebend ist allein, dass er für sich die Vorteile vereinnahmen möchte.

107 Im Zusammenhang mit dem Kriterium der Nachhaltigkeit hat die Rechtsprechung Fälle entschieden, in denen zwar die für die Nachhaltigkeit erforderliche wiederholte Vorteilsannahme vorlag, zwischen den einzelnen Vorteilsannahmen aber größere Zeiträume lagen. Verhilft der Angestellte eines Bauunternehmens einem Architekten wiederholt zu Architektenverträgen mit dem Bauunternehmen, so stellt dies eine nachhaltige Tätigkeit dar, auch wenn zwischen den Vertragsunterzeichnungen längere Zeiträume lie-

gen; es ist ausreichend, wenn durch einen Vertragsabschluss ein auf die Erzielung von Einnahmen gerichteter Dauerzustand geschaffen wird, der jedenfalls dann vorliegt, wenn über ein Jahrzehnt eine intensive Zusammenarbeit stattfindet, innerhalb derer immer einmal wieder neue Aufträge an den Architekten erteilt werden.[142] Die für die Nachhaltigkeit erforderliche **Wiederholungsabsicht** dürfte regelmäßig dann zu bejahen sein, wenn ein Angestellter oder Amtsträger nicht nur einmalig Vorteile entgegennimmt, sondern dies mehrfach tut, auch wenn es sich bei den Vorteilsgewährenden um unterschiedliche Personen handelt.

Da bestochene Angestellte oder Amtsträger in der Regel in einem Angestellten- oder Beamtenverhältnis stehen, ist im Hinblick auf das für die Unternehmereigenschaft erforderliche Kriterium der Selbständigkeit fraglich, ob die Entgegennahme eines Vorteils im Rahmen des Anstellungs- oder Beamtenverhältnisses erfolgt. Die **Selbständigkeit** ist dann zu bejahen, wenn die Bevorzugungsleistung oder Amtshandlung außerhalb des Angestellten- oder Beamtenverhältnisses gewährt wird und aufgrund einer davon unabhängigen, selbständigen Verpflichtung erfolgt.[143] Das Finanzgericht Hamburg nimmt eine außerhalb eines Arbeitsverhältnisses liegende Bevorzugungsleistung an, wenn diese Bevorzugung über eine solche Leistung hinausgeht, die als „Trinkgeld-Verhältnis" gelten kann.[144] Hiervon sei dann auszugehen, wenn die Bevorzugungsleistung der Interessenrichtung des Arbeitgebers oder Dienstherrn entgegengesetzt ist. Soweit der Vorteilsempfänger aber im Rahmen seiner ihm durch den Dienstherrn oder Arbeitgeber eingeräumten Befugnisse handelt und die Bevorzugung im Rahmen dieser Befugnisse liegt, ist eine selbständige Tätigkeit nicht gegeben. Erhält der Geschäftsführer einer Kommanditgesellschaft für den Abschluss eines Vertrages von dem Vertragspartner für dessen Bevorzugung ein Schmiergeld, so ist der Geschäftsführer insoweit nicht selbständig tätig, wenn er nicht pflichtwidrig gehandelt hat.[145]

108

Die **Unternehmereigenschaft** ist im Rahmen **wiederholten Empfangs** von Vorteilen gegen die Gewährung von pflichtwidrigen Amtshandlungen oder Bevorzugungsleistungen regelmäßig schnell zu bejahen. Zu beachten ist allerdings, dass die Umsatzsteuer gemäß § 19 Abs. 1 UStG von Kleinunternehmern nicht erhoben wird. Die Regelung über die Besteuerung von **Kleinunternehmern** findet dann Anwendung, wenn der Umsatz zuzüglich der darauf entfallenden Umsatzsteuer im vorangegangenen Kalenderjahr 17.500 € nicht überstiegen hat und im laufenden Kalenderjahr 50.000 € voraussichtlich nicht übersteigen wird.

109

b) Umsatzsteuerpflicht der Bevorzugungsleistung

Bevorzugungsleistungen können **sonstige Leistungen** im Sinne von § 3 Abs. 9 UStG darstellen. Sonstige Leistungen sind Leistungen, die auch in einem Unterlassen oder im Dulden einer Handlung oder eines Zustandes bestehen können. Unstreitig liegen sonstige Leistungen in diesem Sinne vor, wenn ein Angestellter, der im Unternehmen für die Vergabe von Aufträgen zuständig ist, diese pflichtwidrig an diejenigen erteilt, die ihm einen Vorteil zuwenden. Eine sonstige Leistung kann allerdings bereits dann vorliegen, wenn sich ein Angestellter oder ein Amtsträger nur verpflichtet, bei bestimmten Voraussetzungen Bevorzugungshandlungen vorzunehmen, ohne dass es tatsächlich zu einer solchen kommen muss. Denn die jederzeitige Bereitschaft zu einem positiven Tun oder Unterlassen, die über eine bloße Bereitschaftserklärung hinausgeht, kann eine sonstige Leistung im Sinne des § 3 Abs. 9 UStG darstellen.[146]

110

---

[142] FG Nürnberg, EFG 1995, 502, rkr.
[143] FG Hamburg, EFG 1990, 542.
[144] FG Hamburg (Fn. 143).
[145] FG Berlin, EFG 1987, 639, Rechtsausführungen bestätigt durch BFH, III R 65/87, v. 29.9.1989.
[146] FG Nürnberg (Fn. 142); FG Hamburg (Fn. 143).

c) Steuerschuldnerschaft bei unzutreffendem Leistungsausweis

111 Bestochene Amtsträger oder Angestellte erteilen in der Regel keine Rechnungen über die von Ihnen erbrachten Bevorzugungsleistungen. Allerdings stellen sich Fragen der umsatzsteuerlichen Rechnungserteilung dann, wenn die **Bevorzugung sich im Rahmen eines Leistungsaustauschs** vollzieht, für das der Amtsträger oder Angestellte unabhängig von seinem Anstellungs- oder Dienstverhältnis ein Unternehmen unterhält. Beispielhaft können in diesem Zusammenhang die Fälle angeführt werden, in denen ein Mitarbeiter eines städtischen Bauamtes eine erlaubte Nebentätigkeit als selbständiger Statiker oder Architekt ausübt. Wird etwa ein Statiker dergestalt bestochen, dass er für eine Bevorzugung bei der Erteilung einer Baugenehmigung von dem Bauantragssteller einen Statikauftrag erhält, wird die Bevorzugungsleistung im Rahmen der Berechnung der Statikerleistung mit abgegolten. Für den Fall, dass der Statiker für 40 % des in Rechnung gestellten Gesamtbetrages eine werthaltige Statikerleistung erbringt, entfallen 60 % des Gesamtbetrages auf die Bevorzugungsleistung. Die Bevorzugungsleistung ist jedoch in der Rechnung in einem solchen Fall regelmäßig nicht gesondert ausgewiesen.

112 Solche Fälle von Überfakturierungen werden regelmäßig unter die Regelung von § 14c Abs. 1 UStG subsumiert. Dies bedeutet, dass der Unternehmer, der in einer Rechnung für eine sonstige Leistung einen höheren Steuerbetrag, als er für den Umsatz schuldet, gesondert ausweist, auch den Mehrbetrag schuldet.[147] Auf den vorstehend geschilderten Beispielsfall angewendet, bedeutet dies, dass der Statiker auch die Umsatzsteuer auf den Teil des Gesamtentgeltes abzuführen hat, der auf die Bevorzugungsleistung in Höhe von 60 % entfällt. Für den Statiker könnte sich eine umsatzsteuerliche Mehrbelastung daraus ergeben, dass er die **Umsatzsteuer für die nicht ausgewiesene Bevorzugungsleistung** auf der Grundlage von § 14c Abs. 1 UStG schuldet, also wegen unrichtigen Steuerausweises, jedoch zusätzlich auch noch einmal aus dem Gesichtspunkt der Umsatzsteuerpflicht der Bevorzugungsleistung als sonstige Leistung. Ob eine solche Doppelbelastung dem Gesetzeszweck entspräche, kann an dieser Stelle dahinstehen. Jedenfalls könnte eine Mehrbelastung dann beseitigt werden, wenn der Statiker die Rechnung mit dem unrichtigen Steuerausweis berichtigen kann. Eine Berichtigung des Steuerbetrags gegenüber dem Leistungsempfänger ist im Falle des § 14c Abs. 1 UStG zulässig.

d) Reduzierung der Umsatzsteuer bei Rückforderung von Vorteilen, bei Schadensersatzansprüchen und Verfallsanordnungen

113 In den Fällen, in denen korruptive Zuwendungen aufgedeckt werden und in deren Rahmen umsatzsteuerpflichtige Bevorzugungsleistungen gewährt worden sind, stellt sich die Frage, ob eine etwaige Rückforderung der gewährten Vorteile oder der von einem Strafgericht angeordnete Verfall der Vorteile die Höhe der Umsatzsteuerschuld des Vorteilsempfängers reduzieren können. Grundsätzlich sieht das Umsatzsteuergesetz in § 17 Abs. 1 UStG vor, dass der für einen Umsatz geschuldete Steuerbetrag **berichtigt** werden kann, wenn sich die Bemessungsgrundlage für einen steuerpflichtigen Umsatz geändert hat. Nach § 17 Abs. 2 Nr. 3 UStG gilt dies im Rahmen sonstiger Leistungen auch dann, wenn diese rückgängig gemacht werden. Insofern kommt bei einer Rückzahlung des empfangenen Vorteils die Möglichkeit zur Berichtigung des Steuerbetrages in Betracht.

114 In der Praxis ist allerdings die **Rückzahlung** empfangener Vorteile **eher die Ausnahme**, da der Vorteilsempfänger bereits zivilrechtlich nicht verpflichtet ist, die empfangenen Vorteile zurückzugewähren.[148] Häufiger sind in der Praxis die Fälle anzutreffen, bei denen im Anschluss an die Aufdeckung ein Strafverfahren durchgeführt wird, an dessen Ende auch die Anordnung des Verfalls der aus der Korruptionstat erlangten Vorteile nach

---

[147] *Hollatz*, NWB 2002, Fach 7, S. 5557.
[148] Vgl. Kap. 3 Rn. 207 f.

§§ 73 ff. StGB steht. Auch wenn die Auswirkung des Verfalls darin besteht, dass der Vorteilsempfänger die Vorteile nicht behalten darf, ist die sonstige Leistung nicht rückgängig gemacht im Sinne von § 17 Abs. 2 Nr. 3 UStG. Die Rückgängigmachung setzt regelmäßig voraus, dass der empfangene Vorteil dem Vorteilsgewährenden und nicht einer anderen Person zurückgewährt wird. Volle Umsatzsteuerpflicht bleibt auch bei einem Verfall gemäß § 73 Abs. 1, § 74c Abs. 1 StGB erhalten.[149] Der Bundesfinanzhof kommt zu dieser Rechtsfolge auch angesichts der Tatsache, dass insoweit ein doppelter Zugriff des Staates auf das durch eine Straftat erlangte Entgelt entsteht. Die Umsatzsteuer wird zum einen im Rahmen des Verfalls an den Staat abgeführt und ein weiteres Mal auf der Grundlage des UStG. Augenscheinlich geht der Bundesfinanzhof davon aus, dass die umsatzsteuerliche Folge im Rahmen des Verfahrens über die Anordnung des Verfalls zu berücksichtigen ist.

2. Vorsteuerabzug beim Vorteilsgewährenden

Bei demjenigen, der durch eine Vorteilsgewährung einen anderen besticht, kann sich die Frage stellen, ob er aus den Aufwendungen, die er in diesem Zusammenhang hat, die darin enthaltende Umsatzsteuer **als Vorsteuer abziehen** darf. Hierbei kann sich die Frage sowohl auf solche Aufwendungen beziehen, die der Vorteilsgewährende für den Leistungsbezug von Dritten tätigt, als auch auf solche Rechnungsbeträge, die ihm von einem Bestochenen fälschlich oder zu überhöhten Preisen in Rechnung gestellt werden. 115

a) Vorsteuerschädliche Abzugsverbote

Das Umsatzsteuergesetz sieht in § 15 Abs. 1a Nr. 1 vor, dass Vorsteuerbeträge, die auf Aufwendungen entfallen, für die bestimmte **ertragsteuerliche Abzugsverbote** gelten, nicht abziehbar sind. Dementsprechend kann ein Unternehmer für Geschenkaufwendungen, die unter das Abzugsverbot des § 4 Abs. 5 Satz 1 Nr. 1 EStG fallen, die darin enthaltenen Umsatzsteuerbeträge nicht als Vorsteuer abziehen. Die Aufzählung der ertragsteuerlichen Abzugsverbote, die auch umsatzsteuerrechtlich zur Versagung des Vorsteuerabzugs führen, beinhaltet die Abzugsverbote, die bei privater Mitveranlassung der Aufwendungen einschlägig sind. Die Aufzählung umfasst jedoch nicht das Abzugsverbot des § 4 Abs. 5 Satz 1 Nr. 10 EStG, d.h. Aufwendungen, die im Zusammenhang mit rechtswidrigen Zuwendungen stehen. Die Nichterfassung dieses ertragsteuerlichen Abzugverbotes im Rahmen von § 15 Abs. 1a Nr. 1 UStG dürfte darin begründet liegen, dass Art. 17 Abs. 6 der 6. Richtlinie der EWG zur Harmonisierung der Umsatzsteuer solche Ausgaben vom Abzugsrecht ausschließt, die keinen streng geschäftlichen Charakter haben, wie **Luxusausgaben, Ausgaben für Vergnügungen und Repräsentationsaufwendungen**. Da Bestechungshandlungen zur Herbeiführung eines konkreten geschäftlichen Erfolges jedoch einen streng geschäftlichen Charakter haben und ebenso auch eine private Mitveranlassung bereits vom Ansatz her ausschließen können, fallen die entsprechenden Bestechungsaufwendungen nicht unter den Typus der in Art. 17 Abs. 6 der 6. Richtlinie der EWG zur Harmonisierung der Umsatzsteuer beschriebenen Fälle. 116

Wenn Aufwendungen ertragsteuerlich unter das Abzugsverbot des § 4 Abs. 5 Satz 1 Nr. 10 EStG fallen, dieses Abzugsverbot jedoch nicht auch den Vorsteuerabzug ausschließt, bedeutet dies nicht, dass der Ausschluss des Vorsteuerabzuges nicht aus anderen Vorschriften in Betracht kommen kann. Es kommt beispielsweise in ertragsteuerlicher Hinsicht in Betracht, dass Aufwendungen nicht nur unter das Abzugsverbot des § 4 Abs. 5 Satz 1 Nr. 10 EStG fallen, sondern gleichzeitig auch unter die Abzugsverbote, die für Geschenke oder unangemessene Aufwendungen, die die Lebensführung anderer Personen berühren, gelten. Betroffen sind in diesem Zusammenhang diejenigen Fälle, in de- 117

---

[149] BFH, Beschluss vom 13.1.1997, V-B-102/96.

nen eine Vorteilszuwendung nicht im Hinblick auf den Abschluss eines konkreten Geschäfts erfolgt, sondern eher zur Förderung der allgemeinen Beziehungen zu dem Vorteilsempfänger. Dies kann jedoch bereits dann in strafrechtlicher Hinsicht einen Tatbestand erfüllen, etwa § 331 StGB, in dessen Rahmen bereits der Eindruck der Käuflichkeit geschützt werden soll. Dementsprechend können auch sogenannte „**Schmiergeschenke**" ohne konkrete Gegenleistung des Empfängers den Korruptionstatbestand erfüllen.

118 Nach Auffassung der Finanzverwaltung ist die tatsächliche **ertragsteuerliche Behandlung** für den Bereich der Umsatzsteuer **nicht bindend**.[150] Hat dementsprechend ein Außenprüfer Aufwendungen ertragsteuerlich auf der Grundlage von § 4 Abs. 5 Satz 1 Nr. 10 EStG vom Abzug ausgeschlossen, so kann eine separate umsatzsteuerliche Betrachtung zu dem Ergebnis kommen, dass der Abzug auch auf der Grundlage von § 4 Abs. 5 Satz 1 Nr. 1 EStG hätte versagt werden können, sodass insoweit auch der Vorsteuerabzug ausgeschlossen ist. In der Praxis dürfte dies ein höchst seltener Fall sein, da bei Prüfung beider Fragen durch denselben Außenprüfer wohl nur eine einheitliche Entscheidung zu erwarten sein dürfte.

b) Vorsteuerabzug bei unzutreffendem Leistungsausweis

119 In den Fällen, in denen der Bestochene dem Vorteilsgewährenden eine Rechnung über nicht erbrachte Leistungen stellt oder in der Rechnung einen überhöhten Betrag ausweist, stellt sich die Frage, ob der Empfänger der Rechnung hieraus den Vorsteuerabzug geltend machen kann. § 15 Abs. 1 Satz 1 Nr. 1 UStG sieht für die Berechtigung zum Abzug der Vorsteuer vor, dass diese gesetzlich geschuldet ist für eine sonstige Leistung, die von einem anderen Unternehmer für sein Unternehmen ausgeführt worden ist. Nach Auffassung der Finanzverwaltung ist bei unzutreffendem Ausweis der erbrachten Leistung nicht davon auszugehen, dass die Umsatzsteuer gesetzlich „für" sonstige Leistungen im Sinne von § 15 Abs. 1 Satz 1 Nr. 1 UStG geschuldet wird. Das BMF-Schreiben vom 29.1.2004 führt unter Textziffer 87 aus, dass ein Vorsteuerabzug nicht zulässig ist, soweit der die Rechnung ausstellende Unternehmer die Steuer nach § 14c UStG schuldet. **Bei Aufdeckung** einer Korruptionstat läuft somit der Unternehmer, der eine Rechnung akzeptiert, die einen falschen Leistungsgegenstand oder einen falschen Leistungsumfang ausweist, das **Risiko**, den Vorsteuerabzug insoweit nicht zu erhalten. Fälle der nachträglichen Berichtigung der Rechnung, die dem Unternehmer sodann den Vorsteuerabzug ermöglichen, dürften in der Praxis die Ausnahme bilden.

IV. Schenkungsteuerliche Aspekte

120 Im Zusammenhang mit korrumpierenden Zuwendungen kommt es in Betracht, dass die Zuwendungen unter dem Gesichtspunkt der Schenkung einer Schenkungsteuerpflicht nach dem Erbschaftsteuer- und Schenkungsteuergesetz (ErbStG) unterliegen. Gemäß § 7 Abs. 1 Nr. 1 ErbStG gilt als Schenkung unter Lebenden jede **freigebige Zuwendung**, soweit der Bedachte durch sie auf Kosten des Zuwendenden bereichert wird. Die Form der Zuwendung ist hierbei nicht relevant. Gemäß § 7 Abs. 4 ErbStG wird die Steuerpflicht einer Schenkung zum Beispiel auch nicht dadurch ausgeschlossen, dass sie in Form eines („lästigen") Vertrages gekleidet wird.

---

[150] BMF-Schreiben betreffend Ausschluss des Vorsteuerabzugs bei Repräsentationsaufwendungen, Reisekosten und Umzugskosten v. 5.11.1999, BStBl. I 1999, 964 unter I.I.

C. Ausblick

Die Voraussetzungen für die Annahme einer freigebigen Zuwendung sind zweifach. **121** Zum einen wird **in objektiver Hinsicht** gefordert, dass der Bedachte auf Kosten des Zuwendenden **bereichert** wird. Zum anderen ist **subjektiv erforderlich**, dass der Zuwendende in dem Bewusstsein handelt, die Zuwendung **unentgeltlich** oder teilentgeltlich vorzunehmen.[151] Bei Korruptionsdelikten, in deren Rahmen sich der Empfänger eines Vorteils verpflichtet oder bereit erklärt, eine bestimmte Leistung zu gewähren, liegt ein Gegenleistungsverhältnis vor, wodurch das Bewusstsein der Unentgeltlichkeit ausgeschlossen ist. Dementsprechend fehlt es bei einer Bestechung an einer tatbestandsmäßigen Schenkung im Sinne des Schenkungsteuerrechts.

Ist durch eine Zuwendung, etwa in Form eines „Schmiergeschenks", nicht der Tatbestand der Bestechlichkeit, sondern der Vorteilsannahme gemäß § 331 StGB verwirklicht, **122** kann die Unentgeltlichkeit der Zuwendung zu bejahen sein, wenn von dem Vorteilsempfänger (zunächst) keine bestimmte Handlung erwartet wird. Trotz somit gegebener Unentgeltlichkeit scheitert die Annahme einer schenkungsteuerpflichtigen Zuwendung bei einem Schmiergeschenk jedoch an dem Merkmal der Freigebigkeit, einem Merkmal, dessen subjektive Komponente bei Schenkungen im Geschäfts- und Wirtschaftsleben häufig fehlt. Schenkungen im Geschäfts- und Wirtschaftsleben werden nämlich gewöhnlich unter dem Erfahrungssatz betrachtet, dass Kaufleute sich einander nichts zu schenken pflegen.[152] Nach der Rechtsprechung des BFH kann das subjektive Merkmal der Freigebigkeit im Bereich geschäftlicher Beziehungen entfallen, soweit der Zuwendende objektiv nachvollziehbar darlegt, dass die Bereicherung des Zuwendungsempfängers der Förderung des Geschäfts des Zuwendenden diente, d.h. objektiv und nahezu ausschließlich auf die Erzielung geschäftlicher Vorteile des Zuwendenden gerichtet ist.[153] Selbst wenn bei der Zuwendung eines Vorteils an einen Amtsträger oder einen Angestellten keine Absprache dahingehend getroffen wird, dass der Vorteilsempfänger eine bestimmte Handlung oder Bevorzugung vornimmt, wird seitens des Zuwendenden jedenfalls eine solche Erwartung bestehen. Diese kann dahin gehen, dass der Zuwendungsempfänger im Bedarfsfall eine irgendwie geartete Bevorzugung oder Handlung vornehmen wird, wenn er an den erhaltenen Vorteil erinnert wird. Dementsprechend kann es sich bei sogenannten „Schmiergeschenken" zumindest in subjektiver Hinsicht um Zuwendungen handeln, die **nicht als freigebige Zuwendungen** einzuordnen sind. Zumindest kann als Regelsatz festgehalten werden, dass die Annahme einer Freigebigkeit umso unwahrscheinlicher ist, je höher die Zuwendung ausfällt.

C. Ausblick

Nach alledem stellt sich die Frage, ob das Steuerrecht tatsächlich einen wirksamen Beitrag zur Bekämpfung und Eindämmung der Korruption leistet. Auch wenn abschließende Erfahrungen insbesondere im Hinblick auf das zentrale ertragsteuerliche Abzugsverbot des § 4 Abs. 5 Satz 1 Nr. 10 EStG noch nicht vorliegen (vgl. Rn. 8 f.), lässt sich festhalten, dass sich ein wesentliches Grundproblem durch die Theorie und Praxis des Korruptionssteuerrechts zieht. Hierbei handelt es sich um das **Spannungsfeld**, das sich daraus ergibt, dass der **Hauptzweck der Steuererhebung in der Erzielung von Einnahmen** liegt, und zwar auf der einen Seite völlig unabhängig von der rechtlichen oder moralischen Qualifizierung der auf die Erzielung von Einkünften gerichteten Tätigkeit eines **123**

---

[151] Vgl. BFH, BStBl II 1997, 832, 833.
[152] *Moench*, Erbschaft- und Schenkungsteuer, 2004, § 7 Rn. 152.
[153] BFH, BStBl II 1997, 832, 835.

5. Kapitel. Steuerrecht und Korruptionseindämmung: Inhalt, Grenzen, Spannungsfelder

Steuerpflichtigen. So werden Einkünfte aus rechtswidrigen Taten oder sittlich verwerflichen Betätigungen seit jeher ebenfalls besteuert. Andererseits soll das Steuerrecht aber auch eine lenkende Funktion erfüllen, zumindest im Hinblick auf Zielsetzungen von einigem Gewicht. Ob die Bekämpfung und Eindämmung der Korruption zu den Zielsetzungen gehört, die eine hinreichende Bedeutung haben, um eine Durchbrechung verfassungsrechtlich verankerter Grundsätze zu rechtfertigen, ist bezweifelt worden (vgl. Rn. 4). Diese Zweifel wurden insbesondere vor dem Hintergrund des Nettoprinzips geäußert, wonach es im Rahmen der Besteuerung nach der Leistungsfähigkeit grundsätzlich zu berücksichtigen ist, wenn korruptive Aufwendungen im Unternehmensinteresse das Vermögen des Unternehmens und damit dessen Leistungsfähigkeit vermindert haben.

124 Rechtstheoretisch mag der Streit um solche Grundsätze und die Abwägung von Rechtsgütern dahinstehen. Allerdings darf diese Diskussion das Spannungsfeld, das sich in vergleichbarer Weise auch in der steuerlichen Praxis ergibt, nicht aus dem Blickfeld verlieren. Sollten die weiteren Erfahrungen mit dem neueren Korruptionssteuerrecht zeigen, dass Betriebsprüfungen das Korruptionssteuerrecht auch dazu nutzen, steuerliche Mehreinnahmen zu generieren, so würde dies berechtigte Zweifel an einem rechtmäßigen Gesetzesvollzug begründen. Dies gilt insbesondere dann, wenn Fiskalbeamte mit **Blick auf erzielbare steuerliche Mehreinnahmen** davon absehen sollten, an sich gebotene Mitteilungen an die Strafverfolgungsbehörde zu erstatten. Der Gesetzgeber könnte einer solchen Praxis nicht tatenlos zusehen, wäre sie doch die Fortsetzung einer häufig anzutreffenden Divergenz zwischen der grundsätzlichen und expliziten Ächtung korruptiver Praktiken (Theorie) und einem konkludenten Konsens der gelegentlichen Notwendigkeit nützlicher Aufwendungen zur Herbeiführung bestimmter Geschäftsabschlüsse oder Unternehmensziele (Praxis). Die breite Akzeptanz der gesetzgeberischen Zielvorstellungen kann im Hinblick auf die Bekämpfung korruptiver Praktiken aber nur dann erzielt werden, wenn die Theorie und die Praxis des Gesetzesvollzugs einander voll entsprechen.

125 Im Übrigen darf der Gesetzgeber auch die Augen davor nicht verschließen, dass seine Zielvorstellungen im Hinblick auf die **Bekämpfung der Korruption im Ausland** für rechtstreue deutsche Unternehmen in bestimmten Ländern zu starken Wettbewerbsnachteilen führen oder in manchen Fällen einem regelrechten Marktausschluss gleichkommen können. Dies gilt insbesondere für die Länder, die weder dem EuBestG, dem FCPA noch den Regeln der OECD-Verträge unterliegen, vgl. Rn. 7 und 10 ff. Um hier den Wettbewerbsnachteilen rechtstreuer Unternehmen entgegenzuwirken, bedarf es weiterer Anstrengungen der Regierung oder des Gesetzgebers im Hinblick auf Auslandsmärkte einer nach wie vor stark exportorientierten deutschen Wirtschaft. Als Mittel der Einwirkung kommen hier etwa internationale Abkommen oder Initiativen im Rahmen supranationaler Einrichtungen in Betracht. Hier ist es von herausragender Bedeutung, dass entsprechende Maßnahmen gemeinsam durch die Länder angestoßen werden, die sich bereits heute strengen Regeln verpflichtet sehen. Der notwendige internationale Druck muss sich hier insbesondere auch auf eine strenge Durchsetzung der Regeln und eine nachhaltige Verfolgung von Verstößen richten.

126 Gelingt es der Regierung und dem Gesetzgeber nicht, hinreichenden Einfluss zur effektiven Korruptionsbekämpfung auch im Ausland wirksam geltend zu machen, so wird es häufig dabei bleiben, dass die Unternehmen entweder Wettbewerbsnachteile in den Auslandsmärkten akzeptieren oder sich den Zugang zu bestimmten Märkten entsprechend dort vorherrschenden Standards durch korruptive Zuwendungen ermöglichen. Aus diesem Grund kann sich der Appell an den Gesetzgeber nur dahin richten, jeglichen Wettbewerbsverzerrungen in diesem Bereich wirksam entgegenzutreten. Nur dadurch ist letztlich sicherzustellen, dass durch das Korruptionssteuerrecht **nicht nur eine Steigerung von Steuereinnahmen** bewirkt wird, sondern dem Korruptionssteuerrecht eine **breite Akzeptanz als wirksames Mittel der Korruptionsbekämpfung** verschafft wird.

6. Kapitel. Korruptionsprävention im öffentlichen Bereich

von *Matthias Korte*

Literatur: *van Aaken*, Genügt das deutsche Recht den Anforderungen der VN-Konvention gegen Korruption? ZaöRV 2005, 407 ff.; *von Arnim*, Der gekaufte Abgeordnete – Nebeneinkünfte und Korruptionsproblematik, NVwZ 2006, 249 ff.; *ders.*, Nach-amtliche Karenzzeiten für Politiker? – Ein Kommentar zum Fall Gerhard Schröder, ZRP 2006, 44 ff.; *Ax/Schneider*, Rechtshandbuch Korruptionsbekämpfung, 2006; *Backes/Lindemann*, Staatlich organisierte Anonymität als Ermittlungsmethode bei Korruptions- und Wirtschaftsdelikten, 2006; *Badura*, Die Anzeigepflicht für eine schriftstellerische oder wissenschaftliche Nebentätigkeit von Beamten, ZBR 2000, 109 ff.; *Bannenberg*, Korruption in Deutschland und ihre strafrechtliche Kontrolle, 2002; *Bannenberg/Schaupensteiner*, Korruption in Deutschland, 2004; *Bartsch/Paltzow/Trautner*, Korruptionsbekämpfung, 2004/2005; *Baßlberger*, Nebentätigkeiten von Beamten: Rechtsprobleme – Lösungsansätze, ZBR 2004, 369 ff.; *Battis*, BBG Kommentar, 3. Aufl. 2004; *Beckmann*, Zum Schadensersatzanspruch des Dienstherrn gegen den Beamten, ZBR 2004, 109 ff.; *Böhm/Spiertz/Steinherr/Sponer*, BAT Kommentar, 3. Aufl. 2006; *Bull*, Informationsfreiheitsgesetze – wozu und wie?, ZG 2002, 201 ff; *Bundeskriminalamt*, Bundeslagebild Korruption 2004; *Claussen/Ostendorf*, Korruption im öffentlichen Dienst, 2. Aufl. 2002; *Collisi*, Korruptionsprävention als Führungsaufgabe, DNV 2002, Nr. 3, 24 ff.; *DBB Akademie*, Unerträglich aber unvermeidbar? – Korruption in der öffentlichen Verwaltung und Strategien zur ihrer Bekämpfung, 2000; *Duttge*, „Diu rehte maz" – auch bei der Bekämpfung der Korruption!, ZRP 1997, 72 ff.; *Els*, Das bayerische Konzept zur Korruptionsprävention und -bekämpfung in der öffentlichen Verwaltung, KommunalPraxis BY 2005, 164 ff.; *Engelken*, Vorzensur für schriftstellerische, wissenschaftliche, künstlerische und Vortrags-Nebentätigkeiten? ZRP 1998, 50 ff.; *Fiebig/Junker*, Korruption und Untreue im öffentlichen Dienst, 2. Aufl. 2004; *Fleig*, Neue gesetzliche Regelungen im Disziplinarrecht, NVwZ 1998, 470 ff.; *Fogt*, Die Kommunen im Kampf gegen die Korruption, Städtetag 7–8, 32 ff.; *Friedrich Ebert Stiftung* (Hrsg.), Korruption in Deutschland, 1995; *dies.*, 1. Nachfragekonferenz zur Korruption in Deutschland, 1996; *dies.*, Der gläserne Bürokrat, 1999; *Fürst*, Gesamtkommentar öffentliches Dienstrecht (GKÖD), 2004/2006; *Greeve*, Korruptionsdelikte in der Praxis, 2005; *Grunst*, Strafrechtlich relevante Pflicht von Amtsträgern außerhalb der Strafverfolgungsorgane zur Anzeige bzw. Verhinderung von Straftaten innerhalb der Behörde?, StV 2005, 453 ff.; *Grupp*, Korruptionsabwehr in der öffentlichen Verwaltung, 2001; *Herbig*, Korruptionsfälle in der Stadtverwaltung Frankfurt, VerwArch. 1989, 381 ff.; *Ipsen*, Abgeordnetenspenden – eine Regelungslücke des Parteiengesetzes? NVwZ 2003, 14 ff.; *Jäckle*, Korruptionsprävention in der deutschen Zollverwaltung, AW-Prax 2006, 152 ff.; *Kleerbaum*, Das Korruptionsbekämpfungsgesetz in NRW – Gut gemeint statt gut gemacht!, KOPO 2005, 34 ff.; *Korte*, Kampfansage an die Korruption, NJW 1997, 2556 ff.; *Köster*, Genehmigungs-, Anzeige- und Abführungspflichten für Nebentätigkeiten kommunaler Verwaltungsbeamter in Nordrhein-Westfalen, DÖD 2005, 189 ff.; *Kugelmann*, Das Informationsfreiheitsgesetz des Bundes, NJW 2005, 3609 ff.; *ders.*, Informationsfreiheit als Element moderner Staatlichkeit, DÖV 2005, 851 ff.; *Landeskriminalamt NW*, Lagebild Korruptionskriminalität Nordrhein-Westfalen 2004; *Lennep*, Auch die Verwaltung lässt sich sponsern, Städte- und Gemeinderat 2006, 6 f.; *Lindemann*, Staatlich organisierte Anonymität als Ermittlungsmethode bei Korruptions- und Wirtschaftsdelikten, ZRP 2006, 127 ff; *Matkey*, Korruption – Rechtssicherheit durch das Verpflichtungsgesetz, Kriminalistik 2001, 742 ff.; *Möhrenschlager*, Bericht aus der Gesetzgebung, wistra 12/2005, V ff.; *Münchener An-*

walts Handbuch, Verteidigung in Wirtschafts- und Steuerstrafsachen, 2006; *Plog/Wiedow/ Lehmhöfer/Bayer*, Kommentar zum BBG, 2004/2006; *Sauer*, „Whistleblowing" – notwendiger Bestandteil moderner Personalpolitik? DÖD 2005, 121 ff.; *Schaupensteiner*, Gesamtkonzept zur Eindämmung der Korruption, NStZ 1996, 409 ff.; *ders.*, Wachstumsbranche Korruption, Kriminalistik 2003, 9 ff.; *Scheuring/Steingen/Banse/Thivessen*, MTArb Kommentar, 2005; *Schmitt*, Die Rechtswirkungen von § 1 DBAGZustV am Beispiel des Herausgabeverlangens von Bestechungsgeldern, ZBR 2006, 189 ff.; *Schmitz/Jastrow*, Das Informationsfreiheitsgesetz des Bundes, NVwZ 2005, 984 ff.; *Schröder*, Sponsoring in der Bundesverwaltung, NJW 2004, 1353 ff.; *Schütz/Maiwald*, Beamtenrecht des Bundes und der Länder, 5. Aufl. 2006; *Sponer/ Steinherr*, TVöD Kommentar, 2006; *Steinhilper*, Stellen zur Bekämpfung von Fehlverhalten im Gesundheitswesen, MedR 2005, 131 ff.; *Stelkens*, Schadensersatzansprüche des Staates gegenüber Privaten, DVBl. 1998, 300 ff.; *Ströbele/van Essen*, Notwendigkeit der Offenlegung von Politikereinkünften? Pro/Contra, ZRP 2005, 71; *Tag*, Drittmitteleinwerbung – Strafbare Dienstpflicht? JR 2004, 50 ff.; *Tag/Tröger/Taupitz* (Hrsg.), Drittmitteleinwerbung – Strafbare Dienstpflicht? 2004; *Vahlenkamp/Knauß*, Korruption – hinnehmen oder handeln? 1995; *Wabnitz/Janovsky*, Handbuch des Wirtschafts- und Steuerstrafrechts, 2. Aufl. 2004; *Waldhoff*, Das missverstandene Mandat – Verfassungsrechtliche Maßstäbe zur Normierung der erweiterten Offenlegungspflichten der Abgeordneten des Deutschen Bundestages, ZParl 2006, 251 ff.; *Wendeling-Schröder*, Anm. zu BAG v. 3.7.2003 – 2 AZR 235/02, RdA 2004, 374; Zetzsche, Die Ablieferungspflicht des Beamten bezüglich angenommener „Schmiergelder" – eine neue Einnahmequelle des Dienstherrn?, DÖD 2003, 225 ff.; *ders.*; Zum Ausschluss der Verfallsanordnung gegenüber öffentlich Bediensteten bei Bestechungsdelikten, DÖD 2004, 270 ff.; *Zwiehoff*, Amtsbezogene Vorteilsannahme gemäß § 70 Satz 1 BBG, jurisPR-ArbR 45/2005.

Inhaltsübersicht

	Rn.
A. Überblick	1, 2
B. Präventive Maßnahmen zur Korruptionsbekämpfung	3–74
I. Präventionskonzepte	3–7
II. Maßnahmen zur Korruptionsprävention	8–74
1. Besonders korruptionsgefährdete Arbeitsgebiete	8, 9
2. Risikoanalysen	10–12
3. Mehr-Augen-Prinzip	13, 14
4. Personalauswahl und -rotation	15–20
5. Sensibilisierung und Belehrung, Aus- und Fortbildung	21–24
6. Dienst- und Fachaufsicht	25–29
7. Ansprechperson für Korruptionsprävention	30–35
8. Ombudsleute/Vertrauensanwälte	36–40
9. Zentrale Stelle zur Korruptionsprävention	41–43
10. Innenrevision	44–46
11. Verpflichtung von Verwaltungshelfern	47–51
12. Einwerbung von Mitteln	52–70
a) Drittmitteleinwerbung	54–58
b) Sponsoring und Spenden	59–70
13. Informationsfreiheit	71–73
14. Vergabe öffentlicher Aufträge, Korruptionsregister	74
C. Dienstrecht	75–124
I. Annahme von Belohnungen und Geschenken	75–105
1. Annahmeverbot	75–87
a) Belohnungen und Geschenke	78–82
b) Annahme	83, 84

Inhaltsübersicht

c) In Bezug auf das Amt	85
d) Zeitliche Geltung	86, 87
2. Genehmigung	88–105
a) Allgemeine Genehmigung, Verwaltungsvorschriften	88–100
aa) Geringwertige Aufmerksamkeiten	93
bb) Geschenke aus dem Mitarbeiterkreis	94
cc) Bewirtung bei allgemeinen Veranstaltungen	95, 96
dd) Arbeitsessen	97, 98
ee) Sonstige Arbeitserleichterungen	99
ff) Nicht erfasste Belohnungen und Geschenke	100
b) Einzelfall-Genehmigung	101–103
c) Ablehnung der Genehmigung	104, 105
II. Mitteilungs- und Anzeigepflicht	106–109
III. Nebentätigkeiten	110–122
1. Beamte und Arbeitnehmer	110–119
a) Genehmigungsbedürftige Nebentätigkeiten	115, 116
b) Nicht genehmigungsbedürftige Nebentätigkeiten	117–119
2. Kommunale Hauptverwaltungsbeamte	120
3. Regierungsmitglieder	121, 122
IV. Wechsel in die Privatwirtschaft	123, 124
D. Rechtsfolgen bei Verstößen	125–168
I. Disziplinarrecht	126–139
1. Verfahren	127–131
2. Maßnahmen	132–137
3. Kronzeugenregelung	138, 139
II. Arbeitsrecht	140–149
1. Kündigungsgrund	141–144
2. Interessenabwägung	145
3. Kündigungsfrist	146–148
4. Vorläufige Regelung	149
III. Sonderfrage: Hinweisgeber	150–156
1. Beamte	151, 152
2. Arbeitnehmer	153, 154
3. „Mobbing" durch Kollegen	155, 156
IV. Schadensersatz	157–160
V. Herausgabe von Bestechungsgeldern, Belohnungen und Geschenken	161–168
E. Verhaltenspflichten der Abgeordneten	169–196
I. Verhaltensregeln	170–188
1. Annahme von Zuwendungen	170–179
a) Grundregel	171
b) Interessentenzahlungen	172
c) Leistungen ohne angemessene Gegenleistung	173–176
d) Ausnahmen	177, 178
e) Abgeordnete der Landtage	179
2. Spenden	180, 181
3. Gastgeschenke	182
4. Vor- und Nebentätigkeiten	183–188
a) Anzeige	184–186
b) Veröffentlichung	187, 188
II. Rechtsfolgen bei Verletzung der Verhaltensregeln	189–196
1. Verletzung von Anzeigepflichten	189–191
a) Veröffentlichung als Drucksache	189
b) Ordnungsgeld	190, 191

6. Kapitel. Korruptionsprävention im öffentlichen Bereich

    2. Annahme unzulässiger Zuwendungen und Spenden 192–196
        a) Veröffentlichung als Drucksache 192
        b) Herausgabeanspruch 193–196

A. Überblick

1   Nachdem Ende der 80er und Anfang der 90er Jahre des vorigen Jahrhunderts in Deutschland eine Reihe von Korruptionsskandalen aufgedeckt wurden, haben sich die öffentlichen Verwaltungen verstärkt des Themas „Korruptionsbekämpfung" angenommen. Erste Reaktionen auf Korruptionsfälle waren zwar immer Forderungen nach einer Verschärfung des Strafrechts. Allerdings bestand von Anfang an die Überzeugung, dass sich Korruption nur im Rahmen eines **Gesamtkonzeptes** bekämpfen lässt, bei dem der **Prävention der Vorrang** einzuräumen ist. Dies hat der 61. Deutsche Juristentag in Karlsruhe 1996 besonders hervorgehoben[1] und wird auch von der Strafverfolgungspraxis betont[2]. Im internationalen Bereich sowie auf Bundes-, Landes- und kommunaler Ebene sind daher eine Reihe von Maßnahmen zur Bekämpfung der Korruption ergriffen worden.

2   Die wichtigsten **Bausteine zur Korruptionseindämmung** im öffentlichen Bereich sind die präventiven Maßnahmen zur Korruptionsbekämpfung (dazu unten B) und das öffentliche Dienstrecht (dazu unten C). Die Rechtsfolgen bei Korruptionstaten werden unter D dargestellt. Für die Bekämpfung von Korruptionstaten im parlamentarischen Bereich sind die Verhaltenspflichten der Abgeordneten von besonderer Bedeutung; hierauf wird unter E eingegangen.

B. Präventive Maßnahmen zur Korruptionsbekämpfung

I. Präventionskonzepte

3   Grundlage für die Arbeiten der **Bundesregierung** an einem Maßnahmenpaket zur Korruptionseindämmung war der von BMI und BMJ vorgelegte Maßnahmenkatalog zur Korruptionsbekämpfung[3], der im ersten Teil die zu ergreifenden präventiven Maßnahmen enthält. Die Umsetzung des Maßnahmenkatalogs erfolgte im Rahmen des Gesetzes zur Bekämpfung der Korruption v. 13.8.1997[4], des Zweiten Nebentätigkeitsbegrenzungsgesetzes v. 9.9.1997[5] und der **Richtlinie zur Korruptionsprävention in der Bundesver-**

---

[1] Beschluss 7: „Vorrang der Prävention: Der Schwerpunkt des Gesamtkonzepts muss bei der Prävention liegen. Auch vom Strafrecht ist jedoch ein Beitrag zur Eindämmung der Korruption zu leisten. Eine Utopie wäre es freilich, die ethische Sanierung der Wirtschaftsgesellschaft mit strafrechtlichen Mitteln versuchen zu wollen.", Verhandlungen des 61. Deutschen Juristentages, Bd. II/1, L 56 f.
[2] *Schaupensteiner*, NStZ 1996, 409 ff.; *Vahlenkamp/Knauß*, Korruption – hinnehmen oder handeln? 1995.
[3] Presseerklärung BMI/BMJ vom 20.3.1996.
[4] BGBl. I 1997, S. 2038.
[5] BGBl. I 1997, S. 2294.

B. Maßnahmen zur Korruptionsbekämpfung I. Präventionskonzepte

waltung v. 17.6.1998[6], die inzwischen fortentwickelt und am 30.7.2004[7] neu gefasst wurde. Die RL wird ergänzt durch einen „Verhaltenskodex gegen Korruption"[8] und einen „Leitfaden für Vorgesetzte und Behördenleitungen"[9]. Zur Umsetzung dieser RL hat die Bundesregierung – nicht verbindliche – Empfehlungen herausgegeben[10]. Ergänzt wurden diese Maßnahmen durch die Allgemeine Verwaltungsvorschrift zur Förderung von Tätigkeiten des Bundes durch Leistungen Privater (Sponsoring, Spenden und sonstige Schenkungen) v. 7.7.2003[11].

In **internationalen Übereinkommen** wurden Vorgaben und Empfehlungen zu prä- 4 ventiven Maßnahmen gegen Korruption im öffentlichen Bereich vereinbart. Das Zivilrechtsübereinkommen gegen Korruption des Europarates v. 4.11.1999[12] baut auf den 20 Leitlinien der Europarates zur Korruptionsbekämpfung[13] auf und enthält u.a. Vorschriften zur Haftung für Schäden, die durch Korruptionshandlungen entstanden sind (Art. 3 bis 7), zur Nichtigkeit von Verträgen, die eine Korruptionsabrede enthalten (Art. 8), zum Schutz von Hinweisgebern (Art. 9) sowie zur Rechnungslegung und Abschlussprüfung (Art. 10). Ergänzt wird es durch eine Empfehlung v. 26.5.2000 zu einem Verhaltenskodex für Amtsträger mit einem Modellverhaltenskodex[14]. Ausführliche Regelungen zu präventiven Maßnahmen enthält das Kap. II des Übereinkommens der Vereinten Nationen gegen Korruption v. 31.10.2003[15], das u.a. die Erarbeitung von Präventionskonzepten (Art. 5), zur Einrichtung von Stellen zur Korruptionsprävention (Art. 6) und zu Verhaltenskodizes für Amtsträger (Art. 8) vorgibt.

Auch die **Länder** haben sich intensiv der Bekämpfung der Korruption angenommen. 5 Die Innenministerkonferenz (IMK) hat am 3.5.1996 ein **Präventions- und Bekämpfungskonzept** Korruption mit 16 Leitsätzen und 18 Empfehlungen beschlossen[16]. Zu diesem Konzept werden regelmäßig Umsetzungsberichte erstellt, aus denen der Stand der Maßnahmen zur Korruptionsbekämpfung in den Ländern ersichtlich ist[17].

Die Länder haben (u.a.) folgende Vorschriften zur Korruptionsbekämpfung erlassen[18]: 6

- **Baden-Württemberg**: VwV zur Verhütung unrechtmäßiger und unlauterer Einwirkungen auf das Verwaltungshandeln und zur Verfolgung damit zusammenhängender Straf- und Dienstvergehen (VwV Korruptionsverhütung und -bekämpfung) v. 21.7.1997[19];

---

[6] Bundesanzeiger Nr. 127 v. 14.7.1998, S. 9665.
[7] Bundesanzeiger Nr. 148 v. 10.8.2004, S. 17745.; dazu *Greve*, Korruptionsdelikte in der Praxis, 2005, Rn. 62 ff.; zur Umsetzung der RL in der deutschen Zollverwaltung s. *Jäckle*, AW-Prax 2006, 152, und in der Bundespolizei s. Aktion des Bundespolizeipräsidiums Mitte „Korruption – (K)ein Thema für die Bundespolizei?"; eine Zusammenstellung der wichtigsten Instrumente zur Korruptionsbekämpfung auf Bundesebene findet sich in der BMI-Broschüre „Texte zur Korruptionsprävention", abrufbar über „www.bmi.bund.de".
[8] Anl. 1 zur RL.
[9] Anl. 2 zur RL.
[10] Anl. 4 zur RL.
[11] Bundesanzeiger Nr. 126 v. 11.7.2003, S. 14906.
[12] Civil Law Convention on Corruption, Council of Europe, ETS – No. 174, www.conventions.coe.int.treaty.
[13] Resolution (97) 24 v. 6.11.1997, www.greco.coe.int.
[14] Recommendation No. R (2000) 10 of the Committee of Ministers to Member States on Codes of Conduct for Public Officials, www.greco.coe.int.
[15] United Nations Convention against Corruption, www.unodc.org/unodc/crime_convention_corruption.html.
[16] Abrufbar über „www.im.nrw.de/inn/doks/imkkonzept.pdf".
[17] Zuletzt 3. Umsetzungsbericht v. 30.10.2002; www.im.nrw.de/inn/97.htm; ein weiterer Umsetzungsbericht soll Ende 2006 veröffentlicht werden.
[18] Abgedruckt sind mehrere VwV und RL bei *Bartsch/Paltzow/Trautner*, Korruptionsbekämpfung, 2004/2005, Kap. 10.2 ff.
[19] BW GABl. 1997, S. 487.

- **Bayern**: RL zur Verhütung und Bekämpfung von Korruption in der öffentlichen Verwaltung (Korruptionsbekämpfungsrichtlinie) v. 13.4.2004[20];
- **Berlin**: AV über die Einrichtung einer Zentralstelle „Korruptionsbekämpfung" bei der StA bei dem KG (AV Zentralstelle „Korruptionsbekämpfung" v. 30.7.1998[21]; RS zu den RL zur Korruptionsprävention der Anti-Korruptions-Arbeitsgruppe der Berliner Verwaltung v. 7.9.1998[22];
- **Brandenburg**: RL zur Korruptionsprävention in der Landesverwaltung Brandenburg v. 25.4.2006[23];
- **Bremen**: VwV zur Vermeidung und Bekämpfung der Korruption in der öffentlichen Verwaltung der Freien Hansestadt Bremen v. 16.1.2001[24];
- **Hamburg**: Allg. VwV über Maßnahmen zur Korruptionsbekämpfung – insbesondere Korruptionsprävention – in Kraft seit 1.9.2001, Konzeption zur Korruptionsbekämpfung v. 23.10.2002[25];
- **Hessen**: Erl. Korruptionsvermeidung in hessischen Kommunalverwaltungen v. 27.4.1998[26], geänd. durch Erl. v. 22.12.1998[27];
- **Mecklenburg-Vorpommern**: VwV Bekämpfung von Korruption in der Landesverwaltung Mecklenburg-Vorpommern (VV-Kor) v. 23.8.2005[28];
- **Niedersachsen**: VwV zur Bekämpfung von Korruption in der Landesverwaltung v. 14.6.2001[29];
- **Nordrhein-Westfalen**: KorruptionsbekämpfungsG v. 16.12.2004[30]; RdErl. Verhütung und Bekämpfung von Korruption in der öffentlichen Verwaltung v. 26.4.2005[31];
- **Rheinland-Pfalz**: VwV Bekämpfung der Korruption in der öffentlichen Verwaltung v. 7.11.2000[32], i.d.F. vom 29.4.2003[33];
- **Saarland**: RL zur Verhütung und Bekämpfung von Korruption in der Landesverwaltung v. 19.12.2000[34];
- **Sachsen**: VwV zur Korruptionsvorbeugung in der staatlichen Verwaltung (VwV Korruptionsvorbeugung) v. 21.5.2002[35];
- **Sachsen-Anhalt**: VwV zur Vermeidung und Bekämpfung der Korruption v. 2.3.1998[36];
- **Schleswig-Holstein**: RL „Korruptionsprävention und Korruptionsbekämpfung in der Landesverwaltung Schleswig-Holstein" (Korruptionsrichtlinie) v. 7.11.2003[37];
- **Thüringen**: RL zur Korruptionsbekämpfung in der öffentlichen Verwaltung v. 8.10.2002[38].

---

[20] BY AllMBl. 2004, S. 87; vgl. dazu *Els*, Kommunalpraxis BY, 2005, 164 ff.
[21] BE ABl. 1998, S. 3099.
[22] BE DBl. I, S. 149; s. auch RL zur Korruptionsprävention in der Berliner Polizei v. 26.4.2006, abrufbar über www.berlin.de/polizei/service/korruptionspraevention.de.
[23] BB ABl. 2006, S. 362.
[24] HB ABl. 2001, S. 103.
[25] Beide abrufbar über www.fhh.hamburg.de/stadt/aktuell/behoerden/inneres/dezernat-interne-ermittlungen.
[26] HE Staatsanzeiger 1998, S. 1432.
[27] HE Staatsanzeiger 1999, S. 190.
[28] MV ABl. 2005, S. 1031.
[29] NI MBl. 2001, S. 572.
[30] GVBl. NW 2005, 20020 (Nr. 1 v. 4.1.2005); krit. hierzu *Kleerbaum*, KOPO 2005, 34 ff.
[31] MBl. NW 2005, 20020, S. 623; der Erlass löste den RdErl. 12.4.1999 i.d.F. v. 23.1.2004 ab.
[32] RP MBl. 2001, S. 86.
[33] RP MBl. 2003, S. 346.
[34] SL GMBl. 2001, S. 4.
[35] SN ABl. 2002, 635.
[36] ST MBl. 1998, S. 472.
[37] SH ABl. 2003, S. 826.
[38] TH Staatsanzeiger Nr. 42/2002, S. 2540.

B. Maßnahmen zur Korruptionsbekämpfung   II. Korruptionsprävention

Zudem sind von den **Kommunen**, bei denen die Korruptionsgefahr wegen des hohen Anteils der öffentlichen Aufträge in besonderem Maße besteht, eine Reihe von präventiven Maßnahmen ergriffen worden. So haben auch viele Städte[39] eigene Richtlinien zur Korruptionsprävention erlassen[40]. 7

II. Maßnahmen zur Korruptionsprävention

1. Besonders korruptionsgefährdete Arbeitsgebiete

Grundlage für das Ergreifen von Maßnahmen zur Korruptionsprävention ist das Bestimmen der besonders korruptionsgefährdeten Arbeitsgebiete (Nr. 2 S. 1 der RL der BReg. zur Korruptionsprävention). Zwar kann Korruption an jeder Stelle der öffentlichen Verwaltung auftreten; es gibt aber **Bereiche, die besondere Anfälligkeiten aufweisen**. Hierzu gehören alle Aufgaben im Bereich der Vergabe von Aufträgen, Subventionen, Zuwendungen und sonstigen Fördermitteln, der Erteilung von Genehmigungen, Lizenzen und Konzessionen sowie der Erhebung und Festsetzung von Steuern, Abgaben und Gebühren. Betroffen sind zudem häufig Arbeitsbereiche, in denen vertrauliche behördeninterne Informationen zugänglich sind[41]. Nach den Empfehlungen zur RL der BReg. zur Korruptionsprävention ist ein Arbeitsgebiet korruptionsgefährdet, wenn durch das Verhalten oder die Entscheidung der Behördenmitarbeiter Außenstehende[42] materielle oder immaterielle Vorteile erhalten oder Nachteile von ihnen abgewendet werden und die Außenstehenden den Behördenmitarbeitern Vorteile zuwenden können, auf die diese keinen Anspruch haben. Bei den besonders korruptionsgefährdeten Arbeitsbereichen muss zur Korruptionsanfälligkeit des Bereichs noch hinzukommen, dass es um bedeutende Vorteile oder um die Abwendung erheblicher Nachteile für den Korrumpierenden gehen kann. Zu den besonders korruptionsanfälligen Bereichen sollen neben den bereits oben genannten Arbeitsbereichen auch Tätigkeiten gehören, die mit häufigen Außenkontakten verbunden sind, und solche, deren Aufgabe das Bewirtschaften von Haushaltsmitteln im größeren Umfang ist. 8

Die Behörden müssen eine **Übersicht**[43] **der besonders korruptionsgefährdeten Arbeitsgebiete** erstellen. Dabei ist darauf zu achten, dass die Bezeichnung eines Arbeitsgebietes als „besonders korruptionsgefährdet" nicht bedeutet, dass den Mitarbeitern in diesem Arbeitsgebiet besonders zu misstrauen ist. Dies würde zu einer Abwehrhaltung gegen die Einstufung des eigenen Arbeitsgebietes führen. Es ist vielmehr so, dass die Betrauung eines Mitarbeiters mit einem besonders korruptionsanfälligen Ar- 9

---

[39] Vgl. z.B. die Zusammenstellung der Maßnahmen zur Vermeidung und Bekämpfung von Korruption der Stadt Köln, www.koeln.de/stadtinitiativ/antikorruption; zu den Maßnahmen zur Korruptionsprävention in Frankfurt/Main siehe *Bonzelius*, in: DBB Akademie, Unerträglich aber unvermeidbar? – Korruption in der öffentlichen Verwaltung und Strategien zu ihrer Bekämpfung, 2000, S. 65 ff.

[40] Zu den Maßnahmen auf kommunaler Ebene siehe *Deutscher Städte- und Gemeindebund*, Dokumentation Nr. 31 „Korruptionsprävention bei der öffentlichen Auftragsvergabe", Beil. zu Stadt und Gemeinde INTERAKTIV 5/2003; *Fogt*, Städtetag 2003, Nr. 7–8, 32 ff.; zur Korruptionsprävention im kommunalen Bereich siehe auch Handbuch des Europarates „Ethische Mindeststandards für die Kommunalverwaltung", abrufbar über „www.bmi.bund.de".

[41] Zu korruptionsgefährdeten Bereichen s. auch *Ax/Schneider*, Rechtshandbuch Korruptionsgefährdung, 2006, Rn. 3.

[42] In den Empfehlungen werden die Personen als „Dritte" bezeichnet, was allerdings ungenau ist, da es um die Beziehung zwischen dem Behördenmitarbeiter und dem mit dem Mitarbeiter in Kontakt tretenden Bürger geht und nicht um Drittbegünstigungen.

[43] Vgl. zB Nr. 3 der NI VwV (Rn. 29): „Gefährdungsatlas".

beitsgebiet eine „Auszeichnung" für den Mitarbeiter darstellt, da nur integre Mitarbeiter mit diesen Aufgaben betraut werden dürfen. Dies sollte allen Mitarbeitern verdeutlicht werden.

2. Risikoanalysen

10 Risikoanalysen haben zum einen den Zweck, die besonders korruptionsgefährdeten Arbeitsgebiete festzustellen. Schwerpunkt der Analysen ist es aber, die Organisation und Personalzuordnung in diesen Bereichen zu prüfen. Nach Abschn. III der Empfehlungen zu Nr. 2 der RL der BReg. zur Korruptionsprävention sollte grundsätzlich nach spätestens fünf Jahren, nach organisatorischen oder verfahrensmäßigen Änderungen oder nach Änderung der Aufgabeninhalte die **Notwendigkeit einer Risikoanalyse** geprüft werden. Dabei soll in einem ersten Schritt eine kursorische Prüfung der Korruptionsgefährdung und Wirksamkeit vorhandener Sicherungen durchgeführt werden. Soweit die Notwendigkeit einer Risikoanalyse bejaht wird, sind die besonders korruptionsgefährdeten Arbeitsvorgänge und bereits vorhandene Sicherungen zu erfassen. Sofern Handlungsbedarf besteht, sollten Präventivmaßnahmen vorgeschlagen und/oder angeordnet werden.

11 Im Rahmen einer Risikoanalyse[44] muss zunächst anhand der bei Rn. 8 aufgeführten Kriterien untersucht werden, **welche Arbeitsgebiete besonders korruptionsgefährdet** sind. Dies kann durch eine Überprüfung der Aufgaben und Befugnisse der Arbeitseinheit vorgenommen werden. In diese Prüfung sollten aber in jedem Fall die höheren Vorgesetzten (z.B. Abteilungsleiter in Ministerien) einbezogen werden. Außerdem sollten die Leiter der Arbeitseinheiten persönlich oder schriftlich (Fragebogen) befragt werden. Soweit keine Sonderzuständigkeit besteht, gehört die Durchführung der Prüfung in der Regel zu den Aufgaben der Organisationsreferate. Wenn besonders korruptionsgefährdete Arbeitsgebiete festgestellt werden, muss analysiert werden, welche Aufgaben in den Arbeitsgebieten korruptionsanfällig sind und wie die Aufgabenerledigung organisiert ist. Insbesondere muss darauf geachtet werden, wie die **Kontrollen** (durch Vorgesetzte und/ oder z.B. im Rahmen der Mitzeichnung) durchgeführt werden. Außerdem muss sichergestellt werden, dass ein regelmäßiger Personal- und/oder Aufgabenaustausch durchgeführt wird.

12 Da eine gegenseitige Kontrolle der Mitarbeiter wichtig ist, sollte bei der **Personalzuordnung** zudem darauf geachtet werden, dass die Kontrolle der Aufgaben des einen Mitarbeiters nicht durch einen Mitarbeiter erfolgt, der zu enge Verbindungen zu diesem hat (Ehegatte, guter Freund). Außerdem muss darauf geachtet werden, dass die Arbeitsabläufe in den korruptionsgefährdeten Bereichen so organisiert sind, dass Kontrollen möglich sind, und Vorschriften, die einer Transparenz von Verwaltungsentscheidungen dienen (z.B. Pflicht zur Erstellung von Vergabevermerken), eingehalten werden. Ist entweder die Organisation oder die Personalzuordnung oder beides nicht sachgerecht, müssen Änderungen vorgenommen werden.

3. Mehr-Augen-Prinzip

13 Zu den in allen Forderungen nach intensiverer Korruptionsprävention enthaltenen Maßnahmen gehört die strikte Einhaltung des Mehr-Augen- oder Vier-Augen-Prinzips. In Nordrhein-Westfalen ist dieses Prinzip für die Vergabe von Aufträgen sogar gesetzlich geregelt (§ 20 KorruptionsbG NW). Diese eigentlich selbstverständliche und höchst wir-

---

[44] Zur Durchführung von amtsinternen Risiko- und Gefährdungsanalysen vgl. auch *Grupp*, Korruptionsabwehr in der öffentlichen Verwaltung, 2001, S. 129 ff.

kungsvolle Maßnahme wirft in der Praxis immer wieder **Probleme** auf. Dies wird schon an der Kompromissformel in Nr. 3.1 der RL der BReg. zur Korruptionsprävention deutlich, die sogar in besonders korruptionsgefährdeten Arbeitsgebieten Ausnahmen zulässt, sofern der Einhaltung des Prinzips unüberwindliche praktische Schwierigkeiten entgegenstehen. Hintergrund der praktischen Probleme ist häufig, dass die Personalressourcen in einigen Bereichen für eine wirksame Gegenkontrolle nicht zur Verfügung stehen und der Sachverstand für eine effektive Prüfung nur bei wenigen Mitarbeitern vorhanden ist. Dies darf allerdings nicht dazu führen, dass auf das Mehr-Augen-Prinzip verzichtet wird. Ein Weniger an gegenseitiger Kontrolle muss durch ein Mehr an Aufsicht (siehe dazu Rn. 25 ff.) ausgeglichen werden.

Das Mehr-Augen-Prinzip nützt nichts, wenn bereits alle mit bestimmten Entscheidungen befassten Mitarbeiter in einem Korruptionsnetz gefangen sind. Solche Bereiche soll es, wie die Ermittlungen z.B. in der Frankfurter Stadtverwaltung[45] gezeigt haben, gar nicht selten geben. Die Umsetzung des Mehr-Augen-Prinzips darf daher **nicht** so ausgestaltet sein, dass **nur Kollegen im gleichen Arbeitsbereich** bestimmte Vorgänge mitprüfen. Erforderlich ist vielmehr, auch andere Arbeitsbereiche (z.B. Haushalts-, Vergabe-, Rechtsabteilungen oder -referate) in die Entscheidungsfindung einzubeziehen. Innerhalb der Arbeitsbereiche sollte das Mehr-Augen-Prinzip mit den Folgen der Personalrotation (siehe hierzu Rn. 16 ff.) verbunden werden. Entscheidungen in korruptionsgefährdeten Bereichen sollten immer von bereits länger in einem Arbeitsgebiet tätigen Mitarbeitern zusammen mit neuen Mitarbeitern vorbereitet werden. Dies verringert die Gefahr, dass alle beteiligten Mitarbeiter Mitglieder in einem Korruptionsnetz sind. **14**

4. Personalauswahl und -rotation

In besonders korruptionsgefährdeten Arbeitsgebieten ist das **Personal mit besonderer Sorgfalt auszuwählen**. Hier muss ein strenger Maßstab angelegt werden[46]. Ausgeschlossen vom Einsatz in solchen Bereichen sind Personen, gegen die straf- oder disziplinarrechtliche Verfahren oder interne Ermittlungen wegen eines Korruptionsverdachts laufen, die verschuldet oder deren wirtschaftliche Verhältnisse sonst nicht geordnet sind und die soziale Probleme wie Alkohol-, Drogen- oder Spielsucht haben. Aber auch andere auffällige Verhaltensweisen können Personen für den Einsatz in besonders korruptionsgefährdeten Bereich disqualifizieren. Hierzu gehören z.B. der private Umgang mit fragwürdigen Personen, besondere Redseligkeit und eine betont auffällige Lebensweise. Häufig wird hier eine besonders feinfühlige Vorgehensweise der Personalverwaltung gefragt sein. Gerade besonders selbstbewusst auftretenden und ehrgeizigen Mitarbeitern wird es nicht immer leicht zu vermitteln sein, dass für sie ein Einsatz in bestimmten korruptionsgefährdeten Bereichen nicht in Betracht kommt. Das gilt insbesondere, wenn es sich bei den zu vergebenden Posten um höherwertige Stellen handelt. **15**

Da der lange Verbleib in besonders korruptionsgefährdeten Bereichen auch den zunächst nicht anfälligen Mitarbeiter dazu bringen kann, seine Pflichten zu verletzen, ist zudem die **Personalrotation** ein wichtiges Mittel zur Korruptionsprävention[47]. Wenn der Mitarbeiter von Anfang an weiß, dass sein Einsatz in einem bestimmten Bereich nur von begrenzter Dauer ist und eventuelle Unregelmäßigkeiten von einem Nachfolger schnell aufgedeckt werden können, wird seine Bereitschaft, ein Korruptionsangebot anzunehmen, sehr gering sein. Hinzu kommt, dass bei einer begrenzten Verweildauer in einem entsprechenden Arbeitsgebiet nicht so sehr die Gefahr besteht, dass enge Verbindungen **16**

---

[45] Vgl. hierzu *Herbig*, VerwArch. 1989, 381 ff.
[46] Vgl. hierzu Empfehlung zu Nr. 4 der RL der BReg. zur Korruptionsprävention und Art. 7 Abs. 1 Buchst. b HS 1 des VN-Übereinkommens (Fn. 15).

zwischen dem Mitarbeiter und z.B. Auftragnehmern der Behörde aufgebaut und die nötige Distanz abgebaut werden.

17 Die Neufassung der Nr. 4.2 der RL der BReg. zur Korruptionsprävention sieht vor, dass in besonders korruptionsgefährdeten Bereichen eine **Verwendungsdauer** von fünf Jahren in der Regel nicht überschritten werden sollte und die Gründe für eine eventuell erforderliche Verlängerung aktenkundig zu machen sind[48]. Diese Vorschrift ist nicht so zu verstehen, dass eine Verwendungsdauer von fünf Jahren auf einem Posten immer unproblematisch ist und auch bei einer Verlängerung lediglich eine – häufig leicht zu findende – Begründung in den Akten ausreicht. Wenn ein Bereich als besonders korruptionsgefährdet eingestuft wird, kann es auch erforderlich sein, erheblich kürzere Verwendungszeiten vorzusehen. Insbesondere bei Großprojekten kann bereits der zweite Fall der Zusammenarbeit zwischen einer Behörde und einem Unternehmen die Korruptionsanfälligkeit deutlich verstärken. In vielen Bereichen sollte daher die Verwendungsdauer bei höchstens zwei oder drei Jahren liegen. In den Ländern sind teilweise auch für den Regelfall kürzere Höchstverwendungszeiten geregelt. In Rheinland-Pfalz ist z.B. eine Verwendungszeit von nicht länger als vier Jahren für Dienstposten vorgesehen, die einer besonderen Korruptionsgefahr unterliegen[49]. Brandenburg hat sich dagegen z.B. für eine Grenze von maximal sieben Jahren entschieden[50].

18 Gerade bei dem Thema „Personalrotation" gibt es häufig **Meinungsverschiedenheiten** in den Behörden. Während der Leiter einer Einheit seine „gerade gut eingearbeiteten" und „nicht ersetzbaren" Fachleute nicht verlieren möchte, setzt eine effektive Korruptionsbekämpfung voraus, dass ein häufiger Personalwechsel erfolgt, der natürlich auch immer wieder mit Einarbeitungsaufwand verbunden ist. Hier kann eine **vorausschauende Personalplanung** viel Entlastung bringen. Wenn die Verwendungsdauer in bestimmten Bereichen von vornherein festgelegt wird, kann rechtzeitig für Ersatz gesorgt und sichergestellt werden, dass nicht alle Mitarbeiter in einem Bereich zum gleichen Zeitpunkt rotieren. Auch das erworbene Know-how muss durch die strikte Einhaltung der Personalrotation nicht verloren gehen. Personalrotation bedeutet nicht, dass der bisher für die Ausschreibung von Großaufträgen zuständige Mitarbeiter künftig in einem völlig anderen Fachgebiet eingesetzt werden muss. Es kann bereits ausreichen, ihn in einem anderen Sachgebiet des gleichen Bereichs einzusetzen, wenn er dort mit anderen (potentiellen) Auftragnehmern zu tun hat. Personalrotation endet im Übrigen nicht auf der Sachbearbeiterebene. Wichtig ist insbesondere auch ein häufiger Wechsel der Leitungs- und Aufsichtspersonen.

19 In vielen Behörden gibt es bestimmte Positionen, für die nur ein Mitarbeiter in Betracht kommt, und Mitarbeiter, die wegen ihres Ranges und/oder ihrer Ausbildung nur für den Einsatz in bestimmten Bereichen oder einer bestimmten Position in Betracht kommen. Häufig gehört hierzu der besonders korruptionsanfällige Bereich der (Beschaffung von) Informationstechnik. Wenn eine Personalrotation innerhalb einer Behörde nicht möglich ist, sollte auch eine **behördenübergreifende Rotation** in Betracht gezogen werden[51]. Diese ist insbesondere bei Führungs- und Leitungspositionen möglich und wird bei internationalen Organisationen und im Ausland bereits praktiziert.

20 Die Durchführung der Maßnahmen zur Personalrotation sollte von der Dienststellenleitung selbst **kontrolliert** und von der Aufsichtsbehörde **überwacht** werden. Nur so kann sichergestellt werden, dass die Maßnahmen umgesetzt werden und der Begründungsaufwand für die Personalverwaltung gegenüber den Fachbereichen gering ist.

---

[47] Siehe hierzu auch Art. 7 Abs. 1 Buchst. b HS 2 des VN-Übereinkommens (Fn. 15).
[48] Ähnlich z.B. auch Nr. 2.1 des NW RdErl., § 21 KorruptionsbG NW.
[49] Nr. 6.2 der RP VwV.
[50] Nr. 9.1 der BB RL.
[51] So auch *Fiebig/Junker*, Korruption und Untreue im öffentlichen Dienst, 2. Aufl. 2004, Rn. 153 f.

5. Sensibilisierung und Belehrung, Aus- und Fortbildung

Neue Mitarbeiter sind bei ihrem Dienstantritt auf Korruptionsgefahren aufmerksam 21 zu machen und über die Folgen korrupten Verhaltens zu **belehren** (Nr. 7.1 S. 1 der RL der BReg. zur Korruptionsprävention). Bei einem Wechsel in ein besonders korruptionsgefährdetes Arbeitsgebiet hat eine erneute Sensibilisierung und eine vertiefte arbeitsplatzbezogene Belehrung zu erfolgen; dies ist bei Tätigkeiten in diesen Gebiet regelmäßig zu wiederholen (Nr. 7.2 der RL der BReg. zur Korruptionsprävention). Das Thema „Korruptionsprävention" ist außerdem Bestandteil der Aus- und Fortbildungsprogramme. Hierbei wird insbesondere der Fortbildungsbedarf bei Führungskräften, Ansprechpersonen für Korruptionsprävention und der Beschäftigten in besonders korruptionsgefährdeten Bereichen berücksichtigt (Nr. 8 der RL der BReg. zur Korruptionsprävention).

Die Aufgaben der Sensibilisierung, Belehrung und Fortbildung erfüllen häufig Mitar- 22 beiter der Personalverwaltung und die Ansprechperson für Korruptionsprävention (siehe dazu Rn. 30 ff.). Bei der Einstellungsbelehrung wird dabei besonders sichergestellt, dass die Erfüllung der Pflicht zur Belehrung aktenkundig gemacht wird. Da auf einen neu eingestellten Mitarbeiter im öffentlichen Dienst aber bei seiner Einstellung viele neue Eindrücke und Aufgaben zukommen, geht diese Belehrung häufig im Bewusstsein des Mitarbeiters unter. Von erheblich größerer Bedeutung ist daher die häufige **Wiederholung der Sensibilisierung**. Zuständig hierfür ist in erster Linie der Vorgesetzte, der zudem mit gutem Vorbild vorangehen muss. Eine Belehrung durch die Personalverwaltung würde leer laufen, wenn bereits der Vorgesetzte offen die Sinnhaftigkeit der Maßnahmen zur Korruptionsprävention in Frage stellt[52].

Der neu eingestellte Mitarbeiter soll neben der Belehrung auch ein Exemplar des für 23 die Behörde geltenden **Verhaltenskodexes** gegen Korruption erhalten (Nr. 7.1 S. 4 der RL der BReg. zur Korruptionsprävention).[53] Neben der Aushändigung eines Papierexemplars, das möglicherweise schnell in anderen Einstellungsunterlagen untergeht, ist es heute möglich, wichtige Informationen zur Korruptionsprävention auf zeitgemäße Art zur Verfügung zu stellen. Hierfür bieten sich die in vielen Behörden vorhandenen **Intranet-Informationssysteme**[54] an. Leicht auffindbar sollten dort neben dem Verhaltenskodex insbesondere die einschlägigen strafrechtlichen und beamtenrechtlichen Bestimmungen sowie die hierzu ergangenen Verwaltungsvorschriften sein. Wichtig sind für den Mitarbeiter aber insbesondere möglichst genaue Anleitungen, wie er sich in bestimmten Fällen zu verhalten hat. Da sich niemand für korrupt hält, bietet es sich dabei an, solche Anleitungen nicht nur unter der Überschrift „Korruptionsprävention" zur Verfügung zu stellen. Der Mitarbeiter wird eher bereit sein, Anleitungen zur Kenntnis zu nehmen und zu befolgen, die mit Überschriften wie „Annahme von Geschenken", „Hinweise zu Nebentätigkeiten" und „Verhalten im Umgang mit Bietern und Auftragnehmern" versehen sind.

Da die Verstrickung in ein Korruptionsgeflecht bereits mit der ungenehmigten An- 24 nahme von zunächst verhältnismäßig kleinen Geschenken ohne Gegenleistung („Anfüttern") erfolgen kann, ist es von großer Bedeutung, dem Mitarbeiter zu seinen Verhaltenspflichten leicht zugängliche Informationen anzubieten. Außerdem muss er darauf hingewiesen werden, wen er in Zweifelsfällen fragen kann (Vorgesetzte, Personalverwaltung, Ansprechperson). Zu besonderen Daten (Weihnachten, Neujahr) können außerdem **Rundschreiben** oder E-Mails an alle Mitarbeiter erfolgen, um die Bediensteten an ihre Pflichten zu erinnern. Um die Mitarbeiter vor Angeboten von außen zu schützen,

---

[52] Zur Rolle der Vorgesetzten bei der Sensibilisierung siehe auch *Fiebig/Junker*, (Fn. 51), Rn. 119 f.; zur Korruptionsprävention als Führungsaufgabe *Collisi*, DNV 2002, Nr. 3, 24 ff.
[53] Zu Verhaltenskodizes für Amtsträger siehe auch Art. 8 des VN-Übereinkommens (Fn. 15).
[54] Siehe hierzu auch Nr. 6.2 der BB RL.

bietet es sich außerdem an, über die Homepage der Behörde auch die „Kunden" (Bieter, Auftragnehmer, Antragsteller u.a.) über die Beamtenpflichten zu informieren und diese zu bitten, die Mitarbeiter „nicht in Versuchung zu führen".

6. Dienst- und Fachaufsicht

25 Ursache für viele Korruptionstaten ist mangelnde Kontrolle[55]. Viele Taten könnten verhindert werden, wenn eine effektive Dienst- und Fachaufsicht durchgeführt wird und die potentiell zu Korruptionstaten bereiten Beamten eine Aufdeckung ihrer Taten befürchten müssen. Notwendig für eine **effektive Kontrolle** ist, dass Dienstvorgesetzte und Aufsichtsbehörden in der Lage und bereit sind, diese Kontrollen durchzuführen. Dies setzt wiederum voraus, dass die **Arbeitsabläufe** so **transparent** gestaltet werden, dass eine Kontrolle vorgenommen werden kann. Die Dienst- und Fachaufsicht muss daher bei der Gestaltung der Arbeitsabläufe ansetzen. Dem Argument, die Arbeit der Mitarbeiter sei komplex und nicht kontrollierbar, wird so der Boden entzogen. Der Vorgesetzte und die Aufsichtsbehörde müssen allerdings auch befähigt sein, eine wirkungsvolle Kontrolle durchzuführen. Die Aufsicht über korruptionsgefährdete Bereiche darf daher nur **besonders kompetenten Mitarbeitern** zugewiesen werden. Es reicht nicht, dass nur mit der Sacharbeit gut ausgebildete Fachleute betraut werden; auch die Kontrolle muss fachgerecht ausgeführt werden können.

26 Als Hilfestellung für Vorgesetzte ist auf Bundesebene der **„Leitfaden für Vorgesetzte und Behördenleitungen"**[56] erarbeitet worden. Dieser Leitfaden enthält neben Anleitungen zu Belehrungen und organisatorischen Maßnahmen sowie Hinweisen zu den Fürsorgepflichten, zur Aufsicht und zum Führungsstil insbesondere auch eine Zusammenstellung der Anzeichen für Korruption und eine Handlungsanleitung bei Verdachtsfällen. Ob die Kenntnis von diesem Leitfaden weit verbreitet ist, muss allerdings bezweifelt werden. Daher ist es wichtig, auch bei Weiterbildungsveranstaltungen für Beamte mit Leitungsbefugnissen das Thema „Korruptionsprävention" anzusprechen und auf den Leitfaden hinzuweisen.

27 Verstärkte Aufsicht bedeutet nicht, dass die **Eigeninitiative und -verantwortlichkeit der Mitarbeiter** beschnitten werden muss. Die Entscheidung zum Beispiel über Auftragsvergaben kann durchaus delegiert werden. Erforderlich ist aber, dass die Entscheidungsfindung so dokumentiert wird, dass sie kontrollierbar ist. Auf die Durchführung der Kontrolle selbst, etwa durch die Pflicht zur Vorlage der Vergabevermerke, dürfen Vorgesetzte und Aufsichtsbehörden aber nicht verzichten. Eine nachträgliche Kontrolle kann sogar bei Vorgesetzten die Bereitschaft fördern, Unregelmäßigkeiten aufzudecken, da für sie der psychologische Vorteil besteht, die Entscheidung nicht selbst getroffen zu haben. Soweit sich der Dienstvorgesetzte wegen des Wertes oder der Bedeutung eines Auftrags oder der besonderen Gefahr von Unregelmäßigkeiten die Entscheidung selbst vorbehält, muss die Kontrolle durch den nächsthöheren Dienstvorgesetzten und/oder die Aufsichtsbehörde erfolgen. Die Kontrolle umfasst in diesem Fall auch die Handlungen des (ersten) Dienstvorgesetzten.

28 Kontrollmaßnahmen dürfen sich zudem nicht darauf beschränken, dass nur vorgelegte Vermerke und Entscheidungsvorschläge besonders intensiv geprüft werden. Wenn ein Vergabevorschlag darauf beruht, dass dem vorlegenden Sachbearbeiter ein Bestechungsgeld gezahlt wurde, wird er dies kaum in seinen Vermerk aufnehmen. Er wird seine Vor-

---

[55] Darauf weisen auch *Bannenberg/Schaupensteiner*, Korruption in Deutschland, 2004, in ihren instruktiven Fallschilderungen, S. 100 ff., immer wieder hin; siehe hierzu auch *Greeve/Dörr*, Münchener Anwalts Handbuch, Verteidigung in Wirtschafts- und Steuerstrafsachen, 2006, § 19 Rn. 32.

[56] Anl. 2 zu Nr. 9.1 der RL der BReg. zur Korruptionsprävention.

lage vielmehr so fassen, dass der Vergabevorschlag als objektiv sachgerechter Vorschlag erscheint. Zur Kontrolle gehört es daher auch, dass **Akten und Vorgänge herangezogen** werden, die der Vorlage nicht beigefügt sind, um den Entscheidungsvorschlag nachzuvollziehen. Bei Vergabeverfahren bietet es sich an, von Angeboten Sicherungskopien zu erstellen, auf die der Bearbeiter des Vergabefahrens keinen Zugriff hat, um nachträgliche Manipulationen feststellen zu können[57]. Zudem können bereits während der Erarbeitung von Entscheidungsvorschlägen **unangekündigte Kontrollen** stattfinden. Vorgesetzte können sich z.B. bei Verhandlungsverfahren und der Vorbereitung von freihändigen Vergaben an den Gesprächen mit den Bietern beteiligen.

Wenn Vorgesetzte Anhaltspunkte für einen Korruptionsverdacht haben, müssen sie sich unverzüglich mit der Ansprechperson für Korruptionsprävention beraten und die Personalverwaltung oder Behördenleitung einschalten. Zudem kann es erforderlich sein, dass der Vorgesetzte selbst **geeignete Maßnahmen** ergreift, um Schaden abzuwenden und Beweise zu sichern. Hierzu können der sofortige Entzug bestimmter Aufgaben, das Verbot des Zugangs zu bestimmten Akten und Daten oder sogar die Sicherung des Arbeitsraumes und der Arbeitsmittel (z.B. Computer) gehören[58]. 29

7. Ansprechperson für Korruptionsprävention

Nach Nr. 5.1 der RL der BReg. zur Korruptionsprävention in der Bundesverwaltung sind abhängig von Aufgabe und Größe der Dienststellen Ansprechpersonen[59] für Korruptionsprävention zu bestellen.[60] Diese Ansprechpersonen sollen nicht die Aufgabe haben, Korruptionstaten zu ermitteln und anzuzeigen. Schwerpunkt ihrer Aufgabe ist vielmehr, für Beschäftigte, Bürger und die Dienststellenleitung als **Gesprächspartner** zur Verfügung zu stehen. Die Konstruktion der Stellung der Ansprechperson ist schwierig. Zum einen ist sie verpflichtet, über die ihr bekannt gewordenen Verhältnisse der Beschäftigten, die sich an sie wenden, Stillschweigen zu bewahren (Nr. 5.6 der RL). Andererseits gilt diese Pflicht aber nicht gegenüber der Dienststellenleitung und der Personalverwaltung bei einem durch Tatsachen gerechtfertigten Korruptionsverdacht. Wenn der Ansprechperson Tatsachen bekannt werden, die den Verdacht eines Dienstvergehens rechtfertigen, hat sie die **Dienststellenleitung zu unterrichten** (Nr. 5.2 der RL). Die Ansprechperson hat daher nicht die unabhängige Stellung eines Ombudsmannes, sondern ist in die Organisation der Behörde eingegliedert. In der Praxis führt dies dazu, dass Ansprechpersonen kaum in Fällen angesprochen werden, bei denen es wirklich um den Verdacht einer Korruptionstat geht. Der Schwerpunkt der Tätigkeit liegt vielmehr bei **Vorschlägen zu präventiven Maßnahmen**, der Mitarbeit bei Fortbildungen und Unterrichtungen sowie bei der Beratung der Mitarbeiter und der Dienststellenleitung. 30

Zu Ansprechpersonen werden häufig Personen bestellt, die ohnehin etwa im Rahmen der Innenrevision, der Vergabeprüfung, des Justitiariats, des Haushalts oder der Organisation mit Aufgaben im Bereich der Korruptionsbekämpfung befasst sind. Dies hat zwar den Vorteil, dass das erforderliche Know-how bei den Personen in der Regel vorhanden ist. Besser wäre es jedoch, Personen zu bestellen, die dienstlich nicht „befangen" sind, sondern zusätzliche Impulse geben können, ohne in die Verwaltungshierarchie eingebunden zu sein. Idealerweise gehören die Ansprechpersonen daher auch **nicht zur Verwaltungsabteilung**, sondern beraten diese. Dies setzt allerdings voraus, dass Personen 31

---

[57] Siehe hierzu Nr. 3.7 des NW RdErl.
[58] Abschn. II Nr. 2 des Leitfadens für Vorgesetzte und Behördenleitungen (Fn. 7 und 9).
[59] Die Umbenennung der bisherigen „Ansprechpartner" in „Ansprechpersonen" erfolgte im Rahmen der Überarbeitung der RL der BReg. zur Korruptionsprävention aus Gründen des gender mainstreaming.
[60] Ansprechpersonen sind auch in den RL und VwV der Länder vorgesehen.

für diese zusätzliche Funktion besonders ausgebildet werden, damit die Aufgaben wirkungsvoll wahrgenommen werden können. Wenn die Ansprechperson zugleich auch für Aufgaben der Korruptionsprävention in der Behörde, insbesondere für die Umsetzung der Richtlinie zur Korruptionsprävention, zuständig ist oder zudem die Aufgaben einer besonderen Organisationseinheit zur Korruptionsprävention (i.S. der Nr. 6 der RL) übernimmt, kann die Dienststelle die Person auch zum **„Beauftragten für Korruptionsprävention"** bestellen[61]. Ob eine Aufgabenkonzentration oder -teilung sinnvoller ist, muss jede Behörde für sich entscheiden. Häufig wird dies von den zur Verfügung stehenden Mitarbeitern abhängen. Allerdings sollte auch bei der Korruptionsprävention darauf geachtet werden, dass nicht alle Aufgaben nur von einer Person übernommen werden, damit die Aufgabe Korruptionsprävention nicht zugleich (besonders) korruptionsanfällig wird.

32 Nicht zur Ansprechperson dürfen Mitarbeiter der für Sicherheitsüberprüfungen zuständigen Organisationseinheit, also insbesondere die **Geheimschutzbeauftragten** der Behörden, bestellt werden[62]. Eigentlich wäre eine Personalunion zwischen Ansprechperson und Geheimschutzbeauftragtem sehr sinnvoll, da Erkenntnisse über Korruptionsgefahren für den Geheimschutz und solche aus Sicherheitsüberprüfungen für die Korruptionsprävention wichtige Anhaltspunkte liefern. Allerdings steht einer Verwertung von Erkenntnissen aus Sicherheitsüberprüfungen für die Korruptionsprävention die Vorschrift in § 21 SÜG entgegen, nach der die durch Sicherheitsüberprüfungen gewonnenen personenbezogenen Daten nur sehr eingeschränkt verwendet werden dürfen.

33 Die Ansprechperson zur Korruptionsprävention sollte – soweit nicht ohnehin die Aufgaben zusammenfallen – eng mit den für die Korruptionsprävention und Innere Revision zuständigen Arbeitseinheiten **zusammenarbeiten**. Außerdem muss ein enger Informationsaustausch mit der Personalverwaltung stattfinden. Wenn ein Korruptionsverdacht gegen einen Mitarbeiter besteht, der eine sicherheitsempfindliche Tätigkeit ausübt, muss der Geheimschutzbeauftragte informiert werden.

34 Die Ansprechperson sollte im Regelfall eine **leitende Stelle** in der Behörde einnehmen, damit ihre Anregungen oder Belehrungen das nötige Gewicht haben. Um der Ansprechperson die notwendige Unabhängigkeit zu geben, ist es zudem erforderlich, dass sie unmittelbar bei der Dienststellenleitung angebunden wird. Nach Nr. 5.5 der RL ist die Ansprechperson bei der Wahrnehmung ihrer Aufgaben zur Korruptionsprävention weisungsunabhängig und hat ein unmittelbares Vortragsrecht bei der Dienststellenleitung. Der Ansprechperson dürfen keine Disziplinarbefugnisse übertragen werden, und in Disziplinarverfahren wegen Korruption darf sie nicht als Ermittlungsführer tätig werden (5.3 der RL).

35 Um den Mitarbeitern die Möglichkeit zu geben, sich möglichst unbeobachtet mit der Ansprechperson in Verbindung zu setzen, bietet es sich an, **besondere E-Mail-Adressen**, Telefonnummern und Büros für eine Kontaktaufnahme zur Verfügung zu stellen[63].

8. Ombudsleute/Vertrauensanwälte

36 Die Institution der Ansprechperson für Korruptionsprävention mit der Pflicht zur Unterrichtung der Dienststellenleitung bei einem begründeten Korruptionsverdacht hat den Nachteil, dass sich Mitarbeiter der Behörde nicht vertrauensvoll an diese wenden können, wenn Sie bereits in eine Korruptionstat verstrickt sind. Dadurch gehen wichtige Hinweise verloren, die zur Aufdeckung von Korruptionsnetzen führen können. Als Ergänzung zur

---

[61] Empfehlung 1 zu Nr. 5 der RL (Fn. 7 und 10).
[62] Empfehlung 3 zu Nr. 5 der RL (Fn. 7 und 10).
[63] Siehe auch Empfehlung 5 zu Nr. 5 der RL (Fn. 7 und 10).

Bestellung behördeninterner Ansprechpersonen bietet es sich an, weisungsunabhängige Ombudsleute zu bestellen, an die sich Behördenmitarbeiter und Außenstehende (Bieter in Vergabeverfahren, Auftragnehmer, Bürger) vertraulich wenden können, wenn Sie zur Aufklärung von Korruptionstaten beitragen wollen oder einen zurzeit noch nicht belegbaren Korruptionsverdacht haben. Diese Ombudsleute sollten eine juristische Ausbildung haben, um auch über rechtliche Schritte beraten zu können. Es bietet sich an, **Rechtsanwälte** („Vertrauensanwälte") mit dieser Aufgabe zu betrauen. Die Deutsche Bahn AG hat diesen Weg als erste bereits beschritten. Die Ergebnisse sollen nach eigenem Bekunden sehr gut sein[64]. Auch Hamburg, Rheinland-Pfalz und auf Kommunalebene das Bezirksamt Spandau von Berlin[65] haben Vertrauensanwälte bestellt, an die sich die Mitarbeiter der öffentlichen Verwaltungen, aber auch Bürger und Unternehmen wenden können, die einen Korruptionsverdacht (zunächst) vertraulich mitteilen wollen.

Die Beauftragung eines Rechtsanwalts hat den Vorteil, dass sich dieser im Falle einer Vernehmung auf sein **Zeugnisverweigerungsrecht** (§ 53 Abs. 1 Nr. 3 StPO) berufen und damit die von Hinweisgebern häufig erbetene Anonymität sicherstellen kann. 37

Für die öffentlichen Verwaltungen gibt es solche Ombudsleute bisher noch nicht häufig. In München wurde das Konzept „Vertrauensanwalt" sogar wieder eingestellt, da es nicht die gewünschten Erfolge hatte („kein einziger Aussteiger"), und stattdessen eine Antikorruptionsstelle in der Rechtsabteilung der Stadtverwaltung eingerichtet[66]. Möglicherweise werden von den öffentlichen Verwaltungen auch die Kosten gescheut, obwohl diese sich bei der Aufdeckung von Korruptionstaten sehr schnell amortisieren. Es ist **nicht erforderlich**, dass **jede Behörde** eigene Ombudsleute bestellt. Zunächst würde es reichen, wenn in jeder Kommune oder jedem Kreis, jedem Land und auf Bundesebene je eine Person bestellt wird. Aufgabe der Ombudsleute sollte es sein, aus anonymen Mitteilungen relevante Vorgänge herauszufiltern und an die betroffenen Behörden oder – soweit erforderlich (z.B. Korruptionsverdacht gegen Behördenleiter) – an die vorgesetzte Dienststelle oder auch unmittelbar an die Staatsanwaltschaft weiterzugeben. Erfahren sie Sachverhalte von Mitarbeitern und Außenstehenden, muss das weitere Vorgehen mit diesen abgestimmt werden. 38

Mit der Bestellung der Ombudsleute muss einhergehen, dass für die Ombudsleute **Kontaktstellen in den Behörden** geschaffen werden[67]. Es bietet sich an, die Ansprechperson für Korruptionsprävention mit dieser Aufgabe zu betrauen. Gemeinsam mit den Ombudsleuten können diese dann entscheiden, wie bei bestimmten Verdachtsfällen weiter vorgegangen werden soll. 39

Nicht zu den Aufgaben der Ombudsleute sollte die Durchführung von **Ermittlungen** bei dem Verdacht von Korruptionstaten gehören. Diese Aufgabe sollte vielmehr der inneren Revision und den Strafverfolgungsbehörden überlassen werden. 40

9. Zentrale Stelle zur Korruptionsbekämpfung

Auf Bundesebene gibt es bisher noch keine zentrale Stelle zur Korruptionsbekämpfung[68]. In den Ländern sind dagegen teilweise Zentralstellen eingerichtet. **Zentrale Stel-** 41

---

[64] Siehe Korruptionsbericht 2005 der Deutschen Bahn AG; nach dem Vorbild der DB hat inzwischen auch die Volkswagen AG ein Ombudsmann-System eingerichtet.
[65] Siehe www.ombudsmann-spandau.de.
[66] Siehe www.muenchen.de/Rathaus/referate/por/korruption/38790/index.html.
[67] Zur Kontaktaufnahme von Mitarbeitern in den öffentlichen Verwaltungen und Bürgern mit dem Ombudsmann/Vertrauensanwalt siehe Rn. 150 ff.
[68] Siehe hierzu auch Art. 6 des VN-Übereinkommens (Fn. 15); zu den nach § 81a SGB V bei den kassenärztlichen Vereinigungen einzurichtenden zentralen Ermittlungs- und Prüfungsstellen zur Bekämpfung von Fehlverhalten im Gesundheitswesen vgl. *Steinhilper*, MedR 2005, 131 ff.

len gibt es z.B. in Baden-Württemberg (Koordinierungsgruppe „Korruptionsbekämpfung" beim LKA), Berlin (Zentralstelle „Korruptionsbekämpfung", Staatsanwaltschaft beim Kammergericht)[69], Bremen (Zentrale Antikorruptionsstelle)[70], Hamburg (Zentrale Beratungsstelle beim Dezernat „Interne Ermittlungen"), Sachsen (Integrierte Ermittlungseinheit Sachsen „INES") Schleswig-Holstein (Generalstaatsanwältin/Generalstaatsanwalt – Zentrale Stelle Korruption -)[71] und Thüringen (Zentrale Leitstelle Innenrevision der Landesregierung zur Korruptionsbekämpfung in der öffentlichen Verwaltung des Freistaates Thüringen im Thüringer Innenministerium)[72]. Zentrale Stellen haben insbesondere den Vorteil, dass für Außenstehende ein leicht zu findender **Ansprechpartner** zur Verfügung steht, dessen Adresse zentral bekannt gemacht werden kann. Außerdem kann in einer Zentralstelle Know-how zusammengeführt und durch häufige Befassung mit der Thematik auf- und ausgebaut werden. Die Einrichtung und Bekanntmachung solcher zentralen Stellen ist daher sehr sinnvoll. Die Einrichtung dieser Stellen bei Staatsanwaltschaften hat zwar den Vorteil, dass dort sachverständige Mitarbeiter zur Verfügung stehen. Andererseits könnte aber eine Staatsanwaltschaft als zentrale Stelle wegen ihrer engen Verbindung zur Strafverfolgung auch für viele Informanten abschreckend wirken. Daher dürfte auch viel für eine an ein Ministerium angegliederte zentrale Stelle sprechen.

42 Da Zentralstellen häufig keine ausreichenden Kenntnisse über das Innenleben der einzelnen Behörden haben, müssen die zentralen Stellen durch **Ansprechpartner vor Ort** unterstützt werden. Hier bieten sich die Ansprechpersonen für Korruptionsprävention an. Zwischen der zentralen Stelle und den Ansprechpersonen sollte ein ständiger Informationsaustausch organisiert werden.

43 Zentralstellen können ebenso wie Vertrauensanwälte nur effektiv sein, wenn den Mitarbeitern der öffentlichen Verwaltungen und insbesondere auch den Bürgerinnen und Bürgern die Einrichtung dieser Stellen bekannt ist. Daher ist erforderlich, dass die Existenz der Stellen sowie ihre Telefonnummern (möglichst kostenfrei)[73] und E-Mail-Adressen möglichst weit (z. B. in Broschüren, Zeitungen, Homepages) **bekannt gemacht** werden. Gerade im Bereich der Korruption sind viele Mitarbeiter in Behörden und Bürger nur bereit, anonym Informationen weiterzugeben[74]. Daher sollten auch die Möglichkeiten zur vertraulichen Behandlung von Informationen bekannt gemacht werden. Da bei anonymen Anzeigen Sachverhalte oft erst nach Rückfragen aufgeklärt werden können, bietet es sich an, einen **anonymen Dialog** zwischen Hinweisgeber und Zentralstelle zu ermöglichen. Niedersachsen hat bereits ein solches webbasiertes Dialogsystem (Business-Keeper-Monitoring-System), das beim LKA Niedersachsen betrieben wird, eingeführt[75]. Gegen dieses System sind auf der Grundlage einer empirischen Untersuchung rechtsstaatliche Bedenken erhoben worden, die darauf beruhen, dass anonyme Hinweise zu einer Vielzahl von Ermittlungsverfahren – häufig mit Hausdurchsuchungen und Kontenabfragen – gegen Unschuldige geführt worden seien, der Aufklärungserfolg aber äußerst gering sei und die anonymen Anzeigeerstatter zudem keine Bestra-

---

[69] Allg. Vfg. v. 30.7.1998 (Fn. 21).
[70] Nr. 6 der VwV (Fn. 24).
[71] Nr. 5.3 der RL (Fn. 37).
[72] Nr. 3 der RL (Fn. 38).
[73] Besonders gutes Beispiel: In Hamburg kann die Zentralstelle über ein kostenfreies Bürgertelefon erreicht werden, wobei nach Vorbild der amerikanischen Werbung die Telefonnummer einer leicht merkbare Buchstabenfolge „D.I.E.R.A.E.T." entspricht; ähnlich auch die Rufnummer der Sondereinheit gegen Korruption des Landeskriminalamts NW, die der Buchstabenfolge „korrupt" entspricht; siehe hierzu *Landeskriminalamt NW*, Lagebild Korruptionskriminalität Nordrhein-Westfalen 2004, S. 42 ff.
[74] Zum Schutz der Hinweisgeber siehe Rn. 150 ff.
[75] Zu den Vorteilen dieses Systems siehe auch *Bundeskriminalamt*, Bundeslagebild Korruption 2004, S. 71; *Ax/Schneider* (Fn. 41) Rn 63.

fung wegen falscher Verdächtigung befürchten müssten[76]. Die Niedersächsische Landesregierung hat die Aussagekraft der Studie angezweifelt und der angeblichen Ineffektivität des Systems widersprochen[77]. Bei anonymen Anzeigen ist zwar in besonderem Maße darauf zu achten, ob die Anhaltspunkte für die Bejahung eines Anfangsverdachts und die Einleitung eines Ermittlungsverfahrens ausreichen (s. auch Nr. 8 RiStBV). Die Einrichtung eines Rückfragesystems widerspricht dem allerdings nicht; es bietet vielmehr die Möglichkeit, die in einer anonymen Anzeige mitgeteilten Tatsachen – im Interesse einer effektiven Verfolgung von Korruptionstaten, aber auch im Interesse des zu Unrecht Angezeigten – zu hinterfragen. Allerdings dürfte es sich schon aus Datenschutzgründen anbieten, ein solches System bundesweit ausschließlich in öffentlicher Hand zu führen.

10. Innenrevision

Eine wichtige Aufgabe bei der Aufdeckung von Korruptionstaten kommt der Innenrevision oder Innenprüfung zu. Allerdings gibt es nicht in allen Behörden Organisationseinheiten mit dieser Aufgabe. Nach der Abschaffung der Vorprüfungsstellen fehlen in Behörden, die auch noch keine Controlling-Systeme aufgebaut haben, interne Kontrolleinheiten häufig sogar völlig. Auf Länderebene sehen die Richtlinien zur Korruptionsprävention teilweise die Einrichtung von **Revisionseinheiten zur Korruptionsbekämpfung** vor. So sollte z.B. in Bayern jedes Ressort mindestens eine Organisationseinheit mit der Aufgabe der Innenrevision für besonders korruptionsgefährdete Bereiche betrauen[78]. In Bremen hat der Finanzsenator eine Empfehlung für die Einrichtung von Innenrevisionen der Freien Hansestadt Bremen herausgegeben, nach der die Innenrevision durch Ordnungsmäßigkeits-, Zweckmäßigkeits- und Wirtschaftlichkeitsprüfungen die Dienst- und Fachaufsicht unterstützen und verstärken, zugleich aber auch zur Korruptionsprävention und -bekämpfung beitragen soll[79].

44

Überwiegend wird die Betrauung einer Arbeitseinheit mit den Aufgaben der Innenrevision zur Korruptionsbekämpfung vom **Bedarf** abhängig gemacht[80]. Für die Bundesverwaltung ist nach Nr. 6 der RL der BReg. zur Korruptionsprävention vorgesehen, dass befristet oder auf Dauer eine gesonderte weisungsunabhängige Organisationseinheit zur Überprüfung und Bündelung der Maßnahmen zur Korruptionsprävention einzurichten ist, wenn Ergebnisse von Risikoanalysen oder besondere Anlässe es erfordern. Diese Organisationseinheit ist nicht notwendig identisch mit der Innenrevision; die Aufgaben können aber von der Innenrevision, soweit eine solche existiert, wahrgenommen werden (Nr. 6 S. 2 der RL). Diese Regelung ermöglicht eine flexible Einrichtung von speziellen Organisationseinheiten zur Korruptionsbekämpfung. Besser wäre es zwar, dauerhaft in jeder Behörde eine Organisationseinheit mit Überprüfungsaufgaben zu betrauen. In Zeiten knapper Mittel und Stellen ist es jedoch häufig nicht vertretbar, ständig eine Organisationseinheit vorzuhalten, soweit dies die tatsächlichen Korruptionsgefahren nicht rechtfertigen. Die Flexibilität der Regelung darf allerdings nicht dazu führen, dass auch auf Vorkehrungen für die Einrichtung einer speziellen Organisationseinheit verzichtet wird. Da die Einrichtung kurzfristig möglich sein muss, sollten jedenfalls das einzusetzende Personal und eine Organisationsverfügung, in der die Aufgaben und Befugnisse ei-

45

---

[76] *Backes/Lindemann*, Staatlich organisierte Anonymität als Ermittlungsmethode bei Korruptions- und Wirtschaftsdelikten, 2006; *Lindemann*; ZRP 2006, 127 ff.
[77] NI-Innenminister Schünemann, Antwort auf die Kleine Anfrage der Abg. Lennartz und Briese, 30.3.2006, www.niedersachsen.de.
[78] Nr. 3.4 der RL (Fn. 20).
[79] Nr. 1 der Empfehlung des Senators für Finanzen v. 19.12.2000.
[80] Vgl. z.B. Nr. 4 Buchst. c der SN VwV (Fn. 35).

ner solchen Einheit geregelt werden, vorbereitet werden. Behörden, die in großem Umfang Haushaltsmittel verwalten und öffentliche Aufträge erteilen, haben zumeist ohnehin eine Organisationseinheit, die mit den Aufgaben der **Inneren Revision** betraut ist. Bei diesen Behörden bietet es sich an, die Organisationseinheit von Anfang an auch mit der Aufgabe der Korruptionsbekämpfung zu befassen[81]. Allerdings kommt auch eine Trennung der Aufgaben in Betracht, damit der konzeptionellen Präventionarbeit neben der anlassbezogenen Revision eine eigenständige Bedeutung zukommt[82].

46 Soweit zentrale Stellen zur Korruptionsprävention eingerichtet sind, kommt in Betracht, diesen Stellen auch **zentrale Prüfungseinheiten** anzugliedern, die als mobile Innenrevisionen eingesetzt werden könnten. Dies hätte den Vorteil, dass kompetente Mitarbeiter zur Verfügung stehen und Aufgaben gebündelt werden. Allerdings wären diese Einheiten nicht in die Behördenorganisation eingegliedert und würden daher die Prüfung der Verwaltungsvorgänge wie andere Externe vornehmen. Die Prüfung von Verwaltungsvorgängen gehört aber schon zu den Aufgaben des **Bundesrechnungshofs** (§§ 88 ff. BHO) und der Landesrechnungshöfe[83]. Da der Einfluss von Korruption auf Verwaltungsentscheidungen dem Grundsatz der Wirtschaftlichkeit und Sparsamkeit der Verwaltung (§ 7 BHO) widerspricht, müssen sich die Prüfungen des Bundesrechnungshofes auch auf korruptive Einflussnahmen erstrecken (§ 90 Nr. 3 BHO). Wenn bereits ein konkreter Verdacht einer Korruptionstat vorliegt, sind die weiteren Ermittlungen Aufgabe der Strafverfolgungsbehörden. Ob neben Rechnungshof und Strafverfolgungsbehörden noch zentrale Revisionseinheiten erforderlich sind, ist daher sehr fraglich.

11. Verpflichtung von Verwaltungshelfern

47 Viele öffentliche Aufgaben werden heute im Wege des Outsourcings oder der Privatisierung durch privatrechtlich organisierte Unternehmen erbracht, und Behörden bedienen sich auch im Übrigen für die Erfüllung öffentlicher Aufgaben häufig externer Fachleute. Durch eine förmliche Verpflichtung nach dem **Verpflichtungsgesetz**[84] kann sichergestellt werden, dass die mit den Aufgaben betrauten Personen sich wie Amtsträger wegen Vorteilsannahme (§ 331 StGB) oder Bestechlichkeit (§ 332 StGB)[85] und nicht nur unter den eingeschränkten Voraussetzungen des Straftatbestandes der Bestechlichkeit und Bestechung im geschäftlichen Verkehr (§ 299 StGB) strafbar machen, wenn Sie regelwidrig Vorteile für die Ausübung der ihnen übertragenen Aufgaben annehmen. Externe Verwaltungshelfer können zwar nach § 11 Abs. 1 Buchst. c StGB Amtsträger sein[86]. Nach der Rspr. des BGH gehören aber Mitarbeiter von Unternehmen, die nicht derart staatlicher Steuerung unterliegen, dass sie bei einer Gesamtbewertung der sie kennzeichnenden Merkmale gleichsam als verlängerter Arm des Staates erscheinen, oder freiberuflich Tätige, die nur aufgrund eines privatrechtlichen Vertrages für eine Behörde arbeiten, nicht

---

[81] So z.B. im BMVg das Referat Ermittlung in Sonderfällen (ES); Informationen hierzu unter www.bmvg.de.

[82] Siehe hierzu im Bereich des BMVBS *BM Tiefensee*, Rede v. 8.3.2006, und *St Lütdke Daldrup*, Pressemitteilung 82/2006 v. 14.3.2006, abrufbar über www.bmvbs.de.

[83] Zur Rolle der Rechnungshöfe siehe auch *Fiebig/Junker* (Fn. 51), Rn. 145.

[84] G v. 2.3.1974, BGBl. I S. 469 (547), geänd. durch G v. 15.8.1974, BGBl. I S. 1942.

[85] Für den Gewährenden finden dann auch die Straftatbestände der Vorteilsgewährung (§ 333 StGB) und Bestechung (§ 334 StGB) Anwendung.

[86] Vgl. z.B. BGH v. 19.12.1997 – 2 StR 521/97, BGHSt 43, 370 (Gesellschaft für Technische Zusammenarbeit); BGH v. 29.1.1998 – 1 StR 64/97, NJW 1998, 2373 (Rahmenvertrag mit Bauingenieur); BGH v. 12.7.2001 – 4 StR 550/00, NJW 2001, 3062 (Treuhand Liegenschaftsgesellschaft); BGH v. 14.11.2003 – 2 StR 164/03, NJW 2004, 693 (kommunale Fernwärmeversorgungs-GmbH).

zu den Amtsträgern[87]. Nur eine förmliche Verpflichtung bietet daher die Gewähr dafür, dass die für die Behörde tätigen Personen in den Anwendungsbereich der §§ 331 ff. StGB fallen.

Nr. 12.2 der RL der BReg. zur Korruptionsprävention sieht daher vor, dass die Beschäftigten von privaten Unternehmen, die bei der **Ausführung von Aufgaben der öffentlichen Hand** mitwirken, – soweit erforderlich – nach dem Verpflichtungsgesetz auf die gewissenhafte Erfüllung ihrer Aufgaben aus dem Auftrag zu verpflichten sind. Verpflichtungen sind insbesondere bei allen Mitarbeitern von Unternehmen vorzunehmen, die für die öffentliche Hand in korruptionsgefährdeten Bereichen tätig sind. Hierzu gehören z.B. die Einschaltung von Unternehmen in die Vorbereitung und Durchführung von Vergabeverfahren, die Beratung bei Privatisierungsverfahren und die Erarbeitung von IT-Konzepten. 48

Verpflichtet wird nicht das Unternehmen, sondern werden die einzelnen vom Unternehmen zur Erfüllung eines Auftrags eingesetzten Mitarbeiter. Das Verpflichtungsgesetz sieht keine Pflicht von Auftragnehmern vor, sich verpflichten zu lassen. Die Bereitschaft, nur Mitarbeiter einzusetzen, die sich verpflichten lassen, sollte daher im Vertrag mit dem Unternehmen geregelt werden. Bei Ausschreibungen und Vergabebekanntmachungen ist die Bereitschaftserklärung bereits im Rahmen der Angebotsabgabe einzufordern. 49

Die Verpflichtung wird mündlich vorgenommen; dabei ist auf die strafrechtlichen Folgen einer Pflichtverletzung hinzuweisen (§ 1 Abs. 2 VerpflG)[88]. Zusätzlich muss über die Verpflichtung eine **Niederschrift** erstellt werden, die vom Verpflichtenden und Verpflichteten zu unterzeichnen ist (§ 1 Abs. 3 S. 1 VerpflG). Der Verpflichtete erhält eine Abschrift der Niederschrift (§ 1 Abs. 3 S. 2 VerpflG), den „Verhaltenskodex gegen Korruption" und Abdrucke der geltenden Regelungen über die Annahme von Belohnungen oder Geschenken (Nr. 12.2 S. 3 der RL der BReg. zur Korruptionsprävention). In der Niederschrift sollten die Strafbestimmungen aufgeführt werden, die für die für den öffentlichen Dienst besonders Verpflichteten gelten. Es bietet sich außerdem an, den Verpflichteten Ausdrucke dieser Strafvorschriften (insbesondere der §§ 331 ff. StGB) auszuhändigen. 50

Wer für die Verpflichtung **zuständig** ist, bestimmt bei Bundesbehörden die jeweils zuständige oberste Dienstaufsichtsbehörde oder, falls eine Dienstaufsicht nicht besteht, die oberste Fachaufsichtsbehörde (§ 1 Abs. 3 Nr. 1 VerpflG). Bei anderen Behörden ist die von der jeweiligen Landesregierung durch Rechtsverordnung bestimmte Behörde für die Verpflichtung zuständig (§ 1 Abs. 3 Nr. 2 VerpflG). Innerhalb der Behörden bestimmt sich die Zuständigkeit nach der Geschäftsverteilung. Während die Personalverwaltung zumeist für die Verpflichtung von Personen zuständig ist, die bei der Behörde tätig werden, obliegt die Verpflichtung externer Verwaltungshelfer den für die Beauftragung dieser Personen und Unternehmen zuständigen Arbeitseinheiten. 51

12. Einwerbung von Mitteln

Idealerweise stehen dem Staat selbst ausreichend Mittel zur Finanzierung aller öffentlichen Aufgaben zur Verfügung, so dass er auf die Annahme privater Mittel nicht angewiesen ist. In Zeiten „leerer Kassen" ist es für die Verwaltung aber nicht leicht, Finanzierungsangebote abzulehnen. Dabei muss die öffentliche Hand jedoch darauf bedacht sein, 52

---

[87] BGH v. 3.3.1999 – 2 StR 437/98, BGHSt 45, 16 = NJW 1999, 2378 (Flughafen Franfurt/Main AG); BGH v. 15.5.1997 – 1 StR 233/96, BGHSt 43, 96 = NJW 1997, 3034 (mit der Vorbereitung einer Ausschreibung beauftragter freiberuflicher Prüf- und Planungsingenieur); BGH v. 2.12.2005 – 5 StR 119/05, BGHSt 50 299 = NJW 2006, 925 (Abfallentsorgungsgesellschaft mit privater Sperrminoritätsbeteiligung).
[88] Zur Vornahme der Verpflichtung vgl. auch *Matkey*, Kriminalistik 2001, 742, 743 f.

dass durch die Annahme von Mitteln Privater schon jeder Anschein der Einflussnahme der Privaten auf staatliche Entscheidungen vermieden wird, um die Integrität und Neutralität des Staates zu wahren.

53 Ob die Einwerbung und Annahme von privaten Mitteln durch die öffentliche Verwaltung zur Erfüllung ihrer Aufgaben Korruption und als Vorteilsannahme oder sogar Bestechlichkeit strafbar sein kann, wird insbesondere für den Bereich der medizinischen Drittmittelforschung diskutiert. Drittmittel sind allerdings nur eine besondere Form des Sponsorings. Die Frage, ob und gegebenenfalls unter welchen Voraussetzungen die private Finanzierung öffentlicher Aufgaben in der Form des Sponsorings oder durch Spenden zulässig ist, stellt sich daher auch in anderen Verwaltungsbereichen.

a) Drittmitteleinwerbung

54 Infolge des sogenannten Herzklappenskandals war es zu einer hohen Zahl an Ermittlungs- und Strafverfahren gegen Ärzte und Mitarbeiter von Unternehmen der Pharma- und Medizinprodukteindustrie gekommen. Die Folgen dieses Skandals und die Neufassung der Straftatbestände der Vorteilsannahme (§ 331 StGB) und Vorteilsgewährung (§ 333 StGB) im Rahmen des Korruptionsbekämpfungsgesetzes (Lockerung des Merkmals der Unrechtsvereinbarung, Einbeziehung der Drittzuwendungen, spiegelbildliche Ausgestaltung des § 333 zu § 331 StGB) führten zu einer Diskussion über die Gefahr der Kriminalisierung der Drittmittelforschung in Deutschland. Diese Diskussion ist noch nicht beendet, auch wenn der **BGH** inzwischen mit zwei Grundsatzurteilen sehr viel zur Klärung der Probleme beigetragen hat[89]. Er hat entschieden, dass der Tatbestand des § 331 Abs. 1 StGB mit Blick auf die hochschulrechtlich verankerte Dienstaufgabe eines Hochschullehrers zur Einwerbung von Drittmitteln einschränkend ausgelegt werden müsse. Voraussetzung für die Einschränkung sei, dass es sich bei den einzuwerbenden Drittmitteln nicht nur der Sache nach um Fördermittel für Forschung und Lehre handle, sondern dass diese auch dem im Drittmittelrecht vorgeschriebenen Verfahren (Anzeige und Genehmigung) unterworfen werden[90].

55 Die Ausgestaltung der **Drittmittelvorschriften** ist von Bundesland zu Bundesland noch sehr verschieden[91]. Während z.B. in Baden-Württemberg die Zulässigkeit der Einwerbung von Drittmitteln im Landeshochschulgesetz (§§ 13 und 41 LHG) und das Verfahren in einer ergänzenden Drittmittelrichtlinie geregelt sind, überlassen andere Bundesländer es den Universitäten, die Drittmitteleinwerbung in Satzungen zu regeln; in einigen Ländern existieren auch noch überhaupt keine Drittmittelvorschriften. Die Drittmittelrichtlinien sind Sonderregelungen im Verhältnis zu den allgemeinen VwV zum Sponsoring[92]. Im Gegensatz zu den allgemeinen VwV erlauben die Vorschriften des Drittmittelrechts die Einwerbung und Annahme solcher Vorteile in erheblich größerem Umfang und begründen teilweise sogar eine Dienstpflicht zur Einwerbung von Drittmitteln (vgl. z.B. § 41 Abs. 1 S. 1 LHG BW, Nr. 1.2 Drittmittelrichtlinie BW).[93]

56 Das Verfahren und die Genehmigungsvoraussetzungen sollten in den Drittmittelvorschriften möglichst detailliert geregelt werden, um transparente Entscheidungen, insbesondere auch für die Drittmittelgeber, zu ermöglichen. Bei der Ausgestaltung der Drittmittelrichtlinien werden häufig die **Prinzipien Trennung, Transparenz, Doku-**

---

[89] BGH v. 23.5.2002 – 1 StR 372/01, BGHSt 47, 295 = NJW 2002, 2801; BGH v. 23.10.2002 – 1 StR 541/01, BGHSt 48, 44 = NJW 2003, 763; bestätigt durch BGH v. 25.2.2003 – 5 StR 363/02, NStZ-RR 2003, 171.
[90] Siehe hierzu Kap. 8 Rn. 45, 63 und 66.
[91] Übersicht zu den Regelungen bei *Tag*, JR 2004, 50, 52 f.
[92] Siehe Nr. 15 der BB RL zur Korruptionsprävention (Fn. 23).
[93] Zum Drittmittelrecht in BW siehe auch *Storm* und *Kaiser*, in: Tag/Tröger/Taupitz (Hrsg.), Drittmitteleinwerbung – Strafbare Dienstpflicht?, 2004, S. 195 ff. und 229 ff.; zum Drittmittelrecht in Baden-Württemberg *Greve* (Fn. 7), Rn. 89 ff.

mentation und **Äquivalenz** vorgegeben[94]. Schon bei einer strikten Einhaltung des Trennungsprinzips (keine sachliche und personelle Verbindung zwischen Beschaffungsentscheidungen und Drittmitteleinwerbung) wäre bereits eine Korruptionsgefahr ausgeschlossen. Allerdings können Beschaffungsentscheidungen nicht ohne Beteiligung von Ärzten getroffen werden, und (potentielle) Drittmittelgeber werden häufig auch Pharma- oder Medizinprodukte an das Krankenhaus verkaufen wollen. Es macht daher wenig Sinn, in Drittmittelrichtlinien eine vollständige Trennung zu regeln. Die „Kunst" bei der Ausgestaltung der Richtlinien besteht vielmehr darin, durch die Herstellung von Transparenz und die Verteilung der Verantwortung auf mehrere Bereiche die Beeinflussung von Beschaffungsentscheidungen auszuschließen. Da Drittmittelrichtlinien unmittelbar nur die Amtsträger und Hochschulverwaltungen selbst binden, wären **gesetzliche Regelungen** vorzuziehen, um Rechtssicherheit auch für die Drittmittelgeber zu schaffen.

Für die forschenden **Hochschullehrer** ist die Lage nach den Urteilen des BGH 57 eigentlich nicht schwer. Sie müssen sich an die jeweils für sie geltenden Drittmittelrichtlinien[95] halten. Eine Annahme von Drittmitteln entgegen diesen Vorschriften ist pflichtwidrig; bei Beachtung der Vorschriften und Einholung der erforderlichen Genehmigung und/oder Anzeige der Einwerbung bei der zuständigen Stelle ist die Annahme pflichtgemäß.

Die Verantwortung der für die Genehmigung oder Entgegennahme von Anzeigen zu- 58 ständigen Stellen in den **Universitätsverwaltungen** für die Erfüllung von Aufgaben im Bereich Korruptionsprävention wird allerdings zunehmen[96]. Diese Stellen dürfen ihre Aufgabe nicht nur darin sehen, formal über die Annahme von Drittmitteln durch forschende Ärzte zu entscheiden. Ihre Aufgabe ist es vielmehr, durch ein geeignetes Verfahrens- und Genehmigungsmanagement darauf hinzuwirken, dass Beschaffungsentscheidungen und Prüfungsergebnisse nicht durch die Bereitstellung von Mitteln zur Forschungsförderung beeinflusst, Forschungsmittel nur für dienstliche Zwecke (Aufgaben der Universität) verwendet und private Vorteile der forschenden Hochschulmitarbeiter ausgeschlossen werden. Von forschenden Ärzten wird häufig darauf hingewiesen, dass ihre Aufgabe die Forschung und nicht die bürokratische Abwicklung der Forschungsfinanzierung sei. Daher dürften auch keine Bedenken dagegen bestehen, die Entscheidung über die Annahme von Forschungsgeldern unter Berücksichtigung der Aspekte der Korruptionsprävention den Universitätsverwaltungen zu überlassen.

b) Sponsoring und Spenden

Die Finanzierung öffentlicher Aufgaben mit Mitteln aus Sponsoringverträgen oder 59 durch Spenden kommt heute auf **allen Ebenen der Verwaltung** vor. Finanziert werden z.B. die Ausstattung von öffentlichen Bibliotheken mit Freiexemplaren von Medien durch Verlage, die Ausrichtung von repräsentativen Veranstaltungen und Festen durch Restaurants und andere Firmen, die ihre Produkte und Dienstleistungen unentgeltlich zur Verfügung stellen, die Bereitstellung von Fahrzeugen für den Transport bei öffentlichen Ver-

---

[94] Siehe z.B. „Gemeinsamer Standpunkt zur strafrechtlichen Bewertung der Zusammenarbeit zwischen Industrie, medizinischen Einrichtungen und deren Mitarbeitern", vorgelegt von den Fach- und Industrieverbänden, dem Deutschen Hochschulverband und der Deutschen Krankenhausgesellschaft, abgedr. in Antikorruptionsgesetz, Hinweise des Bundesverbandes der pharmazeutischen Industrie, 2001, S. 46 ff.; „Einbecker Empfehlungen der Deutschen Gesellschaft für Medizinrecht e.V. zur Einwerbung privatwirtschaftlicher Drittmittel in der Medizin" v. 21./22.9.2001, MedR 2001, 597.
[95] Vgl. z.B. die Drittmittelrichtlinien des BY Staatsministeriums für Wissenschaft, Forschung und Kunst v. 21.10.2002, BY KWMBl. I 2002, S. 376, BayRS 2210-1-1-WFK, der Universität des SL v. 17.9.2002, SL GMBl. 2002, S. 176, und des Ministeriums für Bildung, Wissenschaft und Kultur MV v. 12.4.2005, MittBl. BM MV 2005, S. 504, sowie die SN VwV Drittmittel, SN Abl. 2005, S. 343.
[96] Auf die besondere Verantwortung der Vorgesetzten weist auch der BGH v. 25.2.2003 (Fn. 89) hin.

anstaltungen und Staatsbesuchen durch die Automobilindustrie sowie die Erstellung oder Bezahlung von kommunalen Einrichtungen, wie Schwimmbädern und Gartenanlagen, durch Unternehmen.

60 Grundsätzlich erwünschte Sponsoringleistungen und Spenden können problematisch werden, wenn sie mit Verwaltungsentscheidungen in Verbindung stehen. Solche **Verknüpfungen** sind insbesondere auf kommunaler Ebene nicht selten. So wurden z.B. eine Brunnenanlage von einem Verlag finanziert, der dafür das Amtsblatt der Kommune drucken durfte[97], Verträge über Bebauungspläne gegen Vereinbarung einer Zahlung für eine gemeinnützige Stiftung verabschiedet[98] und Schulen von Fotografen mit PCs als Gegenleistung dafür ausgestattet, dass sie in den Klassenräumen Bilder von den Schülern machen dürfen[99]. Dass solche Handlungen in Verbindung mit Korruption gebracht werden, stößt bei den betroffenen Amtsträgern (u.a. Bürgermeister, Gemeinderäte, Schulleiter) häufig auf Unverständnis, da sie eigentlich doch nur „das Beste" für ihre Behörde wollten. Sie übersehen dabei aber, dass durch diese Handlungen gegen Haushaltsvorgaben und Vergabevorschriften verstoßen und rechtswidrig in den Wettbewerb mehrer Anbieter eingegriffen werden kann und Leistungen für Bürger verteuert werden, da sich in der Regel Spenden und Sponsoring für den Geldgeber amortisieren müssen. Zulässig sind solche Vereinbarungen daher nur, wenn eine ausdrückliche Ermächtigung zur Kopplung besteht[100].

61 Bei der Einwerbung von Sponsoringmitteln ist **Zurückhaltung** der einwerbenden Amtsträger angesagt. Echtes Sponsoring macht für die sponsernden Unternehmen nur Sinn, wenn sie sich eine besondere Werbewirkung erhoffen. Zu freigebige Sponsoring-Entscheidungen können für den Vorstand einer Aktiengesellschaft sogar den Vorwurf der Untreue rechtfertigen[101]. Stimmt die Relation zwischen (erhoffter) Werbewirkung und einzusetzenden Mitteln nicht und sieht das Unternehmen daher von der Gewährung einer Sponsoringleistung ab, muss die Behörde dies hinnehmen. Überzeugungsargumente („Ihr Konkurrenzunternehmen gehört auch zu den Sponsoren", „in Kürze werden wir sicher wieder einen Auftrag zu vergeben haben, der auch für Sie interessant ist") dürfen keinesfalls verwendet werden.

62 Für den handelnden Beamten und/oder die ihn anweisende Behördenleitung stellt sich bei der zu nachdrücklichen Einwerbung von Sponsoringmitteln schnell die Frage nach der **Strafbarkeit**. Selbst eine Genehmigung der Annahme der so eingeworbenen Sponsoringmittel würde ihn dabei häufig nicht entlasten, da diese bei geforderten Vorteilen nicht zur Straflosigkeit der Vorteilsannahme führt (§ 331 Abs. 3 StGB) und bei Bestechlichkeit ohnehin keine Rechtfertigung durch eine Genehmigung zu erreichen ist[102].

63 Andererseits ist nicht zu verkennen, dass es Fälle geben kann, in denen die **Abgrenzung** zwischen erwünschter Gemeinwohlförderung und strafwürdiger Korruptionstat schwierig ist. Daher müssen die Interessen an privater Finanzierung und unbeeinflussten Verwaltungsentscheidungen durch klare Regelungen und Herstellung von Transparenz in Einklang gebracht werden. Zur Wahrung dieser Interessen hat die Bundesregierung für die **Bundesverwaltung** die Allgemeine Verwaltungsvorschrift zur Förderung von Tätigkeiten des Bundes durch Leistungen Privater (Sponsoring, Spenden und sonstige Schenkungen) – VwV Sponsoring – v. 7.7.2003[103] erlassen.

---

[97] OLG Karlsruhe v. 19.3.2001 – 2 Ws 193/00, NStZ 2001, 654.
[98] LG Stade v. 28.1.2005 – 12 Qs 153/04.
[99] BGH v. 20.10.2005 – I ZR 112/03, NJW 2006, 225.
[100] Der 1. Zivilsenat des BGH hat dies in seiner Entscheidung v. 20.10.2005 (Fn. 99) nicht berücksichtigt.
[101] BGH v. 6.12.2001 – 1 StR 215/01, BGHSt 47, 187 = NJW 2002, 1585.
[102] Siehe hierzu im Übrigen Kap. 8 Rn. 48 und 69.
[103] Fn. 11.

Die Ständige Konferenz der Innenminister und -senatoren der **Länder** hat in ihrer 171. **64** Sitzung am 6.12.2002 beschlossen, eine Rahmenempfehlung „Grundsätze für Sponsoring, Werbung, Spenden und mäzenatische Schenkungen zur Finanzierung öffentlicher Aufgaben" zur Kenntnis zu nehmen,[104] mit der der gleiche Zweck verfolgt wird. In den Ländern wurde diese Empfehlung bereits teilweise in RdErl. oder VwV umgesetzt; Regelungen zum Sponsoring gibt es z.B. in
- **Bayern:** § 30 („Werbung") der Allgemeinen Geschäftsordnung für die Behörden des Freistaates Bayern,
- **Berlin:** VwV zum Umgang mit Sponsoring v. 17.4.2003 der Senatsverwaltung für Inneres und v. 28.7.2003 der Senatsverwaltung für Justiz,
- **Brandenburg:** Nr. 15 der RL zur Korruptionsprävention in der Landesverwaltung[105] (entsprechende Anwendung der VwV Sponsoring des Bundes),
- **Mecklenburg-Vorpommern:** Anl. 3 zu Abschnitt 7 MV VV-Kor[106],
- **Niedersachsen:** Anl. 3 („Bestimmungen zum Sponsoring") zu Nr. 7 der NI VwV zur Bekämpfung von Korruption in der Landesverwaltung[107],
- **Nordrhein-Westfalen:** Nr. 4 des RdErl. zur Verhütung und Bekämpfung von Korruption in der öffentlichen Verwaltung[108], und
- **Thüringen:** Nr. 15 („Sponsoring") der RL zur Korruptionsbekämpfung in der öffentlichen Verwaltung[109].

Um Rechtssicherheit nicht nur für die einwerbenden Amtsträger, sondern auch für die **65** Sponsoren und Spender zu schaffen, bietet es sich eigentlich an, für die problematischen Abgrenzungen fachspezifische **gesetzliche Regelungen** zu schaffen. Folgerichtig hat Baden-Württemberg jetzt die Annahme von Spenden, Schenkungen und ähnlichen Zuwendungen zur Erfüllung von kommunalen Aufgaben in der Gemeindeordnung geregelt[110].

Nach der **VwV Sponsoring**[111] gilt der Grundsatz, dass eine Finanzierung öffentlicher **66** Aufgaben grundsätzlich mit Haushaltsmitteln zu erfolgen hat und Sponsoring nur unter einschränkenden Bedingungen ergänzend in Betracht kommt (Nr. 3.1). Im Bereich der Eingriffsverwaltung ist Sponsoring grundsätzlich[112] nicht zulässig (Nr. 3.2.1 S. 1). Unter der Voraussetzung, dass eine Beeinflussung der Verwaltung auszuschließen ist und auch kein Anschein einer solchen Beeinflussung entsteht, ist Sponsoring dagegen in den Bereichen Kultur, Sport, Gesundheit, Umweltschutz, Bildung und Wissenschaft, Außenwirtschaftsförderung, politische Öffentlichkeitsarbeit und bei repräsentativen Veranstaltungen der Bundesregierung zulässig (Nr. 3.2.2).

Die Annahme von Sponsoringleistungen ist **genehmigungspflichtig** (Nr. 3.3). Für das **67** Genehmigungsverfahren gelten die Prinzipien Transparenz (Offenlegung gegenüber der Öffentlichkeit), Entscheidung anhand nachvollziehbarer Kriterien unter Wahrung der Wettbewerbs- und Chancengleichheit potentieller Sponsoren, Dokumentation der Sponsoringvereinbarung und das Verbot der Verbindung einer Sponsoringleistung mit weiteren Verpflichtungen oder Erwartungen (Nr. 3.4 Buchst. a bis d). Als Gegenleistungen

---

[104] www.im.nrw.de/inn/doks/imk1202.pdf.
[105] Fn. 23.
[106] Fn. 28.
[107] Fn. 29.
[108] Fn. 31.
[109] Fn. 38.
[110] § 78 Abs. 4 GemO BW; Gesetz v. 14.2.2006; GBl. BW S. 20; Materialien: Gesetzentwurf der CDU und FDP/DVP, LTag BW Drucks. 13/4948; die Initiative wurde von allen Fraktion unterstützt, LTag BW Plenarprot. 13/105, S. 7629 ff.
[111] Zur Entstehung und zum Inhalt der VwV Sponsoring *Schröder*, NJW 2004, 1353 ff.
[112] Ausnahme: Öffentlichkeitswirksame Maßnahmen der Eingriffsverwaltung, die dann allerdings auch nicht als Eingriffsverwaltung tätig wird (Nr. 3.2.1. S. 2).

dürfen nur die Nennung des Namens, der Firma und der Marke des Sponsors sowie die Präsentation seines Logos und sonstiger Kennzeichen vereinbart werden.

68 In der Anlage zur VwV Sponsoring werden Beispiele für zulässiges Sponsoring aufgeführt. Die Aufnahme in diese Beispielsliste führt aber nicht dazu, dass die aufgeführten Sponsoringmaßnahmen generell erlaubt sind. Zulässig sind auch solche Sponsoringmaßnahmen nur, wenn schon der **Schein einer Beeinflussung** vermieden werden kann.

69 In den **Haushaltsplänen** werden die Einnahmen aus Sponsoring inzwischen als gesonderte Einnahmetitel ausgewiesen. Dies ist zwar aus Transparenzgründen sachgerecht (vgl. Nr. 3.4 Buchst. a der VwV Sponsoring). Keinesfalls dürfen aber bei der Haushaltsaufstellung bereits Einnahmen aus Sponsoring eingeplant werden, da dies die Verwaltung zwingen würde, die veranschlagten Mittel auch tatsächlich einzuwerben. Dies würde auch dem Anliegen des Bundesrechnungshofes, der eigentlich sogar fordert, auf Einnahmen aus Sponsoring ganz zu verzichten,[113] nicht gerecht.

70 Problematisch kann insbesondere die Annahme von Sponsoringleistungen durch Auftragnehmer einer Behörde sein. Falls **Auftragnehmer** einer Behörde als Sponsoren in Betracht gezogen werden, muss sichergestellt werden, dass Wettbewerber mit den gleichen Chancen in das Verfahren einbezogen werden und durch die Annahme einer Sponsoringleistung keine Bindungen entstehen, durch die ein öffentlicher Wettbewerb eingeschränkt oder ausgeschlossen wird (Nr. 3.4 Buchst. f). Keine ausdrückliche Regelung enthält die VwV Sponsoring zu der Annahme von Sponsoringleistungen von Unternehmen, die sich an einem Vergabeverfahren der Behörde beteiligen. Da die Annahme von Leistungen von (potentiellen) Bietern während einer laufenden Ausschreibung, eines Teilnahmewettbewerbs oder nach einer Vergabebekanntmachung für die Vergabe eines Auftrags im Verhandlungsverfahren generell geeignet ist, zumindest den Anschein einer Beeinflussung entstehen zu lassen, dürfte die Annahme von Sponsoringleistungen während eines Vergabeverfahrens nicht genehmigungsfähig sein.

13. Informationsfreiheit

71 Der Zugang des Bürgers zu **amtlichen Informationen** wird häufig als wichtiges Mittel zur Bekämpfung der Korruption bezeichnet[114]. Verwiesen wird dabei auf die skandinavischen Staaten, die solche Zugangsrechte bereits seit langem gewähren und in der Korruptionsbekämpfung führend sind[115].

72 Nachdem bereits über 50 **Staaten** weltweit[116] und die **EU**[117] Informationsfreiheitsgesetze erlassen hatten, ist **Deutschland** mit dem Gesetz zur Regelung des Zugangs zu Informationen des Bundes v. 5.9.2005[118] gefolgt. Das Gesetz beruht auf einem Entwurf der Fraktionen SPD und BÜNDNIS 90/DIE GRÜNEN[119] und ist am 1.1.2006 in Kraft

---

[113] Zu der Haltung des Bundesrechnungshofes und der Reaktion der Bundesressorts vgl. *Schröder* (Fn. 111), 1354.
[114] Siehe z.B. GRECO-Evaluierungsbericht II über Deutschland v. 1.7.2005, Greco Eval II Rep (2004) 10E/F, www.greco.coe.int, Rn. 44; *Hassemer*, in: Friedrich Ebert Stiftung (Hrsg.), Korruption in Deutschland, 1995, 79, 82 f., sowie die Beiträge in: *Friedrich-Ebert-Stiftung* (Hrsg.), Der gläserne Bürokrat, 1999.
[115] Z.B. *Schaupensteiner*, Kriminalistik 2003, 9, 16.
[116] Am bekanntesten dürfte der „Freedom of Information Act" der USA (5 U.S.C. § 552 [FOIA]) sein.
[117] Art. 255 EG-Vertrag; Transparenz-VO (EG) Nr. 1049/2001 v. 30.5.2001, ABl. EG Nr. L 145, S. 43; Art. 42 EU-Grundrechtecharta; siehe auch Art. II-102, III-399 des Europäischen Verfassungsvertrages.
[118] BGBl. I S. 2722; das G wird ergänzt durch die Informationsgebührenverordnung v. 2.1.2006, BGBl. I, S. 6.
[119] BT-Drucks. 15/4493; siehe auch Beschlussempfehlungen und Bericht des Innenausschusses, BT-Drucks. 15/5606.

getreten[120]. Auch in mehreren Ländern gelten – zum Teil schon länger als auf Bundesebene – Informationsfreiheitsgesetze:

- **Berlin**: Gesetz zur Förderung der Informationsfreiheit im Land Berlin v. 15.10.1999[121],
- **Brandenburg**: Akteneinsichts- und Informationsfreiheitsgesetz (AIG) v. 10.3.1998[122],
- **Bremen**: Gesetz über die Freiheit des Zugangs zu Informationen für das Land Bremen (BremIFG) v. 16.5.2006[123],
- **Hamburg**: Hamburgisches Informationsfreiheitsgesetz (HmbIFG) v. 11.4.2006[124],
- **Nordrhein-Westfalen**: Gesetz über die Freiheit des Zugangs zu Informationen für das Land Nordrhein-Westfalen (IFG-NRW) v. 27.11.2001[125],
- **Saarland**: Saarländisches Informationsfreiheitsgesetz (SIFG) v. 12.7.2006[126] (entsprechende Anwendung des Bundes-IFG),
- **Schleswig-Holstein**: Gesetz über die Freiheit des Zugangs zu Informationen für das Land Schleswig-Holstein (IFG-SH) v. 9.2.2000[127]

Ob Informationsfreiheitsgesetze tatsächlich Auswirkungen auf die Effektivität der Korruptionsbekämpfung haben werden, bleibt abzuwarten[128]. Die Begründung des Gesetzentwurfs zum IFG des Bundes spricht davon, dass die neuen Informationszugangsrechte die Kontrolle staatlichen Handelns verbessern und insofern auch ein **Mittel zur Korruptionsbekämpfung** sind[129]. Allerdings besteht bei einer sehr weiten Regelung der Akteneinsicht auch die Gefahr, dass ausführliche Vermerke nicht mehr zu den Akten gegeben werden, was für eine Verbesserung der Aufklärung von Korruptionstaten eher kontraproduktiv ist[130]. Die Erfahrungen vieler anderer Staaten und von internationalen Organisationen lassen sich insoweit nicht unmittelbar auf Deutschland übertragen, da die Aktenführung häufig erheblich von der deutschen abweicht[131]. 73

14. Vergabe öffentlicher Aufträge, Korruptionsregister

Die Vergabe öffentlicher Aufträge gehört zu den Bereichen, die im Zentrum der Maßnahmen zur Korruptionsprävention stehen. Daher sieht Nr. 11 der RL der BReg. zur Korruptionsprävention Leitsätze für die Vergabe vor, zu denen die strikte Einhaltung des Vergaberechts (Nr. 11.1), die grundsätzliche Trennung von Planung, Vergabe und Abrechnung (Nr. 11.2) und der Ausschluss von Bietern und Bewerbern aus dem Wettbewerb bei Korruptionstaten (Nr. 11.3) gehören. Außerdem sind nach Nr. 12.1 der RL bei der Vergabe öffentlicher Aufträge in geeigneten Fällen Antikorruptionsklauseln vorzusehen. Der Verhinderung und Bekämpfung von Korruption soll zudem die Einführung eines bundesweiten Korruptionsregisters dienen. Zur Korruptionsprävention bei der öffentlichen Auftragsvergabe siehe im Übrigen das 7. Kapitel[132]. 74

---

[120] Zur Entstehungsgeschichte und zum Inhalt des Gesetzes siehe *Kugelmann*, NJW 2005, 3609 ff.; *Schmitz/Jastrow*, NVwZ 2005, 984 ff.
[121] BE GVBl. 1999, S. 561; zuletzt geänd. durch G v. 30.7.2001, BE GVBl. 2001, S. 305.
[122] BB GVBl. I 1998, S. 46; zuletzt geänd. durch G v. 22.6.2005, BB GVBl. I 2005, S. 210, 211.
[123] GBl. HB 2006, S. 263.
[124] HH GVBl. I 2006, S. 167.
[125] GVBl. NW 2001, S. 806.
[126] ABl. SL 2006, S. 1624.
[127] GVBl. SH, S. 166.
[128] Zweifelnd *Bull*, ZG 2002, 201, 224.
[129] BT-Drucks. 15/4493, S. 6; dazu *Kugelmann*, DÖV 2005, 851, 857; *Möhrenschlager*, wistra 2005, Heft 12, V, VI.
[130] Skeptisch daher auch *Schmitz/Jastrow*, NVwZ 2005, 984, 995.
[131] *Schmitz/Jastrow*, NVwZ 2005, 984, 987, insbesondere auch zur Aktenführung in den USA.
[132] Siehe auch *Ax/Schneider* (Fn. 41), Rn. 165 ff.

C. Dienstrecht

I. Annahme von Belohnungen und Geschenken

1. Annahmeverbot

75   Die Annahme von Belohnungen oder Geschenken in Bezug auf ihr Amt ist **Beamten** grundsätzlich verboten. Für Bundesbeamte ist dies in § 70 BBG geregelt. Eine Änderung des § 70 BBG ist im Gesetzentwurf der BReg zur Änderung des BDG, BBG und weiterer Gesetze[133] vorgesehen. Bundesgesetzlich galt bisher das Annahmeverbot nach § 43 BRRG auch als Rahmenregelung für die Länder. Die Rahmenkompetenz des Bundes zum Erlass des BRRG ist allerdings durch das G zur Änd. des GG v. 28.8.2006[134] entfallen. Die Länderbeamtengesetze enthalten (bisher) dem § 70 BBG entsprechende – in der Wortwahl teilweise leicht abweichende – Regelungen (Baden-Württemberg: § 89 BW LBG; Bayern: Art. 79 BY BG; Berlin: § 34 BE LBG; Brandenburg: § 37 BB LBG; Bremen: § 69 HB BG; Hamburg: § 74 HH BG; Hessen: § 84 HE BG; Mecklenburg-Vorpommern: § 76 LBG MV; Niedersachsen: § 78 NI BG; Nordrhein-Westfalen: § 76 NW LBG; Rheinland-Pfalz: § 78 RP LBG; Saarland: § 85 SL BG; Sachsen: § 90 SN BG; Sachsen-Anhalt: § 70 BG ST; Schleswig-Holstein: § 86 SH LBG; Thüringen: § 73 TH BG). Der Entwurf der BReg zu einem Beamtenstatusgesetz (BeamtStG)[135] sieht jetzt aber vor, dass der Bund von seiner konkurrierenden Gesetzgebungsbefugnis Gebrauch macht und das Statusrecht der Landes- und Kommunalbeamten einheitlich bundesrechtlich regelt. § 43 Abs. 1 BeamtStG-E entspricht der für § 70 Abs. 1 BBG im E der BReg[136] vorgesehenen Fassung.

76   Für **Arbeitnehmer** im öffentlichen Dienst des Bundes und der kommunalen Arbeitgeber ist das Verbot der Annahme von Geschenken, Belohnungen, Provisionen und sonstigen Vergünstigungen jetzt in § 3 Abs. 2 S. 1 TVöD geregelt. Für die Arbeitnehmer im öffentlichen Dienst der Länder gilt seit dem 1.11.2006 die inhaltsgleiche Regelung in § 3 Abs. 3 S. 1 TV-L. Soweit die Tarifparteien den TVöD (noch) nicht übernommen haben, gelten weiterhin die Regelungen über das Verbot der Annahme von Belohnungen oder Geschenken in § 10 BAT für Angestellte und § 12 MTArb für Arbeiter[137]. Nach § 46 DRiG gilt § 70 BBG für **Richter** im Bundesdienst entsprechend; für den Bereich der Länder gibt es vergleichbare Regelungen. Für **Soldaten** der Bundeswehr gilt § 19 SoldG[138]. Eine Sonderregelung enthält § 14 Abs. 5 HeimG, nach der es der Leitung, den Beschäftigten und sonstigen Mitarbeitern eines Heimes untersagt ist, sich von Bewohnern des Heimes Vorteile versprechen oder gewähren zu lassen. Für **Bundesminister** gilt nach § 5 Abs. 3 BMinG, dass sie der Bundesregierung über Geschenke Mitteilung zu machen haben, die sie in Bezug auf ihr Amt erhalten, und die Bundesregierung über die Verwendung der Geschenke entscheidet. Diese Vorschrift gilt nach § 7 ParlStG auch für Parlamentarische Staatssekretäre. In

---

[133] BT-Drucks. 16/2253, Art. 2 Nr. 2.
[134] BGBl. I S. 2034.
[135] BR-Drucks. 780/06.
[136] S. Fn 137.
[137] Vergleichbare Regelungen enthalten z.B. auch die Arbeitsvertragsrichtlinien von kirchlichen Einrichtungen; vgl zu den Arbeitsvertragsrichtlinien der Konföderation evangelischer Kirchen in NI. BAG v. 17.6.2003 – 2 AZR 62/02, ZTR 2004, 25.
[138] § 19 SoldG soll im Rahmen des Gesetzes zur Änderung des BDG, BBG und weiterer Gesetze – entsprechend der für § 70 BBG vorgesehenen Änderung – ebenfalls geändert werden, BT-Drucks. 16/2253, Art. 3 Nr. 3.

den Ländern gelten vergleichbare Regelungen (vgl. z.B. Sachsen: § 5 Abs. 4 SN MinG; Sachsen-Anhalt: § 5 Abs. 4 ST MinG). Für **kommunale Mandatsträger** enthalten häufig Ehrenordnungen Regelungen über das Verbot der Annahme von Vorteilen.

§§ 70 BBG, 43 BRRG und 19 SoldG wurden durch das KorrBekG geändert, um das grundsätzliche Verbot der Annahme und die Zustimmung zur Annahme als Ausnahme deutlicher hervorzuheben. Gegenüber der Vorläuferfassung handelte es sich dabei allerdings nur um eine Klarstellung und nicht um eine materielle Änderung[139]. Die in den Entwürfen der BReg. vorgesehenen Neufassungen der Verbote dienen einer Anpassung der Regelungen an den Straftatbestand der Vorteilsannahme (§ 331 Abs. 1 StGB)[140]. Auch bei den jetzt vorgesehen Änderungen (Aufnahme der Tathandlungen des Forderns und Sichversprechenlassens sowie des Merkmals „sonstige Vorteile" und Einbeziehung der sogenannten „Drittvorteile") handelt es sich nach Auffassung der BReg. um Klarstellungen. 77

a) Belohnungen und Geschenke

Belohnungen und Geschenke i.S. des § 70 BBG sind alle **wirtschaftlichen Vorteile**, die dem Beamten von Dritten unmittelbar oder mittelbar gewährt werden und auf die kein Anspruch besteht[141]. Die Begriffe sind nicht scharf voneinander zu trennen. Überwiegend wird unter einem Geschenk nur die Übereignung von Geld oder Sachen sowie die Übertragung von Rechten ohne gleichwertige Gegenleistung verstanden[142], während mit dem Begriff Belohnungen alle sonstigen Vorteile, auf die kein Anspruch besteht, erfasst werden sollen[143]. Im Prinzip dürften die Tatbestandsmerkmale alle Vorteile i.S. der §§ 331 ff. StGB erfassen. Lediglich immaterielle Vorteile fallen nicht unter die Definition des BVerwG („wirtschaftliche Vorteile"); in der Literatur werden dagegen teilweise auch die **immateriellen Vorteile** zu den Belohnungen gerechnet[144]. Das BMI-RS zum Verbot der Annahme von Belohnungen oder Geschenken in der Bundesverwaltung[145] geht ebenfalls davon aus, dass immaterielle Besserstellungen von § 70 BBG erfasst werden (Nr. II Abs. 1 des RS). In der Praxis hat die Definition des BVerwG bisher nicht zu Problemen geführt, da die Annahme von immateriellen Vorteilen auch den allgemeinen Beamtenpflichten widersprechen kann. Eine Genehmigung nach § 70 S. 2 BBG dürfte bei dem im strafrechtlichen Bereich als Hauptanwendungsfall des immateriellen Vorteils aufgeführten Beispiel der Gewährung des Beischlafs oder anderer sexueller Handlungen von einiger Intensität[146] ohnehin nicht in Betracht kommen. 78

Zu den Belohnungen und Geschenken gehören neben Geld und Sachwerten insbesondere auch die Einräumung von Rabatten, die unentgeltliche Überlassung von Gegenständen (z.B. Kraftfahrzeugen oder Wohnungen) zur Nutzung, die Zahlung von Provisionen, die Erbringung von unentgeltlichen oder verbilligten Arbeiten, die Gewährung von zinslosen oder -günstigen Darlehen sowie Begünstigungen durch letztwillige Verfü- 79

---

[139] BVerwG v. 20.1.2000 – 2 C 19/99, NVwZ 2000, 820; GKÖD/*Zängl*, BBG, § 70 Rn 4; *Plog/Wiedow/Lemhöfer/Bayer*, BBG, § 70 Rn 1; *Korte*, NJW 1997, 2556, 2557.
[140] BT-Drucks. 16/2253, S. 15 (zu Art. 2 Nr. 2, § 70) und BR-Drucks. 780/06, S. 69 (zu § 43).
[141] BVerwG v. 20.2.2002 – 1 D 19/01, NVwZ 2002, 1515; BVerwG v. 20.1.2000 (Fn. 139); BVerwG v. 2.11.1993 – 1 D 60/92, BVerwGE 103, 36 = NVwZ-RR 1994, 681.
[142] BVerwG v. 2.11.1993 (Fn. 141).
[143] Zu den Differenzierungen vgl. GKÖD/*Zängl*, BBG, § 70 Rn. 12 ff.; *Plog/Wiedow/Lemhöfer/Bayer*, BBG, § 70 Rn. 2; *Schütz/Maiwald/Kathke*, LBG NW, § 76 Rn. 14 ff.; zu § 12 MTArb *Scheuring/Steingen/Banse/Thivessen*, MTArb, § 12 Rn. 1.
[144] Vgl. z.B. *Claussen/Ostendorf*, Korruption im öffentlichen Dienst, 2. Aufl. 2002, Rn. B 16; *Battis*, BBG, § 70 Rn. 3; GKÖD/*Zängl*, BBG, § 70 Rn. 13; *Schubert*, in: Wabnitz/Janovsky, Handbuch des Wirtschaftsstrafrechts, 2. Aufl. 2004, Kap. 12 Rn. 10; etwas enger *Schütz/Maiwald/Kathke*, LBG NW, § 76 Rn. 14 und 19; zu § 10 BAT *Böhm/Spiertz/Steinherr/Sponer*, BAT, § 10 Rn. 4.
[145] GMBl. 2004, 1074; siehe dazu Rn. 88 ff.
[146] Vgl. hierzu Kap. 8 Rn. 24 ff.

gungen[147]. Auch flüchtige Vorteile wie Einladungen zu Essen, Konzerten und Sportveranstaltungen zählen ebenso zu den Belohnungen und Geschenken wie die Übernahme von Reise- und Übernachtungskosten. Auf den Wert der Zuwendung kommt es nicht an. Auch geringfügige Zuwendungen sind Belohnungen und Geschenke[148]. Sie können lediglich durch allgemeine Genehmigungen oder Einzelfallgenehmigungen vom Annahmeverbot ausgenommen werden.

80 Während bei den §§ 331 ff. StGB durch das KorrBekG ausdrücklich auch **Drittzuwendungen** in den Anwendungsbereich einbezogen wurden, erfolgte eine entsprechende Erweiterung bei § 70 BBG bisher[149] nicht. § 70 BBG erfasst allerdings auch ohne diese ausdrückliche Erweiterung die Annahme von Vorteilen durch Dritte, wenn der Beamte den Hintergrund der Zuwendung bildet (mittelbarer Vorteil), so dass eine ausdrückliche Erwähnung der Drittvorteile nicht erforderlich ist[150]. Das beamtenrechtliche Verbot erfasst daher auch alle Zuwendungen an die Familie und Freunde des Beamten, wenn die Annahme durch den Dritten mit Wissen und Wollen des Beamten erfolgt. Insbesondere fallen daher auch die – in der Praxis nicht seltenen Fälle – der Vermittlung von Arbeitsstellen für Kinder eines Beamten durch Unternehmen, die sich um Aufträge der Behörde des Beamten bewerben, und die Übernahme von Reise-, Übernachtungs- und Bewirtungskosten für eine Ehefrau, die ihren Mann auf einer Dienstreise begleitet, in den Anwendungsbereich des § 70 BBG[151]. Auch Zuwendungen an Vereine, Parteien und sonstige Organisationen und sogar für die Anstellungskörperschaft (zum Sponsoring siehe Rn. 52 ff.) des Amtsträgers können erfasst werden[152].

81 Das tarifvertragliche Geschenkannahmeverbot in §§ 10 BAT und 12 MTArb entspricht der Regelung in § 70 BBG. In § 3 Abs. 2 S. 1 TVöD/§ 3 Abs. 3 S. 1 TV-L werden die „Belohnungen" und „Geschenke" neben den „Provisionen" nur noch als Beispiele für **„Vergünstigungen"** aufgeführt, die ein Arbeitnehmer ohne Genehmigung nicht annehmen darf. Dies ist insofern misslich, da nicht deutlich wird, ob für Arbeitnehmer im Geltungsbereich des TVöD/TV-L ein weiteres Verbot für die Annahme von Vorteilen bestehen soll als für Beamte. Die Regelung im TVöD/TV-L lässt die Interpretation zu, dass von § 70 BBG z.B. „Provisionen" nicht erfasst werden. Tatsächlich ist jedoch das Merkmal „Vergünstigungen" i.S. von § 3 Abs. 2 S. 1 TVöD/§ 3 Abs. 3 S. 1 TV-L genauso auszulegen wie die Merkmale „Belohnungen" und „Geschenke" in § 70 BBG sowie §§ 10 BAT, 12 MTArb[153].

82 In Interesse klarer Regelungen im Bereich der Korruptionsbekämpfung wäre es sinnvoll, die Tatbestandsmerkmale einheitlich zu fassen und auch bei den beamten- und tarifrechtlichen Vorschriften auf das Merkmal „Vorteil für sich oder einen Dritten" abzustellen. Für die beamten- und soldatenrechtlichen Regelungen ist dies in den Gesetzentwürfen der BReg. zur Änderung des BDG, BBG und weiterer Gesetze[154] und zur Schaffung eines BeamtStG[155] vorgesehen.

---

[147] Vgl. zu letztwilligen Verfügungen BAG v. 17.4.1984 – 3 AZR 97/82, BAGE 45, 325; BAG v. 17.6.2003 (Fn. 141) m.w.N.
[148] GKÖD/*Zängl*, BBG, § 70 Rn. 16.
[149] Zu der vorgesehenen Änderung siehe Rn. 82.
[150] GKÖD/*Zängl*, BBG, § 70 Rn. 22.
[151] *Claussen/Ostendorf* (Fn. 144), Rn. B 20.
[152] In der dienstrechtlichen Kommentarliteratur wird hier teilweise noch die Annahme eines Geschenks im Hinblick auf die Regelungen zum Sponsoring und zur Drittmitteleinwerbung verneint: *Plog/Wiedow/Lemhöfer/Bayer*, BBG, § 70 Rn. 2a und 2b; *Schütz/Maiwald/Kathke*, LBG NW, § 76 Rn. 12a (Drittmittel); genauer allerdings in Rn. 9c (Sponsoring) „keine Dienstpflichtverletzung", und in Rn. 34 (u.a. Zuwendungen an Vereine).
[153] BMI-RS v. 22.12.2005 – D II 2 – 220 210-2/0, abrufbar über www.bmi.bund.de, S. 11, zu § 3 Abs. 2 TVöD; *Sponer/Steinherr*, TVöD, 2006, Tariflexikon „Vergünstigungen und deren Annahme".
[154] Fn. 133 und 138.
[155] Fn. 135.

b) Annahme

Annahme ist die **tatsächliche Entgegennahme** einer Zuwendung in Kenntnis der Umstände, die sie zur Belohnung oder zum Geschenk machen[156]. Bei unaufgefordert zugeleiteten Geschenken (z.B. mit der Post) liegt eine Annahme erst vor, wenn der Beamte den Willen betätigt, die Sache zu behalten. Stellt er lediglich einen Antrag auf Zustimmung zur Annahme des Geschenkes, liegt darin noch keine Annnahme. Das Merkmal „Annahme" entspricht im Übrigen dem entsprechenden Tatbestandsmerkmal in §§ 331 f. StGB. Eine Annahme durch Dritte ist dem Beamten zuzurechnen, wenn die Entgegennahme durch den Dritten mit Wissen und Wollen des Beamten erfolgt. Was der Beamte später mit dem Geschenk macht, ob er es für sich verwendet, einer „Kaffeekasse"[157] zuführt oder an Kollegen oder gemeinnützige Einrichtungen weitergibt, ist unerheblich. 83

Nicht ausdrücklich geregelt ist – anders als in § 331 f. StGB – bisher das **Fordern und Sichversprechenlassen** von Belohnungen. Das Verbot dieser Verhaltensweisen ergibt sich aus der Grundnorm für die beamtenrechtlichen Pflichten in § 54 S. 3 BBG[158]. Bei Arbeitnehmern im öffentlichen Dienst beruht das Verbot auf der Treuepflicht gegenüber dem Arbeitgeber[159]. Klarstellungen sind in den Gesetzentwürfen der BReg. zur Änderung des BBG und zur Schaffung eines BeamtStG vorgesehen (s. Rn. 77). 84

c) In Bezug auf das Amt

Erfasst werden nur Belohnungen und Geschenke, die in Bezug auf das Amt des Beamten erfolgen (bei Arbeitnehmern: „mit Bezug auf ihre Tätigkeit"). Dies ist der Fall, wenn sich der Geber davon leiten lässt, dass der Beamte ein bestimmtes Amt bekleidet oder für bestimmte Amtshandlungen zuständig ist[160]. Das Merkmal der Amtsbezogenheit ist **weit** zu verstehen und geht über das Merkmal „für die Dienstausübung" in § 331 Abs. 1 StGB hinaus[161]. Es umfasst nicht nur die Dienst- (Amts-)Handlungen eines Beamten im Allgemeinen, sondern den weiten Bereich der Amtsstellung. Private Kontakte zwischen Geber und Empfänger schließen die Amtsbezogenheit einer Zuwendung nicht aus, solange für die Hingabe des Vorteils nicht ausschließlich persönliche Beziehungen maßgebend sind[162]. Es reicht aus, dass objektiv ein enger Zusammenhang zwischen dem Geschenk und der dienstlichen Tätigkeit besteht[163]. Nicht erforderlich ist, dass die Zuwendung den Zweck hatte, den Beamten bei seinen Amtshandlungen zu beeinflussen. Erfasst werden auch alle Zuwendungen, die lediglich aus Höflichkeit, zur Kontaktpflege und gelegentlich von Amtshandlungen erbracht werden. Auch ein Preisgeld, das ein (ehemaliger) Beamter im Zusammenhang mit einer wissenschaftlichen Ehrung erhalten soll, ist ein Vorteil in Bezug auf das Amt, wenn nach den erkennbaren Vorstellungen und Motiven des Gebers der Gesichtspunkt der Anstellung oder dienstlichen Tätigkeit des Empfängers zumindest mit kausal für die Preiswürdigkeit war[164]. 85

---

[156] GKÖD/*Zängl*, BBG, § 70 Rn. 21.
[157] Zu § 10 BAT BAG v. 15.11.2001 – 2 AZR 605/00, BAGE 99, 331.
[158] *Claussen/Ostendorf* (Fn. 144), Rn. B 36; *Schütz/Maiwald/Kathke*, LBG NW, § 76, Rn. 40 (§ 57 LBG NW).
[159] *Scheuring/Steingen/Banse/Thivessen*, MTArb, § 12 Rn. 4; a.A. *Böhm/Spiertz/Steinherr/Sponer*, BAT, § 10 Rn. 8: Annahme i.S. v. § 10 BAT erfasst auch Fordern und Sichversprechenlassen.
[160] BVerwG v. 14.12.1995 – 2 C 27/94, BVerwGE 100, 172 = NJW 1996, 251.
[161] BVerwG v. 20.2.2002 (Fn. 141).
[162] BVerwG v. 8.6.2005 – 1 D 3/04; BVerwG v. 20.2.2002 (Fn. 141); LAG Schleswig-Holstein v. 27.10.2004 – 3 Sa 314/04, NZA-RR 2005, 330 zu § 10 BAT; a.A. BayObLG v. 19.10.1989 – BReg 1 a Z 77/88, FamRZ 1990, 301.
[163] BAG v. 17.6.2003 (Fn. 137); LAG Schleswig-Holstein v. 27.10.2004 (Fn. 162).
[164] BVerwG v. 20.1.2000 – 2 C 19/99, NVwZ 2000, 820.

d) Zeitliche Geltung

86 Das Verbot der Annahme von Belohnungen oder Geschenken in Bezug auf das Amt nach § 70 BBG und den entsprechenden landesrechtlichen Regelungen gilt nicht nur für aktive Beamte, sondern auch für **frühere Beamte**, unabhängig davon, auf welche Weise das Beamtenverhältnis beendet wurde (Eintritt in den Ruhestand, Versetzung in den einstweiligen Ruhestand bei politischen Beamten, Entlassung, Nichtwiederwahl bei Wahlbeamten). Die Mitteilungspflichten über Geschenke für Bundesminister (§ 5 Abs. 3 BMinG) und Parlamentarische Staatssekretäre (§ 7 ParlStG) gelten ebenfalls auch nach dem Ausscheiden aus dem Amt. Insoweit geht der Anwendungsbereich dieser Vorschriften weiter als die Straftatbestände der Vorteilsannahme (§ 331 StGB) und Bestechlichkeit (§ 332), bei denen zum Zeitpunkt der Tatbegehung die Amtsträgereigenschaft bestehen muss.

87 Die tarifvertraglichen Regelungen in § 3 Abs. 2 S. 1 TVöD/§ 3 Abs. 3 S. 1 TV-L, §§ 10 BAT, 12 MTArb gelten dagegen nur für die **Dauer des Arbeitsverhältnisses**. Eine nicht genehmigte Geschenkannahme nach Ausscheiden des Arbeitnehmers aus dem öffentlichen Dienst ist nicht verboten. Eine entsprechende Anwendung des § 70 BBG kommt nicht in Betracht[165]. Allerdings erfassen die tarifvertraglichen Verbote – wie §§ 331 f. StGB – den Fall, dass ein Arbeitnehmer einen Vorteil während des Bestehens des Arbeitsverhältnisses fordert oder sich versprechen lässt und erst nach Ausscheiden aus dem öffentlichen Dienst annimmt[166].

2. Genehmigung

a) Allgemeine Genehmigung, Verwaltungsvorschriften

88 Die Ausführung des Erlaubnisvorbehaltes in § 70 S. 2 BBG und in den entsprechenden tarifvertraglichen Vorschriften erfolgt auf **Bundesebene** grundsätzlich auf der Grundlage eines Rundschreibens des BMI v. 8.11.2004[167]. Nach Nr. VI des RS können die obersten Dienstbehörden „ergänzende bzw. weitergehende Anordnungen treffen, insbesondere um speziellen Gegebenheiten in ihren Bereichen oder einzelnen Verwaltungszweigen gerecht zu werden"[168]. Für die obersten Bundesbehörden hat das Rundschreiben im Ergebnis daher nur empfehlenden Charakter, was die Übersichtlichkeit der Regelungen im Bereich der Bundesverwaltung nicht gerade vereinfacht.

89 Der Bund-Länder-Arbeitskreis für Beamtenrechtsfragen hat einheitliche Musterverwaltungsvorschriften zu den landesgesetzlichen Regelungen erarbeitet. Alle **Länder** haben inzwischen entsprechende Verwaltungsvorschriften erlassen[169]:

– **Baden-Württemberg**: VwV zur Durchführung des Landesbeamtengesetzes v. 18.7.2003 – zu § 89 LBG[170];

---

[165] *Scheuring/Steingen/Banse/Thivessen*, MTArb, § 12 Rn. 1.
[166] *Scheuring/Steingen/Banse/Thivessen* (Fn. 165); *Böhm/Spiertz/Steinherr/Sponer*, BAT, § 10 Rn. 3.
[167] GMBl. 2004, 1074; die Rundschreiben des BMI vom 25.1.1962 (GMBl. 1962, 120), 10.3.1977 und 24.11.1981 sind außer Kraft getreten.
[168] Strengere Regelungen gelten z.B. bei allen prüfenden, überwachenden und kontrollierenden dienstlichen Tätigkeiten im Geschäftsbereich des BMF, Erlasse v. 16.2.2005 – ZB1 – P 1011 – 9/04 – und 9.11.2005 – ZB1 – P 1011 – 22/05; siehe auch bereits Erlass des BMF v. 13.3.1990, MBlFin. 1990, 112, unter Geltung des alten BMI-Erlasses; zu den Regelungen in der Zollverwaltung s. *Jäckle*, AW-Prax 2006, 152.
[169] 3. Bericht über den Stand der Umsetzung des „Präventions- und Bekämpfungskonzeptes Korruption" (Stand: 30.10.2002), www.im.nrw.de/inn/doks/imk 1202.pdf., S. 38.
[170] BW GABl. 2003, S. 502; die VwV ersetzte die VwV zum Verbot der Annahme von Belohnungen oder Geschenken durch Bedienstete des Landes v. 21.7.1997, BW GABl. 1998, S. 669.

- **Bayern**: Gem. Bek. Verbot der Annahme von Belohnungen oder Geschenken durch die Bediensteten des Freistaates Bayern v. 7.11.1995[171];
- **Berlin**: Ausführungsvorschriften über die Annahme von Belohnungen und Geschenken v. 9.3.1990[172];
- **Brandenburg**: VwV über die Annahme von Belohnungen und Geschenken durch Beschäftigte des Landes Brandenburg v. 12.4.1996[173];
- **Bremen**: VwV über die Annahme von Belohnungen und Geschenken v. 19.12.2000[174];
- **Hamburg**: Bek. über die Annahme von Belohnungen und Geschenken v. 6.4.2001[175];
- **Hessen**: Anl. zum Erl. Korruptionsbekämpfung in der Landesverwaltung „Merkblatt für Beschäftigte des Landes über die Annahme von Belohnungen und Geschenken" v. 3.1.1996[176], geänd. durch Erl. v. 30.1.1998[177];
- **Mecklenburg-Vorpommern**: Erl. Verbot der Annahme von Belohnungen und Geschenken in der öffentlichen Verwaltung v. 6.5.1999[178];
- **Niedersachsen**: VwV zu § 78 NI BG – Annahme von Belohnungen und Geschenken v. 15.3.2000[179];
- **Nordrhein-Westfalen**: VwV zu § 76 LBG NW betr. Annahme von Belohnungen und Geschenken v. 21.8.1998[180];
- **Rheinland-Pfalz**: Nr. 3 der VwV Bekämpfung der Korruption in der öffentlichen Verwaltung v. 7.11.2000[181] i.d.F. v. 29.4.2003[182];
- **Saarland**: Nr. III der RL zur Verhütung und Bekämpfung von Korruption in der Landesverwaltung v. 19.12.2000[183];
- **Sachsen**: Hinweise über das Verbot der Annahme von Belohnungen und Geschenken durch die Beschäftigten des Freistaates Sachsen v. 4.7.1996[184];
- **Sachsen-Anhalt**: RdErl. Annahme von Belohnungen und Geschenken v. 24.11.1995[185];
- **Schleswig-Holstein**: RdErl. Verbot der Annahme von Belohnungen und Geschenken durch die Beschäftigten des Landes Schleswig-Holstein v. 13.7.1999[186];
- **Thüringen**: Gem. Bek. Verbot der Annahme von Belohnungen oder Geschenken durch die Bediensteten des Freistaates Thüringen (VwV zur § 73 TH BG) v. 18.7.2001[187].

Die VwV dienen der Erläuterung der geltenden straf- und beamtenrechtlichen Regelungen. Zugleich enthalten sie aber auch Bestimmungen zu allgemein genehmigten Geschenkannahmen.

Diese Verwaltungsvorschriften und ihre Handhabung in der Praxis sind für eine effektive Korruptionsprävention von besonderer Bedeutung. Nur wenn es den Verwaltungen gelingt, eine **klare Abgrenzung** zwischen erlaubten und unerlaubten Verhaltensweisen

---

[171] BY AllMBl. 1996, S. 14.
[172] BE DBl. I S. 87.
[173] BB ABl. 1996, S. 418.
[174] HB. ABl. 2001, S. 25.
[175] HH MittVw 2001, S. 113.
[176] HE Staatsanzeiger 1996, S. 334.
[177] HE Staatsanzeiger 1998, S. 487.
[178] MV ABl. 1999, S. 558.
[179] NI MBl. 2000, S. 258.
[180] NW MBl. 1998, S. 1017.
[181] RP MBl. 2001, S. 86.
[182] RP MBl. 2003, S. 346.
[183] SL GMBl. 2001, S. 4.
[184] SN ABl. 1996, S. 832.
[185] ST MBl. 1996, S. 6.
[186] SH ABl. 1999, S. 400; geänd. durch Bek. v. 21.9.2005, SH ABl. 2005, S. 869.
[187] TH Staatsanzeiger 2001, S. 1843.

zu schaffen, die notwendige Transparenz sicherzustellen und dabei als richtig akzeptierte Verhaltensweisen von ihren Bediensteten zu verlangen, werden die Vorschriften zur notwendigen Bewusstseinsbildung und damit wesentlich zur Verhinderung von Korruption beitragen. Wichtig für die Bediensteten in Behörden ist es, dass ihnen klare Regelungen vorgegeben werden, was erlaubt ist und was nicht. Anträge auf Geschenkannahmen müssen ernst genommen und entsprechend von der Personalverwaltung bearbeitet werden. Dabei muss die Personalverwaltung berücksichtigen, dass nicht dem Beamten, der einen Antrag stellt und damit Transparenz schafft, zu misstrauen ist, sondern dass die Annahme von Vorteilen ohne Offenlegung gegenüber dem Dienstherrn problematisch ist.

92 Nach den VwV zu § 70 BBG sowie zu den entsprechenden tarifvertraglichen und landesrechtlichen Vorschriften wird üblicherweise die Annahme folgender Geschenke und Belohnungen **allgemein genehmigt**:

93 aa) **Geringwertige Aufmerksamkeiten.** Hierzu gehören insbesondere Reklameartikel einfacher Art, wie z.B. der Taschenkalender, Kugelschreiber und Schreibblock mit Werbeaufdruck. Eine feste **Wertgrenze** ist zumeist[188] nicht vorgesehen. Sie dürfte bei 5 bis 10 € liegen. Das BMI-RS setzt einen Wert von 25 € an[189]. Allerdings erfolgt die allgemeine Genehmigung unter der Auflage, dass das Geschenk dem Dienstherrn oder Arbeitgeber anzuzeigen ist.

94 bb) **Geschenke aus dem Mitarbeiterkreis.** Geschenke zu Geburtstagen, Beförderungen, Dienstjubiläen und sonstigen Anlässen von Kollegen, Vorgesetzten und Untergebenen sind in der Regel nicht zu beanstanden. Gleiches gilt für die üblicherweise vom Beschenkten zu erbringenden Gegenleistungen in Form von Bewirtungen. Insbesondere bei Geschenken von Untergebenen an ihre Vorgesetzten darf das Geschenk einen nach der Üblichkeit in der Behörde zu bestimmenden Rahmen nicht überschreiten, damit nicht der Eindruck entstehen kann, es werde im Hinblick auf Beurteilungen, Beförderungen oder sonstige Vorteile (z.B. Zuweisung bestimmter Aufgaben) erbracht. Im Bereich der Bundesverwaltung werden Geschenke aus dem Mitarbeiterkreis im üblichen Rahmen bereits nicht zu den Geschenken in Bezug auf das Amt gerechnet[190]. Da jedoch auch eine strafbare Vorteilsannahme nicht ausgeschlossen ist, wenn ein Amtsträger Zuwendungen von einem anderen Amtsträger erhält[191], kann auch bei Geschenken von Mitarbeitern eine Geschenkannahme i.S.v. § 70 BBG vorliegen[192]. Richtigerweise ist daher nur eine stillschweigende Genehmigung für die Annahme von bestimmten Geschenken aus dem Mitarbeiterkreis erteilt worden.

95 cc) **Bewirtung bei allgemeinen Veranstaltungen.** Unproblematisch sind alle Bewirtungen im **öffentlichen Bereich**[193]. Hierzu gehören z.B. Empfänge und Essen bei der Verabschiedung oder Einführung von Behördenleitern sowie andere offizielle Empfänge und gesellschaftliche Veranstaltungen, zu denen Behörden oder internationale Organisationen und ausländische Dienststellen einladen. Allgemein genehmigt wird zumeist aber auch die Teilnahme an **sonstigen üblichen Bewirtungen** bei Jubiläen, Einweihungen, Richtfesten, Eröffnungen von Ausstellungen und Betriebsbesichtigungen, an denen der Beamte im Rahmen seines Amtes, im dienstlichen Auftrag oder mit Rücksicht auf die ihm durch sein Amt auferlegten gesellschaftlichen Pflichten teilnimmt. Gleiches gilt für die Bewirtung bei Sitzungen von Organen von Unternehmen, an denen die öffentliche Hand beteiligt ist.

---

[188] Einige VwV der Länder regeln Wertgrenzen; vgl. z.B. Nr. 4.1 der TH Gem. Bek. (Fn. 187): 10 €.
[189] Nr. IV, 1. Spiegelpunkt, des RS (Fn. 167).
[190] Nr. II des BMI-RS (Fn. 162).
[191] OLG Frankfurt v. 21.10.1988 – 1 Ss 4/88, NJW 1989, 847.
[192] So auch BMI im RS v. 22.12.2005 (Fn. 153), S. 11, zu § 3 Abs. 2 TVöD.
[193] Siehe hierzu z.B. Nr. IV, 2. und 4. Spiegelpunkt, des RS (Fn. 167).

Mehrere VwV der Länder weisen ergänzend darauf hin, dass sich die gesellschaftliche **96**
Vertretung einer Behörde auf die **Behördenleitung und die von ihr beauftragten Mitarbeiter** beschränkt[194]. Hierdurch wird klargestellt, dass Mitarbeiter einer Behörde nicht durch eine weite Interpretation ihrer gesellschaftlichen Pflichten an gesellschaftlichen Veranstaltungen, die häufig von Auftragnehmern der Behörde ausgerichtet oder zumindest finanziert werden, teilnehmen dürfen, ohne dass dies die Behördenleitung oder Personalverwaltung zuvor genehmigt hat.

dd) Arbeitsessen. Der Beamte darf in der Regel[195] auch Einladungen zu sonstigen **97**
Bewirtungen annehmen, wenn diese aus Anlass oder bei Gelegenheit dienstlicher Handlungen, Besprechungen, Besichtigungen o.ä. erfolgen, die der Vorbereitung oder Ausführung bestimmter Maßnahmen der Verwaltung dienen, wenn sie ihren Grund in den Regeln des Verkehrs und der Höflichkeit haben, denen sich der Beamte nicht entziehen kann, ohne gegen gesellschaftliche Formen zu verstoßen und damit u.U. sogar das Ansehen der Behörde zu schädigen. Auch solche Arbeitsessen dürfen nur einen **üblichen und angemessenen Umfang** und keinen erheblichen Wert haben. Hierzu gehören aber nicht nur Kantinenessen, sondern auch Einladungen in ein Restaurant, wenn sich der Wert der Einladung im Rahmen eines üblichen Geschäftsessens hält.

Wie weit der „übliche Umfang" eines Arbeitsessens geht und ab welcher Grenze eine **98**
Bewirtung einen „nicht unerheblichen Wert" darstellt, ist für Mitarbeiter von Behörden häufig schwer einzuschätzen[196]. Soweit Zweifel bestehen, empfiehlt es sich daher, jedenfalls die Annahme des Essens der zuständigen Genehmigungsstelle nachträglich anzuzeigen und vorsorglich eine nachträgliche Genehmigung zu beantragen. Ist dem Mitarbeiter vorab bekannt, dass er möglicherweise zu einem Arbeitsessen eingeladen werden soll, dürfte es sich in der Regel anbieten, die Annahme der Einladung bereits vorher genehmigen zu lassen.

ee) Sonstige Arbeitserleichterungen. Stillschweigend genehmigt werden zumeist **99**
auch geringfügige Dienstleistungen, die die Durchführung eines Dienstgeschäftes erleichtern oder beschleunigen[197]. Hierzu gehören z.B. die Abholung des Beamten mit dem Wagen vom Flughafen oder vom Bahnhof sowie die Ermöglichung der Nutzung von Arbeitsmitteln (Kopierer, Computer, Telefon, Fax) anlässlich der Durchführung eines Dienstgeschäftes.

ff) Nicht erfasste Belohnungen und Geschenke. Nicht zu den Belohnungen und **100**
Geschenken, deren Annahme üblicherweise allgemein genehmigt ist, gehören dagegen **Trinkgelder**, auch wenn solche Zuwendungen an Müllwerker und Postzusteller gerade im strafrechtlichen Bereich häufig als sozialadäquat bewertet werden[198]. Die Annahme von Geld für die Erfüllung dienstlicher Aufgaben widerspricht dem Grundsatz, dass der Beamte seine Aufgaben uneigennützig und ohne auf den eigenen Vorteil bedacht zu sein zu erfüllen hat. Die Annahme von Trinkgeld etwa durch Postzusteller kann auch nicht mit Geringfügigkeit der Zuwendung begründet werden, da bei der Annahme von Trinkgeldern zu Weihnachten oder Neujahr für den annehmenden Beamten leicht ein vierstelliger Euro-Betrag zusammenkommen kann, auch wenn das einzelne Trinkgeld gering ist[199]. Das BMI-RS enthält daher den Grundsatz, dass die Annahme von Bargeld – gleich

---

[194] Vgl. zB VwV Abschn. III Nr. 5 der BY Gem. Bek. (Fn. 171); Nr. 9.1. der NW VwV zu § 76 LBG (Fn. 180).
[195] Nicht alle VwV lassen die Annahme von Einladungen zu Arbeitsessen zu.
[196] Nach Nr. IV, 3. Spiegelpunkt, des BMI-RS (Fn. 167) richtet sich der Maßstab im Einzelfall auch nach der amtlichen Funktion des Beschäftigten.
[197] Vgl. z.B. Nr. IV, 5. Spiegelpunkt des BMI-RS (Fn. 167).
[198] Tröndle/*Fischer*, StGB, 53. Aufl. 2006, § 331 Rn. 25 m.w.N.
[199] Weshalb für den Geber die Gewährung des Trinkgeldes sozialadäquat und damit nicht von § 333 Abs. 1 StGB erfasst sein kann.

in welcher Summe – grundsätzlich nicht genehmigungsfähig ist und daher auf jeden Fall zu unterbleiben hat[200].

b) Einzelfall-Genehmigung

101 Der Dienstherr kann die Annahme von Belohnungen und Geschenken auch im Übrigen genehmigen. Unter welchen Voraussetzungen eine Genehmigung erteilt werden darf oder muss, ist gesetzlich nicht geregelt. Die Entscheidung steht im **pflichtgemäßen Ermessen** der zuständigen Behörde[201]. Allerdings muss sich die zuständige Behörde bei ihrer Genehmigungspraxis von dem Schutzzweck der Verbotsnorm leiten lassen. Eine vorbehaltlose Genehmigung zum Behalten eines Vorteils durch den Beamten wird daher nur bei Vorteilen in Betracht kommen, die **keinen hohen Wert** haben. Die Grenze dürfte allgemein bei etwa 50 € liegen, kann aber abhängig von den Aufgaben einer Behörde und der Gefahr des Anscheins einer Beeinflussung auch deutlich niedriger angesetzt werden. Bei höherwertigen Geschenken kommt als milderes Mittel gegenüber der Ablehnung der Genehmigung auch die Genehmigung unter der Auflage z.B. der Ablieferung des Geschenks an den Dienstherrn oder der Verwendung für einen sozialen Zweck in Betracht[202]. Dies gilt insbesondere auch für Zuwendungen, die dienstlich genutzt werden können (z.B. Fachbücher) oder die mit Ehrungen, Auszeichnungen und Preisverleihungen verbunden sind[203]. Die VwV enthalten häufig zusätzliche Anforderungen an die Genehmigungsfähigkeit der Annahme von Geschenken. Nicht genehmigungsfähig sind danach insbesondere Zuwendungen, bei denen die Gefahr besteht, dass die objektive Amtsführung beeinträchtigt oder bei Dritten der Eindruck der Befangenheit oder Käuflichkeit erweckt werden kann[204]. Bei geforderten Vorteilen kommt eine Genehmigung nicht in Betracht, da das Fordern von Vorteilen gegen die Pflicht zur uneigennützigen Amtsführung (§ 54 Satz 2 BBG) verstößt und dem Ansehen des Beamtentums abträglich ist[205].

102 Im E KorrBekG wird die Möglichkeit aufgezeigt, dass die Annahme geringwertiger Geschenke allgemein genehmigt werden kann unter der Auflage, jede Annahme unverzüglich anzuzeigen[206]. Da die Annahme geringwertiger Aufmerksamkeiten bereits generell genehmigt ist, liegt der Bereich der geringwertigen Geschenke oberhalb der „Aufmerksamkeitsgrenze". In Betracht kommt z.B., Geschenke von bestimmten Schenkern, zu bestimmten Anlässen und bis zu einem festzulegenden Wert generell **unter Anzeigenauflage zu genehmigen**. Aus Verwaltungsvereinfachungsgründen könnten z.B. einfache Geschenke (Kalender), die zu Weihnachten oder Neujahr verschickt werden, oder Geschenke von Vertretern anderer (nationaler oder internationaler) Behörden unter der Auflage einer Anzeige genehmigt werden. Von dieser Möglichkeit wird von den Verwaltungen bisher noch wenig Gebrauch gemacht. Die bloße Anzeigepflicht hat neben der Entlastung der Personalverwaltung gegenüber der Genehmigung den Vorteil, dass die Bereitschaft der Mitarbeiter erhöht wird, ihre Geschenke zu offenbaren, weil der Genehmigungsvorbehalt und die häufig streng formulierten Genehmigungsschreiben den Beschenkten eher von der Offenlegung auch unproblematischer Geschenke abschrecken. Durch die Anzeige wird die erforderliche Transparenz hergestellt. Stellt die Personalverwaltung möglicherweise problematische Fälle fest (z.B. häufige Geschenke an denselben Mitarbeiter), kann sie in geeigneter Weise (z.B. durch ein Gespräch mit dem Beschenk-

---

[200] Nr. I des RS (Fn. 167).
[201] BT-Drucks. 13/5584, S. 10.
[202] Vgl. zB BVerwG v. 20.1.2000 (Fn. 164).
[203] Nr. IIII des BMI-RS (Fn. 167).
[204] Siehe z.B. Nr. IIII des BMI-RS (Fn. 167).
[205] BT-Drucks. 16/2253, S. 15 (zu Art. 2 Nr. 2, § 70), unter Hinweis auf § 331 Abs. 3 StGB.
[206] BT-Drucks. 13/5584, S. 10; so auch *Battis*, BBG, § 70 Rn. 5.

ten) auf Korruptionsgefahren hinweisen und den Mitarbeiter sensibilisieren sowie die allgemeine Zustimmung zur Annahme von Geschenken für den Mitarbeiter widerrufen.

Für den **Bundesbereich** sieht das BMI-RS bereits einen weiteren Anwendungsbereich der bloßen Anzeigepflicht vor (Geschenke bis 25 €). Allerdings wird keine Wertuntergrenze geregelt, so dass jedes auch noch so geringwertige Geschenk anzuzeigen ist, was die Akzeptanz der Regelung teilweise wieder in Frage stellen könnte. 103

c) Ablehnung der Genehmigung

Lehnt der Dienstherr die Genehmigung ab, darf der Mitarbeiter ein angebotenes Geschenk **nicht annehmen**. Hat er es bereits entgegengenommen, muss er es in der Regel **zurückgeben**. Dies gilt natürlich nicht, wenn es sich bei der Geschenkannahme zugleich um eine strafbare Vorteilsannahme oder Bestechlichkeit handelt. In diesen Fällen erfolgt die Abschöpfung der Vorteile durch die Regelungen über den Verfall (§§ 73 ff. StGB); außerdem steht dem Dienstherrn ein Herausgabeanspruch gegen den Mitarbeiter zu (siehe hierzu Rn. 161 ff.). Ist die Rückgabe eines Geschenks nicht mehr möglich, soll der Beschenkte aufgefordert werden, den für das Geschenk von der Genehmigungsbehörde festgesetzten Preis an den Schenker oder an eine gemeinnützige Einrichtung zu zahlen. Beides kommt wiederum nur in Betracht, wenn es sich bei der Geschenkannahme nicht um eine Straftat handelt. 104

Ausnahmsweise soll auch eine **Ablieferung an den Dienstherrn** verlangt werden. Dies gilt, wenn das Geschenk dem Beschäftigten offensichtlich als Repräsentant des Dienstherrn überreicht worden ist, die Rückgabe als Verstoß gegen die allgemeinen Regel des gesellschaftlichen Umgangs oder der Höflichkeit aufgefasst werden würde, der Schenker die Rücknahme verweigert hat oder mit großer Wahrscheinlichkeit verweigern wird oder die Rücksendung mit einem Aufwand verbunden wäre, der zum objektiven Wert des Geschenks außer Verhältnis steht[207]. In den Fällen der Rücknahmeverweigerung und Nichtrücksendung sollte der Schenker allerdings über die Verwendung des Geschenks informiert werden, damit der Eindruck der „Käuflichkeit" von Mitarbeitern verhindert wird. 105

II. Mitteilungs- und Anzeigepflicht

Nach § 3 Abs. 2 S. 3 TVöD/§ 3 Abs. 3 S. 3 TV-L sind die Arbeiternehmer im öffentlichen Dienst verpflichtet, **dem Arbeitgeber** unverzüglich **anzuzeigen**, wenn ihnen Vergünstigungen in Bezug auf ihre Tätigkeit angeboten werden. Eine entsprechende Mitteilungspflicht regeln § 10 Abs. 2 BAT und § 12 Abs. 2 MTArb[208]. Die beamtenrechtlichen Vorschriften in § 70 BBG, § 43 BRRG und den landesrechtlichen Regelungen enthalten dagegen keine ausdrückliche Mitteilungspflicht[209]. Allerdings wird eine Mitteilungspflicht teilweise durch ergänzende VwV geregelt und damit auf alle Beschäftigten erstreckt[210]. 106

Anzeigepflichten für Korruptionstaten können sich zudem aus den allgemeinen Verhaltens- (§ 54 BBG) und Beratungspflichten (§ 55 BBG) ergeben. Nach einer Entscheidung des BGH verletzt ein Beamter seine **Treue-, Beratungs- und Unterstützungspflicht**, wenn er es unterlässt, seinen Vorgesetzten korruptionsverdächtige Umstände 107

---

[207] Nr. IIII des BMI-RS (Fn. 167).
[208] Nach § 12 Abs. 2 MTB in der bis 31.3.1964 geltenden Fassung hatten Arbeiter noch alle Bestechungsversuche, also auch solche gegenüber anderen Arbeitnehmern, dem Arbeitgeber unverzüglich anzuzeigen; vgl. *Scheuring/Steingen/Banse/Thivessen*, MTArb § 12 Rn. 7.
[209] Siehe hierzu auch *Greeve/Dörr* (Fn. 55) § 19 Rn. 414.
[210] Auf Bundesebene: BM-RS (Fn. 167), I Abs. 2.

6. Kapitel. Korruptionsprävention im öffentlichen Bereich

oder sogar klar erkennbares Korruptionsgeschehen zu melden[211]. Erfährt der Beamte außerhalb seines eigenen Aufgabenkreises von einem Fehlverhalten eines Kollegen, sei er jedenfalls bei schweren Verfehlungen, die die Erfüllung öffentlicher Aufgaben gefährden, verpflichtet, den Vorgesetzten hierauf aufmerksam zu machen.

108 Die Ansprechperson für Korruptionsprävention hat nach Nr. 5.2 der RL der BReg. zur Korruptionsprävention die Dienststellenleitung zu unterrichten, wenn ihr Tatsachen bekannt werden, die den Verdacht einer Korruptionsstraftat rechtfertigen. Die Dienststellenleitung ist nach Nr. 10.1 der RL der BReg. zur Korruptionsprävention verpflichtet, bei einem durch Tatsachen begründeten Verdacht einer Korruptionsstraftat **die Staatsanwaltschaft** und die oberste Dienstbehörde **zu unterrichten**. Auf Bundesebene enthält die Nr. 6 des Verhaltenskodexes gegen Korruption[212] zudem einen Appell an alle Mitarbeiter, die Dienststelle bei der Entdeckung und Aufklärung von Korruption zu unterstützen. Bei konkreten Anhaltspunkten für korruptes Verhalten sind die Ansprechperson für Korruptionsprävention und die Vorgesetzten zu informieren. In Bayern sind die Beschäftigten verpflichtet, ihre Vorgesetzten zu informieren, wenn sie nachvollziehbare Hinweise auf korruptes Verhalten erhalten[213]. Ähnliche Vorschriften gelten u.a. in Baden-Württemberg[214], Niedersachsen[215], Nordrhein-Westfalen[216], Rheinland-Pfalz[217], Sachsen-Anhalt[218], Schleswig-Holstein[219] und Thüringen[220]. Aus dem Straftatbestand des § 357 StGB ergibt sich zudem, dass Vorgesetzte und Amtsträger, denen die Aufsicht oder Kontrolle über die Dienstgeschäfte eines anderen Amtsträgers übertragen sind, Straftaten der Untergebenen nicht geschehen lassen dürfen und daher Maßnahmen zur Verhinderung dieser Taten, wozu auch die Mitteilung an die Dienststellenleitung gehört, vornehmen müssen.

109 Eine gesetzliche Mitteilungspflicht bei Vorliegen von Tatsachen, die den Verdacht einer Korruptionsstraftat begründen, besteht nach **§ 4 Abs. 5 S. 1 Nr. 10 EStG** für die Finanzbehörden. Insbesondere von Seiten der Strafverfolgungspraxis wird die Einführung weitergehender **gesetzlicher Anzeigepflichten** nach dem Vorbild der § 116 AO, § 6 SubvG gefordert[221]. Eine solche gesetzliche Anzeigepflicht hat jetzt **Nordrhein-Westfalen** in § 12 KorruptionsbG NW eingeführt. Danach hat der Leiter einer Behörde oder anderen Stelle i.S. des § 1 Abs. 1 KorruptionsbG, der Hauptverwaltungsbeamte einer Gemeinde oder eines Gemeindeverbandes und der Verantwortliche einer sonstigen der Aufsicht des Landes unterstellten Körperschaft, Anstalt und Stiftung des öffentlichen Rechts dem LKA es anzuzeigen, wenn Tatsachen vorliegen, die Anhaltspunkte für Korruptionsstraftaten (und andere Straftaten) darstellen können. Eine Anzeigepflicht besteht auch für das für die Prüfung zuständige Mitglied des Landesrechnungshofs, den Leiter des kommunalen Rechnungsprüfungsamtes und den Leiter der Gemeindeprüfungsanstalt. Bei der Nichterfüllung gesetzlicher Anzeigepflichten droht dem Anzeigepflichtigen eine Strafbarkeit wegen **Strafvereitelung** nach §§ 258, 258a StGB durch Unterlassen[222].

---

[211] BGH v. 4.5.2004 – 4 StR 49/04, NStZ 2004, 565, unter Berufung auf die dienst- und disziplinarrechtliche Literatur.
[212] Siehe Fn. 7 und 8.
[213] Nr. 5.1 der RL (Fn. 20).
[214] Nr. 3.1.2 der VwV (Fn. 19).
[215] Nr. 6.2 des Gem. RdErl. (Fn. 29).
[216] Nr. 2.6 des RdErl. (Fn. 30).
[217] Nr. 8.2 der VwV (Fn. 32).
[218] Nr. 9.1 der VwV (Fn. 36).
[219] Nr. 5.1 der RL (Fn. 37).
[220] Nr. 9.2 der RL (Fn. 38).
[221] *Claussen/Ostendorf* (Fn. 144), Rn. A 42; *Schaupensteiner*, Kriminalistik 2003, 9, 16; *Schubert*, in: Friedrich-Ebert-Stiftung (Hrsg.), Korruption in Deutschland, 1995, S. 53, 56.
[222] Zur Unterscheidung zwischen gesetzlichen und dienstrechtlichen Anzeigepflichten bei §§ 258, 258a, 13 StGB siehe *Grunst*, StV 2005, 453, 456 f.

III. Nebentätigkeiten

1. Beamte und Arbeitnehmer

Das Nebentätigkeitsrecht der Beamten wurde durch das Zweite Nebentätigkeitsbe- **110** grenzungsgesetz[223] geändert. Die Regelungen in diesem Gesetz waren zunächst Bestandteil des Entwurfs des KorrBekG[224]. Sie wurden jedoch im RA-BTag aus dem Gesetz herausgenommen, um klarzustellen, dass es verfehlt wäre, Nebentätigkeiten generell in einen Zusammenhang mit Korruption zu bringen[225]. Allerdings betonte der RA-BTag zugleich, dass die vorgeschlagenen Eingrenzungen des Nebentätigkeitsrechts dazu dienen, das Vertrauen der Bürger in die Integrität des Staates und seiner Beschäftigten zu festigen[226]. Auch die Einschränkungen des Nebentätigkeitsrechts gehören daher zum Gesamtkonzept zur Bekämpfung der Korruption.

Die Annahme von Vorteilen für die Ausübung von Nebentätigkeiten durch Beamte ist **111** keine Straftat nach §§ 331 f. StGB und kein Verstoß gegen das Verbot der Annahme von Belohnungen oder Geschenken. Dies gilt auch für den Fall, dass die Nebentätigkeit ohne die erforderliche Genehmigung ausgeübt wird oder aus dienstrechtlichen Gründen verboten ist[227]. Dass die Ausübung von Nebentätigkeiten dennoch häufig in **Zusammenhang mit Korruption** gebracht wird, liegt daran, dass die Betrauung mit Nebentätigkeiten ein Vorteil sein kann, den ein Beamter nur als Gegenleistung für seine Dienstausübung oder sogar für eine pflichtwidrige Diensthandlung erhält. Außerdem können unter dem Vorwand der Vergütung von Nebentätigkeiten Bestechungsgelder verschleiert werden. Hohe Entgelte für wertlose Gutachten, gut dotierte Beraterverträge ohne Abruf echter Beratungsleistungen und beträchtliche Vergütungen für kurze Vorträge sind nur einige der Beispiele.

Für eine effektive Korruptionsprävention ist es nicht erforderlich, Beamten Nebentä- **112** tigkeiten so weit wie möglich zu verbieten. Wichtig ist vielmehr die **Kontrolle**, für wen und für welche Gegenleistungen der Beamte Nebentätigkeiten erbringt. Insbesondere diesem Ziel dienten daher auch die Änderungen durch das Zweite Nebentätigkeitsbegrenzungsgesetz.

Im Nebentätigkeitsrecht der **Beamten** ist zwischen genehmigungsbedürftigen und **113** nicht genehmigungsbedürftigen Nebentätigkeiten zu unterscheiden[228]. Regelungen hierzu enthalten die §§ 65 f. BBG und § 42 BRRG i.V.m. mit den landesrechtlichen Nebentätigkeitsregelungen. Für die Nebentätigkeiten der Angestellten im öffentlichen Dienst finden im Geltungsbereich des BAT die für die Beamten des Arbeitgebers jeweils geltenden Bestimmungen sinngemäß Anwendung (§ 11 BAT). § 13 MTArb bestimmt, dass ein Arbeiter im öffentlichen Dienst Nebentätigkeiten gegen Entgelt nur ausüben darf, wenn der Arbeitgeber seine Zustimmung erteilt hat.

§ 3 Abs. 3 S. 1 TVöD/§ 3 Abs. 4 S. 1 TV-L regelt jetzt in bewusster Abkehr vom beam- **114** tenrechtlichen Nebentätigkeitsrecht[229] lediglich eine Pflicht des **Arbeitnehmers**, Neben-

---

[223] Siehe Fn. 5.
[224] BT-Drucks. 13/5584, Abschn. 1 Art. 1 Nr. 1, Art. 2 Nr. 1 und 2 sowie Art. 4 Nr. 2; dazu *Seydel*, in: Friedrich-Ebert-Stiftung, 1. Nachfragekonferenz, 1996, S. 49, 50.
[225] BT-Drucks. 13/8079, S. 14.
[226] BT-Drucks. 13/8079, S. 14.
[227] BGH v. 21.11.1961 – 5 StR 472/61, GA 1962, 214; BGH v. 30.10.1962 – 1 StR 385/62, BGHSt 18, 59; BGH v. 13.6.2001 – 3 StR 131/01, wistra 2001, 388.
[228] Daneben gibt es auch noch die – im Hinblick auf Korruptionsgefahren aber unproblematischen – Nebentätigkeiten auf Verlangen der obersten Dienstbehörde im öffentlichen Dienst (vgl. § 64 BBG).
[229] BMI-RS v. 22.12.2005 (Fn. 153), S. 13, zu § 3 Abs. 3 TVöD.

tätigkeiten rechtzeitig vorher schriftlich anzuzeigen. Der Arbeitgeber kann die Nebentätigkeit untersagen oder mit Auflagen versehen, wenn diese geeignet ist, die Erfüllung der arbeitsvertraglichen Pflichten des Beschäftigten oder berechtigte Interessen des Arbeitgebers zu beeinträchtigen (§ 3 Abs. 3 S. 2 TVöD/§ 3 Abs. 4 S. 2 TV-L). Dieses Auseinanderfallen des Nebentätigkeitsrechts der Beamten und Arbeitnehmer ist im Bereich der Korruptionsprävention wenig sachgerecht. Den Arbeitgebern im öffentlichen Dienst bleibt es aber unbenommen, auf der Grundlage der generellen Regelung im TVöD/TV-L für den eigenen Bereich durch Herausbildung einer konsistenten Untersagungs- und Auflagenpraxis faktisch eine entsprechende Geltung der beamtenrechtlichen Nebentätigkeitsregelungen auch für Arbeitnehmer herbeizuführen. Dies ist insbesondere für Behörden erforderlich, in denen Beamte und Arbeitnehmer zusammenarbeiten und Arbeitnehmer teilweise auch hohe Positionen bekleiden.

a) Genehmigungsbedürftige Nebentätigkeiten

115 Grundsätzlich bedarf der Beamte für alle Nebentätigkeiten einer Genehmigung (§ 65 Abs. 1 BBG).[230] Soweit kein Versagungsgrund vorliegt, hat er allerdings einen Rechtsanspruch auf die Erteilung der Genehmigung. Die im Gesetz vorgesehenen Versagungsgründe ermöglichen es dem Dienstherrn, auch Gesichtspunkte der Korruptionsprävention bei der Entscheidung über die Genehmigung einfließen zu lassen. Eine Nebentätigkeitsgenehmigung ist **zu versagen**, wenn zu besorgen ist, dass durch die Nebentätigkeit dienstliche Interessen beeinträchtigt werden (§ 65 Abs. 2 S. 1 BBG). Insbesondere die benannten Versagungsgründen in § 65 Abs. 2 S. 2 Nr. 2, 3 und 4 BBG dienen auch dazu, Korruptionsgefahren zu begegnen. Danach ist eine Genehmigung zu versagen, wenn die Nebentätigkeit den Beamten in einen Widerstreit mit seinen dienstlichen Pflichten bringen kann (Nr. 2), in einer Angelegenheit ausgeübt wird, in der die Behörde, der der Beamte angehört, tätig wird oder tätig werden kann (Nr. 3), oder die Unparteilichkeit oder Unbefangenheit des Beamten beeinflussen kann (Nr. 4)[231].

116 Wenn sich eine Beeinträchtigung dienstlicher Interessen erst nach der Erteilung der Nebentätigkeitsgenehmigung ergibt, ist die Genehmigung zu **widerrufen** (§ 65 Abs. 2 S. 6 BBG). Genehmigungen sind zudem auf längstens fünf Jahre zu befristen und können mit Auflagen und Bedingungen versehen werden (§ 65 Abs. 2 S. 4 BBG). Der Beamte muss die zur Entscheidung seiner Dienstbehörde erforderlichen Nachweise, insbesondere über Art und Umfang der Nebentätigkeit sowie die Entgelte und geldwerten Vorteile hieraus, führen und Änderungen unverzüglich schriftlich anzeigen (§ 65 Abs. 6 S. 2 BBG). Die gesetzlichen Regelungen bieten daher der Verwaltung alle Möglichkeiten, Nebentätigkeiten auf eventuelle Korruptionsgefahren zu überprüfen.

b) Nicht genehmigungsbedürftige Nebentätigkeiten

117 Einen abschließenden Katalog der genehmigungsfreien Nebentätigkeiten enthält § 66 Abs. 1 Nr. 1 bis 5 BBG. Neben den im Hinblick auf Korruptionsgefahren unproblematischen Fällen der unentgeltlichen Nebentätigkeiten (Nr. 1), der Verwaltung eigenen oder der Nutznießung des Beamten unterliegenden Vermögens (Nr. 2) und der Tätigkeit in Gewerkschaften oder Berufsverbänden (Nr. 5, 1. Fall) gehören zu den genehmigungsfreien Nebentätigkeiten auch die schriftstellerische, wissenschaftliche, künstlerische und Vortragstätigkeit (Nr. 3), die mit der Lehr- und Forschungstätigkeit zusammenhängende selbstständige Gutachtertätigkeit von Hochschullehrern (Nr. 4) sowie die Tätigkeit in

---

[230] Im Folgenden wird nur das Bundesrecht im Beamtenbereich dargestellt; § 41 des E BeamtStG sieht nur noch eine generelle Aussage zu Nebentätigkeiten von Landesbeamten vor; die Einzelregelungen sollen den Ländern vorbehalten bleiben, BR-Drucks. 780/06, S. 68 (zu § 41).

[231] Siehe zum Hintergrund dieser Versagungsgründe *Baßlberger*, ZBR 2004, 369, 375 f.

Selbsthilfeeinrichtungen der Beamten (Nr. 5, 2. Fall). Für die Nebentätigkeiten nach Nr. 3, 4 und 5, 2. Fall wurde durch das Zweite Nebentätigkeitsbegrenzungsgesetz eine **Anzeigepflicht** eingeführt[232]. Soweit für die Nebentätigkeiten ein Entgelt oder geldwerter Vorteil geleistet wird, muss der Beamte die Tätigkeit in jedem Einzelfall vor ihrer Aufnahme seiner Dienstbehörde unter Angabe von Art und Umfang sowie der voraussichtlichen Höhe der Entgelte und geldwerten Vorteile hieraus schriftlich anzeigen (§ 66 Abs. 2 S. 1 BBG). Der Beamte hat Änderungen unverzüglich schriftlich anzuzeigen. Darüber hinaus kann die Dienstbehörde aus begründetem Anlass verlangen, dass der Beamte über eine von ihm ausgeübte nicht genehmigungspflichtige Nebentätigkeit Auskunft erteilt (§ 66 Abs. 2 S. 2 BBG). Ein begründeter Anlass besteht, wenn sich im Zusammenhang mit der Ausübung der Nebentätigkeit Anhaltspunkte für die Verletzung dienstlicher Pflichten ergeben[233]. Wenn der Beamte durch die Ausübung der Nebentätigkeit eine dienstliche Pflicht verletzt, ist sie ganz oder teilweise zu untersagen.

Da insbesondere Entgelte für (vermeintlich) wissenschaftliche Leistungen oder Vortragstätigkeiten auch zur Verschleierung von Zahlungen zur Beeinflussung von Amtsträgern dienen können, bietet die Anzeigepflicht für den Dienstherrn die Möglichkeit, solche Nebentätigkeiten zu kontrollieren, ohne die grundgesetzlich geschützte Wissenschaftsfreiheit (Art. 5 Abs. 3 GG) einzuschränken. Erforderlich ist allerdings, dass die **Kontrolle** auch wirklich stattfindet und Anzeigen nicht nur zu den Akten genommen werden. Insbesondere durch das Merkmal „im Einzelfall" ist die Anzeigepflicht sehr weit gefasst, und es besteht die Gefahr, dass durch eine Flut von Anzeigen die kleine Zahl der möglicherweise problematischen Fälle aus der großen Menge unproblematischer oder sogar förderungswürdiger Nebentätigkeiten (z.B. wissenschaftliche Aufsätze in Fachzeitschriften zum üblichen Zeitschriftenhonorar) nicht leicht herauszufiltern ist[234]. Die Dienststellen müssen daher **Raster für die Anzeigen** (z.B. Nebentätigkeiten für bestimmte Auftraggeber, Höhe des Entgelts, Häufigkeit gleichartiger Nebentätigkeiten) bilden, damit eine intensive Überprüfung bestimmter Nebentätigkeiten möglich wird. Diese Überprüfung sollte nicht allein durch die Personalverwaltungen erfolgen. Einbezogen werden müssen insbesondere die Vorgesetzten, die problematische Fälle häufig leichter erkennen können. Wenn Nebentätigkeiten die Gefahr aufweisen, dass sich ein Beamter – zunächst vielleicht völlig unbeabsichtigt – in die Abhängigkeit von bestimmten Auftraggebern begibt, muss rechtzeitig mit dem Beamten gesprochen und nicht gewartet werden, bis dieser tatsächlich eine rechtswidrige Tat begeht. **118**

Ein besonderer **Anlass**, Nebentätigkeiten von Beamten zu überprüfen, besteht natürlich, wenn der Beamte anzeigepflichtige Nebentätigkeiten nicht anzeigt oder falsche Angaben macht. Die Vorgesetzten des Beamten haben daher die Pflicht, solche Vorkommnisse an die Personalverwaltung weiterzuleiten und bei der Aufklärung mitzuwirken. **119**

2. Kommunale Hauptverwaltungsbeamte

Da kommunale Hauptverwaltungsbeamte keinen Dienstvorgesetzten haben, werden sie üblicherweise von den Genehmigungs- und Anzeigepflichten des Nebentätigkeitsrechts nicht erfasst. Um die erforderliche Transparenz auch bei Nebentätigkeiten von (Ober-) Bürgermeistern und Landräten zu schaffen,[235] hat Nordrhein-Westfalen in § 18 **120**

---

[232] Kritisch hierzu u.a. *Badura*, ZBR 2000, 109 ff.; *Baßlberger* (Fn. 231), 382 ff.; *Duttge*, ZRP 1997, 72, 73 ff.; *Engelken*, ZRP 1998, 50 ff.; die Anzeigepflicht verletzt nach Auffassung des VG München keine Grundrechte der anzeigepflichtigen Beamten und Richter, VG München v. 17.7.2001 – M 5 K 98.5096, IÖD 2002, 2.

[233] BT-Drucks. 13/5584, S. 10.

[234] Siehe hierzu *Korte*, NJW 1997, 2556, 2558.

[235] LTag NW Drucks. 13/5952, S. 18.

KorruptionsbG NW jetzt die Pflicht für Hauptverwaltungsbeamte eingeführt, Nebentätigkeiten vor Übernahme dem Rat oder Kreistag anzeigen[236].

3. Regierungsmitglieder

121 Für Mitglieder der Bundes- und Landesregierungen gibt es keine Regelungen über „Nebentätigkeiten". Art. 66 GG und § 5 Abs. 1 BMinG enthalten aber für **Mitglieder der Bundesregierung** das Verbot, neben ihrem Amt ein anderes besoldetes Amt, ein Gewerbe oder einen Beruf ausüben. Außerdem dürfen sie während ihrer Amtszeit auch nicht dem Vorstand, Aufsichtsrat oder Verwaltungsrat eines auf Erwerb gerichteten Unternehmens angehören oder gegen Entgelt als Schiedsrichter tätig sein oder außergerichtliche Gutachten abgeben. Lediglich von dem Verbot der Zugehörigkeit zu einem Aufsichtsrat oder Verwaltungsrat kann der Bundestag Ausnahmen zulassen (§ 5 Abs. 1 S. 3 BMinG). Die Verbote gelten auch für Parlamentarische Staatssekretäre (§ 7 ParlStG). Für die **Mitglieder der Landesregierungen** gelten zumeist ähnliche Vorschriften (vgl. z.B. § 5 Abs. 1 und 2 BW MinG, Art. 3 BY MinG, § 5 Abs. 1 RP MinG, § 5 Abs. 1 TH MinG).

122 Sinn und Zweck der Verbote ist neben der Erhaltung der vollen Arbeitskraft für das Regierungsamt auch die **Vermeidung von Interessenkollisionen** sowie von dem Staatswohl abträglichen Abhängigkeiten[237]. Die Verbote führen allerdings nicht dazu, dass Regierungsmitglieder keine Nebentätigkeiten ausüben dürfen. Grundsätzlich sind z.B. entgeltliche private Vortragstätigkeiten und schriftstellerische Tätigkeiten zulässig, solange diese nicht auf eine auf Dauer angelegte Gewinnerzielungsabsicht ausgerichtet sind[238].

IV. Wechsel in die Privatwirtschaft

123 Wechselt ein Amtsträger in die Privatwirtschaft, können Interessenkollisionen nicht ausgeschlossen werden, wenn er in einem Bereich tätig wird, mit dem er zuvor dienstlich befasst war[239]. §§ 69a BBG, 42a BRRG[240] regeln daher, dass **Ruhestandsbeamte** oder frühere Beamte mit Versorgungsbezügen, die nach Beendigung des Beamtenverhältnisses innerhalb eines Zeitraumes von 5 Jahren, oder, wenn sie mit Vollendung des 65. Lebensjahres pensioniert wurden, innerhalb eines Zeitraumes von 3 Jahren Beschäftigungen oder Erwerbstätigkeiten außerhalb des öffentlichen Dienstes, die mit der dienstlichen Tätigkeit in den letzten 5 Jahren vor Beendigung des Beamtenverhältnisses im Zusammenhang stehen und durch die dienstliche Interessen beeinträchtigt werden können, **anzeigen** müssen. Die Beschäftigung oder Erwerbstätigkeit ist durch die zuständige Dienstbehörde zu untersagen, wenn zu besorgen ist, dass durch sie dienstliche Interessen beeinträchtigt werden. Für ehemalige Soldaten, die z.B. in ein Unternehmen der Rüstungsindustrie wechseln wollen, gilt nach § 20a SG eine entsprechende Regelung.

124 Die Anzeigepflicht und Untersagungsmöglichkeit gilt nicht für **ehemalige Beamte**, die sich ohne Anspruch auf Ruhestandsbezüge aus dem öffentlichen Dienst entlassen lassen[241],

---

[236] Vgl. dazu *Köster*, DÖD 2005, 189, 193 f.; krit. *Kleerbaum*, KOPO 2005, 34, 36.
[237] Antwort der BReg. auf eine Kleine Anfrage der FDP, BT-Drucks. 14/9866, S. 2.
[238] BT-Drucks. 14/9866, S. 2.
[239] In anderen Staaten gibt es für dieses Phänomen häufig spezielle Bezeichnungen: Pantouflage (FRA), Revolving Doors (USA, GBR), Amakudari (JAP).
[240] Künftig § 42 BeamtStG, BR-Drucks. 780/06.
[241] Vgl. hierzu die Antwort der BReg. auf die Kleine Anfrage der FDP zum Wechsel eines ehemaligen Staatssekretärs in die Privatwirtschaft, BT-Drucks. 15/3793.

und für **nicht beamtete Amtsträger** (Arbeitnehmer, Mitglieder von Bundes-[242] oder Landesregierungen). Allerdings unterliegen solche ehemaligen Amtsträger auch nach dem Ausscheiden aus dem Amt einer **Verpflichtung zur Verschwiegenheit** über ihnen bei der amtlichen Tätigkeit bekannt gewordene Angelegenheiten (z.B. § 61 Abs. 1 BBG, § 39 Abs. 1 BRRG[243], § 3 Abs. 1 TVöD/§ 3 Abs. 2 TV-L, § 6 Abs. 1 BMinG), deren Verletzung strafbewehrt ist (§ 353b StGB). Lässt sich ein Amtsträger eine Tätigkeit nach dem Ausscheiden aus dem Amt noch während seiner Amtszeit als Belohnung für die (pflichtgemäße) Dienstausübung oder sogar als Gegenleistung für eine pflichtwidrige Diensthandlung versprechen, macht er sich wegen Vorteilsannahme (§ 331 StGB) oder Bestechlichkeit (§ 332 StGB) strafbar. Bei Beamten gilt das Verbot der Annahme von Belohnungen oder Geschenken auch nach dem Ausscheiden aus dem Dienst. Sie dürfen daher eine Tätigkeit, die sie als Belohnung in Bezug auf ihr (ehemaliges) Amt erhalten sollen, auch dann nicht annehmen, wenn sie ohne Anspruch auf Versorgungsbezüge aus dem Dienst ausgeschieden sind. Teilweise wird zur Abwehr von Korruptionsrisiken eine generelle Sperrfrist für Amtsträger beim Wechsel zu Unternehmen, mit denen sie dienstlich befasst waren, gefordert[244]. Eine solche Regelung wäre aber – jedenfalls wenn nicht zugleich Karenzentschädigungen vorgesehen werden – nur schwer mit der nach Art. 12 GG garantierten Berufsfreiheit in Einklang zu bringen[245]. Die Staatengruppe gegen Korruption (GRECO) hat daher Deutschland auch nur die Einführung von klaren Bestimmungen für Fälle empfohlen, in denen Amtsträger vor ihrem Eintritt in den Ruhestand in den Privatsektor wechseln[246]. Art. 12 Abs. 2 Buchst. e des VN-Übereinkommen gegen Korruption enthält eine Regelung zur Vermeidung von Interessenkollisionen beim Wechsel von ehemaligen Amtsträgern zu privaten Unternehmen. Allerdings handelt es sich nur um eine beispielhaft aufgeführte Maßnahme zur Korruptionsprävention ohne verbindliche Umsetzungsverpflichtung.

D. Rechtsfolgen bei Verstößen

Amtsträger[247], die Korruptionstaten begehen, machen sich strafbar (insbesondere nach §§ 331, 332, 335 StGB). Diese strafrechtlichen Folgen einer Korruptionstat werden in Kap. 8 dargestellt. Korruptionstaten und andere Dienstpflichtverletzungen von Beamten können daneben auch disziplinarisch geahndet werden. Bei Arbeitnehmern im öffentlichen Dienst kommen arbeitsrechtliche Maßnahmen in Betracht. Gegen Regierungsmitglieder und Parlamentarische Staatssekretäre findet ein Disziplinarverfahren nicht statt (§§ 8 BMinG, 7 ParlStG); auch arbeitsrechtliche Maßnahmen sind nicht möglich. Gegen alle Amtsträger kommen Schadensersatz- und Herausgabeansprüche in Betracht. **125**

---

[242] Zur Diskussion um die Einführung eines Ehrenkodexes für ehemalige Mitglieder der BReg. siehe BT-Plenarprotokoll 16/8, S. 460 ff.
[243] Künftig § 38 Abs. 1 BeamtStG, BR-Drucks. 780/06.
[244] Z.B. *von Arnim*, ZRP 2006, 44, 46; *Schaupensteiner*, Kriminalistik 2003, 9, 12; *Transparency International*, Positionspapier zu Karenzzeiten für Politiker und Beamte, 2006.
[245] BT-Drucks. 15/3793, S. 3, zu Beamten, die ohne Versorgungsbezüge ausscheiden.
[246] GRECO-Evaluierungsbericht II über Deutschland (Fn. 114), Rn. 45.
[247] Siehe § 11 Abs. 1 Nr. 2 StGB; keine Amtsträger sind Abgeordnete; nach den Entscheidungen des BGH v. 9.5.2006 – 5 StR 453/05, NJW 2006, 2050, und v. 12.7.2006 – 2 StR 557/05, gehören auch kommunale Mandatsträger nicht zu den Amtsträgern, soweit sie nicht zusätzlich zu ihrer Mandatstätigkeit mit der Wahrnehmung konkreter Verwaltungsaufgaben betraut sind; zu den Folgen siehe *Feinedegen*, NJW 2006, 2014, 2015.

I. Disziplinarrecht

126 Der Verstoß gegen das Verbot der Annahme von Belohnungen oder Geschenken ist für den Beamten ein **Dienstvergehen** nach § 77 Abs. 1 BBG (entsprechende Regelungen gelten für Landesbeamte). Dies gilt nach § 77 Abs. 2 Nr. 3 BBG auch für Ruhestandsbeamte. Dienstvergehen sind zudem die Verletzung der Treue-, Beratungs- und Unterstützungspflicht durch die Nichtanzeige von Korruptionstaten, die Ausübung einer nicht genehmigten Nebentätigkeit[248], das Unterlassen der Anzeige einer anzeigepflichtigen Nebentätigkeit[249], die Nichtanzeige von anzeigepflichtigen Beschäftigungen oder Erwerbstätigkeiten nach der Pensionierung sowie die Verletzung der Verpflichtung zur Verschwiegenheit.

1. Verfahren

127 Wenn der Dienstvorgesetzte Tatsachen erfährt, die den Verdacht eines Dienstvergehens begründen, muss er ein Disziplinarverfahren **einleiten** (§ 17 BDG). Lediglich für die Entscheidung über die disziplinarische Reaktion nach Abschluss der Vorermittlungen gilt das Opportunitätsprinzip (§ 13 BDG); für die Einleitung der Ermittlungen gilt dagegen das Legalitätsprinzip. Unterlässt der Disziplinarvorgesetzte die Einleitung eines Verfahrens, begeht er selbst ein Dienstvergehen.

128 Wenn der Verdacht des Dienstvergehens zugleich den Verdacht einer (Korruptions-) Straftat rechtfertigt, sollten die Ermittlungen der Staatsanwaltschaft überlassen werden. Das Disziplinarverfahren ist im Regelfall **auszusetzen** (§ 22 Abs. 1 BDG). Von Ermittlungen im Disziplinarverfahren ist zudem abzusehen, wenn der Sachverhalt bereits durch ein rechtskräftiges Urteil im Straf-, Bußgeld oder Verwaltungsverfahren feststeht (§ 21 Abs. 2 BDG). Die tatsächlichen Feststellungen eines rechtskräftigen Urteils im Strafverfahren sind in einem Disziplinarverfahren, das denselben Sachverhalt zum Gegenstand hat, bindend (§ 23 Abs. 1 BDG).

129 Wenn der Sachverhalt geklärt ist, muss dem Beamten nach Beendigung der Ermittlungen Gelegenheit zur abschließenden Äußerung gegeben werden (§ 30 BDG). Danach ist darüber zu entscheiden, wie das Verfahren **abgeschlossen** werden soll (Einstellung, Disziplinarverfügung oder Disziplinarklage). Mit der Disziplinarklage können die schwersten Disziplinarmaßnahmen, die Entfernung aus dem Beamtenverhältnis, die Zurückstufung und die Aberkennung des Ruhegehalts, durchgesetzt werden. Bei Korruptionstaten wird regelmäßig eine Disziplinarklage in Betracht kommen.

130 Ist gegen einen Beamten im **Straf- oder Bußgeldverfahren** eine Strafe, Geldbuße oder Ordnungsmaßnahme verhängt worden oder kann eine Tat nach § 153a Abs. 1 S. 5 oder Abs. 2 S. 2 StPO nach der Erfüllung von Auflagen und Weisungen nicht mehr verfolgt werden, darf allerdings wegen desselben Sachverhalts ein Verweis, eine Geldbuße oder eine Kürzung des Ruhegehalts nicht ausgesprochen werden (§ 14 Abs. 1 Nr. 1 BDG) und eine Kürzung der Dienstbezüge oder eine Zurückstufung[250] nur ausgesprochen werden, wenn dies zusätzlich erforderlich ist, um den Beamten zur Pflichterfüllung anzuhalten (§ 14

---

[248] BVerwG v. 27.11.1996 – 1 D 28/95, BVerwGE 113, 32 = DÖD 1997, 108; BVerwG v. 17.3.1998 – 1 D 73/96.
[249] BVerwG v. 8.9.2004 – 1 D 18/03, ZBR 2005, 91.
[250] Zu rechtspolitischen und verfassungsrechtlichen Bedenken gegen die Einbeziehung der Disziplinarmaßnahme „Zurückstufung" in diese Regelung BVerwG v. 23.2.2005 – 1 D 13/04, BVerwGE 123, 75 = NVwZ-RR 2006, 53; eine Änderung des § 14 hat die BReg. im Gesetzentwurf zur Änderung des BDG, BBG und weiterer Gesetze vorgeschlagen, BT-Drucks. 16/2253, Art. 1 Nr. 2.

Abs. 1 Nr. 2 BDG). Bei einem rechtskräftigen Freispruch im Straf- oder Bußgeldverfahren darf wegen des Sachverhalts, der Gegenstand der gerichtlichen Entscheidung gewesen ist, eine Disziplinarmaßnahme nur ausgesprochen werden, wenn dieser Sachverhalt ein Dienstvergehen darstellt, ohne den Tatbestand einer Straf- oder Bußgeldvorschrift zu erfüllen (§ 14 Abs. 2 BDG). Letzteres ist z.B. der Fall, wenn im Strafverfahren wegen Vorteilsannahme ein Freispruch erfolgt, weil eine Unrechtsvereinbarung zwischen Geber und Nehmer nicht bewiesen werden konnte, aber die nicht genehmigte Annahme einer Belohnung oder eines Geschenks vorliegt.

Wenn bei dem Verdacht einer Korruptionstat als Disziplinarmaßnahme die Entfernung aus dem Dienst in Betracht kommt, was häufig der Fall ist (siehe Rn. 132 ff.), kann die für die Erhebung der Disziplinarklage zuständige Behörde den Beamten gleichzeitig mit oder nach der Einleitung des Disziplinarverfahrens **vorläufig des Dienstes entheben** (§ 38 Abs. 1 S. 1 BDG). Gleiches gilt, wenn durch das Verbleiben des Beamten im Dienst der Dienstbetrieb oder die Ermittlungen wesentlich beeinträchtigt würden und die vorläufige Dienstenthebung zu der Bedeutung der Sache und der zu erwartenden Disziplinarmaßnahme nicht außer Verhältnis steht (§ 38 Abs. 1 S. 2 BDG). Ein für die Dienstenthebung ausreichender Verdacht liegt jedenfalls dann vor, wenn die Staatsanwaltschaft wegen einer Tat nach §§ 331 f. StGB einen Strafbefehl beantragt[251] oder öffentliche Klage erhebt.

2. Maßnahmen

Nach der Rspr. des BVerwG[252] gehört der Verstoß gegen das Verbot der Annahme von Belohnungen oder Geschenken zu den **schwerwiegenden Dienstvergehen**. Die selbstlose, uneigennützige, auf keinen Vorteil bedachte Führung der Amtsgeschäfte sei eine der wesentlichen Grundlagen des Berufsbeamtentums. Das Vertrauen der Öffentlichkeit in seine Integrität trage entscheidend zur Funktionsfähigkeit des Gemeinwesens bei. Ein Beamter, der gegen das Verbot der Annahme von Belohnungen oder Geschenken verstoße, setze das Ansehen der Beamtenschaft herab und gefährde das Vertrauen seiner Behörde und der Allgemeinheit in seine Zuverlässigkeit. Denn er erwecke hierdurch zugleich den Verdacht, für Amtshandlungen allgemein käuflich zu sein und sich bei seinen Dienstgeschäften nicht an sachlichen Erwägungen zu orientieren, sondern sich auch von der Rücksicht auf den ihm zugesagten, gewährten oder geforderten Vorteil leiten zu lassen. Dies könne im Interesse einer geordneten, sachlich orientierten Verwaltung nicht hingenommen werden.

Die Verhängung der Höchstmaßnahme „**Entfernung aus dem Beamtenverhältnis**" kommt in der Regel in Betracht, wenn der Beamte die ihm als Äquivalent des angebotenen, geforderten oder gewährten Vorteils angesonnene pflichtwidrige Amtshandlung tatsächlich vorgenommen oder wenn er bares Geld angenommen und sogar gefordert hat, soweit durchgreifende Milderungsgründe fehlen[253]. In diesen Fällen ist die Hemmschwelle gegen eine Pflichtverletzung besonders hoch, und ein Beamter, der sie um persönlicher Vorteile willen überwindet, lässt ein besonders hohes Maß an Pflichtvergessenheit und Rücksichtslosigkeit gegenüber den Interessen der Allgemeinheit erkennen. Die Höchstmaßnahme kann auch aus anderen im Einzelfall vorliegenden Erschwerungsgründen in Betracht kommen. Hierzu gehören z.B. der hohe Wert des Geschenks und der

---

[251] OVG Mecklenburg-Vorpommern v. 3.5.2004 – 10 L 130/02, LKV 2004, 574, zu § 84 LDO MV.
[252] BVerwG v. 19.2.2003 – 1 D 14/02; BVerwG v. 20.2.2002 (Fn. 141); BVerwG v. 26.9.2000 – 1 D 20/98.
[253] BVerwG v. 8.6.2005 (Fn. 162); BVerwG v. 20.2.2002 (Fn. 141) mwN.; BVerwG v. 3.2.1998 – 1 DB 14/97; a.A. für den Fall, dass für den Fall der Annahme von (Bar-) Geld, die ohne Unrechtsvereinbarung erfolgt, *Zwiehoff*, jurisPR-ArbR 45/2005.

Missbrauch einer besonderen Vertrauensstellung[254] oder das Fordern eines Vorteils[255]. Ehrenbeamte, die Straftaten nach § 331 Abs. 1 begehen und bei denen als mildere Maßnahmen nur der Verweis und die Geldbuße in Betracht kommen, sind in der Regel aus dem Dienst zu entfernen[256]. Dienstpflichtverletzungen, die bei einem aktiven Beamten zur Entfernung aus dem Beamtenverhältnis führen, rechtfertigen bei Ruhestandsbeamten die Höchstmaßnahme „Aberkennung des Ruhegehalts"[257].

134 Soweit der Beamte im Strafverfahren **rechtskräftig** zu einer Freiheitsstrafe von mindestens einem Jahr **verurteilt** wurde oder das Gericht ihm nach § 358 StGB neben einer Freiheitsstrafe wegen Bestechlichkeit (§ 332 StGB) von mindestens sechs Monaten die Fähigkeit aberkannt hat, öffentliche Ämter zu bekleiden, erübrigt sich die Verhängung der Disziplinarmaßnahme „Entfernung aus dem Dienst", da das Beamtenverhältnis in diesen Fällen bereits nach § 48 BBG, § 24 Abs. 1 BRRG endet. § 25 Abs. 1 S. 1 Nr. 2 des Entwurfs eines BeamtStG sieht für die Beamten der Länder und Kommunen vor, dass das Beamtenverhältnis bereits bei einer Verurteilung zu einer Freiheitsstrafe von mindestens sechs Monaten wegen Bestechlichkeit, soweit sich die Tat auf eine Diensthandlung im Hauptamt bezieht, mit Rechtskraft des Urteils enden soll[258]; es ist zu erwarten, dass für Bundesbeamte eine entsprechende Regelung vorgeschlagen wird[259]. Ist das Beamtenverhältnis vor der Verurteilung bereits beendet, verliert der Ruhestandsbeamte seine beamtenrechtliche Versorgung, wenn er die Korruptionstat vor Beendigung des Beamtenverhältnisses begangen hat (§ 59 Abs. 1 Nr. 1 BeamtVG). Da die §§ 331 f. StGB nur anwendbar sind, wenn die Amtsträgereigenschaft zum Zeitpunkt der Tatbegehung besteht, kommt eine strafgerichtliche Verurteilung wegen einer nach Beendigung des Beamtenverhältnisses begangenen Vorteilsannahme oder Bestechlichkeit nicht in Betracht. Insoweit bleibt aber die Möglichkeit der disziplinarischen Ahndung, da §§ 70 BBG, 43 BRRG auch nach Eintritt des Beamten in den Ruhestand Anwendung finden.

135 Wenn ausnahmsweise besondere **Milderungsgründe** vorliegen, kann von der Höchstmaßnahme abgesehen werden. Als Milderungsgründe kommen in Betracht, dass das Dienstvergehen schon lange Zeit zurückliegt und der Beamte sich in der Zwischenzeit beanstandungsfrei verhalten hat[260]. Milderungsgrund kann auch eine Minderung des Unrechtsbewusstseins sein. Diese kann vorliegen, wenn der Beamte davon ausging, im Interesse seiner Behörde zu handeln, Vorteile nur als Gegenleistungen für erbrachte Nebentätigkeiten anzunehmen und einen wichtigen Vertragspartner der Behörde zu unterstützen, der Kontakte bis zur Behördenspitze hatte[261].

136 Nicht zu den Milderungsgründen, die ein Absehen von der Höchstmaßnahme rechtfertigen könnten, gehören dagegen z.B., dass der Beamte bisher nicht strafrechtlich oder disziplinarrechtlich in Erscheinung getreten ist und bisher gute Leistungen erbracht hatte[262], die Weiterbeschäftigung während des Disziplinarverfahrens und die lange Dauer eines Straf- und Disziplinarverfahrens[263].

137 Wenn der Verstoß gegen das Geschenkannahmeverbot noch nicht so schwerwiegend ist, dass von einem völligen Bruch des Vertrauens in den Beamten ausgegangen werden

---

[254] BVerwG v. 27.11.1996 (Fn. 248); nach BVerwG v. 24.6.1998 – 1 D 23/97, BVerwGE 113, 229 = NVwZ 1999, 135, ist der hohe Wert des Vorteils allein aber nicht ausreichend.
[255] BVerwG v. 19.2.2003 (Fn. 252); BVerwG v. 20.2.2002 (Fn. 141).
[256] OVG Mecklenburg-Vorpommern v. 3.5.2004 (Fn. 251) zur Disziplinarordnung MV.
[257] BVerwG v. 27.1.1998 – 1 D 63/96.
[258] BR-Drucks. 780/06.
[259] Der E eines Strukturreformgesetzes, BR-Drucks. 615/05, sah entsprechende Regelungen für Bundes- und Landesbeamte vor (§ 50 Abs. 1 Nr. 2 BBG-E, § 26 Abs. 1 Nr. 2 BRRG-E).
[260] BVerwG v. 26.9.2000 (Fn. 252).
[261] BVerwG v. 9.2.1999 – 1 D 1/98.
[262] BVerwG v. 14.10.1998 – 1 D 109/97.
[263] BVerwG v. 20.2.2002 (Fn. 141).

muss, kommt aber zumeist die nächstschwere Disziplinarmaßnahme der **Degradierung** in Betracht. Diese kann selbst dann verhängt werden, wenn aus spezialpräventiven Gründen die leichtere Maßnahme der Kürzung der Dienstbezüge ausreichend wäre, aus generalpräventiven Gründen (negatives „Vorbild") aber eine Degradierung erforderlich erscheint[264]. Anders als bei der Höchstmaßnahme darf bei der in Betracht gezogenen Degradierung auch die Länge des Disziplinar- oder Strafverfahrens als Milderungsgrund mit der Folge, dass nur eine Gehaltskürzung notwendig sein kann, herangezogen werden, da diese im Rahmen der Pflichtenmahnung an den noch tragbaren Beamten eine erhebliche Wirkung haben kann[265].

3. Kronzeugenregelung

Durch das KorrBekG wurde eine „kleine Kronzeugenregelung im Disziplinarrecht" eingeführt. Nach § 80 BDG[266] kann die letzte oberste Dienstbehörde dem wegen eines Verstoßes gegen § 70 BBG aus dem Dienst entfernten Beamten die Gewährung einer monatlichen Unterhaltsleistung zusagen, wenn er sein Wissen über Tatsachen offenbart hat, deren Kenntnis dazu beigetragen hat, Straftaten, insbesondere nach den §§ 331 bis 335 StGB, zu verhindern oder über seinen eigenen Tatbeitrag hinaus aufzuklären. Die Disziplinargesetze der Länder enthalten zum Teil entsprechende Regelungen (z.B. Mecklenburg-Vorpommern: § 80 LDG MV; Nordrhein-Westfalen: § 77 LDG NW; Schleswig-Holstein: § 45 LDG SH).

138

Die **Unterhaltsleistung** wird allerdings erst geleistet, wenn der Beamte das 65. Lebensjahr vollendet oder Rente wegen Erwerbs- oder Berufsunfähigkeit erhält[267]. Die Regelung gilt nicht für die Fälle, in denen das Beamtenverhältnis nach § 48 BBG mit der Rechtskraft des Strafurteils endet[268]. Der Ansatz, Anreize für kooperatives Verhalten der Beamten zur Aufklärung von Korruptionstaten, an denen sie selbst beteiligt sind, zu schaffen, ist sinnvoll. Die Wirksamkeit der Maßnahme dürfte allerdings sehr gering sein[269]. Die Chance, möglicherweise einen Unterhaltsbeitrag zu erhalten, bietet im Verhältnis zum sicher eintretenden Statusverlust kaum ausreichend Motivation, eine Korruptionstat aufzudecken. Für die Aufdeckung schwerer Korruptionstaten, bei denen das Beamtenverhältnis in der Regel bereits nach § 48 BBG endet, kommt eine motivierende Wirkung ohnehin nicht in Betracht.

139

II. Arbeitsrecht

Korruptionstaten von Arbeitnehmern im öffentlichen Dienst können nicht disziplinarisch geahndet werden. Bei der Verletzung von Dienstpflichten kommt aber eine Abmahnung, eine ordentliche Kündigung und eine fristlose Kündigung des Beschäftigungsverhältnisses in Betracht. Beschäftigte im öffentlichen Dienst, die das 40. Lebensjahr vollendet haben und für die die Regelungen des Tarifgebiets West gelten, sind nach § 34 Abs. 2 TVöD/§ 34 Abs. 2 TV-L, § 53 Abs. 3 BAT nach einer Beschäftigungszeit von mehr

140

---

[264] BVerwG v. 19.2.2003 (Fn. 252).
[265] BVerwG v. 24.6.1998 – 1 D 23/97, BVerwGE 113, 229 = NVwZ 1999, 658.
[266] Für Soldaten gilt eine entsprechende Regelung in § 110 WDO.
[267] BT-Drucks. 13/5584, S. 8.
[268] Fn. 267, S. 11.
[269] Kritisch zu der Regelung *Fleig*, NVwZ 1998, 470, 472.

als 15 Jahren nur noch aus wichtigem Grund kündbar. Bei Korruptionstaten ist allerdings ohnehin in erster Linie eine fristlose Kündung in Betracht zu ziehen.

1. Kündigungsgrund

141 Die Rechtsgrundlage für die Kündigung eines Arbeitnehmers aus wichtigem Grund ist im Geltungsbereich des TVöD/TV-L § 626 BGB; im Geltungsbereich des BAT enthält § 54 BAT die tarifvertragliche Grundlage für eine fristlose Kündigung. Wenn ein Arbeitnehmer bei der Ausführung von vertraglichen Aufgaben ohne Genehmigung **Vergünstigungen** (Belohnungen oder Geschenke) annimmt, die dazu bestimmt oder auch nur geeignet sind, ihn in seinem geschäftlichen Verhalten zum Nachtteil seines Arbeitgebers zu beeinflussen, und damit gegen seine Verpflichtung aus § 3 Abs. 2 S. 1 TVöD/§ 3 Abs. 3 S. 1 TV-L (§§ 10 BAT, 12 MTArb) verstößt, liegt regelmäßig ein Grund zur fristlosen Kündigung vor[270]. Ein Arbeitnehmer, der für oder bei der Ausführung von vertraglichen Aufgaben Vorteile fordert, sich versprechen lässt oder annimmt, zerstört regelmäßig das Vertrauen in seine Zuverlässigkeit und Redlichkeit[271]. Dabei spielt es grundsätzlich keine Rolle, ob es zu einer dem Arbeitgeber schädigenden Handlung oder einer Amtspflichtverletzung gekommen ist[272]. Es reicht vielmehr aus, dass das Vertrauen in die Integrität von Trägern staatlicher Funktionen und die Redlichkeit des Arbeitnehmers durch die Einstellung, bei der Erfüllung von Aufgaben unbedenklich eigene Vorteile anzunehmen, erheblich erschüttert wird[273]. Eine vorherige Abmahnung des Beschäftigten ist bei Korruptionstaten des Arbeitnehmers im Regelfall nicht erforderlich, da die Abmahnung bei solchen Taten nicht zu einer Wiederherstellung des Vertrauensverhältnisses führen kann[274].

142 Besteht der Verdacht einer Korruptionsstraftat durch einen Arbeitnehmer im öffentlichen Dienst, kann der Arbeitgeber nicht erst bei erwiesener Pflichtverletzung kündigen. In Betracht kommt auch eine **Verdachtskündigung**. § 626 Abs. 1 BGB und § 54 Abs. 1 BAT lassen eine Verdachtskündigung zu, wenn sich starke Verdachtsmomente auf objektive Tatsachen gründen, die Verdachtsmomente geeignet sind, das für die Fortsetzung des Arbeitsverhältnisses erforderliche Vertrauen zu zerstören, und der Arbeitgeber alle zumutbaren Anstrengungen zur Aufklärung des Sachverhalts unternommen hat[275]. Allerdings muss der Arbeitgeber den Arbeitnehmer im Rahmen seiner Pflicht zur Sachverhaltsaufklärung zu den konkreten Vorwürfen anhören. Eine Verdachtskündigung ohne vorherige Anhörung ist grundsätzlich unwirksam. Eine Verletzung dieser Anhörungspflicht führt aber dann nicht zur Unwirksamkeit der Kündigung, wenn der Arbeitnehmer von vornherein nicht bereit war, sich zu den gegen ihn erhobenen Vorwürfen substantiiert zu äußern und an der Aufklärung mitzuwirken[276]. Wird der Korruptionsverdacht noch während des laufenden Verfahrens wegen einer Verdachtskündigung bewiesen, können die belastenden Umstände im Prozess nachgeschoben werden[277]. Kündigt der Arbeitgeber erst wegen erwiesener Tatbegehung (**Tatkündigung**), hängt die Wirksamkeit der Kündigung nicht von der vorherigen Anhörung des Arbeitnehmers ab[278].

---

[270] BAG v. 21.6.2001 – 2 AZR 30/00, ZTR 2002, 45.
[271] BAG v. 21.6.2001 (Fn. 270); BAG v. 26.9.2002 – 2 AZR 424/01, ZTR 2003, 410.
[272] BAG v. 21.6.2001 (Fn. 270); BAG v. 15.11.2001 (Fn. 157).
[273] BAG v. 26.9.2002 (Fn. 271).
[274] BAG v. 21.6.2001 (Fn. 270); BAG v. 15.11.2001 (Fn. 157); *Bartsch/Paltzow/Trautner*, Korruptionsbekämpfung, Nr. 5.2.2.
[275] BAG v. 26.9.2002 (Fn. 271) m.w.N.
[276] BAG v. 26.9.2002 (Fn. 271).
[277] BAG v. 26.9.2002 (Fn. 271).
[278] BAG v. 21.6.2001 (Fn. 270).

Auch die **Verletzung der Anzeigepflicht** nach § 3 Abs. 2 S. 2 TVöD/§ 3 Abs. 3 S. 2 **143**
TV-L, § 10 Abs. 2 BAT und § 12 Abs. 2 MTArb hinsichtlich angebotener Belohnungen, Geschenke oder sonstiger Vergünstigungen kann je nach Lage des Einzelfalles Grund für eine ordentliche oder, insbesondere im Wiederholungsfalle, für eine außerordentliche Kündigung sein[279]. Die beharrliche Weigerung des Arbeitnehmers, seiner Anzeigepflicht nachzukommen, kann selbst bei nur geringwertigen Geschenken und langjähriger Tätigkeit bei der Behörde eine außerordentliche Kündigung rechtfertigen[280].

Die **Ausübung einer Nebentätigkeit** ohne Genehmigung rechtfertigt dagegen zumeist **144**
nur eine Abmahnung[281]. Gleiches dürfte für die Nichtanzeige einer anzeigepflichtigen Nebentätigkeit gelten. In schwerwiegenden Fällen oder bei Ausübung einer Nebentätigkeit entgegen einer ausdrücklichen Untersagung kommt allerdings auch eine Kündigung in Betracht.

2. Interessenabwägung

Wenn ein wichtiger Kündigungsgrund vorliegt, darf der Arbeitgeber nicht in jedem **145**
Fall fristlos kündigen. Vielmehr müssen alle für und gegen die Kündigung sprechenden Umstände gegeneinander **abgewogen** werden[282]. Insbesondere muss dabei geprüft werden, ob eine ordentliche Kündigung als milderes Mittel gegenüber der fristlosen Kündigung in Betracht kommt. Dies gilt auch in Fällen, in denen die ordentliche Kündigung nach § 34 Abs. 2 TVöD/§ 34 Abs. 2 TV-L ausgeschlossen ist. Die lange Bindungsdauer aufgrund einer tariflichen Unkündbarkeit kann zwar dazu führen, dass ein wichtiger Grund zur außerordentlichen Kündigung des Arbeitnehmers anzunehmen ist[283], da dem Arbeitgeber nicht zuzumuten ist, einen Mitarbeiter, der eine Korruptionstat begangen hat, auf Dauer zu beschäftigen. Damit sich der tarifvertragliche Ausschluss der ordentlichen Kündigung aber nicht zum Nachteil für den Mitarbeiter auswirkt, muss im Rahmen der Interessenabwägung zur Vermeidung eines Wertungswiderspruchs geprüft werden, ob auch eine außerordentliche Kündigung mit einer **Auslauffrist**, die der fiktiven Frist einer fristgerechten Kündigung entspricht, in Betracht kommt[284]. Bei Korruptionstaten wird jedoch auch diese Abwägung zumeist dahingehend ausfallen, dass eine fristlose Kündigung gerechtfertigt ist[285]. Dies gilt jedenfalls, wenn der Mitarbeiter Bargeld angenommen und Taten nach §§ 331 f. StGB begangen hat[286]. Nur in besonderen Ausnahmefällen kann die Interessenabwägung zur Unwirksamkeit der außerordentlichen Kündigung führen; das gilt auch für einen tariflich ordentlich kündbaren Arbeitnehmer[287].

3. Kündigungsfrist

Die außerordentliche Kündigung muss innerhalb einer **Frist von zwei Wochen** erfol- **146**
gen ab dem Zeitpunkt, zu dem der Kündigungsberechtigte von den für die Kündigung maßgebenden Tatsachen Kenntnis erlangt (§ 626 Abs. 2 BGB, § 54 Abs. 2 BAT). Die Re-

---

[279] *Böhm/Spiertz/Steinherr/Sponer*, BAT, § 10 Rn. 40.
[280] ArbG Paderborn v. 27.3.2003 – 1 Ca 91/03.
[281] BAG v. 30.5.1996 – 6 AZR 537/95, NZA 1997, 145; BAG v. 22.2.2001 – AZR 398/99, NZA 2002, 288 (LS).
[282] Zur Notwendigkeit einer umfassenden Interessenabwägung im betrieblichen Bereich siehe Kap. 3 Rn. 165 ff.
[283] BAG v. 13.4.2000 – 2 AZR 259/99, BAGE 94, 228.
[284] BAG v. 15.11.2001 (Rn. 157).
[285] BAG v. 21.6.2001 (Fn. 270); BAG v. 17.3.2005 – 2 AZR 245/04, DB 2005, 2642 (LS).
[286] LAG Hessen v. 4.4.2003 – 12 Sa 250/02, NZA 2004, 1160.
[287] BAG v. 17.3.2005 (Rn. 285).

aktionszeit für den Arbeitgeber wird zudem dadurch verkürzt, dass vor einer außerordentlichen Kündigung der **Personalrat** zu beteiligen ist (§ 79 Abs. 3 BPersVG)[288]. Die Anhörungsfrist beträgt drei Tage und führt nicht zu einer Verlängerung der Kündigungsfrist. Für die Anhörung des Personalrates gelten dieselben Grundsätze wie für die Anhörung eines Betriebsrates nach § 102 BetrVG[289].

147 Schwierig wird häufig die Frage zu beantworten sein, ab wann die Kündigungsfrist läuft. Nicht ausreichend ist, dass lediglich ein Korruptionsverdacht gegen einen Mitarbeiter an den Arbeitgeber herangetragen wird. Die Frist beginnt vielmehr erst dann zu laufen, wenn der Kündigungsberechtigte eine zuverlässige und möglichst vollständige positive Kenntnis der für die Kündigung **maßgebenden Tatsachen** hat, die ihm die Entscheidung ermöglichen, ob die Fortsetzung des Arbeitsverhältnisses zumutbar ist oder nicht[290]. Dabei soll die zeitliche Begrenzung der § 626 Abs. 2 BGB, § 54 Abs. 2 BAT den Arbeitgeber nicht veranlassen, ohne genügende Vorprüfung des Sachverhalts oder hinreichend vorhandene Beweismittel voreilig zu kündigen[291]. Soweit ein Sachverhalt nicht bereits geklärt ist oder der Arbeitnehmer den Verstoß gestanden hat[292], darf der Kündigungsberechtigte regelmäßig auch den Aus- oder Fortgang eines Strafermittlungs- oder Strafverfahrens abwarten[293]. Wartet er den Ausgang des Verfahrens nicht ab, darf er eine Tatkündigung allerdings nicht zu einem beliebigen Zeitpunkt aussprechen. Voraussetzung für eine vorgezogene Kündigung ist vielmehr, dass er hierfür einen neuen sachlichen Grund, z.B. neue Tatsachen erfahren oder neue Beweismittel erlangt hat und damit einen neuen ausreichenden Erkenntnisstand für eine Kündigung zu haben glaubt[294].

148 Wenn der Arbeitgeber durch Einsicht in die Ermittlungsakten bereits einen ausreichenden Kenntnisstand über die maßgebenden Tatsachen für eine fristlose Kündigung hat, beginnt die Kündigungsfrist dennoch nicht zu laufen, wenn der Kündigungsberechtigte sich an ein **Votum der Staatsanwaltschaft** hält, belastendes Material noch nicht zu verwerten[295]. Dies gilt unabhängig davon, ob ein Verwertungsverbot besteht[296].

4. Vorläufige Regelung

149 Wenn nur eine ordentliche Kündigung des Arbeitnehmers möglich ist, kann der Arbeitgeber diesen aber bis zum Wirksamwerden der Kündigung auf einen **anderen Arbeitsplatz umsetzen**, soweit ein Belassen auf dem bisherigen Arbeitsplatz wegen der Gefahr der Begehung weiterer Straftaten oder zum Schutz des Ansehens der Dienststelle und ihres Leiters[297] nicht möglich ist. Eine solche Maßnahme duldet der Natur der Sache nach keinen Aufschub und kann daher als vorläufige Regelung ohne vorherige Beteiligung des Personalrats erfolgen. Dies gilt auch, wenn dem Arbeitgeber der Verdacht der Begehung einer Straftat im Amt durch seinen Arbeitnehmer bereits seit längerem bekannt ist, er die Umsetzung als vorläufige Regelung aber erst nach der Verurteilung oder dem Erlass eines Strafbefehls wegen einer Tat nach §§ 331 oder 332 StGB anordnet[298].

---

[288] Gegebenenfalls sind auch noch die Vorschriften in § 15 KSchG (Kündigung von Personalratsmitgliedern), § 9 Abs. 1 MuSchG (Kündigung während der Schwangerschaft oder bis vier Monate nach der Entbindung) und §§ 15, 21 Abs. 1 SchwbG (Kündigung eines Schwerbehinderten) zu beachten.
[289] BAG v. 21.6.2001 (Fn. 270); zur Anhörung des Betriebsrates siehe 3. Kap. Rn. 175.
[290] BAG v. 17.3.2005 (Rn. 285) m.w.N.
[291] BAG v. 17.3.2005 (Rn. 285) m.w.N.
[292] Dazu BAG v. 5.12.2002 – 2 AZR 478/01, DB 2003, 1685.
[293] BAG v. 17.3.2005 (Rn. 285).
[294] BAG v. 17.3.2005 (Rn. 285).
[295] BAG v. 17.3.2005 (Rn. 285); a.A. LAG Hessen v. 4.4.2003 (Fn. 286).
[296] A.A. LAG Hessen v. 4.4.2003 (Fn. 286).
[297] Zu dieser Rechtfertigung einer Umsetzung siehe OVG Münster v. 25.8.2005 – 1 A 4779/03.PVL.
[298] OVG Münster v. 25.8.2005 (Fn. 297) zu § 66 Abs. 8 S. 1 PersVG NW.

III. Sonderfrage: Hinweisgeber

Insbesondere aus anderen Staaten wird berichtet, dass Korruptionstaten häufig nur aufgedeckt werden, weil sich Mitarbeiter von Verwaltungen oder Unternehmen unmittelbar an die Staatsanwaltschaft wenden und den Verdacht hinsichtlich solcher Taten ihrer Kollegen oder Vorgesetzten anonym oder auch unter Nennung ihres Namens anzeigen. Der Schutz dieser im angloamerikanischen Sprachraum als **„whistleblower"**[299] bezeichneten Anzeigerstatter vor Sanktionen soll wesentlich zur Aufklärung von Korruptionstaten beitragen[300]. Deshalb muss nach Art. 9 des Zivilrechtsübereinkommens über Korruption des Europarates[301] jede Vertragspartei in ihrem innerstaatlichen Recht vorsehen, dass Beschäftigte, die den zuständigen Personen in redlicher Absicht einen begründeten Korruptionsverdacht mitteilen, angemessen vor ungerechtfertigten Nachteilen geschützt werden[302]. 150

1. Beamte

Für Beamte, die einen Korruptionsverdacht aufdecken wollen, bieten das **Remonstrationsrecht** in § 56 Abs. 2 BBG, § 38 Abs. 2 BRRG und die Richtlinien zur Korruptionsprävention den geeigneten Weg zur Information der Vorgesetzten, die wiederum über die Einschaltung der Strafverfolgungsbehörden zu entscheiden haben. Nicht geregelt ist im deutschen Beamtenrecht bisher, dass der Beamte auch die **Strafverfolgungsbehörden unmittelbar einschalten** darf. Da der Beamte über die ihm bei seiner amtlichen Tätigkeit bekannt gewordenen Angelegenheiten Verschwiegenheit zu bewahren hat (§ 61 Abs. 1 S. 1 BBG, § 39 Abs. 1 S. 1 BRRG), könnte eine unmittelbare Einschaltung der Strafverfolgungsbehörden sogar ein Dienstvergehen sein (§ 77 Abs. 1 BBG, § 45 Abs. 1 BRRG) und eine disziplinarische Ahndung zur Folge haben. Tatsächlich handelt es sich hierbei in Deutschland wohl eher um ein theoretisches Problem; Disziplinarverfahren gegen Beamte, die eine Korruptionstat nicht ihrem Vorgesetzten, sondern in redlicher Absicht unmittelbar den Strafverfolgungsbehörden angezeigt haben, dürften kaum vorgekommen sein. 151

Im Rahmen der Umsetzung des Zivilrechtsübereinkommens des Europarates über Korruption soll aber in den Beamtengesetzen ausdrücklich geregelt werden, dass Beamte sich auch unmittelbar an die oberste Dienstbehörde, Strafverfolgungsbehörden oder andere zu bestimmende außerdienstliche Stellen (Vertrauensanwälte, zentrale Stellen zur Korruptionsbekämpfung) wenden dürfen[303]. Für das BBG ist vorgesehen, eine **Ausnahme von der Verschwiegenheitspflicht** zu regeln, wenn ein durch Tatsachen begründeter Verdacht einer Korruptionsstraftat nach den §§ 331 bis 337 StGB besteht (§ 61 Abs. 1 BBG-E)[304]; der Entwurf eines BeamtStG sieht eine entsprechende Regelung für Beamte 152

---

[299] Vgl. zu diesem Begriff *Bannenberg*, Korruption in Deutschland und ihre strafrechtliche Kontrolle, 2002, S. 375 ff.; *Sauer*, DÖD 2005, 121 f.
[300] Zu den Regelungen und Initiativen in anderen Staaten siehe z.B. Whistleblower Protection Act (5 U.S.C. section 2302 (b)) in den USA und „Public Concern at Work (PCaW), www.pcaw.co.uk, in GBR.
[301] Fn. 12.
[302] Siehe hierzu auch Art. 33 des VN-Übereinkommens (Fn. 15).
[303] Siehe hierzu auch die Empfehlung im GRECO-Evaluationsbericht über Deutschland (Fn. 114), Rn. 49.
[304] BT-Drucks. 16/2253, Art. 2 Nr. 1; eine entsprechende Regelung war bereits in § 60 Abs. 1 S. 3 BBG-E im E eines Strukturreformgesetzes, BR-Drucks. 615/05, vorgesehen.

der Länder und Kommunen vor (§ 38 Abs. 2 Nr. 3 BeamtStG-E)[305]. Ein Freibrief für Verdächtigungen wird damit nicht erteilt. Ein Beamter, der einen anderen Beamten wider besseres Wissen wegen einer Korruptionstat anzeigt, kann sich z.B. wegen falscher Verdächtigung nach § 164 StGB strafbar machen. Die Sonderregelung schützt ihn lediglich vor einer disziplinarrechtlichen Ahndung wegen der unmittelbaren Anzeige bei der StA.

2. Arbeitnehmer

153 Für Beschäftigte im öffentlichen Dienst gilt nach § 3 Abs. 1 TVöD/§ 3 Abs. 2 TV-L die Pflicht zur Verschwiegenheit über Angelegenheiten, deren Geheimhaltung durch gesetzliche Vorschriften vorgesehen oder vom Arbeitgeber angeordnet worden ist (im Geltungsbereich des BAT und MTArb: Verschwiegenheitspflicht über dienstliche Angelegenheiten, § 9 BAT, § 11 MTArb). Bei Arbeitnehmern im öffentlichen Dienst kann daher eine unberechtigte Strafanzeige gegen den Vorgesetzten arbeitsrechtliche Maßnahmen bis hin zu einer verhaltensbedingten Kündigung rechtfertigen. Grundsätzlich nimmt der Arbeitnehmer mit der Erstattung einer Strafanzeige allerdings ein von der Rechtsordnung eingeräumtes Grundrecht (Art. 2 Abs. 1 GG i.V.m. dem Rechtsstaatsprinzip, Art. 20 Abs. 3 GG) wahr[306]. Macht der Arbeitnehmer berechtigterweise von seinem **Anzeigerecht** Gebrauch, darf er wegen der Anzeige **nicht gekündigt** (§ 626 BGB, § 1 KSchG) **oder gemaßregelt** (§ 612a BGB) werden[307]. Kein Schutz besteht, wenn der Arbeitnehmer wissentlich oder leichtfertig bei der Strafanzeige falsche Angaben gemacht hat[308]. Nach Auffassung des BAG[309] können die vertraglichen Rücksichtnahmepflichten eines Arbeitnehmers eine Strafanzeige aber auch in anderen Fällen zu einer unverhältnismäßigen Reaktion des Arbeitnehmers machen. Dies gilt insbesondere für Anzeigen, die ausschließlich auf dem Motiv beruhen, den Arbeitgeber schädigen zu wollen. Unverhältnismäßig kann auch eine sofortige Anzeige bei den Strafverfolgungsbehörden sein, wenn nicht der Arbeitgeber, sondern ein Mitarbeiter seine Pflichten verletzt hat oder strafbar handelt. In diesen Fällen, insbesondere, wenn es sich um Pflichtwidrigkeiten handelt, die den Arbeitgeber selbst schädigen, kann es zumutbar sein, vom Arbeitnehmer zunächst einen Hinweis an den Arbeitgeber zu verlangen.

154 Im Rahmen der Umsetzung des Zivilrechtsübereinkommens des Europarates über Korruption soll auch das Anzeigerecht des Arbeitnehmers gesetzlich geregelt werden.

3. „Mobbing" durch Kollegen

155 Für den Beamten oder Arbeitnehmer, der den Verdacht einer Korruptionstat durch Kollegen oder Vorgesetzte meldet oder anzeigt, stellt sich in vielen Fällen das weitere Problem, dass er innerhalb der Behörde ausgegrenzt wird, weil dem Hinweisgeber häufig unredliche Motive unterstellt werden und das Aufdecken von Unzulänglichkeiten in der eigenen Behörde übel genommen wird[310]. Viele Hinweisgeber legen daher großen Wert

---

[305] BR-Drucks. 780/06; § 41 Abs. 3 BRRG-E in E eines Strukturreformgesetzes, BR-Drucks. 615/05, sah sogar vor, dass die Länder eine Ausnahme von der Verschwiegenheitspflicht regeln können, wenn Anhaltspunkt für Straftaten im Amt zu erkennen sind.
[306] BVerfG v. 2.7.2001 – 1 BvR 2094/00, NJW 2001, 3474.
[307] Im öffentlichen Bereich hat dieser Schutz – anders als in der Privatwirtschaft – bisher keine erhebliche Rolle gespielt.
[308] BVerfG (Fn. 306).
[309] BAG v. 3.7.2003 – 2 AZR 235/02, NJW 2004, 1547; zustimmend *Sauer*, DÖD 2005, 121, 122 ff.; kritischer *Wendeling-Schröder*, RdA 2004, 374, 377.
[310] Ausführlich zu dem Phänomen, dass auch die begründete Anzeige von Korruptionstaten zu negativen Reaktionen gegen den Hinweisgeber führt, *Bannenberg* (Fn. 299), S. 377 ff.

D. Rechtsfolgen bei Verstößen   IV. Schadensersatz

darauf, dass ihre Hinweise vertraulich behandelt werden. Da Korruptionsbekämpfung eine öffentliche Aufgabe ist und die Erfüllung dieser Aufgabe durch die Herausgabe von Namen und Anschrift von Informanten ernstlich gefährdet oder erheblich erschwert werden kann, darf einem Informanten grundsätzlich **Vertraulichkeit zugesagt** und seine Identität geheim gehalten werden[311]. Dies gilt unabhängig vom Wahrheitsgehalt der Mitteilung, da die Behörden die für eine effektive Korruptionsbekämpfung unentbehrlichen Informationen von Seiten Dritter nur erwarten können, wenn der Informant nicht befürchten muss, jede Nachlässigkeit oder leichte Fahrlässigkeit bei der Wahrnehmung oder Mitteilung der möglichen Pflichtwidrigkeit werde den Bruch der zugesagten Vertraulichkeit zur Folge haben[312]. Wenn der Informant seine Angaben allerdings leichtfertig oder wider besseres Wissens gemacht hat, muss der Dienstherr dem bezichtigten Beamten den Denunzianten nennen, auch wenn diesem Vertraulichkeit zugesichert worden war[313].

Bei berechtigten Anzeigen obliegt es zudem dem Dienstherrn im Rahmen seiner **Fürsorgepflicht**, den Hinweisgeber zu schützen. Wird ein Hinweisgeber bei seinen Kollegen bekannt, weil er z.B. seine Anzeige offen erstattet hat oder im Rahmen eines Strafprozesses als Zeuge aufgetreten ist, und führt das zu einer Ausgrenzung des Beamten im Kollegenkreis, muss der Dienstherr durch personalwirtschaftliche oder organisatorische Maßnahmen dafür sorgen, dass der Hinweisgeber nicht selbst Schaden nimmt. Hierzu gehört auch, dass die Dienststellenleitung und Vorgesetzten ein Klima schaffen, in dem der Vorwurf der Beschädigung des Ansehens der Behörde nicht den Hinweisgeber trifft, sondern den Beamten, der die Korruptionstat begangen hat. „Mobbing-Aktionen" gegen Hinweisgeber müssen konsequent verfolgt werden[314]. 156

IV. Schadensersatz

Wenn ein Beamter vorsätzlich oder grob fahrlässig die ihm obliegenden Pflichten verletzt, ist er seinem Dienstherrn nach § 78 Abs. 1 BBG, § 46 Abs. 1 BRRG[315] zum Ersatz des durch seine **Dienstpflichtverletzung** verursachten Schadens verpflichtet[316]. Der Anspruch verjährt in drei Jahren von dem Zeitpunkt an, in dem der Dienstherr von dem Schaden und der Person des Ersatzpflichtigen Kenntnis erlangt hat, ohne Rücksicht auf diese Kenntnis in zehn Jahren von der Begehung der Handlung an (§ 78 Abs. 2 S. 1 BBG, § 46 Abs. 2 S. 1 BRRG)[317]. 157

Durch die Annahme eines Bestechungsgeldes sowie von ungenehmigten Belohnungen und Geschenken begeht der Beamte zwar eine Dienstpflichtverletzung. Hierdurch allein verursacht er aber noch **keinen Schaden**[318], sondern – jedenfalls zunächst – nur seine eigene Bereicherung. Zudem dienen die §§ 331 f. StGB nach der Rspr. des BGH nicht dem 158

---

[311] BVerwG v. 30.4.1965 – 7 C 83.63, DÖV 1965, 488; BVerwG v. 27.2.2003 – 2 C 10/02, BVerwGE 118, 10 = DÖV 2003, 769.
[312] BVerwG v. 3.9.1991 – 1 C 48/88, BVerwGE 89, 14 = NJW 1992, 451; BVerwG v. 27.2.2003 (Fn. 311).
[313] BVerwG v. 27.2.2003 (Fn. 311).
[314] Zum Schutz der Hinweisgeber in privaten Unternehmen siehe 3. Kapitel Rn. 125 ff.
[315] § 49 E BeamtStG, BR-Drucks. 780/06.
[316] Für Soldaten gilt § 24 SG.
[317] In das BeamtStG soll keine Verjährungsregelung aufgenommen werden mit der Folge, dass künftig die allgemeinen Verjährungsregelungen des BGB gelten, BR-Drucks. 780/06; der E eines Strukturreformgesetzes sah eine Aufhebung der Sonderregelung zur Verjährung auch bei Schadensersatzansprüchen gegen Bundesbeamte vor, vgl. § 86 BBG-E, BR-Drucks. 615/05.
[318] So auch *Beckmann* ZBR 2004, 109, 113.

Schutz des Vermögensinteresses der Anstellungskörperschaft[319]. Ein Schadensersatzanspruch gegen den korrupten Beamten kommt nur in Betracht, wenn der Beamte eine pflichtwidrige Diensthandlung tatsächlich begeht. Die bloße Annahme von Belohnungen oder Geschenken (§§ 70 BBG, 43 BRRG) oder die Vorteilsannahme (§ 331 StGB) kann daher nicht zu einem Schadensersatzanspruch führen. Gleiches gilt für die Bestechlichkeit, wenn der Beamte sich lediglich bereit gezeigt hat, sich durch den Vorteil bei der Ausübung seines Ermessens beeinflussen zu lassen (§ 332 Abs. 3 Nr. 2 StGB), soweit die spätere Ermessensentscheidung als solche nicht pflichtwidrig ist. Die Korruptionstat führt daher **nur mittelbar zu einem Schadensersatzanspruch** gegen den Beamten, wenn bewiesen wird, dass dem Dienstherrn durch die pflichtwidrige Handlung – z.B. die Vergabe eines Auftrags an einen Bieter, der nicht das wirtschaftlichste Gebot abgegeben hat – tatsächlich ein Schaden entstanden ist. Allerdings kann die Tatsache, dass der Beamte ein Bestechungsgeld angenommen hat, insbesondere bei der Prüfung von Ermessensentscheidungen berücksichtigt werden, da viel dafür spricht, dass Bestechungsgelder nur gezahlt werden, wenn sich der Erfolg der Bestechung beim Bestechenden „bezahlt" macht.

159 Wird ein **Dritter** durch die Korruptionshandlung eines Beamten geschädigt, etwa weil ein Konkurrent, der bestochen hat, einen öffentlichen Auftrag erhalten hat, obwohl der Dritte das wirtschaftlichste Gebot abgegeben hat, besteht für den Dritten ein Schadensersatzanspruch nach **§ 839 Abs. 1 BGB**[320], da die Amtspflicht des Beamten, seine Entscheidungen unbeeinflusst von Bestechungshandlungen zu treffen, auch gegenüber dem Dritten besteht, der durch eine beeinflusste Diensthandlung geschädigt wird. Für den durch den Beamten verursachten Schaden haftet nach **Art. 34 S. 1 GG** der Staat oder die Körperschaft, in dessen Dienst der Beamte steht[321]. Der Beamte kann dann wiederum nach § 78 Abs. 1 BBG, § 46 Abs. 1 BRRG von seinem Dienstherrn in Regress genommen werden.

160 Die Haftung gegenüber Dritten richtet sich auch bei Korruptionstaten von Arbeitnehmern und Regierungsmitgliedern nach § 839 Abs. 1 BGB, Art. 34 S. 1 GG. Im Geltungsbereich des BAT und MTArb gelten zudem für den Schadensersatz- und Regressanspruch des Arbeitgebers gegen **Angestellte und Arbeiter** den beamtenrechtlichen Vorschriften entsprechende Regelungen (§§ 14 BAT, 11a MTArb). Grundlage für diese Ansprüche des Arbeitgebers gegen **Arbeitnehmer** im Geltungsbereich des TVöD/TV-L sind jetzt die allgemeinen zivilrechtlichen Vorschriften[322] (§ 280 Abs. 1 BGB, § 823 Abs. 2 BGB i.V.m. § 266 StGB). Anspruchsgrundlagen für Schadensersatzansprüche gegen **Regierungsmitglieder** kennen nur einige Ministergesetze der Länder (Bayern: Art. 7 Abs. 2 BY MinG; Brandenburg: § 6 Abs. 1 BB MinG i.V.m. § 44 BB LBG; Schleswig-Holstein: § 5 Abs. 3 SH MinG i.V.m. § 94 SH LBG). Teilweise enthalten zudem die Landesverfassungen Haftungsregelungen (Rheinland-Pfalz, Berlin). Für Mitglieder der Bundesregierung und Regierungsmitglieder in den anderen Ländern existieren keine ausdrücklichen Regelungen. In Betracht kommt insoweit eine analoge Anwendung der beamtenrechtlichen Haftungstatbestände[323]. Bei Korruptionstaten von Regierungsmitgliedern, die zugleich zu einem Schaden für den Bundes- oder Landeshaushalt führen, haften diese aber zumindest nach § 823 Abs. 2 BGB i.V.m. § 266 StGB.

---

[319] BGH v. 20.2.1981 – 2 StR 644/80, BGHSt 30, 46 = NJW 1981, 1457; BGH v. 12.7.2000 – 2 StR 43/00, NStZ 2000, 589.
[320] Siehe hierzu auch Art. 3 und 4 des Zivilrechtsübereinkommens über Korruption des Europarates.
[321] Siehe hierzu auch Art. 5 des Zivilrechtsübereinkommens über Korruption des Europarates.
[322] BMI-RS v. 22.12.2005 (Rn. 153).
[323] So *Stelkens*, DVBl. 1998, 300 ff.

V. Herausgabe von Bestechungsgeldern, Belohnungen und Geschenken

Die durch Vorteilsannahme oder Bestechlichkeit erlangten Vorteile werden in der Regel durch die Anordnung des Verfalls (§§ 73 ff. StGB) im Strafverfahren abgeschöpft. Ist kein Verfall angeordnet worden oder handelt es sich lediglich um eine nicht strafbare Geschenkannahme, muss der Beamte die erhaltenen Belohnungen oder Geschenke dennoch an seinen Dienstherrn herausgeben. Zwar hat der BGH mehrfach entschieden, dass der Dienstherr des Amtsträgers bei einer Tat nach § 332 StGB nicht Verletzter i.s. des § 73 Abs. 1 S. 2 StGB sei, da ihm kein Anspruch auf Herausgabe des Bestechungsgeldes zustehe[324]. Das gesetzliche Annahmeverbot in § 70 BBG, § 43 BRRG umfasst aber nach der Rspr. des BVerwG auch ein **„Behaltensverbot"** und setzt sich als **„Herausgabegebot"** fort[325], obwohl der Wortlaut der einschlägigen Regelungen dafür eigentlich nichts hergibt[326]. Gleiches gilt für die Regelungen in § 3 Abs. 2 TVöD, §§ 10 BAT und 12 MTArb sowie entsprechende Regelungen in Arbeitsverträgen im Bereich des öffentlichen Dienstes[327]. Bei unzulässigen Geschenkannahmen durch Regierungsmitglieder kommt ein Herausgabeanspruch auf der Grundlage von § 5 Abs. 1 BMinG[328] in Betracht.

161

Dem Dienstherrn steht neben dem Ablieferungsanspruch zudem ein **Auskunftsanspruch** hinsichtlich des Verbleibs des Vorteils zu. Ablieferungsanspruch und Auskunftsanspruch **verjähren** nach drei Jahren (§ 195 BGB)[329] oder – soweit gesetzlich geregelt – entsprechend den Regelungen in speziellen beamtenrechtlichen Verjährungsvorschriften (zB § 105a RP LBG: vier Jahre)[330]. Die Verjährung kann durch die Klageerhebung gehemmt (§ 204 Abs. 1 Nr. 1 BGB)[331] oder durch einen Leistungsbescheid unterbrochen (§ 53 Abs. 1 VwVfG)[332] werden[333]. Ein Leistungsbescheid bietet den Vorteil, dass er für sofort vollziehbar erklärt werden kann und damit eine effektive Durchsetzung des Herausgabeanspruchs ermöglicht, da dem Beamten damit nicht die Gelegenheit gegeben wird, das Erlangte während des Verfahrens beiseite zu schaffen[334].

162

---

[324] BGH v. 5.5.2004 – 5 StR 139/03; NStZ-RR 2004, 242; BGH v. 12.7.2000 – 2 StR 43/00, NStZ 2000, 589, jew. m.w.N.; grundlegend BGH v. 20.2.1981 – 2 StR 644/80, BGHSt 30, 46 = NJW 1981, 1457.

[325] BVerwG v. 31.1.2002 – 2 C 6/01, BVerwGE 115, 389 = NJW 2002, 1968; zur Nichtübertragbarkeit eines solchen Anspruchs auf die DB AG siehe OVG Koblenz v. 20.6.2005 – 10 A 10215/05, NVwZ-RR 2005, 733; nach Auffassung des VGH Bayern v. 16.7.1992 – 3 CE 92.1143, ZBR 1993, beruht der Herausgabeanspruch auf einer entsprechenden Anwendung der Vorschriften über die Geschäftsführung ohne Auftrag (§ 687 Abs. 2, § 681 S. 2, §§ 666, 667 BGB); ausführlich zu dem Urteil des BVerwG *Zetsche*, DÖD 2003, 225 ff.

[326] Krit. daher *Beckmann*, ZBR 2004, 109, 113; dem BVerwG im Ergebnis zustimmend *Zetzsche*, DÖD 2003, 225 ff; wobei *Zetsche* allerdings kritisiert, dass das BVerwG sich nicht mit den verschieden Auff. zu einem Herausgabeanspruch auseinandersetzt; krit. zur Nichtberücksichtigung der Rspr. des BVerwG durch den BGH *Zetzsche*, DÖD 2004, 270 ff.

[327] LAG Berlin v. 30.11.2004 – 3 Sa 1635/04, BB 2005, 2532 (Ls) n.rk.; a.A. *Böhm/Spiertz/Steinherr/Sponer*, BAT, § 10 Rn. 36: Herausgabeanspruch nach den Vorschriften über die Geschäftsführung ohne Auftrag.

[328] Sowie den entsprechenden Regelungen in den Ministergesetzen der Länder.

[329] BVerwG v. 31.1.2002 (Fn. 325); *Plog/Wiedow/Lemhöfer/Bayer*, BBG, § 70 Rn. 3a; vor Inkrafttreten des Schuldrechtsmodernisierungsgesetzes am 1.1.2002 galt für diesen Anspruch noch eine Verjährungsfrist von 30 Jahren.

[330] OVG RP v. 13.12.2002 – 2 A 11104/02, NVwZ 2003, 889.

[331] So im Fall des BVerwG v. 31.1.2002 (Fn. 325).

[332] So im Fall des OVG NW v. 3.7.2002 – 1 B 1526/01, IÖD 2002, 245.

[333] Zur Geltendmachung eines Herausgabeanspruchs gegen der DB AG zugewiesenen Beamten siehe *Schmitt*, ZBR 2006, 189 ff.

[334] *Zetzsche*, DÖD 2003, 225, 231.

163 Im Hinblick darauf, dass die Strafgerichte es häufiger unterlassen, den Verfall hinsichtlich des Vorteils aus einer Vorteilsannahme oder Bestechlichkeit anzuordnen, müssen die **Verwaltungsbehörden** vorsorglich immer einen Anspruch auf Herausgabe der Vorteile geltend machen, damit der Anspruch nicht verjährt und ein Verbleib des Vorteils beim Täter verhindert wird.

164 Falls es sich bei der Geschenkannahme nicht zugleich um eine Vorteilsannahme oder Bestechlichkeit handelt, kann die Abschöpfung des Vorteils auch über den Weg der Genehmigung der Annahme des Geschenks unter der **Auflage** der Abführung des Geschenks an den Dienstherrn oder einen vom Dienstherrn bestimmten Zweck erfolgen[335].

165 Der Herausgabeanspruch des Dienstherrn ist in einigen Landesbeamtengesetzen inzwischen auch gesetzlich geregelt worden. In **Bayern** wird nach Art. 79a Abs. 1 S. 1 BY BG der Verfall der Gegenstände angeordnet, wenn der Beamte eine Belohnung oder ein Geschenk unter Verstoß gegen Art. 79 BY BG angenommen hat. Dieser „dienstrechtliche Verfall" ist entsprechend der strafrechtlichen Verfallsregelung in §§ 73 ff. StGB ausgestaltet. Die Regelung sieht eine Erstreckung des Verfalls auf gezogene Nutzungen und Surrogate vor (Abs. 3 S. 1 und 2), ermöglicht den Verfall des Wertersatzes (Abs. 3 S. 3), erlaubt eine Schätzung und enthält eine Härteregelung (Abs. 6). Der „dienstrechtliche Verfall" ist subsidiär gegenüber einem Schadens- oder Wertersatzanspruch wegen eines mit der Annahme des Geschenks oder der Belohnung in Zusammenhang stehenden Dienstvergehens (Abs. 1 S. 2) sowie gegenüber dem strafrechtlichen Verfall (Abs. 7). Die Verfallsregelung gilt auch für kommunale Wahlbeamte (Art. 44 BY KWBG).

166 In **Schleswig-Holstein** ordnet § 86 Abs. 2 S. 1 LBG eine Herausgabepflicht des Beamten an, wobei die Vorschriften über den strafrechtlichen Verfall entsprechende Anwendung finden. Der Beamte ist zudem verpflichtet, die erforderlichen Auskünfte zu erteilen (S. 2). Herausgabe- und Auskunftsanspruch bestehen auch gegenüber Ruhestandsbeamten und früheren Beamten (S. 3). Der Anspruch ist subsidiär gegenüber dem strafrechtlichen Verfall (S. 4). Eine praxisgerechte Lösung bietet das SH LBG für die Verjährung, wenn ein Straf- oder Disziplinarverfahren geführt wird. In diesen Fällen beginnt die dreijährige Verjährungsfrist erst mit Abschluss des Verfahrens. Dies erlaubt es dem Dienstherrn, einen Herausgabeanspruch erst geltend zu machen, wenn feststeht, dass eine Abschöpfung nicht über den strafrechtlichen Verfall erfolgt; dadurch wird ein unnötiges Parallelverfahren (Strafverfahren und dienstrechtlicher Herausgabeanspruch) vermieden, das ansonsten häufig wegen der drohenden Verjährung hinsichtlich des Herausgabeanspruchs geführt werden müsste.

167 Im Rahmen des Gesetzes zur Änderung des BDG, BBG und weiterer Gesetze soll der Herausgabe- und Auskunftsanspruch des Dienstherrn bei der Geschenkannahme durch **Bundesbeamte** (§ 70 Abs. 2 BBG-E) und Soldaten (§ 19 Abs. 2 SoldG-E) gesetzlich geregelt werden[336]. Vorgesehen ist, dass der Beamte das unter Verstoß gegen das Geschenkannahmeverbot Erlangte auf Verlangen an seinen Dienstherrn herausgeben muss, soweit nicht im Strafverfahren der Verfall des Erlangten angeordnet worden ist oder es auf andere Weise auf den Staat übergegangen ist. Der Vorrang der strafrechtlichen Verfallsanordnung führt dazu, dass der Verfall grundsätzlich auch dann möglich bleibt, wenn der Beamte das Erlangte bereits an den Dienstherrn herausgegeben hat. Dieser Fall kann insbesondere eintreten, wenn der Dienstherr seinen Herausgabeanspruch vor dem Abschluss des Strafverfahrens im Hinblick auf die drohende Verjährung des Anspruchs gel-

---

[335] BVerwG v. 20.1.2000 (Fn. 139): Abführung eines Preisgeldes an eine Einrichtung zur Förderung des wissenschaftlichen Nachwuchses.
[336] BT-Drucks. 16/2253, Art. 2 Nr. 2 und Art. 3 Nr. 3; ähnliche Regelung enthielt auch bereits der E eines Strukturreformgesetzes, BR-Drucks. 615/05; zu der für Landes- und Kommunalbeamte vorgesehenen Regelung s. § 43 Abs. 2 E BeamtStG, BR-Drucks. 780/06.

tend macht³³⁷. Hat der Beamte das Erlangte bereits an seinen Dienstherrn herausgegeben, wird in der Regel eine Verfallsanordnung nach § 73c Abs. 1 StGB ausscheiden³³⁸. Mit dem Auschluss des Herausgabeanspruchs, wenn das Erlangte bereits „auf andere Weise" auf den Staat übergangen ist, sollen insbesondere Fälle erfasst werden, in denen der bestechliche Beamte sich bereits vor Rechtskraft des Strafurteils damit einverstanden erklärt hat, dass der sichergestellte Bestechungslohn einbehalten wird³³⁹. In allen Fällen wird sichergestellt, dass der bestechliche Beamte den Bestechungslohn nicht behalten darf; je nach Vorgehensweise kann allerdings das Erlangte unterschiedlichen Haushalten zugute kommen³⁴⁰. Für den Umfang des Herausgabeanspruchs sollen die Vorschriften des BGB über die Herausgabe einer ungerechtfertigten Bereicherung entsprechend gelten (S. 2). Wenn das Strafgericht auf der Grundlage des § 73c Abs. 1 S. 2 StGB von einer Verfallsanordnung (teilweise) absieht, bleibt der (darüber hinausgehende) Herausgabeanspruch unberührt³⁴¹.Die Berufung auf den Wegfall der Bereicherung (§ 818 Abs. 3 BGB) ist grundsätzlich ausgeschlossen, da bei einem Verstoß gegen das Geschenkannahmeverbot regelmäßig die Voraussetzungen des § 819 BGB vorliegen werden³⁴². Soweit die Geltendmachung des Herausgabeanspruchs eine „unbillige Härte" (i.S. des § 73c Abs. 1 S. 1 StGB) für den Beamten darstellt, muss der Dienstherr dies allerdings im Rahmen seiner Fürsorgepflicht beachten³⁴³.

Aufsichtsratsvergütungen, die an Beamte gezahlt werden, müssen ebenfalls an den Dienstherrn abgeliefert werden, wenn der Beamte das Aufsichtsratsmandat im Rahmen seines Hauptamtes wahrnimmt³⁴⁴. Der Ablieferungsanspruch beruht ebenfalls, soweit er nicht ohnehin ausdrücklich gesetzlich geregelt ist (z.B. § 78a RP LBG), auf dem Geschenkannahmeverbot. **168**

E. Verhaltenspflichten der Abgeordneten

Der Deutsche Bundestag hat das **Abgeordnetengesetz**³⁴⁵ und die **Verhaltensregeln**³⁴⁶ für Abgeordnete im Hinblick auf die öffentlichen Diskussionen über Nebentätigkeiten von Abgeordneten³⁴⁷ mit Wirkung für die 16. Legislaturperiode geändert³⁴⁸. Die politisch **169**

---

³³⁷ Der Dienstherr muss den Anspruch insbesondere dann rechtzeitig geltend machen, wenn zu befürchten ist, dass im Strafverfahren der Verfall nicht angeordnet wird.
³³⁸ BT-Drucks. 16/2253, S. 15 (zu Art. 2 Nr. 2, § 70).
³³⁹ Siehe Fn. 338.
³⁴⁰ Z.B. bei bestechlichen Bundesbeamten: Bundeshaushalt bei Geltendmachung des Herausgabeanspruchs; Landeshaushalt bei Anordnung des Verfalls im Strafverfahren.
³⁴¹ So bereits zum geltenden Recht LAG Berlin v. 30.11.2004 (Fn. 327).
³⁴² Siehe Fn. 338.
³⁴³ So auch *Zetzsche* (Fn. 334), 229.
³⁴⁴ BVerwG v. 23.4.1998 – 2 C 19/97, BVerwGE 106, 324 = NVwZ 1998, 1304; OVG RP v. 13.12.2002 (Fn. 330).
³⁴⁵ Gesetz v. 22.8.2005, BGBl. I S. 2482.
³⁴⁶ Bekanntmachung v. 12.7.2005, BGBl. I S. 2512.
³⁴⁷ Zu den Fällen siehe *von Arnim*, NVwZ 2006, 249, 251.
³⁴⁸ Die geänderte GO-BT mit den neuen Verhaltensregeln sind vom BT für dei 16. Wahlperiode angenommen worden, BT-Drucks. 16/1, BT-Plenarprotokoll 16/1, S. 6 A; zu den Vorgaben der VN-Konvention gegen Korruption im Bereich der Verhaltensregeln s. *van Aaken*, ZaöRV 2005, 407, 430 ff., 444; nach Art. 2 Buchst. a Nr. iii S. 2 des VN-Übereinkommens sind bestimmte Vorgaben zu präventiven Maßnahmen in Kap. II des Übereinkommens, wozu auch die Regelung in Art. 8 zu Verhaltensregeln gehört, allerdings nur auf Amtsträger im Sinne des jeweiligen nationalen Rechts und damit nicht zwingend auch auf Abgeordnete anwendbar.

sehr umstrittenen[349] Änderungen beruhten auf Entwürfen der Fraktionen SPD und BÜNDNIS 90/DIE GRÜNEN[350] und haben im Rahmen der parlamentarischen Beratungen noch einige Änderungen erfahren[351].

I. Verhaltensregeln

1. Annahme von Zuwendungen

170 Das BVerfG hat bereits 1975 im sog. „**Diätenurteil**" entschieden, dass Art. 48 Abs. 3 i.V.m. Art. 38 Abs. 1 GG gesetzliche Vorkehrungen dagegen verlangt, dass Abgeordnete Bezüge aus einem Angestelltenverhältnis, ohne die danach geschuldeten Dienste zu leisten, nur deshalb erhalten, weil von ihnen im Hinblick auf ihr Mandat erwartet wird, sie würden im Parlament die Interessen des zahlenden Arbeitgebers vertreten und nach Möglichkeit durchzusetzen versuchen[352]. Zur Umsetzung dieser Vorgabe bestimmte § 44a Abs. 2 Nr. 4 AbgG a.F. bisher, dass die Verhaltensregeln eine Regelung über die Unzulässigkeit der Annahme von Zuwendungen enthalten müssen, die das Mitglied des Bundestages, ohne die danach geschuldeten Dienste zu leisten, nur deshalb erhält, weil von ihm im Hinblick auf sein Mandat erwartet wird, dass es im Bundestag die Interessen des Zahlenden vertreten und nach Möglichkeit durchsetzen wird. § 9 Abs. 1 a.F. der Verhaltensregeln enthielt das Verbot der Annahme gesetzlich nicht vorgesehener Zuwendungen. Das Verbot zur Annahme bestimmter Zuwendungen wurde jetzt gesetzlich geregelt und deutlich verschärft.

a) Grundregel

171 Die ehemalige Verhaltensregel in § 9 a.F. wurde in § 44a Abs. 2 S. 1 AbgG aufgenommen. Danach darf ein Abgeordneter für die Ausübung seines Mandats keine anderen als die gesetzlich vorgesehenen Zuwendungen oder andere Vermögensvorteile annehmen. Zur Umschreibung der von der Regelung erfassten **Vorteile** des Abgeordneten enthält § 44a Abs. 2 AbgG die Merkmale „Zuwendung", „Vermögensvorteil", „geldwerte Zuwendung" und „Leistung (ohne angemessene Gegenleistung)". Erfasst werden alle materiellen Besserstellungen des Abgeordneten; die Tatbestandsmerkmale entsprechen damit im Wesentlichen den Merkmalen der Belohnungen und Geschenke in § 70 BBG und des Vorteils i.S.d. §§ 331 ff. StGB, wobei allerdings immaterielle Vorteile nicht erfasst werden.

b) Interessentenzahlungen

172 § 44a Abs. 2 S. 2 AbgG bestimmt, dass insbesondere die Annahme von Geld oder sonstigen Zuwendungen unzulässig ist, die nur deshalb gewährt werden, weil dafür die Vertretung und Durchsetzung der Interessen des Leistenden im Bundestag erwartet wird. Über die Vorgaben des BVerfG hinaus kommt es bei dem Verbot der Annahme von „Interessentenzahlungen" nicht auf eine eventuelle Gegenleistung des Abgeordneten an. Aus dem Vergleich der Regelungen in den Sätzen 2 und 3 ergibt sich, dass der Abgeordnete

---

[349] Vgl. BT-Plenarprotokolle 15/182, S. 17251D ff., und 15/184, S. 17397B ff.; BT-Plenarprotokoll 16/1, S. 17 B ff.; zu Pro und Contra der Offenlegung von Nebeneinkünften der Abgeordneten siehe auch *Ströbele/van Essen*, ZRP 2005, 71.
[350] BT-Drucks. 15/5671 (GesetzE Änderung AbgG) und 15/5698 (Antrag Änderung GO BT – Verhaltensregeln).
[351] BT-Drucks. 15/5846 (Beschlussempfehlung und Bericht des 1. Ausschusses).
[352] BVerfG v. 5.11.1975 – 2 BvR 193/74, BVerfGE 40, 296.

Zuwendungen, die erbracht werden, damit er die Interessen des Leistenden im Bundestag vertritt, selbst dann nicht annehmen darf, wenn er eine **angemessene Gegenleistung** erbringt. Möchte also zum Beispiel ein Unternehmen einen Abgeordneten als Berater oder Rechtsanwalt beschäftigen, weil es bestimmte Interessen an der Gesetzgebung verfolgt, auf die der Abgeordnete Einfluss hat, darf der Abgeordnete den Beratervertrag auch dann nicht schließen, wenn er Beratungs- oder Rechtsanwaltsleistungen erbringen soll, die das Honorar wert sind. Im Einzelfall kann die Abgrenzung allerdings schwierig sein. Politisch sehr umstritten ist zum Beispiel die Frage, ob Abgeordnete zugleich gut bezahlte Funktionen in Verbänden und Großunternehmen ausüben dürfen[353].

c) Leistungen ohne angemessene Gegenleistung

In § 44a Abs. 2 S. 3 AbgG ist die Unzulässigkeit der Annahme von Geld oder geldwerten Zuwendungen geregelt, wenn diese Leistung ohne angemessene Gegenleistung des Abgeordneten gewährt wird. Auch Leistungen ohne jede Gegenleistung fallen hierunter, soweit es sich nicht um eine Spende i.S. von § 44 Abs. 2 S. 4 handelt. § 44a Abs. 2 AbgG enthält daher im Ergebnis ein **Geschenkannahmeverbot für Abgeordnete**, das mit der Vorschrift in § 70 BBG für Bundesbeamte vergleichbar ist, auch wenn die Formulierungen sich deutlich unterscheiden. Die Regelung in Satz 3 geht über die Vorgabe des BVerfG hinaus, da sie auch die Annahme von Zuwendungen verbietet, die nicht erbracht werden, weil von dem Abgeordneten die Vertretung der Interessen des Leistenden erwartet wird. 173

Ob Satz 3 eine Erweiterung oder nur eine Interpretation des Satzes 1 darstellt, lässt sich dem Wortlaut („Unzulässig ist ferner") nicht entnehmen. Dies hat insbesondere für die Frage Bedeutung, ob lediglich Zuwendungen nicht angenommen werden dürfen, die „in Bezug auf das Mandat" erbracht werden oder ob auch Leistungen im privaten Bereich erfasst werden. Der Regelungszusammenhang dürfte dafür sprechen, dass ein Bezug zur Abgeordnetentätigkeit auch bei Leistungen i.S.d. Satzes 3 erforderlich ist. 174

Verfolgt der Leistende keine Vertretung seiner Interessen durch den Abgeordneten im Bundestag, darf der Abgeordnete Zuwendungen annehmen, wenn er eine angemessene Gegenleistung erbringt. **Gegenleistungen** sind nur Leistungen des Abgeordneten, die er außerhalb seiner Mandatstätigkeit erbringt. Die nach § 44a Abs. 2 S. 2 AbgG gerade verbotene Vertretung der Interessen des Zuwendenden im Bundestag muss daher selbstverständlich als Gegenleistung außer Betracht bleiben. 175

Zum Merkmal der „**Angemessenheit**" einer Gegenleistung bietet § 8 Abs. 5 S. 2 der Verhaltensregeln eine Auslegungshilfe. Danach ist bei der Prüfung des Vorliegens einer angemessenen Gegenleistung „auf die Verkehrsüblichkeit abzustellen; hilfsweise ist entscheidend, ob die Leistung und Gegenleistung offensichtlich außer Verhältnis stehen."[354] Bei Verträgen über Dienstleistungen, die auch Nichtmitglieder des Bundestages in gleicher Weise erbringen können wie Abgeordnete (z.B. als Rechtsanwalt oder Unternehmensberater), wird man darauf abstellen können, ob das Honorar dem üblichen Honorar für eine solche Leistung entspricht. Bei anderen Leistungen, wie z.B. Vorträgen, muss man dagegen in Rechnung stellen, dass das Interesse an der Leistungserbringung durch Abgeordnete möglicherweise besonders hoch ist, so dass bei der Prüfung der Angemessenheit ein weiter Spielraum bleibt, der seine Grenzen erst dort hat, wo ein Missbrauch angenommen werden kann[355]. 176

---

[353] Kritisch zu solchen Doppelfunktionen *von Arnim*, NVwZ 2006, 249, 253; zur Presseberichterstattung zu diesem Thema siehe z.B. Financial Times Deutschland v. 19.7.2006 „Diener zweier Herren".
[354] Kritisch zu dieser Formulierung *Möhrenschlager*, wistra 2005, Heft 12, V, VI.
[355] Vgl. hierzu BT-Drucks. 15/5671, S. 4.

d) Ausnahmen

177 Nach § 44 Abs. 2 S. 4 AbgG bleibt die Annahme von Spenden von den vorhergehenden Regelungen unberührt. Dies macht eine Abgrenzung von **Abgeordnetenspenden**[356] zu sonstigen Zuwendungen erforderlich. Unter Abgeordnetenspenden sind Zuwendungen zu verstehen, die an Abgeordnete fließen, um deren politische Arbeit zu fördern.[357] Es handelt sich daher um Zuwendungen, die als Mittel für die Ausübung der politischen Tätigkeit gewährt werden. Keine Abgeordnetenspenden sind dagegen Zuwendungen, die als Gegenleistung für die politische Tätigkeit oder deswegen gewährt werden, weil der Zuwendende sich davon leiten lässt, dass der Annehmende Abgeordneter ist. Im Einzelfall wird die Abgrenzung allerdings schwierig sein.

178 Das AbgG enthält keine der Genehmigung in § 70 S. 2 BBG entsprechende Regelung für die Annahme bestimmter Vorteile. Auch die Verhaltensregeln schweigen hierzu. § 4 Abs. 5 Buchst. b enthält lediglich eine Regelung für Gastgeschenke, die allerdings zu den Spenden gerechnet werden. Dies bedeutet aber nicht, dass Abgeordnete überhaupt keine Vorteile annehmen dürfen. Zwar beschränkt sich die Ausnahme in § 44 Abs. 2 S. 3 AbgG auf Leistungen, für die angemessene Gegenleistungen erbracht werden. Zulässig dürfte aber auch die Annahme von anderen Vorteilen sein, soweit deren Annahme bei der parlamentarischen Arbeitsweise üblich und nach allgemeinen Anschauungen als angemessen anerkannt ist („**sozialadäquate Vorteile**"). Hierzu können z.B. auch Einladungen zu Arbeitsessen im üblichen Rahmen gehören.

e) Abgeordnete der Landtage

179 In den **Ländern** wird die Annahme von Zuwendungen häufig noch ausschließlich in den Verhaltensregeln geregelt (vgl. z.B. Art. 4a Abs. 2 Nr. 4 BayAbgG; Nr. V der Verhaltensregeln für die Mitglieder des Bayerischen Landtags). Regelungen im AbgG selbst gelten für die Abgeordneten der Landtage in **Nordrhein-Westfalen** und **Niedersachsen**. Nach § 16 Abs. 1 S. 2 AbgG NW darf eine Vergütung aus einem Dienst- oder Werkverhältnis nur angenommen werden, soweit diese sich nicht auf die Ausübung des Mandats bezieht. Unzulässig ist außerdem die Annahme von Zuwendungen, die der Abgeordnete nur deshalb erhält, weil von ihm erwartet wird, dass er im Landtag die Interessen des Zahlenden vertreten und nach Möglichkeit durchsetzen wird. Nach § 27 Abs. 3 S. 2 AbgG NI darf einem Abgeordneten eine Vergütung aus einem Dienst- oder Werkverhältnis nur gewährt werden, soweit sie den Wert einer vom Abgeordneten tatsächlich erbrachten und mit seinem Mandat nicht zusammenhängenden Tätigkeit entspricht[358]. Für kommunale Mandatsträger können Ehrenordnungen entsprechende Regelungen enthalten.

2. Spenden

180 Über Geldspenden und geldwerte Zuwendungen, die ein Abgeordneter für seine politische Tätigkeit erhält, hat er gesondert Rechnung zu führen (§ 44b Nr. 3 AbgG, § 4 Abs. 1 der Verhaltensregeln). Überschreitet die Spende von einem Spender im Kalenderjahr 5000 €, ist dies unter Angabe des Namens des Spenders beim Präsidenten des Bundestages anzuzeigen (§ 4 Nr. 2 der Verhaltensregeln); soweit in einem Kalenderjahr die Spenden einzeln oder bei mehreren Spenden desselben Spenders zusammen den Wert von

---

[356] Kritisch zur Zulassung von Abgeordnetenspenden v. Arnim, NVwZ 2006, 249, 252; Ipsen, NVwZ 2003, 14 ff.
[357] Ipsen (Fn. 356), 15.
[358] Siehe hierzu VG Braunschweig v. 16.11.2005 – 1 A 162/05, DÖV 2006, 441 (LS), und v. 16.11.2005 – 1 A 163/05, NdsVBl 2006, 55 = DVBl 2006, 392; zur Regelung in NI auch von Arnim (Fn. 356), 251.

10.000 € übersteigen, werden diese unter Angabe der Höhe und Herkunft vom Präsidenten veröffentlicht (§ 4 Abs. 3 der Verhaltensregeln)[359]. Nach § 4 Abs. 4 finden auf Geldspenden an Abgeordnete die Spendenannahmeverbote nach § 25 Abs. 2 PartG und das Gebot der Weiterleitung unzulässiger Spenden an den Bundestagspräsidenten in § 25 Abs. 4 PartG entsprechende Anwendung. Verboten ist daher u.a. die Annahme von anonymen Spenden von mehr als 500 € (§ 25 Abs. 2 Nr. 6 PartG) und von Spenden, die erkennbar in der Erwartung oder als Gegenleistung eines bestimmten wirtschaftlichen oder politischen Vorteils gewährt werden (§ 25 Abs. 2 Nr. 7 PartG).

Nicht als Spenden gelten geldwerte Zuwendungen aus Anlass der Wahrnehmung interparlamentarischer oder internationaler Beziehungen oder zur Teilnahme an Veranstaltungen zur Darstellung der Standpunkte des Deutschen Bundestages oder seiner Fraktionen. Solche Zuwendungen sind jedoch entsprechend § 4 Abs. 2 der Verhaltensregeln anzuzeigen (§ 4 Abs. 5 Buchst. a der Verhaltensregeln). 181

3. Gastgeschenke

Gastgeschenke, die ein Abgeordneter in Bezug auf sein Mandat erhält, sind dem Bundestagspräsidenten anzuzeigen und auszuhändigen, soweit der materielle Wert des Geschenks einen vom Präsidenten festgelegten Betrag übersteigt. Nach Nr. 11 Abs. 1 der Ausführungsbestimmungen zu den Verhaltensregeln bedarf es keiner Anzeige, wenn der materielle Wert des Gastgeschenkes 200 € nicht übersteigt[360]. Übersteigt der Wert des Geschenkes 200 €, kann der Abgeordnete beantragen, das Gastgeschenk gegen Bezahlung des Gegenwertes – unter Abzug des Betrages von 200 € – an die Bundeskasse zu behalten (§ 4 Abs. 5 Buchst. b der Verhaltensregeln, Nr. 11 Abs. 2 der Ausführungsbestimmungen). 182

4. Vor- und Nebentätigkeiten

Der Schwerpunkt der Neuregelungen im AbgG und bei den Verhaltensregeln liegt im Bereich des Nebentätigkeitsrechts. § 44a Abs. 1 AbgG enthält hierzu den Grundsatz, dass die Ausübung des Mandats im **Mittelpunkt der Tätigkeit** des Abgeordneten steht, Tätigkeiten beruflicher oder anderer Art neben dem Mandat aber grundsätzlich zulässig sind. Nach § 44a Abs. 4 AbgG sind Tätigkeiten vor Übernahme des Mandats sowie Tätigkeiten und Einkünfte neben dem Mandat, die auf für die Ausübung des Mandats bedeutsame Interessenverknüpfungen hinweisen können, anzuzeigen und zu veröffentlichen. Die Einzelheiten werden in den Verhaltensregeln geregelt (§ 44b Nr. 1 und 2 AbgG). Die Neuregelungen sind derzeit Gegenstand eines Organstreits vor dem BVerfG zwischen neun Abgeordneten auf der einen Seite sowie dem Deutschen Bundestag und dem Bundestagspräsidenten auf der anderen Seite[361]. 183

a) Anzeige

§ 1 Abs. 1 und 2 der Verhaltensregeln enthalten eine Aufstellung der einzelnen **Tätigkeiten und Verträge**, die Abgeordnete gegenüber dem Bundestagspräsidenten anzuzei- 184

---

[359] Kritisch zu der Nichtveröffentlichung von Spenden unterhalb der gesetzlich vorgesehen Beträge *von Arnim* (Fn. 356), 252.
[360] BGBl. I 2006, S. 10, 11.
[361] Siehe hierzu Pressemitteilung des BVerfG Nr. 82/2006 v. 21.9.2006; aus den Pressemeldungen zu der Verhandlung des BVerfG am 11.10.2006 siehe z.B. ftd.de v. 11.10.2006 „Abgeordnete wehren sich gegen Transparenz" und Handelsblatt v. 12.10.2006 „Zu viel Transparenz?".

gen haben. Anzeigepflichtig sind nach § 1 Abs. 2 Nr. 1 der Verhaltensregeln entgeltliche Tätigkeiten neben dem Mandat, die selbstständig oder im Rahmen eines Anstellungsverhältnisses ausgeübt werden. Darunter fallen z.B. die Fortsetzung einer vor der Mitgliedschaft im Bundestag ausgeübten Berufstätigkeit sowie Beratungs-, Vertretungs-, Gutachter-, publizistische und Vortragstätigkeiten[362]. Anzeigepflichtig sind außerdem u.a. die vor der Übernahme des Mandats zuletzt ausgeübte Berufstätigkeit (§ 1 Abs. 1 Nr. 1), Tätigkeiten als Mitglied eines Vorstandes, Aufsichtsrates u.ä. von Unternehmen (§ 1 Abs. 2 Nr. 2), einer Körperschaft oder Anstalt des öffentlichen Rechts (§ 1 Abs. 2 Nr. 3), von Vereinen, Verbänden oder ähnlichen Organisationen (§ 1 Abs. 2 Nr. 4), das Bestehen oder der Abschluss von Vereinbarungen, wonach dem Abgeordneten während oder nach Beendigung der Mitgliedschaft im Bundestag bestimmte Tätigkeiten übertragen oder Vermögensvorteile zugewendet werden sollen (§ 1 Abs. 2 Nr. 5) sowie die Beteiligungen an Kapital- oder Personengesellschaften, wenn dadurch ein wesentlicher wirtschaftlicher Einfluss auf ein Unternehmen begründet wird (§ 1 Abs. 2 Nr. 6).

185 Neben der Anzeige ist bei den Tätigkeiten und Verträgen nach § 1 Abs. 2 Nr. 1 bis 5 der Verhaltensregeln auch die Höhe der jeweiligen **Einkünfte** anzugeben, wenn bestimmte Geringfügigkeitsgrenzen überschritten werden (§ 1 Abs. 3). Die Anzeigen müssen durch den Abgeordneten innerhalb einer **Frist** von 3 Monaten nach Erwerb der Mitgliedschaft im Bundestag sowie nach Eintritt von Änderungen oder Ergänzungen während der Wahlperiode eingereicht werden (§ 1 Abs. 6).

186 Die Verhaltensregeln werden durch Ausführungsbestimmungen über Inhalt und Umfang der Anzeigepflicht ergänzt (§ 1 Abs. 4). Die **Ausführungsbestimmungen** hat der Bundestagspräsident am 30.12.2005 bekannt gemacht[363]. Sie enthalten u.a. Konkretisierungen und Regelungen zu Ausnahmen von der Anzeigepflicht. Nach Nr. 4 der Ausführungsbestimmungen besteht z.B. keine Anzeigepflicht in Bezug auf ein Vertragsverhältnis, wenn der Abgeordnete nur auf Grund seiner Gesellschaftereigenschaft Vertragspartner geworden und der Vertrag ohne seine Mitwirkung zu Stande gekommen ist und die danach geschuldete Tätigkeit nicht auch von ihm persönlich ausgeübt wird. Die Beteiligung an einer Gesellschaft ist nur anzeigepflichtig, wenn deren Zweck darauf gerichtet ist, ein Unternehmen zu betreiben, und dem Abgeordneten mehr als 25 Prozent der Stimmrechte zustehen (Nr. 7). Kann der Abgeordnete ein gesetzliches Zeugnisverweigerungsrecht oder eine gesetzliche oder vertragliche Verschwiegenheitspflicht geltend machen, muss er keine Angaben zu dem Vertragspartner oder Auftraggeber machen (Nr. 8).

b) Veröffentlichung

187 Die Angaben nach § 1 Abs. 1 Nr. 1 und Abs. 2 Nr. 1 bis 6 der Verhaltensregeln werden im **Amtlichen Handbuch** und auf den **Internetseiten** des Bundestages veröffentlicht (§ 3 S. 1). Neu ist, dass jetzt auch Angaben zu den Einkünften veröffentlicht werden (§ 3 S. 2 ff.). Allerdings werden nicht die dem Bundestagspräsidenten mitgeteilten **Einkünfte veröffentlicht**[364]. Die Veröffentlichung erfolgt vielmehr in der Form, dass bezogen auf den einzelnen veröffentlichten Sachverhalt jeweils eine von drei Einkommensstufen ausgewiesen wird. Von den **Stufen** werden folgende einmalige oder regelmäßige monatliche Einkünfte erfasst:

– Stufe 1: 1000 bis 3500 Euro,
– Stufe 2: über 3500 bis 7000 Euro und
– Stufe 3: über 7000 Euro.

---

[362] Zu Ausnahmen bei geringfügigen Tätigkeiten siehe § 1 Abs. 2 Nr. 1 S. 3 der Verhaltensregeln.
[363] BGBl. I 2006, S. 10.
[364] Die Veröffentlichung hat der Bundestagspräsident bis zur Entscheidung des BVerfG im Organstreit (Rn. 183) ausgesetzt; kritisch zu Offenlegungspflichten für Abgeordnete *Waldhoff*, ZParl 2006, 251 ff.

Zweck dieser Regelung ist zum einen, dass die Bürgerinnen und Bürgern hinreichende 188
Informationen darüber erhalten, ob und wie der Abgeordnete den Wählerauftrag umsetzt
und dass mögliche Mutmaßungen über unzulässige **Interessenverknüpfungen** oder unzulässige Zuwendungen ohne Gegenleistung ausgeräumt werden können. Zum anderen
sollen die Transparenzregelungen auch eine präventive Wirkung haben, da ein Abgeordneter die Offenlegung einer Mandatsausübung, die aufgrund übermäßiger Nebentätigkeiten nicht im Mittelpunkt seiner Abgeordnetentätigkeit steht oder einer unzulässigen
Einflussnahme aufgrund wirtschaftlicher Abhängigkeiten unterliegt, befürchten muss[365].
Die Transparenzregelungen dienen daher auch der Eindämmung von Korruption im parlamentarischen Bereich.

II. Rechtsfolgen bei Verletzung der Verhaltensregeln

1. Verletzung von Anzeigepflichten

a) Veröffentlichung als Drucksache

Das Verfahren bei der Verletzung der Anzeigepflichten ist in § 8 der Verhaltensregeln 189
geregelt. Ergibt sich nach der Überzeugung des Bundestagspräsidenten, dass nur ein minder schwerer Fall einer Pflichtverletzung oder leichte Fahrlässigkeit (z.B. Überschreitung
von Anzeigefristen) vorliegt, wird der Abgeordnete lediglich **ermahnt** (§ 8 Abs. 2 S. 1).
Ansonsten teilt der Präsident das Ergebnis der Überprüfung dem Präsidium und den
Vorsitzenden der Fraktionen mit. Die Feststellung des Präsidiums, dass der Abgeordnete
seine Pflichten verletzt hat, wird als **Drucksache veröffentlicht** (§ 8 Abs. 2 S. 4).

b) Ordnungsgeld

Neu ist, dass das Präsidium gegen Abgeordnete, die ihre Anzeigepflicht verletzen, ein 190
Ordnungsgeld festsetzen kann (§ 44a Abs. 4 S. 2 AbgG). Die Höhe des Ordnungsgeldes
bemisst sich nach der Schwere des Einzelfalles und nach dem Grad des Verschuldens (§ 8
Abs. 4 S. 2 der Verhaltensregeln). Es kann bis zur Höhe der Hälfte der jährlichen Abgeordnetenentschädigung festgesetzt werden (§ 44a Abs. 4 S. 2 AbgG, § 8 Abs. 5 S. 3 der
Verhaltensregeln). Das Ordnungsgeld, bei dem es sich um ein **Sanktionierungssystem
eigener Art** handelt[366], macht der Bundestagspräsident durch Verwaltungsakt geltend
(§ 44a Abs. 4 S. 3 AbgG).

Die Möglichkeit der Verhängung eines Ordnungsgeldes wurde im Rahmen der Neure- 191
gelung der Anzeigepflichten für Nebentätigkeiten von Abgeordneten eingeführt. § 8
Abs. 4 der Verhaltensregeln spricht allerdings generell von der Verletzung von Anzeigepflichten, so dass auch die Verletzung der Anzeigepflicht nach § 4 Abs. 2 der Verhaltensregeln (Spenden) erfasst sein könnte. Diese Auslegung dürfte allerdings durch die gesetzliche Grundlage in § 44a Abs. 4 AbgG nicht abgedeckt sein, so dass die Verletzung der
Anzeigepflicht bei Spenden weiterhin nur durch die Veröffentlichung als Drucksache
sanktioniert werden kann.

---

[365] BT-Drucks. 15/5671, S. 4.
[366] Siehe Fn. 365.

2. Annahme unzulässiger Zuwendungen und Spenden

a) Veröffentlichung als Drucksache

192 Als Sanktion für die Annahme unzulässiger Zuwendungen sieht § 8 Abs. 5 S. 8 der Verhaltensregeln lediglich vor, dass die Feststellung, dass ein Abgeordneter seine Pflichten nach dem AbgG verletzt hat, als **Drucksache** veröffentlicht wird. Gleiches gilt für die Annahme von Geldspenden unter Verstoß gegen § 4 Abs. 4 der Verhaltensregeln i.V.m. § 25 Abs. 2 PartG (§ 8 Abs. 2 S. 4 der Verhaltensregeln). Das Verfahren entspricht dem bei der Verletzung von Anzeigepflichten. Die für die Verletzung von Anzeigepflichten vorgesehene Sanktion des Ordnungsgeldes kann dagegen bei der Annahme unzulässiger Zuwendungen und Spenden nicht verhängt werden. Strafrechtlich kann die Annahme solcher Vorteile nur erfasst werden, wenn ausnahmsweise ein Fall der **Abgeordnetenbestechung** vorliegt, die allerdings bisher nur als Verkauf der Stimme bei Abstimmungen und Wahlen strafbar ist (§ 108e StGB). Dies wird sich jedoch mit der Umsetzung des Strafrechtsübereinkommens des Europarates über Korruption und des Übereinkommens der Vereinten Nationen gegen Korruption in deutsches Recht ändern (siehe hierzu Kap. 8)[367].

b) Herausgabeanspruch

193 **Unzulässige Zuwendungen** oder Vermögensvorteile oder ihr Gegenwert sind dem Haushalt des Bundes zuzuführen, wobei der Bundestagspräsident den Anspruch durch Verwaltungsakt geltend machen kann (§ 44a Abs. 3 S. 1 und 2 AbgG)[368]. Dieser Anspruch entspricht dem Herausgabeanspruch des Dienstherrn gegen Beamte bei der verbotenen Annahme von Belohnungen oder Geschenken. Der Anspruch besteht auch nach Ausscheiden eines Abgeordneten aus dem Bundestag (§ 44a Abs. 2 S 3 AbgG). Er kann nicht mehr geltend gemacht werden, soweit der Erhalt der Zuwendung länger als drei Jahre zurückliegt (§ 44a Abs. 2 S. 2 HS 2 AbgG). Der Bundestagspräsident kann ergänzende Auskünfte zur Erläuterung und Aufklärung des Sachverhaltes verlangen (§ 4 Abs. 5 S. 4 der Verhaltensregeln). Die Feststellung, ob ein Verstoß gegen § 44a Abs. 2 AbgG vorliegt, trifft das Präsidium (§ 8 Abs. 5 S. 6 der Verhaltensregeln).

194 Nicht geregelt ist das Verhältnis des Herausgabeanspruchs zu den **Verfallsregelungen** (insbes. § 73 Abs. 1 S. 2 StGB), wenn die Annahme der unzulässigen Zuwendung zugleich eine Abgeordnetenbestechung (§ 108e StGB) darstellt. Wie beim beamtenrechtlichen Herausgabeanspruch ist davon auszugehen, dass der Verfall vorgeht und der Herausgabeanspruch nur greift, soweit der Verfall nicht angeordnet wurde.

195 Ist die Zuwendung lediglich deswegen unzulässig, weil eine nicht angemessene Gegenleistung durch den Amtsträger erbracht wurde (§ 44a Abs. 2 S. 3 AbgG), spricht der Wortlaut des § 44a Abs. 3 AbgG dafür, dass die vollständige Zuwendung und nicht nur der **unangemessene Teil** dem Bundeshaushalt zuzuführen ist. Allerdings wird man dem Sinn der Vorschrift als Abschöpfungsmaßnahme nur gerecht, wenn bei einem im Übrigen erlaubten Vertrag lediglich der nichtangemessene Teil der Gegenleistung abzuführen ist.

196 **Unzulässige Spenden** sind vom Abgeordneten unverzüglich an den Bundestagspräsidenten weiterzuleiten (§ 4 Abs. 4 der Verhaltensregeln i.V. mit § 25 Abs. 4 PartG)[369]. Über die Verwendung der Spenden entscheidet der Präsident im Benehmen mit dem Präsidium (§ 4 Abs. 6 der Verhaltensregeln).

---

[367] Zur Notwendigkeit der Erweiterung des § 108e StGB s. *MdB Stünker*, BT-Plenarprotokoll 16/45, S. 4460; zur Kritik an der zu engen Fassung des § 108e StGB siehe auch BGH v. 9.5.2006 (Fn. 247).

[368] Zum Verfahren siehe § 8 Abs. 5 der Verhaltensregeln; in den Ländern gelten zum Teil vergleichbare Regelungen; dazu, dass § 27 Abs. 4 AbgG NI im Einklang mit Landes- und Bundesverfassungsrecht steht, siehe Urteile des VG Braunschweig v. 16.11.2005 (Fn. 358).

[369] Nach *Ipsen* (Fn. 356), 16, ist unklar, ob es sich bei dieser Regelung um einen echten Anspruch des Präsidenten handelt.

7. Kapitel. Korruptionsprävention bei der öffentlichen Auftragsvergabe

von *Norbert Portz*

Literatur: *Ax/Schneider/Nette*, Handbuch Vergaberecht, 2002; *Hailbronner*, Rechtsfolgen fehlender Information oder unterlassener Ausschreibung bei Vergabe öffentlicher Aufträge, Neue Zeitschrift für Baurecht und Vergaberecht 2002, 474 ff.; *Herbig*, Korruptionsfälle in der Stadtverwaltung Frankfurt, Verwaltungsarchiv 1989, 381 ff.; *Hertwig*, Praxis der öffentlichen Auftragsvergabe (VOB/VOL/VOF), 3. Aufl. 2005; *Höfler/Bayer* (Hrsg.), Praxishandbuch Bauvergaberecht, 2. Aufl. 2003; *Kilian*, Korruption im Bauwesen, Kriminalistik 1994, 249 ff.; *Leinemann*, Die Vergabe öffentlicher Aufträge: VOB/A, VOL/A, VOF, 2001; *Müller*, Korruption in der öffentlichen Verwaltung, Kriminalistik 1993, 509 ff.; *Müller/Marcus*, Der Korruption auf der Spur, Kriminalistik 1995, 103 ff.; *Prieß/Hausmann/Kulartz*, Beck'sches Formularbuch Vergaberecht, 2004; *Schaupensteiner*, Korruptions-Kartelle, Kriminalistik 1990, 507 ff.; *ders.*, Submissionsabsprachen und Korruption im öffentlichen Bauwesen, ZRP 1993, 250 ff.; *Schwarze* (Hrsg.), Die Vergabe öffentlicher Aufträge im Lichte des europäischen Wirtschaftsrechts, 2000; *Völlink/Kehrberg*, VOB/A, 2004; *Wiehen*, Auftragsvergabe, in: Pieth/Eigen (Hrsg.), Korruption im internationalen Geschäftsverkehr, 1999, S. 492 ff.; *Willenbruch/Hardrath*, Korruption bei der Vergabe öffentlicher Aufträge und Schadensersatz, Vergaberecht 2003, 23 ff.

Inhaltsübersicht

	Rn.
A. Ausgangslage	1–10
I. Korruptionsprävention offensiv betreiben	1–3
II. Strafrechtliche Grundlagen	4–6
III. Korruptionsindikatoren	7, 8
IV. Die öffentliche Auftragsvergabe als Gefährdungsbereich	9
V. Vergaberecht entbürokratisieren	10
B. Allgemeine Präventionsmaßnahmen	11–42
I. Wettbewerb und Transparenz	13
II. Sensibilisierung und Schulung	14
III. Kontrolle des Vergabeverfahrens („Mehr-Augen-Prinzip")	15, 16
IV. Rotationsprinzip	17
V. Regelungen zur Geschenkannahme	18–20
VI. Regelungen zum Sponsoring	21–24
VII. Genehmigungspflicht für Nebentätigkeiten	25, 26
VIII. Anti-Korruptions-Beauftragte	27, 28
IX. Zentrale Vergabestelle/Zentrale Submissionsstelle	29–31
X. Eigenerklärungen zur Zuverlässigkeit und „Korruptionsklauseln"	32–34
XI. Elektronische Vergabe/EDV-gestütztes Kontrollwesen	35
XII. Aufgabentrennung	36
XIII. Führung einer Firmen- und Bieterdatei	37
XIV. Ausschluss vom Vergabeverfahren/„Korruptionsregister"	38–41
XV. Dokumentation des Vergabeverfahrens/Vergabevermerk	42

C. Präventionsmaßnahmen während der einzelnen Vergabephasen 43–99
I. Präventive Maßnahmen in der Planungs-
   und Ausschreibungsphase 44–54
   1. Interessenkollision verhindern 44–49
   2. Vorrang der Öffentlichen Ausschreibung beachten 50–52
   3. Vergabe nach Losen 53, 54
II. Präventive Maßnahmen beim Erstellen des Leistungsverzeichnisses 55–69
   1. Ordnungsgemäße Vergabeunterlagen und Leistungsbeschreibung 55, 56
   2. Exakte Mengenermittlung 57, 58
   3. Bedarfs- und Alternativpositionen vermeiden 59–63
   4. Spekulationsangebote vermeiden 64–67
   5. Produktneutrale Ausschreibung 68, 69
III. Präventive Maßnahmen in der Angebotsphase
   bis zum Eröffnungstermin 70–73
   1. Bemessung und Einhaltung der Fristen 70, 71
   2. Geheimhaltung der Bieterlisten sowie der eingegangenen
      Angebotsunterlagen 72, 73
IV. Präventive Maßnahmen bei der Submission und Wertung 74–86
   1. Ordnungsgemäße Durchführung des Eröffnungstermins
      gewährleisten 74–76
   2. Nachgeschobene Angebote zurückweisen 77, 78
   3. Nachträgliches Verändern der Angebotsunterlagen verhindern 79–83
   4. Ausschluss von Angeboten bei Preisabsprachen 84–86
V. Präventive Maßnahmen bei der Auftragsausführung
   und Abrechnung 87–99
   1. Häufung von Nachtragsaufträgen vermeiden 87–89
   2. Weitere Maßnahmen bei der Ausführung 90–94
   3. Präventive Maßnahmen bei der Abrechnung 95–99
D. Zusammenfassung: 10-Punkte-Katalog des Deutschen Städte-
   und Gemeindebundes zur Korruptionsprävention
   bei Auftragsvergaben 100–110

A. Ausgangslage

I. Korruptionsprävention offensiv betreiben

1   Korruption und Korruptionsprävention sind hochaktuelle Themen in der gesellschaftlichen und politischen Diskussion. Die mit dem Begriff der Korruption bezeichneten Delikte, insbesondere Vorteilsannahme und -gewährung sowie Bestechung und Bestechlichkeit, fügen der Volkswirtschaft erhebliche finanzielle **Schäden** zu. So entstehen Schätzungen zufolge allein durch Preisabsprachen bei öffentlichen Baumaßnahmen bundesweit jährlich Schäden von rund 5 Milliarden Euro. Dabei führen oft ein Anfangsverdacht und kleine Anlässe im Wege eines Dominoeffektes zur Aufdeckung auch weit verzweigter Korruptionsgeflechte.

2   Ausweislich des „Lagebildes Korruption Bundesrepublik Deutschland 2002" des Bundeskriminalamts (BKA) wurden für das Jahr 2002 von den Landespolizeibehörden 1683 eingeleitete **Ermittlungsverfahren** wegen Korruption gemeldet. Damit lässt sich eine Steigerung im Vergleich zum Vorjahr um 31,7% feststellen. Die Zahl der insgesamt ein-

geleiteten Korruptionsverfahren liegt tatsächlich noch höher, da die Statistik keine Verfahren der Zoll- und Finanzbehörden enthält. Auch werden zusätzlich Korruptionsverfahren direkt durch die Staatsanwaltschaften ohne Beteiligung der Polizei bearbeitet. Schließlich muss noch darauf hingewiesen werden, dass es sich bei diesen Angaben nur um das sog. Hellfeld handelt. Das Dunkelfeld, also die tatsächliche Anzahl von Korruptionsstraftaten, wird auf bis zu 95 % geschätzt. Die Eindämmung der Korruption muss daher als zentrale Aufgabe des Gemeinwesens gelten.

Nach dem Korruptionswahrnehmungsindex 2005 (Corruption Perception Index, CPI) 3 von Transparency International, welcher den Grad der Korruption widerspiegelt, wie er von Geschäftsleuten und Risikoanalysten im In- und Ausland wahrgenommen wird, ist Deutschland mittlerweile auf Platz 16 abgefallen. Auch wenn dieser Abfall z.T. mit einer Intensivierung der Ermittlungsarbeit sowie mit einer zielgerichteten Kontrolle erklärt werden kann, ist es insbesondere auch für die Städte und Gemeinden als wesentliche Säule der öffentlichen Hand und als mit Abstand größter öffentlicher Auftraggeber erforderlich, **Korruptionsprävention** offensiv und aktiv zu betreiben. Dabei soll nicht der Blick dafür versperrt werden, dass der absolut überwiegende Teil der Mitarbeiter in öffentlichen Verwaltungen sowie der Mitarbeiter in Unternehmen rechtmäßig und ordnungsgemäß arbeitet. Insoweit ist die kommunale Ebene nicht anfälliger, aber auch nicht weniger anfällig für Korruption als die gesamte Gesellschaft.

II. Strafrechtliche Grundlagen

Korruption ist der Missbrauch von Macht zu privatem Nutzen, aber auch zum Schaden 4 Dritter. In einer bewusst breit angelegten Definition schließt Korruption folgende **Merkmale** ein:

- Missbrauch einer amtlichen Funktion, einer vergleichbaren Funktion in der Wirtschaft oder eines politischen Mandats,
- Fehlverhalten auf Veranlassung von außen oder durch Eigeninitiative,
- Erlangung oder Anstreben eines persönlichen Vorteils,
- unmittelbarer oder mittelbarer Schaden oder Nachteil für die Allgemeinheit oder ein Unternehmen,
- Geheimhaltung oder Verschleierung dieses Vorgehens.

Da Korruption ein zweiseitiges Delikt ist, also immer einen „Nehmer" und einen „Ge- 5 ber" erfordert und außerdem in vielfältigen Erscheinungsformen auftreten kann, gibt es strafrechtlich keinen allgemeinen Tatbestand der Korruption. Korruptives Verhalten wird vielmehr durch verschiedene **Straftatbestände** sanktioniert. Zu erwähnen sind insbesondere:

- § 298 StGB Wettbewerbsbeschränkende Absprachen bei Ausschreibungen,[1]
- § 331 StGB Vorteilsannahme,
- § 332 StGB Bestechlichkeit,
- § 333 StGB Vorteilsgewährung und
- § 334 StGB Bestechung.

Korruption ist kein Kavaliersdelikt, sondern bereitet vielfach auch den Boden für die organisierte Kriminalität. Sie wird daher konsequent verfolgt und führt zu harten **Strafen**: Das Strafmaß der erwähnten Tatbestände beträgt – nach einer Anhebung durch das Ge-

---

[1] Neu eingefügt durch das Gesetz zur Bekämpfung der Korruption v. 13.8.1997, BGBl. I 1997, 2038 ff.

setz zur Bekämpfung der Korruption von 1997 – bis zu 5, in besonders schweren Fällen bis zu 10 Jahre Freiheitsstrafe. Daneben führt korruptes Verhalten zu disziplinarrechtlichen und finanziell belastenden Folgen.

6   Zwar kommen diese repressiven Maßnahmen erst zur Anwendung, wenn „das Kind schon in den Brunnen gefallen ist". Im Rahmen der Sensibilisierung der Mitarbeiter in den Verwaltungen und in den Unternehmen sollten diese aber schon deshalb **auf die strafrechtlichen Konsequenzen hingewiesen** werden, um eine abschreckende Wirkung zu erzielen. Dies beinhaltet auch, dass z.B. die Bürgermeister und Hauptverwaltungsbeamten bei einem Anfangsverdacht die **Staatsanwaltschaft einschalten**. Niemals dürfen die Betroffenen gedeckt werden, auch nicht aus Furcht vor einem Verlust des Ansehens der Verwaltung bzw. des Unternehmens.

III. Korruptionsindikatoren

7   Sowohl für repressive als auch für präventive Maßnahmen ist es erforderlich, mögliche Korruptionsgefährdungen und -anzeichen rechtzeitig zu erkennen. Das Innenministerium Nordrhein-Westfalens hat insoweit in einem Runderlass[2] die folgenden Korruptionsindikatoren beispielhaft (und ohne Anspruch auf Vollständigkeit) zusammengestellt:

Personenbezogene Indikatoren:

- persönliche Probleme (Sucht, Überschuldung, Frustration etc.),
- Geltungssucht,
- Jobdenken, mangelnde Identifikation mit der Aufgabe,
- gezielte Umgehung von Kontrollen, Abschottung einzelner Aufgabenbereiche,
- Inanspruchnahme von betrieblichen Einrichtungen, Einkaufsmöglichkeiten, Preisnachlässen, Freizeitanlagen, Ferienwohnungen oder Veranstaltungen des Bieters,
- unerklärlich hoher Lebensstandard.

Systembezogene Indikatoren:

- zu große Aufgabenkonzentration auf eine Person,
- unzureichende Kontrollen, zu schwach ausgeprägte Dienst- und Fachaufsicht,
- zu große unkontrollierte Entscheidungsspielräume,
- schwer verständliche Vorschriften.

„Passive" Indikatoren:

- Ausbleiben von Bürgerbeschwerden, obwohl mit Widerspruch zu rechnen wäre,
- Ausbleiben von behördlichen (Re-)Aktionen.

8   Diese Indikatoren können Warnsignale im Hinblick auf eine Korruptionsgefährdung sein, z.B. wenn sie stark ausgeprägt sind oder in **Kombination** mit anderen auftreten. Für sich alleine betrachtet haben sie nur eine geringe Aussagekraft. Sie lassen nicht zwangsläufig auf ein Fehlverhalten schließen. Die Bewertung von Indikatoren ist daher im Einzelfall mit größter Sorgfalt durchzuführen.

---

[2] RdErl. d. Innenministeriums v. 12.4.1999, MBl. NRW 1999, 498 ff., geändert durch RdErl. v. 17.7.2001, MBl. NRW 2001, 1028 ff.

IV. Die öffentliche Auftragsvergabe als Gefährdungsbereich

Als besonders korruptionsgefährdet haben sich auch in den Städten und Gemeinden die Bereiche erwiesen, die mit der Vergabe öffentlicher Aufträge zusammenhängen. Der Bereich der **Bauvergabe** ist dabei als besonders sensibel einzustufen, weil hier die öffentliche Hand als Auftraggeber vielfach eine beherrschende Stellung einnimmt. Aus diesem Grunde sind die nachfolgenden Präventionsmaßnahmen auf den Bereich der öffentlichen (Bau-)Auftragsvergabe zugeschnitten. Sie gelten größtenteils aber auch für andere Bereiche. 9

V. Vergaberecht entbürokratisieren

Beim öffentlichen Vergaberecht beklagen viele Kommunen und Unternehmen, vor allem in der mittelständischen Bauwirtschaft, den hohen Verwaltungsaufwand, der angesichts des immer komplexer und unübersichtlicher gewordenen Vergaberechts besteht. Insbesondere eine bundes- oder landesseitig vorgegebene Anwendung **vergabefremder Kriterien** (z.B. Ausbildungs- und Frauenförderung sowie Tariftreue) führt zu einem erhöhten Aufwand, der im Ergebnis der Transparenz und dem Wettbewerb schadet. Das öffentliche Vergaberecht muss daher auch zur Verhinderung von Manipulationen selbst wieder zu einem transparenten und von überflüssiger Bürokratie befreiten Regelungswerk werden. Insbesondere muss es konsequent von vergabefremden Kriterien entschlackt werden. 10

B. Allgemeine Präventionsmaßnahmen

Die Vergabe öffentlicher Aufträge ist ein sehr komplexer Vorgang. Korruptives Verhalten ist dabei in verschiedenen **Phasen** einer Auftragsvergabe denkbar. Hierbei lassen sich im Wesentlichen folgende Stufen unterscheiden: 11
1. Planungsphase,
2. Erstellung des Leistungsverzeichnisses,
3. Angebotsphase bis zum Eröffnungstermin,
4. Submission, Wertung und Zuschlagserteilung,
5. Auftragsausführung und Abrechnung.

Da eine gezielte Korruptionsprävention eine genaue Kenntnis möglicher Manipulationsansätze der einzelnen Vergabestufen voraussetzt, sollen diese anhand des Ablaufs eines Vergabeverfahrens aufgezeigt und entsprechende Präventionsmaßnahmen erläutert werden. Zuvor sollen jedoch – quasi vor die Klammer gezogen – **allgemeine Maßnahmen** zur Korruptionsprävention dargestellt werden, welche in jeder Phase einer Auftragsvergabe zu berücksichtigen sind: 12

7. Kapitel. Korruptionsprävention bei der öffentlichen Auftragsvergabe

I. Wettbewerb und Transparenz

13 Bereits die **Einhaltung der Vergabevorschriften** stellt einen optimalen Ansatz zur Korruptionsprävention dar. Dies folgt daraus, dass eines der Kernziele des Vergaberechts die Verhinderung von Korruption bei der Vergabe öffentlicher Aufträge ist. Deutlich wird dies durch das im Gesetz gegen Wettbewerbsbeschränkungen (GWB) vorgegebene Wettbewerbs-, Transparenz- und Gleichbehandlungsprinzip (§ 97 Abs. 1 und 2 GWB). Weiterhin dient der in der Vergabe- und Vertragsordnung für Bauleistungen (VOB) sowie der in der Verdingungsordnung für Leistungen – mit Ausnahme Bauleistungen – (VOL) festgelegte Grundsatz des Vorrangs der Öffentlichen Ausschreibung bzw. des Offenen Verfahrens der Korruptionsverhinderung. Darüber hinaus sind das Verbot wettbewerbswidriger, unlauterer Verhaltensweisen (vgl. § 2 VOB/A bzw. § 2 VOL/A), der Gleichbehandlungsgrundsatz aller Bewerber (vgl. § 8 VOB/A bzw. § 7 VOL/A) sowie das auch der VOB/A und der VOL/A zugrunde liegende Wettbewerbs- und Transparenzgebot korruptionsverhindernd.

II. Sensibilisierung und Schulung

14 Grundvoraussetzung einer erfolgreichen Korruptionsprävention ist eine Sensibilisierung der Mitarbeiter von Verwaltung und Unternehmen sowie von Vertretern der Politik. Nur durch eine umfassende und kontinuierliche Aufklärung und Schulung kann ein Wertebewusstsein geschaffen werden, dass der Korruption den Boden entzieht. Dabei sind aufgrund ihrer **Vorbildfunktion** unbedingt auch die Vorgesetzten und Führungskräfte, die politisch Verantwortlichen und ihre Mitarbeiter, aber auch die Rechnungsprüfungsämter, mit einzubeziehen. Ein transparenter und von allen „Betroffenen" gemeinsam entwickelter und persönlich unterzeichneter **Verhaltenskodex** kann dabei korruptionspräventiv wirken. Solche „Ethikregeln" können verstärkt dazu beitragen, dass sich jeder Bedienstete mit seiner Behörde und seinem Dienstherrn sowie jeder Mitarbeiter mit seinem Unternehmen identifiziert und ein Höchstmaß an Loyalität und Integrität entwickelt.

III. Kontrolle des Vergabeverfahrens („Mehr-Augen-Prinzip")

15 Bei Vergaben sollte wo immer möglich das sog. „Mehr-Augen-Prinzip" eingehalten werden. Dies beinhaltet, dass kein Mitarbeiter einen wesentlichen Vorgang alleine und abschließend bearbeitet, ohne dass eine weitere Person beteiligt ist. Ein solches Vorgehen kann z.B. durch eine interne **Dienst- bzw. Arbeitsanweisung** oder eine konkrete Richtlinie geregelt werden. Auch sollten Dienstvorgesetzte ihre Kontrollfunktion gewissenhaft ausüben. Eine sorgfältige Dienst- und Fachaufsicht sowie Schwachstellenanalysen und Prüfungen sind gemeinsam mit den Mitarbeitern zu entwickeln und auch wahrzunehmen.

16 Korruptionsprävention ist nur durch eine ständige **Kontrolle** während des gesamten Vergabeverfahrens möglich. Insbesondere sind vor Ausgabe der Vergabeunterlagen diese nochmals auf Vollständigkeit und Ordnungsgemäßheit zu kontrollieren. Nach der Auftragserteilung hat eine Kontrolle der Ausführung wichtiger Positionen, insbesondere bei besonders niedrigen oder hohen Einheitspreisen, zu erfolgen.

IV. Rotationsprinzip

Verkrustete Personalstrukturen, etwa die jahrelange ausschließliche Zuständigkeit eines einzelnen Mitarbeiters für die Vergabe öffentlicher Aufträge, erweisen sich häufig als besonders korruptionsanfällig. Erst diese Strukturen schaffen ein korruptionsförderndes Näheverhältnis. Im Rahmen des fachlich geeigneten Personalbestandes sollten daher – soweit dies auch in kleineren Gemeinden möglich ist – aufgrund eines **mit den Mitarbeitern abgestimmten Personalkonzepts** durch gelegentliche Rotation neue Ansprechpartner und Zuständigkeiten geschaffen werden. Dabei ist den betroffenen Mitarbeitern aber zu verdeutlichen, dass ihr Wechsel keine Diskriminierung darstellt. 17

V. Regelungen zur Geschenkannahme

Problematische Abgrenzungsfragen wirft der Umgang mit Geschenken oder Belohnungen auf. Als solche sind nicht nur Geld- oder Sachwerte anzusehen. Eingeschlossen sind aus Sicht der Auftraggeber vielmehr **sämtliche Vorteile**, also auch die Überlassung von Unterkunft – egal ob unentgeltlich oder zum marktüblichen Zins, die Bereitstellung eines Pkw, die Hilfe insbesondere bei Bau-[3] und Gartenarbeiten, Zinsrabatte bei Darlehen, die Bereitstellung von Software oder Internetzugängen sowie die übermäßige Vergütung privater Nebentätigkeit.[4] Gleiches gilt aus Sicht der Unternehmen. Jedem Mitarbeiter muss klar sein, dass Korruption bzw. Bestechlichkeit im Spiel sein könnte, wenn ihm bzw. seinem Unternehmen bei der Auftragsvergabe Vorteile versprochen werden. Dabei spielt es keine Rolle, ob die Annahme eines Geschenks bei dem Mitarbeiter die Besorgnis begründet, er könne in der Objektivität der Amtsführung oder seiner Aufgaben beeinträchtigt sein. Ein Mitarbeiter der öffentlichen Verwaltung muss bereits den Anschein vermeiden, im Rahmen seiner Amtsführung für die Annahme persönlicher Vorteile empfänglich zu sein. Gleiches gilt für jeden Mitarbeiter von Unternehmen. 18

Neben der Frage, was ein Geschenk ist, ist es auch problematisch abzugrenzen, ab welchem Wert ein Geschenk kein Werbegeschenk oder unverfängliches Zeichen der allgemeinen Wertschätzung mehr ist, sondern bereits der Versuch, einen unzulässigen Einfluss auszuüben. Aufgrund dieser Abgrenzungsschwierigkeiten sollten daher klare und unmissverständliche **innerdienstliche bzw. innerbetriebliche Regeln** erstellt werden. Dies ist im Rahmen einer Anweisung über das Verhalten bei der Annahme von Belohnungen und Geschenken möglich. Die Beschäftigten sind zudem in regelmäßigen Abständen über aktuelle Regelungen zu informieren.[5] 19

Grundsätzlich sollte – entsprechend § 70 BBG – ein **generelles Verbot** der Annahme von Zuwendungen jeglicher Art für Mitarbeiter und deren unmittelbare Familienangehörige bestehen. Eine Dienstanweisung sollte **begründete Ausnahmefälle** festlegen wie etwa die Annahme einmaliger geringwertiger Aufmerksamkeiten in Form von Masseartikeln (Werbeartikel) oder auch die Verwendung angenommener Geschenke für soziale Zwecke. In Zweifelsfällen sollte immer der Vorgesetzte entscheiden, ob eine Zuwendung ausnahmsweise angenommen werden darf oder nicht.[6] 20

---

[3] Vgl. BGH NStZ 2001, 425: Preisnachlass bei Bauarbeiten.
[4] Vgl. *Badura*, ZBR 2000, 109 ff.
[5] Vgl. etwa den RdErl. v. 12.4.1999 (Fn. 2).
[6] Vgl. auch die jeweiligen Landesbeamtengesetze/VO bzw. § 10 BAT.

VI. Regelungen zum Sponsoring

21 Unter Sponsoring ist die subsidiäre **Unterstützung eines Projektes** durch Zuwendung von Geld oder einer geldwerten Leistung zum wechselseitigen Vorteil sowohl des Sponsors als auch der Verwaltung (Leistung und Gegenleistung) zu verstehen. Dem Sponsor kommt es dabei hauptsächlich auf seine Profilierung in der Öffentlichkeit (Imagegewinn) über das gesponserte Produkt an.

22 Sponsoring, welches der **ganzen Kommune** zu Gute kommt (z.B. kostenlose Einrichtung eines Spielplatzes), ist in der Regel unproblematisch. Insoweit ist aber zu beachten, dass der Tatbestand der Vorteilsannahme (§ 331 StGB) auch dann erfüllt ist, wenn der gewährte Vorteil einem Dritten zugute kommt. Da die Gefahr besteht, Sponsoring zu einem **getarnten Korruptionsversuch** zu missbrauchen, sollten Sponsoring-Angebote immer dann abgelehnt werden, wenn der Anschein entstehen könnte, Verwaltungshandeln würde durch die Sponsorenleistung beeinflusst werden. Dies kann z.B. dann der Fall sein, wenn sich der Sponsor in unmittelbarem zeitlichen Zusammenhang als Bieter in einem Vergabeverfahren betätigt.

23 Soweit Sponsoring nicht der ganzen Kommune, sondern nur **einzelnen Personen** bzw. Personengruppen in der Verwaltung oder der Politik Vorteile beschert, besteht immer die Gefahr eines Korruptionsversuches. Beispiel: Kostenübernahme von Betriebsfeiern/Abteilungsfeiern oder die kostenlose Einladung zu Fortbildungsveranstaltungen sowie zu Reisen im In- und Ausland, um Mitarbeiter der öffentlichen Verwaltung oder der Politik in ihrer Entscheidungsfindung gezielt zu beeinflussen.

24 Zwecks Kontrolle des Sponsorings sollte ein möglichst transparentes und nachprüfbares Verfahren praktiziert werden. Hilfreich ist die Einrichtung einer **Sponsorenkartei**, in der alle Sponsoraktivitäten genau und mit allen Einzelangaben (Name des Sponsors, Zweck und Höhe der Mittel, Zeitpunkt, konkrete Verwendung etc.) dokumentiert werden. Darüber hinaus kann eine Meldepflicht für Unternehmen für Aktivitäten im Bereich Sponsoring eingeführt werden.

VII. Genehmigungspflicht für Nebentätigkeiten

25 Sofern Mitarbeiter der öffentlichen Verwaltung Nebentätigkeiten ausüben, besteht die Gefahr von **Interessenkollisionen** und damit auch der Korruption, insbesondere wenn es sich um eine Tätigkeit bei tatsächlichen oder potentiellen Auftragnehmern eines Vergabeverfahrens handelt. Hierzu können etwa Berater- oder Gutachtertätigkeiten, Vortragstätigkeiten, aber auch Arbeitsverhältnisse von Familienangehörigen bei einem potentiellen Auftragnehmer gehören. Derartige Nebentätigkeiten können zu einer wirtschaftlichen und moralischen Abhängigkeit von Bietern und Auftragnehmern führen, die diese möglicherweise auszunutzen versuchen. Es kann vorkommen, dass der einzelne Mitarbeiter sein Unrechtsbewusstsein verliert, weil er glaubt, er habe eine echte Gegenleistung erbracht, wofür ihm eine „Vergütung" zustehe.

26 Im Vergabeverfahren ist daher unbedingt auf die Einhaltung der Vorschriften zu achten. Im Anwendungsbereich der Vergabeverordnung verbietet § 16 VgV ein Tätigwerden eines Mitarbeiters eines Auftraggebers bei Entscheidungen im Vergabeverfahren, wenn dieser Mitarbeiter als voreingenommen geltende Person eine tatsächliche **Nähe zu einem Bieter** oder Bewerber hat und daher eine Interessenkollision besteht. Im Rahmen der Ge-

nehmigungsverfahren bzw. der Anzeigepflichten[7] sollte ein Betroffener auch auf freiwilliger Basis um die Benennung der Tätigkeiten von Familienangehörigen gebeten werden. Personenverknüpfungen können dadurch frühzeitig erkannt werden.

VIII. Anti-Korruptions-Beauftragte

Als Vertrauens- und Kontrollperson bei Vergabeverfahren kann ein bereits tätiger Mitarbeiter einer Verwaltung bzw. Unternehmens als „Anti-Korruptions-Beauftragter" eingesetzt werden. Dieser, mit eigenen Kompetenzen verantwortlich ausgestattete Mitarbeiter kann die Verwaltungs-/Geschäftsleitung sowie die Geschäftsbereichs- und Ressortleiter bei der Korruptionsbekämpfung unterstützen. 27

Ein „Anti-Korruptions-Beauftragter" sollte alle verwaltungsinternen Aktivitäten zur **Korruptionsprävention steuern** sowie beim Aufbau interner Kontrollmechanismen mitwirken. Er sollte als **Ansprechpartner** und Vertrauensperson den Beschäftigten und auch den Bürgern zur Verfügung stehen. Er berät und klärt bei Fragen zur Korruptionsprävention auf. Eine derartige Aufgabenwahrnehmung sollte neben dem laufenden Geschäft ermöglicht werden. Dies bedeutet, dass regelmäßig – insbesondere in kleineren Gemeinden – keine eigene Stelle geschaffen werden muss, sondern eine Zuordnung, z.B. zu einem Fachamt oder auch zum Rechnungsprüfungsamt, erfolgen sollte. Dienstrechtlich muss der „Anti-Korruptions-Beauftragte" den Führungskräften der Verwaltung zugeordnet sein und mit diesen auf gleicher „Augenhöhe verhandeln" können. In Verdachtsfällen sollte ihm ein Akteneinsichtsrecht gewährt werden sowie der Zugriff auf Dateien, Schriftstücke etc. jederzeit möglich sein. Letztlich ist ein Informationstransfer ohne Verpflichtung zur Einhaltung des Dienstweges sicherzustellen. Auch in den Unternehmen können Anti-Korruptions-Beauftragte mit ähnlichen Aufgabenbereichen installiert werden. 28

IX. Zentrale Vergabestelle/Zentrale Submissionsstelle

Die Auftragsvergabe kann – je nach vorhandener Personalkapazität – durch eine „Zentrale Vergabestelle" oder eine hierfür zuständige Submissionsstelle durchgeführt und auch überprüft werden. Diese sollte darauf achten, dass Vorgänge nicht bei einer einzigen Person gebündelt sind („Mehr-Augen-Prinzip"). Insbesondere Beschränkte Ausschreibungen und Freihändige Vergaben müssen auf unzulässige Einflussnahmen kontrolliert werden. Die Einrichtung einer Zentralen Vergabestelle bzw. Submissionsstelle ermöglicht eine Trennung von operativem und strategischem Geschäft und eine Konzentration des Verfahrensablaufs. Dabei sollte die Verantwortung für die konkreten Bedarfe sowie für die Planung (z.B. Erstellung des Leistungsverzeichnisses) und Abwicklung weiterhin bei den entsprechenden Leistungseinheiten, also den kommunalen Fachämtern, liegen. 29

Die „Zentrale Stelle" sollte demgegenüber insbesondere mit der formellen Abwicklung Öffentlicher und Beschränkter Ausschreibungen betraut werden und daneben die Fachabteilungen in Angelegenheiten der VOB/VOL/VOF beraten. Sie dient der Steuerung eines verwaltungseinheitlichen Vergabewesens. Soweit in der Praxis bereits zentrale Stellen bei der Auftragsvergabe eingerichtet worden sind, wurden diesen in unterschiedlichem 30

---

[7] Vgl. die jeweiligen Landesbeamtengesetze/VO bzw. § 11 BAT.

Umfang Aufgaben übertragen. Empfehlenswert ist eine Ansiedlung direkt unterhalb der Leitungsebene und die Sicherstellung der Einhaltung „kleiner" Dienstwege.

31 Die Einrichtung zentraler Vergabe- oder Submissionsstellen mit nur wenigen Mitarbeitern kann allerdings auch zu einer Problemverlagerung innerhalb der Verwaltung führen. Ist eine ausreichende Kontrolle („Mehr-Augen-Prinzip" etc.) nicht auch innerhalb einer zentralen Vergabestelle oder einer zentralen Submissionsstelle gewährleistet, so verbleibt eine Korruptionsgefahr. Aufgrund der finanziellen Engpässe in den Kommunen wird insbesondere die Einrichtung einer zentralen Vergabestelle regelmäßig nur ohne Schaffung zusätzlicher Stellen möglich sein. Zentrale Vergabestellen werden daher vornehmlich in personalstarken Verwaltungen umzusetzen sein.

X. Eigenerklärungen zur Zuverlässigkeit und „Korruptionsklauseln"

32 Es kann sinnvoll sein, als ersten Schritt der Zuverlässigkeitsprüfung von Bietern sog. **Eigenerklärungen** zu verlangen, mit denen diese schriftlich versichern, dass keine Verfehlungen vorliegen, die ihren Ausschluss vom Vergabeverfahren rechtfertigen. Diese Eigenerklärungen können dann zum Zeitpunkt des Zuschlags – bei einem existierenden Korruptionsregister – durch die Vergabestelle hinterfragt werden.

33 Darüber hinaus können ggf. „**Korruptionsklauseln**" in die Zusätzlichen und Besonderen Vertragsbedingungen eingearbeitet werden. Diese können einen Maßnahmenkatalog mit Sanktionen für Bieter vorsehen, die nachweislich unzulässige Absprachen oder auch darüber hinausgehende Korruptionsverfehlungen begangen haben. Es bietet sich insofern an, standardisierte öffentliche Bauverträge zu verwenden, die eine solche Klausel enthalten.

34 Beinhalten sollten solche Klauseln neben der Kündigungsmöglichkeit des Vertragsverhältnisses aus wichtigem Grund auch eine Vertragsstrafe. Öffentliche Auftraggeber haben insbesondere mit dem sog. „**pauschalierten Schadensersatz**" gute Erfahrungen gemacht. Dabei wird dem erfolgreichen Bieter bei Auftragsvergabe die Zusicherung abverlangt, dass er keinerlei Absprachen oder sonstige Korruptionen bzw. Manipulationen im Zusammenhang mit der Auftragsvergabe vorgenommen hat. Im Vertrag wird festgelegt, dass der Bieter, wenn ihm später dennoch eine Korruption, Manipulation oder eine Absprache mit Mitbewerbern nachgewiesen werden kann, ohne Nachweis eines konkreten Schadens einen pauschalierten Schadensersatz in Höhe eines Betrages „x" der Auftragssumme zu erbringen hat, es sei denn, es kann ein höherer oder auch niedrigerer Schaden nachgewiesen werden.

XI. Elektronische Vergabe/EDV-gestütztes Kontrollwesen

35 Ein sinnvoller Ansatz zur Korruptionsprävention liegt in der Durchführung von elektronischen, standardisierten, verschlüsselten und damit sicheren Vergabeverfahren. Über ein EDV-gestütztes Kontrollwesen können darüber hinaus **Auffälligkeiten bei der Vergabe**, etwa das Splitting von Aufträgen, Ausnutzen von Zeichnungsbefugnissen, die Häufigkeit Freihändiger Vergaben oder die wiederholte Vergabe an bestimmte Auftragnehmer, aufgedeckt werden. Zudem ermöglicht die Erstellung von Leistungsverzeichnissen mittels EDV problemlos eine konsequente Kontrolle des Anteils an Bedarfs- und Eventualpositionen.

XII. Aufgabentrennung

Manipulationen bei der Auftragsvergabe sind leichter möglich, wenn die Planung und 36
Vorbereitung der Vergabe, die Durchführung des Eröffnungstermins, die Vergabeentscheidung und die Kontrolle über die Durchführung der Maßnahme etc. in „einer Hand" liegen. Daher sollten die einzelnen Stufen eines Vergabeverfahrens, insbesondere die Vorbereitung der Vergabe und die Erstellung des Leistungsverzeichnisses einerseits und die Durchführung des Eröffnungstermins sowie die Wertung der Angebote andererseits von verschiedenen Stellen vorgenommen werden. Die Durchführung der Angebotseröffnung darf nicht Aufgabe des ausführenden Fachamtes sein. Auch sollte die Nachrechnung der Angebote durch nicht mit der Erstellung des Leistungsverzeichnisses betraute Personen erfolgen.

XIII. Führung einer Firmen- und Bieterdatei

Die Kommunen sollten zur Kontrolle des Vergabewesens eine neuen Bewerbern und 37
Bietern offen stehende Firmen- und Bieterdatei, in die Unternehmen, Handwerker, Lieferanten und Dienstleister aufgenommen werden, führen. Sofern eine „Zentrale Vergabestelle" existiert, sollte diese die Kartei führen. Eine solche Kartei ermöglicht es, dass bei Beschränkten Ausschreibungen oder Freihändigen Vergaben insbesondere Unternehmen berücksichtigt werden können, die ihre Leistungen bereits zuverlässig angeboten und durchgeführt haben oder längere Zeit trotz entsprechender Qualifikation nicht mehr zur Abgabe eines Angebots aufgefordert wurden. Je größer und je breiter regional gestreut die Zahl der Leistungsanbieter ist, desto geringer ist die Gefahr von Angebotsabsprachen im Vorfeld. Deshalb sollte unter den „geeigneten" Unternehmen auch bei Freihändiger Vergabe und Beschränkter Ausschreibung unbedingt zur Erzielung eines breiten Wettbewerbs gewechselt werden (vgl. § 8 Nr. 2 Abs. 3 VOB/A und § 7 Nr. 2 Abs. 4 VOL/A).

XIV. Ausschluss vom Vergabeverfahren/„Korruptionsregister"

Soweit einem Bieter „schwere Verfehlungen", wie etwa Bestechung, Vorteilsgewäh- 38
rung, Betrug, Untreue oder illegale Beschäftigung nachgewiesen werden, ist er **vom laufenden Vergabeverfahren** wegen Unzuverlässigkeit **auszuschließen** (§ 8 Nr. 5 Abs. 1 c) VOB/A bzw. § 7 Nr. 5 c) VOL/A).

Darüber hinaus kann die Verhängung sog. „**Auftragssperren**" vorgesehen werden. 39
Der Ausschluss vom Wettbewerb um öffentliche Aufträge bzw. das „Blacklisting" von Unternehmen[8] kann ein wirksames Abschreckungsmittel sein. Unternehmen, die eines korruptiven Verhaltens überführt worden sind oder sich nachweislich an Preisabsprachen beteiligt haben, sollten daher grundsätzlich für einen bestimmten Zeitraum von der Bewerbung um öffentliche Aufträge ausgeschlossen werden. Eine Sperrung sollte für ei-

---

[8] Vgl. *Wiehen*, in: Pieth/Eigen (Hrsg.), Korruption im internationalen Geschäftsverkehr, 1999, S. 510 ff.

nen der Schwere des Vorwurfs entsprechenden Zeitraum, der normalerweise zwischen sechs Monaten und zwei Jahren liegt, ausgesprochen werden. Darüber hinausgehende Zeiträume bis hin zu unbegrenzten Sperren sind i.d.R. mit dem Verhältnismäßigkeitsgrundsatz und dem Übermaßverbot nicht vereinbar. Weiterhin erfordert das allgemeine Gleichbehandlungsgebot eine **Wiederzulassung** des gesperrten Unternehmens in späteren Vergabeverfahren, wenn dessen Zuverlässigkeit wieder erwartet werden kann, beispielsweise weil der oder die betroffenen Mitarbeiter entlassen wurden oder weil das Unternehmen wieder glaubwürdig und wirksam die Integrität seiner Geschäftspraktiken vollzieht, z.B. durch gelebte Integritätsprogramme oder Wertesysteme. Da gerade in den von der öffentlichen Hand als marktstarker Nachfrager beherrschten Bereichen eine Auftragssperre den Ruin des Unternehmens bedeuten kann, darf dem Unternehmen der Nachweis der „Sauberkeit" nicht verwehrt werden.

40   Neben der Verhängung einer individuellen Auftragssperre durch einen einzelnen Auftraggeber ist auch eine über die jeweiligen kommunalen Grenzen hinausgehende landes- oder bundesweite Sperrung von Unternehmen denkbar. In einem solchen „**Korruptionsregister**" können insbesondere bereits straffällig gewordene Unternehmen registriert und entsprechende Sperrzeiten notiert werden. Damit kann kontrolliert und verhindert werden, dass Unternehmen, die bereits durch Korruption auffällig geworden sind, sich weiter ungehindert an der Bewerbung um öffentliche Aufträge beteiligen.

41   Auf **Länderebene** bestehen solche Register bereits seit einigen Jahren in Baden-Württemberg, Hessen, Nordrhein-Westfalen und Rheinland-Pfalz auf der Grundlage von Gesetzen, Verwaltungsvorschriften oder Runderlassen. Die Bundesregierung hatte, um **bundesweit** eine gesetzliche Grundlage für ein Korruptionsregister zu schaffen, im Sommer 2002 den Entwurf eines „Gesetzes zur Einrichtung eines Registers über unzuverlässige Unternehmen"[9] vorgelegt. Durch die Einrichtung eines bundesweiten Registers sollte zukünftig gewährleistet werden, dass sämtliche öffentlichen Auftraggeber vor der Vergabe öffentlicher Aufträge von derartigen Ausschlüssen Kenntnis erlangen können. Jedoch hat Ende September 2002 der Bundesrat seine erforderliche Zustimmung zu dem Gesetz verweigert, da keine Einigung über die Voraussetzungen für den Eintrag eines Unternehmens in das Register erzielt werden konnte. Gemäß dem Koalitionsvertrag der neuen Bundesregierung aus dem Jahre 2005 soll aber das Gesetzesvorhaben in dieser Legislaturperiode erneut mit dem Ziel eingebracht werden, ein bundesweites Korruptionsregister zu schaffen.

XV. Dokumentation des Vergabeverfahrens/Vergabevermerk

42   Die Durchführung eines sauberen Vergabeverfahrens wird durch eine zeitnahe und am Vergabeablauf orientierte Fertigung eines Vergabevermerks gewährleistet. Dieser Vergabevermerk (vgl. § 30 VOB/A und VOL/A) muss die einzelnen Stufen des Verfahrens sowie die Begründung der einzelnen Entscheidungen des Auftraggebers genau und transparent dokumentieren.

---

[9] BT-Drs. 14/9356.

C. Präventionsmaßnahmen während der einzelnen Vergabephasen

Um konkrete präventive Maßnahmen während des Vergabeverfahrens ergreifen zu 43 können, ist ganz maßgeblich die genaue Kenntnis von Korruptions- und Manipulationsmöglichkeiten bei der Auftragsvergabe erforderlich. Es werden daher im Folgenden Korruptions- und Manipulationsansätze vor, während und nach der Vergabe öffentlicher Aufträge aufgezeigt, wobei die Vergabe von Bauleistungen den Schwerpunkt darstellt. In Frage kommende Präventionsmaßnahmen werden jeweils im Anschluss erörtert.

I. Präventive Maßnahmen in der Planungs- und Ausschreibungsphase

1. Interessenkollision verhindern

Bei der Vorbereitung einer Vergabe von Bauleistungen können Mitarbeiter des Auf- 44 traggebers oder bei der Ausschreibung mitwirkende Ingenieur- bzw. Architektenbüros wirtschaftlich oder auch personell mit Bietern oder ihrem Umfeld verknüpft sein. In einem solchen Fall besteht die Gefahr, dass die eine Planung oder Ausschreibung betreffenden Informationen unberechtigt in die Hände eines Bieters gelangen und diesem letztlich Kalkulationsvorteile verschaffen. Denkbar ist darüber hinaus, dass der Planende zur Planung ein Unternehmen heranzieht, das sich selbst am Wettbewerb beteiligen könnte.

Präventionsmaßnahmen: Um Interessenkollisionen und ein unzulässiges „Doppel- 45 mandat" zu verhindern, sollte vor der Vergabe von Planungs- und Ausschreibungsleistungen grundsätzlich geprüft werden, ob Mitarbeiter des Auftraggebers oder ein zu beauftragendes Büro in persönlichem oder wirtschaftlichem Kontakt mit etwaigen Bietern stehen. Dies kann durch Überprüfungen sowie insbesondere dadurch geschehen, dass beauftragte Architekten und Ingenieure gemäß dem Gesetz über die förmliche Verpflichtung nicht beamteter Personen (Verpflichtungsgesetz) auf die gewissenhafte Erfüllung ihrer Obliegenheiten verpflichtet werden. Darüber hinaus sollte ein Auftraggeber darauf achten, dass es nicht zu einer Bündelung von Planungs-, Ausschreibungs- und Überwachungsleistungen in der Hand eines Planungsbüros kommt. Es empfiehlt sich vielmehr ein Splitting der Aufgaben an verschiedene Büros.

Besondere Beachtung verdient im Zusammenhang mit dem Ausschluss bestimmter 46 Personen vom Vergabeverfahren die Regelung des **§ 16 Vergabeverordnung** (Ausgeschlossene Personen). Diese Norm hat das Ziel, die gleichzeitige Befassung sog. voreingenommener Personen sowohl auf Auftraggeber- als auch auf Bieterseite zu verhindern. Zwar gilt § 16 VgV ausschließlich für Auftragsvergaben oberhalb der EG-Schwellenwerte, also im Baubereich oberhalb eines Auftragsvolumens von 5 Mio. Euro. Die in § 16 VgV niedergelegten Grundsätze zum „Ausschluss voreingenommener Personen vom Vergabeverfahren" entfalten aber als allgemein zu beachtende Rechtsgrundsätze ihre Wirkung auch für Vergabeverfahren unterhalb der EG-Schwellenwerte.

Danach gelten im Sinne einer Vermutungsregel folgende Personen als „voreingenom- 47 men" und dürfen nicht an Entscheidungen, also z.B. der Auswahl der Bieter oder der Wertung der Angebote, in einem Vergabeverfahren mitwirken:

– *Personen, die auch Bieter oder Bewerber sind,*
– *Personen, die einen Bieter oder Bewerber beraten oder sonst unterstützen oder als gesetzlicher Vertreter oder nur in dem Vergabeverfahren vertreten.*

48 Bei weiteren Personen kann die durch die Verordnung aufgestellte **Vermutungsregel** für einen Ausschluss im Einzelfall widerlegt werden. Voraussetzung ist, dass durch die Mitwirkung bei Entscheidungen in Vergabeverfahren „für die Personen kein Interessenkonflikt besteht oder sich die Tätigkeiten nicht auf die Entscheidungen in dem konkreten Vergabeverfahren auswirken". Dies betrifft Personen, die
- *bei einem Bieter oder Bewerber gegen Entgelt beschäftigt oder bei ihm als Mitglied des Vorstands, Aufsichtsrats oder gleichartigen Organs tätig sind, oder*
- *für ein in das Vergabeverfahren eingeschaltetes Unternehmen tätig sind, wenn dieses Unternehmen zugleich geschäftliche Beziehungen zum Auftraggeber und zum Bieter oder Bewerber hat.*

49 Damit ist es einem kommunalen Auftraggeber nicht grundsätzlich verwehrt, sich in einem Vergabeverfahren von einem Architektur- oder Ingenieurbüro oder einer Anwaltskanzlei beraten zu lassen, obwohl dieses Büro zugleich zu einem oder mehreren Bietern in geschäftlichen Beziehungen steht. In einem solchen Fall ist es aber zwingend erforderlich, dass diese „Beauftragten" nicht in einem Interessenkonflikt stehen. Dieses muss durch entsprechende schriftliche Erklärungen glaubhaft versichert und durch innerorganisatorische Maßnahmen des beauftragten Dienstleisters gewährleistet werden.

2. Vorrang der Öffentlichen Ausschreibung beachten

50 Nicht selten wird vergaberechtswidrig und entgegen den Interessen der Unternehmen nicht öffentlich, sondern nur beschränkt oder freihändig ausgeschrieben. Der dem Vergaberecht zugrunde liegende Grundsatz eines breiten Wettbewerbs wird dadurch unterlaufen. Wird der Bewerberkreis von vorneherein eingeschränkt, so kann dies auf die Bevorzugung bestimmter Bewerber hinauslaufen.

51 **Präventionsmaßnahmen**: Ein breiter Wettbewerb wird grundsätzlich am besten durch den Grundsatz der Öffentlichen Ausschreibung gewährleistet. Beschränkte Ausschreibungen und Freihändige Vergaben sind nur ausnahmsweise unter den strengen Voraussetzungen der §§ 3 Nr. 3 und 4 VOB/A bzw. §§ 3 Nr. 3 und 4 VOL/A zulässig. So ist eine Freihändige Vergabe nur ausnahmsweise, z.B. weil für die Leistung wegen der besonderen Erfahrung nur ein bestimmter Unternehmer in Betracht kommt (vgl. § 3 Nr. 4 a) VOB/A oder bei unverschuldeter, „besonderer Dringlichkeit" (§ 3 Nr. 4 d) VOB/A bzw. § 3 Nr. 4 f) VOL/A), wie z.B. bei Gefahrsituationen, zulässig.

52 Die Anwendung Beschränkter und Freihändiger Vergaben ist schriftlich auf der Grundlage des Vergaberechts zu begründen (vgl. z.B. § 3 Nr. 5 VOL/A). Die Begründung ist vor der Ausschreibung dem Behördenleiter oder einem von ihm Beauftragten zur Prüfung vorzulegen. Ein bloßer Hinweis auf die entsprechende(n) Textstelle(n) der VOB/A, VOL/A reicht zur Begründung nicht aus.

3. Vergabe nach Losen

53 Eine einheitliche Vergabe größerer Aufträge kann dazu führen, dass kleinere Bieter und Unternehmen mangels Leistungsfähigkeit von vornherein nicht an einem Vergabeverfahren teilnehmen können. Dadurch kann es nicht nur zur Abhängigkeit von großen Bietern kommen. Mangels Durchführung eines breiten Wettbewerbs sind auch Preisabsprachen und Manipulationen leichter möglich.

54 **Präventionsmaßnahmen**: Um einen möglichst breiten Wettbewerb zu erzielen und kleine und mittlere Unternehmen nicht faktisch von der Vergabe auszuschließen, sind Leistungen in Fach- und Teillose aufzuteilen (vgl. § 97 Abs. 3 GWB, § 4 VOB/A, § 5 VOL/A). Eine Ausnahme gilt nur dann, wenn eine Aufteilung unzweckmäßig ist. Die Unterteilung in Lose hat vor der Ausschreibung zu erfolgen, eine spätere Teilung ist unzulässig.

II. Präventive Maßnahmen beim Erstellen des Leistungsverzeichnisses

1. Ordnungsgemäße Vergabeunterlagen und Leistungsbeschreibung

Eine unsachgemäße Erstellung der Vergabeunterlagen (vgl. § 10 VOB/A) kann ein 55 Einfallstor für Manipulationen sein. Die Leistungsbeschreibung ist Kernstück der Vergabeunterlagen. Sie legt Inhalt und Umfang der zu erbringenden Leistung fest und ist Grundlage für die Bemessung der Vergütung. Damit aber ist diese Phase auch besonders korruptionsgefährdet: Bereits durch eine fehlerhafte Leistungsbeschreibung kann dafür gesorgt werden, dass ein bestimmter Bieter später das – nur vermeintlich – günstigste Angebot abgibt und den Zuschlag erhält. Erfolgt eine Ausschreibung ohne abgeschlossene und ausgereifte Planung, kann es durch die Beauftragung von Leistungen, die tatsächlich gar nicht benötigt werden, zu überhöhten Abrechnungen kommen. Bieter, die dies im Vorfeld erkennen, können bei ihren Angeboten spekulieren und damit das Vergabeverfahren manipulieren.

Präventionsmaßnahmen: Der zu vergebenden Leistung hat eine akkurate Planung 56 vorauszugehen. Sodann ist die Leistung vom Auftraggeber eindeutig und erschöpfend zu beschreiben (vgl. § 9 Nr. 1 VOB/A, § 8 Nr. 1 VOL/A). Hier kann auch eine gegenseitige Kontrolle und Überprüfung bei der Erstellung des Leistungsverzeichnisses helfen. Die Anzahl von Nebenangeboten oder Änderungsvorschlägen ist nach § 21 Nr. 3 VOB/A an einer vom Auftraggeber in den Verdingungsunterlagen bezeichneten Stelle aufzuführen. Etwaige Änderungsvorschläge oder Nebenangebote müssen auf besonderer Anlage gemacht und als solche deutlich gekennzeichnet werden. Soweit Preisnachlässe ohne Bedingungen gewährt werden, sind diese nach § 21 Nr. 4 VOB/A an einer vom Auftraggeber in den Verdingungsunterlagen bezeichneten Stelle aufzuführen. Beispiele einer unzureichenden Leistungsbeschreibung sowie die zur Vermeidung hilfreichen Präventivmaßnahmen werden im Folgenden dargestellt.

2. Exakte Mengenermittlung

Wird z.B. für eine Baumaßnahme eine erheblich **niedrigere Menge** als erforderlich in 57 Ansatz gebracht, so hat der ortskundige bzw. der „informierte" Bieter die Möglichkeit, für diese Position einen hohen Einheitspreis festzulegen, ohne Gefahr zu laufen, dass sein Angebot überteuert ist, da die Position bei geringer Menge bei der Wertung kaum ins Gewicht fällt und bei anderen Positionen „ausgeglichen" werden kann. Es kann folglich zu einem Zuschlag auf ein Angebot mit spekulativem Positionspreis und in der Konsequenz mit erheblichen Nachträgen kommen. Werden derartige Abweichungen in den Mengen erkennbar, sind diese nach § 2 Nr. 3 VOB/B über die Vereinbarung neuer Preise nur z.T. wieder „einfangbar". Hinsichtlich ihrer Auswirkungen auf den Ausgang der Wertung können sie jedoch nicht mehr korrigiert werden.

Präventionsmaßnahmen: Exakte Ermittlung der Mengen (§ 9 VOB/A) sowie der aus- 58 geschriebenen Leistung (§ 8 VOL/A). Es gilt: Vier Augen sehen mehr als zwei. Eine „Zentrale Vergabestelle" oder auch das Fachamt kann das Leistungsverzeichnis auf Plausibilität hin überprüfen, ggf. auffällige Mengenangaben beanstanden und dadurch Korruption und Manipulationen vorbeugen. Besonderes Augenmerk ist auf **Überdimensionierungen** (z.B. gerne bei Kläranlagen, Heizungs- und Klimageräten praktiziert) und auf unnötige Leistungen (z.B. Fliesen, leere oder jedenfalls nicht voll genutzte Schaltschränke) zu richten.

3. Bedarfs- und Alternativpositionen vermeiden

59 **Bedarfspositionen**, bei denen der Auftraggeber wählen kann, ob sie (zusätzlich) ausgeführt werden oder nicht, wurden in der Vergangenheit häufig in Leistungsverzeichnisse aufgenommen. Dies widerspricht indes dem Gebot der eindeutigen und erschöpfenden Leistungsbeschreibung. Außerdem eröffnen Bedarfspositionen den Bietern erhebliche Spekulationsmöglichkeiten, da sie bei der Ermittlung der Gesamtauftragssumme zunächst nicht mitaddiert, sondern erst im Bedarfsfall zu der insgesamt vereinbarten Vergütung hinzugerechnet werden.

60 Ähnlich verhält es sich bei **Alternativpositionen**. Dabei handelt es sich um Wahlpositionen, bei denen der Auftraggeber unter mehreren ausgeschriebenen Möglichkeiten die Art der Ausführung bzw. das gewünschte Material auswählen und bestimmen kann. Ihre Häufung in einem Leistungsverzeichnis eröffnet neben der mangelnden Transparenz im Submissionsergebnis Manipulationsmöglichkeiten bei der Angebotswertung und damit Korruptionsgefahren: Durch gezielte Kombination von mehreren Ausführungsalternativen kann ein bestimmter, vom Auftraggeber gewünschter Bieter an die erste Stelle gerechnet werden.

61 **Präventionsmaßnahmen**: Grundlage für die Angebotsbearbeitung ist eine sorgfältige und strikt objektbezogene Leistungsbeschreibung. Insbesondere dürfen Bedarfs- und Alternativpositionen nicht aufgenommen werden, um Mängel oder Unsicherheiten der Planung auszugleichen. Baugrunduntersuchungen, Bodenklassifizierungen und die Festlegung erforderlicher Maßnahmen im Bau-, Liefer- und Dienstleistungsbereich sind daher bereits von der Vergabestelle im Ausschreibungsstadium vorzunehmen.

62 Aufgrund des § 9 Nr. 1 Satz 2 VOB/A sind **Bedarfspositionen** nur noch in Ausnahmefällen in die Leistungsbeschreibung aufzunehmen. Dies kann der Fall sein, wenn z.B. die Notwendigkeit ihrer Ausführung im Zeitpunkt der Erstellung der Leistungsbeschreibung trotz aller örtlichen und technischen Kenntnisse nicht festgestellt werden kann. Der Anteil an Bedarfspositionen ist konsequent zu kontrollieren, was bei einer Erstellung von Leistungsverzeichnissen mittels EDV-Einsatz möglich ist. Zudem sollten die tatsächlich ausgeführten Positionen hinsichtlich Menge und Preis stetig analysiert und sollte eine Vergleichsrechnung zu den nicht ausgeführten Positionen erstellt werden.

63 **Alternativpositionen** sind zwar nicht grundsätzlich verboten, sollten aber gleichfalls auf Ausnahmefälle beschränkt werden. Ein solcher liegt insbesondere dann vor, wenn im Zeitpunkt der Ausschreibung nicht festzustellen ist, ob die Leistung in dieser oder in jener Weise ausgeführt werden muss (z.B. maschinelle oder Handausschachtung oder wenn die Art des Untergrundes noch nicht ermittelbar ist). Soweit Alternativpositionen im Text des Leistungsverzeichnisses unumgänglich sind, hat spätestens bei Auftragserteilung die Entscheidung zu erfolgen, welche der Alternativen zur Ausführung kommen soll. In die Auftragssumme sind daher Alternativpositionen nur einzurechnen, soweit über die jeweilige Ausführung bereits entschieden ist.

4. Spekulationsangebote vermeiden

64 Ist ein allgemeiner Leistungskatalog bezüglich Einzelpositionen in erheblichem Umfang übersetzt, so kann nicht mehr von einem reellen und maßnahmebezogenen Preiswettbewerb gesprochen werden. Hat ein „Spekulant" bzw. ein „anderweitig informierter" Bieter übersetzte Einzelpositionen erkannt, kann er durch zahlreiche unter Wert kalkulierte Einheitspreise („Null-Preise") an die erste Stelle rücken und den Zuschlag erhalten, obwohl er die tatsächlich benötigten Leistungen zu Höchstpreisen angeboten hat. Seine Billigangebote brauchen dann später, weil sie tatsächlich gar nicht benötigt wurden, nicht

ausgeführt zu werden. Derartige Angebote können zu erheblichen finanziellen Schäden für den Auftraggeber führen.

Präventionsmaßnahmen: Im Sinne des Wettbewerbs und um Spekulations- sowie Korruptionsansätzen vorzubeugen, ist auf einen „allgemeinen" Leistungskatalog zu verzichten. Ins Leistungsverzeichnis sind nur die tatsächlich benötigten Positionen aufzunehmen (§ 9 VOB/A). 65

Anhaltspunkte für Spekulationspreise sind deutlich **überhöhte oder untersetzte Einheitspreise** gegenüber den Einheitspreisen von Mitbewerbern („Null-Preise"). Werden deutlich überhöhte oder untersetzte Preise festgestellt, sind die Vergabeunterlagen, insbesondere die Leistungsbeschreibung, auf Mängel zu untersuchen. Das Ergebnis dieser Prüfung ist zu dokumentieren und den Unterlagen beizufügen. Hauptangebote mit einer Vielzahl negativer Einheitspreise sollten von der Wertung ausgeschlossen werden. Weitere spekulative Einheitspreise sind gem. § 24 VOB/A bzw. § 24 VOL/A aufzuklären. Die Erklärungen eines Bieters sind auf Plausibilität zu prüfen. Im Einzelfall sollte Einsicht in die Kalkulation genommen werden. Stellt sich ein Leistungsverzeichnis als grob fehlerhaft dar, so kann im Einzelfall die Ausschreibung aufgehoben werden, da eine ordnungsgemäße Angebotswertung dann nicht mehr möglich ist. Allerdings muss der Auftraggeber in diesem Fall mit Schadensersatzansprüchen der in ihren Aufwendungen enttäuschten Bieter rechnen. 66

Zu weiterer Vorgehensweise gegen Spekulationsangebote, insbesondere im Bereich des Straßenbaus, wird auf den vom Bundesministerium für Verkehr, Bau- und Wohnungswesen veröffentlichten Maßnahmenkatalog verwiesen, dessen Regelungen auch im Zuständigkeitsbereich der anderen Baulastträger gelten sollen.[10] 67

5. Produktneutrale Ausschreibung

Die Vorgabe bestimmter Erzeugnisse oder Verfahren, Ursprungsorte oder Bezugsquellen kann eine Bevorzugung bestimmter Bieter ermöglichen. Darüber hinaus können Preisabsprachen begünstigt werden, da Bieter durch Rückfragen beim Lieferanten des genannten Fabrikats untereinander bekannt werden können. 68

Präventionsmaßnahmen: Im Leistungsverzeichnis dürfen grundsätzlich keine bestimmten Fabrikate, Marken bzw. Produkte vorgegeben werden (Grundsatz der produktneutralen Ausschreibung). Etwas anderes gilt nur dann, wenn dies wegen der Art der geforderten Leistung, z.B. aus Gründen der erforderlichen Kompatibilität oder Gestaltung, ausnahmsweise gerechtfertigt ist. Bestimmte Fabrikate können darüber hinaus nur ausnahmsweise und ausschließlich mit dem Zusatz „oder gleichwertiger Art" ausgeschrieben werden, wenn eine allgemeine Beschreibung des zu beschaffenden Gegenstandes/Leistung nicht möglich ist. Die Vorgabe bestimmter Fabrikate sollte zudem ausführlich begründet und unter Berücksichtigung des „Mehr-Augen-Prinzips" vorgenommen werden. 69

---

[10] Allg. Rundschreiben Straßenbau Nr. 19/2000, Sachgebiet 16.2: Bauvertragsrecht und Verbindungswesen; Vergabe- und Vertragsunterlagen; 16.3: Anwendung der Vergabebestimmungen.

III. Präventive Maßnahmen in der Angebotsphase bis zum Eröffnungstermin

1. Bemessung und Einhaltung der Fristen

70 Sind Bewerbungs- und Angebotsfristen nicht ausreichend bemessen und ggf. zusätzlich durch Feiertage oder die Urlaubszeit beeinträchtigt, können in der Regel nur „vorinformierte" Unternehmen teilnehmen.

71 **Präventionsmaßnahmen**: Die Fristen sind ausreichend zu kalkulieren, um allen Interessenten eine Teilnahme am Wettbewerb mit gründlich kalkulierten Angeboten ohne Risikozuschläge zu ermöglichen. Insbesondere dürfen Fristen nicht zu kurz kalkuliert werden und anschließend keine Konsequenzen aus deren Nichteinhaltung gezogen werden. Ist ein Bewerber hierüber informiert, kann er „normal" kalkulieren und mit seinem eigentlich verfristeten Angebot berücksichtigt werden, während unwissende Konkurrenten wegen der kurzen Frist gar nicht oder – aufgrund Zeitdruck – nur zu überhöhten Preisen anbieten können.

2. Geheimhaltung der Bieterlisten sowie der eingegangenen Angebotsunterlagen

72 Wird eine Bieterliste im Vergabeverfahren nicht geheim gehalten, besteht die Gefahr von **Preisabsprachen** zwischen beteiligten Bietern zu Lasten des Auftraggebers. Die Offenbarung von Details zu einzelnen Angebotsinhalten führt aber auch zu **Korruptionsgefahren**: Der in Kenntnis gesetzte Bieter kann sein eigenes Angebot anpassen und dadurch unzulässige Kalkulationsvorteile hinsichtlich der anzubietenden Leistungen ausnutzen.

73 **Präventionsmaßnahmen**: Es ist für eine unbedingte Geheimhaltung des Bieterkreises zu sorgen. Dies gilt insbesondere für den Fall der Beschränkten Ausschreibung. Etwaige Baustellenbesichtigungen sind daher nicht gleichzeitig mit mehreren Bewerbern durchzuführen. Die Bewerberliste sollte zudem immer von der zuständigen Verwaltungseinheit geführt werden und nicht von Beauftragten (Planungsbüros). Die Listen sind wie alle anderen Unterlagen, aus denen der Kreis der Bewerber hervorgeht, bis zur Öffnung der Angebote unter Verschluss zu halten. In ihrer endgültigen Fassung dürfen sie nur dem Behördenleiter und den von ihm bestimmten Personen bekannt sein. Sofern eine „Zentrale Vergabestelle" eingerichtet ist, sind die Listen bei dieser zu führen.

IV. Präventive Maßnahmen bei der Submission und Wertung

1. Ordnungsgemäße Durchführung des Eröffnungstermins gewährleisten

74 Eine unsachgemäße Durchführung des Eröffnungstermins birgt Manipulationsgefahren in sich. Findet der Submissionstermin im planenden Fachamt bzw. bei einem beauftragten Planungsbüro statt, kann zudem der Eindruck eines „abhängigen" Verfahrens entstehen.

75 **Präventionsmaßnahmen**: Es ist auf eine ordnungsgemäße Durchführung des Eröffnungstermins zu achten. Hierzu gehört insbesondere eine exakte **Dokumentation des Eingangs** von Angeboten (Versehen der Angebote mit Datum und Uhrzeit des Eingangs,

Nummerierung in der Reihenfolge des Eingangs). Eingehende verschlossene Angebote sind gem. § 22 Nr. 1 Satz 2 VOB/A bzw. § 22 Nr. 1 VOL/A von einem Vertreter der Verwaltung, dem Verhandlungsleiter, zu **kennzeichnen**. Gleiches gilt auch für verschlüsselte digitale Angebote. Die Angebote sind für Dritte unzugänglich aufzubewahren. Versehentlich geöffnete Umschläge sind unter Aufsicht wieder zu verschließen. Dieser Vorgang ist in der Eröffnungsniederschrift zu dokumentieren. Soweit ein Angebot bzw. digitales Angebot versehentlich geöffnet wurde bzw. unverschlüsselt eingeht, ist auch dieses in der Niederschrift zu vermerken und bei VOB-Verfahren im Eröffnungstermin zu verlesen. Bei Eröffnung, aber vor Verlesung der Angebote, erfolgt grundsätzlich eine vollständige Kennzeichnung der Angebote im Eröffnungstermin (Lochung oder Stempel) sowie eine Kennzeichnung aller wesentlichen Teile (Preise, geforderte Erklärungen, Unterschriften). Alle wesentlichen Vorgänge des Eröffnungs- bzw. Öffnungstermins (VOL/A) sind sodann in der **Niederschrift** festzuhalten und – bei VOB-Verfahren – vor den anwesenden Bietern zu verlesen. Die Niederschrift ist vom Verhandlungsleiter und dem Schriftführer sowie bei VOB-Verfahren ggf. auch von den anwesenden Bietern (Berechtigung) zu unterzeichnen.

Um beim Submissionstermin größtmögliche Transparenz zu gewährleisten, sollte der **Ort der Angebotsöffnung** immer bei einer unabhängigen (zentralen) Verwaltungseinheit und nicht im planenden Fachamt gewählt werden. Es bieten sich hierfür die Submissionsstelle oder auch das Rechnungsprüfungsamt einer Kommune an. Darüber hinaus sollte, wenn es insbesondere die Personalkapazitäten zulassen, von Zeit zu Zeit ein personeller **Wechsel des Verhandlungsleiters** stattfinden. Rotation verhindert korruptionsgefährdete und verkrustete Strukturen. Bei komplexen Vergaben kann es sich empfehlen, dass ein Mitarbeiter des Rechnungsprüfungsamts an der Angebotseröffnung teilnimmt.

2. Nachgeschobene Angebote zurückweisen

Angebote, die nicht rechtzeitig zum Eröffnungstermin eingehen, sind keine Seltenheit. Bieter versuchen, nach dem Eröffnungstermin (nach Öffnung des ersten Angebots) ein Haupt- oder Nebenangebot (Preisnachlass, techn. Änderungsvorschlag o.ä.) nachzuschieben. Die Berücksichtigung solcher Angebote stellt nicht nur einen Verstoß gegen den Gleichbehandlungsgrundsatz der Bewerber und das Diskriminierungsverbot (§ 2 Nr. 2 VOB/A und § 2 Nr. 2 VOL/A) dar, sondern bietet auch Ansatzpunkte für Korruption.

Präventionsmaßnahmen: Haupt- oder Nebenangebote, die nicht rechtzeitig eingegangen sind, sind verspätet und dürfen bei der Angebotswertung nicht berücksichtigt werden (§ 25 Nr. 1 Abs. 1 a) VOB/A bzw. § 25 Nr. 1 Abs. 1 e) VOL/A). Eine Ausnahme gilt nur für Angebote, die beim Submissionstermin in der Verwaltung eingegangen waren, aber dem Verhandlungsführer ohne Verschulden des Bieters nicht vorlagen. Sie sind nachträglich in die Wertung aufzunehmen; die anderen Bieter sind hierüber zu informieren (§ 22 Nr. 6 Abs. 1 VOB/A bzw. § 25 Nr. 1 Abs. 1 e) VOL/A).

3. Nachträgliches Verändern der Angebotsunterlagen verhindern

Angebotsunterlagen können durch den Austausch von einzelnen Blättern oder durch das Entfernen eines zuvor bewusst in das Leistungsverzeichnis eingelegten Doppelblatts manipuliert werden. Ebenfalls möglich sind nachträgliche Änderungen von Positionen des Leistungsverzeichnisses, wie etwa Mengenansätzen, sowie nachträgliche Preisveränderungen durch Setzen von Kommata, Ausradieren einzelner Zahlen oder Übermalen von Einheitspreisen, Umwandlung ursprünglicher Zahlen oder das Nachtragen absichtlich offengelassener Preise. Auch die Berichtigung schwerer, nicht nachvollziehbarer Rechenfehler in Angeboten kann ein Hinweis auf nachträgliche Manipulationen sein. Durch derartige Manipulationen kann z.B. ein „schmierender" Bieter an die erste Stelle platziert werden bzw. sein zunächst unauskömmliches Angebot wird „angepasst", bleibt im Ergebnis aber immer noch an erster Stelle.

80 **Präventionsmaßnahmen**: Vorgenannte Eingriffe sind unzulässig und führen sowohl bei der VOB als auch bei der VOL und der VOF zwingend zum Ausschluss des Angebots. Die mit der Submission beauftragte Stelle muss angehalten werden, eingereichte Angebotsunterlagen sofort sorgfältig zu **sichten**. Zu achten ist insbesondere auf eventuell beigefügte lose Unterlagen, „zufällige" Zwischenräume zwischen Ziffern bzw. fehlende Kommata, vor allem bei Positionen mit hohen Preisen. Verdächtig sind auch besondere EDV-Schreibweisen: Aus einem Strich statt einer Eins kann leicht eine Vier, Sieben oder Neun gemacht werden, kleine Nullen (von halber Höhe) lassen sich leicht nachträglich zu einer Sechs, Acht oder Neun abändern. Sonstige (lose) Unterlagen sind im Protokoll zu vermerken und mechanisch zu **kennzeichnen**. Die einzelnen Seiten eines Leistungsverzeichnisses müssen darüber hinaus fest miteinander verbunden sein, damit nicht einzelne Blätter herausgenommen bzw. ausgetauscht werden können. Eingegangene Angebote sind in allen wesentlichen Teilen zu kennzeichnen, möglichst mittels eines Lochstempels; dieser sollte unter Verschluss gehalten werden und nicht jedermann zugänglich sein. Die Prüfung der Angebote auf Vollständigkeit sollte entweder durch das Fachamt oder eine andere Stelle, etwa das Rechnungsprüfungsamt oder die Zentrale Submissionsstelle, erfolgen.

81 Bei der **rechnerischen Prüfung** ist festzustellen, ob sich die ermittelte Endsumme anhand der Mengenangaben in den einzelnen Positionen und den angegebenen Einheitspreisen nachweisen lässt. Grundsätzlich gilt für den Einheitspreisvertrag nach der VOB, dass nicht die Endsumme, sondern der angegebene Einheitspreis pro Position maßgebend ist, selbst dann, wenn der Einheitspreis offensichtlich falsch ist. Um hier Unregelmäßigkeiten zu verhindern, sollte in den Verdingungsunterlagen grundsätzlich eine Wiederholung des angegebenen Einheitspreises in Worten gefordert werden. Des Weiteren sollte der Bieter verpflichtet werden, sämtliche Seiten des Angebots aufzunehmen und die Überträge einzutragen. Zwecks Verhinderung nachträglicher Veränderungen des Angebots kann zudem ein maschinelles Ausfüllen des Angebots gefordert werden, soweit es sich nicht um ein digital abgegebenes Angebot handelt.

82 Eine Wertung der Angebote hat stets auf der Grundlage der an die Bieter herausgegebenen Leistungsverzeichnisse zu erfolgen. Soweit das Leistungsverzeichnis Unrichtigkeiten enthält, sollte der Bieter in einem Begleitschreiben darauf hinweisen.

83 Um sich vor korruptiven Manipulationen zu schützen, empfiehlt es sich zudem, **zwei Exemplare** des Angebots einzuholen, damit bei der Schlussrechnung die Unterlagen verglichen werden können. Dazu sollte vom Bieter eine Kopie seines Angebots verlangt werden, welche in einem gesonderten verschlossenen Umschlag den Angebotsunterlagen beizufügen ist. In der Öffnungsverhandlung bzw. im Eröffnungstermin sollte dann das Vorliegen des Doppels in der Niederschrift vermerkt und der Umschlag nach Verhandlungsende ungeöffnet bei einer nicht mit der Auftragsvergabe betroffenen Stelle in Verwahrung gegeben werden.

4. Ausschluss von Angeboten bei Preisabsprachen

84 Gezielte Preisabsprachen (Preiskartelle) unter den Bietern können zu einem erheblich überhöhten Preisniveau führen. Diese Gefahr zeigt sich besonders bei Beschränkter Ausschreibung und Freihändiger Vergabe. Aufträge werden unter Bietern gegenseitig „verteilt". Aufgrund der überhöhten Preise werden nicht berücksichtigten Bietern nicht selten „Ausgleichszahlungen" gewährt. Ein solches Vorgehen geht zu Lasten des Auftraggebers, der teilweise drastisch überhöhte Preise zahlen muss.

Präventionsmaßnahmen: Preisabsprachen können nur bei sorgfältiger Prüfung der 85
Angebotsunterlagen und des Preisspiegels festgestellt werden. Im Rahmen eines Vergleichs der Angebotssummen mit Kostenermittlungen des planenden Fachamtes/Planungsbüros können Unterschiede erkannt werden. **Hinweise auf Absprachen** können sich dabei ergeben, wenn die Angebotspreise nur wenig streuen, bei einem geringen Bauumfang eine Bietergemeinschaft vorne liegt, es trotz vieler Bewerber nur wenige Bieter gibt, Einzelpreise trotz verschiedener Angebote gleich sind oder sich voneinander durch einen konstanten Zuschlag unterscheiden oder sich die gleichen Fehler in mehreren Angeboten finden.

Um Preisabsprachen zu verhindern, sollte der Grundsatz der Öffentlichen Ausschrei- 86
bung beachtet werden, da im Einzelfall nicht alle potentiell in Frage kommenden Bieter bekannt sind und somit auch korrekt kalkulierte Preise angeboten werden können. Besteht ein begründeter Verdacht auf Preisabsprachen, kann die **Ausschreibung** gem. § 26 VOB/A, § 26 VOL/A rechtmäßigerweise – etwa wegen insgesamt unwirtschaftlicher Angebote – **aufgehoben** werden; es sollte in diesem Fall eine Mitteilung des Verdachts an das zuständige Wirtschaftsministerium als Landeskartellbehörde erfolgen.

V. Präventive Maßnahmen bei der Auftragsausführung und Abrechnung

1. Häufung von Nachtragsaufträgen vermeiden

Leistungsverzeichnisse sind oftmals nicht sorgfältig genug erstellt. Das macht Nach- 87
tragsaufträge erforderlich, deren Einheitspreise häufig nicht mehr im Wettbewerb ermittelt werden. Dieses kann in der Praxis dazu führen, dass ein ursprünglich scheinbar günstiger Bieter bei der Abrechnung nicht mehr der günstigste ist. Oftmals stellt sich heraus, dass der zweit- oder drittgünstigste Bieter mit den neuen Positionen (incl. Nachtragsaufträgen) günstiger gewesen wäre als derjenige, der tatsächlich den Zuschlag erhalten hat. Derjenige Unternehmer, der (z.B. durch Manipulation oder Korruption) in Erfahrung gebracht hat, dass bestimmte Positionen im Leistungsverzeichnis zu niedrig angesetzt sind, kann entsprechend kalkulieren, d.h. er kann die Urkalkulation so verfassen, dass er später scheinbar zu Recht außergewöhnlich hohe Einheitspreise aushandeln kann. Der Auftraggeber ist folglich mit deutlich höheren Endkosten belastet als erforderlich wäre.

Präventionsmaßnahmen: Es ist auf eine präzise und sorgfältige Erstellung des Leis- 88
tungsverzeichnisses zu achten, um Nachtragsaufträge so gering wie möglich zu halten. Hierzu sollten Ausschreibungsunterlagen vor ihrer Veröffentlichung auf ihre Plausibilität und Vollständigkeit hin untersucht werden. Bei einer Häufung von Nachtragsaufträgen sind die Ursachen aufzuklären und Folgerungen zu ziehen, insbesondere, wenn bestimmte Bedienstete, freiberuflich Tätige und Unternehmen wiederholt betroffen sind.

Soweit Nachtragsangebote unvermeidbar sind, müssen die geforderten Nachträge je- 89
denfalls vor Beginn der Arbeiten dem Auftraggeber angezeigt und die entsprechenden Aufträge nach Überprüfung der Angemessenheit der Preise vergeben werden. Zudem sollten Nachträge ausführlich begründet werden. Bei größeren Aufträgen (z.B. ab 50.000 €) sollte sich der Auftraggeber vor der Auftragserteilung vom Unternehmen die Urkalkulation vorlegen lassen. Treten sodann im Ablauf der Baumaßnahme Nachtragsaufträge auf, ist eine Prüfung der Angebotspreise auf der Basis der Einheitspreise der Urkalkulation möglich.

2. Weitere Maßnahmen bei der Ausführung

90 Im Rahmen der Auftragsausführung ergeben sich, insbesondere im Baubereich, weitere Einfallstore für manipulatives und korruptives Verhalten. Die im Zuge einer Baumaßnahme erforderlichen Qualitätskontrollen vor Ort werden nicht immer sorgfältig durchgeführt. Durch nachlässige Kontrollen werden Mängel der Bau- oder auch Lieferleistung nicht offenbar. Entsprechende Mängelrügen werden unterlassen, so dass notwendige Nachbesserungsarbeiten oder auch Nachlieferungen vom Auftragnehmer nicht durchgeführt werden müssen. Um Auftragnehmer nicht in Anspruch zu nehmen, werden vielmehr Mängelbeseitigungen trotz bestehender Gewährleistungspflichten auf Kosten des Auftraggebers durchgeführt. Derartiges Verhalten kann zu erheblichen finanziellen Mehrbelastungen des Auftraggebers führen.

91 **Präventionsmaßnahmen**: Im Rahmen jeder Auftragsvergabe, insbesondere bei der Vergabe von Bauleistungen, sind stetige **Qualitätskontrollen vor Ort** durchzuführen. Es empfiehlt sich, solche Kontrollen nicht allein in die Hände eines externen Planungsbüros zu vergeben, sondern eigene Mitarbeiter (Fachamt, Rechnungsprüfungsamt) an den Kontrollen zu beteiligen. Ab einem bestimmten Bauvolumen (z.B. 50.000 €) sollte ein Bautagebuch geführt werden.

92 Bereits bei der Auftragsausführung sind Maßnahmen zu ergreifen, um einem späteren Abrechnungsbetrug vorzubeugen. Unter anderem sind Aufmaße gemeinsam vorzunehmen, Mengennachweise bereits bei Abschlagsrechnungen zu überprüfen und bei Messgeräten mit elektronischer Speicherung schon auf der Baustelle Ausdrucke vorzunehmen.

93 Eine Überprüfung auf Baustellen sollte unregelmäßig und unangekündigt durchgeführt werden, um ein genaues Bild über den Fortgang der Arbeiten zu bekommen. Um entsprechende Positionen bei der Vorlage der Schlussrechnung beurteilen zu können, sollten eigene **Aufzeichnungen** angefertigt werden. Kontrollmessungen müssen so rechtzeitig geplant und vorgenommen werden, dass diese auch tatsächlich noch möglich sind (z.B. Verbau und Verlegung von Kabeln und Leitungen unter Putz oder im Estrich).

94 Im Hinblick auf etwaige Mängelgewährleistungsansprüche sollte neben einer schriftlichen Dokumentation auch eine fotografische Dokumentation durchgeführt werden. Darüber hinaus ist im Falle von Mängelbeseitigungen auf Kosten des Auftraggebers genau zu prüfen, inwieweit Mängelgewährleistungsansprüche gegen den Auftragnehmer bestehen.

3. Präventive Maßnahmen bei der Abrechnung

95 Die Abrechnung ist die letzte Phase einer Auftragsvergabe und erfordert von Seiten des Auftraggebers besondere Aufmerksamkeit. Nicht selten kommt es zu scheinbar irrtümlichen **Doppelabrechnungen** einzelner Positionen. Soweit es sich nicht tatsächlich um ein Versehen handelt, können sich hinter solchen Doppelabrechnungen auch Betrug, Manipulationen und Korruption verstecken. Nicht erkannte Doppelabrechnungen führen zu finanziellen Schäden des Auftraggebers.

96 Daneben können vom Auftragnehmer **Leistungen** in Rechnung gestellt werden, die tatsächlich gar **nicht erbracht** worden sind. Diese Gefahr besteht naturgemäß bei besonders komplexen Aufträgen. Im Fall besonders schwer nachprüfbarer Positionen, wie etwa Verbau oder Stundenlohnarbeiten, können deutlich **überhöhte Mengen** in Ansatz gebracht werden, da eine Kontrolle der Mengen nur schwer möglich scheint.

97 Auch die in der Schlussrechnung präsentierten **Lohnkosten** stimmen mitunter nicht mit der Realität überein. Bisweilen werden vom Auftragnehmer Facharbeiterlöhne abgerechnet, obwohl tatsächlich nur Hilfsarbeiter oder gar Schwarzarbeiter tätig waren. In

Ansatz gebrachte überhöhte **Änderungssätze** führen im Falle der Vereinbarung von Gleitklauseln ebenfalls zu finanziellen Mehrbelastungen des Auftraggebers und damit zu einem Schaden.

Präventionsmaßnahmen: Eine Abrechnung ist in jeder einzelnen Position kritisch zu prüfen. Hierbei ist es unerlässlich, die Abrechnung mit dem zugrunde liegenden Angebot zu vergleichen. Im Falle einer Doppelabrechnung oder einer Abrechnung nicht erbrachter Leistungen sollten etwaige frühere Abrechnungen des Auftragnehmers überprüft und verglichen werden. Zur verwaltungsinternen Kontrolle ist festzustellen, ob und inwieweit der derzeit zuständige Mitarbeiter auch in früheren Fällen befasst war. Zivil- und strafrechtliche Konsequenzen gegenüber dem Auftragnehmer sind zu prüfen. 98

Mengennachweise sollten mittels der bereits im Rahmen der Auftragsausführung durchgeführten Kontrollen/Dokumentationen überprüft werden. Bei Materiallieferungen für Tiefbaumaßnahmen sollten Mengennachweise grundsätzlich über Wiegescheine geführt werden. Soweit sich Nachträge oder etwa Stundenlohnarbeiten in Rechnungen häufen, ist den Ursachen nachzugehen. Vorgelegte Leistungsnachweise sind zudem durch Kontrollmessungen zu überprüfen. Eine „Zentrale Vergabestelle" in der Verwaltung kann mittels eines EDV-gestützten Kontrollwesens wesentliche Beiträge zu einer umfassenden und genauen Kontrolle von Abrechnungen leisten. Überdies sollte das „Mehr-Augen-Prinzip" berücksichtigt werden, welches auch im Rahmen der Prüfung von Schlussrechnungen angezeigt ist. 99

D. Zusammenfassung: 10-Punkte-Katalog des Deutschen Städte- und Gemeindebundes zur Korruptionsprävention bei Auftragsvergaben

Abschließend sollen die vorgestellten Maßnahmen zur Korruptionsprävention noch einmal mit dem folgenden 10-Punkte-Katalog zusammengefasst werden, den der Ausschuss für Städtebau und Wohnungswesen des Deutschen Städte- und Gemeindebundes in seiner Sitzung am 10. Oktober 2002 in Schopfheim unter aktiver Mitwirkung des Oberstaatsanwaltes Wolfgang Schaupensteiner, Staatsanwaltschaft Frankfurt, einstimmig beschlossen hat. Dieser 10-Punkte-Katalog wird auch von der Bundesvereinigung Mittelständischer Bauunternehmen (BVMB) außerordentlich begrüßt und mitgetragen. 100

1. Sensibilisierung und Verhaltenskodex
101

Die Mitarbeiter der Verwaltung und die Vertreter der Politik müssen für die Problematik der Korruption sensibilisiert werden. Ein transparenter und von allen „Betroffenen" gemeinsam entwickelter und persönlich unterzeichneter Verhaltenskodex („Ethikregeln") wirkt korruptionspräventiv. Darüber hinaus schaffen eine umfassende und kontinuierliche Aufklärung und Schulungen ein Bewusstsein, das der Korruption den Boden entzieht.

2. Personalrotation
102

Als korruptionsanfällig erweisen sich häufig verkrustete Personalstrukturen, etwa die jahrelange ausschließliche Zuständigkeit eines einzelnen Mitarbeiters für die Vergabe öffentlicher Aufträge. Erst diese Strukturen schaffen ein korruptionsförderndes Näheverhältnis. Im Rahmen des fachlich geeigneten Personalbestandes sollten daher – soweit dies die bestehenden Personalkapazitäten zulassen – aufgrund eines abgestimmten Personalkonzepts durch gelegentliche Rotation neue Ansprechpartner und Zuständigkeiten geschaffen werden.

3. Strikte Einhaltung des „Mehr-Augen-Prinzips"

103 Die abschließende Bearbeitung eines Vorgangs durch nur einen Mitarbeiter allein begünstigt das Entstehen von Abhängigkeiten. Abhilfe kann das sog. „Mehr-Augen-Prinzip" schaffen, indem etwa bei allen mit der Vergabe öffentlicher Aufträge zusammenhängenden Verwaltungsabläufen mindestens zwei Personen zu beteiligen sind. Diese Maßnahme kann mit dem Rotationsprinzip kombiniert werden.

4. Regelungen zum Sponsoring und zum Verbot der Geschenkannahme

104 Durch Dienstanweisungen sollte unmissverständlich der Umgang mit Geschenken sowie Aufmerksamkeiten und sonstiges Sponsoring durch externe Dritte geregelt werden. Die Gefahr von Manipulationsversuchen besteht insbesondere bei Vorteilen, die einzelnen Personen (-gruppen) gewährt werden, so z.B. bei der Kostenübernahme von Betriebs-/Abteilungsfeiern durch Unternehmen. Im Sinne wirksamer Prävention empfiehlt sich ein generelles Verbot der Annahme von Geld sowie von persönlichen Geschenken. Stattdessen sollte bei Geschenken grundsätzlich eine Weitergabe der Zuwendungen an gemeinnützige Einrichtungen erfolgen. Generell erlaubt sein darf nur die Annahme von geringwertigen Aufmerksamkeiten wie z.B. von Massenwerbeartikeln. Ausnahmen vom Verbot bedürfen der Zustimmung des Dienstvorgesetzten.

5. Zentrale Vergabestelle/Zentrale Submissionsstelle

105 Durch eine Zuständigkeitsbündelung bei einer Zentralen Vergabestelle oder einer Zentralen Submissionsstelle kann das operative vom strategischen Geschäft getrennt werden. Die Auftragsvergabe wird durch die Zentralisierung transparenter und durch die Konzentration auf wenige Mitarbeiter weniger korruptionsanfällig. Die Fachplanung und spätere Abwicklung vergebener Aufträge verbleibt in den Fachämtern, die Zentrale Vergabestelle/Zentrale Submissionsstelle übernimmt die formelle Abwicklung der Öffentlichen und Beschränkten Ausschreibungen. Dabei sollte auch hier das Mehr-Augen-Prinzip gewährleistet sein.

6. Eindeutige Leistungsbeschreibung und Wettbewerbsprinzip

106 Die Leistungsbeschreibung muss eindeutig und erschöpfend abgefasst werden. Erforderlich sind zutreffende Mengenermittlungen, eine ordnungsgemäße Kalkulation und eine sorgfältige Analyse des Preisspiegels. Zudem bedarf es einer Beschränkung von Alternativ- bzw. Eventualpositionen im Leistungsverzeichnis. Zwingender Beachtung bedarf der Grundsatz der Öffentlichen Ausschreibung als Voraussetzung eines breiten und transparenten Wettbewerbs.

7. Ausgestaltung des Submissionsverfahrens

107 Der Submissionstermin sollte nach Möglichkeit in einer zentralen Verwaltungseinheit und nicht im planenden Fachamt stattfinden. Bieterlisten und Angebotsunterlagen sind unbedingt geheim zu halten, um Wettbewerbsverzerrungen und Preisabsprachen zu verhindern. Es muss durch geeignete Maßnahmen die Möglichkeit einer nachträglichen Manipulation der Unterlagen vor, während und nach der Angebotsöffnung und Wertung (Submission) verhindert werden.

8. Elektronische Vergabe

108 Ein sinnvoller Ansatz zur Korruptionsprävention kann in der Durchführung von elektronischen, standardisierten und verschlüsselten Vergabeverfahren liegen. Sowohl die Vergabeverordnung (VgV) als auch die Verdingungsordnungen sehen diese Möglichkeit vor. Digitale Angebote müssen dabei verschlüsselt und mit einer qualifizierten elektronischen Signatur versehen werden.

9. Vergabevermerk/Ausübung der Dienst- und Fachaufsicht

109 Die Durchführung eines sauberen Vergabeverfahrens wird durch eine zeitnahe und am Vergabeablauf orientierte Fertigung eines Vergabevermerks gewährleistet. Dieser Vergabevermerk muss die einzelnen Stufen des Verfahrens sowie die Begründung der einzelnen Ent-

D. Zusammenfassung: 10-Punkte-Katalog des Deutschen Städte- und Gemeindebundes

scheidungen des Auftraggebers dokumentieren. Eine sorgfältige Dienst- und Fachaufsicht sowie Kontrollen, Schwachstellenanalysen und Prüfungen sind gemeinsam mit den Mitarbeitern zu entwickeln und wahrzunehmen.

10. Ausschluss von korruptionsbeteiligten Unternehmen/Korruptionsregister   **110**

Aufgrund vorgegebener (Verfehlungs-)Tatbestände sind Unternehmen, die an der Korruption nachgewiesenermaßen, d.h. ohne dass begründete Zweifel bestehen, beteiligt sind, für einen bestimmten Zeitraum von der Bewerbung um öffentliche Aufträge auszuschließen. Weiter sind die an der Korruption beteiligten Unternehmen in einer zentralen (landes- oder bundesweiten) Korruptionsdatei („Schwarze Liste") zu führen. Hiermit wird verhindert, dass korruptionsbeteiligte Unternehmen sich ungehindert weiter an der Bewerbung um öffentliche Aufträge beteiligen.

8. Kapitel. Der strafrechtliche Schutz gegen Korruption

von *Manfred Möhrenschlager*

Literatur: a) Allgemein: *Ax/Schneider*, Rechtshandbuch Korruptionsbekämpfung, 2006; *Bannenberg*, Korruption in Deutschland und ihre strafrechtliche Kontrolle, 2002; *Bannenberg/ Schaupensteiner*, Korruption in Deutschland, 2004; *Bernsmann/Gatzweiler*, Verteidigung bei Korruptionsfällen, 2006; *Dölling*, Empfehlen sich Änderungen des Straf- und Strafprozessrechts, um der Gefahr von Korruption in Staat, Wirtschaft und Gesellschaft wirksam zu begegnen? Gutachten C zum 61. Deutschen Juristentag Karlsruhe 1996; *Eser/Überhofen/Huber*, Korruptionsbekämpfung durch Strafrecht, 1997; *Greeve*, Korruptionsdelikte in der Praxis, 2005; *Greeve/Leipold* (Hrsg.), Handbuch des Baustrafrechts, 2004; *Möhrenschlager*, Strafrechtliche Vorhaben zur Bekämpfung der Korruption auf nationaler und internationaler Ebene, JZ 1996, 822 ff.; *Sanchez-Hermosilla*, Rechtspolitik zur Korruptionsbekämpfung, Kriminalistik 2003, 74 ff.; *Transparency International*, Jahrbuch Korruption 2005; *J. Vogel*, Wirtschaftskorruption und Strafrecht, FS Ulrich Weber, 2004, S. 395 ff.

b) Werke zum Wirtschaftsstrafrecht: *Achenbach/Ransiek* (Hrsg.), Handbuch Wirtschaftsstrafrecht, 2004; *Große Vorholt*, Wirtschaftsstrafrecht, 2. Aufl. 2007; *Hellmann/Beckemper*, Wirtschaftsstrafrecht, 2004; *Müller-Gugenberger/Bieneck*, Wirtschaftsstrafrecht, 4. Aufl. 2006; *Tiedemann*, Wirtschaftsstrafrecht, AT, 2004; BT, 2006; *Volk* (Hrsg.), Münchener Anwaltshandbuch, Verteidigung in Wirtschafts- und Steuerstrafsachen, 2006; *Wabnitz/Janovsky* (Hrsg.), Handbuch des Wirtschafts- und Steuerstrafrechts, 2. Aufl. 2004; 3. Aufl. 2007.

c) StGB-Kommentare: *Joecks*, Studienkommentar, 6. Aufl. 2005; *Kindhäuser*, 3. Aufl. 2006; *Lackner/Kühl*, 25. Aufl. 2004; *Leipziger-Kommentar* (LK), 11. Aufl. 1992 ff.; *Münchener Kommentar* (MK), 2003 ff.; *Nomos-Kommentar* (NK), 2. Aufl. 2005; *Schönke-Schröder*, 27. Aufl. 2006; *Systematischer Kommentar* (SK), (Stand: Juni 2006); *Tröndle/Fischer*, 53. Aufl. 2006.

d) Lehrbücher zum StGB: aa) Allgemeiner Teil: *Baumann/Weber/Mitsch*, 11. Aufl. 2003; *Jakobs*, 2. Aufl. 1993; *Jescheck/Weigend*, 5. Aufl. 1996; *Roxin*, Teil I, 4. Aufl. 2006; *Stratenwerth/ Kuhlen*, Teil I, 5. Aufl. 2004.

bb) Besonderer Teil: *Arzt/Weber*, 2000; *Gössel/Dölling*, Strafrecht, Besonderer Teil 1, 2. Aufl. 2004; *Küper*, Definitionen mit Erläuterungen, 6. Aufl. 2005; *Maurach/Schroeder/Maiwald*, Teilband 1, Straftaten gegen Persönlichkeits- und Vermögenswerte, 9. Aufl. 2003; Teilband 2, Straftaten gegen Gemeinschaftswerte, 9. Aufl. 2005; *Mitsch*, Vermögensdelikte, Teilband 1, 2. Aufl. 2003; Teilband 2, 2001; *Rengier*, Delikte gegen die Person und die Allgemeinheit, 7. Aufl. 2006; *ders.*, Vermögensdelikte, 8. Aufl. 2006; *Wessels/Hettinger*, Straftaten gegen Persönlichkeits- und Gemeinschaftswerte, 30. Aufl. 2006; *Wessels/Hillenkamp*, Straftaten gegen Vermögenswerte, 29. Aufl. 2006.

e) §§ 331 bis 338 StGB: *Ambos*, Zur Strafbarkeit der Drittmittelakquisition, JZ 2003, 345 ff.; *Baumann*, Zur Problematik der Bestechungsdelikte, 1961; *Bernsmann*, Die Korruptionsdelikte (§§ 331 ff. StGB) – Eine Zwischenbilanz, StV 2003, 521 ff.; *Deiters*, Zur Frage der Strafbarkeit von Gemeinderäten wegen Vorteilsannahme und Bestechlichkeit, NStZ 2003, 453 ff.; *Dölling*, Die Neuregelung der Strafvorschriften gegen Korruption, ZStW 112 (2000), 334 ff.; *Fiebig/Junker*, Korruption und Untreue im öffentlichen Dienst, 2. Aufl. 2004; *Greeve/Dörr*, Korruption, in Volk (s.b.), § 19; *Greeve/Leipold* (Hrsg.), Handbuch des Baustrafrechts, 2004; *Gribl*, Der Vorteilsbegriff bei den Bestechungsdelikten, 1993; *Hardtung*, Erlaubte Vorteilsannahme, 1994; *Heinrich*, Der Amtsträgerbegriff im Strafrecht, 2001; *ders.*, Rechtsprechungsübersicht zu den Bestechungsdelikten (§§ 331 bis 335), NStZ 2005, 197 ff., 256 ff.; *Hiersche* (Hrsg.), Spenden,

Sponsoren, Staatsanwalt? 2000; *Jacques*, Die Bestechungstatbestände unter besonderer Berücksichtigung des Verhältnisses der §§ 331 ff. StGB zu § 12 UWG, 1996; *Kargl*, Über die Bekämpfung des Anscheins der Kriminalität bei der Vorteilsannahme (§ 331 StGB), ZStW 114 (2002), 763 ff.; *ders.*, Parteispendenakquisition und Vorteilsannahme, JZ 2005, 503 ff.; *Keller/ Sauer*, Zum Unrecht der sogenannten Bankenuntreue, wistra 2002, 365 ff.; *Kindhäuser/Goy*, Zur Strafbarkeit ungenehmigter Drittmitteleinwerbung, NStZ 2003, 291 ff.; *Knauer/Kaspar*, Restriktives Normverständnis nach dem Korruptionsbekämpfungsgesetz, GA 2005, 385 ff.; *Köhler*, Die Reform der Bestechungsdelikte, 2005; *Kuhlen*, Zu den Tathandlungen bei der Vorteilsannahme und Bestechlichkeit, NStZ 1988, 433 ff.; *ders.*, Untreue, Vorteilsannahme und Bestechlichkeit bei der Einwerbung universitärer Drittmittel, JR 2003, 231 ff.; *Mansdörfer*, Strafrechtliche Haftung für Drittmitteleinwerbung an staatlichen Hochschulen, wistra 2003, 211 ff.; *Marel*, Die Strafbarkeit kommunaler Mandatsträger gem. §§ 331, 332 StGB, StraFo 2003, 259 ff.; *Merges*, Die Strafausschließungsgründe der Bestechungsdelikte, 1996; *Rönnau*, Untreue und Vorteilsannahme durch Einwerbung von Drittmitteln? – BGH, NJW 2002, 2801, JuS 2003, 232 ff.; *Saliger*, Korruption und Betrug durch Parteispenden, NJW 2005, 1073 ff.; *Sanchez-Hermosilla*, Korruptionsstrafrecht und Drittmittelforschung, Kriminalistik 2002, 506 ff.; *Satzger*, Bestechungsdelikte und Sponsoring, ZStW 115 (2003), 469 ff.; *Eb. Schmidt*, Die Bestechungstatbestände in der höchstrichterlichen Rechtsprechung von 1879 bis 1959, 1960; ergänzt in: Die Sache der Justiz, 1961, S. 51 ff.; *Schmidt/Güntner*, Drittmitteleinwerbung und Korruptionsstrafbarkeit – Rechtliche Prämissen und rechtspolitische Konsequenzen, NJW 2004, 471 ff.; *Schreiber/Rosenau/Combé/Wrackmeyer*, Zur Strafbarkeit der Annahme von geldwerten Zuwendungen durch Städte und Gemeinden nach § 331 StGB, GA 2005, 265 ff.; *Schwieger*, Der Vorteilsbegriff in den Bestechungsdelikten des StGB, 1996; *Ulsenheimer*, in: Laufs/Uhlenbruck (Hrsg.), Handbuch des Arztrechts, 3. Aufl. 2002, § 151a; *ders.*, Arztstrafrecht in der Praxis, 3. Aufl. 2003; *Tag*, Drittelmitteleinwerbung – strafbare Dienstpflicht? Überlegungen zur Novellierung des Straftatbestandes der Vorteilsannahme, JR 2004, 50 ff.; *Tag/Tröger/Taupitz* (Hrsg.), Drittmitteleinwerbung – strafbare Dienstpflicht? 2004; *Wentzell*, Zur Tatbestandsproblematik der §§ 331, 332 StGB unter besonderer Berücksichtigung des Drittvorteils, 2004.

f) Abgeordnetenbestechung: *Becker*, Korruptionsbekämpfung im parlamentarischen Bereich, Diss. Bonn, 1998; *Deiters*, Zur Strafbarkeit von Gemeinderäten wegen Vorteilsannahme und Bestechlichkeit, NStZ 2003, 453 ff.; *Marel*, Die Strafbarkeit kommunaler Mandatsträger gem. §§ 331, 332 StGB, StraFo 2003, 259 ff.; *Möhrenschlager*, Die Struktur des Straftatbestandes der Abgeordnetenbestechung auf dem Prüfstand – Historisches und Künftiges, FS Ulrich Weber, 2004, S. 217 ff.; *Richter*, Lobbyismus und Abgeordnetenbestechung, 1997; *Schaller*, Strafrechtliche Probleme der Abgeordnetenbestechung, Diss. Tübingen, 2002; *Schlüchter*, Zur (Un)Lauterkeit in den Volksvertretungen, FS Geerds, 1995, S. 713 ff.

g) Wählerbestechung: *Kirschner*, Die Wahldelikte im geltenden Recht und im Entwurf 1962, Diss. Köln, 1964; *G. Wolf*, Straftaten bei Wahlen und Abstimmungen, 1961.

h) Bestechung im Geschäftsverkehr: aa) Kommentare zu § 12 UWG a.F.: *Baumbach/Hefermehl*, 19. Aufl., 1996; *Fuhrmann*, in: Erbs/Kohlhaas, Strafrechtliche Nebengesetze, U 43; *Köhler/Piper*, 1995; *Otto*, in: Jacobs/Lindacher/Teplitzky, UWG, Großkommentar, 1991; *Pinner/ Eyck*, 2. Aufl. 1910.

bb) Sonstiges: *Blessing*, Schmiergeldzahlungen, in: Müller-Gugenberg/Bieneck (s.b.), § 53 C; *Bürger*, § 299 StGB – eine Straftat gegen den Wettbewerb? wistra 2003, 130 ff.; *Ebert-Weidenfeller*, in: Achenbach/Ransiek (s.b.), Kap. III, Abschn. 2; *Fietz/Weidlich*, Schwarze Schafe oder weiße Ritter? Zur Problematik der Anwendung von § 299 StGB in der deutschen Außenwirtschaft, RIW 2005, 423 ff.; *Haft/Schwoerer*, Bestechung im internationalen Geschäftsverkehr, FS Ulrich Weber, 2004, S. 367 ff.; *Heinrich*, Der Amtsträgerbegriff im Strafrecht, 2001, S. 594 ff.; *Meyer/Möhrenschlager*, Möglichkeiten des Straf- und Ordnungswidrigkeitenrechts zur Bekämpfung des unlauteren Wettbewerbs, Wirtschaft und Verwaltung 1982, 21 ff.; *Odenthal*, Der „geschäftliche Betrieb" als Leistungsempfänger nach § 299 StGB, wistra 2005, 170 ff.;

Pfeiffer, Das strafrechtliche Schmiergeldverbot nach § 12 UWG, FS v. Gamm, 1990, S. 129 ff.; *Pragal*, Die Korruption innerhalb des privaten Sektors und ihre strafrechtliche Kontrolle durch § 299 StGB, 2006; *ders.*, Das Pharma-„Marketing" um die niedergelassenen Kassenärzte: „Beauftragtenbestechung" gemäß § 299 StGB! NStZ 2005, 133 ff.; *Randt*, Schmiergeldzahlungen bei Auslandssachverhalten, BB 2000, 321 ff.; *Szebrowski*, Kick-Back, 2005, S. 133 ff; *Tiedemann*, Wettbewerb als Rechtsgut des Strafrechts, FS Müller-Dietz, 2002, S. 905 ff.; *ders.*, Schmiergeldzahlungen in der Wirtschaft, FS Lampe 2003, S. 759 ff.; *Walter*, Angestelltenbestechung, Internationales Strafrecht und Steuerstrafrecht – Entgegnung auf Randt, wistra 2001, 321 ff.; *Winkelbauer*, Ketzerische Gedanken zum Tatbestand der Angestelltenbestechlichkeit, FS Ulrich Weber, 2004, S. 385 ff.; *Wittig*, § 299 StGB durch Einschaltung von Vermittlerfirmen bei Schmiergeldzahlungen, wistra 1998, 7 ff.

i) Untreue: *Arzt*, Zur Untreue durch befugtes Handeln, FS Bruns, 1978, S. 365 ff.; *Bieneck*, Die Rechtsprechung des BGH zur Haushaltsuntreue, wistra 1998, 249 ff.; *Bittmann*, Das BGH-Urteil im sog. „Bugwellenprozess" – das Ende der Haushaltsuntreue? NStZ 1998, 495 ff.; *Braum*, Zur Strafbarkeit des „goldenen Handschlags" wegen Untreue (§ 266 StGB) – Rechtliche Überlegungen zum Fall Mannesmann, KJ 2004, 69 ff.; *Coenen*, Die Strafbarkeit von Verstößen gegen das Haushaltsrecht bei der Bewirtschaftung öffentlicher Mittel, Diss. Köln, 2000; *Feigen*, Untreue durch Kreditvergabe, FS Rudolphi, 2004, S. 445 ff.; *Fiebig/Junker*, Korruption und Untreue im öffentlichen Dienst, 2. Aufl. 2004; *Greeve/Garbuio*, Erscheinungsformen der Untreue bei der Durchführung von Bauvorhaben, in: Greeve/Leipold (Hrsg.), Handbuch des Baustrafrechts, 2004, §§ 26 und 27; *Haas*, Die Untreue, 1997; *Kasiske*, Existenzgefährdende Eingriffe in das GmbH-Vermögen mit Zustimmung der Gesellschafter als Untreue, wistra 2005, 81 ff.; *Kiethe*, Grenzen der strafrechtlichen Verantwortlichkeit von Bürgermeistern, NStZ 2005, 529 ff.; *Kubiciel*, Gesellschaftsrechtliche Pflichtwidrigkeit und Untreuestrafbarkeit, NStZ 2005, 353 ff.; *Labsch*, Grundprobleme des Missbrauchstatbestandes der Untreue, JuS 1987, 343 ff.; *Mosiek*, Risikosteuerung im Unternehmen und Untreue, wistra 2003, 370 ff.; *Munz*, Haushaltsuntreue, 2001; *Neye*, Untreue im öffentlichen Dienst, 1981; *ders.*, Die Verschwendung öffentlicher Mittel als strafbare Untreue, NStZ 1981, 369 ff.; *Otto*, Untreue der Vertretungsorgane von Kapitalgesellschaften durch Vergabe von Spenden, FS Kohlmann, 2003, S. 187 ff.; *Ransiek*, Untreue im GmbH-Konzern, FS Kohlmann, 2003, S. 207 ff.; *ders.*, Risiko, Pflichtwidrigkeit und Vermögensnachteil bei der Untreue, ZStW 116 (2004), 634 ff.; *ders*, Untreue zum Nachteil einer abhängigen GmbH – „Bremer Vulkan", wistra 2005, 121 ff.; *Rose*, Die strafrechtliche Relevanz von Risikogeschäften, wistra 2005, 281 ff.; *Rübenstahl/Wasserburg*, „Haushaltsuntreue" bei Gewährung von Subventionen, NStZ 2004, 521 ff.; *Saliger*, Parteiengesetz und Strafrecht, 2005; *Schramm*, Untreue und Konsens, 2005; *Schünemann*, Der Bundesgerichtshof im Gestrüpp des Untreuetatbestands, NStZ 2006, 196; *Seier*, Die Untreue, in: Achenbach/Ransiek (Hrsg.), Handbuch Wirtschaftsstrafrecht, 2004, Kapitel V Abschnitt 2; *Seier/Martin*, Die Untreue, Jus 2001, 874 ff.; *Szebrowski*, Kick-Back, 2005; *Thomas*, Untreue, in Volk (s.b.), § 17; *Tiedemann*, Der Untreuetatbestand – ein Mittel zur Begrenzung von Managerbezügen? FS Ulrich Weber, 2004, S. 319 ff.; *Weimann*, Die Strafbarkeit der Bildung sog. schwarzer Kassen gemäß § 266 StGB (Untreue), Diss. Tübingen, 1996; *G. Wolf*, Die Strafbarkeit der rechtswidrigen Verwendung öffentlicher Mittel, 1997; *Zieschang*, Strafbarkeit des Geschäftsführers einer GmbH wegen Untreue trotz Zustimmung sämtlicher Gesellschafter? FS Kohlmann, 2003, S. 351 ff. – weitere N. bei MK-*Dierlamm*.

j) Betrug: *Baumann*, Endlich strafrechtliche Bekämpfung des Submissionsbetruges, NJW 1992, 1661 ff.; *Best*, Betrug durch Kartellabsprachen bei freihändiger Vergabe – Besprechung von BGH, Urteil vom 11.7.2001, GA 2003, 157 ff.; *Broß/Thode*, Untreue und Betrug am Bau, NStZ 1993, 369 ff.; *Eisele*, Wissenszurechnung im Strafrecht – dargestellt am Straftatbestand des Betruges, ZStW 116 (2004), 15 ff.; *Gallandi*, Betrug, in: Achenbach/Ransiek (Hrsg.), Handbuch Wirtschaftsstrafrecht, 2004, Kapitel V Abschnitt 1; *Krüger*, Zum „großen Ausmaß" in § 263 Abs. 3 Satz 2 Nr. 2 StGB, wistra 2005, 247 ff.; *Lesch*, in Volk (s.b.), § 16; *Otto*, Die neue Rechtsprechung zum Betrugstatbestand, Jura 2002, 606 ff.; *Rotsch*, Der Vermögensverlust großen Ausmaßes bei Betrug und Untreue, ZStW 117 (2005), 577 ff.; *Tiedemann/Waßmer*, Streifzug durch das Betrugsstrafrecht, Jura 2000, 533 ff.

k) **Wettbewerbsbeschränkende Absprachen:** *Achenbach*, Pönalisierung von Ausschreibungsabsprachen und Verselbständigung der Unternehmensgeldbuße durch das Korruptionsbekämpfungsgesetz 1997, WuW 1997, 958 ff.; *ders.*, Kartellstrafrecht – Strafbares Verhalten bei Ausschreibungen, in: Achenbach/Ransiek (Hrsg.), Handbuch Wirtschaftsstrafrecht, 2004, Kapitel III – Abschnitt 4; *Bartmann*, Der Submissionsbetrug, Diss. FU Berlin, 1999; *Bender*, Sonderstraftatbestände gegen Submissionsabsprachen, 2005; *Cramer*, Zur Strafbarkeit von Submissionsabsprachen in der Bauwirtschaft – Der Submissionsbetrug, 1995; *Greeve*, in Leipold/Greeve (Hrsg.), Handbuch des Baustrafrechts, 2004, 3. Teil, §§ 10, 11; *Gruhl*, in: Müller-Gugenberger/Bieneck (Hrsg.), Wirtschaftsstrafrecht, 3. Aufl. 2000, § 58; *Grützner*, Die Sanktionierung von Submissionsabsprachen, Diss. Göttingen, 2003; *Hohmann*, Die strafrechtliche Beurteilung von Submissionsabsprachen, NStZ 2001, 566 ff.; *Kleinmann/Berg*, Änderungen des Kartellrechts durch das „Gesetz zur Bekämpfung der Korruption" vom 13.8.1997, BB 1998, 277 ff.; *König*, Neues Strafrecht gegen die Korruption, JR 1997, 397 ff.; *Korte*, Bekämpfung der Korruption und Schutz des freien Wettbewerbs mit den Mitteln des Strafrechts, NStZ 1997, 513 ff.; *Kosche*, Strafrechtliche Bekämpfung wettbewerbsbeschränkender Absprachen bei Ausschreibungen – § 298 StGB –, 2001; *Kuhlen*, Anmerkungen zu § 298 StGB, FS Lampe, 2003, S. 743 ff.; *Lüderssen*, Sollen Submissionsabsprachen strafrechtliches Unrecht werden?, Beilage 11 zu BB 1996 H. 25; *Möhrenschlager*, Strafrechtliche Vorhaben zur Bekämpfung der Korruption auf nationaler und internationaler Ebene, JZ 1996, 822 ff.; *Oldigs*, Die Strafbarkeit von Submissionsabsprachen, wistra 1998, 291 ff.; *Otto*, Submissionsbetrug und Vermögensschaden, ZRP 1996, 300 ff.; *ders.*, Wettbewerbsbeschränkende Absprachen bei Ausschreibungen, wistra 1999, 41 ff.; *Walter*, § 298 und die Lehre von den Deliktstypen, GA 2001, 131 ff.; *Witting*, in: Volk (s.b.); *Wolters*, Die Änderung des StGB durch das Gesetz zur Bekämpfung der Korruption, JuS 1998, 1100 ff.

l) **Strafvorschriften zum Schutze von Geheimnissen:** *Brammsen*, in: Münchener Kommentar zum Lauterkeitsrecht, (MK-UWG), Bd. 1, 2006; *Dittrich*, Geheimnisverletzungen, in: Müller-Gugenberger/Bieneck (s.b.); *Fezer*, Lauterkeitsrecht, Bd. 2, §§ 5–22 UWG, 2005; *Gloy/Loschelder*, UWG, 3. Aufl. 2004; *Harte-Bavendamm/Henning-Bodewig*, UWG, 2004; *Hefermehl/Köhler/Bornkamm*, Wettbewerbsrecht, 24. Aufl. 2006; *Kloepfer*, Informationsrecht, 2002; *Möhrenschlager*, Schutz von Geschäfts- und Betriebsgeheimnissen, in: Wabnitz/Janovsky, 3. Aufl. 2007, Kap. 13; *Probst*, Der strafrechtliche Schutz des Amtsgeheimnisses unter besonderer Berücksichtigung der §§ 353b und 353c StGB, Diss. Köln, 1939; *Ransiek*, Verletzung der Geheimhaltungspflicht, in: Achenbach/Ransiek (s.b.), Kapitel VIII, Abschnitt 2; *Rogall*, Die Verletzung von Privatgeheimnissen, NStZ 1983, 1 ff.

m) **Geldwäsche:** *Bernot*, in: Volk (s.b.), § 20; *Busch/Teichmann*, Das neue Geldwäscherecht, 2003; *Cebulla*, Gegenstand der Geldwäsche, wistra 1999, 281 ff.; *Dannecker/Bürger*, Zur Reichweite der Befugnisse der Zollverwaltungsbehörden nach § 12a ZollVG, wistra 2004, 81 ff.; *Fülbier/Aepfelbach/Langweg*, Geldwäschegesetz, 5. Aufl. 2006; *Herzog/Mühlhausen*, Geldwäschebekämpfung und Gewinnabschöpfung, 2006; *Hoyer/Klos*, Regelungen zur Bekämpfung der Geldwäsche und ihre Anwendung in der Praxis, 2. Aufl. 1998; *Körner/Dach*, Geldwäsche, 1994; *Löwe-Krahl*, Geldwäsche, in: Achenbach/Ransiek (Hrsg.), Handbuch Wirtschaftsstrafrecht, 2004, Kap. XIII; *Möhrenschlager*, Das OrgKG – Eine Übersicht nach amtlichen Materialien, wistra 1992, 281 ff., 326 ff.; *Reich*, Geldwäsche und Organisierte Wirtschaftskriminalität, in: Wabnitz/Janovsky (Hrsg.), Handbuch des Wirtschafts- und Steuerstrafrechts, 2. Aufl. 2004, Kap. 5.

n) **Verfall:** *Arzt*, Geldwäsche und rechtsstaatlicher Verfall, JZ 1993, 913 ff.; *ders.*, Verfallsanordnung gegen juristische Personen, GS Heinz Zipf, 1999, S. 165 ff.; *Güntert*, Die Gewinnabschöpfung als strafrechtliche Sanktion, 1983; *Gaßmann*, Abschöpfung illegitimer Tatvorteile und Ansprüche geschädigter Aktionäre, wistra 2004, 41 ff.; *Herzog/Mühlhausen* (s.l.); *Hohn*, Die Bestimmung des erlangten Etwas i.S. des § 73 StGB durch den BGH, wistra 2003, 321 ff.; *Mayer*, Kein Verfall von Schmiergeldern, NJW 1983, 1300 ff.; *Nack*, Aktuelle Rechtsprechung des BGH zum Verfall, GA 2003, 879 ff.; *Podolsky*, Finanzermittlungen, Vermögenssicherung, Rückgewinnungshilfe, in: Wabnitz/Janovsky (Hrsg.), Handbuch des Wirtschafts- und Steuer-

Literatur

strafrechts, 2. Aufl. 2004, Kap. 26; *Podolsky/Brenner*, Vermögensabschöpfung im Straf- und Ordnungswidrigkeitenrecht, 2. Aufl. 2004; *Retemeyer*, Vermögensabschöpfung und Zurückgewinnungshilfe, in: Achenbach/Ransiek (Hrsg.), Handbuch Wirtschaftsstrafrecht, 2004, Kapitel XIV; *Rönnau*, Vermögensabschöpfung in der Praxis, 2003; *Satzger*, Die Berücksichtigung von Opferinteressen bei der Verfallsanordnung aus materiellrechtlicher wie prozessrechtlicher Sicht, wistra 2003, 401 ff.; *Schmidt*, Gewinnabschöpfung im Straf- und Bußgeldverfahren, 2006; *Wallschläger*, Die strafrechtlichen Verfallsvorschriften, 2002.

o) Sanktionen gegen juristische Personen und Personenvereinigungen: aa) OWiG-Kommentare: *Göhler*, 14. Aufl. 2006; *Karlsruher Kommentar*, 3. Aufl. 2006; *Lemke/Mosbacher*, 2. Aufl. 2006; *Rebmann/Roth/Herrmann* [Stand: Februar 2005].

bb) Sonstiges: *Achenbach*, Sanktionen gegen Unternehmen, Zurechnung unternehmensbezogenen Handelns, in: Achenbach/Ransiek (s.b.), Kap. I Abschnitt 2 und 3; *Demuth/Schneider*, Die besondere Bedeutung des Gesetzes über Ordnungswidrigkeiten für Betrieb und Unternehmen, BB 1970, 642 ff.; *Drathjer*, Die Abschöpfung rechtswidrig erlangter Vorteile im Ordnungswidrigkeitenrecht, 1997; *Eidam*, Straftäter Unternehmen, 1997; *ders*., Unternehmen und Strafe, 2. Aufl. 2001; *ders*., Die Verbandsgeldbuße des § 30 Abs. 4 OWiG – eine Bestandsaufnahme, wistra 2003, 447 ff.; *Korte*, Juristische Person und strafrechtliche Verantwortung, Diss. Bonn, 1991; *Müller*, Die Stellung der juristischen Person im Ordnungswidrigkeitenrecht, 1985; *Schroth*, Der Regelungsgehalt des 2. Gesetzes zur Bekämpfung der Wirtschaftskriminalität, wistra 1986, 158 ff.

p) Internationale und supranationale Ebene: *Aiolf/Pieth*, How to make a Convention Work: The OECD Recommendation and Convention on Bribery as an Example of a new Horizon in International Law, in: Fijnaut/Huberts (Hrsg.), Corruption, Integrity and Law Enforcement, 2002, S. 349 ff.; *Ambos*, Internationales Strafrecht, 2006; *Bahnmüller*, Strafrechtliche Unternehmensverantwortlichkeit im europäischen Gemeinschafts- und Unionsrecht, Diss. Tübingen, 2004; *Bantekas/Nash/Mackarel*, International Criminal Law, 2. Aufl. 2003; *Bassiouni/Wise*, Aut Dedere aut Iudicare: The Duty to Extradite or Prosecute in International Law, 1995; *Blackstone's* Criminal Practice, 15. Aufl. 2004 (Jurisdiction A 8.1 – 8.17); *H.L. Brown*, The Extraterritorial Reach of the U.S. Government's Campaign against International Bribery, Hastings International and Comparative Law Review 22 (1999), 407 ff.; *v. Bubnoff*, Ein eigenständiges Verbandssanktionenrecht. Europäische Gestaltungsmöglichkeiten, Ansätze und Anregungen, Zeitschrift für europarechtliche Studien 2004, 447 ff.; *ders*., Der Europäische Haftbefehl, 2005; *Carter/Trimble*, International Law, 3. Aufl., 1999; *Cassese*, International Criminal Law, 2003; *Corlett*, Responsibility and Punishment, 3. Aufl. 2006; *Council of Europe, European Committee on Crime Problems*, Extraterritorial Jurisdiction, 1990; *Council of the European Union, General Secretariat Directorate General H III, Justice and Home Affairs* (Hrsg.), Instruments on Judicial Cooperation in Criminal Matters within the Third Pillar of the European Union and other Essential Instruments on Judicial Cooperation [Stand: 16.6.2004]; *Dannecker*, Europäisches Kartellordnungswidrigkeitenrecht, in: Wabnitz/Janovsky (s.b.), 2. Aufl. 2004, S. 1045 ff.; *Dannecker/Fischer-Fritsch*, Das EG-Kartellrecht in der Bußgeldpraxis, 1989; *Delare*, Eine Wende in der Korruptionsbekämpfung, in OECD (Hrsg.), No longer Business as Usual. Im Kampf gegen Bestechung und Korruption (deutsche Ausgabe), 2001, S. 119; *Doehring*, Völkerrecht, 2. Aufl. 2004; *Dölling*, General Report, in: XVII. International Congress on Penal Law, Preparatory Colloquium, Section II, Corruption and Related Offences in International Economic Activities, November 11–12, 2002, International Review of Penal Law 74 (2003), 37 ff.; *Édes/Ehlermann-Cache/Wehrlé*, Auf dem Weg zu gemeinsamen Wertvorstellungen in der Korruptionsbekämpfung, in: OECD (Hrsg.), No longer Business as Usual, 2001, S. 189 ff.; *Evans*, International Law, 2003; *Falletti*, La confiscation de l'argent sale ou les nouveaux instruments de l'action internationale à l'égard du resort des activités criminelles, in: XVII. International Congress on Penal Law, Preparatory Colloquium, Section II, Corruption and Related Offences in International Economic Activities, November 11–12, 2002, International Review of Penal Law 74 (2003), S. 589 ff.; *Ferola*, The Action of the European Union against Corruption, in Legal Issues of European Integration, 26 N° 1/2 (1999), 123 ff.; *Flore*,

8. Kapitel. Der strafrechtliche Schutz gegen Korruption

L'Incrimination de la Corruption. Les nouveaux instruments internationaux. La nouvelle loi belge du février 1999, Dossiers de la Revue de Droit Pénal et Criminologie N° 4, 1999, S. 17 ff.; *Forget*, The Criminal Law Convention on Corruption of the Council of Europe, in: Schlemmer-Schulte/Tung (Hrsg.), Liber Amicorum Ibrahim F.I. Shihata, 2001, S. 235 ff; *Garcia-Gonzßlez*, The Organisation of American States and the Fight against Corruption in the Americas, in: Fijnaut/Huberts (Hrsg.), Corruption, Integrity and Law Enforcement, 2002, S. 389 ff.; *Gardiner*, International Law, 2003; *Gavouneli*, The International System of Corruption Control, in: Bantekas, International and European Financial Criminal Law, 2006, Kap. 8, S. 180 ff.; *Gentzik*, Europäisierung des Geldwäschestrafrechts, 2004; *Grotz*, Legal Instruments of the European Union to Combat Corruption, in: Fijnaut/Huberts (Hrsg.), Corruption, Integrity and Law Enforcement, 2002, S. 381 ff.; *Hecker*, Europäisches Strafrecht, 2005; *Haft/Schwoerer*, Bestechung im internationalen Geschäftsverkehr, FS Ulrich Weber, 2004, S. 367 ff.; *Heidenheimer/Moroff*, Controlling Business Payoffs to Foreign Officials: The 1998 OECD Anti-Bribery Convention, in: Heidenheimer/Johnston (Hrsg.), Political Corruption. Concepts and Context, 2001, S. 945 ff.; *v. Heintschel-Heinegg/Rohlff*, Der Europäische Haftbefehl, GA 2003, 44 ff.; *Henzel/Pierling/Hoffmann*, Völkerrechtsprechung, 2005; *Hirst*, Jurisdiction and the Ambit of the Criminal Law, 2003; *Institute for Security Studies* (Hrsg. [ISS], A Comparative Analysis: – SADC Protocol against Corruption (2001) – AU Convention on Preventing and Combating Corruption (2003) – UN Convention against Corruption (2003), 2004 (abrufbar unter www.iss.co.za); *Lange/Bunte*, Kommentar zum deutschen und europäischen Kartellrecht, Band 2, Europäisches Kartellrecht, 2005; *Loewenheim/Meessen/Riesenkampff*, Kartellrecht, Bd. 1: Europäisches Recht, 2005; *Miller/Rackow*, Transnationale Täterschaft und Teilnahme – Beteiligungsdogmatik und Strafanwendungsrecht, ZStW 117 (2005), 379 ff.; *Möhrenschlager*, Die Bekämpfung der Korruption auf internationaler Ebene, in: W. Paul (Hrsg.), Korruption in Deutschland und Brasilien, 2002, S. 8 ff.; *ders.*, The Fight against Corruption: Substantive Criminal Law Issues in the Organisation for Economic Cooperation and Development Convention, in: Fijnaut/Huberts (Hrsg.), Corruption, Integrity and Law Enforcement, 2002, S. 335 ff.; *ders.*, Development in the sanctioning of legal persons in the European Union in: Adamski (Hrsg.), Economic Crime in Polish and European Union Perspectives, 2003, S. 550 ff.; *Nilsson*, The Council of Europe Laundering Convention: A Recent Example of Developing International Law, in: Eser/Lagodny (Hrsg.), Principles and Procedures for a New Transnational Criminal Law, 1992, S. 457 ff.; *Oehler*, Internationales Strafrecht, 1. Aufl. 1973, 2. Aufl. 1983; *Paust/Jordan u.a.*, International Criminal Law, 2. Aufl. 2003; *Oppermann*, Europarecht, 3. Aufl., 2005; *Pieth*, Internationale Harmonisierung von Strafrecht als Antwort auf transnationale Wirtschaftskriminalität, ZStW 109 (1997), 759 ff.; *ders.*, Vom Wunsch zur Realität. Dauerhafte Verankerung der neuen globalen Maßstäbe, in: OECD (Hrsg.), No longer Business as Usual, 2001, S. 63 ff.; *Pradel/Corstens*, Droit pénal européen, Paris, 1. Aufl. 1999, 2. Aufl. 2002; *Quinones*, Versprechen und Wirklichkeit. Überwachung der Einhaltung des Übereinkommens, in: OECD (Hrsg.), No longer Business as Usual, 2001, S. 131 ff.; *Reisman* (Hrsg.), Jurisdiction in International Law, 1999; *Rohlff*, Der Europäische Haftbefehl, 2003; *Sacerdoti*, Bestechen oder nicht bestechen? in: OECD (Hrsg.), No longer Business as Usual, 2001, S. 35 ff.; *Satzger*, Internationales und Europäisches Strafrecht, 2005; *Schomburg/Lagodny/Gleß/Hackner*, Internationale Rechtshilfe in Strafsachen [IRG-K], 4. Aufl. 2006; *Schünemann*, Ein Gespenst geht um in Europa – Brüsseler „Strafrechtspflege" intra muros, GA 2002, 501 ff.; *ders.*, Das Strafrecht im Zeichen der Globalisierung, GA 2003, 299 ff.; *ders.*, Fortschritte und Fehltritte in der Strafrechtspflege der EU, GA 2004, 193 ff.; *ders.*, Grundzüge eines Alternativ-Entwurfs zur europäischen Strafverfolgung, ZStW 116 (2004), 376 ff.; *Schwarzeneggger*, Handlungs- und Erfolgsort beim grenzüberschreitenden Betrug, in: FS Niklaus Schmid, 2001, S. 143 ff.; *Shaw*, International Law, 4. Aufl., 1997, 5. Aufl. 2003; *Stolpe*, Internationale Vorgaben zur Korruptionsbekämpfung, Kriminalistik 2004, 292 ff.; *Tinkl*, Strafbarkeit von Bestechung nach dem EUBestG und dem IntBestG, wistra 2006, 126; *Transparency International*, Jahrbuch Korruption 2005; *United Nations* (Hrsg.), Commentary on the United Nations Convention against Illicit Traffic in Narcotic Drugs and Psychotropic Substances 1988, 1998; *United Nations Office on Drugs and Crime (UNODC)* (Hrsg.), The Compendium of International Legal Instruments, 2. Aufl. 2005; *dass.*, Legislative Guides for the Implementation of the United Nations Convention against

Literatur

Transnational Organized Crime and the Protocols thereto, 2004; *de Vel/Csonka*, The Council of Europe Activities against Corruption, in: Fijnaut/Huberts (Hrsg.), Corruption, Integrity and Law Enforcement, 2002, S. 361 ff.; *Vermeulen*, Essential Texts on International and European Criminal Law, 4. Aufl. 2005; *Vitzthum* (Hrsg.), Völkerrecht, 3. Aufl. 2004; *J. Vogel*, Harmonisierung des Strafrechts in der Europäischen Union, GA 2003, 314 ff.; *Wasmeier*, Das Strafrecht der Europäischen Union, 2003; *Weidlich/Fietz*, Schmiergeldzahlungen in Asien – Rechtliche Risiken für deutsche Mitarbeiter in Singapur und Hongkong, RIW 2005, 362 ff.; *Wolf*, Die Modernisierung des deutschen Antikorruptionsstrafrechts durch internationale Vorgaben, NJW 2006, 2735; *Wyngaert/Stessens*, International Criminal Law, 1. Aufl. 1996, 2. Aufl. 2000, 3. Aufl. 2005; *Zagaris/Ohri*, The Emergence of an international Enforcement Regime on Transnational Corruption in the Americas, Law & Policy in International Business (The International Law Journal of Georgetown University Law Center) 30 (1999), 53 ff.

q) Deutsches internationales Strafanwendungsrecht: *Bergmann*, Der Begehungsort im internationalen Strafrecht Deutschlands, Englands und der Vereinigten Staaten von Amerika, 1966; *Dölling*, Die Neuregelung der Strafvorschriften gegen Korruption, ZStW 112 (2000), 334 ff.; *Eser*, Nationale Strafverfolgung völkerrechtlicher Verbrechen, 2003; *Eser/Kreicker*, Nationale Strafverfolgung völkerrechtlicher Verbrechen – Teilband 1 (Landesbericht Deutschland), 2003; *Fietz/Weidlich*, Schwarze Schafe oder weiße Ritter? Zur Problematik der Anwendung von § 299 StGB in der deutschen Außenwirtschaft, RIW 2005, 423 ff.; *Gänßle*, Das Antikorruptionsstrafrecht – Balsam aus der Tube der symbolischen Gesetzgebung? NStZ 1999, 543 ff.; GRECO (Hrsg.), First Evaluation Round, Evaluation Report on Germany, 2002; Second Evaluation Round, Evaluation Report on Germany, 2005 (abrufbar unter www.greco.coe.int); *Heine/Huber/Rose*, Private Commercial Bribery, 2003; *Heinrich*, Die Problematik der Modifikation von Vorschriften des Strafgesetzbuches durch Nebengesetze, GS Rolf Keller, 2003, S. 103 ff.; *Heise*, Europäisches Gemeinschaftsrecht und nationales Strafrecht, 1998; *Henrich*, Das passive Personalitätsprinzip im deutschen Strafrecht, 1994; *Jutzi*, Genehmigung der Vorteilsannahme bei nicht in einem öffentlich-rechtlichen Amtsverhältnis stehenden Amtsträgern, NStZ 1991, 105 ff.; *Korte*, Der Schutz der finanziellen Interessen der Europäischen Gemeinschaften mit den Mitteln des Strafrechts – Das „Zweite Protokoll", NJW 1998, 1464 ff.; *ders.*, Der Einsatz des Strafrechts zur Bekämpfung der internationalen Korruption, wistra 1999, 81 ff.; *Kubica*, Korruption in nationaler und internationaler Dimension, Kriminalistik 2002, 589 ff.; *Lehle*, Der Erfolgsbegriff und die deutsche Strafrechtszuständigkeit im Internet, 1999; *Li*, Die Prinzipien des internationalen Strafrechts. Eine vergleichende Untersuchung zwischen dem internationalen Strafrecht der Volksrepublik China und dem der Bundesrepublik Deutschland, 1991; *Möhrenschlager*, Einbeziehung ausländischer Rechtsgüter in den Schutzbereich nationaler Straftatbestände, in: Dannecker (Hrsg.), Die Bekämpfung des Subventionsbetrugs im EG-Bereich, 1993, S. 162 ff.; *ders.*, Strafrechtliche Vorhaben zur Bekämpfung der Korruption auf nationaler und internationaler Ebene, JZ 1996, 822 ff.; *ders.*, Die Umsetzung der OECD-Konvention in das nationale Recht der Bundesrepublik Deutschland, in: Generalkonsulat der Vereinigten Staaten von Amerika/Justizministerium des Landes Nordrhein-Westfalen (Hrsg.), Die Umsetzung der OECD-Konvention gegen Bestechung im internationalen Geschäftsverkehr, 2000, S. 45 ff.; *ders.*, Internationales Wirtschaftsstrafrecht – Erfassung auslandsbezogener Wirtschaftsstraftaten –, in: Wabnitz/Janovsky (s.b.), 3. Kapitel; *ders.*, Die Struktur des Straftatbestandes der Abgeordnetenbestechung auf dem Prüfstand – Historisches und Künftiges, in FS Ulrich Weber, 2004, S. 217 ff.; *Obermüller*, Der Schutz ausländischer Rechtsgüter im deutschen Strafrecht im Rahmen des Territorialitätsprinzips, Diss. Tübingen, 1999; OECD (Hrsg.), Report on Germany, 2003; *Pappas*, Stellvertretende Strafrechtspflege, 1996; *Pelz*, Die Bekämpfung der Korruption im Auslandsgeschäft, StraFo 2000, 300 ff.; *Sanchez-Hermosilla*, Rechtspolitik zur Korruptionsbekämpfung, Kriminalistik 2003, 74 ff.; *Schaller*, Strafrechtliche Probleme der Abgeordnetenbestechung, Diss. Tübingen, 2002; *A. Schmitz*, Das aktive Personalitätsprinzip im Internationalen Strafrecht, 2002; *dies.*, Auslandsgeschäfte unter Berücksichtigung des Korruptionsstrafrechts, RIW 2003, 189 ff.; *Scholten*, Das Erfordernis der Tatortstrafbarkeit in § 7 StGB, 1995; *Taschke*, Die Bekämpfung der Korruption in Europa auf der Grundlage der OECD-Konvention, StV 2001, 78 ff.; *Tiedemann*

8. Kapitel. Der strafrechtliche Schutz gegen Korruption

(Hrsg.), Multinationale Unternehmen und Strafrecht, 1979; *Velten,* Grenzüberschreitende Gefährdungsdelikte, FS Rudolphi, 2004, S. 329 ff.; *Vogel,* Internationales Wirtschafts- und Steuerstrafrecht, in: Volk, § 14 (s.b.); *Walter,* Einführung in das internationale Strafrecht, JuS 2006, 870, 967; *Weidlich/Fietz,* Schmiergeldzahlungen in Asien – Rechtliche Risiken für deutsche Mitarbeiter in Singapur und Hongkong, RIW 2005, 362 ff.; *Weigend,* National Report: Germany, in: XVII. International Congress on Penal Law, Preparatory Colloquium, Section II, Corruption and Related Offences in International Economic Activities, November 11–12, 2002, International Review of Penal Law 74 (2003), 71 ff.; *Wichterich/Glockemann,* Steuer- und strafrechtliche Aspekte von Schmiergeldzahlungen an Mitarbeiter von Staatsunternehmen – Teil I, INF 1/2000, S. 1 ff., Teil II, S. 40 ff.; *Zieschang,* Das EU-Bestechungsgesetz und das Gesetz zur Bekämpfung internationaler Bestechung, NJW 1999, 105 ff.

MR Dr. Korte (BMJ) danke ich für die Überlassung der Fahnen zu seiner Kommentierung der §§ 331 ff. StGB im Münchener Kommentar.

Inhaltsübersicht

	Rn.
A. Materielles Strafrecht	1–270
I. Einleitung	1–4
II. Bestechlichkeit und Bestechung (§§ 332, 334 und 335 StGB)	5–56
1. Entwicklung der Gesetzgebung	5
2. Tatbestandsfassung und Rechtsgut	6–9
3. Täter	10–23
4. Vorteil	24–28
5. Unrechtsvereinbarung	29
6. Diensthandlung	30–34
7. Pflichtverletzung	35–40
8. Tathandlung des Amtsträgers	41–45
9. Tathandlung des Gebers	46, 47
10. Fehlende Genehmigungsfähigkeit	48
11. Subjektive Tatseite	49, 50
12. Bestechlichkeit und Bestechung von Richtern	51–53
13. Besonders schwere Fälle	54–56
III. Vorteilannahme und Vorteilsgewährung (§§ 331, 333 StGB)	57–69
1. Entwicklung der Gesetzgebung	57–60
2. Tatbestandsfassung	61
3. Dienstausübung	62
4. Unrechtsvereinbarung	63–68
5. Genehmigung	69
IV. Teilnahme und Konnivenz (§ 357 StGB)	70–76
1. Täterschaft	71
2. Mittäterschaft	72, 73
3. Teilnahme	74, 75
4. Verleitung eines Untergebenen	76
V. Bestechung von und gegenüber Abgeordneten (§ 108e StGB)	77–84
1. Entwicklung der Gesetzgebung und Rechtsgut	77–80
2. Volksvertretung	81
3. Unrechtsvereinbarung	82, 83
4. Unternehmensdelikt	84
VI. Wählerbestechung (§ 108b i.V. mit § 108d StGB)	85–87
1. Tatbestandsfassung und Rechtsgut	85
2. Angriffsziel und Vorteilsbegriff	86
3. Unrechtsvereinbarung	87

Inhaltsübersicht

VII. **Bestechung im Geschäftsverkehr (§§ 299 bis 302 StGB)**	88–109
1. Entwicklung der Gesetzgebung und Rechtsgüter	88, 89
2. Bestechlichkeit im Geschäftsverkehr (§ 299 Abs. 1 StGB)	90–103
a) Geschäftlicher Verkehr	90
b) Täter	91–94
c) Vorteil	95
d) Unrechtsvereinbarung	96–100
e) Tathandlungen und subjektive Tatseite	101
f) Handlungen im ausländischen Wettbewerb	102
g) Strafverfolgung	103
3. Bestechung im Geschäftsverkehr (§ 299 Abs. 2 StGB)	104–106
a) Täter	104
b) Unrechtsvereinbarung	105, 106
4. Besonders schwere Fälle	107–109
VIII. **Untreue (§ 266 StGB)**	110–130
1. Grundlagen	110–113
2. Missbrauchstatbestand	114, 115
3. Treubruchstatbestand	116–119
4. Pflichtverletzung	120–123
5. Vermögensschaden	124–127
6. Subjektive Tatseite	128
7. Verfolgungsvoraussetzungen	129
8. Besonders schwere Fälle	130
IX. **Betrug (§ 263 StGB)**	131–140
1. Grundlagen	131–133
2. Tatbestandsmerkmale	134, 135
3. Besonders schwere Fälle und Qualifikation	136
4. Beispiele aus dem Korruptionsbereich	137–140
X. **Wettbewerbsbeschränkende Absprachen bei Ausschreibungen (§ 298 StGB)**	141–154
1. Entstehungsgeschichte und Rechtsgut	141–143
2. Ausschreibung	144–150
3. Rechtswidrige Absprache	151, 152
4. Angebotsabgabe	153
5. Subjektive Tatseite und tätige Reue	154
XI. **Verletzung von Strafvorschriften zum Schutz von Geheimnissen**	155–177
1. Bedeutung von Geheimnisverletzungen	155
2. Verletzung von Dienstgeheimnissen (§ 353b Abs. 1 StGB)	156–161
3. Verletzung von Privatgeheimnissen (§ 203 Abs. 2, § 204 StGB)	162–165
4. Verletzung von Geschäfts- und Betriebsgeheimnissen (§ 17 UWG)	166–177
XII. **Gebühren- und Abgabenüberhöhung (§§ 352, 353 StGB)**	178–189
1. Grundlagen	178
2. Gebührenüberhebung (§ 352 StGB)	179–182
3. Abgabenüberhebung; Leistungskürzung (§ 353 StGB)	183–189
XIII. **Geldwäsche und Verschleierungshandlungen bei Korruptionsstraftaten (§ 261 StGB)**	190–205
1. Grundlagen	190–192
2. Die Straftatbestände des § 261 StGB	193–200
3. Exkurs: Geldwäsche- und Zollverwaltungsgesetz	201–205
XIV. **Sanktionen und Maßnahmen**	206–270
1. Hauptstrafen	206–208
2. Amtsverlust, Verlust des passiven Wahlrechts und Berufsverbot	209, 210
3. Verfall (§§ 73 bis 73e, 76 und 76a StGB)	202–235
a) Grundlagen	211, 212

8. Kapitel. Der strafrechtliche Schutz gegen Korruption

    b) Der Verfall des unmittelbar Erlangten 213–221
    c) Der Wertersatzverfall 222–225
    d) Mittelbare Vorteile 226–229
    e) Verfall gegen Drittbegünstigte 230
    f) Erweiterter Verfall 231–233
    g) Wirkung des Verfalls und selbständige und nachträgliche
       Anordnung 234, 235
  4. Einziehung (§§ 74 bis 76a StGB) 236–251
    a) Grundlagen 236, 237
    b) Einziehung mit Strafcharakter 238–243
    c) Einziehung mit Sicherungscharakter 244–246
    d) Einziehung gegenüber Vereinigungen 247
    e) Einziehung des Wertersatzes 248, 249
    f) Verhältnismäßigkeitsgrundsatz 250
    g) Wirkung der Einziehung und selbständige und nachträgliche
       Anordnung 251
  5. Geldbuße und andere Sanktionen gegen juristische Personen
     und Personenvereinigungen 252–270
    a) Grundlagen 252–254
    b) Voraussetzungen des § 30 OWiG 255–267
    c) Selbständige Festsetzung einer Geldbuße 268, 269
    d) Höhe der Geldbuße 270
**B. Die strafrechtliche Bekämpfung internationaler Korruption auf
internationaler und nationaler Ebene** 271–423
I. Einführung 271–274
**II. Korruptionsbekämpfung in internationalen Rechtsinstrumenten –
ein materiellstrafrechtlicher Rechtsvergleich** 275–341
  1. Überblick 275–283
  2. Strafvorschriften 284–321
    a) Bestechung und Bestechlichkeit von Amtsträgern 284–304
      aa) Allgemein 284, 285
      bb) Täter und Bezugspersonen 286–297
      cc) Tathandlungen 298
      dd) Vorteilsbegriff 299
      ee) Indirektes Handeln und Drittzuwendungen 300
      ff) Unrechtsvereinbarung 301–304
    b) Strafvorschriften betreffend die Bestechung von Personen,
       die auf Amtsträger Einfluss nehmen
       („trading in influence") 305, 306
    c) Bestechung im Geschäftsverkehr 307–310
    d) Sonstige in Bereicherungsabsicht begangene Amtsträgerdelikte
       und weitere ergänzende Tatbestände 311, 312
    e) Geldwäsche und Hehlerei 313–321
      aa) Geldwäsche 313–320
      bb) Hehlerei 321
  3. Sonstige straftatenbezogene Regelungen 322–341
    a) Verantwortlichkeit juristischer Personen 322–328
      aa) Gemeinschaftsrecht 322, 323
      bb) Rechtsakte der Zusammenarbeit im Bereich Justiz und Inneres
         nach dem Vertrag über die Europäische Union 324–326
      cc) Sonstige internationale Rechtsinstrumente 327, 328
    b) Sanktionen und Maßnahmen 329–334
    c) Gerichtsbarkeits(Jurisdiktions)regelungen 335–341
      aa) Territorialitätsprinzip 336–338

bb) Prinzip des „aut dedere aut iudicare" 339
cc) Aktives Nationalitätsprinzip 340
dd) Weitere (regelmäßig) nicht bindende Jurisdiktionsprinzipien
    bei Auslandstaten 341
III. Schutz ausländischer und internationaler Rechtsgüter im deutschen
     Korruptionsstrafrecht 342–397
  1. Bestechung betreffend Abgeordnete, Amtsträger, Richter, Soldaten
     und für den öffentlichen Dienst besonders Verpflichtete 342–388
     a) Abgeordnetenbestechung 342
     b) Bestechungshandlungen betreffend Amtsträger, Richter, Soldaten
        und für den öffentlichen Dienst besonders Verpflichtete 343–376
     c) Sonstige Sonderregelungen 377–388
  2. Andere Korruptionsstraftaten 389–397
     a) Straftaten betreffend Amtsträger und für den öffentlichen Dienst
        besonders Verpflichtete 390, 391
     b) Sonstige Straftaten 392–397
IV. Die Strafbarkeit von Auslandstaten 398–423
  1. Einleitende Bemerkungen 398–400
  2. Auslandsbezogene Ausdehnung des Territorialitätsprinzips 401–408
  3. Das Flaggenrechtsprinzip 409, 410
  4. Aktives Personalitäts-/Nationalitäts-/Staatsangehörigkeitsprinzip 411–419
     a) Grundlagen 411
     b) Auslieferungsverbot 412–416
     c) Neubürgervariante 417
     d) Beiderseitige Strafbarkeit 418
     e) Uneingeschränktes Nationalitätsprinzip 419
  5. Schutzprinzip/Passives Personalitätsprinzip 420, 421
  6. Prinzip der stellvertretenden Strafrechtspflege
     („aut dedere aut iudicare") 422, 423

A. Materielles Strafrecht

I. Einleitung

Neben präventiven Maßnahmen ist der **Einsatz des Strafrechts** seit alters her ein weltweit als notwendig anerkanntes und in der Strafverfolgung auch genutztes Mittel zur Bekämpfung und Eindämmung der Korruption. Trotz der begrenzten Möglichkeiten des Strafrechts kann ein beherztes Vorgehen der Strafverfolgungsorgane jedenfalls in bestimmten Bereichen eine abschreckende Wirkung entfalten, wie z.B. Verfahren gegen Ärzte und Pharmafirmen in der Praxis jedenfalls teilweise gezeigt haben. **1**

Auch wenn die Novelle von 1997 den Titel „Gesetz zur Bekämpfung der Korruption" trägt, so ist aus ihr doch keine strafrechtliche Definition zu entnehmen. Das Strafrecht begnügt sich damit, verschiedene Erscheinungsformen der Korruption einerseits durch Anwendung spezifischer strafrechtlicher Regelungen, andererseits auch durch Nutzung allgemeiner Tatbestände zu bekämpfen. Der Kern der **Korruptionsstraftaten** wird durch die Strafvorschriften gegen Bestechung, im öffentlichen Bereich im Wesentlichen durch die §§ 331 ff. StGB (sowie einigen ergänzenden Regelungen in Fällen internationalen Bezuges) und im Bereich der Wirtschaft durch die §§ 299 ff. StGB erfasst. Den sog. passiven **2**

8. Kapitel. Der strafrechtliche Schutz gegen Korruption

Bestechungshandlungen von Amtsträgern über Vorteilsannahme und Bestechlichkeit (§§ 331, 332 StGB) stehen die Tatbestände über Vorteilsgewährung und Bestechung (§§ 333, 334) zur Erfassung der sog. aktiven Seite gegenüber. Ein solch korrespondierendes Verhältnis besteht auch bei den Tatbeständen über Bestechlichkeit und Bestechung im Geschäftsverkehr in § 299 StGB. Eine ähnliche Struktur weisen Tatbestände auf, die in der Praxis von geringerer Bedeutung sind, nämlich die Abgeordnetenbestechung in § 108e und die Wählerbestechung in § 108b. Aus dem Gesetz zur Bekämpfung der Korruption und insbesondere den Gesetzesmaterialien[1] dazu ist zu entnehmen, dass der Gesetzgeber auch die Schaffung eines Sondertatbestandes über „Wettbewerbsbeschränkende Absprachen bei Ausschreibungen" – zusammen mit den §§ 299 ff. in einem gemeinsamen neuen Abschnitt über „Straftaten gegen den Wettbewerb" im Strafgesetzbuch – als in den Bereich von Korruptionsstraftaten fallend angesehen hat[2]. Ein solches Delikt ist wie auch Untreue, Betrug und Geldwäsche vielfach Begleitdelikt zu Bestechungshandlungen, kann aber auch als selbständige Korruptionsform begriffen werden, wie dies auch Fälle der sog. „Haushalts- bzw. Amtsuntreue" belegen. Besonders bei illegalen Submissionsabsprachen können Geheimnisverletzungen eine vorbereitende oder unterstützende Rolle spielen. Eine Ergänzung sowohl zu den Amtsdelikten als auch zum Betrug stellen die Sondertatbestände über Gebühren- und Abgabenüberhebung (§§ 352, 353 StGB) dar. Wenn in dem Hamburgischen Gesetz zur Einrichtung und Führung eines Korruptionsregisters vom 18.2.2004 und in dem NRW-Korruptionsbekämpfungsgesetz v. 16.12.2004[3] auch Verstöße gegen § 266a StGB und gegen bestimmte Regelungen über illegale Beschäftigung sowie Straftaten nach dem Kriegswaffenkontrollgesetz zum Korruptionsbereich gerechnet werden, wird der Korruptionsbegriff allerdings überdehnt.

3 Bei der Vielgestaltigkeit der Bestechungstatbestände ist es naturgemäß kaum möglich, für alle Korruptionstatbestände ein ihnen zugrundeliegendes einheitliches **Schutzgut** zu finden. Anhaltspunkte dafür ergeben sich aus den Erörterungen um die Entwicklung eines einheitlichen Korruptionsbegriffs[4] und einer Zusammenschau der den wichtigsten Tatbeständen zugrunde liegenden Schutzvorstellungen. Angesprochen sind z.B. die Sicherstellung des ordnungsgemäßen Funktionierens von Organisationen in einer Gesellschaft, sei es von Behörden und Gerichten oder von Unternehmen in der Wirtschaft. Dies schließt auch die ordnungsgemäße Bewirtschaftung ihrer finanziellen Mittel mit ein, was zeigt, dass auch der Schutz von Vermögen vor Fehlleitungen von großer Bedeutung ist. Dies ist vielfach verbunden mit der Wahrnehmung von Befugnissen, Verpflichtungen einzugehen, Verfügungen oder sonstige Entscheidungen zum eigenen Vorteil oder gar zum Nachteil anderer zu treffen. Hier kann dann von Missbrauch von (Herrschafts)Macht gesprochen werden. Zur Konkretisierung erscheint es jedoch generell sinnvoller, die Rechtsgutsfrage im Kontext spezifischer Tatbestände zu stellen.

4 Im Vordergrund der folgenden Übersicht und Kommentierung stehen die Bestechungsdelikte, an der Spitze die Amtsträgerbestechung. Abweichend von sonstigen Darstellungen wird zunächst auf die schwereren Bestechungsstraftaten eingegangen, die mit einem pflichtwidrigen Handeln von Amtsträgern verbunden sind. Auch die „Untreue" – strafbar nach § 266 StGB – ist einbezogen, da sie auch zu den die Korruption prägenden Verhaltensweisen gehört. „Betrug" – strafbar nach § 263 StGB – ist ein Delikt, das vielfach der Absicherung und Verschleierung von Bestechungs- und Untreuehandlungen dient, wie dies in anderer Hinsicht auch auf die Straftat nach § 261 StGB (Geldwäsche; Verschleierung un-

---

[1] Vgl. Reg/KoalitionsE, BT-Drucks. 13/6424 = 13/5584 S. 9.
[2] Vgl. dazu auch *Möhrenschlager*, JZ 1996, 822, 823.
[3] HmbGVBl. 2004, S. 98 (vgl. *Möhrenschlager*, wistra 2004 Register RXLV); NRWGVBl. Nr. 1 v. 4.1.2005.
[4] Vgl. *Dölling*, Gutachten C zum 61. Deutschen Juristentag, 1996, C10; *Bannenberg*, Korruption in Deutschland und ihre strafrechtliche Kontrolle, 2002, S. 14 ff. m.N.

rechtmäßig erlangter Vermögenswerte) zutrifft. Ergänzend wird auch auf Tatbestände der Gebühren- bzw. Abgabenüberhebung und der Geheimnisverletzung eingegangen.

II. Bestechlichkeit und Bestechung (§§ 332, 334 und 335 StGB)

1. Entwicklung der Gesetzgebung

Heutzutage werden wohl nahezu in allen Rechtsordnungen[5] Bestechungshandlungen 5 von und gegenüber „Richtern" und „Beamten" bzw. „Amtsträgern" als schwerwiegende Straftaten angesehen, bei denen **durch die Zuwendung und Annahme von Vorteilen die Vornahme pflichtwidriger Diensthandlungen erreicht werden soll.** Weitgehend unverändert hatte das **Reichsstrafgesetzbuch** von 1871 Strafvorschriften für diesen Bereich (§§ 332–334) aus dem Preußischen StGB von 1851 (§§ 309–313) übernommen. Aufbauend auf früheren Entwicklungen in den deutschen Staaten und im Ausland wurden schon damals versuchsähnliche Vorstufen wie das Fordern und Sichversprechenlassen einerseits und das Anbieten und Versprechen andererseits mit Strafe bedroht. Im Strafgesetzbuch galten dann diese Regelungen mehr als einhundert Jahre nahezu unverändert. Auf der Grundlage umfangreicher Reformdiskussionen führten das **Einführungsgesetz zum Strafgesetzbuch vom 2.3.1974** und das **Gesetz zur Bekämpfung der Korruption vom 13.8.1997**[6] zu nicht unerheblichen Änderungen, d.h. Tatbestandserweiterungen und Strafrahmenverschiebungen. 1974 wurde zum einen der Aufbau vereinfacht: Die aktive und passive Richterbestechung (§ 334 StGB a.F.) fand Aufnahme in die Tatbestände über Bestechlichkeit und Bestechung (§§ 333, 334 StGB). Mit der Aufnahme einer allgemeinen Regelung über Personen- und Sachbegriffe in § 11 StGB und der Einbeziehung der die StGB-Vorschriften ergänzenden Verordnung gegen Bestechung und Geheimnisverrat nichtbeamteter Personen vom 3.5.1917 i.d.F. vom 22.5.1943[7] wurde der Täterkreis der Amtsträger (und der Vorteilsempfänger) ausgedehnt; sie führte auch zur Strafbarkeit der Annahme usw. eines Vorteils nach Vornahme einer Diensthandlung. Mehrere Streitfragen wurden geklärt. Eindeutig strafbar konnte sich nun auch derjenige machen, der sich bereit zeigt, eine (im Ermessensbereich näher umschriebene) Pflichtwidrigkeit zu begehen; klargestellt wurde für den Fall einer künftigen Diensthandlung der Zeitpunkt der Vollendung. Die Abschaffung der Zuchthausstrafe führte allerdings dazu, dass – angesichts der Beibehaltung der fünfjährigen Obergrenze der Freiheitsstrafe in den Grundtatbeständen – aus dem Verbrechen der Amtsträgerbestechlichkeit (und auch der aktiven Richterbestechung) ein Vergehen wurde. Konsequenterweise wurde dadurch die Verjährungsfrist von zehn Jahren (§ 67 Abs. 1 StGB a.F.) auf fünf Jahre (§ 78 Abs. 3 Nr. 4 StGB) verkürzt, eine Folge, die noch bis in die jüngste Zeit auf Kritik gestoßen ist. Seit 1997 erstreckt sich in weiterem Umfang als früher die Strafbarkeit auch auf die Annahme usw. eines Vorteils zugunsten eines Dritten. Als Neuerung ist jedoch insbesondere die Strafschärfung nach § 335 StGB für besonders schwere Fälle der Bestechlichkeit und der Bestechung hervorzuheben. Eine Verlängerung der allgemeinen Verjährungsfrist hatte dies jedoch nicht zur Folge (§ 78 Abs. 4 StGB).

---

[5] Vgl. die Darstellungen bei *Eser/Überhofen/Huber*, Korruptionsbekämpfung durch Strafrecht, 1997, und in den von der vom Europarat zur Korruptionsbekämpfung eingerichteten Sonderorganisation GRECO und von der OECD-Arbeitsgruppe über internationale Bestechung veröffentlichten Landesberichten.

[6] BGBl. 1974 I 469; 1997 I 2038 (dazu u.a. zusammenfassend *Heinrich*, Der Amtsträgerbegriff im Strafrecht, 2001, S. 138 ff. m.N.).

[7] RGBl. I 351 = BGBl. III 2034-1.

2. Tatbestandsfassung und Rechtsgut

6   Nach § 332 StGB macht sich strafbar, wer als Amtsträger, als für den öffentlichen Dienst besonders Verpflichteter oder gemäß § 48 Wehrstrafgesetz als Soldat als Gegenleistung für eine pflichtwidrige Diensthandlung einen Vorteil für sich oder einen Dritten annimmt, fordert oder sich versprechen lässt. Entsprechend bedroht § 334 StGB denjenigen mit Strafe, der einem Amtsträger usw. einen Vorteil für eine solche Handlung gewährt, anbietet oder verspricht.

Wörtlich lautet der Grundtatbestand der Strafvorschrift über „Bestechlichkeit" (§ 332):

> „(1) Ein Amtsträger oder ein für den öffentlichen Dienst besonders Verpflichteter, der einen Vorteil für sich oder einen Dritten als Gegenleistung dafür fordert, sich versprechen lässt oder annimmt, dass er eine Diensthandlung vorgenommen hat oder künftig vornehme und dadurch seine Dienstpflichten verletzt hat oder verletzen würde, wird mit Freiheitsstrafe von sechs Monaten bis zu fünf Jahren bestraft. In minder schweren Fällen ist die Strafe Freiheitsstrafe bis zu drei Jahren oder Geldstrafe. Der Versuch ist strafbar."

7   § 334 (Bestechung) ist (abgesehen von der weitgehenden Straflosigkeit des Versuchs und den teilweise geringeren Strafdrohungen) **das Gegenstück zu § 332 StGB i.V. mit § 48 Wehrstrafgesetz.** Er lautet im Grundtatbestand

> „(1) Wer einem Amtsträger, einem für den öffentlichen Dienst besonders Verpflichteten oder einem Soldaten der Bundeswehr einen Vorteil für diesen oder einen Dritten als Gegenleistung dafür anbietet, verspricht oder gewährt, dass er eine Diensthandlung vorgenommen hat oder künftig vornehme und dadurch seine Dienstpflichten verletzt hat oder verletzen würde, wird mit Freiheitsstrafe von drei Monaten bis zu fünf Jahren bestraft. In minder schweren Fällen ist die Strafe Freiheitsstrafe bis zu zwei Jahren oder Geldstrafe.

8   Erweiterungen enthalten die jeweiligen Absätze 3:

> § 332: „(3) Falls der Täter den Vorteil als Gegenleistung für eine künftige Handlung fordert, sich versprechen lässt oder annimmt, so sind die Absätze 1 und 2 schon dann anzuwenden, wenn er sich dem anderen gegenüber bereit gezeigt hat,
> 1. bei der Handlung seine Pflichten zu verletzen oder,
> 2. soweit die Handlung in seinem Ermessen steht, sich bei Ausübung des Ermessens durch den Vorteil beeinflussen zu lassen."
>
> § 334: „(3) Falls der Täter den Vorteil als Gegenleistung für eine künftige Handlung anbietet, verspricht oder gewährt, so sind die Absätze 1 und 2 schon dann anzuwenden, wenn er den anderen zu bestimmen versucht, dass dieser
> 1. bei der Handlung seine Pflichten verletzt, oder
> 2. soweit die Handlung in seinem Ermessen steht, sich bei der Ausübung des Ermessens durch den Vorteil beeinflussen lässt."

9   **Geschützt** werden allgemein durch die Bestechungstatbestände **die Lauterkeit des öffentlichen Dienstes**[8] **und das Vertrauen der Allgemeinheit in die Lauterkeit**[9]. Ange-

---

[8] RegE-EGStGB, BT-Drucks. 7/550 S. 269; so z.B. jüngst auch *Dölling*, in: Gössel/Dölling, BT 1, 2. Aufl. 2004, § 75 Rn. 1; ihm folgend *Bannenberg*, in: Wabnitz/Janovsky, 3. Aufl., Rn. 53.

[9] Reg/KoalitionsE, BT-Drucks. 13/6624 = 13/5584, S. 16 (beides; so auch *Möhrenschlager*, JZ 1996, 822, 823 f. m.N.); BGHSt 47, 295, 303 = NJW 2002, 2801 = NStZ 2002, 648 = wistra 2002, 344, 347) betont Gesichtspunkt des Vertrauens in die Sachgerechtigkeit und Nichtkäuflichkeit, BGH NStZ-RR 2005, 266 f. = wistra 2005, 378 f. des Vertrauens der Allgemeinheit in die Lauterkeit des öffentlichen Dienstes.

sprochen ist damit letzten Endes das **ordnungsgemäße Funktionieren der öffentlichen Verwaltung**[10] (und Rechtsprechung) und das entsprechende öffentliche Vertrauen.[11] Bei den §§ 332 und 334 kommen deutlicher die Gewährleistung der Sachlichkeit staatlicher Entscheidungen und die Verhinderung von Befangenheit bei der Erfüllung von Pflichten hinzu. Hier steht der Schutz vor (konkreter) Verfälschung des Staatswillens im Vordergrund. Die Reichweite der Tatbestände zeigt aber einen weit in den Gefährdungsbereich reichenden Schutz auf, der auch das angesprochene Vertrauen stärken soll. Ein strafwürdiges Verhalten liegt auch schon dann vor, wenn ein Amtsträger unter dem Eindruck eines Vorteils den Anschein einer Bereitschaft zu einer Diensthandlung erweckt, auch wenn er innerlich dazu gar nicht bereit ist und es zu einer solchen Handlung gar nicht kommt (s.u.).

3. Täter

Täter i.S. des § 332 bzw. Vorteilsempfänger i.S. des § 334 sind „**Amtsträger**" i.S. von § 11 Abs. 1 Nr. 2 und „**für den öffentlichen Dienst besonders Verpflichtete**" nach § 11 Abs. 1 Nr. 4. Nach § 48 Abs. 1, 2 WehrstrafG ist § 332 StGB auch auf **Soldaten** anwendbar; in § 334 sind sie als Bezugspersonen ausdrücklich mit erwähnt. **Täter der Bestechung kann demgegenüber jedermann sein.** 10

Nicht einbezogen sind „Amtsträger" (Pfarrer, auch nicht Verwaltungsbeamte) von Kirchen[12] und grundsätzlich auch nicht ausländische und internationale Amtsträger (zu den Ausnahmen s. Rn. 344 ff.).[13] Abgeordnete, auch nicht kommunale Mandatsträger[13a], sind als solche keine „Amtsträger".

§ 11 Abs. 1 Nr. 2 unterscheidet dabei zwischen solchen Personen, bei denen die Rechtsstellung die Amtsträgereigenschaft begründet (Buchstaben a und b) und solchen, bei denen es auf die Wahrnehmung übertragener öffentlicher Aufgaben ankommt (Buchstabe c).

Zu dem Personenkreis der **Amtsträger** (im engeren Sinne) im Sinne von **Buchstabe a** gehören „Richter" und „Beamte". „Richter" sind Berufsrichter i.S. des Richtergesetzes (also z.B. nicht Schiedsrichter, Rechtspfleger – diese sind aber ggf. Amtsträger –, Gerichtsvollzieher und Rechtsreferendare) und ehrenamtliche Richter (Laienrichter wie Schöffen, Laien-Beisitzer, Mitglieder der RA-Ehrengerichte), § 11 Abs. 1 Nr. 3. Für „**Beamte**" ist eine Berufung in ein Beamtenverhältnis (selbst wenn im Nebenamt) nach beamtenrechtlichen Vorschriften oder eine Ernennung als Ehren-[14] bzw. Wahlbeamter[15] er- 11

---

[10] *Tröndle/Fischer*, § 331 Rn. 3; MK-*Korte*, § 331 Rn. 8; *Schönke-Schröder/Heine*, § 331 Rn. 3; *Heinrich* (Fn. 6), S. 255 ff., 310 ff. (ausführlich zur Rechtsgutsdiskussion S. 209 ff.).
[11] Krit. z.B. wegen nicht ausreichender bestechungsspezifischer Konkretisierung *Jacques*, Die Bestechungstatbestände unter besonderer Berücksichtigung des Verhältnisses der §§ 331 ff. StGB zu § 12 UWG, 1996, S. 36 ff., 78 ff.
[12] BGHSt 37, 191, 193; OLG Karlsruhe NJW 1989, 238 = wistra 1989, 34; dazu *Heinrich* (Fn. 6), S. 658 ff., 661 ff. und in NStZ 2005, 197, 201 unter Bezugnahme auf OLG Düsseldorf NJW 2001, 85 = wistra 2001, 111 (zu § 339 StGB).
[13] RegE-EGStGB, BT-Drucks. 7/550 S. 209.
[13a] BGH NJW 2006, 2050 = wistra 2006, 299.
[14] Auch wenn Übernahme staatsbürgerliche Pflicht ist, MK-*Radtke*, Rn. 20; *Heinrich* (Fn. 6), S. 328 ff.; a.A. z.B. BGHSt 12, 108, 111 (zu § 359 a.F. betr. Wahlvorstände); LK-*Gribbohm*, Rn. 23, 28; *Tröndle/Fischer*, Rn. 18; *Lackner/Kühl*, Rn. 5 (wenden Buchst. b an).
[15] BGHSt 35, 128 = wistra 1988, 110 (für den Bereich Abfallbeseitigung zuständiger Beigeordneter einer Stadt); dazu *Kuhlen*, NStZ 1988, 433; BGHSt 49, 275, 282 = NJW 2004, 3569, 3571 = wistra 2005, 96, 98 = NStZ 2005, 509 m. Anm. *Korte* = JR 2005, 509 mit Anm. *Dölling* (betr. Fall Kremendahl – ein in NRW hauptamtlicher Bürgermeister = kommunaler Wahlbeamter).

forderlich. Auf die Art der ausgeübten Tätigkeit kommt es nicht an; die einem Beamten übertragene amtliche Aufgabe darf aber nicht völlig außerhalb des Aufgabenbereichs der zuweisenden Behörde liegen.[16] Ein Beamter kann im Dienst des Bundes oder eines Landes stehen (unmittelbarer Beamter); dazu gehören auch die Beamten der Bundesbank, des Bundeseisenbahnvermögens, des Eisenbahnbundesamtes und von Regulierungsbehörden des Bundes und der Länder.[17] Eine Anstellung kann auch bei einer Gemeinde (auch als Wahlbeamter, s.o.), einem Gemeindeverband, einem Landschaftsverband, einem Land- oder Stadtkreis oder einer sonstigen Körperschaft, Anstalt[18] oder Stiftung des öffentlichen Rechts erfolgen (mittelbarer Beamter).[19] Ein Beamter im (nicht nur vorläufigen) Ruhestand ist i.S. des Strafrechts kein Beamter mehr.[20]

12 Im weiteren Sinne gehören zu den Amtsträgern auch Personen, die keine Beamte sind, aber in einem **„sonstigen öffentlich-rechtlichem Amtsverhältnis" (§ 11 Abs. 1 Buchstabe b)** stehen,[21] wie z.B. der Bundespräsident, Minister (einschließlich Bundeskanzler, Ministerpräsidenten u.ä.), Parlamentspräsidenten, Parlamentarische Staatssekretäre, Datenschutzbeauftragte, der (Vize)Präsident der Bundesnetzagentur,[22] Notare, Ehrenbeamte (soweit nicht von a) erfasst), Rechtsreferendare und Referendare im Schuldienst (soweit nicht Beamte auf Widerruf)[23] und der Wehrbeauftragte des Bundestages; auf Grund der Sonderregelung im WehrstrafG jedoch nicht Soldaten und aufgrund der Sonderregelung in § 108e StGB, der Eigenart der Mandatsausübung und des gesetzgeberischen Willens auch nicht Abgeordnete, einschließlich kommunale Mandatsträger.[24]

13 Darüber hinaus ist Amtsträger jedoch auch, wer sonst **„dazu bestellt ist, bei einer Behörde oder sonstigen Stelle oder in deren Auftrag Aufgaben der öffentlichen Verwaltung ... wahrzunehmen" (§ 11 Abs. 1 Buchstabe c)**. Die Reichweite dieser Definition ist zwischen Rechtsprechung und Literatur umstritten. Die Streitfragen beziehen sich auf

---

[16] BGHSt 49, 214, 217 = NJW 2004, 3129 f. = wistra 2005, 22 f. (deshalb: ein im Zuge der Bahnreform aus dienstlichen Gründen beurlaubter Bundesbeamter, der mit der DB AG einen privatrechtlichen Anstellungsvertrag abgeschlossen hat und in dieser Funktion tätig wird, ist nicht Amtsträger i.S. von Buchstabe a); ebenso Schönke/Schröder/*Eser*, § 11 Rn. 19 m.w.N.; a.A. MK-*Radtke*, § 11 Rn. 23.

[17] MK-*Radtke*, Rn. 21, 23; *Heinrich* (Fn. 6), S. 623, 632, 636 ff. (betr. Beamte). Mit Wirkung vom 13.7.2005 wurde die „Regulierungsbehörde für Telekommunikation und Post" in „*Bundesnetzagentur* für Elektrizität, Gas, Telekommunikation, Post und Eisenbahn" umbenannt, § 1 des Gesetzes in Art. 2 des 2. Gesetzes zur Neuregelung des Energiewirtschaftsrechts v. 7.7.2005 (BGBl. I 1970, 2009, 2017).

[18] Nach den Sparkassengesetzen einzelner Länder beamtetes Vorstandsmitglied einer kommunalen Sparkasse, *Tröndle/Fischer*, Rn. 13; ein Universitätsprofessor und Abteilungsleiter einer Universitätsklinik ist Beamter, BGH wistra 2003, 59, 61 f.

[19] Beispiele bei *Heinrich* (Fn. 6), S. 323 f.; streitig ist, ob ein Beamtenverhältnis auch entstehen kann, wenn der Staat die Auswahl einer Person, die staatliche Aufgaben erfüllen und der staatliche Autorität übertragen werden soll, einer Privatperson überlässt; dafür RGSt 62, 337; *Tröndle/Fischer*, Rn. 17; abl. MK-*Radtke*, Rn. 17; *Heinrich* (Fn. 6), S. 325 f. (Auffassung des RG zu § 359 RStGB heute überholt).

[20] BGHSt 11, 345, 347; NStZ 2004, 564 = wistra 2004, 302 f.; *Heinrich* (Fn. 6), S. 339 f. Das BMI-Rdschr. v. 8.11.2004 zum Verbot der Annahme von Geschenken in der Bundesverwaltung, GMBl. 2004, 1074, bezieht jedoch – der Regelung in § 70 BBG folgend – beamtenrechtlich auch Beschäftigte des öffentlichen Dienstes im Ruhestand mit ein. Der Rechtscharakter dieses Rundschreibens ist jedoch unklar, da es ein Anhang zu einem an die obersten Dienstbehörden gerichtetes Schreiben ist und nicht ausdrücklich sagt, dass es und ab wann bindend anzuwenden ist, zumal Ergänzungen nach VI durch die Adressaten möglich sind. Andererseits ist nach VII das BMI-Rundschreiben von 1962 außer Kraft getreten, was für eine Bindungswirkung zumindest in BMI spricht (der Erlass von 1962 war nicht bindend für alle Bundesministerien!).

[21] Dazu insbes. *Heinrich* (Fn. 6), S. 349 ff., 353 ff.; MK-*Radtke*, Rn. 26 ff.

[22] § 4 des in Fn. 17 erwähnten Gesetzes.

[23] MK-*Radtke*, § 11 Rn. 28; für Anwendung von Buchst. c NK-*Lemke*, § 11 Rn. 38; Vorsteher eines brandenburgischen Zweckverbandes Gewerbe- und Industriegebiete, BGH NStZ 2004, 564 = wistra 2004, 302 f., steht auch in einem öffentlich-rechtlichen Amtsverhältnis.

[24] RegE-EGStGB, BT-Drucks. 7/550 S. 208; näher dazu (insbesondere zum historischen Hintergrund) *Möhrenschlager*, NZWehrR 1980, 81, 82 f.; *Heinrich* (Fn. 6), S. 504 f.; BGH (Fn. 13a).

den Akt der „Bestellung", den Begriff der „sonstigen Stelle" und das Wesensmerkmal „Aufgaben der öffentlichen Verwaltung". Die bei einer oder für eine solche Stelle tätige Person muss allerdings Aufgaben der öffentlichen Verwaltung unmittelbar tatsächlich wahrnehmen. Durch die Alternative der Beauftragung werden auch behördenexterne Personen einbezogen, wie z.B. Gutachter und Sachverständige mit eigener Entscheidungskompetenz oder auch sog. Beliehene.[25]

Nach allgemeiner Meinung muss die **Bestellung** durch einen von einer (privatrechtlichen) Beauftragung zu unterscheidenden öffentlich-rechtlichen Akt[26] erfolgen, was auch stillschweigend bzw. konkludent erfolgen kann.[27] Ist allerdings eine privatrechtliche Organisation, wie etwa eine GmbH, durch einen öffentlich-rechtlichen Akt zur Wahrnehmung von Aufgaben der öffentlichen Verwaltung berufen, bedarf es keines zusätzlichen Bestellungsaktes für die Mitarbeiter, denen innerhalb des Aufgabenbereiches Sachgebiete zur eigenverantwortlichen Bearbeitung übertragen werden.[28] Nach der Rechtsprechung[29] ist bei Privatpersonen generell eine Bestellung i.S. des Buchstaben c jedoch nur dann zu bejahen, wenn sie entweder zu einer organisatorischen Eingliederung in die Behördenstruktur (Fall der 1. Alternative) oder zu einer einen Einzelauftrag überschreitenden längerfristigen Tätigkeit führt.[30] Die letztere in den Bereich der 2. Alternative fallende Auffassung ist jedoch zu eng, da sie ungerechtfertigterweise (behördenexterne) Personen ausschließen würde, die kraft eines einzelnen als Bestellungsakt zu wertenden Auftrags öffentlich-rechtliche bzw. verwaltungsspezifische Aufgaben wahrnehmen,[31] dazu gehören z.B. die mit Aufgaben öffentlicher Bauverwaltung betrauten Ingenieur- und Architekturbüros. Bloß untergeordnete und mechanische Tätigkeiten reichen dafür allerdings nicht aus. Ein Teil der Literatur hat deswegen zu Recht das Erfordernis einer zeitmäßigen Beschränkung verworfen.[32] **14**

---

[25] Vgl. dazu *Heinrich* (Fn. 6), S. 388 ff.
[26] Dazu näher *Heinrich* (Fn. 6), S. 521 ff.; *Ransiek*, NStZ 1997, 519; 1998, 564 und *Greeve*, Korruptionsdelikte in der Praxis, 2005, Rn. 180 verlangen eine „persönliche" Zuweisung der Aufgabe. Eine Übertragung von Leistungen an ein Ingenieurbüro seitens der Bayer. Schlösserverwaltung durch schuldrechtlichen Vertrag nach der HOAI war daher nicht ausreichend, BayObLGSt 1995, 110 = NJW 1996, 268 = wistra 1996, 28; ebensowenig die Einschaltung eines Prüf- und Planungsingenieurs in die Vorbereitung einer öffentlichen Ausschreibung für die Vergabe von Werkleistungen für Klärwerkseinrichtungen alleine durch einen privatrechtlichen Werkvertrag, BGHSt 43, 96, 102 ff. = NJW 1997, 3034 = NStZ 1997, 540 = wistra 1997, 336, 339 f. oder die Mitwirkung eines Dolmetschers bei einer Fahrschulprüfung, BGHSt 42, 232.
[27] Näher *Heinrich* (Fn. 6), S. 527 ff. m.N. auch zur Gegenmeinung. Eine bloße Zulassung oder Hinzuziehung einer Hilfsperson bei amtlichen Tätigkeiten, z.B. eines Dolmetschers durch Betroffene, ist noch keine „Bestellung", BGHSt 42, 230, 232.
[28] BGHSt 43, 370, 372 ff. = NJW 1998, 1874 = wistra 1998, 143 (Mitarbeiter der GTZ); zust. NK-*Lemke*, § 11 Rn. 31; *Greeve* (Fn. 426) Rn. 179; krit. dazu *Heinrich* (Fn. 6), S. 520 f., 525 f.; BGH wistra 2004, 99, 102 = NStZ 2004, 380 (Geschäftsführer einer städtischen Energieversorgungs-GmbH).
[29] BGHSt 43, 96, 105 (Fn. 26).
[30] Vgl. auch BGH NJW 1998, 2373 = wistra 1998, 222, 223 f. (bejaht für einen freiberuflichen Bauingenieur, der aufgrund eines Rahmenvertrages sämtliche Bauangelegenheiten eines städtischen Krankenhauses zu betreuen hat; verneint für eine Einzelbeauftragung eines freiberuflichen Ingenieurs durch ein Landesbauamt betr. die Vergabe des Auftrags für eine Telekommunikationsanlage für ein staatliches Versorgungskrankenhaus).
[31] Beispiel: Beauftragung eines Privatarztes durch die Polizei zur Entnahme einer Blutprobe, OLG München NJW 1979, 608 f.; a. A. *Schönke-Schröder/Eser*, Rn. 39 unter Bezugnahme auf OLG Dresden NJW 2001, 3643; LK-*Gribbohm*, Rn. 42; *Heinrich* (Fn. 6), S. 433 geht wohl davon aus, dass in einem Fall von Eingriffsverwaltung (s.u.) die BGH-Kriterien nicht zum Tragen kommen. Abl. zu diesem Fall NK-*Lemke*, § 11 Rn. 27 (nur schuldrechtlicher Vertrag; m.E. nicht richtig).
[32] Das ergibt sich für die 2. Alternative aus der funktionalen Betrachtungsweise (MK-*Radtke*, Rn. 31, 63 f.; *Schönke/Schröder/Eser*, Rn. 21 f., 27; i. Erg. auch *Dölling* [Fn. 4], C 59 f.; *ders.*, ZStW 112 [2000], 334, 340 ff.), bzw. einem weiteren Verständnis des Bestellungsaktes (*Lackner/Kühl*, Rn. 6; *Heinrich* [Fn. 6], S. 539 ff.); vgl. auch *Möhrenschlager*, JZ 1996, 822, 824; Bedenken äußern auch *Knauer/Kasper*, GA 2005,

15 Das Verständnis des nach Abs. § 11 Abs. 1 Nr. 7 auch Gerichte umfassenden **Behördenbegriffs** richtet sich nach dem öffentlichen Recht.[33] Mit den „**sonstigen Stellen**" sollen auch Körperschaften und Anstalten des öffentlichen Rechts sowie Stellen, die Teil einer Behörde im organisatorischen Sinne sind, und ferner auch verschiedene andere Stellen, die rechtlich befugt sind, bei der Ausführung von Gesetzen und der Erfüllung öffentlicher Aufgaben mitzuwirken, einbezogen werden.[34]

Beispiele für Behörden bzw. sonstige Stellen: Dienststelle von Bund und Ländern, einer Gemeinde einschließlich Bürgermeister, Gemeinderat, von der Gemeinde gesteuerte Stadtwerke AG, Kreiskrankenhaus, Handwerkskammer, Industrie- und Handelskammer, Träger der Sozialversicherung (umstr., ob Behörde oder sonstige Stelle), Universitätsfakultät/klinik, Landesbank, öffentlich-rechtliche Sparkasse, das Eisenbahn-Bundesamt, die Bundesdruckerei, Treuhandanstalt und Treuhand Liegenschafts-GmbH.

16 Umstritten sind die Anforderungen, soweit es sich um **privatrechtlich strukturierte Organisationen** handelt. Diese müssen nach der m.E. zu engen Rechtsprechung Merkmale aufweisen, die eine Gleichstellung mit Behörden rechtfertigen. Solche Organisationen müssen bei der Wahrnehmung ihrer Aufgaben derart staatlicher Steuerung unterliegen, dass sie bei einer Gesamtbetrachtung der sie kennzeichnenden Merkmale gleichsam als „verlängerter Arm" des Staates erscheinen.[35] Eine solche Steuerung ergibt sich für sie aber noch nicht aus der Inhaberschaft bzw. einer Mehrheitsbeteiligung[36] der öffentlichen Hand. Organisatorisch müsse eine Anbindung an eine Behörde vorhanden sein. Dies könne durch eine längerfristige vertragliche Bindung oder durch einen (auch formfrei möglichen) Bestellungsakt erfolgen (s.o.). Zum anderen müsse die Tätigkeit auch inhaltlich Elemente aufweisen, die sie mit behördlicher Tätigkeit vergleichbar macht. Regelmäßig werde dabei (m. E. zu eng) nur die Erfüllung solcher Aufgaben in Betracht kommen, die ihrer Natur nach typischerweise dem Staat vorbehalten seien.[37] Im Vordergrund steht der Aspekt eines beherrschenden Einflusses.

17 Nicht völlig eindeutig ist, wie weit der Gesetzgeber den in Nummer 2 einheitlich auszulegenden Begriff der „**Aufgaben der öffentlichen Verwaltung**" verstanden haben wissen wollte. Einerseits sollte der neue Begriff des Amtsträgers nach den vom Gesetzgeber gebilligten Vorstellungen der Bundesregierung sachlich im Wesentlichen mit dem bisherigen Begriff des Beamten im strafrechtlichen Sinne übereinstimmen.[38] Andererseits

---

385, 386; MK-*Korte*, § 331 Rn. 41 fordert zwar eine enge Auslegung, lässt aber einen öffentlich-rechtlichen Bestellungsakt ausreichen, durch den dem Amtsträger Aufgaben der öffentlichen Verwaltung zugewiesen werden und dessen besondere Pflichtenstellung begründet wird; eine volle Erfüllung der BGH-Kriterien scheint er damit nicht zu fordern.

[33] Dazu insbesondere *Heinrich* (Fn. 6), S. 370 ff.
[34] RegE-EGStGB, BT-Drucks. 7/550 S. 209; vgl. auch BGHSt 43, 370, 376 f. = NJW 1998, 1874 = wistra 1998, 143, 144 f.; BGHSt 45, 15, 19; 49, 214, 219 = NJW 2004, 3129 f. = wistra 2005, 22, 24; BGHSt 50, 299 = wistra 2006, 96 f., 344, 346; vgl. näher zu einzelnen Bereichen *Heinrich* (Fn. 6), S. 619 ff. und in NStZ 2005, 197, 198 ff.
[35] BGH a.a.O. m.N.
[36] Vgl. BGHSt 38, 199, 203 f. (möglich jedoch bei Anschluss- und Benutzungszwang); 45, 19 f.; 50, 299, 303 f. (Fn. 34; Kölner Müllskandal; städt. Abfallverwertungsgesellschaft wegen privater Sperrminorität für wesentliche unternehmerische Enscheidungen keine „sonstige Stelle"; noch weitergehend in Ablehnung *Noltensmeier*, StV 2006, 132); wistra 2006, 344, 346 = NStZ 2006, 628 (bejaht bei Stadtwerken in Alleinbesitz der Stadt, die die Geschäftstätigkeit im Energiebereich im öffentlichen Interesse steuert).
[37] BGHSt 46, 310, 313 ff. = NJW 2001, 2102 (für bayer. Blutspendedienst verneint wegen fehlender organisatorischer Einbindung [krit. dazu *Heinrich*, NStZ 2005, 197, 200]; ministerielle Rechtsaufsicht und Kontrolle durch Bayer. Rotes Kreuz als Körperschaft des öffentlichen Rechts reichen wegen deren fehlender Inkorporierung in die staatliche Organisation auch nicht aus); BGHSt 49, 214, 226 f. = NJW 2004, 3129 = wistra 2005, 22, 26 (verneint wegen zu geringer Einwirkungs- und Steuerungsmöglichkeiten des Bundes auf den Geschäftsablauf der DB-AG, m.E. zu Unrecht).

sollte der Begriff „öffentliche Aufgaben" weit auszulegen sein: Danach „umfasst [er] … die Wahrnehmung von Aufgaben der staatlichen Anordnungs- und Zwangsgewalt" [also die sog. Eingriffsverwaltung] „sowie die Tätigkeit des Staates zur Daseinsvorsorge … und schließlich auch die erwerbswirtschaftlich-fiskalische Betätigung des Staates und anderer Körperschaften des öffentlichen Rechts". Dies würde, wörtlich genommen, jedoch über den früheren „Beamten"-Begriff hinausgehen. In diesem Spannungsfeld sind in Rechtsprechung und Literatur unterschiedliche Anstrengungen unternommen worden, durch Interpretation eine zu weite Auslegung zu vermeiden. Seit 1997[39] ist durch Ergänzung des Buchstaben c allerdings geklärt, dass es dabei auf die „zur Aufgabenerfüllung gewählte Organisationsform" nicht mehr ankommt, also ggf. ein Handeln innerhalb einer privatrechtlichen Organisation, z.B. einer GmbH, ausreichen kann. Die Rechtsprechung erreicht eine Eingrenzung vor allem durch zusätzliche Anforderungen an den Akt der Bestellung bzw. an den Begriff einer „sonstigen Stelle" (s.o.).

Unstreitig gehört die sog. **Eingriffsverwaltung** zum Anwendungsbereich von Buchstabe c und zwar auch dann, wenn hoheitliche Anordnungs- und Zwangsbefugnisse auf Private übertragen werden. **18**

Auch wenn grundsätzlich unstreitig ist, dass auch die **Leistungsverwaltung, einschließlich der Daseinsvorsorge**, zu den Aufgaben der öffentlichen Verwaltung gehört, so beziehen sich Eingrenzungsversuche der oben dargestellten Rechtsprechung und auch der Literatur vor allem auf diesen Bereich. Auch bei der Leistungsverwaltung muss es sich um Aufgaben handeln, die vorrangig im Interesse der Allgemeinheit (wie z.B. bei der Gesundheitsvorsorge, der Energie- und Wasserversorgung sowie der Müllentsorgung) wahrgenommen werden.[40] Eine solche wird teilweise dann verneint, wenn jegliche öffentliche Zielsetzung fehlt.[41] Werden bestimmte Anlagen öffentlich-rechtlich betrieben, so erstreckt sich der öffentliche Aufgabencharakter allerdings auch auf die damit zusammenhängenden Aufgaben. Tätigkeiten aus dem Bereich der Daseinsvorsorge, die dazu bestimmt sind, unmittelbar für die Daseinsvoraussetzungen der Allgemeinheit oder ihrer Glieder zu sorgen, werden, auch wenn sie in privatrechtlich organisierter Form durchgeführt werden, von der Rechtsprechung als öffentliche Aufgabe angesehen.[42] Nicht erforderlich ist, dass eine rechtliche oder faktische Monopolstellung seitens der öffentlichen Hand vorliegt oder bei Wettbewerbsteilnahme dieser eine wirtschaftslenkende Funktion obliegt, auch wenn diesen Faktoren starke indizielle Funktion zukommt. Allein aus der Tatsache, dass eine Einrichtung staatlicher Aufsicht oder Kontrolle unterliegt, kann auf die Wahrnehmung einer öffentlichen Aufgabe noch nicht geschlossen werden.[43] Dass Private auch als Daseinsvorsorge zu bewertende Dienste anbieten, schließt das (Fort)Bestehen einer öffentlichen Aufgabe nicht aus, insbesondere wenn es um einen Bereich der Grundversorgung für die Bevölkerung geht. Dies ist erst dann der Fall, wenn die öffentliche Hand die Wahrnehmung bestimmter Aufgaben dem Privatsektor überlässt (Auf- **19**

---

[38] RegE-EGStGB, BT-Drucks. 7/550 S 208 f. (dazu insbesondere *Heinrich* [Fn. 6], S. 398 ff.).

[39] Art. 1 Nr. 1 des Gesetzes zur Bekämpfung der Korruption vom 13.8.1997, BGBl. I 2038 (anders noch zuvor BGHSt 38, 199 betr. einen Geschäftsführer eines in der Rechtsform einer GmbH geführten, auf dem Gebiet des sozialen Wohnungsbaus tätigen landeseigenen Unternehmens; krit. dazu *Heinrich* [Fn. 6], S. 440 ff.; differenzierend *Greeve/Leipold*, Handbuch des Baustrafrechts, 2004, 4. Teil, § 18 Rn. 13 ff.).

[40] MK-*Radtke*, Rn. 40; für Beschränkung auf Tätigkeiten, bei denen Charakter als „an sich staatlich" deutlich hervortritt, *Knauer/Kaspar* (Fn. 32), 387 ff.

[41] KG NStZ 1994, 242; Schönke/Schröder/*Eser*, Rn. 22 a.E.; *Tröndle/Fischer*, Rn. 22.

[42] BGH NJW 2004, 693 = NStZ 2004, 380 = wistra 2004, 99 f.; BGHSt 49, 214, 220 f. = NJW 2004, 3129 f. = wistra 2005, 22, 24; Beispiele bei *Heinrich* (Fn. 6), S. 413.

[43] Vgl. BGHSt 46, 310, 315; 50, 299, 307 (Fn. 34); dementsprechend ist für *Taschke*, StV 2005, 409 f. ein Kassenarzt kein Amtsträger.

gaben- im Gegensatz zur Organisationsprivatisierung), was z.B. bei der Postbank der Fall ist.[44]

20 Die neuere Rechtsprechung hat in Bestechungsfällen die Amtsträgerschaft in folgenden Fällen bejaht: bei einem Vorstandsmitglied einer Landesbank, auch wenn im Geschäftsbankenbereich tätig, BGHSt 31, 264; bei einem Angestellten der Deutschen Gesellschaft für Technische Zusammenarbeit (GTZ), BGHSt 43, 370; bei einem freiberuflichen Bauingenieur, der aufgrund eines Rahmenvertrages sämtliche Bauangelegenheiten eines städtischen Krankenhauses zu betreuen hatte, BGH wistra 1998, 222; bei einem Oberarzt in einem Kreis- bzw. Universitätskrankenhaus, BGH NStZ 2000, 90 = wistra 2000, 22; OLG Hamburg StV 2001, 277, 284; bei dem Leiter einer Niederlassung der Treuhand Liegenschaftsgesellschaft mbH, BGH NJW 2001, 3062 = wistra 2001, 425, 427 f., (dazu *Greeve*, Fn. 26, Rn. 197); vgl. auch schon KG NStZ 1994, 242; bei einem Organisationsprogrammierer der GEZ, BGH wistra 2001, 466; bei einem Geschäftsführer einer städtischen Energieversorgungs-GmbH, BGH NJW 2004, 693 = wistra 2004, 99; bei Mitgliedern eines städtischen Verwaltungsausschusses und beim Aufsichtsratsvorsitzenden sowie bei Vorstandsmitgliedern der Stadtwerke in BGH wistra 2006, 344 (Fn. 36); beim Geschäftsführer einer Müllentsorgungsgesellschaft eines Kreises (Alleingesellschafter), BGH, 5 StR 70/06, 26.10.2006).

Negativ entschieden wurde für einen freiberuflichen Ingenieur, der einen (Einzel)Auftrag seitens eines Landesbauamtes für eine Telekommunikationsanlage für ein staatliches Versorgungskrankenhaus hatte, BGH NJW 1998, 2373 = wistra 1998, 222, 224; für den Mitarbeiter in der Bauabteilung der Flughafen Frankfurt/Main AG, BGHSt 45, 16 (zust. *Greeve*, Fn. 26, Rn. 198; kritisch MK-*Radtke*, Rn. 41; *Dölling*, ZStW 112 [2000], 334, 339 f.; für einen beurlaubten Bundesbahnbeamten, der danach als Angestellter der DB-AG tätig ist, BGHSt 49, 214, 219 ff. = NJW 2004, 3129 = wistra 2005, 22, 25 (jeweils m.E. zu Unrecht; zust. jedoch *Krehl*, StV 2005, 325 ff.; *Greeve*, Fn. 26, Rn. 202, 222; bei der DB-AG geht der BGH zwar davon aus, dass diese noch eine öffentliche Aufgabe erfüllt, sie könne aber nicht mehr einer Behörde gleichgestellt werden); und für den Geschäftsführer des Bayerischen Roten Kreuzes und dessen Blutspendedienstes, BGHSt 46, 310 (Fn. 37); Geschäftsführer der städtischen Abfallverwertungsgesellschaft im Kölner Müllskandal (Fn. 36).

21 Zum Bereich der **erwerbswirtschaftlich-fiskalischen Betätigung** gehört nicht nur die **Beschaffungs- und Bedarfsverwaltung** als Aufgabe der öffentlichen Verwaltung, sondern kann – nach entsprechenden – teilweise allerdings widersprüchlichen – Äußerungen des Gesetzgebers – auch die wirtschaftliche Betätigung der öffentlichen Hand – soweit sie im Allgemeininteresse erfolgt – gerechnet werden, was bezüglich letzterem von einem Teil der Literatur jedoch als zu weitgehend abgelehnt wird,[45] die höchstrichterliche Rechtsprechung hat dies bisher offen gelassen.[46] Eine der Daseinsvorsorge dienende Tätigkeit verliert jedenfalls durch ein damit verbundenes erwerbswirtschaftliches Handeln in Gewinnerzielungsabsicht nicht den öffentlichen Aufgabencharakter.[47]

22 Durch die Einbeziehung von „**für den öffentlichen Dienst besonders verpflichteten Personen**", wie sie in **Absatz 1 Nr. 4** umschrieben sind, wird in ähnlicher Weise wie in der o.g. BestechungsVO der Tatsache Rechnung getragen, dass die öffentliche Hand bei der Erledigung von Aufgaben der öffentlichen Verwaltung auch Personen beschäftigt, die keine

---

[44] *Heinrich* (Fn. 6), S. 636; MK-*Radtke*, Rn. 41; NK-*Lemke*, § 11 Rn. 34; *Krehl*, StV 2005, 326 f. Anders ist die Sachlage bei der Deutschen Post AG im Bereich gesetzlicher Exklusivlizenzen (s. § 51 PostG, bis 31.12.2007 für Briefsendungen bis 50g, [zweifelhaft, insbesondere wenn Zustellungen gemischt mit höhergewichtigen Briefen erfolgen] und bei öffentlich-rechtlichen Zustellungen [*Heinrich* a.a.O., S. 633]). Vgl. auch BGHSt 50, 299, 307 (Fn. 34).
[45] MK-*Radtke* Rn. 45 m.N. in Anm. 225; abl. für die rein erwerbswirtschaftliche Betätigung auch *Dölling* (Fn. 4), C 55; *ders.*, in: Gössel/Dölling (Fn. 8), § 75 Rn. 4; einschränkend *Heinrich* (Fn. 6), S. 479 ff., 493 ff.; *Knauer/Kaspar* (Fn. 32), 390.
[46] Zuletzt BGH NJW 2004, 693 = NStZ 2004, 380 = wistra 2004, 99, 101 m.N.
[47] BGH a.a.O.

Amtsträger sind oder sich dabei bestimmter Verbände und Unternehmen bedient, wodurch zusätzliche Gefahren unlauterer Einflussnahme auf ihre Tätigkeit geschaffen werden können.[48] Es handelt sich also um Personen, die keine Amtsträger i.S. von Nummer 2 sind, also nicht selbst Aufgaben der öffentlichen Verwaltung erfüllen, sondern mit sonstigen Aufgaben bei einer Stelle betraut sind, die selbst öffentliche Aufgaben wahrnimmt oder für eine solche oder in deren Auftrag solche Aufgaben ausführt. Es kann sich dabei um Büro- und Schreibkräfte, Boten, Raumpfleger, Kraftfahrer, auch V-Leute der Strafverfolgungsbehörden, amtlich hinzugezogene private Sachverständige bzw. Gutachter, freiberuflich tätige Planungsingenieure (soweit sie nach der Rechtsprechung nicht Amtsträger sind) oder um ein Mitglied eines Beratungsgremiums handeln; nach Nr. 12.2 der Richtlinie der Bundesregierung zur Korruptionsprävention in der Bundesverwaltung[49] sind Beschäftigte von privaten Unternehmen, die bei der Ausführung von Aufgaben der öffentlichen Hand mitwirken, soweit erforderlich, förmlich zu verpflichten. Dies erfolgt nach dem **Verpflichtungsgesetz** vom 2.3.1974.[50] Wesentliche Voraussetzung ist, dass der Betroffene zur gewissenhaften Erfüllung seiner Obliegenheiten verpflichtet und auf die strafrechtlichen Folgen einer Pflichtverletzung hingewiesen wird (§ 1 I, II 2 VerpflichtungsG).

Der Täter muss im Zeitpunkt der Verwirklichung des Tatbestandes die Täterqualifikation besitzen. Es reicht nicht aus, wenn sie später begründet wird.[51] Nimmt jemand vor seiner Ernennung zum Amtsträger ein Geschenk in Bezug auf eine künftige Diensthandlung an, so macht er sich nicht strafbar, selbst wenn er diese nachträglich vornimmt. Dasselbe gilt für einen Beamten, der im Ruhestand ein Geschenk für eine Diensthandlung in seiner aktiven Zeit annimmt.[52] 23

4. Vorteil

Die Handlung des Amtsträgers usw. besteht in § 332 darin, dass er als Gegenleistung für eine pflichtwidrige Diensthandlung einen Vorteil für sich oder einen Dritten annimmt, fordert oder sich versprechen lässt. Entsprechend bedroht § 334 denjenigen mit Strafe, der einem Amtsträger usw. einen Vorteil für eine solche Handlung gewährt, anbietet oder verspricht. 24

Unter einem **Vorteil** ist nach der Grundsatzformel der h.M. jede – selbst auf Erpressung beruhende[53] – Leistung zu verstehen, auf die der Amtsträger oder der Drittempfänger keinen (durchsetzbaren) Anspruch hat[54] und welche die wirtschaftliche, rechtliche oder auch nur persönliche Lage des Empfängers objektiv verbessert.[55] Es kann sich dabei 25

---

[48] Vgl. RegE-EGStGB, BT-Drucks. 7/550, S. 210 f.; näher MK-*Radtke*, Rn. 71 ff.
[49] V. 30.7.2004, BAnz Nr. 148 v. 10.8.2004, S. 17745.
[50] Art. 42 EGStGB, BGBl. I 469, 545, geändert durch Gesetz v. 15.8.1974 (BGBl. I 1942); näher dazu *Korte* in Kapitel 6 Rn. 47 ff.; zur förmlichen Verpflichtung vgl. *Starke*, FS Rudolphi, 2004.
[51] BGHSt 49, 275, 291 f. = NJW 2004, 3569, 3574 = NStZ 2005, 509 = wistra 2005, 96, 101 (Fn. 15, Wuppertaler Fall Kremendahl); in der Wahlkampfunterstützung für eine OB-Wahl hat der BGH (St 49, 284) eine solche jedoch auch für den Erhalt der Amtsstellung gesehen. Vgl. auch MK-*Korte*, § 331 Rn. 47 m.N.
[52] S. Fn. 20.
[53] BGHSt 9, 245; MK-*Korte*, § 331 Rn. 61; davon geht auch BGHSt 33, 37 = wistra 1984, 21 aus.
[54] Gegen diese Einschränkung jüngst *Ambos*, JZ 2003, 345, 351; *Satzger*, ZStW 115 (2003), 469, 475 f. m.N.; *Bannenberg* in Wabnitz/Janovsky, 3. Aufl., Rn. 60 (abl. dazu *Hardtung* ZStW 115 [2003], 673 f.); teilw. abweichend *Schwieger*, Der Vorteilsbegriff in den Bestechungsdelikten des StGB, 1996, S. 186 ff.
[55] NK-*Kuhlen*, Rn. 33; *Lackner/Kühl*, Rn. 4 (jeweils zu § 331); die Aussagen der Rechtsprechung (z.B. BGHSt 31, 264, 279; 33, 336, 339; 35, 128, 133; 47, 295, 304; 48, 44, 49, 275) und eines Teils der Literatur beziehen sich zumeist nur auf Altfälle vor der Reform von 1997 und insoweit nur auf Amtsträger selbst (N. bei *Hardtung*, Erlaubte Vorteilsannahme, 1994, S. 54; *Jacques* [Fn. 11], S. 131). Inhaltlich ebenso BMI-Rdschr. v. 8.11.2004 (Fn. 20) unter II, das aber bei Drittzuwendungen Einschränkungen in Richtung mittelbarer Vorteile für den Amtsträger macht.

um materielle oder immaterielle Vorteile handeln.[56] Insbesondere bei letzteren kann die Besserstellung auch subjektiv geprägt sein.[57] Die meisten Zuwendungen haben vermögenswerten Charakter; geringwertige Zuwendungen werden auch erfasst.[58] Bei vertraglichen Zuwendungen kann bereits im Abschluss des Vertrages ein Vorteil liegen. Andernfalls könnten die Bestechungstatbestände stets durch die Vereinbarung eines Vertragsverhältnisses zwischen Amtsträger und Leistungsgeber ausgeschlossen werden, was bei einseitigen Zuwendungen noch befremdlicher wäre. Nach der Rechtsprechung und der überwiegenden Literatur liegt ein Vorteil nicht nur vor, wenn eine unangemessen hohe, sondern regelmäßig auch, wenn eine angemessene Gegenleistung vereinbart wurde.[59] Auch in letzterem Fall ist der Amtsträger zumeist besser gestellt, außer wenn er den gleichen Vertrag ohne weiteres auch anderweitig hätte abschließen können. In der Praxis handelt es sich vielfach um die Übertragung von Nebentätigkeiten,[60] wie z.B. um Beraterverträge und Gutachtenaufträge. Ein Vorteil kann auch die Beibehaltung des status quo sein, wenn dessen Änderung zu erwarten war (keine Kündigung eines Darlehens, eines Mietverhältnisses, einer Nebentätigkeit), nicht aber die Unterlassung der Androhung von Straftaten oder einer Strafanzeige.[61]

26 Beispiele der höchstrichterlichen Rechtsprechung zu „**materiellen Vorteilen**" aus jüngerer Zeit: Geldzahlung für Mitteilung von Daten über Lehramtsbewerber, BGH wistra 2006, 226; Auftrag an Ingenieurfirma mit Unterbeauftragung an Firma des Sohnes des Amtsträgers, die die städtischen Zahlungen an die Ingenieurfirma abzüglich 10 bis 15% erhält, verbunden mit mittelbaren Vorteilen für den Amtsträger aus Einnahmen von an die Firma des Sohnes vermieteten Grundstücken, BGH NStZ-RR 2005, 266 = wistra 2005, 378; Buchung von Reisen, Verauslagung von Reisekosten, zinsloses Darlehen, BGH wistra 2005, 226 (vgl. auch in wistra 2006, 258 – Reise nach Chicago zum Besuch eines Basketballspiels); finanzielle und personelle Wahlkampfunterstützung, BGHSt 49, 275, 282 = NJW 2004, 3465 ff. = wistra 2005, 96, 98 (Fall Kremendahl, s. Fn. 51); Zahlung von 200.000 DM für Vergabe von Ingenieuraufträgen, BGH wistra 2004, 99 f.; Zahlungen für Luftrechnungen, BGH wistra 2004, 29 f.; Geldzahlungen an eine Partei für den Regierungschef, OLG Düsseldorf wistra 2003, 318 f. (Auslieferungsfall);

---

[56] RegE-EGStGB, BT-Drucks. 7/550, S. 271 (vor 1975 umstritten); abl. zu immateriellen Vorteilen z.B. *Eb. Schmidt*, Die Bestechungstatbestände in der höchstrichterlichen Rechtsprechung von 1879 bis 1959, 1960, S. 3 ff., 9, 20 m.N.; für diese Linie jüngst noch *Bernsmann*, StV 2003, 521, 526; internationale Korruptionskonventionen verpflichten jedoch zur Einbeziehung immaterieller Vorteile.
[57] *Arzt/Weber*, § 49 Rn. 24 (auch ggf. bei materiellen Vorteilen unter Bezugnahme auf *Baumann*, Zur Problematik der Bestechungsdelikte, 1961, S. 13 ff.; i. Erg. auch MK-*Korte*, § 331 Rn. 74).
[58] MK-*Korte*, Rn. 63; NK-*Kuhlen*, Rn. 35 m.w.N. (jeweils zu § 331); *Baumann* (Fn. 57), S. 13; *Merges*, Die Strafausschließungsgründe der Bestechungsdelikte, 1996, S. 147 ff.; a.A. SK-*Rudolphi/Stein*, § 331 Rn. 23 m.N.; *Ulsenheimer*, Arztstrafrecht in der Praxis, 3. Aufl. 2003, § 13 II 3, Rn. 14; *Jacques* (Fn. 11), S. 145; vgl. auch BGHSt 33, 336, 339; OLG Frankfurt/Main, NJW 1990, 2074 f.; die Straflosigkeit kann hier auf andere Weise erreicht werden (s. Rn. 65).
[59] BGHSt 31, 264, 280 (zust. BVerwG NVwZ 2002, 1515 f.); BGH NStZ-RR 2003, 171 = wistra 2003, 303 f. (Übertragung einer Nebentätigkeit); ausführlich NK-*Kuhlen*, § 331 Rn. 47 ff.; weiter SK-*Rudolphi/Stein*, § 331 Rn. 22a; *Schönke-Schröder/Heine*, § 331 Rn. 18 (differenzierend); MK-*Korte*, § 331 Rn. 73 f., 138 m.N. jeweils auch zur Gegenmeinung (z.B. von *Lüderssen*, Sollen Submissionsabsprachen strafrechtliches Unrecht werden?, Beilage 11 zu BB 1996 H. 11; S. 38 ff.; JZ 1998, 112; *Ulsenheimer* [Fn. 58], Rn. 13 f., außer bei Übernahme bezahlter Nebentätigkeit; a.A. auch *Günter*, in: Hiersche (Hrsg.), Spenden, Sponsoren, Staatsanwalt?, 2000, S. 14, 16 f.; *Greeve* (Fn. 26), Rn. 230 f.
[60] BGH wistra 2003, 303 f. = NStZ-RR 2003, 171 (Mitwirkung an Fortbildungsveranstaltungen [Organisation und Vorträge], einschließlich Forschungsarbeiten zu deren Vorbereitung; vgl. auch RGSt 77, 75, 78.
[61] NK-*Kuhlen*, Rn. 36 f.; SK-*Rudolphi/Stein*, Rn. 19; MK-*Korte*, Rn. 64, jeweils m.w.N. (teilweise a.A. BGH NJW 1985, 2654 = NStZ 1985, 497 m. Anm. *Marcelli*). Beim Unterlassen einer Strafanzeige dürfte die Sachlage anders sein, wenn diese auch sonst zu erwarten war, z.B. wenn ein Polizeibeamter den Amtsträger, der ihm illegal eine Baugenehmigung erteilen soll, wegen einer Straftat hätte anzeigen müssen.

Übertragung von Nebentätigkeiten, BGH NStZ-RR 2003, 171 = wistra 2003, 303 f.; Geschenke und mehrere Essenseinladungen an TÜV-Mitarbeiter, BGH wistra 2003, 260 f.; in 1534 Fällen Zahlungen zwischen 10 und 150 DM an TÜV-Prüfer, BGH wistra 2003, 227; Nutzungsmöglichkeit einer dualen Antriebskonsole, auch wenn diese überwiegend dem Klinikbetrieb zugute kommt, im Hinblick auf objektiv messbare Verbesserung der Wirkungsmöglichkeiten des Leiters einer Uni-Klinik, Zahlung von Reise- und Übernachtungskosten für Kongresse, Kostenerstattung für Betriebsfeiern, BGH wistra 2003, 59 = NJW 2003, 763 (nicht in BGHSt 48, 44); Straßenbahn-Jahresfreifahrtschein für Ehefrau, OLG Stuttgart, wistra 2003, 31; Bezahlung sexueller Leistungen von Prostituierten bzw. eines Begleitservices mit Prostituierten, BGH wistra 2002, 426 f. (vgl. auch BGH wistra 1989, 26 = NJW 1989, 914); Wasserpfeife, türkisches Schwert und Geld, BGH wistra 2002, 428; Geldzuwendungen an Förderverein, die zum Ersatz von Auslagen für Kongressreisen, die Beschaffung und Wartung von Büro- und medizintechnischen Geräten und zur Bezahlung von Probanden und geringfügig Beschäftigten verwendet werden, BGHSt 47, 295 = wistra 2002, 344 = NJW 2002, 2801; Zahlungen für Scheinrechnungen und (zinslose) Darlehen, BGH wistra 2002, 255; Zahlungen für Arbeits-, Neujahrsessen, Gala-Diners, Betriebsfeste, eines Reitpferdes für die Tochter, Provisionszahlungen, BGH wistra 2001, 466; Bargeld und teure Spirituosen, BGH wistra 2001, 270 f.; Preisnachlass beim Wohnungsbau für Amtsträger, BGH NStZ 2001, 425 = wistra 2001, 260; 15% der Bestellsumme, Einladungen in Gourmets-Restaurants und zu Auslandsreisen, BGH wistra 2000, 22 = NStZ 2000, 90; Honorar für wertlose Gutachten bzw. weit überhöhte Zahlungen für Gutachten, BGH wistra 1999, 224 (vgl. auch BGH wistra 2001, 425 f.); Liquiditätserweiterung mittels Verfügungsmöglichkeit über Bankguthaben durch Entgegennahme von Überweisungen auf Privatkonto, BGH wistra 1998, 106 f.; Nichtgeltendmachung von Ansprüchen eines Bauunternehmers gegenüber Baudirektor eines Landratsamtes, der eine seinem Werklohn für Erneuerung einer Gartenterrasse entsprechende Zahlung durch Scheinrechnungen vom Landkreis erhält, BGH NStZ 1994, 191 = wistra 1994, 146; Wurst und Alkoholika, BGHSt 39, 45 = wistra 1993, 108; Bargeld und Gartenmöbel, BGHSt 38, 199 = wistra 1992, 138; Bezahlung der Kosten für Übernachtung, Essen und Busfahrten, BGH wistra 1991, 220; 1989, 100; Geldzuwendung an Beamten (mit Verfügungsmöglichkeit) zur Weiterleitung an Partei, BGHSt 35, 128 (Fn. 15); Erteilung einer Baugenehmigung (zu § 108b StGB), BGHSt 33, 336 = wistra 1986, 106; Bargeld, zinsloser Kredit, Zahlung von Reparaturrechnungen, unentgeltliche Zurverfügungstellung eines PKW für Urlaubsreise, BGHSt 32, 290 = wistra 1984, 144; Abschluss eines Beratervertrages, der lukrative Leistungen an den Amtsträger zur Folge hat, und zwar selbst dann, wenn dieser nur ein angemessenes Entgelt für die von ihm selbst aufgrund des Vertrages geschuldeten Leistungen vorsieht, BGHSt 31, 264, 279 f. = wistra 1983, 151. Weitere Beispiele im BMI-RdSchr. v. 8.11.2004 (Fn. 20) unter II (wie z.B. erbrechtliche Begünstigungen, Preisverleihungen).

Zu den **immateriellen Vorteilen** werden die Gewährung des Geschlechtsverkehrs und sonstige sexuelle Handlungen von einiger Erheblichkeit, die Verleihung von Orden, Titeln (Dr. h.c.; Honorarprofessor) und Ehrenämter (von einigem Gewicht), bestimmte Einladungen, Vermittlung von nicht leicht erreichbaren wertvollen Mitgliedschaften oder von (unentgeltlichen) Ausbildungs- und Arbeitsmöglichkeiten sowie sogar eine positive Berichterstattung in den Medien[62] gerechnet. Zu weit geht die vor allem früher (d.h. vor der Reform von 1997) vertretene von Feuerbach her stammende Auffassung, allein auf die Befriedigung des Ehrgeizes, der Eitelkeit und des Geltungsbedürfnisses abzustellen[63]. Ansatzpunkt ist heutzutage, dass immaterielle Vorteile auch einen objektiv messbaren Inhalt haben und den Amtsträger tatsächlich besser stellen müssen.[64] In der Anwendung

27

---

[62] *Arzt/Weber*, § 49 Rn. 24; MK-*Korte*, § 331, Rn. 71.
[63] OLG Karlsruhe wistra 2001, 434 f. = NStZ 2001, 654 f. (als mittelbarer Vorteil für Amtsträger); vgl. auch RGSt 77, 75, 77 f.; RG DR 1943, 76 f.; BGHSt 14, 123, 128 (krit. dazu *Gribl*, Der Vorteilsbegriff bei den Bestechungsdelikten, 1993, S. 31 ff.).
[64] BGHSt 47, 295, 304 = wistra 2002, 344, 348; wistra 2003, 59, 65.; NK-*Kuhlen*, Rn. 39; MK-*Korte*, Rn. 68 m.w.N. (zu § 331); krit. *Tröndle/Fischer*, § 331 Rn. 11c (nicht unbestimmt).

8. Kapitel. Der strafrechtliche Schutz gegen Korruption

dieser Formel bestehen allerdings erhebliche Unsicherheiten. So sah z.B. der BGH bei der Verbesserung der technischen Ausstattung der Abteilung eines Uniklinikabteilungsleiters einen Vorteil in der objektiv messbaren Verbesserung der persönlichen Wirkungsmöglichkeiten des Abteilungsleiters, hatte jedoch rechtliche Bedenken, eine solche Messbarkeit und damit einen Vorteil im Hinblick auf Ansehensmehrung und konkrete Verbesserung von Karrierechancen anzunehmen.[65] Teilweise wird eine Einschränkung des Vorteilsbegriffs für Zuwendungen vorgenommen, die nur Mittel zur Durchführung der Dienstausübung sind.[66]

28 Mit der ausdrücklichen Aufnahme von (insbesondere auch direkten) Drittzuwendungen (**Vorteil für einen Dritten**) in die Bestechungstatbestände, was im Einklang mit internationalen Rechtsinstrumenten zur Korruptionsbekämpfung steht, hat der Gesetzgeber nicht nur eine Klarstellung,[67] sondern weitergehend eine Tatbestandserweiterung vorgenommen. Erfasst werden nicht nur Zuwendungen an Ehegatten, Familienangehörige und sonstige nahestehende Personen, sondern auch an Parteien, Verbände und Vereine,[68] auch wenn der Amtsträger nicht deren Mitglied ist.[69] Grundsätzlich werden damit weiter als nach früherem Recht nicht nur eigennützige, sondern auch fremdnützige und altruistische Vorteile erfasst.[70] Dies schließt auch Zuwendungen an die Anstellungskörperschaft mit ein.[71] Im Rahmen des § 332 ist auch der Fall zu erfassen, in dem ein Hochschullehrer einem Prüfling eine wohlwollende Prüfung im Falle einer Spende an die Hochschule, die jenem auch nicht mittelbar zugute kommt, in Aussicht stellt.[72] Die Gefahr einer mit dieser Ausweitung auf Drittzuwendungen verbundenen nicht vertretbaren Strafbarkeitserweiterung besteht kaum im Anwendungsbereich der §§ 332, 334; im Rahmen der §§ 331, 333 StGB sollte sie durch sachgerechte Interpretation vermieden werden.

5. Unrechtsvereinbarung

29 Für die Strafbarkeit nach den §§ 332 und 334 StGB ist wesentlich der Nachweis eines gewollten (engeren) **Zusammenhangs** zwischen dem (auch nur angebotenen oder versprochenen oder bzw. geforderten) **Vorteil und einer** (angestrebten, geschehenen) „**(pflichtwidrigen und bestimmten**, s. Rn. 34) **Diensthandlung**", der deren Käuflichkeit in den Mittelpunkt stellt. Dieses als „**Unrechtsvereinbarung**" bzw. als „**Äquivalenzverhältnis**" bezeichnete Element gehört zu den Kernbestandteilen des deutschen Bestechungsstrafrechts, das auch nach der Reform von 1997 in den §§ 331 ff. StGB (wenn auch in den §§ 331, 333 StGB in gelockerter Form) zu finden ist. Zwischen den Tathandlungen

---

[65] BGH wistra 2003, 59, 64 f. (im Anschluss an BGHSt 47, 295, der es als fernliegend ansah, die Ansehensmehrung und die Steigerung der wissenschaftlichen Reputation als Vorteil zu begreifen; weiter zuvor OLG Karlsruhe NJW 2000, 654 f. = wistra 2000, 275 f.).
[66] Vgl. OLG Zweibrücken JR 1982, 381; *Zieschang*, WissenschaftsR 1999, 111, 117 f.; *Tag*, JR 2004, 50, 52; vgl. auch unten Fn. 175.
[67] So noch Reg/KoalitionsE-KorrbekG 1997, BT-Drucks. 13/6424 = 13/5584, S. 9, 16.
[68] Vgl. den Sachverhalt in BGHSt 33, 336 zur Wählerbestechung, krit. *Gribl* (Fn. 63), S. 36 ff.; vgl. weiter BGHSt 49, 275 (Fn. 15, 51); 35, 128 (Fn. 15); dazu *Greeve/Dörr*, § 19 Rn. 147 ff.
[69] Enger BMI-RdSchr. (Fn. 20).
[70] OLG Karlsruhe wistra 2001, 434 (Bürgermeister vereinbart Spende an Gemeinde); ausführlich NK-*Kuhlen*, Rn. 44 ff.; MK-*Korte*, Rn. 76 ff. (jeweils zu § 331); zu den früheren Bemühungen der Rechtsprechung, u.a. durch Ausdehnung des Begriffs des immateriellen Vorteils eine Einbeziehung zu erreichen, s. auch die Übersicht und kritische Würdigung von *Gribl* (Fn. 63), S. 19 ff.; für Eigennützigkeit jedoch z.B. *Krey*, Strafrecht BT 1, Rn. 669 b.
[71] OLG Köln NStZ 2002, 35 gegen LG Bonn StV 2001, 293 f. = StraFo 2001, 211 (für Beschränkung auf staatsnützige Drittvorteile); Schönke-Schröder/*Heine*, § 331 Rn 20. a.A. aber neuerdings BGH wistra 2006, 344, 346 f. (Fn. 36).
[72] Beispiel von NK-*Kuhlen*, § 331 Rn. 46.

sowohl des § 332 Abs. 1, 3 als auch des § 334 Abs. 1, 3 und der Diensthandlung muss ein „Beziehungsverhältnis" dergestalt bestehen, dass der Vorteil dem Amtsträger als Gegenleistung für sein Verhalten zufließen soll. Die Erkennbarkeit des Gegenseitigkeitsverhältnisses zwischen Vorteilsgewährung und dienstlichen Maßnahmen reicht nicht aus.[73] Bei der Prüfung, ob eine Unrechtsvereinbarung vorliegt, ist zu bedenken, dass nicht jeder aus Anlass oder bei Gelegenheit einer Diensthandlung gewährte Vorteil zu dem Zweck gegeben sein muss, das dienstliche Verhalten des Amtsträgers in unerlaubter Weise zugunsten des Gewährenden zu beeinflussen, sondern dass er seinen Grund in den Regeln des sozialen Verkehrs und der Höflichkeit haben kann.[74] Vom Bestehen einer Unrechtsvereinbarung bzw. einer darauf abzielenden Handlung wird – soweit ersichtlich – auch ausgegangen, wenn die Forderung eines Vorteils für eine pflichtwidrige Diensthandlung mit einer Nötigung verbunden ist, die das Opfer erfüllt, um Nachteile zu vermeiden.[75]

6. Diensthandlung

Eine „**Diensthandlung**" im Sinne des § 332 und auch des § 334 StGB ist in dem gleichen Sinne zu verstehen, wie dieser Begriff in den §§ 331, 333 StGB vor der Reform von 1997 in Rechtsprechung und Literatur ausgelegt worden ist.[76]   30

Eine Diensthandlung liegt unzweifelhaft vor, wenn die Handlung zu den **dienstlichen Obliegenheiten** des Amtsträgers gehört und von ihm in dienstlicher Eigenschaft vorgenommen wird.[77] Dazu gehören alle Tätigkeiten, die dem Amtsträger übertragen worden sind. Es kann sich um Genehmigungen,[78] Zustimmungen, Mitwirkung an Entscheidungen,[79] Anordnungen oder andere Verwaltungsakte, die Vergabe eines Auftrages nach Vergaberecht, Beschaffungsentscheidungen zur Bestellung von Dienstleistungen und Waren,[80] die Errichtung einer öffentlichen Urkunde oder die Anbringung von Pfand- und Siegelmarken,[81] die Anordnung nicht gerechtfertigter Zahlungen[82] bzw. die Auszahlung   31

---

[73] BGHSt 49, 275, 296 = wistra 2005, 96, 102.
[74] BGH NStZ-RR 2002, 272 f. = wistra 2002, 426 f. (daher verneint bei Bezahlung von zwei bis fünf Glas Bier in einem Klub und in einer Hotelbar, anders bei zwei Bier in 90 Fällen, BGH NStZ 1998, 194); abl. zur Berücksichtigung der Sozialadäquanz im Rahmen des Äquivalenzverhältnisses *Merges* (Fn. 58), S. 154 ff.
[75] Vgl. BGHSt 9, 245 (Polizist, der von nicht angemeldeter Sonntagsarbeit erfährt, verlangt Geld mit dem Versprechen, der Sache nicht weiter nachzugehen; dazu *Arzt/Weber*, § 49 Rn. 48 ff.); BGHSt 33, 37 = wistra 1985, 21; h.L. *LK-Jescheck*, § 331 Rn. 10 m.w.N.; davon geht wohl auch MK-*Korte*, § 331 Rn. 61, § 334 Rn. 27 aus.
[76] BGHSt 29, 300, 303; 31, 264, 280.
[77] BGHSt 31, 264, 280 = wistra 1983, 151, 154 = NJW 1983, 2509, 2513; BGHSt 35, 128, 132 = wistra 1988, 110, 112; NJW 1998, 1878; wistra 2000, 426, 428; OLG Hamburg StV 2001, 278; OLG Köln NJW 2000, 3727; KG NJW 1998, 1877; OLG Hamm NJW 1973, 716 f.
[78] Beispiel: Aufenthaltsgenehmigung für Ausländer, BGH wistra 2003, 260.
[79] So vielfach die Sachlage in den sog. Drittmittelfällen, BGHSt 47, 295 = wistra 2002, 344, 350; BGH wistra 2003, 303 f. (Entscheidung im Rahmen der Auswahl von Herzschrittmachern oder anderen medizinischen Produkten; krit. dazu *Tholl*, wistra 2003, 464); BGH wistra 2001, 466 f. (Mitwirkung an GEZ-Druckaufträgen); BGH wistra 1999, 384 (Mitwirkung an Leasing-Aufträgen für EDV-Ausstattung).
[80] BGH wistra 1990, 306 (Vorlage von zum Schein gefertigten Bestellungen; Ausstellung unrichtiger Lieferbestätigungen); 1998, 106 f. (verbilligter Bezug von Büchern für eine Fachhochschule durch Verleitung eines Buchhändlers zum Bruch von Preisbindungen); BGH wistra 1998, 143 (Kauf von Seecontainern durch GTZ, Transportaufträge); BGH NStZ 2000, 90 = wistra 2000, 22 (Bestellung von Herzschrittmachern durch Oberarzt eines Kreiskrankenhauses); BGH wistra 2005, 378 (Rn. 26; Auswahlentscheidungen des Leiters eines Stadtplanungs- und Hochbauamtes zur Vergabe von Architekten- und Ingenieuraufträgen).
[81] Beispiele von SK-*Rudolphi/Stein*, § 331 Rn. 12; rechtswidrige Abstempelung von Tax-Free-Begleitpapieren durch Zollbeamte, BGH wistra 2002, 420 f.
[82] BGH wistra 1987, 68.

überhöhter „Honorare",[83] den Abschluss eines öffentlich-rechtlichen Vertrages, die Mitteilung von Dienstgeheimnissen und anderen vertraulichen Informationen,[84] aber auch um bloß vorbereitende, unterstützende (z.b. in Stellungnahmen)[85] oder beratende Tätigkeit sowie um die Unterlassung von Diensthandlungen (§ 335)[86] handeln. Eine Beratung außenstehender Bürger oder Firmen, selbst wenn diese besondere Kenntnisse und Erfahrungen erfordert, die durch das Amt vermittelt worden ist, stellt für sich allein noch keine Diensthandlung dar, es sei denn, dass gerade diese Beratungstätigkeit – wie im Fall des Vorsitzenden der Westdeutschen Landesbank – mit zu dem dienstlichen Aufgabenbereich gehört.[87] Dies zeigt sich auch in Fällen, in denen es sich um Beratungen handelte, mit der auch der Dienstherr (hier die Bank) befasst war.[88] Dass ein Amtsträger einem anderen seine im Amt erworbenen Fachkenntnisse zur Verfügung stellt, reicht für die Annahme einer Diensthandlung alleine noch nicht aus.[89]

32 Ursprünglich bestimmte die Rechtsprechung das Vorliegen einer Dienst- bzw. Amtshandlung nach den konkreten, den Beamten durch Gesetz und Dienstvorschriften übertragenen dienstlichen Aufgaben.[90] Die spätere Rechtsprechung des RG und auch die

---

[83] BGH wistra 1994, 104.

[84] RGSt 70, 166; RG GA 62, 326; BGHSt 4, 293 (Verkauf von Photoaufnahmen von Kriegsverbrechern in einer Strafanstalt; abl. SK-*Rudolphi/Stein*, § 331 Rn. 10e); BGHSt 14, 123 (Offenbarung von Prüfungsaufgaben); BGH wistra 1984, 144 = NJW 1985, 391 (INPOL-Abfragen, Einholung einer unbeschränkten BZRG-Auskunft durch BKA-Mitarbeiter); BGHSt 35, 128 = wistra 1989, 261; BGH wistra 1998, 108 f. (Überleitung von vertraulichen Unterlagen), BGH wistra 1998, 222 = NJW 1998, 2373 (Mitteilung der Namen von Mitbietern, der Höhe der zur Verfügung stehenden öffentlichen Geldern); BGH wistra 1989, 26 (Verrat einer geplanten Durchsuchung); BGH wistra 2000, 426 (Weitergabe von Angaben zu Anschriften, Aufenthaltsorten, Kfz-Halterfeststellungen, zu Haftbefehlen durch BGS-Polizeibeamten); BGH wistra 2006, 226 f. (Rn. 26); einschränkend SK-*Rudolphi/Stein*, § 331 Rn. 10e.

[85] Vgl. BGHSt 3, 145 f.(Anregungen eines Rechtspflegers gegenüber Richter); BGHSt 11, 125 (Einflussnahme auf Begutachtung); BGHSt 35, 128, 132 = wistra 1988, 110 f. (Zahlungen einer Tiefbaufirma – zur Weiterleitung an Rathausparteien – an einen für den Bereich Abfallbeseitigung zuständigen städtischen Wahlbeamten für Einsatz für eine Müllverbrennungsanlage und Auftragsvergabe); wistra 1989, 100; 1991, 220; 1993, 104; 1998, 108 f.; 2001, 295, 426 (Unterstützung bei Ausschreibung und Vergabe von Projekten bzw. Beschaffungsentscheidungen); BGHSt 47, 260 = wistra 2002, 255 = NJW 2002, 2257 m. Anm. *Wohlers*, JR 2003, 160 (Einflussnahmen im Rahmen der Aufstellung von Bebauungsplänen, Hilfestellung bei Erlangung einer Baugenehmigung); BGH wistra 1985, 21 f. (Einflussnahme auf Hinzuziehung als Subunternehmer); nach der (freisprechenden) Freifahrtscheinentscheidung des OLG Stuttgart, wistra 2003, 31 sollte die Diensthandlung aus der Förderung des Personenverkehrs von Aufsichtsräten einer städtischen Verkehrsgesellschaft für den öffentlichen Personennahverkehr bestehen! – Einflussnahme eines Professors auf die Bibliothek zur Bestellung einer Zeitschrift auf Anregung des Verlages, der für diesen Fall dem Professor ein Freiabonnement zugesagt hatte (Beispiel von *Gödan* in Bibliotheksdienst 35 [2001], 727).

[86] Unterlassung von Mängelbeanstandungen, der Geltendmachung von Forderungen, BGH wistra 2003, 227 (TÜV-Prüfer); Unterlassung von behördlichen Kontrollen in einem Bordell, BGH wistra 2002, 428; Unterlassung des Einschreitens gegen Verstöße aus dem Bereich des Gaststättengesetzes bzw. der Meldung an zuständige Stellen, BGHR § 332 Dienstpflichten 1 (3.12.1997); Nichtoffenbarung rechtswidriger Vergabepraxis, LG Halle nach BGH wistra 2000, 178; Nichtweiterleitung von Beanstandungen, BGH wistra 1998, 106 f.; BGH wistra 1985, 21 f. (keine Konsequenzen aus verspäteter Arbeitsaufnahme); BGH NStZ 2004, 565 (Unterlassung der Meldung an Vorgesetzte von Manipulationen bei Auftragsvergabe).

[87] BGHSt 31, 264 = wistra 1983, 151 (hier fanden auch Gespräche und Verhandlungen mit Geschäftspartnern des Vorteilgebers statt.

[88] Weitergehend wohl RGSt 77, 75, 76 f. (1943), das eine Diensthandlung (eine in das Amt einschlagende Handlung) auch bei einem Preisprüfer beim Reichskommissar für Preisbildung annahm, der eine Fa. in preisrechtlichen Fragen beriet, und zwar offenbar nicht nur in Fällen, in denen eine Angelegenheit schon beim Reichskommissar schwebte.

[89] BGHSt 11, 125 (Anfertigung von Bauzeichnungen).

[90] RGSt 39, 197; 41, 1; 56, 402.

frühere des BGH⁹¹ haben es unter der alten Fassung des § 331 („eine in sein Amt einschlagende Handlung") schon als ausreichend angesehen, wenn die Handlung „ihrer Natur nach mit dem Amt oder dem Dienst des Beamten in einer nicht nur äußerlich losen Beziehung steht" und **nicht völlig außerhalb seines Aufgabenbereichs** liegt. Diese Auslegung, die auch für die §§ 332, 333 galt, deren Weiterführung der BGH aber bisher offen gelassen hat,⁹² wird in der Literatur⁹³ angesichts der seit 1975 veränderten Fassung nicht mehr für richtig gehalten; sie stellt auf die Existenz eines positiven bzw. funktionellen Zusammenhangs zwischen der Tätigkeit und der übertragenen Aufgabe ab. In der praktischen Anwendung besteht wohl kein großer Unterschied zwischen diesen generellen Umschreibungen.⁹⁴ Heutzutage anerkannt ist, dass es auf die konkrete örtliche und sachliche Zuständigkeit des Amtsträgers und auf die Geschäftsverteilung nicht ankommt.⁹⁵ Eine Diensthandlung liegt nicht nur vor, wenn diese mit einer Pflichtverletzung i.S. der §§ 332, 334 StGB verbunden ist (dazu unten), sondern nach h.M. erst recht dann, wenn ein Amtsträger seine amtliche Stellung dazu missbraucht, eine strafrechtlich verbotene Handlung vorzunehmen, deren Vornahme ihm gerade durch die amtliche Stellung ermöglicht wird.⁹⁶

Privathandlungen eines Amtsträgers sind keine Diensthandlungen. Die Abgrenzung bereitet mitunter Schwierigkeiten. Keine Diensthandlung liegt natürlich vor, wenn die Tätigkeit völlig außerhalb des Aufgabenbereichs, insbesondere der Beschäftigungsbehörde, liegt.⁹⁷ Eine Privathandlung wird auch nicht dadurch zu einer Diensthandlung, dass der Beamte dienstlich hätte mit ihr beauftragt werden können.⁹⁸ Das gleiche gilt, wenn eine Dienstleistung lediglich aus Anlass oder bei Gelegenheit einer Amtshandlung vorgenommen wird. Allein dadurch, dass eine Tätigkeit, die nicht zum Aufgabenbereich eines Amtsträgers gehört, unter Einsetzung seines amtlichen Einflusses oder Ansehens vorgenommen wird, macht sie noch nicht zur Diensthandlung.⁹⁹ Eine Handlung wird auch nicht dadurch zur Diensthandlung, dass der Amtsträger seine im Amt erworbenen Fachkenntnisse einem anderen zur Verfügung stellt.¹⁰⁰ Deshalb sind auch Nebentätigkeiten, selbst wenn allgemein im Amt erworbene Fachkenntnisse verwendet werden, keine 33

---

⁹¹ RGSt 68, 255; 70, 166, 172; 77, 75, 76 f.; BGHSt 3, 143, 145; 4, 293; 11, 125, 127; 14, 123, 125; 16, 37 f.; OLG Hamm NJW 1973, 716.
⁹² BGHSt 31, 264, 280 = NJW 1983, 462 = wistra 1983, 151, 154.
⁹³ LK-*Jescheck*, § 331 Rn. 11; *Lackner/Kühl*, § 331 Rn. 8.
⁹⁴ So i. Erg. wohl auch NK-*Kuhlen*, § 331 Rn. 61; MK-*Korte*, § 331 Rn. 86. Nach den Vorstellungen des Gesetzgebers (vgl. RegE-EGStGB, BT-Drucks. 7/550, S. 271) ist offensichtlich, dass mit der Veränderung der Wortwahl keine Einengung der §§ 331 ff. StGB beabsichtigt war.
⁹⁵ RGSt 77, 75 f.; RG HRR 1940 Nr. 195 (Steuersekretär veranlasst zuständigen Sachbearbeiter des Finanzamts zur Begünstigung eines Steuerschuldners); BGHSt 3, 143, 145 f.; 11, 127, 129; 14, 123, 125; 16, 37 f. = NJW 1961, 1316; NStZ 2000, 296, 298 f.
⁹⁶ BGHSt 4, 293 ff.; 14, 123, 125 (Offenbarung von Prüfungsaufgaben, betr. § 332); GA 1959, 176 f.; NJW 1983, 462 f. (Körperverletzung durch verbotswidrige Lieferung von Schnaps an einen untergebenen Zurechnungsfähigen; zust. *Jacques* [Fn. 11], S. 169 ff; abl. SK-*Rudolphi/Stein*, § 331 Rn. 10e; *Ebert*, GA 1979, 361, 379 ff.; *Amelung/Weidemann*, JuS 1984, 595, 597); BGH NJW 1985, 391 = wistra 1984, 144; NJW 1987, 1340 f. = NStZ 1987, 326 f. = wistra 1987, 68 (Urkundenfälschung, Untreue betr. Auszahlung von Gemeindegeldern, abl. SK-*Rudolphi/Stein* a.a.O.); BGH NStZ 2000, 596 = wistra 2000, 426, 428; wistra 2002, 420 f. (unzutreffende Abstempelungen eines Zollbeamten bei Ausfuhr; BGH NJW 2003, 2036.
⁹⁷ Aussagen eines Polizeibeamten über Wahrnehmungen im außerdienstlichen Bereich, OLG Köln NJW 2000, 3727 f.
⁹⁸ BGH NJW 1963, 59.
⁹⁹ RGSt 50, 257 (1917; Devisentausch gegen Bezahlung in einem Kriegsgefangenenlager); 55, 50 (1921; Paketzustellung durch Hilfsschutzmann gegen Belohnung als Hilfeleistung zum Preiswucher); 56, 401 (1921); 77, 75, 77.
¹⁰⁰ BGHSt 11, 125 = NJW 1958, 427 (Anfertigung von Bauzeichnungen durch einen Amtsträger, der nur eingereichte Bauzeichnungen zu prüfen und zu begutachten hatte).

Diensthandlungen; dies sogar dann, wenn die Nebentätigkeit verboten war.[101] Allerdings kann ein Nebentätigkeit ein Vorteil für einen Amtsträger sein, wenn ihm diese im Hinblick auf seine dienstlichen Tätigkeiten eingeräumt wird.[102]

34 Anders als bei den §§ 331 und 333 kommt eine Strafbarkeit nach § 332 und § 334 nur in Frage, wenn die (beabsichtigte) Zuwendung eine Gegenleistung für **eine „bestimmte" Diensthandlung** darstellt. Um zu verhindern, dass durch zu strenge Anforderungen an die Bestimmtheit solche Täter straflos bleiben, die sich nicht nur im Hinblick auf eine einzelne, konkrete Diensthandlung, sondern für weite Bereiche ihres Wirkens als käuflich erweisen, hatte schon die Rechtsprechung vor der Reform von 1997 die Anforderungen an die Bestimmtheit bei den §§ 331 ff. StGB a.F. gelockert.[103] Dem BGH genügt es, wenn sich das Einverständnis zwischen den Betroffenen darauf bezieht, dass der Amtsträger innerhalb eines bestimmten Aufgabenbereichs oder Kreises von Lebensbeziehungen nach einer gewissen Richtung hin tätig werden soll. Für die Feststellung könne es von Bedeutung sein, ob der Amtsträger nur für einen bestimmten Aufgabenkreis zuständig ist, welcher Art die Beziehungen des Vorteilgebers zu der Dienststelle des Amtsträgers sind und ob die Interessen des Vorteilgebers sich dem Aufgabenbereich des Amtsträgers zuordnen lassen. Weiterhin ist aber erforderlich, dass die Diensthandlung nach ihrem sachlichen Gehalt zumindest in groben Umrissen erkennbar und festgelegt ist. Aus dem Bezug zu einer Pflichtverletzung in den §§ 332 und 334 ergibt sich allerdings schon die Notwendigkeit gewisser Konkretisierung. Hierfür reicht eine Vereinbarung über nicht näher bestimmte Gefälligkeiten nicht aus.[104] Die Vorstellung muss so konkret sein, dass sich daraus ersehen lässt, ob die Handlung dienstpflichtwidrig ist oder nicht.[105]

7. Pflichtverletzung

35 Wesentlich für die Strafbarkeit wegen Bestechlichkeit und Bestechung nach § 332 und § 334 ist, dass die Zuwendung bzw. ihre Annahme dafür erfolgt oder erfolgen soll, dass der Amtsträger „eine Diensthandlung vorgenommen hat oder künftig vornehme und **dadurch seine Dienstpflichten verletzt hat oder verletzen würde**".

36 Eine Pflichtverletzung kann sich aus einer Strafvorschrift oder sonst einem Gesetz oder einer sonstigen Rechtsvorschrift, aus Dienst- und Verwaltungsvorschriften von Ministerien und Behörden, allgemeinen Weisungen oder aus Anordnungen von Vorgesetzten ergeben.[106] Sie kann auch bei der rechtswidrigen Beeinflussung von anderen Entscheidungsträgern vorliegen.[107] Die Annahme eines Vorteils als solche reicht nicht aus; die

---

[101] RGSt 28, 427 (Privatunterricht durch Lehrer); 50, 257; BGHSt 11, 125, 128; 18, 59, 61 (Anfertigung von Bebauungsplänen); 18, 263, 265 (Fertigung von Anträgen an Wasserwirtschaftsamt); GA 1962, 214 f. (nicht zum Aufgabenbereich gehörende Hilfeleistungen beim Ausfüllen von Formularen zur Steuererklärung); NJW 1963, 918; GA 1966, 377 (privater Rechtsunterricht selbst während Dienststunden); wistra 2001, 388 f. (Anfertigung von Bauantragsunterlagen); NStZ-RR 2003, 171 = wistra 2003, 303 f. (Mitwirkung an Fortbildungsveranstaltungen, einschließlich Forschungsarbeiten zu deren Vorbereitung).

[102] BGHSt 18, 263, 267 (Zuwendung bezahlter Nebentätigkeit an Amtsträger als Vorteil für spätere amtliche Befassung in einer Angelegenheit, zu dieser Anträge bzw. Pläne gefertigt hatte); wistra 2001, 388 f.; NStZ-RR 2003, 171.

[103] Vgl. OGHSt 2, 110; BGHSt 15, 223, 250; 29, 300 = NJW 1985, 291; 32, 290 f.; 39, 45, 46 f.; 47, 295, 307; 48, 44; NJW 1960, 831; 1985, 391 (soweit nicht in BGHSt 29, 300); wistra 1985, 21 f.; 1989, 100; 1990, 97 f.; 1991, 220 f.; 1994, 227 f. = NStZ 1994, 277; wistra 2000, 97 f. = NStZ 2000, 319; wistra 2002, 426, 428 f. = NStZ-RR 2002, 272; wistra 2003, 59, 62; NStZ 2005, 214 f.

[104] *Kindhäuser*, Rn. 2; vgl. auch BGHSt 32, 290, 292.

[105] BGHSt 15, 217, 223.

[106] RegE-EGStGB, BT-Drucks. 7/550 S. 273; BGHSt 48, 44, 46 = NJW 2003, 763, 765 = wistra 2003, 59, 63.

[107] Vgl. BGHSt 35, 128 = wistra 1988, 110, 112 (Beeinflussung von für die Entscheidung über ein Bauvorhaben zuständigen „Rathausparteien" durch Weiterleitung von Geldern des Vorteilsgebers an diese); BGHSt 47, 260, 263 = wistra 2002, 255, 256 f.; dazu *Wohlers*, JR 2003, 160 f.; *Heinrich*, NStZ 2005, 258 f.

Diensthandlung muss „in sich selbst", d.h. ihrem Inhalt nach, pflichtwidrig sein. Ist dies nicht feststellbar, kommt nur eine Strafbarkeit nach den § 331 bzw. § 333 in Frage. Auch ein bloßer Verstoß gegen die interne Geschäftsverteilung genügt nicht.[108] Auch eine schnellere Erledigung bzw. eine Beschleunigung des Verwaltungsablaufs ist als solche noch nicht dienstpflichtwidrig. Dies ist erst dann der Fall, wenn durch eine solche Bevorzugung andere Personen benachteiligt würden, pflichtwidrige Mittel bei der Erledigung zum Einsatz kämen oder sonstige Vorkehrungen bei der Erledigung nicht beachtet würden.[109] Im Poullain-Fall[110] hat der BGH eine Pflichtwidrigkeit verneint, weil der Bankvorsitzende bei den (auch als Diensthandlung qualifizierten) Beratungsleistungen gegenüber dem Vorteilsgeber unmissverständlich zum Ausdruck gebracht habe, dass bei die Bank betreffenden Entscheidungen allein deren Interessen ausschlaggebend seien, was auch tatsächlich der Fall war. In der Praxis sind pflichtwidrige Diensthandlungen insbesondere bei der Vergabe öffentlicher Aufträge und deren Abrechnung, der Erteilung von Genehmigungen, der Gewährung von Sozialleistungen, bei TÜV-Prüfungen, bei der Verletzung des Dienstgeheimnisses und des sonstigen Schutzes vertraulicher Informationen und der pflichtwidrigen Unterlassung von Kontrollen und Anzeigen und von Aufsichtsmaßnahmen gegenüber Untergebenen festgestellt worden.[111] Ein neueres Beispiel ist die Verletzung des Verbots von Sponsoring in der Eingriffsverwaltung (z.B. bei der Polizei)[112].

Durch die bloße Annahme bzw. die Zuwendung eines Vorteils macht sich auch ein sog. 37 Ermessensbeamter bzw. sein Vorteilsgeber noch nicht der Bestechlichkeit bzw. Bestechung schuldig. Bei **Ermessensentscheidungen** und bei der **Anwendung unbestimmter Rechtsbegriffe mit einem Spielraum zur Konkretisierung** liegt ein pflichtwidriges Handeln allerdings immer vor, wenn der Amtsträger eine Pflichtverletzung im o.g. Sinne begeht oder wenn er die Grenzen des Ermessens bzw. des Spielraumes überschreitet, also ermessensfehlerhaft und daher sach- und rechtswidrig handelt. Eine Pflichtwidrigkeit ist auch gegeben, wenn sich ein Amtsträger bei seiner Entscheidung durch den Vorteil tatsächlich hat beeinflussen lassen, ihn also gleichsam in die Waagschale legte und mit berücksichtigte, auch wenn die Entscheidung als solche sachlich zu rechtfertigen war.[113]

Darüber hinaus reicht es aber im Rahmen von § 332 hinsichtlich künftiger Diensthand- 38 lungen auch aus, wenn der Amtsträger „**sich ... bereit gezeigt hat, ... sich bei Ausübung des Ermessens** (oder bei der Anwendung des Spielraums) **durch den Vorteil beeinflussen zu lassen**" (Absatz 3 Nr. 2, s. weiter Rn. 45). Zur Auslegung kann hierbei auch weiterhin die Rechtsprechung vor der Reform von 1975 herangezogen werden. Im Rahmen des § 332 muss sich der Ermessensbeamte käuflich, d.h. ausdrücklich oder stillschweigend bereit gezeigt haben, bei seiner künftigen Entscheidung bzw. bei Beratungen des Entscheidungsträgers nicht ausschließlich sachliche Gesichtspunkte walten zu lassen, sondern der Rücksicht auf den Vorteil Raum zu geben, diesen also mit in die Waagschale zu legen.[114]

---

[108] BGHSt 16, 37, 39 = NJW 1961, 1316 f.
[109] BGHSt 15, 350, 352; 16, 37; wistra 1998, 108 f. (pflichtwidriger Beitrag zur Beschleunigung durch Verzicht auf Bauauflagen).
[110] BGHSt 31, 264 = wistra 1983, 151, 155.
[111] Vgl. die Rechtsprechung in Fn. 78 f.; Beispiele für mögliche Rechtsverletzungen bei der Vergabe öffentlicher Aufträge sind insbesondere bei MK-*Korte*, § 332 Rn. 27 zu finden.
[112] Vgl. Nr. 3.2.1 der Sponsoring-VW-Vorschrift des Bundes; weiter *Satzger*, ZStW 115 (2003), 469, 486; wohl abl. *Kuhlen*, ZStW 115 (2003), 672.
[113] BGHSt 15, 238, 247; 48, 44, 46 ff., 50 f. = NJW 2003, 763, 765 = wistra 2003, 59, 64 f. (Entscheidung für den mehrjährigen Bezug von Oxygeneratoren beeinflusst durch Leihe einer sog. dualen Antriebskonsole für ein Kunstherz). Zu den ablehnenden Entscheidungen des OLG Hamburg StV 2001, 277, 284 teilweise kritisch *Heinrich* NStZ 2005, 197, 203. – Zu Ermessensentscheidungen s. weiter MK-*Korte*, Rn. 30 ff. m.N.; BGH, 5 StR 70/06, 26.10.2006 (Wahlmöglichkeit zwischen mehreren Entscheidungsvarianten).
[114] BGHSt 15, 88, 92; 15, 239, 246 ff., 249; wistra 2002, 426 = StraFo 2002, 233 (bauplanerische Beurteilung nach § 35 BBauG; Aufstellung eines Bebauungsplans); BGHSt 48, 44, 50 = NJW 2003, 763, 765 = wistra 2003, 59, 63.

39 § 332 ist auch erfüllt, wenn nur der Amtsträger, nicht aber der Zuwendende die Pflichtwidrigkeit der Diensthandlung kennt.[115] Auch der **geheime Vorbehalt, eine in Aussicht gestellte pflichtwidrige Diensthandlung nicht vorzunehmen**, führt nicht zur Straflosigkeit des Amtsträgers.[116] Dies ergibt sich seit 1975 aus Absatz 3 Nr. 1, wonach Absatz. 1 **„schon dann anzuwenden"** ist, wenn der Amtsträger **„sich ... bereit gezeigt hat, ... bei der Handlung seine Pflichten zu verletzen"**. Bei Ermessensentscheidungen ergibt sich Entsprechendes aus Absatz 3 Nr. 2. Entscheidend ist der von ihm nach außen erweckte Eindruck.[117]

40 Wenn der Amtsträger **vortäuscht**, eine pflichtwidrige Diensthandlung bereits vorgenommen zu haben, ist § 332 nach der Rechtsprechung allerdings nicht anwendbar. Absatz 1 spricht davon, dass die Zuwendung dafür erfolgt (oder erfolgen soll), dass der Amtsträger „eine Diensthandlung vorgenommen hat ... und dadurch seine Dienstpflichten verletzt hat".[118]

8. Tathandlung des Amtsträgers

41 Bestechlichkeit eines Amtsträgers nach § 332 Abs. 1 liegt nicht nur vor, wenn er einen Vorteil für eine pflichtwidrige Diensthandlung „annimmt", sondern schon dann, wenn er einen solchen „fordert" oder „sich versprechen lässt". Nach dem BGH hat daneben auch das „Sichbereitzeigen" nach § 332 Absatz 3 eigenständige Bedeutung.[119]

42 „Annehmen" setzt nicht nur tatsächliche Entgegennahme eines Vorteils, sondern zumindest eine Willensübereinstimmung zwischen den Beteiligten über dessen Übergabe und Empfangnahme voraus. Streitig ist, ob weitere qualifizierende Umstände zu fordern sind. Ein Teil der Literatur forderte früher[120] solche zusätzlichen Umstände nicht. Nach einem Teil der Rechtsprechung und der Literatur muss jedoch hinzukommen, dass der Empfänger den Willen hatte, den Gegenstand zu behalten und ihn im eigenen Interesse zu verwenden bzw. (nach Einbeziehung der Drittzuwendung) ihn nach Empfangnahme vereinbarungsgemäß an einen Dritten weiterzuleiten.[121] Demgegenüber wird von einem anderen Teil der Rechtsprechung und überwiegend in der Literatur auch eine Willensübereinstimmung der Beteiligten darüber vorausgesetzt, dass dem Amtsträger (auch wenn letztlich einem Dritten) dieser Vorteil für eine Diensthandlung zufallen soll.[122] Wird der Vorteil nur als Beweismittel etwa zur Überführung des Bestechers angenommen, liegt dann nach einem Teil der zuletzt genannten Auffassungen gar keine Annahme i.S. der §§ 331, 332 vor. Die unterschiedlichen Auffassungen spielen in der Regel keine große Rolle, weil selbst bei einer weiteren Definition des „Annehmens" Korrekturen bei der Anwendung anderer Tatbestandselemente, wie z.B. im Rahmen der Feststellung einer Un-

---

[115] BGHSt 15, 352, 355 f.
[116] BGH NJW 1953, 1401 f. m.N. zur RG-Rechtsspr.; BGHSt 15, 88, 93 ff., 97; 35, 136; NStZ 1984, 24 f.
[117] BGHSt 48, 44 = wistra 2003, 59, 63 f. (angenommen für eine Kopplungsvereinbarung); für *Kuhlen*, JR 2003, 521, 526 bleibt als Fall für § 331 nur eine Ermessensentscheidung, die das Angebot mit wohlwollender Aufmerksamkeit prüft, ohne dem Vorteil einen Einfluss auf die Entscheidungsfindung zu geben.
[118] BGHSt 29, 300, 302 = NJW 1980, 2203; zust. *Dölling*, in: Gössel/Dölling (Fn. 8), § 75 Rn. 14 m.N.; MK-*Korte*, § 332 Rn. 22; a.A. ein Teil der Literatur, NK-*Kuhlen*, § 331 Rn. 31 f.; *Möhrenschlager*, JZ 1996, 822, 823 f.
[119] BGHSt 48, 44, 50 = wistra 2003, 59, 63.
[120] Z.B. *Baumann* (Fn. 57), S. 18; *Binding* nach Eb. Schmidt (Fn. 56), S. 68 f.
[121] BGHSt 14, 123, 127; OLG Karlsruhe NStZ 2001, 654 f. = wistra 2001, 434 (Annahme einer Scheckspende zur Weiterleitung an die Gemeinde für einen Brunnenbau); LK-*Jescheck*, § 331 Rn. 6; Schönke/Schröder/Heine, § 331 Rn. 24; Lackner/Kühl, § 331 Rn. 7; *Eb. Schmidt* (Fn. 56), S. 68 f.
[122] RGSt 77, 75 f.; BGHSt 10, 237, 241 = JZ 1957, 717 m. Anm. *Bohne*; BGHSt 15, 88, 97; 39, 45 f.; BGH NJW 1985, 391; NK-*Kuhlen*, § 331 Rn. 24; SK-*Rudolphi/Stein*, § 331 Rn. 26; MK-*Korte*, § 331 Rn. 56.

rechtsvereinbarung, möglich sind.¹²³ Die direkte Zuleitung an einen Dritten ist kein Annehmen seitens des Amtsträgers, außer wenn der Dritte den Vorteil im Einverständnis mit dem Amtsträger für diesen annimmt, also nicht selbst behält.¹²⁴ Ein Amtsträger macht sich der Bestechlichkeit auch schuldig, wenn er die Bestechungsabsicht des Gebers erst nach Empfang des Vorteils erkennt, diesen aber gleichwohl bewusst behält. Dann hat er diesen nachträglich auch „angenommen".¹²⁵ Dies ist allerdings nicht mehr möglich, wenn der zugewandte Vorteil inzwischen verbraucht ist.¹²⁶ Der Vorbehalt, den Vorteil bei Eintritt bestimmter Bedingungen wieder zurückzugeben, ist unbeachtlich. Mangels Genehmigungsmöglichkeit spielt in Fällen des § 332 StGB die Erklärung eines Genehmigungsvorbehalts keine Rolle.

„Sichversprechenlassen" bedeutet willentliche Annahme eines Angebots eines künftig zu gewährenden Vorteils (auch zugunsten eines Dritten)¹²⁷, also eines Versprechens. Es führt durch Willensübereinstimmung beider Teile zu einer „Unrechtsvereinbarung".¹²⁸ Die Tat ist vollendet, wenn der Amtsträger dem Versprechenden seine Bestechlichkeit nach außen ausdrücklich oder stillschweigend zu erkennen gibt. Auf die Annahme des Vorteils kommt es nicht an. **43**

„Fordern" ist das einseitige der anderen Seite zur Kenntnis¹²⁹ gelangte (auch konkludent) erkennbare Verlangen eines Vorteils als Gegenleistung für eine (auch in der Vergangenheit liegende) Diensthandlung (bei fehlender Kenntnisnahme kann Versuch nach Abs. 1 Satz 3 vorliegen). Es setzt voraus, dass das Verlangen des Täters ernsthaft auf eine vertragsähnliche Willensübereinstimmung in dem Sinne angelegt ist, dass der Vorteil für die Vornahme oder Unterlassung einer bestimmten Diensthandlung gewährt wird, durch die er seine Dienstpflichten verletzen würde.¹³⁰ Auf den Abschluss einer Unrechtsvereinbarung bzw. eine unrechtsvereinbarende Akzeptanz der Forderung kommt es nicht an.¹³⁰ᵃ Ausreichend ist nach der neueren Rechtsprechung der Wille des Amtsträgers, dass der andere Beteiligte sich des Zusammenhangs zwischen Vorteil und Diensthandlung be- **44**

---

¹²³ Beispiel Ablehnung einer Vorteilsannahme auf Grund des Fehlens einer Unrechtsvereinbarung in BGHSt 39, 45 = wistra 1993, 108 f.

¹²⁴ MK-*Korte*, § 331 Rn. 58; weitergehend bejahend wohl LG Wuppertal NJW 2003, 1405; *Tröndle/Fischer*, § 331 Rn. 20; weitergehend verneinend dagegen NK-*Kuhlen*, § 331 Rn. 25 (nur Sichversprechenlassen).

¹²⁵ BGHSt 15, 88, 102 f.

¹²⁶ OLG Köln MDR 1960, 156 f.

¹²⁷ Beispiel LG Wuppertal NJW 2003, 1405; BGHSt 49, 275, 282 ff., 295 f. = wistra 2005, 96, 98 f., 101 ff. (Spendenannahme für Partei).

¹²⁸ RGSt 77, 75 f. (Wille, dass Vorteil Gegenleistung für Diensthandlung); BGHSt 10, 237, 241; NJW 1989, 914, 916 = wistra 1989, 26 f.; NStZ-RR 2002, 272 f. = wistra 2002, 426, 428 (konkludente Annahme des Angebots eines kostenlosen Bordellbesuches als Sichversprechenlassen, auch wenn der Amtsträger die Prostituierte später selbst entlohnte); auch hier gegen Einbeziehung der Unrechtsvereinbarung bei der Definition *Baumann* (Fn. 57), S. 22.

¹²⁹ H.M.: BGHSt 10, 237, 241, 243; 15, 88, 98; 47, 22, 29 = wistra 2001, 466, 468; 2006, 344 f.; MK-*Korte*, § 331 Rn. 53 m.N.; auch *Baumann* (Fn. 57), S. 20 ff.; a.A. *Eb. Schmidt* (Fn. 56), S. 98 ff. (Verständnis erforderlich); *Tröndle/Fischer*, § 331 Rn. 18, § 333 Rn. 4 stellt – unter Zitierung der Rechtspr. – (irrtümlich?) auf den *Zugang* der Forderung ab.

¹³⁰ BGHSt 33, 37 = BGH wistra 1985, 21 f. (Fall des Forderns mittels Erpressung durch Ankündigung, im Falle der Zahlungsverweigerung Vertragsbeziehungen zur Stadt nachteilig zu beeinflussen); vgl. auch BGHSt 44, 251 = NJW 1999, 800 = wistra 1999, 63 (zur Erpressung durch Einfordern von Schmiergeldern bei der Vergabe von Aufträgen im geschäftlichen Verkehr mit Hinweis auf Anwendbarkeit von § 12 Abs. 2 UWG a.F. bzw. die §§ 299, 300 StGB bei Nichtvorliegen von Erpressung). Allerdings hatte der BGH (in MDR 1961, 866 – nicht abgedruckt in BGHSt 16, 40) in einer späteren Entscheidung in einem Fall, in dem ein Vorteilsgeber seine Forderung gegen einen Beamten nicht in Bestechungsabsicht, sondern aus Furcht vor Nachteilen oder aus Rücksicht auf die wirtschaftliche Lage des Beamten gestundet hatte, eine Unrechtsvereinbarung auch dann nicht angenommen, wenn der Vorteilsgeber es in Kauf nimmt, dass die Stundung gegenüber dem Beamten diesen zu einer unsachlichen Bevorzugung veranlassen werde, und wenn der Beamte diese Erwägungen erkennt.

¹³⁰ᵃ BGH wistra 2006, 344 f. (Fn. 36).

wusst wird; ob er diesen Willen erkennt, ist belanglos.¹³¹ Zumindest sollte jedoch eine objektive Erkennbarkeit vorliegen.¹³² Auch wenn die Initiative (in Form einer Anregung, eines Vorschlags oder einer Bitte) zur Erlangung eines Vorteils von einem Amtsträger ausgeht, kann sich aus den Umständen ergeben, dass dies doch kein „Fordern" darstellt. Dies ist möglich, wenn noch keine Verknüpfung mit einer (pflichtwidrigen) Diensthandlung erkennbar ist, z.B., wenn es sich um einen schlichten Appell zu einer Spende für einen sozialen Zweck handelt.¹³³

45 Ein „**Sichbereitzeigen**" i.S. von § 332 Abs. 3 verlangt ein bestimmtes Verhalten des Täters, das auf Grund objektiv feststellbarer Umstände die wertende Folgerung zu tragen vermag, dieser habe nach außen wirkend („zeigen") bewusst seine Bereitschaft bekundet, seine Entscheidung auch an dem Vorteil auszurichten.¹³⁴ Er muss sich durch sein Verhalten ausdrücklich oder stillschweigend bereit zeigen, bei seiner Entscheidung nicht ausschließlich sachliche Gesichtspunkte walten zu lassen, sondern der Rücksicht auf den Vorteil Raum zu geben. Zur Abgrenzung zu § 331 bedarf es der Feststellung von Begleitumständen, aus denen sich die Bekundung der Beeinflussbarkeit ergibt. Dieses Problem kann vor allem bei Abgrenzungen zwischen § 331 und § 332 StGB im Falle **unzulässiger Drittmitteleinwerbungen** eine Rolle spielen. Die bloße Vorteilsannahme in Kenntnis der von dem Zuwendenden verfolgten z.B. auf Beeinflussung von Beschaffungsentscheidungen gerichteten Absichten genügt nach Auffassung des BGH nicht, weil sonst der tatbestandliche Unterschied zwischen Vorteilsannahme und Bestechlichkeit verwischt und der Eigenständigkeit des Merkmals des Sichbereitzeigens nicht hinreichend Rechnung getragen würde. Das Fordern, Vereinbaren und Annehmen eines Vorteils könne allerdings in Fällen ausschließlich eigennütziger Vereinnahmung und Verwendung ein gewichtiges Beweisanzeichen für ein Sichbereitzeigen sein. Solches könne nahe liegen, wenn dem Vorteil jeglicher dienstlicher Verwendungszweck fehle, typischerweise bei der Annahme klassischer „Schmiergelder" oder hoher Beträge, die ausschließlich für private Zwecke des Amtsträgers verwendet werden. Habe aber der Vorteil einen wie immer gearteten dienstlichen Bezug und können andere Gesichtspunkte auch gegen einen bewusst vermittelten Eindruck der Beeinflussbarkeit sprechen, so bedürfe es einer ausdrücklichen Würdigung aller Umstände, einschließlich der Vorstellungen der Beteiligten. Im konkreten Fall hat der BGH ausreichende Indizien für eine Bejahung von § 332 Abs. 3 Nr. 2 nicht gesehen, zumal der Wert der Zuwendungen im Verhältnis zu den getätigten Umsätzen nicht als hoch erscheine, der Angeklagte in dem Fall ähnliche Zuwendungen von konkurrierenden Firmen erhielt, bei der Finanzierung von Kongressreisen ein konkreter dienstlicher Bezug gegeben war und dieser auch bei den durch Kostenübernahme finanzierten Weihnachts- und Betriebsfeiern nicht völlig fehlte. In einem früheren Fall hat der BGH auch klargestellt, dass es für eine Verurteilung wegen Bestechlichkeit nicht genüge,

---

¹³¹ RGSt 39, 193, 198; BGHSt 10, 237, 241 f.; 15, 88, 98; wistra 1986, 218 f.; 2006, 344 f. (zu § 331).

¹³² LK-*Jescheck*, § 331 Rn. 4; NK-*Kuhlen*, § 331 Rn. 18; MK-*Korte* a.a.O. m.N.; a.A. *Lackner/Kühl*, § 331 Rn. 7.

¹³³ *Korte*, NStZ 2003, 156, 157 f. und in MK, § 331 Rn. 52; *Satzger*, ZStW 115 (2003), 484; NK-*Kuhlen*, § 331 Rn. 19 (außer wenn verschleierte eigennützige Aufforderung); *Ulsenheimer* (Fn. 58), § 13/27 (Fordern bedeutet Druck ausüben, Inaussichtstellen eines Nachteils); *Daum*, in: Tag/Tröger/Taupitz (Hrsg.), Drittmitteleinwerbung – Strafbare Dienstpflichtverletzung?, 2004, S. 23 f. (schlichtes Einwerben von Drittmitteln ohne Beachtung des Genehmigungsverfahrens ist kein Fordern).

¹³⁴ Vgl. RegE-EGStGB, BT-Drucks. 7/550 S. 273; zutreffend insbesondere BGH wistra 2002, 426 = NStZ-RR 2002, 272 und BGHSt 48, 44, 50 (Herzklappenfall) = wistra 2003, 59, 63 f.; § 332 III Nr. 2 bejaht in BGH NStZ-RR 2004, 242 f. (Bejahung auf nicht abgedruckter S. 8 des Urteils: Leiter der Koordinierungsstelle Stadtsanierung teilte einem GmbH-Geschäftsführer nach Auftragserteilung mit, dass es in der Branche üblich sei, 5% der Auftragssumme zu bezahlen, wodurch er den Eindruck erweckte, dass er sich bei der Ausübung des Ermessens im Rahmen der Vergabe entsprechender Aufträge durch eine Provision beeinflussen lasse und dass der GmbH bei Ausbleiben der Zahlung die Nichtberücksichtigung drohe. Gutachtenaufträge und Ratenzahlungen waren die Folge).

wenn zwar bei dem Vorteilsgeber der Eindruck hervorgehoben wird, der Amtsträger verletze seine Dienstpflicht, dieser Eindruck aber unzutreffend ist, weil er objektiv doch pflichtgemäß gehandelt hat.[135]

9. Tathandlung des Gebers

Spiegelbildlich zu bei § 332 Abs. 1 „besticht" im Sinne von § 334 nicht nur derjenige, der einen Vorteil für eine pflichtwidrige Diensthandlung **„gewährt"**, sondern auch derjenige, der einen solchen **„anbietet"** oder **„verspricht"**. Hinzu kommt der **„Versuch des Bestimmens"** nach **§ 334 Absatz 3**. 46

Ein **„Gewähren"** setzt eine tatsächliche Zuwendung eines Vorteils an einen Amtsträger oder einen Dritten voraus; diese kann über eine Mittelsperson erfolgen.[136] Wird dem Amtsträger ein Vorteil gewährt, so ist nach dem BGH[137] eine Willensübereinstimmung zwischen Geber und Empfänger darüber erforderlich, dass der Vorteil – unmittelbar oder mittelbar – diesem oder einem Dritten zufließen soll. Vorteilsgeber und Amtsträger müssen sich auch darüber einig sein, dass der Vorteil die Gegenleistung für eine vom Amtsträger vorzunehmende oder vorgenommene Diensthandlung sein soll, wobei die Anforderungen an deren Bestimmtheit nicht überspannt werden sollen.[138] Nicht ausreichend ist es, wenn Zuwendungen nur erfolgen, um das Wohlwollen von Amtsträgern zu erreichen oder zu behalten. Beim **„Versprechen"** ist in der Literatur streitig, ob eine einseitige Erklärung ausreicht[139] oder ob richtigerweise ein „Sichversprechenlassen" auf Seiten des Amtsträgers hinzukommen, also eine Unrechtsvereinbarung vorliegen muss.[140] Auf jeden Fall liegt immer auch ein **Anbieten** (als einseitige auf den Abschluss einer Unrechtsvereinbarung abzielende, Kenntnisnahme[141] voraussetzende Erklärung) vor. Dabei kommt es auch nicht darauf an, ob die Beeinflussung Erfolg hat und es tatsächlich zum Abschluss einer Unrechtsvereinbarung kommt. Der Unrechtsgehalt der Tat liegt darin, dass der Täter mit seinem Angebot auf eine Unrechtsvereinbarung abzielt und damit das geschützte Rechtsgut gefährdet. Im Übrigen genügt zur Vollendung des § 334 (wie des § 333), dass der Täter glaubt, der Amtsträger werde den Sinn seiner Erklärung, d.h. u.a. den Zusammenhang zwischen dem Vorteil und der gewünschten pflichtwidrigen Amtshandlung, verstehen. Es ist nicht erforderlich, dass der Amtsträger das Ansinnen tatsächlich erkannt hat.[142] Nach § 334 Abs. 3 StGB reicht es für die Strafbarkeit aus, dass der Täter einen Amtsträger, dem er einen Vorteil für eine künftige Diensthandlung gewährt usw., diesen dadurch **zu bestimmen versucht**, ein solche Handlung unter Verletzung seiner Pflichten 47

---

[135] BGH NStZ 1984, 24 f.
[136] BGHSt 43, 270, 275 = NJW 1998, 390, 393 = wistra 1998, 67 f. (zu § 6c UWG unter Heranziehung der Auslegung zu § 333 StGB); 49, 275, 298 = wistra 2005, 96, 103.
[137] BGHSt 15, 184 f.; weitergehend NK-*Kuhlen*, § 333 Rn. 6; *Tröndle/Fischer*, § 333 Rn. 4 (auch Willensübereinstimmung darüber, dass der Vorteil für die Diensthandlung gewährt wird; bei Fehlen liegt jedoch ein Anbieten vor!).
[138] Zu § 334 StGB BGH wistra 1994, 227 f. m.w.N.
[139] So LK-*Jescheck*, § 333 Rn. 4; *Schönke/Schröder/Heine*, § 333 Rn. 5; MK-*Korte*, § 333 Rn. 12.
[140] So NK-*Kuhlen*, § 333 Rn. 6; SK-*Rudolphi/Stein*, § 333 Rn. 7; *Tröndle/Fischer*, § 333 Rn. 4; *Dölling*, in: Gössel/Dölling (Fn. 8), § 75 Rn. 27.
[141] NK-*Kuhlen*, § 333 Rn. 4; MK-*Korte*, § 333 Rn. 10; a.A. OLG Düsseldorf wistra 2003, 318, 320 = JR 2003, 521, 523 m. krit. Anm. *Böse* (ausreichend, dass Angebot die Sphäre des Täters verlassen hat, abl. zu einer solchen Auffassung *Baumann* [Fn. 57], S. 37); umgekehrt auch hier anders *Eb. Schmidt* (Fn. 56), S. 122 (Verständnis erforderlich).
[142] Zu § 333 StGB BGHSt 15, 88, 102 (betr. Anbieten), 184 (betr. Gewähren); wistra 2000, 270 f. = NStZ 2000, 439 f. (betr. Gewähren); OLG Düsseldorf wistra 2003, 318 f. = JR 2003, 521 f. (betr. Anbieten und Gewähren).

vorzunehmen oder sich bei der Ausübung seines Ermessens durch den Vorteil beeinflussen zu lassen.[143]

10. Fehlende Genehmigungsfähigkeit

48 Aus der Natur des Delikts und gesetzlich aus der Nichtübernahme der Genehmigungsmöglichkeit einer Vorteilsannahme nach § 331 Abs. 3 und § 333 Abs. 3 ergibt sich, dass **Vorteile für pflichtwidrige Diensthandlungen nicht genehmigungsfähig** sind. Im Rahmen der §§ 332, 334 können daher etwaige Genehmigungen des Vorgesetzten oder einer höheren Behörde die Rechtswidrigkeit nicht ausschließen.[144]

11. Subjektive Tatseite

49 Aus der Natur der Bestechungsdelikte, die durch eine Zweckbestimmung geprägt sind, ergibt sich, dass die Strafbarkeit (zumindest bedingten) **Vorsatz** hinsichtlich aller objektiven Tatbestandsmerkmale voraussetzt. Der Täter des § 332 muss seine Eigenschaft als Amtsträger bzw. als für den öffentlichen Dienst Verpflichteter (mittels der sog. Parallelwertung in der Laiensphäre) kennen, was sich regelmäßig aus der Ernennung bzw. der Inpflichtnahme oder der Bestellung zur Wahrnehmung öffentlicher Aufgaben ergibt. Soweit es um die Eigenschaft des Bestochenen als Amtsträger usw. geht, bedarf es auf der Seite des Vorteilsgebers dazu keiner Kenntnis aller Einzelheiten, aus denen sich die Amtsträgereigenschaft ergibt. Ausreichen kann es sein, dass der Bestechende weiß, dass er es z.B. mit einem Angestellten einer im Auftrag des Staates wirkenden Organisation zu tun hat.[145] Insbesondere in Fällen, in denen sich die Amtsträgereigenschaft aus § 11 Abs. 1 Nr. 2 Buchstabe c ergibt, ist nicht immer leicht festzustellen, ob das Bewusstsein der Wahrnehmung öffentlicher Aufgaben seitens des Vorteilempfängers vorliegt. Insoweit sind Tatbestandsirrtümer selbst bei diesem auch im Rahmen des § 332, aber wohl noch mehr seitens des Gebers bei § 334 denkbar. Dies kann dann auch einhergehen mit einem Irrtum über eine Diensthandlung bzw. deren Pflichtwidrigkeit.

50 Vorhandensein muss auch jeweils ein Vorteilsbewusstsein.[146] In Fällen der §§ 332 und 334 müssen der Amtsträger bzw. der Vorteilsgeber zudem gewusst und dies auch gewollt haben, dass die Zuwendung die Gegenleistung für eine Diensthandlung ist bzw. sein soll. Zur Vollendung genügt es, dass der jeweilige Beteiligte glaubt, die Gegenseite werde den Sinn der Erklärungen, d.h. u.a. den Zusammenhang zwischen dem Vorteil und der gewünschten pflichtwidrigen Amtshandlung, verstehen. Darüber hinaus muss der jeweilige Täter-Beteiligte auch die Pflichtwidrigkeit als solche richtig erkennen;[147] ist dies nicht der Fall, kommt nur eine Strafbarkeit nach § 331 bzw. § 333 in Betracht. In Fällen der jeweiligen Absätze 3 reicht ein bewusstes und gewolltes Sichbereitzeigen bzw. ein entsprechender Bestimmungsversuch aus. Ein solches Sichbereitzeigen ist gegeben, wenn der Amtsträger sich darüber klar ist, dass er mit Rücksicht auf den Vorteil sachfremden Erwägungen Raum geben bzw. sich bei seiner Ermessensentscheidung vom Vorteil beein-

---

[143] In BGH wistra 1998, 108 f. hielt der BGH bei der Zahlung von Schmiergeldern an einen städtischen Beamten, auch wenn dieser dann ermessensfehlerfreie Stellungnahmen zugunsten von Projekten des Vorteilsgebers abgab, dem es darum ging, die von ihm betreuten Projekte alsbald zu realisieren, ein Anwendung von § 334 Abs. 3 Nr. 2 StGB entgegen der Vorinstanz (LG Halle) für naheliegend.
[144] Vgl. RegE-EGStGB, BT-Drucks. 7/550, S. 272; BGH NJW 1960, 830 f.
[145] BGHSt 43, 370, 375 = wistra 1998, 143, 146.
[146] BGHSt 47, 295 = NJW 2002, 2801, 2806 = wistra 2002, 344, 350; BGH NStZ-RR 2002, 272 f. = wistra 2002, 426 f. (nicht angenommen in einem Fall, in dem sich ein Amtsträger mit einem „Investor" und mit von diesem als seine Gäste bezeichneten Prostituierten an einer Hotelbar aufhielt).
[147] RGSt 77, 75, 77 ff.; BGHSt 15, 352, 355 f. (zum Recht vor 1975); NStZ 1984, 24 f.

flussen lassen soll. Ein Ermessensbeamter handelt aber auch dann vorsätzlich im Sinne von § 332 StGB, wenn er sich bewusst ist, er erwecke durch sein Tun nach außen hin den Anschein der Käuflichkeit, und im Zeitpunkt des Sichversprechenlassens gewillt war, den Vorteil auch anzunehmen.[148] Für die Strafbarkeit wegen Bestechung nach § 334 Abs. 3 StGB reicht es aus, dass der Täter einen Amtsträger, dem er einen Vorteil für eine künftige Diensthandlung gewährt usw., diesen dadurch zu bestimmen versucht, ein solche Handlung unter Verletzung seiner Pflichten vorzunehmen oder sich bei der Ausübung seines Ermessens durch den Vorteil beeinflussen zu lassen.[149] Glaubt ein Amtsträger irrtümlich, er handle pflichtwidrig, so liegt nur ein nach § 332 Abs. 1 Satz 3 StGB strafbarer Versuch in Tateinheit mit einem Vergehen nach § 331 StGB vor.

12. Bestechlichkeit und Bestechung von Richtern

Nach § 332 Abs. 2 liegt ein Verbrechen vor, wenn **ein Richter oder ein Schiedsrichter** 51 **die Straftat der Bestechlichkeit für eine künftige oder auch eine bereits vorgenommene *richterliche* Handlung** begeht. Die korrespondierende **Tat des Vorteilgebers** ist demgegenüber seit 1975 nur noch ein Vergehen (§ 334 Abs. 2).

Schiedsrichter sind Personen, die eine ihnen durch (schieds)vertragliche (vgl. z.B. 52 §§ 1025 ff. ZPO, §§ 101 ff. ArbGG) oder sonstige Verfügung (vgl. § 1066 ZPO) zugewiesene Rechtsstreitigkeit verbindlich entscheiden. *Korte*[150] folgend ist diese Regelung auch auf nach ausländischem oder internationalem Recht berufene Schiedsrichter anzuwenden. Die Ratifikation des Zusatzprotokolls zum strafrechtlichen Europaratsabkommen über Korruption wird diese Interpretation bekräftigen.

Erfasst wird jede Handlung eines Richters oder Schiedsrichters, die sich auf die **rich-** 53 **terliche Unabhängigkeit** bezieht, bei Richtern also nicht die Justizverwaltungstätigkeit.[151] Die jeweiligen Absätze 2 sind für Richter und deren Vorteilsgeber qualifizierte Fälle von Bestechlichkeit nach dem jeweiligen Absatz 1 und von Taten nach § 331 Abs. 1 und 2 bzw. § 333 Abs. 1 und 2. Bezüglich Schiedsrichtern liegt eine Qualifikation im Verhältnis zu § 331 Abs. 2 bzw. § 333 Abs. 2 vor. **Pflichtwidrig** handelt der Richter und Schiedsrichter, der eine Regelung des materiellen Rechts oder des Verfahrensrechts nicht richtig anwendet, was auch bei richterlichen Ermessensentscheidungen (z.B. bei der Strafzumessung) der Fall sein kann. Die Ausdehnungen im jeweiligen Absatz 3 gelten auch für den jeweiligen Absatz 2. Bezüglich Schiedsrichtern ist zu beachten, dass ein Vorteil nur vorliegt, wenn die Zuwendung bzw. Annahme usw. der Vergütung hinter dem Rücken einer Partei, also ohne deren Wissen und mit dem Willen, diese zu hintergehen,[152] erfolgt (§ 337). Dadurch wird die Strafbarkeit gegenüber Handlungen von Richtern und Amtsträgern nach den §§ 331 ff. eingeschränkt.

13. Besonders schwere Fälle

In **besonders schweren Fällen der Bestechlichkeit und Bestechung** sieht § 335 seit 54 1997 **Strafschärfungen** vor. Gegen einen bestechlichen Richter oder Schiedsrichter können dann Freiheitsstrafen zwischen zwei und fünfzehn Jahren, sonst gegen Amtsträger,

---

[148] BGH NJW 1989, 914, 916; BGH NStZ-RR 2002, 272 f. = wistra 2002, 426, 428.
[149] BGH wistra 1998, 108 f. (Fn. 143).
[150] MK-*Korte*, § 331 Rn. 113.
[151] RegE-EGStGB, BT-Drucks. 7/550 S. 271, 273; Schönke/Schröder/*Heine*, § 331 Rn. 11b; a.A. *Merges* (Fn. 58), S. 38 ff.
[152] RegE-EGStGB, BT-Drucks. 7/550, S. 276.

8. Kapitel. Der strafrechtliche Schutz gegen Korruption

für den öffentlichen Dienst Verpflichtete und Soldaten sowie gegen die Bestechenden zwischen einem und zehn Jahren verhängt werden (§ 335 Abs. 1).

55 Regelmäßig liegt in folgenden Fällen (§ 335 Abs. 2) ein besonders schwerer Fall vor:

- die Tat bezieht sich auf einen (materiellen) **Vorteil großen Ausmaßes**. Bei der Unbestimmtheit dieses Merkmals besteht Uneinigkeit über eine Untergrenze. Angesichts des hohen Strafrahmens sollte dieser höher liegen als von der Literatur vorgeschlagen (also nicht unter 50.000 €)[153]. Bei der Bestimmung kommt es auf die Bedeutung der Diensthandlung nicht und auf die Lebensverhältnisse des Amtsträgers nur beschränkt an;
- **fortgesetzte (= wiederholte) Annahme** von Vorteilen i.S. von § 332 (mindestens dreimalige[154] Begehung von rechtlich selbständigen Annahmehandlungen, die auf einer Forderung für die Vornahme künftiger Diensthandlungen beruhen);
- **gewerbsmäßige Begehung**, was die Absicht wiederholter Tatbegehung voraussetzt, die auf nicht nur vorübergehende Erlangung von unmittelbaren oder – insbesondere beim Bestechenden – auch nur mittelbaren[155] materiellen Vorteilen von einigem Umfang[156] abzielt;
- **bandenmäßige Begehung**, die vor allem beim Zusammenschluss von mindestens drei Personen zur fortgesetzten Bestechung von Amtsträgern vorliegen kann, aber die Beteiligung von Amtsträgern nicht ausschließt und sogar bei kollusivem Zusammenwirken von Amtsträgern in Behörden vorliegen kann.

56 Auch wenn ein Regelbeispiel vorliegt, ist in einer **Gesamtabwägung** zu prüfen, ob im konkreten Fall nicht Gründe vorliegen, die der Annahme eines besonders schweren Falles mit der Folge der Anwendung höherer Freiheitsstrafen entgegenstehen. In einem Fall geringen finanziellen Gewinns für den Amtsträger hat der BGH[157] dies verneint. In der Literatur werden als Beispiele unverschuldete Notlage und das Fehlen negativer Auswirkungen der pflichtwidrigen Diensthandlung genannt.[158] Umgekehrt kann ein besonders schwerer Fall ggf. bejaht werden, wenn eine große Anzahl von Pflichtwidrigkeiten begangen wurde, eine Pflichtwidrigkeit besonders grob war oder eine Notlage ausgenutzt wurde.[159]

---

[153] Ähnlich wie bei § 264 StGB; gilt auch für Zusammenrechnungen bei mehreren Zuwendungen (in der Regel ab 50.000 und nicht unter 25.000 € MK-*Korte*, Rn. 9; für 25.000 € NK-*Kuhlen*, Rn. 4; SK-*Rudolphi/Stein*, Rn. 2; Schönke/Schröder/*Heine*, Rn. 3; für 10.000 € *Tröndle/Fischer*, Rn. 6; LK-*Baur/Gmel*, Nachtrag Rn. 21; *Kindhäuser*, Rn. 1; *Lackner/Kühl*, Rn. 2).

[154] NK-*Kuhlen*, Rn. 5; SK-*Rudolphi/Stein*, Rn. 4; *Tröndle/Fischer*, Rn. 9; BGH wistra 2000, 426, 429 f. nimmt weitergehend ein Regelbeispiel schon bei der ersten Tat an, wenn ihr eine Abrede fortgesetzter Begehung zugrunde liegt, was mit der Gesetzesbegründung, BT-Drucks. 13/5584, S. 17, die auf die ständige Bezahlung für die Verletzung von Diensthandlungen abhebt, nicht recht vereinbar ist; *Joecks*, Rn. 3 lässt zweimalige Begehung ausreichen. Gegen das Erfordernis eines Fortsetzungsvorsatzes NK-*Kuhlen* und SK-*Rudolphi/Stein*, jeweils a.a.O.

[155] BGH wistra 1999, 465; 2000, 426, 429; 2003, 260 f. (Erhalt von Zahlungen von Prüflingen einer Fahrschule, zu deren Gunsten ein TÜV-Mitarbeiter bestochen wurde).

[156] BGH wistra 2000, 426, 429 verneinte hinsichtlich des Vorteilsgebers bei der Zahlung von – wenn auch wiederholt zugewendeten – geringen Beträgen (pro Auskunft jeweils DM 5) das Merkmal der Gewerbsmäßigkeit.

[157] BGH wistra 2000, 426, 429.

[158] *Tröndle/Fischer*, Rn. 12.

[159] *Tröndle/Fischer* a.a.O.; MK-*Korte*, Rn. 17.

III. Vorteilsannahme und Vorteilsgewährung (§§ 331, 333 StGB)

1. Entwicklung der Gesetzgebung

Die meisten Rechtsordnungen beschränken sich nicht darauf, nur Bestechungshand- 57
lungen, die sich auf die Verletzung von Dienstpflichten von nationalen Amtsträgern beziehen, mit Strafe zu bedrohen, sondern sehen generell die Käuflichkeit von Diensthandlungen als strafwürdig an. Unangefochten war dies allerdings früher nicht. Sowohl bei der Neugestaltung des preußischen Strafrechts im 19. Jahrhundert als auch bei den Beratungen zum RStGB wurde darum gestritten, ob Geschenkannahme für weniger schwerwiegende Taten, also etwa bezüglich nichtpflichtwidriger Diensthandlungen, nicht doch dem sich im 19. Jahrhundert vom Kriminalstrafrecht lösenden Disziplinarrecht[160] zur Ahndung überlassen werden sollte. Einer Beschränkung begegnet man selbst heute noch und zwar in internationalen Konventionen, soweit es um die Beteiligung ausländischer oder internationaler Amtsträger geht. Vielfach wurde und wird auch noch heutzutage zumindest die nachträgliche Belohnung von der Strafbarkeit ausgenommen.[161]

Noch weiter verbreitet war früher die Straflosigkeit der Zuwendung von Vorteilen für 58
eine pflichtgemäße Diensthandlung. Letzteres schlug sich auch noch im **Reichsstrafgesetzbuch** von 1871 im Anschluss an das Preußische Strafgesetzbuch von 1851 nieder. Eine Änderung trat in dieser Beziehung erst über hundert Jahre später mit den Reformen von 1975 und 1997 ein.[162] Die bis 1974 geltende Regelung des § 331 über Vorteilsannahme für nicht pflichtwidrige Diensthandlungen war zwar – wie in § 309 PrStGB – 1870/71 vom Gesetzgeber als Straftat eingestuft worden, aber von lediglich geringem Gewicht, wie die Obergrenze der Freiheitsstrafe von sechs Monaten belegt.

Erst durch das **EGStGB** ist dieses Delikt durch die Androhung von Freiheitsstrafe von 59
bis zu zwei Jahren zum wirklich kriminellen, wenn auch nicht sehr schwerwiegenden Unrecht hochgestuft worden.[163] Als Neuerung wurde nunmehr auch die Vorteilsgewährung für diejenigen Fälle unter Strafe gestellt, in denen der Vorteil sich auf eine künftige Handlung des Empfängers bezieht und der Vorteilsgeber gegenüber einem „Ermessensbeamten" (§ 333 Abs. 1) handelt. Nach dem RegE sollte damit der oft erhobenen Forderung nach Ausdehnung der Strafbarkeit von aktiven Bestechungshandlungen in dem Umfange entsprochen werden, in dem dies damals nach den praktischen Erfahrungen und dem Unrechtsgehalt der Taten geboten erschien.[164] In den teilweise auch zur Klärung von Streitfragen neugestalteten Regelungen wurde der Kreis der Beteiligten wie in den §§ 332 und 334 unter Einbeziehung der Regelung in der BestechungsVO weiter gezogen; auch wurden die Vorteilsannahme und -gewährung für nicht pflichtwidrige richterliche Handlungen jeweils in einen gesonderten Absatz (§ 331 Abs. 2; § 333 Abs. 2) mit einer höheren Strafdrohung und die Strafbarkeit des Versuchs der Vorteilsannahme (§ 331 Abs. 2 Satz 2) aufgenommen. Außerdem wurde in § 331 Abs. 3 und § 333 Abs. 3 erstmals die zur

---

[160] Zu dessen Entwicklung *Heinrich* (Fn. 6), S. 148 ff.
[161] N. zur Gesetzgebung und zu Reformbestrebungen im 19. Jahrhundert bei *Birkmeyer*, in: ders.u.a., Vergleichende Darstellung des deutschen und ausländischen Strafrechts, BT, IX. Band, 1906, Bestechung, S. 309, 326 ff.
[162] An dieser Struktur hatten auch die die RStGB-Vorschriften ergänzenden §§ 2–4 der Verordnung gegen Bestechung und Geheimnisverrat nichtbeamteter Personen vom 3.5.1917 i.d.F. vom 22.5.1943 (RGBl. I 351) noch nichts geändert.
[163] Nicht ganz korrekt ist es, wenn die Begr. im RegE-EGStGB, BT-Drucks. 7/550 S. 270, von der zum kriminellen Unrecht erhobenen Disziplinarwidrigkeit der Vorteilsannahme spricht, da § 331 ja schon zuvor eine Straftat war. Der RegE hatte sogar nur eine Strafe bis zu einem Jahr Freiheitsstrafe vorgeschlagen, was dem Gesetzgeber als zu niedrig erschien.

Straflosigkeit führende Genehmigung der Vorteilsannahme durch die zuständige Behörde im Strafrecht verankert.

60 Die **Reform von 1997** führte zu zusätzlichen Erweiterungen und Strafschärfungen auch bezüglich nicht pflichtwidriger Diensthandlungen. Der Tatbestand der Vorteilsgewährung wurde in ein Spiegelbild zur Vorteilsannahme verwandelt. Die Anschauung der Allgemeinheit über die Strafwürdigkeit einer nicht gestatteten Gewährung eines Vorteils an einen Amtsträger für eine ordnungsgemäße Handlung hatte sich nach Auffassung von Regierung und Gesetzgeber geändert. Entgegen der bei der Reform von 1975 noch vorherrschenden Auffassung[165] werde eine solche Zuwendung, insbesondere wenn sie ein großes Ausmaß annehme, nicht mehr nur als ein unverfänglicher Akt des Wohlwollens und der Dankbarkeit bewertet. Weitergehend als der RegE[166] beschloss der Gesetzgeber sogar – in Anknüpfung an einen auf einem Vorschlag des Gutachters *Dölling*[167] beruhenden Beschluss des Deutschen Juristentages von 1996[168] – eine Lockerung der sog. „Unrechtsvereinbarung" in den §§ 331 und 333, um die strafwürdigen und strafbedürftigen Fälle zu erfassen, bei denen die Annahme oder Gewährung eines Vorteils als Gegenleistung für eine Diensthandlung nicht nachgewiesen werden könne. Praxis und Wissenschaft hatten – trotz Verringerung der Anforderungen an die Bestimmtheit von Diensthandlungen durch den BGH – auf fortbestehende Schwierigkeiten der Strafverfolgung in Fällen hingewiesen, in denen eine Zuwendung nicht eindeutig einer Diensthandlung zugeordnet werden kann.[169] Erfasst werden sollten auch Fälle der Vorteilsannahme und Vorteilsgewährung „für die Dienstausübung"; eine hinreichend bestimmte Diensthandlung als „Gegenleistung" muss seitdem nicht mehr nachgewiesen werden. Wie in den §§ 332 und 334 werden in den §§ 331 und 333 nun ausdrücklich auch Drittzuwendungen erfasst. Die vorgenommenen Strafschärfungen sollen verdeutlichen, dass auch Bestechungshandlungen in diesem Bereich nicht generell zum Bereich der ganz leichten Kriminalität gehören.[170]

2. Tatbestandsfassung

61 Nach § 331 StGB macht sich strafbar, wer als Amtsträger, als für den öffentlichen Dienst besonders Verpflichteter oder gemäß § 48 Abs. 1 Wehrstrafgesetz als (Unter)Offizier als Gegenleistung für eine Dienstausübung einen Vorteil für sich oder einen Dritten annimmt, fordert oder sich versprechen lässt. Entsprechend bedroht § 333 denjenigen mit Strafe, der einem Amtsträger, einem Soldaten usw. einen Vorteil für eine Dienstausübung gewährt, anbietet oder verspricht.
Wörtlich lauten die Grundtatbestände der Vorteilsannahme und Vorteilsgewährung:

§ 331: „(1) Ein Amtsträger oder ein für den öffentlichen Dienst besonders Verpflichteter, der für die Dienstausübung einen Vorteil für sich oder einen Dritten fordert, sich versprechen lässt oder annimmt, wird mit Freiheitsstrafe bis zu drei Jahren oder mit Geldstrafe bestraft."

§ 333: „(1) Wer einem Amtsträger, einem für den öffentlichen Dienst besonders Verpflichtete oder einem Soldaten der Bundeswehr für die Dienstausübung einen Vorteil für diesen oder einen Dritten anbietet, verspricht oder gewährt, wird mit Freiheitsstrafe bis zu drei Jahren oder mit Geldstrafe bestraft."

---

[164] RegE-EGStGB a.a.O.
[165] BT-Drucks. 7/550, S. 274.
[166] BT-Drucks. 13/6424 (identisch der Koalitionsentwurf, BT-Drucks. 13/5584).
[167] *Dölling* (Fn. 4), C 65; vgl. auch *Dölling*, ZStW 112 (2000), 334, 343 f.
[168] 61. DJT II/2, Beschluss L 189 (auch abgedruckt in wistra 1996 H. 8 S. VI).
[169] BT-Ausschussbericht, BT-Drucks. 13/8079 S. 15; DJT-Gutachten C 63 m.N.; *Möhrenschlager*, JZ 1996, 822, 825.
[170] RegE a.a.O. S. 16.

3. Dienstausübung

Selbstverständlich werden von der Neufassung wie auch zuvor Fälle erfasst, in denen 62
ein Amtsträger eine Zuwendung für eine bestimmte nicht pflichtwidrige Diensthandlung
annimmt. Ausreichend für die Strafbarkeit ist nun jedoch, dass die (rechtswidrige) Vorteilsannahme und die Vorteilsgewährung für die **Dienstausübung** (d.h. Diensthandlung
im Allgemeinen)[171] erfolgen. Dazu gehört der ganze Bereich der Diensthandlungen eines
Amtsträgers, von denen seine Privathandlungen zu unterscheiden und abzugrenzen sind.
Hierzu kann generell auf die Ausführungen zu § 332 verwiesen werden. Angesichts des
unterschiedlichen Wortlauts von § 331 Abs. 1 und § 332 StGB liegt strafbares Verhalten
auch vor, wenn ein Amtsträger vortäuscht, er habe eine Diensthandlung vorgenommen,
sofern nicht zwischen der tatsächlichen und behaupteten Dienstausübung überhaupt
kein Zusammenhang besteht.[172]

4. Unrechtsvereinbarung

Da die Tathandlung „**für die Dienstausübung**" erfolgt bzw. erfolgen soll, muss zwi- 63
schen beiden Elementen eine „**Beziehung**" bestehen, die auch hier vielfach als „**Unrechtsvereinbarung**" bezeichnet wird. Gegenüber den §§ 332 und 334 ist dieses Beziehungsverhältnis allerdings „gelockert", da es sich in den §§ 331 Abs. 1 und 333 Abs. 1
nicht auf eine Diensthandlung, sondern nur auf eine Dienstausübung bezieht. Aufgegeben wurde dieses Element nicht, d.h. die bloße Annahme eines Geschenks usw. durch einen Amtsträger ist als solches auch weiterhin nicht strafbar.[173] Obwohl § 331 Abs. 1 und
§ 333 Abs. 1 anders als die §§ 332 und 334 und auch anders als § 331 Abs. 2 und § 333
Abs. 2 nicht ausdrücklich fordern, dass der Vorteil die „Gegenleistung" für die Handlung
des Amtsträgers sein soll, ist im Einklang mit dem Verständnis der vor 1975 dieses Merkmal auch nicht enthaltenden Regelungen an diesem Erfordernis auch in den Grundtatbeständen weiterhin festzuhalten.[174] Wie nach der früheren Fassung sind auch weiterhin die
Fälle straflos, in denen Vorteile nur „gelegentlich" einer Dienstausübung, wenn auch unter Ausnutzung dienstlich erworbener Kenntnisse, angenommen bzw. zugewendet werden.[175] Aus der Strafbarkeit lassen sich ebenso die Fälle ausscheiden, in denen der Vorteil
erst das Mittel für die Dienstausübung ist, diese also z.B. nur ermöglicht.[176] Die bloße Vereinbarung zwischen einem Amtsträger und einem Vorteilsgeber über die Gewährung
und die Annahme von Schenkungen, Spenden, Sponsoringleistungen einschließlich der
sog. Drittmittelzuwendungen ist noch keine Unrechtsvereinbarung i.S. des § 331,[177] außer

---

[171] BGH wistra 1999, 224 = NStZ 1999, 561; vgl. auch NK-*Kuhlen*, Rn. 74 (allgemeines Wohlwollen, Geneigtheit in dienstlichen Angelegenheiten). Kritik an Bejahung durch BGH (St 49, 275 = wistra 2005, 96) im Wahlkampfspendenfall (Fn. 51) äußert *Korte*, NStZ 2005, 513 und in MK Rn. 146.
[172] MK-*Korte*, Rn. 92; *Tröndle/Fischer*, Rn. 10.
[173] Annahme liegt auch vor bei Annahme unter Vorbehalt der Genehmigung, MK-*Korte*, § 331 Rn. 59; a.A. LK-*Jescheck*, Rn. 6; *Schönke/Schröder/Heine*, Rn. 25 (zweifelhaft); *Merges* (Fn. 58), S. 69.
[174] SK-*Rudolphi/Stein*, Rn. 27; MK-*Korte*, Rn. 94; *Dölling* (Fn. 4), C 65; davon geht als selbstverständlich auch BGHSt 47, 295 = wistra 2003, 344, 349 aus.
[175] MK-*Korte*, Rn. 102 m.N.; Beispiel: LG Kassel, 5610 Js 18631/01, 18.9.2003 (Gemeindekämmerer nahm Geld an für die Vermittlung von Bauunternehmen an Bauwillige, wobei er – wie selbst auch die Gemeinde – aber nur für die Vermittlung von Landes-Grundstücken an Bauwillige zuständig war).
[176] MK-*Korte*, Rn. 94 m.N. und in NStZ 2005, 513; *Schönke-Schröder/Heine*, § 331 Rn. 28; *Kindhäuser/Goy*, NStZ 2003, 291, 293 f.; *Gribl* (Fn. 63), S. 19, 52. Beispiel: Annahme von Benzin für dienstliche Ermittlungsfahrten der Polizei, OLG Zweibrücken, NStZ 1982, 204 f. = JR 1982, 381 f.
[177] MK-*Korte* a.a.O.; *Kuhlen*, JR 2003, 231, 234; *Kindhäuser/Goy*, NStZ 2003, 294 (auch wenn zur Unterstützung der Forschung); vgl. auch die Allgemeine VW-Vorschrift zur Förderung von Tätigkeiten des Bundes durch Leistungen Privater (Sponsoring, Spenden und sonstige Schenkungen) v. 7.7.2003, BAnz Nr. 126 S. 14906.

wenn die Zuwendung eine Gegenleistung für die Dienstausübung zugunsten des Gewährenden ist.[178] Ob der erstere oder der letztere Fall vorliegt, ist jedoch im Einzelfall oft nicht leicht zu entscheiden. Dies ist insbesondere der Fall, wenn mit der Vorteilsgewährung verschiedene Zwecke angesprochen werden.

64 Der Gesetzgeber wollte, wie sich insbesondere aus der Gesetzesbegründung und dem Zusammenhang mit dem DJT-Beschluss und DJT-Gutachten ergibt, vor allem die Fälle erfassen, in denen zwar weiterhin eine Beziehung zwischen der Vorteilsannahme und den Diensthandlungen des Amtsträgers besteht, also ein Vorteil für eine dienstliche Tätigkeit gewährt bzw. angenommen wird usw., ohne dass diese entsprechend den vom BGH entwickelten Voraussetzungen hinreichend bestimmt ist oder nicht eindeutig einer solchen zugeordnet werden kann.[179] Nach allgemeiner Auffassung[180] sollen damit auch Fälle erfasst werden, in denen Zahlungen zu dem Zweck erfolgen, allgemeines Wohlwollen und Geneigtheit des Amtsträgers zu erkaufen[181] („auf gute Zusammenarbeit")[182], also Fälle der sog. **„Klimapflege"** einschließlich solcher, die sich auf die Vergangenheit beziehen[183] („aus Dankbarkeit für die gute Zusammenarbeit"). Aber auch in solchen Fällen ist darauf zu achten, dass die Zuwendung wirklich für die „Dienstausübung", d.h. für die Tätigkeit des Amtsträgers, also mögliche künftige dienstliche Handlungen oder für bereits geleistete Dienste erfolgt. Dies wird von einem Teil der Literatur im Anschluss an die frühere Rechtsprechung weiterhin verneint, wenn die Zuwendung nur für die Art und Weise, in der die Ausübung des Dienstes erfolgt(e), erbracht wurde.[184] Im Allgemeinen wird dies richtig sein.

65 Das Erfordernis einer Unrechtsvereinbarung ist nach überwiegender Auffassung[185] auch ein Ansatzpunkt, um bei sog. sozialadäquaten Vorteilsannahmen bzw. -zuwendungen die Tatbestandsmäßigkeit zu verneinen; teilweise wird die **Sozialadäquanz** als ein selbständiger Straflosigkeitsgrund (auf Tatbestands- oder Rechtfertigungsebene) herangezogen. In Bereichen, in denen Verwaltungsvorschriften hierzu Verbots- bzw. Genehmigungsregelungen auch für geringfügige Geschenke, Dienstleistungen, dienstlich oder gesellschaftlich gebotene Bewirtungen usw. treffen, was sowohl auf Bundesebene als auch auf Landesebene der Fall ist, braucht dieser Gedanke jedenfalls für einen durch diese betroffenen Amtsträger in der Regel nicht mehr herangezogen zu werden.[186] Soweit solche Regelungen jedoch nicht bestehen, was insbesondere bei bestimmten Amtsträgern i.S. von § 11 Abs. 1 Nr. 2c und bei für den öffentlichen Dienst besonders Verpflichteten möglich

---

[178] Liegt nicht vor bei Verleihung eines Preises für besondere wissenschaftliche Leistungen, *Kuhlen* a.a.O.; grundsätzlich auch nicht bei Vereinbarung der Begehung einer Ordnungswidrigkeit und der Zahlung einer Geldbuße an die Behörde des Amtsträgers, BGH StV 2005, 554 = NJW 2005, 3011.

[179] BT-Drucks. 13/8079 S. 15; DJT-Beschluss zur Unrechtsvereinbarung (abgedruckt in 61. DJT II/2, 1996, L 186, 189 = wistra 1996 H. 8 S. VI); *Dölling* (Fn. 4), C 63 ff.; BGHSt 49, 275, 281 = wistra 2005, 96, 98 = NJW 2004, 3569, 3571.

[180] *Tröndle/Fischer*, Rn. 24 m.N.; *Kuhlen*, JR 2003, 231, 234 (auch wenn zur Unterstützung der Forschung).

[181] Vgl. den Hinweis auf Anwendungsschwierigkeiten in diesem Fall im BT-Ausschussbericht a.a.O. Entgegen dem RG, 1 D 126/26, 16.3.1926, in *Schubert/Glöckner*, Nachschlagewerk des Reichsgerichts in Strafsachen, Bd. 2, 1996, S. 542 (§ 331 N2. 4) könnte die Zuwendung eines Geschenks seitens eines Untergebenen zwecks „wohlwollender Behandlung", womit sicherlich der dienstliche Bereich gemeint war, nun strafbar sein.

[182] *Dölling* (Fn. 4), C 65; *ders.*, ZStW 112 (2000), 334, 343 f.

[183] H.L., MK-*Korte*, Rn. 98 m.w.N.

[184] MK-*Korte*, Rn. 103 m.N. im Anschluss an BGHSt 39, 45 (Zuwendung ausschließlich wegen freundlicher Art); NK-*Kuhlen*, Rn. 80; a.A. *Arzt/Weber*, § 49 Rn. 26; wohl auch *Tröndle/Fischer*, Rn. 25a.

[185] MK-*Korte*, Rn. 126 ff. m.N.; NK-*Kuhlen*, Rn. 87 ff.; abl. z.B. *Merges* (Fn. 58), S. 154 ff.; nach BGHSt 33, 336 = wistra 1986, 106 f. (zu § 108b) dient das Merkmal Sozialadäquanz dazu, den Begriff „Vorteil" einzugrenzen.

[186] Vgl. MK-*Korte*, Rn. 130.

ist, könnte die Tatbestandsmäßigkeit mangels Sozialadäquanz auch weiterhin verneint werden.[187] Beispielhaft ist hierfür der Poullain-Fall, wo angesichts der Stellung des Vorstandsvorsitzenden einer Großbank im geschäftlichen und gesellschaftlichen Verkehr dieser, auch wenn er Amtsträger i.S. des Buchstaben c war, nicht gehindert war, Einladungen von Kunden, die Kredite wünschen, anzunehmen. Solche Handlungen liegen bei einer solchen Dienststellung im Bereich sozialadäquaten Verhaltens. Die Genehmigungsfähigkeit als solche, auf die der BGH alternativ hinweist, ist demgegenüber angesichts der ausdrücklichen Genehmigungsregelung in § 331 Abs. 3 keine tragfähige Lösung für die Annahme von Straflosigkeit. Generell erhebt sich gleichwohl die Frage, ob der straffreie Bereich bei öffentlichen Beschäftigten nicht weiter reichen sollte. Fälle wie die Gabe und Annahme von Trinkgeldern an einen Briefträger an Neujahr oder an einen Zugschaffner sollten, soweit in solchen Fällen noch die Amtsträgerschaft bejaht wird, straflos bleiben, auch wenn Verwaltungsvorschriften[188] die Annahme von Trinkgeld verbieten. Vorzugswürdig ist hier eine Lösung, die in solchen Fällen durch eine tatbestandseinschränkende Auslegung zur Straflosigkeit führt, weil für das geschützte Rechtsgut keinerlei Gefahren (mehr) bestehen.[189] Teilweise wird zur Einschränkung der Gedanke der Regelwidrigkeit zu Beziehungsverhältnissen bzw. das Element der Unlauterkeit als Ansatzpunkt benutzt.[189a]

Zu den umstrittensten Themen in der Strafverfolgungspraxis, im Kreis davon Betroffener und der sie repräsentierenden Anwälte und Verbandsvertreter sowie in der Wissenschaft gehört die Anwendung der §§ 331 und 333 hinsichtlich der **Drittmitteleinwerbung und -gewährung** und von sonstigen Sponsoringleistungen im Bereich von Universitätskliniken und sonstigen öffentlichen Krankenhäusern.[189b] Unstreitig strafbar sind Fälle, in denen ein Krankenhausarzt als Amtsträger (hohe) persönliche Vorteile für die Mitwirkung an Beschaffungsentscheidungen erhält[190]. Abgrenzungsprobleme ergeben sich aus der Zulässigkeit der Drittmittelforschung nach § 25 HRG und den ergänzenden landesrechtlichen Regelungen, zumal die Drittmitteleinwerbung sogar zu den Dienstaufgaben gehören kann. In der Praxis ist es oft nicht möglich, Beschaffungsentscheidungen ohne mitwirkende Stellungnahmen von Ärzten zu treffen. Um Wertungswidersprüche zu vermeiden, hat der BGH[191] (unter Zustimmung zum Ergebnis seitens eines großen Teils der Literatur[192]) § 331 Abs. 1 tatbestandseinschränkend für die Fälle ausgelegt, in denen 66

---

[187] So zuletzt BGHSt 48, 44 = NJW 2003, 763, 765 = wistra 2003, 59, 63 (für den Uniklinikbereich etwaige bestehende Sonderregelungen werden hier nicht angeführt); dafür auch MK-*Korte* a.a.O.; NK-*Kuhlen*, a.a.O.; *Dölling* (Fn. 4), C 70; ZStW 112 (2000), 334, 343; ders., in: Gössel/Dölling (Fn. 8), § 75 Rn. 15.

[188] So z.B. das BMI-RdSchr. v. 8.11.2004 (Fn. 20) unter I.

[189] Allgemein *Roxin*, AT, Bd. I, 4. Aufl. 2006, § 10 Rn. 33 ff. m.N. (ausdrücklich auch zu § 331); *Baumann/Weber/Mitsch*, AT, 11. Aufl. 2003, § 16 Rn. 33 ff.; MK-*Korte*, Rn. a.a.O.; *Merges* (Fn. 58), S. 158 ff. (teleologische Tatbestandsreduktion). Im Ergebnis weitgehend ebenso *Knauer/Kaspar* (Fn. 32), S. 395 ff., 400 ff. (verneinen ggf. [regelwidrige] Unrechtsvereinbarung, z.B. weil ungeeignet, die Dienstausübung zu beeinflussen oder weil keine Rechtsgutsgefahr besteht, oder wenden Gedanken der Sozialadäquanz an, etwa weil gesellschaftskonform); eindeutige Leitlinien werden dadurch allerdings kaum entwickelt.

[189a] Vgl. *Schönke-Schröder/Heine*, § 331, Rn. 29 ff. m.N.

[189b] Dazu auch *Korte* in Kapitel 6 Rn. 54 ff. (auch zu den Anforderungen an Drittmittelvorschriften und Verhaltensmaßnahmen).

[190] Paradebeispiel: BGH NStZ 1990, 90 f. (Strafbarkeit sogar nach § 332 wegen Annahme von mehr als 184.000 DM als sog. „Kick-backs" für den laufenden Bezug von Herztransplantaten aus Italien statt Rabattvereinbarung für Krankenhaus sowie für Einladungen zu sog. Gourmetessen und die Bezahlung von Reisen zum Lieferanten).

[191] BGHSt (1. Strafsenat) 47, 295, 303 = NJW 2002, 2081, 2083 = wistra 2002, 344, 347 (Rn. 26); BGHSt 48, 44 (1. Strafsenat) = NJW 2003, 763, 766 = wistra 2003, 59, 64 (Rn. 26); BGH (5. Strafsenat) NStZ-RR 2003, 171 = wistra 2003, 303 ff. Dazu jeweils die Darstellungen bei *Greeve* (Fn. 26) Rn. 276, 278 ff. und *Bannenberg*, in Wabnitz/Janovsky, 3. Aufl., Kap. 10, Rn. 78 ff.

[192] N. bei MK-*Korte*, Rn. 138 ff.; *Tröndle/Fischer*, Rn. 27 ff.; ebenso *Tholl*, wistra 2003, 181 f.; *Heinrich*, NStZ 2005, 256 (ein Teil der Literatur, wie auch *Korte* selbst, zieht eine Lösung auf Rechtfertigungsebene vor, so z.B. *Mansdörfer*, wistra 2003, 211, 213; krit. z.B. *Satzger*, ZStW 115 [2003], 497 f.).

es die hochschulrechtlich verankerte Dienstaufgabe des Amtsträgers ist, sog. Drittmittel für Lehre und Forschung – und damit auch zugleich Vorteile – einzuwerben und bei denen ein Beziehungsverhältnis zu einer Diensthandlung (wie z.B. die Mitwirkung an einer Beschaffungsentscheidung) besteht. Voraussetzung ist dann aber nicht nur, dass es sich der Sache nach um Fördermittel für Forschung und Lehre handelt, sondern dass diese auch dem vorgeschriebenen Verfahren unterworfen werden (Offenlegung, Anzeige und Genehmigung[193]). Auf diese Weise wird die Transparenz des Verfahrens hinreichend sichergestellt, den Kontroll- und Aufsichtsorganen eine Überwachung ermöglicht und so dem Schutz vor dem Anschein der „Käuflichkeit" Rechnung getragen. Das Beziehungsverhältnis kann in einem solchen Fall so interpretiert werden, dass die Fördermittel nicht „als Gegenleistung" für eine Diensthandlung oder für die Dienstausübung, sondern zur Förderung von Forschung und Lehre gewährt und angenommen werden. Vorteile, die sich aus dem aufgabengerechten Heraushandeln eines Vertrages, d.h. aus der Diensthandlung selbst ergeben, werden von der Unrechtsvereinbarung nicht erfasst.[194] In der Entscheidung des sich dem 1. Strafsenats anschließenden 5. Strafsenats schied Strafbarkeit schon deshalb aus, weil eine Abhängigkeit der Höhe der Vorteilsgewährung von dem durch Diensthandlungen des Empfängers beeinflussten Absatzumfang zu Gunsten des Zuwendenden nicht festzustellen war, wobei hervorgehoben wurde, dass sich der Arzt bei seiner Beschaffungsentscheidung nur am Patientenbedürfnis orientiert habe.[195]

67 Auch außerhalb des Anwendungsbereichs der drittmittelrechtlichen Regelungen ist eine einschränkende Tatbestandsauslegung durch Verneinung der Unrechtsbeziehung kraft analoger Anwendung der BGH-Grundsätze anzuerkennen, etwa für Drittmittelzuwendungen im Zusammenhang mit der Förderung von Forschungen in sonstigen Krankenhäusern. Dies hat auch das LG Wuppertal[196] für den Bereich der **Parteienfinanzierung** angenommen, eine Auffassung, der der BGH[197] im Revisionsurteil dazu entgegengetreten ist:

Nach Auffassung des 3. Strafsenats wird ein Amtsträger, der für seine Dienstausübung eine nach dem Parteiengesetz zulässige Parteispende fordert usw., nicht generell von der Strafbarkeit nach § 331 Abs. 1 freigestellt. Zeigt sich ein Amtsträger (hier ein Oberbürgermeister) be-

---

[193] Vgl. auch die Hinweise des *Bundesverbandes der pharmazeutischen Industrie* in seiner Broschüre Antikorruptionsgesetz – Zusammenarbeit zwischen der pharmazeutischen Industrie und Ärzten in medizinischen Einrichtungen, 2001, S. 60 ff.; *Kindhäuser/Goy*, NStZ 2003, 291, 294 f. heben in ihrer Stellungnahme hervor, dass im konkreten Fall in BGHSt 47, 295 die Verfahrensvoraussetzungen für die Annahme von Straflosigkeit nach baden-württembergischem Recht gar nicht vorgelegen hätten; sei der Vorteil Teil des vertraglichen Synallagmas, entfalle das Erfordernis der Unrechtsvereinbarung; generell für die Lösung über eine Genehmigung z.B. *Bernsmann*, StV 2003, 521 f. (auch bezüglich des Forderns aufgrund beamtenrechtlicher Regelungen, dagegen *Ambos*, JZ 2003, 345, 353, da nur disziplinarrechtlich wirksam). – Teilweise kritisch zu den verwaltungsrechtlichen Regelungen aus medizinischer Sicht *Tröger*, in: Tag/Tröger/Taupitz (Fn. 133), S. 9 ff. (Überreglementierung).
[194] BGHSt 48, 44 = wistra 2003, 59, 65 (da der Vorteil der Anstellungskörperschaft nicht offengelegt wurde und der Amtsträger mittelbar vorteilhaft war, sah der BGH eine Unrechtsvereinbarung als gegeben an); dazu *Kindhäuser/Goy*, JR 2003, 291, 295.
[195] Teilweise krit. dazu *Tholl*, wistra 2003, 464 f.; nach *Heinrich*, NStZ 2005, 197, 204 könnte die Anwendung von § 331 n.F. zu einem anderen Ergebnis führen.
[196] NJW 2003, 1405; zu weit geht es, bei Parteispenden eine übergesetzliche Rechtfertigung im Hinblick auf die steuerliche Absetzbarkeit anzunehmen, wie dies *Cramer*, FS Roxin, 2001, S. 945, 949 f. vorgeschlagen hat.
[197] BGHSt 49, 275 = wistra 2005, 96 = NJW 2004, 3569 m. Anm. *Korte*, NStZ 2005, 512 f. und in MK, Rn. 146 (Kritik an verfassungsrechtlicher und tatbestandsbezogener Begründung); kritisch auch *Kuhlen*, Rn. 94 (zu weitgehende Einschränkung); *Kargl* JZ 2005, 503 (betr. Begründung und Ergebnis); grundsätzlich zustimmend *Saliger/Sinner*, NJW 2005, 1073 (mit Kritik an Einzelpunkten S. 1076); *Dölling*, JR 2005, 519; wohl auch *Greeve* (Fn. 26), Rn. 294. Nach *Schönke-Schröder/Heine*, § 331, Rn. 294 fehlt es an einem rechtswidrigen Gegenseitigkeitsverhältnis.

reit, als Gegenleistung für die Wahlkampfförderung im Falle seiner Wahl eine konkrete, den Interessen des Vorteilgebers förderliche Entscheidung zu dessen Gunsten zu treffen und zu beeinflussen, macht er sich der Vorteilsannahme strafbar. Im Wege einer einschränkenden Auslegung hat der BGH jedoch den sich zur Wiederwahl stellenden Amtsinhaber von der Strafbarkeit ausgenommen, wenn dieser für seinen Wahlkampf die Unterstützung für sich oder seine Partei fordert usw., sofern diese Förderung allein dazu dienen soll, dass er nach seiner Wahl sein Amt in einer Weise ausübt, die den allgemeinen wirtschaftlichen oder politischen Vorstellungen des Vorteilgebers entspricht. Praktisch wird hier i. Erg. zur früheren den Bezug auf eine konkrete Diensthandlung verlangenden Fassung zurückgekehrt. Begründet wird dies mit dem grundrechtlichen Anspruch eines sich um Wiederwahl bewerbenden Amtsträgers auf gleiche Wahlchancen wie ein Wahlkandidat, der keine Amtsträgerstellung innehat. Dieser sei in unbeschränkter Weise befugt, Mittel zur Finanzierung seines Wahlkampfes einzuwerben. Voll befriedigend ist dieser Vergleich und diese Argumentation nicht, da sie vom BGH eng mit der nach deutschem Recht bestehenden Straflosigkeit von Bestechungshandlungen, an denen Wahlkandidaten beteiligt sind, verbunden wird. Ausländische Regelungen gehen hier in der Reichweite der Strafbarkeit teilweise weiter; auch gibt es Forderungen, auf OECD-Ebene eine solche Erweiterung anzustreben. Würde dies geschehen, dann würde ein wesentliches Argument für den BGH entfallen und sich mehr die generelle primär rechtspolitische Frage stellen, ob solche Verhaltensweisen unter Strafe gestellt werden sollen oder nicht. Einstweilen hilft nur eine an einzelnen Tatbestandsmerkmalen orientierte einengende Interpretation

In der Literatur[198] wird eine an der Drittmittelrechtsprechung sich anlehnende Auslegung der §§ 331 ff. auch für gemeinnützige Spenden an Kommunen vertreten, wenn das (aktive) „Sponsoring"[198a] seitens der Kommune eine Dienstaufgabe ist und die Gemeinde bei Erhalt der Zuwendung die verwaltungsrechtlichen Vorschriften und Verfahrensregelungen (z.B. nach Beschluss in öffentlicher Sitzung des Gemeinderats) korrekt einhält. Dies soll auch beim Abschluss städtebaulicher mit Zuwendungen verbundener Verträge gelten, deren Inhalt sich im Rahmen der durch § 11 Baugesetzbuch i.V. mit den §§ 54 ff. VwVerfG gesetzten Grenzen der Angemessenheit hält. Diese Interpretationen sind problematisch, da die gesetzlichen bzw. verwaltungsrechtlichen Grundlagen für solche Fälle nicht so eindeutig sind wie in den Fällen der Drittmittelzuwendungen an Hochschulen. Auch hier sollten klarere verwaltungsrechtliche Grundlagen geschaffen werden. **68**

5. Genehmigung

Nach § 331 Abs. 3 und § 333 Abs. 3 entfällt die Strafbarkeit, wenn die Annahme eines nicht geforderten Vorteils für eine Diensthandlung oder die Dienstausübung entweder vorher oder nachträglich nach unverzüglicher Anzeige von der örtlich und sachlich zuständigen Behörde wirksam genehmigt wird.[199] Im ersteren Fall ist die Genehmigung ein Rechtfertigungsgrund,[200] im letzteren Fall teilweise ein Rechtfertigungsgrund, z.B. bei **69**

---

[198] Vgl. *Schreiber/Rosenau/Combé/Wrackmeyer*, GA 2005, 265 (Beitrag ging aus einem Gutachten für den niedersächsischen Kommunalverband hervor!). In dem Beitrag werden auf S. 266 Fn. 7 zwei amtsgerichtliche Entscheidungen zitiert, in denen bei Anklagen die Eröffnung des Hauptverfahrens abgelehnt worden war. Kritisch dazu MK-*Korte*, § 331 Rn. 144, aber in Rn. 164 mit Genehmigungsmöglichkeit nach bundes/landesrechtlichen Sponsoring-Regelungen. Nach *Schönke-Schröder/Heine*, Rn. 291 kann es an einem unrechten Beziehungsverhältnis fehlen; nach *Bannenberg* (F. 191), Rn. 73 ff. sind die §§ 331, 333 bei Sponsoringleistungen ohne unsachliche „Kopplungen" mit Einflussnahme auf Amtsträger in einem transparenten Rahmen ausgeschlossen (zweifelhaft).
[198a] Allgemein zu „Sponsoring" und „Spenden" *Korte*, Kapitel 6 Rn. 49 ff.
[199] Besonders ausführliche Darstellung von *Korte* in Kapitel 6 Rn. 75 ff., 88 ff. und in MK, Rn. 147–177.
[200] BGHSt 31, 264, 285 = wistra 1983, 151, 155 f.; 47, 295, 309 = wistra 2002, 344, 349; a.A. z.B. *Winkelbauer*, NStZ 1988, 201, 202 f. (Tatbestandsausschluss).

8. Kapitel. Der strafrechtliche Schutz gegen Korruption

Genehmigung einer mit einem Genehmigungsvorbehalt verbundenen Annahme oder kraft mutmaßlicher Genehmigung, wenn nachträgliche Genehmigung zu erwarten ist, wie etwa bei Essenseinladungen[201] oder bei Geschenken von Besuchern, oder ein Strafaufhebungsgrund.[202] Die StGB-Regelungen schaffen keine selbständige Befugnis zur Erteilung von Genehmigungen.[203] Rechtsgrundlagen für eine Genehmigung sind § 5 Abs. 3, § 7 BMinG (Bundesminister, Parlamentarische Staatssekretäre), § 70 BBG,[204] § 46 DRiG (für nichtrichterliche Handlungen), § 43 BRRG und entsprechende landesrechtliche Regelungen,[205] § 3 Abs. 2 TVöD-AT1 v. 13.9.2005 und bei Amtsträgern i.S. von § 11 Abs. 2 Nr. 2c, Nr. 4 ggf. auch Verträge.[206] Fehlen ausdrückliche Regelungen (z.B. beim Sichversprechenlassen; bei immateriellen Vorteilen)[207] sind die beamtenrechtlichen Regelungen entsprechend oder die allgemeinen Grundsätze des Beamtenrechts anzuwenden.[208] Eine Genehmigungserfordernis besteht auch bei Drittzuwendungen.[209] Zur Zuständigkeit (Bundes- und Landesregierungen, Minister(ien), sonstige Behörden, Arbeitgeber, GmbH-Geschäftsführer, AG-Vorstand bzw. -Aufsichtsrat) wird ebenfalls auf die einschlägigen Regelungen verwiesen.[210] Genehmigungen können generell in Verwaltungsvorschriften erlassen werden, was in der Praxis insbesondere im Minima- und Sozialadäquanzbereich geschehen ist. Für die Wirksamkeit einer Einzelgenehmigung ist bedeutsam, dass die Behörde sich im Rahmen ihrer Befugnisse hält und die allgemeinen verwaltungsrechtlichen Voraussetzungen für ihre Erteilung vorliegen,[211] nach h.L. entfalten materiell rechtswidrige Genehmigungen (z.B. wenn diese durch falsche Angaben, durch Täuschung oder Drohung erlangt wurden) keine Rechtfertigungs- bzw. Straflosigkeitswirkung. Zu folgen ist auch nicht der Auffassung, dass abweichend von § 331 Abs. 3, § 333 Abs. 3 die Annahme „geforderter" Vorteile nach Beamtenrecht genehmigt werden könnte, da dies auch dort nicht zulässig sein darf.[212]

---

[201] RegE-EGStGB, BT-Drucks. 7/550, S. 272; das BMI-RdSchr (Fn. 20) unter IV geht z.B. bei Bewirtungen – unter dort aufgezeigten Voraussetzungen – von einer stillschweigenden (vorherigen) Zustimmung aus. Näher dazu *Korte*, Kapitel 6 Rn. 97 f.

[202] MK-*Korte*, Rn. 166, 171 ff. (bei Genehmigungsfähigkeit unverzügliche Antragstellung nicht erforderlich, str.); vgl. weiter die differenzierenden Darlegungen von *Schönke-Schröder/Heine*, Rn. 46 ff.; § 333, Rn. 13 ff.; *Merges* (Fn. 58), S. 62 ff.

[203] RegE-EGStGB a.a.O.

[204] I.V. mit dem BMI-Rdschr. a.a.O. und eventuellen Zusätzen anderer Bundesministerien. Neufassung von § 70 BBG im RegE in BT-Drucks. 16/2253 v. 18.7.2006 = BR-Drucks. 354/06 (*Möhrenschlager*, wistra 2006 H. 7 S. VI).

[205] N. z.B. bei *Korte*, Kapitel 6 Rn. 89 und *Bannenberg*, in: Wabnitz/Janovsky 3. Aufl. Kap. 10 Rn. 37; *Lux*, Rechtsfragen der Kooperation zwischen Hochschulen und Wirtschaft. Ein Rechtsvergleich: Deutschland – USA, 2002, S. 310 Anm. 73. Soweit bei Regierungsmitgliedern der Länder keine ausdrücklichen Regelungen bestehen, wird davon ausgegangen, dass die Genehmigungsbefugnis bei der Regierung liegt, *Merges* (Fn. 58), S. 41.

[206] BGHSt 31, 264, 285 = NJW 1983, 2509, 2513 = wistra 1983, 151, 155 (Dienstvertrag zwischen Landesbank und Vorstandsvorsitzendem).

[207] Die Rechtsprechung (BVerwG NVwZ 2002, 1515 f. = NJW 2002, 1968; DRiZ 2000, 256) versteht unter „Geschenken und Belohnungen" i.S. des § 70 BBG nur wirtschaftliche Vorteile; für Einbeziehung auch immaterieller Vorteile *Schubert* (Fn. 205), Rn. 10.; *Lux* (Fn. 205), S. 301 m.N.

[208] MK-*Korte*, Rn. 150 ff.

[209] BVerwGE 86, 74 (Zuwendung von Bauunternehmen an als Bezirksbauführer tätigen Fernmeldeamtmann, die dieser vereinbarungsgemäß an Faustballabteilung des Postsportvereins weiterleitete); BVerwG NVwZ 2002, 1515 f. (direkte Zahlung an Freundin des Amtsträgers); vgl. auch BMI-Rdschr. (Fn. 20) unter II.

[210] Näher MK-*Korte* Rn. 153 ff.; *Justi*, NStZ 1991, 105.

[211] RegE-EGStGB, BT-Drucks. a.a.O.

[212] MK-*Korte*, Rn. 160 ff. m.N. auch zur Gegenmeinung. – Entsprechend auch Begr. zum RegE (Fn. 204), S. 15.

IV. Teilnahme und Konnivenz (§ 357 StGB)

Besonderheiten für die Strafbarkeit der verschiedenen Beteiligungsformen bei Bestechungshandlungen ergeben sich einerseits aus dem spiegelbildlichen Zusammenwirken aktiver und passiver Bestechungen und andererseits aus der Existenz der Sonderregelung über die „Verleitung eines Untergebenen zu einer Straftat" in § 357 StGB, die auch als „Konnivenz" bezeichnet wird.

70

1. Täterschaft

Taten der Vorteilsannahme (§ 331) und der Bestechlichkeit (§ 332) können **unmittelbar oder mittelbar** (§ 25 Abs. 1) nur bestimmte Personen begehen: Amtsträger (einschließlich Richter), für den öffentlichen Dienst besonders Verpflichtete und Schiedsrichter.

71

Außerhalb des StGB können nach § 48 Wehrstrafgesetz Offiziere bzw. Mannschaftsmitglieder, nach dem EU-Bestechungsgesetz und nach der Regelung für den Internationalen Strafgerichtshof in Den Haag und weiteren Sonderregelungen auch ausländische bzw. internationale Amtsträger (ggf. einschließlich Richter) Straftäter bestimmter Bestechungshandlungen sein (vgl. dazu näher Rn. 340 ff.). Es handelt sich also um Sonderdelikte, deren Stellung „besondere persönliche Merkmale" i.S. der §§ 14 Abs. 1 und § 28 darstellen.

Täter der Vorteilsgewährung (§ 333) und Bestechung (§ 334) kann jedermann sein.

2. Mittäterschaft

Mittäterschaft setzt eine „gemeinschaftliche" Tatbegehung i.S. von § 25 voraus. Soweit es um Fälle der aktiven Bestechung nach den §§ 333 und 334 geht, bestimmt sich Mittäterschaft (auch in Abgrenzung zur Teilnahme) nach den zu § 25 entwickelten Grundsätzen. Wenn Tatbestände wie hier die §§ 331 und 332 jedoch eine besondere Tätereigenschaft voraussetzen, kann Mittäter nur sein, wer diese besitzt. Dabei braucht die in Aussicht genommene oder bereits vorgenommene Dienst- oder richterliche Handlung bzw. Dienstausübung nicht in Mittäterschaft begangen zu werden, da deren Begehung nicht Gegenstand der Strafbarkeit nach den §§ 331 ff. ist.[213] Jedoch muss die Bezugshandlung (Gegenleistung), deretwegen die Zuwendung erfolgt, für alle Amtsträger Diensthandlung und hinsichtlich § 332 auch pflichtwidrig sein.[214] Mittäterschaft soll, was das Reichsgericht[215] noch offen ließ, auch dann möglich sein, wenn eine pflichtwidrige Diensthandlung von einem Amtsträger begangen wird, diese aber von dem anderen Beteiligten auch hätte begangen werden können.[216] Demgegenüber hat der BGH[217] in diesem Zusammenhang darauf abgestellt, ob die durch das Zusammenwirken mehrerer Amtsträger vorgenommene Diensthandlung bei jedem beteiligten Amtsträger „zumindest teilweise in sein Amt einschlägt".

72

---

[213] BGHSt 14, 123, 130; vgl. auch BGHSt 18, 263, 265 (bei Beihilfe gilt Entsprechendes).
[214] MK-*Korte*, § 331 Rn. 178, § 332 Rn. 45; NK-*Kuhlen*, § 331 Rn. 116; § 332 Rn. 27.
[215] RGSt 69, 393, 395.
[216] MK-*Korte*, § 332 Rn. 45; LK-*Jescheck*, § 332 Rn. 15.
[217] BGHSt 14, 123, 130 f. (vgl. dazu die positive Analyse von *Schubert*, in: Wabnitz/Janovsky, 2. Aufl., Kap. 10 Rn. 64, S. 725 f.).

8. Kapitel. Der strafrechtliche Schutz gegen Korruption

In dem konkreten Fall ging es um Bestechlichkeit von Bundesbahnbeamten im Zusammenhang mit der Offenbarung von Prüfungsfragen, bei dem der eine Amtsträger, ein Bahnhofsleiter, die Anwärter bis zur Prüfung betreute und sie auf diese vorbereitete und der andere, ein Personalsachbearbeiter in einer anderen Dienststelle, für den ordnungsgemäßen Ablauf der Prüfung sorgte. Angesichts der Überschneidung der Tätigkeitskreise hatte der BGH keine Bedenken, Mittäterschaft anzunehmen, wobei es für ihn keine Rolle spielt, ob die Beteiligten in gleicher Dienststellung nebeneinander arbeiten oder ob sie sich als über- und untergeordnete Amtsträger zur Straftat verbinden.

73   Mittäterschaft kann – nach der Einbeziehung von Drittzuwendungen in den §§ 331 ff. – auch vorliegen, wenn nur ein Mittäter den Vorteil für einen anderen Mittäter fordert, sich versprechen lässt oder annimmt bzw. ein Amtsträger den Vorteil erhält, den er zusammen mit einem anderen Amtsträger gefordert oder vereinbart hatte.[218] *Heine*[219] nimmt Mittäterschaft auch an, wenn zwei Amtsträger gemeinsam einen Scheck für zwei selbständige Diensthandlungen annehmen, was ich für zweifelhaft halte, wenn nicht die vom BGH aufgestellten Kriterien vorliegen. M.E. liegt hier Nebentäterschaft vor. Wenn nur ein Mittäter die Pflichtwidrigkeit erkennt, macht sich der eine nach § 332 und der andere nach § 331 strafbar.[220]

3. Teilnahme

74   Auf Grund der besonderen Struktur der §§ 331 ff. sind in Teilnahmefällen die allgemeinen Teilnahmeregeln nicht in vollem Umfang anwendbar. Das Gesetz hat die Teilnahme des **Vorteilgebers** an der Vorteilsannahme oder Bestechlichkeit durch die Tatbestände der Vorteilsgewährung bzw. Bestechung abschließend geregelt, so dass der Vorteilsgeber nicht zugleich Teilnehmer der Vorteilsannahme oder Bestechlichkeit sein kann.[221] Entsprechendes gilt umgekehrt für die Teilnahme des **Amtsträgers** an Taten nach den §§ 333 und 334. Dadurch wird in den ersteren Fällen die sonst bei Teilnahme an Sonderdelikten zur Strafmilderung führende Anwendung von § 28 Abs. 1 ausgeschlossen, was in der Literatur zum Teil heftig kritisiert wird.[222] Die Sperrwirkung führt auch dazu, dass dann, wenn zwar die Vorteilsgewährung bzw. die Bestechung, nicht aber die Vorteilsannahme bzw. Bestechung strafbar ist – wie teilweise bei Soldaten nach § 48 WehrstrafG oder bei ausländischen oder internationalen Amtsträgern –, der Amtsträger nicht wegen Teilnahme an einer Tat nach § 333 oder § 334 bestraft werden kann.

75   Konsequenzen ergeben sich daraus auch für die Teilnahme **außenstehender Dritter** an Taten des Vorteilgebers bzw. des Vorteilnehmers. Stiftet ein solcher den Amtsträger zu der Tat an oder unterstützt er ihn bei der Bestechlichkeitshandlung,[223] macht er sich wegen Teilnahme an § 331 bzw. § 332 nach § 26 bzw. § 27 strafbar; die Strafe ist nach § 28 zu mildern. Im umgekehrten Fall der Teilnahme an der Tat des Vorteilgebers ist eine Strafmilderung nach § 28 nicht möglich. In Fällen, in denen jemand in erster Linie Beihilfe zur Vorteilsgewährung oder Bestechung leistet, aber – etwa als Mittelsmann beider Beteiligten[224] – mittelbar auch die Tat der anderen Seite fördert, wird der Gehilfe nach

---

[218] MK-*Korte* (Fn. 216); NK-*Kuhlen* a.a.O. (Fn. 214); *Schönke-Schröder/Heine*, § 331 Rn. 35.
[219] In *Schönke/Schröder* a.a.O.
[220] LK-*Jescheck*; MK-*Korte*; NK-*Kuhlen* a.a.O. (zu § 332).
[221] BGHSt 37, 207, 213 = wistra 1991, 107.
[222] Z.B. von *Wessels/Hettinger*, BT/1 Rn. 1122; *Hettinger*, NJW 1996, 2263, 2272 (Zweifel an Verfassungsmäßigkeit); *Bernsmann*, StV 2003, 521, 526.
[223] Nicht nur bei der Diensthandlung, BGHSt 18, 263, 265.
[224] Zu Kriterien, in welchem „Lager" (*Arzt/Weber* § 49 Rn. 44) der Dritte steht, s. *Schubert* (Fn. 205), Rn. 65.

h.M.²²⁵ nur wegen Beihilfe zur Tat des vorrangig Geförderten bestraft, nicht etwa wegen tateinheitlich begangener Beihilfe zu den Taten von Vorteilgeber und -nehmer. Bei gleichrangiger Unterstützung nimmt die h.L.²²⁶ Strafbarkeit wegen Teilnahme an der strenger zu bestrafenden Tat an.

4. Verleitung eines Untergebenen

Ein Vorgesetzter oder aufsichtsführender Amtsträger, der seinen Untergebenen oder zu beaufsichtigenden Amtsträger zu einer (möglicherweise nur rechtswidrigen) Vorteilsannahme oder Bestechlichkeitstat verleitet, zu verleiten unternimmt oder eine solche Tat geschehen lässt, macht sich wegen **Konnivenz nach § 357 (Verleitung eines Untergebenen zu einer Straftat)**, einer aus dem preußischen StGB (§ 330) übernommenen Sonderregelung, strafbar. Die Strafe ergibt sich aus der Bezugstat. Ist der Vorgesetzte oder Aufsichtsführende selbst (Mit)Täter (auch in der Form des Unterlassens) oder mittelbarer Täter an der Tat des Untergebenen bzw. Beaufsichtigten, scheidet § 357 aus.²²⁷ Gegenüber bloßen Teilnahmehandlungen (§§ 26, 27, 30) geht § 357 jedoch vor.²²⁸ „**Verleiten**" umfasst die Anstiftung und jede Veranlassung einer Handlung oder Unterlassung des Untergebenen, sofern diese nicht zur mittelbaren Täterschaft führt. Ein Fall des § 357 kann z.B. vorliegen, wenn eine rechtswidrige Genehmigung zu einer Vorteilsannahme erteilt wird.²²⁹ Auch der **Versuch des Verleitens** ist als Unterfall des **Unternehmens** (§ 11 Abs. 1 Nr. 6) strafbar; nach h.L.²³⁰ auch die versuchte Anstiftung in Fällen des Absatzes 2. Einen zur Straflosigkeit führenden Rücktritt vom Versuch bzw. eine Regelung über tätige Reue hat der Gesetzgeber nicht vorgesehen.²³¹ Ein Vorgesetzter „**lässt**" Bestechungshandlungen Untergebener „**geschehen**", wenn er gegen solche Taten, obwohl in der Lage diese zu verhindern, nicht einschreitet oder sie sogar durch aktives Tun unterstützt.²³²

Teilnahme an der Tat nach § 357 ist nach allgemeinen Regeln möglich. Doch tritt eine Teilnahme des Untergebenen bzw. Beaufsichtigten hinter seiner eigenen Tat zurück.

76

---

²²⁵ BGHSt 37, 207, 213 = wistra 1991, 107 (vorrangige Beihilfe zur Tat des Vorteilgebers; Strafmilderung nach § 28 Abs. 1 nicht möglich, NK-*Kuhlen*, § 331 Rn. 120); NK-*Kuhlen* a.a.O. Rn. 121 f.; § 333 Rn. 14; MK-*Korte*, § 331 Rn. 179 m. N; § 333 Rn. 39; *Dölling*, in: Gössel/Dölling (Fn. 8), § 75 Rn. 19.

²²⁶ NK-*Kuhlen*, § 331 Rn. 122, § 333 Rn. 14; MK-*Korte* a.a.O.; *Tröndle/Fischer*, § 331 Rn. 38; a.A. *Bell*, MDR 1979, 719 ff. (Tateinheit); wohl für Anwendung von § 28 *Bernsmann* (Fn. 222).

²²⁷ H.M.; RGSt 67, 175, 177; OGH NJW 1950, 435 f.; JR 1950, 561; BGHSt 2, 169; OLG Düsseldorf NStZ 1981, 25 (Mittäterschaft); *Rogall*, GA 1979, 11, 24; LK-*Jescheck*, Rn. 5, 9; NK-*Kuhlen*, Rn. 6 ff. m.N., auch zur Gegenmeinung bei mittelbarer Täterschaft (in der 1. Aufl.); MK-*Schmitz*, Rn. 1, 8, 13, 37; *Schönke-Schröder/Cramer/Heine*, Rn. 1.

²²⁸ H.M., RGSt 68, 72, 90, 92; OGHSt 2, 19, 30 (Landgerichtspräsident); BGHSt 5, 165 (betr. § 49a a.F. = § 30); LK-*Jescheck*, Rn. 9, 12; NK-*Kuhlen* a.a.O.; MK-*Schmitz*, Rn. 1, 37; *Schönke-Schröder/Cramer/Heine* a.a.O.

²²⁹ MK-*Korte*, § 331 Rn. 180.

²³⁰ NK-*Kuhlen*, Rn. 7 m.N.; abl. MK-*Schmitz*, Rn. 20, da Absatz 2 eine „begangene Tat" voraussetze (Rn. 15 gegen h.M.).

²³¹ Für die Zulassung tätiger Reue – wie teilweise bei anderen Unternehmenstatbeständen vorgesehen – z.B. NK-*Kuhlen*, Rn. 11; *Schönke-Schröder/Cramer/Heine*, Rn. 11; *Kindhäuser*, Rn. 11; *Lackner/Kühl*, Rn. 3; a.A. h.M., vgl. BGHSt 15, 198 f. (zu § 122), w.N. bei *Radtke* in MK, § 11 Rn. 88 f., der aber im Anschluss an *Wolters* – entgegen der h.M. – eine analoge Anwendung von § 24 befürwortet (ebenso MK-*Schmitz*, Rn. 35; s. auch Rn. 84 zur Abgeordnetenbestechung). Für Anwendung von § 24 StGB auf Unternehmensdelikte auch *M.-K. Meyer*, GA 2005, 415 f.

²³² Vgl. BGHSt 3, 349, 352; LK-*Jescheck*, Rn. 8; NK-*Kuhlen*, Rn. 8; MK-*Schmitz*, Rn. 31 f., jeweils m.N.

V. Bestechung von und gegenüber Abgeordneten (§ 108e StGB)

1. Entwicklung der Gesetzgebung und Rechtsgut

77 Anders als zahlreiche ausländische Rechtsordnungen[233] hat das deutsche Recht Parlamentarier traditionell nicht als Beamte oder Amtsträger angesehen.[234] Aufgaben der Gesetzgebung sind in die Definition des Amtsträgers in § 11 Abs. 1 Nr. 2 bewusst nicht mit aufgenommen worden.[235] Kraft ihrer verfassungsrechtlich geprägten Sonderstellung als Mitglieder von Legislativorganen stehen sie nicht in einem mehr der Exekutive zugerechneten öffentlich-rechtlichen *Amts*verhältnis i.S. von § 11 Abs. 1 Nr. 2 Buchstabe b und c.[235a] Auf Bestechungshandlungen, an denen Abgeordnete beteiligt sind, sind daher die §§ 331 ff. nicht anzuwenden.

78 Nach jahrzehntelangen Debatten[236] hat der Gesetzgeber im 28. Strafrechtsänderungsgesetz vom 13.1.1994[237] – in teilweiser Anlehnung an die §§ 404, 409 des Reformentwurfs für ein neues StGB – sog. E 1962 – einen Sondertatbestand über **Abgeordnetenbestechung in § 108e** eingeführt. Der Tatbestand hat folgenden Wortlaut:

> „(1) Wer es unternimmt, für eine Wahl oder Abstimmung im Europäischen Parlament oder in einer Volksvertretung des Bundes, der Länder, Gemeinden oder Gemeindeverbände eine Stimme zu kaufen oder zu verkaufen, wird mit Freiheitsstrafe bis zu fünf Jahren oder mit Geldstrafe bestraft."

79 Das **geschützte Rechtsgut** ist komplex, was sich auch aus den Stellungnahmen im Gesetzgebungsverfahren ergibt.[238] Betont wird die Integrität parlamentarischer Meinungsbildungsprozesse und die Funktionsfähigkeit des repräsentativen Systems, die Unabhängigkeit und Freiheit der Mandatsausübung sowie die Sachbezogenheit von Entscheidungen von Abgeordneten verbunden mit dem öffentlichen Interesse an und dem Vertrauen auf diese Werte; politische Entscheidungen sollen zur Wahrung des Prinzips gleicher Beeinflussungsmöglichkeiten auf die Legislative vor unlauteren Einflussnahmen und Manipulationen geschützt werden.

80 Wegen der Befürchtung, auch politisch übliche und sozialadäquate mit der Wahrnehmung von Interessen für bestimmte gesellschaftliche Gruppierungen verbundene Verhaltensweisen könnten kriminalisiert werden, wurde zur Vermeidung von Abgrenzungsschwierigkeiten der **Tatbestand auf den Stimmenkauf und -verkauf beschränkt**. Deshalb ist die Regelung allerdings auch teilweise heftiger Kritik ausgesetzt („symbolische Gesetzgebung"). In der Strafverfolgungspraxis ist sie bedeutungslos geblieben. Die VN-Konvention gegen Korruption vom 9.12.2003 wird bei ihrer Ratifikation zu einer Erweiterung zwingen.[239]

---

[233] Beispiele bei *Möhrenschlager*, in: FS Ulrich Weber, 2004, 217, 223 ff.
[234] Allgemeine Meinung, s. LK-*Gribbohm*, § 11 Rn. 29; MK-*Radtke*, § 11 Rn. 29 (zu § 359 StGB a.F. [Begriff des Beamten] verneinend BGHSt 5, 100, 105 f.); *Heinrich* (Fn. 6), S. 501, 669 ff.
[235] RegE-EGStGB, BT-Drucks. 7/550, S. 209.
[235a] BGH wistra 2006, 299, 300 ff. (Fn. 13a).
[236] Vgl. zuletzt *Schaller*, Strafrechtliche Probleme der Abgeordnetenbestechung; Diss. Tübingen 2002, S. 13 ff.; zusammenfassende Darstellung bei *Möhrenschlager* (Fn. 233), m.N. zur (Dissertations)Literatur mit ihren umfangreichen Darlegungen im Detail.
[237] BGBl. I 84.
[238] Vgl. dazu BT-Drucks. 12/1630, 1739, 5927, 6092; 11699 (zusammenfassend *Möhrenschlager*, wistra 1994 H. 2 S. IV f.); zur Diskussion um die verschiedenen Gesichtspunkte insbesondere *Richter*, Lobbyismus und Abgeordnetenbestechung, 1997, S. 110 ff.; *Schwieger* (Fn. 54), S. 204 ff.
[239] Dazu näher *Möhrenschlager* (Fn. 233), S. 230 ff.

2. Volksvertretung

Die Tat muss sich auf **Wahlen und Abstimmungen im Europäischen Parlament (EP)** 81
oder innerhalb einer Volksvertretung in Deutschland (Bund, Länder, Gemeinde(verbände)) beziehen. Eine auslandsbezogene Ausdehnung enthält in eigenständiger Weise Art. 2 § 2 des Gesetzes zur Bekämpfung internationaler Bestechung.[240] Die Tat kann sich auf personenbezogene (Wahl des Bundespräsidenten, des Bundestagspräsidenten, der Mitglieder des Ältestenrates, des Wehrbeauftragten), auf sachbezogene (Abstimmung über ein Gesetz, eine Satzung) und verfahrensbezogene Entscheidungen beziehen. Sie kann einzelne bestimmte, mehrere oder alle Abstimmungen betreffen, die in einem bestimmten Zusammenhang vorgenommen werden. Ein Stimmen(ver)kauf in einer Volksvertretung liegt nicht nur vor, wenn es um Entscheidungen im „Vollgremium" bzw. „Plenum" (EP betr. deutsche und ausländische Abgeordnete; Bundestag einschließlich Bundesversammlung; Land- und Kreistag sowie Gemeinderat), sondern auch in Teilgremien wie Ausschüssen (einschließlich Vermittlungsausschuss)[241] und Kommissionen, nicht aber in Fraktionen und deren Arbeitskreisen geht.[242] Die Bestechung von Gemeinderatsmitgliedern unterfällt § 108e, wenn es sich um ortsbezogene Legislativentscheidungen handelt (z.B. Abstimmung über eine Satzung), nicht aber wenn kommunale Verwaltungstätigkeit betroffen ist.[243]

3. Unrechtsvereinbarung

Der vollendete oder versuchte **Stimmen(ver)kauf** muss „**für**" eine Wahl oder Abstim- 82
mung (einschließlich Stimmenthaltung) erfolgen; dabei liegt ein Stimmenverkauf auch vor, wenn der Abgeordnete schon unabhängig davon vorhatte, im Sinne der später eingegangenen Verpflichtung seine Stimme abzugeben.[244] § 108e setzt wie bei den §§ 331 ff. eine (beabsichtigte) „**Unrechtsvereinbarung**"[245] voraus. Die Zuwendung muss sich vereinbarungsgemäß auf ein dem Gegenstand und der Art nach hinreichend konkretisiertes zukünftiges Wahl- oder Abstimmungsverhalten[246] beziehen. Es reicht nicht aus, wenn je-

---

[240] V. 10.9.1998, BGBl. II 2327.
[241] Vgl. dazu näher *Schaller* (Fn. 236), S. 30.
[242] BT-Drucks. 12/5927, S. 4; h.L.; *Schönke/Schröder/Eser*, Rn. 4; *Tröndle/Fischer*, Rn. 3; *NK-Wohlers*, Rn. 2; in § 409 E 1962, BT-Drucks. V/32 wurden Ausschüsse allerdings über die zusätzlich erwähnten „Einrichtungen" erfasst (Begr. S. 594); abl. zur Einbeziehung von Ausschüssen *Becker*, Korruptionsbekämpfung im parlamentarischen Bereich, Diss. Bonn 1998, S. 34 f.
[243] BGH wistra 2006, 299 (Fn. 13a); OLG Stuttgart Justiz 1989, 198; LG und OLG Frankfurt/M (1995) nach *Marel*, StraFo 2003, 259; MK-*Radtke*, § 11 Rn. 48; MK-*Müller*, § 108e Rn. 14; MK-*Korte*, § 331 Rn. 45; LK-*Gribbohm*, § 11 Rn. 37; *Schönke/Schröder/Eser*, § 11 Rn. 23, § 108e Rn. 6; *Tröndle/Fischer*, Rn. 5; § 11 Rn. 23; *Dölling*, Rn. 4), C 84; *Becker* (Fn. 242), S. 32; *Heinrich* (Fn. 6), S. 676 f.; *Schaller* (Fn. 236), S. 50; *Bernsmann*, StV 2003, 521, 525; *Deiters*, NStZ 2003, 453; *Marel*, StraFo 2003, 259; a.A. OLG Braunschweig MDR 1950, 629; LG Krefeld NJW 1994, 2036 f.; LG Köln NJW 2004, 2173 = StV 2003, 507 = StraFo 2003, 278 (immer Amtsträger, auch bei Mitwirkung an Satzung; ebenso *Rübenstahl*, HRRS 2006 H. 1 S. 23); abl. *Marel* a.a.O.; dazu auch *Leipold*, NJW-Spezial 2004, 138; für Anwendung auf kommunale Verwaltungstätigkeit LK-*Laufhütte/Kuschel*, Rn. 3.
[244] *Schlüchter*, FS Geerds, 1995, S. 713, 730; *Becker* (Fn. 242), S. 37; *Schaller* (Fn. 236), S. 53 f.; das Gleiche gilt bei der Wählerbestechung (s. Rn. 86).
[245] Dazu ausführlich insbes. *Schaller* (Fn. 236), S. 80 ff.; vgl. auch SK-*Rudolphi*, Rn. 11; *Tröndle/Fischer*, Rn. 6; *Schönke/Schröder/Eser*, Rn. 9 stellt im Anschluss an BT-Drucks. 12/5927 S. 5 f. auf einen bezweckten Kausalzusammenhang zwischen Zuwendung und einem bestimmten Wahl- und Abstimmungsverhalten ab, sieht darin aber auch eine Parallele zum Erfordernis der Unrechtsvereinbarung bei den §§ 331 ff.
[246] BGHSt 49, 275, 293 = NJW 2004, 3569, 3574 = wistra 2005, 96, 101 (Fall Kremendahl – Stimmen(ver)kauf „für eine konkrete Entscheidung"); nach *Schaller* (Fn. 236), S. 83 nicht ausreichend die Absprache, während der Wahlperiode sich immer gegen die Vorlagen der Regierung auszusprechen oder jah-

mand einem Stimmberechtigten Vorteile in der allgemeinen Erwartung zukommen lässt, er werde dadurch bei irgendeiner späteren Gelegenheit seinen Abstimmungswünschen eher geneigt sein.[247] Ein innerer Vorbehalt des bestochenen Abgeordneten, sich bei seiner Entscheidung nicht an die Vereinbarung zu halten, sondern nach seinen Vorstellungen doch sachgerecht zu entscheiden, spielt wie bei den §§ 331 ff. auch hier keine Rolle.[248] Nachträgliche Zuwendungen reichen für die Strafbarkeit nicht aus, außer wenn sie vor der Abstimmung vereinbart wurden. Mit der Umschreibung der Tathandlungen als **„Kaufen" und „Verkaufen"** wird einerseits verdeutlicht, dass hier ein Gegenleistungsverhältnis eines bestimmten Verhaltens zu einem „materiellen"[249] Vorteil vorliegen muss, aber auch der Weg eröffnet, den Tatbestand auf strafwürdige Fälle zu beschränken.

83   Der Gesetzgeber wie der bei der Schaffung des § 108e weitgehend als Vorbild dienende E 1962[250] gingen davon aus, dass für die Stimmbestechung nicht schon der Nachweis genüge, dass dem Stimmberechtigten ein Vorteil zufließt oder zufließen soll. Hinzukommen müsse, dass dieser dem Missbrauch des Stimmberechtigten diene, also von sachfremden, eigennützigen[251] oder sonst unlauteren Einflüssen bestimmt werde. Dies liege nach dem E 1962 vor, wenn sich der Stimmberechtigte um eines schimpflichen Vorteils wegen dem Verlangen eines anderen unterwerfe oder sich für seine Stimmabgabe in unlauterer bzw. verwerflicher Weise von interessierter Seite bezahlen oder aushalten lasse. Nicht erfasst werden solche Vorteile, in denen beim politischen Kräftespiel erlaubte und übliche Vorteile, wie z.B. Ämter und Stellungen im politischen Leben, zufließen. Viel gewonnen wird mit diesen Hinweisen allerdings nicht. Einigkeit besteht zwar generell, dass **sozialadäquate Handlungen**[252] und politisch übliche Verhaltensweisen dem Tatbestand nicht unterfallen sollen.[253] Auch wenn wohl Einigkeit über die Straflosigkeit des Anbietens von Ämtern etwa in Koalitionsgesprächen, Zuwendungen zur Unterstützung der allgemeinen politischen Einstellung, zur allgemeinen Förderung der Arbeit des Abgeordneten und über Spenden für die Wahlkreisarbeit oder den Wahlkampf herrscht,[254] so ist die

---

relang immer den gleichen Kandidaten bei Wahlen zu unterstützen (zweifelhaft; a.A. offenbar *Tröndle/Fischer*, Rn. 7).

[247] RegE-E 1962, BT-Drucks. V/32 S. 590 (zu § 404 E StGB); *Tröndle/Fischer*, Rn. 7; SK-*Rudolphi*, Rn. 12; *Lackner/Kühl*, Rn. 3; *Schaller* (Fn. 236), S. 81 f.

[248] MK-*Müller*, Rn. 22; *Schönke/Schröder/Eser*, Rn. 9; *Tröndle/Fischer*, Rn. 10; SK-*Rudolphi*, Rn. 11; *Becker* (Fn. 242), S. 39 f.

[249] Es besteht Einigkeit darüber, dass immaterielle Vorteile dem Tatbestand nicht unterfallen, LK-*Laufhütte/Kuschel*, Rn. 5; *Schönke/Schröder/Eser*, Rn. 8; *Tröndle/Fischer*, Rn. 4; *Lackner/Kühl*, Rn. 3; *Schaller* (Fn. 236), S. 73 f.; *Schlüchter* (Fn. 244).

[250] E 1962 S. 590 f. (Fn. 201).

[251] Auf den Eigennutz stellt insbesondere *Schaller* (Fn. 236), S. 74 ff. ab.

[252] *Schaller* (Fn. 236), S. 72, 136 f. nennt als (teilweise problematische, so der Sache nach auch *Schlüchter* [Fn. 244], S. 725) Beispiele für Straflosigkeit: Einladungen zum Essen, zu kulturellen Ereignissen, Weinproben, Vergnügungsfahrten (sicher nicht eine Kreuzfahrt) und Gefälligkeitsgeschenke für eine Wertgrenze von DM 1000 = 500 € für Einzelzuwendungen und von 10.000 DM = 5000 € *Schaller* [Fn. 236], S. 122 f., 126), was mir doch zu hoch erscheint; die Orientierung betr. Spenden an § 4 II BT-Verhaltensregeln ist m.E. verfehlt. Vielfach wird es in solchen Fällen auch an einer konkreten Unrechtsvereinbarung bezüglich einer konkreten Abstimmung fehlen (so auch MK-*Müller*, Rn. 20). Im Einzelfall kann bei Hinzutreten bestimmter Umstände, die das Handeln als verwerflich bzw. unlauter erscheinen lassen, dann ggf. doch ein Verstoß gegen § 108e vorliegen. – Nach Nr. 11 der neuen Ausführungsbestimmungen zu den Verhaltensregeln für BT-Abgeordnete (s. Fn. 258) sind Gastgeschenke nur bis zu einem Wert von 200 € nicht anzeigepflichtig.

[253] BT-Drucks. 12/5927 S. 4 f.; SK-*Rudolphi*, Rn. 14 m.N.; *Becker* (Fn. 242), S. 47; für NK-*Wohlers*, Rn. 4 und MK-*Müller*, Rn. 18 f. ergeben sich hieraus gravierende Abgrenzungsprobleme und Zweifel an der Bestimmtheit.

[254] Vgl. BGHSt 49, 275, 293 = wistra 2005, 96, 101 = NJW 2004, 3569, 3574 unter Berufung auf *Tröndle/Fischer*, Rn. 8a; auch *Schaller* (Fn. 236), S. 79 f. sieht in der bloßen Einräumung der Verfügungsbefugnis (Zuwendung einer Spende zur Weiterleitung an die Partei) noch keinen strafbaren Vorteil; straflos ist für

Abgrenzung doch vielfach ungewiss. Als Beispiele für strafwürdige Verhaltensweisen lassen sich nach *Tröndle/Fischer*[255] nennen: Vereinbarung über eine mandatsbezogene Zuwendung zu eigennützigem Gebrauch, die auf eine dem Geber freundliche, aber sachfremde Ausübung des Stimmrechts abzielt; Überlassung eines Geldbetrags zum persönlichen Nutzen für eine dem Gewissen des Abgeordneten widersprechende Stimmabgabe; Teilnahme an Abstimmungen, in denen der Abgeordnete sich (z.B. als bezahlter Anwalt des Mandanten) für befangen hätte erklären müssen,[256] Weiterzahlung des Gehalts oder sonstiger Zuwendungen (z.B. aus Nebenämtern bzw. -tätigkeiten), wenn dies nicht für erbrachte oder zu erbringende reguläre Dienste, sondern als Entgelt für eine konkrete Abstimmungsleistung[257] erwartet und zugesagt wird. Als Ausgangspunkt für die Prüfung des Vorliegens einer Unrechtsvereinbarung sind die neuen und verschärften Regelungen über die Unzulässigkeit der Annahme von Zuwendungen nach § 44a Abs. 2 Abgeordnetengesetz i.V. mit § 8 Abs. 5 der neugefassten Verhaltensregeln zu beachten.[258]

4. Unternehmensdelikt

Durch die Ausgestaltung als **Unternehmensdelikt** werden gemäß § 11 Nr. 6 auch Versuchshandlungen erfasst. Der tatsächliche Abschluss einer Unrechtsvereinbarung ist für die Strafbarkeit also nicht erforderlich. Mit der Einbeziehung des Versuchs lassen sich auch die Handlungen erfassen, die bei den Amtsträgerdelikten und bei der Wahlbestechung (§ 108b) Vorfeldhandlungen abdecken (Fordern, Sichversprechenlassen einerseits und Anbieten sowie Versprechen andererseits); dabei ist aber gleichwohl noch zu prüfen, ob im konkreten Fall ein Versuch i.S. von § 22 wirklich vorliegt. Umgekehrt ist es sogar denkbar, dass die Versuchsstrafbarkeit weiter reicht als eine Vorfeldhandlung i.S. der §§ 331 ff., da deren Versuch nicht immer strafbar ist (z.B. beim Absenden eines (Ver)Kaufangebots, das den Empfänger nicht erreicht). Nach h.M. sind die Rücktrittsregelungen auf die Versuchshandlung bei einem echten Unternehmensdelikt wie hier nicht anwendbar, ebensowenig kommt eine analoge Anwendung von Regelungen über tätige Reue bei anderen Unternehmensdelikten in Frage.[259] Anderenfalls würde eine nicht hinnehmbare Diskrepanz zur Strafbarkeit der Vorfeldhandlungen in den §§ 331 ff. StGB auftreten, die Rücktritts- bzw. Tätige-Reue-Regelungen (wie sie teilweise im ausländischen Recht existieren) nicht vorsehen.

84

---

ihn (S. 130 f.) auch die Drohung, keinen Listenplatz zu bekommen, ebenso die Drohung mit einem empfindlichen Übel (vom Tatbestand nicht erfasst).
[255] Rn. 6.
[256] Ebenso *Schaller* (Fn. 236), S. 135.
[257] Zust. *Schaller* (Fn. 236), S. 119; ähnlich zu letzterem Fall *Schönke/Schröder/Eser*, Rn. 8 und SK-*Rudolphi* a.a.O. (für diesen auch problematisch das Versprechen eines sicheren Listenplatzes bei Wiederwahl für bestimmte Stimmabgabe, wohl auch *Schlüchter* [Fn. 244], S. 725).
[258] Gesetz v. 22.8.2005 (BGBl. I 2482); Änderungen der BT-Geschäftsordnung v. 12.7. und 27.10.2005 (BGBl. I 2512, 3094; vgl. dazu *Möhrenschlager*, in: wistra 2005 H. 12 S. V f. = Reg 2005 R LX f.; ausführlich *Korte*, Kapitel 6 Rn. 171 ff.). Ergänzende Ausführungsvorschriften wurden vom BT-Präsidenten am 30.12.2005 (BGBl. I Nr. 1 v. 6.1.2006, S. 10 f.) erlassen.
[259] BGHSt 15, 198 f. (betr. § 122); LK-*Gribbohm*, § 11 Rn. 90 m.N.; *Tröndle/Fischer*, Rn. 10; a.A. *Wolters*, Unternehmensdelikt, 2001, S. 254 f.; MK-*Radtke*, § 11 Rn. 88; s. auch oben zu § 357.

8. Kapitel. Der strafrechtliche Schutz gegen Korruption

VI. Wählerbestechung (§ 108b i.V. mit § 108d StGB)

1. Tatbestandsfassung und Rechtsgut

85 Als eine Vorschrift, die vor allem dem Schutz der unmittelbaren demokratischen Willensbildung aber auch von Urwahlen in der Sozialversicherung[260] dient, stellt § 108b i.V. mit § 108d die aktive und passive Wählerbestechung unter Strafe. Aus § 108d und dem Verhältnis zu § 108e ergibt sich, dass auf Bestechungshandlungen im Zusammenhang mit Wahlen *in* einer Volksvertretung § 108b nicht anwendbar ist. Die durch das Dritte Strafrechtsänderungsgesetz vom 4.8.1953[261] eingeführten §§ 108b und d wollten die **Sachlichkeit der Stimmabgabe des wahlberechtigten Bürgers** bei Wahlen i.S. von § 108d schützen.[262] Sie lauten:

§ 108b: „(1) Wer einem anderen dafür, dass er nicht oder in einem bestimmten Sinne wähle, Geschenke oder andere Vorteile anbietet, verspricht oder gewährt, wird mit Freiheitsstrafe bis zu fünf Jahren oder mit Geldstrafe bestraft.
(2) Ebenso wird bestraft, wer dafür, dass er nicht oder in einem bestimmten Sinne wähle, Geschenke oder andere Vorteile fordert, sich versprechen lässt oder annimmt."
§ 108d: „Die §§ 107 bis 108c gelten für Wahlen zu den Volksvertretungen, für die Wahl der Abgeordneten des Europäischen Parlaments, für sonstige Wahlen und Abstimmungen des Volkes im Bund, in den Ländern, Gemeinden und Gemeindeverbänden sowie für Urwahlen in der Sozialversicherung. Einer Wahl oder Abstimmung steht das Unterschreiben eines Wahlvorschlags oder das Unterschreiben für ein Volksbegehren gleich."

2. Angriffsziel und Vorteilsbegriff

86 Die Mittel und Tatbestandsmodalitäten des § 108b entsprechen in ihrer Ausgestaltung denen der Vorteilsgewährung und -annahme i.S. des §§ 331 Abs. 1 und des 333 Abs. 1. **Angriffsziel** der Bestechung ist Stimmenthaltung („nicht ... wähle") oder die Abgabe einer Stimme „in einem bestimmten Sinne".[263] Dazu gehört auch der Fall, dass der Wähler einen bestimmten Kandidaten oder eine bestimmte Partei nicht wählen soll.[264] Bewusst nicht erfasst sind Vorteile für die Ausübung des Wahlrechts, d.h. dafür, dass ein Stimmberechtigter[265] von seinem Stimmrecht überhaupt Gebrauch macht,[266] wenn damit nicht

---

[260] Die aktive Bestechung bei Wahlen von Betriebsverfassungsorganen (dazu *Walter Sax jun.*, Die Strafbestimmungen des Betriebsverfassungsrechts, Diss. Würzburg 1975, S. 179 ff.) und von Sprecherausschüssen der leitenden Angestellten ist als Antragsdelikt strafbar nach § 119 Abs. 1 BetrVG und § 34 Abs. 1 Nr. 1 SprecherausschussG.
[261] BGBl. I 735; zur Historie der Vorschrift *G. Wolf*, Straftaten bei Wahlen und Abstimmungen, 1961, S. 236 f.
[262] BGHSt 33, 336, 338 f. = wistra 1986, 106 f.; dazu *Gribl* (Fn. 63), S. 36 ff.; *Schwieger* (Fn. 54), S. 203 ff.; *Geerds*, JR 1986, 253, *Dölling*, NStZ 1987, 69, *Wagner*, JZ 1987, 594, 604; BayObLGSt 1958, 67 f. = GA 1958, 276.
[263] Auch wenn diese ungültig sein soll oder wenn sie der politischen Überzeugung des Bestochenen entspricht, *Kirschner*, Die Wahldelikte im geltenden Recht und im Entwurf 1962, Diss. Köln 1964, S. 133 f.; *Schönke/Schröder/Eser*, Rn. 2; *Dalcke/Fuhrmann/Schäfer*, Strafrecht und Strafverfahren, 37. Aufl., 1961, Anm. 2 (unter Bezugnahme auf RGSt 9, 197).
[264] *Schönke/Schröder/Eser* a.a.O.; a.A. *Kirschner* (Fn. 263), S. 130 f.
[265] Aus der Bezeichnung „ein anderer" kann nicht hergeleitet werden, dass § 108b auch anwendbar ist, wenn der Bestechende jemanden irrtümlich für stimmberechtigt hält, *Kirschner* (Fn. 263), S. 127 f., 138.
[266] *Tröndle/Fischer*, Rn. 2; *Wolf* (Fn. 261), S. 237 f.; *Kirschner* (Fn. 263), S. 129, 131 (Geldzuwendungen für bloße Teilnahme an der Wahl, wobei die Stimmrichtung keine Rolle spielt; entsprechend bei ähnlich motivierter Erstattung von Reisekosten).

die Erwartung einer Stimmabgabe „in einem bestimmten Sinne" verbunden ist.[267] **Vorteile** sind – wie bei den §§ 331 ff. – „jegliche Leistungen materieller und immaterieller Art, auf die der Empfänger keinen Rechtsanspruch hat und die seine wirtschaftliche, rechtliche und persönliche Lage objektiv verbessern".[268] Gewährt ist ein solcher Vorteil auch dann, wenn er dem Begünstigten nur mittelbar zugute kommt.[269]

3. Unrechtsvereinbarung

Auch hier ist Kernstück eine „**Unrechtsvereinbarung**", an deren Vorliegen der BGH (und auch die Vorinstanz) im Rahmen des § 108b allerdings keine besonders hohen Anforderungen gestellt hat: „Für die Wählerbestechung ist maßgebend, dass zwischen dem Bestechenden und dem zu beeinflussenden Wähler eine **personale Beziehung** besteht oder hergestellt wird, die zu einer, wenn auch nur gefühlsmäßigen Verpflichtung des Wählers, in der vom Bestechenden gewünschten Weise abzustimmen, führt oder führen kann." Bei allgemeinen Wahlversprechen oder Wählerforderungen und üblichen Geschenken im Straßenwahlkampf wird mangels konkreter Unrechtsvereinbarung[270] oder wegen Sozialadäquanz[271] die Tatbestandsmäßigkeit verneint. Anders als in den §§ 331 ff. sind wie in § 108e nachträgliche Belohnungen nicht strafbar. Die Tathandlungen entsprechen denen in § 331 Abs. 1 und § 333 Abs. 1 und sind auch in § 108b entsprechend auszulegen.[272]

87

VII. Bestechung im Geschäftsverkehr (§§ 299 bis 302 StGB)

1. Entwicklung der Gesetzgebung und Rechtsgüter

Anders als teilweise im Ausland[273] ist auch die Bestechlichkeit und Bestechung in der Wirtschaft in Deutschland, und zwar schon seit längerem, strafbar. Die **Novellierung vom 7.6.1909**[274] des Gesetzes zur Bekämpfung des unlauteren Wettbewerbs vom 27.5.1896 führte (unter dem Eindruck von um sich greifenden Fällen von **Angestelltenbestechungen** im Erwerbsleben, insbesondere in Industrie und Landwirtschaft) auf Vorschlag einer Kommission des Reichstags (nicht der Regierung) zur Aufnahme einer Strafvorschrift (§ 12 UWG) gegen Bestechungshandlungen im Geschäftsverkehr, die zum

88

---

[267] *Tröndle/Fischer*; *Kirschner* (Fn. 263), S. 131 f. (betr. Reisekosten); unklar *Wolf* (Fn. 261), S. 238.
[268] BGH (Fn. 262) ([rechtswidrige] Erteilung einer Baugenehmigung); BayObLG (Fn. 262) (Teilnahme an Ausspielung von Gewinnprämien); heute h.M., vgl. *Tröndle/Fischer*, Rn. 3; SK-*Rudolphi*, Rn. 2; a.A. *Kirschner* (Fn. 263), S. 122 ff., 126 (mit Darstellung der zu § 109 StGB a.F. bestehenden Streitfrage); *Dalcke/Fuhrmann/Schäfer* (Fn. 263), Anm. 3; nach RGSt 47, 71 (1913, zu § 109 StGB a.F.) kann auch der Erwerb einer Wiese, dessen Preis dem wirklichen Wert entspricht, dann einen Vorteil bedeuten, wenn sie für den Empfänger aus besonderen Gründen einen höheren Wert hat.
[269] BGH (Fn. 262) (Baugenehmigung für Sportverein als mittelbarer Vorteil für Vorstandsmitglieder, die an Bestandssicherung des ungenehmigt errichteten Vereinsheims ein starkes persönliches Interesse hatten); BayObLG (Fn. 262); RG (Fn. 268) (Gemeindewahl, Vereinbarung über Wiesenverkauf an Sohn des Stimmenverkäufers); *Tröndle/Fischer* a.a.O.; *Kirschner* (Fn. 263), S. 125 f.
[270] BGH a.a.O. S. 338 f.; *Tröndle/Fischer*, Rn. 3; NK-*Wohlers*, Rn. 1 f. m.N. (Zweifel am Erfordernis gefühlsmäßiger Verpflichtung).
[271] SK-*Rudolphi*, Rn. 4; *Lackner/Kühl*, Rn. 2; *Kirschner* (Fn. 263), S. 133 zu BayObLG a.a.O., anders S. 125 m.N. (kein Vorteil i.S. des § 108b).
[272] Dazu näher *Kirschner* (Fn. 263), S. 134–143, der aber nicht immer der höchstrichterlichen Rechtsprechung zu den §§ 331 ff. folgt.
[273] Dazu insbesondere die Studie von *Heine/Huber/Rose*, Private Commercial Bribery, 2003.
[274] RGBl. 499, 502.

Zwecke des Konkurrenzkampfes geschehen.[275] Das **Gesetz zur Bekämpfung der Korruption vom 13.8.1997**[276] verankerte diese Regelung mit Wirkung vom 20.8.1997 als **§ 299** im **Strafgesetzbuch**. Die Verlagerung sollte (zusammen mit der Aufnahme des § 298 StGB) im Rahmen des neuen Abschnitts über „Straftaten im Wettbewerb" die Wichtigkeit des Schutzes des Wettbewerbs in einer funktionierenden sozialen Marktwirtschaft verdeutlichen. Auch sollte das Bewusstsein in der Bevölkerung, dass es sich auch bei der Korruption im geschäftlichen Bereich um eine Kriminalitätsform handelt, die nicht nur die Wirtschaft selbst betrifft, sondern Ausdruck eines allgemein sozialethisch missbilligten Verhaltens ist, geschärft werden.[277] Inhaltlich wurde der Tatbestand kaum verändert; in Anlehnung an die §§ 331 ff. sind nun Drittzuwendungen ausdrücklich einbezogen, wie dies danach auch in die Artikel 7 und 8 des Übereinkommens des Europarates gegen Korruption vom 27.1.1999 Eingang gefunden hat. Das Gesetz zur Ausführung „... der Gemeinsamen Maßnahme betreffend die Bestechung im privaten Sektor"[278] vom 22. 12.1998[279] fügte eine Regelung über die Anwendbarkeit des § 299 bei Handlungen im ausländischen Wettbewerb an. Um der Schwere des im Einzelfall vorliegenden Unrechts angemessener Rechnung tragen zu können, wurde das Höchstmaß der Freiheitsstrafe von einem auf drei Jahre angehoben und für **besonders schwere Fälle** eine Strafzumessungsregelung in **§ 300** eingeführt. Eine Strafverfolgung setzt nun nicht mehr für jeden Fall einen **Strafantrag** voraus. Sie ist auch **von Amts wegen** möglich, wenn ein **besonderes öffentliches Interesse an der Strafverfolgung** besteht (§ 301). Die §§ 299 und 300 lauten wie folgt:

§ 299: „(1) Wer als Angestellter oder Beauftragter eines geschäftlichen Betriebes im geschäftlichen Verkehr einen Vorteil für sich oder einen Dritten als Gegenleistung dafür fordert, sich versprechen lässt oder annimmt, dass er einen anderen bei dem Bezug von Waren oder gewerblichen Leistungen im Wettbewerb in unlauterer Weise bevorzuge, wird mit Freiheitsstrafe bis zu drei Jahren oder mit Geldstrafe bestraft.
(2) Ebenso wird bestraft, wer im geschäftlichen Verkehr zu Zwecken des Wettbewerbs einen Angestellten oder Beauftragte eines geschäftlichen Betriebes einen Vorteil für diesen oder einen Dritten als Gegenleistung dafür anbietet, verspricht oder gewährt, dass er ihn oder einen anderen bei dem Bezug von Waren oder gewerblichen Leistungen in unlauterer Weise bevorzuge.
(3) Die Absätze 1 und 2 gelten auch für Handlungen im ausländischen Wettbewerb."
§ 300: „In besonders schweren Fällen wird eine Tat nach § 299 mit Freiheitsstrafe von drei Monaten bis zu fünf Jahren bestraft. Ein besonders schwerer Fall liegt in der Regel vor, wenn
1. die Tat sich auf einen Vorteil großen Ausmaßes bezieht oder
2. der Täter gewerbsmäßig oder als Mitglied einer Bande handelt, die sich zur fortgesetzten Begehung solcher Taten verbunden hat."

89 Zur Vorgängervorschrift war längere Zeit umstritten, was oder wen § 12 UWG eigentlich **schützen** sollte: den Wettbewerb, den einzelnen (Mit)Wettbewerber, den Unternehmer vor der Untreue seiner Mitarbeiter, den Kunden, der unbeeinflusst beraten oder einen ohne die Belastung durch Schmiergelder kalkulierten Preis zahlen möchte, oder eine Kombination einzelner oder aller aufgezählter Institutionen oder Personen.[280] Dieser

---

[275] Zur Historie u.a. *Pinner/Eyck*, Kommentar zum UWG, 2. Aufl., 1910, S. XI f., 87 ff.; LK-*Tiedemann*, Rn. 1; vgl. auch die Hinweise in RGSt 48, 291, 294 (1914); BGHSt 31, 207, 211 = wistra 1983, 118 f.
[276] BGBl. I 2038.
[277] Reg/KoalitionsE, BT-Drucks. 13/6424 = 5584 S. 12, 15.
[278] V. 22.8.2002, ABl. EG Nr. L 358 v. 31.12.1998 S. 2.
[279] BGBl. I 3387.
[280] Vgl. *Meyer/Möhrenschlager*, WiVerw 1982, 21, 30; *Möhrenschlager.*, JZ 1996, 829 und *Heinrich* (Fn. 6), S. 602 ff.; besonders ausführlich die Darstellung und Kritik bei *Pragal*, S. 107 ff., 112 ff., 134 ff.; *Szembrowski*, S. 145 ff., 170 ff.

Streit besteht teilweise auch weiter fort, auch wenn dieser durch Unterscheidungen zwischen vorrangig und nachrangig bzw. zwischen unmittelbar und mittelbar geschützten Rechtsgütern relativiert worden ist. Ausgehend von der Entscheidung des BGH im Jahre 1983[281] ist heute jedoch weitgehend Allgemeingut, dass neben dem Schutz des freien und redlichen (lauteren, fairen) Wettbewerbs – dies 1997 auch anerkannt durch den Gesetzgeber[282] – auch Vermögensinteressen von Mitbewerbern[283] und des (gutgläubigen) Geschäftsherrn in § 12 UWG und nun auch in § 299[284] geschützte Rechtsgüter sind.[285] Dass diese Vorschriften auch Individualinteressen schützen, ergibt sich aus dem Antragsrecht von Verletzten (§ 301), bei dem früher streitig war, ob dieses nur Mitbewerbern oder auch dem Geschäftsherrn zusteht; teilweise wird auch der Schutz anderer Dritter als einbezogen angesehen.[286] Daneben wird auch der Schutz von Kunden und Verbrauchern und das Interesse der Allgemeinheit vor einer Verteuerung von Waren und Dienstleistungen genannt.[287] Zu weit geht Pragal,[287a] wenn er auf die „Nichtkäuflichkeit übertragener oder sonst besonders fremdverantwortlicher Entscheidungen sowie das diesbezügliche Vertrauen der Allgemeinheit" abstellt; dies könnte auch für die §§ 331 ff. StGB gelten. Die Vielfalt möglicher Schutzgüter hat im Ausland zu teilweise unterschiedlich strukturierten Regelungen geführt. Sie spiegeln sich in dem von *J. Vogel* entwickelten Regelungsmodellen (Einheitsmodell; arbeitsstrafrechtlichen, wettbewerbsstrafrechtlichen, steuerstrafrechtlichen und rechnungslegungsstrafrechtlichen Regelungsmodellen) wider.[288]

2. Bestechlichkeit im Geschäftsverkehr (§ 299 Abs. 1 StGB)

a) Geschäftlicher Verkehr

Nach § 299 sind nur Bestechungshandlungen im „**geschäftlichen Verkehr**" strafbar. **90** Damit entfallen z.B. Bestechungen im Bereich des Privaten, des Sports, der Politik, der Wissenschaft, der Informationsbeschaffung, wenn nicht auch eine Förderung des „Geschäfts(zwecks)" bzw. wirtschaftlicher Zwecke damit verbunden ist. Das Handeln karitativer, wohltätiger und gemeinnütziger Unternehmen erfolgt im Geschäftsverkehr, wenn in einem bestimmten Bereich der Tätigkeit ein Erwerbszweck hinzutritt.[289] Nicht ge-

---

[281] BGHSt 31, 207 = wistra 1983, 118.
[282] RegE, BT-Drucks. 13/6424 S. 12, 15; für *Kindhäuser*, Rn. 1 und *Heinrich* (Fn. 6), S. 605 f. ist dies offenbar das einzige Schutzgut. – Nach BGHSt 49, 214, 229 (Rn. 20, Fn. 42) wird nicht nur der redliche Wettbewerb geschützt; es soll im öffentlichen Interesse den Auswüchsen im Wettbewerb überhaupt gesteuert werden.
[283] Nach BGHSt 2, 396, 402; LK-*Tiedemann*, Rn. 5; NK-*Dannecker*, Rn. 5 auch Chancengleichheit.
[284] Es liegt hier ein Fall von „Kontinuität des Unrechtstyps" vor, da der Gesetzgeber mit den Änderungen in § 299 gegenüber § 12 UWG Inhalt und Schutzrichtung nicht wesentlich verändert hat, *Südbeck*, wistra 2001, 156.
[285] MK-*Diemer/Krick*, Rn. 2 m.N.; *Tiedemann*, FS Lampe, 2003, S. 759, 762 f., 768; *Haft/Schwoerer*, FS Ulrich Weber, 2004, S. 367, 372 f.; abweichend davon sieht *Arzt* in *Arzt/Weber*, § 49 Rn. 51 f. den fairen Wettbewerb als vorverlagerten Schutz des Vermögens als geschützt an; vgl. auch *Maurach/Schroeder/Maiwald*, BT II Tb. 2, § 68 Rn. 2.
[286] Nach *Ulsenheimer*, Arztstrafrecht in der Praxis, 3. Aufl. 2003, S. 431, Rn. 13/38 in Ärztefällen auch Patienten.
[287] LK-*Tiedemann*, Rn. 7 f. und NK-*Dannecker*, Rn. 7 (nur mittelbar geschützt); *Walter*, wistra 2001, 321, 323 (nennt nur letzteres); für *Joecks*, Rn. 1 sind der Schutz des Wettbewerbs vor Verfälschung, der von Mitbewerbern und der Allgemeinheit, die infolge von Bestechung schlechtere oder teurere Waren erhält, die geschützten Rechtsgüter; zu Recht krit. zur Vielfalt der Rechtsgüter Schönke/Schröder/*Heine*, Rn. 2.
[287a] *Pragal*, S. 146 ff.
[288] *J. Vogel*, FS Ulrich Weber, 2004, S. 395, 400 ff.
[289] LK-*Tiedemann*, Rn. 21; MK-*Diemer/Krick*, Rn. 8; NK-*Dannecker*, Rn. 29; *Blessing*, in: Müller-Gugenberger/Bieneck § 53 Rn. 69; vgl. BGH GRUR 1962, 255 (DFB-Fußballprogramm-Heft: Durchführung von mit finanziellem und Arbeitsaufwand verbundenen Länderspielen = geschäftliche Tätigkeit).

schützt werden durch § 299 private Endverbraucher und zwar selbst dann, wenn sie die Ware nach Benutzung weiterverkaufen; § 299 schützt nicht den Wettbewerb um den Kunden.[290] „Hoheitliches" Handeln fällt auch nicht unter § 299 (näher dazu unten); dieses ist durch die §§ 331 ff. geschützt. Geschäftsbeziehungen können natürlich auch zu Behörden bestehen oder zu Personen, die vielfach nicht als Geschäftsleute angesehen werden, wie Anwälte, Steuerberater, Wirtschaftsprüfer, Ärzte, Architekten, Künstler und Wissenschaftler.

b) Täter

91 § 299 Abs. 1 bedroht als Sonderdelikt die passive Bestechung von Angestellten und Beauftragten eines Betriebes im geschäftlichen Verkehr mit Strafe. Betriebsinhaber und Selbständige außerhalb eines Auftrags erfüllen nicht die Täterqualifikation. Ein Geschäftsinhaber kann also nicht in strafbarer Weise bestochen werden, was in der Literatur[291] verschiedentlich kritisiert wird.

Die Begriffe **„Angestellter"** und **„Beauftragter"** sind weit auszulegen.[292] Sie umfassen alle Personen, die für einen **geschäftlichen Betrieb** befugtermaßen tätig werden, ohne dessen Inhaber zu sein.

92 Der Begriff des **geschäftlichen Betriebs** ist nicht mit Handels- oder gar Gewerbebetrieb zu verwechseln; er umfasst jede im Wirtschaftsleben selbständig betriebene dauernde, auf Erzielung von Einnahmen oder auf Leistungsaustausch ausgerichtete, aber nicht notwendig mit Gewinn verbundene Tätigkeit, die weder den Gesetzen noch den guten Sitten zuwiderläuft.[293] Grundsätzlich besteht die Tendenz, den Begriff weit auszulegen und ihm nur den Zweck zuzuweisen, § 299 von Bestechungshandlungen von und gegenüber Angestellten oder Beauftragten von Privatleuten, im betriebsinternen Bereich und von den Bestechungen nach den §§ 331 ff. StGB im Rahmen hoheitlicher behördlicher Tätigkeiten abzugrenzen. Ein Dienstmädchen einer Familie, das vom Bäcker, Metzger usw. gewisse Vorteile für den laufenden Wareneinkauf erhält, ist nicht für einen Geschäftsbetrieb tätig. Erwerbswirtschaftlich-fiskalisch tätige Behörden, z.B. öffentliche Ausschreibungs- und Beschaffungseinrichtungen, deren Aufträge Wettbewerbscharakter haben, und private Unternehmen, die auf Grund eines Vertrages mit einem Hoheitsträger Tätigkeiten bei einem Projekt der Daseinsvorsorge wahrnehmen, sind Geschäftsbetriebe i.S. von § 299,[294] nicht aber, wenn diese hoheitlichen Charakter haben. Durch die Ausdehnung des Amtsträgerbegriffs kann es – bedingt durch die unterschiedliche Schutzrichtung – vermehrt sowohl zur Anwendung der §§ 331 ff. als auch des § 299 kommen,[295] der ursprünglich in § 12 UWG a.F. enthaltene Subsidiaritätscharakter war bereits durch Art. 139 Nr. 6 EGStGB[296] beseitigt worden. Auch gemeinnützige, soziale oder kulturelle

---

[290] BGHSt 2, 396, 402; 10, 358, 366.
[291] Z.B. von *Bannenberg/Schaupensteiner*, Korruption in Deutschland, 2004, S. 210 f.; *Bürger*, wistra 2003, 130; *61. DJT* II 2 S. L 60; *Tiedemann*, FS Lampe, 2003, S. 759, 762 f., 767 (betr. selbständige Berater); w.N. bei *Heinrich* (Fn. 6), S. 597; abl. dazu *Szembrowski*, S. 184.
[292] BGHSt 2, 396, 401; BayObLGSt 1995, 110 = NJW 1996, 268, 270 = wistra 1996, 28, 30.
[293] Vor allem zu letzterem RGSt 55, 36 f.; ebenso LK-*Tiedemann*, Rn. 18; NK-*Dannecker*, Rn. 25; a.A. MK-*Diemer/Krick*, Rn. 7; *Tröndle/Fischer*, Rn. 5; *Greeve* (Fn. 26), Rn. 432, für einzelne gesetzwidrige Betätigungen innerhalb eines legalen Betriebs.
[294] RGSt 66, 380 f. (kommunale Versorgungsunternehmen); BGHSt 2, 396, 403 f. (staatliches Bauamt, das durch private Bauunternehmer bauen lässt; a.A. noch RGSt 49, 199 f); Beschaffungsamt, das im Dienst sozialer Zwecke Wirtschaftsgüter erwirbt); 10, 358, 365 f. (militärische Beschaffungsstelle); BGHSt 41, 110 = wistra 1995, 266 (Baudienststelle der US-Streitkräfte); 43, 96, 105 = wistra 1997, 336, 339 f. (behördlich beauftragtes privates Ingenieur/Planungsbüro).
[295] NK-*Dannecker*, Rn. 26; w.N. bei *Heinrich* (Fn. 6), S. 613; für Vorrang der §§ 331 ff.: LK-*Tiedemann*, Rn. 18.
[296] Vom 2.3.1974, BGBl. I 469, 574.

Unternehmen sind Geschäftsbetriebe,[297] ebenso der Betrieb von Krankenhäusern und, anders als im HGB, freiberufliche Tätigkeiten von Ärzten, Architekten, Ingenieuren, Rechtsanwälten, Notaren, Steuerberatern und Wirtschaftsprüfern.[298]

Angestellter ist, wer in einem (auch nur kurzfristigem oder faktischem) Dienst-, **93** Werks- oder Auftragsverhältnis zum Geschäftsherrn steht und dessen Weisungen zu folgen hat. Alle Personen, die vermöge ihrer Stellung im Betrieb Einfluss auf den Geschäftsbetrieb, insbesondere auf die dort zu treffenden Entscheidungen, nehmen können, werden erfasst. Dies gilt dann erst recht für das Management eines Unternehmens.[299] Auch ein Amtsträger kann im Bereich privatrechtlichen Handelns der Daseinsvorsorge oder des erwerbs-wirtschaftlich-fiskalischen Handelns „Angestellter" i.S. des § 299 sein.[300] Untergeordnete Hilfskräfte und Boten scheiden als Täter aus.[301] Bei der von einem Abnehmerunternehmen veranlassten Einschaltung von selbständigen Vermittlungs- (strohmann)unternehmen zum Zweck der versteckten Schmiergeldforderung und -annahme (z.B. von Provisionen an diese) können Angestellte des Abnehmerunternehmens auch dann Täter sein, wenn veranlasst durch diese Erklärungen bzw. Vereinbarungen vom Inhaber oder von Angestellten der Vermittlerfirma vorgenommen werden.[302] Das Angestelltenverhältnis muss zur Zeit der Tathandlung bestehen. Sofern Abmachungen über Bestechungshandlungen zwar vor der Anstellung getroffen, danach aber einvernehmlich bewusst aufrechterhalten werden, könnte eine Strafbarkeit dann gleichwohl möglich sein.[303]

Beauftragter ist jede Person (mit Ausnahme des Betriebsinhabers und der Angestell- **94** ten), die befugtermaßen für den Betrieb tätig wird und unmittelbar oder mittelbar Einfluss auf Entscheidungen im Rahmen des Geschäftsbetriebs nehmen kann.[304] Eine Geschäftsbesorgung nach § 675 BGB reicht als Grundlage aus. Beispiele: geschäftsführende Gesellschafter, Vereinsvorstände, Aufsichtsratsmitglieder; Handelsvertreter, Insolvenzverwalter, Vertreter freier Berufe (s. zuvor, wie z.B. Steuerberater, Wirtschafts- und Buch-

---

[297] RGSt 50, 118 f. (Genossenschaft, die ihren Mitgliedern billige Wohnungen zum Selbstkostenpreis verschafft); RGSt 55, 31; 68, 70, 74 (Postbeamtenkrankenkasse); 68, 263, 267 (Konsumverein); JW 1935, 1851 (Ortskrankenkasse); BGHSt 2, 396, 401 f.; 37, 191 = NJW 1991, 367, 370 = wistra 1991, 99, 101(Einrichtung zur Verwaltung des Kirchenvermögens).
[298] LK-*Tiedemann*, Rn. 18; NK-*Dannecker*, Rn. 24; *Tröndle/Fischer*, Rn. 4.
[299] Geschäftsführende Vorstandsmitglieder einer AG (vgl. RGSt 66, 81), Geschäftsführer einer GmbH (*Greeve*, Fn. 26, Rn. 434; NK-*Dannecker*, Rn. 21; *Tröndle/Fischer*, Rn 10; *Ebert-Weidenfeller*, in: Achenbach/Ransiek, III 2 Rn. 4, stufen sie als Beauftragte ein; abl. *Blessing*, in: Müller-Gugenberger/Bieneck, § 53 Rn. 64; umstritten ist die Einbeziehung bei Alleingesellschaftern, dafür *Tröndle/Fischer*, Rn. 11; *Bürger*, wistra 2003, 130, 132; *Ulsenheimer*, in: Laufs/Uhlenbruck, Handbuch des Arztrechts, 3. Aufl. 2002, § 151a Rn. 103; *Pragal*, S. 163 f.; *Szembrowski*, S. 186 f. (als Beauftragte); abl. LK-*Tiedemann*, Rn. 15; MK-*Diemer/Krick*, Rn. 4; *Schönke-Schröder/Heine*, Rn. 7; *Greeve* (Fn. 26), Rn. 436; NK-*Dannecker* a.a.O.
[300] *Arzt/Weber*, § 49 Rn. 57; vgl. auch RGSt 68, 70, 74 (Beamter bei Geschäftsbetrieben öffentlich-rechtlicher Körperschaften); BGHSt 2, 396, 403 f. (Angehöriger einer staatlichen Beschaffungsstelle); BGH wistra 1994, 228 (Mitarbeiter von US-Streitkräften); BGHSt 43, 96, 105 (staatlich beauftragter Ingenieur).
[301] BayObLG a.a.O. (Fn. 292 zu ersterem); NK-*Dannecker*, Rn. 19.
[302] *Wittig*, wistra 1998, 7 f.; MK-*Diemer/Krick*, Rn. 4; NK-*Dannecker*, Rn. 20; *Greeve* (Fn. 26), Rn 437; *Tröndle/Fischer*, Rn. 10 (faktische Angestelltenstellung); m.E. kann hier angesichts des Sonderdeliktscharakters von § 299 ggf. auch eine Täterschaft über die Figur des qualifikationslosen dolosen Tatmittlers (vgl. *Roxin*, AT II, § 25 D III zu § 266) begründet werden; a.A. wohl LK-*Tiedemann*, Rn. 14; *Tiedemann* (Fn. 291), S. 769 (äußerst zweifelhaft). Die tatbestandsmäßigen Voraussetzungen des § 299 Abs. 1 liegen beim Vermittler nicht vor (deshalb nur Gehilfe, *Wittig*, wistra 1998, 9; NK-*Dannecker* a.a.O.; *Bannenberg*, in: Wabnitz/Janovsky, 3. Aufl., Kap. 10 Rn. 103; auch LK-*Tiedemann* a.a.O.; *Greeve* a.a.O.).
[303] *Niemeyer*, in: Müller-Gugenberger/Bieneck, 2. Aufl., § 43 Rn. 59.
[304] RGSt 68, 70 (Vorstandsmitglied einer Postbeamtenkrankenkasse); 72, 62 (Gründer eines Vereins); BGHSt 2, 396, 401 (deutscher Bediensteter einer US-Streitkräftedienststelle betr. Waren- und Leistungsaustausch); BayObLGSt 1995, 110 = NJW 1996, 268 = wistra 1996, 28, 30.

prüfer, Wirtschaftstreuhänder), (staatlich) beauftragte Planungsingenieure und Unternehmensberater, der Lieferanten vermittelt.[305]

c) Vorteil

95   Als Mittel der Bestechung kommen – wie bei den §§ 331 ff. – **Vorteile** aller Art in Betracht, d.h. alles, was die wirtschaftliche, rechtliche oder persönliche Lage des Bedachten objektiv verbessert und worauf dieser keinen Anspruch hat.[306] Der Vorteil kann materieller oder immaterieller Art sein. Im Vordergrund **materieller Vorteile** stehen offene und verdeckte Geldzahlungen,[307] getarnt als Provisionen, Prämien, Gutschriften, Rabatte, Sonder- und Rückvergütungen („kick-backs"), Honorare (z.B. für Beratervertrag), Umsatzbeteiligungen. Aber auch Mietvorteile, Firmenbeteiligungen, Übertragung eines Grundstücksanteils, Auftragsvergabe im Bau- und Transportbereich sowie an Zulieferer, Bau- und sonstige Sachleistungen (Überlassen eines Leihwagens) waren Gegenstand von Gerichtsentscheidungen.[308] Weiter lassen sich Urlaubseinladungen, unentgeltliche oder billige Dienstleistungen, zinsgünstige Darlehen, die Nichtgeltendmachung oder Stundung von Forderungen, Unterlassen von Mängelrügen bzw. sonstige berechtigter Beanstandungen, die Akzeptanz überhöhter Rechnungen und die Aufrechterhaltung einer Geschäftsbeziehung bzw. die Verhinderung einer bevorstehenden Vertragskündigung nennen. Zu den **immateriellen Vorteilen** werden Orden, Ehren- und andere Auszeichnungen, die Verleihung von Ehrenämtern sowie Geschlechtsverkehr und sonstige sexuelle Zuwendungen erheblicher Art gerechnet. **Drittvorteile** sind nun auch – wie bei den §§ 331 ff. – weitergehend als früher einbezogen; zu ihnen können auch Zuwendungen zugunsten des Betriebes bzw. des Geschäftsinhabers gehören, für den der Täter tätig ist.[309]

d) Unrechtsvereinbarung

96   Den Vorteil muss der Täter als **Gegenleistung** für eine **künftige unlautere Bevorzugung** annehmen, sich versprechen lassen oder fordern. Erforderlich ist – wie bei den §§ 331 ff. – auch hier, wenn auch mit einem anderen Bezug, eine **Unrechtsvereinbarung**[309a] bzw. ein darauf gerichtetes Handeln. Wie bei den §§ 331 ff. kann eine solche auch vorliegen, wenn zu ihrem Zustandekommen ein (erpresserischer) Druck ausgeübt

---

[305] Vgl. LK-*Tiedemann*, Rn. 17; MK-*Diemer/Krick*, Rn. 5; NK-*Dannecker*, Rn. 23; *Tröndle/Fischer*, Rn. 10; RGSt 68, 119 f. (Aufsichtsratsmitglied einer Genossenschaft); betr. Handelsvertreter BGHSt 2, 396, 401; BGH(Z) GRUR 1968, 587 f. = NJW 1968, 1572 (Bierexport – wenn an Interessen des beauftragenden Vertragsteils gebunden und deswegen daran gehindert, Vermittlungsentgelt auch von der anderen Vertragspartei zu fordern); BGHSt 43, 96, 105 = wistra 1997, 336, 340 (Planungsingenieur, betr. Klärwerk); BayObLG a.a.O. (Ingenieur-Planung einer Schlossrenovierung im Auftrag der bayerischen Schlossverwaltung); LG Magdeburg wistra 2002, 156 f. (Insolvenzverwalter m. Krit. Anm. *Lesch*, AnwBl. 2003, 261); OLG Karlsruhe, BB 2000, 636 (u.U. Unternehmensberater); ggf. auch Kassenärzte; *Pragal* S. 165 f.; NStZ 2005, 133, 134 f.; *Tröndle/Fischer*, Rn. 10b; a.A. *Joecks*, Rn. 5; *Taschke*, StV 2005, 406, 410 f.; *Geis*, wistra 2005, 369.
[306] BGH wistra 2003, 385 f. (zu § 299).
[307] Zur zivilrechtlichen Rechtsprechung vgl. N. bei LK-*Tiedemann*, Rn. 24; *Tröndle/Fischer*, Rn. 7; strafrechtlich: 41, 140 = wistra 1995, 266; BGHSt 45, 16 = wistra 1999, 258 (Geldzahlungen für die Vergabe zu überhöhten Preisen) BGHSt 46, 310 = NJW 2001, 2102 = wistra 2001, 267; wistra 1989, 224; wistra 1991, 99, 101 (nicht in BGHSt 37, 191); wistra 2000, 269 f.; wistra 2003, 385 f. (Schmiergeldzahlungen aus Schwarzgeld unter Einsatz von Scheinrechnungen); NStZ 1995, 92 = wistra 1995, 61 (Umsatzbeteiligung); LG Magdeburg wistra 2002, 156 f. (Rückvergütungen); BayObLG, Fn. 292 (Anteil an Auftragssumme).
[308] BGHSt 41, 110 (Geld- und Sachleistungen); BGH wistra 1991, 99, 101 (Unterbeteiligung an Firmengeschäftsbeteiligungen); BGH wistra 2003, 385 f. (Grundstücksanteil); AG Bochum wistra 2001, 155 (Mietvorteil).
[309] MK-*Diemer/Krick*, Rn. 10; *Schönke-Schröder/Heine*, Rn. 12; *Tröndle/Fischer*, Rn 11; abl. *Odenthal*, wistra 2005, 170; *Winkelbauer*, FS Ulrich Weber, 2004, S. 384, 392 ff.
[309a] Abl. zur Verwendung des Begriffs *Pragal*, S. 171 ff.

wurde.³¹⁰ Anders als in den §§ 331 und 332 sind nachträglich vereinbarte Zuwendungen zur Belohnung von bereits erbrachten Leistungen bzw. Bevorzugungen nicht strafbar. Eine Strafverfolgung ist gleichwohl möglich, wenn ein zuvor vereinbartes Versprechen nachgewiesen werden kann oder wenn – was bei laufenden Geschäftsbeziehungen nahe liegen kann – künftige Bevorzugungen in die Wege geleitet werden sollen. Nicht ausreichend ist die Annahme usw. von Zuwendungen, um zwischen den Betroffenen ein Klima des Wohlwollens oder der Sympathie herbeizuführen oder zu sichern, ohne dass damit ein Bezug zu einer hinreichend bestimmten Bevorzugung verbunden ist. Die Ausdehnung in § 331 Abs. 1 („für die Dienstausübung") hat der Gesetzgeber auf § 299 nicht übertragen.

Die Tat muss sich auf die Bevorzugung beim **Bezug von Waren oder gewerblichen** 97 **Leistungen im Wettbewerb** beziehen. **Waren** sind alle wirtschaftlichen Sachgüter, die Gegenstand des Handels sein können (Anlagegüter – auch z.B. Wertpapiere –, Rohstoffe, Fertigprodukte, auch Medikamente)³¹¹. **Gewerbliche Leistungen** umfassen alle geldwerten Leistungen des gewerblichen oder geschäftlichen Lebens,³¹² wie Dienstleistungen (auch Transport-, Reparatur-, Wartungs- und Reinigungsaufträge), Bankkreditgewährung, Personaleinstellung und -vermittlung.³¹³ Obwohl der Begriff der gewerblichen Leistung weit zu verstehen ist, ist streitig, ob er auch Leistungen freier Berufe³¹⁴ und Beratungstätigkeiten³¹⁵ erfasst. Durch das Merkmal des **Bezuges** wird erreicht, dass Bestechungshandlungen in einem weiten Umfang erfasst werden können. „Das gesamte wirtschaftlich auf die Erlangung von Ware [oder gewerbliche Leistung] gerichtete Geschäft"³¹⁶ ist angesprochen, von der Bestellung (einschließlich Vorbereitungshandlungen)³¹⁷, den Verhandlungen, dem Inhalt und den Abschluss bis zur Erfüllung des Vertrages (Lieferung, Abnahme, Prüfung, Beanstandungen, Bezahlung)³¹⁸. Bezieher muss nicht nur der Vorteilgeber oder der begünstigte Dritte sein; es kann auch der Geschäftsherr des Vorteilnehmers oder ein Lieferant sein, der zu dem Geschäftsherrn des Bestochenen in Geschäftsbeziehungen steht. Strafbarkeit sollte nicht nur möglich sein, wenn auf Grund von Bestechungen Lieferungen für zur Weiterverarbeitung bestimmte Rohstoffe, sondern auch von (rationierten) Betriebsmitteln im Interesse von Kostensenkung und Produktionsfortsetzung oder die Beschaffung von Know-how zur Erzielung eines Wettbewerbsvorsprungs erfolgen; die Ware braucht vom Bezieher auch nicht umgesetzt werden, er kann sie auch selbst verbrauchen. Allerdings muss der Bezug von Waren und Dienstleis-

---

³¹⁰ Vgl. den Sachverhalt in BGH NJW 1999, 800; dort wurde allerdings nur die Anwendung des § 253 erörtert, wobei der BGH aber eine Anwendung von § 299 für möglich hielt.
³¹¹ Dazu gehören auch Erbbaurechte, BGHSt 37, 191 = wistra 1991, 99, 101, und andere Eigentums-, Nutzungs- und Schutzrechte.
³¹² Nicht Zuführen von Kunden (Barbesucher) durch Taxifahrer, NK-*Dannecker*, Rn. 54; a.A. LK-*Tiedemann*, Rn. 29.
³¹³ Bestechung zur Erlangung eines Arbeitsplatzes als Kassenbote bei einer Privatbank, RGSt 56, 249 f.
³¹⁴ Dafür *Tröndle/Fischer*, Rn. 14 m.N.; *J. Vogel*, FS Ulrich Weber, 2004, S. 405; *Harte-Bavendamm*, in: Gloy/Loschelder, Handbuch des Wettbewerbsrechts, 3. Aufl. 2005, § 49 Rn. 16; abl. LG Magdeburg (Fn. 305) (Erteilung von anwaltlichen Mandaten); LK-*Tiedemann*, Rn. 29; NK-*Dannecker*, Rn. 54; *Bannenberg*, in: Wabnitz/Janovsky, 3. Aufl., Kap. 10 Rn. 102; *Greeve/Leipold* (Fn. 39), § 19 Rn. 5; *Hellmann/Beckemper* Rn. 534.
³¹⁵ Dafür *Tröndle/Fischer* a.a.O.; abl. *Bannenberg* a.a.O.
³¹⁶ BGHSt 10, 269 f.
³¹⁷ Ein solcher Bezug ist auch noch gegeben, wenn ein Angestellter dazu veranlasst wird, Geschäftsgeheimnisse (z.B. Angebotspreise von Mitbewerbern) an den Bestechenden herauszugeben, der dann sein Angebot danach ausrichtet, vgl. BGHSt 41, 110 = wistra 1995, 266 f. – ob abweichende Ansicht von *Arzt/Weber*, § 49 Rn. 57, § 299 auf Bestechungshandlungen zum Geheimnisverrat nicht anzuwenden, auch für diesen Fall gilt, ist mir nicht sicher. *Tiedemann*, BT Rn. 203 verneint Bevorzugung bei Geheimnisverrat durch Mitteilung von Konkurrenzangeboten.
³¹⁸ NK-*Dannecker*, Rn. 55; *Meyer/Möhrenschlager*, WiVerw 1982, 21, 32 m.N. zur älteren Rechtsprechung (auch zum Folgenden).

tungen eine geschäftliche Angelegenheit des Betriebs sein, für den der Vorteilnehmer tätig ist.

98 Die Tat des Bestochenen muss auf ungerechtfertigte **Bevorzugung** des Bestechers oder eines Dritten, also die Verschaffung eines diesen nicht zustehenden Vorteils (s.o.) **auf Kosten** zumindest eines (wenn auch nicht bestimmten) Konkurrenten des Bestechers oder des von ihm Begünstigten im inländischen oder nach Absatz 3 auch ausländischen **Wettbewerb** (und zwar im Zeitpunkt des künftigen Bezuges von Waren bzw. gewerblichen Leistungen) *ausgerichtet sein*.[319] Es muss sich um eine Beeinträchtigung der Chancen von Mitbewerbern handeln. Zu diesen gehören nicht nur diejenigen, die sich im Einzelfall um Absatz ihrer Waren und Leistungen bemühen und für die Erfüllung der Aufträge in Aussicht genommen sind, sondern alle Gewerbetreibende, die Waren oder Leistungen gleicher oder verwandter Art herstellen oder in den geschäftlichen Verkehr bringen. Eine tatsächliche „Wettbewerbslage" braucht nicht vorzuliegen; es genügt, dass der Bestechende mit der Möglichkeit des Wettbewerbs, also von Angeboten von Mitbewerbern, gerechnet hat. Es kommt daher nicht darauf an, dass im Zeitpunkt der Tathandlung bestimmte Mitbewerber vorhanden waren oder sich noch später gemeldet hätten. Eine Bevorzugung liegt vor, wenn ein Handelsvertreter Abnehmer von seinen Waren besticht, um über einen längeren Zeitraum einen sicheren Warenumsatz sicherzustellen. Andere Handelsvertreter und Geschäfte mit gleichen Sortimenten werden dadurch benachteiligt. Ein Verstoß gegen § 33 III Wertpapier- und ÜbernahmeG kann zur Anwendung des § 299 führen.[319a]

Beispiele aus der neueren Rechtsprechung: Durch eine hohe Bestechungszahlung an Verantwortliche einer Bahn wird offensichtlich von vornherein jeglicher Wettbewerb bei den Vergabeentscheidungen unterbunden und dadurch die Auftragsvergabe an den Bestechenden beeinflusst,[320] der bestochene Verwalter von Kirchenvermögen verschafft jemanden eine Monopolstellung betr. die Vergabe von Erbbaurechten, die andere in Betracht kommende Mitbewerber benachteiligt.[321] Eine Bevorzugung scheidet aber aus, wenn sie gar nicht möglich ist: Es können keine Waren oder Leistungen mehr von einem Konkurrenten bezogen werden; es findet nur eine „Verteilung zu gleichen Konditionen" statt (auf Grund von Bestechung Kreditgewährung ohne Bonitätsprüfung; Abschluss von Lebensversicherung ohne Risikoprüfung; anders, wenn Bestechung erfolgt, um günstigere Bedingungen als üblich zu erhalten); Monopolstellung des Zuwendenden, außer wenn Bestechung auf Ausschaltung zukünftigen Wettbewerbs gerichtet ist.[322]

99 Strafbar ist die geschilderte Bevorzugung nur, wenn sie auch **unlauter** ist. Damit wird das Verhalten gegenüber Mitbewerbern, aber nicht immer gegenüber dem Geschäftsherrn angesprochen. § 299 ist auch anwendbar, wenn der Geschäftsherr des Bestochenen von der Schmiergeldzahlung weiß oder diese sogar billigt.[323] Einen Ausschluss der Strafbarkeit entsprechend derjenigen durch Genehmigung nach § 331 Abs. 3 kennt § 299 nicht. Unlauteres Verhalten setzt nicht voraus, dass der Angestellte usw. gegenüber sei-

---

[319] Vgl. dazu und zum Folgenden BGHSt 37, 99, 101 = NJW 1991, 367, 370 = wistra 1991, 99, 101; NJW 2003, 2296 f. = wistra 2003, 385 f.; BGHSt 49, 214, 228 f. = NJW 2004, 3129 = wistra 2005, 22, 26 („sachfremde Entscheidung zwischen zumindest zwei Bewerbern"; krit. *Greeve* (Fn. 26), Rn. 447 f.; *Krehl*, StV 2005, 625); *Tröndle/Fischer*, Rn. 15; LK-*Tiedemann*, Rn. 32 ff.; MK-*Diemer/Krick*, Rn. 18; NK-*Dannecker*, Rn. 46; *Schönke-Schröder/Heine*, Rn 18 ff.; *Meyer/Möhrenschlager*, WiVerw 1982, 32; *Walter*, wistra 2001, 321, 323; *Greeve* a.a.O. Rn. 444.

[319a] *Moosmayer*, wistra 2004, 401, 406 f.

[320] BGH a.a.O. S. 386.

[321] BGH wistra 1991, 99, 101 (nicht in BGHSt 37, 191).

[322] *Tröndle/Fischer* a.a.O.; MK-*Diemer-Krick*, Rn. 18; *Schönke-Schröder/Heine*, Rn. 23; *Tiedemann* (Fn. 317), wenn Kreditmittel für alle Nachfrager vorhanden; abl. dazu *Pragal*, S. 181 ff.; vgl. auch *Moosmayer*, wistra 2004, 407.

[323] A.A. *Blessing*, in: Müller-Gugenberger/Bieneck, § 53 Rn .81.

nem Geschäftsherrn pflichtwidrig handelt.[324] Der Reichsgesetzgeber hat eine Eingrenzung der Strafbarkeit durch ein solches Element, das heutzutage in internationalen Rechtsinstrumenten Eingang gefunden hat, bewusst abgelehnt und diese durch das Merkmal „unlauter" zu erreichen versucht. Grundlegend war hier der bekannte „Korkgeldfall" des Reichsgerichts.[325] Dort hatten Vertreter einer französischen Sektfabrik mit Kellnern einer Weinwirtschaft ein Abkommen getroffen, dass sie die in der Fabrik hergestellten Markenprodukte den Gästen empfehlen sollten; für jeden Kork einer verkauften Flasche sollten sie einen bestimmten Betrag erhalten. Der Inhaber der Wirtschaft war damit einverstanden. Entgegen dem Landgericht lag für das RG eine unlautere Handlung und strafbare Bestechung auch vor, wenn Angestellte verleitet werden, durch Zuwendungen eines Lieferanten den Kundenkreis ihres Geschäftsherrn zur Bevorzugung bestimmter Waren zu bestimmen und dadurch einen höheren Bezug herbeizuführen. Ein unlauteres Verhalten, das zur Strafbarkeit auch sog. entschleierter Schmiergelder führt, die im Vertrieb nicht selten in Form von Prämien an die Angestellten eines Unternehmens gezahlt werden,[326] soll – entsprechend dem Willen des Gesetzgebers[327] – solche Verhaltensweisen erfassen, „die ihrem Treu und Glauben widersprechenden Charakter nach, unbedenklich Strafe verdienen". Unlauteres Verhalten kann also als Verstoß gegen Treu und Glauben im Wettbewerb,[328] als sittenwidriges Verhalten, etwa im Sinne eines Verstoßes gegen die guten Sitten in § 1 UWG, verstanden werden, deren Beurteilung sich nach der Anschauung der beteiligten Verkehrskreise und dem Anstandsgefühl eines verständigen und anständigen Gewerbetreibenden richtet. Für eine konkretere Bestimmung der Unlauterkeit bzw. Sittenwidrigkeit ist die Eignung des Verhaltens des Bestochenen, eine Entscheidung für oder gegen bestimmte Anbieter oder Abnehmer aus *sachfremden* Gründen (Umgehung offengelegter Regeln, eigennützige Gründe, pflichtwidrige Manipulationen, u.U. Heimlichkeit)[329] zum Nachteil von Mitbewerbern zu treffen, von besonderer Bedeutung.[330] Ein solches unlauteres Verhalten kann insbesondere vorliegen, wenn die Bestechung sogar pflichtwidrig gegenüber dem Geschäftsherrn ohne dessen Wissen erfolgt. Nach neuerer Auffassung reicht eine durch Zahlungen beeinflusste sachfremde Motivation aus.

---

[324] H.M., MK-*Diemer/Krick*, Rn. 19; *Tröndle/Fischer*, Rn. 16; NK-*Dannecker*, Rn. 52 jeweils m.N.; *Bürger*, wistra 2003, 130, 133 f.; a.A. offenbar *Arzt/Weber* § 49 Rn. 58; *Szembrowski*, S. 194 f.

[325] RGSt 48, 291 (1914).

[326] Vgl. *Meyer/Möhrenschlager*, WiVerw 1982, 33 m.N.

[327] RT-Kommissionsbericht; Zitat nach *Pinner/Eyck* (Fn. 275), S. 92.

[328] RGSt 48, 291, 295; BGH(St) GRUR 1977, 619 f.; OLG Stuttgart (Z) BB 1974, 1265 f.

[329] BGHSt 41, 110 = wistra 1995, 266 (betr. allerdings § 12 Abs. 1 UWG a.F. = § 299 Abs. 1: Verschaffung der Angebotspreise von Mitbewerbern unter Verstoß gegen § 17 Abs. 2 Nr. 2 UWG, ist aber auch auf § 299 Abs. 1 – Verstoß gegen § 17 Abs. 1 UWG – anwendbar; im konkreten Fall versetzte die Offenlegung den Bestecher in die Lage, seine Angebote danach auszurichten). Zur Problematik von Miles u. More-Programmen bei Fluggesellschaften *Kirch-Heim/v. Tippelskirch*, in: Rönnau/Samson (Hrsg.), Wirtschaftsstrafrecht, 2003, S. 61, 70 ff.; *Borck*, WRP 2002, 1131 f.

[330] BGHSt 2, 396, 401; wistra 2003, 385 f. („sachfremde Entscheidung", ähnlich *Kindhäuser*, Rn. 8); wistra 2005, 22, 27 (nicht in BGHSt 49, 214 – Veranlassung aus sachfremden Motiven, nämlich den vereinbarten Zahlungen; ähnlich *Ebert-Weidenfeller* [Fn. 299], Rn. 9); die neuere Literatur stellt nur noch auf Schädigungseignung für Mitbewerber ab, vgl. LK-*Tiedemann*, Rn. 39; NK-*Dannecker*, Rn. 53; *Schönke/Schröder/Heine*, Rn. 18; *Tröndle/Fischer*, Rn. 16; *Schubert* (Fn. 205), Kap. 10, Rn. 77; nach *Mansdörfer*, wistra 2003, 211, 214, liegt in Fällen der Drittmittelgabe ein Verstoß gegen § 299 vor, wenn diese geeignet ist, Mitbewerber durch Umgehung der offengelegten Regeln des Wettbewerbs (innerhalb der Branche ausgearbeitete und bekannte Verhaltenskodizes und entsprechende landesrechtliche Regelungen) und durch Ausschalten der Konkurrenz zu schädigen. Vorteile für den Geschäftsherrn sind für *Winkelbauer*, FS Ulrich Weber, 2004, S. 391; NK-*Dannecker*, Rn. 53 und *Odenthal*, wistra 2005, 170 (Handeln im Rahmen der Zuständigkeit) kein unlauteres Verhalten. Für *Pragal*, S. 177 ff. hat das Merkmal „unlauter" keine Funktion.

100 Das Erfordernis der „Unlauterkeit" ist auf jeden Fall auch der Ansatzpunkt, allgemein **übliche Trinkgelder** und das übliche Maß nicht überschreitende kleine **(Werbe)Geschenke** nicht unter § 299 fallen zu lassen. Teilweise wird aber auch hier – wie bei § 331 – auf die Sozialadäquanz zurückgegriffen oder das Vorliegen eines „Vorteils" oder einer „Unrechtsvereinbarung" verneint.[331]

e) Tathandlungen und subjektive Tatseite

101 Die Tathandlungen entsprechen denen in §§ 331, 333. Strafbar macht sich ein Angestellter oder Beauftragter nicht nur, wenn er einen Vorteil **annimmt**, sondern schon – als „Quasi-Versuch" –, wenn er **sich** diesen **versprechen lässt** oder sogar nur erst **fordert**. Die Auslegung folgt der zu den Amtsträgertatbeständen. Eine Einwilligung des Geschäftsherrn hat keine rechtfertigende Wirkung. Die Anwendung der §§ 34, 35 bei der Vorteilsannahme ist kaum denkbar. Ebenso wenig ist in der Regel ein rechtfertigender Notstand nach § 34 StGB bei wirtschaftlicher Notlage anzuerkennen und zwar auch nicht bei Tätigkeiten im Ausland, wo die Zahlung von (verdeckten) Schmiergeldzahlungen erwartet wird oder allgemein üblich ist.[332] Strafbarkeit setzt (bedingten) **Vorsatz** bezüglich aller Tatbestandsmerkmale voraus. Beim Fordern muss der Täter den Abschluss einer Unrechtsvereinbarung anstreben, d.h. die Gegenseite dazu zu bringen, den Vorteil als Gegenleistung für eine Bevorzugung zuzuwenden.

f) Handlungen im ausländischen Wettbewerb

102 In Umsetzung einer Gemeinsamen Maßnahme der EU[333] bestimmt **Absatz 3**, dass § 299 auch „für Handlungen im ausländischen Wettbewerb" gilt. Damit kommt es nicht mehr darauf an, ob bei Tatbegehung im Ausland – wie früher zu § 12 UWG insbesondere von Zivilgerichten vertreten wurde – inländische Konkurrenten betroffen sein könnten.

g) Strafverfolgung

103 Eine Strafverfolgung ist **nach § 301 i.d.F. von § 20 Abs. 6 des Gesetzes gegen den unlauteren Wettbewerb (UWG) vom 3.7.2004**[334] möglich, wenn ein Verletzter (jeder Mitbewerber[335] – auch als juristische Person –; Geschäftsherr bei intern pflichtwidrigem Verhalten)[336] oder ein durch erhebliche Mitgliederzahl und Ausstattung qualifizierter rechtsfähiger Verband zur Förderung gewerblicher oder selbständiger beruflicher Interessen[337] (§ 8 Abs. 3 Nr. 2 UWG n.F.) bzw. eine Industrie- oder Handelskammer oder

---

[331] Vgl. Meyer/Möhrenschlager, WiVerw 1982, 33 f.; LK-Tiedemann, Rn. 27; MK-Diemer/Krick, Rn. 20; NK-Dannecker, Rn. 39 f.; Schönke/Schröder/Heine, Rn. 20, jeweils m.w.N.
[332] Tröndle/Fischer, Rn. 23.
[333] V. 22.12.1998, ABl. EG Nr. L 358 S. 2, umgesetzt durch Gesetz v. 22.8.2002, BGBl. I 3387; zur Frage der Anwendung auf Auslandssachverhalte zuvor vgl. u.a. den RegE, BT-Drucks. 14/8998; Feitz und Weidlich in RIW 2005, 362; 2006, 423; Weidemann, RIW 2005, 370.
[334] BGBl. I 1414, 1420.
[335] (Überflüssigerweise) nun auch in § 8 Abs. 3 Nr. 1 UWG n.F. genannt, auf den § 301 II in der Neufassung verweist. Unsicher ist deshalb, ob nun nicht doch der Auffassung von Walter, wistra 2001, 321, 324 zu folgen ist (vgl. Möhrenschlager, wistra 2004 Register R XLIX f.), dass nach § 301 I tatsächlich antragsberechtigt nur der ist, der im bestimmten Fall ein Bewerber war oder von der Tat unmittelbar betroffen ist (zu Recht abl. LK-Tiedemann, Rn. 2; NK-Dannecker, Rn. 5, 78; § 301, Rn. 4). Im Ergebnis ist allerdings jeder Mitbewerber antragsberechtigt, entweder nach Absatz 1 oder nach Absatz 2!.
[336] BGHSt 31, 207, 209 = wistra 1983, 118.
[337] Z.B. die Zentrale zur Bekämpfung unlauteren Wettbewerbs (www.wettbewerbszentrale.de), der Deutsche Schutzverband gegen Wirtschaftskriminalität (DSW) in Bad Homburg (vgl. BGHSt 37, 191 = wistra 1991, 99 f.; OLG Karlsruhe, wistra 1989, 34, 36); PRO HONORE in Hamburg (www.prohonore.de); zu diesen Tschanett, in: Wabnitz/Janovsky (Fn. 205), Kap. 29 Rn. 35 f., 40; nicht Verbraucherschutzverbände.

eine Handwerkskammer (§ 8 Abs. 3 Nr. 4 UWG n.F.) einen **Strafantrag** nach § 77 innerhalb einer Frist von drei Monaten nach Kenntnisnahme von der Tat und der Person des Täters (§ 77b Abs. 1, Abs. 2 Satz 1) stellt. Darüber hinaus hat das Gesetz zur Bekämpfung der Korruption von 1997 die Möglichkeit eingeführt, auch ohne Strafantrag die Tat zu verfolgen, wenn „die Strafverfolgungsbehörde wegen des **besonderen öffentlichen Interesses** an der Strafverfolgung ein Einschreiten von Amts wegen für geboten hält" (§ 301 Abs. 1). Ein solches ist nach Nr. 242a RiStBV[338] insbesondere dann anzunehmen, wenn der Täter einschlägig (vermögensstrafrechtlich, insbesondere wirtschaftsstrafrechtlich) vorbestraft ist oder mit anderen Amtsträgern zusammen gewirkt hat, wenn mehrere geschäftliche Betriebe betroffen sind, der Betrieb mehrheitlich im Eigentum der öffentlichen Hand steht und öffentliche Aufgaben wahrnimmt, wenn ein erheblicher Schaden droht oder eingetreten ist oder ausreichende Anhaltspunkte bestehen, dass ein Antragsberechtigter aus Furcht vor wirtschaftlichen oder beruflichen Nachteilen einen Strafantrag nicht stellt. Bei Vorliegen eines besonders schweren Falles (§ 300), kann dieses Interesse nur ausnahmsweise verneint werden[339].

3. Bestechung im Geschäftsverkehr (§ 299 Abs. 2 StGB)

a) Täter

Der Tatbestand der aktiven Bestechung ist ein Spiegelbild zu dem der passiven Bestechung und lehnt sich in der Ausgestaltung teilweise an die der §§ 332, 334 an. Auch wenn der Tatbestand dem Wortlaut nach keine Beschränkung des Täterkreises kennt („wer"), so ergibt sich eine Eingrenzung aus dem dort vorausgesetzten Handeln „zu Zwecken des Wettbewerbs". Als Täter kommen daher nur Mitbewerber und solche Personen in Betracht, die im Interesse eines Mitbewerbers handeln und für diesen nach außen auftreten.[340]

104

b) Unrechtsvereinbarung

Die Bestechungshandlung muss sich an Angestellte oder Beauftragte eines geschäftlichen Betriebes, nicht an private Kunden richten. Dem Täter muss es darauf ankommen, dass der von ihm angebotene usw. Vorteil als **Gegenleistung für eine Bevorzugung beim Bezug von Waren oder gewerblichen Leistungen** verstanden wird, also insoweit eine **Unrechtsvereinbarung** abschließen oder anstreben. Dies bedeutet nicht, dass der Täter oder der begünstigte Dritte Bezieher sein muss. Er kann auch als Lieferant zu dem Geschäftsherrn des Bestochenen in Geschäftsbeziehungen stehen. Strafbar sind nur Handlungen, die „zu Zwecken des Wettbewerbs" begangen worden sind. Dies ist der Fall, wenn die eigene Situation in objektiv geeigneter Weise auf dem Markt oder diejenige des begünstigten Dritten (natürlich nicht die des Geschäftsherrn des Bestochenen) gefördert und die fremde beeinträchtigt, also z.B. der eigene Kundenkreis auf Kosten von Mitbewerbern erweitert werden soll (ähnlich Auslegung zu § 17 UWG). Einbezogen sind auch (bahn)interne Zulassungsverfahren zur Teilnahme an künftigen Vergabeverfahren.[341] Anders als ein Privatmann handelt auch derjenige in Wettbewerbsabsicht, der durch Bestechung erreichen will, dass er beim Bezug von Betriebsmitteln (z.B. Heizöl im Falle der

105

---

[338] Abgedruckt bei Meyer-Goßner, StPO, 49. Aufl. 2006, Anhang 12..
[339] Weitere Beispiele bei MK-*Diemer/Krick*, Rn. 9..
[340] LK-*Tiedemann*, Rn. 19; NK-*Dannecker*, Rn. 62; Schönke/Schröder/Heine, Rn. 25; Lackner/Kühl, Rn. 6.
[341] BGHSt 49, 214, 227 ff. = wistra 2005, 22, 26 f.; zust. Tröndle/Fischer, Rn. 19; abl. *Greeve* (Fn. 26), Rn. 447 f.; *Krehl* StV 2005, 625 (zu weit im Vorfeld).

Rationierung) bevorzugt wird, weil er dadurch seine Kosten senken und seine Produktion länger aufrechterhalten kann.[342] Der Bestechende muss **„unlauteres"** Verhalten des Bestochenen erwarten (dazu die Ausführungen zu Absatz 1).

106 Die Tathandlungen entsprechen denen in den §§ 332, 334. Strafbarkeit liegt nicht nur vor, wenn ein Vorteil **gewährt**, sondern auch – als „Quasi-Versuch" –, wenn er **versprochen** oder sogar nur **angeboten** wird. Die Auslegung folgt der zu den Amtsträgertatbeständen. Eine wirtschaftliche Notlage kann grundsätzlich nicht zur Gestattung von Bestechungen nach § 34 führen.[343] Auch ein rechtfertigender Nötigungsnotstand liegt bei durch Drohungen etwa mit dem Abbruch von Geschäftsbeziehungen erzwungenen Zahlungen im Allgemeinen nicht vor,[344] ob ggf. ein Handeln „zu Zwecken des Wettbewerbs" in einem solchen Fall verneint werden kann, ist Tatfrage. Empfehlen kann sich allerdings ggf. eine Einstellung nach §§ 153, 153a StPO, was für die Verfolgung des Bestochenen[345] nützlich sein kann.

4. Besonders schwere Fälle

107 In besonders schweren Fällen der Bestechlichkeit und Bestechung (§ 300) können seit 1997 Freiheitsstrafen von drei Monaten bis zu fünf Jahren verhängt werden.
108 Regelmäßig liegt in folgenden Fällen (§ 300 Satz 2) ein besonders schwerer Fall vor:
– die Tat bezieht sich auf einen (materiellen) **Vorteil großen Ausmaßes**. Bei der Unbestimmtheit dieses Merkmals besteht Uneinigkeit über eine Untergrenze. Er sollte aber höher liegen als in der Vergangenheit von der Literatur vorgeschlagen, allerdings auch niedriger als in § 335 angesichts des dort noch höheren Strafrahmens, d.h. nicht unter 25.000 €.[346] Bei der Bestimmung kommt es auf die Bedeutung der Tat nicht und auf die Lebensverhältnisse des Amtsträgers nur beschränkt an;
– **gewerbsmäßige Begehung** (zur Auslegung vgl. oben zu § 335), was z.B. beim Aufbau eines Korruptionssystems zur Erlangung nicht unerheblicher Vorteile vorliegen kann; bei der aktiven Bestechung kommt es auf die mittelbar durch die Bevorzugung erreichten Einnahmen an;[347]
– **bandenmäßige Begehung**, was ein Zusammenwirken von mindestens drei Personen zur fortgesetzten Bestechung voraussetzt.

109 Auch wenn ein Regelbeispiel vorliegt, ist in einer **Gesamtabwägung** zu prüfen, ob im konkreten Fall nicht Gründe vorliegen, die der Annahme eines besonders schweren Falles mit der Folge der Anwendung höherer Freiheitsstrafen entgegenstehen (zu Beispielen s.o. zu § 335). Umgekehrt kann – wie bei § 335 – ein besonders schwerer Fall ggf. bejaht werden, wenn eine große Anzahl von Straftaten bzw. diese wiederholt begangen wurden, eine Pflichtwidrigkeit besonders grob war, die Bevorzugung sich auf erhebliche Vermögenswerte bezog bzw. Mitbewerber objektiv erheblich geschädigt wurden oder eine Notlage ausgenutzt wurde.

---

[342] *Meyer/Möhrenschlager*, WiVerw 1982, 32; NK-*Dannecker*, Rn. 67, 69 jeweils m.w.N.
[343] Allgemein MK-*Müssig*, Rn. 173 ff.; *Tröndle/Fischer*, Rn. 23 (auch nicht, wenn Auslandsaufträge nur gegen Bestechungszahlungen möglich); NK-*Dannecker*, Rn. 81; *Wittig*, wistra 1998, 7, 10 (Ausnahme, wenn bei Nichtberücksichtigung bei Auftragsvergabe Existenz der Firma im Spiel, was m.E. zu weit geht).
[344] NK-*Dannecker*, Rn. 81; LK-*Tiedemann*, Rn. 48; für Straflosigkeit offenbar *Arzt/Weber*, § 49 Rn. 61.
[345] Vgl. die Hinweise auf die Anwendung des § 299 in Fällen, in denen eine Drohung nicht die Qualität einer Erpressung erreicht, in BGHSt 44, 251 = wistra 1999, 63, 65 (Opel-Schmiergelder).
[346] Ebenso NK-*Dannecker*, Rn. 5; MK-*Diemer/Krick*, Rn. 2; *Greeve/Leipold* (Fn. 39), § 19 Rn. 8; für 20000 bis 25000 € LK-*Tiedemann*, Rn. 4; für 10 000 € *Tröndle/Fischer*, Rn. 4; *Kindhäuser* zu § 300; für 5000 € SK-*Rudolphi*, Rn. 3; für niedrigere Grenze als bei § 264 (50.000 €) RegE, BT-Drucks. 13/6424, S. 15. Bei auslandsbezogenen Taten können andere Maßstäbe gelten.
[347] *Tröndle/Fischer*, Rn. 5; LK-*Tiedemann*, Rn. 5; NK-*Dannecker*, Rn. 7.

VIII. Untreue (§ 266 StGB)

1. Grundlagen

Untreuehandlungen, insbesondere wenn sie eigennützig begangen werden, gehören vielfach zu den Begleit- bzw. Folgedelikten in Fällen von Bestechlichkeit. Sie können aber auch eine selbständige Erscheinungsform von Korruption darstellen, was insbesondere in Fällen der Fehlleitung und Verschwendung von Haushaltsmitteln sichtbar wird. Untreuehandlungen können sogar die Basis für die Zahlung von Bestechungsgeldern sein.[348] Diese Delikte sind zwar vor allem im öffentlichen Bereich bekannt geworden,[349] sind aber auch im privaten Sektor zu finden. 110

Mit dem Untreuetatbestand können vorsätzliche Vermögensschädigungen durch Personen geahndet werden, denen fremde Vermögenswerte zur Betreuung anvertraut sind. „Die Handlungen, die heute unter dem Blickwinkel der Untreue gewürdigt werden, sind vielgestaltig. Schlagworte wie Haushaltsuntreue, Fehlleiten von Fraktionszuschüssen und Parteispenden, Inanspruchnahme von Drittmitteln, Risikogeschäfte, Kredituntreue, unberechtigte Gewinnausschüttungen oder verdecktes Sponsoring zeigen ein breites Spektrum von Verhaltensweisen auf, das vom öffentlich/politischen bis zum wirtschaftlichen Bereich reicht"[350]. Zu dieser Vielfalt trägt auch das vielfach anzutreffende Auseinanderfallen von Vermögensinhaberschaft und Verfügungsbefugnissen mit einer Vervielfältigung „fremdnütziger" Geschäftsbesorger bei.[350a] Insbesondere, wenn es sich nicht um konkrete Vermögensgegenstände handelt, reichen zur Ahndung Straftatbestände wie Unterschlagung, Veruntreuung und Diebstahl nicht aus. Dem Bedürfnis für zusätzliche Regelungen war schon das RStGB mit einer Erweiterung gegenüber der vereinheitlichenden Regelung in § 246 PrStGB nachgekommen. Schwierigkeiten in der Anwendung der kasuistisch geprägten Regelungen und ein sich insbesondere an § 266 Abs. 1 Nr. 2 RStGB a.F. entzündender Auslegungsstreit führten dann – in Anlehnung an § 348 E 1927 und Art. 2 des Bay. Gesetzes zur Bekämpfung der Korruption vom 26.4.1933[351] – in der auf Lückenschließung ausgerichteten RStGB-Novelle vom 26.5.1933[352] zu der im Tatbestand auch heute noch geltenden Vorschrift. § 266 Abs. 1 enthält – als Synthese aus dem früheren Theorienstreit – einen Missbrauchs- und einen Treubruchstatbestand, deren gemeinsamer Kern die (ggf. gravierende) Verletzung einer (nicht gesetzes- oder sittenwidrigen) wesentlichen Pflicht zur Vermögensbetreuung ist:[353] 111

---

[348] Beispiele BGH wistra 2003, 385 (Verurteilung nach § 299 Abs. 2, § 300 StGB, auch wenn die Verurteilung wegen Untreue durch das LG Bochum wegen Einverständnis der Gesellschafter vom BGH aufgehoben wurde); BGHSt 44, 251 = wistra 1999, 63, 65 (Erhalt von Schmiergeldern aus Zahlung überhöhter Entgelte für Dienstleistungen und Warenbezug zum Nachteil des Arbeitgebers).
[349] Vgl. z.B. BGH wistra 2000, 96 (Verurteilung eines Landrats in 252 Fällen, davon 232 in Tateinheit mit Betrug).
[350] Bundesanwalt *Altvater*, DRiZ 2004, 134; kritisch zur gestiegenen Anwendungshäufigkeit *Saliger*, HRRS 2006 H. 1 S. 15 m.w.N.
[350a] S. z.B. *Thomas* in Volk, § 17 Rn. 3 f.
[351] BayGVBl. 123; vgl. *L. Schäfer/Richter/Schaftheule*, Die Strafgesetznovellen von 1933 und 1934, 1934, S. 22, Anm. 1; LK-*Hübner*, 10. Aufl., 1979, Rn. 7.
[352] RGBl. I 295, Art. I Nr. 18; *L. Schäfer* u.a. a.a.O.
[353] Gilt auch für den Missbrauchstatbestand, BGHSt 24, 386 f.; 33, 244, 250 = wistra 1985, 225, 227; 35, 224, 227; 47, 187 = wistra 2002, 143, 144 f.; 50, 331, 342 = wistra 2006, 140; gegen die monistische, vor allem von *Hübner* vertretene Theorie LK-*Schünemann*, 11. Aufl. 1998, Rn. 11 ff. – Für eine eingeschränkt monistische Theorie mit nicht so intensiver Vermögenswahrnehmungspflicht *Schönke/Schröder/Lenckner/Perron*, Rn. 36; *Schramm*, Untreue und Konsens, 2005, S. 36 ff. – Übersicht über die Lehren bei MK-*Dierlamm*, Rn. 14 ff., zur Vermögensbetreuungspflicht, Rn. 30 ff., 151 ff.

„(1) Wer die ihm durch Gesetz, behördlichen Auftrag oder Rechtsgeschäft eingeräumte Befugnis, über fremdes Vermögen zu verfügen oder einen anderen zu verpflichten, missbraucht oder die ihm kraft Gesetzes, behördlichen Auftrags, Rechtsgeschäfts oder eines Treueverhältnisses obliegende Pflicht, fremde Vermögensinteressen wahrzunehmen, verletzt und dadurch dem, dessen Vermögensinteressen er zu betreuen hat, Nachteil zufügt, wird mit Freiheitsstrafe bis zu fünf Jahren oder mit Geldstrafe bestraft."

112 Geschütztes **Rechtsgut** ist nach h.M. das Vermögen des Treugebers, also in Fällen der sog. „Haushaltsuntreue" nicht dessen Dispositionsbefugnis,[354] was allerdings auch in der Rechtsprechung nicht immer strikt beachtet wird.

113 „**Tathandlung** der Untreue ... ist die im Außenverhältnis wirksame, aber im Verhältnis zum Geschäftsherrn bestimmungswidrige Ausübung der Befugnis zur Vermögensverfügung oder Verpflichtung (Missbrauchstatbestand) oder die Verletzung der sich aus einem Treueverhältnis ergebenden Vermögensbetreuungspflicht (Treuebruchstatbestand); Taterfolg ist die Verursachung eines Vermögensnachteils".[355] Sowohl der Missbrauchs- als auch der Treubruchstatbestand setzen ein Handeln innerhalb eines nicht unbedeutenden Pflichtenkreises bei der Betreuung fremder Vermögensinteressen mit Einräumung von Ermessensspielraum, Selbständigkeit und Bewegungsspielraum voraus. Zwischen der Vermögensbetreuungspflicht und dem Handeln des Täters muss weiter ein innerer Zusammenhang bestehen.[356] Ein Verbot, Risiken einzugehen, kann eine Vermögensbetreuungspflicht entfallen lassen.[357]

2. Missbrauchstatbestand

114 Kennzeichnend für den Missbrauchstatbestand ist **missbräuchliches rechtsgeschäftliches Handeln (Verfügungs- oder Verpflichtungsgeschäft)** mit einer aus der Vertretungsmacht fließenden Wirkung für den Geschädigten.[358] Von einer Befugnis über fremdes Vermögen zu verfügen, kann „nur bei einer Rechtsmacht die Rede sein, die ihren Ursprung in dem rechtlichen Verhältnis zwischen ihrem Träger und demjenigen hat, zu dessen Lasten sie wirksam werden kann. Denn der Zweck des Missbrauchstatbestands besteht in dem Schutze von Rechtsbeziehungen, durch die einem Beteiligten rechtliches Können gewährt wird, das über das rechtliche Dürfen hinausgeht".[359] Wichtig für die praktische Anwendung ist daher die Feststellung der Rechtsgrundlage für die **Vertretungs- und Verfügungsbefugnis** und deren Reichweite. Die Befugnis kann auf Gesetz (z.B. § 1626 BGB), auf behördlichem Auftrag (z.B. Berufung in ein öffentliches Amt mit öffentlichrechtlich geregelter Vertretungsbefugnis, z.B. für Bürgermeister, Gemeindevertreter in Unternehmen nach § 64 bzw. § 113 Gemeindeordnung NRW) oder Rechtsgeschäft (§§ 166, 167, 185 BGB, vertragliche Vertretungsbefugnisse) beruhen, dessen Inhalt

---

[354] BGHSt 43, 293, 297 = wistra 1998, 103 f.; § 266 dient auch nicht dem Gläubigerschutz, BGH wistra 2000, 18 f.; OLG Hamm wistra 2002, 400 hält demgegenüber Gläubiger für mittelbar geschützt. Das „Vertrauen", das dem Täter entgegengebracht wird, ist auch kein zusätzliches Rechtsgut, LK-*Schünemann*, Rn. 28; auch nicht das Vertrauen in die Redlichkeit und Funktionsfähigkeit des Rechts- und Wirtschaftsverkehrs, MK-*Dierlamm*, Rn. 1.
[355] BGHSt 43, 293; vgl. auch OLG Hamm wistra 1999, 350, 353.
[356] BGH wistra 1991, 305, 307.
[357] *Rose*, wistra 2005, 281, 284.
[358] Arzt/Weber, § 22 Rn. 16, 31; *Mitsch*, Vermögensdelikte, Tb. 1, § 8 Rn. 17 ff.; abweichend *Arzt*, FS Bruns, 1978, S. 365; LK-*Schünemann*, Rn. 32 ff. (Gebrauch der Rechtsmacht mit nachteiligen Folgen für fremdes Vermögen).
[359] BGHSt 5, 61, 63 (Eigentumsverschaffung nach § 932 BGB und Bewirken einer wirksamen Forderungserfüllung nach § 407 BGB bei abgetretener Forderung enthalten keine Befugnis, über fremdes Vermögen zu verfügen); wistra 1988, 191; 1990, 305; NJW 1995, 1535.

und Reichweite oft gesetzlich geregelt ist (z.B. §§ 26, 714 BGB, §§ 48 ff., 54 ff., 59 ff., 84 ff., 125 f., 161, 170 HGB, § 78 AktG, §§ 35, 43, 44 GmbHG, öffentlich-rechtliche Regelungen)[360]. Handlungen, die nicht von einer im Außenverhältnis wirksamen Befugnis gedeckt sind, unterfallen daher nicht dem Missbrauchstatbestand (z.B. Stellung bzw. eingeräumte Befugnis deckt nicht die vorgenommene Verfügung,[361] Vertreter ohne Vertretungsmacht; Vertretungsmacht, bei der Geschäftspartner aber den bewussten Missbrauch zum Nachteil des Vertretenen erkennt,[362] Vereinbarung von Kick-back-Provisions-Zahlungen durch Geschäftsführer bzw. Vorstand zu Lasten der vertretenen Gesellschaft,[363] Handeln mit unwirksamer Zustimmung zur bzw. Genehmigung der zweckwidrigen Verwendung öffentlicher, Vereins- oder Unternehmensmittel;[364] eine nur zu gesetzes- oder sittenwidrigen Zwecken eingeräumte Befugnis)[365]. Ein wirksames Einverständnis des Berechtigten in die vorzunehmende rechtsgeschäftliche Handlung lässt die Tatbestandsmäßigkeit (nach a.A. die Rechtswidrigkeit) entfallen. Notwendige Zustimmungen bestimmter Organe (z.B. Mitgliederversammlung eines Vereins, Studentenparlament, Aufsichtsrat) dürfen dabei nicht selbst gesetzes- oder satzungswidrig sein; umstritten ist die Reichweite der Wirksamkeit von Zustimmungen von GmbH-Gesellschaftern zu Vermögenstransaktionen des Geschäftsführers.[366] – Zur auch beim Missbrauchstatbestand bestehenden Vermögensbetreuungs/fürsorgepflicht s. unten Rn. 116 ff.[366a]

Als **Pflichtwidrigkeiten** i.S. des Missbrauchstatbestandes sind beispielsweise anerkannt worden: unentgeltliche, nicht erkennbar mit dem Unternehmensgegenstand zusammenhängende Zuwendungen des Vorstandsvorsitzenden einer in Landesbesitz befindlichen VerkehrsAG an einen Sportverein,[367] satzungswidriger Abschluss eines Grundstückskauf- und Erbbaurechtsbestellungsvertrages durch vertretungsberechtigte Vorstandsmitglieder eines DRK-Kreisverbands, selbst wenn von Mitgliederversammlung (rechtswidrig) genehmigt,[368] pflichtwidrige Gewährung von Avalkrediten ohne ausreichende Sicherheiten durch Vorstandsmitglieder einer Raiffeisenbank,[369] gesetzes- oder 115

---

[360] Beispiele zu letzterem bei *G. Wolf* (Fn. 261), S. 130 ff.; *Weimann*, Die Strafbarkeit der Bildung sog. schwarzer Kassen gemäß § 266 StGB (Untreue), Diss. Tübingen 1996, S. 42 ff.; *Greeve/Leipold/Garbuio* (Fn. 39), § 26 Rn. 7 ff. (mit Verweis auf Kriterien von § 11 Abs. 1 Nr. 2, 4).

[361] BGHSt 13, 315 (Fahrkartenschalterbeamter entnimmt zur Schuldenbegleichung Geld aus abzuliefernden Tageseinnahmen; abl. *Seier*, in: Achenbach/Ransiek [Fn. 299] V 2, Rn. 110); BGH wistra 1988, 191 (Einzahlung von Fremdgeldern bei Bank nicht als Treunehmer, sondern als Sicherheit für persönlichen Kredit); 1991, 305.

[362] *Arzt/Weber*, § 22 Rn. 35; *Tröndle/Fischer*, Rn. 22; *Mitsch*, § 8 Rn. 26 (betr. Kollusion); *Weimann* (Fn. 360), S. 46 f.; BGHSt 50, 299 (Fn. 347, 36) (Kölner Müllskandal).

[363] *Tröndle/Fischer*, Rn. 21; *Szembrowski*, S. 19 ff. m.N.

[364] BGHSt 30, 247, 249 (Unwirksamkeit eines AStA-Beschlusses zur Ermächtigung eines Vertreters, Gelder für unzulässige Wahrnehmung eines allgemein-politischen Mandats zu verwenden); BGH wistra 1991, 103 (Beschluss der Versammlung eines öffentlich-rechtlichen Abwasserverbandes zur Zahlung einer Geldstrafe des Verbandsvorstehers aus öffentlichen Mitteln unwirksam; auch anwendbar im Unternehmensbereich, *Tröndle/Fischer*, § 257 Rn. 18; letzteres fraglich nach *Dannecker*, in: Wabnitz/Janovsky, 2. Aufl., S. 95.

[365] *Tröndle*/Fischer, Rn. 22; BGHSt 20, 143, 145 f. (Verbrauch von zu Bestechungszwecken erhaltenem Geld); BGH (Fn. 362).

[366] Vgl. dazu auch den Vulkan-Werft-Fall, BGHSt 49, 147, 157 ff. = wistra 2004, 341, 345 ff. und die Diskussion dazu, s. N. bei *Tröndle/Fischer*, Rn. 52 ff.; *Schönke-Schröder/Lenckner/Perron*, Rn. 26; *Thomas* in Volk, Rn. 458 ff. (mit Kritik); dazu auch *Kubiciel*, NStZ 2005, 353, 359 (kritisch); *Zieschang*, FS Kohlmann, 2003, S. 351; weiter MK-*Dierlamm*, Rn. 132 ff. (eingeengt). – Für unbeschränkte Dispositionsbefugnis von GmbH-Gesellschaftern *Schramm* (Fn. 353), S. 117 ff. (Anwendung von § 283 StGB ausreichend).

[366a] Ausführlich MK-*Dierlamm*, Rn. 30 ff., 48 ff.

[367] BGHSt 47, 187 = wistra 2002, 143 ff.; dazu einengend MK-*Dierlamm*, Rn. 67 f.; für Unvertretbarkeit als Maßstab *Otto*, FS Kohlmann, S. 187, 202; *Schramm* (Fn. 353), S. 139 f. (nicht ganz so eng wie Otto).

[368] OLG Hamm wistra 1999, 350, 353.

[369] BGH wistra 1985, 190; vgl. auch BGHSt 46, 30 (betr. Großkredite durch Sparkassenvorstand).

satzungswidrige, aber rechtsgeschäftlich wirksame Schädigung des GmbH-Vermögens durch GmbH-Geschäftsführer,[370] für GmbH nachteiliger Verkauf von Mineralölprodukten unter Überschreitung von Kreditrichtlinien und der Grenzen des erlaubten kaufmännischen Risikos,[371] Fälle von sog. öffentlicher Haushaltsuntreue,[372] Missbrauch der Vertretungsmacht eines Kassenarztes, der unzulässigerweise ein Medikament zu Lasten der Krankenkasse verschreibt.[373] Zu Letzterem gehören auch Fälle mit „Bestechungscharakter", in denen auf Initiative eines Lieferanten, der zum Aufbau einer dauerhaften Geschäftsbeziehung Kassenärzten in bar bezahlte Rückvergütungen („kick-backs") auf von ihnen bestellte und an Apotheken ausgelieferte Medikamente gewährte, die Ärzte die Medikamente entsprechend übertuert zu Lasten der Krankenkasse verschrieben.[374]

3. Treubruchstatbestand

116 Nach dem Wortlaut des Gesetzes ist der Treubruchstatbestand erfüllt, wenn jemand die ihm kraft Gesetzes, behördlichen Auftrags, Rechtsgeschäfts oder eines Treueverhältnisses obliegende Pflicht verletzt, fremde Vermögensinteressen wahrzunehmen. Einigkeit besteht, dass der Tatbestand zu weit geraten und deshalb einschränkend auszulegen ist.[375] Anderenfalls könnten über § 266 bereits bloße Vertragsverletzungen strafrechtlich geahndet werden. Vorausgesetzt wird eine fremdnützige **Vermögensfürsorgepflicht**,[376] die über die allgemeine Pflicht zur Erfüllung eines Vertrages (nach Treu und Glauben) oder einer gesetzlichen Leistungs- oder Treuepflicht[377] und über vertragliche Sorgfalts- und Rücksichtnahmepflichten hinausgeht. Sie kann sich auch aus Kontrollpflichten ergeben, etwa für den Aufsichtsrat einer AG aus § 111 AktG.[378]

117 Das RG hat bereits 1934[379] drei entscheidende **Kriterien zur Begrenzung der Betreuungspflicht** – Vermögensbetreuung als Hauptpflicht, Selbständigkeit des Treupflichtigen, Umfang und Dauer der Pflichtenstellung – genannt, welche die Rechtsprechung an Hand

---

[370] BGHSt 34, 379 = wistra 1987, 334 (Vermögensverschiebungen mit Verstoß gegen § 41 GmbHG, Verschleierung von Falsch- und Nichtbuchungen); 35, 333 = wistra 1989, 23 (Stammkapital/Existenzgefährdung; kritisch *Seier* [Fn. 361], Rn. 274 f.); wistra 2003, 385, 387; 2006, 265. Krit. *Schönke-Schröder/Lenckner/Perron*, Rn. 21b.

[371] BGH wistra 1988, 305.

[372] Beispiele bei *G. Wolf* (Fn. 261), S. 132 ff.; *Weimann* (Fn. 360), S. 42 ff. (s. auch nachstehend); *Seier* (Fn. 361), Rn. 281 ff.; MK-*Dierlamm*, Rn. 59.

[373] BGHSt 49, 17 = NJW 2004, 454 = NStZ 2004, 568 = wistra 2004, 143; BGH wistra 2004, 422 = NStZ 2004, 568; abl. MK-*Dierlamm*, Rn. 66.

[374] BGH NStZ 2004, 568 = wistra 2004, 422 (Untreue mit Betrug als mitbestrafte Nachtat); zum Kassenarztbetrug generell vgl. weiter BGH wistra 1990, 146, 191; 1999, 68; 2003, 142; *Steinhilper* (Hrsg.), Arzt und Abrechnungsbetrug, 1988; *Herffs*, Der Abrechnungsbetrug des Vertragsarztes, 2002; *Gallandi*, in: Achenbach/Ransiek, Kap. V 1 Rn. 264 ff.; *Wessels/Hillenkamp*, Rn. 577; zur Kick-back-Praxis in GmbHs LK-*Schünemann*, Rn. 125d.

[375] Zu den Bestimmtheitsbedenken betr. § 266 LK-*Schünemann*, Rn. 1, 29 ff., *Ransiek*, ZStW 116 (2004), 634, 640 ff. (jeweils: kein Verstoß gegen Art. 103 II GG, so aber noch jüngst z.B. MK-*Dierlamm*, Rn. 3 f.; Rechtsanwalt *Lesch*, DRiZ 2004, 135 gegen Bundesanwalt *Altvater*, DRiZ 2004, 134).

[376] BGHSt 49, 147, 153, 155 = NStZ 2004, 559 = wistra 2004, 341, 344 f. m. Anm. *Salditt*, NStZ 2005 = JZ 2005, 40 m. Anm. *Tiedemann*, JZ 2005, 45 (Vulkan-Werft-Fall): „Vermögensbetreuungspflicht ... letztlich eine gesteigerte Pflichtenbindung aus dem Vertragsverhältnis" ... „Eine Treupflichtverletzung setzt regelmäßig ein Rechtsverhältnis voraus, das auf die Betreuung fremder Vermögensangelegenheiten gerichtet ist".

[377] Ein Verstoß gegen die beamtenrechtliche Treuepflicht reicht alleine zur Anwendung des § 266 nicht aus, BGHSt 47, 295, 298.

[378] BGHSt 47, 187 = NJW 2002, 1588; *Mosiek*, wistra 2003, 370, 374 f. m.w.N.; NK-*Kindhäuser*, Rn. 60; *Tröndle/Fischer*, Rn. 36; MK-*Dierlamm*, Rn. 67.

[379] RGSt 69, 58.

von Einzelfällen fortentwickelt hat.³⁸⁰ Die Vermögensbetreuungspflicht muss den wesentlichen Inhalt oder den wesentlichen Gegenstand eines Vertragsverhältnisses darstellen und damit (aus strafrechtlicher Sicht) zu den **Hauptpflichten** gehören, also nicht nur eine Neben- oder beiläufige Pflicht darstellen.³⁸¹ Dies bedeutet nicht, dass eine solche Pflicht nicht anzuerkennen ist, wenn im Rahmen eines Vertragsverhältnisses den Verpflichteten noch wichtigere Pflichten treffen, wie bei einem Arzt die Pflicht zur Erbringung medizinischer Leistungen.³⁸² Es ist anerkannt, dass z.B. auch dem Leiter einer Universitätsklinik – etwa wegen seiner Zuständigkeit für oder seinem faktischen Einfluss auf die Bewirtschaftung von Haushalts- und Betriebsmitteln und der Pflicht zum zweckentsprechenden Einsatz sachlicher und personeller Mittel – Vermögensbetreuungspflichten i.S. des § 266 obliegen können.³⁸³ Maßgebend für deren Bestimmung sind jedoch Inhalt und Umfang der sog. Treuabrede, wie sie sich aus dem zugrundeliegenden Verhältnis, den getroffenen Vereinbarungen und deren Auslegung ergibt. So hat z.B. ein im Außenverhältnis Vertretungsberechtigter ebenso wie ein interner Entscheidungsträger mit bestimmendem Einfluss auf Auftragserteilungen (auch bei mittelbarer Beteiligung durch Auswahl zu beschaffender Produkte) und Vergabeentscheidungen auf günstige Vertragsabschlüsse hinzuwirken.³⁸⁴

Die 2. Alternative von § 266 findet insbesondere Anwendung, wenn Gegenstand des Rechtsverhältnisses die **„Besorgung fremder Geschäfte"** ist. Dies ist z.B. anerkannt für den Geschäftsführer einer GmbH³⁸⁵ (auch für einen beherrschenden Alleingesellschafter hinsichtlich der Pflicht, die [Tochter]Gesellschaft nicht existenzbedrohend zu beeinträchtigen)³⁸⁶, Vorstands- oder Aufsichtsratsmitglieder³⁸⁷ einer AG, eines Vereins (betr. die Verwendung von Vereinsgeldern zur Bestechung von Spielern eines anderen Vereins zur Beeinflussung des Spielausgangs)³⁸⁸ und Treuhänder hinsichtlich der Verwendung anvertrauter Fremdgelder und der Wahrnehmung von besonderen Interessen des Treugebers.³⁸⁹

118

---

³⁸⁰ Vgl. N. bei LK-*Schünemann*, Rn. 73, 82 ff., 89, 103 ff.; *Tröndle/Fischer*, Rn. 28 ff., 35 ff.; *Arzt/Weber*, § 22 Rn. 58 ff.; NK-*Kindhäuser*, Rn. 56 ff.; *Seier* (Fn. 361), Rn. 145 ff., 196 ff.

³⁸¹ Besondere Treuepflicht daher von *Greeve/Leipold/Garbuio* (Fn. 39), § 27 Rn. 20 ff. verneint für Nichteinzahlung eines Sicherheitseinbehalts auf Sperrkonto gem. § 17 VOB; a.A. OLG München wistra 2006, 192 = NStZ 2006, 632 (entgegen StA).

³⁸² Unrichtig insoweit LG Mainz NJW 2001, 906 = wistra 2001, 316 mit zutr. Kritik von *Tholl*, wistra 2001, 473; *Tröndle/Fischer*, Rn. 29; a.A. MK-*Dierlamm*, Rn. 55, 74 (außer bei alleiniger Verantwortung für Beschaffung).

³⁸³ BGHSt 47, 296 ff. m. teilw. krit. Anm. *Tholl*, wistra 2003, 181 f. (auch zum Folgenden); dazu auch *Tröndle/Fischer*, Rn. 29; zur Vermögensbetreuungspflicht eines Bürgermeisters, dem durch Gemeinderatsbeschluss die Befugnis zur Verfügung über Vermögen übertragen wird, BGH wistra 2003, 379, 381.

³⁸⁴ Dies gilt auch im Geschäftsverkehr, *Bannenberg*, in: Wabnitz/Janovsky, 3. Aufl., Kap. 10, Rn. 129, unter Bezug auf OLG Hamburg (Einkäufe eines Abteilungsleiters einer Firma mit Prokura verbunden mit Provisionsvereinbarung, ohne die der Gewinn der eigenen Firma höher gewesen wäre).

³⁸⁵ *Seier* (Fn. 361), Rn. 203, 267 ff.; NK-*Kindhäuser*, Rn. 58.

³⁸⁶ BGHSt 49, 147, 157 ff. = wistra 2004, 341, 345 f. = NStZ 2004, 559 (Vulkan-Werft-Fall; Pflicht des Alleingesellschafters, das zur Begleichung von Verbindlichkeiten erforderliche im Konzern befindliche Kapital zu belassen; im Erg. zust. *Ransiek*, wistra 2005, 121, 124 f.; abl. *Tiedemann*, JZ 2005, 45; *Kasiske*, wistra 2005, 81; MK-*Dierlamm*, Rn. 237.

³⁸⁷ BGHSt 50, 331 = NJW 2006, 522 (Mannesmann-Vodafone-Fall) – kompensationslose hohe Anerkennungsprämie und Pensionszahlung an Vorstandsmitglied durch Aufsichtsrat; zust. *Rönnau*, NStZ 2006, 218; dazu *Spindler*, ZIP 2006, 349; *Ransiek*, NJW 2006, 814; MK-*Dierlamm*, Rn 229 m.N. (je teilweise kritisch); abl. *Peltzer*, ZIP 2006, 205; BGHSt 49, 317, 322 = wistra 2005, 58 f.; BGH wistra 2006, 105 = NJW 2006, 453 (ungesicherterter Kapitaltransfer in Unternehmensgruppe Kinowelt). – Zu Recht die heftige Kritik an der Einstellung des Mannesmann-Verfahrens nach § 153a StPO durch das LG Düsseldorf am 29.11.2006.

³⁸⁸ BGH NJW 1975, 1234 (dazu *Triffterer*, NJW 1975, 612; *Schreiber/Beulke*, JuS 1977, 656; *Ransiek* [Fn. 375], S. 673 f.).

³⁸⁹ Z.B. von steuerlichen Belangen des Bauherren bei sog. Bauherrenmodellen, BGH wistra 1991, 265 f.; betr. Anwälte, Steuerberater, Wirtschaftsprüfer, Notare s. *Seier* (Fn. 361), Rn. 222 ff., S. 337 ff., 373 ff.; MK-*Dierlamm*, Rn. 98, 104.

Entsprechendes gilt für Amtsträger, die in ihrem Aufgabenbereich typischerweise vermögensrechtliche Angelegenheiten zu erledigen haben, wie bei einem über Gemeindevermögen verfügungsberechtigten Bürgermeister,[390] einem für Subventionsgewährungen zuständigen Amtsträger,[391] einem für die Abwicklung des Zahlungsverkehrs zuständigen Kassenleiter einer Gemeinde,[392] einem Beihilfe-Sachbearbeiter,[393] einem für die Zahlung von Zeugenentschädigungsgeldern zuständigen Justizkassenbeamten[394] oder etwa beim Abschluss von Verträgen über die Erbringung von Leistungen.[395] Vielfach werden Untreuehandlungen im Zusammenhang mit der Vergabe von Aufträgen begangen; diese können mit Bestechungszahlungen, auch in der Form des Kickbacks, verbunden sein.[396] Die rechtswidrige, d.h. unter Verstoß gegen das Parteiengesetz, erreichte Erlangung von Spenden kann zur Anwendung des Treubruchstatbestandes führen.[397]

119 Weitere Voraussetzung ist, dass zur Pflichterfüllung zumindest eine **gewisse Selbständigkeit** und Bewegungsfreiheit für eigenverantwortliche Entscheidungen innerhalb eines gewissen Ermessensspielraums eingeräumt ist.[398] Untergeordnete Tätigkeiten können damit ausgeschieden werden. Notwendig ist eine Gesamtbetrachtung, die auch Bedeutung, Dauer (str.) und Umfang der Tätigkeit mit einbezieht. Eine sichere Linie für die Klärung einer Betreuungspflicht i.S. von § 266 hat sich daraus jedoch immer noch nicht entwickelt, da im Einzelfall die Anforderungen mitunter doch ziemlich gesenkt werden, wie dies z.B. teilweise beim Einkassieren, Verwalten und Abliefern von Geld zu beobachten ist.[399] Wohl nicht umstritten ist allerdings die Auffassung, dass den Empfänger von Schmiergeld trotz der Herausgabepflicht nach § 667 BGB oder beamtenrechtlichen Regelungen[400] allgemein keine Vermögensbetreuungspflicht gegenüber dem Geschäftsherrn trifft.[401]

4. Pflichtverletzung

120 Nicht nur durch rechtsgeschäftliche Handlungsweisen, sondern auch durch **tatsächliche Verhaltensweisen** kann die Vermögensfürsorgepflicht verletzt werden (als Handlung z.B. die Mitwirkung an Beschaffungsentscheidungen bei Auftragsvergaben, die Bildung „schwarzer Kassen" und vermögensgefährdende/schädliche Handlungen vor Insol-

---

[390] BGH wistra 2003, 379, 381; 2005, 178 = NStZ-RR 2005, 83 (im konkreten Fall verneint für Abfindung eines in den Ruhestand versetzten Amtsträgers; zust. *Kiethe* NStZ 2005, 529; *Thomas* in: Volk, Rn. 22); wistra 2006, 306.
[391] BGH, NJW 2001, 2411; 2003, 2179; BGHSt 49, 147 (Vulkan-Werft-Fall; grundsätzlich nicht der Subventionsempfänger, was durch die gesonderte Strafbarkeit nach § 264 Abs. 1 Nr. 2 bestätigt wird a.a.O. S. 156).
[392] BGH NStZ 1994, 586.
[393] BGH wistra 1993, 297 f.
[394] BGH wistra 1993, 61; abl. MK-*Dierlamm*, Rn. 62.
[395] BGHSt 40, 287 (Amtsträger zuständig für die Beurteilung und Beschaffung elektronischer Systeme für Kampfflugzeuge).
[396] BGHSt 49, 317, 334 f., 341 = wistra 2005, 58, 62 f., 65; BGHSt 50, 299, 314 f. (Fn. 34, 36; Kölner Müllskandal; krit. MK-*Dierlamm*, Rn. 232 f.); wistra 1993, 104; 2006, 386, 389; NStZ 2000, 430, 598; 2001, 684; *Seier* (Fn. 361), Rn. 333 f.; *Szembrowski*, S. 26 ff., 103 ff. je m.w.N.
[397] *Saliger*, Parteiengesetz und Strafrecht, 2005, S. 68 ff.
[398] Vgl. z.B. BGH wistra 2004, 105, 107 (Verkaufsfilialleiter); s. auch NK-*Kindhäuser*, Rn. 53 ff.
[399] Beispiel BGHSt 41, 224 (zum Entscheidungsspielraum betr. Mieterkaution); vgl. die Zusammenstellung von *Kindhäuser*, Rn. 51; dazu auch LK-*Schünemann*, Rn. 103 f.; kritisch zu letzteren Fällen *Seier* (Fn. 361), Rn. 141; MK-*Dierlamm*, Rn. 51, 61.
[400] BVerwGE 115, 389 = NJW 2002, 1968 = DVBl. 2002, 1218 (§ 70 BBG); OVG NRW NVwZ-RR 2003, 136 (§ 76 BG NW) [sofern nicht Verfall angeordnet].
[401] BGHSt 47, 295, 298; NStZ 1995, 233 f.; wistra 1995, 61 f., 144, 146; *Tröndle/Fischer*, Rn. 40; *Seier* (Fn. 361), Rn. 333.

venz,⁴⁰² als Unterlassung z.B. die Verletzung von Kontrollpflichten, das Unterlassen der Mitwirkung am Aushandeln günstigerer Preise⁴⁰³ oder von Sicherungsmaßnahmen bei Vermögensgefährdungen)⁴⁰⁴. In der Praxis lassen sich die Feststellung von Treuepflicht, die Tathandlung, die Pflichtwidrigkeit und der Eintritt eines Vermögensnachteils auf Grund ihres Zusammenhangs vielfach nicht exakt voneinander trennen.⁴⁰⁵ Bei in der Wirtschaft nicht unüblichen Risikogeschäften, die auch zu Verlusten führen können, ist jeweils zu prüfen, in welchem Umfang das Eingehen von Risiken von der Pflicht zur Vermögensbetreuung noch gedeckt bzw. durch sie begrenzt wird. Bei AGs ist die sog. „Business Judgment Rule" in § 93 I 2 AktG bedeutsam. Nach verschiedenen Entscheidungen liegt in der Regel eine (gravierende) Pflichtverletzung vor, wenn der Handelnde den ihm im Treueverhältnis gezogenen Rahmen nicht einhält, insbesondere (beim Fehlen von Vorgaben zum Risiko) die Grenzen des verkehrsüblichen Risikos überschreitet.⁴⁰⁶ Bejaht wird dies z.B., wenn der Täter bewusst und entgegen den Regeln kaufmännischer Sorgfalt eine äußerst gesteigerte Verlustgefahr auf sich nimmt, nur um eine höchst zweifelhafte Gewinnaussicht zu erhalten.⁴⁰⁷ Bei der Vergabe von Großkrediten ist für die Feststellung einer (gravierenden) Pflichtwidrigkeit das Fehlen einer ausreichende Risikoprüfung von besonderer Bedeutung, wofür der BGH verschiedene Kriterien aufgestellt hat.⁴⁰⁸ Im Falle einer risikoreichen unternehmerischen Entscheidung setzt die Annahme einer Untreue nach der Mannesmann-Entscheidung des BGH (St 50, 299) nicht zusätzlich eine gravierende Verletzung der Vermögensbetreuungspflicht voraus.⁴⁰⁸ᵃ

Korrupte Erscheinungsformen begegnen insbesondere bei der Bildung sog. **„schwarzer Kassen"**, in Bereichen der sog. **Haushaltsuntreue** und in gravierenden Fällen von **Sponsoring** durch Unternehmen. **121**

Bei der Einrichtung von **schwarzen Kassen** werden Gelder pflichtwidrig durch verfügungsberechtigte Treunehmer „verborgen" gehalten (z. B durch Verwahrung in bar⁴⁰⁹ oder auf einem Konto beim Pflichtigen, durch Einzahlung auf Sonderkonten, Zuleitung an Dritte⁴¹⁰ oder andere Maßnahmen der Verschleierung) und dadurch die Gelder der (haushaltsrechtlichen) Überwachung⁴¹¹ bzw. Kontrolle, der Zweckbindung⁴¹² und der fak- **122**

---

⁴⁰² Beispiele bei *Köhler*, in: Wabnitz/Janovsky, 2. Aufl., S. 441 f.; weiter BGH NJW 2006, 453 = wistra 2006, 105 (Veranlassung ungesicherter Geldzahlung innerhalb der Kinowelt-Unternehmensgruppe nach Scheitern eines Sanierungskonzepts).
⁴⁰³ BGHSt 47, 295, 299; *Schönke-Schröder/Lenckner/Perron*, Rn. 23 m.N.
⁴⁰⁴ BGHSt 49, 147, 157 ff. = NStZ 2004, 559 = wistra 2004, 341, 347 (Vulkan-Werft-Fall); weiter MK-*Dierlamm*, Rn. 144 f. m.N.
⁴⁰⁵ *Tröndle/Fischer*, Rn. 40; kritisch dazu *Saliger*, HRRS 2006 H.1, S. 10, 14.
⁴⁰⁶ BGH wistra 1982, 148, 150 (Gefahr eines Verlustgeschäfts wahrscheinlicher als Gewinnaussicht, krit. dazu *Tröndle/Fischer*, Rn. 44); 1985, 190 f. (Überschreiten von Kompetenzen, Verstoß gegen KWG); BGHSt 46, 30, 32 = wistra 2000, 305 f.; StV 2004, 425 (dazu *Rose*, wistra 2005, 281, 285 ff.). Vgl. zu gewagten Geschäften auch LK-*Schünemann*, Rn. 95 ff. und jüngst *Ransiek* (Fn. 375). Zur Vermeidung bei Drittmittelzuwendungen BGHSt 47, 295, 301.
⁴⁰⁷ BGH NStZ 1990, 437 f. = wistra 1991, 219 f.; 2 StR 355/03, 4.2.2004.
⁴⁰⁸ BGHSt 47; 46, 30, 32 = wistra 2000, 305 f., zust. *Seier* (Fn. 361); Rn. 243 ff.; vgl. auch OLG Karlsruhe NStZ-RR 2004, 367; krit. *Rose* (Fn. 406), S. 288; *Kubiciel*, NStZ 2005, 353, 356. Dazu näher MK-*Dierlamm*, Rn. 206 ff.; *Schmitt*, BKR 2006, 125; zu berücksichtigen sind nunmehr auch die von der BaFin am 20.12.2005 aufgestellten Mindestanforderungen an das Risikomanagement (MaRisk). Zu rechtlichen Grundlagen s. *Lorenz*, ZRFG [Risk, Fraud and Governance] 2006, 5.
⁴⁰⁸ᵃ Anders BGHSt 47, 148, 187; zu den Divergenzen *Schünemann*, NStZ 2005, 473; 2006, 196; generell für Erfordernis einer gravierenden Pflichtverletzung MK-*Dierlamm*, Rn. 154 ff. m.N.
⁴⁰⁹ Vgl. BGH GA 1956, 121 (Aufbewahren in einer Zigarrenkiste).
⁴¹⁰ *Tröndle/Fischer*, Rn. 70; vgl. auch BGH wistra 1985, 69, 71 (auch wenn später wieder zurückerhalten).
⁴¹¹ Vgl. BGH a.a.O.
⁴¹² Vgl. BGHSt 40, 287, 294 = wistra 1995, 63, 66 (geheimer, keiner Zweckbindung unterliegender Dispositionsfond, aus dem nach selbsteingeschätztem Bedarf künftig Mittel für erst noch zu bestimmende Zwecke entnommen werden können).

8. Kapitel. Der strafrechtliche Schutz gegen Korruption

tischen Verfügungsmöglichkeit des Vermögensträgers entzogen, wobei deren beabsichtigte Verwendung im Zusammenhang mit den dem Pflichtigen übertragenen Aufgaben steht.[413] Schwarze Kassen können auch das Sprungbrett für die Zahlung von Bestechungsgeldern sein.[414] Auch Fälle verdeckter Parteispenden können dazu gehören.[415] Bei den Tätern handelt es sich regelmäßig um solche, denen eine **Vermögensbetreuungspflicht** obliegt, die sie durch die genannten Transaktionen **verletzen**, sofern nicht ein wirksames (vorheriges bzw. mutmaßliches) Einverständnis der Treugeber bzw. Vermögensinhaber vorliegt.[416] Letzteres ist in der öffentlichen Verwaltung grundsätzlich nicht möglich.

123 Auch in Fällen sog. **Haushaltsuntreue** liegen die Probleme weniger in der Feststellung von Pflichtverletzungen bei der Vornahme von Missbrauchs- oder Treubruchshandlungen, wie z. B bei gewichtigen Verstößen gegen haushaltsrechtliche Vorgaben oder Grundsätze,[417] als in der Ermittlung eines Nachteils i.S. von § 266 (s. nachstehend Rn. 124 ff.). Mit der Frage, ob strafbare Untreue auch bei „**Sponsoring**" eines im Landesbesitz befindlichen Verkehrsunternehmens an einen Sportverein vorliegen könne, hat sich der BGH[418] Ende 2001 befasst:

„Vergibt der Vorstand einer Aktiengesellschaft aus deren Vermögen Zuwendungen zur Förderung von Kunst, Wissenschaft, Sozialwesen oder Sport, genügt für die Annahme einer Pflichtwidrigkeit im Sinne des Untreuetatbestandes des § 266 StGB nicht jede gesellschaftsrechtliche Pflichtwidrigkeit; diese muss vielmehr gravierend sein. Ob eine Pflichtverletzung gravierend ist, bestimmt sich aufgrund einer Gesamtschau insbesondere der gesellschaftsrechtlichen Kriterien. Bedeutsam sind dabei: Fehlende Nähe zum Unternehmensgegenstand, Unangemessenheit im Hinblick auf die Ertrags- und Vermögenslage, fehlende innerbetriebliche Transparenz sowie das Vorliegen sachwidriger Motive, namentlich die Verfolgung rein persönlicher Präferenzen. Jedenfalls dann, wenn bei der Vergabe sämtliche dieser Kriterien erfüllt sind, liegt eine Pflichtverletzung im Sinne des § 266 StGB vor."

---

[413] *Coenen*, Die Strafbarkeit von Verstößen gegen das Haushaltsrecht bei der Bewirtschaftung öffentlicher Mittel, Diss. Köln 2000, S. 50 f., 55; *Weimann* (Fn. 360), S. 12 f.; *Schmid*, in: Müller/Gugenberger/Bieneck, § 32 II; vgl. auch LK-*Hübner*, 10. Aufl., Rn. 98; MK-*Dierlamm*, Rn. 211 ff.

[414] Vgl. BGH wistra 1989, 264; *Weimann* (Fn. 360), S. 25 ff.; abweichend OLG Frankfurt NStZ 2004, 244 (zu Recht kritisch *Tröndle/Fischer*, Rn. 46c).

[415] *Tröndle/Fischer*, Rn. 46 f.; MK-*Dierlamm*, Rn. 214 ff.; auch zum Fall Kohl, LG Bonn NStZ 2001, 375; *Kohlmann*, wistra 1983, 207 f.; *Weimann* (Fn. 360), S. 27 f.; *Saliger* (Fn. 397), S. 396 ff.; *Kohlmann*, wistra 1983, 207 f.; vgl. neuestens OLG Frankfurt NJW 2004, 2028 (Eröffnungsbeschluss; Verlagerung von CDU-Parteivermögen in Hessen in die Schweiz und nach Liechtenstein mit nachteiligen Folgen; nicht rechtskräftige Verurteilung durch LG Wiesbaden am 18.4.2005 (abl. MK-*Dierlamm*, Rn. 218); teilweise bestätigt, aufgehoben und zurückverwiesen durch BGH-Urteil, 2 StR 499/05, v. 18.10.2006.

[416] Zum GmbH-Geschäftsführer s. *Weimann* (Fn. 360), S. 62 ff.; zum Einverständnis *Tröndle/Fischer*, Rn. 46; ausführlich *Schramm* (Fn. 353), S. 107 ff., 123 ff. i.V. mit den Ausführungen zur Einordnung der Einwilligung bei der Untreue, S. 46 ff., 52 ff.

[417] BGHSt 40, 287 (zusätzlich Verstoß gegen interne Anordnungen des Verteidigungsministeriums); 43, 293 = NStZ 1998, 514 = wistra 1998, 103; NStZ 1984, 549 = wistra 1985, 69 (vorschriftswidrige Entnahme von Haushaltsmitteln); NStZ 1986, 455 = wistra 1986, 260 (zweckwidrige Verwendung von Portokassenmittel einer Schule – auch ohne Vorschriftenverstoß); wistra 2001, 146, 148; wistra 2002, 300 (pflichtwidrige Verfügung über Haushaltsmittel); wistra 2003, 299; OLG Koblenz, NJW 1999, 3277 = wistra 1999, 431 f. (richtlinienwidrige Verwendung von Finanzmitteln für Informationen über die Arbeit des Landtags durch einen Abgeordneten zum Theaterbesuch einer Besuchergruppe; einschränkend MK-*Dierlamm*, Rn. 96); näher G. *Wolf* (Fn. 261), S. 132 ff., 146 ff., 195 ff.; *Coenen* (Fn. 413), S. 20, 23; *Munz*, Haushaltsuntreue, 2001, S. 18 ff., 49 ff.; *Schmid*, in: Müller-Gugenberger/Bieneck, § 32 Rn. 6 f., 12 ff., 21 ff.

[418] BGHSt 47, 187 = wistra 2002, 143; zust. *Tröndle/Fischer*, Rn. 46c; *Ransiek* (Fn. 375), 674 f.; *Raum*, in: Wabnitz/Janovsky (Fn. 205), S. 290 f. (mit Empfehlung der Einbeziehung von Aufsichtsgremien); grundsätzlich auch *Otto*, FS Kohlmann, 2003, S. 187; *Dannecker*, in: Wabnitz/Janovsky, 2. Aufl., S. 96 [aber für strengere Kriterien bei im Staatsbesitz befindlichen Kapitalgesellschaften als bei Privatunternehmen]; krit. *Sauer*, wistra 2002, 465). Zur Differenzierung zwischen gravierender gesellschaftsrechtlicher Pflichtwidrigkeit und der Verletzung der Vermögensbetreuungspflicht s. Rn. 120 a.E.

5. Vermögensschaden

Wegen Untreue macht sich jemand nur strafbar, wenn durch seine Pflichtverletzung 124 ein „**Nachteil**" für denjenigen eintritt, dessen Vermögensinteressen er zu betreuen hat. Nachteil ist gleichbedeutend mit dem Vermögensschaden i.s. des Betrugstatbestandes; auch der Verlust ganz oder teilweise deliktisch oder unlauter erworbenen Vermögens kann ein Schaden i.S. des § 266 sein.[419] Differenzen zwischen den zu § 263 StGB entwickelten Auffassungen zum Vermögens- und Schadensbegriff können sich auch bei § 266 auswirken. Dominierend ist dort die objektiv-wirtschaftliche Schadenslehre mit individuellem Schadenseinschlag, die grundsätzlich auch in § 266 angewandt werden sollte; auch die umstrittene Zweckverfehlungslehre wird angewandt. Auch bei § 266 gilt grundsätzlich das Saldierungsprinzip. Ein Vermögensschaden fehlt, falls dieser durch gleichzeitige Vorteile ausgeglichen wird,[420] nicht jedoch, wenn dieser Ausgleich durch andere rechtlich selbständige Handlungen herbeigeführt wird.[421] Allerdings wird ein Schaden verneint, wenn der Verfügende eigene flüssige Mittel ständig zum Ersatz bereit hält.[422] Nicht zu folgen ist der auf einem personal-individuellen Vermögensbegriff aufbauenden Schadenslehre von *Wolf*,[423] die insbesondere mit dem Verzicht auf Kompensation das Schadenserfordernis in den §§ 263 und 266 zu sehr entwertet. Wie bei § 263 ist ein Nachteil i.S. des § 266 auch eine **schadensgleiche konkrete Vermögensgefährdung**. Beispiele: Offenbarung von Informationen (z.B. von Bieterlisten) in einem Ausschreibungsverfahren, die zu verbotenen Absprachen führen kann,[424] unordentliche Buchführung, soweit die Durchsetzung berechtigter Ansprüche verhindert oder zumindest erheblich erschwert wird,[425] mangelhafte Dokumentation von Zahlungen, bei der mit ungerechtfertigter Doppelinanspruchnahme zu rechnen ist,[426] Abschluss eines wirtschaftlich unausgewogenen Kaufvertrages und tatsächliche Einräumung von Nutzungsrechten vor Eigentumsübergang;[427] durch satzungswidrige Geschäfte des Vorstandes eines DRK-Kreisverbands begründete Gefahr der Aberkennung der Gemeinnützigkeit,[428] bei (nachteiligen) Provisions-Schmiergeldzahlungen (etwa im Kick-back-Verfahren)[429], risikobe-

---

[419] BGH wistra 1999, 103, 107 (aus Bestechungsgeldern angesammeltes Vermögen).

[420] BGHSt 49, 317, 333 = wistra 2005, 58, 62; 31, 232, 234 = wistra 1983, 149 f. (kein Nachteil bei einem Austauschgeschäft, wenn wertmindernde und werterhöhende Faktoren sich gegenseitig aufheben); BGH wistra 2004, 25 m.w.N.

[421] *Tröndle/Fischer*, Rn. 73 m.N.; unrichtig daher LG Mainz, NJW 2001, 906 = wistra 2001, 316 (m. abl. Anm. *Tholl*, wistra 2001, 473 f.; *Schönke/Schröder/Lenckner/Perron*, Rn. 41), das bei einem treuwidrigen Erwerb überteuerter Herzschrittmacher-Transplantate eine Kompensation bei Ersparungen durch den Einsatz eines von der Lieferfirma gespendeten EKG-Geräts annahm.

[422] BGHSt 15, 342, 344; wistra 1988, 191 f.; 1995, 144, 146; 2004, 61; w.N. bei *Tröndle/Fischer*, Rn. 74; NK-*Kindhäuser*, Rn. 107; *Seier* (Fn. 361), Rn. 169; MK-*Dierlamm*, Rn. 184.

[423] G. *Wolf*, Die Strafbarkeit der rechtswidrigen Verwendung öffentlicher Mittel, 1997, S. 127 f. und passim (zu Recht krit. dazu z.B. *Berger*, GA 2000, 202 f.; *Coenen* [Fn. 413], S. 37 ff.; *Saliger* [Fn. 397], S. 433 ff.; vgl. auch die Abl. der personalen Vermögenslehre bei *Weimann* [Fn. 360], S. 94 ff.).

[424] BGHSt 41, 143; NStZ 2000, 260 = wistra 2000, 61 f.; BayObLG NJW 1996, 291 = wistra 1996, 28, 30 (Bekanntgabe des Budgets und der zu Angebotsabgaben aufzuzurufenden Firmen); abl. z.B. LK-*Schünemann*, Rn. 146, anders i.V. mit Schmiergeldabrede, NStZ 2006, 202; *Saliger*, HRRS 2006 H. 1 S. 10.

[425] BGHSt 47, 8, 11 = NStZ 2001, 432 = wistra 2001, 341, 344; wistra 2004, 348; dazu näher *Louis*, Falschbuchung im Strafrecht, 2002, S. 114 ff., einschränkend MK-*Dierlamm*, Rn. 198.

[426] BGHSt 20, 304 f. (Wahrscheinlichkeit von Ansprüchen reicht nicht); 47, 8, 11 (abl. *Saliger*, Fn. 424); wistra 1996, 184.

[427] BGHSt 44, 376 = wistra 1999, 268, 270 (Fall *Diestel*).

[428] OLG Hamm wistra 1999, 354; abl. MK-*Dierlamm*, Rn. 198.

[429] BGHSt 49, 317, 322 = wistra 2005, 58, 62; dazu auch NK-*Kindhäuser*, Rn. 113 f.; *Bernsmann*, StV 2005, 576 (abl.); vgl. auch BGHSt 50, 299 (Fn. 34, 36; Kölner Müllskandal); NJW 2006, 2864 = wistra 2006, 386 (Wuppertaler Korruptionsskandal); dazu *Thomas* in Volk, Rn. 91 ff.; *Bannenberg* (Fn. 384) Rn. 128 (differenzierend).

haftete Anlage- und Kreditgeschäfte durch sorgfaltswidriges Eingehen naheliegender Verlustgefahren mit nur vagen Gewinnchancen,[430] Kreditgewährungen in Verbindung mit Scheckreitereien.[431] Mehr als bei § 263 kann ein Nachteil bei § 266 auch in der pflichtwidrig unterlassenen Vermögensmehrung, also in einem entgangenen Gewinn liegen, wenn eine gesicherte Aussicht des Treugebers auf einen Vorteil bestand,[432] da ein Treunehmer auch verpflichtet sein kann, das betreute Vermögen zu mehren.

125 Bei **schwarzen Kassen** (Rn. 121 f.) hat ein Teil der die Rechtsprechung einen Nachteil bereits in deren **Bildung** gesehen.[433] In anderen Entscheidungen ist Ansatzpunkt die **Verwendung**. Ein Nachteil wurde bejaht, weil mit der Zuführung an sich oder einen Dritten (auch eine Behörde) die Gefahr eigenmächtiger und unkontrollierter Verfügungsmöglichkeit geschaffen werde.[434] In Fällen der sog. **Haushaltsuntreue** ist generell anerkannt, dass allein die Verletzung von haushaltsrechtlichen Vorschriften noch keine Vermögensgefährdung darstellt.[435] Weitgehend unproblematisch sind dabei Fälle der Nutzung öffentlichen Vermögens für private Zwecke (z.B. bei unberechtigten Zuwendungen an Dritte oder Inanspruchnahme vermögenswerter mit dem Amt verbundener Leistungen für außerdienstliche Zwecke). Weitere Beispiele sind: keine oder verspätete Geltendmachung von Forderungen; vorzeitige vorschriftswidrige Erfüllung von Forderungen oder Auszahlung von Vorschüssen; Vergabe öffentlicher Aufträge zu überhöhten Preisen unter verdeckter Verrechnung von Schmiergeldern („kick-back"). Der Verzicht auf ein vorgeschriebenes Ausschreibungsverfahren stellt noch keine schadensgleiche Vermögensgefährdung dar, wenn Leistung und Gegenleistung gleichwertig sind.[436] Das gleiche gilt bei Kostensteigerungen durch Planungsfehler oder bei Baukostenüberschreitungen. Umstritten sind Fälle von zweckwidrig überzogenen Anschaffungen und unvertretbarem Repräsentationsaufwand oder bei denen das betreute öffentliche Vermögen mit einem naheliegenden Risiko unkalkulierbarer künftiger Verluste belastet ist, wie z.B. bei krass fehlkalkulierten, unrentablen Investitionen mit unvertretbarem Erhaltungs- oder Subventionierungsaufwand.[437] Hier lässt sich eine Anwendung des § 266 nur über die Anwendung der Zweckverfehlungslehre oder durch Einbeziehung von Gesichtspunkten des

---

[430] *Tröndle/Fischer*, Rn. 61 f. m.N.; für Restriktionen bei pflichtwidriger Vergabe von Sanierungskrediten *Aldenhoff/Kuhn*, ZIP 2004, 103; MK-*Dierlamm*, Rn. 207 ff.

[431] BGH wistra 2001, 218 m. krit. Anm. *Bosch*, wistra 2001, 257. Zu überhöhten Mietzahlungen bei Leasing-Geschäften BGH wistra 2005, 223.

[432] BGHSt 31, 232 = wistra 1983, 149 (Unterlassen eines für den Treugeber günstigeren Verkaufspreises zum eigenen Vorteil); *Tröndle/Fischer*, Rn. 60 m.w.N.; krit. *Bernsmann*, StV 2005, 576 f.

[433] RGSt 71, 155, 157; 73, 283; BGH GA 1956, 121, 154; dazu *Weimann* (Fn. 360), S. 85 ff.; abl. *Neye*, Untreue im öffentlichen Dienst, 1981, S. 73 ff.; LK-*Schünemann*, Rn. 148; *Seier* (Fn. 361), Rn. 183; nur bei Verlustgefahr (z.B. bei Weitergabe an einen Dritten zur „Geldspeicherung") *Weimann* (Fn. 360), S. 134 ff.

[434] BGHSt 19, 37, 45; 40, 287, 296 (Zuwendung an Bundesnachrichtendienst); 43, 293, 298; NStZ 1991, 143; OLG Frankfurt, NJW 2028, 2030 (s.o.); *Bieneck*, wistra 1998, 249; *Tröndle/Fischer*, Rn. 71 f.; dazu *Saliger* (Fn. 397), S. 413 ff., 418 ff.; MK-*Dierlamm*, Rn. 212.

[435] Vgl. z.B. BGHSt 40, 287, 295 = wistra 1995, 63, 66; 43, 293, 297 = wistra 1998, 103 f.; wistra 2003, 299 f.; a.A. *G. Wolf* (Fn. 423), passim; *Schönke/Schröder/Lenckner/Perron*, Rn. 44, lassen es ausreichen, wenn gegen die allgemeine haushaltsrechtliche Zweckbindung öffentlicher Gelder, die sich aus dem Grundsatz von Wirtschaftlichkeit und Sparsamkeit ergibt, verstoßen wird, ebenso *Schmid*, in: Müller-Gugenberger/Bieneck, § 32 Rn. 19; MK-*Dierlamm*, Rn. 221.

[436] Einstellungsverfügung der StA Dresden, 109 UJs 37931/97 nach *Coenen* (Fn. 413), S. 64; a.A. RGSt 63, 186, 188 (starke und naheliegende Vermögensgefährdung, weil Möglichkeit genommen wird, unteren mehreren Angeboten ein günstigeres zu finden). BGHSt 38, 186 = wistra 1992, 98 und NJW 1995, 737 (zum Submissionsbetrug) stellen darauf ab, ob bei ungestörtem Wettbewerb ein günstigerer Preis hätte erzielt werden können.

[437] Beispiel von *Tröndle/Fischer*, Rn. 67 m.N.; *Schönke/Schröder/Lenckner/Perron*, Rn. 43 f.; MK-*Dierlamm*, Rn. 221 unter Bezugnahme u.a. auf OLG Hamm NStZ 1986, 119 (auch *Seier* [Fn. 361], Rn. 175); abl. dazu insbes. *Coenen* (Fn. 413), S. 68 ff., 87.

individuellen Schadenseinschlags erreichen.[438] Seit der Änderung des Parteiengesetzes im Jahre 2002 wird bei der rechtswidrigen Erlangung von Parteispenden ein Vermögensnachteil i.s. des § 266 in dem Anspruch gegen die Partei (dreifache Höhe) gesehen.[439] Uneinigkeit besteht auch bei der Beurteilung pflichtwidriger **Haushaltsüberschreitungen** wie z.B. bei Verstößen gegen sachliche und zeitliche Bindungen von Haushaltsmitteln. Im **Kulturamtsleiterfall**[440] hatte 1984 der 2. Strafsenat des BGH bereits unter Missachtung der Dispositionsfreiheit vorgenommene Zweckentfremdungen als vermögensschädigend angesehen:

„… die vorschriftwidrige Begründung einer Verpflichtung (oder die Ausgabe für eine Anschaffung), die nicht zwingend ist und bei welcher der Titelverwalter anstelle der dafür zuständigen Institution sein eigenes Ermessen ausübt, [wird] regelmäßig auch als schädigend anzusehen sein. Hier kann nicht schon die Tatsache, dass der Verpflichtung eine gleichwertige Leistung gegenübersteht, zur Verneinung des Vermögensschadens führen. Das zeigt sich deutlich in Fällen einer zwar der Aufwendung im Wert entsprechenden jedoch überflüssigen Anschaffung, in denen die entstandene Lücke wieder aufgefüllt werden muss. Es gilt aber auch sonst im Hinblick darauf, dass ein bis zum Ende des Haushaltsjahrs nicht (zweckwidrig) in Anspruch genommener Betrag für die Folgezeit zur Verfügung steht und von der zuständigen Stelle für einen von ihr als vordringlicher erachteten Zweck eingesetzt werden kann. Bei Berücksichtigung des Anliegens, dass die von der Allgemeinheit aufzubringenden Mittel sachgerecht im Sinne der vom Gesetzgeber zur Vergabe berufenen Institutionen zu verwalten sind, erscheint bereits die unter Missachtung der Dispositionsfreiheit dieses Organs vorgenommene Zweckentfremdung von Geldmitteln als vermögensschädigend."

Demgegenüber legte der 1. Strafsenat 1997 im **„Gönnenwein-Intendanten"**- bzw. **„Bugwellen"-Fall**[441] § 266 unter Heranziehung der zu § 263 ergangenen „Melkmaschinen"-Entscheidung des 4. Strafsenats von 1961[442] durch die Aufstellung zusätzlicher Kriterien einschränkend aus, da § 266 nur das Vermögen, nicht aber die Dispositionsbefugnis schütze: 126

„Danach wird folgendes zu gelten haben: Ungeachtet der Gleichwertigkeit von Leistung und Gegenleistung kommt Haushaltsuntreue in Betracht, wenn durch die Haushaltsüberziehung eine wirtschaftlich gewichtige Kreditaufnahme erforderlich wird, wenn die Dispositionsfähigkeit in schwerwiegender Weise beeinträchtigt wird und[443] er durch den Mittelaufwand insbesondere in seiner politischen Gestaltungsbefugnis beschnitten wird."

---

[438] Dafür z.B. *Schönke/Schröder/Lenckner/Perron* a.a.O.
[439] *Saliger* (Fn. 397), S. 668 ff.
[440] BGH NStZ 1984, 549 = wistra 1985, 69, 70 f.; abl. dazu z.B. *Coenen* (Fn. 413), S. 42 ff.; *Bieneck*, wistra 1998, 249, 251 stimmt dem Urteil i. Erg. zu, weil der Amtsträger zusätzlich besondere Vorkehrungen getroffen hatte, um seine haushaltswidrigen Handlungen vor Entdeckungen zu schützen.
[441] BGHSt 43, 293, 297 f. (krit. dazu u.a. = wistra 1998, 103 f. (krit. dazu u.a. *Schönke/Schröder/Lenckner/Perron*, Rn. 44; *Tröndle/Fischer*, Rn. 69; *Coenen* [Fn. 413], S. 48 f.; *Fiebig/Juncker*, Korruption und Untreue im öffentlichen Dienst, 2. Aufl. 2004, S. 83 f.; *Saliger* [Fn. 424]; *Bieneck* [Fn. 440]; *Schünemann*, StV 2003, 463, 468 f.; *Munz* [Fn. 417], S. 152 ff., 164 ff., 172 ff. [für Anwendung des Kriteriums der mangelnden individuellen Verwendbarkeit]; krit. zur Annahme von Pflichtwidrigkeit *Thomas* in Volk, Rn. 16; zust. *Ransiek* [Fn. 375], 656 ff.; w.N. bei NK-*Kindhäuser*, Rn. 117 f.).
[442] BGHSt 16, 321 (vgl. die Wiedergabe der Leitsätze nachfolgend unter IX. in Fn. 456).
[443] Das „und" am Ende könnte so verstanden werden, dass alle drei oder die beiden letzteren (so *Munz* [Fn. 417], S. 154) Situationen gleichzeitig vorliegen müssten, was aber mit der Melkmaschinen-Entscheidung, in der die verschiedenen Alternativen mit einem „oder" verbunden sind, wohl nicht im Einklang steht. In BGH NJW 2003, 2179 ff. = wistra 2003, 299 f. wird zwar auf BGHSt 43, 297 Bezug genommen, der Fall der wirtschaftlich gewichtigen Kreditaufnahme jedoch nicht weiter erörtert, hingegen werden die letzten beiden Fallgestaltungen in Kumulation erwähnt! (so auch das Verständnis von *Tröndle/Fischer*, Rn. 68a ff. m.w.N. zur streitigen Diskussion).

8. Kapitel. Der strafrechtliche Schutz gegen Korruption

127 Im „**Subventions**"-**Fall** anerkannte 2003 der 5. Strafsenat,[444] dass eine Haushaltsuntreue auch bei zweckentsprechender (hier: ministerieller) Subventionsgewährung unter Verstoß gegen Vergaberichtlinien (keine Subvention, wenn Projekt schon begonnen und keine Ausnahmegenehmigung vorliegt) vorliegen kann:

„... auch wenn der Mitteleinsatz ... den vorgegebenen Zwecken entspricht und die durch den Einsatz öffentlicher Mittel erzielte Gegenleistung gleichwertig ist, kann ein Vermögensnachteil gegeben sein ... Abgesehen von dem ... Fall, dass durch eine Haushaltsüberziehung eine wirtschaftlich gewichtige Kreditaufnahme erforderlich wird, kommt dies dann in Betracht, wenn die Dispositionsfähigkeit des Haushaltgesetzgebers in schwerwiegender Weise beeinträchtigt wird und er durch den Mittelaufwand insbesondere in seiner politischen Gestaltungsbefugnis beschnitten wird ... kommt zudem eine Nachteilszufügung durch die Verringerung zweckgebundener Mittel ohne vollständige Zweckerreichung in Betracht. Die haushaltsrechtliche Regelung, grundsätzlich nur nicht begonnene Projekte durch Subventionen zu fördern, stützt die Gestaltungsfreiheit des öffentlichen Subventionsgebers ... Wer ... die (materiellen) Voraussetzungen für die Leistung einer Subvention nicht erfüllt, hat auf sie keinen Anspruch. Wird die zuständige staatliche Behörde durch Täuschung veranlasst, den in Wahrheit nicht bestehenden Anspruch zu erfüllen, so wird dadurch die Staatskasse in Höhe der unberechtigten Leistung geschädigt ... Ein Vermögensnachteil könnte bei dieser Sachlage allenfalls dann verneint werden, wenn dem Förderverein fraglos eine Ausnahmegenehmigung zum vorherigen Beginn mit dem zu fördernden Projekt zu erteilen und ihm danach die Subventionsmittel zu gewähren gewesen wären. ... eher ... fern liegend ... Vorliegend kommt zudem eine Nachteilszufügung durch die Verringerung zweckgebundener Mittel ohne vollständige Zweckerreichung in Betracht. ..."

Im Fall von „**Dienstposten-Patronage**" entspricht nach Auffassung des 2. Strafsenats[444a] der Vermögensschaden bei der überflüssigen Einstellung unqualifizierter Personen auf leitende Stellen entgegen den Vorschriften des Haushalts- und Personalrechts der gezahlten Bruttovergütung.

6. Subjektive Tatseite

128 Was die subjektive Seite betrifft, ist von der Rechtsprechung wiederholt betont worden, dass – angesichts der Weite des Tatbestandes – an den **Vorsatz** strenge Anforderungen zu stellen sind, vor allem dann, wenn nur bedingter Vorsatz in Frage steht und wenn der Täter nicht eigensüchtig gehandelt hat.[445] Der Vorsatz muss sich auf das Bestehen einer Vermögensbetreuungspflicht, deren Verletzung (= Kenntnis der zu Grunde liegenden Tatsachen und richtige Einordnung) und den dadurch bewirkten „Nachteil" (ausreichend i.S. eines Gefährdungsschadens)[446] beziehen.

---

[444] BGH NJW 2003, 2179 = wistra 2003, 299; zust. (aber krit. zu BGHSt 43, 293) *Tröndle/Fischer* a.a.O.; *Ransiek* (Fn. 375), 658; *Fiebig/Juncker* (Fn. 441), S. 91 f.; krit. *Rübenstahl/Wasserburg*, NStZ 2004, 521; MK-*Dierlamm*, Rn. 223.

[444a] BGH wistra 2006, 307 f. (Verurteilung eines uneinsichtigen Landrats zu einem Jahr und vier Monaten Freiheitsstrafe auf Bewährung).

[445] BGH NJW 1983, 461 = wistra 1983, 72; NStZ 1997, 542 f.; wistra 2000, 60 f.; 2003, 463; zu Recht krit. gegenüber der „strenge-Anforderungen"-Klausel *Tröndle/Fischer*, Rn. 78a m.N.; *Feigen*, FS Rudolphi, 2004, S. 445, 459 ff.; *Saliger* (Fn. 424), S. 23.

[446] Zu Risikogeschäften, insbes. bei Kreditvergabe durch Banken s. BGHSt 46, 30 = wistra 2000, 305 und BGH wistra 2002, 101 und die krit. Würdigung von *Keller/Sauer*, wistra 2002, 365, 367 ff.; s. auch *Schmitt*, BKR 2006, 125, 131 f.

7. Verfolgungsvoraussetzungen

Nach § 266 Abs. 2 i.V. mit §§ 247 und 248 ist eine Untreue, bei dem Treugeber ein An- **129** gehöriger, ein Vormund oder ein Betreuer oder ein „Hausgenosse" ist, nur auf **Antrag** verfolgbar.

8. Besonders schwere Fälle

Strafschärfungen für besonders schwere Fälle orientieren sich nach § 266 Abs. 2 an den **130** Regelbeispielen des § 263 Abs. 3 (gewerbsmäßig, Handeln als Bandenmitglied, große(r) Vermögensverlus(gefahr), Verursachung wirtschaftlicher Not, Missbrauch durch Amtsträger); ist der Vermögensschaden geringwertig, ist ihre Anwendung allerdings ausgeschlossen (Anwendung von § 243 Abs. 2). Gewerbsmäßig handelt, wer sich aus wiederholter Tatbegehung eine nicht nur vorübergehende Einnahmequelle von einiger Dauer und von einigem Umfang verschaffen möchte. Dies hat der BGH in einem Fall bejaht, indem der Täter mit dem Ehepartner sich eine gemeinsame dauerhafte Quelle zur illegalen Finanzierung eines aufwändigen Lebensstils durch Untreuehandlungen, geprägt durch dauerhafte Gewinnerzielungsabsicht, erschließen wollte.[447] Bei der Frage des großen Ausmaßes eines Vermögensverlusts in Nr. 2 wird man von einem Betrag von mindestens 50.000 € auszugehen haben,[448] Gefährdungsschäden scheiden allerdings aus dem Anwendungsbereich dieser Regelung aus.[449] Nicht unproblematisch ist die vom BGH[450] befürwortete Anwendung von Nr. 4 (betr. Amtsträger) in Fällen, in denen die Amtsträgereigenschaft die Täterqualifikation begründet. Die Annahme eines unbenannten besonders schweren Falles erfordert eine Gesamtabwägung tat- und täterbezogener Umstände.[451]

IX. Betrug (§ 263 StGB)

1. Grundlagen

Betrugshandlungen gehören vielfach zu den Begleit- bzw. Folgedelikten in Fällen von **131** Bestechung. Sie können aber auch eine selbständige Erscheinungsform von Korruption darstellen. Beide Fallgestaltungen sind in der Praxis insbesondere in Fällen von Submissionsbetrügerein zum Nachteil der öffentlichen Hand bekannt geworden.

---

[447] BGH wistra 2003, 462 f. = NJW 2003, 3717 (Schädigung von Nachlässen in Höhe von über 6 Mio. DM in knapp fünf Jahren durch Nachlassverwalterin); vgl. auch BGH wistra 2003, 460 f.; 2004, 418 (jeweils zu § 263 Abs. 3).
[448] Vgl. BGHSt 48, 360 = wistra 2004, 22 = StraFor 2004, 32 (zu § 263, vorstellbar auch bei § 266 II, wurde aber vom BGH noch dahingestellt) im Anschluss an RegE-6. StrRG, BT-Drucks. 13/8587 S. 43; *Tröndle/Fischer*, § 263 Rn. 122 m.N.; *Peglau*, wistra 2004, 7, 9; *Krüger*, wistra 2005, 247, 250; *Rotsch*, ZStW 117 (2005), 577, 596 ff., 602 f.; krit. *Lang/Eichhorn/Golombek/v. Tippelskirch*, NStZ 2004, 528, 530; für höheren Betrag *Seier* (Fn. 361), Rn. 34 und MK-*Dierlamm*, Rn. 259 (100 000 €).
[449] BGHSt 48, 354 = wistra 2004, 20, 22; vgl. auch BGH wistra 2001, 348 f. (jeweils zu § 266 Abs. 2); MK-*Dierlamm*, Rn. 259; *Tröndle/Fischer* a.a.O.; *Joecks*, StV 2004, 17; *Krüger*, wistra 2004, 147 f.; *Rotsch* (Fn. 448), 595 f.; wistra 2004, 300; *Lang/Eichhorn/Golombek/V. Tippelskirch* (Fn. 448), 528; a.A. *Peglau* (Fn. 448), 7 ff.; *Hamich/Röhm*, NJW 2004, 2061, 2063 f.
[450] BGH wistra 2000, 421 f.; krit. m.N. *Tröndle/Fischer*, Rn. 83a; MK-*Dierlamm*, Rn. 261; Schönke-Schröder/Lenckner/Perron, Rn. 53.
[451] BGH wistra 2003, 462 f.

8. Kapitel. Der strafrechtliche Schutz gegen Korruption

132 Der aus § 241 prStGB mit geringfügigen Modifikationen übernommene Betrugstatbestand dient dem **Schutz von Vermögen gegen Schädigungen durch in Bereicherungsabsicht begangene Täuschungshandlungen.** Der Grundtatbestand lautet:

„(1) Wer in der Absicht, sich oder einem Dritten einen rechtswidrigen Vermögensvorteil zu verschaffen, das Vermögen eines anderen dadurch beschädigt, dass er durch Vorspiegelung falscher oder durch Entstellung oder Unterdrückung wahrer Tatsachen einen Irrtum erregt oder unterhält, wird mit Freiheitsstrafe bis zu fünf Jahren oder mit Geldstrafe bestraft."

133 Ein strafbarer Betrug liegt daher vor, wenn jemand durch Täuschung über (äußere oder innere) Tatsachen einen Irrtum bei einem anderen erregt oder unterhält, der diesen unmittelbar zu einer vermögensschädigenden oder konkret bzw. schadensgleichen vermögensgefährdenden Verfügung veranlasst, sofern der Täter in der Absicht handelt, sich oder einem Dritten unmittelbar durch die veranlasste Verfügung einen objektiv rechtswidrigen Vermögensvorteil zu verschaffen.

2. Tatbestandsmerkmale

134 Eine ausdrückliche oder auch nur konkludente **Täuschung** kann sowohl durch aktives Tun – Vorspiegelung eines in „Wirklichkeit"[452] nicht vorliegenden Umstandes tatsächlicher Art (gegenstandslos/personenbezogen oder innere Tatsache) – als auch durch pflichtwidriges Unterlassen begangen werden. Sie muss denjenigen **Irrtum** hervorrufen, der den Getäuschten zu einer schädigenden Vermögensverfügung bestimmt und damit für den Eintritt eines Schadens ursächlich wird. Etwaige vorangehende Täuschungshandlungen, die einen solchen Irrtum (noch) nicht hervorrufen, reichen hierfür nicht aus.[453] Zur Täuschung und Irrtumserregung durch bewusst unwahre Behauptungen und irreführendes Verhalten vgl. allgemein insbesondere BGHSt 47, 1 ff. (Betrug durch Insertionsofferte)[454]:

Als Tatsache „ist nicht nur das tatsächlich, sondern auch das angeblich Geschehene oder Bestehende anzusehen, sofern ihm das Merkmal der objektiven Bestimmtheit und Gewissheit eigen ist … Hiernach ist Täuschung jedes Verhalten, das objektiv irreführt oder einen Irrtum unterhält und damit auf die Vorstellung eines anderen einwirkt … Dabei ist … allgemein anerkannt, dass außer der ausdrücklichen Begehung, namentlich durch bewusst unwahre Behauptungen, die Täuschung auch konkludent erfolgen kann, nämlich durch irreführendes Verhalten, das nach der Verkehrsanschauung als stillschweigende Erklärung zu verstehen ist … die Annahme einer Täuschung [setzt] eine Einwirkung auf die Vorstellung des Getäuschten voraus … , nämlich ein Verhalten des Täters, das objektiv geeignet und subjektiv bestimmt ist, beim Adressaten eine Fehlvorstellung über tatsächliche Umständen hervorzurufen … Zur tatbestandlichen Täuschung wird ein Verhalten … dann, wenn der Täter die Eignung der – inhaltlich richtigen – Erklärung, einen Irrtum hervorzurufen, planmäßig einsetzt und damit unter dem Anschein „äußerlich verkehrsgerechten Verhaltens" gezielt die Schädigung des Adressaten verfolgt, wenn also die Irrtumserregung nicht die bloße Folge, sondern der Zweck der Handlung ist … Insoweit genügt allerdings nicht bedingter Vorsatz …; vielmehr ergibt sich schon aus dem Erfordernis planmäßigen Verhaltens, dass die Annahme der Täuschung in diesen Fällen auf Seiten des Täters ein Handeln mit direktem Vorsatz voraussetzt."

135 Der durch die Täuschung erregte oder unterhaltene Irrtum (Widerspruch zwischen Vorstellung und Wirklichkeit = Fehlvorstellung) muss für die konkrete **Vermögensverfü-**

---

[452] Zum maßgebenden Wirklichkeitsbild vgl. z.B. *Mitsch*, BT 2 Tb. 1, § 7 Rn. 24 f.
[453] BGHSt 37, 294, 296 = wistra 1991, 136 f.; dazu auch *Greeve/Leipold/Diehl* (Fn. 39), § 22 Rn. 9 m.N.
[454] Vgl. auch BGHSt 48, 331, 344; wistra 2001, 386; 2004, 103 f.

gung zumindest mitbestimmend sein. Das ist nicht der Fall, wenn der Getäuschte das ihm Vorgespiegelte für wahr gehalten hat, die Vermögensverfügung jedoch aus einem anderen Grund getroffen hat. Eine Vermögensverfügung umfasst jedes tatsächliche (also selbst unbewusstes) Handeln, Dulden oder Unterlassen des Getäuschten, das bei diesem selbst oder bei einem Dritten unmittelbar zu einer Vermögensminderung im wirtschaftlichen Sinne führt. Sie kann beim Eingehen oder bei der Erfüllung einer Verbindlichkeit gegeben sein. Sie kann auch darin liegen, dass ein Anspruch nicht geltend gemacht wird. Bei der Vornahme der Verfügung kann der Betroffene sich auch Hilfspersonen bedienen. Die Vermögensverfügung muss das Vermögen des Getäuschten oder eines Dritten unmittelbar schädigen. Was strafrechtlich unter Vermögen und **Vermögensschaden** zu verstehen ist, ist in Teilbereichen weiterhin umstritten.[454a] In der Praxis dominiert der wirtschaftliche Vermögensbegriff. Ein Vermögensschaden wird mittels eines Vermögensvergleich (Prinzip der Gesamtsaldierung)[455] berechnet, der auf den Zeitpunkt zu beziehen ist, in dem die Vermögensverfügung stattfindet. Das Vermögen vor der Verfügung ist mit dem nach der Verfügung zu vergleichen. Hat das Vermögen nach der Verfügung einen geringeren Wert als vorher, liegt ein Vermögensschaden vor. Eine unmittelbar aus der Vermögensverfügung entstandene Kompensation ist zu berücksichtigen, nicht aber gesetzliche Ansprüche, die dem Betroffenen gerade als Folge der durch die Täuschung entstandene Schädigung entstehen (wie z.B. Schadensersatzansprüche nach § 823 Abs. 2 BGB). Eine Vermögensschädigung kann sich auch durch die Anwendung der im sog. Melkmaschinenfall[456] entwickelten Lehre vom individuellen Schadenseinschlag und den Grundsätzen der sozialen Zweckverfehlung ergeben. Der **Vorsatz** muss sich auf alle objektiven Tatbestandsmerkmale und auch auf die Rechtswidrigkeit der beabsichtigten Bereicherung beziehen. Rechtswidrigkeit liegt vor, wenn auf die Bereicherung kein Anspruch besteht. Der Täter muss die rechtswidrige **Bereicherung** unmittelbar aus dem geschädigten Vermögen **anstreben**. Anders als bei § 266 ist auch der Versuch strafbar.

3. Besonders schwere Fälle und Qualifikation

Strafschärfungen sind für besonders schwere Fälle in § 263 Abs. 3 (Freiheitsstrafe von sechs Monaten bis zu fünf Jahren) und noch weitergehend bei qualifizierter Begehung in Abs. 5 (Freiheitsstrafe von einem bis zu zehn Jahren) vorgesehen. Hierzu ist zunächst auf die Ausführungen zu § 266 zu verweisen. Regelbeispiel für eine Strafschärfung ist nach § 263 Abs. 3 Satz 2 Nr. 1 auch eine Begehung als Mitglied einer zumindest dreiköpfigen Bande, die sich zur fortgesetzten Begehung von Betrug oder Urkundenfälschung verbunden hat. Bei gewerbsmäßiger Begehung erweitert sich der Strafrahmen noch einmal nach Absatz 5.

136

[454a] Zu den verschiedenen Vermögenslehren insbesondere MK-*Hefendehl*, Rn. 294 ff.; *Szembrowski*, S. 31 ff.
[455] Vgl. BGH wistra 1999, 263, 265 m.w.N.
[456] BGHSt 16, 321, 326 ff.: „Wer sich auf Grund einer Täuschung zu einer Leistung verpflichtet und dafür eine gleichwertige Gegenleistung erhalten soll, ist allein durch die Beeinträchtigung seiner wirtschaftlichen Bewegungsfreiheit nicht ohne weiteres im Sinne des Betrugstatbestandes an seinem Vermögen geschädigt.
Ein Vermögensschaden ist in diesem Falle nur gegeben, wenn weitere Umstände hinzutreten. Diese können insbesondere dann vorliegen, wenn der Erwerber
a) die angebotene Leistung nicht oder nicht in vollem Umfange zu dem vertraglich vorausgesetzten Zweck oder in anderer zumutbaren Weise verwenden kann oder
b) durch die eingegangene Verpflichtung zu vermögensschädigenden Maßnahmen genötigt wird oder
c) infolge der Verpflichtung nicht mehr über die Mittel verfügen kann, die zur ordnungsmäßigen Erfüllung seiner Verbindlichkeiten oder sonst für eine seinen persönlichen Verhältnissen angemessene Wirtschafts- oder Lebensführung unerlässlich sind."; dazu m.N. MK-*Hefendehl*, Rn. 636 ff. Vgl. zu den Auswirkungen in Fällen der Haushaltsuntreue Rn. 126 f.

4. Beispiel aus dem Korruptionsbereich

137 Bei der 1989/1990 erfolgten Vergabe von Millionenaufträgen für Baumaßnahmen auf dem Münchener Flughafen durch die zu 100 % in öffentlicher Hand befindliche Flughafen München GmbH (FMG) hatte ein Vertreter eines Bauunternehmens im Zusammenwirken mit Vertretern anderer Baufirmen durch die Abgabe voneinander abweichender Angebote Mitarbeiter der FMG darüber getäuscht, dass die Angebote nicht im Wettbewerb zustande gekommene Preise enthalten, sondern in Wahrheit die Preise abgesprochen und von den Teilnehmern der Absprache durch Schutzangebote abgesichert wurden.[457] Eine entsprechende Erklärung war allerdings nicht ausdrücklich abgegeben worden, wie dies in anderen Fällen geschehen ist.[458] Bei einer förmlichen öffentlichen Ausschreibung, ebenso aber auch bei einer freihändigen Vergabe mit Angebotsanfragen durch öffentliche oder private Auftraggeber an zumindest zwei Unternehmer, enthält eine Angebotsabgabe jeweils aber auch die schlüssige (konkludente) Behauptung, dass dieses Angebot ohne eine vorherige Preisabsprache zwischen den Bietern zustande gekommen ist.[459] Aus der Praxis bekannt geworden sind darüber hinaus auch Fälle, in denen darüber getäuscht wurde, dass es sich bei dem zur Entscheidung über den Zuschlag eingereichten Angebot einer Firma nicht um ein ordnungsgemäßes, im Submissionstermin vorgelegtes und danach unverändert gebliebenes, sondern in Wirklichkeit um ein nachträglich manipuliertes und erst nach der Submission präsentiertes Angebot handelte.[460]

138 In dem obigen Beispielsfall irrten sich FMG-Mitarbeiter aufgrund der Täuschung darüber, dass es sich bei den Angebotspreisen nicht um (niedrigere) Wettbewerbspreise handelt. Dabei war auf Seiten der FMG sogar der Verdacht einer Absprache aufgetaucht, der aber schließlich als bloße Vermutung angesehen wurde. Dies schloss jedoch die Annahme eines **Irrtums** nicht aus, da § 263 StGB nach h.M.[461] nicht nur anwendbar ist, wenn der Getäuschte von der Gewissheit der behaupteten Tatsache ausgeht, sondern auch dann, wenn er trotz gewisser Zweifel eine Vermögensverfügung trifft. Dies hat der BGH[462] bisher, wie auch in dem konkreten Fall jedenfalls dann angenommen, wenn das Opfer von einer überwiegenden Wahrscheinlichkeit der Wahrheit der behaupteten Tatsache („wenn er die Möglichkeit der Unwahrheit für geringer hält") ausgegangen war („Wahrscheinlichkeitstheorie"). In einer neueren Entscheidung zu einem Arzt-Abrechnungsbetrugsfall[463] hat der 3. Strafsenat des BGH jetzt sogar selbst prakti-

---

[457] BGHSt 47, 83, 86 ff. = NJW 2001, 3718 = NStZ 2001, 540 = wistra 2001, 384 (zum Fall *Best*, GA 2003, 157 m.N. zu weiteren Besprechungen).

[458] Vgl. z.B. Rheinausbaufall BGHSt 38, 186, 188 = NJW 1992, 921 = wistra 1992, 98 f.; OLG Frankfurt, wistra 1995, 279 f.; LG Frankfurt, wistra 1991, 152; BGH wistra 1997, 336, 340, wo in den Angeboten wahrheitswidrig versichert worden war, dass keine Preisabsprachen mit anderen Firmen getroffen worden seien, bzw. die Angebote mit der Angabe versehen waren, dass diese aufgrund eines Wettbewerbs abgegeben wurden und keine sachfremden Rechnungsposten enthielten; N. bei *Best* (Fn. 457), 157, 161 ff.

[459] BGHSt 47, 83; NJW 2001, 3718 f.; wistra 2004, 270 f.; ebenso *Tröndle/Fischer*, Rn. 20; *Wessels/Hillenkamp* (Fn. 374), § 13 Rn. 510, 698; *Bannenberg* (Fn. 384) Rn. 118 und *Dannecker*, in: Wabnitz/Janovsky, 3. Aufl., Kap. 10, Rn. 118 ff. bzw. 2. Aufl., Kap. 16 Rn. 130 jeweils m.w.N.; zur Bestimmung einer konkludenten Täuschung vgl. auch die Darstellung von *Rose*, wistra 2002, 13, 15 f.

[460] So im Fall BGH wistra 1997, 144 f.

[461] N. bei *Tröndle/Fischer*, Rn. 33a; LK-*Tiedemann*, 11. Aufl., Rn. 84 ff.; LK-*Lackner*, 10. Aufl. Rn. 79 ff.; Schönke/Schröder/Cramer/Perron, Rn. 38 ff.; SK-*Hoyer*, Rn. 67 ff.; *Arzt/Weber*, § 20 Rn. 65 ff.; *Wessels/Hillenkamp* (Fn. 374), § 13 Rn. 510; *Hillenkamp*, 40 Probleme aus dem Strafrecht Besonderer Teil, 10. Aufl. 2004, 29. Problem, S. 147 ff. mit besonders umfangreichen Literaturnachweisen; *Dannecker* (Rn. 459) a.a.O.; *Diehl*, in: Greeve/Leipold (Fn. 39), § 22 Rn. 24 ff.

[462] BGHSt 24, 257, 260; 47, 83, 88. JR 1987, 427; wistra 1990, 305 f.; 1992, 95, 97.

[463] BGH NJW 2003, 1198 = NStZ 2003, 313 m. krit. Anm. *Beckemper/Wegner*, NStZ 2003, 315 = wistra 2003, 142 m. Anm. *Krüger*, wistra 2003, 297 f.; weiter *Krack*, JR 2003, 384, s. auch *Hillenkamp* (Fn. 461), S. 152.

sche Bedenken gegen eine Abgrenzung nach Wahrscheinlichkeitsgraden geäußert; er neigt nunmehr zu der Auffassung, dass Zweifel solange nicht geeignet sind, die Annahme eines tatbestandsmäßigen Irrtums in Frage zu stellen, als das Opfer gleichwohl noch die Wahrheit der behaupteten Tatsache für möglich hält (sog. „Möglichkeitstheorie") und deswegen die Vermögensverfügung trifft, also trotz seiner Zweifel, seien sie auch noch so erheblich, der List des Täters zum Opfer fällt. Grundlegende Bedenken bestehen gegen eine von einem Teil der Literatur befürwortete Einschränkung des § 263 unter dem viktimologischen Gesichtspunkt der Selbstverantwortung und des Mitverschuldens des Opfers,[464] da dies zu einer zu weiten Schutzlosigkeit von Opfern führen würde, deren Leichtgläubigkeit gezielt ausgenutzt wird. Es spielt daher keine Rolle, ob die Entscheidungsträger bei sorgfältiger Prüfung die Täuschung hätten erkennen können.[465]

Bei Betrügereien gegenüber bzw. in arbeitsteilig tätigen Unternehmen, Körperschaften, Personenmehrheiten und Behörden ist es notwendig festzustellen, wer gegenüber wem eine Täuschungshandlung vorgenommen und einen Irrtum erregt und wer die Verfügung vorgenommen hat, d. auf welcher Grundlage und mit welchen Vorstellungen eine Entscheidung über die Erbringung der vom Täter erstrebten Leistung vorgenommen wurde.[466] Vielfach werden Prüfungen und Auszahlungsanordnungen auf **Sachbearbeiterebene** vorgenommen. Veranlasst ein solcher, etwa als Folge einer Bestechungshandlung, einen Kassenbeamten aufgrund der vorgelegten Anordnung zu einer der Sache nach unberechtigten Auszahlung an ein Unternehmen, so liegt darin nicht ohne weiteres eine irrtumsbedingte Verfügung, da der Kassenbeamte sich in der Regel keine Vorstellungen darüber machen wird, ob die Anweisung zu Recht erfolgt ist.[467] An einer Entscheidung können aber auch mehrere Personen beteiligt sein. Angesichts der Größenordnung des Geschäfts können endgültige Entscheidungen auch auf höherer Ebene zu treffen sein oder bedürfen sie der Billigung von Vorgesetzten oder beteiligten Dienststellen. In solchen Fällen kann eine Täuschung über mehrere Personen vermittelt sein und zu einem mittelbaren Irrtum des verfügenden **Vorgesetzten** führen („multi-step-flow").[468] Erkennt der (bestochene) Leiter eines Bauamtes die täuschende Unrichtigkeit, klärt er den für die Verfügung zuständigen Sachbearbeiter jedoch nicht auf, so steht dies der Bejahung von Betrug entgegen[469]. Die Bestechung eines Amtsträgers kann auch mit einer Täuschung ei-

---

[464] N. bei *Tröndle/Fischer* a.a.O.; *Wessels/Hillenkamp* (Fn. 374); *Hillenkamp* (Fn. 461), S. 149 f.; ausführliche Kritik bei *Nagel*, Der zweifelnde Getäuschte – zugleich Stellungnahme zur Viktimodogmatik unter besonderer Berücksichtigung der Psychologie, Diss. Bochum, 2003, S. 78 ff., 142 ff., 202 f., vgl. weiter *Petropoulos*, Die Berücksichtigung des Opferverhaltens beim Betrugstatbestand, 2005, insbes. S. 126 ff.

[465] BGHSt 47, 83; 34, 199, 201 = wistra 1987, 62 f.; wistra 1992, 95, 97; 2004, 103 f.; anders offenbar das Schweizerische Bundesgericht, vgl. *Arzt/Weber*, § 20 Rn. 49. – MK-*Hefendehl*, Rn. 224, verneint Betrug bei bewusster Entscheidung für das Risiko der Unwahrheit.

[466] BGH (Fn. 463); BayObLG NStZ 2002, 91 (dazu zust. *Otto*, Jura 2002, 606, 614; *Lesch* in Volk, § 16 Rn. 48; zu diesem Punkt *Eisele*, ZStW 116 (2004), 15: Bei Irrtum der verfügenden Hilfsperson, aber Kenntnis des Geschädigten bzw. seines Organs, kein Betrug (ebenso BGH wistra 2006, 185 f.; LK-*Tiedemann*, Rn. 82; *Lesch*, a.a.O.; a.A. NK-*Kindhäuser*, Rn. 179 ff.); anders im Fall, dass Geschädigter selbst irrtumsbedingt verfügt, während die Hilfsperson Kenntnis hat; erst recht bei Kollusion zwischen Täter und Hilfsperson. Beispielsfall für das Zusammenwirken von Unternehmen und Behördenmitarbeiter bei Täuschungen des einen Auftrag vergebenden Magistrats einer Stadt bzw. eines Kreisausschusses BGH wistra 1994, 144.

[467] Vgl. BGH wistra 1994, 104 f. (statt Strafbarkeit wegen Betruges neben der wegen Vorteilsannahme kam dann eine solche wegen Untreue in Betracht); BGH wistra 2005, 28 f.; BGHSt 49, 17, 21 f.; wistra 2006, 389 f.

[468] Vgl. *Gallandi*, in: Achenbach/Ransiek (Fn. 299), Kap. V 1 Rn. 123.

[469] BGH wistra 2006, 185 f. (Fn. 466); a.A. *Tröndle/Fischer*, Rn. 39; teilweise auch *Schönke-Schröder/Cramer/Perron*, Rn. 41a.

nes Vorgesetzten oder eines sonstigen Entscheidungsträgers[470] verbunden sein und dadurch zu einem Betrug zugunsten des bestechenden Unternehmens führen.

140 In unserem Beispielsfall haben Mitarbeiter der FMG durch die Erteilung des Zuschlags eine das Vermögen der FMG schädigende Verfügung vorgenommen (Verfügung zum Nachteil eines Dritten). FMG-Mitarbeiter haben infolge des Irrtums über die Wettbewerbsbeschränkungen[471] die Aufträge zu Preisen vergeben, welche die ohne die unzulässige Absprache erzielbaren Preise überstiegen haben. Es liegt ein sog. **Eingehungsbetrug** vor, bei dem der Schaden bereits auf der Grundlage des Vertrags berechnet werden kann.[472] Allerdings ergibt sich ein Schaden noch nicht ohne weiteres daraus, dass, wie zu § 266 erwähnt, Ausgangspunkt für die Feststellung eines Vermögensschadens eine objektiv-wirtschaftliche Betrachtungsweise mit individuellem Schadenseinschlag ist. Im Beispielsfall besteht aber nach der neueren wenn auch weiterhin umstrittenen Rechtsprechung[473] der **Vermögensschaden** in der Differenz zwischen der vertraglich vereinbarten Auftragssumme und dem Preis, der bei Beachtung der für das Auftragsvergabeverfahren geltenden Vorschriften im Wettbewerb erzielbar gewesen wäre. Solche „hypothetischen Wettbewerbspreise" sind nach Ansicht des BGH unter Heranziehung verschiedener Indizien feststellbar.[474] Dies wird in der Literatur im Hinblick auf das Fehlen eines echten Wettbewerbs teilweise bestritten und deswegen auch die Lockerungen des BGH für die

---

[470] Im Fall BGH wistra 2001, 295 erreichte der bestochene stellvertretende Leiter eines Klärwerks bei der für die Entscheidung zuständige Stadtentwässerungsbehörde durch unrichtige Stellungnahmen eine erheblich zu teure, den Schmiergeldanteil enthaltende Vergabe an das Bestecher. Vgl. auch die Verurteilung wegen Betrugs eines Stadtwerksbediensteten im Fall BGH wistra 1993, 104 f. im Hinblick auf die Mitwirkung an der Vorlage fingierter Rechnungen. Bei kollusivem Zusammenwirken von Täuschendem und Hilfsperson des Getäuschten (z.B. eines Amtsträgers) wird die Kenntnis der Hilfsperson nicht dem Vermögensinhaber (also der Behörde) zugerechnet, was sonst möglicherweise die Annahme eines Irrtums entfallen lassen könnte (vgl. hierzu Anm. 414 und *Wessels/Hillenkamp* [Fn. 374], Rn. 528; *Lesch* [Fn. 466]).

[471] BGHSt 47, 83, 89; vgl. auch BGH wistra 1997, 336, 340.

[472] Allgemein zum Eingehungsbetrug BGHSt 45, 1, 4 f. = wistra 1999, 181 f.: bei einem Eingehungsbetrug „ist der Vermögensstand vor und nach dem Vertragsschluss durch einen Wertvergleich der vertraglich begründeten gegenseitigen Ansprüche zu ermitteln ... Zu vergleichen sind danach die beiderseitigen Vertragsverpflichtungen. Wenn der Wert des Anspruchs auf die Leistung des Täuschenden ... hinter dem Wert der Verpflichtung zur Gegenleistung des Getäuschten ... zurückbleibt, ist der Getäuschte geschädigt ... Da die Vertragspflichten bei Vertragsabschluss – nicht aber die künftig erbrachten Leistungen im Rahmen der Vertragserfüllung – zu vergleichen sind, handelt es sich um eine Gefährdungsschaden ..., der schadensgleich sein muss, um einen Vermögensschaden zu begründen." – Keine schadensgleiche Vermögensgefährdung und damit kein Eingehungsbetrug liegt vor, wenn der durch Täuschung zustande gekommene Vertrag nur zur Zug-um-Zug Leistung verpflichtet, BGH NStZ 1998, 85 f. = wistra 1998, 59 f.; wistra 2005, 222 f. – Näher und differenzierend zum Eingehungsbetrug MK-*Hefendehl*, Rn. 480, 484 ff.; Schönke-Schröder/Cramer/Perron, Rn. 125 ff. Teilweise kritisch NK-*Kindhäuser*, Rn. 316 ff.

[473] BGHSt 38, 186, 188 = NJW 1992, 921 = wistra 1992, 98, 99 f.; NJW 1995, 737 = wistra 1994, 346 f. (Rheinausbau II; krit. dazu insbes. *Lüderssen*, wistra 1996, 243; *Greeve*, Korruptionsdelikte in der Praxis, 2005, Rn. 508); NJW 1997, 3034, 3038 = wistra 1997, 336, 340; wistra 2001, 103 f.; BGHSt 47, 83, 86 ff.; NStZ 2005, 157 f.; vgl. früher schon RGSt 63, 187 und OLG Hamm NJW 1958, 1151 f.; gegen diese aber BGHSt 16, 361, 367; LG Frankfurt wistra 1991, 152; N. zu Stellungnahmen zu den Entscheidungen s. *Tröndle/Fischer*, § 263 Rn. 20, 100; *Achenbach*, in: Achenbach/Ransiek (Fn. 299), Kap. III 4 Anm. 20; *Dannecker*, in: Wabnitz/Janovsky (Fn. 205), Kap. 16 Rn. 133 m. Anm. 248; *Grützner*, Die Sanktionierung von Submissionsabsprachen, 2003, S. 234 ff., 246 ff., 266 ff., der aber im Ergebnis den Indizienansatz billigt, S. 278 ff., 295 f.

[474] BGHSt 38, 186, 194 f.; zust. z.B. *Baumann*, NJW 1992, 1661, 1665; *Tiedemann*, BT, Rn 143 ff.; krit. MK-*Hefendehl*, Rn. 373 ff.; *Cramer*, Zur Strafbarkeit von Preisabsprachen in der Bauwirtschaft – Der Submissionsbetrug –, 1995, S. 31 ff. – Im Fall BGHSt 46, 207 = wistra 2001, 180 (Absprachen im Bereich der Münchener Gas- und Wasserversorgung) lag der abgesprochene Preis 5 bis 10 % und im Fall BGH wistra 2000, 61 mindestens 2 % über dem Wettbewerbspreis. Zu „Einschätzungen" auch *Bannenberg*, in: Wabnitz/Janovsky, 3. Aufl., Kap. 10 Rn. 122. Für Orientierung an Gewinnkalkulationen *Gallandi*, in: Achenbach/Ransiek (Fn. 299), Kap. V 1 Rn. 304 f.

richterliche Überzeugung und die Zulassung der Schadensschätzung angegriffen; auch sieht die Literatur (teilweise) bei einem Vergleich mit einem ordnungsgemäßen Verfahren für den Auftraggeber nur eine bloße Chance, ein günstigeres Angebot zu erhalten, dessen Verlust, anders als bei wirtschaftlich messbaren konkreten Erwerbsaussichten,[475] noch keinen Vermögensschaden, auch nicht im Sinne einer konkreten schadensgleichen Vermögensgefährdung, darstelle.[476] Demgegenüber kann nach Ansicht des BGH die Ausschaltung des Wettbewerbs durch Submissionsabsprachen auch bei der Vergabe zu sonst angemessenen Preisen zu einer Schädigung des Auftraggebers führen. Ein Vermögensschaden wird insbesondere dann angenommen, wenn absprachebedingte Preisaufschläge, wie Schmiergeldzahlungen und Ausgleichszahlungen an andere an der Absprache beteiligte Unternehmen oder an nicht sich beteiligende Kartellaußenseiter („Abstandssummen")[477], festgestellt werden, da solche sachfremden Rechnungsposten bei einer wettbewerbskonformen Preisbestimmung nicht in die Angebotssumme eingeflossen wären.[478] Demgemäß kommt es nicht einmal darauf an, dass der vereinbarte Preis sogar unter dem Selbstkostenpreis liegt, ob dieser den Wertvorstellungen des Marktes entspricht oder ob nach einem Abschlag in Höhe von 1% ein den Wertvorstellungen des Marktes entsprechender Preis erreicht wurde. – Eine Strafbarkeit wegen (Eingehungs)Betrugs kann sich auch bei Täuschungen ergeben, die einem aussichtsreichen Mitbewerber konkrete Gewinnaussichten entziehen.[479] – Für den Fall, dass nicht ausreichende Indizien für einen Eingehungsbetrug vorliegen, hielt der BGH[480] 1992 in der Vermeidung der Reduktion des vereinbarten Preises auf den Selbstkostenpreis nach der VO PR 1/72 und in der Verhinderung der Geltendmachung von Schadensersatzansprüchen das Vorliegen eines Erfüllungsbetruges für möglich; ersteres ist durch die Aufhebung der VO durch VO vom 16.6.1999[481] hinfällig geworden; letzteres hat der BGH in späteren Entscheidungen[482] mangels Stoffgleichheit abgelehnt, da es sich nur um eine mittelbare Folge der auf das Erlangen eines Auftrags gerichteten Tat handele. Ein echter **Erfüllungsbetrug** lag jedoch in

---

[475] N. zur in der Literatur teilweise umstrittenen Rechtsprechung zur Anerkennung von Anwartschaften bzw. Erwerbs- und Gewinnaussichten als Vermögenswerte *Tröndle/Fischer*, Rn. 56 f.; LK-*Lackner*, Rn. 134 ff.; MK-*Hefendehl*, Rn. 339 ff.; *Küper*, Strafrecht BT, 5. Aufl. 2002, S. 348; *Grützner* (Fn. 473), S. 224 ff. – Teilweise wird sogar das Bestehen einer Chance bestritten, vgl. *Best* (Fn. 457), 167 m.w.N.

[476] Vgl. insbesondere *Cramer* (Fn. 474), S. 8 ff. (anders S. 35 ggf. bei Ausgleichszahlungen) und in *Schönke/Schröder*, Rn. 137a m.w.N.; MK-*Hohmann*, § 298, Rn. 29 ff.; *Dannecker*, in: Wabnitz/Janovsky, 2. Aufl., Kap. 16 Rn. 136; *Kosche*, Strafrechtliche Bekämpfung wettbewerbsbeschränkender Absprachen bei Ausschreibungen – § 298 StGB –, 2001, S. 61 ff., 79 ff. (Ausgleichszahlungen werden allerdings als Indiz anerkannt); dagegen *Greeve/Leipold/Diehl* (Fn. 39), § 23 Rn. 8 (es liegt eine Expektanz i.S. einer vermögensrelevanten tatsächlichen Erwerbsaussicht vor).

[477] Vgl. BGHSt 47, 83, 88 f. (Schmiergeld). Als weiteres Indiz nennt BGH wistra 1997, 336, 340 die Verschaffung von Informationen über die Mitbieter und das Budget des Auftraggebers für den jeweiligen Auftrag. – In der krit. Literatur (vgl. z.B. *Dannecker* [Rn. 476], Kap. 16 Rn. 139 m.w.N.) wird allerdings darauf hingewiesen, dass im Einzelfall diese Indizien für den Nachweis eines Vermögensschadens doch nicht ausreichen; krit. gegen die Gleichsetzung von Vermögensschaden und kartellbedingten Preisaufschlägen auch *Best* (Fn. 457), 157, 167 ff.

[478] Zur Errechnung von Mindestschäden bei der Festlegung sog. Mittelwerte durch das Kartell vgl. *Bannenberg*, in: Wabnitz/Janovsky, 3. Aufl., Kap. 10 Rn. 121.

[479] BGHSt 17, 147 ff.; 34, 379, 390 = wistra 1987, 334, 337 f. (konkret aussichtsreicher Mitbewerber mit einer Gewinnerwartung von DM 93.000 wurde durch nachträgliche Fälschung eines Angebots aus dem Markt gedrängt); NStZ 1997, 542 = wistra 1997, 144 f. (zust. zu den Entscheidungen *Bannenberg*, a.a.O., Rn. 114 ff.); vgl. aber auch BGH wistra 1996, 233 f., wo der BGH einen Betrugsvorwurf nicht mehr bejahen wollte, wenn die Durchführung des Auftrags zu den im Ausschreibungsverfahren jeweils angebotenen Preisen für den Auftraggeber und den Drittbewerber ein Verlustgeschäft dargestellt hätte.

[480] In NJW 1992, 921, 923 = wistra 1992, 98, 101 (zust. zum ersten Punkt z.B. *Cramer* [Fn. 474], S. 24 f.); dazu ausführlich mit positivem Ansatz *Grützner* (Fn. 473), S. 309 ff., 336 ff.

[481] BGBl. I 1419.

[482] In NStZ 2000, 60 f. = wistra 2000, 61 f.; wistra 2001, 103 f.

einem Fall vor, in dem die Zahlung überhöhter Rechnungen als Folge einer einen (allerdings wegen Verjährung nicht mehr verfolgbaren) Eingehungsbetrug darstellenden Absprache zwischen einem Bauunternehmer und einem Amtsträger dazu diente, dem Amtsträger ein Schmiergeld zukommen zu lassen.[483]

X. Wettbewerbsbeschränkende Absprachen bei Ausschreibungen (§ 298 StGB)

1. Entstehungsgeschichte und Rechtsgut

141 Obwohl der BGH mit seinen Entscheidungen in den neunziger Jahren Möglichkeiten aufgezeigt hatte, gegen mit Täuschungen verbundene schädliche Submissionsabsprachen nicht nur mittels der Bußgeldvorschriften nach dem GWB, sondern auch durch Anwendung des Betrugstatbestandes vorzugehen, bestehen in der Praxis weiterhin Beweisschwierigkeiten hinsichtlich des Nachweises eines Vermögensschadens. Wegen der beschränkten general- und spezialpräventiven Wirkung der einschlägigen Bußgeldtatbestände hat der Gesetzgeber[484] – angesichts des qualifizierten Unrechtsgehalts von Absprachen, die darauf abzielen, im Rahmen von Ausschreibungen Unternehmen einen (meist öffentlichen) Auftrag zu günstigen Bedingungen zu verschaffen – es für notwendig erachtet, gegen diese im Rahmen des Gesetzes zur Bekämpfung der Korruption vom 13.8.1997 durch Einführung eines Straftatbestandes gegen „Wettbewerbsbeschränkende Absprachen bei Ausschreibungen" (§ 298) in dem neugebildeten Abschnitt des Strafgesetzbuches über „Straftaten gegen den Wettbewerb" vorzugehen. Die in der Praxis öfters feststellbare Verknüpfung solcher Absprachen mit Bestechungshandlungen hat nicht nur die Initiatoren für Reformvorschläge, sondern auch den Gesetzgeber bewogen, diese Neuerung in den Zusammenhang mit den Änderungen zum Bestechungsstrafrecht zu stellen.

142 Der Gesetzgeber hat sich bei der Ausgestaltung von früheren Vorschlägen in den siebziger und achtziger Jahren sowie von dem Vorschlag des Bundesrats gelöst, welche die Schaffung eines Straftatbestandes „Ausschreibungsbetrug" als abstraktes Gefährdungsdelikt im Vorfeld des Betruges vorsahen. § 298 setzt weder eine Täuschung noch den Eintritt eines Vermögensschadens voraus. Die Neuerung lautet wie folgt:

„(1) Wer bei einer Ausschreibung über Waren oder gewerbliche Leistungen ein Angebot abgibt, das auf einer rechtswidrigen Absprache beruht, die darauf abzielt, den Veranstalter zur Annahme eines bestimmten Angebots zu veranlassen, wird mit Freiheitsstrafe bis zu fünf Jahren oder mit Geldstrafe bestraft.

(2) Der Ausschreibung im Sinne des Absatzes 1 steht die freihändige Vergabe eines Auftrages nach vorausgegangenem Teilnahmewettbewerb gleich."

143 Standort, Bezeichnung, Struktur und Wille des Gesetzgebers zeigen deutlich, dass primär geschütztes **Rechtsgut** der freie bzw. faire Wettbewerb ist; das Vermögen des Veran-

---

[483] BGH NStZ 1999, 542 (dazu *Bannenberg* [Fn. 478], Kap. 10 Rn. 117); krit. zur Begründung MK-*Hefendehl*, Rn. 510.
[484] Vgl. näher zur Begründung die Materialien: Koalitionsentwurf, BT-Drucks. 13/5584, S. 9, 12 f. = RegE, BT-Drucks. 13/6424; BR-Entwurf, BT-Drucks. 13/3353; BT-Ausschussbericht, BT-Drucks. 13/8079 S. 13 f.; ausführlich zur Historie *Grützner* (Fn. 473), S. 359 ff. und zu den kriminalpolitischen Hintergründen und Erwägungen für einen Sondertatbestand z.B. LK-*Tiedemann*, Rn. 6 ff.; NK-*Dannecker*, Rn. 1 ff.; *Arzt/Weber* § 21 Rn. 103 ff. m.w.N.; *Möhrenschlager*, JZ 1996, 822, 828 f.

stalters einer Ausschreibung und der Mitwettbewerber ist allerdings mitgeschützt.[485] Der Tatbestand stellt nach h.M. ein abstraktes Gefährdungs- und ein Tätigkeitsdelikt dar[486], demgegenüber sieht z.B. *Tiedemann*[487] den Wettbewerb als verletzt an, was aber nicht der Fall zu sein braucht, wenn der Veranstalter die Rechtswidrigkeit der Angebote durchschaut. Angesichts der Ausgestaltung als Wettbewerbsdelikt wird der Tatbestand nicht dadurch unanwendbar, dass in concreto kein Vermögensschaden eingetreten ist. Dasselbe gilt beim Fehlen einer Wettbewerbsbeeinträchtigung. Die Existenz einer Regelung über tätige Reue in Absatz 3 spricht deutlich gegen Versuche, den Tatbestand im Wege der Auslegung in dieser Richtung einzuschränken.

2. Ausschreibung

Strafbarkeit setzt voraus, dass die Tat **„bei einer Ausschreibung über Waren oder gewerbliche Leistungen"** (Abs. 1) oder bei einer **„freihändigen Vergabe eines Auftrages nach vorangegangenem Teilnahmewettbewerb"** (Abs. 2) begangen wird. Andere Vergabearten, insbesondere die „freihändige Vergabe" bzw. das „Verhandlungsverfahren" (§ 101 IV GWB) ohne vorausgegangenem Teilnahmewettbewerb unterfallen nicht § 298.[488] In diesen Bereichen können die Bußgeldvorschriften des GWB eingreifen. Informelle Bemühungen um Auftragserlangung außerhalb oder neben solchen Verfahren werden auch nicht erfasst. Strafrechtlich kann hier ein Schutz durch § 263 bzw. durch die §§ 299 ff., 331 ff. bestehen. 144

Bei einer **Ausschreibung** handelt es sich um ein Verfahren, mit dem ein Veranstalter je nach Art des Verfahrens Angebote einer unbestimmten oder beschränkten Anzahl von Anbietern für die Lieferung bestimmter Waren oder das Erbringen bestimmter Leistungen, wie von Bau- und Dienstleistungen, einholt.[489] 145

Angesichts des Fehlens einer ausdrücklichen Auslandserstreckung wie in § 299 Abs. 3 und des in den Entwürfen inlandsbezogen vermittelten Verständnisses der neuen Vorschrift, die zu einer Kriminalisierung eines Teilbereichs von Ordnungswidrigkeiten des GWB führen sollte, bestehen Zweifel, ob **ausländische Ausschreibungen**, sei es in Nicht-EU-Staaten, in EU-Staaten oder auch nur bei EU-Institutionen einbezogen sind oder nicht. Auf jeden Fall können im Ausland begangene Straftaten nach § 298 dann erfasst werden, wenn sie Wirkungen im Inland haben, wie dies früher teilweise auch zu § 12 UWG a.F. vertreten wurde. Gestützt wird eine solche Auslegung durch § 130 II GWB, wonach das GWB auf alle Wettbewerbsbeschränkungen Anwendung findet, die sich in dessen Geltungsbereich auswirken, auch wenn sie von außerhalb beeinflusst wur- 146

---

[485] H.M., vgl. LK-*Tiedemann*, Rn. 9 f., der allerdings Mitbewerber nur als mittelbar geschützt ansieht; *Tröndle/Fischer*, Rn. 2; *Dannecker*, in: Wabnitz/Janovsky, 2. Aufl., Rn. 146 und in NK, Rn. 12 f.; *Kosche* (Fn. 476), S. 131 ff.; *Grützner* (Fn. 473), S. 414 ff. jeweils m.w.N.; auf den Vermögensschutz stellen *Lüderssen*, BB 1996, 2527 und *Maurach/Schroeder/Maiwald*, Strafrecht, BT, Tbd. 1, 9. Aufl. 2003, § 68 Rn. 2 ab. Für MK-*Hohmann*, Rn. 1, 3 ist das Vertrauen in die Funktionsfähigkeit des freien und fairen Wettbewerbs das geschützte Rechtsgut.

[486] BGH wistra 2003, 146 f. (abstraktes Gefährdungsdelikt); *Tröndle/Fischer*, Rn. 3a m.N.; *Kosche* (Fn. 476), S. 138 f.; dazu krit. *Grützner* (Fn. 473), S. 489 ff., 506 ff., der ausgehend von *Walter*, GA 2001, 131 ff. von einem verfahrensgebundenen Verletzungsdelikt ausgeht (vgl. auch BGHSt 49, 201, 209 = wistra 2004, 387, 390: verfahrensgebundenes Delikt); wieder anders MK-*Hohmann*, Rn. 6, Vertrauensverletzung = Erfolgsdelikt.

[487] LK-*Tiedemann*, Rn. 12; *Wessels/Hillenkamp*, Rn. 699; für *Walter*, GA 2001, 139 ff. ist Angriffsobjekt das Wettbewerbsverfahren; vgl. auch NK-*Dannecker*, Rn. 16 (Verletzung des Ausschreibungswettbewerbs).

[488] So auch der Koalitionsentwurf, BT-Drucks. 13/5584, S. 14; *Greeve*, in: Greeve/Leipold (Fn. 39), § 10 Rn. 11.

[489] *Greeve*, in: Greeve/Leipold (Fn. 39), § 10 Rn. 9.

den. Die Einbeziehung von Verstößen gegen Art. 81 und 82 EGV in die – allerdings grundsätzlich territorial beschränkte (§ 5 OWiG, erweitert in § 7 OWiG und § 130 II GWB) – Bußgeldvorschrift des § 81 I GWB durch das 7. ÄndG-GWB[490] spricht jedoch nun dafür, den im Text tatbestandlich nicht beschränkten § 298 StGB i.V. mit (direkten oder indirekten) Verstößen eine weitere EU-Recht bezogene Anwendung für Auslandstaten zu geben.[491]

147 Bei den europaweiten bzw. inlandsbezogenen **Ausschreibungen i.S. des Absatzes 1** handelt es sich um sog. „offene Verfahren" und „nicht offene Verfahren" i.S. der einschlägigen EG-Richtlinien und der diese umsetzenden deutschen Vergabe VO (VgV)[491a] und Verdingungsordnungen sowie – unterhalb der EU-Schwellenwerte – um „öffentliche Ausschreibungen" und „beschränkte Ausschreibungen" i.S. dieser deutschen Regelungen (§ 101 I – III GWB; §§ 4 ff. VgV; Vergabe- und Vertragsordnung für Bauleistungen (VOB)[492] Teil A (VOB/A), Abschn. 1 § 3, Abschn. 2 § 3, Abschn. 3 §§ 3, 3b, Abschn. 4, § 3; Verdingungsordnung für Leistungen (VOL) Teil A (VOL/A)[493], Abschn. 1 § 3, Abschn. 2 §§ 3, 3a; Abschn. 3 §§ 3, 3b, Abschn. 4 § 3); § 30 HGrG, § 55 I BHO nebst VV-BHO.

148 Erfasst werden nicht nur Verfahren der öffentlichen Hand, d.h. von öffentlichen Auftraggebern i.S. von § 98 GWB oder solche, die zur Anwendung von VOB/A bzw. VOL/A verpflichtet sind,[494] die unter bestimmten Voraussetzungen jeweils auch juristische Personen des privaten Rechts und natürliche Personen einschließen,[495] sondern auch sonstige private Unternehmen[496] und private Veranstalter (z.B. private Bauherren), wenn deren Vergabeverfahren in Anlehnung an die Bestimmungen der einschlägigen Verdingungsordnungen ausgestaltet sind.[497]

149 Durch **Absatz 2** werden auch Tathandlungen im Zusammenhang mit **nach vorangegangenem Teilnahmewettbewerb erfolgten freihändigen Vergaben**, denen EU-rechtlich die **Verhandlungsverfahren** entsprechen, einbezogen. Vgl. § 101 IV GWB; VOB/A, Abschnitt 1 § 3 Nr. 4, Abschnitt 2, § 3 Nr. 4, § 3a Nr. 4, 5; VOL/A, Abschnitt 1, §§ 3 III, IV Nr. 4, Abschnitt 2, § 3 III, IV Nr. 4, § 3a Nr. 1 (1), Nr. 2, Abschnitt 3 Nr. 1 (3) (4), § 3b

---

[490] V. 7.7.2005, BGBl. I 1994.
[491] Für eine Anwendung auf Ausschreibungen in EU-Staaten und durch EU-Institutionen LK-*Tiedemann*, Rn. 54; MK-*Hohmann*, Rn. 130; *Schönke-Schröder/Heine*, Rn. 1; für letzteres auch *Tröndle/Fischer*, Rn. 5a, der ersteres für zweifelhaft hält; für Anwendung des § 298 auf Ausschreibungen der EG und ausländische Ausschreibungen, auf die das EG-Recht Anwendung findet, NK-*Dannecker*, Rn. 74; *Greeve*, in: Greeve/Leipold (Fn. 39), § 10 Rn. 42 und in: Korruptionsdelikte (Fn. 473), Rn. 385, hält die Frage zwar noch nicht für abschließend geklärt, hält jedoch Rn. 96 einen Bieter nach der Abgabe eines Angebots im Ausland gegenüber dem Veranstalter einer Ausschreibung mit Sitz im Ausland nach § 7 Abs. 1 (gemeint ist hier wohl der Fall, dass andere deutsche Mitbieter benachteiligt werden) und Abs. 2 Nr. 1 StGB für strafbar, wenn die konkrete Tat im Ausland (wenn auch nicht als Wettbewerbsdelikt) mit Strafe bedroht ist. Dies setzt jedoch voraus, dass der Tatbestand als solcher auf Auslandsfälle überhaupt anwendbar ist. § 7 ist keine Regelung, die solche Tatbestandserweiterungen herbeiführen könnte. Hat der Veranstalter seinen Sitz im Inland, liegt bei der Angebotsabgabe vom Ausland her eine Inlandstat vor (§§ 3 i.V. mit § 9 Abs. 1 1. Alt.), die auf jeden Fall zur Anwendung des § 298 führt (ebenso *Greeve*, in: Greeve/Leipold [Fn. 39], § 10 Rn. 95 und in: Korruptionsdelikte [Fn. 473], Rn. 384).
[491a] VgV i.d.F. v. 11.2.2003 (BGBl. I 169); Neugestaltung in naher Zukunft.
[492] I.d.F. der Bekanntmachung v. 20.3.2006, BAnz. 2006 Beilage Nr. 94a.
[493] I.d.F. der Bekanntmachung v. 6.4.2006, BAnz. 2006 Beilage Nr. 100a und Berichtigung v. 7.6.2006, BAnz. S. 4368.
[494] Vgl. z.B. § 5 SächsVergabeG, GVBl. 2002, S. 218; § 3 II BremVergabeG, GVBl. 2002, S. 594.
[495] Dazu näher *Greeve*, in: Greeve/Leipold (Fn. 39), § 10 Rn. 14 ff.
[496] Koalitionsentwurf BT-Drucks. 13/5584, S. 14.
[497] BGH NStZ 2003, 548 = wistra 2003, 146 f. (für „private Veranstalter"; im Fall eine GmbH) m. krit. Anm. *Greeve*, NStZ 2003, 549; vgl. auch BGHSt 49, 201 = wistra 2004, 387 (Veranstalter waren gemeinnützige GmbHs); LK-*Tiedemann*, Rn. 22; NK-*Dannecker*, Rn. 29; *Tröndle/Fischer*, Rn. 6 m.N. – Zu einschränkend bei ihrer Konkretisierung *Greeve*, in: Greeve-Leipold (Fn. 39), § 10 Rn. 20 ff., und in: Korruptionsdelikte (Fn. 473), Rn. 352 f., 356 f.

Nr. 1 Satz 1 Buchstabe c, Satz 2, Abschnitt 4, § 3 Nr. 2 Buchstabe c; § 5 Verdingungsordnung für freiberufliche Leistungen (VOF)[498].

§ 298 bezieht sich (wie auch § 299) auf „Ausschreibungen über **Waren und gewerbliche Leistungen**". Waren sind sämtliche Objekte des Geschäftsverkehrs, die insbesondere Gegenstand von Lieferverträgen sind (vgl. § 99 II GWB). Gewerbliche Leistungen sind im geschäftlichen Verkehr erbrachte Leistungen für einen anderen, insbesondere Dienstleistungen (vgl. § 99 I GWB) und aufgrund eines Werkvertrags erbrachte Leistungen von Gewerbebetrieben und auch von sonstigen Unternehmen i.S. des GWB einschließlich solcher von freien Berufen[499] und des Staates im privatwirtschaftlichen Verkehr.[500] 150

3. Rechtswidrige Absprache

§ 298 setzt eine „rechtswidrige Absprache" voraus, auf welcher das vom Täter abgegebene Angebot beruht. Die Gesetzentwürfe zum § 298[501] verwiesen bei der Erörterung dieses Begriffs auf die nach § 1 GWB a.F. unwirksamen Verträge und die nach § 25 GWB a.F. verbotenen abgestimmten Verhaltensweisen. Die Neufassung des GWB stellt in § 1 auf „Vereinbarungen" und „abgestimmte Verhaltensweisen" ab, welche die Interpretation des strafrechtlichen **Absprachebegriffs** entsprechend dem Willen des Gesetzgebers für eine weite Auslegung bestimmen sollten. Zu letzterem ausreichend ist eine von einem Bindungswillen getragene koordinierte Verständigung (auch gentlemen's agreements). Vor- und Auslotungsgespräche, etwa zum Angebotsinteresse, genügen allerdings nicht.[502] **Rechtswidrig** ist die Absprache, wenn sie gegen das Kartellverbot in § 1 GWB n.F. oder in Art. 81, 82 EGV verstößt. Das „Verbot" von „Vereinbarungen" und von „aufeinander abgestimmten Verhaltensweisen, die eine Verhinderung, Einschränkung oder Verfälschung des Wettbewerbs (…) bezwecken oder bewirken", wird von der h.L.[503] zum Tatbestand gerechnet. Da der Wortlaut von § 298 StGB keine Einschränkung enthält, der Gesetzgeber mit der Bezugnahme auf § 25 GWB a.F. auch vertikale Vereinbarungen erfasste, Art. 81 EGV (i.V.m. der EG-VO Nr. 1/2003) anders als der bis Juli 2005 geltende § 1 GWB auch diese in sein Verbot einbezieht und diesem folgend im 7. ÄndG zum GWB[504] die Worte „zwischen miteinander im Wettbewerb stehenden Unternehmen in § 1 Abs. 1 GWB gestrichen wurden, besteht entgegen dem BGH[505] kein Anlass für eine Auslegung, die unter „rechtswidriger Absprache" weiterhin nur eine „kartellrechtswidrige Absprache zwischen miteinander im Wettbewerb stehenden Unternehmen", also nur horizontale Sub- 151

---

[498] I.d.F. der Bekanntmachung v. 26.8.2002, BAnz 2002 Beilage Nr. 203a.
[499] Vgl. LK-*Tiedemann*, Rn. 25 ff.; NK-*Dannecker*, Rn. 36 ff.; *Tröndle/Fischer*, Rn. 8; Entwurf, BT-Drucks. 13/5584 S. 14.
[500] *Kosche* (Fn. 460), S. 141; MK-*Hohmann*, Rn. 59; *Schönke-Schröder/Heine*, Rn. 5.
[501] Vgl. BT-Drucks. (Fn. 449).
[502] Vgl. zur Diskussion LK-*Tiedemann*, Rn. 34 (teilweise einschr.); *Schönke/Schröder/Heine*, Rn. 11; NK-*Dannecker*, Rn. 45 f.; *Tröndle/Fischer*, Rn. 9; *Wessels/Hillenkamp* (Fn. 374), Rn. 700; *Achenbach*, in: Achenbach/Ransieck (Fn. 299), Rn. 15; *Grützner* (Fn. 473), S. 519 f.; *Greeve*, in: Greeve/Leipold (Fn. 39), § 10 Rn. 68 ff.; *Korte*, NStZ 1997, 516; *König*, JR 1997, 402; gegen Einbeziehung jedes abgestimmten Verhaltens *Kleinmann/Berg*, BB 1998, 277, 280.
[503] LK-*Tiedemann*, Rn. 37; *Lackner/Kühl* Rn. 3; NK-*Dannecker*, Rn. 50; *Kindhäuser*, Rn. 7; Grützner (Fn. 473), S. 522 ff. jeweils m.w.N.; *Joecks*, Rn. 4; a.A *Schönke/Schröder/Heine*, Rn. 13; Zweifel bei *Tröndle/Fischer*, Rn. 10, 18 jeweils m.w.N.; wohl auch BGHSt 49, 201, 205 = wistra 2004, 387, 389 („tatbestandsmäßige Einschränkung auf „rechtswidrige" Absprachen").
[504] Vom 7.7.2005, BGBl. I 1954; GWB-Neufassung in BGBl. I 2114, 2117.
[505] BGH a.a.O., zust. Dannecker, JZ 2005, 49, ebenso in NK, Rn. 21; BGH wistra 2005, 29; 2006, 385 f.; LK-*Tiedemann*, Rn. 16 f., 34 f.; *Greeve*, in: Leipold/Greeve (Fn. 39), Rn. 64 ff. und in: Korruptionsdelikte (Rn. 473), Rn. 373 f.

missionsabsprachen, versteht. Eine rechtswidrige Absprache zwischen einem Anbieter und einer Person auf der Seite des Veranstalters genügt[506].

152 Die Absprache muss **„darauf abzielen, den Veranstalter zur Annahme eines bestimmten Angebots zu veranlassen"**. Nicht notwendig ist, dass die Absprache auf die Annahme eines Angebots eines bestimmten Anbieters gerichtet ist. Ausreichend ist, wenn die Absprache auf die Festlegung eines bestimmten Inhalts des Angebots beschränkt ist und es mehreren oder allen beteiligten Anbietern freigestellt ist, ein Angebot mit einem solchen Inhalt zu unterbreiten.[507] Streitig ist, ob die Festlegung einer Preisuntergrenze ausreicht.[508] Die Absprache muss zum Ziel haben, in einem Vergabeverfahren die Entscheidung des Veranstalters zu beeinflussen, was auch bei der Abgabe von Schutzangeboten als Folge der Absprache der Fall sein kann.[509] Auf das Verheimlichen der Kartellabsprache vor dem Veranstalter kommt es nach der Struktur des § 298 und dem Willen des Gesetzgebers[510] nicht an. Die Einbeziehung von Mitarbeitern des Veranstalters in die Absprache, ja sogar deren Initiative für eine solche, ist kein Hindernis für die Anwendung von § 298.[511]

4. Angebotsabgabe

153 Tatbestandsmäßig handelt, wer „ein Angebot abgibt", das auf der in 3. geschilderten Absprache „beruht". Es muss sich um ein schriftliches Angebot handeln, das als solches nicht allen spezifisch vergaberechtlichen Anforderungen entsprechen braucht.[512] **Beruht** auf der Absprache, wenn es durch diese zumindest mitverursacht ist. Dies ist auch dann gegeben, wenn der Täter aus dem Submissionskartell aussteigt, seine Kenntnisse aber zum eigenen Vorteil bei der Abgabe seines Angebots ausnutzt.[513] **Abgegeben** – was auch durch Unterlassen möglich ist[514] – ist das Angebot und damit die Tat vollendet, wenn das Angebot dem Veranstalter zugeht,[515] Kenntnisnahme oder Annahme sind nicht erforderlich. Im Kollusionsfall ist die Tat vollendet, wenn das Angebot bei der zuständigen Vergabestelle für den ordnungsgemäßen Geschäftsgang eingeht.[516] Für den BGH[517] ist für die Anwendung von § 298 unerheblich, dass ein Angebot erst nach dem vorgesehenen Submissionstermin und Beginn der Eröffnung, also verspätet, eingeht. **Täter** kann nach

---

[506] *Dannecker*, in: Wabnitz/Janovsky, 2. Aufl., Kap. 16 Rn. 152 (!); ebenso *Möhrenschlager*, wistra 2005 H. 9 S. VII; MK-*Hohmann*, Rn. 84 f.; w.N. in BGHSt 49, 201, 204 ff. = wistra 2004, 388 f.
[507] MK-*Hohmann*, Rn. 51 ff. m.N.
[508] Bejahend MK-*Hohmann*, Rn. 92; LK-*Tiedemann*, Rn. 40; verneinend *Tröndle/Fischer*, Rn. 11; *Kosche* (Fn. 476), S. 152.
[509] *Greeve*, in: Leipold/Greeve (Fn. 39), § 10 Rn. 102 f. und in: Korruptionsdelikte (Fn. 473), Rn. 377, 392.
[510] Vgl. BT-Drucks. a.a.O.
[511] H.M. vgl. LK-*Tiedemann*, Rn. 39 f.; MK-*Hohmann*, Rn. 94; NK-*Dannecker*, Rn. 53; *Tröndle/Fischer*, Rn. 11 f.; Schönke/Schröder/Heine, Rn. 12; *Grützner* (Fn. 473), S. 521; *Achenbach*, in: Achenbach/Ransiek, Rn. 16; *Kosche* (Fn. 476), S. 152 f., jeweils m.w.N.; davon geht offenbar auch BGHSt 49, 201 = wistra 2004, 387 aus. Krit. *Greeve*, in: Leipold/Greeve (Fn. 39), § 10 Rn. 94.
[512] *Greeve* (Fn. 26), Rn. 377; MK-*Hohmann*, Rn. 67 (betr. weniger gravierende Mängel); teilweise a.A. LK-*Tiedemann*, Rn. 29; NK-*Dannecker*, Rn. 40.
[513] LK-*Tiedemann*, Rn. 33; NK-*Dannecker*, Rn. 51; Schönke/Schröder/Heine, Rn. 14; *Tröndle/Fischer*, Rn. 14; a.A. teilweise MK-*Hohmann*, Rn. 71.
[514] Vgl. dazu Schönke/Schröder/Heine, Rn. 9; *Tröndle/Fischer*, Rn. 16; *Kosche* (Fn. 476), S. 145 f.; *Grützner* (Fn. 473), S. 517 f.
[515] BGH NStZ 2003, 548 = wistra 2003, 146 f.; *Tröndle/Fischer*, Rn. 15 m.N.; *Kosche* (Fn. 476), S. 143 f.; *Grützner* (Fn. 473), S. 516 f.; *Greeve*, in: Leipold/Greeve (Fn. 39), § 10 Rn. 50; MK-*Hohmann*, Rn. 69.
[516] LK-*Tiedemann*, Rn. 31; NK-*Dannecker*, Rn. 41; Schönke-Schröder/Heine, Rn. 8.
[517] BGH a.a.O.; abl. *Tröndle/Fischer*, Rn. 15a; NK-*Dannecker*, Rn. 41; MK-*Hohmann*, Rn. 71.

überwiegender Meinung jedermann, also auch ein Mitarbeiter des Veranstalters, sein, während die Gegenmeinung eine Beschränkung auf Kartellmitglieder vornimmt.[518]

5. Subjektive Tatseite und tätige Reue

Strafbar ist vorsätzliches Handeln; der **Vorsatz** muss sich daher auf alle Tatbestandsmerkmale, einschließlich der Rechtswidrigkeit der Absprache, beziehen. Bedingter Vorsatz reicht aus. In Anlehnung an § 264 Abs. 5, § 264a Abs. 3, § 265b Abs. 2 enthält Absatz 3 einen persönlichen Strafausschließungsgrund der **tätigen Reue**.[519]   154

XI. Verletzung von Strafvorschriften zum Schutz von Geheimnissen

1. Bedeutung von Geheimnisverletzungen

Wie teilweise schon die Erörterung der Bestechungstatbestände und des Untreuetatbestandes gezeigt hat, kann in Fällen von Korruption auch der Verrat, die Erlangung und die unerlaubte Verwertung von Geheimnissen eine gewichtige Rolle spielen. Dies ist natürlich insbesondere dann der Fall, wenn diese zentrales Ziel von Bestechungshandlungen sind. Darüber hinaus kann Geheimnisverletzung der Vorbereitung von Korruptionstaten dienen. Insbesondere in Fällen von Submissionsabsprachen und damit verbundenen Bestechungen von Amtsträgern spielt für deren „Erfolg" die Erlangung und Preisgabe von im Ausschreibungsverfahren geheimzuhaltenden Informationen eine nicht unerhebliche Rolle. Dem Geheimnisschutz dienen verschiedene Strafvorschriften, die in der Praxis – bedingt auch durch das teilweise Erfordernis eines Strafantrags bzw. einer Ermächtigung – allerdings bisher nur beschränkte Anwendung gefunden haben.   155

2. Verletzung von Dienstgeheimnissen (§ 353b Abs. 1 StGB)

Durch Gesetz vom 2.7.1936[520] wurde erstmals eine umfassende Regelung zum Schutz von Dienstgeheimnissen in das Strafgesetzbuch eingefügt. Nach mehr redaktionellen Änderungen durch verschiedene Gesetze lautet der hier interessierende Absatz 1 wie folgt: 156

„(1) Wer ein Geheimnis, das ihm als
1. Amtsträger,
2. für den öffentlichen Dienst besonders Verpflichteten oder
3. …
anvertraut worden oder sonst bekannt geworden ist, unbefugt offenbart und dadurch wichtige öffentliche Interessen gefährdet, wird mit Freiheitsstrafe bis zu fünf Jahren oder mit Geldstrafe bestraft. Hat der Täter durch die Tat fahrlässig wichtige öffentliche Interessen gefährdet, so wird er mit Freiheitsstrafe bis zu einem Jahr oder mit Geldstrafe bestraft.

---

[518] N. zum Streitstand in BGHSt 49, 201, 208 = wistra 2004, 387, 390 für letztere Auffassung MK-*Hohmann*, Rn. 101 ff.
[519] Kritisch zur Reichweite LK-*Tiedemann*, Rn. 45; *Tröndle/Fischer*, Rn. 21; s. auch die Ausführungen von *Greeve* (Fn. 473), Rn. 395 ff.
[520] RGBl. I 532 (nicht typisch nationalsozialistisch; zur Geschichte, auch zu Forderungen vor 1933 s. *Probst*, Der strafrechtliche Schutz des Amtsgeheimnisses unter besonderer Berücksichtigung der §§ 353b und 353c StGB, 1939; *Möhrenschlager*, JZ 1980, 161 m.w.N.).

(2) …
(3) Der Versuch ist strafbar.
(4) Die Tat wird nur mit Ermächtigung verfolgt …"

157 Für die Strafbarkeit kommt es nicht darauf an, ob der Täter die in § 353b vorausgesetzte Eigenschaft als Amtsträger usw. (§ 11 Abs. 1 Nr. 2, 4; auch anwendbar auf Soldaten nach §§ 1 Abs. 3, 48 WehrstrafG) zur Zeit der Offenbarung des Dienstgeheimnisses besitzt, sondern darauf, ob diese im Zeitpunkt der Kenntnisnahme vorlag. Anders als bei der Amtsträgerbestechung ist daher eine Offenbarung auch nach Ausscheiden aus dem Dienst strafbar.

158 Ein **Geheimnis** ist eine geheimhaltungsbedürftige Sache oder Tatsache, die nicht allgemein, d.h. höchstens einem begrenzten überschaubaren Personenkreis bekannt ist. Der Verrat offenkundiger Tatsachen ist daher ausgenommen: Zu solchen werden Tatsachen gerechnet, von denen ein verständiger und erfahrener Mensch ohne weiteres Kenntnis haben oder von denen er sich jederzeit durch Benutzung allgemein zugänglicher, zuverlässiger Quellen (z.B. Zeitschriften, Bibliotheken, Adress- und Telefonbücher, Daten im Internet und in Registern) unschwer überzeugen kann.[521] Ein Geheimnis kann die eigentlich dienstliche Sphäre, aber als vertraulich zu behandelnde personenbezogene Umstände auch die private Sphäre betreffen, soweit diese im inneren Zusammenhang mit der Diensttätigkeit bekannt geworden sind.[522] Beispiele für beide Bereiche sind Tatsachen im Rahmen von Ausschreibungsverfahren, z.B. die für den zu vergebenden Auftrag berechneten Vorkalkulationen, bei beschränkten Ausschreibungen die Liste der zur Teilnahme zugelassenen Bewerber[523] oder die der ausschreibenden Stelle übermittelten Angebote. Auskünfte über bevorstehende Ermittlungshandlungen, die an Betroffene gegeben werden, sind weitere klassische Beispiele.[524] Auch rechtswidriges Handeln Dritter kann im Einzelfall eine geheimhaltungsbedürftige Tatsache darstellen.

159 **Offenbart**[525] wird ein Geheimnis, wenn es öffentlich bekannt[525] gemacht oder einem Unbefugten mitgeteilt wird. Hat der Empfänger schon vorher sichere Kenntnis, liegt kein Offenbaren vor.[526]

160 Ein strafbares Verhalten liegt nur vor, wenn nach Inhalt und Gegenstand **wichtige öffentliche Interessen konkret gefährdet** werden. Ein solches wichtiges Interesse ist z.B. der ungestörte Ablauf eines Ermittlungsverfahrens.[527] Nach der heftig umstrittenen

---

[521] BGHSt 48, 28 = wistra 2003, 97 (zu § 203; Fahrzeug- und Halterdaten im Fahrzeugregister sind nicht offenkundig, str., s. die N. bei MK-*Cierniak*, § 203 Rn. 92, 100); MK-*Graf*, § 353b Rn. 25).
[522] Beispiele für personenbezogene Daten in BGH NStZ 2000, 596 = wistra 2000, 426 (Mitteilung von Wohnanschriften, Aufenthaltsorten, Haftverhältnisse usw. von Schuldnern, Prozessgegnern an Anwaltskanzlei durch BGS-Beamten); BGHSt 46, 339 = wistra 2001, 261 (Auskünfte über personenbezogene Einträge und auch das Fehlen solcher Einträge aus dem polizeilichen Informationssystem Hepolis; dazu Anm. *Perron*, JZ 2002, 50); BGHSt 48, 126 = wistra 2003, 182 (innerdienstliche Vermerke und Verfügungen eines Ministers zu gegen Datenschutz verstoßende Nachforschungen zu personenbezogenen Einzelheiten in einem Verfahren; dazu *Hoyer*, JR 2003, 513). Weitere Beispiele bei NK-*Kuhlen*, Rn. 13; MK-*Graf* a.a.O.
[523] BGH wistra 1989, 261.
[524] BGHSt 10, 276; OLG Hamm wistra 2004, 73 (Steuerfahnder unterrichtet Bekannten über geplante Durchsuchung).
[525] BGHSt 48, 126 a.a.O. (während einer Pressekonferenz); vgl. auch OLG Hamm wistra 2000, 236 (Mitteilung durch StA-Pressesprecher).
[526] *Schönke/Schröder/Leckner/Perron*, Rn. 8; *Kindhäuser* Rn. 6; MK-*Graf*, Rn. 34 jeweils m.w.N.
[527] BGHSt 10, 276 f.; 46, 339 = wistra 2001, 261, 263 (polizeiliche Strategie, Milieu durch häufige Kontrollen zu verunsichern, ein wichtiges öffentliches Interesse, welches durch Mitteilungen aus polizeilichem Info-System gefährdet wird); OLG Hamm NJW 2000, 596, 598 = wistra 2000, 236 f. – Nach OLG Hamm wistra 2004, 73 f. liegt eine solche Gefährdung vor, wenn die konkrete Gefahr des Scheiterns der Ermittlungen herbeigeführt wird bzw. der tatsächliche Zugriff auf einen Gegenstand bei einer geplanten Durchsuchung konkret erschwert wird.

Rechtsprechung kann auch eine mittelbare Gefährdung ausnahmsweise ausreichen, etwa wenn das Vertrauen der Allgemeinheit bzw. Öffentlichkeit in die Integrität, d.h. die Verschwiegenheit staatlicher Stellen, und deren Funktionsfähigkeit konkret gefährdet würde. Der BGH[528] hat hier in einem neueren Fall darauf abgestellt, dass durch die Preisgabe die Aufgabenerfüllung ernstlich beeinträchtigt wird. Zur Feststellung bedarf es einer Gesamtwürdigung und -abwägung im Einzelfall, wobei Inhalt und Umfang der geheimhaltungsbedürftigen Tatsachen, deren geplante Verwendung und die Person des Amtsträgers Berücksichtigung finden müssen.[529]

Nicht **unbefugt** ist die Offenbarung, wenn kraft Gesetzes (z. B auf Grund einer darauf beruhenden Aussagegenehmigung) oder rechtfertigenden Notstandes eine Weitergabe erfolgt. Nach umstrittener und nicht unproblematischer Rechtsprechung sind auch illegale Geheimnisse geschützt, deren rechtmäßige Offenbarung (ebenso wie die sonstige Offenbarung von Missständen im öffentlichen Leben) grundsätzlich, außer bei besonders schweren (Verfassungs)Verstößen den Versuch, Abhilfe auf dem Dienstweg und über die Volksvertretung zu erlangen, voraussetzt.[530] Subjektiv muss die Handlung zumindest von bedingten Vorsatz getragen sein; für die Folge (Interessengefährdung) ist bei **Vorsatz** Satz 1 und bei Fahrlässigkeit Satz 2 anwendbar. Die Notwendigkeit, zur Verfolgung eine **Ermächtigung** einzuholen (Absatz 4), hat den Anwendungsbereich in der Praxis bisher beschränkt. **161**

3. Verletzung von Privatgeheimnissen (§ 203 Abs. 2, § 204 StGB)

Eine teilweise Ergänzung zu § 353b Abs. 1 stellt seit 1.1.1975 die durch das EGStGB geschaffene **Strafvorschrift über die unbefugte Offenbarung von Privatgeheimnissen und personenbezogene Daten durch Amtsträger und amtsnahe Personen nach § 203 Abs. 2 StGB** dar: **162**

„(2) Ebenso wird bestraft [d.h. mit Freiheitsstrafe bis zu einem Jahr oder mit Geldstrafe, Absatz 1], wer unbefugt ein fremdes Geheimnis, namentlich ein zum persönlichen Lebensbereich gehörendes Geheimnis oder ein Betriebs- oder Geschäftsgeheimnis, offenbart, das ihm als
1. Amtsträger,
2. für den öffentlichen Dienst besonders Verpflichteten,
…
5. öffentlich bestelltem Sachverständigen, der auf die gewissenhafte Erfüllung seiner Obliegenheiten auf Grund eines Gesetzes förmlich verpflichtet worden ist oder …
anvertraut worden oder sonst bekannt geworden ist. Einem Geheimnis im Sinne des Satzes 1 stehen Einzelangaben über persönliche oder sachliche Verhältnisse eines anderen gleich, die für Aufgaben der öffentlichen Verwaltung erfasst worden sind; Satz 1 ist jedoch nicht anzuwenden, soweit solche Angaben anderen Behörden oder sonstigen Stellen für Aufgaben der öffentlichen Verwaltung bekannt gegeben werden und das Gesetz dies nicht untersagt."

Ähnlich wie bei § 353b und § 17 UWG (s. 4.) werden in **Satz 1 Geheimnisse** als Tatsachen geschützt, die nur einem beschränkten Personenkreis bekannt oder zugänglich sind und an deren Geheimhaltung der Betroffene ein von einem geäußerten oder auch nur mutmaßlichen Geheimhaltungswillen getragenes berechtigtes objektiv schutzwürdiges **163**

---
[528] BGH NStZ 2000, 596, 598 = wistra 2000, 426 f.
[529] BGHSt 48, 126 = wistra 2003, 182, 184 f. (vgl. dazu *Tröndle/Fischer* Rn. 13b: für engen Anwendungsbereich); für NK-*Kuhlen*, Rn. 28 ff., genügt eine mittelbare Gefährdung generell nicht; einschränkend *Schönke-Schröder/Lenckner/Perron*, Rn. 6a, 9.
[530] Vgl. BGHSt 20, 342; BVerfGE 28, 191; LK-*Träger*, Rn. 35; MK-*Graf*, Rn. 42.

Interesse hat.⁵³¹ Es muss sich in § 203 um „**personenbezogene Informationen**"⁵³² handeln. Als „**fremde**" Geheimnisse müssen sie sich auf einen anderen Menschen oder auf juristische Personen oder Personenvereinigungen beziehen. Als Beispiele nennt das Gesetz Geheimnisse, die zu dem weit zu verstehenden **persönlichen Lebensbereich** gehören bzw. **Betriebs- oder Geschäftsgeheimnisse** darstellen. Relevante Beispiele sind auch hier im Ausschreibungsverfahren geschützte Informationen und Unterlagen⁵³³ (näher s.u. bei § 17 UWG). Die Offenbarung solcher Geheimnisse ist nicht unbefugt, wenn sie durch einen Rechtfertigungsgrund gedeckt ist. Beispiele sind die (mutmaßliche) Einwilligung des Verfügungsberechtigten, die teilweise als tatbestandsausschließendes Einverständnis bewertet wird, gesetzliche Offenbarungspflichten oder -befugnisse (auch z.B. nach dem GeldwäscheG; nach Presserecht; in Datenschutz- und Informationsfreiheitsgesetzen)⁵³⁴, rechtfertigender Notstand (§ 34) und nach der Rechtsprechung (und einem Teil der Lehre) auch die Wahrnehmung berechtigter Interessen.⁵³⁵

164 Satz 2 dehnt den Anwendungsbereich auf **für Aufgaben der öffentlichen Verwaltung erfasste personenbezogene Daten** aus. Solche **Einzelangaben** über **persönliche** oder **sachliche Verhältnisse** (vgl. auch § 3 Abs. 1 BDSG) müssen sich auf eine zumindest nach dem Zusammenhang erkennbare bzw. bestimmbare natürliche oder – insoweit weitergehend als im BDSG – auch juristische Person beziehen. Offenkundige Einzelangaben sind auch hier nicht geschützt.⁵³⁶ Der Tatbestand entfällt auch in den Fällen der nicht untersagten Weitergabe an andere Behörden und sonstige Stellen nach Satz 2 2. Halbsatz. Darüber hinaus können sich Offenbarungsbefugnisse aus der Einwilligung des Betroffenen und sonstigen spezifischen Regelungen, im allgemeinen jedoch nicht aus § 34 herleiten lassen.⁵³⁷

165 Strafbar ist **vorsätzliches** Handeln. Handelt der Täter gegen Entgelt oder in der Absicht, sich oder einen anderen zu bereichern oder einen anderen zu schädigen, erhöht sich der Strafrahmen auf zwei Jahre Freiheitsstrafe. Derselbe Strafrahmen ist bei der **unbefugten Verwertung**, d.h. auf Gewinnzielung abzielender wirtschaftlicher Nutzung⁵³⁸ **eines fremden Geheimnisses durch den zur Geheimhaltung Verpflichteten** anwendbar (**§ 204 Abs. 1 StGB**). Die Vermögensinteressen des Geheimnisberechtigten müssen berührt sein. Für die Verfolgung der Taten nach den §§ 203 und 204 ist ein **Strafantrag** erforderlich (**§ 205 StGB**). Zwischen § 353b und § 203 ist Tateinheit möglich. Gegenüber einschlägigen Datenschutzvorschriften geht § 203 vor (vgl. § 1 Abs. 4 BDSG; § 33 Abs. 2 DSG NRW). Umgekehrt wird § 203 durch die §§ 17, 18 UWG verdrängt.⁵³⁹ § 203 Abs. 5 geht § 204 vor. Zwischen § 204 und den §§ 17 und 18 UWG wird demgegenüber im allgemeinen Tateinheit angenommen.⁵⁴⁰

---

⁵³¹ Ausführliche Kommentierung dazu von LK-*Schünemann*, Rn. 19 ff.; MK-*Ciernak*, Rn. 11 ff.; NK-*Kargl*, Rn, 6 ff.; *Schönke-Schröder/Lenckner/Perron*, Rn. 5 ff.; neueres Beispiel OLG Hamm NJW 2001, 1957 = wistra 2001, 228. Zur Problematik vgl. *Tröndle/Fischer*, Rn. 44 m.N.
⁵³² *Rogall*, NStZ 1983, 1, 5.
⁵³³ *Greeve*, in: Greeve/Leipold (Fn. 39), § 13 Rn. 4; *dies.* (Fn. 473), Rn. 571.
⁵³⁴ Zur Berechtigung der Erteilung von Auskünften durch einen StA-Pressesprecher nach § 4 NRW-PresseG über Betrugsstraftaten eines namentlich genannten Verdächtigen im Wege einer Interessenabwägung vgl. OLG Hamm NJW 2000, 1278 = wistra 2000, 236 f.; zur Problematik *Tröndle/Fischer*, Rn. 44 und MK-*Cierniak*, Rn. 105 m.N. Umfangreiche Darlegungen zum (un)befugten Offenbaren in NK-*Kargl*, Rn. 50 ff.; *Schönke-Schröder/Lenckner/Perron*, Rn 21 ff.
⁵³⁵ N. bei *Tröndle/Fischer*, Rn. 45; *Schönke-Schröder/Lenckner/Perron*, Rn. 33; NK-*Kargl*, Rn. 70 (abl.).
⁵³⁶ RegE-EGStGB, BT-Drucks. 7/550 S. 243; BGHSt 48, 28 = wistra 2003, 97 f.
⁵³⁷ Dazu näher *Schönke/Schröder/Lenckner*, Rn. 53 ff.; MK-*Cierniak*, Rn. 104 ff. (sehen nach Rn. 109 Raum für Anwendung von § 34 bei nicht vom allgemeinen Datenschutz abgedeckten Angaben).
⁵³⁸ RegE-EGStGB, BT-Drucks. 7/550 S. 244.
⁵³⁹ MK-*Cierniak*, Rn. 135; *Tröndle/Fischer*, Rn. 52.
⁵⁴⁰ MK-*Graf*, Rn. 23 m.N.; NK-*Kargl*, Rn. 15.

4. Verletzung von Geschäfts- und Betriebsgeheimnissen (§ 17 UWG)

Im Zusammenhang mit Korruptionsstraftaten, insbesondere solchen, die im Rahmen 166
von Ausschreibungsverfahren begangen werden, d.h. bei Bestechungshandlungen und
Submissionsabsprachen, an denen im öffentlichen Bereich Amtsträger und im Geschäftsverkehr Unternehmensangestellte beteiligt sind, spielt die Verletzung von Betriebs- und
Geschäftsgeheimnissen eine nicht unerhebliche Rolle.

Die zentrale strafrechtliche Schutzvorschrift zur Wahrung von Geschäfts- und Be- 167
triebsgeheimnissen ist seit 1896 (damals noch § 9) der nunmehrige **§ 17 des Gesetzes gegen den unlauteren Wettbewerb (UWG)**, der zwischenzeitlich mehrfach (1909, 1932,
1986) erweitert worden war. Die geltende Fassung beruht auf dem **neuen Gesetz gegen
den unlauteren Wettbewerb vom 3.7.2004**,[541] das zu einer teilweisen Neustrukturierung,
inhaltlich aber nur zu geringfügigen Änderung (Aufnahme eines neuen Regelbeispiels
von besonders schweren Fällen) führte:

„(1) Wer als eine bei einem Unternehmen tätige Person ein Geschäfts- oder Betriebsgeheimnis, das ihm vermöge des Dienstverhältnisses anvertraut oder zugänglich geworden ist,
während der Geltungsdauer des Dienstverhältnisses unbefugt an jemand zu Zwecken des
Wettbewerbs, aus Eigennutz, zugunsten eines Dritten oder in der Absicht, dem Inhaber des
Unternehmens Schaden zuzufügen, mitteilt, wird mit Freiheitsstrafe bis zu drei Jahren oder
mit Geldstrafe bestraft.

(2) Ebenso wird bestraft, wer zu Zwecken des Wettbewerbs, aus Eigennutz, zugunsten eines Dritten oder in der Absicht, dem Inhaber des Unternehmens Schaden zuzufügen,
1. sich ein Geschäfts- oder Betriebsgeheimnis durch
   a) Anwendung technischer Mittel,
   b) Herstellung einer verkörperten Wiedergabe des Geheimnisses oder
   c) Wegnahme einer Sache, in der das Geheimnis verkörpert ist,
   unbefugt verschafft oder sichert oder
2. ein Geschäfts- oder Betriebsgeheimnis, das er durch eine der in Absatz 1 bezeichneten Mitteilungen oder durch eine eigene oder fremde Handlung nach Nummer 1 erlangt oder sich
   sonst unbefugt verschafft oder gesichert hat, unbefugt verwertet oder jemandem mitteilt.

(3) Der Versuch ist strafbar.

(4) In besonders schweren Fällen ist die Strafe Freiheitsstrafe bis zu fünf Jahren oder Geldstrafe. Ein besonders schwerer Fall liegt in der Regel vor, wenn der Täter
1. gewerbsmäßig handelt,
2. bei der Mitteilung weiß, dass das Geheimnis im Ausland verwertet werden soll, oder
3. eine Verwertung nach Absatz 2 Nr. 2 im Ausland selbst vornimmt.

(5) Die Tat wird nur auf Antrag verfolgt, es sei denn, dass die Strafverfolgungsbehörde wegen des besonderen öffentlichen Interesses an der Strafverfolgung ein Einschreiten von Amts
wegen für geboten hält.

(6) § 5 Nr. 7 des Strafgesetzbuches gilt entsprechend."

Absatz 1 erfasst den **Geheimnisverrat durch Betriebsangehörige**. Geschützt wird 168
durch diese Vorschrift primär das (subjektive) Interesse eines Unternehmens an der Wahrung der Vertraulichkeit von im Geschäftsleben und im Wettbewerb wichtigen Informationen gegenüber den Angehörigen des eigenen Unternehmens. Daneben wird als geschütztes Rechtsgut auch das Interesse der Allgemeinheit an einem nicht durch Mittel des
Verrats von Unternehmensgeheimnissen beeinflussten unverfälschten Wettbewerb und
das Vermögen des Unternehmensinhabers genannt. Die Neufassung des § 17 Abs. 1 hat
die **Beschreibung des Täterkreises** gegenüber der früheren seit 1896 bestehenden Fassung („Angestellter, Arbeiter oder Lehrling eines Geschäftsbetrieb(e)s") generalisiert und

---

[541] BGBl. I 1410.

mit den Worten „**eine bei einem Unternehmen beschäftigte Person**" die weite Auslegung des geltenden Rechts verdeutlicht. Wie bisher sind daher alle Beschäftigten eines (auch öffentlichen, s. zuvor) Unternehmens (dazu s.u.) einschließlich – was früher umstritten war – Vorstands- und Aufsichtsratsmitglieder einer AG sowie Geschäftsführer einer GmbH und Handelsvertreter, soweit sie nach § 84 II HGB als Angestellte gelten, taugliche Täter. Weiterhin nicht erfasst sind Beauftragte i.S. des § 299 StGB (bzw. des § 12 UWG a.F.), ebenso nicht als solche Gesellschafter und Aktionäre sowie selbständig bzw. freiberuflich Tätige, auch wenn sie auf Grund eines Vertrages für das Unternehmen tätig sind, wie z.B. Vertragshändler, Handelsvertreter, Anwälte, Wirtschaftsprüfer, Steuer- und Unternehmensberater.

169 Gegenstand des strafrechtlichen Schutzes sind **Geschäfts- bzw. Betriebsgeheimnisse eines Unternehmens.** Die Geheimnisse müssen also in einem **Zusammenhang mit einem Unternehmen** stehen. Dadurch werden sie einerseits von den Privatgeheimnissen des Unternehmers, die Dinge außerhalb des Unternehmens betreffen, andererseits von reinen Wissenschaftsgeheimnissen, die z.B. in einem wissenschaftlichen Institut entstanden sind, abgegrenzt.[542] Dadurch, dass der Gesetzgeber den bisherigen Begriff des „Geschäftsbetriebs" durch den des **„Unternehmens"** ersetzt hat, dürfte sich an der Reichweite des strafrechtlichen Schutzes nichts geändert haben. Auch freie Berufe wie Architekten, Ärzte und Notare sowie Patent- und Rechtsanwälte weisen nicht nur die Merkmale eines Geschäftsbetriebes, sondern auch die eines Unternehmens auf. Auch Unternehmen, die gemeinnützige, soziale oder kulturelle Zwecke verfolgen, sind weiterhin erfasst.[543] Ebenso können Unternehmen der öffentlichen Hand wie bisher § 17 UWG unterfallen.[544] Nicht einbezogen sind in dessen Schutz Unternehmen, deren Tätigkeit gesetzes- oder sittenwidrig ist,[545] wie z.B. Schmuggelunternehmen.

170 Eine genaue Abgrenzung zwischen einem Geschäftsgeheimnis und einem Betriebsgeheimnis ist entbehrlich. Generell betrifft ersteres den geschäftlichen bzw. kaufmännischen, letzteres den technischen Bereich. Unter einem **Geschäfts- und Betriebsgeheimnis**[546] ist
– jede im (direkten, inneren) Zusammenhang mit einem Unternehmen stehende Tatsache bzw. Information zu verstehen,
– die nur einem begrenzten Personenkreis bekannt, d.h. nicht offenkundig ist (d.h. nicht allgemein bekannt ist bzw. von einem Interessenten nicht ohne größere Schwierigkeiten in Erfahrung gebracht werden kann)
– und nach dem vom Geschäftsinhaber (bzw. den für diesen verantwortlich Tätigen) geäußerten oder sich aus der Natur der geheimzuhaltenden Tatsache ergebenden auf einem berechtigten wirtschaftlichen Interesse beruhenden Willen (Geheimnis verkörpert realisierbaren wirtschaftlichen Wert bzw. ist für die Wettbewerbsfähigkeit von Bedeutung; Aufdeckung geeignet, dem Unternehmen wirtschaftliche Schäden zuzufügen) geheimgehalten werden soll.[547]

---

[542] K. Schafheutle, Wirtschaftsspionage und Wirtschaftsverrat im deutschen und schweizerischen Strafrecht, Diss. Freiburg, 1972, S. 82.
[543] Jeweils zu § 12 UWG a.F. RGSt 50, 118 f. (Genossenschaft, die Mitgliedern billige Wohnungen zum Selbstkostenpreis beschaffte); RGSt 55, 31 ff. (Kriegsleder-AG); BGHSt 2, 396, 401 ff. (mit Beispielen aus der RG-Rechtsprechung); BGHSt 10, 358, 365 f.
[544] BGHSt 2, 396, 403 f. (Baudienststelle des US-Military Post wurde als „Unternehmung" bezeichnet); vgl. auch BGHSt 10, 358 f., 365 (militärische Beschaffungsstelle der britischen Besatzungsmacht); zu § 17 UWG BGH wistra 1994, 227 f. (betr. US-Streitkräfte-Stelle, bezeichnet als „Unternehmen der öffentlichen Hand"); BGHSt 41, 140 f. = NStZ 1995, 551 = wistra 1995, 266 (US-Baudienststellen wurden als geschäftliche Betriebe i.S. des § 17 UWG a.F. und – im Leitsatz – auch als „Unternehmer" angesehen).
[545] RGSt 55, 31 ff.; Schramm, Betriebsspionage und Geheimnisverrat, 1930, S. 17.
[546] Zum Folgenden mit zahlreichen Beispielen und Nachweisen aus der Rechtsprechung Möhrenschlager, in: Wabnitz/Janovsky, 3. Aufl., Kap. 13 Rn. 6 ff.; MK-UWG-Brammsen, Rn. 12 ff.; Fezer-Rengier, Rn. 23 ff.
[547] Vgl. BGHSt 41, 140 (s. das nachfolgende Beispiel).

Das Geheimnis muss dem Täter **im Rahmen** (statt bisher „vermöge") **des Dienstverhältnisses anvertraut** oder sonst (auch auf unlautere Weise, etwa durch Bestechung eines anderen Beschäftigten)[548] **zugänglich geworden** sein. 171

Beispielhaft sind **Fälle aus Ausschreibungsverfahren**: Im Zusammenhang mit der Vergabe von Bauaufträgen der US-Streitkräfte hatte ein Heizungsbauer verschiedenen Mitarbeitern zuständiger Vergabebüros Sach- und Geldleistungen dafür gewährt, dass diese sein Unternehmen durch pflichtwidrige Manipulationen in unlauterer Weise bevorzugten. Dabei wurden dem Heizungsbauer auch jeweils die Angebotspreise der Mitbewerber offengelegt, was ihn in die Lage versetzte, seine Angebote danach auszurichten. Entgegen der Auffassung der Vorinstanz (LG Nürnberg-Fürth) bestand für den BGH kein Zweifel, dass die Angebote der am Ausschreibungsverfahren Beteiligten für die ausschreibenden Dienststellen auch Geschäftsgeheimnisse darstellen.[549] Das LG hatte dies deshalb abgelehnt, weil die den Angeboten der Konkurrenten zugrundliegenden Kalkulationen nicht innerhalb des Betriebes der US-Streitkräfte errechnet worden und deshalb weder aus dem kaufmännischen noch dem technischen Bereich der US-Vergabestellen stammten. Dem konnte der BGH nicht folgen. Aus dem Zweck des Ausschreibungsverfahrens war für ihn ersichtlich, dass die eingehenden Angebote bis zur Auftragsvergabe der Geheimhaltung bedürfen. Nur so ist gewährleistet, dass die ausschreibende Stelle in die Lage versetzt wird, aus unabhängig voneinander abgegebenen Angeboten das für sie günstigste herauszusuchen. Vorzeitige Bekanntmachung kann demgegenüber Preisabsprachen oder andere Manipulationen begünstigen und dadurch die Marktlage verzerren. Sie ermöglicht es auch, die Konkurrenz nur ganz knapp zu unterbieten, während bei Unkenntnis der Konkurrenzangebote ein Anbieter u.U. gehalten gewesen wäre, noch sparsamer zu kalkulieren und ggf. ein noch günstigeres Angebot einzureichen. 172

Strafbar macht sich ein Unternehmensangehöriger nur, wenn er **ein Geheimnis während der (rechtlichen) Geltungsdauer des Dienstverhältnisses unbefugt an einen Dritten** (auch im Betrieb) **mitteilt**, so dass dieser davon Gebrauch machen kann. Um die Weiterentwicklung von Arbeitnehmern nach Ausscheiden aus dem Unternehmen nicht zu gefährden, hat der Gesetzgeber – entgegen den Vorstellungen in den ersten Regierungsentwürfen – die Strafbarkeit auf Fälle von Mitteilungen während der rechtlichen Geltungsdauer des Arbeitsverhältnisses beschränkt, das allerdings durch (provozierend) vertragsbrüchiges Verhalten nicht vorzeitig beendet wird. Zwingend ist dieser rechtspolitische Ansatz nicht, da auch im Rahmen einer weitergehenden strafrechtlichen Regelung dieser Gesichtspunkt berücksichtigt werden kann, wie sich bei der Ausgestaltung und Handhabung von § 17 Abs. 2 Nr. 2 UWG zeigt. 173

Strafbarkeit liegt nur bei vorsätzlichem Handeln vor. Außerdem muss die Tat **zu Zwecken des Wettbewerbs** (durch Fördern der eigenen Marktsituation – oder auch der eines Dritten – in objektiv geeigneter Weise mit der Absicht der Beeinträchtigung fremder Interessen), **aus Eigennutz, zugunsten eines Dritten** (einschließlich eines fremden Staates) oder in der **Absicht, den Inhaber des Unternehmens zu schädigen**, begangen werden. 174

---

[548] RGSt 33, 356.
[549] BGH a.a.O. (dazu auch *Greeve*, in: Greeve/Leipold [Fn. 39], 3. Teil VI Rn. 16; *dies.* [Fn. 473], Rn. 576); vgl. auch BayObLGSt 1995, 110 = NJW 1996, 268 = wistra 1996, 28, 31 (Bieterliste ist ein Geschäftsgeheimnis); in BGHSt 43, 96 = wistra 1997, 336 ermöglichte die Mitteilung von Informationen über Mitbieter und Budget der öffentlichen Ausschreibung eine Submissionsabsprache und führte u.a. auch zur Verurteilung nach § 17 Abs. 2 Nr. 2 UWG wegen unbefugter Verwertung eines unbefugt beschafften Geschäftsgeheimnisses. Vgl. weiter BGH NJW 1995, 2301 (betr. Angebotsunterlagen); OLG München NJW-RR 1996, 1134; BKartAmt 1. Vergabekammer des Bundes, WuW/E Verg 315 = IBR 2000, 304 m. Anm. *Boesen* (Preisangabe von Wettbewerbern).

175 Seit 1986 ist unter bestimmten Voraussetzungen auch das **Ausspähen eines Geschäfts- oder Betriebsgeheimnisses gemäß Absatz 2 Nr. 1** gesondert mit Strafe bedroht. Dies ist der Fall, wenn der Täter, der hier jedermann sein kann, sich unter Anwendung bestimmter Methoden, wie durch Einsatz „technischer Mittel" (Abhör- und Bildgeräte, Nutzung und Manipulation von Telekommunikationsanlagen und Computer (programmen) usw.), Herstellung einer verkörperten Wiedergabe (Kopieren, auch durch Abschreiben) oder Wegnahme einer Sache, in der das Geheimnis verkörpert ist, sich dieses unbefugt verschafft oder sich dessen Kenntnis sichert. Er muss auch hier in der in Absatz 1 beschriebenen Absicht handeln.

176 Ebenfalls 1986 hat der Gesetzgeber in **Absatz 2 Nr. 2** den strafrechtlichen Schutz gegen Fälle von **Geheimnishehlerei** erweitert. Durch **Absatz 2 Nr. 2** wird, verbunden mit der in Absatz 1 bezeichneten Absicht, in weitem Umfang die **unbefugte Verwertung bzw. Mitteilung eines unbefugt verschafften oder gesicherten Geheimnisses** unter Strafe gestellt. Beispielsfälle für das unbefugte Verschaffen oder Sichern sind Taten nach Absatz 1 und nach Absatz 2 Nr. 1. Mit dem unbefugten Verschaffen ist zumindest eine Handlung gemeint, die gegen das Gesetz oder die guten Sitten verstößt; sie umfasst also jede unredliche Erlangung.[550] Dazu gehören dann auch Handlungen, die nicht schon Straftaten nach Absatz 1 oder Absatz 2 Nr. 1 darstellen, sondern z.B. Bestechungshandlungen sind[551]. Dabei ist es noch nicht einmal erforderlich, dass diese formell einen der Tatbestände der §§ 331 ff. oder des § 299 StGB[552] erfüllen. **Verwerten** setzt eine wirtschaftliche Nutzung voraus. Eine solche stellt bereits die Erstellung eines Angebots in einem Ausschreibungsverfahren unter Verwendung des (z.B. durch Bestechung) unredlich erlangten Geheimnisses dar.[553]

177 Alle drei Formen der Geheimnisverletzung sind auch im **Versuchs**stadium strafbar (**Absatz 3**) und im Grundtatbestand jeweils mit Geldstrafe und mit Freiheitsstrafe bis zu drei, in **besonders schweren Fällen** bis zu fünf Jahren (**Absatz 4**) bedroht. Ein besonders schwerer Fall liegt in der Regel vor, wenn der Täter bei der Mitteilung (nach Absatz 1 oder Absatz 2 Nr. 2) weiß, dass das Geheimnis im Ausland verwertet werden soll, oder wenn er es selbst dort verwertet. Zu letzterem gehört auch der Fall, dass ein Beschäftigter, der ein Geheimnis sich unredlich beschafft oder gesichert hat, es selbst im Ausland verwertet. In diesem Zusammenhang ist auch auf die durch § 5 Abs. 7 StGB (bekräftigt in § 17 Abs. 6; § 19 Abs. 5 UWG) erweiterte Möglichkeit der **Verfolgung von Auslandstaten von In- und Ausländern** hinzuweisen. Die Umwandlung des früheren auslandsbezogenen Qualifikationstatbestandes in ein Regelbeispiel durch das 2. WiKG 1986 hat die Möglichkeit eröffnet, auch in Fällen, in denen die Taten zu hohen Schäden für das Unternehmen führen, höhere Freiheitsstrafen zu verhängen.[554] In das neue UWG von 2004 wurde zusätzlich „**gewerbsmäßiges**" Handeln als Regelbeispiel aufgenommen. Weit ins Vorfeld reicht die Strafbarkeit durch die Einbeziehung von Vorbereitungshandlungen, die im neuen UWG sogar noch erweitert wurden. Erfasst sind in § 19 die versuchte Bestimmung zur Tatbegehung oder Anstiftung, das Erbieten, das Bereiterklären (auf das Ansinnen eines anderen) und die Annahme eines Angebots zur Tatbegehung sowie die Verabredung

---

[550] BayObLG (Fn. 549).
[551] BGHSt 41, 140, 143 = wistra 1995, 266 f.
[552] Vgl. BayObLG (Fn. 549) (betr. Bezahlung für eine Mitteilung des durch Dienst- bzw. Geschäftsbesorgungsvertrag dem Auftraggeber einer Ausschreibung gegenüber Verpflichteten in der Form des § 12 Abs. 1 UWG a. F [= § 299 Abs. 2 StGB], auch wenn dieser nicht die besonderen Merkmale eines Angestellten aufweist.
[553] BayObLG (Fn. 549); vgl. auch die Sachverhalte in BGHSt 41, 140 = wistra 1995, 266 und BGHSt 43, 96 = wistra 1997, 336, 340; BGH wistra 1994, 227 f. und BayObLGSt 2000, 131 = wistra 2001, 72, die jeweils zu Verurteilungen nach § 17 Abs. 2 Nr. 2 UWG führten. Weiter *Möhrenschlager* (Fn. 546), Rn. 26 m. Fn. 63.
[554] Ausschussbericht zum 2. WiKG, BT-Drucks. 10/5058 S. 41.

und die Anstiftung dazu.[555] In allen Fällen des § 17 und des § 19 setzt die Strafverfolgung einen **Strafantrag** oder die Bejahung eines **besonderen öffentlichen Interesses an der Strafverfolgung** voraus (§ 17 Abs. 5; § 19 Abs. 4).

XII. Gebühren- und Abgabenüberhebung (§§ 352, 353 StGB)

1. Grundlagen

Bei den aus dem preußischen StGB (§§ 326, 327) übernommenen **§§ 352 und 353 StGB** handelt es sich um, auch in anderen Rechtsordnungen bekannte, Sondertatbestände, die im Gemeinen Recht ihre Ausprägung als „crimen superexactionis" gefunden hatten[556]. Sie sollen den Bürger vor ungerechtfertigten Zahlungsforderungen von Amtsträgern und sonstigen zur Gebührenerhebung berechtigte Personen schützen, die ihre Autorität in vermögensschädigender Weise missbrauchen. Ein solcher Missbrauch kann in einer Täuschung über die Zahlungspflicht liegen, was die Frage nach dem Verhältnis zum Betrugstatbestand aufwirft. In diesen Bereich können aber auch Fälle fallen, in denen Zahlungen unter Druck erfolgen, was dem italienischen Delikt des „concussione" zugrunde liegt. Hier taucht dann die Frage nach der Abgrenzung gegenüber dem allgemeinen Erpressungstatbestand auf. Bei den Verhandlungen in den Vereinten Nationen über eine Konvention gegen Korruption wurde auch dieser Bereich in die Beratungen mit ein bezogen, auch wenn dann schließlich davon abgesehen wurde, solche Sonderregelungen in den Abkommenstext aufzunehmen.

178

2. Gebührenüberhebung (§ 352 StGB)

Der Straftatbestand der „Gebührenüberhebung" (§ 352 StGB) lautet:

179

„(1) Ein Amtsträger, Anwalt oder sonstiger Rechtsbeistand, welcher Gebühren oder andere Vergütungen für amtliche Vergütungen zu seinem Vorteil zu erheben hat, wird, wenn er Gebühren oder Vergütungen erhebt, von denen er weiß, dass der Zahlende sie überhaupt nicht oder nur in geringerem Betrag schuldet, mit Freiheitsstrafe bis zu einem Jahr oder mit Geldstrafe bestraft."

Geschütztes **Rechtsgut** ist nach h.M. das Vermögen.[557] Das rechtssuchende bzw. zahlungspflichtige Publikum soll vor ungesetzlichen bzw. überhöhten Gebührenforderungen geschützt werden.[557a] Umstritten ist das **Verhältnis zu § 263 StGB** und die rechtspolitische Berechtigung des in der niedrigen Strafdrohung zum Ausdruck kommenden Sonderdelikts. Die h.M. geht davon aus, dass § 352 eine Privilegierung gegenüber § 263 darstellt und diesen Tatbestand verdrängt, wenn nicht noch eine zusätzliche Täuschungs-

180

---

[555] Ausführlich MK-UWG-*Brammsen* zu § 19; *Fezer-Rengier*, § 20 Rn 7 ff. Jüngste umfangreiche Kritik von *Mitsch*, wistra 2004, 161.
[556] Vgl. NK-*Kuhlen*, § 352 Rn. 1; § 353 Rn. 1; v. Liszt/Schmidt, Lehrbuch des deutschen Strafrechts, 25. Aufl. 1927, S. 826 Anm. 22; vgl. auch ALR II 20 §§ 373 ff., 413 ff.
[557] *Tröndle*/Fischer, Rn. 2 m.N.; *Arzt*/Weber § 49 Rn. 63 m.N.
[557a] „Der Schutzzweck … besteht nicht nur darin, das Publikum vor überhöhten Vergütungsforderungen des Rechtsanwalts zu bewahren, sondern es vor allem vor dem Missbrauch seiner Befugnis zu schützen, gesetzliche Gebühren erheben zu dürfen", BGH, 5 StR 64/06, 6.9.2006, wistra 2007 H. 1.

handlung vorliegt,⁵⁵⁸ auch wenn § 352 im Anschluss an eine frühe Entscheidung des Reichsgerichts als ein Delikt eigener Art („delictum sui generis")⁵⁵⁹, sonst als Spezialfall des Betruges⁵⁶⁰ angesehen wird. Die 1888 für die Privilegierung gegebene Begründung des Reichsgerichts (leitend nicht der Gedanke der Täuschung, sondern der der „Bedrückung"; Versuchung auf Seiten des Täters bei der Geltendmachung meist geringfügiger Beträge, Möglichkeit des Zahlenden, sich selbst über Zahlungspflicht zu unterrichten) lässt sich kaum mehr vertreten,⁵⁶¹ selbst wenn man heutzutage dem Gedanken der Selbstverantwortung des Opfers⁵⁶² besonderes Gewicht beimisst. Stellung und Befugnisse des Täters sprechen eindeutig gegen eine solche Privilegierung. Trotz dieser Sachlage sollte dies allerdings nicht dazu führen, § 352 nur noch dann allein zur Anwendung zu bringen, wenn die Voraussetzungen des § 263 StGB nicht vorliegen.⁵⁶³ Da in den meisten Fällen von Gebührenüberhebung § 263 StGB erfüllt ist, würde § 352 sonst praktisch bedeutungslos werden, was sicherlich weder dem Willen des Reichsgesetzgebers noch auch dem der Reformgesetzgeber der letzten Jahrzehnte entspricht.

181 Täter ist ein **Amtsträger**, ein **Anwalt** und ein **sonstiger Rechtsbeistand, welcher Gebühren oder andere Vergütungen für amtliche Verrichtungen zu seinem Vorteil zu erheben hat**. Zum Amtsträgerbegriff allgemein vgl. die Ausführungen zu den §§ 331 ff.; sog. **Gebührenbeamte** sind z.B. Notare, Gerichtsvollzieher, beamtete Tierärzte, Bezirksschornsteinfegermeister und öffentlich bestellte Vermessungsingenieure. Zu den Anwälten gehören neben Rechtsanwälten (auch aus anderen EU-Staaten) auch Patentanwälte. Rechtsbeistände sind solche, die nach dem Rechtsberatungsgesetz als solche zugelassen sind.⁵⁶³ᵃ Bei den **Gebühren** muss eine gesetzliche Fixierung nach Grund und Höhe vorliegen. Bei einer sonstigen **Vergütung** als Entgelt für die Vornahme „amtlicher Verrichtungen", einschließlich tarifmäßig festgesetzter Auslagen, besteht Uneinigkeit darüber, ob ebenfalls eine gesetzliche Fixierung auch bezüglich der Höhe vorliegen muss, was Ansprüche aus Honorarvereinbarungen ausschließen würde.⁵⁶⁴ Für **amtliche Verrichtungen**, was auch die beruflichen Tätigkeiten von Anwälten und Rechtsbeiständen umfasst, muss der Täter die Vergütung oder Gebühr aus eigenem Recht zum eigenen Vorteil erheben.

182 Die Tathandlung besteht in der **Erhebung von Gebühren oder Vergütungen, von denen der Täter weiß, dass der Zahlende sie überhaupt nicht oder in geringerem Betrag schuldet**. Nach bisheriger, aber jüngst fragwürdig gewordener h.M. werden dazu auch Forderungen aus unzulässigen Honorarvereinbarungen (z.B. einem vereinbarten Erfolgshonorar) gerechnet.⁵⁶⁵ Weitgehende Einigkeit besteht, jedenfalls in der neueren Recht-

---

⁵⁵⁸ RGSt 18, 223 f.; 77, 122 f.; BGHSt 2, 35, 37; 4, 233, 236; BGH (Fn. 557a); OLG Düsseldorf NJW 1989, 2901 = wistra 1989, 316 f.; OLG Karlsruhe NStZ 1991, 239 = wistra 1991, 154 f.; OLG Hamm NStZ-RR 2002, 141 = wistra 2002, 354 f.; OLG Braunschweig NJW 2004, 2606 – Streitig ist, ob § 352 auch § 266 verdrängen kann (dafür OLG Karlsruhe wistra 1991, 154 f.; OLG Köln NJW 1988, 503 f.); a.A. BGH NJW 1957, 596 f. (Tateinheit) und h.L.
⁵⁵⁹ RGSt 11, 40 f.; 18, 219, 223 f. (1888); BGHSt 2, 35 f. und OLG Karlsruhe (Fn. 558) (Sondertatbestand); LK-*Traeger*, Rn. 1.
⁵⁶⁰ Vgl. z.B. OLG Düsseldorf (Fn. 558) (Spezialvorschrift).
⁵⁶¹ NK-*Kuhlen*, Rn. 6 f.; MK-*Voßen*, Rn. 2; *Keller*, JR 1989, 77 f.; *Tröndle/Fischer*, Rn. 2; weitgehend a.A. LK-*Traeger* a.a.O.
⁵⁶² *Arzt/Weber*, § 49 Rn. 63.
⁵⁶³ So aber NK-*Kuhlen*, Rn. 32.
⁵⁶³ᵃ Dazu näher MK-*Voßen*, Rn. 8.
⁵⁶⁴ Vgl. dazu näher NK-*Kuhlen*, Rn. 6, 10, 15 ff.; MK-*Voßen*, Rn. 14; zur Honorarvereinbarung auch LK-*Träger*, Rn. 12.
⁵⁶⁵ BayObLG NJW 1989, 2901 f. = NStZ 1989, 434; OLG Karlsruhe (Fn. 558); OLG Braunschweig NJW 2004, 2606 f. (nicht jedoch, wenn Honorarvereinbarung formunwirksam); LK-*Traeger* (Fn. 564) m.w.N.; a.A. NK-*Kuhlen*, Rn. 15 ff. MK-*Voßen* a.a.O.; *Schönke-Schröder/Cramer/Sternberg-Lieben*, Rn. 9a und ihnen folgend nunmehr BGH (Fn. 557a).

sprechung, dass der Tatbestand stillschweigend eine Täuschungshandlung voraussetzt,[566] was m.E. Zweifeln begegnet. Teilweise wird § 352 auch dann angewandt, wenn ohne Täuschung Druck ausgeübt wird, um den vermeintlichen Schuldner zur Zahlung zu veranlassen. Die abredewidrige Geltendmachung einer Honorarforderung soll auch den Tatbestand erfüllen.[567] Die Geltendmachung einer Forderung bei offenem Streit darüber, ob z.B. ein Mandatsverhältnis begründet wurde, unterfällt § 352 jedoch nicht. Vor allem uneinig ist sich Rechtsprechung und Literatur darüber, ob auch ein Irrtum vorliegen muss.[568] Der Schutzzweck des § 352 spricht für eine weiterreichende Auslegung, die auch Fälle erfasst, in denen der Zahlende entgegen besserem Wissen zahlt, weil er sich nicht weiter streiten oder sich das Wohlwollen des Täters erhalten will. Wenn zwischen Täter und Zahlendem allerdings Einvernehmen darüber besteht, dass eine Gebühr nicht besteht und auch nicht geschuldet wird, scheidet die Anwendung des § 352 aus. Es kann dann hinsichtlich Amtsträgern eine sog. „Unrechtsvereinbarung" vorliegen, die zur Anwendung der Bestechungstatbestände führen kann.[569] Subjektiv reicht nach h.M.[570] zur Verurteilung der Nachweis bedingten Vorsatzes aus. Überraschend ist, dass – trotz der niedrigen Strafdrohung für die Vollendung – auch der Versuch (dazu gehört auch das Fordern) strafbar ist (Absatz 2).

3. Abgabenüberhebung; Leistungskürzung (§ 353 StGB)

Der Straftatbestand der Abgabenüberhebung (§ 353 Abs. 1) lautet: **183**

„(1) Ein Amtsträger, der Steuern, Gebühren oder sonstige Abgaben für eine öffentliche Kasse zu erheben hat, wird, wenn er Abgaben, von denen er weiß, dass der Zahlende sie überhaupt nicht oder nur in geringerem Betrag schuldet, erhebt und das rechtswidrig Erhobene ganz oder zum Teil nicht zur Kasse bringt, mit Freiheitsstrafe von drei Monaten bis zu fünf Jahren bestraft."

Wie bei § 352 ist auch bei § 353 Abs. 1 das Vermögen der von der Abgabenerhebung **184** Betroffenen das primär geschützte **Rechtsgut**;[571] § 353 ist echtes Amtsdelikt. Ein Amtsträger, der Abgaben für die öffentliche Hand zu erheben hat, soll diese Befugnis nicht zum Nachteil der Allgemeinheit missbrauchen.

Täter ist ein **Amtsträger**, der dienstlich (nicht nur kraft Übung)[572] Steuern (vgl. § 3 **185** Abs. 1 AO), Gebühren oder sonstige, öffentlichen Zwecken dienende und in Vorschriften festgelegte Abgaben[573] für eine öffentliche Kasse zu erheben, d.h. entgegenzunehmen hat,

---

[566] Zuletzt OLG Hamm (Fn. 558); zuvor BayObLGSt 1964, 116, 121; NJW 1990, 1001 = NStZ 1990, 129 = wistra 1990, 111 f.
[567] BGH wistra 1982, 66 f.
[568] N. bei LK-*Traeger*, Rn. 19 und MK-*Voßen*, Rn. 29 m.N. (beide aber verneinend); NK-*Kuhlen*, Rn. 21 (selbst bejahend).
[569] LK-*Traeger*, Rn. 19; MK-*Voßen*, Rn. 29; vgl. RGSt 18, 219, 221; 19, 19, 21 (abl. zu § 352; eventuelle Bestechung eines Notars durch freiwillige Übernahme von Bewirtungskosten anlässlich von Verhandlungen in einem Gasthaus).
[570] N. bei LK-*Traeger*, Rn. 21; a.A. *Tröndle/Fischer*, Rn. 7 m.N.
[571] *Tröndle/Fischer*, Rn. 1; *Arzt/Weber*, § 49 Rn. 63; weitergehend NK-*Kuhlen*, Rn. 2 f. (Vermögen, Reinheit der Amtsführung; Korrektheit der öffentlichen Kassenführung; ebenso LK-*Traeger*, Rn. 1, 3; ähnlich MK-*Voßen*, Rn. 1; *Schönke-Schröder/Cramer/Sternberg-Lieben*, Rn. 1.
[572] BGH LM Nr. 2 = NJW 1957, 638.
[573] Zahlreiche Beispiele m.N. aus der Rechtsprechung bei LK-*Traeger*, Rn. 9 ff.; NK-*Kuhlen*, Rn. 5 ff.; sie können, wie z.B. bei Bahn und Post, auch auf privatrechtlichen Vertrag beruhen, LK-*Traeger*, Rn. 13 f.; NK-*Kuhlen* a.a.O., sofern es sich nicht um Zahlungen handelt, die von aufgabenmäßig privatisierten Kassenträgern (z.B. Postbank) erhoben werden oder allein auf fiskalisch-erwerbswirtschaftlicher Tätigkeit beruhen (vgl. zur Abgrenzung schon RGSt 22, 306 [1892] betr. Eisenbahnfrachttarife für Gepäck).

8. Kapitel. Der strafrechtliche Schutz gegen Korruption

auch wenn er im Einzelfall solche nicht erheben durfte.[574] Ein Vorschuss- bzw. Abschlagszahlung reicht zur Tatbestandserfüllung aus. Fehlt generell die Erhebungsbefugnis, was z.B. dann der Fall ist, wenn die Behörde des Amtsträgers Abgaben der geforderten Art überhaupt nicht erheben kann und darf, so scheidet die Anwendung von § 353 Abs. 1 aus; eine Strafbarkeit kann sich dann allerdings aus § 263 ergeben.

186 Die missbräuchliche auf Täuschung angelegte **Erhebung** von Abgaben braucht nicht mit einem Irrtum des betroffenen Bürgers verbunden sein.[575] Wie § 352 ist auch § 353 Abs. 1 nicht erfüllt, wenn Amtsträger und Bürger im gegenseitigen Einverständnis sich darüber im Klaren sind, dass eine Abgabe nicht geschuldet wird.[576]

187 Der Tatbestand ist erfüllt, wenn der Amtsträger den rechtswidrig erhobenen Betrag **nicht zur Kasse bringt**. Dies ist vor allem der Fall, wenn der Amtsträger den rechtswidrig erhobenen Betrag für sich unterschlägt. Dies liegt aber auch vor, wenn der Betrag zwar tatsächlich der Kasse zugeführt, aber durch Fehlbuchungen verdeckt wird, etwa um andere Kassendefizite zu verschleiern. Auch eine vorübergehende Einlage ohne Verbuchung, um den Betrag wieder unauffällig entfernen zu können, ist strafbar.[577]

188 Nach heute h.M. verdrängt § 353 Abs. 1 den Tatbestand des Betruges, sofern nicht eine zusätzliche Täuschung vorliegt,[578] das gilt auch bei Vorliegen eines nach § 353 Abs. 1 straflosen (aber an sich nach § 263 Abs. 2 strafbaren) Versuchs.

189 Nach **§ 353 Abs. 2** ist die rechtswidrige Verkürzung amtlicher (Ausgaben)Leistungen entsprechend strafbar.

XIII. Geldwäsche und Verschleierungshandlungen bei Korruptionsstraftaten (§ 261 StGB)

1. Grundlagen

190 National wie international werden auch Geldwäsche- bzw. Verschleierungshandlungen bezüglich Korruptionsstraftaten, zumindest in ihren schweren Formen, als strafwürdig und strafbedürftig angesehen. International ist dies z.B. in Art. 13 der Europaratskonvention von 1989, in Art. 9 der Europaratskonvention von 2005, in Nr. 1 der FATF-Empfehlungen von 2003 und in Artikel 23 der VN-Konvention von 2003 ausdrücklich anerkannt; Eingang gefunden hat dies auch in Nr. 5.2 der Resolution IV von Sektion II (Corruption and Related Offences in International Business Relations) des 17. Internationalen Strafrechtskongresses in Beijing im September 2004.[579] National ist dies für Fälle von Beste-

---

[574] RGSt 41, 91, 93 f.; 65, 52 ff.; LK-*Traeger*, Rn. 5 f.
[575] LK-*Traeger*, Rn. 17; MK-*Voßen*, Rn 19; *Tröndle*/Fischer, Rn. 3; RGSt 22, 306, 308: „(die) Vorschrift erfordert nicht die nach § 263 StGB's notwendige Täuschung, findet vielmehr auch dann Anwendung, wenn die Zahlenden davon Kenntnis haben, dass sie die von dem Beamten geforderten Beträge nicht verschulden, aber zur Vermeidung von Weiterungen oder Nachteilen oder aus sonstigen Rücksichten der Zahlungsaufforderung Folge leisten."- BGHSt 2, 35, 37 hob allerdings zu Recht hervor, dass auch wenn der Zahlende ausnahmsweise nicht getäuscht worden sei, doch der Beamte etwas vorspiegle, nämlich, dass der Zahlende den geforderten Betrag schulde. – A.A. – Irrtum voraussetzend – BGH NJW 1961, 1171 f.; OLG Köln NJW 1966, 1373 f.; NK-*Kuhlen*, Rn. 9 f. m.N.; *Schönke-Schröder/Cramer/Sternberg-Lieben*, Rn. 7.
[576] LK-*Traeger* a.a.O.
[577] Vgl. RGSt 26, 259 f.; 75, 378, 380; BGH a.a.O.
[578] BGHSt 2, 35, 37; NJW 1961, 1171 f.; LK-*Traeger*, Rn. 23 m.N.; a.A. NK-*Kuhlen*, Rn. 19 ff. (Tateinheit wie das RG).
[579] Vgl. auch den Generalbericht von *Dölling*, die Nationalen Berichte und den Resolutionsentwurf in Revue International de Droit Pénal 74 (2003), S. 33, 49, 67, 84, 129, 189 ff., 244, 284 f., 349, 375, 403, 437, 567, 574, 581.

chungshandlungen von und gegenüber Amtsträgern in § 261 Abs. 1 Satz 1, Satz 2 Nrn. 1 und 2a, Abs. 2, 5 StGB verankert (nicht jedoch für Bestechungshandlungen im Geschäftsverkehr nach den §§ 299 ff.).[579a] § 261 soll verhindern, dass der **Zugriff der staatlichen Strafverfolgungsorgane** auf aus bestimmten Straftaten herrührende Gegenstände (insbesondere zur Gewinnabschöpfung) vereitelt oder erschwert wird (innerstaatliche Rechtspflege als geschütztes Rechtsgut); durch Absatz 2 soll auch das **durch die Vortat geschützte Rechtsgut** mitgeschützt werden.[580] § 261 StGB soll nach der gesetzgeberischen Intention Strafverfolgungsbehörden generell einen Ansatz bieten, in die Strukturen organisierter Kriminalität einzudringen und von diesem Schnittpunkt aus Transaktionen zurückzuverfolgen; das verdeckte Einschleusen illegal erlangter OK-Vermögenswerte in den legalen Finanz- und Wirtschaftskreislauf soll dadurch verhindert werden.

Trotz wachsender Verdachtsanzeigen ist die Zahl von Ermittlungsverfahren im Bereich der Organisierten Kriminalität bisher gering;[581] noch mehr gilt dies für die Zahl von Verurteilungen. Zu verzeichnen ist allerdings ein signifikantes Ansteigen von Gewinnabschöpfungen. Von einer teilweise präventiven Wirkung der Strafvorschrift in Verbindung mit den ergänzenden verwaltungsrechtlichen Regelungen (s. Rn. 201 ff.) wird in der Praxis ausgegangen.[582]

191

Bundesweite Zahlen bezogen auf Bestechungskriminalität liegen allerdings nicht vor. Aus der Praxis wird jedoch über Fälle von sog. „Schmiergeldwäsche" berichtet, die sich jedoch zumeist auf die Tarnung und Verschleierung der Zuwendung und des Empfangs von „Bestechungsgeldern" beziehen (Zahlungen für scheinbare Beraterverträge und sonstige Scheintätigkeiten, Gefälligkeitsanstellungen, Scheinprovisionen usw.).[583]

192

2. Die Straftatbestände des § 261 StGB

Strafbar ist nach § 261 Abs. 1,

193

„wer einen Gegenstand, der aus einer in Satz 2 genannten rechtswidrigen Tat herrührt, verbirgt, dessen Herkunft verschleiert oder die Ermittlung, das Auffinden, den Verfall, die Einziehung oder die Sicherstellung eines solchen Gegenstandes vereitelt oder gefährdet ... Rechtswidrige Taten im Sinne des Satzes 1 sind
1. Verbrechen [wozu auch die Richterbestechlichkeit nach § 332 Abs. 2 gehört!],
2. Vergehen nach
   a) § 332 Abs. 1, auch in Verbindung mit Abs. 3, und § 334 ..."

Eine Ausweitung auf auslands- bzw. international bezogene Bestechungshandlungen enthalten Art. 3 EU-Bestechungsgesetz und Art. 2 § 4 IntBestG (für den Bereich der akti-

194

[579a] Erweiterungen sieht in dieser Hinsicht ein RefE des BMJ zur Umsetzung des einschlägigen Europaratsübereinkommen vor (s. NJW-Spezial 2006 Heft 11).
[580] OLG Frankfurt OLGR 2004, 209; MK-*Neuheuser*, Rn. 7 f., 12 m.N. (vgl. früher auch *Möhrenschlager*, wistra 1992, 281, 287), auch zur teilweise abw. Gegenmeinung von *Arzt*, in: Arzt/Weber, § 25 Rn. 15; § 29 Rn. 4 ff., dessen Kritik an der derzeitigen Ausgestaltung, wie der von *Tröndle/Fischer*, Rn. 4b ff. und *Berndt*, in Volk, Rn. 244 f., weitgehend zuzustimmen ist. Nach BT-Drucks. 12/989 S. 26; BGHSt 50, 341, 354 = wistra 2006, 181, 184 soll § 261 den staatlichen Zugriff auf illegale Vermögenswerte sichern und deren Einschleusen in den legalen Finanz- und Wirtschaftskreislauf verhindern; NK-*Altenhain*, Rn. 12 f., unterscheidet zwischen dem Schutz der staatlichen Verfalls- bzw. Einziehungsansprüche und der Ermittlungstätigkeit. Gegen Differenzierung zwischen Abs. 1 und 2 *Berndt* a.a.O. Rn. 37; § 261 konturlos für *Nestler*, in: Herzog/Mühlhausen, § 15 Rn. 11.
[581] Vgl. *Kaiser*, wistra 2000, 121 f.; *Nestler* a.a.O. § 16; dazu auch *Bannenberg*, Korruption in Deutschland und ihre strafrechtliche Kontrolle, 2002, S. 111 ff.
[582] *Reiche*, in: Wabnitz/Janovsky, 2. Aufl., S. 329 bezieht die präventive Wirkung allerdings nur auf das Geldwäschegesetz.
[583] S. die Beispiele bei *Bannenberg/Schaupensteiner*, Korruption in Deutschland, 2004, S. 77 ff.

ven Bestechung). Strafbarkeit ist auch gegeben, wenn die **Vortat gewerbsmäßig oder bandenmäßig begangener Betrug oder Untreue ist (Absatz 1 Satz 2 Nr. 4)**.[584]

195 **Gegenstand** der Tat können sein: alle vermögenswerten beweglichen und unbeweglichen Sachen sowie Rechte (Wertpapiere, [gefälschte] Zertifikate, Buchgeld, sonstige Forderungen, Beteiligung an Gesellschaften), aber auch Computerprogramme und sog. Know-how.[585] Sie müssen hier **aus einer** (rechtswidrigen, gemäß Absatz 8 auch im Ausland begangenen und dort strafbaren) **Tat der Bestechlichkeit (§ 332)** oder der **Bestechung (§ 334) herrühren**. Der vom Amtsträger erlangte „Bestechungslohn" ist direkte Folge der aktiven Bestechung („Ursprungsgegenstand"). Der Bestecher kann vom Amtsträger als Folge von dessen Tat der Bestechlichkeit auch vermögenswerte Gegenstände erhalten, etwa eine Genehmigung, die wirtschaftlichen Vermögenswert besitzt, oder den Zuschlag für einen (günstigen) Vertrag in einem Ausschreibungsverfahren („Ursprungsgegenstand"). Mit dem weiten Begriff des „Herrührens" sollen aber auch für die Geldwäsche typische Fälle einer Kette von Verwertungshandlungen erfasst werden, bei denen der ursprüngliche Gegenstand unter Beibehaltung seines wirtschaftlichen Wertes durch einen anderen ersetzt wird; ein mittelbarer Zusammenhang reicht also aus. Zahlt der Amtsträger das „Schmiergeld" auf ein neues Bankkonto ein, so rührt der entsprechende Betrag des Bankkontos aus derselben Tat. Bezahlt er damit Schmuck oder Wertpapiere, dann rühren auch diese Gegenstände aus der Vortat. Nimmt dann der Amtsträger bei einer Bank einen Kredit auf und stellt er diese Wertpapiere als Sicherheit zur Verfügung, dann hat das ausgezahlte Darlehen seine Ursache ebenfalls in der Bestechung. Erwirbt er mit diesem Darlehen ein Grundstück oder Unternehmensanteile, so rühren auch diese daraus her („Surrogation")[586].

196 Verdeutlicht wird dies in der umstrittenen[587] Entscheidung des OLG Karlsruhe:

„Zum Kreis tauglicher Tatobjekte nach § 261 StGB gehören auch Ersatzgegenstände, die aus Umwandlungsvorgängen hervorgegangen sind, in welche nur zum Teil inkriminierte Vermögenswerte Eingang gefunden haben. Solche Gegenstände rühren bei der nach dem Gesetzeszweck gebotenen wirtschaftlichen Betrachtungsweise insoweit aus der Vortat her, als inkriminierte Vermögenswerte in sie eingegangen sind ... Da die Bemakelung eines einheitlichen Gegenstandes nur einheitlich beurteilt werden kann, sind die insgesamt als bemakelt und damit als geldwäschetauglich anzusehen ... Dies gilt jedenfalls solange, als der in den Ersatzgegenstand eingegangene inkriminierte Anteil ... aus wirtschaftlicher Sicht nicht völlig unerheblich ist ... (... a.A. für eine Mindestquote ...). Wird ein anteilig aus Vortaten herrührender Ersatzgegenstand aufgeteilt oder teilweise in ein neues Surrogat umgewandelt, rühren sämtliche Teile oder Teilsurrogate ebenfalls mit demselben Anteil aus den Vortaten her, sodass sie ihrerseits geldwäschetauglich sind. ... Die Gegenmeinung, wonach Teile eines anteilig aus Vortaten herrührenden Surrogat selbst nur bemakelt sind, wenn deren Wert den inkriminierten Anteil übersteigt ... ist dagegen abzulehnen, weil sie die Möglichkeit eröffnet, das strafrechtliche Verbot ... zu umgehen ..."

---

[584] Vgl. als einschlägigen neueren Fall LG Berlin, wistra 2004, 154, 157; in BGH a.a.O. (Fn. 580) waren §§ 242 und 267 (gewerbsmäßig begangen) die Vortaten.

[585] *Cebulla*, wistra 1999, 281, 285 f.; a.A. MK-*Neuheuser*, Rn. 30; NK-*Altenhain*, Rn. 26.

[586] BT-Drucks. 12/3533 S. 12; BR-Drucks. 507/92 S. 28; OLG Karlsruhe NJW 2005, 767 f. = wistra 2005, 189 f.; OLG Frankfurt NJW 2005, 1727, 1732 f.; MK-*Neuheuser*, Rn. 48 m.N.; NK-*Altenhain*, Rn. 61 ff.; *Möhrenschlager*, wistra 1992, 281, 287; *Wessels/Hillenkamp* (Fn. 362), § 20 Rn. 896; für Beschränkung auf Anwendungsbereich von Verfall und Einziehung *Arzt/Weber*, § 29 Rn 14 und Arzt in JZ 1993, 913.

[587] Vgl. zur generellen Problematik die weiteren Darstellungen bei *Berndt* in Volk § 20, Rn. 52 ff., 61 ff., 74 ff., 79 (stark einschränkend); *Löwe-Krahl* in Achenbach/Ransiek, Abschnitt XIII Rn. 19 ff.; *Schmidt*, Gewinnabschöpfung, Rn. 1620 ff.; *Nestler* (Fn. 580), § 17 Rn. 20 ff.; *Schönke/Schröder/Stree*, Rn. 7 ff.; *Tröndle/Fischer*, Rn. 7 ff. jeweils mit weiteren umfangreichen N.

Eine Grenze findet der Rückgriff dort, wo der Wert des fraglichen Gegenstandes durch Weiterverarbeitung im Wesentlichen auf eine selbständige Leistung Dritter zurückzuführen ist.[588] Dies wird z.B. für die Produkte eines Unternehmens angenommen, an dem jemand Anteile erworben hat, die mittelbar auf Bestechungsgeldern beruhen.[589] Entsprechendes gilt auch bezüglich des aus der Dienstpflichtverletzung des Amtsträgers Erlangten. Bei einem durch Bestechung erlangten günstigen Vertrag mit der öffentlichen Hand kann allerdings – ähnlich wie beim Erfüllungsbetrug zur Schadensfeststellung – ein bei einem Vergleich zwischen Leistung und Gegenleistung rechnerisch feststellbarer Vermögensvorteil für den Bestechenden der bemakelte Gegenstand sein, dessen weitere Verwertung die Bemakelung ggf. fortzusetzen vermag, etwa wenn sich daraus Ausgleichszahlungen an Kartellmitglieder ergeben.

Die in Absatz 1 genannten **Tathandlungen** überschneiden sich vielfach. Neben dem Verbergen[590] und der Herkunftsverschleierung[591] umfasst der Tatbestand auch die Vereitelung und (konkrete) Gefährdung[592] von im Einzelnen bezeichneten Maßnahmen der Strafverfolgungsbehörden. Eine solche Gefährdung liegt nicht vor, wenn der Gegenstand einem verdeckt ermittelnden Polizeibeamten übergeben wird; es liegt dann nur ein nach Absatz 3 strafbarer Versuch vor.[593] 197

Als abstrakter Gefährdungstatbestand bedroht **§ 261 Abs. 2** (sog. „Isolierungstatbestand"/„Verschaffungstatbestand") denjenigen mit Strafe, der 198

„(2) … einen in Absatz 1 bezeichneten Gegenstand
1. sich oder einem Dritten verschafft oder
2. verwahrt oder für sich oder einen Dritten verwendet, wenn er die Herkunft des Gegenstandes zu dem Zeitpunkt gekannt hat, zu dem er ihn erlangt hat.
(6) Die Tat ist nicht nach Absatz 2 strafbar, wenn zuvor ein Dritter den Gegenstand erlangt hat, ohne hierdurch eine Straftat zu begehen."

---

[588] Überwiegende Auffassung, vgl. BT-Drucks. 11/7663 S. 26; 12/989 S. 27; 12/3533 a.a.O.; BR-Drucks. (Fn. 586); MK-*Neuheuser*, Rn. 50 m.N.; *Möhrenschlager* (Fn. 586); *Tröndle/Fischer*, Rn. 7 – Absatz 6 ist auf die Fälle des Absatzes 1 nicht, auch nicht analog, anwendbar, selbst wenn Absatz 2 gleichzeitig vorliegt, BGHSt 47, 68, 80 = NJW 2001, 2891, 2894 = wistra 2001, 379, 383 (str.).

[589] Vgl. BR-Drucks. 507/92; MK-*Neuheuser*, Rn. 50, 58; *Möhrenschlager* (Fn. 586).

[590] Beispiele: Übergabe an Freund zur sicheren Aufbewahrung, BGH NStZ-RR 1997, 359 („Verdeckte Treuhandschaft", *Reich*, in: Wabnitz/Janovsky, 2. Aufl., Kap. 5 Rn. 22); Verstecken von Lösegeld in ausgehöhlten Büchern, BGH wistra 1999, 24 (s. Fn. 592). Näher zur Reichweite NK-*Altenhain*, Rn. 100, 102; *Schmidt* (Fn. 587) Rn. 1643.

[591] Beispiele: Umtausch von aus Erpressung stammendem Lösegeld in Banknoten, BGH NStZ 1995, 500 = wistra 1995, 310, „Geldwechselgeschäft" nach *Reich* (Fn. 590), Rn. 23, der als Beispiel Umtausch in fremde Währung nennt; Konto wird zum Empfang von aus Drogenhandel stammenden bzw. veruntreuten Geldern aus dem Ausland zur Verfügung gestellt, LG Mönchengladbach wistra 1995, 157 (mit nachfolgenden Abhebungen); AG Essen wistra 1995, 31; zum sog. „Loan back" (Kreditgewährung vom Ausland ins Inland) vgl. *Reich* (Fn. 590), Rn. 27, weitere Beispiele bei NK-*Neuheuser*, Rn. 62; NK-*Altenhain*, Rn. 97 ff.; *Schmidt* a.a.O. Rn. 1647 ff.

[592] Faktisches konkretes Erschweren des tatsächlichen Zugriffs durch Verbringen ins Ausland, um es dort in Verkehr zu bringen, BGH NJW 1999, 436 f. = wistra 1999, 24 = Strafverteidiger 1999, 94 f. (Oetker-Zlof-Geldwäsche-Fall), „Geldtransfersystem" nach *Reich* (Fn. 590), Rn. 24 f., der als weiteres Beispiel die Nutzung des sog. „Underground-bzw. Havala-Banking" nennt; OLG Hamm wistra 2004, 73 f.; Gefährdung der Sicherstellung durch Auszahlungen von Kautionen, die aus Anlagebetrügereien der Vortäter stammenden Geldern einbezahlt worden waren, an Verteidiger in Verbindung mit den zur Sicherung von Honorarforderungen erfolgten Abtretungen BGHSt 47, 68, 80 ff. = NJW 2001, 2891, 2894 = wistra 2001, 379, 383 f.; (krit. *Nestler* [Fn. 580], § 17 Rn. 37 ff., 44 ff. m.w.N.); OLG Frankfurt NJW 2005, 1727, 1773: Gefährdung der Rückgewinnungshilfe durch Zahlungsumleitung an Verteidiger; das LG Frankfurt/Main hat im Urteil vom 15.1.2003 jedoch bereits in der Hinterlegung des als Kaution bestimmten Geldes eine nach § 261 Abs. 1 strafbare Verschleierungshandlung gesehen (vgl. die Darstellung in BVerfGE 110, 226 = NJW 2004, 1305 f = wistra 2004, 217, 218 f.). Vgl. weiter NK-*Altenhain*, Rn. 103 ff.; *Schmidt* a.a.O. Rn. 1650 ff.

[593] BGH NJW 1999, 436 f. = wistra 1999, 24 f. (krit. *Berndt* in *Volk*, Rn. 81 ff.).

199 Mit dem strafrechtlichen Verbot des Absatzes 2 soll der Vortäter gegenüber der Umwelt isoliert und der Gegenstand praktisch verkehrsunfähig gemacht werden. Wie in Absatz 1 muss hier der betroffene Gegenstand aus der dort genannten Bestechungs(oder Betrugs- bzw. Untreue)handlung herrühren. Nummer 1 setzt nach überwiegender Meinung – wie § 259 – einen derivaten Erwerb voraus.[594] Eine bloße vertragliche Verpflichtung des Vortäters zu späterer Leistung reicht nicht aus.[595] Durch das „Verwenden" in Nummer 2 werden Fälle bestimmungsgemäßen Gebrauchs, insbesondere Geldgeschäfte, erfasst. Die objektive Reichweite der Strafbarkeit wird in Fällen des gutgläubigen Erwerbs eingeschränkt (Absatz 6), was aber bei Anwendbarkeit von Absatz 1 nicht weiterhilft. Absatz 6 greift – was allerdings umstritten ist – nicht ein, wenn das Bestechungsgeld bei einer gutgläubigen Bank einbezahlt wird, der Vortäter dieses dann aber überweist oder durch Scheckübergabe über seine nach Einzahlung entstandene Forderung gegen die Bank verfügt.[596] Wegen der außerordentlichen Reichweite von § 261 (insbesondere von Absatz 2) wird vielfach eine einschränkende Auslegung des Tatbestandes befürwortet[597] (so z.B. bei der Beteiligung an Handlungen, die der Strafverfolgung dienen, bei Erwerbsgeschäften zur Deckung existentiellen Lebensbedarfs, bei Alltagsgeschäften, bei sozial- und berufsadäquaten Verhaltensweisen, im subjektiven Bereich anerkannt vom BVerfG für Verteidiger bei der Entgegennahme von bemakeltem Honorargeld)[598].

200 Im subjektiven Bereich reicht für die Anwendbarkeit von Absatz 1 und 2 grundsätzlich auch bedingter **Vorsatz** aus (Ausnahme bei der Entgegennahme von bemakeltem Honorar durch Verteidiger u.ä.: sicheres Herkunftswissen erforderlich). Eine Ausdehnung enthält **Absatz 5**. Danach genügt es für die Strafbarkeit, wenn der Täter **leichtfertig** nicht erkennt, dass der Gegenstand aus einer strafbaren Vortat im Sinne von Absatz 1 Satz 2 herrührt. Nach Auffassung des Gesetzgebers handelt leichtfertig, wer sich ihm aufdrängende Möglichkeiten der Tatbestandsverwirklichung aus besonderem Leichtsinn oder besonderer Gleichgültigkeit außer acht lässt.[599] Nach **Absatz 3** ist der **Versuch** der Taten nach Absatz 1 und 2 strafbar. **Strafschärfungen für besonders schwere Fälle** sieht **Absatz 4** vor.[600] Die „Vergünstigungen" in **Absatz 9** (Straffreiheit bei Anzeige) und **Absatz 10** (Absehen oder Milderung von Strafe bei hilfreicher Offenbarung – sog. „kleine Kronzeugenregelung") sollen einen Anreiz zur Aufklärung einer strafbaren Geldwäsche, der Vortat und zur Sicherstellung des „gewaschenen" Gegenstandes bilden.

3. Exkurs: Geldwäsche- und Zollverwaltungsgesetz

201 Zur Erhöhung der Präventionswirkung und zur Erleichterung von Ermittlungstätigkeiten wird – beeinflusst durch internationale und europäische Vorgaben – § 261 StGB durch das **Gesetz über das Aufspüren von Gewinnen aus schweren Straftaten – Geld-**

---

[594] MK-*Neuheuser*, Rn. 66 m.N.; *Dölling*, in: Gössel/Dölling (Fn. 8), § 68 Rn. 36; a.A. z.B. NK-*Altenhain*, Rn. 114.
[595] BGHSt 43, 149, 151 f.
[596] MK-*Neuheuser*, Rn. 69 m.N.; *Tröndle/Fischer*, Rn. 29; *Löwe-Krahl*, in: Achenbach/Ransiek (Fn. 299), Kap. XIII Rn. 36; *Schmidt* (Fn. 587) Rn. 1676.
[597] Dazu MK-*Neuheuser*, Rn. 71 ff. (weitgehend kritisch); *Tröndle/Fischer*, Rn. 30 ff. (kritisch zur BVerfGE [Fn. 592]; ebenso NK-*Altenhain*, Rn. 124 ff.); *Arzt/Weber*, § 29 Rn. 39 ff. (nur in Ausnahmefällen); anders *Schmidt* a.a.O., Rn. 1680 ff.; *Wessels/Hillenkamp* (Fn. 374), § 20 Rn. 900, 902 (großzügiger).
[598] S. Fn. 592 u. in wistra 2005, 217 (14.1.2005); krit. dazu insbesondere *Tröndle/Fischer*, Rn. 36 ff.
[599] Vgl. dazu BGHSt 43, 158, 168 m. Anm. *Arzt*, JR 1999, 79; BGH (Fn. 580); dazu auch *Schmidt* a.a.O. Rn. 1715 ff. m.N.
[600] Dazu BGH NJW 2005, 3584: Auch ein Beteiligter an der Vortat, der gemäß Absatz 9 Satz 2 wegen Geldwäsche selbst nicht strafbar ist – persönlicher Strafausschließungsgrund –, kann Mitglied einer Bande sein, die sich zur fortgesetzten Begehung einer Geldwäsche verbunden hat, was zur Anwendung von Absatz 4 führen kann. – Zum Verhältnis zwischen (leichtfertiger) Geldwäsche und Hehlerei BGH (Fn. 580).

wäschegesetz – GWG – v. 25.10.1993[601] ergänzt. Unternehmen und bestimmten Berufsgruppen (§ 1 IV GWG: Kredit-/Finanzdienstleistungsinstitute, Investmentaktiengesellschaften, Finanzunternehmen, bestimmte Versicherungsunternehmen, Rechts-/Patentanwälte, Notare, Wirtschafts-/Buchprüfer, Steuerberater/-bevollmächtigte, Immobilienmakler, Spielbanken, sonstige Gewerbetreibende usw. unter bestimmten Voraussetzungen) werden Identifizierungs- und Aufzeichnungspflichten und die Pflicht zur internen Sicherung gegen Geldwäsche auferlegt. Strafverfolgungsbehörden sollen zeitnah in Fällen von Verdacht unterrichtet werden.

Eine **Identifizierungspflicht** besteht bei Begründung einer auf Dauer angelegten Geschäftsbeziehung (z.B. bei Kontenführung, § 2 Abs. 1; § 3 Abs. 1 GWG) und bei der Annahme/Abgabe von Bargeld, Wertpapieren und Edelmetallen in Wert von mindestens 15.000 € (bei Spielbanken 1.000 €, § 3 Abs. 1 Nr. 4 GWG). Dies gilt auch, wenn zur Umgehung der Schwellen Transaktionen künstlich aufgeteilt werden (§ 2 Abs. 3; sog. „smurfing"). In Fällen von Anhaltspunkten für eine Straftat nach § 261 oder der Finanzierung einer terroristischen Vereinigung nach § 129a, b StGB besteht die Pflicht auch unterhalb der Schwellenwerte (§ 6 GWG); für die Bestimmung des Verdachts hat das Bundesaufsichtsamt für das Kreditwesen (BaKred) – nunmehr aufgegangen in die Bundesanstalt für die Finanzdienstleistungsaufsicht (BAFin) – in einem Rundschreiben eine Typologienliste entwickelt.[602] Einschränkungen zur Identifizierung ergeben sich aus § 2 Abs. 5 und § 7 GWG. Anzugeben sind: Namen (ausgewiesen durch Personalausweis oder Reisepass), Geburtsdatum und -ort, Staatsangehörigkeit und Anschrift, Art, Nummer und ausstellender Behörde des amtlichen Ausweises (§ 1 Abs. 5 GWG). Für Rechtsanwälte und Notare ist die Pflicht auf bestimmte „Nichtberatungsgeschäfte" (Vermögensverwaltung, (Ver)Kauf von Immobilien und Gewerbebetrieben u.ä., § 3 Abs. 1 Nr. 1 GWG) beschränkt. Für Versicherungsunternehmen gilt bei Abschluss von Lebensversicherungsverträgen nach § 4 GWG eine Sonderregelung. Um der Verwendung von Strohleuten zu begegnen, erstreckt sich die Identifizierungspflicht auch auf die Frage, ob der Betroffene für eigene oder fremde Rechnung handelt. In letzterem Fall ist die Person des wirtschaftlich Berechtigten festzustellen. Bei Zweifeln eines Instituts über das Handeln für eigene Rechnung sind „angemessene Maßnahmen zur Feststellung der Identität des wirtschaftlich Berechtigten zu ergreifen" (§ 8 GWG). Nach § 9 GWG besteht eine **Aufzeichnungspflicht** für die getroffenen Feststellungen (auch elektronisch möglich). Die Aufbewahrungsfrist beträgt sechs Jahre (ab Schluss des Jahres der Feststellung). Der Verstoß gegen die genannten Pflichten ist für die Institute (!) bußgeldbewehrt.

Nach § 14 GWG besteht eine **Pflicht zu internen Sicherungsmaßnahmen**.[602a] Dazu gehört die Bestellung eines Geldwäschebeauftragten als Ansprechpartner für die Strafverfolgungsbehörden und das BKA als Zentralstelle für Verdachtsanzeigen, die Entwicklung interner Grundsätze, von Sicherungssystemen (vgl. auch § 25a Abs. 1 Nr. 4 KWG) und präventiven Kontrollen, die Sicherstellung der Zuverlässigkeit von Mitarbeitern, die Finanztransaktionen durchführen, und die Unterrichtung von Mitarbeitern über Geldwäschemethoden und die gesetzlichen Pflichten.

Nach § 11 GWG besteht eine **Pflicht zur unverzüglichen Anzeige von Verdachtsfällen gegenüber den Strafverfolgungsbehörden** (in der Praxis gegenüber bestimmten Staatsanwaltschaften bzw. teilweise auch nur an Generalstaatsanwaltschaften), d.h. bei

---

[601] BGBl. I 1770, zuletzt geändert durch Gesetz v. 15.12.2003, BGBl. I 2676 (Abdruck des Gesetzes bei Schmidt (Fn. 587) Rn. 1569 ff.; vgl. weiter den Überblick von *Berndt* in Volk, § 20, Rn. 119 ff. und *Häcker* in Müller-Gugenberger, § 51C sowie die Erläuterungen von *Busch/Teichmann, Teichmann/Achsnich,* in: Herzog/Mühlhausen, §§ 29 ff.; *Fülbier/Aepfelbach/Langweg* und *Schulz* in Erbs-Kohlhaas, Strafrechtliche Nebengesetze).

[602] Abrufbar unter www.bafin.de unter Rundschreiben; Zusammenfassung bei *Reich* (Fn. 590), Rn. 34.

[602a] Dazu Herzog/Mühlhausen, § 43; Teichmann/Achsnich, § 31.

der Feststellung von Tatsachen, die darauf schließen lassen, dass eine Finanztransaktion einer Geldwäsche nach § 261 StGB oder der Finanzierung einer Vereinigung i.S. der §§ 129a, b StGB dient oder im Falle ihrer Durchführung dienen würde. Erheblich eingeschränkt (auf Wissentlichkeit) ist die Anzeigepflicht für Rechtsanwälte und andere in § 3 Abs. 1 Satz 1 Nr. 1 und 2 GWG genannte Personen; die Anzeige ist über die Berufskammern weiterzuleiten. Die o.g. Bundesanstalt hat für diese Verdachtsfälle eine Typologie entwickelt. Die Finanztransaktion darf grundsätzlich erst nach Zustimmung durch die zuständige Staatsanwaltschaft oder nach Ablauf des zweiten Werktages nach Anzeigeerstattung ausgeführt werden (vorher sog. „Transaktionssperre"); eine Ausnahme besteht bei Unmöglichkeit des Aufschubs. Die Verletzung der Anzeigepflicht ist nicht bußgeldbewehrt;[602b] dasselbe gilt für die behördliche Anzeigepflicht nach § 13 GWG und die Anzeigepflicht der Finanzbehörden nach § 31b AO. Sie kann aber ggf. zur Strafbarkeit nach § 261[603] nach § 257 (Begünstigung) oder sogar nach § 258 (Strafvereitelung durch Unterlassen der Anzeige) führen; aus diesen Regelungen lässt sich eine Garantenpflicht – zumindest in den Fällen eines konkreten Tatverdachts[604] – herleiten,[605] da die Anzeigepflicht gegenüber den Strafverfolgungsbehörden besteht, auch wenn diese zunächst nur Vorermittlungen einleiten und Erkenntnisse nach § 11 Abs. VII auch für Besteuerungsverfahren (vgl. § 10 Abs. 2 GWG) und für die Aufsichtsbehörden verwendet werden. Der gutgläubige Anzeiger wird durch § 12 GWG von der Verantwortlichkeit freigestellt.

205 Der Geldwäschebekämpfung dient auch die sog. **Bargeldüberwachung nach dem Zollverwaltungsgesetz** (§ 1 Abs. 3a, §§ 10, 12a ZVG)[606]. Jeder, der Vermögenswerte von mehr als 15.000 € in oder aus Deutschland befördert, hat auf Verlangen[607] eines Zollbediensteten Art, Zahl und Wert, die Herkunft, den wirtschaftlichen Berechtigten sowie den Verwendungszweck darzulegen. Der Verstoß ist bußgeldbewehrt (§ 31a ZVG).

XIV. Sanktionen und Maßnahmen

1. Hauptstrafen

206 Hauptstrafen sind im deutschen Recht **Freiheitsstrafe und Geldstrafe**. Freiheitsstrafe mit einem Mindestmaß kann bei Verbrechen (vgl. § 12 Abs. 1 StGB) und schwereren Vergehen (vgl. § 12 Abs. 2 StGB) alleine, Geldstrafe immer nur alternativ neben der Freiheitsstrafe angedroht werden (vgl. hierzu auch Art. 3 Abs. 2 Nr. 1; Art. 13 EGStGB). Es gibt im deutschen Recht – anders als teilweise im Ausland – keine Straftatbestände mehr, die nur Geldstrafe androhen; die bloße Androhung einer Geldsanktion ist den Ordnungswidrigkeitentatbeständen (Bußgeldvorschriften) vorbehalten.

[602b] „Sachlich verfehlt" (*Häcker*, Fn. 601, Rn. 68).
[603] Vgl. *Berndt* in Volk, § 20, Rn. 145, 163; *Teichmann/Achsnich* (Fn. 601), Rn 87. Zur umstrittenen Reichweite von Garantenstellung/pflicht bei § 261 StGB vgl. MK-*Neuheuser*, Rn. 86 ff.; *Löwe-Krahl* (Fn. 579), Rn. 89 f.; *Lackner/Kühl*, Rn. 7 jeweils m.w.N.
[604] Z.B. i.S. von § 6 Subventionsgesetz.
[605] A.A. *Löwe-Krahl* (Fn. 596), Rn. 71.
[606] Dazu u.a. *Brandl*, in: Wabnitz/Janovsky, 2. Aufl., Kap 20 Rn. 189; *Löwe-Krahl* (Fn. 596), Rn. 102 ff. m.w.N.; *Jung*, ZfZ 2005, 154; *Mende*, in: Herzog/Mühlhausen, § 36 Rn. 13 ff.; zu den Befugnissen der Zollverwaltungsbehörden nach § 12a ZVG *Dannecker/Bürger*, wistra 2004, 81.
[607] Dazu OLG Karlsruhe NStZ 2004, 310 = wistra 2004, 356 (betr. türkische Sparbücher; eine allgemeine und nicht substantiierte Aufforderung reicht nicht aus; die Aufforderung muss die Tatbestandsmerkmale „mitgeführtes Bargeld oder gleichgestellte Zahlungsmittel über 15.000 Euro enthalten und vom Zollbeamten wahrnehmbar zum Ausdruck gebracht werden"; zur Fragenformulierung vgl. auch die Verwaltungsvorschrift zur Überwachung des grenzüberschreitenden Bargeldverkehrs (BargeldVV) v. 27.7.1998, Nr. 10. Zur Sachherrschaft bei Eheleuten OLG Karlsruhe wistra 2003, 36 m. krit. Anm. *Beckemper/Wegner*.

Bei den oben erörterten Tatbeständen ist nach § 332 Abs. 2 StGB nur die Richterbe- 207
stechlichkeit und nach § 263 Abs. 5 StGB der banden- und gewerbsmäßig begangene Betrug ein Verbrechen, für das jeweils eine Freiheitsstrafe von einem Jahr bis zu zehn Jahren angedroht ist; in besonders schweren Fällen der Richterbestechlichkeit ist eine Freiheitsstrafe zwischen zwei und fünfzehn Jahren zu verhängen, § 335 Abs. 1 Nr. 2. In minder schweren Fällen beträgt die Freiheitsstrafe jeweils sechs Monate bis zu fünf Jahren; eine Geldstrafe kann auch in diesen Fällen nicht verhängt werden (§ 47 StGB). Die übrigen Straftatbestände (§§ 331 ff., 298 ff., 261, 263, 266 StGB) sind Vergehen, die unterschiedliche Mindest- und Höchst-Freiheitsstrafen vorsehen (ohne besonderes Mindestmaß bis zu zwei Jahren: leichtfertige Geldwäsche, § 261 Abs. 5 und minder schwere Fälle der Bestechung, § 334 Abs. 1 Satz 2; bis zu drei Jahren: § 331 Abs. 1; § 333 Abs. 1; § 299; minder schwere Fälle der Bestechlichkeit, § 332 Abs. 1 Satz 2; bis zu fünf Jahren: § 331 Abs. 2; § 333 Abs. 2; § 263 Abs. 1, § 266 Abs. 1; § 298 – mit Mindestmaß: drei Monate bis zu fünf Jahren: § 334 Abs. 1, 2 Satz 1 Nr. 1; § 300 Satz 1; § 261 Abs. 1 Satz 1, Abs. 2; sechs Monate bis zu fünf Jahren: § 334 Abs. 2 Satz 1 Nr. 2 [bei Verbrechen s.o.]; für besonders schwere Fälle: sechs Monate bis zu zehn Jahren: § 263 Abs. 3 Satz 1; § 266 Abs. 2 i.V.m. § 263 Abs. 3; § 261 Abs. 4 Satz 1; ein Jahr bis zu zehn Jahren: § 335 i.V. mit § 332 Abs. 1 Satz 1, Abs. 3 und § 334 Abs. 1 Satz 1, Abs. 2, 3).

Wenn kein Mindestmaß an Freiheitsstrafe angedroht ist, steht die Geldstrafe alternativ 208
zur Verfügung; nach § 47 Abs. 1 StGB wird eine Freiheitsstrafe unter sechs Monaten nur in Ausnahmefällen verhängt. Bei einem Mindestmaß von drei Monaten wird, wenn eine Freiheitsstrafe unter sechs Monaten in Betracht käme, unter den Voraussetzungen des § 47 Abs. 2 StGB nur eine Geldstrafe verhängt. Eine kumulative Verhängung der Geldstrafe neben der Freiheitsstrafe ist nach § 41 StGB bei Bereicherung(sabsicht) möglich (vgl. auch § 52 Abs. 3; § 53 Abs. 2 Satz 2 StGB)[608].

2. Amtsverlust, Verlust des passiven Wahlrechts und Berufsverbot

Zwingende **Nebenfolge einer Verurteilung wegen eines Verbrechens** (s.o.) zu **Frei-** 209
heitsstrafe von mindestens einem Jahr ist der grundsätzlich (vgl. § 45b StGB) fünfjährige Verlust der Fähigkeit, öffentliche Ämter zu bekleiden (Amtsverlust, z.B. bei einem (auch ehrenamtlichen) Richter) und Rechte aus öffentlichen Wahlen zu erlangen (**Verlust des passiven Wahlrechts**), § 45 Abs. 1, 3, 4 StGB. **Neben einer Verurteilung wegen einer Freiheitsstrafe von mindestens sechs Monaten wegen einer Straftat der Bestechlichkeit nach den §§ 332, 335 und wegen Konnivenz nach 357 StGB kann** das Gericht ebenfalls die **Fähigkeit, öffentliche Ämter zu bekleiden (§ 45 Abs. 2, 3 StGB)**, für die Dauer von zwei bis zu fünf Jahren **aberkennen, § 358 StGB**. Zu den beamtenrechtlichen bzw. richterlichen Regelungen vgl. die §§ 48, 49 BBG; § 24 BRRG, § 24 DRiG[609] und die einschlägigen Landesgesetze.

Im Unternehmensbereich ist die Parallele zum Amtsverlust die **Anordnung eines Be-** 210
rufsverbots nach § 70 StGB als Maßregel der Sicherung (§ 61 Nr. 6 StGB) gegenüber natürlichen (nicht juristischen) Personen, dem ein vorläufiges Berufsverbot nach § 132a StPO vorangehen kann. Ein Verstoß dagegen ist nach § 145c StGB strafbar. Voraussetzung für die Anwendung des § 70 ist die Begehung einer rechtswidrigen Tat unter Missbrauch des Berufs oder Gewerbes bzw. unter grober Verletzung der damit verbundenen Pflichten. Die strafbare Handlung muss generell Ausfluss der beruflichen oder gewerblichen Tätigkeit selbst sein oder mindestens ein mit der regelmäßigen Gestaltung der Be-

---

[608] Zur Prüfung der Bildung einer Gesamtgeldstrafe neben einer Gesamtfreiheitsstrafe bei Gefahr des zwingenden Verlusts von Beamtenrechten vgl. BGH wistra 2004, 264.
[609] S. auch Fn. 608.

rufsausübung in Beziehung gesetztes Verhalten betreffen. Ein Missbrauch liegt vor, wenn der Täter unter bewusster und planmäßiger Missachtung der ihm gerade durch seinen Beruf oder sein Gewerbe gestellten Aufgaben seine Tätigkeit ausnutzt, um einen diesen Aufgaben zuwiderlaufenden Zweck mittels Straftaten zu verfolgen. Bei der Pflichtverletzung kann es sich sowohl um die Verletzung berufsspezifischer Pflichten als auch um allgemeine Pflichten handeln, die aus der Berufs- oder Geschäftstätigkeit erwachsen.[610] Anlasstaten sind hier u.a. Betrug und Untreue, wenn sie Ausfluss der jeweiligen Berufs- oder Gewerbetätigkeit sind und einen berufstypischen Zusammenhang erkennen lassen.[611] Dies können aber auch Bestechungshandlungen nach den §§ 299, 300 bzw. §§ 333 ff. und Taten nach § 298 sein, was insbesondere bei gewerbsmäßiger Begehung in Frage kommt. Verdeutlicht wird der geforderte Zusammenhang, wenn in Auftragsbewerbungen, in Vertragsverhandlungen oder sogar in Verträgen versichert wird, dass keine Bestechungshandlungen begangen wurden bzw. werden. Ergänzend ist auf das verwaltungsrechtliche **Berufsverbot nach § 35 GewO** gegen einen Gewerbetreibenden, der auch eine juristische Person sein kann, und auf sog. **Vergabesperren** auf der Grundlage von § 8 Nr. 4c VOB/A[611a] und landesrechtlicher Regelungen[612] hinzuweisen.

3. Verfall (§§ 73 bis 73e, 76 und 76a StGB)

a) Grundlagen

211   Seit Jahrhunderten finden sich in Strafgesetzbüchern bei den Bestechungsdelikten Vorschriften über den Entzug des Bestechungslohns.[613] Bis 1974 war dies im Einzelnen auch noch bei der Wählerbestechung in § 108b Abs. 3 a.F. und bei der Bestechung von Amtsträgern in § 335 a.F. StGB, in § 5 der Verordnung gegen Bestechung und Geheimnisverrat nicht beamteter Personen und bei der Bestechung im Geschäftsverkehr in § 12 Abs. 3 UWG a.F. vorgesehen. Eine verallgemeinernde Reform erfolgte mit Wirkung vom 1.1.1975 in den durch das Zweite Gesetz zur Reform des Strafrechts vom 4. Juli 1969[614] neugestalteten §§ 73 ff. StGB, die durch das Gesetz zur Änderung des Außenwirtschaftsgesetzes, des Strafgesetzbuches und anderer Gesetze vom 28.2.1992[615] und das Gesetz zur Bekämpfung des illegalen Rauschgifthandels und anderer Erscheinungsformen der Organisierten Kriminalität (OrgKG) vom 15.7.1992[616] ergänzt wurden.

212   Zur **Abschöpfung von Gewinnen** aus Straftaten steht also im StGB in den §§ 73 ff. das eigenständige Institut des **Verfalls** zur Verfügung; im Ordnungswidrigkeitenrecht wird diese grundsätzlich bei der Zumessung der Geldbuße vorgenommen (vgl. § 17 Abs. 4, anders in § 29a OWiG)[617]. Streitig ist die Rechtsnatur des Verfalls. Der Gesetzgeber hat in der Gewinnabschöpfung nicht die Zufügung eines strafähnlichen Übels, sondern eine

---

[610] Zu Einzelheiten vgl. die Kommentare sowie *Möhrenschlager*, in: Krekeler/Tiedemann/Ulsenheimer/Weinmann, Handwörterbuch des Wirtschafts- und Steuerstrafrechts, Stichwort: Berufsverbot (Stand: Mai 1988).
[611] BGHSt 22, 144; wistra 2003, 423.
[611a] S. Rn. 492; vgl. LG Berlin WuW 2006, 700 (Anerkennung einer vierjährigen Vergabesperre wegen nachweislichen Verdachts einer Bestechung als „schwere Verfehlung").
[612] Grundlagen dafür ergeben sich z.B. aus dem HambVergabeG und dem NRW-KorruptionsbekG (s. Fn. 3).
[613] Vgl. *Güntert*, Die Gewinnabschöpfung als strafrechtliche Sanktion, 1983, S. 2 ff.
[614] BGBl. I 717.
[615] BGBl. I 372.
[616] BGBl. I 1302 (dazu u.a. *Möhrenschlager*, wistra 1992, 281, 285 f.).
[617] Vgl. dazu die Kommentare zum OWiG sowie z.B. *Drathjer*, Die Abschöpfung rechtswidrig erlangter Vorteile im Ordnungswidrigkeitengesetz, 1997, S. 3 ff.; *Podolsky/Brenner*, Vermögensabschöpfung im Straf- und Ordnungswidrigkeitenrecht, 2. Aufl., Teil IV, S. 157 ff. und *Brenner*, NStZ 2004, 256.

Maßnahme mit kondiktionsähnlichem Charakter (BGH: „Maßnahme eigener Art") gesehen. An dieser Auffassung hat die Rechtsprechung[618] auch nach Einführung des Bruttoprinzips im Jahre 1992 (s. nachstehend) festgehalten, während in der Literatur insoweit dem Verfall vielfach Strafcharakter zugesprochen wird.[619]

b) Der Verfall des unmittelbar Erlangten

Der Verfall des unmittelbar[620] Erlangten (der „scelere quaesita"; „Originalverfall") kann nach § 73 Abs. 1 Satz 1 angeordnet werden, soweit nicht Ansprüche von Verletzten gemäß § 73 Abs. 1 Satz 2 vorgehen: 213

„(1) Ist eine rechtswidrige Tat begangen worden und hat der Täter oder Teilnehmer für die Tat oder aus ihr etwas erlangt, so ordnet das Gericht dessen Verfall an. Dies gilt nicht, soweit dem Verletzten aus der Tat ein Anspruch erwachsen ist, dessen Erfüllung dem Täter oder Teilnehmer den Wert des aus der Tat Erlangten entziehen würde."

Dem Verfall unterliegt, was der Täter für die Tat oder aus der Tat erlangt hat. „**Für die Tat**" sind (materielle)[621] Vorteile erlangt, wenn sie dem Beteiligten als Gegenleistung („Entgelt", „Lohn für die Tatbegehung") für sein (erfolgtes oder künftiges) rechtswidriges Handeln gewährt werden, jedoch nicht auf der Tatbestandsverwirklichung selbst beruhen. Das ist auch der Fall, wenn der Bestechungslohn als Gegenleistung für eine Diensthandlung gewährt wird,[622] selbst wenn diese nicht strafbar ist.[623] „**Aus der Tat**" sind alle Vermögenswerte erlangt, die dem Täter unmittelbar aus der Verwirklichung des Tatbestands in irgendeiner Phase des Tatablaufs zufließen, insbesondere die Beute. Dazu gehören Vermögensvorteile aus einer **Bestechung**[624] und auch durch Betrug zum Schaden des Betrogenen unmittelbar erlangte Vermögensvorteile.[625] Entsprechendes gilt selbst für die Bestechlichkeit. Nach dem BGH[626] ist bei der Prüfung der Anwendung von § 73 I 2 der Bestechungslohn ein „aus der Tat gezogener Gewinn" bzw. durch eine (Straf)Tat erlangt. 214

Nach Auffassung des BGH[627] kann ein Verfall ggf. auch hinsichtlich eines im Ausland belegenen Grundstücks angeordnet werden, was er bei einem Erwerb mit Geldern aus Rauschgiftgeschäften angenommen hat. Einen unzulässigen Eingriff in die Souveränität des betroffenen Staates hat er wegen beiderseitiger Mitgliedschaft am Geldwäscheüber-

---

[618] BVerfG NJW 2004, 2073 = wistra 2004, 255, 256 ff.; BGHSt 47, 260, 265 = wistra 2002, 255, 258 (Bestechungsdelikte); 47, 369, 372 f.; NJW 2002, 2257, 2259 (Bestechungsdelikte); NStZ 1994, 123 f.; 2000, 37; 2001, 312; wistra 1995, 221; 2001, 389; 2002, 422 (!-Embargo); 2004, 227, 465; ebenso OLG Düsseldorf, wistra 1999, 477 f.; vgl. auch *Nack*, GA 2003, 879, 882.
[619] *Schönke/Schröder/Eser*, vor § 73 Rn. 19; NK-*Herzog*, Vor § 73 Rn. 8; *Lackner/Kühl*, Rn. 4b; a.A. z.B. *Wallschläger*, Die strafrechtlichen Verfallsvorschriften, 2002, S. 34 ff.; MK-*Joecks*, Rn. 14 ff. (keine klassische Strafe, aber Strafzumessungsfaktor).
[620] Vgl. BGHSt 47, 260, 268 f.
[621] Immaterielle Vorteile werden weiterhin – auch nach der Ersetzung des Begriffs „Vermögensvorteil" durch „etwas" – durch die §§ 73 ff. nicht erfasst, BT-Drucks. 12/989 S. 23; BGH NStZ 2002, 477, 479 f.; LK-*Schmidt*, Rn. 19; *Tröndle/Fischer*, Rn. 8; vgl. auch BGH wistra 1994, 140 f. (nur in Geldbeträgen messbare wirtschaftliche Werte sind gemeint).
[622] BGHSt 30, 46 f.; 47, 260; MK-*Joecks*, Rn. 34; NK-*Herzog*, Rn. 5; *Tröndle/Fischer*, Rn. 8; nicht angesprochen von BGH wistra 2001, 388, 389 l. Sp.; *Podolsky/Brenner* (Fn. 617), S. 22 Fall 10.
[623] LK-*Schmidt*, Rn. 28; vgl. auch BGH wistra 2001, 388 f.
[624] BGHSt 50, 299, 309 ff. = wistra 96, 101 f. („aus einer Bestechung"); NJW 2001, 693 = NStZ 2001, 155; wistra 2006, 227 (Bestechung zur Verletzung des Dienstgeheimnisses). Zur Diskussion um den Tatbegriff im Zusammenhang mit Satz 2 *Satzger*, wistra 2003, 401, 404 f.; *Gassmann*, wistra 2004, 41, 44 ff.
[625] BGH NStZ-RR 2003, 10 = wistra 2003, 57; MK-*Joecks*, Rn. 35.
[626] Davon gehen auch die in den Fn. 630 und 631 zitierten Entscheidungen zur (Nicht)Anwendbarkeit von Satz 2 aus.
[627] BGH, 1 StR 125/00 v. 3.5.2000, S. 4 f.; vgl. auch Rn. 240 betr. Einziehung.

einkommen des Europarates verneint, wobei – mangels anderweitiger Vereinbarung – der betroffene ersuchte Staat das Eigentum an dem Abschöpfungswert erlange. In letzterem Punkt ergeben sich weitergehende Möglichkeiten nach dem VN-Übereinkommen gegen Korruption von 2003. – Auch die Anordnung des Verfalls eines Girokontos bei einer ausländischen Bank hält der BGH[628] für zulässig. Die Wirksamkeit hängt von der Möglichkeit der Vollstreckung im Rahmen internationaler Abkommen ab.

215 Für die Anwendung der zur Vermeidung einer doppelten Inanspruchnahme eines Tatgeschädigten **in Satz 2 eingeführten Ausschlussklausel** reicht nach ständiger, aber im Ergebnis doch problematischer Rechtsprechung des BGH[629] die Existenz eines eindeutig belegten Ausgleichsanspruchs aus. Es ist nicht erforderlich, dass dieser geltend gemacht wird.

216 Im Allgemeinen ist bei einer Amtsträgerbestechung hinsichtlich **des vom Amtsträger angenommenen Vermögensvorteils („Bestechungslohn")** die Ausnahme von Satz 2 nicht anwendbar, da der Dienstherr nicht „Verletzter" i.S. dieser Vorschrift ist[630] und ihm (nach Auffassung des BGH) gegen den Amtsträger (Beamter oder Angestellter) auch kein Anspruch auf Herausgabe des Bestechungslohns zusteht.[631] Letzteres ist nun allerdings fraglich geworden, da neuerdings nach Auffassung des BVerwG[632] dem Dienstherrn auf der Grundlage von § 70 BBG doch ein Ablieferungsanspruch zusteht und einige Länder inzwischen einen entsprechenden Herausgabeanspruch auch ausdrücklich statuiert haben[633]. Jedoch haben sowohl das BVerwG als auch die neuen Ländergesetze den Verfallsanspruch des Staates weiterhin für vorrangig erklärt. Ist also bei einer Amtsträgerbestechung der Vorteil beim Empfänger noch vorhanden, so kann dieser nach § 73 Abs. 1 grundsätzlich abgeschöpft werden. Hat ein Amtsträger einen Vermögensvorteil als Gegenleistung für die Vornahme von Diensthandlungen durch Erpressung erlangt, so kann ein Schadensersatzanspruch des Erpressten auch unberücksichtigt bleiben.[634] In Fällen, in

---

[628] BGH wistra 2001, 379.

[629] Ständige Rechtsprechung des BGH (NStZ 1984, 409 = wistra 1984, 177 bis wistra 2006, 421); SchlHOLG wistra 2001, 312; für Nichtanwendung von Satz 2 in bestimmten Fällen OLG Zweibrücken NStZ 2002, 254 = Strafverteidiger 2003, 160, 161 m. abl. Anm. *Lüderssen*; abl. auch NK-*Herzog*, Rn. 20 (bei Verzicht zugunsten der Landeskasse und bei vergleichsweise Einigung zwischen Täter und Geschädigtem über einen geringeren Teilbetrag hinsichtlich des darüber hinaus Gehenden; zust. *Tröndle/Fischer*, Rn. 13a) und OLG München wistra 2004, 353 = NStZ 2004, 443, wenn der Verletzte (hier: Firma als Opfer von Diebstählen von Flugzeugteilen und nachfolgender Hehlerei) von der Durchsetzungsmöglichkeit seiner Ansprüche weiß, aber auf diese verzichtet oder sie zumindest über einen längeren Zeitraum nicht geltend macht und hierdurch zu erkennen lässt, dass er dies auch in Zukunft nicht vorhat; abl. BGH NStZ 2006, 621 f. = wistra 2006, 380; MK-*Joecks*, Rn. 42; NK-*Herzog* a.a.O.; a.A. hingegen *Schönke-Schröder/Eser*, Rn. 25 f.; bei Verzicht auch BGH wistra 2006, 341, 380 f., 421.

[630] BGHSt 30, 46, 47 f.= NJW 1981, 1457; BGHSt 33, 37 f. = NJW 1985, 752 = wistra 1985, 21; BGH NStZ 2000, 589, 590 = wistra 2000, 379, 381; wistra 2001, 295, 297.

[631] BGHSt 30, 46, 48 ff.; 33, 38; 47, 22, 31 = NJW 2001, 2560 = wistra 2001, 466, 469; wistra 1999, 464; NStZ 2000, 589 f. = wistra 2000, 379, 381; NStZ 2003, 423 = wistra 2003, 228 (i. Erg. anders beim Bestechungslohn für das dienstpflichtwidrige Unterlassen einer Mietzinszahlung); NStZ-RR 2004, 242, 244 = wistra 2004, 391, 393. Hat der Amtsträger aus den gleichzeitig begangenen Untreuehandlungen nichts (unmittelbar) erlangt, ist Satz 2 jedoch nicht anwendbar, selbst wenn er aufgrund der Unrechtsvereinbarung für die Untreuehandlungen finanzielle Zuwendungen erhalten hat; Satz 2 bezieht sich nicht auf ein „für die Tat" geleistetes Entgelt, BGH wistra 1999, 384 f.

[632] BVerwGE 115, 389, 392 = NJW 2002, 1968 = DVBl. 2002, 1218 (dazu *Zetzsche*, DÖD 2003, 225; wistra 2004, 428 f.). Vgl. weiter OVG Koblenz DVBl. 2001, 752; BayVGH ZBR 1992, 29.

[633] Art. 79a BayBeamtenG; § 76 NRW-BeamtenG (dazu OVG NRW NVwZ-RR 2003, 136), § 86 Abs. 2 Schl-H BeamtenG; entsprechend auch § 70 II BBG-E im RegE eines Gesetzes zu Änderungen des Bundesbeamtengesetzes, BT-Drucks. 16/2253. – Vgl. zu dem Thema näher *Korte*, Kapitel 6 Rn. 163 ff.

[634] BGHSt 33, 37: dem Zuwendenden war es nach Ansicht des BGH ohne weiteres zuzumuten gewesen, sich dem Erpressungsversuch (bei Zahlungsweigerung drohte der Amtsträger mit nachteiligen Beeinflussungen der Vertragsbeziehungen zur Stadt) durch Einschaltung des Dienstvorgesetzten des Amtsträ-

denen der Bestechungslohn *zugleich* den Schaden bzw. Nachteil im Rahmen eines Betrugs oder einer Untreuehandlung oder sonstigen Dienstpflichtverletzung bildet, steht – zur Vermeidung einer Doppelinanspruchnahme – der Schadensersatzanspruch des Dienstherrn einem Verfall des Bestechungslohns entgegen.[635] Wenn sich Nachteil bzw. Schaden und der Vorteil bei der Bestechlichkeit nicht betragsmäßig entsprechen, so nötigt dies nicht zur Anwendung von Satz 2. Übermäßigen Belastungen kann mit der Härteklausel nach § 73c begegnet werden.[636]

Bei Bestechlichkeit im geschäftlichen Verkehr (§ 299 Abs. 1) kann demgegenüber eine **217** Gewinnabschöpfung bezüglich des Bestechungsgeldes wegen möglicher Ansprüche des Geschäftsherrn des Bestochenen auf Herausgabe (nach § 687 Abs. 2, § 681 Satz 2, § 667 BGB) entfallen.[637] Wie bei der Bestechung eines Amtsträgers bleibt § 73 auch unanwendbar, wenn der Bestochene eine Untreuehandlung dadurch begangen hat, dass das Unternehmen des Bestochenen um den Bestechungslohn erhöhte Preise für einen Auftrag seitens des Unternehmens des Bestechenden gezahlt[638] und dadurch einen Schaden erlitten hat, der Grundlage für einen Ersatzspruch ist. Ansprüche aus Untreue[639] und Betrug sind typische Fälle, in denen eine Gewinnabschöpfung den Geschädigten überlassen wird. In solchen Fällen steht die in den §§ 111b ff. StPO verankerte sog. „Rückgewinnungshilfe" mittels Beschlagnahme und Sicherungsmaßnahmen zur Verfügung.

Schwieriger ist die Sachlage, wenn es um die **Herausgabe von Vermögensvorteilen** **218** **geht, die der Bestechende unmittelbar für die Tat oder aus ihr erlangt hat.** Der Eigentümer von spekulativ erworbenem Bauerwartungsland erreichte durch Bestechung das Inkrafttreten eines Bebauungsplans für einen auch seine Grundstücke betreffenden Bereich. Dadurch stiegen seine Chancen, diese Grundstücke gewinnbringend zu veräußern, was er dann in der Folge auch erreichte. Der Vorteil lag nach dem BGH[640] nicht in den

---

gers oder der Polizei zu entziehen. Das abgepresste Bestechungsentgelt konnte nach den §§ 74, 74c, 75 eingezogen werden, da es der Zuwendende zur Begehung einer nach § 334 strafbaren Bestechung verwandt hatte.

[635] BGHSt 47, 22, 31; wistra 2001, 295, 297; NStZ 2003, 423 = wistra 2003, 228 (s. Fn. 631); OLG Düsseldorf NStZ 1999, 559 f.

[636] BGHSt 47, 22; wistra 2001, 295.

[637] *Mayer*, NJW 1983, 1300 f.; *Schönke/Schröder/Eser*, Rn. 26; auch *Raum*, in: Wabnitz/Janovsky, 2. Aufl., Kap. 4 Rn. 132 und *Retemeyer*, in: Achenbach/Ransiek, Kap. XIV Rn. 29 rechnen § 299 zu den Straftaten, bei denen Ansprüche bestehen können. Vgl. auch BGHSt 30, 46, 49; der BGH wehrte sich hier dagegen, hinsichtlich der §§ 331 ff. Herausgabeansprüche des Dienstherrn – wie bei der Bestechung im Geschäftsverkehr (unter Hinweis auf die Rechtsprechung des BAG in NJW 1961, 2036, AP Nr. 3–5 und des BGH in BGHZ 39, 1) – anzuerkennen; dies kann dahin interpretiert werden, dass für ihn die Sachlage bei der Bestechlichkeit im Geschäftsverkehr anders liegt als bei den §§ 331 ff. Entgegen LK-*Schmidt*, Rn. 38, *Schmidt*, Gewinnabschöpfung, Rn. 80 (ihm folgend *Tröndle/Fischer*, Rn. 13: MK-*Joecks*, Rn. 40) kann also die zu § 12 UWG a.F. entwickelte Auffassung, die eine eigenständige Verfallsvorschrift ohne Subsidiarität gegenüber Ansprüchen von Verletzten vorsah, m.E. nach Einführung von § 73 mit seinem Abs. 1 Satz 2 nicht mehr weiter vertreten werden, so sehr sie rechtspolitisch begrüßenswert sein mag. Im Kölner Müllskandal hat der BGHSt 50, 299, 312 f. = wistra 2006, 96, 102 einen Ausschluss des Verfalls wegen Schadensersatzansprüchen für möglich gehalten, letztlich aber auf § 73c I 2 StGB gestützt.

[638] Vgl. dazu auch *Raum* (Fn. 637), Rn. 133 m. Rechtsprechungsnachweisen; einen als Folge von Schmiergeldzahlungen eingetretenen Schaden hat die Rechtsprechung allerdings nicht angenommen, wenn diese Zahlungen gemessen am Gesamtumfang des Geschäfts so geringfügig waren, dass ein Einfluss auf die Preisbildung nicht ohne weiteres angenommen werden konnte.

[639] Beispiel BGH wistra 2001, 143 (GmbH-Geschäftsführer entnimmt Geschäftskonto der Gesellschafter Gelder (auch durch Überweisung), die teilweise der Erfüllung von Verbindlichkeiten für ein Privatgrundstück von Frau und Kind dienten).

[640] BGHSt 47, 260, 268 f. = NJW 2002, 2257, 2259 f. = NStZ 2002, 477 = wistra 2002, 255, 259 m. Anm. *Odenthal*, wistra 2002, 338, und *Wohlers*, JR 2003, 160; zust. *Rönnau*, in Volk, § 12 Rn. 37; *Tröndle/Fischer*, Rn. 7 geht in diesem Fall (richtigerweise) von einem Wertzuwachs aus; ebenso *Hohn*, wistra 2003, 321 f., der aber kritisiert, dass der BGH die Zinsaufwendungen für die Fremdfinanzierung des Grunderwerbs nicht für abzugsfähig erklärt hatte.

Endverkaufspreisen der Grundstücke, sondern in der durch die Bestechung zunächst erreichten Erhöhung seiner Gewinnchance, d.h. der Möglichkeit, einen erheblichen Spekulationsgewinn zu realisieren. Da dieser dann auch realisiert wurde, durfte das LG den Spekulationsgewinn als aus der Tat gezogenen Vorteile werten. Entsprechendes gilt z.B. in Fällen, in denen ein Unternehmer durch Bestechung einen Auftrag erlangt. Unmittelbar erlangt ist nicht die Auftragssumme, sondern der Vermögenswert des Vertrages, also der eventuelle durch die Bestechung erreichte Mehrwert der (künftigen Geld)Leistung des Auftraggebers gegenüber den erforderlichen Aufwendungen des Auftragnehmers.[641] In der Praxis wurde als unmittelbar erlangt auch schon der Abschluss eines durch Bestechung des Geschäftsführers von Stadtwerke-GmbHs erlangten Vertrages zugunsten einer GmbH mit zugleich für diese, also eine Dritte, begründetem Honoraranspruch angesehen.[642] Das Bruttoprinzip ist für die Frage, worin das Erlangte besteht, nicht heranzuziehen. Die Bestimmung des Vorteils ist der Bestimmung seines Umfangs (hierfür gilt das Bruttoprinzip) vorgelagert

219 1992 wurde der Bezugsgegenstand „Vermögensvorteil" durch „etwas" ersetzt und damit anstelle des früheren sog. „Nettoprinzips" nach dem Willen des Gesetzgebers das sog. **„Bruttoprinzip"** beim Verfall und zwar für alle Fälle, also auch bei Bestechungsdelikten[643], eingeführt. Dies bedeutet, dass grundsätzlich alles, was der Täter für die Tat oder aus ihr (unmittelbar tatsächlich) erlangt hat, für verfallen zu erklären ist. Entscheidend ist, was dem Betroffenen gerade durch die Straftat zugeflossen ist oder was er durch diese erspart hat. Die zur unmittelbaren Erlangung des Vermögensvorteils gemachten Aufwendungen (Gegenleistungen, Kosten) dürfen nicht mehr abgezogen werden.[644] Abzuziehen sind jedoch sichergestellte Vermögenswerte, auf deren Rückgabe der Empfänger verzichtet hat[645]. Nicht erfasst wird von § 73, was der Täter nur erlangen wollte, also z.B. den Vermögensvorteil, den der Amtsträger gefordert, aber nicht erhalten hat.[646]

220 „Der Verfall eines Gegenstandes wird auch angeordnet, wenn er einem Dritten gehört oder zusteht, der ihn für die Tat oder sonst in Kenntnis der Tatumstände gewährt hat" **(Drittverfallsklausel, § 73 Abs. 4).** Dies kann z.B. der Fall sein, wenn der Dritte (auch als Bestecher) dem Täter einen Gegenstand zugewendet hat, dieser aber wegen Nichtigkeit der Übereignung Eigentümer geblieben ist.

---

[641] Nach BGHSt 50, 299, 310 = wistra 2006, 96, 101 f. ist unmittelbar der Vorteil des Vertragsabschlusses erlangt. Dessen Wert richtet sich primär nach dem zu erwartenden Gewinn und evtl. weitergehenden wirtschaftlichen Vorteilen, zust. MK-Korte, § 334 Rn. 37; *Saliger*, NJW 2006, 3377; ähnlich *Sedemund*, DB 2002, 338; MK-*Joecks*, Rn. 6 und *Odenthal* (Fn. 640) sehen das Erlangte in der mit dem Erhalt des Auftrags verbundenen Gewinnchance; anders *Hohn*, wistra 2003, 321, 323 f., der, m.E. zu eng, das Erlangte nicht in dem Auftrag, sondern nur in der durch die Bestechung vergrößerte Chance sieht, bei der Vergabe ungeachtet der Vergabekriterien den Zuschlag zu erhalten (ähnlich *Rönnau* a.a.O. Rn. 38); der Wert der für das Unternehmen ursprünglich bestehenden Chance, bei der Vergabe berücksichtigt zu werden (wie soll die berechnet werden?, entgegen *Hohn* lässt sich schwerlich sagen, dass, wenn fünf Unternehmen für das Projekt in Frage kamen, die Chance 20% betragen hätte, da eine solche Annahme angesichts unterschiedlich vorhandener Wirtschaftskraft, Leistungsfähigkeit und Zuverlässigkeit spekulativ ist) müsse vom Auftragswert abgezogen werden. *Podolsky/Brenner* (Fn. 617), S. 20 f. sehen als unmittelbar erlangten Vorteil den Bauauftrag in Höhe von 18 Mio. Euro an. Dies ist jedoch nicht identisch mit einem Vorteil in Höhe dieser Summe, wie dies offenbar *Podolsky/Brenner* (a.a.O., im Rahmen von § 73a) annehmen (zu Recht abl. zu einem solchen Ergebnis MK-*Joecks*, § 73a Rn. 6; *Wallschläger* [Fn. 619], S. 112).

[642] OLG Thüringen wistra 2005, 114 f.; abl. BGHSt 50, 299, 310 = wistra 2006, 99, 101.

[643] Vgl. BGH wistra 2001, 389; 2002, 255, 422; NJW 2002, 2257, 2259; wistra 2006, 96, 102.

[644] BGHSt 47, 369, 372; NStZ 1994, 123 = wistra 1994, 140; 1995, 495 = wistra 1995, 221 f.; 1996, 539; 2000, 480 f.; 2006, 382; NStZ-RR 2000, 57; 2004, 242; Strafverteidiger 1998, 599; wistra 2001, 389; 2006, 96, 102; abl. *Göhler*, wistra 1992, 133.

[645] BGHSt 48, 40 = wistra 2003, 58; dazu *Rönnau*, Rn. 606 ff.

[646] Vgl. BGH wistra 1999, 464; NStZ 2000, 481; NStZ-RR 2001, 82; StV 2002, 485.

In Fällen **„unbilliger Härte"** entfällt, selbst wenn das Erlangte sich noch im Vermögen 221
des Betroffenen befindet, die Anordnung des Verfalls (§ 73c Satz 1, s. nachstehend). Die
Anforderungen sind allerdings hoch.[647]

c) Der Wertersatzverfall

Der „Wertersatzverfall" nach § 73a StGB ist die in der Praxis am häufigsten ange- 222
wandte Maßnahme der Gewinnabschöpfung. Sie setzt voraus, dass ein Verfall nach § 73
nicht oder nicht mehr möglich ist:

„Soweit der Verfall eines bestimmten Gegenstandes wegen der Beschaffenheit des Erlangten oder aus einem anderen Grunde nicht möglich ist ... ordnet das Gericht den Verfall eines
Geldbetrags an, der dem Wert des Erlangten entspricht. Eine solche Anordnung trifft das Gericht auch neben dem Verfall eines Gegenstandes, soweit dessen Wert hinter dem Wert des zunächst Erlangten zurückbleibt."

Die **Beschaffenheit des Erlangten** führt zur Anwendung des § 73a, wenn dieses in Ge- 223
brauchsvorteilen (z.B. unentgeltlich gewährte PKW-Leihe), Dienstleistungen oder im Ersparen von Aufwendungen (z.B. Bestechung eines Amtsträgers zur Vermeidung von Zoll-
zahlungen oder um ein Einschreiten gegen unerlaubte Abfallbeseitigung zu verhindern;
Betriebsangehöriger kippt Firmenmüll in den Wald) besteht oder durch Vermischen
(etwa von Geld), Verbinden oder Verarbeiten eine neue Sache entsteht bzw. in der Haupt-
sache untergeht. Eine Verfallsanordnung ist **aus einem anderen Grund nicht möglich**,
wenn sich das Erlangte im Entscheidungszeitpunkt nicht mehr im Vermögen des Empfängers befindet: Es ist verbraucht,[648] verschenkt, verloren oder zerstört worden, durch
Unterlassen von Erhaltungsmaßnahmen untergegangen oder nicht mehr auffindbar.
Liegt eine Bereicherung nicht mehr vor, ist zu prüfen, ob die Anordnung ganz oder teilweise nach der **Härtevorschrift in § 73c** zu unterbleiben hat:[649]

„(1) Der Verfall wird nicht angeordnet, soweit er für den Betroffenen eine unbillige Härte
wäre. Die Anordnung kann unterbleiben, soweit der Wert des Erlangten zur Zeit der Anordnung in dem Vermögen des Betroffenen nicht mehr vorhanden ist oder wenn das Erlangte nur
einen geringen Wert hat."

Beispiele sind die Existenzgefährdung durch die Verfallserklärung.[650] Anwendungsfälle 224
sind aber auch die Fälle unentgeltlicher Weitergabe,[651] Zuwendung des erlangten Bestechungsgeldes an eine gemeinnützige Organisation aus Reue[652] und die Rückgabe des Erlangten in den Fällen von § 73 Abs. 4 an den Dritten vor Tatentdeckung. Die Anwendung
von Satz 2 scheidet allerdings aus, soweit und solange der Betroffene noch über Vermögen verfügt, das wertmäßig nicht hinter dem „verfallbaren" Betrag zurückbleibt.[653] Dies
gilt auch, wenn der Betroffene Gegenstände bewusst an Dritte weiter gegeben hat, um sie

---

[647] Näher dazu die Kommentare und Nack, GA 2003, 879, 886 f. m.N. zur Rechtsprechung.
[648] BGHSt 33, 37, 39 = wistra 1985, 21, 23; wistra 2003, 141 (jeweils Verbrauch von Bestechungslohn); 48, 40 f. = wistra 2003, 58 (Verbrauch von Gewinnen aus Drogengeschäften).
[649] BGH (Fn. 648). Vgl. näher die Kommentare sowie Schmidt (Fn. 637) Rn. 389 ff., 394 ff., Rönnau in Volk, § 12, Rn. 399 ff. und Herzog/Mühlhausen, § 23 Rn. 41 ff.
[650] BGH wistra 2003, 424 f.; 1999, 384 f., 464 f. (Verlust des gesamten Vermögens droht).
[651] MK-Joecks, Rn. 10; NK-Herzog, Rn. 3; Tröndle/Fischer, Rn. 5.
[652] OLG Hamm NJW 1973, 716, 719.
[653] BGH NStZ 2000, 480; NStZ-RR 2005, 104 f. = wistra 2005, 137 f.; NStZ 2005, 454 und 455; wistra 2006, 382 f.

dem Verfall zu entziehen,⁶⁵⁴ oder wenn er diese verprasst hat.⁶⁵⁵ § 73c ist allerdings anwendbar, wenn im Einzelfall feststeht, dass der fragliche Vermögenswert in keinem denkbaren Zusammenhang mit den abgeurteilten Straftaten steht (z.B. mehrere Jahre zuvor oder im Wege der Erbfolge erworben wurde)⁶⁵⁶.

225 Wird das ursprünglich Erlangte teilweise beschädigt oder teilweise verkauft oder verbraucht oder hat es nach dem Empfang teilweise an Wert verloren, kann **neben dem Verfall** des Gegenstandes nach § 73 Abs. 1 nach **§ 73a Satz 2 Wertersatz** in Höhe der Differenz zwischen dem Wert des zunächst Erlangten und dem Wert des für verfallen erklärten Gegenstandes angeordnet werden.

d) Mittelbare Vorteile

226 Mittelbare Vorteile können **nur beschränkt abgeschöpft** werden. Nach **§ 73 Abs. 2 StGB** ist dies **zwingend für tatsächlich gezogene Nutzungen und fakultativ für Surrogate vorgesehen** („Nutzungsverfall"; „Surrogatverfall"):

„(2) Die Anordnung des Verfalls erstreckt sich auf die gezogenen Nutzungen. Sie kann sich auch auf Gegenstände erstrecken, die der Täter oder Teilnehmer durch die Veräußerung eines erlangten Gegenstandes oder als Ersatz für dessen Zerstörung, Beschädigung oder Entziehung oder auf Grund eines erlangten Rechts erworben hat."

227 Bei den **Nutzungen** (§§ 99, 100 BGB) handelt es sich im Wesentlichen um Zinsen, Dividenden, Miet- und Pachteinnahmen. Nicht erfasst sind mittelbare Gewinne, die durch Einsatz von (Bestechungs)Geld in einem Unternehmen oder in der Lotterie bzw. beim Glücksspiel erzielt werden. Satz 1 erstreckt sich auch auf Nutzungen aus Surrogaten nach Satz 2.

228 Zu den **Surrogaten** (vgl. § 818 Abs. 1 Halbsatz 2 BGB) werden die durch eine Veräußerung einer Sache oder eines Rechts erworbenen Erlöse oder Gegenstände (einschließlich solcher aus Surrogatsgeld), der Einzug einer Forderung oder die Realisierung eines Pfandrechts als Folge der Erlangung eines Rechts gerechnet, z.B. die Forderung gegen denjenigen, der die durch eine Straftat erlangte Sache beschädigt, oder gegen eine Versicherung und die Zahlungen daraus. Sieht das Gericht von der Anordnung des Surrogatsverfalls ab, so ist der Verfall eines Geldbetrages im Werte des Gegenstandes im Zeitpunkt der Erlangung anzuordnen (§ 73a Satz 1, 3. Alt.).

229 Die Verfallsanordnung entfällt bei Vorliegen eines Anspruchs nach § 73 Abs. 1 Satz 2.

e) Verfall gegen Drittbegünstigte

230 Nach § 73 Abs. 3 StGB (Verfall gegen Drittbegünstigte) richtet sich die Anordnung des Verfalls nach Absatz 1 und 2 **gegen einen anderen**, wenn der Täter oder Teilnehmer für diesen gehandelt hat und dieser dadurch unmittelbar rechtswidrig Vermögenswerte erlangt hat (vgl. § 822 BGB). Diese Möglichkeit kommt vor allem dann in Frage, wenn der Täter für ein Unternehmen (juristische Person, Personengesellschaft, nicht rechtsfähiger Verein und sonstige Personenvereinigungen i.S. von § 30 Abs. 1 OWiG) eine Straftat begangen hat und diesem der Vermögensvorteil zugute kommt (z.B. der durch Bestechung eines Amtsträgers erlangte Firmenauftrag). „Anderer" kann aber auch eine natürliche Person sein, was z.B. bei der Zuwendung des Bestechungsgelds an den vom Bestochenen bezeichneten Dritten der Fall sein kann.⁶⁵⁷ Ein Handeln für einen anderen

---

⁶⁵⁴ BGH wistra 2003, 424, 426.
⁶⁵⁵ BGH wistra 2005, 137 f.
⁶⁵⁶ BGHSt 48, 40 f. m. zust. Anm. *Rönnau*, NStZ 2003, 367; wistra 2003, 424 f.; 2005, 137 f.
⁶⁵⁷ *Tröndle/Fischer*, Rn. 22; *Rönnau* in Volk, § 12, Rn. 117 f.; vgl. auch BGH NStZ-RR 2006, 266 (Verfallsanordnung gegen Ehefrau bei Landesverrat); in wistra 2006, 384 f. (gegen Ehefrau bei Straftat nach § 299 aufgrund von § 73 Abs. 1 Satz 2 abgelehnt).

liegt nicht nur bei offener Stellvertretung oder in den Fällen des § 14 StGB, sondern auch dann vor, wenn der Täter nach außen hin nicht erkennbar, aber in dessen Interesse handelt. Streitig ist, ob und inwieweit die Reichweite dieser Regelung einzuschränken ist. Der BGH[658] verlangt neuerdings einen Bereicherungszusammenhang zwischen der Tat und dem Eintritt des Vorteils bei dem Dritten, der unterschieden nach drei Fallgruppen der Konkretisierung bedürfe. In den **Vertretungsfällen** (im engeren Sinne) ist der „Bereicherungszusammenhang ... durch das (betriebliche) Zurechnungsverhältnis gegeben" (Handeln als Organ, als Vertreter oder Beauftragter i.S. von § 14; Angestellte[659] einer [auch kriminellen] Organisation). Auf eine Unmittelbarkeit i.S. von „durch ein- und dieselbe Handlung" soll es hier nicht ankommen, weil – insbesondere bei Warentermingeschäften, Scheckreitereien, Steuer- und Umweltdelikten – nicht selten ein komplexer Geldkreislauf in Gang gesetzt wird. Selbst auf eine Kenntnis des Dritten soll es nicht ankommen. Im **Verschiebungsfall** lässt der Täter dem Dritten die Tatvorteile unentgeltlich oder aufgrund eines jeweils bemakelten Geschäfts zukommen, um sie dem Zugriff des Gläubigers zu entziehen oder um die Tat zu verschleiern. Hier wird der Täter regelmäßig die Tat und auch die (spätere) Vermögensverschiebung primär im eigenen Interesse und allenfalls faktisch (auch) im Interesse des Dritten begehen. Dies lag nach Auffassung des BGH[660] in einem Fall vor, in dem auf Grund einer Bestechungs-Unrechtsvereinbarung i.S. von § 12 UWG a.F. zwischen einem Grundstücksmakler und einem Verwalter von kirchlichem Stiftungsvermögen Zuwendungen des ersteren unmittelbar an eine Tante des letzteren im Zusammenhang mit dem Erwerb eines Erbbaurechts an einem Grundstück mit Reihenhaus erfolgten, wobei die Tante für den Verwalter als (lediglich vorgeschobene) Käuferin auftrat. Ein **Erfüllungsfall** ist dadurch gekennzeichnet, dass einem gutgläubigen Dritten Tatvorteile in Erfüllung einer nicht bemakelten entgeltlichen Forderung zukommen, deren Entstehung und Inhalt in keinem Zusammenhang mit der Tat stehen. In einem solchen Fall soll es an der „Unmittelbarkeit" fehlen und deshalb eine Verfallsanordnung nach § 73 Abs. 3 ausscheiden. Die enge Anbindung der Rechtsprechung an das Bereicherungsrecht ist in der Literatur – im Hinblick auf die Anwendung des Bruttoprinzips – teilweise auf Kritik gestoßen.[661] – Ergänzend ist darauf hinzuweisen, dass in Fällen des § 73 Abs. 3 die zusätzliche pauschale Annahme eines Vermögensvorteils auch beim Organ der begünstigten Gesellschaft der gesetzlichen Grundlage entbehrt. Dies könnte nur dann der Fall sein, wenn der Täter die Gesellschaft nur als formalen Mantel seiner Tat nutzt oder wenn jeder Vermögenszufluss an die Gesellschaft sogleich an den Täter weitergeleitet wird.[662]

---

[658] BGHSt 45, 235 = NJW 2000, 297 = wistra 2000, 55; ebenso OLG Hamburg wistra 2005, 157, 159; zust. LK-*Schmidt*, Rn. 59 ff. und in Gewinnabschöpfung, Rn. 269; *Podolsky*, in: Wabnitz/Janovsky, 2. Aufl., Kap. 26 Rn. 37 ff.; *Nack*, GA 2003, 879, 883 f.

[659] Beispiel BGH NStZ 2003, 37 = wistra 2002, 422, 425 (AWG-Embargo-Verstoß); wistra 2004, 465 f. (auch ohne Bösgläubigkeit der Unternehmensleitung); OLG Thüringen wistra 2005, 114 f. (s. Sachverhalt zu Fn. 642); OLG Hamburg wistra 2005, 157 f. (Handeln für eine GmbH – Verschiebungsfall).

[660] BGH wistra 1991, 99, 102 (nicht in BGHSt 37, 191); zust. BGHSt 45, 235, 245 f. = wistra 2000, 55, 58, der als weiteres Beispiel OLG Düsseldorf NJW 1979, 992 nennt.

[661] Vgl. Schönke/Schröder-*Eser*, Rn. 37 f. (stellt auf Handeln von einer im Einflussbereich des Dritten stehenden Person in dessen Interesse ab); Tröndle/Fischer, Rn. 24 f.; *Hohn*, wistra 2003, 321, 325 ff. (betr. Anwendung des Bruttoprinzips, ebenso *Rönnau* in Volk, § 12, Rn. 130 f.); *Arzt*, GS Zipf, 1999, S. 165, 168 ff.; für eine durchgängige Orientierung am Bereicherungsrecht jedoch *Wallschläger* (Fn. 619), S. 105 f.; MK-*Joecks*, Rn. 65 ff. – Keine Bedenken gegen die Rechtsprechung erheben NK-*Herzog*, Rn. 27 f. und *Podolsky*, in: Wabnitz/Janovsky, 2. Aufl., Kap. 26 Rn. 42 ff.

[662] BVerfG wistra 2005, 335 f. (3.5.2005); 2006, 337 f. (29.5.2006).

f) Erweiterter Verfall

231 Die Einführung des Erweiterten Verfalls (§ 73d StGB) durch das OrgKG 1992 sollte insbesondere zur wirksameren Bekämpfung der organisierten Kriminalität Lücken der strafrechtlichen Gewinnabschöpfung in Fällen schließen, in denen die bei den Tatbeteiligten vorgefundenen Vermögensgegenstände, deren rechtmäßiger Erwerb nicht festgestellt werden kann, mit großer Wahrscheinlichkeit aus der Begehung von Straftaten herrühren. Sind die Voraussetzungen der §§ 73, 73a erfüllt, ist § 73d nicht anwendbar. § 73d erweitert den Anwendungsbereich des Verfalls auf Vermögensgegenstände, die nicht aus dem abgeurteilten Delikt, sondern aus anderen rechtswidrigen Taten stammen. Einen Nachweis der konkreten Umstände dieser Taten wird nicht verlangt.

232 Die in der Literatur geäußerten Bedenken gegen diese Vorschrift sind vom Bundesverfassungsgericht nicht aufgegriffen worden. Vielmehr hat der 2. Senat in seiner Entscheidung vom 14.1.2004[663] entschieden, dass § 73d in der einschränkenden Auslegung durch den BGH[664] mit dem Grundgesetz vereinbar sei. Die Regelung verstoße nicht gegen den Schuldgrundsatz, sei mit der Unschuldsvermutung vereinbar und verletze auch nicht die Eigentumsgarantie des Art. 14 Abs. 1 GG. Der erweiterte Verfall verfolge nicht repressiv-vergeltende, sondern präventiv-ordnende Ziele und sei daher keine dem Schuldgrundsatz unterliegende strafähnliche Maßnahme. Die verfassungsrechtlich gebilligte Regelung lautet:

„(1) Ist eine rechtswidrige Tat nach einem Gesetz begangen worden, das auf diese Vorschrift verweist, so ordnet das Gericht den Verfall von Gegenständen des Täters oder Teilnehmers auch dann an, wenn die Umstände die Annahme rechtfertigen, dass diese Gegenstände für rechtswidrige Taten oder aus ihnen erlangt worden sind. Satz 1 ist auch anzuwenden, wenn ein Gegenstand dem Täter oder Teilnehmer nur deshalb nicht gehört oder zusteht, weil er den Gegenstand für eine rechtswidrige Tat oder aus ihr erlangt hat. § 73 Abs. 2 gilt entsprechend.

(2) Ist der Verfall eines bestimmten Gegenstandes nach der Tat ganz oder teilweise unmöglich geworden, so finden insoweit die §§ 73a und 73b sinngemäß Anwendung."

233 § 73d ist nur bei bestimmten einen Verweis voraussetzenden Straftatbeständen anwendbar. Dies ist bei Strafvorschriften der Fall, die als Regelbeispiele für besonders schwere Fälle **banden- oder gewerbsmäßige Begehung voraussetzen**. Eine solche Verweisung findet sich z.B. in **§ 261 Abs. 7 Satz 3, § 263 Abs. 7, § 302 und § 338**. Dabei wird in § 261 – anders als für die Vortaten nach den §§ 299, 332 und 334 (Abs. 1 Satz 2 Nrn. 1, 2) – auch für die Vortaten nach den §§ 263 und 266 deren gewerbs- oder bandenmäßige Begehung vorausgesetzt (Abs. 1 Satz 2 Nr. 4a). Nach der Rechtsprechung (BVerfG, BGH) ist die Annahme der deliktischen Herkunft eines Gegenstandes gerechtfertigt, wenn sich der Tatrichter durch Ausschöpfung aller Beweismittel von ihr überzeugt hat. Indiz für eine deliktische Herkunft kann das Fehlen jeglicher rechtmäßiger oder das Bestehen nur geringfügiger Erwerbsquellen sein. Der nicht näher begründete Hinweis, es könne kein Zweifel daran bestehen, dass das Geld aus illegalen Geschäften stamme, genügt allerdings nicht. Auch wenn an den Herkunftsnachweis keine überspannten Anforderungen gestellt werden sollen, wird dieser bei Vermögens- und Bestechungsstraftaten anders als im Betäubungsmittelbereich nicht einfach sein. Generell wird die praktische Relevanz in diesem Bereich als gering eingeschätzt[665]. Feststellungen über konkrete Herkunftstaten („Erwerbstaten"), die schuldhafte Begehung und die strafrechtliche Verfolgbarkeit sind

---

[663] BVerfG wistra 2004, 255–261 = NJW 2004, 2073; kritisch *Herzog/Mühlhausen*, § 23 Rn. 35.
[664] BGHSt 40, 371 = NJW 1995, 470 = NStZ 1995, 125 = wistra 1995, 101 f. (betr. Betäubungsmitteldelikt).
[665] MK-*Korte*, § 338 Rn. 2, 7 (auch zu § 302); *Tröndle/Fischer*, § 302 Rn. 2; *Bannenberg* (Fn. 4), S. 301.

allerdings nicht erforderlich (Anwendbarkeit auch bei verjährten Taten)[666]. Der Tatrichter muss sich aber vom „Ob" der deliktischen Vermögensherkunft überzeugen. Der Gegenstand muss auch hier durch eine frühere Tat unmittelbar erlangt oder ein Surrogat des ursprünglich erlangten Taterlöses sein. Absatz 1 Satz 2 stellt klar, dass eine etwaige zivilrechtliche Doppelnichtigkeit (§ 134 BGB) von Verpflichtungs- und Verfügungsgeschäft, z.B. wegen eines Verstoßes gegen strafrechtliche Vorschriften, die Anordnung eines Erweiterten Verfalls nicht ausschließt. Zivilrechtliche Ersatzansprüche des durch die rechtswidrige Tat Verletzten hindern nach Ergänzung von Absatz 1 Satz 3 durch das „Gesetz zur Stärkung der Rückgewinnungshilfe und der Vermögensabschöpfung bei Straftaten"[667] nunmehr die Anwendung des § 73d.

g) Wirkung des Verfalls und selbständige und nachträgliche Anordnung

Die rechtskräftige Anordnung des Verfalls führt nach § 73e Abs. 1 Satz 1 StGB (**Wirkung des Verfalls**) zum Übergang des Eigentums bzw. des Rechts an den Staat. Rechte Dritter bleiben bestehen (Absatz 1 Satz 2). Vor der Rechtskraft wirkt die Anordnung als Veräußerungsverbot (Absatz 2). 234

Nach § **76a StGB** kann – bei faktischer Unmöglichkeit der Verfolgung bzw. Verurteilung, Absehen von Strafe und Einstellungen nach Ermessen – der Verfall auch **selbständig angeordnet** werden (Absatz 1, 3). § **76 StGB** lässt auch die **nachträgliche Anordnung** von Verfall zu. 235

4. Einziehung (§§ 74 bis 76a StGB)

a) Grundlagen

Die **Einziehung** (Konfiskation) von Gegenständen, die zur Begehung einer Straftat gebraucht (**Tatwerkzeuge, „instrumenta sceleris"**), und von Gegenständen, die durch eine Straftat hervorgebracht worden sind (**Tatprodukte, „producta sceleris"**), können auch im Zusammenhang mit der Begehung von Korruptionsstraftaten eine gewisse Rolle als eine zusätzliche staatliche Reaktionsmöglichkeit spielen. Allgemeine Regelungen hierzu gibt es schon seit längerem im deutschen wie auch im ausländischen Recht. Die Konfiskationsregelung des § 19 PrStGB 1851 wurde als Kann-Regelung in leicht veränderter Form in § 40 RStGB aufgegriffen, wobei § 42 RStGB auch schon ein objektives Verfahren vorsah. Insbesondere die Entwicklung abweichender und weitergehender Regelungen in strafrechtlichen Nebengesetzen zeigte einen Reformbedarf, der nach dem Zweiten Weltkrieg zunächst seinen Niederschlag in den §§ 17 ff. OWiG 1952 und dann in den Reformarbeiten der Großen Strafrechtskommission in der zweiten Hälfte der Fünfziger Jahre fand. Auf der Grundlage der §§ 113 ff. des Reformentwurfs von 1962 wurden durch das EGOWiG vom 24.5.1968[668] die §§ 40 bis 42 StGB neu gestaltet. Diese Regelungen wurden – mit redaktionellen Änderungen – in die §§ 74 ff. des neuen Allgemeinen Teils des Strafgesetzbuches mit Wirkung vom 1.1.1975 überführt.[669] 236

Die Einziehung dient unterschiedlichen Zwecken. Sie ist je nach ihrer Zweckrichtung (Neben)Strafe oder/und Sicherungsmaßnahme. 237

---

[666] RegE, BT-Drucks. 11/6626 S. 6; LK-*Schmidt*, Rn. 24, 39; *Möhrenschlager*, wistra 1992, 281, 286; a.A. *Schönke/Schröder/Eser*, Rn. 9; *Lackner/Kühl*, Rn. 4.

[667] V. 24.10.2006 (BGBl. I 2350, dazu *Möhrenschlager*, wistra 2006 H. 12 S. V m.N.). Auslöser war die Prüfbitte des BVerfG und die zum Teil heftige Kritik in der Literatur.

[668] BGBl. I 503, Art. 1 Nrn, 2 bis 5.

[669] 2. StrRG v. 4.7.1969 (BGBl. I 717) i.V.m. Art. 18, 326 I EGStGB v. 2.3.1974 (BGBl. I 469, 473 ff., 648).

b) Einziehung mit Strafcharakter

238 Strafcharakter hat die den Täter oder Teilnehmer treffende Einziehung nach § 74 Abs. 1, 2 Nr. 1:

„(1) Ist eine vorsätzliche Straftat begangen worden, so können Gegenstände, die durch sie hervorgebracht oder zu ihrer Begehung oder Vorbereitung gebraucht worden oder bestimmt gewesen sind, eingezogen werden.
(2) Die Einziehung ist nur zulässig, wenn
1. die Gegenstände zur Zeit der Entscheidung dem Täter oder Teilnehmer gehören oder zustehen ..."

239 Wird etwa zur Begehung eines Betruges oder einer Tat nach § 298 StGB in einem Ausschreibungsverfahren eine vom Täter hergestellte unechte oder verfälschte Urkunde vorgelegt, so kann die Urkunde nicht nur als unmittelbares **Tatprodukt**[670] der Urkundenfälschung, sondern auch als **Tatmittel**[671] zur Begehung dieser Taten eingezogen werden. Als Tatmittel sind Gegenstände einziehbar, die bei der Begehung einer **vorsätzlich rechtswidrigen Straftat** (vom Vorbereitungsstadium bis zur Beendigung, wenn ersteres strafbar ist oder es wenigstens zu einem strafbaren Versuch gekommen ist) verwendet wurden oder verwendet werden sollten und die Tat gefördert haben oder fördern sollten. Sind im o.g. Fall die Unterlagen nicht i.S. von § 267 gefälscht, aber inhaltlich unrichtig, so können diese ebenfalls als Tatwerkzeug eingezogen werden.[672] Sofern Tatwerkzeuge von wirtschaftlicher Bedeutung sind, kann auch die Einziehung gewinnabschöpfend wirken.[673] Dazu gehört z.B. ein dem Täter gehörendes Fahrzeug, das zur Verbringung von Bestechungsbargeld ins Ausland, also zur Durchführung einer Straftat nach § 261 StGB, benutzt wird.[674] Auch ein zum Zweck der Bestechung zugewendeter oder zuzuwendender Gegenstand kann ggf. eingezogen werden.[675] Das ist z.B. der Fall, wenn eine Bestechung misslingt oder vor Vollendung aufgedeckt wird (das Konto mit dem Bestechungsgeld wird schon beschlagnahmt, ehe das Geld überwiesen wird; die Zusendung erreicht nicht den Empfänger; dieser lehnt die Annahme ab) oder der Gegenstand an den Zuwendenden zurückgegeben wird.[676] Im Normalfall unterliegt der mittels Bestechung erlangte Bestechungslohn bzw. Vermögensvorteil allerdings dem Verfall nach den §§ 73 ff.

240 Einziehbar sind jedoch nicht nur Sachen, sondern auch Rechte (vgl. § 74a, e, f; zu letzterem anders noch § 40 StGB a.F.). Der Einziehungsgegenstand muss dem Täter oder Teilnehmer zur Zeit der Einziehungsentscheidung nach der Rechtsprechung[677] formalrechtlich als **Eigentum** i.S. von § 903 BGB gehören; danach reicht es nicht aus, dass eine

---

[670] LK-*Schmidt*, Rn. 14; *Schönke/Schröder/Eser*, Rn. 8; *Tröndle/Fischer*, Rn. 5; NK-*Herzog*, Rn. 7; MK-*Joecks*, Rn. 10.
[671] Sollten *Lackner/Kühl*, Rn. 5 und NK-*Herzog*, Rn. 13 bei ihrer Ablehnung von gefälschten Urkunden als Tatwerkzeug auch diesen Fall meinen, so ist ihnen nicht zu folgen.
[672] Vgl. *Schönke/Schröder/Eser*, Rn. 12 (betr. inhaltlich falsche Unterlagen); LG Fulda wistra 2000, 155, 158 m.N. (manipulierte bzw. gefälschte Belege, fehlerhafte Buchführung, falsche Belege, die als Unterlagen die Fehlerquelle einer falschen Steuererklärung bilden, die als solche auch Tatwerkzeug sein soll).
[673] *Kilchling*, wistra 2000, 241, 244.
[674] Vgl. auch BGH NStZ 2005, 232 (KFZ dient Handeltreiben mit Betäubungsmitteln).
[675] OLG Frankfurt NStZ-RR 2000, 45: die dem Bestochenen zur Nutzung überlassene Ferienwohnung (Verfall oder Einziehung); LK-Schmidt, Rn. 17; *Tröndle/Fischer*, Rn. 8; MK-*Korte*, § 334 Rn. 39.
[676] Vgl. BGHSt 33, 37 = wistra 1985, 21, 23 betr. den Verfall des Vermögensvorteils aus Erpressung durch Amtsträger (keine Anwendung von § 73 Abs. 1 Satz 2, weil bei Rückzahlung des abgepressten Bestechungsentgelts an den Zuwendenden es bei letzterem – wegen Verwendung zur Begehung einer nach § 334 strafbaren Bestechung – nach den §§ 74, 74c hätte eingezogen werden können!).
[677] BGHSt 8, 205, 212; 19, 123; 24, 222; 25, 10; NStZ 1997, 30; NStZ-RR 1999, 11 (einziehbar aber Anwartschaftsrecht); zust. LK-*Schmidt*, Rn. 25 ff.; *Tröndle/Fischer*, Rn. 3; abl. *Schönke/Schröder/Eser*, Rn. 24; NK-*Herzog*, Rn. 26; *Jescheck/Weigend*, S. 797.

Sache jemandem „wirtschaftlich gehört" (etwa als besitzender Vorbehaltskäufer oder besitzender Sicherungsgeber). Ist der Täter oder Teilnehmer nur Miteigentümer, so ist eine Einziehung an dem Gegenstand nur möglich, wenn alle Miteigentümer an der Tat beteiligt waren oder die Einziehung mit Wirkung gegen tatunbeteiligte Miteigentümer gemäß § 74 Abs. 2 Nr. 2 wegen der Gefahr der (weiteren) Verwendung für eine Straftat oder nach § 74a zulässig ist. Darüber hinaus kann nach h.M.[678] der Miteigentumsanteil des Täters als ihm gehörendes Recht eingezogen werden. Möglich ist nach der Rechtsprechung auch die Einziehung ausländischer Vermögenswerte und zwar nicht nur von beweglichen Gegenständen (im Ausland befindlichen Sachen oder von Rechten, wie z.B. dem Geschäftsanteil an einer ausländischen Gesellschaft), sondern auch – ebenso wie beim Verfall – von im Ausland belegenen Immobilien. Die Einziehungsanordnung wirkt jedenfalls in dem letzteren Fall zunächst nur innerstaatlich, d.h. die Wirkung des § 74e (Übergang des Eigentums auf den [deutschen] Staat) tritt nicht ein. Auf Grund dieser einschränkenden Auslegung wird nicht in die Souveränität des ausländischen Staates eingegriffen. Eine Vollstreckungsmöglichkeit kann sich dann aber aus internationalen Übereinkommen ergeben.[679]

Eine weitergehende strafähnliche Einziehungsmöglichkeit kann sich aus Sonderregelungen innerhalb und außerhalb des StGB in Verbindung mit **§ 74 Abs. 4, Abs. 2 Nr. 1** bei im Eigentum des Täters oder Teilnehmers befindlichen sog. **„Beziehungsgegenständen"** ergeben, die nicht Tatprodukt oder Tatmittel sind. Ein Beispiel hierfür ist die **Einziehung von Gegenständen, auf die sich der Straftatbestand der Geldwäsche (vgl. § 261 Abs. 1, 2) bezieht (§ 261 Abs. 7 Satz 1)**.[680] Beim „Waschen" eines „Bestechungslohns" kann beim Geldwäscher der gewaschene Gegenstand eingezogen werden. Nicht ausgeschlossen wird dadurch die Anwendung der Verfallsvorschriften gegen den Bestochenen,[681] wohl aber gegen den Geldwäscher, soweit durch die konkrete Einziehungsanordnung Tatvorteile entzogen werden.[682] 241

Strafcharakter hat auch die nach **§ 74a StGB (Erweiterte Voraussetzungen der Einziehung)** in bestimmten Fällen **zugelassene Dritteinziehung**. Sie beruht auf einem sozialbindungswidrigen Missbrauch von Eigentum, bei der ein nicht an der Tat beteiligter Eigentümer die Tat in vorwerfbarer Weise unterstützt (**„Quasibeihilfe"**) oder den Gegenstand erworben hat (**„Quasihehlerei"**): 242

„Verweist das Gesetz auf diese Vorschrift, so dürfen die Gegenstände abweichend von § 74 Abs. 2 Nr. 1 auch dann eingezogen werden, wenn derjenige, dem sie zur Zeit der Entscheidung gehören oder zustehen
1. wenigstens leichtfertig dazu beigetragen hat, dass die Sache oder das Recht Mittel oder Gegenstand der Tat oder ihrer Vorbereitung gewesen ist, oder
2. die Gegenstände in Kenntnis der Umstände, welche die Einziehung zugelassen hätten, in verwerflicher Weise erworben hat."

---

[678] BGH NStZ 1991, 496; OLG Karlsruhe NJW 1974, 709; LK-*Schmidt*, Rn. 46 ff. m.w.N.; MK-*Joecks*, Rn. 9, 32; NK-*Herzog*, Rn. 6, 25; a.A. *Lackner/Kühl*, Rn. 7 m.N.
[679] BGH NStZ 2004, 505, 507 (VN-Suchtstoffübereinkommen v. 20.12.1988 lässt Einziehung zu); vgl. auch Rn. 214 betr. Verfall.
[680] Grundsätzlich krit. zu dieser Regelung aus der Sicht seines Verständnisses des § 261 *Arzt*, JZ 1993, 913, 914.
[681] Für Kumulation *Arzt* (Fn. 680), S. 917.
[682] Vgl. LG Berlin, wistra 2004, 154, 157 (gewaschenes Geld unterliegt grundsätzlich nicht dem Verfall, sondern der Einziehung, weil es – abgesehen von der Gewinnbeteiligung – kein Bruttogewinn i.S. von § 73 ist); *Güntert* (Fn. 613), S. 22; für Vorrang der Einziehung auch LK-*Schmidt*, § 73 Rn. 27; § 74 Rn. 62 und *Rönnau*, Vermögensabschöpfung in der Praxis, 2003, S. 24, Rn. 23 (Einziehung statt Verfall des Honorars eines Wahlverteidigers, das finanziell aus Katalogtat i.S. des § 261 stammt); generell zum Verhältnis Verfall/Einziehung *Güntert*, a.a.O., S. 21 ff.; *Rönnau*, a.a.O., S. 27 ff., Rn. 67 ff.

243 Eine **solche Dritteinziehung ist z.B. bei der Geldwäsche möglich (§ 261 Abs. 7 Satz 2)**. Im Fall des § 74a Nr. 1 muss der Dritte zumindest grob fahrlässig ermöglicht bzw. dazu beigetragen haben, dass sein Eigentum Mittel[683] oder Gegenstand der Tat des Täters oder Teilnehmers oder ihrer Vorbereitung gewesen ist Dabei genügt es, wenn er eine Tat dieser Art in allgemeinen Umrissen hätte voraussehen können.[684] Eine Sicherungseinziehung nach § 74 II Nr. 2 geht vor.

c) Einziehung mit Sicherungscharakter

244 Eine **Sicherungsmaßnahme** stellt die Einziehung nach **§ 74 Abs. 1, 2 Nr. 2, Abs. 3 StGB** dar:

„(2) Die Einziehung ist nur zulässig, wenn
…
2. die Gegenstände nach ihrer Art und den Umständen die Allgemeinheit gefährden oder die Gefahr besteht, dass sie der Begehung rechtswidriger Taten dienen werden.
(3) Unter den Voraussetzungen des Absatzes 2 Nr. 2 ist die Einziehung der Gegenstände auch zulässig, wenn der Täter ohne Schuld gehandelt hat."

245 Der der Allgemeinheit konkret drohende Schaden kann sich auf jedes rechtlich geschützte Interesse beziehen, an dessen Wahrung ein Allgemeininteresse besteht. Die Gefährdung kann sich aus der Art des Gegenstandes oder aus Umständen, wie dem unvorsichtigen oder gefährlichen Umgang mit ihm, ergeben. Für den Korruptionsbereich bedeutsamer ist die 2. Alternative, die aber auch eine konkrete Gefahr der Tatbegehung voraussetzt, was z.B. beim Auffinden falscher Urkunden nahe liegt; selbstverständlich kann dazu auch Geld gehören, z.B. wenn solches bei einer kriminellen oder terroristischen Vereinigung in größerem Umfang gefunden wird und daher ein Einsatz bei ihren Taten nahe liegt.

246 Auch bei der Einziehung von Beziehungsgegenständen, etwa nach § 261 Abs. 7, ist eine Sicherungseinziehung nach § 74 Abs. 4 i.V. mit Abs. 2 Nr. 2, Abs. 3 möglich.

d) Einziehung gegenüber Vereinigungen

247 **§ 75 StGB (Sondervorschrift für Organe und Vertreter) ermöglicht die Einziehung von Gegenständen auch gegenüber juristischen Personen und sonstigen Personenvereinigungen** i.S. von § 30 OWiG durch Zurechnung des Verhaltens von für sie agierenden Personen in leitender Stellung („als" vertretungsberechtigtes Organ usw.). Eine solche Regelung ist notwendig, weil – anders als z.B. im anglo-amerikanischen Recht – eine solche Vereinigung im deutschen Recht nicht selbst Täter einer Straftat sein kann. Eine solche Dritteinziehung ist zulässig, wenn im Übrigen die Voraussetzungen einer Einziehung gegenüber solchen Personen in leitender Stellung vorliegen würden, d.h. wenn die Handlung, hätte sie der Handelnde für sich selbst, also nicht für die Vereinigung, vorgenommen, ihm gegenüber eine Einziehung begründet hätte. Die Umschreibung des Personenkreises folgt der Umschreibung in § 30 OWiG. Dort ist deren Verhalten Anknüpfungspunkt für die Verhängung einer Geldbuße gegen die dort genannten Vereinigungen (näher dazu Rn. 252 ff.). Faktische Vertretungsverhältnisse reichen hier aus (§ 75 Satz 2). Der Gesetzgeber wollte in § 75 – ebenso wie in § 30 OWiG – allerdings nicht

---

[683] Beispiel von *Arzt*, JZ 1993, 913, 916: Verpächter ignoriert in leichtfertiger Weise illegale Geldwäscheaktivitäten einer Bank in seinem Gebäude; Einziehung des Gebäudes als „instrumentum sceleris", als „Waschmaschine", wobei jedoch die Verhältnismäßigkeit zu prüfen ist.
[684] OLG Karlsruhe NJW 1974, 710.

so weit gehen, an das Verhalten jedweder natürlichen Person anzuknüpfen, die befugtermaßen für eine juristische Person usw. handelt.[685]

e) Einziehung des Wertersatzes

Als Maßnahme mit Strafcharakter gegen Täter, die eine Einziehungsentscheidung vereiteln, sieht § 74c StGB die „**Einziehung des Wertersatzes**" vor: 248

„(1) Hat der Täter oder Teilnehmer den Gegenstand, der ihm zur Zeit der Tat gehörte oder zustand und auf dessen Einziehung hätte erkannt werden können, vor der Entscheidung über die Einziehung verwertet, namentlich veräußert oder verbraucht, oder hat er die Einziehung des Geldbetrages sonst vereitelt, so kann das Gericht die Einziehung eines Geldbetrages gegen den Täter oder Teilnehmer bis zu der Höhe anordnen, die dem Wert des Gegenstandes entspricht.
(2) Eine solche Anordnung kann das Gericht auch neben der Einziehung eines Gegenstandes oder an deren Stelle treffen, wenn ihn der Täter oder Teilnehmer vor der Entscheidung über die Einziehung mit dem Recht eines Dritten belastet, dessen Erlöschen ohne Entschädigung nicht angeordnet werden kann oder im Falle der Einziehung nicht angeordnet werden könnte (§ 74e Abs. 2 und § 74 f.); trifft das Gericht die Anordnung neben der Einziehung, so bemisst sich die Höhe des Wertersatzes nach dem Wert der Belastung des Gegenstandes.
(3) Der Wert des Gegenstandes und der Belastung kann geschätzt werden.
(4) …"

Die Regelung gilt nicht nur für Fälle des § 74 Abs. 1, sondern für alle Fälle der Einziehung. Sie ist auch in Fällen des § 75 anwendbar. Voraussetzung für die Anordnung ist zunächst, dass dem Täter der ursprünglich einziehungsbetroffene Gegenstand zur Zeit der Tat gehörte oder zustand.[686] Als Vereitelungshandlung nennt das Gesetz das Verwerten mit den Beispielen der Veräußerung (als dingliches Verfügungsgeschäft) und des Verbrauchs, also Fälle, in denen der Täter aus der Einwirkung auf den Gegenstand unmittelbar einen Vorteil zieht,[687] und sonstige Fälle des Vereitelns. Im letzteren Fall wird entsprechend den Vorstellungen bei der gesetzgeberischen Beratung ein vorwerfbares[688] (nach überwiegender Auffassung ein bedingt vorsätzliches; nach a.A. auch ein nur fahrlässiges) die Einziehung verhinderndes Verhalten verlangt.[689] Das tatplanmäßige Zurückreichen des gewaschenen Geldes an die Auftraggeber reicht hierzu nicht aus.[690] 249

f) Verhältnismäßigkeitsgrundsatz

Bei der Anordnung der fakultativ möglichen Einziehung nach § 74 Abs. 2 Nr. 1 und § 74a ist der in § 74b verankerte Grundsatz der Verhältnismäßigkeit zu beachten. Sie „darf nicht angeordnet werden, wenn sie zur Bedeutung der begangenen Tat und zum Vorwurf, der den von der Einziehung betroffenen Täter oder Teilnehmer oder in den Fällen des § 74a den Dritten trifft, außer Verhältnis steht" (Absatz 1). Der Grundsatz der Verhältnismäßigkeit findet aber auch bei der Sicherungseinziehung Anwendung.[691] Dar- 250

---

[685] RegE 2. UKG, BT-Drucks. 12/192, S. 32, 37, 43; RegE AusfG 2. Prot., BT-Drucks. 14/8998, S. 8; vgl. auch *Tröndle/Fischer*, Rn. 2d; BGH NStZ 2004, 505, 507.
[686] BGHSt 33, 233 = wistra 1985, 190.
[687] LG Berlin wistra 2004, 154, 157 (Beispiele: Verbrauch, Gebrauch, entgeltliche Veräußerung, auch Schenkung, wenn dadurch Aufwendungen anderer Art erspart werden).
[688] LG Berlin (Fn. 687) (Täter muss subjektiv im Hinblick auf die drohende Einziehung handeln).
[689] N. bei *Schönke/Schröder/Eser*, Rn. 6; NK-*Herzog*, Rn. 7.
[690] LG Berlin (Fn. 687); ggf. aber Anordnung des Verfalls des Wertersatzes gem. § 73a hinsichtlich des erzielten Gewinns.
[691] NK-*Herzog*, Rn. 7 m.N.

über hinaus statuieren Absatz 2 und 3 den Vorrang weniger einschneidender Maßnahmen (gegenstandsbezogene Unbrauchbarmachung, Änderung, Verfügung; Einziehungsbeschränkung auf Teile).

g) Wirkung der Einziehung und selbständige und nachträgliche Anordnung

251 Eine rechtskräftige Einziehungsanordnung führt nach § 74e Abs. 1 StGB **zum Übergang des Eigentums bzw. des Rechts an den Staat**. **Rechte Dritter** bleiben bestehen, außer wenn deren Erlöschen im Falle des § 74 Abs. 2 Nr. 2 oder bei Ausschluss einer Entschädigung nach § 76 f. Abs. 2 Nr. 1 oder 2 angeordnet wird (Absatz 2). **Nach § 76a StGB Abs. 1, 3** kann – wie beim Verfall – die Einziehung eines Gegenstandes oder seines Werts auch **selbständig angeordnet** werden. Die Anordnung ist auf die Einziehung mit Sicherungscharakter beschränkt, wenn die Nichtverfolgbarkeit auf Verjährung oder auf anderen rechtlichen Gründen (nicht ausreichend fehlender Strafantrag) beruht. § 76 StGB lässt – ebenfalls wie beim Verfall – auch eine **nachträgliche Anordnung** zu.

5. Geldbuße und andere Sanktionen gegen juristische Personen und Personenvereinigungen

a) Grundlagen

252 Wirtschaftsstraftaten und auch Korruptionsdelikte werden heutzutage zum überwiegenden Teil aus Unternehmen heraus begangen. Daraus ergeben sich Begrenzungen für die Wirkung von strafrechtlichen Sanktionen gegen Personen, die solche Straftaten zugunsten von Unternehmen begehen. Die Eingliederung in ein Unternehmen kann unter dem Gewicht des Einsatzes für dessen gewinnbringenden Ziele die individuelle Hemmschwelle zur Begehung illegaler Handlungen herabsetzen. Dazu kann auch eine vermehrt auf Teilung, Delegation und Koordination von Verantwortung und Arbeit und reduzierte Eigenverantwortung angelegte Organisation beitragen, insbesondere wenn sie mit einem Mangel an Aufklärungs-, Gegensteuerungs-, Aufsichts- und Kontrollmaßnahmen verbunden ist. Eine an den persönlichen Verhältnissen des Einzelnen orientierte Individualsanktion kann auch nicht immer dem Gesamtgewicht des einem Unternehmen zugute kommenden Unrechts und dessen an der Tat mitwirkenden organisatorischen Fehlentwicklungen ausreichend Rechnung tragen. Hinzu kommen Schwierigkeiten der Aufklärung individuell zurechenbarer Taten und Tatbeteiligungen in komplex arbeitenden Organisationen. Solche Erkenntnisse haben dazu geführt, zusätzlich zu Sanktionen gegen für ein Unternehmen handelnde Personen auch solche gegen juristische Personen und Personenvereinigungen vorzusehen, wie sie teilweise bereits Ende des Mittelalters bis in die frühe Neuzeit bestanden haben. Vorangegangen sind in dieser Hinsicht England (seit etwa 1840) und ihm folgend die USA und andere anglo-amerikanische Staaten. Auf dem Kontinent hatte sich demgegenüber seit der Aufklärung unter dem Eindruck individualistisch geprägter Ethiken eine Konzeption des Strafrechts entwickelt, die eine strafrechtliche Verantwortung nur natürlichen Personen zuerkannte. Erst in der zweiten Hälfte, insbesondere seit den neunziger Jahren des 20. Jahrhunderts zeichnete sich auch hier eine gegenteilige Entwicklung ab. In Einzelbereichen hat es allerdings schon zuvor im Ausland[692] und auch in Deutschland, und zwar in § 357 RAO 1919[693] (später § 393 RAO),

---

[692] Z.B. in Dänemark seit 1926 (Butter-Gesetz), *Nielsen*, in: Eser/Heine/Huber, Criminal Responsibility of Legal and Collective Entities, 1999, S. 189, 190; in Frankreich zumindest seit 1945, *Ackermann*, Die Strafbarkeit juristischer Personen im deutschen Recht und in ausländischen Rechtsordnungen, 1984, S. 153 ff.

[693] RGBl. 1919 S. 1993, 2076 (blieb ohne praktische Bedeutung).

strafrechtliche Ausnahmen gegeben. Verbreiteter war allerdings die Entwicklung von verwaltungsrechtlichen Geldsanktionen. In Deutschland wurden seit den zwanziger Jahren, vermehrt in den dreißiger Jahren und auch noch nach dem 2. Weltkrieg als Sanktionen bei Verstößen gegen wirtschaftsrechtliche Normen sog. **Ordnungsstrafen** in Geld gegen juristische Personen eingeführt.[694]

Diese wurden dann in **Geldbußen** im Rahmen der neuen Kategorie der **Ordnungswidrigkeiten** verwandelt (vgl. §§ 23, 24 WiStG 1949, § 5 WiStG 1954). Eine Vereinheitlichung aller einschlägigen Regelungen brachte schließlich **§ 26 des Gesetzes über Ordnungswidrigkeiten (OWiG) v. 24.5.1968**,[695] der durch das EGStGB seit 1975 als § 30 im OWiG verankert ist. Reformbestrebungen führten im Rahmen des Zweiten Gesetzes zur Bekämpfung der Wirtschaftskriminalität v. 15.5.1986[696] zu einer stärkeren Verselbständigung der Geldbuße nach § 30 OWiG (u.a. Aufgabe als Nebenfolge), zu einer Erhöhung des Rahmens der Geldbuße und zur Einführung einer eigenständigen Verfallsregelung für Fälle, in denen keine Geldbuße verhängt wird. Im Rahmen der Reform des Umweltstrafrechts durch das Zweite Gesetz zur Bekämpfung der Umweltkriminalität v. 27.6.1994[697] wurde dann der Kreis derjenigen Personen, deren Taten zur Verhängung einer Geldbuße gegen die juristische Person führen können, auf weitere Personen im Leitungsbereich ausgedehnt. Eine im Zusammenhang mit der Einführung des § 298 stehende Änderung des § 30 OWiG durch das Gesetz zur Bekämpfung der Korruption vom 13.8.1997[698] führte zu einer Regelung im GWB, die eine ausschließliche Zuständigkeit von Kartellbehörden für die Festsetzung einer Geldbuße bei Vorliegen einer Straftat nach § 298 gestattet. Durch ein Gesetz vom 22.8.2002,[699] durch das Regelungen des europäischen Rechts in nationales Recht umgesetzt wurden, wurde der Anwendungsbereich des § 30 OWiG in verschiedener Hinsicht ausgedehnt (Einbeziehung aller rechtsfähigen Personengesellschaften; Ansatzpunkt Taten aller Personen im Leitungsbereich; Ausweitung des Rahmens der Geldbuße). In der Praxis wird bisher § 30 OWiG unterschiedlich angewandt, was bei der Prüfung Deutschlands durch die OECD-Arbeitsgruppe über die Bekämpfung der Bestechung ausländischer Amtsträger auch bemängelt wurde. Hervorzuheben sind hier jedoch insbesondere die Erfolge der Münchener Justiz, die bisher in größerem Umfang Geldbußen gegen Unternehmen, insbesondere im Zusammenhang mit Submissionsabsprachen und Bestechungen, verhängt hat. M.E. zu unterstützende Bestrebungen, eine strafrechtliche Regelung – wie zunehmend in anderen europäischen Staaten – auch in Deutschland einzuführen, ist in jüngster Zeit mehrheitlich von der Kommission zur Reform des Sanktionenrechts und auch auf politischer Ebene eine Absage erteilt worden. Die internationalen Regelungen haben sich – auf der Ebene der Europäischen Union, des Europarates, der OECD und der Vereinten Nationen – bisher damit begnügt (auch unter deutschem Einfluss), den jeweilig betroffenen Staaten die Wahl

---

[694] Beginnend mit der Anwendung von § 17 der Verordnung gegen den Missbrauch wirtschaftlicher Machtstellungen vom 2.11.1923, RGBl. I 1067, auf juristische Personen, *Göhler*, OWiG, 14. Aufl. 2006, Vor § 29a Rn. 4 f.; KK-*Rogall*, Rn. 22 ff.; N. zu Regelungen in den dreißiger Jahren und der NS-Zeit s. *Ehrhardt*, Unternehmensdelinquenz und Unternehmensstrafe, 1994, S. 32; *Meeske*, Die Ordnungsstrafe in der Wirtschaft, 1937, S. 126 (berichtet über Anwendung, u.a. auch im Bereich der landwirtschaftlichen Marktordnung; selbst ablehnend); *Siegert*, Deutsches Wirtschaftsstrafrecht, 1939, S. 44 ff.; *Fuhrmann*, Wirtschafts-Strafverordnungen, 1943, passim, jeweils m.N.; Beispiele nach 1945: vom Wirtschaftsrat des Vereinigten Wirtschaftsgebiets erlassenes Bewirtschaftungsnotgesetz vom 30.10.1947 (GVBl. 1948 Nr. 2 S. 3, § 16; auch anwendbar nach den Gesetzen gegen Preistreiberei vom 7.10.1948 und 28.1.1949 (abgedruckt bei *Feigenspan*, Sammlung wirtschaftsrechtlicher Strafvorschriften, 1948 (mit Nachtrag).
[695] BGBl. I 481.
[696] BGBl. I 721; näher dazu *H.J. Schroth*, wistra 1986, 158; zum weitergehenden RegE *Möhrenschlager*, wistra 1983, 49, 51 f.
[697] BGBl. I 1440.
[698] BGBl. I 2038.
[699] BGBl. I 3387.

zwischen einer strafrechtlichen oder nichtstrafrechtlichen Regelung für die Auferlegung einer Geldsanktion zu gestatten.

254 Aufgrund der verschiedenen Reformen ist der Anwendungsbereich der allgemeinen Regelung des § 30 OWiG (Geldbuße gegen juristische Personen und Personenvereinigungen), der keinen eigenen Ordnungswidrigkeitatbestand darstellt,[700] allerdings verbessert worden und hat nunmehr folgenden Wortlaut:

„(1) Hat jemand
1. als vertretungsberechtigtes Organ einer juristischen Person oder als Mitglied eines solchen Organs,
2. als Vorstand eines nicht rechtsfähigen Vereins oder als Mitglied eines solchen Vorstands,
3. als vertretungsberechtigter Gesellschafter einer rechtsfähigen Personengesellschaft,
4. als Generalbevollmächtigter oder in leitender Stellung als Prokurist oder Handlungsbevollmächtiger einer juristischen Person oder einer in Nummer 2 oder 3 genannten Personenvereinigung oder
5. als sonstige Person, die für die Leitung des Betriebs oder Unternehmens einer juristischen Person oder einer in Nummer 2 oder 3 genannten Personenvereinigung verantwortlich handelt, wozu auch die Überwachung der Geschäftsführung oder die sonstige Ausübung von Kontrollbefugnissen in leitender Stellung gehört,
eine Straftat oder Ordnungswidrigkeit begangen, durch welche Pflichten, welche die juristische Person oder die Personenvereinigung treffen, verletzt worden sind, oder die juristische Person oder die Personenvereinigung bereichert worden ist oder werden sollte, so kann gegen diese eine Geldbuße festgesetzt werden.
(2) Die Geldbuße beträgt
1. im Falle einer vorsätzlichen Straftat bis zu einer Million Euro,
2. im Falle einer fahrlässigen Straftat bis zu fünfhunderttausend Euro.
(3) Im Falle einer Ordnungswidrigkeit bestimmt sich das Höchstmaß der Geldbuße nach dem für die Ordnungswidrigkeit angedrohten Höchstmaß der Geldbuße. Satz 2 gilt auch im Falle einer Tat, die gleichzeitig Straftat und Ordnungswidrigkeit ist, wenn das für die Ordnungswidrigkeit angedrohte Höchstmaß der Geldbuße das Höchstmaß nach Satz 1 übersteigt.
(4) § 17 Abs. 4 und § 18 gelten entsprechend.
(5) Wird wegen der Straftat oder Ordnungswidrigkeit ein Straf- oder Bußgeldverfahren nicht eingeleitet oder wird es eingestellt oder wird von Strafe abgesehen, so kann die Geldbuße selbständig festgesetzt werden. Durch Gesetz kann bestimmt werden, dass die Geldbuße auch in weiteren Fällen selbständig festgesetzt werden kann. Die selbständige Festsetzung einer Geldbuße gegen die juristische Person oder Personenvereinigung ist jedoch ausgeschlossen, wenn die Straftat oder Ordnungswidrigkeit aus rechtlichen Gründen nicht mehr verfolgt werden kann; § 33 Abs. 1 Satz 2 bleibt unberührt.
(6) Die Festsetzung einer Geldbuße gegen die juristische Person oder Personenvereinigung schließt es aus, gegen sie wegen derselben Tat den Verfall nach den §§ 73 oder 73a des Strafgesetzbuches oder nach § 29a anzuordnen."

b) Voraussetzungen des § 30 OWiG

255 Der **Adressatenkreis** einer Geldsanktion ist weitgezogen. Er umfasst zunächst juristische Personen ([Europäische und deutsche] AG, KGaA, GmbH, eGen, e.V., Stiftung), auch solche des öffentlichen Rechts (öffentlich-rechtliche Körperschaften, Anstalten und Stiftungen)[701], darüber hinaus nicht rechtsfähige Vereine (d.h. z.B. Gewerkschaften, [grö-

---

[700] BGHSt 46, 207, 211 = NJW 2001, 1436, 1438 = wistra 2001, 180, 182.
[701] H.M.; OLG Frankfurt NJW 1976, 1276; OLG Hamm NJW 1979, 1312; KK-*Rogall*, Rn. 32 ff. (aber nicht für Bund, Land und dann, wenn die Bußgeldbehörde derselben Funktionseinheit wie der Verband angehört); *Göhler*, Rn. 2; *Achenbach*, FS Stree/Wessels, 1993, S. 545, 553 f. und in *Achenbach/Ransiek* (Fn. 299), Kap. I 2 Rn. 3. – Zur umstrittenen Anwendung auf sog. Vorgesellschaften vgl. *Göhler*, Rn. 7 m.w.N.

ßere] Sportvereine, politische Parteien), Personenhandelsgesellschaften (OHG, KG, GmbH & Co. KG, EWIV) und die am Rechtsverkehr teilnehmende BGB-Gesellschaft sowie die Partnerschaftsgesellschaft für Angehörige freier Berufe als sonstige rechtsfähige Personengesellschaft. Die Rechtsprechung hat keine Probleme gesehen, § 30 OWiG auch auf ausländische juristische Personen anzuwenden.[702]

Grundlage für eine Sanktion gegen eine juristische Person usw. ist eine ihr zugerechnete Straftat oder Ordnungswidrigkeit, die **ein vertretungsberechtigten Organ(mitglied) bzw. eine Person im Leitungsbereich im Sinne von Absatz 1 Nr. 1 bis 5 begeht**. Zur ersteren Kategorie gehören u.a. Vorstand(smitglieder) einer AG, einer Genossenschaft oder eines e.V. und der Geschäftsführer einer GmbH. Bei einer OHG sind grundsätzlich alle Gesellschafter vertretungsberechtigt, bei einer KG nur die persönlich haftenden Gesellschafter, nicht die Kommanditisten. Der interne Umfang der Vertretungsmacht spielt keine Rolle; auch die Tat eines Vorstandsmitglieds, das nur zusammen mit einem Prokuristen vertretungsberechtigt ist, kann die Zurechnung auslösen. Obwohl bei einer GmbH & Co. KG nur die GmbH der allein vertretungsberechtigte Gesellschafter ist, hat die (umstrittene) Rechtsprechung[703] schon früher die mittelbare Zurechnung von Taten des Geschäftsführers als Grundlage ausreichen lassen. Der Streit ist aufgrund der Möglichkeit, jedenfalls über die Anwendung von Nummer 5 eine Zurechnung zu erreichen,[704] erledigt. Zu beachten ist, dass die Tat eines Prokuristen oder Handlungsbevollmächtigten als solche noch nicht ausreicht. Der Gesetzgeber setzt in Nummer 4, ebenso in Nummer 5, jeweils noch eine leitende Stellung[705] voraus. Dies entspricht auch der Linie der Rechtsinstrumente der EU und des Europarates („leading person theory"), geht damit jedoch nicht so weit wie das m.E. vorzugswürdige Repräsentationsprinzip, das z.B. dem französischen Recht zugrunde liegt und vor 1968 z.B. im AWG[706] zu finden war. Nach der neuen Nummer 5 können nunmehr auch Taten von Mitgliedern des Aufsichtsrats einer AG, des Verwaltungsrats einer GmbH oder leitenden Kontrollpersonen (Leiter der Abteilungen für Revision, Rechnungswesen, Finanzen; mit Leitungsbefugnissen ausgestattete Umweltbeauftragte) für die Anwendung von § 30 OWiG ausreichen.[707] Leitungspersonen werden nunmehr auch „ohne Beschränkung auf die Innehabung einer formalen Rechtsposition" erfasst; faktisches Tätigwerden kann daher ausreichen.[708]

Anknüpfungstat ist eine von den genannten Personen **rechtswidrig und schuldhaft begangene Straftat oder Ordnungswidrigkeit, durch die der juristischen Person usw. auferlegte Pflichten verletzt werden oder durch die diese zumindest bereichert werden sollte**. Diese Konkretisierungen und Eingrenzungen sind konzeptionell nicht ohne weiteres einsichtig und können auch zu Anwendungsschwierigkeiten führen (s.u.); sie sollten entsprechend den internationalen und zumeist auch im Ausland verwendeten Anknüpfungspunkten durch Formulierungen ersetzt werden, die auf das Handeln zugunsten, im Interesse bzw. für eine juristische Person usw. abstellen.[709]

---

[702] BayObLG wistra 2002, 396 (Österreich), 477 (Rumänien); OLG Celle wistra 2002, 230 (Polen).
[703] N. bei KK-*Rogall*, Rn. 64; *Göhler*, Rn. 12 m. Fn. 1.
[704] RegE, BT-Drucks. 14/8998 S. 11; *Achenbach* (Fn. 701), Rn. 8 und in wistra 2002, 441, 444; *Göhler*, Rn. 12; KK-*Rogall*, a.a.O.
[705] Im Fahrbahnmarkierungskartellfall ist das KG in wistra 1999, 196 f. offenbar davon ausgegangen, dass bei der Zurechnung des Verhaltens in der Eigenschaft als Prokurist eine Leitungsfunktion vorlag.
[706] § 37 I AWG a.F., BGBl. III – 7400 – 1 (ausreichend Straftat oder Ordnungswidrigkeit eines Prokuristen auch ohne leitende Stellung); weitere Beispiele bei *Müller*, in: Müller-Gugenberg/Bieneck (Fn. 289), § 53 C, Fn. 19.
[707] Vgl. RegE, BT-Drucks. 14/8998 S. 10 f.; *Göhler*, Rn. 14a; *Eidam*, wistra 2003, 447, 451, 453; zur Überwachungsaufgabe des Aufsichtsrats BGH NJW 2002, 1588.
[708] *Achenbach* (Fn. 299), Rn. 10 unter Bezugnahme auf RegE a.a.O.; *Göhler*, Rn. 14; a.A. *Eidam* (Fn. 707), S. 452; KK-*Rogall*, Rn. 70.
[709] Berechtigte Kritik bei *Korte*, Juristische Person und strafrechtliche Verantwortung, Diss. Bonn 1991, S. 93 ff.

258 Zu den „**Pflichtverletzungsdelikten**" gehören Straftaten und Ordnungswidrigkeiten, durch die **betriebsbezogene Pflichten verletzt** werden. Solche Pflicht- und Sonderdelikte beziehen sich in erster Linie auf Pflichten, die nach (wirtschafts)verwaltungsrechtlichen Regelungen juristischen Personen usw. auferlegt werden (als Arbeitgeber, als Unternehmer, als Auskunfts- oder Meldepflichtiger usw.). Aber auch die Verletzung von Allgemeindelikten, die im Zusammenhang mit der Führung des Unternehmens bzw. des Betriebs steht, kann ausreichen. Die Verletzung von Treuepflichten bei der Übernahme der Besorgung fremder Vermögensangelegenheiten kann zur Anwendung des § 266 StGB führen;[710] an sich könnte auch die Verhinderung von Betrügereien zugunsten des Unternehmens hier schon erfasst werden[711], hierzu steht aber die Bereicherungsalternative zur Verfügung (s. Rn. 266).

259 Eine Serie von EU-Rechtsinstrumenten verlangt nunmehr effektive Sanktionen auch in Fällen, in denen Personen im Leitungsbereich bestimmte Allgemeindelikte zugunsten des bzw. für ein Unternehmen begehen. Zum größten Teil kann aber hier die Bereicherungsalternative Anwendung finden (s. Rn. 266), was allerdings bei Delikten, die auf Schädigungen ausgerichtet sind, nicht mehr möglich wäre. In solchen Fällen ist daher von einem weiteren Begriff der Verletzung betriebsbezogener Pflichten auszugehen,[712] was hier noch leichter möglich ist als bei der nachstehend dargelegten, auf Grund der Vorgaben von EU-Instrumenten gebotenen Ausdehnung des Anwendungsbereichs des § 30 i.V. mit § 130 OWiG.

260 In den **Bereich der Pflichtverletzungen** gehört insbesondere die vorsätzliche oder fahrlässige **Verletzung der Aufsichtspflicht in Betrieben und Unternehmen nach § 130 OWiG**, die dort begangene straf- oder bußgeldbewehrten Zuwiderhandlungen verhindern sollen:

„(1) Wer als Inhaber eines Betriebes oder Unternehmens vorsätzlich oder fahrlässig die Aufsichtsmaßnahmen unterlässt, die erforderlich sind, um in dem Betrieb oder Unternehmen Zuwiderhandlungen gegen Pflichten zu verhindern, die den Inhaber als solchen treffen und deren Verletzung mit Strafe oder Geldbuße bedroht ist, handelt ordnungswidrig, wenn eine solche Zuwiderhandlung begangen wird, die durch gehörige Aufsicht verhindert oder wesentlich erschwert worden wäre. Zu den erforderlichen Aufsichtsmaßnahmen gehören auch die Bestellung, sorgfältige Auswahl und Überwachung von Aufsichtspersonen."

261 Eine Erweiterung des Kreises der **Aufsichtspflichtigen** über den Inhaber hinaus wird über § 9 OWiG (Handeln für einen anderen) erreicht, die für die Anwendung von § 30 OWiG durch dessen Täterkreis wieder beschränkt wird. Durch die Verknüpfung der §§ 130, 9 und 30 **können auch Straftaten (und Ordnungswidrigkeiten) von nachgeordneten Betriebsangehörigen eine Geldsanktion gegen die juristische Person usw. auslösen, wenn diese mit einer Aufsichtspflichtverletzung verbunden sind.**

262 § 130 OWiG kann auch erfüllt sein, wenn die – eine objektive Bedingung der Ahndung darstellende – Zuwiderhandlung keine Straftat oder Ordnungswidrigkeit ist. Voraussetzung ist nur, dass die den Betriebsinhaber betreffende Pflicht im Falle ihrer Verletzung mit Strafe oder Geldbuße bedroht ist. Erfasst werden damit auch Fälle, in denen die Handlung zwar dem äußeren Tatbild bzw. Geschehensablauf nach einer Straftat oder Ordnungswidrigkeit entspricht, Normadressat jedoch nur der Inhaber oder ein für ihn i.S. von § 14 StGB bzw. § 9 OWiG Handelnder ist. Ist die Zuwiderhandlung nur bei vorsätzlicher Begehung mit Strafe (wie bei Taten nach den §§ 263, 266, 298 ff., 331 ff. StGB)

---

[710] *Göhler*, Rn. 20; *Lemke*, Rn. 39; *Förster*, bei: Rebmann/Roth/Herrmann, Rn. 29 (auf Grund einer Art Garantenstellung); *Demuth/Schneider*, BB 1970, 642, 650; KK-*Rogall*, Rn. 76.
[711] Dafür offenbar ggf. *Förster* (Fn. 710); eingeschränkt auch KK-*Rogall* a.a.O.
[712] *Müller*, Stellung der juristischen Person, S. 73 (gegen ihn die h.L.) geht generell von einer weiten Einbeziehung von Allgemeindelikten aus.

oder Geldbuße bedroht, so muss der Zuwiderhandelnde mit (natürlichem) Vorsatz gehandelt haben.[713]

Streitig ist, wie die Voraussetzung der **Verletzung von den Inhaber als solchen treffenden Pflichten** zu verstehen ist. Am engsten ist die Auffassung, die § 130 OWiG nur bei auf den Inhaber anwendbaren „Sonderdelikten" (*Rogall* u.a.) anwenden will. Demgegenüber sieht die h.M. einen Anwendungsbereich auch bei der Begehung von Allgemeindelikten, die im Zusammenhang mit der Führung des Unternehmens stehen („Theorie des betrieblichen Zusammenhangs"); andere stellen darauf ab, ob sich eine Pflicht aus einer Garantenstellung (*Cramer, Schünemann*) oder einer Sonderpflicht des Inhabers (*Achenbach, König*) ergibt.[714] Eine Serie von EU-Rechtsinstrumenten verlangen nunmehr effektive Sanktionen auch in Fällen von Aufsichtspflichtverletzungen für Tatbestände, die durchweg Allgemeindelikte sind (Bestechungsdelikte, [Subventions]Betrug zum Nachteil der EG, Geldwäsche, Fälschung von Zahlungsmitteln, Computerbetrug)[715], ohne dass deren Umsetzung von einer Änderung des § 30 i.V. mit § 130 OWiG begleitet war. Zur Herstellung einer Konkordanz zwischen § 30 i.V. mit § 130 OwiG mit den EU-Regelungen zur Verantwortlichkeit juristischer Personen bei Aufsichtspflichtverletzungen ist daher künftig von einer weitergehenden Interpretation der Verletzung betriebsbezogener Pflichten bei Allgemeindelikten auszugehen. Sie wäre dann nicht mehr auf Fälle zu beschränken, bei denen die Zurechnung eines Allgemeindelikts, z.B. eines nach den §§ 222, 230, 246, 263, 266 StGB, auf das Vorliegen einer betriebsbezogenen sog. „vortatbestandlichen Sonderpflicht" (*Rogall*), wie z.B. einer Verkehrssicherungs-, Produktüberwachungs- oder Vermögensbetreuungspflicht, gegründet wird.[716] § 130 OWiG wäre dann so zu lesen, dass eine den Betriebsinhaber als solche treffende Pflicht auch die Pflicht ist, die in den EU-Instrumenten genannten und nach deutschem Recht strafbaren Delikte nicht betriebsbezogen im Interesse seines Unternehmens zu begehen. Dasselbe gilt natürlich auch für nachgeordnete Angestellte und Arbeitnehmer. Die europäischen Rechtsinstrumente gehen in diesem Zusammenhang auch implizite davon aus, dass für Aufsichtspflichtige in einem Unternehmen auch eine Pflicht besteht, alle erforderlichen und zumutbaren Maßnahmen zu unternehmen, dass die o.g. Allgemeindelikte nicht zu dessen Gunsten begangen werden. Die Wahrnehmung solcher Pflichten schlägt sich heutzutage in vielfachen firmeninternen Maßnahmen gegen korruptives und sonstiges unternehmensbezogenes strafbares Verhalten nieder. Zur klarstellenden Absicherung der EU-Konformität sollen deshalb in dem im Gesetzgebungsverfahren befindlichen **„Strafrechtsänderungsgesetz zur Bekämpfung der Computerkriminalität"**[716a] die Worte „als solchen" gestrichen wer-

---

[713] BayObLGSt 1998, 137 = wistra 1999, 71, 73.
[714] N. bei KK-*Rogall* Rn. 78 ff.; *Göhler* Rn. 18; *Achenbach* (Fn. 299), Kap. I 3 Rn. 44 ff.
[715] Vgl. die Texte einschlägiger Rechtsinstrumente in *Council of the European Union, General Secretariat, Directorate-General H III, Justice and Home Affairs*, Instruments on Judicial Cooperation in Criminal Matters within the Third Pillar of the European Union and other essential International Instruments on Judicial Cooperation (Stand: 16.6.2004), S. 80 ff., 199 ff.; *Wasmeier*, Das Strafrecht der Europäischen Union, 2003, S. 274 ff.
[716] Kein Problem dürfte bei der Anwendung von § 298 StGB bestehen. Einer solchen Straftat liegt ein Verstoß gegen ein unternehmensbezogenes kartellrechtliches Verbot zugrunde, das auch beim Verschweigen einer wettbewerbsbeschränkenden Absprache selbst für die Anwendung des § 263 StGB von Belang ist (vgl. zum Kartellverbot auch *Achenbach* [Fn. 299], Kap. I 3 Rn. 46) und schon unter diesem Gesichtspunkt zur Anwendung von § 30 i.V. mit § 130 OWiG führen kann (ebenso *Hellmann/Beckemper*, Wirtschaftsstrafrecht, Rn. 893); für Anwendung von § 130 OWiG bei Submissionsabsprachen in der Bauwirtschaft im Hinblick auf die für diese Branche betriebstypische Gefahr solcher Delikte *Achenbach* [a.a.O.], Kap. I 3 Rn. 57. Ähnlich auch *Greeve*,. in: Greeve/Leipold (Fn. 39), Rn. 6, die bei wettbewerbswidrigen Absprachen gem. § 298 auch damit zusammenhängende Bestechungs- und Betrugsstraftaten mit einbezieht. Für Anwendung auch bei § 352 StGB KK-*Rogall*, Rn. 89.
[716a] RegE, BR-Drucks. 670/06 v. 22.9.2006, Art. 2 m. Begr. S. 23 f. (dazu *Möhrenschlager*, wistra 2006 H. 11 S. V). – Zur konkreten Rechtsanwendung verweist der RegE auf OLG Celle NStZ 2005, 82 f.

den. Pflichtverletzungen mit per se höchstpersönlichem Einschlag, aber auch solche, die keinen Bezug zur wirtschaftlichen Betätigung des Betriebs oder Unternehmens haben, sollen nach der Begründung des RegE weiterhin ausgeschlossen bleiben.

264 Die Tathandlung besteht in dem **vorsätzlichem oder fahrlässigem Unterlassen objektiv erforderlicher und zumutbarer Aufsichtsmaßnahmen**, deren Umfang vor allem von der Größe und der Struktur des Unternehmens abhängt. Zu einer ordnungsgemäßen Aufsicht gehören eine sorgfältige Auswahl von Mitarbeitern, ggf. die Bestellung von Aufsichtspersonen, eine sachgerechte Leitung, Organisation, Stellenbeschreibung, Aufgabenverteilung, Kompetenzabgrenzung und Koordination, Aufklärungen über Aufgaben und Pflichten, hinreichende Überwachung und Kontrolle, die Pflicht zum Einschreiten bei Zuwiderhandlungen und ggf. die Androhung und Durchführung auch von Sanktionsmaßnahmen.[717]

265 Soweit in einem Betrieb bereits Zuwiderhandlungen vorgekommen sind oder es sich um besonders wichtige Pflichten handelt, kommt eine gesteigerte Aufsichtspflicht (z.B. durch eine höhere Kontrolldichte) in Betracht. Eine gesteigerte Aufsichtspflicht sollte auch dann vom Unternehmer erwogen werden, wenn aufgrund der Wettbewerbsstruktur die Gefahr von Zuwiderhandlungen relativ hoch einzuschätzen ist.

Der Unternehmer kann seine Verantwortlichkeiten auf nachgeordnete Aufsichtspersonen übertragen. Er bleibt daneben aber weiterhin verantwortlich, dies insbesondere dann, wenn er die organisatorischen Grundvoraussetzungen dafür nicht schafft, dass die Pflichten durch die Beauftragten auch tatsächlich erfüllt werden können.[718] § 130 Abs. 1 Satz 2 verpflichtet ihn dabei ausdrücklich auch zur Überwachung der Aufsichtspersonen. Er hat deswegen das Unternehmen organisatorisch entsprechend zu gestalten, wenn er selbst zur Durchführung von Kontrollen nicht in der Lage ist. Er kann z.B. ein internes Kontrollsystem entwickeln, das er extern, etwa durch einen Wirtschaftsprüfer oder Steuerberater überwachen lässt.[719] Zu den Voraussetzungen der Aufsichtspflichtverletzung bei Kartellverstößen (betr. Einreichen von mit Konkurrenten abgesprochenen Angeboten bei Ausschreibungen) hat der BGH[720] insbesondere auf die Notwendigkeit von sorgfältigen stichprobenartigen, überraschenden Prüfungen und ggf. auch von umfassenderen Geschäftsprüfungen hingewiesen, aber erhebliche Zweifel daran geäußert, ob gegenüber einem Mitarbeiter, der trotz Belehrung über die Unzulässigkeit von Absprachen und der Drohung von Maßnahmen bis zur Kündigung sich mehrfach an solchen Absprachen beteiligt hatte, eine Anweisung, über jeden Kontakt mit anderen Firmen Aktennotizen anzulegen, geeignet gewesen wäre, die kartellrechtlichen Verstöße zu verhindern.[721]

266 Durch die **Bereicherungsalternative** in § 30 Abs. 1 sollen Taten erfasst werden, die mit dem Ziel der rechtswidrigen Bereicherung begangen werden. Ausreichend ist auch ein mittelbarer Vorteil, wie eine verbesserte Wettbewerbssituation. Einschlägig sind hier die Delikte des Betruges, der Bestechung, Urkundendelikte und Verwahrungsbruch zugunsten der juristischen Person, ggf. auch eine Gebührenüberhebung nach § 352 StGB zugunsten einer Anwalts-GmbH, aber auch andere Delikte wie z.B. Umweltdelikte, die mit dem Ziel der Bereicherung (Ersparnis von Aufwendungen) begangen werden. Damit

---

[717] Dazu im Einzelnen KK-*Rogall* Rn. 40 ff., 51 ff.; *Göhler* Rn. 10 ff. m.w.N.; neuere Entscheidung BGH wistra 2005, 384 f.; OLG Jena wistra 2006, 157 f. = NStZ 2006, 533; für eine Begrenzung der Aufsichtspflichten *Adam*, wistra 2003, 285.
[718] OLG Hamm wistra 2003, 469; w.N. bei *Göhler*, Rn. 15.
[719] BayObLG wistra 2001, 478.
[720] BGH wistra 1985, 228 (die Entscheidung hat auch noch Relevanz nach Einführung des § 298 StGB); zur Notwendigkeit von Stichproben BGHSt 9, 319, 323; 25, 158, 163; BGH wistra 1982, 32 (Revisionsabteilung dazu jedoch zu unterbesetzt = Organisationsmangel) m. zust. Anm. *Möhrenschlager*; OLG Düsseldorf wistra 1991, 38 f.; OLG Köln wistra 1994, 315. Die Notwendigkeit von Belehrungen bei Gefahr wiederkehrender Submissionsabsprachen wird auch vom OLG Frankfurt wistra 1985, 38 f. hervorgehoben.
[721] Vgl. auch BGH wistra 1986, 222, 223 f.; 1987, 148 f.

kann auch ein großer Teil von sog. EU-Straftatbeständen erfasst werden, deren EU-rechtliche Grundlagen (Konventionen, Protokolle, Rahmenbeschlüsse, Gemeinsame Maßnahmen) Sanktionen auch gegen juristische Personen verlangen, zu deren Gunsten diese Taten begangen werden, also z.B. Subventionsbetrügereien und Zollhinterziehungen zum Nachteil der Europäischen Gemeinschaften, Computerbetrug, Geldwäschehandlungen, Fälschungen von Geld und anderen Zahlungsmitteln und deren Verbreitung in Bereicherungsabsicht. Wenn der o. erwähnten Ausdehnung der 1. Alternative (i.V. mit § 130 OWiG) auf Allgemeindelikte gefolgt wird, kann die 2. Alternative allerdings an Bedeutung verlieren. Dies könnte dann zusätzlich Anlass zu einer Reform des § 30 OWiG geben, sich bei der Zurechnung von Straftaten mehr an internationale und ausländische Regelungen anzulehnen.

Die genannten Personen müssen in ihrer Funktion („als") die Taten begehen, d.h. also zumindest auch zugunsten des Unternehmens gehandelt haben. Sog. **Exzesstaten** bzw. **Handeln im ausschließlichen Eigeninteresse** führen nicht zur Anwendung von § 30 OWiG. Die Tat muss in einem inneren Zusammenhang mit der Stellung als Organ(mitglied) oder der leitenden Funktion stehen.[722] Die Identität des Täters braucht nicht festgestellt werden. Bleibt es offen, welches Organ, welcher Vertretungsberechtigter eine Tat begangen oder die Aufsichtspflicht nach § 130 OWiG verletzt hat, so kann gleichwohl eine Geldbuße gegen die juristische Person usw. verhängt werden. Das deutsche Recht folgt nicht der in verschiedenen ausländischen Rechtsordnungen anzutreffenden Identifikationstheorie. **267**

c) Selbständige Festsetzung einer Geldbuße

Nach § **30 Abs. 4** kann eine Geldbuße gegen eine juristische Person auch **selbständig** vom Gericht (§ 444 Abs. 3 StPO) – auf Antrag der Staatsanwaltschaft – **festgesetzt** werden. Dies ist in folgenden Fällen möglich: **268**

- keine Einleitung eines Verfahrens wegen einer Straftat: Tod, Schuldunfähigkeit, Verhandlungsunfähigkeit, dauernde Abwesenheit; es kann nicht geklärt werden, wer von mehreren Personen i.S. von Abs. 1 Nr. 1 bis 5 Täter ist;
- keine Einleitung eines Verfahrens wegen einer Ordnungswidrigkeit (hier insbesondere von Interesse § 130 OWiG): Tod, Schuldunfähigkeit, Verhandlungsunfähigkeit, dauernde Abwesenheit; es kann nicht geklärt werden, wer von mehreren Personen i.S. von Abs. 1 Nr. 1 bis 5 Täter ist; Absehen von Verfolgung nach § 47 OWiG;
- Einstellung des Verfahrens nach § 153 StPO wegen Geringfügigkeit;
- Einstellung des Verfahrens nach § 153a StPO;[723]
- Absehen von Strafe (vgl. z.B. § 60) mit Einstellung nach § 153b StPO;
- Einstellung eines Verfahrens nach § 153c StPO;
- Verfolgung einer Straftat nach § 298 bzw. § 263 StGB oder damit zusammenhängender Aufsichtspflichtverletzung nach § 130 OWiG i.V. mit § 82 GWB (gestattet durch § 30 Abs. 4 Satz 2)[724].

---

[722] Eine Betriebsbezogenheit des Handelns von Organen einer juristischen Person liegt nicht vor, wenn das Organ höchstpersönlich, folglich wie jedermann und somit ohne spezifischen Bezug zu seiner Stellung als Organ handelt, OLG Celle wistra 2005, 160; zust. *Göhler*, Rn. 25.

[723] *Lemke*, § 30 Rn. 69; wohl auch *Göhler* Rn. 41 (zitiert §§ 153 ff. StPO); a.A. *Eidam*, wistra 2003, 447, 455 (weil für die Anwendung hinreichender Tatverdacht ausreiche; sollte die Schuld im Rahmen eines Verfahrens nach § 30 Abs. 4 OWiG in concreto jedoch feststehen, ergibt sich auf jeden Fall kein Hinderungsgrund mehr); abl. auch KK-*Rogall* Rn. 149 bei Einstellung unter Auflagen.

[724] Nach Verurteilung wegen Betruges bei einer Submissionsabsprache kann die Tat als Ordnungswidrigkeit (auch gegen das nebenbeteiligte Unternehmen) nicht mehr verfolgt werden; das gilt nicht, wenn keine Tatidentität nach § 264 StPO vorliegt, BGH wistra 2004, 270, 271 f.; nach rechtskräftiger Verurteilung der verantwortlichen Person ist ein selbständiges Verfahren nicht mehr möglich, OLG Köln NStZ 2004, 700; AG Eggenfeld, wistra 2002, 274 (betr. Ordnungswidrigkeit).

8. Kapitel. Der strafrechtliche Schutz gegen Korruption

269   Nach § 30 Abs. 4 Satz 3 OWiG ist die **selbständige Festsetzung einer Geldbuße ausgeschlossen, wenn die Bezugstat aus rechtlichen Gründen nicht verfolgt werden kann.** Dazu gehören insbesondere die vor der Einleitung des selbständigen Verfahrens eingetretene Verfolgungsverjährung,[725] aber auch das Fehlen eines Strafantrags (z.b. hinsichtlich einer Straftat nach § 203 StGB, vgl. § 205 StGB), Immunität, Exterritorialität, Amnestie und bei Auslandstaten wohl auch das Fehlen einer sich aus den §§ 4 ff. StGB i.V. mit dem betreffenden Tatbestand ergebenden Möglichkeit zur Verfolgung und Bestrafung (z.B. wegen fehlender Tatortstrafbarkeit; in Fällen des § 7 Abs. 2 StGB, weil nicht im Inland ergriffen); rechtskräftige selbständige Entscheidung zur Bezugstat (auch in einem anderen EU-Staat im Rahmen des in der EU wirkenden ne-bis-in-idem-Verbots).

d) Höhe der Geldbuße

270   Bei einer vorsätzlichen Straftat (Vorteilsgewährung, Bestechung, Betrug, Untreue usw.) kann nach § 30 Abs. 2 Satz 1 Nr. 1 eine Geldbuße bis zu einer Million Euro gegen die juristische Person festgesetzt werden. Bei einer fahrlässigen Tat (z.B. einer leichtfertigen Geldwäsche nach § 261 Abs. 5 StGB) ist das Höchstmaß 500.000 Euro (§ 30 Abs. 2 Satz 1 Nr. 2). Ist die Bezugstat eine vorsätzliche Aufsichtspflichtverletzung nach § 130 OWiG, kann wenn die Pflichtverletzung – wie zuvor genannt – eine Straftat ist, ebenfalls eine Geldbuße bis zu einer Million Euro, bei fahrlässiger Aufsichtspflichtverletzung bis zu 500.000 Euro verhängt werden (§ 30 Abs. 2 Satz 2 i.V. mit § 130 Abs. 3 Satz 1 OWiG). Nach § 30 Abs. 3 i.V. mit § 17 Abs. 4 Satz 2 OWiG kann zusätzlich der jeweilige Höchstbetrag zur Abschöpfung des wirtschaftlichen Vorteils des Täters überschritten werden. In Fällen strafbarer Submissionsabsprachen nach § 298 StGB (und auch nach § 263 StGB) kann nach der äußerst bedenklichen[726] durch das Siebte Gesetz zur Änderung des Gesetzes über Wettbewerbsbeschränkungen[727] aus dem EG-Kartellrecht entnommenen Regelung in § 81 Abs. 4 Satz 2, Abs. 5 GWB n.F. gegen „Unternehmen(svereinigungen)" eine noch höhere Geldbuße im Hinblick auf die gleichzeitig vorliegende Ordnungswidrigkeit nach § 81 Abs. 1 Nr. 1 bzw. Abs. 2 Nr. 1 GWB n.F. (auch i.V. mit § 130 OWiG) i.V. mit Art. 81 Abs. 1 EGV bzw. § 1 GWB n.F. verhängt werden. Die Grenze liegt dann erst bei 10% des im jeweiligen vorangegangenen Geschäftsjahr erzielten Gesamtumsatzes (§ 81 Abs. 4 Satz 2 GWB n.F.).

Bei der **Festsetzung einer Geldbuße gegen eine juristische Person usw. ist die zusätzliche Anordnung des Verfalls nach den §§ 73 ff. StGB oder nach § 29a OWiG ausgeschlossen (§ 30 Abs. 5 OWiG).** Die gesonderte Anordnung des Verfalls gegen eine juristische Person usw. ist dagegen nach § 73 Abs. 3 StGB bzw. § 29a Abs. 2 OWiG möglich, wenn eine Geldbuße nach § 30 OWiG nicht festgesetzt wird, z.B. in Fällen, in denen ein nachgeordneter Betriebsangehöriger eine Tat zugunsten eines Unternehmens begangen hat, ohne dass eine Aufsichtspflichtverletzung nachweisbar war.[728] Zur **Einziehung** ist auf die Regelungen in § 75 StGB und in § 29 OWiG hinzuweisen.[729]

---

[725] BGH NStZ-RR 1996, 147 = wistra 1995, 314 (Unterbrechungshandlungen gegen natürliche Personen vor Einleitung des selbständigen Verfahrens wirken auch gegenüber der juristischen Person usw.; ebenso BGHSt 46, 207 f., 211 = NJW 2001, 1437 f. = wistra 2001, 180, 182; darüber hinaus wird im selbständigen Verfahren die Verjährung durch Handlungen, die den Handlungen zur Unterbrechung der Verjährung bei der Verfolgung natürlicher Personen entsprechen, nach § 33 Abs. 1 Satz 2 OWiG unterbrochen; im Verfahren gegen die juristische Person gelten die für die Tat der natürlichen Person maßgeblichen Vorschriften über die Verjährung). Näher *Göhler*, Rn. 42 ff.

[726] Kritisch insbesondere *König*, in: Göhler (Fn. 694), Einl. Rn. 18; § 17 Rn. 48a ff.; *Karl/Reichelt*, Der Betrieb 2005, 1436, 1443, *Achenbach*, wistra 2006, 2, 5 f.

[727] V. 7.7.2005 (BGBl. I 1945).

[728] Vgl. den Sachverhalt in BGH wistra 2003, 465 (Verfallsbescheid nach § 29a OWiG nach Einstellung eines Bußgeldverfahrens wegen Verdachts einer Tat nach § 130 OWiG). – Das LG Aachen hatte in einem Beschluss (63 Qs 301/95) vom 19.12.1995, veröffentlicht in Dienstblatt Rechtsprechung der Bundesanstalt

B. Die strafrechtliche Bekämpfung internationaler Korruption auf internationaler und nationaler Ebene

I. Einführung

Seit dem Zweiten Weltkrieg haben wirtschaftliche Verflechtungen, insbesondere innerhalb der Europäischen Wirtschaftsgemeinschaft und der daraus entstandenen Europäischen Union, aber auch mit lateinamerikanischen, afrikanischen, arabischen und süd/ostasiatischen Staaten und nach ihrer Neuorientierung seit Anfang der neunziger Jahre auch mit osteuropäischen und zentralasiatischen Staaten sowie mit der Volksrepublik China eine neue Dimension erfahren. Neben ihren positiven Wirkungen wurde aber auch eine negative Kehrseite immer deutlicher, eine „Internationalisierung der Korruption". Die internationale Dimension zeigte sich zum einen darin, dass Korruptionsstraftaten vermehrt auch auslandsbezogen begangen wurden. Sie spiegelte sich z.B. in den Fällen wider, in denen eine Korruptionsstraftat sich zwar im Inland abspielte, aber – wie etwa bei der Bestechung ausländischer oder internationaler Amtsträger – ausländische bzw. internationale Interessen und Rechtsgüter betraf. Um solche Fälle angemessen bekämpfen zu können, war es nicht mehr ausreichend, das Bestechungsstrafrecht nur national weiter zu entwickeln, was u.a. auch unter dem Einfluss internationaler Organisationen und über regionale Zusammenarbeit weiterhin laufend geschieht.[730] Hinzukommen musste auch im strafrechtlichen Bereich eine engere Zusammenarbeit betroffener Staaten und darüber hinaus ein koordiniertes Vorgehen von Staatengemeinschaften und ihrer Organisationen im Rahmen ihrer jeweiligen Zuständigkeiten. Zwei Beispiele: 271

Schon 1957 wurde in Umsetzung des NATO-Truppenstatuts in einem Sonderbereich eine einschlägige spezielle Regelung getroffen, mit der zum Schutze der hier stationierten NATO-Truppen die §§ 333 ff. StGB auf die Vorteilsgewährung und Bestechung von Soldaten, Beamten und sonstigen förmlich verpflichteten Bediensteten dieser Truppen ausgedehnt wurden.[731] Insbesondere auf Bestechungen zum Nachteil amerikanischer Streitkräfte wurde diese Ergänzung in der Folgezeit mehrfach angewandt. Ein neueres Beispiel internationaler Korruptionskriminalität lag einer Entscheidung des BGH vom 272

---

für Arbeit v. 9.8.1996, keine Bedenken gegen die Anwendung von § 29a Abs. 2 auf einen Sachverhalt, in dem die Verhängung einer Geldbuße (wegen einer Ordnungswidrigkeit nach § 229 I Nr. 2 i.V. mit § 19 I 6 AFG) gegen ein im Ausland ansässiges Unternehmen nach den §§ 30, 130 OWiG mangels Einblick in dessen rechtliche Struktur und die gesetzlichen Vertretungsverhältnisse nicht möglich erscheint – Zum Verfall gegen ein Unternehmen beim betrügerischen Bezug von Arbeitslosengeld durch Arbeitnehmer vgl. die positiven bzw. negativen Entscheidungen des AG und LG Kleve, wistra 2005, 272 bzw. 274.

[729] S. oben Rn. 247.

[730] Beispiel insbesondere für asiatisch/pazifischen Bereich die Initiativen der Asian Development Bank und der OECD, vgl. *Asian Development Bank/OECD* (Hrsg.), Combating Corruption in Asian and Pacific Economies, 1999; Progress in the Fight against Corruption in Asia and the Pacific, 2001; Taking Action against Corruption in Asia and the Pacific, 2002; Anti-Corruption Action Plan for Asia and the Pacific, 2002; Effective Prosecution of Corruption, ADB-OECD Anti-Corruption Initiative for Asia and the Pacific, 2003; Anti-Corruption Policies in Asia and the Pacific, 2004. Für die Überlassung dieser Materialien habe ich Nicola Ehlermann-Cache, OECD, Paris, zu danken. – Ein Überblick über die Entwicklung der Korruption und deren Bekämpfung in verschiedenen Ländern ist auch in dem Jahrbuch Korruption 2005 von *Transparency International*, S. 48 ff., 59 ff., 143 ff. zu finden.

[731] Art. 7 Abs. 2 Nr. 10 des Vierten Strafrechtsänderungsgesetzes v. 11.6.1957 (BGBl. I 597), zuletzt geändert durch das Gesetz zur Bekämpfung der Korruption vom 13.8.1997 (BGBl. I 2038).

19.10.1999⁷³² zugrunde. In diesem Fall hatte ein Arzt eines Kreiskrankenhauses mit einer italienischen Lieferfirma von Herzschrittmachern eine Rahmenvereinbarung geschlossen, aufgrund derer er u.a. in den Folgejahren für seine jeweiligen Bestellungen in den Genuss von umfangreichen „Bonus"-Zahlungen sowie Reise- und aufwendigen Essenseinladungen geriet. Der Arzt wurde als Amtsträger wegen Bestechlichkeit verurteilt. Ein Vorgehen wegen Bestechung auch gegen den Firmenangehörigen war damals weder nach deutschem Recht (mangels Auslieferung) noch nach italienischem Recht (mangels Strafbarkeit der Bestechung ausländischer Amtsträger) möglich.

273 International hatten zuvor in den siebziger Jahren vor allem die Millionenzahlungen der Lockheed-Fluggesellschaft an ausländische Politiker, u.a. an den japanischen Premierminister Tanaka für Aufsehen gesorgt.⁷³³ Sie führten – zusammen mit der Aufdeckung von Zahlungen über 300 Millionen Dollar durch 400 amerikanische Gesellschaften – im Jahre 1977 in den USA zur Strafbarkeit der Bestechung ausländischer Amtsträger im internationalen Geschäftsverkehr im Foreign Corrupt Practices Act.⁷³⁴

274 Die nachfolgende Darstellung gliedert sich in drei Teile:

– Es werden einschlägige internationale Rechtsinstrumente zur Korruptionsbekämpfung mittels eines Rechtsvergleichs im Bereich des materiellen Strafrechts vorgestellt (vgl. dazu ergänzend Kap. 9 zur OECD-Konvention).
– Daran anschließend soll aufgezeigt werden, inwieweit im deutschen Recht relevante Strafvorschriften nicht nur inländische, sondern – vielfach beeinflusst durch internationale Rechtsinstrumente – auch ausländische und internationale Rechtsgüter schützen.
– Abschließend wird ein Überblick über das vor allem für die Verfolgung von Auslandstaten wichtige internationale Strafanwendungsrecht gegeben, das teilweise durch internationale Vorgaben auch Ergänzungen erfahren hat.

II. Korruptionsbekämpfung in internationalen Rechtsinstrumenten – ein materiellstrafrechtlicher Rechtsvergleich

1. Überblick

275 Seit Mitte der neunziger Jahre sind in größerem Umfang konkrete Maßnahmen zur Bekämpfung der Korruption insbesondere mit strafrechtlichen Mitteln auch auf zwischen-

---

⁷³² BGH NStZ 2000, 90 = wistra 2000, 22 (vgl. dazu *Möhrenschlager*, in: Paul [Hrsg.], Korruption in Deutschland und Brasilien, 2002, S. 8).

⁷³³ Vgl. dazu *Noonan*, Bribes, 1984, S. 655 ff., 669 f.; *Morishita*, in: International Society in Social Defence, Responding to Corruption ..., Updated Documents of the XIIIth International Congress in Social Defence, Lecce (Italy) 1996, hrsg. von *Bernasconi*, 2000, S. 147 ff.; *Tiedemann*, Multinationale Unternehmen und Strafrecht, 1979, S. 32 ff.; *Urofsky*, The US Case, in: Generalkonsulat der Vereinigten Staaten von Amerika/Justizministerium des Landes Nordrhein-Westfalen (Hrsg.), Die Umsetzung der OECD-Konvention gegen Bestechung im internationalen Geschäftsverkehr, 2000, S. 36.

⁷³⁴ 15 U.S. Code Sect. 78a, m, 78dd -1 ff., 78 f., geändert durch Gesetze von 1988 und 1998; dazu *U.S. Department of Commerce, International Trade Administration*, Addressing the Challenges of International Bribery and Fair Competition 2004, 2004, S. 14, 67 ff.; weiter z.B. *Noonan* (Fn. 733), S. 677 ff.; *Brown*, The Extraterritorial Reach of the U.S. Government's Campaign against International Bribery, Hastings International and Computer Law Review 22 (1999), 407, 409 ff.; *G. Eisenberg*, Foreign Corrupt Practices Act, American Criminal Law Review 37 (2000), 595 ff.; *Colton*, Foreign Corrupt Practices Act, American Criminal Law Review 38 (2001), 891 ff.; *Perkel*, Foreign Corrupt Practices Act, American Criminal Law Review 49 (2003), 683 ff.; *Flore*, Dossiers de la Revue de Droit Pénal et Criminologie N° 4, 1999, S. 41 ff.

staatlicher internationaler Ebene[735] in Gang gekommen (vgl. dazu den Überblick in Kapitel 9 Rn. 2 ff.). Die Verhandlungen dazu fanden zunächst durchweg im Rahmen von regional tätigen bzw. durch spezifische Zielsetzungen geprägten internationalen Organisationen statt und führten zu einer Serie internationaler Rechtsinstrumente. Sie kulminierte in dem Übereinkommen der Vereinten Nationen gegen Korruption vom 9. Dezember 2003, ein Datum, das dann auch noch zum VN-Tag gegen Korruption erhoben wurde.

Allerdings sind bereits zuvor in Europa zwei (von Deutschland nicht ratifizierte) Rechtsinstrumente über die Übertragung der Strafverfolgung zustande gekommen, durch die auch Fälle von internationaler Bestechung erfasst werden können. Sowohl das am 30.3.1978 in Kraft getretene Übereinkommen des Europarates v. 15.5.1972[736] als auch die am 6.11.1990 von Mitgliedstaaten der Europäischen Gemeinschaft im Rahmen der sog. Politischen Zusammenarbeit beschlossene Vereinbarung[737] enthalten eine weitgehend identische Regelung, die es Vertragsstaaten erlaubt, auch Fälle auslandsbezogener Bestechung von Amtsträgern zu erfassen. Wenn ein Niederländer in Schweden einen schwedischen Beamten besticht oder ihm einen Vorteil für eine Diensthandlung gewährt, dann kann er auf der Grundlage dieser Rechtsinstrumente i.V. mit den nationalen Strafvorschriften über die Bestechung von Amtsträgern auch in den Niederlanden auf Grund eines Antrags des schwedischen Staates wegen Bestechung (Vorteilsgewährung) des schwedischen Beamten verfolgt und abgeurteilt werden. Entsprechendes gilt für die aktive Seite. Diese Verträge stellen diesen Fall fiktiv dem Fall der Bestechung eines niederländischen Beamten in den Niederlanden gleich. In Verbindung mit dem ausländischen Strafverlangen wird dadurch erreicht, dass eine national bezogene Strafvorschrift über Bestechung (i.w.S.) auch auf den Schutz eines ausländischen Rechtsguts erstreckt wird. Konkrete Fälle, in denen diese Verträge auf den Bestechungsbereich angewandt wurden, sind mir nicht bekannt geworden.

276

Folgende meist generelle internationale Rechtsinstrumente sind seit 1996 beschlossen worden:

277

Europäische Union
- (Erstes) Protokoll vom 27.9.1996 zum Übereinkommen über den Schutz der finanziellen Interessen der Europäischen Gemeinschaften;[738]
- Zweites Protokoll vom 19.6.1997 zum Übereinkommen über den Schutz der finanziellen Interessen der Europäischen Gemeinschaften;[739]

---

[735] Zu den gescheiterten Bemühungen um eine VN-Konvention auf Initiative der USA (ausgelöst durch den Lockheed-Skandal) und den (Shah)Iran Ende der siebziger Jahre vgl. *Pedrazzi*, in: Tiedemann (Hrsg.), Multinationale Unternehmen und Strafrecht, 1979, S. 81, 97 f. (Entwurf abgedruckt S. 187 ff. und auszugsweise in *Bassiouni/Wise*, Aut Dedere Aut Iudicare, 1995, S. 278 ff.); *Pieth*, ZStW 109 (1997), 759 und Kap. 9 Rn. 2 ff.; *Möhrenschlager* (Fn. 732), S. 8, 9 f.

[736] European Treaty Series (ETS) N° 73 mit Explanatory Report (Text abgedruckt in *Wyngaert/Stessens*, International Criminal Law, 1. Aufl. 1996, S. 365 ff.; dazu *Pradel/Corstens*, Droit pénal européen, 1. Aufl. 1999, Rn. 27 ff.); *Möhrenschlager*, in: Dannecker (Hrsg.), Die Bekämpfung des Subventionsbetrugs im EG-Bereich, 1993, S. 162, 167 ff. und Fn. 732, S. 8, 10 f.

[737] Dazu *Pradel/Corstens* (Fn. 736), S. 58 (mit Hinweis auf die Ratifizierung durch Frankreich am 13.5.1993) und *Möhrenschlager* (Fn. 736).

[738] ABl. EG Nr. C 313 v. 23.10.1996 S. 1 (auch abgedruckt in BGBl. 1998 II 2342; *Schomburg*-IRG-K, S. 1139 ff.; *United Nations Office on Drugs and Crime (UNODC)* (Hrsg.), The Compendium of International Legal Instruments, 2. Aufl. 2005, S. 197 ff.; *Council of the European Union, General Secretariat, Directorate General H III, Justice and Home Affairs* (Hrsg.), Instruments on Judicial Cooperation in Criminal Matters within the Third Pillar of the European Union and other Essential Instruments on Judicial Cooperation [Stand: 16.6.2004], S. 70 ff. und bei *Wasmeier*, Das Strafrecht der Europäischen Union, 2003, S. 263 ff.) mit Erläuterndem Bericht v. 19.12.1997, ABl. EG Nr. C 11 v. 15.1.1998 S. 5, abgedruckt in RegE, BT-Drucks. 13/10424 S. 15.

[739] ABl. EG Nr. C 221 v. 19.7.1997 S. 11 (auch abgedruckt in BGBl. 2002 II 2722; *Schomburg/Gleß*-IRG-K, S. 1148 ff.; *UNODC* [Fn. 738], S. 203 ff.; *Council of the European Union* [Fn. 738], S. 80 ff. und bei *Was-*

8. Kapitel. Der strafrechtliche Schutz gegen Korruption

- Übereinkommen vom 26.5.1997 über die Bekämpfung der Bestechung, an der Beamte der Europäischen Gemeinschaften oder der Mitgliedschaften der Europäischen Union beteiligt sind;[740]
- Gemeinsame Maßnahme v. 22.12.1998 betreffend die Bestechung im privaten Sektor;[741]
- Rahmenbeschluss v. 22.7.2003 über die Bekämpfung der Bestechung im privaten Sektor[742] (nach Art. 8 i.V.m. Art. 11 hat dieser Beschluss mit Wirkung v. 31.7.2003 die Gemeinsame Maßnahme aufgehoben).

278 *Europarat*
- Strafrechtskorruptionsübereinkommen (Criminal Law Convention on Corruption) v. 27.1.1999,[743] seit 1.7.2002 in Kraft;
- Zivilrechtskorruptionsübereinkommen (Civil Law Convention on Corruption) v. 4.11.1999,[744] seit 1.11.2003 in Kraft;
- Zusatzprotokoll zum Strafrechtskorruptionsübereinkommen (Additional Protocol to the Criminal Law Convention on Corruption) v. 15.5.2003,[745] seit 1.2.2005 in Kraft.

279 *OECD*
- Übereinkommen vom 17.12.1997 über die Bekämpfung der Bestechung ausländischer Amtsträger im internationalen Geschäftsverkehr.[746]

280 *Organisation Amerikanischer Staaten (OAS)*
- Inter-Amerikanisches Übereinkommen gegen Korruption v. 29.3.1996, in Kraft seit 6.3.1997.[747]

---

meier [Fn. 738], S. 274 ff.) mit Erläuterndem Bericht v. 15.12.1998, ABl. EG Nr. C 91 v. 12.3.1999 S. 8; abgedruckt in RegE, BT-Drucks. 14/9002, S. 17 ff.; dazu *Brown* (Fn. 734), S. 407, 514 ff.; *Korte*, NJW 1998, 1464 ff.

[740] ABl. EG Nr. C 195 v. 25.6.1997 S. 2 (auch abgedruckt in BGBl. 2002 II 2727 ff.; *Schomburg/Gleß-IRG-K*, S. 1167 ff.; *UNODC* [Fn. 738], S. 183 ff.) mit Erläuterndem Bericht v. 3.12.1998, ABl. EG Nr. C 391 v. 15.12.1998 S. 1 ff., abgedruckt in RegE, BT-Drucks. 14/8999, S. 17 ff. Das Übereinkommen ist nach der letzten Ratifizierung durch Luxemburg am 28.9.2005 in Kraft getreten (BGBl. 2006 II 954). Zum Übereinkommen *Möhrenschlager*, JZ 1996, 831; *Flore* (Fn. 734), S. 18 ff.; *Ferola*, Legal Issues of European Integration, 1999, S. 141 ff. (zum Ersten Protokoll S. 137 ff.).

[741] ABl. EG Nr. L 358 v. 31.12.1998 S. 2 (auch abgedruckt in *UNODC*, 1. Aufl. 2003, S. 159 ff.); dazu *Flore* (Fn. 734), S. 36 ff.

[742] ABl. EU Nr. L 192 v. 31.7.2003 S. 54 (auch abgedruckt in *Council of the European Union* [Fn. 738], S. 243 ff. und UNODC [Fn. 738], S. 177 ff.).

[743] European Treaty Series (ETS) N° 173; auch abgedruckt in UNODC [Fn. 738], S. 139 ff.; deutsch-österreichische-schweizerische Fassung abrufbar beim Europarat unter www.conventions.coe.int.; dazu der Überblick von *Forget*, Liber Amicorum Ibrahim F.I. Shihata, 2001, S. 235 ff.; *Möhrenschlager*, wistra 1999 H. 2 S. V f.; *de Vel/Csonka*, in: Fijnaut/Huberts (Hrsg.), Corruption, Integrity and Law Enforcement, 2002, S. 368 ff.

[744] ETS N° 174; auch abgedruckt in *UNODC* [Fn. 738], S. 131 ff.

[745] ETS N° 191.

[746] Abgedruckt in 37 International Legal Material (ILM) 1 (1998); *UNODC* (Fn. 738), S. 243 ff.; deutsch in BGBl. 1998 II 2329; Erläuterungen („Commentaries"), angenommen auf der Verhandlungskonferenz am 21.11.1997, abgedruckt in RegE-IntBestG, BT-Drucks. 13/10428, S. 23; ausführlich dazu Kap. 9 und *OECD* (Hrsg.), No Longer Business as Usual, 2001, passim; vgl. weiter *U.S. Department of Commerce* (Fn. 734), S. 4 ff., 27 ff., 10, 32 ff., 36 ff., 43 f., 50 ff., 53 ff.; *Brown* (Fn. 734), S. 407, 477 f., 495 ff.; *Möhrenschlager*, in *Fijnaut/Huberts* (Fn. 743), S. 335 ff.; *Heidenheimer/Moroff*, in: Heidenheimer/Johnson (Hrsg.), Political Corruption. Concepts and Context, 2001, S. 946 ff.; *Flore* (Fn. 734), S. 53 ff.

[747] Text abgedruckt in 35 ILM 724 (1996); *UNODC* (Fn. 738), S. 232 ff.; *U.S. Department of Commerce* (Fn. 734), S. 54 ff.; zur generellen Zielsetzung der Konvention *Garcia-González*, in: Fijnaut/Huberts (Fn. 734), S. 389 ff.; *U.S. Department of Commerce* (a.a.O.), S. 42 f.; Überblick zum Inhalt bei *Möhrenschlager*, JZ 1996, 822, 831; *Brown* (Fn. 734), S. 407, 475, 481 ff.; *Zagaris/Ohri*, Law & Policy in International Business 30 (1999), 55 ff.

Südafrikanische Entwicklungsgemeinschaft 281
- Protokoll gegen Korruption v. 14.8.2001 (zu dem Vertrag über die Errichtung der Südafrikanischen Entwicklungsgemeinschaft) (Protocol to the Treaty establishing the Southern African Development Community against Corruption[748]; im Folgenden abgekürzt als SADC-Protokoll).

Westafrikanische Wirtschaftsgemeinschaft
- Protokoll über den Kampf gegen Korruption v. 21.12.2001 (zu dem Vertrag über die Errichtung der Wirtschaftsgemeinschaft westafrikanischer Staaten)) (Protocol on the fight against corruption);[748a] im Folgenden abgekürzt als ECOWAS-Protokoll.

Afrikanische Union 282
- Übereinkommen der Afrikanischen Union v. 11.7.2003 über die Verhinderung und Bekämpfung von Korruption (African Union Convention on Preventing and Combating Corruption)[749], seit 24.4.2006 in Kraft.

Vereinte Nationen 283
- Übereinkommen der Vereinten Nationen gegen Korruption v. 9.12.2003 (United Nations Convention against Corruption)[750], seit 14.12.2005 in Kraft.

2. Strafvorschriften

a) Bestechung und Bestechlichkeit von Amtsträgern

aa) Allgemeines. Im Mittelpunkt des internationalen Bestechungsstrafrechts steht 284 die Bekämpfung der Korruption von Amtsträgern. Alle einschlägigen Rechtsinstrumente sehen Regelungen vor, die gemeinsame Elemente enthalten, in Details jedoch abweichen.

Außer im OECD-Übereinkommen sind in allen Rechtsinstrumenten Vorschriften 285 sowohl über die **aktive als auch die passive Bestechung von nationalen Amtsträgern** verankert. Das OECD-Übereinkommen beschränkt sich – dem US Foreign Corrupt Practices Act (FCPA) folgend – auf die **aktive Bestechung ausländischer Amtsträger im internationalen Geschäftsverkehr**. Für diesen Bereich enthält auch die OAS-Konvention (Art. 8 – Transnational Bribery) eine geschäftsverkehrsbezogene Beschränkung; eine solche wurde auch in das SADC-Protokoll (Art. 6 Abs. 1) und, nicht jedoch in Art. 12 Abs. 1 des ECOWAS-Protokolls – auf der Linie der OECD-Konvention – in die VN-Konvention (Art. 16 Abs. 1) übernommen. Die OAS- und SADC-Regelungen stehen jedoch unter dem Vorbehalt der Vereinbarkeit mit der Verfassung und grundlegenden Prinzipien bzw. dem einheimischen Recht, enthalten also insoweit keine absolute Verpflichtung.[751] Im Europaratsübereinkommen bestehen insoweit (teilweise) Vorbehaltsmöglichkeiten (Art. 5, 6, 10 i.V.m. Art. 37); nicht jedoch in den EU-Instrumenten. Die Konvention der Afrikanischen Union enthält in dieser Hinsicht keine Sonderregelung.

---

[748] Abgedruckt in *UNODC* (Fn. 738), S. 259 ff. Das Protokoll wurde in Blantyre (Malawi) von 14 Staaten angenommen. Nach dem Stand von August 2005 haben bisher 8 Staaten ratifiziert.

[748a] Abgedruckt in UNODC (Fn. 738), S. 203 ff. Das Protokoll wurde in Dakar (Senegal) von 15 Staaten angenommen. Nach Angaben von Transparency International hat bisher nur ein Staat ratifiziert (Stand: 17.3.2006).

[749] Abgedruckt in *UNODC* (Fn. 738), S. 116 ff.

[750] Abgedruckt in *UNODC* (Fn. 738), S. 21 ff. und in *Council of the European Union* (Fn. 738), S. 362 ff.; öst. Fassung in öst BGBl. 2006 III Nr. 47 v. 13.3.2006; zum Übereinkommen *Möhrenschlager*, wistra 2003, H. 3 S. VII = Register 2003 R XXX; 2004 H. 1 S. VI f. = Register 2004 R XXIII f.; *v. Aaken*, ZaöRV 2005, 407 und der Überblick in *U.S. Department of Commerce* (Fn. 734), S. 45 f. sowie bei *Stolpe*, Kriminalistik 2004, 292 ff.

[751] Dies spiegelt sich auch in den jeweiligen letzten Absätzen der Artikel wider. Im Falle der Nichtstrafbarkeit soll grundsätzlich eine Bereitschaft zur Rechtshilfe bestehen (ebenso Art. 12 Abs. 2 ECOWAS-Protokoll).

8. Kapitel. Der strafrechtliche Schutz gegen Korruption

286   bb) **Täter und Bezugspersonen.** Täter im sog. passiven Bereich und Bezugspersonen bei der aktiven Bestechung sind **Amtsträger ("public officials")**, deren Definition teilweise jedoch nicht unerheblich abweicht. Ein Teil der Konventionen enthält sog. „**autonome**" **Definitionen**, d.h. solche, die nicht direkt auf das nationale Recht verweisen:

287   – **Nationale Amtsträger**

Soweit es sich um *nationale Amtsträger* handelt, unterfallen in den Konventionen von OAS und Afrikanischer Union dem Begriff jeder Staatsbedienstete und Behördenangestellte („official or employee"), die Funktionen im Namen des Staates oder in seinem Dienste wahrnehmen. Art. 1 SACD-Protokoll geht insoweit durch Einbeziehung auch öffentlicher Unternehmen sogar noch weiter: „Public official" means „any person in the employment of the State, its agencies, local authorities or parastatals and includes any person holding office in the legislative, executive or judicial branch of a State or exercising a public official or duty in any of its agencies or enterprises". Der „autonome" Begriff der VN-Konvention (Art. 2 (a) (i)) gilt demgegenüber nur für Träger eines Amtes („holding a ... office of a State Party"), der jedoch, deutlicher als in den zuerst genannten Konventionen, alle Staatsfunktionen erfasst („legislative, executive, administrative or judicial"). Insbesondere ergibt sich daraus die ausdrückliche Einbeziehung von Parlamentariern. Ergänzt wird diese Definition durch eine sich am jeweils einschlägigen nationalen Recht orientierende Ausweitung auf die Wahrnehmung einer öffentlichen Funktion für eine Behörde oder ein öffentliches Unternehmen (Art. 2 (a) (ii)), dessen Einbeziehung – orientiert an der OECD-Konvention – dann über die zuvor genannten Übereinkommen hinausgehen kann. Geht der nationale Amtsträgerbegriff (auch für das Strafrecht) noch weiter, ist auch dieser mit zu berücksichtigen (Art. 2 (a) (iii)).

288   Demgegenüber orientieren sich die europäischen Rechtsinstrumente gänzlich am nationalen Recht (Art. 1c der EU-Rechtsinstrumente; Art. 1a Europaratskonvention). Dies ist auch noch der Fall bei der Vorschrift über die Kriminalisierung der Bestechung in Art. 8 IV des VN-Übereinkommens über das grenzüberschreitende organisierte Verbrechen vom 15.11.2000.[752]

289   – **Ausländische Amtsträger**

Bei den Bestechungshandlungen, die *ausländische Amtsträger* betreffen, sind die Definitionen teilweise abweichend gestaltet. Die OECD-Konvention (betr. aktive Bestechung) und die ihr folgende VN-Konvention von 2003 enthalten eine weitreichende „autonome" Begriffsbestimmung: Nicht nur der Träger eines (ausländischen) Amtes wird erfasst, sondern jeder, der eine öffentliche Aufgabe für einen ausländischen Staat, einschließlich seiner Behörden und öffentlichen Unternehmen, wahrnimmt. Damit ist in der VN-Konvention der Begriff des „ausländischen Amtsträgers" (teilweise) weiter als der des „nationalen Amtsträgers", ein rechtspolitisch kaum tragbares Ergebnis. Für die OAS-Konvention und wohl auch für das SADC-Protokoll[753] ist die o.g. „autonome" Definition (bezüglich aktiver Bestechung) auch für den Amtsträger eines anderen Staates maßgebend, besteht also insoweit in der Reichweite Identität. Demgegenüber richtet sich die

---

[752] Abgedruckt in UN-Dokument A/55/383; *Council of the European Union* (Fn. 738), S. 317 ff; UNDOC (Fn. 738), S. 216 ff. (Art. 8 IV erläutert in Legislative Guides, Nr. 175, S. 82) sowie bei *Vermeulen*, Essential Texts on International and European Criminal Law, 4. Aufl. 2005; deutsch in BGBl. 2005 II 956. Übereinkommen umgesetzt durch Vertragsgesetz v. 1.9.2005 (BGBl. 2005 II 954; Materialien: RegE, BT-Drucks. 15/5150 = BR-Drucks. 6/05; BT-Ausschussbericht 15/5855 (dazu zusammenfassende Erläuterung von *Möhrenschlager* in wistra 2004 H. 1 S. VI f. = Register 2004 R XXIII f.).

[753] Für die OAS-Konvention ergibt sich dies daraus, dass der Begriff „government official (of another State)" in Art. 8 (Transnational Bribery) wie der Begriff „public official" definiert wird (Art. 1). Nicht ganz klar ist dies in dem SADC-Protokoll, da Artikel 6 (Acts of Corruption relating to an Official of a Foreign State) die Bestechung auf „official of a foreign State" bezieht, in Art. 1 jedoch nur der Begriff des „public official" definiert wird.

Definition des ausländischen Amtsträgers in den europäischen Rechtsinstrumenten grundsätzlich nach dem Strafrecht des ausländischen Staates; gestattet ist jedoch eine Einschränkung auf die Reichweite des nationalen Begriffs (Art. 1c EU-Rechtsinstrumente; Art. 1a, c Europaratskonvention).[754] Art. 1 ECOWAS-Protokoll lässt das ausländische Recht entscheiden.

Hervorzuheben ist, dass in der VN-, OAS- und Europaratskonvention und im SADC- und ECOWAS-Protokoll die Bestechungshandlungen sich auf Amtsträger jeden Staates beziehen,[755] während die EU-Rechtsinstrumente eine Beschränkung auf Amtsträger der (nunmehr 27) Mitgliedstaaten vorgenommen haben. 290

– **Internationale Amtsträger** 291

Bestechungshandlungen, die *internationale Amtsträger* betreffen, werden in der VN-, OAS-, OECD- und der Europaratskonvention generell, in den EU-Instrumenten regional beschränkt angesprochen. Die Definitionen weichen teilweise voneinander ab. In der **OAS-Konvention** (Art. 1 Abs. 4a) ist dies jeder Amtsträger oder Bevollmächtigter einer internationalen Organisation („any official or agent of a public organisation"). Die **VN-Konvention** (Art. 2c) versteht darunter jede Person (einschließlich „civil servants"), die befugt ist, für („on behalf") eine solche Organisation zu handeln.

In der **Europaratskonvention** richtet sich die Einbeziehung von Amtsträgern und sonstigen Angestellten internationaler Organisationen nach den für diese geltenden Regelungen (Art. 9); sie wird zusätzlich erstreckt auf andere Personen, die entsprechende Funktionen für die Organisation ausüben. Davon getrennt sind Bestechungshandlungen, die Mitglieder einer parlamentarischen Versammlung einer internationalen Organisation (Art. 10, z.B. der parlamentarischen Versammlung des Europarats, des Europäischen Parlaments und künftig möglicherweise auch eines Parlaments der Arabischen Liga) und Richter und Amtsträger („holders of judicial office or officials") eines internationalen Gerichts (Art. 11) betreffen. Diese Regelungen beziehen sich jedoch nur auf solche internationale Organisationen, deren Mitglied der Vertragsstaat ist oder (betr. Art. 11) deren Gerichtsbarkeit dieser anerkannt hat. 292

Eine Sonderregelung enthält Artikel 70 Abs. 4 i.V. mit Abs. 1 Buchst. d und f des Römischen Statuts des **Internationalen Strafgerichtshofs** (in Den Haag) vom 17.7.1998.[756] 293

---

[754] Dazu näher MK-*Korte*, § 332 Rn. 5 m.N. Nicht zu folgen ist den Überlegungen von *Flore* (Fn. 734), S. 21, die nationale Definition des Verfolgerstaates sogar dann anzuwenden, wenn das ausländische Recht den Bestechungsempfänger nicht als Amtsträger einstuft.

[755] Kritisch gegen diese einseitige Erweiterung *Schünemann*, GA 2003, 299, 309 (klassisches Abkommen zur Etablierung eines imperialistischen [?] globalen Strafrechts); *Zieschang*, NJW 1999, 105, 107.

[756] Art. 70 (Straftaten gegen die Rechtspflege) des Römischen Statuts des Internationalen Strafgerichtshofs vom 17. Juli 1998 (Internationale Quelle 37 ILM 1002 (1998)), umgesetzt durch Vertragsgesetz v. 4.12.2000, BGBl. 2000 II 1393 und das Ausführungsgesetz v. 21.6.2002, BGBl. 2002 I 2144 (auch abgedruckt in *Schomburg/Nemitz*, IRG-K, S. 1800 ff.), mit zwei darin enthaltenen Gesetzen):
„(1) Der Gerichtshof hat Gerichtsbarkeit über folgende Straftaten gegen seine Rechtspflege, wenn diese vorsätzlich verübt werden:
(c) Beeinflussung eines Zeugen durch Vorteilsgewährung …;
(d) Behinderung oder Einschüchterung eines Bediensteten des Gerichtshofes oder Beeinflussung desselben durch Vorteilsgewährung mit dem Ziel, ihn zu zwingen oder zu veranlassen, seine Pflichten gar nicht oder nicht ordnungsgemäß wahrzunehmen;
…
(f) Forderung oder Annahme einer Bestechung durch den Bediensteten des Gerichtshofs im Zusammenhang mit seinen Dienstpflichten.
…
(4) a) Jeder Vertragsstaat dehnt seine Strafgesetze, durch die Straftaten gegen seine eigenen Ermittlungs- oder Gerichtsverfahren unter Strafe gestellt werden, auf die in diesem Artikel genannten Straftaten gegen die Rechtspflege aus, die in seinem Hoheitsgebiet oder von einem seiner Staatsangehörigen begangen werden.".

8. Kapitel. Der strafrechtliche Schutz gegen Korruption

294 Die **EU-Rechtsinstrumente** beziehen Bestechungshandlungen von und gegenüber „Gemeinschaftsbeamten" mit ein. Dieser Begriff wird im jeweiligen Art. 1b wie folgt definiert:

„- jede Person, die Beamter oder durch Vertrag eingestellter Bediensteter im Sinne des Statuts der Beamten der Europäischen Gemeinschaften oder der Beschäftigungsbedingungen für die sonstigen Bediensteten der Europäischen Gemeinschaften ist;
- jede Person, die den Europäischen Gemeinschaften von den Mitgliedstaaten oder von öffentlichen oder privaten Einrichtungen zur Verfügung gestellt wird und dort Aufgaben wahrnimmt, die den Aufgaben der Beamten entsprechen.
Die Mitglieder der gemäß den Verträgen zur Gründung der Europäischen Gemeinschaften geschaffenen Einrichtungen sowie das Personal dieser Einrichtungen werden den Gemeinschaftsbeamten gleichgestellt, sofern auf sie nicht das Statut der Beamten der Europäischen Gemeinschaften oder die Beschäftigungsbedingungen für die sonstigen Bediensteten der Europäischen Gemeinschaften Anwendung findet."

295 Zur zweiten Kategorie gehören z.B. von den EU-Mitgliedstaaten abgeordnete Beamte, Staatsanwälte oder Richter und nationale Sachverständige.[757] In den Erläuterungen[758] werden Beispiele von (bis 1997 geschaffenen) EG-begründeten **„Einrichtungen"** genannt, die teilweise im Primärrecht, überwiegend aber im Sekundärrecht (auf der Basis von Art. 235 EGV a.F., jetzt Art. 308 EGV n.F.; künftig Art. I – 18 Verfassung für Europa) als verselbständigte oder abhängige juristische Personen verankert sind und der Unterstützung der EG-Organe dienen; nach 1997 sind weitere solche Institutionen geschaffen worden. Beispiele:[759]

Die Europäische Agentur für Zusammenarbeit (Brüssel), das Europäische Zentrum für die Förderung der Berufsausbildung (Thessaloniki), die Europäische Stiftung für Berufsbildung (Turin), die Europäische Stiftung zur Verbesserung der Lebens- und Arbeitsbedingungen (Dublin), die Europäische Agentur für Sicherheit und Gesundheitsschutz am Arbeitsplatz (Bilbao), die Europäische Umweltagentur (Kopenhagen), die Europäische Beobachtungsstelle für Drogen und Drogensucht (Lissabon), die Europäische Agentur für die Beurteilung von Arzneimitteln (London), die Europäische Investitionsbank (EIB, vgl. Art. 9, 266 EGV; Luxemburg), der Europäische Investitionsfond, das Harmonisierungsamt für den Binnenmarkt (Marken, Muster und Modelle, Alicante), das gemeinschaftliche Sortenamt (Angers), die Europäische Stelle zur Beobachtung von Rassismus und Fremdenfeindlichkeit (Wien), das Übersetzungszentrum für die Einrichtungen der Europäischen Union (Luxemburg), die Europäische Agentur für Wiederaufbau (Thessaloniki), die Europäische Behörde für Lebensmittelsicherheit (Parma), die Europäischen Agenturen für die Sicherheit des Seeverkehrs (Lissabon) und für Flugsicherheit (Köln), die Europäische Agentur für Netz- und Informationssicherheit (Heraklion) und das Europäische Zentrum für die Prävention und die Kontrolle von Krankheiten (Solna). Dazu gehört als neueres Beispiel auch das Europäische Amt für Betrugsbekämpfung (OLAF) und die Europäische Zentralbank, die aus dem EWI hervorgegangen ist (vgl. Art. 8, 107 ff., 123 EGV; Frankfurt/Main), nicht aber das Europäische Patentamt (München), das keine EG-Einrichtung ist[760], und auch nicht das Europäische Polizeiamt (Europol, Den Haag) als nicht auf EG-, sondern EU-Recht (Art. 26 I Europol-Übereinkommen) beruhende Institution. Der Einbeziehung des Europäischen Hochschulinstituts in Florenz in den „Erläuterungen" hat die Bundesregierung widersprochen.[761]

---

[757] Dazu die Entsenderichtlinien des Bundes v. 26.9.2005 (GMBl. 2005 S. 1074).
[758] RegE, BT-Drucks. 13/10424, S. 15 f.
[759] Abrufbar unter http://europa.eu.int/agencies/index_de.htm; vgl. auch die Angaben bei *Oppermann*, Europarecht, 3. Aufl. 2005, Rn. 168 f., 177, 181 ff.
[760] MK-*Korte*, § 332 Rn. 6.
[761] RegE-VertragsG z. EU-Bestechungsübereinkommen, BT-Drucks. 14/8999, S. 14; MK-*Korte* (Fn. 760).

Da Mitglieder des Europäischen Parlaments, des Europäischen Gerichtshofs, der Kommission und des EG-Rechnungshofes nicht „Gemeinschaftsbeamte" i.S. der genannten Definition sind, enthält insoweit Artikel 4 Abs. 2 der Rechtsinstrumente eine Sonderregelung. Sie verpflichtet die Mitgliedstaaten jedoch nur dazu, die im nationalen Recht bestehenden Regelungen auch auf diesen Personenkreis zu erstrecken („Assimilation")[762], was Deutschland gestattete, sich auf die Gleichstellung hinsichtlich Mitgliedern des Europäischen Parlaments im Rahmen des § 108e StGB zu beschränken.

– **Täter aktiver Bestechung**
Täter der aktiven Bestechung kann grundsätzlich jedermann sein. In der OAS-Konvention und im SADC-Protokoll ist die Strafbarkeit der Bestechung ausländischer Amtsträger jedoch auf Staatsangehörige, auf Personen, die ihren gewöhnlichen Wohnsitz in dem Verfolgungsstaat und auf Unternehmen, die dort ihren Sitz haben, beschränkt.

cc) **Tathandlungen.** Tathandlungen sind im sog. passiven Bereich das „Fordern" und „Annehmen" eines Vorteils, wozu, weitergehend als in den Konventionen der OAS, in Afrika und der VN, in Europa das „Versprechenlassen" (EU) bzw. die „Annahme des Angebots oder Versprechens" eines Vorteils (Europarat) hinzutritt. Bei der sog. aktiven Bestechung tritt neben das „Anbieten" und „Gewähren" (nur das Gewähren wird im IStGH-Statut erwähnt) das „Versprechen" eines Vorteils hinzu (nicht im ECOWAS-Protokoll). Letzteres wird in der OAS- und in sonstigen afrikanischen Regelungen allerdings nur als Beispiel für einen Vorteil aufgeführt.

dd) **Vorteilsbegriff.** Bestechungsmittel sind für alle Rechtsinstrumente (außer dem ECOWAS-Protokoll) nicht nur materielle, sondern auch sonstige (d.h. auch immaterielle) Vorteile.[763]

ee) **Indirektes Handeln und Drittzuwendungen.** In allen Rechtsinstrumenten werden sowohl die direkte und indirekte Begehung dieser Tathandlungen gegenüber Amtsträgern als auch Vorteile, die einem Dritten, einschließlich einer juristischen Person, einem Unternehmen oder einer Institution (VN-, OAS- und afrikanische Regelungen: „entity") zufließen, einbezogen.

ff) **Unrechtsvereinbarung.** Die Handlungen müssen in einem konkreten **Bezug zu dienstlichen Handlungen** bzw. der Ausübung dienstlicher Funktionen des betroffenen Amtsträgers stehen (Erfordernis einer „Unrechtsvereinbarung", eines „quid pro quo"). Die OAS-Konvention und die afrikanischen Rechtsinstrumente stellen dabei darauf ab, dass die Vorteilsgewährung/Annahme usw. im Austausch („in exchange") bzw. für die Erfüllung bzw. Vornahme („performance") öffentlicher Funktionen geschieht, was dahin ausgelegt werden könnte, dass auch einer Diensthandlung nachfolgende Zuwendungen usw. erfasst werden. Die VN- und die Europaratskonvention sowie die EU-Rechtsinstrumente lassen ausreichen, dass die Tathandlung sich auf die – jedoch nur künftige – Vornahme oder Unterlassung der Ausübung der Funktionen bzw. des Dienstes des Amtsträgers („in the exercise of ... [official] functions") bezieht.

Darüber hinaus enthält das EU-Recht eine zu Beschränkungen führende Besonderheit, die teilweise auch in der Europaratskonvention zu finden ist und sich auch in der Auslegung der OECD- und der VN-Konvention bei der Bestechung ausländischer und internationaler Amtsträger widerspiegelt. Die EU-Rechtsinstrumente beziehen sich generell nur auf den Fall, dass die Diensthandlung unter **Verletzung von Dienstpflichten** vor-

---

[762] Zum Assimilierungsprinzip *Flore* (Fn. 734), S. 27 ff. und generell *Hecker*, Europäisches Strafrecht, 2005, S. 229 ff. und zur Anwendung im deutschen Strafrecht S. 253 ff.; eine Ausdehnung durch Anwendung von Art. 5 Abs. 1 EG-Vertrag schied angesichts des Wortlauts der §§ 331 ff. i.V. mit § 11 Nr. 2 StGB aus, *Heise*, Europäisches Gemeinschaftsrecht und nationales Strafrecht, 1998, S. 205 ff. m.N.
[763] MK-*Korte*, § 331 Rn. 65.

genommen wird. Dies ist auf ihre Entstehungsgeschichte zurückzuführen. Der Vorläufer des EU-Bestechungsübereinkommens, nämlich das sog. Erste Protokoll, galt nur für Bestechungen, durch die „die finanziellen Interessen der Europäischen Gemeinschaften geschädigt werden oder geschädigt werden können". Dies setzt natürlich voraus, dass der Amtsträger pflichtwidrig handelt. Entsprechend wurde dann auch der Anwendungsbereich des EU-Bestechungsübereinkommens begrenzt.

303 Das Übereinkommen des Europarates bezieht demgegenüber grundsätzlich auch Fälle der Vorteilsannahme und Vorteilsgewährung, also Bestechungen auch in Bezug auf pflichtgemäße Diensthandlungen mit ein. Es erlaubt jedoch eine Beschränkung auf den Bezug zu pflichtwidrigen Handlungen bei der Bestechung ausländischer und internationaler Amtsträger und Richter (Artikel 36). Trotz des weitergehenden Wortlauts gestatten die Erläuterungen der OECD- und der VN-Konvention von 2003[764] eine entsprechende Einschränkung unter der Voraussetzung, dass auch Bestechungen, die sich auf Ermessenshandlungen beziehen, erfasst werden.

304 Zusätzliche Einschränkungen enthalten das o.g. EU- und das SADC-Protokoll sowie die OAS-, OECD- und VN-Konvention. Wie bereits erwähnt, bezieht sich das Protokoll nur auf Bestechungshandlungen zum Nachteil der finanziellen Interessen der Europäischen Gemeinschaften. Durch Wegfall dieser Beschränkung im EU-Bestechungsübereinkommen ist das Protokoll insoweit jedoch überholt. **Die genannten Konventionen beschränken die Bestechung ausländischer Amtsträger auf den (internationalen) Geschäftsverkehr.** Ähnlich wie der FCPA beziehen sich die OECD- und die VN-Konvention (in leicht unterschiedlicher Formulierung in den VN-Sprachen) nur auf Bestechungen, die erfolgen, „um im internationalen Geschäftsverkehr einen Auftrag oder einen sonstigen unbilligen Vorteil zu erlangen oder zu sichern". Nach den OECD-Erläuterungen[765] können „kleinere Zahlungen" zur „Erleichterung" – ähnlich wie die Ausnahme für sog. „facilitation payments" im FCPA – für nicht strafbar erklärt werden. Es ist anzunehmen, dass diese Interpretation auch auf die VN-Konvention übertragen wird. Ähnlich, wenn auch etwas weitergehend, gelten die Regelungen in der OAS-Konvention und im SADC-Protokoll nur für solche Fälle von Bestechungen, die im Zusammenhang mit wirtschaftlichen oder geschäftlichen Transaktionen stehen. Keine Beschränkung enthält die nicht bindende Regelung im ECOWAS-Protokoll.

b) Strafvorschriften betreffend die Bestechung von Personen, die auf Amtsträger Einfluss nehmen („trading in influence")

305 Die klassischen Amtsträgerbestechungsdelikte werden in einem Teil der Konventionen (nicht in der OECD- und OAS-Konvention und den EU-Regelungen) ergänzt durch eine Vorschrift über die indirekte Beeinflussung von Amtsträgern mit Hilfe der Bestechung von Vermittlern (sog. „influence peddling"). Wer einer Person, die gute Beziehungen zu Abgeordneten, Ministern oder (hohen) entscheidungsbefugten Personen hat, Bestechungsgelder im Hinblick auf eine mögliche Einflussnahme gibt, kann, wenn der Amtsträger davon nichts erhält, in Deutschland und anderen Staaten allerdings nicht wegen einer solchen Tat bestraft werden; Forderungen nach Strafbarkeit in diesen Fällen sind bisher, soweit bekannt, auch nicht erhoben worden. Bedenken bestehen hauptsächlich wegen Abgrenzungsschwierigkeiten gegenüber legitimen Formen des Lobbyismus. Im Ausland wird dies teilweise anders gesehen (Frankreich – Anwendung nicht selten –, Kanada, Österreich [„Intervention"], Polen, Slowenien, Spanien, USA). Auf diesem Hintergrund haben die Konventionen des Europarates und der Vereinten Nationen darauf

---

[764] OECD-Erläuterungen (Fn. 746), RegE-IntBestG, BT-Drucks. 13/10428, S. 23, N° 3; VN-Interpretative Notes v. 23.10.2003.
[765] (Fn. 746), N° 9.

verzichtet, eine zwingende, die aktive wie die passive Seite betreffende, Vorschrift aufzunehmen. Gegen die Regelung in Art. 12 der Europaratskonvention kann gemäß Art. 37 Abs. 1 ein Vorbehalt eingelegt werden; Art. 18 der VN-Konvention ist nicht bindend („Each Party shall consider adopting ..."). Art. 12 der Europaratskonvention (Missbräuchliche Einflussnahme) lautet wie folgt:

„Jede Vertragspartei trifft die erforderlichen ... Maßnahmen, um folgende Handlungen, wenn vorsätzlich begangen, nach ihrem innerstaatlichen Recht als Straftaten zu umschreiben: das unmittelbare oder mittelbare Versprechen, Anbieten oder Gewähren eines ungerechtfertigten Vorteils als Gegenleistung an eine Person, die behauptet oder bestätigt, missbräuchlich Einfluss auf die Entscheidungsfindung einer der in den Artikeln 2, 4 bis 6 und 9 bis 11 genannten Personen nehmen zu können, für diese selbst oder für einen Dritten sowie das Fordern oder Annehmen oder das Annehmen des Angebots oder Versprechens eines solchen Vorteils durch eine solche Person als Gegenleistung für eine solche Einflussnahme, unabhängig davon, ob die Einflussnahme erfolgt ist oder nicht oder ob die vermutete Einflussnahme zu dem gewünschten Ergebnis führt oder nicht."[766]

In Art. 18 der VN-Konvention wird stärker darauf abgestellt, dass die Bestechung eines Amtsträgers oder jeder anderen Person dazu dienen soll, dass diese ihren wirklichen oder vermutlichen Einfluss mit dem Ziel missbrauchen, von einer Verwaltung oder öffentlichen Stelle einen Vorteil für jemanden zu erlangen. Die afrikanischen Regelungen haben demgegenüber überraschenderweise eine bindende Form angenommen (vgl. Art. 4 Abs. 1 f, Art. 5 Abs. 1 AU-Konvention und Art. 3 Abs. 1 f, Art. 7 SADC-Protokoll); nicht eindeutig Art. 6 Abs. 1d, 2 ECOWAS-Protokoll). Sie beziehen auch Einflussnahmen im „privaten Sektor" mit ein! 306

c) Bestechung im Geschäftsverkehr

Was die Bestechung im sog. privaten Sektor, im Geschäftsverkehr, betrifft, so war die Rechtslage in einzelnen Staaten in der Vergangenheit, was auch heute noch vielfach der Fall ist, recht unterschiedlich.[767] Staaten, die in diesem Bereich die Strafbarkeit in einer Weite vorsehen, die der bei den Amtsträgerdelikten entspricht, stehen Staaten gegenüber, die eine strafrechtliche Regelung überhaupt nicht kennen, sondern bislang zivilrechtliche Regelungen und Maßnahmen für ausreichend hielten. Dazwischen liegen solche Staaten, die sich auf die Erfassung wichtiger strafwürdiger Bereiche beschränken, wie dies etwa im deutschen Recht der Fall ist. 307

Im **Europarat** wurde folgende – über das bisher geltende deutsche Strafrecht hinausgehende – Regelung beschlossen, die allerdings nicht bindend ist: 308

Art. 7 (Bestechung im privaten Sektor): „Jede Vertragspartei trifft die erforderlichen ... Maßnahmen, um folgende Handlungen, wenn vorsätzlich im Rahmen einer Geschäftstätigkeit begangen, nach ihrem innerstaatlichen Recht als Straftaten zu umschreiben: das unmittelbare oder mittelbare Versprechen, Anbieten oder Gewähren eines ungerechtfertigten Vorteils an eine Person, die ein Unternehmen im privaten Sektor leitet oder für ein solches tätig ist, für diese selbst oder für einen Dritten als Gegenleistung dafür, dass sie unter Verletzung ihrer Pflichten eine Handlung vornimmt oder unterlässt."

Art. 8 (Bestechlichkeit im privaten Sektor): „Jede Vertragspartei trifft die erforderlichen ... Maßnahmen, um folgende Handlungen, wenn vorsätzlich im Rahmen einer Geschäftstätigkeit begangen, nach ihrem innerstaatlichen Recht als Straftaten zu umschreiben: das unmittelbare oder mittelbare Fordern oder Annehmen eines ungerechtfertigten Vorteils oder das Annehmen des Angebots oder Versprechens eines solchen Vorteils

---

[766] Deutsch-österr.-schweiz. Fassung (Fn. 743).
[767] Überblick bei *Heine/Huber/Rose*, Private Commercial Bribery, 2003; Beispiele auch bei *Fietz/Weidlich*, RIW 2005, 423, 427, Fn. 34.

durch eine Person, die ein Unternehmen im privaten Sektor leitet oder für ein solches tätig ist, für sie selbst oder einen Dritten als Gegenleistung dafür, dass sie unter Verletzung ihrer Pflichten eine Handlung vornimmt oder unterlässt."

309   Diese Fassung fand auf dem Hintergrund unterschiedlicher nationaler Regelungen – mangels Einigung über einen engeren konkreteren Text – nur wegen der in Art. 37 Abs. 1 verankerten Vorbehaltsmöglichkeit Zustimmung in den Verhandlungen. Inhaltlich folgte diesem Modell die fakultative Regelung in Artikel 21 der **VN-Konvention** von 2003. Demgegenüber sind auch hier die **afrikanischen Regelungen** (jeweils Art. 4 Abs. 1e AU-Konvention, Art. 3 Abs. 1e SADC-Protokoll; offenbar auch Art. 6 Abs. 5 ECOWAS-Protokoll) bindend ausgestaltet.

310   Bindende Regelungen enthalten auch die **EU-Rechtsinstrumente**. In der – inzwischen aufgehobenen – Gemeinsamen Maßnahme von 1998 kam es zunächst nur zu einer relativ engen Lösung auf der Grundlage des sog. Wettbewerbsmodells: Bestechungshandlungen im privaten Sektor unter Verletzung von Pflichten des Bestochenen mussten dann zumindest unter Strafe gestellt werden, wenn diese zu einer Verzerrung des Wettbewerbs, zumindest im Gemeinsamen Markt, führen konnten oder eine regelwidrige Ausführung eines Vertrages eine wirtschaftliche Schädigung Dritter zur Folge haben konnte. Eine derart komplizierte Regelung wurde in den Mitgliedstaaten nur teilweise umgesetzt. Wesentlich war, den Schutzbereich der Norm im nationalen Recht nicht auf das eigene Gebiet oder den eigenen Markt zu beschränken, sondern zumindest auf den Gemeinsamen Markt auszudehnen. In dieser Hinsicht ging dann der neue § 299 Abs. 3 StGB sogar weiter. Der die Gemeinsame Maßnahme ablösende Rahmenbeschluss von 2003 löste sich dann – wenn auch nicht vollständig – von diesem Konzept und übernahm in Artikel 2 Abs. 1 inhaltlich das Konzept des Europarates. Absatz 2 stellt klar, dass die Regelungen für „Geschäftsvorgänge in Unternehmen mit oder ohne Erwerbszweck" („business activities within profit or non-profit entities") gelten. Nach Absatz 2 kann ein Mitgliedstaat jedoch den Geltungsbereich auf Handlungen beschränken, die im Zusammenhang mit der Beschaffung von Waren oder gewerblichen Leistungen eine Wettbewerbsverzerrung zur Folge haben können, also insoweit an dem Wettbewerbsmodell auf der Linie der Gemeinsamen Maßnahme festhalten. In einem solchen Fall hat der betreffende Mitgliedstaat eine entsprechende Erklärung abzugeben, die nach Absatz 4 auf fünf Jahre beschränkt ist, aber nach Absatz 5 vom Rat auch verlängert werden kann. Letzteres dürfte auf Widerstand stoßen.

d) Sonstige in Bereicherungsabsicht begangene Amtsträgerdelikte und weitere ergänzende Tatbestände

311   Weiterreichend als die europäischen Regelungen enthalten die VN-Konvention und die außereuropäischen Rechtsinstrumente zusätzliche Regelungen zur Bekämpfung der Korruption im **öffentlichen Bereich**:

– Unterschlagung, Veruntreuung, Untreue bezüglich des einem Amtsträger anvertrauten Eigentums und Vermögens (Art. 17 VN-Konvention; Art. 4 Abs. 1d bzw. Art. 3 Abs. 1d der afrikanischen Regelungen (wohl auch Art. 1e ECOWAS-Protokoll) [jeweils bindend]; Art. 11 Abs. 1d OAS-Konvention, fakultativ);
– Unbefugte Nutzung von öffentlichem Eigentum durch Amtsträger (oder sonstige Personen, die öffentliche Funktionen wahrnehmen) in Bereicherungsabsicht (Art. 11 Abs. 1b OAS-Konvention, fakultativ);
– Amtsmissbrauch in Bereicherungsabsicht (Art. 19 VN-Konvention, fakultativ auf dem Hintergrund, dass viele Staaten – wie z.B. Deutschland – keinen allgemeinen Straftatbestand gegen Amtsmissbrauch, sondern jeweils spezifische Sonderregelungen haben; in den afrikanischen Regelungen wird der Amtsmissbrauch umschrieben als Handlungen/Unterlassungen bei der Amtsausübung in rechtswidriger Bereicherungsabsicht (Art. 4 Abs. 1c AU-Konvention bzw. Art. 3 Abs. 1c SADC-Protokoll, bindend!);

– Ungerechtfertigte Bereicherung („illicit enrichment"), worunter eine erhebliche Vermögensvermehrung seitens eines Amtsträgers („significant increase in the assets") verstanden wird, die er in Bezug auf sein rechtmäßiges Einkommen nicht in vernünftiger Weise erklären kann („cannot reasonably explain in relation to his income"; Art. 20 VN-Konvention, fakultativ; Art. 9 OAS-Konvention unter dem Vorbehalt der Vereinbarkeit mit der Verfassung und den Grundprinzipien des jeweiligen Rechtssystems, also nur beschränkt bindend; Art. 4 Abs. 1g, Art. 8 AU-Konvention, auch nur beschränkt bindend). Vorbilder für solche Regelungen sind u.a. Bestimmungen in Hongkong und in lateinamerikanischen Staaten. Bei den Verhandlungen im Europarat wurde dieser Punkt zwar diskutiert, aber insbesondere im Hinblick auf die darin enthaltene Umkehr der Beweislast negativ beschieden. Ein solcher Tatbestand steht auch im Zusammenhang mit in verschiedenen Ländern existierenden Regelungen, die eine Pflicht zur Deklaration des gesamten Vermögens (nicht nur des Einkommens!) für (hohe) Amtsträger statuieren. Eine nicht bindende Regelung zur Strafbarkeit (aber zur Rechtshilfe) enthält auch Art. 6 Abs. 3 ECOWAS-Protokoll.
– Unerlaubte Nutzung von vertraulichen Informationen in Bereicherungsabsicht, die ein Amtsträger im Zusammenhang mit der Ausübung seines Amtes erlangt hat (OAS-Konvention, Art. 11 Abs. 1a, fakultativ).

Für den **nichtöffentlichen Bereich** ist auf die – überraschenderweise – nicht bindende **312** Strafvorschrift des Art. 22 der VN-Konvention über die Unterschlagung („embezzlement of (entrusted) property"; „soustraction de biens") in einer Einrichtung der Privatwirtschaft („private sector entity") durch dort tätige Personen hinzuweisen. Nicht völlig eindeutig ist, ob sich dieser Tatbestand auf Unterschlagungsfälle beschränkt oder weitergehend auch „Untreue"-Handlungen – wie in Art. 17 der VN-Konvention – erfassen soll. Die engere Wortwahl in Art. 22 im Vergleich zu Art. 17 deutet jedoch auf einen beschränkteren Anwendungsbereich hin.

e) Geldwäsche und Hehlerei

aa) Geldwäsche. Auf allen Ebenen sind Regelungen eingeführt worden, die in teil- **313** weise unterschiedlicher oder beschränkter Weise darauf abzielen, auch Fälle von Geldwäsche in Bezug auf Korruptionsdelikte (und weitgehend auch andere Delikte) mit Strafe zu bedrohen.

Die Entwicklung effektiver internationaler Regelungen zur Bekämpfung von Geldwä- **314** schehandlungen ist seit beinahe zwei Jahrzehnten im Fluss. Zunächst richtete sich das internationale Augenmerk auf die Geldwäsche im Zusammenhang mit Drogendelikten, was sich in Art. 3 Abs. 1 Buchst. b, c i) des am 11.11.1990 in Kraft getretenen Übereinkommens der Vereinten Nationen vom 20. Dezember 1988 gegen den unerlaubten Verkehr mit Suchtstoffen und psychotropen Stoffen[768] niederschlug. Dann folgte das am 1.9.1993 in Kraft getretene Übereinkommen des Europarates über Geldwäsche sowie Ermittlung, Beschlagnahme und Einziehung von Erträgen aus Straftaten vom 8. November 1990.[769] Dieses Übereinkommen lehnte sich bei der Umschreibung der Tathandlung in

---

[768] Umgesetzt durch Vertragsgesetz v. 22.7.1993 (BGBl. 1993 II 1137; für Deutschland in Kraft am 28.2.1994, BGBl. 1994 II 496) und Gesetz v. 2.8.1993 zur Ausführung (BGBl. 1993 I 1407); dazu die Erläuterungen in *Schomburg/Lagodny*-IRG-K, S. 1614 ff. an Hand der Denkschrift der Bundesregierung in BT-Drucks. 12/33346; weiter *United Nations* (Hrsg.), Commentary on the United Nations Convention against Illicit Traffic in Narcotic Drugs and Psychotropic Substances, 1998.

[769] ETS N° 141 mit Explanatory Report; umgesetzt durch Gesetz v. 8.4.1998 (BGBl. 1998 II 519, auch abgedruckt in *Council of the European Union* [Fn. 738], S. 304 ff. und bei *Wasmeier* [Fn. 738], S. 309 ff.; für Deutschland in Kraft am 1.1.1999 (BGBl. 1999 II 200); dazu *Schomburg/Lagodny* (Fn. 768), S. 740 ff. unter Heranziehung des Explanatory Report und der Denkschrift der Bundesregierung, BT-Drucks. 13/7954,

8. Kapitel. Der strafrechtliche Schutz gegen Korruption

Art. 6 Abs. 1 weitgehend an das VN-Übereinkommen an, dehnte aber den Kreis der Vortaten nun auf alle Straftaten aus, durch die Erträge („proceeds") erlangt wurden (Art. 6 Abs. 1 i.V. mit Art. 1 Buchstabe d). Allerdings kann jede Vertragspartei im Wege eines Vorbehalts insoweit eine Beschränkung vornehmen (Art. 6 Abs. 4, Art. 40 Abs. 1), wovon z.B. auch Deutschland – im Hinblick auf den Vortatenkatalog in § 261 StGB – Gebrauch gemacht hat.

315 Eine unbegrenzte Vorbehaltsmöglichkeit ist inzwischen international aufgegeben worden. Dies spiegelt sich wieder in Entwicklungen auf EU- und VN-Ebene, im Rahmen der Financial Action Task Force (FATF) und neuerdings auch in der neugestalteten Geldwäschekonvention des Europarates vom 16. Mai 2005.[770] Die nachfolgende Darstellung zeigt jedoch, dass es bisher nicht gelungen ist, regional oder weltweit Einvernehmen über ein überzeugendes einheitliches Konzept zu erreichen.

316 Auf **EG-Ebene** verlangte die (Erste) Richtlinie des Rates vom 10.6.1991 zur Verhinderung der Nutzung des Finanzsystems zum Zwecke der Geldwäsche[771] zunächst nur, die Geldwäsche hinsichtlich Drogendelikten i.S. des VN-Übereinkommens zu untersagen, dem nach einer Erklärung der Regierungsvertreter der Mitgliedstaaten auch das nationale Strafrecht folgen sollte. Nach dem Zweiten Protokoll von 1997 zum EG-Finanzschutzübereinkommen verpflichteten sich die EU-Mitgliedstaaten jedoch weitergehend, die Geldwäsche auf Erträge aus Betrug, zumindest in schweren Fällen, sowie auf Bestechung und Bestechlichkeit zu erstrecken (Art. 2 i.V. mit Art. 1 Buchstabe e). In der (sog. Zweiten) Richtlinie des Europäischen Parlaments und des Rates vom 4.12.2001[772] erfolgte in Art. 1 Buchstabe e zur Klärung der „kriminellen Beteiligung an der Begehung einer schweren Straftat" als Umschreibung der Vortat neben einer Erstreckung auf die vorgenannten Delikte (wohl wegen der Beschränkung des Täterkreises nicht auf die Bestechlichkeit) und der Einbeziehung von Handlungen krimineller Vereinigungen[773] eine Ausdehnung auf „eine Straftat, die beträchtliche Erträge hervorbringen kann und die nach dem Strafrecht des Mitgliedstaats mit einer langen Freiheitsstrafe geahndet werden kann".[774] Außerdem sollten die Mitgliedstaaten bis 15.12.2004 die Definition in Einklang mit dem Begriff der „schweren Straftat" in der Gemeinsamen Maßnahme v. 3.12.1998[775] bringen, was aber durch Änderungen durch den Rahmenbeschluss von 2001 (s. in Folge) hinfällig wurde.[776] In der Folgezeit fand dann eine weitere Ausweitung innerhalb der sog. Dritten Säule (Polizeiliche und Justitielle Zusammenarbeit in Strafsachen, Art. 29 ff. EUV) statt. In Art. 1 Buchstabe b des Rahmenbeschlusses v. 26.6.2001 über Geldwäsche sowie Ermittlung, Einfrieren, Beschlagnahme und Einziehung von Tatwerkzeugen und Erträgen aus Straftaten[777] wurde eine Beschränkung der Vorbehalte zum Europaratsübereinkommen für die EU-Mitgliedstaaten festgelegt. Ein solcher war für „schwere Strafta-

---

S. 28 ff.; *Nilsson*, The Council of Europe Laundering Convention: A Recent Example of Developing International Law, in: Eser/Lagodny (Hrsg.), Principles and Procedures for a New Transnational Criminal Law, S. 457 ff.; w. Lit. bei *Schomburg/Lagodny* a.a.O. S. 741 f.

[770] Konvention des Europarates über Geldwäsche, Terrorismusfinanzierung sowie Ermittlung, Beschlagnahme und Einziehung von Erträgen aus Straftaten (SEV-Nr. 198). 24 Mitgliedstaaten, noch nicht jedoch Deutschland, haben bisher das Übereinkommen gezeichnet (Stand: 20.11.2006).

[771] ABl. EG Nr. L 166 v. 28.6.1991 S. 77.

[772] ABl. EG Nr. L 344 v. 28.12.2001 S. 76.

[773] I.S. der Gemeinsamen Maßnahme v. 21.12.1998, ABl. L 351 v. 29.12.1998 S. 1.

[774] In der Begründung zum Vorschlag für eine sog. Dritten Richtlinie (s. nachstehend) wird von der Kommission eingeräumt, dass die Richtlinie von 1991 nicht genau definiert, was unter schweren Straftaten zu verstehen ist.

[775] Gemeinsame Maßnahme 98/699/JI, ABl. EG Nr. L 333 v. 9.12.1998 S. 1.

[776] Art. 1, 3, 5 (1) und 8 (2) der Gemeinsamen Maßnahme wurden durch Art. 5 des Geldwäscherahmenbeschlusses (s. nachfolgend) aufgehoben.

[777] ABl. EG Nr. L 182 v. 5.7.2001 S. 1, auch abgedruckt in *Council of the European Union* (Fn. 738), S. 214 ff. und bei *Wasmeier* (Fn. 738), S. 309 ff.

ten" nicht mehr erlaubt in Bezug auf Straftaten, „die mit einer Freiheitsstrafe … im Höchstmaß von mehr als einem Jahr, oder – in Staaten, deren Rechtssystem ein Mindestmaß für Straftaten vorsieht – die mit einer Freiheitsstrafe … von mindestens mehr als sechs Monaten belegt werden können". Damit wurde u.a. der Beschränkung auf Verbrechen im deutschen Recht (vgl. § 261 Abs. 2 Satz 1 Nr. 1 StGB) Rechnung getragen. Dieser Ansatz wurde dann wie von der EU-Kommission vorgeschlagen für eine neue (Dritte) Richtlinie (unter Einbeziehung von Straftaten aus den zuvor genannten Bereichen – Terrorismus, Drogenstraftaten, kriminelle Vereinigung, Betrug, Bestechung -) übernommen.[778] Sie hatte bereits zuvor auch in einen Teil der Vortatendefinition in Nr. 1 der Neufassung der 40 Empfehlungen der „Financial Action Task Force" vom 20.6.2003[779] Eingang gefunden (dazu noch nachstehend).

Was die **anderen internationalen Hauptinstrumente** gegen die Korruption betrifft, **317** so blieben sie teilweise hinter dieser Entwicklung noch zurück. Die OAS-Konvention und die afrikanischen Rechtsinstrumente (außer die weitergehende Regelung in Art. 7 ECOWAS-Protokoll) enthalten nur einen Ansatz. Als Korruptionstat wird dort nur die betrügerische Nutzung und das Verheimlichen bzw. die Verschleierung („concealment") von Erträgen aus Bestechungs- und anderen Amtsträgerdelikten angesehen.[780] Die OECD-Konvention enthält sogar nur eine Gleichstellungsregelung: Soweit die Bestechung eines Amtsträgers nach nationalem Recht Vortat ist, soll die Geldwäschestraftat auch auf den Fall der Bestechung ausländischer Amtsträger Anwendung finden (Art. 7). Fortgeschrittener sind demgegenüber die o.g. neuen VN-Konventionen. Sie streben in ihren Artikeln über das „Waschen der Erträge aus Straftaten" („Laundering of proceeds of crime") nach einer weiten Fassung der Vortaten, kommen bei der Suche nach Konkretisierung jedoch in Schwierigkeiten. Dies zeigt sich insbesondere in der Definition in Art. 6 Abs. 2 UNCTOC: Jeder Vertragsstaat soll bestrebt sein, seinen Geldwäschestraftatbestand „auf einen möglichst breit gefächerten Katalog von Haupttaten anzuwenden" (Buchstabe a). Grundsätzlich sollen alle schwere Straftaten, die zumindest mit einer Höchstfreiheitsstrafe von vier Jahren (Art. 2 (b)) bedroht sind, und daneben noch die Beteiligung an einer organisierten kriminellen Gruppe (Art. 5), Bestechungshandlungen, an denen nationale Amtsträger beteiligt sind (Art. 8), sowie Delikte der Behinderung der Justiz (Art. 23) Vortaten sein (Buchstabe b Satz 1). Auf der anderen Seite begnügt sich die Konvention, in m.E. widersprüchlicher Weise, gegenüber Vertragsstaaten, die eine Liste von Vortaten national vorsehen, mit der relativ vagen Verpflichtung, in eine solche Liste einen umfassenden Katalog von Straftaten („a comprehensive range of offences") aufzunehmen, die mit organisierten kriminellen Gruppen zusammenhängen (Buchstabe b Satz 2)[781]. Die VN-Konvention von 2003 begnügt sich in Art. 23 Abs. 2 Buchstabe b[782] sogar mit dem bloßen Hinweis auf einen umfassenden Katalog von Straftaten, die in Übereinstimmung mit der Konvention umschrieben werden („established in accordance with this Convention"), ohne nä-

---

[778] Art. 3 Nummer 5 der Richtlinie des Europäischen Parlaments und des Rates zur Verhinderung der Nutzung des Finanzsystems zum Zwecke der Geldwäsche einschließlich der Finanzierung des Terrorismus v. 26.10.2005, ABl. EU Nr. L 309 v. 25.11.2005 S. 15; Kommissionsvorschlag in KOM (2004) 448 endg. = Ratsdok. 11134/04; auch abgedruckt in BR-Drucks. 794/04 v. 20.10.2004 (dazu zusammenfassend *Möhrenschlager*, wistra 2005 H. 4 S. VI). Die Richtlinie enthält auch eine Übernahme der neuen FATF-Regelungen von 2003. Sie ist dann in den EU-Mitgliedstaaten innerhalb von zwei Jahren umzusetzen (Pressemitteilung des Rates Wirtschaft und Finanzen 9205/05 [Presse 124] v. 7.6.2005, S. 17).
[779] Abgedruckt in *Council of the European Union* (Fn. 738), S. 422 ff.
[780] Art. 6 Abs. 1d OAS-Konvention; Art. 4 Abs. 1 h der Konvention der Afrikanischen Union; Art. 3g des SADC-Protokolls.
[781] Die Bundesregierung geht im RegE eines Vertragsgesetzes zu UNCTOC (BT-Drucks. Drucks. 15/5150 = BR-Drucks.6/05 S. 77) (zum Gesetz s. Fn. 752) davon aus, dass die Konvention zwei Alternativlösungen vorsieht und dass § 261 StGB mit der Listenlösung im Einklang steht.
[782] Buchstabe a folgt UNCTOC.

her zu sagen, was mit umfassend hier gemeint ist. Offensichtlich sollen wohl nicht alle Straftaten in den (bindenden) Strafvorschriften der Konvention Vortaten darstellen.

318 Jedenfalls sind in dieser Beziehung Nr. 1 der neuen FATF-Empfehlungen von 2003 und Artikel 9 der neuen Europaratskonvention (s. Rn. 315) klarer: Alle schweren Straftaten mit dem Ziel eines möglichst breiten Anwendungsbereichs sollen erfasst werden (ausdrücklich die FATF-Empfehlung; implizit auch die Europaratskonvention). Länder, die einen Schwellenansatz anwenden, können diese jedoch auf bestimmte Kategorien „schwerer Straftaten" beziehen oder sich am Maß der Freiheitsstrafe orientieren oder beides auch kombinieren. Der ersten Alternative entspricht im deutschen Recht die Einbeziehung aller Verbrechen. Innerhalb der zweiten Alternative hat man die Wahl zwischen Orientierung am Höchstmaß (mindestens ein Jahr Freiheitsstrafe) oder am Mindestmaß (mehr als sechs Monate Freiheitsstrafe, was im deutschen Recht ebenfalls bereits durch die Kategorie der Verbrechen erfüllt wird), eine in ihrer Gleichgewichtigkeit problematische Lösung. Allerdings soll nach der FAFT-Empfehlung jedes Land zumindest einen Katalog von Haupttaten („range of predicate offences") enthalten, der Delikte aus jeder der in einem im Anhang („Glossary") bezeichneten Straftatenkategorien aufnimmt. Als in unserem Zusammenhang einschlägige Straftaten werden dort als Beispiele „Korruption und Bestechung" („corruption and bribery") genannt (ohne dass gesagt wird, was mit dem über Bestechung hinausgehenden Begriff der Korruption gemeint ist) sowie Betrug, Diebstahl, Raub, Erpressung und Urkundenfälschung. Noch deutlicher bestimmt die Europaratskonvention, dass die von der FATF übernommenen Deliktskategorien Vortaten sein müssen, auch wenn nach den Erläuterungen den Vertragsstaaten eine gewisse Freiheit in der Definition der Delikte unter Orientierung am nationalen Recht eingeräumt wird.

319 Was die Umschreibung der **„Geldwäsche"-Tathandlungen** in den Rechtsinstrumenten der EG und EU, des Europarates, der FATF und der VN angeht, so entsprechen sie inhaltlich weitgehend der 1988 gefundenen Lösung mit der Aufteilung einerseits in einen Tatbestand des Verbergens und der Verschleierung sowie der Vereitelung bzw. Gefährdung von strafrechtlichen Ermittlungen und andererseits in einen sog. Isolationstatbestand betr. die Verschaffung, den Besitz und die Nutzung von Erträgen aus Straftaten. Die deutschen Formulierungen zu den VN-Konventionen von 2000 und 2003 und nahezu identisch die zu der Europaratskonvention von 1990 (in Klammern Teile der abweichenden deutschen Version der EG-Geldwäscherichtlinie) lauten wie folgt:

- das Umwandeln oder Übertragen von Vermögensgegenständen in der Kenntnis, dass es sich um Erträge aus Straftaten handelt, zu dem Zweck, den unerlaubten Ursprung der Vermögensgegenstände zu verbergen oder zu verschleiern oder einer an der Begehung der Haupttat beteiligten Person behilflich zu sein, sich den rechtlichen Folgen ihres Handels zu entziehen;
[der Umtausch oder Transfer von Vermögensgegenständen in Kenntnis der Tatsache, dass diese Gegenstände aus einer kriminellen Tätigkeit oder aus der Teilnahme an einer solchen Tätigkeit stammen, zum Zwecke der Verheimlichung oder Verschleierung des illegalen Ursprungs der Vermögensgegenstände oder der Unterstützung von Personen, die an einer solchen Tätigkeit beteiligt sind, damit diese den Rechtsfolgen ihrer Tat entgehen;]
- das Verbergen oder Verschleiern der wahren Beschaffenheit, des Ursprungs, des Ortes oder der Bewegungen von Vermögensgegenständen, der Verfügung darüber oder des Eigentums oder der Rechte daran in der Kenntnis, dass es sich um Erträge aus Straftaten handelt;
[die Verheimlichung oder Verschleierung der wahren Natur, Herkunft, Lage, Verfügung oder Bewegung von Vermögensgegenständen oder von Rechten oder Eigentum an Vermögensgegenständen in Kenntnis der Tatsache, dass diese Gegenstände aus einer kriminellen Tätigkeit oder aus der Teilnahme an einer solchen Tätigkeit stammen;]
- vorbehaltlich der Grundzüge seiner Rechtsordnung:
den Erwerb, den Besitz oder die Verwendung von Vermögensgegenständen, wenn die betreffende Person bei Erhalt weiß, dass es sich um Erträge aus Straftaten handelt;

die Teilnahme an einer in Übereinstimmung mit diesem Artikel umschriebenen Straftat sowie die Vereinigung, die Verabredung, den Versuch, die Beihilfe, die Anstiftung, die Erleichterung und die Beratung in Bezug auf die Begehung einer solchen Straftat.
[den Erwerb, den Besitz oder die Verwendung von Vermögensgegenständen, wenn dem Betreffenden bei der Übernahme dieser Vermögensgegenstände bekannt war, dass diese Gegenstände aus einer kriminellen Tätigkeit oder aus der Teilnahme an einer solchen Tätigkeit stammen;
die Beteiligung an einer der in den vorstehenden Buchstaben aufgeführten Handlungen, Zusammenschlüsse zur Ausführung einer solchen Handlung, Versuche einer solchen Handlung, Beihilfe, Anstiftung oder Beratung zur Ausführung einer solchen Handlung oder Erleichterung ihrer Ausführung]
In Art. 2 (e) wird „Erträge aus Straftaten" definiert als „jeder Vermögensgegenstand, der unmittelbar oder mittelbar aus der Begehung einer Straftat stammt oder dadurch erlangt wurde".

Nach diesen Konventionen ist sind Geldwäschehandlungen auch dann strafbar, wenn **320** die **Vortat im Ausland** begangen wurde (jeweils Abs. 2c in Art. 6 bzw. 23). Eine Strafbarkeitsverpflichtung besteht jedoch nur unter der Voraussetzung der Strafbarkeit sowohl im Land der Tatbegehung als auch des verfolgenden Vertragsstaates („doppelte Strafbarkeit"). Diese Einschränkung ist in der Europaratskonvention von 1990 nicht enthalten (vgl. Art. 6 Abs. 2a, wonach es nicht darauf ankommen soll, ob die Vortat in die Gerichtsbarkeit der verfolgenden Vertragspartei fällt). Dies ist von der Bundesregierung in der Denkschrift im RegE zur Umsetzung dahin interpretiert worden, „dass eine Bestrafung der Geldwäsche auch dann erfolgen können (muss), wenn die Vortat außerhalb des Zuständigkeitsbereichs der nationalen Gerichtsbarkeit begangen worden war"[783]. Demgegenüber versteht der UN-Kommentar zu UNCTOC[784] die Europaratsregelung von 1990 zu Unrecht dahin, dass dort auf das Erfordernis der doppelten Strafbarkeit, wie in den beiden VN-Konventionen vorgesehen, verzichtet worden sei. Auch Nr. 1 der FATF-Empfehlungen folgt dem UNCTOC-Ansatz, fügt jedoch hinzu, ein Land könne allein darauf abstellen, dass die Vortat im verfolgenden Staat bei dortiger Begehung strafbar wäre (!); die Geldwäschekonvention des Europarates von 2005 übernahm dieses Konzept in Artikel 9 Abs. 7. Offen sind in dieser Beziehung allerdings die Geldwäscherichtlinien der EG, wonach Geldwäsche auch dann vorliegt, „wenn die Handlungen, die den zu waschenden Vermögensgegenständen zugrunde liegen, im Hoheitsgebiet eines anderen Mitgliedstaats oder eines Drittlandes vorgenommen wurden." Daraus lässt sich jedoch nicht zwingend herleiten, dass auf die Strafbarkeit im Ausland nicht auch abgestellt werden darf. Grundsätzlich soll auch die sog. „Selbstwäsche" (Vortäter begeht auch eine Geldwäschehandlung) der Strafbarkeit unterfallen, sofern nicht wesentliche Grundsätze des nationalen Rechts entgegenstehen (jeweils Abs. 2e von Art. 6 bzw. 23 der VN-Konventionen; Nr. 1 der FATF-Regelungen).

bb) Hehlerei. Zusätzlich zur Strafbarkeit wegen Geldwäschehandlungen enthält al- **321** lein Art. 24 der VN-Konvention eine allerdings nur fakultative Strafvorschrift zur Hehlerei („concealment", „recel"). Mangels Einigkeit über die Einbeziehung auch von Tatbeständen der Konvention, die keine Vermögensdelikte darstellen – darauf ist auch das deutsche Recht beschränkt – und die Ausdehnung auch auf Fälle, denen kein derivativer Erwerb zugrunde liegt, kam eine bindende Regelung nicht zustande.

---

[783] RegE-Vertragsgesetz, BT-Druck. 13/7954, S. 28 ff.
[784] *UNODC* (Hrsg), Legislative Guides for the Implementation of the United Nations Convention against Transnational Organized Crime and the Protocols thereto, 2004, S. 49 Anm. 4.

3. Sonstige straftatenbezogene Regelungen

a) Verantwortlichkeit juristischer Personen

322   **aa) Gemeinschaftsrecht.** Die ersten überstaatlichen Regelungen, die eine Sanktionierung nicht von natürlichen Personen, auch nicht formell von „juristischen Personen", jedoch von „Unternehmen" („undertakings") vorsahen, wurden auf der Ebene der drei Europäischen Gemeinschaften – Europäische Gemeinschaft für Kohle und Stahl (EGKS); Europäische Wirtschaftsgemeinschaft (EWG) und Europäische Atomgemeinschaft (Euratom) – in den sechziger Jahren für schuldhaft rechtswidrige Vertrags- und Verordnungsverstöße entwickelt. Im Kontext der Korruptionsbekämpfung ist hier vor allem auf die Sanktionen wegen Verstöße gegen bestimmte Kartellverbote, die denen in § 298 StGB entsprechen, hinzuweisen. In der Vergangenheit war die Grundlage Art. 87 i.V. mit Art. 85, 86 des EWG-Vertrages (EGV) i.V. vor allem mit Art. 15 VO 17/62 v. 6.2.1962 über den Wettbewerb[785] (sog. KartellVO)[786]. Diese Regelungen wurden abgelöst durch Art. 83 (Abs. 2 Buchstabe a) i.V. mit Art. 81, 82 des neuen EG-Vertrages und der am 1.5.2004 in Kraft getretenen Rats-VO (EG) Nr. 1/2003 v. 16.12.2002 zur Durchführung der in den Artikeln 81 und 82 des Vertrags niedergelegten Wettbewerbsregeln.[787]

323   Nach Art. 23 Abs. 2 Buchst. a 1. Alt. VO 1/2003 kann bei vorsätzlichen oder fahrlässigen Verstößen von Unternehmen oder Unternehmensvereinigungen z.B. gegen das materiellrechtliche Verbot von Wettbewerbsbeschränkungen in Art. 81 Abs. 1 EGV eine Geldbuße (also nicht eine Geldstrafe)[788] in Höhe von bis zu 10% des im vorangegangenen Geschäftsjahr erzielten Gesamtumsatzes verhängt werden. Nach Art. 81 Abs. 1 sind verboten: „alle Vereinbarungen zwischen Unternehmen, Beschlüsse von Unternehmensvereinigungen und aufeinander abgestimmte Verhaltensweisen, welche den Handel zwischen Mitgliedstaaten zu beeinträchtigen geeignet sind und eine Verhinderung, Einschränkung oder Verfälschung des Wettbewerbs innerhalb des Gemeinsamen Marktes bezwecken oder bewirken" Dazu werden dann unter a) bis e) verschiedene Beispiele aufgeführt. Darunter können auch Submissionsabsprachen i.S. von § 298 StGB fallen, welche die in Art. 81 Abs. 1 vorausgesetzte Wirkung entfalten. Nach Ansicht der Kommission gehören solche Submissionsabsprachen zu den schwerwiegendsten Wettbewerbsbeschränkungen.[789] Über das deutsche Recht (§ 30 OWiG) hinausgehend, wird in weitem Umfang das Verhalten natürlicher Personen (Bedienstete des Unternehmens, Beauftragte und Bevollmächtigte auch außerhalb des Unternehmens) dem Unternehmen zugerechnet und diesem eine eigene rechtliche Handlungsfähigkeit auf Grund einer Gesamtbetrachtung zuerkannt. Grundsätzlich kann das Verhalten jedweder Person, das befugtermaßen (also nicht bei Überschreitung ihrer Kompetenzen bzw. Exzesstaten) für das

---

[785] ABl. EG v. 21.12.1962 S. 204 m. nachfolgenden Änderungen.
[786] Zur Auslegung näher *Bahnmüller*, Strafrechtliche Unternehmensverantwortlichkeit im europäischen Gemeinschafts- und Unionsrecht, Diss. Tübingen 2004, S. 100–132. – In bestimmten Wirtschaftsbereichen (z.B. im Verkehrs/Transportbereich, vgl. *Satzger*, Die Europäisierung des Strafrechts, 2001, S. 102 f; zur FusionskontrollVO 4064/89 i.V.m. VO (EWG) des Rates von 1974 s. *Achenbach*, in: Achenbach/Ransiek (Fn. 299), Kap. III 6 Rn. 26, 30, S. 128 ff.) sind auch auf der Grundlage von anderen EGV-Bestimmungen weitere RatsVOen erlassen worden oder noch für zulässig erachtet; sie enthalten teilweise ähnliche Bußgeldbestimmungen. Zu weiteren Sonderregelungen vgl. *Bahnmüller* a.a.O. S. 141 ff.
[787] ABl. EG Nr. L 1 v. 4.1.2003 S. 1; dazu (zur Entstehungsgeschichte, Auslegung und Anwendung *Bahnmüller* [Fn. 786], S. 133–141).
[788] Die Sanktion ist „nicht strafrechtlicher Art", Art. 15 IV VO 17/62; Art. 35 V VO 1/2003; weitere Beispiele bei *Satzger* (Fn. 786), S. 101 Fn. 528. Zur Bemessung der Geldbuße besteht seit 1998 eine Leitlinie, ABl. EG Nr. C 9 v. 14.1.1998 S. 3 ff.
[789] Vgl. Nr. 1 der Mitteilung der Kommission über den Erlass und die Ermäßigung von Geldbußen in Kartellsachen, ABl. EU Ns. C 298/17 v. 8.12.2006.

Unternehmen handelt, zugerechnet werden, auch wenn das Verhalten leitender Personen mitunter zusätzlich herangezogen wird.[790] Organisationsverschulden kann ausreichen. Im Unterschied zur früheren VO sind zur Verhängung von Geldbußen nicht nur die Kommission, sondern ggf. auch die Wettbewerbsbehörden der Mitgliedstaaten zuständig (vgl. im deutschen Recht die §§ 22, 48 ff., 81 ff. GWB).

bb) Rechtsakte der Zusammenarbeit im Bereich Justiz und Inneres nach dem Vertrag über die Europäische Union. Aufbauend auf einer unter deutscher Präsidentschaft gefassten Entschließung vom 6. Dezember 1994[791] – ausgelöst durch Initiativen der Kommission und des Vereinigten Königreichs – wurden im Sommer 1997 erstmals in einen völkerrechtlichen Vertrag Vorschriften über die Sanktionierung juristischer Personen aufgenommen. Art. 3 und 4 des Zweiten Protokolls v. 19.6.1997 zum Übereinkommen über den Schutz der finanziellen Interessen der Europäischen Gemeinschaften[792] enthalten folgende Bestimmungen: 324

„Art. 3 – Verantwortlichkeit von juristischen Personen
(1) Jeder Mitgliedstaat trifft die erforderlichen Maßnahmen, um sicherzustellen, dass eine juristische Person [Art. 1d – „juristische Person": jedes Rechtssubjekt, das diesen Status nach dem jeweils geltenden innerstaatlichen Recht besitzt, mit Ausnahme von Staaten oder sonstigen Körperschaften des öffentlichen Rechts in der Ausübung ihrer hoheitlichen Rechte und der öffentlich-rechtlichen internationalen Organisationen] für den Betrug [i.S. des EG-Finanzschutzübereinkommens von 1995], die Bestechung [i.S. des (Ersten) Zusatzprotokolls] und die Geldwäsche [i.S. der Geldwäsche-RL von 1991, bezogen auf (schwere) Fälle des Betrugs, von Bestechung und Bestechlichkeit], die zu ihren Gunsten von einer Person begangen werden, die entweder allein oder als Teil eines Organs der juristischen Person aufgrund
– der Befugnis zur Vertretung der juristischen Person oder
– der Befugnis, Entscheidungen im Namen der juristischen Person zu treffen, oder
– einer Kontrollbefugnis innerhalb der juristischen Person
innehat, sowie für die Beihilfe oder Anstiftung zu einem solchen Betrug, einer solchen Bestechung oder einer solchen Geldwäsche oder für die versuchte Begehung eines solchen Betrugs verantwortlich gemacht werden kann.
(2) Neben den in Absatz 1 vorgesehenen Fällen trifft jeder Mitgliedstaat die erforderlichen Maßnahmen, um sicherzustellen, dass eine juristische Person verantwortlich gemacht werden kann, wenn mangelnde Überwachung oder Kontrolle seitens einer der in Absatz 1 genannten Personen die Begehung eines Betrugs, einer Bestechungshandlung oder einer Geldwäschehandlung durch eine dieser unterstellten Person zugunsten der juristischen Person ermöglicht hat.
(3) …

Art. 4 – Sanktionen für juristische Personen
(1) Jeder Mitgliedstaat trifft die erforderlichen Maßnahmen, um sicherzustellen, dass gegen eine im Sinne des Artikels 3 Absatz 1 verantwortliche juristische Person wirksame, angemessene und abschreckende Sanktionen verhängt werden können, zu denen strafrechtliche oder nichtstrafrechtliche Geldsanktionen gehören und andere Sanktionen gehören können, beispielsweise:

---

[790] Vgl. *Dannecker/Fischer-Fritsch*, Das EG-Kartellrecht in der Bußgeldpraxis, 1989; S. 258 ff., 279 f.; *Möhrenschlager*, in: Adamski (Hrsg.), Economic Crime in Polish and European Union Perspectives, 2003, S. 550, 553 f.; *Bahnmüller* (Fn. 786), S. 105 f.; neuere N. bei *Achenbach* (Fn. 299), Kap. III 6 Rn. 23.
[791] ABl. EG Nr. C 355 v. 14.12.1994 S. 2. – Die Kommission hatte eine strafrechtliche Lösung vorgeschlagen, *Korte*, NJW 1998, 1464 f.
[792] ABl. EG Nr. C 221 v. 19.7.1997 S. 11; auch abgedruckt in *UNODC* (Fn. 738), S. 203, 205; *Council of the European Union* (Fn. 738), S. 80 ff. und bei *Wasmeier* (Fn. 738), S. 274, 276 f. Zur Auslegung *Bahnmüller* (Fn. 786), S. 163–174.

a) Maßnahmen des öffentlichen Ausschlusses von öffentlichen Zuwendungen oder Hilfen;
b) Maßnahmen des vorübergehenden oder ständigen Verbots der Ausübung einer Handelstätigkeit;
c) richterliche Aufsicht;
d) richterlich angeordnete Auflösung.

(2) Jeder Mitgliedstaat trifft die erforderlichen Maßnahmen, um sicherzustellen, dass gegen eine im Sinne des Artikels 3 Absatz 2 verantwortliche juristische Person wirksame, angemessene und abschreckende Sanktionen verhängt werden können."

325 Die Zurechnungsvoraussetzungen orientieren sich mit der Anknüpfung an das Verhalten von Leitungspersonen in einem Unternehmen an der Struktur an § 30 OWiG, obwohl bedauerlicherweise die Verhängung einer Geldsanktion im Falle des Überwachungsverschuldens nicht ausdrücklich vorausgesetzt wird[793] (weitergehend der Europarat, s.u.). Diese kann nur aus dem Erfordernis einer wirksamen Sanktion abgeleitet werden. Jedem Mitgliedstaat steht es frei, die nationale Regelung als strafrechtliche auszugestalten (so heutzutage die Mehrheit der 27 Mitgliedstaaten) oder nur nichtstrafrechtliche Geldsanktionen vorzusehen (so in Deutschland, Griechenland und Italien)[794]. Nur auf diese Weise war es möglich, einen Kompromiss zwischen dem Ansatz von angelsächsisch geprägten Staaten und dem zuvor klassisch-kontinentalen Ansatz („societas delinquere non potest") zu finden, was selbst bei der Erstellung von einschlägigen Resolutionen in internationalen Gremien in Jahrzehnten zuvor nicht gelungen war.

326 Dem Zweiten Protokoll entsprechende Vorschriften wurden auch in die Art. 5 und 6 der Gemeinsamen Maßnahme v. 22.12.1998[795] betreffend die Bestechung im privaten Sektor und in die Art. 6 und 7 des Rahmenbeschlusses v. 22.7.2003 über die Bekämpfung der Bestechung im privaten Sektor[796] sowie in allgemeiner Form in Art. 39 Abs. 3 der neuen Geldwäscherichtlinie aufgenommen. Wie weitere Rahmenbeschlüsse zeigen, sind bisher Regelungen zur Sanktionierung juristischer Personen jeweils auf bestimmte Straftaten bezogen. Eine allgemeine Regelung, wie z.B. jüngst von *v. Bubnoff*[797] vorgeschlagen, gibt es bisher nicht.

327 **cc) Sonstige internationale Rechtsinstrumente.** Die **OECD-Konvention** war die zweite internationale Konvention, die in den Vertragsstaaten zur Einführung einer mit Geldsanktionen verbundenen Verantwortlichkeit juristischer Personen zwang, soweit dort nicht bereits einschlägige Regelungen existierten. Obwohl auf Fälle der Bestechung ausländischer Amtsträger beschränkt, war sie von größerer grundsätzlicher Bedeutung als das Erste EU-Rechtsinstrument, da sie auch für Industriestaaten außerhalb der Europäischen Union und Europas in Nord- und Lateinamerika, in Ozeanien und Ostasien galt. Die Einführung der Strafbarkeit juristischer Personen wird auch hier nicht verlangt. Die Voraussetzungen für die Zurechnung werden von dem jeweiligen Vertragsstaat festgelegt. Zu Einzelheiten vgl. Kap. 9 Rn. 44 ff. und zur Kritik an Deutschlands Lösung – Anwendung nichtstrafrechtlicher Geldsanktion – die Evaluation durch die OECD-Ar-

---

[793] In Art. 4 II sind keine bestimmten Sanktionen vorgesehen, *Korte*, NJW 1998, 1464 f.
[794] Bei den Beratungen zwischen den damals 15 Mitgliedstaaten hatten sich zehn für eine strafrechtliche Lösung ausgesprochen, *Korte*, NJW 1998, 1464 f.
[795] ABl. EG Nr. L 358 v. 31.12.1998 S. 2, aufgehoben durch Art. 8 des nachfolgenden Rahmenbeschlusses.
[796] ABl. EU Nr. L 192 v. 31.7.2003 S. 54 (abgedruckt in *The Council of the European Union* [Fn. 738], S. 243 ff. mit weiteren Beispielen S. 201 f., 211 f., 224, 229, 234, 250). Nachweise auch bei *Wasmeier* [Fn. 738], S. 292 f., 302 f., 332 f., 340 f., 354 f., 361 f.
[797] *V. Bubnoff*, ZEuS 2004, 447; vgl. zuvor auch die Vorschläge im Rahmen des sog. „Corpus Iuris" Projekts.

beitsgruppe und die GRECO-Organisation beim Europarat[798] betreffend Verfall, Einziehung und Verantwortlichkeit juristischer Personen.

Auf derselben Linie einer allgemeinen Regelung bewegen sich auch die einschlägigen **328** Vorschriften über die Verantwortlichkeit juristischer Personen in den **VN-Konventionen** von 2000 und 2003 (Art. 10 bzw. Art. 26). Sie beziehen sich allerdings auf den weiteren Kreis der von der jeweiligen Konvention erfassten Straftaten. Die Verantwortlichkeit kann straf-, zivil- oder verwaltungsrechtlich ausgestaltet werden. Die OAS- und afrikanischen Konventionen haben noch davon abgesehen, solche Regelungen für ihre Vertragsstaaten vorzuschreiben. Eine Ausnahme stellt das ECOWAS-Protokoll in Art. 10 Abs. 2, Art. 11 dar.

b) Sanktionen und Maßnahmen

Traditionell wurde in der Vergangenheit die Bestimmung von Art und Maß der **329** Rechtsfolge für Straftaten in multilateralen Verträgen jeweils den einzelnen Vertragsstaaten überlassen. In neuerer Zeit sind jedoch vielfach allgemeine Maßstäbe über Sanktionen Bestandteile von solchen Verträgen geworden. Allgemeine Verbreitung hat die aus einem Urteil des EuGH entnommene Formel gefunden, dass **„wirksame, angemessene (verhältnismäßige) und abschreckende Strafen"** („effective, proportionate and dissuasive sanctions") vorzusehen sind.[799]

Hauptsanktionen sind bezüglich natürlicher Personen Freiheitsstrafen und Geldstra- **330** fen, bezüglich juristischer Personen strafrechtliche oder nichtstrafrechtliche Geldsanktionen. Mitunter wird bestimmt, dass die Strafen auch **Freiheitsstrafen** umfassen, die zu einer Auslieferung führen können (Europaratskonvention; EU-Rechtsinstrumente: „zumindest in schweren Fällen"). Weitergehend sieht der EU-Rahmenbeschluss von 2003 in Art. 4 Abs. 2 sogar vor, dass für Bestechungshandlungen im privaten Sektor Freiheitsstrafen vorgesehen werden müssen, die im Höchstmaß zwischen einem Jahr und drei Jahren liegen. Der Internationale Strafgerichtshof in Den Haag kann bei Ausübung eigener Gerichtsbarkeit, die bestimmte Bestechungsdelikte einschließt (s. Rn. 293 mit Fn. 756), „eine Freiheitsstrafe von höchstens fünf Jahren oder eine Geldstrafe ... oder beides verhängen" (Art. 70 Abs. 3 Römisches Statut).

Unter Vorbehalt der Vereinbarkeit mit verfassungsrechtlichen Regeln und Prinzipien **331** sieht Art. 4 Abs. 3 des EU-Rahmenbeschlusses von 2003, soweit angebracht, auch ein vorläufiges Tätigkeitsverbot zumindest für leitende Personen in einem Unternehmen vor, die wegen Bestechungshandlungen im privaten Sektor verurteilt werden, wenn ein klares Risiko eines Missbrauchs der Stellung hinsichtlich Bestechungshandlungen besteht. Für juristische Personen weisen die EU-Instrumente – als fakultative Regelung – auf die Möglichkeit der Einführung folgender Sanktionen hin: Maßnahmen des Ausschlusses von öffentlichen Zuwendungen oder Hilfen und des Verbots der Ausübung einer Handelstätigkeit, richterliche Aufsicht und richterlich angeordnete Auflösung. In

---

[798] OECD (Hrsg:), Report on Germany, 2003, S. 33 ff., 59 f.; GRECO (Hrsg.), Evaluation Report on Germany. Second Evaluation Report, 2005, S. 1, 21 Nr. 67, S. 75 IV – VI (betr. ungleichmäßige Anwendung sowie Androhung und Vollstreckung von Geldbußen).

[799] Europäische Union: Art. 5 Erstes Protokoll, Art. 4 Zweites Protokoll (betr. juristische Personen), Art. 5 Bestechungsübereinkommen, Art. 4, 6 Gemeinsame Maßnahme und Rahmenbeschluss betr. Bestechung im privaten Sektor; Art. 39 Abs. 1 der Geldwäscherichtlinie 2005; Art. 19 Europaratskonvention; Art. 3 OECD-Konvention; Art. 10 Abs. 1 ECOWAS-Protkoll; Art. 10 Abs. 4 bzw. Art. 26 Abs. 4 der VN-Konventionen von 2000 und 2003 (betr. juristische Personen); bezüglich natürlicher Personen bestimmen deren Art. 11 Abs. 1 bzw. Art. 30 Abs. 1, dass eine Straftat „mit Sanktionen" zu bedrohen ist, „die der Schwere der Straftat Rechnung tragen". Dazu näher *Hecker*, Europäisches Strafrecht, S. 236 ff., insbes. zu EuGHE 1989, 2965 – griechischer Mais-Fall – m.w.N. Nach Ansicht von GRECO, Evaluations-Bericht, S. 20 f., Nr. 68 soll auch in Deutschland die Anwendung der Trias-Klausel sichergestellt werden.

der OECD-Konvention (Art. 3 Abs. 4) wird in allgemeiner Form verlangt, dass jede Vertragspartei die „Verhängung zusätzlicher zivil- oder verwaltungsrechtlicher Sanktionen" erwägen soll.

332 Heutzutage ist es gang und gäbe, dass in internationale Rechtsinstrumente auch Vorschriften über **Verfall (Gewinnabschöpfung) und Einziehung (von Tatwerkzeugen)** aufgenommen werden. In englisch/französischer Version wird beides mit dem Oberbegriff „confiscation" umschrieben, was in der deutschen Version dann generell als „Einziehung" bezeichnet wird. Im allgemeinen begnügen sich die Rechtsinstrumente mit der Aufnahme des Grundprinzips, nämlich „die Einziehung a) der Erträge aus Straftaten („proceeds of crime") nach … oder von Vermögensgegenständen („property"), deren Wert demjenigen solcher Erträge entspricht, b) von Vermögensgegenständen, Geräten oder anderen Tatwerkzeugen, die zur Begehung von Straftaten nach … verwendet werden oder bestimmt waren, zu ermöglichen".[800]

333 Generelle Regelungen enthält die Geldwäschekonvention des Europarates von 1990 (Art. 2 i.V. mit Definitionen in Art. 1 für alle Straftaten, aber mit Möglichkeit der Beschränkung durch Vorbehaltserklärung). Er wird für EU-Mitgliedstaaten ergänzt durch den EU-Rahmenbeschluss vom 26.6.2001 über Geldwäsche sowie Ermittlung, Einfrieren, Beschlagnahme und Einziehung von Tatwerkzeugen und Erträgen aus Straftaten.[801] Vorbehaltsmöglichkeiten werden beschränkt (nicht mehr zulässig bei Straftaten mit einer Freiheitsstrafe von mehr als einem Jahr Höchststrafe) und eine Verpflichtung zur Einführung einer Wertersatzstrafe in Fällen festgelegt, in denen ein Zugriff auf Erträge nicht möglich ist, außer wenn der Wert unterhalb 4.000 € liegt. Da nach Ansicht des EU-Rates (Justiz und Inneres) eine effiziente grenzüberschreitende Zusammenarbeit in Bezug auf die Einziehung durch die bislang bestehenden Rechtsakte nicht in hinreichendem Maße sichergestellt werden konnte, hat der Rat am 24.2.2005 einen zusätzlichen bis 16.3.2007 umzusetzenden „Rahmenbeschluss über die Einziehung von Erträgen, Tatwerkzeugen und Vermögensgegenständen aus Straftaten"[802] (in Kraft seit 16.3.2005) beschlossen, der erweiterte Einziehungsmöglichkeiten bei Straftaten im Rahmen einer kriminellen Vereinigung (bezogen u.a. auf Geldwäsche i.S. des o.g. Rahmenbeschlusses, deren Vortaten auch Bestechungshandlungen sein können) oder bei terroristischen Straftaten vorsieht. Die neue Geldwäschekonvention des Europarates beschränkt in Artikel 3 Abs. 2 i.V.m. Art. 53 Abs. 1 die Vorbehaltsmöglichkeiten erheblich. Die Anwendbarkeit der Regelungen über Verfall und Einziehung auf Deliktskategorien des Anhangs und auf Geldwäschestraftaten können nicht mehr durch Vorbehaltserklärungen ausgeschlossen werden.

334 In Übereinstimmung mit der VN-Drogenkonvention von 1988 enthalten die VN-Konventionen von 2000 und 2003 in Art. 12 bzw. 31 zusätzliche detaillierte, aber im Grunde nur klarstellende Bestimmungen über den Zugriff auf Vermögensgegenstände, in die Erträge aus Straftaten „umgeformt oder umgewandelt wurden", auf entsprechende Anteile an Vermögensgegenständen, mit denen solche Erträge vermischt wurden, sowie auf Ge-

---

[800] Art. 12 Abs. 1 bzw. Art. 31 Abs. 1 VN-Konventionen von 2000 und 2003 (entsprechend Art. 5 der VN-Drogenkonvention von 1988); ähnlich die Formulierung in Art. 19 Abs. 3 der Europaratskorruptionskonvention (kürzer); Art. 5 EU-Zweites Protokoll (kürzer und verbunden mit der Alternative der „Entziehung" [„removal"), mit den zivilrechtlichen Regelungen z.B. über Schadensersatz und Rückgabe, wie z.B. der Regelung in § 73 Abs. 1 Satz 2 StGB Rechnung getragen werden sollte); Art. 3 Abs. 3 1. Alternative OECD-Konvention bezüglich des Bestechungsgeldes und der Erträge aus Bestechung; keine einschlägigen Regelungen in den Konventionen von OAS und Afrika (außer in Art. 10 Abs. 3, Art. 13 ECO-WAS-Protokoll).

[801] ABl. EG Nr. L 182 v. 5.7.2001 S. 1 (abgedruckt in *Council of the European Union* [Fn. 738], S. 214 ff. und bei *Wasmeier* [Fn. 738], S. 306 ff.); einschlägig Art. 1a, 3.

[802] ABl. EU Nr. L 68 v. 15.3.2005 S. 49 (Zusammenfassung von *Möhrenschlager* in wistra 2005 H. 5 S. VI f.).

winne aus der Nutzung solcher Substitute neben Gewinnen aus der (direkten) Investition von Straftaterträgen.[803]

c) Gerichtsbarkeits(Jurisdiktions)regelungen

Jede strafrechtliche Konvention enthält auch Regelungen über die „Gerichtsbarkeit". Von besonderer Bedeutung für eine erfolgreiche Bekämpfung internationaler Korruption ist es dabei, Regelungen zu entwickeln, die es ermöglichen, grenzüberschreitende Taten und Auslandstaten von eigenen Staatsangehörigen oder auch von Ausländern zu verfolgen. Was Taten von Ausländern im Ausland betrifft, so wird wohl in der Regel der Weg der Auslieferung beschritten. Bei der Verfolgung von Auslandstaten eigener Staatsangehöriger bestanden – jedenfalls in der Vergangenheit – jedoch erhebliche Unterschiede zwischen anglo-amerikanischen und kontinentalen Rechten. Durch Rechtsinstrumente der Europäischen Union, die nun innerhalb der Union grundsätzlich auch die Auslieferung eigener Staatsangehöriger ermöglichen,[804] sind insoweit die Unterschiede nicht mehr so krass. Die Alternativlösung, das Nationalitätsprinzip nicht nur zuzulassen, sondern bindend einzuführen, konnte bei den jeweiligen Verhandlungen angesichts der zurückhaltenden und auf bestimmte Bereiche begrenzten Anwendung dieses Prinzips in anglo-amerikanischen Staaten nicht durchgesetzt werden. Allerdings haben sich die USA, das Vereinigte Königreich, Australien und Neuseeland dann erfreulicherweise in Teilbereichen von Bestechungsdelikten doch noch anders entschieden.[805] 335

aa) Territorialitätsprinzip. Wie alle nationalen Rechtsordnungen enthalten alle internationalen Rechtsinstrumente als Ausgangspunkt von Jurisdiktionsregelungen das „Territorialitätsprinzip".[806] In Europa und auf OECD-Ebene wurde zusätzlich klargestellt, dass die Straftat nur **teilweise in dem Verfolgungsstaat begangen** sein muss, wodurch vor allem auch grenzüberschreitende Taten erfasst werden können. Gerade bei internationalen Bestechungshandlungen, insbesondere wenn ausländische Vermittler eingeschaltet werden, ist dies von besonderer Bedeutung. In den anderen Konventionen ist die Frage einer solchen Ausdehnung offen geblieben. Anglo-amerikanische Staaten kommen 336

---

[803] S. auch *UNCTOC* (Fn. 781), N° 307 f., S. 146.

[804] Vgl. Art. 7 des EU-Auslieferungsübereinkommens vom 27.9.1996, ABl. EG Nr. C 313 v. 23.10.1996 S. 12 (der aber noch einen Vorbehalt zuließ), weitergehend mit dem EU-Rats-Rahmenbeschluss v. 13.6.2004 über den Europäischen Haftbefehl und die Übergabeverfahren zwischen den Mitgliedstaaten, ABl. EG Nr. L 190 v. 18.7.2002 S. 1 ff. (beides abgedruckt bei *Wasmeier* [Fn. 738], S. 176 ff., 217 ff.; letzteres auch in *Council of the European Union* [Fn. 738], S. 149 ff.), der eine Auslieferung eigener Staatsangehöriger bei bestimmten Straftaten (dazu gehören nach Art. 2 Abs. 2 z.B. Korruption, Betrug und Geldwäsche) mit einer Höchstfreiheitsstrafe von mindestens drei Jahren grundsätzlich vorsieht. Allerdings kann die Vollstreckung des Europäischen Haftbefehls z.B. dann verweigert werden, wenn der Täter im (ersuchten) Vollstreckungsstaat wegen derselben Tat strafrechtlich verfolgt wird (Art. 4 Nr. 2).

[805] Beispiele: Sect. 109 des englischen Antiterrorism, Crime and Security Act von 2001 für Bestechungsdelikte; vgl. dazu Art. 13 Corruption Bill 2006; und allgemein zum englischen Recht *Hirst*, Jurisdiction and the Ambit of Criminal Law, 2003, S. 3, 7, 49 f.; 273 ff.; 331 ff.; weiter hinsichtlich der Bestechung ausländischer Amtsträger: 15 U.S.C. §§ 78dd -1 (g), 78dd -2 (i); Sect. 70.5 (1)(b) des australischen Criminal Code von 1995; Sect. 105 des neuseeländischen Crime Act von 1961; obwohl Kanada auf Grund von Vertragsverpflichtungen und bei sonstiger internationaler Einigkeit das Nationalitätsprinzip bei einzelnen Deliktskategorien auch eingeführt hat, hält es dies bei der Bestechung ausländischer Amtsträger für zu weitgehend und nicht für zwingend notwendig.

[806] Europäische Union: Art. 6 Abs. 1a Erstes Protokoll (auch anwendbar auf Straftaten des Zweiten Protokolls, s. dort Art. 12 Abs. 1), Art. 7 Abs. 1a Bestechungsübereinkommen, Gemeinsame Maßnahme und Rahmenbeschluss betr. Bestechung im privaten Sektor; Art. 17 Abs. 1a Europaratskonvention; Art. 4 Abs. 1 OECD-Konvention; Art. 5 Abs. 1 OAS-Konvention; Art. 13 Abs. 1a AU-Konvention; Art. 5 Abs. 1a SADC-Protokoll; Art. 4 Abs. 1a ECOWAS-Protokoll; Art. 15 Abs. 1a i.V. mit Art. 8 UNCTOC (betr. Bestechung nationaler Amtsträger); Art. 42 Abs. 1a VN-Konvention gegen Korruption.

hier teilweise in Schwierigkeiten, weil dieser Ansatz kraft Gesetzes oder richterlicher Auslegung vielfach nur für einzelne Bereiche Anerkennung gefunden hat.[807]

337 Die EU-Instrumente verstehen unter „teilweiser" Begehung im Verfolgungsstaat, dass dort entweder die Handlung, z.B. die Bestechungshandlung, begangen oder der Vorteil zugewendet oder die Unrechtsvereinbarung getroffen wird.[808] Im Erläuternden Bericht des Europarates[809] werden als Beispiele die Annahme oder das Anbieten des Bestechungsmittels genannt. Das Territorialitätsprinzip sollte weit ausgelegt werden (so auch die Erläuterungen zur OECD-Konvention)[810], wobei es die Erläuterungen dahingestellt sein lassen, ob ein Vertragsstaat die Ubiquitätstheorie oder die Wirkungstheorie („theory of effects") anwendet. Nach beiden Theorien kann auch der Eintritt des Erfolges, von Folgen und Wirkungen im Verfolgungsstaat ausreichen. Unerheblich für die Anwendung des Territorialitätsprinzips ist die Nationalität und die subjektive Einstellung des Täters. Nach den OECD-Erläuterungen ist eine starke physische Verbindung zur Bestechungshandlung nicht erforderlich (zur Auslegung und Anwendung von Art. 4 Abs. 1 OECD-Konvention, s. Kap. 9 Rn. 74).

338 Die VN-Rechtsinstrumente enthalten bekannte **Ergänzungen** zum Territorialitätsprinzip: Gleichgestellt werden Taten, die an Bord eines Schiffes oder eines Flugzeuges begangen werden, welche die Flagge des Verfolgungsstaates führen bzw. dort registriert sind.[811] Regelmäßig bestehen entsprechende Jurisdiktionsregelungen auch im Recht der Vertragsstaaten anderer internationaler Rechtsinstrumente.

339 **bb) Prinzip des „aut dedere aut iudicare".** Ein anerkannter zweiter bindender Grundsatz ist die Regel, dass ein Staatsangehöriger, der im Ausland eine (Korruptions)Straftat begangen hat, entweder an diesen auszuliefern ist oder der Gerichtsbarkeit des Heimatstaates unterliegt.[812] Die von allen EU-Staaten ratifizierte Auslieferungskon-

---

[807] In den USA ausdrücklich z.B. in 18 U.S.C. § 1956 (7) (f) (1) (Geldwäsche); 15 U.S.C. § 78dd -1 (g)(1) (Prohibited foreign trade practices; FCPA, Bestechung ausländischer Amtsträger); in Australien für die Bestechung ausländischer Amtsträger in Sect. 70.5 (1) Criminal Code 1995 („wholly or partly"); im Vereinigten Königreich in Sect. 1, 2 Criminal Justice Act 1993 für bestimmte Delikte (Anknüpfungspunkt für englische Gerichtsbarkeit ist das Erfordernis eines „relevant event" bezüglich eines Delikts in England oder Wales; Text abgedruckt in Blackstone's Statutes on Criminal Law 2005 – 2006, 15. Aufl. 2005, S. 204 ff.; zu den dabei auftretenden Fragen s. *Hirst* [Fn. 805], S. 110 ff., 163 ff., 340 ff. und neuerdings der Wallace Smith Case von 2004, zit in Blackstone's Criminal Practice 2005 unter A 8.2 S. 116.). Diese Regelung soll nach der „Corruption Bill" von 2003 auch auf Bestechungsdelikte Anwendung finden. Bei der OECD-Prüfung des Vereinigten Königreichs hat die englische Regierung bereits den Standpunkt vertreten, dass hinsichtlich der Bestechung ausländischer Amtsträger eine teilweise Deliktsbegehung in England ausreicht; als Beleg wurde der Fall R. v. Van der Horst zitiert. – Demgegenüber hat Neuseeland in Sect. 7 des Crimes Act 1961 sogar eine allgemeine Regelung aufgenommen, die eine in Neuseeland begangene Handlung oder Unterlassung, die einen Teil des strafbaren Verhaltens darstellt, für die dortige Zuständigkeit ausreichen lässt. Auch die Law Reform Commission in Kanada hatte 1984 einen Gesetzesvorschlag entwickelt, der eine teilweise Deliktsbegehung in Kanada ausreichen lassen wollte; vom Parlament wurde er jedoch nicht aufgegriffen (vgl. dazu *Hirst* [Fn. 805], S. 341 f.); vielmehr wurde bei der OECD-Prüfung auf die Rechtsprechung verwiesen, die es ausreichen lasse, wenn ein „significant part" in Kanada begangen wird, was dem Test eines „real and substantial link" unterworfen wird.

[808] Erläuternder Bericht zum Ersten Protokoll, ABl. EG Nr. C 11 v. 15.1.1998 S. 5 ff. (zu Art. 6), zum Bestechungsübereinkommen, ABl. EG Nr. C 391 v. 15.2.1998 S. 1 ff. (zu Art. 7).

[809] Ziffer 79 des Berichts.

[810] Erläuterungen N° 25.

[811] Art. 15 Abs. 1b UNCTOC, Art. 42 Abs. 1b VN-Konvention gegen Korruption.

[812] Europäische Union: Art. 8 Abs. 1 Bestechungsübereinkommen; Art. 7 Abs. 3 Gemeinsame Maßnahme und Rahmenbeschluss betr. Bestechung im privaten Sektor; Art. 17 Abs. 3 Europaratskonvention; Art. 10 Abs. 3 OECD-Konvention; Art. 5 Abs. 3 OAS-Konvention; Art. 13 Abs. 1c AU-Konvention; Art. 5 Abs. 1c SADC-Protokoll; Art. 15 Abs. 3, Art. 16 Abs. 10 UNCTOC; Art. 42 Abs. 3, Art. 44 Abs. 11 VN-Konvention gegen Korruption.

vention des Europarates (Art. 6 Abs. 2)[813] sieht vor, dass bei Nichtauslieferung eine Verpflichtung besteht, die Angelegenheit den zuständigen Behörden zu unterbreiten, damit gegebenenfalls eine gerichtliche Verfolgung durchgeführt werden kann. In den afrikanischen Rechtsinstrumenten ist diese Regelung nicht auf Taten eigener Staatsangehöriger beschränkt. Sie kann auch auf Auslandstaten von Ausländern angewandt werden, z.B. wenn die Auslieferung wegen eigener Jurisdiktionsgewalt abgelehnt wird.[814] Die VN-Konventionen gestatten diese Ausdehnung als fakultative Regelung.[815]

cc) **Aktives Nationalitätsprinzip.** Alle internationalen Rechtsinstrumente sehen 340 Vorschriften vor, die es jedem Vertragsstaat zumindest gestatten, im Ausland begangene Korruptionsstraftaten eigener Staatsangehöriger zu verfolgen.[816] Regelmäßig sind diese – wie oben dargelegt – nicht bindender Natur; entweder besteht eine Vorbehaltsmöglichkeit (so auf EU- und Europaratsebene) oder handelt es sich um eine bloße Kann-Regelung (OAS- und VN-Konventionen). Deshalb wird in der Regel auch nicht auf das traditionelle Erfordernis der Strafbarkeit am Tatort verwiesen (Ausnahme: Gemeinsame Maßnahme der EU von 1998). Die OECD-Konvention enthält weitergehend eine Assimilationsklausel, die diejenigen Vertragsstaaten, die das Nationalitätsprinzip generell in ihrem Recht vorsehen, verpflichtet, dieses auch auf die neue Strafvorschrift über die Bestechung ausländischer Amtsträger anzuwenden; im Übrigen belässt sie es für andere Staaten bei einer Pflicht zur Prüfung der Einführung dieses Prinzips. Auffallend ist, dass die afrikanischen Rechtsinstrumente in diesem Punkt keinen Vorbehalt vorsehen; ihrem Wortlaut nach sind sie bindend ausgestaltet und verlangen noch nicht einmal die Tatortstrafbarkeit. Die Konvention der Afrikanischen Union enthält zwar in Art. 24 die allgemeine Möglichkeit, Vorbehalte geltend zu machen, die aber dann nicht greift, wenn diese mit Ziel und Zweck des Vertrags unvereinbar sind (ähnlich Art. 19c des Wiener Übereinkommens über das Recht der Verträge). Wenn das Nationalitätsprinzip als bindend gewollt ist, dann bestehen allerdings grundlegende Bedenken dagegen, auf Grund dieser allgemeinen Regelung dieses Prinzip für unverbindlich zu erklären oder mit weitreichenden Einschränkungen zu versehen.

dd) **Weitere (regelmäßig) nicht bindende Jurisdiktionsprinzipien bei Auslandsta-** 341 **ten.**
Ausdehnung des aktiven Nationalitätsprinzips auf
– Personen, die in einem Vertragsstaat ihren gewöhnlichen Wohnsitz haben;[817]
– Beamte des Vertragsstaates (als Täter);[818]
– Passives Nationalitätsprinzip bzw. Schutzprinzip;

---

[813] Dazu mit Hinweisen auf die Rechtsprechung des OLG Karlsruhe *Schomburg*, in: Schomburg/Lagodny (Fn. 768), Rn. 5 zu Art. 6, S. 437.
[814] Art. 13 Abs. 1 Buchst. c, Art. 15 Abs. 6 AU-Konvention; Art. 5 Abs. 1c, Art. 9 Abs. 7 SADC-Protokoll.
[815] Art. 15 Abs. 4 UNCTOC; Art. 42 Abs. 4 VN-Konvention gegen Korruption.
[816] Europäische Union: Art. 6 Abs. 1b Erstes Protokoll (auch anwendbar auf Straftaten des Zweiten Protokolls, s. dort Art. 12 Abs. 1), Art. 7 Abs. 1b Bestechungsübereinkommen, Gemeinsame Maßnahme und Rahmenbeschluss betr. Bestechung im privaten Sektor; Art. 17 Abs. 1b Europaratskonvention; Art. 4 Abs. 2 OECD-Konvention; Art. 5 Abs. 2 OAS-Konvention; Art. 13 Abs. 1b AU-Konvention; Art. 5 Abs. 1b SADC-Protokoll; Art. 15 Abs. 2b i.V. mit Art. 8 UNCTOC (betr. Bestechung nationaler Amtsträger); Art. 42 Abs. 2b VN-Konvention gegen Korruption.
[817] Art. 5 Abs. 2 OAS-Konvention (Kann-Vorschrift); Art. 13 Abs. 1b AU-Konvention; Art. 5 Abs. 1b SADC-Protokoll (beide Regelungen bindend, ebenso Art. 4b ECOWAS-Protokoll); Art. 15 Abs. 2b i.V. mit Art. 8 UNCTOC (betr. Bestechung nationaler Amtsträger); Art. 42 Abs. 2b VN-Konvention gegen Korruption (beide nicht bindende Regelungen nur auf Staatenlose anwendbar).
[818] Europäische Union: Art. 6 Abs. 1b Erstes Protokoll (auch anwendbar auf Straftaten des Zweiten Protokolls, s. dort Art. 12 Abs. 1), Art. 7 Abs. 1b Bestechungsübereinkommen; Art. 17 Abs. 1b Europaratskonvention (ausdrücklich auch für nationale Abgeordnete).

- Tat richtet sich gegen einen Amtsträger, der Staatsangehöriger eines Vertragsstaates ist;[819]
- Tat beeinträchtigt wesentliche Interessen eines Vertragsstaates oder hat auf diesen schädliche Auswirkungen;[820]
- Täter ist Gemeinschaftsbeamter eines EG-Organs bzw. einer EG-Einrichtung mit Sitz im Vertragsstaat;[821]
- Bestechungshandlungen im privaten Sektor werden zugunsten einer juristischen Person im Vertragsstaat begangen;[822]
- bestimmte Variationen von Geldwäschehandlungen in den VN-Konventionen[823].

III. Schutz ausländischer und internationaler Rechtsgüter im deutschen Korruptionsstrafrecht

1. Bestechung betreffend Abgeordnete, Amtsträger, Richter, Soldaten und für den öffentlichen Dienst besonders Verpflichtete

a) Abgeordnetenbestechung

342   Die Abgeordnete betreffende Strafvorschrift des **§ 108e StGB** bezieht Stimmenkauf und -verkauf zum einen auf Wahlen und Abstimmungen „in einer Volksvertretung des Bundes, der Länder, Gemeinden oder Gemeindeverbände", ist also insoweit innerstaatlich beschränkt. Sie geht aber punktuell darüber hinaus: Erfasst wird auch der Stimmenverkauf und -kauf bezüglich **Mitgliedern des Europäischen Parlaments**, also einer supranationalen Institution. Weitere auslandsbezogene Ergänzungen sind in anderen Gesetzen zu finden (s. dazu unten).

b) Bestechungshandlungen betreffend Amtsträger, Richter, Soldaten und für den öffentlichen Dienst besonders Verpflichtete

343   Die Strafvorschriften über Bestechungshandlungen, an denen Amtsträger, Richter, Soldaten und für den öffentlichen Dienst besonders Verpflichtete beteiligt sind, sind ebenfalls **innerstaatlich** bezogen. Für **Richter und sonstige Amtsträger** ergibt sich dies aus der Orientierung der Definition in § 11 Abs. 1 Nr. 2 StGB „nach deutschem Recht" und für **Soldaten** aus dem Bezug auf „Soldaten der Bundeswehr" in den §§ 333, 334 StGB und § 48 i.V. mit § 1 Abs. 1 WStG. Für Personen, **die für den öffentlichen Dienst besonders verpflichtet** werden, folgt dies vor allem aus der Bestimmung der für die Verpflichtung zuständigen Stelle durch eine innerstaatliche Behörde nach § 1 Abs. 4 des Verpflichtungsgesetzes und der Bezugnahme auf dann gleichermaßen innerstaatlich zu verstehende Behörden und sonstige Stellen der öffentlichen Verwaltung in § 11 Abs. 1

---

[819] Europäische Union: Art. 6 Abs. 1c Erstes Protokoll, auch gegenüber Gemeinschaftsbeamten, Kommissaren, EP-Abgeordneten (auch anwendbar auf Straftaten des Zweiten Protokolls, s. dort Art. 12 Abs. 1), Art. 7 Abs. 1c Bestechungsübereinkommen; Art. 17 Abs. 1b Europaratskonvention (ausdrücklich auch für nationale Abgeordnete); Art. 15 Abs. 2a i.V. mit Art. 8 UNCTOC (betr. Bestechung nationaler Amtsträger); Art. 42 Abs. 2a VN-Konvention gegen Korruption.
[820] Art. 13 Abs. 1d Afrika-Konvention (bindend).
[821] Europäische Union: Art. 6 Abs. 1d Erstes Protokoll (auch anwendbar auf Straftaten des Zweiten Protokolls, s. dort Art. 12 Abs. 1), Art. 7 Abs. 1d Bestechungsübereinkommen.
[822] Art. 7 Abs. 1c Gemeinsame Maßnahme und Rahmenbeschluss betr. Bestechung im privaten Sektor.
[823] S. näher Art. 15 Abs. 2c ii i.V. mit Art. 6 Abs. 1b ii UNCTOC; Art. 42 Abs. 2c i.V. mit Art. 23 Abs. 1b ii VN-Konvention gegen Korruption.

B. Bekämpfung internationaler Korruption   III. Schutz von Rechtsgütern

Nr. 4 StGB und § 1 Abs. 1 Nr. 1 und 2 des Verpflichtungsgesetzes. Dieser innerstaatliche Bezug schließt aber nicht aus, dass von den §§ 331 ff. StGB auch Ausländer erfasst werden. Soweit gesetzlich zulässig, können auch Ausländer deutsche Amtsträger, Soldaten und für den öffentlichen Dienst besonders verpflichtete Personen sein.

Bestechungshandlungen, an denen ausländische oder internationale Amtsträger beteiligt sind, können strafrechtlich also nur durch zusätzliche oder **ergänzende strafrechtliche Regelungen** geahndet werden. Dies ist bisher in Deutschland regelmäßig punktuell im Zusammenhang mit der Umsetzung internationaler Übereinkommen geschehen: 344

An erster Stelle ist die Ausdehnung durch das bereits erwähnte **Vierte Strafrechtsänderungsgesetz von 1957** nennen. Nach dessen **Art. 7 Abs. 2 Nr. 10** sind 345

„zum Schutz der in der Bundesrepublik Deutschland stationierten Truppen der nichtdeutschen Vertragsstaaten des Nordatlantikpaktes, die sich zur Zeit der Tat im räumlichen Geltungsbereich dieses Gesetzes aufhalten, und der im Land Berlin anwesenden Truppen einer der Drei Mächte ... folgende Vorschriften des Strafgesetzbuches mit den in den Nummern 1 bis 10 bestimmten Besonderheiten anzuwenden:

...

10. § 333 Abs. 1, 3, § 334 Abs. 1, 3, § 335 Abs. 1 Nr. 1 Buchstabe b, Abs. 2 Nr. 1 und 3, § 336 auf die Vorteilsgewährung an und die Bestechung von Soldaten, Beamten dieser Truppen oder solchen Bediensteten der Truppen, die auf Grund einer allgemeinen oder besonderen Anweisung einer höheren Dienststelle der Truppen zur gewissenhaften Erfüllung ihrer Obliegenheiten förmlich verpflichtet worden sind."

Aus dem Text ergibt sich, dass dieser Artikel nur eine Ausdehnung hinsichtlich **aktiver Bestechungshandlungen** (Vorteilsgewährung und Bestechung) enthält. Eine Verfolgung von Soldaten und sonstigen Truppenbediensteten[824] wegen der Annahme usw. von Bestechungsgeldern (und anderen Vorteilen) war damit weiterhin der deutschen Strafgewalt entzogen. Aus den zu den §§ 331 ff. StGB dargestellten Besonderheiten im Verhältnis der Teilnahmevorschriften zu den Straftaten wegen aktiver bzw. passiver Bestechung folgt auch, dass dieser Personenkreis auch nicht wegen Beteiligung an Vorteilsgewährung bzw. Bestechung belangt werden kann. Die betroffenen NATO-Staaten wollten sich in diesem Bereich ihre nationale Jurisdiktionsgewalt nicht nehmen lassen.

Von größerer praktischer Bedeutung ist die Ausdehnung durch das „**Gesetz zur Bekämpfung internationaler Bestechung – IntBestG" v. 10.9.1998**.[825] Durch dieses Gesetz wurde das unter der Ägide der OECD von 34 Staaten (29 OECD-Mitgliedstaaten und 5 Nichtmitgliedstaaten) in Paris ausgehandelte und beschlossene „**Übereinkommen über die Bekämpfung der Bestechung ausländischer Amtsträger im internationalen Geschäftsverkehr**" in nationales Recht umgesetzt. Das Gesetz ist zusammen mit dem Übereinkommen am 15.2.1999 in Kraft getreten.[826] Der Gesetzgeber hat angesichts des Sondercharakters der OECD-Regelungen einstweilen darauf verzichtet, schon diese Regelung in das Strafgesetzbuch einzubauen. Dies wird erst im Zusammenhang mit der Umsetzung der allgemeineren Regelungen in der Strafrechtskonvention des Europarates geschehen.[827] 346

---

[824] Sind Mitarbeiter von NATO-Streitkräften mit der Wahrnehmung von Aufgaben betraut, die bei einer deutschen Behörde solche der öffentlichen Verwaltung wären, sind diese „Beamte" (= Amtsträger i.S. von § 11 I Nr. 2 StGB) i.S. der Nummer 10 (BGH NStZ 1994, 277 f. = wistra 1994, 227 f.).

[825] Gesetz zu dem Übereinkommen vom 17. Dezember 1997 über die Bekämpfung der Bestechung ausländischer Amtsträger im internationalen Geschäftsverkehr (Gesetz zur Bekämpfung internationaler Bestechung – IntBestG) v. 10.9.1998 (BGBl. 1998 II 2327).

[826] Art. 3 des Gesetzes i.V. mit der Bekanntmachung v. 4.2.1999 (BGBl. 1999 II 87).

[827] Vgl. RegE-IntBestG, BT-Drucks. 13/10428 S. 6; nach MdB *Stücker* (SPD) (BT-Plenarprotokoll 16/45 v. 5.9.2006, S. 4460) soll eine Neuregelung zur Abgeordnetenbestechung aus dem Parlament erfolgen.

347 Entsprechend seinem Vorbild, dem US Foreign Corrupt Practices Act, und auch in Übereinstimmung mit dem generellen Ansatz des Vierten Strafrechtsänderungsgesetzes beschränkt sich das **IntBestG** darauf, nur **aktive Bestechungshandlungen** mit Strafe zu bedrohen. Der Gesetzgeber hat bei der Ausgestaltung zweierlei Methoden angewandt. Bezüglich der Bestechung ausländischer und internationaler Amtsträger, Richter und Soldaten hat er in **Art. 2 § 1** des Gesetzes eine „**Gleichstellung von ausländischen mit inländischen Amtsträgern bei Bestechungshandlungen**" vorgenommen, also die sog. Assimilationsmethode angewandt. Hinsichtlich der „**Bestechung ausländischer Abgeordneter im Zusammenhang mit internationalem Geschäftsverkehr**" hat er in **Art. 2 § 2** des Gesetzes eine eigenständige Strafvorschrift aufgenommen. Eine Gleichstellung mit der Regelung in § 108e StGB kam nicht in Frage, da das OECD-Übereinkommen zur Strafbarkeit von über den Stimmenkauf hinausgehenden Bestechungshandlungen zwang. Die Folge war, dass nunmehr eine auslands- bzw. international bezogene Bestechung von Abgeordneten in einem weiteren Umfang mit Strafe bedroht ist, als dies hinsichtlich Parlamentariern in Deutschland der Fall ist. Es werden dadurch selbst Bestechungen gegenüber deutschen Abgeordneten erfasst, soweit Gegenstand ihre Tätigkeit für eine internationale Organisation ist (z.B. als Mitglied des Europäischen Parlaments – vgl. § 108e StGB – oder als Mitglied der parlamentarischen Versammlung des Europarats)[828]. Aussichtslos war es 1998, im Gesetzgebungsverfahren eine parallele inlandsbezogene Ausdehnung der Strafbarkeit der Abgeordnetenbestechung zu erreichen. Die dadurch entstandene Inkonsequenz im Verhältnis zu § 108e StGB ist zu Recht auf einhellige Kritik gestoßen.[829]

348 Die Regelungen des IntBestG lauten wie folgt:

Art. 2 § 1: „Gleichstellung von ausländischen mit inländischen Amtsträgern bei Bestechungshandlungen

Für die Anwendung des § 334 des Strafgesetzbuches, auch in Verbindung mit dessen §§ 335, 336, 338 Abs. 2, auf eine Bestechung, die sich auf eine künftige richterliche Handlung oder Diensthandlung bezieht und die begangen wird, um sich oder einem Dritten einen Auftrag oder einen unbilligen Vorteil im internationalen geschäftlichen Verkehr zu verschaffen oder zu sichern, stehen gleich:
1. einem Richter:
   a) ein Richter eines ausländischen Staates,
   b) ein Richter eines internationalen Gerichts;
2. einem sonstigen Amtsträger:
   a) ein Amtsträger eines ausländischen Staates,
   b) eine Person, die beauftragt ist, bei einer oder für eine Behörde eines ausländischen Staates, für ein öffentliches Unternehmen mit Sitz im Ausland oder sonst öffentliche Aufgaben für einen ausländischen Staat wahrzunehmen,
   c) ein Amtsträger oder ein sonstiger Bediensteter einer internationalen Organisation und eine mit der Wahrnehmung ihrer Aufgaben betraute Person;
3. einem Soldaten der Bundeswehr:
   a) ein Soldat eines ausländischen Staates,
   b) ein Soldat, der beauftragt ist, Aufgaben einer internationalen Organisation wahrzunehmen."

Wohl im Hinblick darauf enthält der RefE des BMJ (579a) zu letzterem noch keine Regelung. Der RefE schlägt jedoch vor, in einem neuen § 335a StGB Gleichstellungsregelungen bezüglich ausländischer und internationaler Bediensteter aufzunehmen (s. NJW-Spezial 2006 H. 11).

[828] *Möhrenschlager* (Fn. 233), S. 217, 228; *Bannenberg*, in: Wabnitz/Janovsky, 3. Aufl., Kap. 10 Rn. 111.
[829] *Dölling*, ZStW 112 (2000), 334, 354; *Gänßle*, NStZ 1999, 543 f.; *Korte*, wistra 1999, 81, 87 (Harmonisierungsbedarf).; *Möhrenschlager* (Fn. 828); *Sanchez-Hermosilla*, Kriminalistik 2003, 74, 76, 79; *Schaller* (Fn. 232), S. 47; *Zieschang*, NJW 1999, 105, 107; *Heinrich*, GS Keller, 2003, S. 103, 118, 121; *v. Aaken*, ZaöRV 2005, 407, 423 ff.

Art. 2 § 2: „Bestechung ausländischer Abgeordneter im Zusammenhang mit internationalem geschäftlichen Verkehr
(1) Wer in der Absicht, sich oder einem Dritten einen Auftrag oder unbilligen Vorteil im internationalen geschäftlichen Verkehr zu verschaffen oder zu sichern, einem Mitglied eines Gesetzgebungsorgans eines ausländischen Staates oder einem Mitglied einer parlamentarischen Versammlung einer internationalen Organisation einen Vorteil für dieses oder einem Dritten als Gegenleistung dafür anbietet, verspricht oder gewährt, dass es eine mit seinem Mandat oder seinen Aufgaben zusammenhängende Handlung oder Unterlassung künftig vornimmt, wird mit Freiheitsstrafe bis zu fünf Jahren oder mit Geldstrafe bestraft.
(2) Der Versuch ist strafbar."

Unter Bezugnahme auf die Begründung des Regierungsentwurfs zum Vertragsgesetz[830] ist zur Erläuterung folgendes hervorzuheben: Durch Art. 2 § 1 wird nicht jede (aktive) Bestechung ausländischer Amtsträger erfasst, wie dies in der Europaratskonvention vorgeschrieben und in der VN-Konvention zur Erwägung gegeben wird. Bei der Umsetzung hat sich der Gesetzgeber an die Vorgaben des Übereinkommens gehalten und eine Ausdehnung nur insoweit vorgenommen, als dazu eine Verpflichtung bestand. Ausgehend von dem ökonomisch orientierten Kompetenzbereich der OECD und in Anlehnung an das amerikanische Recht hat der Gesetzgeber die Gleichstellungsregelung, d.h. die Ausdehnung der §§ 334 ff. StGB, auf solche Bestechungen beschränkt, die **„im Zusammenhang mit internationalem geschäftlichen Verkehr"** vorgenommen werden. 349

Da das Übereinkommen sich nicht auch auf den Bereich der Bestechung im privaten Geschäftsverkehr bezieht, waren die an den Verhandlungen beteiligten Staaten bestrebt, der strafrechtlichen Regelung wenigstens durch einen möglichst weiten Amtsträgerbegriff einen größeren Anwendungsbereich zu geben, als dies vielfach zuvor in nationalen Regelungen der Amtsträgerbestechung vorgesehen war. Anders als die EU-Rechtsinstrumente beschränken sich die OECD-Konvention (und die Konventionen des Europarates und der VN) und das IntBestG nicht auf Fälle der Bestechung von Amtsträgern von Vertragsparteien, sondern haben insoweit einen **weltweiten Anwendungsbereich**. Dasselbe gilt bezüglich der Bestechung von für internationale Organisationen tätige Personen. Auch geht das IntBestG in Art. 2 § 1 Nrn. 1 bis 3 – entsprechend dem OECD- (und VN)Übereinkommen – insgesamt von einem **weiten ausländischen Amtsträgerbegriff** i.S. des „Foreign Public Official" („Agents Publics Etrangers") der Konventionen aus, für den die **„Wahrnehmung von öffentlichen Aufgaben"** (vgl. Art. 2 § 1 Nr. 2 Buchst. b und c) von entscheidender Bedeutung ist. Im Einzelnen ist hierzu Folgendes zu bemerken: 350

Die Gleichstellung des **„Richters eines ausländischen Staates"** in Nr. 1 Buchstabe a mit einem Richter i.S. des § 11 Nr. 2 StGB bedeutet zum einen, dass dieser Begriff nicht auf Berufsrichter beschränkt ist, sondern auch für „ehrenamtliche Richter" gilt und zwar auch für solche, für die es eine Parallele im deutschen Recht nicht mehr gibt, wie z.B. für „ausländische Geschworene" in einem Straf- oder Zivilverfahren. Wer **„Richter eines internationalen Gerichts"** ist, bestimmt sich nach den Regelungen, die dessen Einrichtung zugrunde liegen. Ein „internationales Gericht" i.S. dieser Bestimmung sind auch supranationale Gerichte wie die der Europäischen Union in Luxemburg. 351

Der Begriff des **„Amtsträgers eines ausländischen Staates"** in Nr. 2 Buchstabe a wird im IntBestG nicht definiert. Seine Auslegung ist umstritten.[831] Der RegE geht von einem 352

---

[830] BT-Drucks. 13/10428 S. 6 f.; darauf bauen im Wesentlichen auch die bisherigen Kommentierungen auf (s. die N. in Fn. 793/794 sowie *Möhrenschlager*, Die Umsetzung der OECD-Konvention in das nationale Recht der Bundesrepublik Deutschland, in: Generalkonsulat der Vereinigten Staaten von Amerika [Fn. 733], S. 45; *Pelz*, StraFo 2000, 300, 302 ff.).
[831] Vgl. MK-*Korte*, § 334 Rn. 9 m.N.

8. Kapitel. Der strafrechtliche Schutz gegen Korruption

sehr weit gefassten Begriff aus, der auch Soldaten erfasst. Dass der militärische Bereich generell einzubeziehen ist, wird zwar nicht in den OECD-Erläuterungen, jedoch in der Begründung des RegE ausdrücklich hervorgehoben;[832] er ist jedoch gesondert in Nr. 3 geregelt. Aus dem unterschiedlichem Verhältnis zu den sich teilweise oder sogar ganz auf das *nationale Recht des jeweiligen Staates* beziehenden Definitionen des „ausländischen Amtsträgers" in den Rechtsinstrumenten der EU und des Europarates (s. dazu unten) und auch denen des „nationalen Amtsträgers" in Art. 1 Buchstabe a des VN-Übereinkommens gegen Korruption und Art. 8 Abs. 4 des VN-Übereinkommens gegen die grenzüberschreitende organisierte Kriminalität von 2000[833] und in den europäischen Rechtsinstrumenten ergibt sich jedoch, dass der Begriff des „ausländischen Amtsträgers" i.S. des Buchstaben a) sich nicht allein nach dem ausländischen Recht richtet.[834] Es handelt sich hier – wie in der OECD-Konvention – um einen sog. „autonomen Amtsträgerbegriff",[835] der selbständig, wenn auch unter Heranziehung ausländischen Rechts zu interpretieren ist. Die Gegenüberstellung von Buchstabe a und b in Art. 2 § 1 Nr. 2 IntBestG zeigt dabei jedoch auf, dass der Begriff des ausländischen Amtsträgers nicht so weit zu verstehen ist, wie der des Amtsträgers im deutschen Recht in § 11 Abs. 1 Nr. 2 Buchstabe a bis c StGB. Sonst hätte Buchstabe b im IntBestG praktisch kaum noch einen Anwendungsbereich. M.E. ist bei der näheren Begriffsbestimmung auf den ersten Teil der Definition in Art. 1 Abs. 4 Buchstabe a der OECD-Konvention (und den nahezu identischen ersten Teil der Definition in Art. 2 Buchstabe b der VN-Konvention gegen Korruption) zurückzugreifen. Auszuklammern ist hier allerdings der Bereich der Legislative und der militärische Bereich, da hierzu Art. 2 § 1 Nr. 3 und § 2 IntBestG eine ergänzende bzw. eine Sonderregelung enthalten. Demgemäß ist ein „ausländischer Amtsträger eine Person, die in einem anderen Staat durch Ernennung oder Wahl ein Amt im Bereich der … Verwaltung [einschließlich der Exekutive und des Militärs] oder Justiz innehat". Dies wird dann näher durch das ausländische Recht ausgefüllt.[836]

353 Der Widerpart zu dem zweiten Teil der Definition des ausländischen Amtsträgers in der OECD- und VN-Konvention findet sich in **Art. 2 § 1 Nr. 2 Buchstabe b IntBestG**. Dadurch wird auch die Bestechung von Personen, die bei einer Behörde eines ausländischen Staates beschäftigt sind und für diese eine öffentliche Aufgabe wahrnehmen, auch wenn sie kein Amt i.S. des Buchstaben a innehaben und ausüben, strafbewehrt (vgl. im deutschen Recht insbesondere § 11 Abs. 1 Nr. 2 Buchst. c StGB). Ausdrücklich einbezogen ist auch die Bestechung von Bediensteten öffentlicher Unternehmen, soweit sie öffentliche Aufgaben wahrnehmen, selbst wenn diese nicht öffentlich-rechtlich, sondern privatrechtlich, etwa als Aktiengesellschaft oder als GmbH, organisiert sind. Der Begriff des öffentlichen Unternehmens ist dabei weit i.S. von Nrn. 14 und 15 der Erläuterungen als ein von der öffentlichen Hand unmittelbar oder mittelbar beherrschtes Unternehmen

---

[832] Vgl. RegE, BT-Drucks. 13/10428, S. 6 (betr. Vertragsgesetz), S. 20 (betr. Denkschrift), S. 23 f. (betr. OECD-Erläuterungen). In die nahezu mit Art. 1 Abs. 4 der OECD-Konvention identische Definition des „foreign public official" in Art. 2 Buchstabe b des VN-Übereinkommens gegen Korruption, wurde zur Klarstellung allerdings noch der Begriff der „Exekutive" („any person holding a … executive office …") hinzugefügt, der nach den „Interpretative notes for the official records", Dokument UN General Assembly, A/58/422/Add. 1 v. 7.10.2003, auch den „military branch, where appropriate" umfassen soll.
[833] Text abgedruckt in der Anlage zum Vertragsgesetz v. 1.9.2005 (BGBl. 2005 II 954, 956, 962 f.); zum RegE, BT-Drucks. 15/5150 = BR-Drucks. 6/05 v. 7.1.2005 (dazu *Möhrenschlager*, wistra 2005 H. 3 S. VI ff.); zur Erläuterung vgl. *UNODC* (Fn. 784), N° 175, S. 82.
[834] A.A. *A. Schmitz*, RIW 2003, 189, 193.
[835] Vgl. auch den Hinweis in den Legislative Guides (Fn. 833), dass Art. 8 IV des VN-OK-Übereinkommens von 2000 keine autonome Definition enthalte.
[836] Demgegenüber will MK-*Korte*, § 334 Rn. 7, für Buchstabe a generell auf § 11 Abs. 1 Nr. 2 StGB zurückgreifen; m.E. gehen *Wichterich/Glockemann*, INF 1/2000, S. 1, 3 auch zu weit, wenn sie zu Buchstabe a nicht nur ausländische Beamte, sondern auch Verwaltungsmitarbeiter rechnen.

zu verstehen;[837] Voraussetzung ist aber gleichwohl, dass jeweils weiterhin öffentliche Aufgaben wahrgenommen werden.[838] Dafür reicht die Tatsache, dass ein Privatunternehmen ein von der Regierung geduldete Monopolstellung hat,[839] alleine nicht aus. Buchstabe b ist auch anwendbar in Fällen, in denen jemand für eine Behörde oder für ein öffentliches Unternehmen öffentliche Aufgaben wahrnimmt. Dabei kann auch eine einmalige Auftragserteilung Externer ausreichen. Eine öffentlich-rechtliche Bestellung und eine ständige bzw. langjährige Tätigkeit für eine ausländische Behörde, wie dies für die Anwendung der §§ 331 ff. i.V. mit § 11 Nr. 2 StGB durch die Rechtsprechung gefordert wird, braucht hier – angesichts des eindeutigen Wortlauts des IntBestG und der dazu gegeben Begründung im RegE – nicht vorzuliegen.[840] Nach **Nr. 1 Buchstabe c** ist Bestechungsempfänger auch ein „Bediensteter einer internationalen Organisation" oder eine von ihr „beauftragte Person". Entsprechend dem Zusatz „public" (international organisation) in den Konventionstexten ist eine einschränkende Interpretation angebracht, die Bedienstete internationaler privatrechtlicher Organisationen vom Anwendungsbereich ausschließt.

Nach der durch die Gleichstellung bewirkten Anwendung des Tatbestandes des § 334 **354** StGB (Bestechung) ist Voraussetzung für die Strafbarkeit der Bestechung eines ausländischen Amtsträgers nach dessen Absatz 1 und Absatz 2 Nr. 2, dass diesem ein Vorteil für diesen oder einen Dritten als Gegenleistung dafür angeboten, versprochen oder gewährt wird, dass er eine Diensthandlung oder richterliche Handlung künftig vornehme und dadurch seine dienstlichen oder richterlichen Pflichten verletzen würde. Entsprechend der OECD-Konvention (und in Übereinstimmung mit anderen internationalen Rechtsinstrumenten) beschränkt sich Art. 2 § 1 also auf **Bestechungen bezüglich „künftiger" Diensthandlungen**. Nachträgliche Belohnungs-Bestechungen mussten nicht – wie dies auch vielfach im Ausland nicht der Fall ist – mit Strafe bedroht werden. Eine Bestrafung ist gleichwohl möglich, wenn zwar nachträglich Vorteile für eine Diensthandlung zugewendet werden, diese aber zur Beeinflussung der Diensthandlung vor deren Vornahme angeboten oder versprochen wurden.[841]

Der Begriff der „**Diensthandlung**" ist dabei in einem weiten Sinne zu verstehen, die **355** Handlung muss mit dem Amt oder Dienst des ausländischen Amtsträgers in einer nicht nur äußerlich losen Beziehung stehen. Auch hier ist er natürlich enger als der Begriff „Dienstausübung" in den §§ 331, 333 StGB. Wie zu den §§ 332 und 334 StGB reicht es dabei aus, dass Einvernehmen zwischen den Beteiligten darüber besteht, dass der Amtsträ-

---

[837] Vgl. die Wiedergabe im RegE, BT-Drucks. 13/10428, S. 24: Nr. 14, Kennzeichen: öffentliche Hand hält die Mehrheit des gezeichneten Kapitals, verfügt über die Mehrheit der von einem Unternehmen ausgegebenen stimmberechtigten Aktien oder kann die Mehrheit der Mitglieder des Verwaltungs- oder Aufsichtsrats eines Unternehmens ernennen; nach Nr. 15 gilt ein Angestellter eines öffentlichen Unternehmens als eine Person, die öffentliche Aufgaben wahrnimmt, sofern nicht das Unternehmen in dem betreffenden Markt auf einer normalen geschäftlichen Grundlage tätig ist, d.h. auf einer Grundlage, der eines privatwirtschaftlichen Unternehmens ohne begünstigende Subventionen oder sonstige Vorrecht im Wesentlichen gleichkommt. Dies kann aber nicht uneingeschränkt gelten (zu Recht kritisch gegen die zuletzt genannten Kriterien MK-*Korte*, § 334 Rn. 9; *Pelz*, StraFo 2000, 303, 304). Entsprechend dem Konventionstext muss der betreffende Angestellte in concreto tatsächlich eine öffentliche Aufgabe wahrnehmen. *Wichterich/Glockemann* (Fn. 836) wollen sich bei der Auslegung von Buchstabe b an § 11 Abs. 1 Nr. 2 Buchstabe c StGB orientieren, was prinzipiell richtig sein dürfte.

[838] Nach *Wichterich/Glockemann* (Fn. 836) bleibt daher außerhalb des Anwendungsbereichs die Mitarbeiterschaft solcher Unternehmen, die nicht unmittelbar für die Daseinsvoraussetzungen der Allgemeinheit oder ihrer Glieder Sorge tragen.

[839] So aber der OECD-Beamte *R. Geiger* in Generalkonsulat der Vereinigten Staaten von Amerika (Fn. 733), S. 32 f.

[840] RegE, BT-Drucks. 13/10428; MK-*Korte*, § 334 Rn. 8; *A. Schmitz* (Fn. 834); *Taschke*, Strafverteidiger 2001, 78 f.; *Bannenberg*, in: Wabnitz/Janovsky, 3. Aufl., Kap. 10 Rn. 110.

[841] *Korte*, wistra 1999, 81, 87 und in MK, Rn. 12 m.w.N.

ger innerhalb eines bestimmten Aufgabenkreises, der auch außerhalb seiner Kompetenzen liegen kann, oder Kreises von Lebensbeziehungen in eine gewisse Richtung tätig werden soll und die ins Auge gefasste Diensthandlung dabei nach ihrem sachlichen Gehalt mindestens in groben Umrissen erkennbar und festgelegt ist.

356 Eine Konkretisierung der Diensthandlung wird zum einen dadurch erreicht, dass der (angebotene, versprochene oder gewährte) Vorteil eine Gegenleistung für eine Diensthandlung unter **Verletzung von Dienstpflichten**[842] darstellt. Wie sich aus den OECD-Erläuterungen, die auch in Erläuterungen zur VN-Konvention übernommen wurden, ergibt, kann – trotz des weiterreichenden Textes – die Konvention auch durch eine strafrechtliche Regelung erfüllt werden, die darauf abstellt, „den Amtsträger zu einer Pflichtverletzung zu veranlassen".[843] Dieser Begriff ist nach den Erläuterungen allerdings weit zu interpretieren. Dies wird im Rahmen des IntBestG durch die Anwendung von § 334 Abs. 3 StGB erreicht. Dadurch wird auch die (versuchte) Beeinflussung von Ermessensentscheidungen mit eingeschlossen. Das Übereinkommen verlangt also nicht, dass auch Bestechungshandlungen bezüglich rechtmäßiger richterlicher Handlungen oder Diensthandlungen unter Strafe gestellt werden.[844]

357 Eine weitere Konkretisierung der Diensthandlung wird dadurch erreicht, dass der Bestecher handeln muss, „um sich oder einem Dritten einen Auftrag oder einen unbilligen Vorteil im internationalen geschäftlichen Verkehr zu verschaffen oder zu sichern." Der Begriff des **„geschäftlichen Verkehrs"** ist in einem weiten aus der Sicht des Bestechenden zu wertenden Sinne zu verstehen, der nicht einmal ein Handeln zu Zwecken des Wettbewerbs, also eine Konkurrenzsituation voraussetzt.[845] Er ist **„international"**, wenn er grenzüberschreitend oder auslandsbezogen ist, wozu auch der Geschäftsverkehr mit internationalen Organisationen gehört, die im Inland ihren Sitz haben. Ein grenzüberschreitender Güter- und Leistungsaustausch, der sich auch zwischen zwei ausländischen Staaten, also nicht nur zwischen Deutschland und dem Ausland abspielen kann, braucht nicht in jedem Fall vorzuliegen; dies zeigt schon das Beispiel der Bestechung von Bediensteten einer internationalen Organisation, die ihren Sitz in Deutschland hat. Hier sollen Bestechungshandlungen im Geschäftsverkehr mit einer solchen Organisation auch dann erfasst werden, wenn diese nur im Inland begangen werden. Die Internationalität ergibt sich hier aus dem Charakter der Organisation. Der Begriff „international" sollte weit verstanden werden und deshalb u.a. auch Fälle einschließen, in denen Gewinne bei miteinander verbundenen Unternehmen vom Inland ins Ausland, vom Ausland ins Inland oder von Ausland zu Ausland abfließen.[846] Nicht ausreichend für die Qualifizierung als „international" ist allerdings die alleinige Tatsache, dass der Geschäftsverkehr sich im Ausland abspielt. Dies ergibt sich aus dem Unterschied zu § 299 Abs. 1 StGB, der weiter-

---

[842] Dies bestimmt sich (grundsätzlich) nach ausländischem Recht (s. auch MK-*Korte*, § 334 Rn. 18; NK-*Kuhlen*, § 332 Rn. 8 für den EU-Bereich; s. aber die Einschränkung in Fn. 844).
[843] Vgl. RegE, BT-Drucks. 13/10428 S. 6 unter Nr. 3; Interpretative Notes zur VN-Konvention v. 23.10.2003 Nr. 24. Kritik an dieser Beschreibung übt *Gänßle*, NStZ 1999, 543, 544 ff.
[844] Da in Fällen des § 334 StGB (auch i.V. mit Art. 2 §§ 1–3 IntBest) eine Genehmigung der Vorteilsannahme nicht möglich ist (NK-*Kuhlen*, § 334 Rn. 10), kann dies nicht dadurch umgangen werden, dass man bei tatsächlichem Vorliegen einer Genehmigung die Pflichtwidrigkeit einfach aus deren Rechtswidrigkeit herleitet. Die Pflichtwidrigkeit muss unabhängig davon eruiert werden. Sie kann sich z.B. daraus ergeben, dass sie sonst eine strafbare Tat darstellt (z.B. als Betrug, Untreue, wettbewerbsbeschränkende Absprache) oder sonst gegen innerstaatliche Rechtsvorschriften oder Gebote verstößt, die sich z.B. in islamischen Staaten auch aus religiösen Regeln ergeben können. Dies könnte dann gegebenenfalls dazu führen, dass die Annahme (und Forderung) immens hoher Schmiergelder bzw. Provisionsgewährungen im Zusammenhang mit dem Abschluss von Bau- und sonstigen Verträgen als dienstpflichtwidrig angesehen wird, was insbesondere dann nahe liegt, wenn die Zuwendungen bei Staatsaufträgen Managern persönlich zu Gute kommen.
[845] Dazu näher m.N. MK-*Korte*, § 334 Rn. 14.
[846] *A. Schmitz* (Fn. 834), 193 m.w.N.; a.A. MK-*Korte*, § 334 Rn. 15; *Pelz*, StraFo 2000, 300, 305.

gehend als das IntBestG Bestechungshandlungen „im geschäftlichen Verkehr" mit Strafe bedroht. Erfolgen allerdings Bestechungen im Zusammenhang mit „Handlungen im ausländischen Wettbewerb" (§ 299 Abs. 3 StGB), an denen ausländische Unternehmen beteiligt sind, dürfte ein internationaler Zusammenhang nicht zu verleugnen sein.

Nach den Erläuterungen zu der VN-Konvention[847] soll der Begriff „internationaler Geschäftsverkehr" („the conduct of international business") auch die Gewährung von internationaler Hilfe („international aid") umfassen. Wenn damit jede Art von Entwicklungshilfe oder sonstigen Subventions- und Hilfsmaßnahmen gemeint sein sollte, so dürfte dies über den Begriff des „internationalen geschäftlichen Verkehrs" i.S. des IntBestG hinausgehen. Nur solche Hilfeleistungen, die mit dem internationalen Geschäftsverkehr zusammenhängen, also z.B. dazu dienen, solche Geschäftsbeziehungen in Gang zu bringen oder zum Erfolg werden zu lassen, wird man als mitabgedeckt ansehen können. Bei den Beratungen der Europaratskonventionen haben gerade solche Fälle dazu geführt, dass die Bezugnahme auf den internationalen geschäftlichen Verkehr fallen gelassen wurde. 358

Zu den angestrebten **„unbilligen Vorteilen"**[848] können insbesondere illegal durch Bestechung erlangte amtliche Genehmigungen, wie etwa eine Betriebsgenehmigung für eine Fabrik, die den gesetzlichen Anforderungen nicht entspricht,[849] oder die für die Erlangung von Aufträgen, aber etwa auch zur Durchführung und Abwicklung von Geschäften notwendig sind, gehören. 359

Da Art. 2 § 1 IntBestG sich nur auf pflichtwidrige Diensthandlungen bezieht, kann eine ausländische Genehmigung nicht rechtfertigend wirken. Bezieht sich eine Bestechung auf eine rechtmäßige Diensthandlung, die der ausländische Amtsträger kraft Rechtsvorschrift oder kraft rechtmäßigem innerdienstlichem Auftrag vorzunehmen hat oder liegt für die Diensthandlung eine wirksame nicht rechtsmissbräuchlich erschlichene Genehmigung vor, so ist die Regelung von vornherein nicht anwendbar. 360

Art. 2 § 2 stellt das Anbieten, Versprechen und Gewähren eines Vorteils als Gegenleistung für eine mit dem Mandat oder den Aufgaben des betroffenen ausländischen oder internationalen **Parlamentariers** zusammenhängende künftige Handlung oder Unterlassung unter Strafe, soweit diese in der Absicht erfolgt, sich oder einem Dritten einen Auftrag oder einen unbilligen Vorteil im internationalen Geschäftsverkehr zu verschaffen oder zu sichern. Auf pflichtwidrige Handlungen wurde dabei – wie auch in § 108e StGB – nicht abgestellt, da es bei Abgeordneten an einem genau umgrenzten Pflichtenkreis fehlen kann. Entscheidungen von Abgeordneten sind in der Regel Ermessensentscheidungen.[850] Für die Strafbarkeit entscheidend ist die Käuflichkeit bestimmter verwerflicher Verhaltensweisen ausländischer und internationaler Abgeordneter, die sich allerdings nicht auf Fälle des Stimmenkaufs beschränken. Von der neuen Vorschrift können daher z.B. auch Bestechungen von Parlamentariern erfasst werden, die dazu dienen sollen, in Gesprächen mit zuständigen ausländischen Ministerialbeamten Gesetzesinitiativen zu verhindern, die für Geschäfte mit ausländischen Unternehmen in dem betroffenen Land künftig weniger lukrativ wären. Wie die Regelung über die Strafbarkeit des Stimmenkaufs soll auch die neue Vorschrift jedoch nicht zu einer allgemeinen Kriminalisierung von Einflussnahmen im politischen und parlamentarischen Kräftespiel führen.[851] Der Eingrenzung dient wie in § 1, dass die Handlung des Bestechenden einerseits in subjektiver Hinsicht mit der Erlangung (oder Sicherung) von Aufträgen bzw. unbilligen Vorteilen im internationalen Geschäftsverkehr zusammenhängen 361

---

[847] Interpretative Notes (Fn. 843), Nr. 25.
[848] Zur Kritik an der Verwendung des Begriffs „unbillig" („improper") vgl. MK-*Korte*, § 334 Rn. 16; in Art. 16 Abs. 1 der VN-Konvention wurde nunmehr in der englischen Fassung der Begriff „improper advantage" durch den des „undue advantage" ersetzt.
[849] Beispiel aus Nr. 5 der OECD-Erläuterungen, vgl. RegE, BT-Drucks. 13/10428, S. 23.
[850] Vgl. die Begr. im RegE (Fn. 849), S. 7.
[851] RegE a.a.O.

und andererseits mit konkreten Handlungen (oder Unterlassungen) des Abgeordneten im Zusammenhang mit dessen Aufgaben im Sinne einer „Unrechtsvereinbarung" stehen muss. Hier können durch Auslegung (ähnlich wie bei den §§ 108e und §§ 331, 333 StGB; nach a.A. auch durch Anwendung des Prinzips der Sozialadäquanz) kleinere unbedeutende Zuwendungen ausgeschieden werden. Zumeist wird in solchen Fällen schon eine konkrete „Unrechtsvereinbarung" im Sinne eines „do ut des" bzw. „quid pro quo" zu verneinen sein.

362 Die Regelung im IntBestG wird für den Bereich der **Europäischen Union** ergänzt durch die teilweise parallel ausgestaltete Vorschrift über die **„Gleichstellung von ausländischen mit inländischen Amtsträgern bei Bestechungshandlungen"** in Art. 2 § 1 des **EU-Bestechungsgesetzes (EUBestG)** v. 10.9.1998;[852] sie ist nach Art. 4 Abs. 1 des Gesetzes am 22.9.1998 in Kraft getreten. Mit ihr wurden Verpflichtungen aus dem am 17.10.2002[853] in Kraft getretenen **(Ersten) Protokoll vom 27.9.1996** zum EG-Finanzschutzübereinkommen von 1995[854] und aus dem erst später ratifizierten **Übereinkommen vom 26.5.1997 über die Bekämpfung der Bestechung, an der Beamte der Europäischen Gemeinschaften oder der Mitgliedstaaten der Europäischen Union beteiligt sind**[855] (abgekürzt „EU-Bestechungsübereinkommen"), erfüllt. Die Regelungen im (Ersten) Protokoll bauten teilweise auf Artikel 7 Buchstabe h einer unter deutscher Präsidentschaft gefassten Entschließung des Rates der Europäischen Union (Justiz und Inneres) vom 6.12.1994[856] auf. Dort war gefordert worden, dass „die Mitgliedstaaten wirksame Maßnahmen zur Bestrafung von Bestechungen, an denen Amtsträger der Europäischen Gemeinschaften beteiligt sind und die im Zusammenhang mit den finanziellen Interessen der Gemeinschaften stehen, ergreifen".

363 **Artikel 2 § 1 Abs. 1 EU-BestG** lautet wie folgt:

„(1) Für die Anwendung der §§ 332, 334 bis 336, 338 des Strafgesetzbuches auf eine Bestechungshandlung für eine künftige richterliche Handlung oder Diensthandlung stehen gleich:
1. einem Richter:
   a) ein Richter eines anderen Mitgliedstaates der Europäischen Union;
   b) ein Mitglied eines Gerichts der Europäischen Gemeinschaften;
2. einem sonstigen Amtsträger:
   a) ein Amtsträger eines anderen Mitgliedstaates der Europäischen Union, soweit seine Stellung einem Amtsträger im Sinne des § 11 Abs. 1 Nr. 2 des Strafgesetzbuches entspricht;
   b) ein Gemeinschaftsbeamter im Sinne des Artikels 1 des Protokolls vom 27. September 1996 zum Übereinkommen über den finanziellen Schutz der Europäischen Gemeinschaften;
   c) ein Mitglied der Kommission und des Rechnungshofes der Europäischen Gemeinschaften."

---

[852] Gesetz zu dem Protokoll vom 27. September 1996 zum Übereinkommen über den Schutz der finanziellen Interessen der Europäischen Gemeinschaften (EU-Bestechungsgesetz – EUBestG) v. 10.9.1998 (BGBl. 1998 II 2340).

[853] Vgl. *Möhrenschlager*, wistra 2002 H. 12 S. V = Register 2002 R LXI.

[854] ABl. EG Nr. C 313 v. 23.10.1996, S. 1, mit „Erläuterndem Bericht" v. 19.12.1997 (ABl. EG 1998 Nr. C 11 v. 15.1.1998, S. 5).

[855] ABl. EG Nr. C 195 v. 25.6.1997, S. 1, mit – erst nach dem EU-Bestechungsgesetz veröffentlichtem – „Erläuterndem Bericht" v. 3.12.1998 (ABl. EG Nr. C 391 v. 15.12.1998, S. 1). Der deutsche Gesetzgeber hat dem Übereinkommen durch Gesetz vom 21.10.2002 (BGBl. 2002 II 2727) zugestimmt.

[856] Entschließung des Rates vom 6. Dezember 1994 über den rechtlichen Schutz der finanziellen Interessen der Gemeinschaften, ABl. EG Nr. C 355 v. 14.12.1994, S. 2, (auch abgedruckt in wistra 1995 H. 1, S. VI f.); in einer Antwort auf eine parlamentarische Anfrage hatte die Bundesregierung auch ihre Bereitschaft zur Einbeziehung auch von Amtsträgern der EU-Mitgliedstaaten erkennen lassen, vgl. BT-Drucks. 13/642 v. 24.2.1995 (dazu *Möhrenschlager*, JZ 1996, 822, 830).

B. Bekämpfung internationaler Korruption   III. Schutz von Rechtsgütern

Der Gesetzgeber ist mit dieser Regelung dem über das (Erste) Protokoll hinausgehenden Anwendungsbereich des sog. EU-Bestechungsübereinkommens gefolgt. Durch die Bezugnahme auf die §§ 332, 334 ff. StGB werden in umfassender Weise „Bestechungshandlungen" erfasst.[857] Das Gesetz enthält keine Beschränkung auf Bestechungshandlungen, die nur den Schutzbereich der finanziellen EG-Gemeinschaftsinteressen betreffen oder die sich nur – wie das IntBestG – auf den internationalen Geschäftsverkehr beziehen. Wie das IntBestG zielen die Bestechungshandlungen auf die **(künftige) Vornahme pflichtwidriger richterlicher oder dienstlicher Handlungen**; das EU-BestG geht also nicht so weit, auch Fälle von Vorteilsgewährung – wie das 4. StrÄndG – und Vorteilsannahme einzubeziehen. Allerdings wird – im Unterschied zu diesen beiden Gesetzen – hier erstmals **auch** die sog. „passive Seite", die **Bestechlichkeit**, Gegenstand der Gleichstellung. Diese Ausweitung ist bemerkenswert, weil sie ja dazu führen kann, dass z.B. hochrangige Amtsträger, wie z.B. EU-Landesminister, etwa dann, wenn sie sich in einem anderen EU-Staat als ihrem Heimatstaat haben bestechen lassen und dabei auch gefasst wurden, nunmehr auch dort – also nicht nur daheim – strafrechtlich zur Verantwortung gezogen werden können. Dies stellt wirklich eine Abwendung von in diesem Bereich typischerweise nationalstaatlich geprägtem Strafrecht dar.

364

An Einzelheiten ist folgendes hervorzuheben: Soweit es um die Umschreibung des Täterkreises bzw. des Empfängers einer Bestechung geht, bestehen strukturell zwar gewisse Parallelen zwischen EU-BestG und IntBestG, in den Einzelheiten jedoch nicht unerhebliche Unterschiede.

365

In **Nummer 1** werden – im Hinblick auf § 332 Abs. 2 und § 334 Abs. 2 StGB, jeweils auch in Verbindung mit § 332 Abs. 3, § 334 Abs. 3 und den §§ 335, 336 StGB – trotz der Gleichstellung von Richtern und sonstigen Amtsträgern in § 11 Abs. 2 StGB - **Richter** auch wieder besonders hervorgehoben. Insofern unterscheidet sich die deutsche von der europäischen Regelung, in der es dem jeweiligen Mitgliedstaat – jedenfalls zum Teil – überlassen wurde, in welcher Weise die Bestechung von und gegenüber Richtern insgesamt tatbestandlich erfasst werden sollte. Durch § 1 Nr. 1 werden jedenfalls die Strafverschärfungen bei Bestechungshandlungen, die sich auf richterliche Handlungen beziehen, auch bezüglich europäischer und mitgliedstaatlicher Richter anwendbar. Sind nichtrichterliche Handlungen von solchen Richtern betroffen, sind § 332 Abs. 1, 3 und § 334 Abs. 1, 3 StGB einschlägig. **Nummer 1 bezieht sich einerseits auf „Richter eines anderen Mitgliedstaats der Europäischen Union" (Buchstabe a), andererseits auf ein „Mitglied eines Gerichts der Europäischen Gemeinschaften" (Buchstabe b)**. Im Unterschied zur Gleichstellungsregelung für den Amtsträger in Nummer 2 **Buchstabe a**, erfolgt zur Definition der **ausländischen EU-Richter** nicht noch zusätzlich eine Verweisung auf § 11 Abs. 1 StGB (hier: Nummer 3). Dies war auch unnötig, da auch in anderen EU-Staaten nicht nur Berufsrichter, sondern auch ehrenamtliche Richter als Richter angesehen werden. Wie im IntBestG gehören dazu auch die Mitglieder eines Geschworenengerichts.

366

In **Buchstabe b** bezieht sich die Gleichstellung auf die **Mitglieder eines europäischen Gerichts** (Erstes Gericht und EuGH in Luxemburg). Aus der Tatsache, dass nicht nur auf deren „Richter" abgestellt wird, könnte geschlossen werden, dass auch die Generalanwälte einbezogen werden sollten. Dies erscheint mir jedoch zweifelhaft. Auch wenn Art. 223 EGV von „Richtern und Generalanwälten *des* Gerichtshofs" spricht, so bestehen der EuGH und das Erste Gericht nach den Art. 221 und 224 EGV nur aus Richtern; durch die Generalanwälte wird der EuGH nach Art. 222 EGV „unterstützt" (vgl. auch die ähnlichen Regelungen in Art. I – 29 des Vertrages über eine Verfassung für Europa). Art. 8 des Protokolls über die Satzung des Gerichtshofs der Europäischen Gemeinschaft stellt auch nur fest, dass die für die EuGH-Richter geltenden Artikel 2 bis 7 auch auf General-

367

---

[857] Kritik an der Bestimmtheit hat *Heinrich* (Fn. 829), S. 119 ff. erhoben.

anwälte Anwendung finden (vgl. auch die Gleichstellung bei der Befangenheitsregelung in Art. 16).

368 In **Nummer 2 Buchstabe a** werden „**Amtsträger eines anderen Mitgliedstaats der Europäischen Union**" einem „sonstigen Amtsträger" i.S. der §§ 332, 334 i.V. mit § 11 Abs. 1 Nr. 2 StGB (also einem Amtsträger, der nicht Richter ist) gleichgestellt. Entsprechend Art. 1 Buchstabe c 1. Unterabsatz der EU-Regelungen richtet sich die Definition in erster Linie nach dem Strafrecht des betroffenen EU-Mitgliedstaats, dessen Ausgestaltung oder Auslegung ggf. durch das einschlägige materielle Recht (Beamtenrecht, Ministerrecht, Parlamentsrecht und Wehrrecht) mitbestimmt wird. In Übereinstimmung mit Art. 1 Buchstabe c 2. Unterabsatz braucht nach Art. 2 § 1 Abs. 1 Nr. 2 Buchstabe a EU-BestG diese Definition nur insoweit angewendet werden, als sie derjenigen in § 11 Abs. 1 Nr. 2 StGB entspricht.[858] Dies ist insbesondere bei Abgeordneten von Bedeutung. In vielen EU-Staaten werden diese dem Bereich von Amtsträgern zugerechnet.[859] Wird also ein Abgeordneter eines anderen EU-Mitgliedstaates bestochen, so ist, auch wenn dieser dort im Strafrecht als „Amtsträger" betrachtet wird, das EU-BestG gleichwohl nicht anwendbar, da ein Abgeordneter kein Amtsträger i.S. des deutschen Strafrechts ist. Entsprechendes gilt, wenn im Strafrecht anderer Mitgliedstaaten gar Kirchenbeamte oder Inhaber bestimmter politischer Ämter bzw. Parteiämter als Amtsträger eingestuft würden.[860]

369 In **Nummer 2 Buchstabe b** wird die Gleichstellung auch auf sog. „**Gemeinschaftsbeamte**" übertragen. Dieser wird in Art. 1 Buchstabe b des (Ersten) Protokolls, der mit Art. 1 Buchstabe b des EU-Bestechungsübereinkommens identisch ist, wie folgt definiert:

„– jede Person, die Beamter oder durch Vertrag eingestellter Bediensteter im Sinne des Statuts der Beamten der Europäischen Gemeinschaften oder der Beschäftigungsbedingungen für die sonstigen Bediensteten der Europäischen Gemeinschaften ist;
– jede Person, die den Europäischen Gemeinschaften von den Mitgliedstaaten oder von öffentlichen oder privaten Einrichtungen zur Verfügung gestellt wird und dort Aufgaben wahrnimmt, die den Aufgaben der Beamten entsprechen.
Die Mitglieder der gemäß den Verträgen zur Gründung der Europäischen Gemeinschaften geschaffenen Einrichtungen sowie das Personal dieser Einrichtungen werden den Gemeinschaftsbeamten gleichgestellt, sofern auf sie nicht das Statut der Beamten der Europäischen Gemeinschaften oder die Beschäftigungsbedingungen für die sonstigen Bediensteten der Europäischen Gemeinschaften Anwendung findet."

370 Zur zweiten Kategorie gehören z.B. von den EU-Mitgliedstaaten abgeordnete Beamte, Staatsanwälte oder Richter und nationale Sachverständige. In den Erläuterungen[861] werden Beispiele von (bis 1997 geschaffenen) EG-begründeten „**Einrichtungen**" genannt, die teilweise im Primärrecht, überwiegend aber im Sekundärrecht (insbesondere auf der Basis von Art. 235 EGV a.F., jetzt Art. 308 EGV n.F.; künftig Art. I – 18 Verfassung für Europa) als verselbständigte oder abhängige juristische Personen verankert sind und der Unterstützung der EG-Organe dienen; auch nach 1997 sind weitere solche Einrichtungen geschaffen worden (Beispiele sind oben unter Rn. 295 aufgeführt). Die geplante Überführung der Strafvorschriften in das StGB sollte dazu genutzt werden, künftig insgesamt auf „Einrichtungen" abzustellen, deren Basis nicht nur das EG-Recht, sondern insgesamt das Recht der Europäischen Union ist.

371 Da **Mitglieder der Kommission und des EG-Rechnungshofes** nicht „Gemeinschaftsbeamte" i.S. der genannten Bestimmungen sind, werden sie – in Umsetzung der Assimi-

---

[858] RegE, BT-Drucks. 13/10424, S. 6, 13; *Korte*, wistra 1999, 81, 84 und in MK, § 332 Rn. 5.
[859] S. Beispiele bei *Möhrenschlager* (Fn. 233), S. 224 f.
[860] RegE, BT-Drucks. 13/10424, S. 13 (betr. Kirchenbeamte); MK-*Korte*, § 332 Rn. 7 m.w.N.; *Heinrich* (Fn. 829), S. 110.
[861] RegE, BT-Drucks. 13/10424, S. 15 f.

B. Bekämpfung internationaler Korruption   III. Schutz von Rechtsgütern

lationsregelung in Art. 4 Abs. 2 der beiden EU-Rechtsinstrumente – in Buchstabe c von § 1 Nr. 2 gesondert genannt. Sie stehen einem Amtsträger i.S. von § 11 Abs. 1 Nr. 2 StGB gleich, der – ausgehend von der Bezugnahme in Art. 4 Abs. 2 – auch Minister und Bedienstete von Rechnungshöfen in Deutschland erfasst. Die sich zusätzlich aus Art. 4 Abs. 2 ergebende Verpflichtung zur Gleichstellung von Bestechungshandlungen, an denen **Mitglieder des Europäischen Parlaments** beteiligt sind, mit der sich auf deutsche Parlamentarier beziehenden Strafvorschrift über **Abgeordnetenbestechung** ist bereits vorab durch die Einbeziehung der Europaabgeordneten in § 108e StGB erfüllt worden.

Was Reichweite und Auslegung der **Tathandlungen** von „Bestechung" und „Bestechlichkeit" angeht, kann hinsichtlich der Einzelheiten auf die Ausführungen zum nationalen Strafrecht verwiesen werden (Rn. 24 ff.). Wie im IntBestG müssen sich diese Handlungen auf eine „künftige" Diensthandlung oder richterliche Handlung beziehen. 372

Eine weitere Ergänzung enthält § 2 des am 1.7.2002 in Kraft getretenen **„Gesetzes über das Ruhen der Verfolgungsverjährung und die Gleichstellung der Richter und Bediensteten des Internationalen Strafgerichtshofes"** v. 21.6.2002.[862] Er enthält – nach dem Vorbild des IntBest und des EUBestG – in Umsetzung von Artikel 70 Abs. 4 i.V. mit Abs. 1 Buchst. d und f des Statuts,[863] aber teilweise darüber hinausgehend, eine sog. **Gleichstellungsklausel zur Ausdehnung der national bezogenen Bestechungsstrafvorschriften auf Richter und Bedienstete des Internationalen Strafgerichtshofs in Den Haag** (Art. 1, 3 des Statuts). Im Unterschied zu diesen Gesetzen erfolgt hier auch eine Ausdehnung für die Straftatbestände der Vorteilsannahme und der Vorteilsgewährung (so auch 4. StrRÄndG): 373

„**§ 2 – Gleichstellung der Richter und Bediensteten**
Für die Anwendung der §§ 331 bis 336, 338 des Strafgesetzbuches auf eine Bestechungshandlung, die sich auf eine künftige richterliche Handlung oder Diensthandlung bezieht, stehen gleich:
1. einem Richter:
   ein Richter des Internationalen Strafgerichtshofes,
2. einem sonstigen Amtsträger:
   ein Amtsträger und ein sonstiger Bediensteter des Internationalen Strafgerichtshofes."

---

[862] Verkündet als Artikel 2 des „Gesetzes zur Ausführung des Römischen Statuts des Internationalen Strafgerichtshofes" vom 17. Juli 1998" vom 21. Juni 2002 (BGBl. I 2144, 2162; dazu der RegE, BT-Drucks. 14/8524, 8892 = BR-Drucks. 30/02). Art. 1 des Gesetzes enthält das „Gesetz über die Zusammenarbeit mit dem Internationalen Strafgerichtshof (IStGH-Gesetz – IStGHG)". Zu letzterem *Maikowski*, Staatliche Kooperationspflichten gegenüber dem Internationalen Strafgerichtshof, 2002, und zum IStGH generell *Satzger*, Internationales und Europäisches Strafrecht, 2005, S. 160 ff., 220 f.

[863] Art. 70 (Straftaten gegen die Rechtspflege) des Römischen Statuts des Internationalen Strafgerichtshofs vom 17. Juli 1998 (Internationale Quelle 37 ILM 1002 (1998), umgesetzt durch Gesetz v. 4.12.2000, BGBl. 2000 II 1393; Bekanntmachung v. 28.2.2003 zum Inkrafttreten in BGBl. 2003 II 293, weiter 2003 II 1995 und 2004 II 1470):
„(1) Der Gerichtshof hat Gerichtsbarkeit über folgende Straftaten gegen seine Rechtspflege, wenn diese vorsätzlich verübt werden:
…
(d) Behinderung oder Einschüchterung eines Bediensteten des Gerichtshofes oder Beeinflussung desselben durch Vorteilsgewährung mit dem Ziel, ihn zu zwingen oder zu veranlassen, seine Pflichten gar nicht oder nicht ordnungsgemäß wahrzunehmen;
…
(f) Forderung oder Annahme einer Bestechung durch den Bediensteten des Gerichtshofs im Zusammenhang mit seinen Dienstpflichten.
…
(4) Jeder Vertragsstaat dehnt seine Strafgesetze, durch die Straftaten gegen seine eigenen Ermittlungs- oder Gerichtsverfahren unter Strafe gestellt werden, auf die in diesem Artikel genannten Straftaten gegen die Rechtspflege aus, die in seinem Hoheitsgebiet oder von einem seiner Staatsangehörigen begangen werden.".

8. Kapitel. Der strafrechtliche Schutz gegen Korruption

374 **Richter** i.S. dieser Gleichstellungsregelung sind die Richter, die ihr Amt hauptamtlich oder nicht hauptamtlich ausüben (vgl. Art. 35 des Statuts). Da Nummer 1 die Gleichstellung nur auf „Richter", also nicht auf Mitglieder des Gerichtshofs bezieht, werden der Ankläger und die stellvertretenden Ankläger, auch wenn die Anklagebehörde ein selbständiges Organ des Gerichtshofs ist (vgl. Art. 34 Buchstabe c, Art. 42 des Statuts), nicht miterfasst.

375 Zu den **Amtsträgern** i.s. der Nummer 2 sind daher insbesondere die Ankläger zu rechnen, aber auch der Kanzler als höchster Verwaltungsbeamter (Art. 42 Abs. 2 des Statuts), der stellvertretende Kanzler (s. auch Art. 49 Statut) und sonstiges Personal, soweit es sonst ein „Amt" im Gerichtshof innehat. „**Bedienstete**" sind im Übrigen sonstiges „Personal" (zur Personaleinstellung vgl. Art. 44 des Statuts).

376 Wie das IntBestG und das EU-BestG beschränkt sich § 2 IStGH-GleichstellungsG auf **Bestechungshandlungen** (i.w.S), die sich auf künftige dienstliche oder richterliche Handlungen beziehen, obwohl Art. 70 Abs. 1 Buchstabe f – im Unterschied zu Buchstabe d – auch dahin ausgelegt werden könnte, dass er auch nachträgliche Zuwendungen (sog. Bestechungsbelohnungen) erfasst. Zur Auslegung des Gesamt-Tatbestandes sind auch hier die Ausführungen zu den §§ 331 ff. StGB heranzuziehen (Rn. 24 ff.).

c) Sonstige Sonderregelungen

377 Verschiedene sich insbesondere auf die Zusammenarbeit im Grenzbereich zwischen **Nachbarstaaten** beziehende multi- und bilaterale Verträgen enthalten Gleichstellungsvorschriften über die Anwendbarkeit innerstaatlicher Strafvorschriften auch auf Handlungen von Amtsträgern des Nachbarstaates und führen insoweit bisweilen auch zu einer auslandsbezogenen Ausdehnung des deutschen Strafrechts.[864]

378 Eine einschlägige Vorschrift enthält **Artikel 42 des Übereinkommens vom 19. Juni 1990 zur Durchführung des Übereinkommens von Schengen vom 14. Juni 1985 betreffend den schrittweisen Abbau der Kontrollen an den gemeinsamen Grenzen**:[865]

> „Während eines Einschreitens nach Maßgabe der Artikel 40 [betr. grenzüberschreitende Observation] und 41 [betr. grenzüberschreitende Nacheile] werden die Beamten, die im Hoheitsgebiet einer anderen Vertragspartei eine Aufgabe erfüllen, den Beamten dieser Vertragspartei in bezug auf die Straftaten, denen diese Beamten zum Opfer fallen oder die sie begehen würden, gleichgestellt."

379 Ein „Beamter" eines anderen EU-Mitgliedstaates (d.h. deren [Kriminal]Polizei- und Zollbeamte; näher definiert in Art. 40 Abs. 4 und 41 Abs. 7 SDÜ und den zusätzlichen Bestimmungen in den Ergänzungen zum SDÜ bezüglich später beitretender EU-Mitgliedstaaten)[866], der bei einer grenzüberschreitenden Observation oder bei der Nacheile auf deutschem Gebiet eine Bestechungshandlung begeht, kann nach den §§ 331, 332, 335 StGB i.V. mit Art. 42 SDÜ bestraft werden. Weitergehend als das EU-Bestechungsgesetz ist hier auch die Vorteilsannahme mit Strafe bedroht. Diese Ausdehnung ist jedoch nicht auf den Bestechenden anwendbar. Ein „Beamter" kann in einem solchen Fall nicht als „Opfer" einer Bestechungsstraftat angesehen werden, wie dies etwa bei der Anwendung von § 113 StGB der Fall ist.[867]

---

[864] Vgl. dazu *Möhrenschlager*, in: Wabnitz/Janovsky, 3. Aufl., Kap. 3 Rn. 19 ff.; *Vogel* in Volk, § 14, Rn. 40.

[865] ABl. EG Nr. L 131 v. 1.6.2000, S. 43; ABl. EG Nr. L 64 v. 7.3.2002, S. 20. Die Umsetzung in deutsches Recht erfolgte durch Gesetz vom 15.7.1993 (BGBl. 1993 II 1010), zuletzt geändert durch Art. 11 des Gesetzes v. 30.7.2004, BGBl. I 1950.

[866] S. dazu die Nachweise (auch zum jeweiligen Inkrafttreten) im Fundstellennachweis B des Bundesgesetzblatts II v. 8.2.2006 (Stand: 31.12.2005), S. 731 f.

[867] *Möhrenschlager* (Fn. 864), 19.

Eine ähnliche Regelung enthält der am 1.4.2000 in Kraft getretene **Artikel 12 Abs. 3** 380
des deutsch-französischen Abkommens über die Zusammenarbeit der Polizei- und Zollbehörden in den Grenzgebieten vom 9. Oktober 1997.[868]

„Bedienstete einer Vertragspartei, die im Rahmen dieses Abkommens ihren Dienst auf dem Hoheitsgebiet der anderen Vertragspartei ausüben, werden in bezug auf die Straftaten, denen sie zum Opfer fallen oder die sie begehen würden, den Bediensteten des Nachbarstaates gleichgestellt."

Eine weitergehende Regelung enthält der am 1.3.2002 in Kraft getretene **Artikel 33 des** 381 **Vertrages vom 27. April 1999 zwischen der Bundesrepublik Deutschland und der Schweizerischen Eidgenossenschaft über die grenzüberschreitende polizeiliche und justitielle Zusammenarbeit (deutsch-schweizerischer Polizeivertrag)**[869]:

„Die Beamten, die nach diesem Vertrag auf dem Hoheitsgebiet des anderen Vertragsstaates tätig werden, sind in Bezug auf Straftaten, die sie begehen oder die ihnen gegenüber begangen werden, den Beamten des anderen Vertragsstaates gleichgestellt."

Die bewusste Verwendung des Merkmals „gegenüber" statt – wie zuvor – des Merk- 382 mals „Opfer einer Straftat" erlaubt es nicht nur Fälle der Vorteilsannahme oder Bestechlichkeit, die ein schweizerischer „Beamter" in Deutschland begeht, zu verfolgen, sondern auch Fälle der Vorteilsgewährung bzw. Bestechung gegenüber einem solchen „Beamten".[870]

Eine ähnliche Regelung befindet sich in dem am 19.6.2002 in Kraft getretenen **Artikel** 383 **29 des Vertrages vom 2. Februar 2000 zwischen der Bundesrepublik Deutschland und der Tschechischen Republik über die Ergänzung des Europäischen Übereinkommens über die Rechtshilfe in Strafsachen vom 20. April 1959 und die Erleichterung seiner Anwendung**:[871]

„Beamte, die nach diesem Vertrag auf dem Hoheitsgebiet des anderen Vertragsstaates tätig werden, sind in Bezug auf Straftaten, die sie begehen oder die ihnen gegenüber begangen werden, den Beamten des anderen Vertragsstaates gleichgestellt."

Entsprechendes gilt seit 4.9.2004 im Verhältnis zu Polen. **Artikel 23 des Vertrages** 384 **vom 17. Juli 2003 zwischen der Bundesrepublik Deutschland und der Republik Polen über die Ergänzung des Europäischen Übereinkommens vom 20. April 1959 über die Rechtshilfe in Strafsachen und die Erleichterung seiner Anwendung**[872] lautet wie folgt:

„Die Beamten der einen Vertragspartei, die nach diesem Vertrag im Hoheitsgebiet des anderen Vertragsstaates tätig werden, sind in Bezug auf Straftaten, die sie begehen oder die ihnen gegenüber begangen werden, den Beamten des anderen Vertragsstaates gleichgestellt."

---

[868] Umgesetzt durch das Vertragsgesetz vom 14.9.1998 (BGBl. 1998 II 2479). Gesetz in Kraft am 23.9.1998, der Vertrag am 1.4.2000 (BGBl. 2000 II 842).
[869] Umgesetzt durch das Gesetz zu den Verträgen vom 27. April 1999 und 8. Juli 1999 zwischen der Bundesrepublik Deutschland und der Schweizerischen Eidgenossenschaft über grenzüberschreitende polizeiliche und justitielle Zusammenarbeit, Auslieferung, Rechtshilfe sowie zu dem Abkommen vom 8. Juli 1999 zwischen der Bundesrepublik Deutschland und der Schweizerischen Eidgenossenschaft über Durchgangsrechte vom 5. Februar 1958 vom 25. September 2001 (BGBl. 2001 II S. 946); Gesetz in Kraft am 1.10.2001; Vertrag am 1.3.2002 (BGBl. 2002 II 608); dazu näher *Hecker* (Fn. 762), S. 196 ff.
[870] *Möhrenschlager* (Fn. 864).
[871] Umgesetzt durch Gesetz v. 13.7.2001 (BGBl. 2001 II 726, 733). Gesetz in Kraft am 19.7.2001, Vertrag am 19.6.2002 (BGBl. 2002 II 1163).
[872] Umgesetzt durch Gesetz v. 29.4.2004 (BGBl. 2004 II 522, 530). Gesetz in Kraft am 5.5.2004, Vertrag am 4.9.2004 (BGBl. 2004 II 1339).

385 Im Hinblick auf den im polnischen Text verwendeten Begriff „funkcjonarius" sollte der Begriff des „Beamten" für die Anwendung der §§ 331 ff. StGB hier weit (etwa i.S. von § 11 Abs. 1 Nr. 2 StGB) ausgelegt werden.

386 Nahezu identisch sind **Artikel 28 des Vertrages vom 10. November und 19. Dezember 2003 zwischen der Bundesrepublik Deutschland und der Republik Österreich über die grenzüberschreitende Zusammenarbeit zur polizeilichen Gefahrenabwehr und in strafrechtlichen Angelegenheiten, Artikel 33 des Vertrages vom 2. März 2005 zwischen der Bundesrepublik Deutschland und dem Königreich der Niederlande über die grenzüberschreitende polizeiliche Zusammenarbeit und die Zusammenarbeit in strafrechtlichen Angelegenheiten sowie Artikel 31** des [multilateralen Prümer] **Vertrages vom 27. Mai 2005 zwischen ... sieben Mitgliedstaaten der Europäischen** Union (einschließlich Deutschland) **über die Vertiefung der grenzüberschreitenden Zusammenarbeit, insbesondere zur Bekämpfung des Terrorismus, der grenzüberschreitenden Kriminalität und der illegalen Migration.**[873]

387 Auf der Linie der zuerst genannten Regelungen lag jedoch noch **Artikel 15 des Übereinkommens vom 29. Mai 2000 über die Rechtshilfe in Strafsachen zwischen den Mitgliedstaaten der Europäischen Union:**[874]

„Artikel 15 – Strafrechtliche Verantwortlichkeit der Beamten
Bei Einsätzen nach Maßgabe der Artikel 12 [betr. sog. Kontrollierte Lieferungen], 13 [betr. Gemeinsame Ermittlungsgruppen] und 14 [betr. Verdeckte Ermittlungen] werden Beamte aus einem anderen Mitgliedstaat als dem, in dem der Einsatz erfolgt, in bezug auf Straftaten, die gegen sie begangen werden oder die sie selbst begehen, den Beamten des Einsatzmitgliedstaats gleichgestellt."

388 Der Begriff des **„Beamten"** ist auch hier weit auszulegen; es bestehen keine Zweifel, dass dazu z.B. alle Mitglieder einer gemeinsamen Ermittlungsgruppe (als Vertreter der zuständigen Behörden von EU-Mitgliedstaaten, vgl. Art. 13 Abs. 12 Satz 1) gehören. Allerdings sind dazu nicht „Bedienstete von nach dem Vertrag über die Europäische Union geschaffenen Einrichtungen" zu rechnen, die nach Art. 13 Abs. 12 Satz 2 an der Tätigkeit der Gruppe beteiligt werden können. Diese sind keine „Beamte aus einem anderen EU-Mitgliedstaat". In Artikel 14 wird wie in Artikel 15 auf den Begriff des „Beamten" abgestellt, dessen Rechtsstellung zwischen den betroffenen Staaten vereinbart werden soll (Absatz 2).[875]

---

[873] Texte in BGBl. 2005 II 859, 2006 II 194, 216, 626; Vertragsgesetz v. 16.8.2005 a.a.O. S. 858 (in Kraft am 20.8.2005); dazu *Möhrenschlager*, wistra 2005 H. 12 S. VII f. = Reg 2005 R LXII f.; 2006 H. 5 S. V, H. 9 S. VII.

[874] ABl. EG Nr. C 197 v. 12.7.2000 S. 1 und 3; abgedruckt in *Council of the European Union* (Fn. 738), S. 93 ff., bei *Wasmeier* (Fn. 738), S. 120 ff., 135 und *Möhrenschlager* in wistra 2001 H. 2, S. VI = Register 2001 R XXVI. Der „Erläuternde Bericht" findet sich in ABl. EG Nr. C 397 v. 29.12.2000, S. 7 ff. Das Vertragsgesetz und das Ausführungsgesetz v. 22.7.2005 (BGBl. 2005 II 650, 661) traten am 28.7. bzw. am 8.8.2005 in Kraft (zusammenfassend dazu *Möhrenschlager*, wistra 2001 H. 2. S. V = Reg 2001 R XXV; 2005 H. 1 S. VIII; H. 10 S. VI ff. = Reg 2005 R XXIII f. und LIII ff. m.w.N.).

[875] Hinzuweisen ist noch auf Artikel 16 Satz 3 des am 1.6.1970 (BGBl. 1970 II 987) in Kraft getretenen (Neapeler) Übereinkommens vom 7.9.1967 zwischen Belgien, der Bundesrepublik Deutschland, Frankreich, Italien, Luxemburg und den Niederlanden über die gegenseitige Unterstützung ihrer Zollverwaltung (Beitritt Griechenlands erfolgte über ein Protokoll), umgesetzt durch Gesetz v. 14.1.1969, geändert durch Gesetz v. 27.8.1973 (BGBl. 1973 II 1247). Diese Vorschrift enthält auch eine Gleichstellung bezüglich Bediensteter der Zollverwaltung eines Vertragsstaates hinsichtlich „der von ihnen begangenen Zuwiderhandlungen". Dadurch wurde die strafrechtliche Verfolgung von Zollbediensteten der gen. Staaten bezüglich von ihnen begangener Vorteilsannahme bzw. Bestechlichkeit möglich (ebenso *Johannes*, Europarecht 1968, 117 f. - mit Kritik an Art. 16). - Allerdings wird dieses Übereinkommen abgelöst durch das in der Europäischen Union noch nicht in Kraft getretene (sog. Neapel II -)Übereinkommen vom 18.

2. Andere Korruptionsstraftaten

Weniger kompliziert als bei den Amtsträgertatbeständen ist die Sachlage bei anderen 389
Straftatbeständen, die auch – wie zum materiellen deutschen Strafrecht dargestellt – der
Korruptionsbekämpfung dienen.

a) Straftaten betreffend Amtsträger und für den öffentlichen Dienst besonders Verpflichtete

Soweit „Amtsträger" als Täter einer Strafvorschrift – wie in § 203 Abs. 2 Nr. 1, §§ 352, 390
353 und 353b Abs. 1 Nr. 1 – unterfallen, ist deren Anwendungsbereich nach der Definition in § 11 Abs. 1 Nr. 2 StGB auf Personen beschränkt, die **„nach deutschem Recht"** in einem öffentlich-rechtlichen Amtsverhältnis stehen oder sonst dazu bestellt sind, bestimmte Aufgaben der öffentlichen Verwaltung wahrzunehmen. Das Gleiche gilt für „für den öffentlichen Dienst besonders Verpflichtete" (§ 203 Abs. 2 Nr. 2; § 353 Abs. 1 Nr. 2 i.V. mit § 11 Abs. 1 Nr. 4), für Personen, die Aufgaben oder Befugnisse nach dem Personalvertretungsrecht wahrnehmen (§ 203 Abs. 2 Nr. 3; § 353 Abs. 1 Nr. 3), und solche, die in § 203 Abs. 1 Nr. 4 bis 6 aufgeführt sind. Soweit Grundlage eine gesetzlich gegründete Verpflichtung ist, ist diese ebenfalls als eine solche im Sinne des deutschen Rechts zu verstehen. In § 352 StGB werden als Täter auch Anwälte und sonstige Rechtsbeistände genannt. Dieser Personenkreis wurde in der Vergangenheit auch inlandsbezogen verstanden; neuerdings besteht eine Neigung zu einer Ausdehnung auf den EU-Bereich.

Die einzige ausdrückliche Auslandserstreckung in diesem Bereich hat der Gesetzgeber 391 im EU-Bestechungsgesetz vorgenommen. Nach dessen Art. 2 § 1 Abs. 2 Nr. 1 steht für die Anwendung des **§ 263 Abs. 3 Satz 2 Nr. 4 StGB** (besonders schwerer Fall des Betrugs bei missbräuchlichem Verhalten eines Amtsträgers) ein „Gemeinschaftsbeamter" i.S. des Ersten Protokolls zum EG-Finanzschutzübereinkommen einem nationalen „Amtsträger" gleich. Zu einer solchen Gleichstellung würde man jedoch in der Anwendung des § 263 Abs. 3 StGB auch ohne ausdrückliche Ergänzung kommen.

b) Sonstige Straftaten

Demgegenüber sind die dem Schutz von Vermögen dienenden Tatbestände der **Untreue und des Betruges** auch anwendbar, wenn die Geschädigten Ausländer sind und zwar auch dann, wenn die Tat im Ausland geschieht. Einschränkungen im Anwendungsbereich des Betruges werden allerdings gemacht, soweit es um den Schutz ausländischer Verwaltungen und Staatseinrichtungen, also um hoheitliche bzw. überindividuelle, insbesondere fiskalische Interessen oder solche der staatlichen Daseinsvorsorge eines ausländischen Staates oder einer supra- und internationalen Organisation geht. Davon ausgenommen wird allerdings der Schutz der finanziellen Interessen der Europäischen Gemeinschaften. Hier besteht weitgehende Einigkeit, dass § 263 StGB Anwendung findet,[876] was insbesondere bei betrügerischen Submissionsabsprachen zum Nachteil der EG von Bedeutung ist.

Umstritten ist der Anwendungsbereich des Straftatbestandes über **wettbewerbsbe-** 393 **schränkende Absprachen bei Ausschreibungen (§ 298 StGB)**. Vieles spricht hier für

---

Dezember 1997 ... über gegenseitige Amtshilfe und Zusammenarbeit der Zollverwaltungen (ABl. EG Nr. C 24 v. 23.1.1998, S. 1), in Deutschland umgesetzt durch Gesetz v. 3.6.2002 (BGBl. 2002 II 1387). Dieses Übereinkommen ist für Deutschland im Verhältnis zu einigen EU-Staaten schon vorläufig anwendbar (s. Fundstellennachweis B des Bundesgesetzblatts II v. 8.2.2006 [Stand: 31.12.2005], S. 771).

[876] Vgl. N. bei *Möhrenschlager*, in: Wabnitz/Janovsky, 3. Aufl., Kapitel 3, Rn. 5 f.; *MK-Ambos*, Vor § 3 Rn. 85; *Berger*, Der Schutz öffentlichen Vermögens durch § 263 StGB, 2000, S. 51 ff.

8. Kapitel. Der strafrechtliche Schutz gegen Korruption

eine Anwendung auf Ausschreibungen durch EU-Institutionen und in EU-Staaten, jedenfalls bei Verstößen gegen Art. 81 EGV[877].

394 Was **Bestechungshandlungen im geschäftlichen Verkehr** angeht, so können zumindest seit der Gesetzesänderung von 2002 (streitig ist dies für die Zeit davor) die §§ 299 ff. StGB gemäß § 299 Abs. 3 StGB auch auf „Handlungen im ausländischen Wettbewerb" angewendet werden. Der Schutzbereich wurde also auf das gesamte Ausland ausgedehnt. Es kommt daher nicht mehr darauf an, dass Wettbewerbsverhältnisse im Inland, also dort inländische Konkurrenten betroffen werden.[878] Die allgemeinen Regelungen des Strafanwendungsrechts (§§ 3 bis 7, 9 StGB bleiben allerdings anwendbar (s. unten Rn. 399 ff.). Dies bedeutet insbesondere, dass die Verfolgbarkeit der Auslandstat eines Deutschen nach § 7 Abs. 2 Nr. 1 von der Strafbarkeit am Tatort abhängig ist. Die Anwendbarkeit des § 299 Abs. 3 auf Auslandstaten ist dadurch beeinträchtigt.

395 Eine Sonderregelung für den Auslandsbereich besteht für die strafrechtlichen Regelungen zum **Schutz von Betriebs- und Geschäftsgeheimnissen in § 5 Nr. 7 StGB** (vgl. auch den Verweis in § 17 Abs. 6 und § 19 Abs. 5 UWG). Sie zeigt aber in ihrer Art der Erfassung von Auslandstaten deutlich, dass die §§ 17 ff. UWG inlandsbezogen zu verstehen sind.

396 Bei der Beurteilung der Sachlage beim Tatbestand der **„Geldwäsche" und der „Verschleierung unrechtmäßig erlangter Vermögenswerte"** ist zunächst von Bedeutung, dass § 261 StGB sowohl anwendbar ist, wenn die **Vortat** im Inland als auch im Ausland begangen wurde. Letzteres setzt nach Absatz 8 allerdings voraus, dass die Vortat am Tatort strafbar ist. Dieser Bezug erscheint mir allerdings zu eng, auch wenn er in verschiedenen Konventionen seinen Niederschlag gefunden hat. Er führt z.B. dazu, dass die Bestechung eines Amtsträgers des Landes A im Land B, das eine Strafbarkeit ausländischer Amtsträger nicht vorsieht, keine ausreichende Vortat darstellt. In solchen Fällen müsste es genügen, dass die Tat im Heimatstaat des Amtsträgers strafbar ist.

397 Die zusätzliche Frage ist nun, ob in all diesen Fällen, § 261 StGB auch anwendbar ist, wenn die **Geldwäschehandlung** selbst im Ausland begangen wird, oder ob die Auffassung, dass geschütztes Rechtsgut die innerstaatliche Rechtspflege ist, dazu führt, dass in Fällen, in denen auch ein ausländischer Staat eine Geldwäschestraftat verfolgen könnte (Vortat und Geldwäschestraftat werden z.B. in einem anderen Staat begangen, wodurch dessen innerstaatliche Rechtspflege als beeinträchtigt angesehen werden kann), § 261 nicht zur Anwendung kommen soll. Angesichts der in internationalen Rechtsinstrumenten zum Ausdruck kommenden generellen Ächtung von Geldwäschehandlungen im regionalen und weltweiten Kampf gegen die organisierte Kriminalität, die auch Korruptionsstraftaten mit einschließt, und der auch die Verfolgung von Auslandstaten einschließenden Gerichtsbarkeitsregelungen in internationalen Rechtsinstrumenten, ist eine Beschränkung des § 261 StGB auf Fälle, in denen nur die deutsche Rechtspflege beeinträchtigt wird, fragwürdig und abzulehnen.

---

[877] Näher dazu oben Rn. 146.
[878] NK-*Dannecker*, Rn. 74; *Tröndle/Fischer*, Rn. 2; *A. Schmitz*, RIW 2003, 189, 194; *Fietz/Weidlich*, RIW 2005, 423, 426. – Abl. *Haft/Schwoerer*, FS U. Weber, S. 367, 381 ff. Entgegen deren Ansicht ergibt sich eine Verpflichtung zur Strafbarkeit von Auslandstaten sowohl aus der Europaratskonvention als auch aus den neueren EU-Rechtsinstrumenten (s.o. Rn. 339 m. Fn. 812). Bei Nichtauslieferung des Staatsangehörigen eines Vertrags- bzw. EU-Staates ist eine Gerichtsbarkeit für dort begangene Taten zu begründen. Die setzt jedoch voraus, dass eine Straftat betr. die Bestechung im privaten Sektor auch bei Auslandstaten strafbar ist, eine Möglichkeit, die durch § 299 Abs. 3 geschaffen wurde. – Der RefE des BMJ (Fn. 579a) sieht in Umsetzung der einschlägigen Konvention des Europarates eine Erweiterung des § 299 vor (mit Anlehnung an das sog. Wettbewerbsmodell, s. oben Rn. 310, wie an das Geschäftsherrenmodell im geltenden Recht), s. NJW-Spezial 2006, H. 11.

IV. Die Strafbarkeit von Auslandstaten

1. Einleitende Bemerkungen

Nach den Regelungen des internationalen Strafanwendungsrechts richtet sich die 398
Frage, ob Korruptionsstraftaten nicht nur dann verfolgt werden können, wenn diese im
Inland, sondern auch dann, wenn sie grenzüberschreitend oder im Ausland begangen
werden. Völkerrechtlich wie national unbestritten ist heutzutage das **Territorialitätsprinzip**. Aus dem neuzeitlichen Begriff der Souveränität des Staates über sein Gebiet und
die auf diesem vorgenommenen Handlungen, der sog. Gebietshoheit, und der damit verbundenen Unabhängigkeit und Gleichheit souveräner Staaten[879] folgt das Recht zur Anwendung seiner Strafgesetze auf darauf begangene Taten, soweit nicht völkerrechtliche
Beschränkungen eingreifen. Auf dieser Grundlage gilt es nicht nur für eigene Staatsangehörige, sondern auch für Angehörige fremder Staaten und für Staatenlose. Nach § 153c
Abs. 1 Nr. 2 StPO kann jedoch bei Taten, die ein Ausländer im Inland auf einem ausländischen Schiff oder Luftfahrzeug begeht, von der Verfolgung von Straftaten abgesehen
werden.

Um festzustellen, ob eine (reine) **Inlandstat** oder eine (reine) **Auslandstat** vorliegt, be- 399
darf es der Klärung, was im Sinne von § 3 StGB (Geltung für Inlandstaten) „Inland" ist.[880]
Das „Inland" umfasst die sechzehn Bundesländer (Präambel zum GG; Art. 1 Einigungsvertrag) einschließlich des Luftraums – bis zur Höhe von 60 bis 110 km – darüber und des
Raums unter Tage (Höhe und Tiefe sind umstritten). Weiter gehören über die nationalen
Eigengewässer wie Seehäfen und Meeresbuchten hinweg auch sich an das Festland (oder
an eine zum Staatsgebiet gehörende Insel) anschließende 12 Seemeilen (für die Ostsee in
Teilgebieten weniger) breite Küstengewässer (einschließlich Luftraum darüber und Meeresboden/untergrund darunter) dazu, soweit sich die staatliche Souveränitätsgewalt völkerrechtlich (s. Art. 1 Abs. 2, Art. 2 Abs. 1, Art. 3 ff. des VN-Seerechtsübereinkommens
von 1982[881] und Proklamation der Bundesregierung von 1994)[882] darauf erstreckt.

Völkerrechtlich ist anerkannt, dass der Territorialitätsgrundsatz nicht bedeutet, dass es 400
dem jeweiligen Staat untersagt wäre, Ausdehnungen der Geltung seines Strafrechts vorzunehmen. Streitig ist, wie weit diese Ausdehnungen gehen können.

2. Auslandsbezogene Ausdehnung des Territorialitätsprinzips

Zu einer nicht unerheblichen Ausdehnung des Territorialitätsgrundsatzes und damit 401
der deutschen Strafgewalt führt der in **§ 9 StGB (Ort der Tat)** verankerte **Ubiquitäts(Gebiets)grundsatz**, der früher auch als „Einheitstheorie"[883] bezeichnet wurde. Er vereinigt
Elemente des sog. Wirkungsprinzips („principle of effect"), teilweise auch als Erfolgsprin-

---

[879] *Satzger* (Fn. 862), S. 33; *Ambos*, Internationales Strafrecht, 2006, § 3 Rn. 4.
[880] Zum Folgenden, insbesondere auch zu völkerrechtlichen Beschränkungen des Territorialitätsprinzips s. die Strafrechtskommentare zu § 3 StGB sowie *Ambos* (Fn. 879), § 3 Rn. 14 ff und generell *Khan*, Die deutschen Staatsgrenzen, 2004, passim, betr. Küstengewässer S. 591 ff., 606, betr. Luftraum S. 637 ff., betr. Erdinneres S. 650 (soweit menschlicher Nutzung zugänglich, m.N. zur h.L.). – Zu den historisch begründeten Schwierigkeiten des englischen Rechts zur Begrenzung von „territory" s. näher *Hirst* (Fn. 805), S. 61 ff. (mit Reformforderungen hinsichtlich meeresbezogener Abgrenzungen und Abschaffung deliktsbezogener Unterschiede, S. 326 f.).
[881] V. 10.12.1982, BGBl. 1994 II 1799.
[882] V. 11.11.1994, BGBl. I 3428.
[883] Vgl. *Bergmann*, Der Begehungsort im internationalen Strafrecht Deutschlands, Englands und der Vereinigten Staaten von Amerika, 1966, S. 32 ff.

8. Kapitel. Der strafrechtliche Schutz gegen Korruption

zip oder als Prinzip objektiver Territorialität bezeichnet, mit dem Handlungsortsprinzip, teilweise auch als Grundsatz subjektiver Territorialität bezeichnet:[884]

§ 9 Abs. 1: „Eine Tat ist an jedem Ort begangen, an dem der Täter gehandelt hat oder im Falle des Unterlassens hätte handeln müssen oder an dem der zum Tatbestand gehörende Erfolg eingetreten ist oder nach der Vorstellung des Täters eintreten sollte."

402   Bei **Begehungsdelikten**, zu denen regelmäßig auch die in der Praxis verwirklichten Korruptionsstraftaten gehören, ist **Handlungsort** jeweils der Ort, an dem der Täter während der Ausübung der Tat eine auf die Tatbestandsverwirklichung gerichtete Handlung vornimmt. Auch wenn der Ort von Vorbereitungshandlungen im Allgemeinen noch keinen Handlungsort i.S. von § 9 StGB darstellt, so ist dies doch anders, wenn diese zur zurechenbaren Mittäterschaft werden[885] oder gar selbständige Tatbestände darstellen. Letzteres ist z.B. bei den Tathandlungen des Anbietens und Versprechens bzw. des Forderns und des Versprechenlassens bei den Bestechungsdelikten der Fall. Übersendet ein (inländischer oder ausländischer) Unternehmensangehöriger ein Angebot für eine Bestechung an einen im Ausland befindlichen deutschen Amtsträger, einen ausländischen Amtsträger in Fällen des IntBestG oder des EUBestG oder den Angestellten eines Unternehmens im Fällen des § 299 StGB, den dieser jeweils auch erhält, so liegt eine Inlandstat i.S. von § 3 i.V.m. § 9 Abs. 1 1. Alt. vor. Dasselbe gilt, wenn umgekehrt ein Amtsträger (oder in Fällen des § 299 ein Firmenangestellter) im Inland eine Bestechungsforderung an einen im Ausland befindlichen Unternehmensangehörigen übermittelt. Handlungsort ist auch der Ort der Vorteilsannahme.[885a] Beim abstrakten Gefährdungsdelikt des § 298 StGB besteht die Tathandlung in der Abgabe eines Angebots; ein Erfolg wird nicht vorausgesetzt. Deshalb liegt jeweils eine Inlandstat vor, wenn ein Angebot vom Inland an einen ausländischen Veranstalter (in einem Ausschreibungsverfahren mit Wirkungen für das Inland) oder vom Ausland an einen Veranstalter mit Sitz im Inland zugesandt wird. Wirken mehrere Tatbeteiligte in der Form der Mittäterschaft zusammen, so handeln alle im Inland, wenn nur einer von ihnen dort tätig wird.[886] Bei der mittelbaren Täterschaft ist sowohl die Handlung des mittelbaren Täters als auch die des Werkzeugs maßgebend.[887] Bedeutsam ist dies bei Bestechungsdelikten, wenn Vermittlungsagenten eingeschaltet werden; ausreichend ist aber auch die Einschaltung einer Bank im Inland,[888] wobei auch deren (EDV-mäßige) Mitwirkung bei Überweisung vom Ausland über das Inland ins Ausland ausreichen dürfte. Auch durch Übermittlungshandlungen durch gutgläubige Beförderungsunternehmen im Inland (Deutsche Post, DHL) kann der Inlandsbegriff erfüllt werden.[889] Kein tatortbegründendes Transitdelikt liegt allerdings vor, wenn die Beförderung von Bestechungsangeboten durch ein den deutschen Luftraum durchquerendes ausländisches Flugzeug erfolgt.

---

[884] Vgl. MK-*Ambos*, Vor § 3 Rn. 28 ff.; *Paust*, International Criminal Law, S. 181 ff., 190 ff. – *Miller/Rackow*, ZStW 116 (2005), 379 sehen bei der subjektiven Ubiquitätstheorie vor allem Probleme im Zusammenhang mit dem im Ausland begangenen Versuch und bei Irrtumsfällen. Bedenken gegen die Weite des Ubiquitätsprinzip erheben z.B. *Strathenwerth/Kuhlen*, Strafrecht Allg. Teil I, 5. Aufl. 2005, § 4 Rn. 10 f.
[885] H.M., BGHSt 39, 88, 90 f. = JR 1993, 291 m. zust. Anm. *Küpper* (Versicherungsbetrug); abl. *Miller/Rackow* (Fn. 884), 408 ff.
[885a] *Vogel* in Volk, § 14 Rn 59.
[886] BGH (Fn. 885); NStZ 1997, 502; wistra 2001, 229, 230 (betr. Schmuggeltaten); *Miller/Rackow* (Fn. 884), 411 f. an Hand eines Betrugsfalls.
[887] BGH wistra 1991, 135; OLG Schleswig wistra 1998, 30 f. (betr. Schmuggeltaten); abl. für den ersteren Fall *Miller/Rackow* (Fn. 884), 412 f.
[888] Vgl. BGH wistra 1991, 135 (Versuch, eine inländische Bankangestellte zur Abgabe einer falschen Erklärung zur Täuschung einer Bank in der Schweiz zu veranlassen).
[889] Vgl. MK-*Ambos*, § 9 Rn. 23; enger wohl *Tröndle/Fischer*, § 9 Rn. 3; NK-*Lemke*, § 9 Rn. 13.

Bei **Unterlassungsdelikten** ist gemäß § 9 Abs. 1 2. Alt. Handlungsort der Ort, an dem **403** der Täter „hätte handeln müssen". Das kann sowohl der „Aufenthaltsort" als auch der „Vornahme(Erfolgsabwende)ort" sein, also sowohl der Ort, an dem sich der Täter während der Dauer seiner Pflicht zur Abwendung der Tat aufgehalten hat als auch der Ort, an dem er die gebotene Handlung hätte vornehmen müssen.[890]

Eine Inlandstat liegt nach § 9 Abs. 1 3. Alternative auch vor, wenn zwar nicht die Handlung, aber „**der zum Tatbestand gehörende Erfolg**" im Inland eingetreten ist. Bei „**Verletzungs**"delikten ist dies der Ort, wo der Verletzungserfolg eingetreten ist. Bei Betrug und Untreue ist es der Ort des Schadenseintritts. Das LG Koblenz[891] hat es für den Eintritt eines Nachteils i.S. des § 266 StGB allerdings ausreichen lassen, dass durch eine Untreuehandlung im Ausland seitens des bei der Muttergesellschaft angestellten, aber an die ausländische Tochtergesellschaft ausgeliehenen Täters ein Schaden bei der 10%igen Tochterfirma eintrat, deren Muttergesellschaft ihren Sitz im Inland hatte, weil sich der Verlust der Tochterfirma unmittelbar bei der deutschen Mutterfirma auswirke. Diese Auffassung ist jedoch den in der Literatur und auch vom OLG Frankfurt[892] erhobenen Bedenken ausgesetzt, weil, angesichts der juristischen Trennung zwischen Mutter- und Tochtergesellschaft, letzten Endes damit doch bloße schädliche Auswirkungen des Erfolges auf Dritte einbezogen werden. Auswirkungen, die für die Verwirklichung des Tatbestandes nicht relevant sind, können einen Tatort, hier also einen Inlandsbezug, jedoch nicht begründen.[893] Für die Annahme einer Inlandstat beim Betrug reicht es daher auch nicht aus, dass nach Vollendung der Tat der Vermögensvorteil im Inland eintritt.[894] Allerdings ist eine Inlandsverfolgung nach § 263 StGB möglich, wenn der Täter durch den von ihm begangenen Betrug einen Vermögensverlust großen Ausmaßes im Inland herbeiführt oder dort jemand in wirtschaftliche Not bringt (Fälle des § 263 Abs. 3 Satz 2 Nr. 2 und 3). Entsprechendes gilt bei der Untreue (§ 266 Abs. 2 i.V. mit § 263 Abs. 3). Von § 9 StGB werden auch „Erfolge" erfasst, die nicht zum Grundtatbestand, d.h. zum Unrechtstatbestand im engeren Sinne gehören, sondern in weiteren Elementen der Gesamtregelung als „Erfolge", nämlich als Bestandteile von Qualifikationsregelungen, Regelbeispielen für besonders schwere Fälle oder objektiven Bedingungen der Strafbarkeit auftauchen. Ausdehnend wird der Begriff des „Erfolges" auch in anderer Hinsicht verstanden.[895] **404**

---

[890] *Ambos* (Fn. 889), Rn. 14 f. m.N. zu abweichenden Auffassungen; vgl. auch NK-*Lemke*, § 9 Rn. 16 und *Vogel* in Volk, § 14 Rn. 53, der auch noch den Ort dazurechnet, an dem der Erfolg des pflichtgemäßen Handelns hätte eintreten müssen.

[891] LG Koblenz wistra 1984, 81 (Einbehalten von Schecks in Brasilien); krit. *Schönke/Schröder/Eser*, § 9 Rn. 6; *Lackner/Kühl*, § 9 Rn. 2; *Tröndle/Fischer*, § 9 Rn. 3; differenzierend NK-*Lemke*, § 9 Rn. 20.

[892] OLG Frankfurt NJW 1989, 675 = NStE § 9 StGB Nr. 3 (12.12.1988 – Unzulässige Ausstellung und Begebung von Wechseln zum Nachteil der Tochtergesellschaft auf den Cayman Islands durch deren Angestellten).

[893] OLG München Strafverteidiger 1991, 504 f.; AG Bremen NStZ-RR 2005, 87 f. (30.9.2004) m.w.N.; KG NJW 2006, 3016 f.; BGH wistra 2006, 426 f. (konkrete Vermögensgefährdung einer Bank nur in Ukraine); *Velten*, Grenzüberschreitende Gefährdungsdelikte, FS Rudolphi, 2004, S. 329, 331 f.; anders teilweise ausländisches Recht unter Anwendung der sog. Wirkungs(„effects")doktrin, vgl. *Akehurst*, in: W.M. Reisman (Hrsg.), Jurisdiction in International Law, 1999, S. 31, 33 ff. (mitunter beschränkt auf Fälle des primären oder direkten Effekts); *Li*, Die Prinzipien des internationalen Strafrechts, 1991, S. 128 f. (für China).

[894] BayObLG NJW 1992, 1248 (betr. § 164 Abs. 1); OLG Frankfurt wistra 1990, 271; LK-*Gribbohm*, § 9 Rn. 20; MK-*Ambos*, § 9 Rn. 20; NK-*Lemke*, § 9 Rn. 20; Satzger (Fn. 862), S. 42 Fn. 8 und NStZ 1998, 112 f.; a.A. OLG Stuttgart NJW 1974, 914 (zu § 3 Abs. 3 a.F.); *Jescheck/Weigend*, Strafrecht Allg. Teil, 5. Aufl. 1996, S. 178 – Nähere Ausführungen zum Betrug nach deutschem und schweizerischem Strafrecht sind bei *Schwarzenegger*, FS Niklaus Schmid, 2001, S. 143, 151 ff. zu finden.

[895] Zu § 258 Abs. 1 StGB vgl. BGHSt 45, 97, 100 m. zust. Anm. *Dölling*, JR 2000, 379 und abl. Anm. *Neumann*, Strafverteidiger 2000, 425 (Fall Schneider – die Strafverfolgung in Deutschland und eine von deutschen Gerichten zu verhängende Strafe wurde durch Beihilfe – Flucht ins Ausland usw. – zu Straftaten eines Ausländers im Ausland erheblich verzögert; Erfolgsort ist deshalb das Inland).

405 Bei einem **konkreten Gefährdungsdelikt** liegt ein „Erfolgsort" dort, wo die konkrete Gefährdung eintritt.[896] Ein solches Delikt stellt z.B. § 353b StGB dar. Verrät also in einem inländischen Ausschreibungsverfahren ein zuständiger Beamter im Ausland Details über Angebote von Konkurrenten an einen Bewerber durch Übergabe von Unterlagen, so wird er dadurch regelmäßig den ordnungsgemäßen Ablauf des Verfahrens und damit wichtige öffentliche Interessen im Inland (konkret) gefährden. Es liegt dann nach § 3 i.V. mit § 9 Abs. 1 3. Alt. ein Inlandsdelikt vor. Der ggf. möglichen Anwendung des § 5 Nr. 12 StGB bedarf es in einem solchen Fall nicht.

406 Bei einem „**abstrakten Gefährdungsdelikt**" und bei einem schlichten **Tätigkeitsdelikt** ist nach h.M.[897] § 9 Abs. 1 3. Alt. nicht anwendbar. Der durch ein solches Delikt herbeigeführte (Verletzungs/Gefährdungs)Erfolg ist für die Bestimmung des Tatorts nicht heranzuziehen. Dies gilt auch für Bestechungsdelikte, die abstrakte Gefährdungs- bzw. Tätigkeitsdelikte darstellen. Wird einem deutschen Amtsträger im Ausland Geld zur Vornahme einer Diensthandlung im Inland übergeben, so wird dadurch ein Erfolgsort im Inland nicht begründet.[898] Entsprechendes gilt in Fällen der §§ 108b, e und 299 StGB. Bei Amtsträgern und Abgeordneten kann sich jedoch eine Verfolgungszuständigkeit aus § 5 Nr. 12,[899] 13 bzw. 15 StGB ergeben. Bei der Geldwäsche sind die Tathandlungen differenziert zu betrachten: Fälle des Vereitelns und des Gefährdens sind Erfolgs- bzw. konkrete Gefährdungsdelikte; sonstige Verschleierungshandlungen und Fälle des Absatzes 2 Tätigkeits- bzw. abstrakte Gefährdungsdelikte. Wie bei Hehlerei[900] und Begünstigung[901] bleibt eine im Ausland begangene Geldwäsche auch dann Auslandstat, wenn die Vortat im Inland verübt wurde.

407 Schließlich ist nach § 9 Abs. 1 4. Alt. „eine Tat" auch an einem „Ort begangen, an dem … der zum Tatbestand gehörende Erfolg … nach den Vorstellungen des Täters eintreten sollte" (subjektive Variante der Ubiquitätstheorie)[902]. Tritt bei einer Auslandstat der (Verletzungs/Gefährdungs)Erfolg also noch im Ausland ein, obwohl er im Inland eintreten sollte, so liegt gleichwohl eine Inlandstat vor. Dies gilt auch beim Versuch, also etwa bei einer im Ausland initiierten auf einen Schaden im Inland abzielenden Betrugshandlung, deren Übermittlung ins Inland jedoch fehlschlug.

---

[896] Vgl. BGH NJW 1991, 2498; KG NJW 1991, 2501 f.; BayObLG NJW 1957, 1327 f. (Verrat eines Staatsgeheimnisses durch Ausländer); OLG Köln NJW 1968, 954; *Satzger*, NStZ 1998, 112, 114. Dezidiert gegen die Anerkennung von konkreten Gefährdungsdelikten als „Erfolgs"delikte *Velten* (Fn. 893), S. 329, 334, 339, 343, 345 f.

[897] OLG Saarbrücken NJW 1975, 506 f.; OLG München Strafverteidiger 1991, 504 (betr. PKW-Verschiebung); LK-*Gribbohm*, § 9 Rn. 20; *Schönke/Schröder/Eser*, § 9 Rn. 6; *Lackner/Kühl*, § 9 Rn. 2; *Satzger* (Fn. 862), 115 f.; *Jeßberger*, JR 2001, 432; *Lehle*, Der Erfolgsbegriff und die deutsche Strafrechtszuständigkeit im Internet, 1999, S. 138 ff., 144 ff. (S. 166 ff. selbst für teleologische Reduktion für Straftaten im Internet), jeweils m.w.N. zur Gegenmeinung und zu Differenzierungen bei Internetdelikten (dazu insbes. auch MK-*Ambos*, Rn. 28 ff.; NK-*Lemke*, § 9 Rn. 23 ff. m.w.N.).

[898] OLG Stuttgart, 1 Ws 76/97, 20.5.1997, in NJ 1997, 503 (LS) sah Bestechlichkeit eines Privatisierungsdirektors bei der Treuhandanstalt – Entgegennahme von 1,58 Mio. DM Bestechungslohn als Gegenleistung für die Genehmigung des Verkaufs einer Firma an eine andere Firma – als Tätigkeits-, nicht als ein Erfolgsdelikt an. Tatort sei nicht der Ort der pflichtwidrigen Diensthandlung, sondern der Ort, an dem der Unrechtsvereinbarung getroffen oder realisiert wird.

[899] So auch OLG Stuttgart (Fn. 898): Nach Nr. 12 macht sich auch der deutsche Amtsträger strafbar, der die Unrechtsvereinbarung im Ausland trifft oder sogar realisiert, die pflichtwidrige Diensthandlung jedoch in seinem inländischen Dienstbezirk begeht, auch wenn dieser nicht Tatort im Rechtssinne sein kann.

[900] OLG Stuttgart NStZ 2004, 402 f. (im Ausland begangene Hehlerei zu in Deutschland von anderen begangenen Fahrzeugdiebstählen; Hehlerei hat als schlichtes Tätigkeitsdelikt keinen Erfolgsort, umstr.); Tatort ist nur der Handlungsort, KG NJW 2006, 3016 f.

[901] Vgl. MK-*Ambos*, Rn. 18.

[902] *Miller/Rackow* (Fn. 884), 385 Fn. 23 erheben Bedenken gegen den von Oehler geprägten Begriff, da international darunter auch die Tätigkeitstheorie verstanden werde.

Eine ziemlich weitreichende spezielle Regelung für die Feststellung des **Ortes einer** 408
Teilnahme enthält **§ 9 Abs. 2 StGB**[903]. Tatort ist sowohl der Ort der (vollendeten, versuchten, vorgestellten) Haupttat, als auch der Ort der Teilnahmehandlung oder der Ort, an dem der Teilnehmer im Falle des Unterlassens hätte handeln müssen oder an dem nach seiner Vorstellung die Tat begangen werden sollte (**§ 9 Abs. 2 Satz 1**). Beim Versuch der Beteiligung nach § 30 StGB ist Tatort sowohl der Ort des Versuchs als auch der zur Begehung des Verbrechens vorgestellte Ort. Nach **§ 9 Abs. 2 Satz 2**[904] ist bei einer inländischen Teilnahme an einer Auslandstat (Distanzteilnahme an ausländischer Haupttat) eine Strafverfolgung in Deutschland auch dann möglich, wenn die Haupttat am ausländischen Tatort straflos ist.

3. Das Flaggenrechtsprinzip

Verwandt mit dem Territorialitätsgrundsatz[905] findet in Übereinstimmung mit dem 409 Völkerrecht nach **§ 4 StGB das Flaggenrechtsprinzip** Anwendung: „das deutsche Strafrecht gilt, unabhängig vom Recht des Tatorts," auch „für Taten, die auf einem Schiff oder in einem Luftfahrzeug begangen werden, das berechtigt ist, die Bundesflagge oder das Staatsangehörigkeitszeichen der Bundesrepublik Deutschland zu führen."

Zur Führung der Bundesflagge sind nach dem Flaggenrechtsgesetz[906] unter den dort 410 genannten Voraussetzungen See- und Binnenschiffe berechtigt. Wenn ein solches Schiff deutsches Hoheitsgebiet verlässt und sich auf Hoher See oder in einem ausländischen Küstengewässer, Hafen oder Binnengewässer befindet, ist § 4 anwendbar. Besticht (i.S. des IntBestG) also ein Australier einen chinesischen Beamten „auf" einem solchen Schiff auf der Fahrt im Pazifik, kann die Tat in Deutschland verfolgt werden. Glücklicherweise gilt in diesen Fällen nicht das Legalitätsprinzip: Nach § 153c Abs. 1 Nr. 1 StPO kann „die Staatsanwaltschaft ... von der Verfolgung von Straftaten absehen, die außerhalb des räumlichen Geltungsbereichs dieses Gesetzes begangen sind." Befindet sich das Schiff zur Zeit der Tat noch im Inland, ist vorrangig jedoch § 3 StGB anwendbar.[907] Der Begriff „Luftfahrzeug" wird in § 1 Abs. 2 Luftverkehrsgesetz[908] definiert; dieses muss einem Deutschen gehören (§ 2 Abs. 5, § 3 LuftVG). Anwendbar ist § 4 StGB auch auf Taten, die auf dem Schiff oder einem Flugzeug im Ruhezustand (etwa bei Zwischenaufenthalten) begangen werden.[909]

---

[903] Ausführlich dazu *Miller/Rackow* (Fn. 884), 379 ff. mit Darstellung von zahlreichen Variationen; s. zusätzlich m.w.N. MK-*Ambos* Rn. 36 ff.; LK-*Gribbohm* Rn. 29 ff. und in JR 1998, 177; NK-*Lemke*, § 9 Rn. 27 ff.; Bedenken bei und für enge Auslegung auch *Joecks*, § 9 Rn. 3 ff.; *Stratenwerth/Kuhlen* (Fn. 884), § 4 Rn. 11; berühmter Beispielsfall OLG Schleswig NStZ-RR 1998, 313 = wistra 1998, 30 m. zust. Anm. *Döllel*, wistra 1998, 70 (Beihilfe zum Schmuggel von 200 Mio. Zigaretten von USA nach Spanien auf einem unter deutscher Flagge fahrenden Schiff).

[904] Dazu insbesondere *Miller/Rackow* (Fn. 884), 389 ff., 417: nicht ganz so kritisch wie die Vorgenannten, gleichwohl aber für analoge Anwendung von § 23 Abs. 2 i.V. mit § 49 StGB, um weniger strafwürdigen Fällen Rechnung tragen zu können.

[905] NK-*Lemke*, § 4 Rn. 2 m.w.N.; *Satzger* (Fn. 786), S. 33; *Hecker* (Fn. 762), S. 42.

[906] I.d.F. v. 26.10.1994, BGBl. I 3140.

[907] MK-*Ambos*, Rn. 1; LK-*Gribbohm* Rn. 6 m.w.N.; *Satzger* (Fn. 786), S. 60 Rn. 56.

[908] V. i.d.F. v. 27.3.1999, BGBl. I 550.

[909] MK-*Ambos*, Rn. 12 ff. m.w.N.; früher schon *Schnorr von Carolsfeld*, Straftaten in Flugzeugen, 1965, S. 15, der als Beispiel auch Wettbewerbshandlungen erwähnt.

4. Aktives Personalitäts-/Nationalitäts-/Staatsangehörigkeitsprinzip

a) Grundlagen

411 Die allgemeine Grundlage für das im deutschen Recht verankerte **aktive Personalitätsprinzip** (bzw. **Nationalitäts/Staatsangehörigkeitsprinzip**) ist seit dem 1.1.1975 in § 7 Abs. 2 Nr. 1 StGB zu finden. Danach sind nach dessen erster Alternative solche Auslandstaten Deutscher (i.S. von Art. 116 GG)[910] strafbar, die zur Tatzeit am Tatort – nach konkreter Betrachtungsweise[911] – mit **(Kriminal)Strafe**[912] **bedroht sind oder dort keiner Strafgewalt unterliegen (Hohe See, Antarktis, Mond, Weltraum)**. Das geltende Recht folgt damit wieder – wenn auch in modifizierter Form – dem sog. **eingeschränkten Personalitätsprinzip**, wie es im RStGB bis 1940 verankert war.[913] Es basiert auf dem Grundsatz der Personalhoheit über die eigenen Staatsangehörigen,[914] also auf Gedanken des staatlichen Interessenschutzes, dem aber vielfach der Gedanke der stellvertretenden Strafrechtspflege gleichgestellt wird;[915] verschiedentlich wird nur auf den letzteren Gesichtspunkt abgestellt.[916] Angesichts der auf alle Straftaten bezogenen Anwendungsbreite von § 7 II Nr. 1 1. Alt. reicht es nicht aus, als tragenden Grund einfach auf die internationale Solidarität abzustellen.[917]

---

[910] Konkretisiert in den §§ 1, 3 ff. StAG und durch Gesetz v. 15.7.1999 (BGBl. I 1618) ausgedehnt auf in Deutschland geborene Kinder von Ausländern (sog. Optionsmodell).

[911] LK-*Gribbohm* § 7 Rn. 22 m.N.

[912] BGHSt 27, 5, 9 f. (DDR-Fall, analoge Anwendung von § 7 II Nr. 1: Kriminalstrafe erforderlich, administrative Sanktionen nach Ordnungswidrigkeitenrecht nicht ausreichend).

[913] § 4 Abs. 2 Nr. 3 RStGB a.F.; ebenso in Thüringen das von 1946 bis Oktober 1950 – auf Grund des Gesetzes über die Anwendung des Strafgesetzbuchs im Lande Thüringen v. 1.11.1945 – geltende RStGB (abgedruckt in Thüringische Gesetze und Verordnungen, Heft 2, Das Strafgesetzbuch für das Deutsche Reich mit strafrechtlichen Einzelgesetzen, im amtlichen Auftrag hrsg. von *Richard Lange*, Weimar 1946, S. 41 f.; s. auch SJZ 1946, 121; JBl. Braunschweig 1947, 226). In Brandenburg und in der Provinz Sachsen (1946 Provinz Sachsen-Anhalt; 1947 Land Sachsen-Anhalt) galten grundsätzlich die Regelungen nach dem Stand vor dem 1.1. bzw. 30.1.1933 mit nachfolgenden nicht nationalsozialistisch beeinflussten Änderungen (s br. Rd.Erlass v. 11.10.1945, brVOBl. 1945, 81; 1946, 61, und § 1 I, II Nr. 1 der VO v. 6.2.1946; S-A-VOBl. 1946, 306; vgl. NJ 1947, 22, 24) Dies war dann auch im DDR-(R)StGB vor 1968 der Fall. Dessen DDR-weite Fassung (wiedergegeben in den vom Ministerium der Justiz ab 1951 und vom VEB-Zentralverlag, Berlin, ab 1958 herausgegebenen Textausgaben) beruhte auf Erörterungen verschiedener Institutionen (ohne Einschaltung des Gesetzgebers!?!, vgl. Vorwort der ersten Textausgaben und die Darstellung von *Reichartz* in NJ 1951, 18, 19 f.).
Anders § 3 Abs. 1, 2 RStGB a.F. i.d.F. der VO über den Geltungsbereich des Strafrechts v. 6.5.1940, RGBl. I 754; grundsätzlich galt ab dann, ausgehend von nationalsozialistischen Grundanschauungen, das uneingeschränkte aktive Personalitätsprinzip, das in der Bundesrepublik Deutschland noch bis 31.12.1974 beibehalten wurde. Der Kontrollrat hatte sich nicht dazu durchringen können, zur Fassung vor 1940 zurückzukehren, wie es seine Working Party vorgeschlagen hatte, vgl. Juristischer Prüfungsausschuss für Gesetzgebung und Gesetzesanwendung in Berlin, Synoptische Darstellung des Strafgesetzbuches seit dem 29. Januar 1933, 1948, S. 7 f. – Andererseits hatte dann – im Zeichen sozialistischer Ideologie und in bewusster Abkehr von § 4 Abs. 2 Nr. 3 StGB a.F. (vgl. DDR-Ministerium der Justiz, Deutsche Akademie für Staats- und Rechtswissenschaft „Walter Ulbricht" [Hrsg.], Lehrkommentar, Strafrecht der Deutschen Demokratischen Republik, (Ost)Berlin, 1970, S. 270 f.) – § 80 Abs. 2 des neuen DDR-StGB von 1968 (GBl. I S. 1) das uneingeschränkte Nationalitätsprinzip doch wieder eingeführt!

[914] MK-*Ambos*, Vor § 3 Rn. 35; § 7 Rn. 1; *Tröndle/Fischer*, Rn. 1; *Wessels/Beulke*, Strafrecht Allg. Teil, 36. Aufl. 2006, Rn. 68, 71.

[915] Z.B. *Lackner/Kühl*, Rn. 1; NK-*Lemke*, Rn. 2; *Scholten*, Das Erfordernis der Tatortstrafbarkeit in § 7 StGB, 1995, S. 115.

[916] *Jescheck/Weigend* (Fn. 894), § 18 III 5; SK-*Hoyer*, Rn. 3. – Juristische Personen werden nicht erfasst, NK-*Dannecker*, § 299 Rn. 79; *Walter*, wistra 2001, 321, 325; *Ambos* (Fn. 879), § 3 Rn. 47.

[917] So aber *Council of Europe, European Committee on Crime Problems*, Extraterritoril Jurisdiction, 1990, S. 26 f. (zust. *Higgins*, in: Reisman [Fn. 893], S. 263, 287 f.; kritisch *Scholten* [Fn. 915], S. 48, 110 ff.). Nach *Ambos* (Fn. 879), § 3 Rn. 41 (m.w.N.) kann das eingeschränkte Personalitätsprinzip auch auf den Gedanken der internationalen Solidarität gestützt werden.

b) Auslieferungsverbot

Nahezu in allen Meinungen wird auf das (früher absolute) Auslieferungsverbot[918] für **412** Deutsche hingewiesen, das im jetzigen Verfassungs- und Auslieferungsrecht zwar prinzipiell weiter gilt, jedoch unter gewissen Voraussetzungen doch zu „Überstellungen" gegenüber internationalen Strafgerichtshöfen und neuerdings (teilweise) auch gegenüber anderen EU-Mitgliedstaaten zwingt. Im Ergebnis können dann solche Fälle faktisch doch eine Einengung des Anwendungsbereichs des § 7 II Nr. 1 1. Alt. zur Folge haben.[919]

Die verfassungsrechtliche Grundlage für die „**Überstellung" (als internationale Form der** **413** **Auslieferung) an internationale Strafgerichtshöfe** hat Art. 1 des 47. Gesetzes zur Änderung des Grundgesetzes vom 29.11.2000[920] durch eine Ergänzung von Art. 16 II GG geschaffen; sie ist nun auch gegenüber „Deutschen" zulässig, soweit rechtsstaatliche Grundsätze gewahrt sind. Diese ermöglicht nun – entsprechend den Resolutionen des VN-Sicherheitsrates S/Res./827 25.5.1993), dort Art. 28e, und S/Res/955 (8.11.1994), dort Art. 29e[921] – die „Überstellung" Deutscher an den Jugoslawien-Strafgerichtshof in Den Haag und an den Ruanda-Strafge-

---

[918] Art. 16 Abs. 2 GG a.F.; zuvor schon Art. 112 III der (sog. Weimarer) Verfassung des Deutschen Reiches v. 11.8.1919, RGBl. 1383, § 9 RStGB (diese Vorschrift wurde nach dem 2. Weltkrieg durch Art. I des Gesetzes Nr. 11 des Alliierten Kontrolrates [Alliierte Kontrollbehörde] betreffend Aufhebung einzelner Bestimmungen des deutschen Strafrechts v. 30.1.1946, ABl. des Kontrollrats in Deutschland, S. 55 aufgehoben! – *Brandl/Heibl*, Deutsche Strafgesetze. 2. Aufl. 1947, S. 16 Fn. 9, verweisen noch auf eine „Deklaration" v. 5.6.1945, KABl. S. 11 ErgBl. Nr. 1). Zu im 19. Jahrhundert vorangehenden landesrechtlichen Regelungen vgl. BVerfGE 4, 304 und die N. bei v. *Martitz*, Internationale Rechtshilfe in Strafsachen, Erste Abtheilung, 1888, S. 220 ff. m. Fn. 16 und 17 sowie die Darstellung bei *Oehler*, Internationales Strafrecht, 1. Aufl. 1973, 2. Aufl. 1983, § 18 II. § 1 des Deutschen Auslieferungsgesetzes (DAG) v. 23.12.1929 (RGBl. 1929 I 239; 1930 I 28) und § 2 des Gesetzes über die Internationale Rechtshilfe in Strafsachen (IRG) v. 23.12.1982 (BGBl. I 2071) beschränkten die Auslieferung auf Ausländer. – Ausnahmen von der Auslieferung Deutscher bestanden nach dem 1. und 2. Weltkrieg gegenüber ausländischen Militärbehörden nach Art. 228 ff. des sog. (Versailler) Friedensvertrages v. 28.6.1919, RGBl. 1919 S. 687, 981 ff (innerstaatlich abgedeckt durch Art. 178 II der Weimarer Reichsverfassung von 1919); Art. 3e, Art. 4 der beigefügten Vereinbarung über die militärische Besetzung der Rheinlande (sog. Rheinlandabkommen), RGBl. a.a.O. S. 1337, 1339 ff.; Ergänzungsgesetze v. 24.3.1920 und 12.5.1921 (vgl. weiter § 3 des Gesetzes über vorübergehende Rechtspflegemaßnahmen im Hinblick auf das Saargebiet v. 10.3.1922, RGBl. S. 241) sowie Art. III ff. des Kontrollratsgesetzes Nr. 10 v. 20.12.1945 (ABl. S. 50) und VO Nr. 176 v. 24.8.1948 für die Französische Zone, Journal Officiel S. 1655 (vgl. dazu *Mettgenberg*, Deutsches Auslieferungsgesetz, Kommentar, 1. Aufl. 1930, 2. Aufl. 1953, neubearbeitet durch *Doerner*, Nr. 20 bzw. Nr. 22 § 1). – Eine Übergabe eines fahnenflüchtigen US-Soldaten deutscher Staatsangehörigkeit an die US-Militärbehörden auf der Grundlage des NATO-Truppenstatuts wurde von den deutschen Behörden verweigert, so *Witsch*, Deutsche Strafgerichtsbarkeit über die Mitglieder der U.S.-Streitkräfte und deren begleitende Zivilpersonen, 1970, 155 Fn. 40. – Zur Geschichte von Auslieferung und Nichtauslieferung von Staatsangehörigen vgl. insbesondere v. *Martitz* a.a.O. und S. 305 ff. (kritisch gegenüber Argumenten für die Nichtauslieferung) sowie *Oehler* a.a.O., der für eine beschränkte Auslieferung eigener Staatsangehöriger offen zeigte, früher dezidiert dafür v. *Liszt* in seinem Gutachten für den 16. DJT 1882, vgl. Verhandlungen, Bd. I, 1882, S. 3, 9 (Prinzip der Nichtauslieferung der Inländer an das Ausland … unhaltbar); für Auslieferung auch *Teich*, Die Staatsangehörigkeit im deutschen Auslieferungsrecht, 1909. – Die Ausnahmeregelungen im Versailler Vertrag brachten jedoch Bestrebungen, allgemein die Auslieferung Deutscher unter gewissen Voraussetzungen zu erlauben, zum Erliegen. Die ablehnende Haltung spiegelte sich auch in den Leipziger Kriegsverbrecherprozessen von 1919 bis 1931 beim Reichsgericht wider, vgl. dazu *Wiggenhorn*, Verliererjustiz, 2005.

[919] So auch *Kindhäuser*, StGB, 3. Aufl. 2006, § 7 Rn. 6.

[920] BGBl. I 1633.

[921] Zu ihnen sowie dem Jugoslawien-Strafgerichtshof-Gesetz v. 10.4.1995 (BGBl. I 480) und dem Ruanda-Strafgerichtshof-Gesetz v. 4.5.1998 (BGBl. I 843), geändert durch Art. 8 des Gesetzes v. 21.6.2002 (BGBl. I 2144), insbesondere *Schomburg/Lagodny* (Fn. 768), Hauptteil VI, Internationale Strafgerichtsbarkeit, S. 1171 ff., 1175 ff., 1207 ff.; jüngst *Schomburg*, in: Kirsch (Hrsg.), Internationale Strafgerichtshöfe, 2005, S. 9 ff., 129 ff., ebenda S. 231 ff. auch *C. Kreß/F. Wannek* m.w.N. im Literaturverzeichnis, S. 345 ff.

richtshof in Arusha (Tansania). Dasselbe gilt für die „Überstellung" von Personen, einschließlich von Deutschen, an den Internationalen Strafgerichtshof in Den Haag.[922]

414 Eine weitere Grundlage für die Möglichkeit bzw. sogar die Verpflichtung, eigene Staatsangehörige auszuliefern, hat der „Rahmenbeschluss über den Europäischen Haftbefehl und die Übergabeverfahren **zwischen den Mitgliedstaaten der Europäischen Union**" v. 13.6.2002 – **RbEUHb**[923] geschaffen. An sich war dieser nach der Annahme des Umsetzungsgesetzes im italienischen Parlament am 12.4.2005 in allen EU-Mitgliedstaaten umgesetzt. Der deutsche Gesetzgeber hatte dies zuvor durch das am 23.8.2004 in Kraft getretene „Gesetz zur Umsetzung des Rahmenbeschlusses über den Europäischen Haftbefehl und die Übergabeverfahren zwischen den Mitgliedstaaten der Europäischen Union (Europäisches Haftbefehlsgesetz – EuHbG)" v. 21.7.2004[924] insbesondere durch Änderungen und Ergänzungen des IRG (s. § 80 – Auslieferung deutscher Staatsanhöriger) verwirklicht. In der Anwendung, insbesondere was die Auslieferung Deutscher angeht, sahen Oberlandesgerichte grundsätzlich keine verfassungsrechtlichen Probleme.[925] Dieser Auffassung ist der **Zweite Senat des BVerfG** in seinem auf Verfassungsbeschwerde eines Deutsch-Syrers eingeleiteten Verfahren (2 BvR 2236/04) gegen die Zulassung der Auslieferung nach Spanien wegen Mitgliedschaft in einer terroristischen Organisation gemäß Art. 515.2 und 516.2 des spanischen StGB durch das OLG Hamburg im Beschluss v. 23.11.2004 – Ausl 28/03 – und die Bewilligungsentscheidung der Hamburger Justizbehörde v. 24.11.2004 (2004 – 9351 – S 6 – 26.4) energisch entgegengetreten. **Es hat in seiner Entscheidung v. 18.7.2005**[926] **überraschenderweise mehrheitlich das ganze**

---

[922] Art. 89 des Römischen Statuts des Internationalen Strafgerichtshofs v. 17.7.1998 (abgedruckt in ILM 37 (1998) 1002 und in *Randelzhofer*, Völkerrechtliche Verträge, 10. Aufl. 2004; Ratifizierung am 11.12.2000 durch das am 1.7.2002 in Kraft getretene Vertragsgesetz – IStHG-Statusgesetz v. 4.12.2000, BGBl. 2000 II 1393, 2003 II 293; nach Art. 17 gegenüber nationalem Verfahren nur nachrangig zuständig) i.V. mit Art. 2 ff. des in Artikel 1 des „Gesetzes zur Ausführung des Römischen Statuts des Internationalen Strafgerichtshofes" vom 17.7.1998, enthaltenen „Gesetzes über die Zusammenarbeit mit dem Internationalen Strafgerichtshof (IStH-Gesetz – IStGHG)" v. 21.6.2002, BGBl. I 2144 (in Kraft am 1.7.2002); dazu der Überblick bei *Möhrenschlager*, wistra 2002 H. 8 S. VI f. = Register 2002 R XLIX f.; zur Zusammenarbeit *Schomburg* (Fn. 921), S. 129 ff.; *Maikowski*, Staatliche Kooperationspflichten gegenüber dem Internationalen Strafgerichtshof, 2002, und *Meißner*, Die Zusammenarbeit mit dem Internationalen Strafgerichtshof nach dem Römischen Statut, 2003.

[923] ABl. EG Nr. L 190 v. 18.7.2002; teilweise kritisch dazu *Ambos* (Fn. 879), § 12 Rn. 60, 66 m.w.N.

[924] BGBl. I 1748 (dazu insbesondere *v. Bubnoff*, Der Europäische Haftbefehl, 2005; *Böse*, in: Vogler/Wilkitzki, IRG, zu den §§ 78 ff. [Stand: September 2005] und *Jekewitz*, GA 2005, 625, 627 ff. zur Entstehungsgeschichte; vgl. auch die Zusammenfassung von *Möhrenschlager* in wistra 2004 H. 9 S. VI f. = Register 2004 R LIII f.).

[925] N. zur Rechtsprechung bei *Hackner*, NStZ 2005, 311, 312, auch abrufbar bei *Albrecht*, www.strafrecht.de/de/euhb; vielfach handelt es sich dabei um die Auslieferung von Staatsangehörigen anderer EU-Mitgliedstaaten, vgl. OLG Karlsruhe wistra 2005, 40 (26.10.2004), 120 (23.11.2004); NStZ-RR 2005, 116 (31.8.2004); OLG Stuttgart, NJW 2004, 3437 f. = NStZ 2005, 47; NStZ-RR 2005, 115 (2.12.2004); Strafverteidiger 2005, 146 (28.1.2005 betr. einen Deutschen); AG Gera, NStZ-RR 2005, 215 (10.11.2004); einen Haftbefehl zur Auslieferung eines deutschen Staatsangehörigen hatte das OLG Hamm jedoch in den Beschlüssen v. 25.8. und 29.12.2004, Az.: (2) 4 Ausl. A 64/04 bzw. 328–330/04; letzterer veröffentlicht in NStZ 2005, 350), hinsichtlich der Ermordung eines Kolumbianers in Valencia durch einen jungen Deutschen erlassen. – Weitere Deutsche betreffende Entscheidungen abrufbar bei *Albrecht* a.a.O.; vgl. auch OLG Braunschweig, NStZ-RR 2005, 18 (3.11.2004) und OLG Düsseldorf, StraFo 2005, 207 (8.12.2004) – Dezidiert gegen Auslieferungsmöglichkeiten wegen des „europafesten" (!?) Rechtsstaatsvorbehalts in Art. 16 II 2 GG u.a. *Schünemann*, ZRP 2003, 185, 187 f., 472; StV 2003, 531; GA 2004, 193, 202 ff.; ZStW 116 (2004), 376, 386; a.A. wohl *Hecker*, S. 437 f. – Die nationale Umsetzung des Rahmenbeschlusses mit der Möglichkeit der Übergabe eines Polen an einen anderen EU-Mitgliedstaat hat der polnische Verfassungsgerichtshof in einem Urteil v. 27.4.2005 (teilweise abgedruckt in EuR 2005, 494, 499 ff.) als Verstoß gegen das Auslieferungsverbot in Art. 55 Abs. 1 der Verfassung angesehen, jedoch den Geltungsverlust für höchstens 18 Monate in der Erwartung einer Änderung der Verfassung aufgeschoben. In diesem Zeitraum kann der polnische Staat also weiterhin seine Pflicht zur Implementierung des Rahmenbeschlusses erfüllen.

[926] 2 BvR 2236/04, in NJW 2005, 2289 = StV 2005, 505 = JR 2005, 464; Entscheidungsformel – auf Veranlassung von Bundesministerin der Justiz B. Zypries (20.7.2005) – veröffentlicht in BGBl. 2005 I Nr. 47 v. 18.10.2005, S. 2300. Teilweise kritisch zu der Entscheidung *Böhm*, NJW 2005, 2588; *v. Bubnoff*, in: Pache

Gesetz wegen Verstoßes gegen Art. 2 I i.V. mit Art. 20 III, Art. 16 II und Art. 19 IV GG für verfassungswidrig und nichtig erklärt und die beiden Entscheidungen des OLG Hamburg aufgehoben.

Das BVerfG kam in seiner Entscheidung vom 18.7.2005 dann zu dem Schluss, 415 dass, solange der Gesetzgeber kein neues Ausführungsgesetz zu Art. 16 Abs. 2 GG erlasse, die Auslieferung eines deutschen Staatsangehörigen an einen EU-Mitgliedstaat nicht möglich sei.

Als Reaktion auf die Entscheidung ergriff Bundesministerin Brigite Zypries eine neue 416 Initiative, die im Ergebnis weitgehend erfolgreich war. Das am **2.8.2006** in Kraft getretene neue **Europäische Haftbefehlsgesetz v. 20.7.2006**[927] setzt dann – vor allem mittels Änderungen des IRG – den Rahmenbeschluss unter enger Beachtung der Vorgaben des BVerfG und von im Gesetzgebungsverfahren gegenüber dem RegE geäußerten Kritiken um. Die „Auslieferung deutscher Staatsangehöriger" in § 80 IRG erfuhr eine einengende jedoch komplexe und differenzierte Neugestaltung. Insbesondere die Abwägungsregelung wird in der Anwendung gleichwohl gewisse Probleme bereiten:

„(1) Die Auslieferung eines Deutschen zum Zwecke der Strafverfolgung ist nur zulässig, wenn

1. gesichert ist, dass der ersuchende Mitgliedstaat nach Verhängung einer rechtskräftigen Freiheitsstrafe oder sonstigen Sanktion anbieten wird, den Verfolgten auf seinen Wunsch zur Vollstreckung in den Geltungsbereich dieses Gesetzes zurückzuüberstellen, und
2. die Tat einen maßgeblichen Bezug zum ersuchenden Mitgliedstaat aufweist.

Ein maßgeblicher Bezug zum ersuchenden Mitgliedstaat liegt in der Regel vor, wenn die Tathandlung vollständig oder in wesentlichen Teilen auf seinem Hoheitsgebiet begangen wurde und der Erfolg zumindest in wesentlichen Teilen dort eingetreten ist, oder wenn es sich um eine schwere Tat mit typisch grenzüberschreitendem Charakter handelt, die zumindest teilweise auch auf seinem Hoheitsgebiet begangen wurde.

(2) Liegen die Voraussetzungen des Absatz 1 Satz 1 Nr. 2 nicht vor, ist die Auslieferung eines Deutschen zum Zwecke der Strafverfolgung nur zulässig, wenn
1. die Voraussetzungen des Absatz 1 Satz 1 Nr. 1 vorliegen, und die Tat
2. keinen maßgeblichen Bezug zum Inland aufweist und
3. auch nach deutschem Recht eine rechtswidrige Tat ist, die den Tatbestand eines Strafgesetzes verwirklicht oder bei sinngemäßer Umstellung des Sachverhalts auch nach deutschem Recht eine solche Tat wäre, und bei konkreter Abwägung der widerstreitenden Interessen das schutzwürdige Vertrauen des Verfolgten in seine Nichtauslieferung nicht überwiegt.

Ein maßgeblicher Bezug zum Inland liegt in der Regel vor, wenn die Tathandlung vollständig oder in wesentlichen Teilen im Geltungsbereich dieses Gesetzes begangen wurde und der Erfolg zumindest in wesentlichen Teilen dort eingetreten ist. Bei der Abwägung sind insbesondere der Tatvorwurf, die praktischen Erfordernisse und Möglichkeiten einer effektiven Strafverfolgung und die grundrechtlich geschützten Interessen des Verfolgten unter Berücksichtigung der mit der Schaffung eines Europäischen Rechtsraums verbundenen Ziele zu gewichten und zueinander ins Verhältnis zu setzen. Liegt wegen der Tat, die Gegenstand des

---

(Hrsg.), Die Europäische Union – Ein Raum der Freiheit, der Sicherheit und des Rechts, 2005, S. 101, 149; *Buermayer*, HRRS 2005, 273; *Hufeld*, JuS 2005, 865; *Jekewitz*, GA 2005, 625, 634 ff.; *Karpenstein*, AnwBl. 2005, 561; *Lagodny*, StV 2005, 561; *Ranft*, wistra 2005, 361; *Schorkopf*, Der Europäische Haftbefehl vor dem BVerfG, 2006; *Tomuschat*, EuGRZ 2005, 453; *J. Vogel*, JZ 2005, 801; weitgehend zustimmend jedoch *Bosbach*, NStZ 2006, 104; *Knopp*, JR 2005, 448.

[927] Gesetz zur Umsetzung des Rahmenbeschlusses über den Europäischen Haftbefehl und die Übergabeverfahren zwischen den Mitgliedstaaten der Europäischen Union (Europäisches Haftbefehlsgesetz – EuHbG) v. 20.7.2006 (BGBl. I 1721), dazu u.a. *Böhm*, NJW 2006, 2592; *Möhrenschlager*, wistra 2006 H. 9 S. V ff.; *Rosenthal*, ZRP 2006, 105.

Auslieferungsersuchens ist, eine Entscheidung einer Staatsanwaltschaft oder eines Gerichts vor, ein deutsches strafrechtliches Verfahren einzustellen oder nicht einzuleiten, so sind diese Entscheidung und ihre Gründe in die Abwägung mit einzubeziehen; Entsprechendes gilt, wenn ein Gericht das Hauptverfahren eröffnet oder einen Strafbefehl erlassen hat ..."

c) Neubürgervariante

417   Vor allem mit dem Auslieferungsverbot wurde bisher auch die sog. Neubürgervariante in § 7 II Nr. 1 2. Alt. StGB begründet. Sie bezieht sich auf den Sonderfall, dass ein Ausländer nach der Tat Deutscher geworden ist (und bis zur rechtskräftigen Verurteilung Deutscher geblieben) ist.[928]

d) Beiderseitige Strafbarkeit

418   Im Übrigen ist zur Anwendung des § 7 II Nr. 1 Folgendes hervorzuheben: Soweit die beiderseitige Strafbarkeit zu prüfen ist, ist es nach der Rechtsprechung[929] nicht erforderlich, dass der ausländische Straftatbestand sich mit dem des deutschen Rechts deckt oder ihm derselbe Rechtsgedanke zugrunde liegt bzw. dass er das gleiche oder ein vergleichbares Rechtsgut schützt. Das Erfordernis der „doppelten" Strafbarkeit in § 7 II Nr. 1 ist allerdings nicht erfüllt, wenn in beiden Ländern die relevanten Strafvorschriften jeweils nur inländische Rechtsgüter schützen. Dies kann z.B. bei der Vorteilsgewährung an Amtsträger der Fall sein. Die EU-Rechtsinstrumente verlangen nicht, auch die Vorteilsgewährung (bzw. – annahme) hinsichtlich Amtsträgern anderer EU-Mitgliedstaaten mit Strafe zu bedrohen. Rechtfertigungs- und Entschuldigungsgründe des Tatortrechts sind grundsätzlich – soweit sie nicht international anerkannten Rechtsgrundsätzen widersprechen (sog. internationaler Ordre-Public-Vorbehalt)[930] – anzuerkennen. Verfahrenshindernisse für die Strafverfolgung am Tatort sind nach der Rechtsprechung irrelevant.[931] Unerheblich ist deshalb auch, ob die Tat am Tatort „faktisch" straflos ist, etwa weil die Verfolgung aus Opportunität unterbleibt, was vor allem in bestimmten Ländern in Korruptionsfällen zu beobachten ist.

e) Uneingeschränktes Nationalitätsprinzip

419   Vereinzelt gilt darüber hinaus das uneingeschränkte Nationalitätsprinzip, d.h. also ohne Rücksicht auf die Strafbarkeit nach dem Tatortrecht (vgl. z.B. § 35 AWG, § 21 KWKG, § 18 AusfG zum Chemiewaffenübereinkommen), auch im Bereich der Korruption. Nach § 5 Nr. 12 kann ein deutscher Amtsträger oder für den öffentlichen Dienst besonders Verpflichteter", der im Ausland „Taten ... während eines dienstlichen Aufenthalts oder in Beziehung auf den Dienst begeht", „unabhängig vom Recht des Tatorts" strafrechtlich verfolgt werden. Die Regelung wird – im Hinblick auf die gesonderte Erfassung von Ausländern als Amtsträger usw. in dem engeren § 5 Nr. 13 – so verstanden,

---

[928] Mehr als in der 1. Alt. liegt dieser Regelung das Prinzip der stellvertretenden Strafrechtspflege zugrunde (für letzteres z.B. *Satzger* [Fn. 786], S. 67 ff.). Kritisch zu der Regelung *Ambos* (Fn. 879), § 3 Rn. 48.

[929] BGHSt 2, 160 f. (Zu § 4 Abs. 2 Nr. 3 RStGB ab 1940 = § 7 Abs. 2 Nr. 2 StGB); 42, 275, 277 (DDR-Fall); NJW 1954, 1086; Strafverteidiger 1997, 70 f.; 4 StR 173/96; a.A. z.B. *Arzt*, in: Festgabe zum Schweizerischen Juristentag, 1988, S. 417; *Scholten* (Fn. 915), S. 133 ff. – Im Falle des § 299 reichen nach LK-*Tiedemann*, Rn. 56 und NK-*Dannecker*, Rn. 77 untreueähnliche Tatbestände aus.

[930] Näher dazu *Scholten* (Fn. 915), S. 166 ff.; *Henrich*, Das passive Personalitätsprinzip im deutschen Strafrecht, 1994, S. 105 f. (zu § 7 I StGB); *Satzger* (Fn. 862), S. 71 f. m.w.N.

[931] Z.B. BGHSt 2, 160 f.; 20, 22, 27; NJW 1992, 2775; w.N. im LK-*Gribbohm* § 7 Rn. 32 ff.; *Scholten* (Fn. 915), S. 149 ff; a.A. z.B. *Eser*, JZ 1993, 875, 878; *Henrich* (Fn. 930), S. 98 f.; *Baumann/Weber/Mitsch*, Strafrecht, Allg. Teil, 11. Aufl. 2003, § 7 Rn. 65 m. Anm. 60; *Satzger* (Fn. 862), S. 73 f.; *Li* (Fn. 893), S. 240; anders *Vogel* in Volk, § 14 Rn. 61 in Fällen des § 7 II Nr. 2; für anglo-amerikanische Länder vgl. *Akehurst* (Fn. 893), S. 36.

dass sie sich nur auf deutsche Staatsangehörige bezieht.⁹³² Lässt sich ein solcher im Ausland bestechen oder dienstbezogen einen Vorteil gewähren, ist eine Grundlage für ein Strafverfahren wegen einer Tat nach den §§ 331,⁹³³ 332, 335 auch dann gegeben, wenn am Tatort Bestechungshandlungen gegenüber einem ausländischen Amtsträger nicht strafbar sind. Auch dann, wenn der deutsche Amtsträger aktive Bestechungshandlungen oder andere Korruptionsdelikte begeht, kann § 5 Nr. 12 u.U. anwendbar sein, da diese Regelung sich nicht auf Amtsdelikte beschränkt.⁹³⁴ Der Stimmenverkauf eines deutschen Abgeordneten im Ausland, selbst in seiner Eigenschaft als Mitglied des Europäischen Parlaments, ist nach § 108e i.V. mit § 5 Nr. 14a strafbar, auch wenn am Tatort die Tat strafrechtlich nicht verfolgt werden kann.⁹³⁵ Dasselbe ist der Fall, wenn ein Deutscher im Ausland einen ausländischen Amtsträger oder Abgeordneten im Zusammenhang mit internationalem Geschäftsverkehr nach den §§ 334 ff. i.V. mit Art. 2 §§ 1, 2 IntBestG (vgl. Art. 2 § 3 IntBestG) oder einen Richter bzw. einen Amtsträger eines anderen EU-Mitgliedstaates oder einen EG-Richter oder einen Gemeinschaftsbeamten usw. nach den §§ 334 ff. i.V. mit Art. 2 § 1 I EUBestG (vgl. Art. 2 § 2 Nr. 1a EU-BestG) besticht.

5. Schutzprinzip/Passives Personalitätsprinzip

Werden inländische Rechtsgüter durch Ausländer im Ausland verletzt oder gefährdet, so kann sich daraus – trotz teilweise noch bestehender völkerrechtlicher und rechtspolitischer Bedenken⁹³⁶ – ein inländisches Strafverfolgungsinteresse auch bei Korruptionsdelikten ergeben. Bei der Bestechung von deutschen Amtsträgern oder Abgeordneten greift allerdings nicht § 7 Abs. 1 StGB (passives Personalitätsprinzip) ein, da diese Regelung nur Individualrechtsgüter von Deutschen schützt. Etwas anderes kann sich bei Bestechungshandlungen im privaten Sektor und bei Untreue oder Betrug zum Nachteil von Deutschen ergeben.⁹³⁷ In Verwirklichung inländischer Individual-

420

---

⁹³² Henrich (Fn. 930), S. 43.
⁹³³ Ebenso Hecker (Fn. 762), S. 42; völkerrechtliche Bedenken erhebt Ambos (Fn. 879), § 3 Rn. 57, 60.
⁹³⁴ MK-Ambos, § 5 Rn. 33; Henrich (Fn. 930), S. 71; Satzger (Fn. 862), S. 64. – Der RefE des BMJ zur Umsetzung des strafrechtlichen Übereinkommens des Europarates sieht eine Ausdehnung des § 5 StGB für Bestechungsstraftaten vor, s. NJW-Spezial 2006 H. 11.
⁹³⁵ Ebenso Hecker (Fn. 762); Ambos (Fn. 879), § 3 Rn. 61.
⁹³⁶ S. dazu insbesondere MK-Ambos, Vor § 3 Rn. 39 ff. m.w.N.; Becker, in: Henzel/Pierling/Hoffmann, Völkerrechtsprechung, 2005, S. 289 f. m.N.; Li (Fn. 893), S. 180 ff.; für eingeschränkte Anerkennung im Rahmen des Prinzips der stellvertretenden Strafrechtspflege z.B. früher schon Wendt, Das passive Personalitätsprinzip, Diss. Kiel 1965, passim, zusammenfassend S. 118 f. – Section 402 des Restatement Third, Restatement of Foreign Relations Law of the United States des American Law Institute (abgedruckt in Carter/Trimble, International Law, 3. Aufl. 1999, S. 761) ging 1987 davon aus, dass das passive Personalitätsprinzip allgemein nicht für normale Delikte, aber in wachsendem Maße auf terroristische und andere organisierte Angriffe oder z.B. auf Mordanschläge gegen Diplomaten und andere Amtsträger Anerkennung gefunden hatte; ähnlich Shaw, International Law, 4. Aufl. 1997, S. 467 f.; Higgins, in: Reisman (Fn. 893), S. 263, 277 f.; ebenso gehen auch Lowe, in: Evans, International Law, 2003, S. 329, 346, und Paust (Fn. 884), S. 180 f. davon aus, dass das Prinzip weiterhin nicht im Völkergewohnheitsrecht etabliert ist; weitergehend Akehurst (Fn. 893): passives Personalitätsprinzip verstößt gegen Völkerrecht aus Sicht angloamerikanischer Staaten, vgl. ebenda auch Bowett (1983), S. 237, 246, auch wenn es in verschiedene internationale Verträge Eingang gefunden hat; dem gegenüber beobachtet Gardiner, International Law, 2003, S. 311 f., 319 eine wachsende Anerkennung auf nationaler Ebene und in der internationalen Gemeinschaft; abl. in der Vergangenheit das englische Recht, Hirst (Fn. 805), S. 51; anders Art. 53 der Crime (International Co-operation) Bill 2002 hinsichtlich terroristischer Akte Staatsangehörige (und Wohnsitzberechtigte) des Vereinigten Königreichs.
⁹³⁷ „Deutscher" i.S. des § 7 Abs. 1 ist nicht eine juristische Person mit Sitz in Deutschland, OLG Stuttgart, NStZ 2004, 402 f. (betr. Hehlerei in Frankreich; Vortat Diebstähle hochwertiger Fahrzeuge in Baden-Württemberg zum Nachteil von Autoherstellern bzw. Auslieferungsfirmen, die ins Ausland verbracht worden waren); AG Bremen, NStZ-RR 2005, 87 (betr. Unterschlagung von von einer GmbH – mit Sitz in

schutzinteressen enthält auch § 5 Nr. 7 StGB eine Ausdehnung auf Auslandstaten ohne Rücksicht auf das Tatortrecht zum Schutze gegen die Verletzung und Gefährdung von Geschäfts- und Betriebsgeheimnissen (einschließlich Wirtschaftsspionage) von inländischen Betrieben und Unternehmen bzw. mit diesen verbundenen ausländischen Unternehmen durch Straftaten nach §§ 17 ff. UWG, §§ 201 ff., 242, 246, 263, 266 StGB.[938]

421 Demgegenüber schützen Bestechungstatbestände grundsätzlich überindividuelle Rechtsgüter. Ansatzpunkt für die Verfolgung von Auslandstaten ist dann also nicht das individualschutzgerichtete passive Personalitätsprinzip, sondern das sog. „Staatsschutzprinzip" bzw. „staatsschutzrechtliche Realprinzip", dem vor allem in § 5 StGB Rechnung getragen wird. Beispiel dafür ist der Stimmenkauf deutscher Abgeordneter nach § 108e i.V.m. § 5 Nr. 14a StGB. Bewusst hat sich hier der Gesetzgeber von der Beschränkung des § 7 Abs. 1 durch die Verwendung des Merkmals „gegenüber einem Deutschen" anstelle „gegen einen Deutschen" gelöst. Entsprechendes gilt für ausländische Bestechungshandlungen „gegenüber" einem Deutschen, der auf EG-Ebene oder in einem EU-Mitgliedstaat als Richter, Amtsträger, Gemeinschaftsbeamter usw. i.S. von Art. 2 § 1 Abs. 1 EU-BestG agiert (vgl. Art. 2 § 2 Nr. 2 EU-BestG). Rechtfertigen lassen sich diese Ausdehnungen durch das zusätzliche Interesse Deutschlands daran, dass solche Taten gegenüber Deutschen, die in einer besonderen Pflichtenbindung zu Deutschland oder zur Europäischen Union stehen, auch in Deutschland – weiter als nach § 7 Abs. 2 Nr. 2 StGB möglich – strafrechtlich verfolgt werden können.

6. Prinzip der stellvertretenden Strafrechtspflege („aut dedere aut iudicare")

422 Zusätzlich können Auslandstaten von Ausländern und damit auch Korruptionsdelikte nach der allgemeinen und sehr weitreichenden[939] Regelung in § 7 Abs. 2 Nr. 2 StGB auch dann im Inland verfolgt werden, wenn der Täter (betroffen[939a] im Inland), für den kein Auslieferungshindernis i.S. der §§ 3–9, 79 ff. IRG[940] vorliegt, nicht ausgeliefert wird (Prinzip der stellvertretenden Strafrechtspflege). Generelle Voraussetzung ist weiter, dass die Tat am Tatort mit Strafe bedroht ist oder dieser keiner Strafgewalt unterliegt.

423 **Nichtauslieferung** liegt vor, wenn ein betroffener ausländischer Staat (Tatortstaat oder Heimatstaat) „innerhalb angemessener Frist" kein Auslieferungsersuchen stellt,[941]

Deutschland – vermieteten Baumaschinen in Montenegro); KG NJW 2006, 3016 f. (betr. Hehlerei); LK-*Gribbohm*, Rn. 47 ff.; MK-*Ambos*, Rn. 23; NK-*Lemke*, Rn. 16; *Henrich* (Fn. 930), S. 109 ff.; *Möhrenschlager*, in: Wabnitz/Janovsky, 3. Aufl., Kap. 3 III 2, Rn. 43; *Vogel* in Volk, § 14 Rn 62; abl. auch *Council of Europe* (Fn. 738), S. 12 f.; a.A. *Schönke/Schröder/Eser*, Rn. 6; *Tröndle/Fischer*, Rn. 6; SK-*Hoyer*, Rn. 8; NK-*Dannecker*, § 299 Rn. 78; *Jakobs*, Strafrecht, Allg. Teil, 2. Aufl. 1993, V 18, S. 116; *Walter*, wistra 2001, 321, 324.; auch in der Schweiz wird überwiegend vertreten, dass juristische Personen „Schweizer" sein können, *Schwarzenegger* (Fn. 894), S. 143, 147 f. m.N.
[938] S. dazu *Möhrenschlager*, in: Wabnitz/Janovsky Kap. 13 Rn. 38 ff.; *Hecker* (Fn. 762), S. 44; NK-*Lemke*, § 5 Rn. 14. – *Ambos* (Fn. 879) gründet die Regelung auf das Realprinzip i.w.S., was völkerrechtlich jedoch nicht ausreiche, und fordert deshalb, sofern keine völkerrechtliche Vereinbarung vorliege, wenigstens das Vorliegen einer identischen Tatnorm.
[939] Zu Recht kritisch dazu *Pappas*, Stellvertretende Strafrechtspflege, 1996; *Ambos* (Fn. 879), § 3 Rn. 125.
[939a] Dazu BGH wistra 2006, 426 f. (liegt nicht vor nach Verlassen Deutschlands nach Aufhebung des Haftbefehls).
[940] LK-*Gribbohm* § 7 Rn. 71 rechnet hier wegen § 1 Abs. 1, 3 IRG auch vorrangige unmittelbar anwendbare völkervertragsrechtliche Regelungen dazu (auf letzteres stellt *Lagodny*, JR 1998, 476 ab; näher *Pappas* [Fn. 939], S. 198 ff.).
[941] Im Fall BGHSt 45, 64, 73 (Völkermord und andere Verbrechen) hatte das Außenministerium von Bosnien-Herzegowina erklärt, keinen Auslieferungsantrag zu stellen; im Fall des LG Kempten, NJW 1979, 225 (Abschieben von Falschgeld, § 147 StGB) hatten schweizerische Behörden auch keinen Antrag übermittelt.

B. Bekämpfung internationaler Korruption   IV. Die Strafbarkeit von Auslandstaten

z.B. weil kein Interesse an der Strafverfolgung besteht, oder wenn ein ausländisches Auslieferungsersuchen abgelehnt wird bzw. die Auslieferung (z.B. aus gesundheitlichen Gründen) nicht durchführbar ist. U.U. kann sich auch aus den Umständen ergeben, dass solche Auslieferungshindernisse bestehen, so dass sich die Herbeiführung einer Entscheidung der nach § 74 IRG zuständigen Behörde erübrigt.[942] Wenn Auslieferungsverkehr besteht, muss die Auslieferung erfolglos angeboten worden sein, es sei denn, dass – auf der Linie der vorgenommenen Gesetzesänderung[943] – nach Ablauf angemessener Zeit mit einem Auslieferungsersuchen nicht mehr zu rechnen ist.[944]

---

[942] LK-*Gribbohm* § 7 Rn. 74 ff. m.N. der Rechtsprechung.
[943] Klarstellender Zusatz im Ersten Gesetz zur Modernisierung der Justiz (1. Justizmodernisierungsgesetz) v. 24.8.2004 (BGBl. I 2198; dazu wistra 2004 H. 10 S. IV, VI = Reg 2004 R LVI f.) für Fälle, in denen der ausländische Staat selbst auf Anfragen der Strafverfolgungsbehörde nicht reagiert. Die „Angemessenheit" der Frist wird nach den Umständen des Einzelfalls, namentlich nach den Gepflogenheiten im Verkehr mit den jeweiligen Staaten zu bemessen sein. Nach dem CDU/CSU-E, BT-Drucks. 15/999, S. 35, und dem BT-Ausschussbericht, BT-Drucks. 15/1491, S. 25, hat sich in der Praxis eine Fristsetzung von drei Wochen bewährt, was allerdings gegenüber Staaten in Ländern der sog. Dritten Welt wohl nicht immer ausreichen dürfte.
[944] So vor der Gesetzesänderung bereits *Tröndle/Fischer* § 7 Rn. 11 a.E.

9. Kapitel. Das OECD-Übereinkommen über die Bekämpfung der Bestechung ausländischer Amtsträger im internationalen Geschäftsverkehr

von *Mark Pieth*

Literatur: *Balmelli*, Die Bestechungsstrafbestände des schweizerischen Strafgesetzbuches, Diss. Basel 1996; *Bbernasconi*, Die Bestechung ausländischer Beamter nach schweizerischem Straf- und Rechtshilferecht zwischen EG-Recht und neuem Antikorruptions-Staatsverträgen, ZStrR 1992, 383 ff.; Botschaft des Bundesrates über die Änderung des Schweizerischen Strafgesetzbuches und des Militärstrafgesetzes sowie über den Beitritt der Schweiz zum Übereinkommen über die Bekämpfung der Bestechung ausländischer Amtsträger im internationalen Geschäftsverkehr vom 19. April 1999 vom 12. Juni 1989, BBl I 1999, 5544 ff.; *Daams*, Criminal Asset Forfeiture – One of the Most Effective Weapons against (Organized) Crime?, 2003; *Dannecker*, Strafrechtlicher Schutz der Finanzinteressen der Europäischen Gemeinschaft gegen Täuschung, ZStW 108 (1996), 577 ff.; *Draetta*, The OECD Convention on Bribery of Foreign Public Officials and the Bribes paid by Foreign Subsidiaries, International Business Law Journal 2004, 43 f.; *Dölling*, Die Neuregelung der Strafvorschriften gegen Korruption, ZStW 112 (2000), S. 334 ff.; *Gänßle*, Das Antikorruptionsstrafrecht – Balsam aus der Tube der symbolischen Gesetzgebung? NStZ 1999, 543 ff.; *Heine*, Corporate Liability Rules in Civil Law Jurisdictions, OECD Paris 2000, [DAFFE/IME/BR(2000)23]; *Jean-Pierre*, Taïwan Connection – Scandales et meurtres au cœur de la République, 2003; *Joecks*, Steuerrechtliche Behandlung der Bestechung, in: Pieth/Eigen (Hrsg.), Korruption im Internationalen Geschäftsverkehr, 1999, S. 373 ff.; *Kilchling*, Deutschland, in: ders. (Hrsg.), Die Praxis der Gewinnabschöpfung in Europa, 2002, S. 32 f.; *Killias*, Korruption, Vive la répression! – Oder was sonst? in: Schwind u.a. (Hrsg.), FS Hans Joachim Schneider, 1998, S. 239 ff.; *Korte*, Der Einsatz des Strafrechts zur Bekämpfung der internationales Korruption, wistra 1999, 81 ff.; *Langer/Pelzmann*, An Analysis of the OECD Convention on Combating Bribery of Foreign Public Officials, in: Fatemi (Hrsg.), International Public Policy and Regionalism at the Turn of the Century, 2001; *Low u.a.*, Country Report: The US Anti-Money Laudering System, in: Pieth/Aiolfi (Hrsg.), A Comparative Guide to Anti-Money Laundring, 2004; *Möhrenschlager*, Strafrechtliche Vorhaben zur Bekämpfung der Korruption auf nationaler und internationaler Ebene, JZ 1996, 822 ff.; *Moody-Stuart*, Grand Corruption, Oxford 1997; *Pieth*, Geldwäscherei, in: Niggli/Wiprächtiger (Hrsg.), Basler Kommentar zum Strafgesetzbuch II, Art. 111-401, 2003, Art.322ter ff.; *ders.*, Internationale Anstöße zur Einführung einer strafrechtlichen Unternehmenshaftung in der Schweiz, ZStrR 2001, 1 ff.; *ders.*, Korruptionsgeldwäsche, in: Wirtschaft und Strafrecht – FS Niklaus Schmid, 2001, S. 437 ff.; *ders.*, From Ideal to Reality: Making the New Global Standards Stick, in: OECD (Hrsg.), No Longer Business as Usual – Fighting Bribery and Corruption, Paris 2000, S. 51 ff.; *ders.* „Funktionale Äquivalenz", praktische Rechtsvergleichung und internationale Harmonisierung von Wirtschaftsstrafrecht, ZSR 2000 I, 477 ff.; *ders.*, Internationale Harmonisierung von Strafrecht als Antwort auf transnationale Wirtschaftskriminalität, ZStW 109 (1997), 256 ff.; *Pieth/Aiolfi*, Anti-Money Laundering – Levelling the Playing Field, Studie des Basel Institute on Governance, im Auftrag der Stiftung Finanzplatz Schweiz (Zusammenfassung), 2003; *Pieth/Eigen* (Hrsg.), Korruption im Internationalen Geschäftsverkehr, 1999; *Sacerdoti*, To Bribe oder not to Bribe, in: OECD (Hrsg.), No Longer Business as Usual – Fighting Bribery and Corruption, 2000, S. 29 ff.; *Sacerdoti* (Hrsg.), Responsibilità d'impresa e strumenti internazionali anticorruzioni, 2003; *Schmid*, Kommentar: Einziehung – Organisiertes Verbrechen – Geldwäscherei, Bd. 1, 1998; *Schoenlaub*, International Trade Corruption Mo-

9. Kap. OECD-Übereinkommen über d. Bekämpfung d. Bestechung ausländ. Amtsträger

nitor (ITCM), 1999; *Tiedemann*, Multinationale Unternehmen und Strafrecht, 1979; Trace International Inc., The High Cost of Small Bribes, 2003; Travaux préparatoires of the OECD Convention on Combating Bribery of Foreign Public Officials, in: International Trade Corruption Monitor (ITCN) 1999; *Volk*, Die Merkmale der Korruption und die Fehler ihrer Bekämpfung, in: Gössel/Triffterer (Hrsg.), Gedächtnisschrift für Zipf, 1999, S. 419 ff.; *Weiser*, Die Amtsträgereigenschaft der Mitarbeiter von staatlich beauftragten Planungsbüros, NJW 1994, 968 ff.; *Wells*, A New Offence of Corporate Killing – the English Law Commission's Proposals, in: Eser/Heine/Huber (Hrsg.), Criminal Responsibility of Legal and Collective Entities, 1999, S. 119 ff.; *dies.*, Criminal Responsibility of Legal Persons in Common Law Jurisdictions, OECD 2000, [DAFFE/IME/BR(2000)22]; *dies.*, Corporations and Criminal Responsibility, 2001; *Zieschang*, Das EU-Bestechungsgesetz und das Gesetz zur Bekämpfung internationaler Bestechung, NJW 1999, 105 ff.

Inhaltsübersicht

	Rn.
A. Einleitung: Ein altes Thema wird neu entdeckt	1–21
I. Weshalb der Einstellungswandel in den 1990er Jahren?	1
II. Die neuen Initiativen	2–6
III. Die Bestechung im internationalen Wirtschaftsverkehr	7–9
IV. Die Methode der OECD-Instrumente	10–21
1. Funktionale Äquivalenz	11–14
2. Die Instrumente	15, 16
3. Monitoring (Evaluation)	17–21
a) „Tour de Table"	18
b) Phase 1 – Monitoring	19
c) Phase 1bis – Monitoring	20
d) Phase 2 – Monitoring	21
B. Der Straftatbestand (Art. 1 Ü)	22–43
I. Der objektive Tatbestand	22–39
1. Der Täter	23
2. Das Gegenüber: der fremde Amtsträger	24–29
a) Institutioneller Amtsträger	26
b) Funktionaler Amtsträger	27
c) Staatlich beherrschte oder kontrollierte Unternehmen	28
d) Funktionäre internationaler Organisationen	29
3. Die Tathandlung	30–34
a) Die Leistung	31–33
aa) Das Tatmittel: Der nicht gebührende Vorteil	31, 32
bb) Indirekte Bestechung	33
b) Die Tathandlung i.e.S.	34
4. Die Gegenleistung	35–39
a) Die Beeinflussung des Amtsträgers	35
b) Drittbegünstigung	36
c) „Um im internationalen Geschäftsverkehr …"	37
d) „… einen Auftrag oder einen sonstigen unbilligen Vorteil zu erlangen oder zu behalten"	38, 39
II. Der subjektive Tatbestand	40
III. Ausnahmen: Rechtfertigungs- und Entschuldigungsgründe	41–42
IV. Versuch und Beteiligung	43

Inhaltsübersicht

C. Die Verantwortlichkeit juristischer Personen (Art. 2 Ü)	44–58
I. Zur Bedeutung der Haftung juristischer Personen	44
II. Die Vorgaben der Konvention	45
III. Strafrechtliche versus nicht-strafrechtliche Haftung?	46
IV. Anforderungen an die Haftungsvoraussetzungen	47–53
1. Die erfassten Körperschaften	48, 49
2. Bezugstaten	50
3. Bezug zwischen Tat und Unternehmenszweck	51
4. Haftungsbegründende Täterperson	52
5. Haftungsmodalitäten	53
V. Sanktionsmodelle	54–57
1. Geldsanktionen	55
2. Weitere Sanktionen	56
3. Strafzumessungsfaktoren	57
VI. Rechtsanwendung	58
D. Sanktionen gegen Individuen (Art. 3 Ü)	59–72
I. Freiheitsstrafe	59–62
1. Die Anforderungen der Konvention	59–61
2. Das Bild der Umsetzungsgesetze	62
II. Geldstrafen	63
III. Einziehung (respektive Verfall oder Konfiskation)	64–72
1. Einziehung	65–71
2. Konfiskatorische Vermögensstrafe	72
E. Anwendbares Recht (Art. 4 Ü)	73–79
I. Territorialität (Art. 4 I Ü)	74
II. Aktive Personalität (Art. 4 II und IV Ü)	75–78
III. Konsultationspflicht	79
F. Durchsetzung (Art. 5 Ü)	80–84
I. Respektierung der nationalen Lösungen	80, 81
II. Einstellung nur nach professionellen Grundsätzen	82, 83
III. Adäquate Ressourcen	84
G. Verjährung (Art. 6 Ü)	85, 86
H. Geldwäsche (Art. 7 Ü)	87–92
I. Buchführungsdelikte (Art. 8 Ü)	93–95
J. Rechtshilfe (Art. 9-11 Ü)	96–102
I. Generelles	96, 97
II. Kleine Rechtshilfe (Art. 9 Ü)	98–101
III. Auslieferung (Art. 10 Ü)	102
K. Revisionsbestrebungen	103

A. Einleitung: Ein altes Thema wird neu entdeckt

I. Weshalb der Einstellungswandel in den 1990er Jahren?

1 Bestechung, einschließlich grenzüberschreitende Wirtschaftskorruption, ist kein neues Phänomen. Allerdings hat sich die Einstellung zur Korruption in den 1990er Jahren grundsätzlich gewandelt. Vorher wurde ihr mit Fatalismus oder Zynismus begegnet, gelegentlich wurde sie – zumal in der Dritten Welt – als notwendiges Übel zur „Schmierung der Räder" (*„greasing the wheels"*) angesehen. Bisweilen wurde Korruption von Staaten des Nordens bewusst zu machtpolitischen Zwecken eingesetzt, etwa um auch nach der Entkolonisierung im Süden weiterhin Einfluss auszuüben. Mit der Öffnung des Ostens und dem Ende des Kalten Krieges waren allerdings die Voraussetzungen für eine Beschleunigung der Globalisierung geschaffen. Korrupte Staatschefs, Minister und Beamte, die noch vor kurzem als Verbündete dastanden (z.B. Mobutu), wurden nunmehr plötzlich als störende Handelshemmnisse empfunden, die ähnlich wie beispielsweise Schutzzölle dem freien Marktzugang im Wege standen. Im Übrigen erinnerte man sich, dass Investitionen eine geregelte Rechtskultur voraussetzten, stattdessen dominierten Privatisierungen im „Wildweststil" in vielen sogenannten Übergangsgesellschaften.

II. Die neuen Initiativen

2 Diese Ausgangslage führte dazu, dass praktisch gleichzeitig eine ganze Reihe von internationalen Vorstößen zur Korruptionseindämmung lanciert wurden. Wohl nicht zufällig initiierten die USA 1989 in der **OECD**[1] die Arbeit an einem Instrument zur Bekämpfung der aktiven Bestechung im internationalen Geschäftsverkehr im Vergabeverfahren. Mit ihrer Gesetzgebung von 1977 (*„Foreign Corrupt Practices Act"*, FCPA[2]), mit der sie vorerst als einziges Industrieland die transnationale Bestechung kriminalisierten,[3] hatten sie ihre Industrie international in eine ungünstige Wettbewerbslage gebracht. Angesichts der Aufbruchsstimmung der bevorstehenden Wende schien dieses Handicap der US-Administration nicht mehr erträglich, sie musste entweder die wichtigsten Konkurrenten von der Notwendigkeit vergleichbarer Gesetzgebung überzeugen oder die eigenen Gesetze abschwächen.[4] Die Instrumente der OECD werden im Folgenden im Detail dargestellt (s.u. Rn. 7 ff.).

---

[1] Es wurde im Rahmen der Organisation für Entwicklung und Zusammenarbeit die Working Group on Bribery (WGB) als Unterorganisation des Committee on International Investment and Multinational Enterprises (CIME) geschafffen, vgl. Travaux Préparatoires, ITCM 1999, F-1005.

[2] Foreign Corrupt Practices Act (FCPA): Pub.L.No. 95-213, 91 Stat. 1494 (1977); und die Revisionsvorlage: Omnibus Trade and Competitiveness Act of 1988; Pub.L.No. 100-418, 102 Stat. 1107 (1988).

[3] Der Kontext war ein überwiegend innenpolitischer: Nach dem Watergate-Skandal wurde deutlich, dass über 400 der größten Firmen regelmäßig fremde Beamte bestachen und damit die US-amerikanische Außenpolitik störten (Hearings on Activities of American Multinational Corporations Abroad Before the Subcommittee on International Economics Policy of the House Committee on International Relations, 94th Cong. 57, 63 ff. (1975).

[4] Vgl. *Langer/Pelzmann* 2001, S. 3; *Schoenlaub*, ITCM 1999, A-1058; US Department of Commerce, Unclassified Summary of Foreign Competition, October 1995.

A. Einleitung II. Die neuen Initiativen

Der **Europarat**, damals auf der Suche nach einer neuen Rolle neben der erstarkenden 3
EU, fand sie vorerst in der Rechtsharmonisierung und der Integration der (Ost-)europäischen Staaten. Rechtsstaatlichkeit und glaubwürdige Korruptionseindämmung wurden rechtzeitig als Voraussetzung des gemeinsamen Wirtschaftsraumes erkannt. Aufgrund einer Initiative der Justizministerkonferenz von 1994 in Malta erarbeitete die sog. *„Multidisciplinary Group on Corruption"* (GMC) erst 20 Leitprinzipien[5] und anschließend eine Strafrechts-[6] und eine Zivilrechtskonvention.[7] Schließlich wurde mit dem Evaluationsforum GRECO[8] ein starkes Instrument zur Durchsetzung der neuen Standards geschaffen.

Ebenfalls im gleichen Zeitraum beschäftige sich die **EU** mit dem Thema Korruption, 4
wenn auch auf den ersten Blick aus ganz anderen Gründen: 1995 beschloss die EU im Rahmen der Dritten Säule nach einer langen Geschichte von wenig erfolgreichen Versuchen, ihre finanziellen Interessen durch „Assimilation" und ähnliche Verfahren vor Betrug und verwandten Delikten zu schützen,[9] nun zum Mittel der materiellen Rechtsharmonisierung zu greifen. Die Konvention von 1995[10] wurde zunächst durch zwei Zusatzprotokolle ergänzt, von denen das erste die Bestechung von EU-Beamten sowie Amtsträgern eines anderen EU-Mitgliedstaates zum Gegenstand hatte;[11] das 2. Protokoll hatte vorab die Haftung der juristischen Person und die Betrugs-Geldwäsche zum Thema.[12] Das Bestechungsprotokoll von 1996 erfasste allerdings nur Verhaltensweisen, die real oder potentiell zu einer Schädigung der EU-Interessen führen konnten. Bereits während der Ausarbeitung des Protokolls wurde dieser Nexus als zu einengend empfunden[13] und schon 1997 wurde eine Konvention fertiggestellt, die Bestechung unabhängig vom Bezug zu den finanziellen Interessen der EU auf harmonisierte Weise unter Strafe stellen sollte.[14] An dieser Stelle treffen sich die bisher geschilderten Bestrebungen trotz ihres ganz unterschiedlichen Hintergrundes: Die parallelen Arbeiten im Europarat und in den EU-Gremien, die z.T. mit den gleichen Sachbearbeitern beschickt wurden, führten über weite Strecken zu einer wörtlichen Übernahme der Texte. Der Einfluss der strafrechtlichen EU- und Europaratsübereinkommen auf die OECD-Arbeiten ist weniger offensichtlich, zumal die Texte deutlich abweichen. In der hausinternen Tradition konzipierte die OECD ihre Instrumente zunächst als Empfehlungen (*„soft law"*). Mit Hilfe des eben fertiggestellten EU-Übereinkommens gelang es allerdings Frankreich und Deutschland, die OECD-Staaten im Mai 1997 davon zu überzeugen, dass Strafrecht nur per Konvention vereinheitlicht werden sollte und dass dies auch in einem kurzen Zeitraum möglich sei.[15]

Parallel dazu wurde im Rahmen der **Organisation amerikanischer Staaten** (OAS) die 5
„Inter-amerikanische Konvention gegen Korruption" vom 29.3.1996[16] ausgearbeitet. Sie gleicht im breiten Ansatz (der sowohl Strafrecht wie präventive Maßnahmen erfasst und weit über die schlichte Bestechung und Bestechlichkeit hinausreicht, wenn er etwa die „ungerechtfertigte Bereicherung" einbezieht) dem Text des Europarates. Eigentliches Ziel der Initianten war aber die Ermöglichung der Rechtshilfe unter Staaten des amerikanischen Kontinentes, insbes. die Erleichterung der Auslieferung von in die USA geflohenen

---

[5] R (97) 24, 20 Guiding Principles for the Fight against Corruption.
[6] Criminal Law Convention on Corruption (ETS Nr. 173, 27.1.1999).
[7] Civil Law Convention on Corruption (ETS Nr. 174, 4.11.1999).
[8] R(98) 7, Group of States against Corrupiton-„GRECO"-a Monitoring Mechanism.
[9] Vgl. etwa *Dannecker*, ZStW 1996, 577 ff.
[10] Übereinkommen über den Schutz der finanziellen Interessen der EG, ABl.1995 C 316/48 ff.
[11] Protokoll vom 27.9.1996 zum Übereinkommen über den Schutz der finanziellen Interessen der EG, ABl. 1996 C 313/01.
[12] 2. Protokoll zum Übereinkommen über den Schutz der finanziellen Interessen der EG, ABl. 1997 C 2221/02.
[13] *Korte*, wistra 1999, 83.
[14] EU-Bestechungsübereinkommen, ABl. 1997 C 175/01.
[15] *Korte*, wistra 1999, 85.
[16] Inter-American Convention against Corruption, Caracas, 29.3.1996.

9. Kap. OECD-Übereinkommen über d. Bekämpfung d. Bestechung ausländ. Amtsträger

Bankiers aus Venezuela und Ecuador *("banqueros profugos")*. Die Konvention wird derzeit ebenfalls durch ein Evaluationsinstrument ergänzt.

6 Auch die Geschichte der Antikorruptions-Initiativen im Rahmen der **UNO** reicht weit zurück. Eine frühe Initiative in den 1970er Jahren scheiterte am Widerstand sowohl des Südens als auch der anderen Industriestaaten.[17] Ein neuer Anlauf in der Form von Erklärungen der Generalversammlung von 1996[18] initiierte einen Prozess, der vorerst am 19.12.2003 in der Unterzeichnung der UN-Antibestechungskonvention in Merida (Mexico) gipfelte.[19] Dieser Text ist sowohl bei den Staaten des Nordens als auch des Südens auf erhebliches Interesse gestoßen. Der Norden hat dem Süden das Versprechen, auf der sog. *"demand side"* erheblich mehr gegen die Bestechung zu tun, gegen das Zugeständnis größeren Engagements in der Unterstützung des Südens und einer konsequenteren Repatriierung veruntreuter Vermögenswerte[20] abgenommen. Noch unklar ist allerdings, ob die UN-Konvention dereinst durch ein Monitoring-Programm verstärkt wird.[21]

III. Die Bestechung im internationalen Geschäftsverkehr

7 Eine Serie von großen internationalen Bestechungsskandalen, von denen der Elf-Fall wohl nur einer der spektakulärsten ist,[22] hat deutlich werden lassen, dass im internationalen Kampf um Aufträge, Förderrechte, Bewilligungen usw. z.T. Millionen bis hin zu Milliardenbeträge als Bestechungszahlungen aufgewendet werden.[23] Seitens der Wirtschaftsorganisation OECD stand neben der Sorge um die entwicklungshemmende Wirkung der Korruption vorab die **künstliche Erhöhung der Transaktionskosten** und die **wettbewerbsverzerrende Wirkung** der Korruption im Zentrum.[24] Die OECD vereint 30 der wirtschaftsstärksten Industrienationen, die zusammen über 70% aller Exporte weltweit und 90% aller ausländischen Direktinvestitionen repräsentieren. Die *"Working Group on Bribery"* (WGB), die sich innerhalb der OECD mit dem Thema Korruption befasst, zählt 35 Mitglieder, d.h. zu den OECD-Staaten kommen 5 Nichtmitglieder hinzu (Argentinien, Brasilien, Bulgarien, Chile und Slowenien).

8 Zwischen 1989 und 1997 erarbeitete die Wirtschaftsorganisation vorerst eine "Empfehlung" von 1994,[25] die sie 1997 erweiterte,[26] um ebenfalls noch 1997 den Kernteil, die Strafbestimmungen, vom *"soft law"*-Instrument in ein rechtsverbindliches Übereinkommen[27] zu überführen. Auch wenn früher entstanden, sollten sodann die *"ICC-Rules*

---

[17] *Pieth*, ZStW 1997, 759; *Tiedemann*, Multinationale Unternehmen und Strafrecht, 1979, S. 187 ff.
[18] General Assembly Resolution 51/59 Action Against Corruption and International Code of Conduct for Public Officials; General Assembly Resolution 51/191 United Nations Declaration Against Corruption and Bribery in International Commercial Transactions.
[19] UN-Convention Against Corruption, signed on December 9, 2003 in Merida, Mexico.
[20] Art. 51 ff. UN-Convention Against Corruption.
[21] Die Konvention verweist derzeit auf eine *conference of the parties*, wie parallele Konventionen, etwa die Konvention zur Bekämpung des transnationalen organisierten Verbrechens.
[22] Vgl. dazu *Jean-Pierre*, Taïwan Connection – Scandales et meurtres au cœur de la République, 2003.
[23] Vgl. im Übrigen andere große Bestechungsfälle im Bereiche der Rüstungsindustrie: The Guardian, 13. und 14. Juni 2003.
[24] *Möhrenschlager*, JZ 1996, 822, 830.
[25] Recommendation of the Council on Bribery in International Business Transactions, 27. Mai 1994; ITCM 1999, F-1106 ff.
[26] Revised Recommendation of the Council on Bribery in International Business Transactions, 23. Mai 1997.
[27] Convention on Combating Bribery of Foreign Public Officials in International Business Transactions of 21 November 1997, signed in Paris on 17 December 1997; auf Deutsch: Übereinkommen über die Bekämpfung der Bestechung ausländischer Amtsträger im internationalen Geschäftsverkehr, vgl. BBl I, 2038, oder für die Schweiz BBl 1999, 5560 ff.

of Conduct" von 1977 und 1999[28] als Korrelat zu den OECD-Instrumenten gesehen werden.

Das spezielle Interesse der OECD am Korruptionsthema äußert sich in einem ganz **besonderen Zugang** zum Thema, der sich deutlich von allen anderen Instrumenten unterscheidet. Zum einen ist der Ansatz ganz **eng**: Die Definition der Korruption nach den OECD-Instrumenten beschränkt sich auf die aktive Bestechung (im Gegensatz zur passiven, deren Aufarbeitung dem geschädigten Land überlassen wird), die **eigentliche** Bestechung (im Gegensatz zur bloßen Vorteilsvergabe), die Bestechung **fremder** Amtsträger und die Bestechung im **Geschäftsverkehr**. Zum anderen ist der Ansatz aber erheblich **weiter** als jener anderer Instrumente, indem er sich auf die Bestechung sämtlicher Amtsträger **weltweit** bezieht, auch von Amtsträgern von Nichtmitgliedstaaten der Initiative: Es geht darum, die Wettbewerbsverzerrung durch Korruption auf sämtlichen Weltmärkten zu bekämpfen. Allerdings führt dieser „**kollektive Unilateralismus**"[29] zu einer ganz besonderen Definition des Amtsträgers: einer „**autonomen**" Bestimmung der Amtsträgereigenschaft durch die OECD-Konvention (siehe dazu unten Rn. 24 ff.).

9

IV. Die Methode der OECD-Instrumente

Die Instrumente haben zugleich 2 erhebliche Herausforderungen zu meistern: Sie sollen die weltweite Rechtsharmonisierung unter stark divergierenden Rechtsordnungen in kürzester Zeit auf effiziente Weise bewirken. Ein Konzept und ein Mechanismus sollen ihnen dabei behilflich sein: die „**funktionale Äquivalenz**" und das „**monitoring**".

10

1. Funktionale Äquivalenz

Die strafrechtlichen Bestimmungen der OECD-Konvention wurden auf der Grundlage einiger Leitprinzipien („*Agreed Common Elements*", ACE)[30] in der Empfehlung vom Mai 1997 in weniger als einem halben Jahr erarbeitet. Es stand außer Frage, dass eine umfassende Harmonisierung so divergierender Rechtssysteme wie des „*Civil Law*", „*Common Law*" und auch einzelner asiatischer Rechte in so kurzer Zeit nicht zu vollbringen war. Stattdessen wurden Anleihen beim Konzept der funktionalen Rechtsvergleichung aufgenommen: Ausgehend von der Annahme, dass auch sehr unterschiedliche rechtliche Institutionen insgesamt einen ähnlichen Effekt haben können, beschlossen die Autoren der Konvention, die Wirkung der Normen ins Zentrum zu stellen und den Ländern die Wahl der Wege dahin zu überlassen:[31]

11

Commentary 2
„*This Convention seeks to assure a functional equivalence among the measures taken by the Parties to sanction bribery of foreign public officials, without requiring uniformity or changes in fundamental principles of the Party's legal system.*"[32]

---

[28] ICC-Extortion and Bribery in International Business Transactions, 1977, Revised 1999.
[29] Kritisch zu diesem Ansatz: *Zieschang*, NJW 1999, 105, 107.
[30] Der Text ist der Revised Recommandation vom 23. Mai 1997 als Anhang beigefügt; zu den Vorbereitungsarbeiten: Travaux Préparatoires, ITCM 1999, F-1008 ff.
[31] Zur Methode: *Pieth*, ZSR 2000 I, 4770 ff.
[32] N. 2 des Offiziellen Kommentares zur Konvention, angenommen am 21. November 1997 im selben Verfahren wie die Konvention selbst.

9. Kap. OECD-Übereinkommen über d. Bekämpfung d. Bestechung ausländ. Amtsträger

12   So überlässt es die Konvention beispielsweise den Mitgliedstaaten, ob sie das Übereinkommen in einem Sonderstatut oder im StGB selbst umsetzen. Zulässig wäre es auch, die Materie in ein Sondergesetz zum Wettbewerbsrecht zu verlagern, solange es von einer Strafinstanz durchgesetzt wird und dieselbe Aufmerksamkeit wie eine Strafnorm des Kernstrafrechts erlangt.[33]

13   Z.T. werden Alternativen bereits in der Konvention selbst signalisiert; im Übrigen sind sie von der Evaluationspraxis entwickelt worden. In Art. 3 III der Konvention etwa wird die Einziehung bzw. der Verfall von Erträgnissen der Bestechung verlangt, alternativ dazu kann aber auch eine konfiskatorisch wirkende Vermögensstrafe vorgesehen werden. Hier werden zwei Alternativen angeboten, die strukturell sehr verschieden, vom Effekt her aber durchaus vergleichbar sind.[34]

14   Die WGB ist derzeit im Rahmen der Evaluationsverfahren (unten Rn. 17 ff.) daran, die Maßstäbe der „funktionalen Äquivalenz" detailliert zu definieren.[35]

2. Die Instrumente

15   Die Regeln der OECD gegen die Bestechung von ausländischen Amtsträgern sind somit in zwei parallel zueinander gültigen Texten enthalten: Die „*soft law*" **Empfehlung**[36] ist das weitere Dokument, das das gesamte Programm enthält. Neben einer Grundsatzverpflichtung, wirkungsvolle Maßnahmen zur „*Abschreckung, Prävention und Bekämpfung der Bestechung fremder Amtsträger im internationalen Geschäftsverkehr*" (E I) vorzukehren, enthält die Empfehlung eine Liste von Maßnahmen in verschiedenen Rechtsgebieten (die sog. „*shopping list*", die noch aus der Empfehlung von 1994[37] stammt), von denen in der Folge einzelne erneut aufgegriffen und weiterspezifiziert wurden. Von Bedeutung sind insbes. die konkreten Vorgaben zum Ausschluss der steuerrechtlichen Abzugsfähigkeit von Bestechungszahlungen (E IV[38]); zu Buchführungs- und Buchprüfungsnormen (E V) sowie zum Ausschluss von der künftigen Vergabe öffentlicher Aufträge als Sanktion für vergangene Bestechung (E VI). Die Detailausführungen zur Strafbarkeit der Bestechung in E III und den im Anhang enthaltenen *Agreed Common Elements* sind durch die **Konvention**[39] überholt, die das Strafrechtsthema abschließend regelt. Gleichzeitig mit der Konvention wurde ein **offizieller Kommentar**[40] verabschiedet, der eine „authentische Interpretation" vermittelt und mindestens den rechtlichen Wert von „Travaux Préparatoires" im Sinne von Art. 32 des Wiener Übereinkommens über das Recht der Verträge von 1969 hat.[41]

16   Die am 17.12.1997 vom Ministerrat der OECD unterzeichnete Konvention ist am 15. Februar 1999 in Kraft getreten, nachdem mindestens 5 von den 10 bedeutendsten Exportländern, die zugleich 60% des Gesamtexportvolumens der OECD ausmachten, die Konvention ratifiziert hatten (Art. 15 Konvention).[42] Inzwischen haben alle 35 Mitgliedstaaten der WGB die Konvention ratifiziert und auch in ihr nationales Recht umgesetzt.

---

[33] Vgl. dazu Travaux Préparatoires, ITCM 1999, F-1037 ff.; *Sacerdoti*, in: OECD (Hrsg.), No longer Business as Usual – Fighting Bribery and Corruption, 2000, S. 35.
[34] So haben etwa die USA und Korea den Weg der konfiskatorischen Vermögensstrafe gewählt.
[35] Vgl. dazu die Publikationen auf der Website der OECD: http://www.oecd.org/corruption (Stand: 5. April 2004).
[36] Siehe Fn. 26.
[37] Siehe Fn. 25.
[38] Für den deutschen Rechtsraum vgl. dazu insbes. den Aufsatz von *Joecks* 1999, S. 373 ff.
[39] Siehe Fn. 27.
[40] Siehe Fn. 32.
[41] *Sacerdoti*, in: ders. (Hrsg.), Responsabilità d'impresa e strumenti internazionali anticorruzioni, 2003, S. 74.
[42] Zur Besonderheit der Ratifikationsklausel von Art. 15 vgl. *Korte*, wistra 1999, 86.

3. Monitoring (Evaluation)

Der Druck hin zur Umsetzung des Übereinkommens ist womöglich höher als bei vergleichbaren Instrumenten, da die Ratifikation und Umsetzung der OECD-Konvention für die Mitgliedstaaten keineswegs wettbewerbsneutral ist: Wer sich aufgrund von anwendbarem und tatsächlich angewandtem Landesrecht an die neuen Regeln zu halten hat, muss als wirtschaftendes Subjekt zunächst auf den Weltmärkten mit einem Wettbewerbsnachteil gegenüber den verbleibenden „Desperados" unter den Konkurrenten rechnen. Umso wichtiger ist die Glaubwürdigkeit des Evaluationsverfahrens. Obwohl es sich um intergouvernementale Verfahren handelt, die prinzipiell hinter verschlossenen Türen ablaufen, sind bewusst „Fenster" für die Zivilgesellschaft und die Wirtschaft eingebaut, um ihren Beitrag aufzunehmen. Schließlich wird das Ergebnis vollständig im Internet publiziert.[43] Gegenwärtig verwendet die OECD WGB parallel **4 Verfahren** zur Überprüfung der Einhaltung der Konvention und der Empfehlung. 17

a) „Tour de Table"

Insgesamt 5 mal jährlich berichtet jedes Land über aktuelle Gesetzgebungsprojekte; hier geht es darum, einen Gradmesser dafür zu erhalten, ob die Kritik in den formalisierten Verfahren ernst genommen wird und zur Überarbeitung defizienter Gesetzgebung führt. Gleichzeitig ist die „Tour de Table" der Moment, in dem jedes Land von neuen Fällen (Verurteilungen, aber auch bekannt gewordene Strafuntersuchungen) berichtet. Die anderen Staaten haben das Recht, das betreffende Land zu konkreten Fällen zu befragen. 18

b) Phase 1 - Monitoring

Die Phase 1 ist der formelle Ort, wo die Gesetze auf ihre Konventionskonformität überprüft werden. Es handelt sich um eine sog. *„peer evaluation"*, in der zwei examinierende Staaten aufgrund von Fragebogen in einer Papierprüfung des geltenden Rechts eine Meinung zum Status im examinierten Land abgeben, die anschließend von der gesamten Gruppe in einem kontradiktorischen Verfahren (zwei Anhörungen an zwei konsekutiven Tagen) erörtert wird. Das überprüfte Land hat zwar das Recht, eine abweichende Meinung in den Bericht einzurücken, die Gruppe kann ihrerseits allerdings auf ihrem Standpunkt beharren. Die Gruppe entscheidet mit Einstimmigkeit, das untersuchte Land enthält sich der Stimme. Die Analysen fallen durchaus kritisch und nicht nur diplomatisch geschönt aus (vgl. insbes. die publizierten Texte zu Großbritannien und Japan in der Phase 1). Regelmäßig führen sie zur Nachbesserung der Gesetzgebung im betreffenden Land.[44] 19

c) Phase 1bis - Monitoring

1bis wird das Verfahren genannt, in dem nach dem Muster von Phase 1 wichtige Änderungen und Ergänzungen in den betreffenden Staaten abermals von der Gruppe überprüft werden. Die entsprechenden Berichte (vgl. etwa die 1bis-Berichte von Italien, Japan und Großbritannien) werden als Anhang zu dem Bericht der Phase 1 publiziert. 20

d) Phase 2 - Monitoring

In der Phase 2, die nach einem ungleich viel aufwendigeren Verfahren abläuft, werden aufgrund von Fragebogen, aber auch eingehender Interviews vor Ort durch Experten aus 21

---

[43] Siehe Fn. 35.
[44] Zur Verfahrensordnung: [DAFFE/IME/BR (98) 8/Rev. 1], publ. auf http://www.oecd.org (Stand: 5. April 2004).

den evaluierenden Staaten und dem Sekretariat nicht nur zur Umsetzung, sondern auch zur **Anwendung** Daten erhoben. Abgesehen von der Strafpraxis (soweit vorhanden) werden präventive Maßnahmen und Aufklärungsanstrengungen der Regierung sowie des Privatsektors analysiert. Es wird überprüft, ob ausreichende Ausstattung vorliegt, ob die Justizpraktiker ausreichend ausgebildet sind usw. Die kontradiktorische Verhandlung über den Bericht folgt ähnlichen Regeln wie die Phase 1. Der Bericht mündet in Empfehlungen; er wird im Internet vollumfänglich publiziert. Der Privatsektor und die Zivilgesellschaft (einschließlich Universitätsangehörige) werden zu speziellen Anlässen im Rahmen des Landesbesuch von den Experten angehört.[45] Insbes. größere Unternehmen messen diesen Berichten einen erheblichen Wert in ihrem Riskmanagement bei.

B. Der Straftatbestand (Art. 1 Ü)

I. Der objektive Tatbestand

22   Nach Art. 1 der Konvention trifft jede Vertragspartei

„*die erforderlichen Maßnahmen, um nach ihrem Recht jede Person mit Strafe zu bedrohen, die unmittelbar oder über Mittelspersonen einem ausländischen Amtsträger vorsätzlich, um im internationalen Geschäftsverkehr einen Auftrag oder einen sonstigen unbilligen Vorteil zu erlangen oder zu behalten, einen ungerechtfertigten Geldwert oder sonstigen Vorteil für diesen Amtsträger oder einen Dritten anbietet, verspricht oder gewährt, damit der Amtsträger im Zusammenhang mit der Ausübung von Dienstpflichten eine Handlung vornimmt oder unterlässt.*"

1. Der Täter

23   Täter kann zunächst jede **natürliche Person** sein. Darüber hinaus ergibt sich aus Art. 2 Ü in Verbindung mit Art. 3 Ü, dass auch **juristische Personen** direkt zur Rechenschaft gezogen werden sollen. Allerdings lässt die Konvention Raum für nichtstrafrechtliche Formen der Haftung der juristischen Person (Art. 3 II Ü[46]).

2. Das Gegenüber: der fremde Amtsträger

24   „Tatobjekt" ist der fremde Amtsträger. Art. 1 IV a Ü hält fest, dass sowohl staatliche Amtsträger eines anderen Staates oder Territoriums[47] als auch Funktionäre einer internationalen Organisation gemeint sind. Wie im Recht der meisten Vertragsstaaten werden sowohl „institutionelle" als auch „funktionale" Amtsträger erfasst: Im Unterschied zu den übrigen Übereinkommen geht die OECD-Konvention von einem **„autonomen" Amtsträgerbegriff** aus. Anders als etwa von der EU-Konvention oder dem Europaratsübereinkommen wird nicht auf das Recht des geschädigten Landes verwiesen, vielmehr definiert

---

[45] Zur Verfahrensordnung der Phase 2: [DAFFE/IME/BR (99) 33], publ. auf http://www.oecd.org (Stand: 5. April 2004).
[46] Vgl. unten §3.
[47] N. 18 Offizieller Kommentar erläutert, dass auch autonome Territorien oder abgesonderte Zollregionen als „fremder Staat" zu betrachten sind.

die Konvention einheitlich, nach welchen Prinzipien die Amtsträgereigenschaft vermittelt wird. Natürlich bleibt es eine Tatfrage, ob nach dem Recht des beeinträchtigten Staates die betreffenden Personen tatsächlich einer der relevanten Institutionen angehörte oder eine öffentliche Funktion im Sinne der Konvention wahrnahm.[48]

Diejenigen Staaten, die den Amtsträgerbegriff nicht autonom umgesetzt haben, sondern, etwa in Übereinstimmung mit europäischen Instrumenten, auf das fremde Landesrecht verweisen, werden von der OECD kritisiert und aufgefordert, ihre Gesetze erneut zu ändern.[49] Einige Staaten sind der Aufforderung inzwischen bereits nachgekommen. 25

a) Institutioneller Amtsträger

Nach Konventionstext (Art. 1 IV a Ü) sind sämtliche Angehörigen der **Legislative**, **Exekutive** und **Judikative** erfasst, ob sie ernannt oder gewählt werden. Klargestellt wurde damit, dass auch fremde **Parlamentarier** dem Korruptionsverbot unterstellt werden müssen. Das hat in einzelnen Staaten (insbes. Deutschland oder Österreich) zu Diskrepanzen bei der Behandlung nationaler Abgeordneter geführt, für die die Bestimmungen z.T. wesentlich enger (etwa beschränkt auf den Stimmenkauf)[50] gefasst sind. 26

b) Funktionaler Amtsträger

Ähnlich autonom konstruiert ist der funktionale Amtsträgerbegriff: Die Konvention hält fest, dass Amtsträger ist, wer „**öffentliche Aufgaben wahrnimmt**". N. 12 des Offiziellen Kommentars verdeutlicht, dass eine „*öffentliche Aufgabe*" jede Aktivität im öffentlichen Interesse ist, einschließlich delegierte Tätigkeiten, wie etwa die Vorbereitung einer öffentlichen Ausschreibung. Darunter fallen nach der einen Auffassung insbs. die Tätigkeiten beratender Ingenieure, selbst wenn sie aufgrund eines privatrechtlichen Auftrages von der öffentlichen Hand engagiert worden sind.[51] Eine andere Auffassung, die ebenfalls v.a. anhand der nationalen Rechte in Deutschland, Österreich und der Schweiz entwickelt worden ist, bemüht sich um eine engere Definition der „öffentlichen Aufgabe" und schwenkt auf die Delegation von „*hoheitlichen Funktionen*" ein.[52] 27

c) Staatlich beherrschte oder kontrollierte Unternehmen

Von erheblicher praktischer Bedeutung ist, dass die Regeln gegen die Bestechung der OECD auch auf staatlich beherrschte oder kontrollierte Unternehmen Anwendung finden. Nach N. 14 Offizieller Kommentar wird der bestimmende Einfluss vermutet bei staatlicher Aktienmehrheit, Mehrheit der Stimmen oder Ernennungsrechte der öffentlichen Hand für Aufsichtsratsmitglieder resp. die Geschäftsleitung. Die Vermutung lässt sich allerdings umstoßen, wo die staatliche Beherrschung auf rein fiskalische Gründe zurückzuführen ist oder der kurzfristigen Sanierung des Unternehmens dient. Wo das Unternehmen generell wie ein privates der Konkurrenz ausgesetzt ist und keinerlei präferenzielle Behandlung durch staatliche Instanzen erfährt, gilt der Unternehmensvertreter ohnehin nicht als Amtsträger (N. 15 Offizieller Kommentar). 28

---

[48] *Pieth*, in: Niggli/Wiprächtiger (Hrsg.), Basler Kommentar zum Strafgesetzbuch II, Art. 111-401, 2003, Art. 322^septies N. 9.
[49] Belgien, Mexico, Portugal.
[50] Zu Deutschland: *Dölling*, ZStW 2000, 334, 354; *Korte*, wistra 1999, 87; *Zieschang*, NJW 1999, 105, 107.
[51] *Pieth* (Fn. 48), 322ter N. 5 und 7-9; *Weiser*, NJW 1994, 968 ff.
[52] *Balmelli*, Die Bestechungsstrafbestände des schweizerischen Strafgesetzbuches, 1996, S. 123 ff.

d) Funktionäre internationaler Organisationen

29 Der Begriff der *„internationalen Organisation"* im Sinne der Konvention beschränkt sich gemäß N. 17 Offizieller Kommentar auf **intergouvernementale Organisationen**. Damit werden sämtliche Organe der EU, aber auch etwa das Europäischen Patentamtes (EPA)[53] erfasst, nicht dagegen Sportverbände wie das IOC oder die FIFA, selbst wenn ihnen eine erhebliche Bedeutung in der öffentlichen Domäne nicht abgesprochen werden kann (sie sind überdies am Sitzort als privatrechtliche Vereine konstituiert).[54]

3. Die Tathandlung

30 Idealtypisch setzt sich der **„Bestechungsvertrag"** aus einer (versprochenen) Leistung und einer (erhofften) Gegenleistung zusammen.

a) Die Leistung

31 **aa) Das Tatmittel: Der nicht gebührende Vorteil.** Vorteil: Sowohl zum „geldwerten" wie zum „sonstigen Vorteil" besteht in den Landesrechten eine detaillierte Praxis, auf die hier pauschal verwiesen werden kann.[55]

32 **„Nicht gebührend":** Das Tatbestandserfordernis *„any undue advantage"* kommt zwar auch in einzelnen Landesrechten vor,[56] anderen ist es fremd.[57] Vielfach wird es als Selbstverständlichkeit gelten, dass geschuldete Leistungen nicht „Vorteile" im Sinne der Konvention sein können (N. 5 Offizieller Kommentar). Heikler ist die Lage, sofern über dieses Tatbestandserfordernis auch sozial adäquate Leistungen ausgeschieden werden sollen:[58] Gemäß N. 8 des Offiziellen Kommentars müssen **lokale Erlaubnisnormen** entweder im geschriebenen Recht oder aber im gefestigten Gewohnheitsrecht verankert sein. Der Konvention geht es gerade darum, dass Unternehmen der industrialisierten Welt lokalen Gebräuchen, die die dortigen Antikorruptionsgesetze möglicherweise wirkungslos machen, die Gefolgschaft verweigern (N. 7 Offizieller Kommentar). Einzig kleine Schmiergeldzahlungen (sog. *„facilitation payments"*), d.h. Zahlungen für Gegenleistungen, auf die der Zahlende einen Anspruch hat (N. 9 Offizieller Kommentar), können von der Strafbarkeit ausgenommen werden (dazu im Detail unten III).

33 **bb) Indirekte Bestechung.** In der Praxis der großen transnationalen Bestechung (der sog. *„grand corruption"*)[59] werden Zahlungen fast durchwegs **in Kommissionen an Dritte versteckt**, die die eigentlichen Verhandlungen mit den Empfängern führen. Nun sind Agenten, Vermittler und auch weitere Drittparteien (wie ausländische Tochterfirmen und *joint ventures*) wirtschaftliche Notwendigkeiten. Zudem haftet einem Erfolgshonorar nichts a priori Illegales an. Kommissionen von vertretbarem Niveau sind nach wie vor unproblematisch (vgl. die ICC „Rules of Conduct", die den Unternehmen raten, den Agenten nicht mehr als eine *„adequate remuneration"* zukommen zu lassen)[60]. Übertrieben hohe, d.h. geschäftsmäßig nicht mehr vertretbare Honorare sind allerdings sus-

---

[53] Vgl. *Korte,* wistra 1999, 84.
[54] Entsprechende Diskusionen in der OECD hatten die Frage nach einer Ergänzung der Konvention zum Gegenstand.
[55] *Balmelli* (Fn. 52), S. 138 ff.; *Pieth* (Fn. 48), Art. 322ter Nr. 22 ff.; *Lackner/Kühl,* StGB, 24. Aufl. 2001, S. 1260 f.; *Kindhäuser,* StGB, 2002, S. 1217 ff.
[56] Beispiel Schweiz: vgl. Art. 322ter StGB.
[57] Vgl. kritisch: *Zieschang,* NJW 1999, 105, 107 Fn. 24.
[58] Beispielsweise Schweiz: Art. 322^{octies} Abs. 2: „Keine nicht gebührenden Vorteile sind dienstrechtlich erlaubte sowie geringfügige sozial übliche Vorteile".
[59] *Moody-Stuart,* Grand Corruption, 1997, S. 4.
[60] ICC Rules of Conduct (Fn. 28) Art. 3.

pekt. Am wirksamsten ist die Prävention gegen versteckte Bestechungszahlungen heute durch die Steuerbehörden, deren Intervention seit In-Kraft-Treten der Konvention bereits zu einer drastischen Senkung der Kommissionshöhe geführt hat.[61] Strafrechtlich ist die Lage eindeutig: Bestechung im Sinne von Art. 1 Ü muss für strafbar erklärt werden, ob sie unmittelbar oder über Mittelsleute erfolgt. Dies gilt auch, falls sich ein Unternehmen ausländischer Tochterfirmen zur Durchführung der Bestechung bedient: Abgesehen davon, dass das Mutterhaus regelmäßig die volle finanzielle Kontrolle über die Tochter innehat, sind die beiden Einheiten regelmäßig durch Agenturverträge usw. miteinander verbunden. Ins Auge zu fassen ist daher eine Haftung des Mutterunternehmens für das Fehlverhalten der Tochtergesellschaft (dazu unten Rn. 52).

b) Die Tathandlung i.e.S.

Wenn die Konvention die Tathandlung i.e.S. mit *„anbietet, verspricht oder gewährt"* 34 umschreibt, erfasst sie den allgemeinen *status quo* der meisten nationalen Rechte. Immerhin kritisiert die OECD solche Staaten, die nur die effektive Gewährung zum vollendeten Delikt machen, jedenfalls dann, wenn die Versuchsstrafdrohung, die in diesen Ländern auf das bloße Anbieten Anwendung findet, nicht den Anforderungen an eine effektive Strafe im Sinne von Art. 3 I Ü entspricht.[62]

4. Die Gegenleistung

a) Die Beeinflussung des Amtsträgers

Mit der Formel *„damit der Amtsträger im Zusammenhang mit der Ausübung von* 35 *Dienstpflichten eine Handlung vornimmt oder unterlässt"* umschreibt die Konvention die (erhoffte) Gegenleistung bewusst so weit, dass sie sowohl französischrechtliche, angelsächsische und deutschrechtliche Tatbestandskonstruktionen erfasst: N. 3 des Offiziellen Kommentars stellt klar, dass es nach Konventionsrecht zulässig ist, die Gegenleistung als Veranlassung einer **Amtspflichtverletzung** zu definieren. Allerdings fährt derselbe Kommentar weiter, dass der Amtsträger auch bei **Ermessensentscheidungen** zur Unparteilichkeit verpflichtet sein muss.[63] Keine Verpflichtung enthält die Konvention, die bloße Vorteilsgewährung auch im internationalen Kontext unter Strafe zu stellen.[64]

b) Drittbegünstigung

Gemäß Konvention ist auch die **Begünstigung Dritter** unabhängig davon, ob es sich 36 um Sympathiepersonen handelt, separat zu erfassen. Einzelne Länder haben ihr Recht diesbezüglich explizit ergänzt,[65] in anderen entspricht es feststehender Praxis.[66] Bezüglich einzelner Staaten aber hat die OECD Bedenken angemeldet.[67]

---

[61] Nach Auskünften aus der europäischen Luftfahrtsindustrie.
[62] So gegenüber der Türkei in Phase 1 im Februar 2004.
[63] Vgl. dazu § 334 III Nr. 2 D StGB; Art. 322[septies] CH StGB.
[64] Für Deutschland: *Korte*, wistra 1999, 86 f.; für die Schweiz: *Pieth* (Fn. 48), 322[septies] N. 18, abweichend aber *Killias*, FS Hans Joachim Schneider, 1998, S. 239 f.
[65] Australien, Deutschland, Finnland, Spanien, Schweden, Schweiz.
[66] Island, Japan, Mexico, Neuseeland, Niederlande, Norwegen, USA.
[67] Insbes. Korea und Mexico.

c) „Um im internationalen Geschäftsverkehr …"

37 Während die einen Staaten ihr Umsetzungsgesetz eng am Konventionswortlaut entlang modellierten,[68] haben andere diese Passage überhaupt weggelassen.[69] Im Kontext mit der Umsetzung der weiteren (regionalen) Instrumente wird zunehmend auf diese Einschränkung verzichtet (weder die Europaratskonvention noch das EU-Übereinkommen kennen sie). Japan hatte den Begriff „internationaler Geschäftsverkehr" eng gedeutet und solche Fälle, in denen die Bestechung – wenn auch von Japanern – von einer japanischen Niederlassung im geschädigten Land ausging, von der Strafbarkeit explizit ausgenommen, da es am „internationalen" Kontext fehle. Aufgrund der Kritik der WGB, diese Interpretation verletze den Geist des Abkommens, ist die Ausnahme inzwischen vom Gesetzgeber aufgehoben worden.[70]

d) „… einen Auftrag oder einen sonstigen unbilligen Vorteil zu erlangen oder zu behalten"

38 „Um einen Auftrag zu erlangen oder zu behalten" („to obtain or retain business") lautete die Schlüsselpassage in der US-Gesetzgebung von 1977 (FCPA). Im Rahmen der Vertragsverhandlungen wurde deutlich, dass transnationale Wirtschaftsbestechung weiter reicht als die illegale Vertragserlangung: Es sollte beispielsweise auch die mittels Bestechung zu Unrecht erlangte Abnahme eines Bauwerkes oder die ungerechtfertigte Steuerermäßigung erfasst werden. Daher wurde die Formel um die Passage „oder einen sonstigen unbilligen Vorteil" erweitert.

39 Die USA haben bei der Überarbeitung ihrer Gesetzgebung anlässlich der Ratifikation der Konvention 1998 diese Passage im Gesetz allerdings nicht verändert, in der Annahme, dass „to obtain or retain business" immer schon weiter auszulegen gewesen sei. Ein Instanzgericht in Texas hat dieser Interpretation des Department of Justice im Fall American Rice[71] vor kurzem widersprochen und jemanden freigesprochen, der unbestrittenermaßen bestochen hatte, nicht aber, um einen Vertrag zu erlangen oder zu erhalten, sondern um Einfuhrzölle für Reis nach Haiti zu vermeiden. Inzwischen hat ein Rechtsmittelgericht auf den „appeal" des Department of Justice hin den erstinstanzlichen Entscheid aufgehoben und die Interpretation des Gesetzgebers bestätigt.[72] Andernfalls hätten die USA nach Ansicht der OECD ihr Gesetz revidieren müssen.[73]

II. Der subjektive Tatbestand

40 Bei der Bestechung fremder Amtsträger handelt es sich um ein **Vorsatzdelikt**.

---

[68] Bulgarien, Deutschland, Island, Japan, Korea, Griechenland, Mexico, Neuseeland, Spanien, USA.
[69] Benelux-Staaten, Nordeuropa, Polen, Schweiz.
[70] Vgl. zur „home-office-exception" Japan-Ph 1-24 sowie Ph1bis.
[71] US v. Kay and Murphy, H-01-914 (S.D.) Texas, 16-04-2002.
[72] US v. Kay and Murphy, No. 02-20588, US Court of Appeals, 5th Circuit, 04-02-2004.
[73] Vgl. US-Ph2-39.

III. Ausnahmen: Rechtfertigungs- und Entschuldigungsgründe

Es ist bereits erwähnt worden, dass die **bloße Vorteilsvergabe** im internationalen Kontext nicht für strafbar erklärt werden muss. Der Grund für diese Einschränkung liegt darin, dass es ohnehin schwierig sein wird, aus der Distanz Fälle zu klären, die sich im Ausland zugetragen haben, und dass Fälle mit geringem Unrechtsgehalt einer Justiz auf Distanz schwer zugänglich sind. Die andere Überlegung, dass an vielen Orten der Welt sogenannte „*petty corruption*" alltäglich sei, mag als Rechtfertigung der Straflosigkeit deshalb weniger taugen,[74] weil evident ist, dass die Vielzahl der kleinen Bestechungszahlungen das Vertrauen in die Institutionen eines Staates ebenso in Frage stellen kann wie die gelegentliche große Zahlung.[75] 41

Technisch wird die Einschränkung unterschiedlich bewirkt. 42

- In den einen Staaten finden sich explizite Ausnahmen im Gesetz für „Schmiergeldzahlungen".[76] Die OECD hat verschiedentlich solche Texte kritisiert, wenn nicht ganz klargestellt wurde, dass es sich lediglich um reine Bagatellzahlungen handeln durfte.
- In einer zweiten Gruppe von Staaten fehlt die Ausnahme, allerdings handelt es sich durchwegs um Länder mit einem breiten strafprozessualen Opportunitätsprinzip.[77] Die OECD legt hier besonderen Wert auf die Bindung des Ermessens an Dienstanweisungen der Staatsanwaltschaft.
- Eine weitere Gruppe von Ländern ist dem Problem von Anfang an dadurch ausgewichen, dass bezogen auf fremde Amtsträger nur die eigentliche Bestechung, die auf Dienstpflichtverletzung ausgerichtet ist, erfasst wird.[78] Demgegenüber betreffen die „Schmiergeldzahlungen" durchwegs Fälle „gebundenen Verwaltungshandelns", auf das der Zahlende einen Rechtsanspruch hat.

IV. Versuch und Beteiligung

Die in Art. 1 und 2 Ü enthaltenen Normen zu Versuch, Beteiligung und Verabredung (*conspiracy*) werden unterschiedlich behandelt: Während „*die Beteiligung einschließlich der Anstiftung, der Beihilfe und der Ermächtigung*" schlicht für strafwürdig erklärt wird, gilt dies für Versuch und Verabredung nur soweit landesrechtlich dasselbe für die Bestechung inländischer Amtsträger gilt. Damit wird ermöglicht, unter Umständen auf die Bestrafung der „*conspiracy*", aber auch des Versuchs jenseits der Tatvarianten, die bereits als vollendete Taten gewertet werden müssen, ganz zu verzichten.[79] 43

---

[74] Zu Recht krit. *Gänßle*, NStZ 1999, 543, 545 f.
[75] Zur Thematik der „*facilitation payments*" vgl. Trace International Inc., The High Cost of Small Bribes, 2003, S. 4 ff.
[76] V. a. Kanada und USA.
[77] Z.B. Frankreich und Großbritannien.
[78] Für Deutschland vgl.: *Dölling*, ZStW 2000, 334, 353; *Korte*, wistra 1999, 87; für die Schweiz: *Pieth* (Fn. 48), 300^septies N. 18; vgl. aber auch Art. 322^octies Abs. 1 und 2 StGB.
[79] So viele kontinentaleuropäische Staaten.

C. Die Verantwortlichkeit juristischer Personen (Art. 2 Ü)

I. Zur Bedeutung der Haftung der juristischen Person

44 Sämtliche Antikorruptionskonventionen[80] verlangen die **Einführung der Verantwortlichkeit juristischer Personen** und tragen dabei maßgeblich dazu bei, dass in dieser Frage eine weltweite Rechtsannäherung stattfindet.[81] Obwohl eine Kriminalisierungskonvention typischerweise mit der Definition des strafbaren Verhaltens von Individuen beginnt, ist die Haftung von juristischen Personen (bzw. Unternehmen) im Bereich der Wirtschaftskorruption von erheblicher Bedeutung, weil insbes. multinationale **Unternehmensstrukturen** immer komplexer geworden sind und es häufig schwierig ist, eine einzelne Person für den Entscheid zu Bestechen verantwortlich zu machen. Selbst wenn auf operationeller Ebene die Straftat an einem Individuum festgemacht werden kann, ist sodann keineswegs garantiert, dass das Unternehmen sich durch die Abstrafung der Einzelperson in irgendeiner Weise beeindrucken lässt. Es kann sogar sein, dass Mängel in der Organisationsstruktur den Durchgriff auf die Managementstufe bewusst verhindern und dass eine Unternehmens-Unkultur Korruption zur Auftragsbeschaffung systematisch begünstigt. Dies ist denn auch der Grund, weshalb ein Übereinkommen, welches sich gegen die *„grand corruption"* im internationalen Geschäftsverkehr wendet, auf der Haftung der juristischen Person so insistieren muss.[82]

II. Die Vorgaben der Konvention

45 Die bestehenden Modelle der Haftung der juristischen Person bzw. des Unternehmens divergieren ganz erheblich, sowohl was die Haftungsvoraussetzungen als auch was die Sanktionen anbelangt. Sie sind historisch gewachsen, daher ist es wichtig, dass die Konvention abermals nationale Eigenheiten respektiert. Das Prinzip der „funktionalen Äquivalenz"[83] lässt den Mitgliedstaaten hier sogar einen **besonders weiten Spielraum**: Art. 2 verpflichtet die Vertragspartei dazu „... in Übereinstimmung mit ihren Rechtsgrundsätzen" die erforderlichen Maßnahmen zu treffen „... um die Verantwortlichkeit juristischer Personen für die Bestechung eines ausländischen Amtsträgers zu begründen." Während die Texte der EU und des Europarates wesentlich mehr Details zur Konstruktion der Haftungsnormen und zu den Sanktionen erhalten, beschränkt sich die OECD Konvention darauf, in Art. 3 I und II *„wirksame, angemessene und abschreckende Sanktionen"* einzufordern. Diese dem weiteren EU-Recht entliehene Formel gilt es mit Inhalten zu füllen. Hier erweist sich das Evaluationsverfahren als außerordentlich kreatives Instrument zur Entwicklung von Interpretamenten für das Verständnis von Begriffen wie „Wirksamkeit" und „Angemessenheit".

---

[80] Europarat Art. 18; EU 2. Protokoll Art. 3; OECD Art. 2; UN Art. 26.
[81] Vgl. *Heine*, Corporate Liability Rules in Civil Law Jurisdictions, 2000; *Pieth*, ZStrR 2001, 1 ff.; *Sacerdoti* (Fn. 41), S. 95 ff.; *Wells*, Criminal Responsibility of Legal Persons in Common Law Jurisdictions, 2000.
[82] Vgl. Travaux Préparatiores ITCN 1999, F1031; D-Ph2-31; Bulg-Ph2-26 f.
[83] Vgl. Rn. 11 ff.

III. Strafrechtliche versus nicht-strafrechtliche Haftung?

Bereits dem Konventionstext (Art. 3 II Ü) ist zu entnehmen, dass eine eigentliche **46** strafrechtliche Haftung der juristischen Person **nicht** verlangt wird. Allerdings muss eine nicht-strafrechtliche Lösung (sei es eine zivilrechtliche oder verwaltungsrechtliche) allen Effizienzanforderungen von Art. 2 und 3 gerecht werden. Dass sich die Systeme dabei sehr detaillierte Fragen gefallen lassen müssen, haben etwa die Evaluationen der Gesetze Polens und Deutschlands gezeigt. Kritik äußerte die OECD am polnischen System, welches als eigentliche verwaltungsrechtliche Lösung erst im Anschluss an die Verurteilung eines Individuums (Managers) durch eine Verwaltungsinstanz Sanktionen gegen die Gesellschaft ergreifen lässt.[84] Die neuen italienischen[85] und deutschen[86] verwaltungsstrafrechtlichen Lösungen wurden deshalb prinzipiell akzeptiert, weil sie eine primäre Haftung, eine relevante Sanktion und ein Verfahren vor einer Strafinstanz vorsehen. Allerdings wurden eine Reihe von weiteren Fragen aufgeworfen (etwa nach der Kompatibilität der Rechtshilfesysteme, nach der Anwendbarkeit des Verfallsrechts und schließlich danach, ob eine Ordnungswidrigkeitenlösung in der Praxis von den Staatsanwälten und den Gerichten ausreichend ernst genommen wird).[87] Aufgrund der intensiven Diskussionen im Rahmen der Phase 2-Evaluationen ist damit zu rechen, dass die Anforderungen insbes. an nicht-strafrechtliche Haftungsnormen noch erheblich steigen werden.

IV. Anforderungen an die Haftungsvoraussetzungen

Im Wesentlichen werden bei der Beurteilung der Wirksamkeit und Angemessenheit **47** fünf Haftungsvoraussetzungen untersucht:
- die erfassten Körperschaften,
- die Bezugstaten,
- der Bezug der Tat zum Unternehmenszweck,
- die haftungsbegründende Täterperson und
- die Haftungsmodalitäten.

1. Die erfassten Körperschaften

Prinzipiell sind zwei äquivalente Ansätze auszumachen: Während die einen Länder die **48** Rechtsfigur der „**juristischen Person**" ins Zentrum stellen, machen andere die wirtschaftliche Einheit „**Unternehmen**"[88] zum Haftungssubjekt. Bislang wurde die Diskrepanz im Bereiche der kleineren und mittleren Unternehmen nicht als relevant angesehen. Als unzureichend empfunden wurde allerdings die Auslassung von Stiftungen und Vereinen,[89] da sie in der Praxis häufig zur Schaffung von „schwarzen Kassen" missbraucht werden.

---

[84] Pol-Ph1-11 f., 15, 32 f.
[85] I-Ph1-13, 34.
[86] D-Ph1-13, 34; D-Ph2-28 ff., 52.
[87] Aufschlussreich: D-Ph2-28 ff.
[88] So etwa Polen, Schweden und die Schweiz.
[89] Kritisch die Evaluation von Griechenland.

49 Uneinheitlich ist die Behandlung der **öffentlichen Körperschaften**: Während typischerweise ein Verfahren gegen den Zentralstaat an sich ausgeschlossen ist,[90] lassen einzelne Länder Verfahren gegen Gemeinden zu.[91] Regelmäßig werden staatlich beherrschte Unternehmen Gegenstand der Haftung sein, jedenfalls insistierte die OECD gegenüber Mexico auf diesem Prinzip, da sich Staatsunternehmen im Wettbewerb mit Privaten befinden und kein Grund für eine strafrechtliche Privilegierung ersichtlich sei.[92]

2. Bezugstaten

50 Es versteht sich, dass nach Art. 2 Ü die Bestechung fremder Amtsträger im internationalen Geschäftsverkehr auf der Liste der Bezugstaten figurieren muss. Wie dieses Ziel erreicht wird (über Sondernormen oder als allgemeines Prinzip), ist Sache der Mitgliedstaaten.

3. Bezug zwischen Tat und Unternehmenszweck

51 Praktisch alle Haftungsnormen versuchen Exzesstaten durch eine Bezugsklausel auszuscheiden. **Drei Ansätze** sind bei den Mitgliedstaaten auszumachen: Nach einem ersten wird lediglich ein Bezug zur Geschäftstätigkeit oder die Delinquenz *anlässlich* der Ausübung geschäftlicher Verrichtungen verlangt.[93] Die zweite Gruppe achtet darauf, dass die Tat *„im Namen", „im Interesse", „für Rechnung"* etc. des Unternehmens erfolgte.[94] Zu weit würde es dagegen unter dem Gesichtspunkt der Effektivität führen zu verlangen, dass die juristische Person tatsächlich vom Delikt profitiert hat.[95]

4. Haftungsbegründende Täterperson

52 Eine der folgenreichsten Detailfragen der Haftungskonstruktion ist die nach der haftungsbegründenden Täterperson. Abermals sind **drei Ländergruppen** auszumachen:

- Das traditionelle **englische** *„Common Law"* hatte in konstanter Praxis auf das Fehlverhalten des *„Gehirns"* des Unternehmens, des sogenannten *„directing mind"* abgestellt.[96] Eine Änderung ist trotz Kontroversen[97] nicht in Sicht. Demgegenüber haben Kanada und Neuseeland die Anforderungen etwas abgeschwächt und auch das Fehlverhalten weiterer Manager einbezogen, zumal wo sie *„wilfully blind"* das deliktische Verhalten ihrer Untergebenen tolerierten.[98]
- Am anderen Ende der Skala einzuordnen sind jene Regelungen, die die Straftat **jedes Angestellten**, ja auch jedes **Beauftragten und Agenten** zur Haftungsbegründung genügen lassen:[99]

---

[90] Deutschland.
[91] Z.B. Frankreich.
[92] Mex-Ph1-24.
[93] So in Großbritannien, Island, Japan und Korea.
[94] Belgien, Deutschland, Finnland, Frankreich, Italien, Kanada, Mexico, Norwegen, Portugal, Schweiz, USA.
[95] In dieser Richtung aber Art. 51 NL StGB.
[96] Vgl. *Meridian*, Global Funds Management Asia Ltd. v. Securities Commission [1995] All England Law Reports 918.
[97] *Wells*, A New Offence of Corporate Killing – the English Law Commission's Proposals, in: Eser/Heine/Huber (Hrsg.), Criminal Responsibility of Legal and Collective Entities, 1999, S. 121 f.
[98] Can-Ph1-8; Ph2-29; NZ-Ph1-12.
[99] So Belgien, Dänemark, Finnland, Island, Japan, Korea, Mexico, Niederlande, Norwegen, Schweden, Schweiz, USA.

– Dazwischen befinden sich die Systeme, welche zunächst ein Einstehen für fremdes Verschulden eines **Organs** vorsehen (Identifikationsmodell). Allerdings haben sich die Grenzen dadurch bei fast all diesen Rechten erweitert, dass Gesellschaften zunehmend auch für die fehlende *„cura in eligendo, instruendo et custodiendo"* von Managern verantwortlich gemacht werden;[100] eine Tendenz, die in Art. 18 Ziff. 2 Europaratsübereinkommen[101] wieder aufscheint.

Angesichts dieser Rechtslage gerät Großbritannien zunehmend unter Druck, auch seine Regelung den Anforderungen der EU- und Europarats-Konventionen anzupassen.

5. Haftungsmodalitäten

Die OECD mischt sich (bisher) grundsätzlich nicht in die eigentlichen Haftungsmodalitäten ein: Ob das Recht des Mitgliedstaates beim **Fehlverhalten des Organs** (einschließlich fehlerhafte Auswahl, Überwachung und Unterweisung) oder direkt beim **Organisationsversagen** (objektive Verantwortlichkeit) ansetzt oder überhaupt eine „**strict liability**" vorsieht, war bisher nicht Gegenstand der Evaluationsdiskussionen. Allerdings haben Gespräche über eine allfällige Konkretisierung der Norm in Art. 2 im Rahmen eines Seminares der OECD stattgefunden.[102] 53

V. Sanktionsmodelle

Art. 3 II Ü stellt fest, dass *die „wirksamen, angemessenen und abschreckenden ... Sanktionen",* ob strafrechtlich oder nicht-strafrechtlich, **auch Geldsanktionen** umfassen müssen. Art. 3 III Ü definiert – für natürliche wie juristische Personen – die Regeln der Einziehung/des Verfalls, während in IV die Vertragsparteien aufgefordert werden, zusätzlich zu den obgenannten Sanktionen *„... die Verhängung zusätzlicher zivil- oder verwaltungsrechtlicher Sanktionen ..."* gegen eine natürliche oder juristische Person *„... zu erwägen."* 54

1. Geldsanktionen

Zur Höhe der adäquaten Sanktionen gibt es bisher nur wenige Stellungnahmen. Die Härte, mit der die japanische Maximalstrafe für Unternehmen von immerhin Yen 300 Mio. (ca. $/€ 2.7 Mio.) als ungenügend gegeißelt wird,[103] ist nur verständlich, wenn man bedenkt, dass eine Konfiskation der Gewinne aus Korruption nicht zur Verfügung steht und daher die Sanktion nach Art. 3 I auch jene von Art. 3 III mitübernehmen muss (dazu Rn. 64 ff.) 55

2. Weitere Sanktionen

Während das 2. EU Protokoll in Art. 4, gestützt auf eine frühere Empfehlung des Europarates,[104] einen ganzen Katalog von weiteren Sanktionen gegen Unternehmen enthält 56

---

[100] So in Deutschland, Frankreich, Italien und Griechenland; bez. Deutschland ist die Revision von §30 OVIG vom 29.8.2002 zu beachten, die den Kreis der haftungsrelevanten Personen erheblich erweitert.
[101] Siehe Fn. 80.
[102] Vgl. die Stellungnahmen von *Wells* (Fn. 81) und *Heine* (Fn. 81).
[103] J-Ph1-28 f.
[104] R 88 (18) of the Committee of Ministers (of the COE) to Member States concerning the liability of enterprises having legal personality for offences committed.

(z.B. Tätigkeitsverbote, Unternehmenskuratel, Schließung oder Auflösung), ist die OECD hier sehr zurückhaltend; sie erwähnt diese Möglichkeiten lediglich als Beispiele im offiziellen Kommentar (N. 24). Vor allem im französischrechtlichen und südeuropäischen Rechtsraum bestehen solche weiteren Sanktionsmöglichkeiten.[105]

3. Strafzumessungsfaktoren

57 Zu den Strafzumessungsfaktoren finden sich nur vereinzelte Stellungnahmen. Es versteht sich, dass von der **Größe des Unrechts** (insbes. des Schadens, eventuell des illegalen Gewinns) ausgegangen wird und, wie bei Individuen, die Vorwerfbarkeit („Quasi-Schuld") ins Zentrum gestellt wird: Wie schwerwiegend war die Desorganisation, wie offensichtlich haben sich die Manager um das Risiko foutiert, handelt es sich umgekehrt um einen „Unfall" trotz an sich überzeugender *Compliance*-Anstrengungen.[106] Gelegentlich wird auf Zukunftsfaktoren verwiesen, etwa die ökonomische Strafempfindlichkeit des Unternehmens[107] sowie die Anstrengungen zur Rehabilitierung (Reorganisation)[108].

VI. Rechtsanwendung

58 Außer in den USA[109] besteht nur eine geringe Rechtsprechung zur Unternehmenshaftung, selbst bezogen auf lokale Bestechungsdelikte. Als problematisch empfunden wurde insbes. das häufig im Unternehmensstrafrecht besonders ausgeprägte Opportunitätsdenken. Gelegentlich gehen sogar Staaten, die im Individualstrafprozess prinzipiell das Legalitätsprinzip kennen, im Unternehmensstrafrecht vom Opportunitätsprinzip aus.[110]

D. Sanktionen gegen Individuen (Art. 3 Ü)

I. Freiheitsstrafe

1. Die Anforderungen der Konvention

59 Bezüglich Freiheitsstrafe hat sich die OECD zur Umsetzung des Prinzips *der „wirksamen, angemessenen und abschreckenden Strafe"* einige Gedanken gemacht: Dem Text von Art. 3 I Ü ist zu entnehmen, dass sich der Strafrahmen im Sinne der funktionalen Äquivalenz am **lokalen Sanktionsniveau** orientieren soll. Damit werden durchaus erhebliche Differenzen unter den Ländern in Kauf genommen. Prinzipiell (dies gilt auch für Geldstrafen) sollen Strafart und Strafrahmen vergleichbar sein mit der für die Bestechung eigener Amtsträger der Vertragspartei geltenden Regelung.

---

[105] Vgl. Frankreich, Italien, Portugal, aber auch die USA.
[106] Vgl. insb. US-Ph2-17 f.
[107] Pol-Ph1-15 f., 32 f.
[108] Für Italien: *Magrini*, in: Sacerdoti (Fn. 41), S. 120.
[109] Zwischen 1977 und 2001 wurden 21 Verurteilungen aufgrund der Strafbestimmungen der FCPA gegen Unternehmen ausgesprochen.
[110] Beispiel: D-Ph2-37 ff.

Die WGB hat dieses Prinzip der **landesinternen Kohärenz** weiterverfolgt. Zugleich 60
wollte sie aber sicherstellen, dass die Korruption als **erhebliche** Delinquenz eingestuft
wird: Sie veranlasste die Staaten, die Strafdrohung der transnationalen Bestechung zu solchen für traditionelle Vermögensdelikte (insbes. Diebstahl, Untreue und Betrug) in Bezug zu setzen. Schließlich erhält der Text von Art. 3 I Ü eine **absolute Untergrenze**: Wirksame Rechtshilfe und Auslieferung müssen möglich sein. Damit dürfte im Regelfall ein Strafmaximum unter einem Jahr konventionswidrig sein. Im internationalen Vergleich hat die WGB bereits bei Sanktionsmaxima von 2–3 Jahren Bedenken angemeldet.

Noch nicht geäußert hat sie sich demgegenüber zu **exzessiv hohen** Strafen, dies wohl 61
in der Tradition der Wirtschaftsorganisationen, die sich noch nicht daran gewöhnt haben, auch die Menschenrechtsthematik zu integrieren: Sollte einmal China dem Abkommen beitreten, müsste aber die Zulässigkeit der Todesstrafe (wie auch exzessiv langer Freiheitsstrafen) für Korruption unter dem Stichwort der Angemessenheit ernsthaft diskutiert werden.

2. Das Bild der Umsetzungsgesetze

Die Umsetzungsgesetze vermitteln ein sehr **uneinheitliches** Bild: Eine Gruppe von 62
„Hochstrafländern" sieht maximale Sanktionen bis zu 10 oder 15 Jahren, zumal bei Richterbestechung, vor.[111] Eine Gruppe in der Mitte pendelt um Maximalstrafen von etwa 5 Jahren.[112] Demgegenüber sind vor allem die nordischen Gesetze am unteren Rand der Skala und damit auch des Zulässigen (1–3 Jahre).[113]

II. Geldstrafen

Geldstrafen dürfen in der Regel als Ergänzung notwendig sein, weil die Tatbestände 63
auch Fälle geringerer Schwere erfassen. Abermals sollten sich die Strafrahmen an jenen für Bestechung „eigener" Amtsträger der Vertragsparteien orientieren (Art. 3 I Ü). Angesichts der Tendenz zur Ersetzung kurzer Freiheitsstrafen durch ambulante Alternativen, zumal in Europa, ist damit zu rechnen, dass die Buße statistisch weitaus die häufigste Sanktionsart auch für transnationale Bestechung sein wird.

III. Einziehung (respektive Verfall oder Konfiskation)[114]

Die Einziehungsbestimmungen von Art. 3 III Ü werfen schwierige Rechtsfragen auf, 64
wenn die Regeln konsequent umgesetzt werden sollen. Das mag einer der Gründe sein, weshalb Art. 3 III Ü den Vertragsstaaten erlaubt, die Spur zur konfiskatorischen Vermögensstrafe hin zu wechseln.

---

[111] So Belgien, Italien, Luxemburg, Mexico und USA.
[112] Österreich, Deutschland, Frankreich, Schweiz.
[113] Dänemark, Finnland, Island, Norwegen, Schweden.
[114] Die Bezeichnungen „Einziehung", „Verfall" und „Konfiskation" werden im internationalrechtlichen Kontext vereinfachend synonym verwendet. Für ähnliche sprachliche Vereinfachungen im englischen Sprachraum vgl. N. 21 Offizieller Kommentar.

9. Kap. OECD-Übereinkommen über d. Bekämpfung d. Bestechung ausländ. Amtsträger

1. Einziehung

65   Art. 3 III Ü schreibt den Vertragsstaaten vor, sowohl die Einziehung der **Bestechung** selbst wie der **Erträge aus Bestechung** vorzusehen. Geht man von einem der Wirklichkeit nachempfundenen hypothetischen Fallbeispiel aus,[115] dann stelle man sich vor, dass der Vertreter einer multinationalen Ölgesellschaft (z.b. über Mittelsmänner und Sitzgesellschaften) dem Staatspräsidenten einer ehemaligen Sowjetrepublik z.B. $ 100 Mio. für die Gewährung von Ölförderrechten an die Ölgesellschaft bis zum Gesamtwert von $ 8 Mio. zukommen lässt. Weiter gehe man davon aus, dass die Bestechungssumme auf den Namen von Strohleuten und weiteren Sitzgesellschaften an einem Finanzplatz ausfindig gemacht werde. Welche Fragen wirft Art. 3 III Ü auf?

66   Zunächst einmal mag es als selbstverständlich erscheinen, dass die **Bestechungssumme vollumfänglich einziehbar** ist. Natürlich können sich Probleme ergeben, etwa wenn Dritte daran Rechte erworben haben. Die Frage, unter welchen Bedingungen gutgläubiger Dritterwerb sich der Einziehung der *„instrumenta"* oder *„producta sceleris"* entgegenstellt, ist aber eine Frage, die jedes der Landesrechte prinzipiell klären muss. Die Frage stellt, bezogen auf die Bestechung, keine besonderen Probleme.

67   Anders liegt es bei der **Einziehung der Erträge**, hier ist vieles noch ungewiss: Zunächst ist unklar, was die „Erträge der Bestechung" überhaupt sind. Im obgenannten hypothetischen Fall käme der Gewinn aus dem Grundgeschäft in Frage. Allerdings stellt sich sofort die Nachfrage, ob „indirekte Konsequenzen"[116] einer Bestechung, nämlich der Geschäftsgewinn aus dem an sich legalen Grundgeschäft, einziehbar sein können. Selbst wenn dies aus der Sicht des Landesrechts fraglich sein mag, lässt die Konvention kaum eine andere Auslegung zu. Die Erklärung dafür ist im alternativ angebotenen Prinzip der abschöpfenden Buße zu suchen, die dem US-Recht entstammt, das genau diese Konsequenz im Auge hat.

68   Will man das Übereinkommen in diesem Punkt über das Einziehungsrecht umsetzen, bleibt eine Reihe von weiteren Fragen zu beantworten. Zunächst muss ein **Bezug** zwischen der Bestechungszahlung und dem Grundgeschäft **hergestellt** werden: Wenn die Bestechungssumme so erheblich ausfällt wie im Beispielsfall, besteht wohl kein Zweifel daran, dass die Bestechung „kausal" für den Vertragsschluss und mittelbar für den Vertrag war (Wie aber liegt es bei einem Milliardengeschäft, wenn die Bestechungssumme nur einige Tausend ausmachte, immerhin soviel aber, dass die Schwelle der bloßen *„facilitation payments"* überschritten war?).

69   Daran schließen sich weitere Fragen nach dem **Berechnungsmodus** der Beträge an: Ist nach der „**Brutto**"- oder nach der „**Nettomethode**" zu verfahren? Die in manchen Rechtssystemen auf Betäubungsmittelgeschäfte angewandte Bruttomethode wäre hier zweifellos unbillig, da das Grundgeschäft legal ist. Das heißt, die legalen Aufwendungen dürften abgezogen werden, nur der Reingewinn wäre einziehbar. Unser Beispielsfall zeigt aber, dass noch weitere Fragen zu klären sind: Ist auch der noch nicht realisierte Gewinn – hier eine bloße Anwartschaft – etwa der Wert eines Termingeschäftes, einziehbar? Wie würde man sodann Schürfrechte wertmäßig berechnen, haben sie einen Marktwert? Wenn nein, lässt das betreffende Landesrecht eine Schätzung zu?

70   Probleme hat in der Vergangenheit die Frage aufgeworfen, ob Erträge auch bei einer **juristischen Person** eingezogen werden dürfen. Soweit sie selbst ins Recht gefasst werden kann (als beschuldigte oder einziehungsbetroffene Partei aufgrund der Bestimmungen über die Haftung der juristischen Person), dürfte dies nicht mehr fraglich sein. Unklar ist die Lage dort, wo das Unternehmen in einem Staat, der die Unternehmenshaftung noch

---

[115] Vgl. den wesentlich komplexeren Fall Exxon Mobil/Kasachstan, NZZ, 2. April 2003.
[116] Kritisch etwa *Schmid*, Kommentar: Einziehung – Organisiertes Verbrechen – Geldwäscherei, Bd. 1, 1998, Art. 59 StGB Rn. 34 ff.

nicht kennt, lediglich begünstigt ist. Für einzelne Landesrechte haben Kommentatoren dem Unternehmen eine Stellung ähnlich der Erben des Drogenhändlers zugewiesen (als sogenannter „Zweiter" anstelle des echten „Dritten").[117]

Verständlich ist angesichts dieser Probleme, dass nicht alle Mitgliedstaaten, welche die **71** Möglichkeit der Einziehung der Erträge vorsehen, sie auch zwingend anordnen mögen: Von Bedeutung ist daher, ob die Einziehung in die **Opportunität der Behörden** gestellt ist. Nach der Logik der OECD fällt diese Frage in den Bereich der Rechtsanwendung (Art. 5) und wird im Rahmen der Phase 2-Evaluation überprüft: Ist ein Staat bei einem offensichtlichen Fall nicht in der Lage, einzuziehen, dürfte die mangelnde Effizienz seines Systems öffentlich gerügt werden.

2. Konfiskatorische Vermögensstrafe

Art. 3 III Ü offeriert als Alternative zur Einziehung (insbes. der Erträge aus Beste- **72** chung), „**dass Geldsanktionen mit vergleichbarer Wirkung verhängt werden können**". Diese Möglichkeit hat den Vorteil, dass der Nachweis der Summe und der kausalen Herkunft aus Delikten nicht erbracht werden muss. Anderseits folgt die Geldsanktion ganz anderen Gesetzlichkeiten, sie wird nach Schuldkriterien ausgesprochen. Die Debatte um die deutsche Vermögensstrafe, die zu deren Aufhebung durch das Bundesverfassungsgericht führte,[118] zeigt, dass zwischen den Konzepten der Schuld und der Gesamtkonfiskation ein Widerspruch besteht (ein Widerspruch, der im Übrigen bereits anlässlich der bürgerlichen Revolution zur Aufhebung der damaligen absolutistischen Gesamtkonfiskation führte).[119] Es ist allerdings nicht Sache der OECD, etwa die USA oder Korea, die von der konfiskatorischen Vermögensstrafe Gebrauch gemacht haben, eines Besseren zu belehren. Wenn ihr Rechtssystem mit dieser Ambivalenz leben kann, ist die Lösung internationalrechtlich akzeptabel.

E. Anwendbares Recht (Art. 4 Ü)

Bezüglich der Jurisdiktionsklausel sind die Bestimmungen recht konservativ, zudem **73** sind sie stark angelsächsisch geprägt. Obwohl ein auf die Vertragsstaaten ausgedehntes Gemeinschaftsprinzip („kleines Weltrechtsprinzip") denkbar gewesen wäre, beschränkt sich das Vertragsrecht auf **Territorialität** und **aktive Personalität** (*„nationality"*). Überdies konnte sich in den Verhandlungen wegen des angelsächsischen Widerstandes nicht einmal eine uneingeschränkte Stellungnahme für die Personalität durchsetzen. Inzwischen ist aber auch in dieser Frage einiges in Bewegung geraten.

---

[117] Zu dieser Kontroverse in der Schweiz vgl. Botschaft des Bundesrates über die Änderung des Schweizerischen Strafgesetzbuches und des Militärstrafgesetzes sowie über den Beitritt der Schweiz zum Übereinkommen über die Bekämpfung der Bestechung ausländischer Amtsträger im internationalen Geschäftsverkehr vom 19. April 1999 vom 12. Juni 1989, BBl I 1999, S. 5544.

[118] *Kilchling*, Deutschland, in: ders. (Hrsg.), Die Praxis der Gewinnabschöpfung in Europa, 2002, S. 32; BVerfG, 2 BvR 794/95 vom 20.3.2002, Absatz-Nr. 1 (1-145), http://www.bverfg.de (Stand: 2. April 2004).

[119] Siehe dazu *Daams*, Criminal Asset Forfeiture – One of the most Effective Weapons against (Organized) Crime?, 2003, S. 24.

I. Territorialität (Art. 4 I Ü)

74 Die Vertragsstaaten verpflichten sich, eine Kompetenz für Straftaten zu begründen, die **ganz oder teilweise** auf ihrem Hoheitsgebiet begangen werden. N. 25 des Offiziellen Kommentars macht deutlich, dass der Begriff des territorialen Anknüpfungspunktes **breit** verstanden werden soll, eine *„intensive physische Beziehung zur Bestechung"* ist nicht erforderlich. Illustrationen liefern etwa US-Entscheide, in denen die Autorisierungen von Bestechungszahlungen vom Mutterhaus aus per Telefon, Fax oder e-mail erfolgt sind. Die Passage *„ganz oder teilweise auf ihrem Hoheitsgebiet"* stellt fest, dass auch die bloße **Beihilfe** vom betreffenden Territorium aus genügen muss.[120]

II. Aktive Personalität (Art. 4 II und IV Ü)

75 Statt grundsätzlich die Einführung des aktiven Personalitätsprinzips zu verlangen, begnügt sich die Konvention mit zwei unvollständigen Substituten: Nach Art. 4 II Ü soll *„jede Vertragspartei, die für die Verfolgung ihrer Staatsangehörigen wegen im Ausland begangener Straftaten Gerichtshoheit hat ... die erforderlichen Maßnahmen (treffen), um nach denselben Grundsätzen ihre Gerichtsbarkeit auch für die Verfolgung wegen Bestechung eines ausländischen Amtsträgers zu begründen."*

76 Die Krux dieser komplexen Formel ist natürlich, dass einzelne Staaten Nationalitätsjurisdiktion lediglich für **bestimmte Straftatbestände** kennen. Für diesen Fall hat N. 26 des Offiziellen Kommentars festgehalten, dass *„nach denselben Grundsätzen"* auch die Selektionskriterien für diese Tatbestände erfasse. Unter dem Druck der kontinuierlichen Nachfragen gerade auch nach den Auswahlkriterien durch die Arbeitsgruppe der OECD hat Großbritannien beschlossen, in seiner Dringlichkeitsgesetzgebung von 2001 das Nationalitätsprinzip einzuführen.[121]

77 Ferner fordert Art. 4 IV Ü die Vertragsstaaten dazu auf zu prüfen, ob ihre Rechtsgrundlage für die Gerichtsbarkeit wirksam ist. In Anwendung dieses *„soft law"*-Grundsatzes haben immerhin einige Staaten das **Nationalitätsprinzip** eingeführt, neben Großbritannien insbes. die USA. Gegenwärtig diskutiert auch Japan eine entsprechende Ergänzung. Im Rahmen der OECD-Mitgliedstaaten verbleiben lediglich ein bis zwei Länder, die das Nationalitätsprinzip noch nicht kennen (Kanada und ev. Neuseeland). Eine entsprechende Erweiterung der Konvention würde daher kaum mehr schwer fallen.

78 Im Rahmen des Nationalitätsprinzips ist der Grundsatz der **„beidseitigen Strafbarkeit"** zulässig, allerdings sind die Anforderungen als erfüllt zu betrachten, wenn ein illegaler Akt erfolgt ist, auch wenn er gegen ein anderes Strafgesetz verstößt (N. 26 Offizieller Kommentar).

III. Konsultationspflicht

79 Nach Art. 4 III Ü besteht eine Konsultationspflicht auf Ersuchen eines Vertragsstaates, falls mehrere Länder aufgrund des Anfangsverdachts zuständig erscheinen. Weiterge-

---

[120] Zum Schweizer Recht: vgl. Botschaft (Fn. 117), S. 5545; kritisch: OECD, CH-Ph1-11 ff.
[121] GB-Ph-1bis-9 f.

hende Koordination und Abstimmung im Sinnes eines internationalen „*ne bis in idem*" ist allerdings nicht vorgesehen. Auch diesbezüglich ist die Konvention noch nicht auf dem neuesten Stand der Rechtsentwicklung.

F. Durchsetzung (Art. 5 Ü)

I. Respektierung der nationalen Lösungen

In Art. 5 Ü kommt zunächst zum Ausdruck, dass die Konvention die **unterschied-** 80 **lichen nationalen Systeme** der Strafverfolgung einschließlich der Eröffnungs- und Einstellungsprinzipien **anerkennt**. Ob ein Land grundsätzlich vom Legalitäts- oder vom Opportunitätsprinzip ausgeht, ob es Einstellung unter Auflage kennt, ob ein „*plea bargaining*" vorgesehen ist, sind alles Fragen innerhalb der landesrechtlichen Prärogative.[122]

Unzulässig wäre es dagegen, eigens für den Tatbestand der Bestechung fremder Amts- 81 träger von den etablierten Grundprinzipien abzuweichen. Dieser Grundsatz ergibt sich aus einer interessanten Auseinandersetzung mit dem französischen Recht:

Nach französischem Recht entscheidet der „*Procureur*" aufgrund eines sehr weiten Opportunitätsermessens über die Einleitung des Verfahren sowie – nach der Instruktion – über die Anklageerhebung. Zudem unterliegt er intensiver hierarchischer und zentralisierter Dienstaufsicht durch das Justizministerium, auch wenn die Prozessordnung eine konkrete Weisung, einen spezifischen Fall einzustellen, nicht zulässt. Zum Ausgleich gibt das traditionelle französische Prozessrecht dem Verletzten bei Straftaten auf französischem Territorium ein **Klageerzwingungsrecht** in die Hand. Nun hat die Umsetzungsgesetzgebung der OECD-Konvention das seit der französischen Revolution etablierte Prinzip der Klageerzwingung für die Bestechung von Amtsträgern von Nicht-EU-Staaten außer Kraft gesetzt. Die Arbeitsgruppe der OECD geht davon aus, dass durch die Ungleichbehandlung Art. 5 verletzt wird. Sie wird in ihrer Ansicht bestärkt durch die Begründungen des französischen Gesetzgebers, der einen Missbrauch der Klageerzwingung zu politischen und wirtschaftlichen Zwecken befürchtet und eine Ungleichheit gegenüber anderen Staaten sieht: Die französische Regierung verkennt in ihrer Argumentation, dass die „*partie civile*" ein landesrechtlich notwendiges Korrektiv zum weiten Ermessen und zur hierarchischen Einbindung des „*Procureur*" ist, das andere Systeme in dieser Weise womöglich nicht notwendig haben.[123]

II. Einstellung nur nach professionellen Grundsätzen

Das Hauptprinzip, das sowohl in Art. 5 Ü wie im Offiziellen Kommentar (N. 27) zum 82 Ausdruck kommt, ist die Verpflichtung der Untersuchungsorgane auf ein **professionelles Vorgehen**. Es ist zwar zulässig, das **öffentliche Interesse** einer Strafverfolgung zu evalu-

---

[122] Art. 5 Ü sowie N. 27 Offizieller Kommentar.
[123] F-Ph1-20, 31; F-Ph2-27 ff., 57.

ieren,[124] es ist sogar denkbar, diesen Entscheid zu zentralisieren; problematisch ist es allerdings, ihn einer politischen Behörde zu übertragen.[125]

83 Unzulässig sind denn auch Nichteröffnungen oder Einstellungen aus sachfremden Motiven, insbes. solche, die von *„Erwägungen nationalen wirtschaftlichen Interesses, der möglichen Wirkung auf Beziehungen zu einem anderen Staat oder der Identität der Beteiligten natürlichen oder juristischen Personen beeinflusst werden"*.[126] Besonders heikel sind Einstellungen aufgrund von Erwägungen der Staatssicherheit.[127] Beispiele haben gezeigt, dass eine extensive Auslegung der „Staatssicherheit" vorab den Schutz von Machtträgern bewirken kann.[128] Es ist mit Nachdruck festzuhalten, dass es die OECD-Konvention nicht gestattet, den gesamten Markt mit Rüstungsgütern unter Berufung auf Verteidigungsinteressen aus der Anwendung auszunehmen.

III. Adäquate Ressourcen

84 Bereits die *„Agreed Common Elements"*[129] hatten verlangt, dass die Regierungen adäquate Ressourcen zu einer effizienten Strafverfolgung zur Verfügung stellen. Auf diese Passage verweist der Offizielle Kommentar (N. 27), und die Evaluationen stellen **vielfach Defizite** in der Ausbildung und der Ausstattung fest.

G. Verjährung (Art. 6 Ü)

85 Angesichts der erheblich abweichenden Regelungen beschränkt sich Art. 6 Ü darauf, die Vertragsstaaten dazu zu verpflichten, *„einen angemessenen Zeitraum für die Ermittlung und Verfolgung dieser Straftat"* vorzusehen. Im Detail hängt natürlich viel von den Regeln über den Lauf der Fristen, das Ruhen der Verjährung wie auch der Frage ab, ob neben einer relativen auch eine absolute Verjährungsfrist läuft. Diesbezüglich sind die **Systeme uneinheitlich.**

86 In der konkreten Diskussion als knapp empfunden wurden die Fristen der USA[130] und Frankreichs.[131] Insbes. die **dreijährige Frist** nach französischem Recht scheint für komplexe transnationale Delikte, die ihrer Natur nach geheimgehalten werden, besonders inadäquat. Immerhin gilt im französischem Recht, dass für „verborgene Delikte" die Verjährungsfrist erst ab der Entdeckung der Tat zu laufen beginnt. Ob diese etwa für die Untreue gesicherte Regel auch auf die transnationale Bestechung Anwendung findet, ist allerdings noch nicht abschließend geklärt.

---

[124] D-Ph2-37 f.; F-Ph2-27 ff.; GB-Ph1-26 f.
[125] Kritisch: OECD, GB-Ph1-27 gegenüber dem Erfordernis der Zustimmung des Attorney General oder des Solicitor General.
[126] Art. 5 Ü und N. 27 Offizieller Kommentar.
[127] Kritisch etwa gegenüber § 153 C II DstPO, dazu D-Ph2-45.
[128] Bezogen auf das Thema der Retrokommissionen im Elf Skandal, vgl. *Jean-Pierre* (Fn. 22).
[129] Siehe Fn. 30; N. 6 IV.
[130] US-Ph1-16.
[131] F-Ph1-22, 31; F-Ph2-36 ff., 57.

H. Geldwäsche (Art. 7 Ü)

Zwar ist es verständlich, dass sich ein Text zur strafrechtlichen Bekämpfung der transnationalen Bestechung auch mit den Finanztransaktionen befasst.[132] Insbes. die in der *„grand corruption"* vorkommenden Zahlungen sind ohne den Einbezug von Finanzintermediären, Sitzgesellschaften und multiplen Konten insbes. an Off-shore-Zentren gar nicht denkbar. Allerdings ist das Problem des **„Finanzmanagements der Korruption"** wesentlich weiter als die traditionelle „Geldwäsche": Es beginnt mit dem Aufbau von „schwarzen Kassen" (nicht verbuchten Konten), für den Finanzinstitute notwendig sind.[133] Sodann sind Finanzinstitute instrumentell für die eigentlichen Finanztransaktionen, und erst in dritter Linie kommt die Geldwäsche ins Spiel, hier aber nicht nur bezogen auf die Bestechungssumme selbst, sonder unter Umständen auch auf die Erträge aus Korruption (vgl. abermals die Einziehung gemäß Art. 3 II Ü).[134] 87

Art. 7 Ü erfasst von alledem nur einen Teilaspekt. Er schreibt die Strafbarkeit der Korruptionsgeldwäsche vor, allerdings nur nach denselben Bedingungen wie die Strafbarkeit der Geldwäsche bezogen auf Bestechung eigener Beamter. Diese **komplizierte Formulierung** kommt daher, dass zur Zeit der Vertragsverhandlungen Japan und Korea Korruption nicht als Vortat der Geldwäsche anerkannten. Zwar forderten die 40 Empfehlungen der *„Financial Action Task Force on Money Laundering"* (FATF) in ihrer Fassung von 1996, dass alle „schweren Straftaten" als Vortaten zu betrachten seien, die FATF überließ es aber ihren Mitgliedstaaten, die schwere Straftat zu definieren.[135] Inzwischen haben beide Staaten ihr Recht geändert, und nationale wie transnationale aktive und passive Bestechung gehören nun in den Vortatenkatalog der Geldwäsche. Die Situation ist ohnedies mit der Neuauflage der 40 Empfehlungen der FATF von 2003[136] weiter geklärt worden, und diese Regeln gelten für sämtliche OECD Staaten (auch wenn bloß aufgrund von *„soft law"*). 88

Die eigentliche Frage, auf die Art. 7 Ü in seiner vagen Ausdrucksweise keine Antwort gibt, ist die nach den Werten, auf die sich die „Geldwäsche" bezieht: Die OECD-Konvention befasst sich primär mit der *„supply side"* der Korruption, der **aktiven Bestechung** – und Gelder, welche erst zur Bestechung bestimmt sind, sind (in der Regel) keine Verbrechenserträge. Aus N. 28 des Offiziellen Kommentars ergibt sich indirekt, dass hier die Konvention zunächst durchaus auch die Strafbarkeit der Wäsche des (durch **passive Bestechung** erlangten) **Bestechungsgeldes** meint: Industriestaaten sind eben vielfach nicht nur Sitzstaaten von Unternehmen, die aktiv bestechen, sondern auch Finanzplätze, an denen Bestechungsgeld in Sicherheit gebracht wird. Insofern tritt die Konvention in einem Teilaspekt der sog. *„demand side"* der Korruption entgegen. 89

Die weitere Frage, ob auch **„Erträge aus Bestechung"** gewaschen werden können, verweist auf die Diskussion von Art. 3 III Ü zurück: In der Geldwäscheliteratur ist durchaus umstritten, ob auch bloß indirekte Erträge von strafbaren Handlungen Gegenstand von Einziehung und Geldwäsche sein können,[137] allerdings geht Art. 3 III Ü unzweifelhaft davon aus, dass – wie auch immer definierte und errechnete – Erträge der Bestechung Einziehungsobjekt sind. Als solche sind sie auch Gegenstand der Geldwäsche. 90

---

[132] Vgl. auch EU 2. Protokoll Art. 2 (siehe Fn. 80).
[133] Vgl. etwa den Fall Ericsson, Agence France Presse, 4. Februar 2004.
[134] Pieth, FS Niklaus Schmid, 2001, S. 437 ff.
[135] Empfehlungen 4 FATF 40/1990.
[136] Empfehlungen 1 FATF 40/2003.
[137] Siehe Fn. 116.

91 Mit Art. 7 Ü ist – wie bemerkt – nur ein Teilaspekt der Finanzierung der Korruption abgedeckt. Soweit ein Finanzinstitut zum Aufbau einer „**schwarzen Kasse**" beiträgt, kann es sich der Beihilfe zur Untreue, Urkundenfälschung oder Falschbeurkundung schuldig machen (vgl. sogleich unten zu Art. 8 Ü). Die **Bestechungstransaktion** selbst, soweit der Financier den Kontext versteht, dürfte als Beteiligungshandlung am Delikt der Bestechung fremder Amtsträger zu qualifizieren sein.

92 Wichtiger noch als die strafrechtliche Bewertung dieser Akte ist zur Geldwäscheabwehr der – nicht vom OECD-Instrumentarium alleine getragene – großräumige Umbau des **Finanzaufsichtsrechts**: In den letzten 15 Jahren sind die Bestimmungen der Sorgfaltspflichten der Financiers, vorab die Identifikationspflichten und die besondere „*due diligence*" gegenüber Kunden, ganz erheblich verschärft worden. Gegenwärtig wird das Paradigma der Finanzaufsicht erneut modifiziert. Mit dem „*risk based approach*" übernehmen die Finanzinstitute selbst erheblich mehr Verantwortung für die Erkennung von Risikokunden und -transaktionen.[138] Besondere Aufmerksamkeit gilt dabei den so genannten PEPs („*politically exposed persons*"), Personen die in Versuchung geraten könnten, sich durch Missbrauch ihrer Amtsstellung große Vermögenswerte anzueignen und außer Landes zu bringen.[139] Die Arbeitsgruppe der OECD hat in ihren Evaluationen Art. 7 und 8 Ü als entrée benützt, um generell das finanzaufsichtsrechtliche Abwehrdispositiv gegen den Missbrauch von Finanzplätzen und -instituten zum Zwecke der transnationalen Bestechung zu erörtern.[140]

I. Buchführungsdelikte (Art. 8 Ü)

93 Art. 8 Ü muss zusammen mit Art. V der Revidierten Empfehlung[141] gelesen werden: Dort sind unter präventiven Gesichtspunkten detaillierte Regeln zum **Buchführungsrecht**, zur **externen Buchprüfung** sowie zur **Innenrevision** erhalten. Von diesen Prinzipien wurden in Art. 8 Ü die elementarsten übernommen. Art. 8 I artikuliert ein **Verbot**, *„... zum Zweck der Bestechung ausländischer Amtsträger oder der Geheimhaltung einer solchen Bestechung Konten einzurichten, die in den Büchern nicht erscheinen, Geschäfte zu tätigen, die in den Büchern nicht oder nur mit unzureichenden Angaben erscheinen, nicht existente Aufwendungen zu verbuchen, das Entstehen von Verbindlichkeiten mit falschen Angaben zu ihrem Grund zu verbuchen sowie falsche Belege zu benutzen."*

94 Art. 8 II Ü schreibt die wirksame, angemessene und abschreckende **Sanktionierung** vor, überlässt aber dem Vertragsstaat die Wahl der Rechtsnatur der Sanktion. Insofern enthält die Kriminalisierungskonvention auch zivil- oder verwaltungsrechtliche Buchführungsvorschriften.

95 Abermals zeigen erst die landesspezifischen Erörterungen des Buchführungsrechtes im Rahmen der Phase-2-Evaluation, wie viel Gewicht dem Thema zukommt. Mit dem Bekanntwerden großer Firmenzusammenbrüche und Buchführungsskandale (Enron, Worldcom, Parmalat etc.) und der entsprechenden Verschärfung der Vorschriften für börsennotierte Unternehmen (z.B. die Sarbanes/Oxley-Gesetzgebung in den USA) ist

---

[138] Vgl. *Pieth/Aiolfi*, Anti-Money Laundering – Levelling the Playing Field, Studie des Basel Institute on Governance, im Auftrag der Stiftung Finanzplatz Schweiz (Zusammenfassung), 2003, S. 13 ff.
[139] Basel Committee on Banking Supervision, Customer Due Diligence for Banks, Oct. 2001, § 41 ff.; Empfehlung 6 FATF 40/2003; Art. 2.2 und 2.3 Wolfsberg Principles.
[140] Vgl. z.B. D-Ph2-23 ff., 28 oder auch die Phase 2 Evaluationen von Luxemburg und der Schweiz (in Arbeit).
[141] Siehe Fn. 136.

verstärkte Aufmerksamkeit auf Urkundenfälschung und Falschbeurkundung gelegt worden. Zu diesem Trend in merkwürdigem Kontrast steht die Teilentkriminalisierung der falschen Buchführung *("falso in bilancio")* im italienischen Recht: Die OECD vermerkt vorerst mit Unbehagen, dass die Falschverbuchung, die nicht zu einem konkret nachweisbaren Schaden geführt hat, zur bloßen Übertretung mit kürzerer Verjährungsfrist und geringer Strafdrohung herabgestuft worden ist,[142] eine definitive Beurteilung ist der Phase 2 vorbehalten.

J. Rechtshilfe (Art. 9-11 Ü)

I. Generelles

Die strafrechtliche Bekämpfung der internationalen Wirtschaftskriminalität und besonders der transnationalen Bestechung hängt entscheidend von einem **funktionierenden System der Rechtshilfe** ab. Praktische Fälle belegen dies:[143] Für die große Korruption im Geschäftsverkehr ist geradezu typisch, dass Teilakte in mehreren Jurisdiktionen vorgenommen werden. So geht unter Umständen vom Sitzstaat des Unternehmens die Ermächtigung zur Bestechung aus, ein Mittelsmann in einem Drittstaat wird engagiert, der an den Amtsträger (oder seine Vertreter) „herantritt", die Finanztransaktionen werden dagegen regelmäßig außerhalb des geschädigten Staates, vorzugsweise an einem spezialisierten Finanzzentrum, vollzogen. Zur Rekonstruktion des gesamten Geschehens bedarf es der Kooperation all dieser Jurisdiktionen. 96

Art. 9-11 Ü orientieren sich (wie bereits die Jurisdiktionsbestimmungen) am klassischen Bestand: Sie fordern die Mitgliedstaaten vor allen Dingen dazu auf, die **Effizienz** ihres Rechtshilferechtes zu **überprüfen**.[144] Dass diese Forderung durchaus berechtigt ist, bestätigen Stellungnahmen von Praktikern in fast allen Staaten.[145] Sodann enthält Art. 9 Mindestregeln zur sogenannten kleinen Rechtshilfe, insbes. zur Beweisbeschaffung (notfalls unter Zuhilfenahme von Zwangsmaßnahmen) sowie zur Blockierung von Geldern. Art. 10 Ü definiert die Anforderungen an die Auslieferung, und Art. 11 Ü fordert die Vertragsstaaten zur Notifizierung einer (oder mehrerer) für die Stellung und Entgegennahme zuständigen Behörden auf. 97

II. Kleine Rechtshilfe (Art. 9 Ü)

Nach Art. 9 Ü leistet jede Vertragspartei *„einer anderen Vertragspartei in nach ihren Gesetzen sowie einschlägigen Verträgen und Vereinbarungen größtmöglichem Umfang unverzügliche und wirksame Rechtshilfe im Ermittlungs- und Strafverfahren …"*. Der Gegenstand der Rechtshilfe wird nicht ausgeführt, sondern vorausgesetzt. Im Grunde verweist die Norm auf die typische Ausstattung eines Vertragsstaates, der multilateralen Rechtshil- 98

---

[142] I-Ph1bis, definitive Bewertung erst im Rahmen der Phase 2.
[143] Vgl. die Evaluationen von Deutschland und Frankreich: D-Ph2-39; F-Ph2-35.
[144] Agreed common elements (siehe Fn. 30), N. 8 und N. 30 Offizieller Kommentar (vgl. Fn. 32).
[145] Siehe etwa Fn. 143.

feübereinkommen beigetreten ist (wie etwa dem Schengen Übereinkommen vom 19. Juni 1990 wie auch dem Europaratsübereinkommen vom 20. April 1959), der vermutlich weitere bilaterale Abkommen geschlossen hat, und der womöglich ein unabhängig von den Abkommen anwendbares nationales Gesetz erlassen hat. Die Lage ist allerdings schon allein deshalb uneinheitlich, weil die Regeln des *Civil Law* und des *Common Law* sehr stark voneinander abweichen. Das OECD-Übereinkommen gilt als Rechtshilfeübereinkommen in Beziehungen, in denen ein solches Abkommen fehlt, aber aus der Sicht des betreffenden Landes unverzichtbar ist (vgl. Art. 10 II Ü).

99 Mit dem Verweis auf Gesetz und Vertrag sind auch all die üblichen **Einschränkungen** der Rechtshilfe automatisch übernommen. Bezüglich der **beidseitigen Strafbarkeit** machen allerdings Konvention und Kommentar deutlich, dass der Maßstab der Definition des strafbaren Verhaltens Art. 1 Ü ist (der sprachliche Unterschied zwischen Art. 9 II und Art. 10 IV Ü ist hier nicht relevant), dass aber die Art der Umsetzungsgesetzgebung (allgemeines Bestechungsverbot oder Spezialgesetz) die Rechtshilfe nicht behindern sollte (N. 32 Offizieller Kommentar). Ebenso explizit steht im Text des Übereinkommens, dass das **Bankgeheimnis** der Rechtshilfe nicht im Wege stehen solle (Art. 9 III Ü). Bezüglich weiterer Vorbehalte der Praxis, etwa der französischen Einschränkung der *„erheblichen öffentlichen Interessen"* (die mindestens theoretisch auch ökonomischer oder sozialer Natur sein können),[146] wurden von der OECD große Vorbehalte angemerkt. Sie will die entsprechende Praxis weiter beobachten.[147]

100 Probleme bereiten könnte die im Konventionstext enthaltene Verpflichtung zur **Rechtshilfe in Zivil- und Verwaltungssachen**, soweit sie von der Konvention erfasst wird.[148] Thematisiert wurde dieser Gesichtspunkt bei der Haftung der juristischen Person nach deutschem OWiG.[149] Die Problematik ist nicht ausgetragen, zum einen weil die deutsche Behauptung, es handle sich beim Prozess gegen die juristische Person um ein Strafverfahren im eigentlichen Sinne, angesichts der landesinternen Debatte um die Rechtsnatur der Haftung juristischen Person wenig überzeugt;[150] und andererseits weil es nicht von Deutschland alleine abhängt, sondern von den um Rechtshilfe gebetenen Staaten, ob sie auch gegenüber einem Staat mit verwaltungsrechtlicher Lösung zur Rechtshilfe bereit sind.

101 Obwohl einzelne Staaten dazu in der Lage sind,[151] ist man noch weit davon entfernt, die Fähigkeit zur **spontanen Kooperation**, möglichst im direkten Verkehr mit der entsprechenden Behörde im anderen Staat, als Standard zu definieren.

III. Auslieferung (Art. 10 Ü)

102 Auch mit der Verpflichtung zur Auslieferung nach Art. 10 Ü wird über weite Strecken bereits längst Etabliertes angesprochen. Neben dem Europaratsabkommen vom 13. Dezember 1957 werden auch hier bilaterale Vereinbarungen und nationale Gesetze greifen. Abermals substituiert die OECD-Konvention fehlende aber allenfalls notwendige Übereinkommen (Art. 10 II Ü). Sodann gilt „*aut dedere aut iudicare*": Dürfen Staatsangehörige aus prinzipiellen Gründen nicht ausgeliefert werden, sind sie zuhause zu beurteilen. Das nationale Recht bestimmt, bis zu welchem Stadium ein Verfahren vorangetrieben werden

---

[146] F-Ph2-35.
[147] F-Ph2-58.
[148] „... sowie in nicht-strafrechtlichen Verfahren, die unter dieses Übereinkommen fallen".
[149] D-Ph2-37 f.
[150] D-Ph2-36.
[151] Bsp. Schweiz: Art. 69a IRSG.

muss, um die Pflicht des „*aut iudicare*" auszulösen. Zu den Vorbehalten und insbes. zur beidseitigen Strafbarkeit gilt das zu Art. 9 Ü Gesagte. Dass auch die Auslieferung bei Verdacht auf Bestechung ausländischer Amtsträger nicht bloß technische Möglichkeit ist, zeigt schließlich die Tatsache, dass alleine in Frankreich 2003 bereits vier konventionsbezogene Auslieferungsgesuche anhängig gemacht worden sind.[152]

K. Revisionsbestrebungen

Neben den aufwändigen Evaluationsverfahren ist die OECD daran zu prüfen, wie sehr sie den Kreis der Vertragsstaaten erweitern möchte, damit die Logik des OECD-Antikorruptionsansatzes erhalten bleibt: die wichtigsten Konkurrenten und potentiellen „Zahler" von Bestechung im internationalen Geschäftsverkehr an vergleichbare Regeln zu binden. Sodann wird eine inhaltliche Revision der Instrumente erwogen. Zum einen steht die **Ausdehnung auf weitere Empfängergruppen** (politische Parteien, Sportverbände, ev. Private überhaupt) zur Diskussion. Zum anderen könnten ohne weiteres einige der zu offenen Bestimmungen (Haftung der juristischen Person, anwendbares Recht, Geldwäsche) nachgebessert werden; noch unklar bleibt, ob weitere Arbeit notwendig wäre, um unzweideutig auch die Bestechung via ausländische Tochterfirmen zu erfassen, oder ob die Norm zur indirekten Bestechung ausreicht. Gegenwärtig wird schließlich ausgewertet, ob der „*supply side*"-Initiative mit dem UNO-Übereinkommen und den Vorstößen der Entwicklungsbanken ausreichende Instrumente auf der „*demand side*" gegenüberstehen. Allenfalls bedarf das System einer Ergänzung durch ein privates oder staatliches Warnsystem *(helpline)*, an das sich insbes. Vertreter von KMU in Not wenden könnten. Entsprechende Gespräche zwischen der OECD, der Wirtschaft und der Zivilgesellschaft sind im Gange.[153]

103

---

[152] F-Ph2-35 f.
[153] Es wird erwogen, die sog. *National Contact Points (NCPs)* der Guidelines on Multinationals der OECD mit dieser Aufgabe zu betrauen.

10. Kapitel. Strafverfolgung in Korruptionssachen

von *Manfred Nötzel*

Literatur: *Achenbach,* Pönalisierung von Ausschreibungsabsprachen und Verselbständigung der Unternehmensgeldbuße durch das Korruptionsbekämpfungsgesetz 1997, WuW 1997, 958 ff.; *Ahlf,* Zum Korruptionsbegriff, Kriminalistik 1996, 156 ff.; *Bangard,* Aktuelle Probleme der Sanktionierung von Kartellabsprachen, wistra 1997, 161 ff.; *Bannenberg,* Korruption in Deutschland und ihre strafrechtliche Kontrolle, 2002; *Barton,* Der Tatbestand der Abgeordnetenbestechung (§ 108e StGB), NJW 1994, 1098 ff.; *Baumann,* Endlich strafrechtliche Bekämpfung des Submissionsbetruges, NJW 1992, 1661 ff.; *Bundesverband der Deutschen Industrie* (Hrsg.), Empfehlung für die gewerbliche Wirtschaft zur Bekämpfung der Korruption in Deutschland, 1995; *Benz/Seibel* (Hrsg.), Zwischen Kooperation und Korruption, 1992; *Brüner,* Wirtschaftskriminalität – Schattenseite der freien Marktwirtschaft, in: Bayerische Landeszentrale für politische Bildung (Hrsg.), Brennpunkt Kriminalität, 1996; *Claussen/Ostendorf* (Hrsg.), Korruption im öffentlichen Dienst, 2. Aufl. 2002; *Dölling,* Empfehlen sich Änderungen des Straf- und Strafprozessrechts, um der Gefahr von Korruption in Staat, Wirtschaft und Gesellschaft wirksam zu begegnen? Gutachten C zum 61. Deutschen Juristentag, 1996; *Friedrich-Ebert-Stiftung* (Hrsg.), Korruption in Deutschland. Ursachen, Erscheinungsformen, Bekämpfungsstrategien. Dokumentation, 1995; *Graf Lambsdorff, Johann,* Korruption im Außenhandel, Wirtschaftsdienst 1995, 320 ff.; *ders.,* Korruption – Ausmaß und ökonomische Folgen, Wirtschaftsdienst 2002, 544 ff.; *Haeser,* Erfahrungen mit der neuen Rechtslage im Korruptionsstrafrecht und Drittmittelrecht – aus Sicht des Staatsanwalts, MedR 2002, 55 ff.; *Haumer,* Bundeslagebild Korruption, die neue polizei 2002, 9 ff.; *Herbst,* Korruptionsfälle in der Stadtverwaltung Frankfurt, Verwaltungsarchiv 1989, 381 ff.; *Hettinger,* Wettbewerb und Wettbewerbsbeschränkungen bei Ausschreibungen, 1965; *Hettinger,* Strafrecht als Büttel? Fragmentarische Bemerkungen zum Entwurf eines Korruptionsbekämpfungsgesetzes, NJW 1996, 2263 ff.; *Janowsky,* Ermittlungen in Wirtschaftsstrafsachen, Kriminalistik 1998, 269 ff., 331 ff.; *Jutzi,* Genehmigung der Vorteilsannahme bei nicht in einem öffentlich-rechtlichen Anstellungsverhältnis stehenden Amtsträgern, NStZ 1991, 105 ff.; *Kerbel,* Korruption in der öffentlichen Verwaltung am Beispiel einer Großstadt, Diss. Speyer 1995; *Kerner/Rixen,* Ist Korruption ein Strafrechtsproblem? Goldtammer's Archiv 1996, 355 ff.; *Kilian,* Korruption im Bauwesen, Kriminalistik 1994, 249 ff.; *König,* Empfehlen sich Änderungen des Straf- und Strafprozessrechts, um der Gefahr der Korruption in Staat, Wirtschaft und Gesellschaft wirksam zu begegnen, DRiZ 1996, 357 ff.; *ders,* Neues Strafrecht gegen Korruption, JR 1997, 397 ff.; *Korte,* Bekämpfung der Korruption und Schutz des freien Wettbewerbs mit den Mitteln des Strafrechts, NStZ 1997, 513 ff.; *Kube/Vahlenkamp,* Korruption – Hinnehmen oder Handeln? Verwaltungsarchiv 1994, 432 ff.; *Lang,* Korruption – Pestilenz unserer Tage, Kriminalistik 1993, 363 ff.; *Littwin,* Maßnahmen zur Bekämpfung der nationalen und internationalen Korruption, ZRP 1996, 308 ff.; *Matkey,* Korruption – Rechtssicherheit durch das Verpflichtungsgesetz, Kriminalistik 2001, 742 ff.; *Middendorff,* Florida oder Nerzmantel? Wirtschaftskriminalität in kriminologischer Sicht, Teil 2, Kriminalistik 1985, 276 ff.; *Möhrenschlager,* Strafrechtliche Vorhaben zur Bekämpfung der Korruption auf nationaler und internationaler Ebene, JZ 1996, 822 ff.; *Müller,* Korruption in der öffentlichen Verwaltung, Kriminalistik 1993, 509 ff.; *Noack,* Korruption – die andere Seite der Macht, 1995; *ders.,* Politische Dimensionen der Korruption, Kriminalistik 1995, 481 ff.; *Nötzel,* Berichte und Vorlagen, in: Vordermayer/von Heintschel-Heinegg (Hrsg.), Handbuch für den Staatsanwalt, 2. Aufl. 2003, 1363 ff.; *Noonan,* Bribes, 1984; *Otto,* Submissionsbetrug und Vermögensschaden, ZRP 1996, 300 ff.; *Poerting/Vahlenkamp,* Strategien gegen die Korruption, Kriminalistik 1998, 733 ff.; *Pieth/Eigen* (Hrsg.), Korruption im internatiolen Geschäftsverkehr, 1999; *Raith*, Der Korruptionsschock, 1994; *Roth*, Der Sumpf der Korruption in Deutschland, 1995; *Sanchez-Hermosilla*, Rechtspolitik zur Korruptionsbekämpfung, Kriminalistik 2003, 74 ff.; *Sattelberger*, Korruptionsdelikte, in: Vordermayer/von Heintschel-Heinegg (Hrsg.), Handbuch für den Staatsanwalt, 2. Aufl. 2003, 545 ff.; *Schaupensteiner*, Gesamtkonzept zur Eindämmung der Korruption, NStZ 1996, 409 ff.; *ders.*, Das Korruptionsbekämpfungsgesetz – Eine scharfe Waffe gegen ein verbreitetes Übel, Kriminalistik 1996, 237 ff.; 306 ff.; *ders.*; Das Korruptionsbekämpfungsgesetz, Kriminalistik 1997, 699 ff.; *Schmid*, Ausschreibungsbetrug als ein Problem der Strafgesetzgebung, Dissertation Tübingen 1982; *ders.*, Die staatliche Reaktion auf Baupreisabsprachen, wistra 1984, 1 ff.; *Schmidt-Hieber*, Strafbarkeit der Ämterpatronage, NJW 1989, 558 ff.; *Schmidt-Hieber/Kiesewetter*, Parteigeist und politischer Geist in der Justiz, NJW 1992, 1790 ff.; *Scholz*, Korruption in Deutschland, 1995; *Schubert*, Artikel Korruption, in: Wabnitz/Janovsky (Hrsg.), Handbuch des Wirtschafts- und Steuerstrafrechts, 2. Aufl. 2004; *Schuller* (Hrsg.), Korruption im Altertum, 1982; *Taschke*, Drittmittelforschung und Strafrecht, PharmR 2002, 417 ff.; *Vahlenkamp/Knauß*, Korruption – hinnehmen oder handeln? 1995; Vergaberecht, dtv-Gesetzessammlung, 7. Aufl. 2004; *Volk*, Kronzeuge praeter legem? NJW 1996, 879 ff.; *ders.*; Strafrecht und Wirtschaftskriminalität, JZ 1982, 85 ff.; *Zachert*, Allgemeine Kriminalität – Organisierte Kriminalität, Kriminalistik 1995, 690 ff.; *Zieschang*, Das EU-Bestechungsgesetz und das Gesetz zur Bekämpfung internationaler Bestechung, NJW 99, 105 ff.

Inhaltsübersicht

	Rn.
A. Allgemeines	1–8
I. Das Bild in den Medien und die Lage	1
II. Maßnahmen der Justiz	2–4
III. Maßnahmen des Gesetzgebers	5–8
B. Verdachtschöpfung	9–24
I. Legalitätsprinzip	9
II. Anfangsverdacht	10–21
III. Spezifische Probleme der Korruptionsverfahren	22–24
C. Das Vorgehen bei den Ermittlungen	25–38
I. Grundregel	25
II. Prüfung der Substanz	26–29
1. Allgemeine Überlegungen	26–28
2. Risiken	29
III. Verjährungsprobleme	30
IV. Aktenführung	31–35
1. Anlage der Akten	31–34
a) Ermittlungsakten	31
b) Sonstige Fall- und Beweismittelakten	32–34
2. Beispiel: Bauvorhabensdeckblatt	35
V. Zeugenvernehmungen, Zusage der Vertraulichkeit, verdeckte Ermittler	36–38
D. Einsatz von Zwangsmitteln	39–67
I. Abgrenzung	39
II. Telekommunikations-Überwachung und „Großer Lauschangriff"	40–42
1. § 100a StPO	40
2. Hinweise zur Anwendung	41
3. Forderungen	42
III. Durchsuchung	43–58
1. Allgemeines	43
2. Vorbereitung der Durchsuchung	44–49

a) Lageprüfung und Logistik	45–46
b) EDV-Problematik	47
c) Gewinnabschöpfung	48
d) Steuerfahndung, Wirtschaftsfachkräfte, Wirtschaftsprüfer	49
3. Fassung der Durchsuchungsbeschlüsse	50–57
4. Zusammenfassung	58
IV. Haft	59–67
1. Voraussetzungen	59
2. Muster eines Haftbefehls	60
3. Taktische Überlegungen	61–67
E. Vernehmungen	68–79
I. Allgemeines	68, 69
1. Verjährungsunterbrechung	68
2. Bedeutung der Vernehmungen	69
II. Hindernisse	70
III. Kronzeugenproblematik, Zusagen	71, 72
IV. Technisches	73
V. Methoden	74
VI. Geständnisse	75–77
1. Preisabsprachen	75
2. Mittäter	76
3. Das Problem des „Verrats"	77
VII. Zusammenfassung und Fragenliste	78, 79
F. Gewinnabschöpfung	80–85
I. Grundlagen und Probleme	80, 81
II. Rückgewinnungshilfe	82, 83
III. Zusammenfassung und Ausblick	84, 85
G. Führung des Tatnachweises, Anklageerhebung, Hauptverhandlung	86–99
I. Allgemeines zum Tatnachweis	86
II. Verfahrensbeschleunigende oder -beendigende Absprachen	87–89
III. Anklageerhebung	90–93
1. Strafbefehl	90
2. Anklage zum Amtsgericht	91
3. Anklage zur Strafkammer	92
4. § 444 StPO	93
IV. Hauptverhandlung	94–99
1. Vorbereitende Absprachen	94, 95
2. Die üblichen Streitpunkte	96–99
a) „Schaden" beim Betrugsvorwurf oder „Absprache" bei § 299 StGB	96–98
b) „Nachteil" beim Untreuevorwurf	99
H. Sanktionen	100–108
I. Strafrechtliche Sanktionen	100, 101
II. Bußgelder, Unternehmens„strafrecht"	102, 103
III. Weitere Konsequenzen für Amtsträger und Firmen	104, 105
1. Konsequenzen für Amtsträger	104
2. Konsequenzen für Firmen	105
IV. Steuerliche Aspekte	106, 107
V. Schadensersatzforderungen	108
J. Schlussbemerkungen	109–111
I. Kein Alleingang der Strafverfolger	109
II. Umfang des Phänomens	110
III. Bedeutung der Prävention durch Aufklärung	111

10. Kapitel. Strafverfolgung in Korruptionssachen

A. Allgemeines

*Bittet, so wird euch gegeben
suchet, so werdet ihr finden
klopfet an, so wird euch aufgetan
(Matthäus 7, 7)*

I. Das Bild in den Medien und die Lage

1   Fast keine Woche mehr vergeht in Deutschland ohne neuen lokalen, überregionalen oder gar nationalen „Korruptionsskandal". Das Thema ist ganz oben auf der Tagesordnung, es bietet bereits seit langem Stoff für zahlreiche Titelgeschichten inländischer und ausländischer Magazine: Der Spiegel[1] beschäftigte sich mit der „Schmiergeldrepublik Deutschland", das britische Wirtschaftsmagazin „Economist"[2] schildert das „business of bribery", das US-Magazin Newsweek[3] behauptet: „But everybody does it! The staggering cost of corruption in Europe". Das Unternehmermagazin „Impulse"[4] berichtet als Titelgeschichte „Ich habe bestochen" über die Praktiken in Deutschland und präsentiert eine Forsa-Umfrage unter Unternehmern mit erstaunlichen Ergebnissen. Die Unternehmer wollen Firmen, die bestechen, auf Zeit (55%) oder für immer (35%) vom Wettbewerb ausschließen, sie sprechen sich für härtere Gesetze aus (84%) und sie räumen ein, private Auftraggeber (59%), öffentliche Auftraggeber (29%) und beide Arten von Auftraggebern (12%) bereits geschmiert zu haben, ganz überwiegend auf deren Verlangen hin. Der **Corruption-Perceptions-Index** (CPI) von Transparency-International sieht für das Jahr 2006 Deutschland auf dem 16. Platz. Die 15 Plätze davor werden überwiegend von skandinavischen Ländern eingenommen, danach folgen Länder wie die USA und das südliche Europa usw. bis zu den üblichen Schlusslichtern Nigeria und Bangladesh. An der Platzierung Deutschlands auf diesem Index, der die Wahrnehmung der Korruptionsanfälligkeit im Lande anhand möglichst objektiver Kriterien ausdrücken soll, ist positiv, dass 90% der eingruppierten Staaten dahinter liegen. Klar ist aber auch, dass Deutschland im wirklichen Konkurrenzumfeld in Europa lediglich einen Mittelplatz belegt. Wissenschaftliche Untersuchungen wie diejenige von *Bannenberg*[5] berichten über ein hohes Dunkelfeld, politische Beeinflussung der Ermittlungsverfahren und sehen die Korruption bereits als strukturelles Problem in Deutschland. Dieses deprimierende Bild wird nur schwach dadurch aufgehellt, dass Deutschland sich im CPI-Index verbessert hat und seit einigen Jahren erstmals wieder nach oben gestiegen ist. Dass andererseits Statistiken wie diejenige des „Ersten Periodischen Sicherheitsberichtes"[6] der Bundesrepublik behaupten, die Korruptionsfälle machten nur 0,005% des polizeilichen Fallaufkommens aus und die öffentliche Wahrnehmung dieses Phänomens und die wirkliche Bedeutung klafften diametral auseinander, schönt das Bild hingegen unverdient. Tatsächlich sind solche Statistiken stark verharmlosend und weithin unbrauchbar.[7]

---

[1] Ausgabe 12/2002.
[2] March 2nd – 8th, 2002.
[3] April 29, 2002.
[4] Juni 2002.
[5] *Bannenberg*, Korruption in Deutschland und ihre strafrechtliche Kontrolle, 2002.
[6] *Bundesministerium des Innern/Bundesministerium der Justiz* (Hrsg.), Erster Periodischer Sicherheitsbericht, 2001.
[7] In die polizeilichen Statistiken wird als Straftatbezeichnung nur übernommen, was im Falle der Verurteilung die höchste Strafe ergeben würde – das ist im Regelfall der Betrug; alle Fälle, die ausschließlich von der Staatsanwaltschaft selbst bearbeitet werden (keine Seltenheit!), erfasst die Statistik nicht.

II. Maßnahmen der Justiz

Auf diese gravierenden und jedenfalls erstzunehmenden Feststellungen von Missständen in den Medien, die ja letztlich die Meinungen oder Befürchtungen der Bevölkerung widerspiegeln, hat die Justiz und hat der Gesetzgeber allerdings reagiert. Tatsächlich ist die Lage sicherlich nicht mehr so in Deutschland, dass von „bedauerlichen Einzelfällen", „Ausreißern" und „schwarzen Schafen" gesprochen werden kann. Unbestritten dürfte mittlerweile jedenfalls unter Fachleuten sein, dass das Phänomen der Korruption in Deutschland ein ernsthaftes wirtschaftliches, ethisch-moralisches und nicht zuletzt juristisches **Problem** darstellt. Unstreitig dürfte auch sein, dass in manchen Bereichen, insbesondere bei öffentlichen Auftragsvergaben und hier wiederum jedenfalls in früheren Jahren in der Baubranche, ganze Gebiete flächendeckend unter dem Einfluss – oder sogar Regiment – von Kartellen standen, die die Auftragsvergaben *vollständig* unter sich aufgeteilt hatten. Ein nicht dem Kartell zugehöriger Anbieter hatte keine Chance, auf korrektem Wege an einen Auftrag zu gelangen. Dies galt für die öffentliche Hand, aber auch für den Bereich großer privater Auftraggeber z.B. aus den Bereichen Versicherungen, Banken, Wohnungsgesellschaften und Immobilienkonzerne.

Nach einigen – allerdings großen und spektakulären – Einzelfällen aus Berlin und anderen Orten begann die hessische Justiz als erste bei Bekanntwerden der Korruptionsvorwürfe im Zusammenhang mit dem Frankfurter Flughafen, sich der Einrichtung einer **Spezialabteilung bei der Staatsanwaltschaft** Frankfurt am Main dieses Problems anzunehmen. Der Freistaat Bayern folgte ein halbes Jahr später im August 1994 mit der Einrichtung der Abteilung Nr. XII bei der Staatsanwaltschaft München I aus Anlass der Aufdeckung des Münchner Elektrokartelles. Die Abteilung mit zunächst einem Oberstaatsanwalt, zwei Staatsanwälten als Gruppenleitern und vier Staatsanwältinnen und Staatsanwälten ist bis zum heutigen Tage angewachsen auf eine Personalstärke von einer Oberstaatsanwältin als Abteilungsleiterin, vier Staatsanwältinnen und Staatsanwälten als Gruppenleiter und sieben Staatsanwältinnen und Staatsanwälten.[8] Ausschließliche Aufgabe dieser Abteilung ist, sich der Bekämpfung der Korruptionsdelikte zu widmen (im strafrechtlichen Bereich sind dies Bestechung, Bestechlichkeit, Vorteilsgewährung, Vorteilsannahme, Ausschreibungsbetrug, Bestechung im geschäftlichen Verkehr, Verstoß gegen Wettbewerbsvorschriften und alle damit im Zusammenhang stehenden Delikte wie z.B. Urkundenfälschung, Geheimnisverrat und Steuerdelikte). Zuständig ist die Abteilung auch, wenn der Verdacht Organisierter Kriminalität besteht.

Auch bei vielen anderen Staatsanwaltschaften haben die jeweiligen Länder und die Justizverwaltungen erkannt, dass der Korruption nur mit spezialisierten Einheiten begegnet werden kann. Sie haben daher ähnliche Spezialabteilungen in Hamburg, Berlin, Neuruppin und bei anderen Behörden geschaffen. Ein sehr interessanter Ansatz der Landesregierung Schleswig-Holstein wurde in Kiel bei dem Landeskriminalamt Schleswig-Holstein im Juli 2002 mit der gemeinsamen „Ermittlungsgruppe Korruption" von dem Generalstaatsanwalt und dem Landeskriminalamt Schleswig-Holstein aufgegriffen und umge-

---

[8] Es handelt sich damit um die größte Abteilung dieser Art in Deutschland – was keinen Rückschluss auf die besondere Häufigkeit von Korruption in München zulässt, sondern eher auf die Bereitschaft, dieser Herausforderung entschlossen zu begegnen. Der erste Abteilungsleiter im August 1994 war Oberstaatsanwalt *Schubert*, jetzt Präsident des OLG Naumburg; er schreibt über diesen Bereich in *Wabnitz/Janovsky*, Handbuch des Wirtschafts- und Steuerstrafrechts, 2. Aufl. 2004, S. 691 ff. Der zweite Abteilungsleiter war Oberstaatsanwalt *Brüner*, jetzt Generaldirektor der EU-Betrugsbekämpfungsbehörde OLAF und Mitherausgeber der NStZ. Der Verfasser war von 1998 bis 2003 der dritte Abteilungsleiter.

setzt.⁹ Mit der Bildung solcher Art spezialisierter Einheiten bei den Staatsanwaltschaften, bei der **Polizei**,¹⁰ dem zunehmenden Einsatz von Wirtschaftsfachkräften bei Polizei und Staatsanwaltschaft und dem Einsatz von langjährigen Experten der Steuerfahndung stellen sich die Verfolgungsbehörden zunehmend besser gerüstet und entschlossener dem Kampf gegen die Korruption. Naturgemäß werden somit zunehmend mehr Fälle aufgedeckt und dadurch publik. Dies könnte zu der Annahme verleiten, dass Zahl und Umfang der Korruptionsdelikte immer weiter ansteigen. Ob dies wirklich zutrifft oder ob nicht bei gleich bleibendem oder gar rückläufigem Bestand dieser Kriminalitätsform jetzt nur das Dunkelfeld, von manchen auf 95% geschätzt, weiter aufgehellt wird, ist allerdings fraglich. Solange hierzu keine fundierten Untersuchungen der Wissenschaft vorliegen, bleibt als einzig sichere Feststellung, dass jedenfalls mehr Delikte als früher aufgeklärt werden.

III. Maßnahmen des Gesetzgebers

5   Auch der Gesetzgeber hat in den letzten Jahren auf die Herausforderungen reagiert. Zahlreiche Fehler und Schwächen der Gesetzgebung wurden insbesondere in der Folge der Empfehlungen in der grundlegenden Arbeit von *Dölling* „Empfehlen sich Änderungen des Straf- und Strafprozessrechts, um der Gefahr von Korruption in Staat, Wirtschaft und Gesellschaft wirksam zu begegnen?" beseitigt oder mindestens abgemildert.¹¹ Diese **Neuerungen** sind bereits in Kapitel 8 Rn. 1 ff. dargestellt. Weiteren ausgezeichneten Überblick über die Neuerungen bieten *Korte*¹² und *König*¹³.

6   Von größter Bedeutung war das **Korruptionsbekämpfungsgesetz 1997** mit der Heraufstufung der Angestelltenbestechung von § 12 UWG zur Straftat des § 299 StGB. Durch die Anhebung der Höchststrafe von 1 auf 3 Jahre wurde das Gewicht dieser Vorschrift unterstrichen und zugleich ein sehr prekäres Verjährungsproblem entschärft (näher dazu unten Rn. 30). Die Änderungen im **Steuerrecht** erweisen sich ebenfalls als wesentlich für die Praxis. Zunächst wurde endlich das Odium der Doppelzüngigkeit der früheren Regelungen beseitigt, wonach Schmiergeldzahlungen zwar strafbar waren, steuerrechtlich aber akzeptiert und sogar als nützliche Ausgaben gewinnmindernd abzugsfähig waren – das war dem Bürger schwer verständlich zu machen. Bedeutend ist auch die Lockerung des Steuergeheimnisses mit der jetzt vorhandenen Befugnis, ja sogar Verpflichtung der Steuerbehörden, den Verfolgungsbehörden ihre Feststellungen zu einem Verdachtsfall auf Korruptionsdelikte mitzuteilen (§ 4 Abs. 5 Nr. 10 EStG), soweit sich bei den Steuerprüfungen ein solcher Verdacht ergibt.

7   Interessant ist auch die in Bayern geltende landesrechtliche Gesetzeslage. Danach sind die Nachrichtendienste (in Bayern das Landesamt für Verfassungsschutz) aufgrund Art. 3 des **Bayerischen Verfassungsschutzgesetzes** (BayVerfSchG) verpflichtet, der Staatsanwaltschaft ihre Wahrnehmungen zum Verdacht auf – organisierte – Korruptionsdelikte

---

⁹ Interessante Darstellung von *Hüper*, in: Gehl (Hrsg.), Politik Korruption: Krebsgeschwür der demokratischen Gesellschaft, S. 97 ff.
¹⁰ In Bayern beispielsweise im Landeskriminalamt, welches sich dem Problem zunehmend intensiver widmet und das einen exzellenten Leitfaden für die polizeilichen Sachbearbeiter von Korruptionsdelikten erstellt hat, ebenso im Polizeipräsidium München mit einem eigenen Kommissariat für diese Ermittlungen und schließlich bei dem Polizeipräsidium Oberbayern mit Spezialisten bei der Kriminalpolizeiinspektion Erding.
¹¹ Gutachten C zum 61. Deutschen Juristentag, 1996.
¹² NStZ 97, 513 ff.
¹³ JR 1997, 397 ff.

mitzuteilen. Der Bayerische Verfassungsschutz ist nämlich beauftragt, Bestrebungen der Organisierten Kriminalität zu beobachten und gehalten, die Verfolgungsbehörden über seine Erkenntnisse zu unterrichten. Dieses Gesetz enthält im Art. 1 Abs. 3 BayVerfSchG die einzige dem Verfasser bekannte *gesetzliche* Definition von Organisierter Kriminalität, und es hat für die Arbeit der Staatsanwaltschaft bereits bedeutende Früchte getragen. Zwei der spektakulärsten Fälle der Abteilung XII (Küchenkartell und Aufenthaltsgenehmigungen) beruhten auf solchen Informationen.

Dessen ungeachtet besteht – wie bereits von *Dölling* gefordert – **weiterer Handlungsbedarf**. Wichtig ist, die Korruptionsdelikte in den Katalog von § 100a StPO aufzunehmen, um effektive Überwachung von Telekommunikation durchführen zu können. Dass dies bislang nicht ermöglicht wird – und bei den derzeitigen politischen Konstellationen im Bund auch nicht erwartet werden kann – ist in hohem Maße unbefriedigend. Dass stattdessen über § 100c StPO der so genannte Große Lauschangriff erlaubt war, der mindere Eingriff jedoch nicht, war ohnehin dogmatisch nicht verständlich. Die aktuelle Entscheidung des Bundesverfassungsgerichts zur teilweisen Unvereinbarkeit von § 100c StPO mit Art. 13 Abs. 3 GG wird die Forderung sämtlicher Praktiker in diesem Bereich nicht gerade unterstützen. Dem derzeit auf dem Weg befindlichen Bundesratsgesetzentwurf (der auch die Kronzeugenregelung einschließt)[14] dürfte dasselbe Schicksal blühen wie seinen beiden Vorgängern, nämlich die Ablehnung durch den Bundestag. Weitere aktuelle Forderungen hat insbesondere neuerdings *Schaupensteiner* wieder aufgestellt (10 Gebote),[15] die im Einzelnen aber nicht unumstritten sind. Der beispielsweise – nicht nur im Zusammenhang mit dem Korruptionsstrafrecht – immer wieder vorgetragene Wunsch nach Einführung eines Unternehmensstrafrechts (im internationalen Bereich werden die USA und andere angelsächsische Länder, die diese Rechtsfigur kennen, als Vorbilder genannt) wurde bisher in Deutschland mit guten Gründen abgelehnt,[16] insbesondere im Hinblick auf das im Strafrecht herrschende Schuldprinzip. Der einzige Bereich, in welchem im strafrechtlichen Bereich in Deutschland etwas Ähnliches praktiziert wird, nämlich die Festsetzung von Geldbußen gegen Firmen, wird noch im Zusammenhang mit § 30 OWiG beleuchtet (siehe hierzu unten Rn. 102 und Kapitel 8 Rn. 252 ff.).

B. Verdachtschöpfung

I. Legalitätsprinzip

Die Staatsanwaltschaft unterliegt bei Aufnahme, Durchführung und Abschluss ihrer Ermittlungen dem Legalitätsprinzip (§ 152 Abs. 1 StPO). Hiernach ist die Staatsanwaltschaft verpflichtet (eine **Verpflichtung**, zugleich aber auch ein Schutz vor Einflussnahme; hierzu später unter Rn. 22 ff.), bei hinreichenden Anhaltspunkten für das Vorliegen einer Straftat „einzuschreiten". Im Gegensatz zu Deutschland kennen andere Länder wie beispielsweise Belgien und Frankreich das Opportunitätsprinzip als Grundregel. Hiernach unterfällt es dem Ermessen des Staatsanwalts bzw. der Verfolgungsbehörde, ob Ermittlun-

---

[14] Entwurf eines Gesetzes zur Ergänzung der Kronzeugenregelungen im Strafrecht (KrzErgG) vom 13.2.2004, BR Drs. 958/03.
[15] In: *Bundeskriminalamt* (Hrsg.), Wirtschaftskriminalität und Korruption, 2003, S. 73 ff.
[16] Abschlussbericht der Kommission zur Reform des strafrechtlichen Sanktionssystems, vorgelegt im März 2000.

gen eingeleitet werden oder nicht. Obwohl letzteres Prinzip zunächst als willkürlicher erscheinen könnte, weil man vermuten darf, dass im Zweifel weniger ermittelt wird, ist dies aber nicht so, vielmehr ergaben statistische Untersuchungen und vergleichende Betrachtungen, dass eine erstaunliche Übereinstimmung zwischen der Anzahl der angezeigten Sachverhalte und deren Abschluss durch Anklageerhebung einerseits oder durch Opportunitätsentscheidung andererseits besteht. Für die Verfolgungspraxis scheint es daher gleichgültig zu sein, ob das Legalitätsprinzip mit der Möglichkeit einer späteren Opportunitätsentscheidung (wie in Deutschland mit den §§ 153, 154 u.a. StPO) herrscht oder ob von vornherein durch Opportunitätsentscheidung das Verfahren eingestellt werden kann oder nicht eröffnet werden muss. Es scheint daher ungeachtet des Prinzips einen vergleichsweise feststehenden Anteil von Anzeigen mit wirklich verfolgungswürdigen Straftaten und solchen, die mit minderen Mitteln geahndet werden können, zu geben.

II. Anfangsverdacht

10   Der für die Einleitung eines Verfahrens ausreichende Anfangsverdacht wird im Bereich der Korruptionsermittlungen auf ganz unterschiedlichem Wege geschöpft:

11   **Die Presse-[17] oder andere Medienberichterstattung.** Darstellungen von Sachverhalten in den Medien können durchaus als ausreichend angesehen werden, um den Anfangsverdacht zu schöpfen, wenn sie genügend Faktenmaterial enthalten und der Bericht im Ganzen glaubwürdig und seriös recherchiert erscheint. Auf der Grundlage solcher Presseberichte (im konkreten Fall aus Südafrika) wurde beispielsweise bei der Staatsanwaltschaft München I ein Verfahren wegen Verdachts des Verstoßes gegen das IntBestG eingeleitet. Hier bestand der Verdacht, dass der – deutsche – Geschäftsführer einer Tochtergesellschaft eines deutschen Konzerns in Südafrika Amtsträger bzw. Politiker mit unerlaubten Vorteilen bestochen haben könnte. Auch im Fall des Blutspendedienstes des Bayerischen Roten Kreuzes wurden sehr viele Verdachtsmomente über die Presse an die Staatsanwaltschaft herangetragen. Dies ging so weit, dass sich Mitarbeiter des Roten Kreuzes, statt sich zur Anzeigeerstattung zu Polizei oder Staatsanwaltschaft zu begeben, an Journalisten wandten, die dann „nach Vorprüfung" empfahlen, sich mit diesem Sachverhalt „unbedingt an die Staatsanwaltschaft zu wenden".

12   **Anonyme Anzeigen.** Naturgemäß müssen solche Anzeigen in geeigneter Form akribisch überprüft werden[18] (vgl. hierzu auch später Rn. 26 ff.), um bloße Denunziationen oder Erfindungen auszuschließen. Oftmals sind diese Anzeigen – die gerade aus Furcht vor Repressalien anonym erstattet werden – bereits von vornherein sehr substantiiert und enthalten eine Vielzahl an leicht überprüfbaren Fakten. Zu derselben Kategorie gehören die – beispielsweise in Frankfurt und München – von der öffentlichen Hand eingerichteten Telefonnummern, unter denen „ausstiegswillige" Täter anonym an die Korruptionsbeauftragten oder die Staatsanwaltschaft herantreten können. Neu ist das vom Landeskriminalamt Niedersachsen initiierte Internet und e-mail-basierte Projekt der „Firma Business Keeper AG", das anonymisierte Mitteilungen ermöglicht und Rückfragen der Polizei, die wieder anonymisiert beantwortet werden können, ohne dass der e-mail-Verkehr nachverfolgt werden kann.[19] Für den Nutzer ist völlige Anonymität schon aus technischen Gründen garantiert. Schließlich sind die Ombudsmänner – hervorzuheben die-

---

[17] Reichen die Anhaltspunkte für ein Verfahren (noch) nicht aus, kann auch ein sog. „Beobachtungsvorgang" angelegt werden, um den weiteren Verlauf zu verfolgen.
[18] Nr. 8 RiStBV; dies ist keinesfalls überall so. Andere Rechtskreise (z.B. Korea) bearbeiten anonyme Anzeigen überhaupt nicht.
[19] http://www.business-keeper.com.

jenigen der Deutschen Bahn – zu erwähnen, die als Rechtsanwälte anwaltschaftlicher Verschwiegenheitspflicht unterliegen und daher ebenfalls sozusagen anonym Anzeigen und Sachverhalte weitergeben können.

Namentliche Anzeigen. Es handelt sich um eine eher kleinere Zahl. Diese Anzeigen werden erstattet von Zeugen und Geschädigten, regelmäßig natürlich nur, wenn sie sich – nach ihrer Meinung – nicht selbst strafbar gemacht haben, was allerdings bei fast allen Bestechungs- und Bestechlichkeitsdelikten der Fall sein kann. Unverfänglich sind die Anzeigen hingegen, wenn sie Opfer von Preisabsprachen oder anderen Betrügereien erstatten. 13

Anzeigen durch die Polizei, häufig basierend auf Zufallsfunden bei Durchsuchungen und Abhörmaßnahmen in anderen Ermittlungsverfahren. 14

Mitteilungen von den Finanz- und Steuerbehörden, von den Betriebsprüfungsstellen und der Steuerfahndung – z.B. gemäß § 4 Abs. 5 Nr. 10 EStG – werden zunehmend wichtiger und kommen häufiger. Ebenso wird das Hinweisverfahren im Rahmen des Geldwäschegesetzes von den Finanz- und Steuerbehörden zunehmend intensiver genutzt. 15

Mitteilungen oder **Anzeigen der Landeskartellbehörden, vom Rechnungshof oder den Gemeindeprüfungsverbänden.** 16

Anzeigen von Gemeinden, Landratsamt, Regierung oder der obersten Baubehörde im Ministerium. Der Handhabung dieser Anzeigen liegen meist Verwaltungsanweisungen oder Verordnungen zu Grunde.[20] Diese sahen „grundsätzlich" Anzeigeverpflichtung vor, verlangten aber manchmal vorherigen Bericht und Konsultation der vorgesetzten Behörden. Besonders dieses Informationsverlangen der vorgesetzten Behörden hatte zu Kritik im Rahmen von Evaluierungen durch GRECO und die OECD geführt. Die Neuregelung hat dem Rechnung getragen und eine obligatorische Anzeigepflicht postuliert.[20a] 17

Mitteilungen des Landesamtes für Verfassungsschutz nach Art. 3 BayVerfSchG.[21] 18

Aussagen von Beschuldigten. Solche gibt es als eine Art Selbstanzeigen von „Selbststellern" – hierzu später mehr – oder als Aussagen im Rahmen des bereits laufenden Verfahrens – mit die ergiebigste Quelle von Informationen *und Beweisen.* 19

Anschlussermittlungen, hervorgehend aus bereits laufenden eigenen Ermittlungen, z.B. durch Auswertung von dort sichergestellten Dokumenten. 20

Abgaben von anderen Staatsanwaltschaften (nicht sehr häufig – jedoch auch nicht ganz selten). Die kriminalistische Erfahrung aus vielen Ermittlungen zeigt, dass bestimmte Absprache- und Korruptionspraktiken, die im Zuständigkeitsbereich der Staatsanwaltschaft München stattgefunden haben, mit höchster Wahrscheinlichkeit in gleicher Weise an anderen Orten in Deutschland oder im Ausland genau gleichförmig abgewickelt wurden, zumal wenn derselbe Täterkreis agiert. Besteht keine örtliche Zuständigkeit oder kein Sachzusammenhang mit den anhängigen Verfahren, so werden solche Komplexe an die zuständige Staatsanwaltschaft abgegeben. In großer Zahl abgegeben werden Verfahren aus dem Bereich „Herzklappen" (besser als Medizintechnik- bzw. Pharma-Verfahren zu bezeichnen). Hier hat sich folgende Praxis seit Beginn solcher Ermittlungen durch die Staatsanwaltschaft Wuppertal eingebürgert: Die Staatsanwaltschaft am Sitz der Firma führt deren Durchsuchungen durch und verfolgt auch die Firmenverantwortlichen. Hingegen 21

---

[20] In Bayern z.B. die Bekanntmachung vom 14.5.1996 zur Verhütung von Manipulationen im Verdingungswesen bei Bau-, Liefer- und Dienstleistungen, Staatsanzeiger Nr. 21/1996, ersetzt durch die Bekanntmachung der Bayerischen Staatsregierung vom 13. April 2004, Az.: B III 2–515–238 in AllMBl. 2004, S. 87 ff.: Richtlinie zur Verhütung und Bekämpfung von Korruption in der öffentlichen Verwaltung (Korruptionsbekämpfungsrichtlinie – KorruR); ausgezeichnete Anlagen hierzu sind: Hinweise zur Verhütung von Manipulationen, ein Leitfaden für Führungskräfte, Formulare für Verpflichtungserklärungen nach dem Verpflichtungsgesetz u.a. Die KorruR ist abrufbar im Internet unter www.stamwivt.bayern.de/wirtschaft/auftragswesen/pdf/KorruR.pdf.
[20a] Nr. 5.2 KorruR.
[21] Vgl. die Darstellung der Rechtslage in Rn. 7.

werden die Verfahren wegen Verdachts der Bestechlichkeit gegen die beteiligten Ärzte an die Staatsanwaltschaften abgegeben, in deren Zuständigkeitsbereich der Arzt wohnt bzw. Dienststelle oder Krankenhaus liegen, um mit der örtlichen Zuständigkeit und dem Gerichtsstand nicht in Schwierigkeiten zu kommen. In diesen aber auch in anderen Umfangsverfahren kann nämlich leicht der Fall eintreten, dass der Gerichtsstand des Zusammenhangs nach § 13 StPO weggefallen ist, beispielsweise wenn die früher zuständigkeitsbegründenden Mittäter bei Erhebung weiterer Anklagen bereits verurteilt sind.

III. Spezifische Probleme der Korruptionsverfahren

22   Die Verdachtschöpfung und der Verfolgungszwang (Legalitätsprinzip) führen dazu, dass bei Bejahung des Anfangsverdachts das Ermittlungsverfahren unumgänglich wird. Oft allerdings erreichen diese Verdachtsmomente Bereiche, die **hochrangige Beschuldigte** tangieren und sich gegen starke „Gegner" richten (man wird die Konzerne der Bauindustrie und die Bauindustrieverbände hierzu zählen dürfen, ebenso die Pharmakonzerne, große Elektrokonzerne, Chefärzte, einflussreiche Bürgermeister und hochrangige Politiker). Fast überflüssig zu erwähnen, dass der Staatsanwalt sich alsbald und regelmäßig einer Auswahl an exzellenten Strafverteidigern, Vergabefachleuten, Steuerexperten und hochrangigen Wissenschaftlern als ernstzunehmenden Gutachtern gegenübersieht. Dies allein bürgt dafür, dass diese Ermittlungsverfahren keinesfalls Selbstläufer sind. Verfahren dieser Art führen nicht selten auch zu politischen Äußerungen, sie stiften Unruhe und stören, schnell sind negative Auswirkungen zu befürchten bis hin zu der zunehmend häufiger thematisierten „Standortfrage". Auch die Wirkungen in der Öffentlichkeit dürfen in keinem Falle unterschätzt werden. Hier findet sich auch ein Grund für die Zurückhaltung von Behörden und Firmen bei der Erstattung von Anzeigen in diesem Bereich. Wer den Schaden bereits hat, will nicht auch noch öffentlich „heruntergemacht" werden.

23   Man kann nicht einmal ausschließen, dass der eine oder andere Staatsanwalt befürchtet, die Meinung von Prof. *J. Jacobs*[22] treffe zu. Er sieht den Staatsanwalt auf dünnem Eis („The prosecutors are skating on thin ice") und meint, in diesem Bereich sei für die Strafverfolger nicht viel zu holen, aber für die Karriere viel zu verlieren („There is much to lose, but not much to gain"). Richtig ist jedenfalls, dass es sehr schwer „zu verkaufen" ist, wenn ein spektakulär gestartetes Ermittlungsverfahren mit dem Ergebnis endet, dass an den Vorwürfen nichts dran war. Vielleicht erklärt dies die doch unterschiedlich ausgeprägte Neigung, nach gründlicher Überprüfung des Anfangsverdachts nochmals zu prüfen, ob auch enorm arbeitsaufwändige Ermittlungsverfahren mit hohem Kosten- und Personaleinsatz durchzuführen sind. Die Neigung, hier zu „weichen" Erledigungen nach den §§ 153, 153a StPO schon im Frühstadium des Verfahrens zu kommen, ist seitens mit Arbeit hoch belasteter Staatsanwälte und Richter durchaus vorhanden. Die außerordentlich aufwändigen Verfahren aus dem Medizintechnikbereich werden gerne so beendet, zahlreiche andere extrem schwierige und aufwändig zu führende Ermittlungsverfahren im Wirtschaftsbereich allerdings auch. Demgegenüber soll hier aber unterstrichen werden, dass sich durch zähe und hartnäckige Ermittlungsarbeit gerade in diesem Bereich die Staatsanwaltschaften und die Gerichte einen guten Ruf auch bei den Betroffenen erarbeitet haben. Selbst einer der schärfsten Kritiker[23] hat in einem aktuellen Zeitungsinterview eingeräumt, dass die Bauindustrie Gefängnisse nicht nur bauen, sondern auch be-

---

[22] Podiumsdiskussion des Global Forum II on Fighting Corruption and Safeguarding Integrity, 28.–31. Mai 2001 in Den Haag.
[23] Prof. Dr. *Walter* im Interview mit der Welt am Sonntag, 5. Oktober 2003.

völkern kann. Auch dort gebe es nun mal schwarze Schafe, die zu Recht verfolgt würden. Auf weitere schwierige Themen sei nur hingewiesen, beispielsweise die nicht unumstrittene **Sockelverteidigung**.[24] Eine strukturierte Verteidigung mit angeblich gleichlaufenden Beschuldigteninteressen ist nicht nur wegen der Frage der Mehrfachverteidigung (§ 146 StPO), sondern auch des Austausches von Einlassungen und Informationen unter den Verteidigern „ein heißes Eisen." Besonders natürlich dann, wenn auch noch alle Verteidiger von der Firma bezahlt werden. Die Verteidigung kann jedenfalls faktisch sicherstellen, dass kein Firmenmitarbeiter Vorwürfe in die falsche Richtung erhebt. Gewisse andere Akzente wie weitere Beförderung in der Hierarchie während des laufenden Strafverfahrens, Zubilligung eines größeren Dienstwagens und ähnliche Trostpflaster senden dem unglücklicherweise auf der Anklagebank sitzenden Mitarbeiter das leicht verständliche Signal, dass ihn die Firma nicht fallen lassen wird. Die durchwegs intelligenten Beschuldigten verstehen diese Winke wohl und werden genau bedenken, welche Folgen unbedachte Aussagen über weitere Beteiligte haben könnten.

Zu dem auch immer wieder thematisierten Problembereich des (internen) **Weisungsrechts** der vorgesetzten Behörden bzw. eines (externen) Weisungsrechts des Ministeriums gegenüber den Staatsanwaltschaften[25] ist anzumerken, dass in diesem Bereich Weisungen im Einzelfall höchst selten vorkommen dürften. Bei konkreten Weisungen, zu ermitteln oder nicht zu ermitteln, wäre die Grenze zu Begünstigung und Strafvereitelung einerseits bzw. zur Verfolgung Unschuldiger andererseits sehr schmal und auch schnell einmal überschritten. 24

C. Das Vorgehen bei den Ermittlungen

I. Grundregel

Die Grundregel für Ermittlungen im Bereich der Korruptionsdelikte lautet: Stets in die Breite gehend ermitteln und möglichst verdeckt. Niemals gleich auf direktem Wege in die Tiefe, gründliche kriminalistische Aufklärung des Sachverhaltes geht vor Schnelligkeit beim Abschluss der Ermittlungen. Die kriminologischen Erfahrungen belegen, dass bei Bestechung oder Preisabsprache mit größter Wahrscheinlichkeit nicht etwa nur ein Einzelfall aufgedeckt wird. In aller Regel steckt hinter den angezeigten oder schnell ermittelten vermeintlichen Einzelfällen ein System. Es ist zu vermuten, dass eine festgestellte Preisabsprache bei anderen Vorhaben mit ähnlichem Bieterkreis ebenso zum Tragen kommt, es ist hoch wahrscheinlich, dass Schmiergeld nicht nur in diesem Fall an diesen Empfänger ging, sondern die Geberseite in diesem oder im anderen Fall auch andere Empfänger bedacht hat. Und umgekehrt hat der Bestochene Schmiergeldforderungen meist auch gegenüber anderen Lieferanten erhoben. Dies ist der Grund für die Empfehlung verdeckter **Ermittlungen ohne vermeidbare Außenwirkung**. Ein zu früher Start von Maßnahmen mit Außenwirkung vernichtet die Aufklärung des Systems und das ganze Bild wird gar nicht sichtbar. Allerdings muss man sich auch vor einer uferlosen und ziellosen Tätigkeit in jede nur denkbare Richtung hüten. In kurzer Zeit kann dies zur Megalomanie des Verfahrens, Verlust jeder Effizienz, Chaos und im Ergebnis zu einem 25

---

[24] *Müller*, StV 2001, 649 ff.; OLG Düsseldorf v. 20.2.2002, NJW 2002, 3267.
[25] Vgl. hierzu *Nötzel*, in: Vordermayer/von Heintschel-Heinegg (Hrsg.), Handbuch für den Staatsanwalt, 2. Aufl. 2003, Kap. E 7, Rn. 3, 7 f. m.w.N.; ausführlich *Meyer-Goßner*, StPO, 49. Aufl. 2006, Vor § 141 GVG Rn. 5 ff. und zu § 146 GVG.

Kleinsterfolg führen, weil zeitnahe Abschlüsse nicht mehr erfolgen. Ein Ermittlungsverfahren mit 240 aufzuklärenden Verdachtsfällen von abgesprochenen Bauvorhaben im Bundesgebiet in teils unterschiedlicher personeller Zusammensetzung der Kartellmitglieder, der Kartelle selbst sowie der Auftraggeber führt ohne sinnvolle Beschränkung nicht nur zum Kollaps der Ermittlungen, sondern auch des Ermittlers. Eine – rein theoretisch denkbare – umfassende Anklage wäre vor Gericht faktisch nicht verhandelbar. Der Mittelweg bietet die einzig gangbare Lösung: die notwendige und mutige Beschränkung – *nach* Aufdeckung der Struktur. Deren Zerschlagung muss das vorrangige Ziel jeder Ermittlung sein.

II. Prüfung der Substanz

1. Allgemeine Überlegungen

26 Zunächst muss die Prüfung des substantiellen Gehalts der Anzeigen oder anderweit gewonnener Erkenntnisse auf ihre Plausibilität im Vordergrund stehen – gerade auch bei anonymen Anzeigen. Verlässliche und zuverlässige Überprüfung können beispielsweise die **Antikorruptionsbeauftragten** großer Städte oder der Behörden bieten. Diese können – frühzeitig und vertrauensvoll einbezogen – in diskreter Form über die EDV oder durch persönliche Ermittlungen außerhalb der Dienstzeit überprüfen, ob die mitgeteilten Fakten zu den Vergaben stimmen, ob tatsächlich signifikantes „Hoflieferantentum" durch Beauftragung stets derselben Unternehmen vorliegt und Ähnliches mehr. Risiko- und Schwachstellenanalysen dieser Art werden ohnehin im Rahmen der Prävention immer wieder verlangt und auch durchgeführt. Schon hier lässt sich meist feststellen, ob an der Sache etwas daran ist oder ob nur angeschwärzt werden soll – eine auch für den betroffenen Bereich wichtige Klärung.

27 Die **Steuerverwaltung** bzw. Steuerfahndung kann zeitnah klären, ob die mitgeteilten Fakten mit den dort angegebenen Zahlen und wirtschaftlichen Dimensionen der steuerlichen Person in Einklang zu bringen sind oder ob womöglich schon der Verdacht auf Steuerhinterziehung entsteht. Polizei, Steuerfahndung und Staatsanwaltschaften werden natürlich die eigenen Dateien und Verfahren durchforsten auf Bezüge zu dem jetzt aufgetauchten Sachverhalt.

28 Insbesondere für die Arbeit der Staatsanwaltschaft hat sich hierzu ein leistungsfähiges **EDV-System** als nahezu unverzichtbar erwiesen. Hierauf komme ich noch später.[26] Zu den Grundregeln gehört auch die Prüfung, ob der geschilderte modus operandi in die von *Vahlenkamp/Knaus*[27] erstellten und mittlerweile allgemein verwendeten Raster zu **Indikatoren** und korruptionsgefährdeten Abläufen passt (oder wenigstens passen könnte). Die **Gewerberegister** müssen angefragt werden, das Gewerbezentralregister in Berlin ohnehin – hier finden sich unter Umständen Eintragungen, die eine Beurteilung der Zuverlässigkeit der beteiligten Unternehmen ermöglichen, jedenfalls seit auch Verurteilungen nach § 30 OWiG wegen Straftaten eingetragen werden. Selbstverständliche Erkenntnisquelle sollten auch die **Wirtschaftsauskunfteien** wie Dun and Bradstreet sein. Auf jeden Fall muss das **Internet** genutzt werden, welches unglaublich viele Informationen bereit hält, z.B. über Größe, Lage und Umfeld der Firmengebäude und damit der gegebenenfalls später zu durchsuchenden Objekte, über die Verantwortlichen der Firmen, Struktur, Niederlassungen, Referenzprojekte und zahllose Informationen mehr.

---

[26] Nachfolgend Rn. 34.
[27] *Vahlenkamp/Knaus*, Korruption – hinnehmen oder handeln?, 1995.

2. Risiken

Aber Achtung: Jeder Ermittler muss hier zu jeder Zeit im Auge behalten, dass auch **De-** 29
nunziation, Racheaktionen sowie frei erfundene Sachverhalte gegeben sei können! Es muss auf jeden Fall vermieden werden, auf einer solchen Basis ein Verfahren mit immer erheblichen Auswirkungen zu starten. In einem Fall schrammte die Staatsanwaltschaft nur knapp an einer solchen Blamage vorbei. Auf durchaus glaubwürdigem Wege wurden nämlich von einem Konkurrenten und Geschädigten Äußerungen eines Zeugen hinterbracht, der massive Bestechlichkeitsvorwürfe gegen einen Kommunalpolitiker im Zusammenhang mit einer Vergabe erhob. Diese Vorwürfe waren derart konkret mit Zahlen und Örtlichkeiten versehen, dass ihnen beträchtliche Glaubwürdigkeit zugemessen werden musste, zumal der ursprüngliche Informant diese sogar in der staatsanwaltschaftlichen Vernehmung als Zeuge bestätigte und die gegebenen Informationen auch einem großen Teil der vorgenannten Überprüfungen standhielten. Elektrisiert durch diesen besonderen Fall wurde eine Grundregel nicht beachtet, nämlich die Überprüfung dieses Zeugen/Informanten selbst. Durch reinen Zufall – wegen des eigentümlichen Namens dieses Zeugen – erwähnte eine an einer Besprechung des weiteren Vorgehens teilnehmende Staatsanwältin, bei diesem Zeugen werde es sich doch hoffentlich nicht um denjenigen handeln, dem sie gerade vor zwei Tagen in einer Strafverhandlung begegnete, als er auf der Anklagebank gesessen habe, angeklagt wegen falscher Verdächtigung und Freiheitsberaubung. Die hierauf eingeleitete Überprüfung dieses Zeugen ergab zum Entsetzen aller Beteiligten, dass es genauso war. Die Geschichte dieses Zeugen war ein aus öffentlich zugänglichen Informationen und Quellen zusammengerührtes Konstrukt, welches in den maßgeblichen Punkten frei erfunden war. Der Zeuge wollte sich bei dem unterlegenen Konkurrenten und späteren Mitteiler eigentlich nur wichtig machen und aufspielen wegen erhoffter geschäftlicher Kontakte. Die Mitteilung der Geschichte an die Strafverfolgungsbehörden und seine Vernehmung hatte er wohl nicht beabsichtigt, er konnte aber aus seiner Sicht nicht mehr zurück. Die bereits in Planung befindliche weitere Ermittlungstätigkeit wie Durchsuchungen und Ähnliches wurde gestoppt. Dem lügenhaften Informanten ist die Sache am Ende schlecht bekommen, er wurde zur Verantwortung gezogen.

III. Verjährungsprobleme

Wenn nach diesen sorgfältig durchzuführenden Schritten weitere Ermittlungen not- 30
wendig werden, empfiehlt sich zunächst, die Verjährungssituation zu prüfen. Es kommt häufig vor, dass die Tat schon Jahre zurückliegt, wenn sie bekannt wird. In früheren Zeiten – in denen die Ermittlungen überwiegend Tätigkeiten der Bauindustrie betrafen – war es fast die Regel, dass Absprachen bei manchen Vorhaben erst nach Jahren bekannt wurden, da sich die vorangehenden Ermittlungen bereits über Jahre hingezogen hatten. Wenn möglicherweise (nur) ein Verstoß gegen § 12 UWG a.F. wegen Bestechlichkeit im (privaten) geschäftlichen Verkehr vorlag, war die Prüfung, ob die Verfolgungsverjährung schon eingetreten oder noch zu unterbrechen war, besonders dringend. Dieser Paragraph war in der alten Fassung wegen der Höchststrafe von einem Jahr mit einer Verjährungsfrist von lediglich drei Jahren versehen (§ 78 Abs. 3 Nr. 5 StGB). Durch die mit dem KorrBekG von 1997 erfolgte Übernahme des Tatbestands in das Strafgesetzbuch und die Erhöhung des Strafrahmens auf drei Jahre beträgt die relative Verjährungsfrist nunmehr immerhin fünf Jahre (§ 78 Abs. 3 Nr. 4 StGB), die absolute Verjährung tritt nach 10 Jahren ein (§ 78c Abs. 3 StGB). Bei den übrigen relevanten Tatbeständen, bei denen das Ge-

setz besonders schwere Fälle vorsieht, bietet § **78b Abs. 4 StGB** noch eine – nicht überall bekannte – Möglichkeit, den Eintritt der Verjährung nochmals um bis zu 5 Jahre hinauszuschieben. Die für unsere Zwecke relevanten Vorschriften sind § 335, der § 332 Abs. 1 Satz 1 i.V.m. Abs. 3 in Bezug nimmt und § 334 Abs. 1 Satz 1 und Abs. 2 jeweils i.V.m. Abs. 3 sowie § 332 Abs. 2, auch i.V.m. Abs. 3 StGB. Auch beim Betrug sind besonders schwere Fälle vorgesehen (§ 263 Abs. 3 StGB) und bei anderen Delikten, die für besonders schwere Fälle einen oberen Strafrahmen von über 5 Jahren vorsehen. Hier kann die Verjährung – und zwar sogar ohne Rücksicht auf die absolut eintretende – nochmals für 5 Jahre zum Ruhen gebracht werden, wenn Anklage zur Strafkammer des Landgerichts erhoben und dort das Verfahren eröffnet worden ist. Hierbei ist es nicht einmal erforderlich, dass tatsächlich ein besonders schwerer Fall auch angeklagt ist, die im Tatbestand gesetzlich vorgesehene Möglichkeit reicht. Dies führt im extremsten Falle zu einem Verjährungszeitraum von 15 Jahren nach dem Zeitpunkt des Beginns der Verfolgungsverjährung. Bei einem Bauvorhaben ist dies z.B. die Schlusszahlung, die ihrerseits Jahre nach der Betrugshandlung (Abgabe des abgesprochenen Angebotes) selbst liegen kann. Nach allgemeiner Meinung definiert sie den Beginn der Verjährung beim Betrug (§ 78a Satz 2 StGB). Denn erst mit der Erlangung des letzten Teils der betrügerisch überhöhten Summe ist das Delikt beendet, bei der Bestechung üblicherweise, wenn der Bestochene den Vorteil erhalten oder angenommen hat.[28] Dieses Thema hat eminente praktische Relevanz, denn tatsächlich haben die nahezu uferlosen mehrere hundert Ermittlungsverfahren z.B. in den Bereichen des Kanalbaus in München, des Flughafens München und auch in anderen Bereichen regelmäßig mehrere Jahre gedauert, bevor sie schließlich nach Aufdeckung der Kartellstrukturen abgeschlossen werden konnten. Einige Betroffene drückten die Anklagebank daher zu Zeitpunkten, als sie schon längst im Ruhestand waren. Nicht selten führte diese Konstellation zu einem erheblichen Nachlass bei der Strafzumessung, denn überlange Verfahrensdauer ohne Zutun des Betroffenen ist anerkanntermaßen ein Strafzumessungsgrund – naturgemäß zugunsten des Beschuldigten.[29] Nach Abschluss der Ermittlungen ist deshalb auf zügigste Erledigung zu dringen.

IV. Aktenführung

1. Anlage der Akten

a) Ermittlungsakten

31 Bei Wirtschaftsstrafverfahren der vorbeschriebenen Art ist eine streng chronologische Aktenführung wie üblich – beginnend mit Blatt 1 (Eintragungsverfügung oder Anzeige) und dann fortlaufende Einpaginierung der historisch folgenden Dokumente – nicht praktikabel. Die Unterlagen erreichen in kürzester Zeit den Umfang eines Stehordners und werden hierdurch alsbald unübersichtlich. Deshalb empfiehlt sich eine Aktenordnung, die bereits von vornherein mit **Trennblättern** arbeitet. Im ersten Register werden die Anzeige bzw. die Verfahrenseinleitung abgelegt, im nächsten z.B. die verjährungsunterbrechenden Maßnahmen, in einem weiteren die Zeugenvernehmungen, in einem folgenden z.B. die Beschuldigtenvernehmungen, in einem ebenfalls gesonderten Register die Bestellung des Verteidigers, Ersuchen und Gewährung von Akteneinsichten, Auskünfte anderer Stellen, Durchsuchungsbeschlüsse, Sicherstellungsverzeichnisse und an-

---

[28] BHGSt 11, 347; NStZ 1993, 538; BayObLG, NJW 1996, 269; *Tröndle/Fischer*, StGB, 54. Aufl. 2007, § 78a Rn. 8.
[29] BVerfG, NJW 1993, 3254 ff.

deres mehr nach konkretem Erfordernis – z.B. Aussagen aus anderen Verfahren. Nur eine solche Gliederung der Akten ermöglicht ein sinnvolles und übersichtliches nachträgliches Einfügen von weiteren Vernehmungen oder Beschlüssen, ohne Transparenz und Übersicht zu verlieren.

b) Sonstige Fall- und Beweismittelakten

Als sehr zweckmäßig hat es sich erwiesen, bei der Aufbereitung großer Kartelle mit Ermittlungen bedeutenden Umfangs, also z.b. mehrere große Bauvorhaben, größere Zahl der beteiligten Firmen, umfangreiche Submissionsunterlagen und voluminöse Auswertungen, mit weiteren Aktensammlungen zu arbeiten. Hier bietet sich an, beispielsweise für jedes Bauvorhaben, bei welchem Betrugs- oder Preisabspracheverdacht oder Bestechungsverdacht besteht, eine – in München so bezeichnete – „**Fallakte**" oder auch „Objektakte" anzulegen. In dieser erscheint als erstes das von Ermittlungsexperten entwickelte sogenannte „Bauvorhabendeckblatt" (dazu nachfolgend Rn. 35), sodann alle relevanten vorhandenen Unterlagen zum Bauvorhaben, insbesondere die zu der Submission hereingegebenen Unterlagen mit den rechtsverbindlichen Unterschriften der verantwortlichen Firmenmitarbeiter, die Eröffnungsprotokolle usw. In der Folgezeit wird hinzugefügt, was an Aussagen, Durchsuchungsbeschlüssen und Haftbefehlen diesbezüglich erwirkt wurde. Und schließlich – zur Beurteilung der Verjährungslage außerordentlich wesentlich – die Aufstellung der gezahlten Rechnungen bis hin zur Schlussrechnung oder Schlusszahlung (die erst die Verjährung hinsichtlich des Betruges in Gang setzt, § 78a StGB).[30] 32

Neben solchen Fallakten, die später im Verfahren entweder im Original als Beweismittelakte Verwendung finden können oder ebenso als Ablichtungen bei mehreren laufenden Strafverfahren (z.B. gegen die Mitarbeiter verschiedener Firmen in getrennten Prozessen) haben sich als ebenso zweckmäßig sogenannte „**Personenakten**" erwiesen, in denen das gesammelt wird, was in den verschiedenen Ermittlungsverfahren bezüglich einer Person zu Tage tritt, also insbesondere alle Zeugenvernehmungen aus anderen Verfahren, die sich auf diese Person und ihre Tätigkeit beziehen. Ein Unterfall solcher „Personenakten" sind die „**Firmen**"-**Akten**, in denen hinsichtlich von Firmen die entsprechenden Dokumente gesammelt werden. Insbesondere sind dies Organigramme, Belege über die rechtlichen Positionen der verantwortlichen beteiligten natürlichen Personen, die Unterschriften dieser Personen, Auskünfte und die Aussagen zu der Beteiligung dieser Firmen an den entsprechenden Straftaten. 33

Schließlich kann noch an ein „**Register**" A – Z gedacht werden, in dem unter einem zugeordneten Schlagwort maßgebliche Dokumente von grundsätzlicher Bedeutung Aufnahme finden, beispielsweise wichtige Urteile, Beschlüsse, Haftbefehle und andere wesentliche Dinge, die für die weitere Recherche und die Ermittlungen von einzelfallübergreifender Bedeutung sind. Die explosionsartige Ausweitung dieser Fälle, deren große Anzahl und die Notwendigkeit, Zweit- und Drittakten für Haftprüfungen und Akteneinsichten herzustellen, hat beispielsweise bei der Abteilung XII der Staatsanwaltschaft München I dazu geführt, dass in manchen Jahren ein Ablichtungsvolumen von rund 500.000 Blatt pro Jahr erreicht wurde, dass die vorbeschriebenen Akten alleine des Ablagesystems A – Z auf annähernd 600 Leitzordner anschwollen und dass damit nur noch mit größter Mühe ein Überblick im erforderlichen Umfang zu gewinnen war. Dies nötigte zur Anschaffung einer **EDV-Anlage**, in die die bereits vorhandenen Dokumente mit beträchtlichem Aufwand eingescannt wurden, die dann über entsprechende Texterkennungsprogramme sofort von jedem Arbeitsplatzcomputer eines jeden Referenten abgerufen werden konnten – sogar gleichzeitig. Ein entsprechendes „Dokumenten-Retrieval-Sys- 34

---

[30] Vgl. oben Fn. 28 mit weiteren Nachweisen.

2. Beispiel: Bauvorhabensdeckblatt

35   Zur beispielhaften Illustration eine kurze Darstellung des „Bauvorhaben-Deckblattes". Hierbei handelt es sich um eine Entwicklung der Experten des Polizeipräsidiums München in Zusammenarbeit mit der Staatsanwaltschaft. Dieses Standardformular enthält in gedrängter Kürze die maßgeblichen Angaben zur Überprüfung, Zuordnung und Beurteilung eines Bauvorhabens in nahezu allen relevanten Aspekten. Es führt zunächst die Aktenzeichen von Staatsanwaltschaft und Polizei auf, danach den Beschuldigten, sodann befasst es sich unter Ziff. I. mit dem Auftrag, der Beschreibung des Bauvorhabens, dem Auftraggeber, dem Auftragnehmer, es weist das Auftragsdatum und die Auftragssumme aus sowie die geschätzten Kosten, die Gesamtabrechnungssumme, die Daten der Schlussrechnung und Vermerke über die letzte Zahlung. Ferner wird ermittelt, ob eine vertragliche – womöglich pauschalisierte – Schadensersatzvereinbarung besteht, wenn ja, in welcher Höhe. Unter Ziff. II. wird nach Planung/Ausschreibung und dem verantwortlichen Ingenieurbüro gefragt, außerdem nach dem Auftraggeber, der Ausschreibungsart, dem Datum der Submission und den Mitbietern laut Submissionsergebnisliste, ebenso interessiert der Ersteller dieser Liste. Schließlich geht es um den strafrechtlich relevanten Teil der Absprachen und Bestechungen. Hier werden die Beteiligten, Bestecher und Bestochene aufgeführt sowie die Bezeichnung von Geld- oder Sachleistungen. Unter Ziff. IV. werden die maßgeblichen Aussagen zu den vorgenannten Punkten aufgeführt in Form einer Liste oder eines vollständigen Ausdruckes als Anlage und unter V. ist schließlich noch Raum für „Sonstiges". Insbesondere um die Daten dieser Bauvorhaben zu erhalten, tritt die Polizei im Auftrag der Staatsanwaltschaft an die entsprechenden Vergabestellen der öffentlichen Auftraggeber heran – meist schriftlich unter Übersendung eines Fragenkataloges. Auch wenn dies im Allgemeinen problemlos abläuft, wurden doch Fälle bekannt, in denen gerade die Beschuldigten mit der Beantwortung oder jedenfalls der Erstellung der Antworten zu solchen Fragebogen beauftragt wurden. Ein solcher Beschuldigter gab der Staatsanwaltschaft später zu Protokoll, er habe diese Tätigkeit „nervlich nicht mehr gepackt", als er gesehen habe, dass immer wieder nach weiteren Bauvorhaben gefragt wurde, bei denen er involviert war und er somit aufgrund seiner Beteiligung erkennen musste, dass „die Einschläge näher kamen".

V. Zeugenvernehmungen, Zusage der Vertraulichkeit, verdeckte Ermittler

36   An dieser Stelle der vorbeschriebenen Ermittlungen ist nunmehr meist zu prüfen, ob – und wenn ja in welcher Form – Zeugenvernehmungen bereits durchgeführt werden können, ob das Risiko der Offenbarung des Verfahrens also beherrschbar erscheint oder nicht. Insbesondere bei den Zeugen, die als Informanten auftreten, stellt sich in diesem Zusammenhang manchesmal die Frage, ob dem Wunsch des Zeugen, ihm **Vertraulichkeit** gemäß Anlage D zu RiStBV zuzubilligen, entsprochen werden kann.[31] Die Voraussetzungen dieser Vorschrift sind an sich in einer ganzen Reihe von Fällen grundsätzlich zu bejahen. Die Gemeinsame Richtlinie über den Einsatz von Vertrauenspersonen und In-

---

[31] Hierzu instruktiv *Schubert* (Fn. 8), Rn. 134–136.

formanten sieht unter Ziff. I.3 entsprechende Fallgestaltungen vor, insbesondere also bei einer sonst nicht möglichen vollständigen Sachverhaltserforschung. Die Abwägung der fehlenden Unmittelbarkeit der Beweisaufnahme einerseits und der Erfüllung der öffentlichen Aufgaben ordnungsgemäßer Strafverfolgung andererseits sowie die Beachtung eines fairen Verfahrens sind vom Staatsanwalt vorzunehmen.[32] Im Bereich der mittleren Kriminalität – die in den vorgenannten Fällen flächendeckender Kartelle selbstverständlich gegeben ist – bedarf es einer besonders sorgfältigen Prüfung des Einzelfalls und der Bejahung des Ausnahmefalls der Massierung gleichartiger Straftaten, deren Vorliegen die Erfüllung öffentlicher Aufgaben bereits beeinträchtigt oder durch die der Allgemeinheit ein ernsthaft gefährdender Schaden zugefügt wird.[33]

Eine große praktische Schwierigkeit liegt im Regelfall darin, dass auch bei Zusicherung der Vertraulichkeit oder womöglich sogar der Geheimhaltung die Informationen oftmals wegen der engen persönlichen Kontakte der Beteiligten nicht sinnvoll in das Verfahren eingebracht werden können – auch nicht anonymisiert –, wenn es sehr nahe liegt oder gar offensichtlich ist, von wem diese Informationen stammen. Deshalb hat sich in der Praxis in fast allen Fällen eine offene und **gründliche Besprechung** bewährt, in deren Folge der Informant entweder auf die Zusicherung verzichtet oder ein Vorgehen, wie von *Schubert* richtig geschildert,[34] gefunden wird, das dem Informanten eine gesichtswahrende wahrheitsgemäße Aussage ermöglicht, beispielsweise indem er entsprechende Vorhalte bekommt oder erst als zweiter oder dritter Zeuge vernommen wird. 37

Eine weitere wichtige Frage ist, ob nach den bisherigen Erkenntnissen der Fall für die Einsetzung eines **verdeckten Ermittlers** geeignet erscheint. Wenig bekannt ist, dass bereits bei der Annahme des besonders schweren Falls der Bestechlichkeit und Bestechung im geschäftlichen Verkehr (§ 300 StGB i.V.m. § 299 StGB) im Falle gewerbsmäßiger oder bandenmäßiger Tatbegehung der Einsatz eines solchen verdeckten Ermittlers zulässig ist (§ 110a Abs. 1 Nr. 3 und 4 StPO). Erst recht gilt dies natürlich für die mit höheren Strafandrohungen versehenen Tatbestände des § 335 Abs. 2 Nr. 3 StGB (besonders schwerer Fall der Bestechlichkeit und Bestechung, wenn der Täter gewerbsmäßig oder bandenmäßig handelt), ebenso für § 332 Abs. 2 Satz 1 StGB (das Verbrechen der Richterbestechlichkeit). Nach den bekannt gewordenen Erfahrungen ist der Einsatz dieser Personen selten, sei es, dass dieses Instrument seitens der Ermittler nicht in Betracht gezogen wird, sei es, dass die polizeilichen Kapazitäten nicht genügend für diesen Bereich geeignete Ermittler umfassen. Der Einsatz sollte aber jedenfalls geprüft und gegebenenfalls auch intensiv durchgeführt werden, um die hermetisch abgeschotteten Täterkreise, die von vornherein auf Verheimlichung und Verdunkelung ausgelegt sind und gerade auch bei den lukrativen Preisabsprachen alle möglichen Spuren vertuschen wollen, zu verunsichern oder im besten Falle sogar zu infiltrieren. Es sind Fälle bekannt geworden, in denen das gegenseitige Misstrauen der beteiligten Kartellmitglieder so ausgeprägt war, dass die Besprechungen unter strengsten Vorsichtsmaßnahmen erfolgten, z.B. so durchgeführt wurden, dass die Besprechungs- und Kalkulationsunterlagen nummeriert bei Beginn der Sitzung ausgegeben und sofort nach Beschlussfassung oder spätestens Ende der Besprechung wieder eingesammelt und vernichtet wurden. Die Besprechungen an wechselnden Plätzen in den Büros aller beteiligten Firmen im Turnus waren Standard, in einem (wohl extremen) Fall hat man sogar darauf bestanden, dass von den Teilnehmern keine Sakkos getragen wurden, um sicherzustellen, dass nicht irgendwelche Diktiergeräte mitlaufen, um die Unterhaltungen zu dokumentieren. Sarkastisch gesagt eine Spielart der aus Mafiafilmen be- 38

---

[32] Über eine solche Zusicherung muss mindestens der Abteilungsleiter, wenn nicht sogar der Behördenleiter der Staatsanwaltschaft entscheiden.
[33] Anlage D zur RiStBV, abgedruckt bei *Meyer-Goßner* (Fn. 25), Anhang A 12; dort auch Überblick über die Umsetzung in den Bundesländern.
[34] Fn. 8, Rn. 136.

kannten Regel, dass „die Gentlemen Eisen an der Garderobe abgeben möchten". In jedenfalls zwei Kartellen wurden „off the record" Aussagen kolportiert, nach welchen mehrere Kartellmitglieder in vollem Ernst verlangt hätten, nachhaltige Maßnahmen gegen Aussagewillige zu ergreifen. Es könne ja niemand verantworten, dass so viele Beteiligte in den Ruin gerissen und dem Gefängnis überantwortet würden – bloß weil einer aussteigen und seine Haut retten wolle.

D. Einsatz von Zwangsmitteln

I. Abgrenzung

39 Haben die bisherigen Ermittlungen keine Bestätigung der Verdachtsmomente ergeben und scheint auch eine – letztlich aufs Geratewohl angesetzte – Beschuldigtenvernehmung nicht aussichtsreich, so ist das Verfahren einzustellen, § 170 Abs. 2 StPO. Hat sich der Verdacht aber nicht abgeschwächt oder gar verdichtet, sind jetzt Eingriffs- und gegebenenfalls Zwangsmaßnahmen zu prüfen: TKÜ-Überwachung – nachfolgend II. –, Durchsuchungen (III.), Haftbefehl (IV.) und – wenn auch terminologisch nicht direkt als Eingriffs- bzw. Zwangsmaßnahme zu bezeichnen – die Beschuldigtenvernehmung (E.); der Einsatz verdeckter Ermittler ist oben (Rn. 38) dargestellt.

II. Telekommunikations-Überwachung und „Großer Lauschangriff"

1. § 100a StPO

40 Maßnahmen nach § 100a StPO auf Überwachung der Telekommunikation können möglicherweise durchgeführt werden. Bekanntlich – und nach Meinung *aller* Praktiker bedauerlicherweise – sind die hier diskutierten **Korruptionsstraftaten** größtenteils keine Katalogtaten des § 100a StPO. Da demgegenüber § 100c StPO sogar die Möglichkeit des sogenannten „großen Lauschangriffes" vorsah, wurde allgemein gefolgert, dass es mangelnde Logik des Gesetzgebers sei, das mildere Mittel der Überwachung nach § 100a StPO nicht zur Verfügung zu stellen. Diese Betrachtung hat seit der Entscheidung des BVerfG vom 3. März 2004[35] an Überzeugungskraft verloren. Das BVerfG hat in diesem Urteil die Anforderungen für die akustische Wohnraumüberwachung sehr stark heraufgesetzt. Dass in den zukünftigen – verfassungsgemäßen – Regelungen die Korruptionstatbestände erscheinen werden, muss nunmehr bezweifelt werden. Ganz sicher werden solche – bisher kaum bekannt gewordenen – Maßnahmen nur noch in extrem gewichtigen Fällen ergriffen.

2. Hinweise zur Anwendung

41 Allerdings ist Katalogtat, die einen Beschluss nach § 100a StPO rechtfertigt, beispielsweise der Straftatbestand der **Erpressung** (§ 100a Abs. 1 Nr. 2 StPO i.V.m. § 253 StGB),

---

[35] 1 BvR 2378/98 und 1 BvR 1084/99 – Urteil des 1. Senats v. 3.3.2004.

ein Delikt, das bei der Anforderung von Schmiergeld oder umgekehrt erheblicher Druckausübung des Bestechers nach gezahltem Schmiergeld auf den Amtsträger durchaus gegeben sein kann. Ebenso zu beachten ist der Tatbestand der **Geldwäsche** (§ 100a Abs. 1 Nr. 2 StPO i.V.m. § 261 Abs. 1, 2 oder 4 StGB). Bei diesen Alternativen des Geldwäschetatbestandes und der dort zu prüfenden Vortaten sind für den hier zu diskutierenden Bereich folgende Konstellationen interessant:

- § 261 Abs. 1 Nr. 2a i.V.m. § 332 Abs. 1 und 3 (Bestechlichkeit) oder § 334 (Bestechung) StGB
- § 261 Abs. 1 Nr. 3 StGB i.V.m. § 373 (Schmuggel) und § 374 (Steuerhehlerei) der Abgabenordnung
- § 261 Abs. 1 Nr. 5 i.V.m. § 129 StGB (die kriminelle Vereinigung) und – ganz besonders –
- § 261 Abs. 1 Satz 1 und 3 StGB i.V.m. § 370a Abgabenordnung (die gewerbs- und bandenmäßige Steuerhinterziehung, ein noch verhältnismäßig neuer Tatbestand).

Je nach Lage des Falles kann bei gründlicher Prüfung dieser Alternativen doch ein Antrag auf Überwachung der Telekommunikation gestellt werden. Die Aussichten auf beweiserhebliche Erkenntnisse sind – da diese Delikte allesamt auf sogar intensiver Kommunikation beruhen – durchaus nicht unbegründet, auch wenn der erfahrene Straftäter natürlich mit einer solchen Möglichkeit rechnet.

3. Forderungen

Rechtspolitisch ist die Forderung nach **Erweiterung des § 100a StPO** eine der wichtigsten – neben dem immer wieder geäußerten Wunsch der Praktiker nach der Wiedereinführung der Kronzeugenregelung bzw. Erstreckung insbesondere auch auf die Korruptionsdelikte. 42

III. Die Durchsuchung

1. Allgemeines

Fassung und Umfang der zu beantragenden Durchsuchungsbeschlüsse sind ein heikles, Durchführung der Maßnahme ein wichtiges Thema. Eine ausführliche und gründliche Schilderung der logistischen Notwendigkeiten bei einer Durchsuchung – wie übrigens auch für andere Aspekte der Ermittlungen – hat das Bayerische Landeskriminalamt in seiner „Arbeitshilfe für Korruptionssachbearbeiter" dargestellt, die laufend aktualisiert wird und im Intranet der Bayerischen Polizei für angeschlossene Polizeibehörden abrufbar ist.[36] Dieses hervorragende Kompendium wird jedenfalls nicht nur in Bayern auch bei den mit diesen Ermittlungen befassten Staatsanwaltschaften gerne verwendet, sondern auch bei der Polizei bundesweit. Für weitere Aspekte insbesondere zur staatsanwaltschaftlichen Tätigkeit darf an dieser Stelle nochmals auf *Schubert*[37] sowie *Sattelberger*[38] verwiesen werden. 43

---

[36] Internetadresse: lka@baypol.de; Ansprechpartner: KHK *Simonetti* im Bayerischen Landeskriminalamt, Telefon-Nr.: 089-1212-4694.
[37] Fn. 8.
[38] Korruptionsdelikte, in: Vordermayer/von Heintschel-Heinegg (Hrsg.), Handbuch für den Staatsanwalt, 2. Aufl. 2003, S. 545 ff.

2. Vorbereitung der Durchsuchung

44 Die Vorbereitung der Durchsuchung in tatsächlicher Hinsicht muss gut und gründlich sein und sollte deshalb mit einem ausreichenden Zeitfenster versehen werden. Die auch sonst bewährte Arbeitsteilung, dass die Staatsanwaltschaft entscheidet, „was" zu tun ist, und die Polizei, „wie" es zu erledigen ist, gilt auch hier.

a) Lageprüfung und Logistik

45 Eine gründliche Vorprüfung der für die Durchsuchungen in Frage kommenden Objekte und Fahrzeuge findet statt über die Polizei, das Einwohnermeldeamt, Anfrage bei den Kfz-Stellen, im Grundbuch und im Internet, um möglichst wenig Anschlussdurchsuchungen mit Reservekräften aus dem Stand heraus durchführen zu müssen. Auch die persönliche **Objektabklärung** durch die Ermittlungsbeamten ist wichtig, um die Aktualität der Firmensitze und etwaige Besonderheiten der Objekte zu überprüfen.

46 Selbstverständlich ist ein möglichst perfekter **Einsatz- und Sicherstellungsplan**. Er sollte die in Frage kommenden Räume in den Objekten einzeln erfassen und ihnen Ziffern zuweisen, auch für eine Vielzahl an sicherzustellenden Unterlagen und sonstiges. Wichtig ist auch die **Logistik**, genügend Pkw- und Lkw-Kapazität und Kommunikationseinrichtungen sowie die Bereithaltung von Reservekräften – für erfahrene Polizeibeamte bare Selbstverständlichkeiten.

b) EDV-Problematik

47 Besonders wichtig ist auch der EDV-Bereich. Schon die kleinste Firma und nahezu jeder Privatmann arbeitet heute selbstverständlich mit EDV-Anlagen. Um Schäden hieran zu vermeiden und Beweismittelverlusten vorzubeugen, sollten **Spezialisten** zugezogen werden. Erst recht gilt dies, wenn mit ungewöhnlicher Hard- und Software zu rechnen ist (oft bei Tochterunternehmen ausländischer Konzerne der Fall). Meist haben die Ermittlungsbehörden weder die entsprechenden Geräte noch die entsprechende Software vorrätig. Ähnliches gilt auch für große, komplizierte und für den Kunden womöglich maßgeschneiderte Buchhaltungs- oder Firmensoftware, die nicht einfach beschlagnahmt und genutzt werden kann, die aber als teure Lizenz auch nicht vorhanden – oder als Einzelprodukt anzuschaffen – sein dürfte. Hier müssen gegebenenfalls vor Ort Absprachen zur Auswertung getroffen werden, jedenfalls muss mindestens vom Datenbestand ein Sicherungsband gezogen werden, um nachträgliche Veränderungen jedenfalls feststellen, lokalisieren und bewerten zu können. Meist reicht eine Lösung, um die Daten lesbar zu machen. Die Auswertung selbst kann oft mit Standardprogrammen erfolgen – notfalls unter Zuziehung des Herstellers.

c) Gewinnabschöpfung

48 Wenn Maßnahmen der Gewinnabschöpfung (vorläufige Sicherung von Einziehung/ Verfall oder Rückgewinnungshilfe) in Betracht kommen, ist ein enger Kontakt mit den erstklassigen **Finanzermittlern** der Polizeipräsidien und der Landeskriminalämter unverzichtbar. Meist hoch motiviert, sind diese Beamten außerordentlich findig im Aufspüren von Vermögenswerten und gut geschult für die sinnvoller Weise in Frage kommenden Maßnahmen. Von ihrer Seite sind immer Vorschläge zu erwarten, oft sogar mit vorbereiteten Anträgen für die herbeizuführenden Beschlüsse. Zu dieser komplizierten Materien finden sich nähere Ausführungen bei Rn. 80 ff.

d) Steuerfahndung, Wirtschaftsfachkräfte, Wirtschaftsprüfer

Je nach Zuschnitt des Verfahrens und Verdachtslage müsste spätestens jetzt die **Steuerfahndung hinzugezogen** werden, wenn man deren Spezialisten als staatsanwaltschaftliche Hilfsbeamte einsetzen will. Ansonsten muss ihnen die Gelegenheit zur zeitlichen Abstimmung der Durchsuchungen bei eigenen Ermittlungsverfahren verschafft werden, um die beiderseitigen Interessen nicht zu konterkarieren. Auch die **Zuziehung von Wirtschaftsfachkräften** oder externen Wirtschaftprüfern zur Beurteilung der komplexen Sachverhalte ist oft schon für die Durchsuchung zweckmäßig und nicht erst für die spätere Gutachtenserstellung. Solche Spezialisten wissen am besten, welche Unterlagen sie für ihre gutachterliche Tätigkeit brauchen und welche nicht – eine bewährte Methode, den Umfang zu beschlagnahmender Unterlagen im Rahmen zu halten.

3. Fassung der Durchsuchungsbeschlüsse

Für **Durchsuchungen beim Verdächtigen** nach § 102 StPO sind Voraussetzungen für den Erlass eines Durchsuchungsbeschlusses die Wahrscheinlichkeit, dass eine bestimmte Straftat begangen wurde (zureichende tatsächliche Anhaltspunkte),[39] und die Vermutung, dass der Zweck (Auffindung des Beschuldigten oder von Beweismitteln) durch die Durchsuchung erfüllt werden kann. Dies ist somit deutlich weniger an Voraussetzungen als der hinreichende Tatverdacht, den beispielsweise § 203 StPO zur Bedingung der Eröffnung eines Hauptverfahrens und der Zulassung der Anklage macht.

Die **Durchsuchung beim (unbeteiligten) Dritten** nach § 103 StPO hat etwas erhöhte Anforderungen. Hier werden immerhin Tatsachen gebraucht, wonach der Beschuldigte oder Gegenstände sich im zu durchsuchenden Objekt befinden. Bei solchen Durchsuchungen kommt es dann doch auch nicht selten zu so genannten Zufallsfunden.

Aus dem richterlichen **Durchsuchungsbeschluss** muss sich genau ergeben, hinsichtlich welcher Straftat welcher konkrete Anfangsverdacht bejaht wird und welche konkreten Beweismittel gesucht und gegebenenfalls beschlagnahmt werden sollen. Das BVerfG hat erneut Beschwerdeentscheidungen eines Landgerichts, die angefochtene Durchsuchungsbeschlüsse des Amtsrichters bestätigt hatten, aufgehoben, weil sie diesen verfassungsrechtlichen Vorgaben nicht entsprachen und deshalb nach Auffassung der Verfassungsrichter den Beschwerdeführer in seinen Grundrechten aus Art. 13 Abs. 1 und 2 sowie Art. 3 Abs. 1 Grundgesetz verletzten.[40]

Das Gericht führt in dieser Entscheidung aus:

„Ein auf konkreten Tatsachen beruhender Anfangsverdacht als Voraussetzung für die strafprozessualen Maßnahmen liegt dann vor, wenn nach kriminalistischer Erfahrung die Möglichkeit einer verfolgbaren Straftat gegeben ist (vgl. Schoreit, in: Karlsruher Kommentar, 5. Aufl., § 152 Rn. 28; Meyer-Goßner, 46 Aufl., § 152 Rn. 4). Im Rubrum der angefochtenen Beschlüsse wird als Strafvorwurf die Vorteilsgewährung gemäß § 333 StGB genannt. Die Umschreibung des Tatvorwurfs in den Gründen des insoweit auch vom Landgericht in Bezug genommenen amtsgerichtlichen Beschlusses rechtfertigt jedoch diesen Tatverdacht unter keinen Umständen; es sind auch keine Anhaltspunkte für das Vorliegen anderer Straftaten durch den Beschwerdeführer erkennbar. Die Annahme des Tatverdachts ist auf der Grundlage der vorliegenden Beschlüsse nicht nachvollziehbar. Es kann daher nicht ausgeschlossen werden, dass der Verdachtsannahme sachfremde Erwägungen zugrunde gelegt wurden."

„Um die Durchsuchung rechtsstaatlich zu begrenzen, muss der Richter die aufzuklärende Straftat, wenn auch kurz, doch so genau umschreiben, wie es nach den Umständen des Einzelfalls möglich ist (vgl. BVerfGE 20, 162 <224>M 42m 212 <220>). Der Schutz der Privat-

---

[39] Meyer-Goßner (Fn. 25), § 102 Rn. 2 m.w.N. zur Rechtsprechung des BVerfG.
[40] BVerfG, 2 BvR 27/04 v. 8.3.2004, NJW 2004, 1517.

sphäre, die auch von übermäßigen Maßnahmen im Rahmen einer an sich zulässigen Durchsuchung betroffen sein kann, darf nicht allein dem Ermessen der mit der Durchführung der Durchsuchung beauftragten Beamten überlassen bleiben (vgl. BVerfGE 42, 212 <220>). Ein Durchsuchungsbefehl, der keinerlei tatsächliche Angaben über den Inhalt des Tatvorwurfs enthält und der zudem den Inhalt der konkret gesuchten Beweismittel nicht erkennen lässt, wird rechtsstaatlichen Anforderungen jedenfalls dann nicht gerecht, wenn solche Kennzeichnungen nach dem bisherigen Ergebnis der Ermittlungen ohne weiteres möglich und den Zwecken der Strafverfolgung nicht abträglich sind (vgl. BVerfGE 42, 212 <220 f.>; 44, 353 <371>, 45, 82, 50, 48 <49>; 71, 64 <65>)."

54 Insbesondere der letzte Satz des zitierten Textes bezeichnet das zu diskutierende Problem der korrekten Fassung eines Beschlusses, der mehreren Kriterien standhalten muss: Einerseits ist zu beachten, dass der Beschluss die Unterbrechung der Verfolgungsverjährung herbeiführt (§ 78c Abs. 1 Nr. 4 StGB), allerdings nur hinsichtlich der im Beschluss aufgeführten Taten.[41] Andererseits will die Staatsanwaltschaft so wenig wie möglich von ihrem bereits vorhandenen Wissen preisgeben, um nicht etwa noch unbekannte weitere Mittäter zu warnen. Sie soll und darf nicht vorzeitig alle ihre Karten aufdecken und z.B. Vorhaben benennen, bei denen die Ermittlungen noch ganz am Anfang stehen. Daraus könnte der Beschuldigte bzw. der Mittäter unschwer entnehmen, wie weit die Ermittlungen bereits gediehen sind, und hierauf reagieren. Um diesem Dilemma Rechnung zu tragen, wird der Staatsanwalt oder Richter auf jeden Fall die Begründung so knapp wie möglich, aber so substantiiert wie unumgänglich halten müssen, damit sowohl ein Beschwerdegericht als auch der Beschuldigte und sein Verteidiger Art und Umfang der Straftat erkennt, wegen derer ermittelt wird, und dann auch vor Ort den Umfang der Durchsuchung beurteilen kann, ebenso, ob der richterliche Beschluss die Sicherstellung/Beschlagnahme der mitgenommenen Beweismittel tatsächlich deckt. Eine erhebliche Anzahl von Beschwerden erübrigt sich damit von vornherein.

55 Ein wiederholt überprüfter und nie beanstandeter Beschluss nach folgendem **Muster** erscheint jedenfalls unbedenklich:

„Ermittlungsverfahren   Amtsgericht ....
Gegen   Ermittlungsrichter ....
wegen Tatvorwurf: Betrug

Beschluss

Die Durchsuchung der Wohnung einschließlich der Nebenräume, Garagen, Pkw's und der Person des ... (Beschuldigten/Zeugen)
Straße   , 80000 Stadt

nach folgenden Gegenständen wird angeordnet:

a) Unterlagen, die im Zusammenhang mit der Vergabe von Bauaufträgen stehen, die von der Stadt X, der Gemeinde Y, vergeben wurden,
b) insbesondere Echt-Kalkulationen, Vor- und Nachkalkulationen, Angebotskalkulationen, Abspracheliste, Leistungsverzeichnisse, Angebote, Submissionsniederschriften, Ergebnislisten, Auftragsunterlagen betreffend Bauvorhaben der unter a) genannten Auftragsgeberinnen,
c) Hinweise auf Schmiergeld- und Bestechungszahlungen sowie Sachzuwendungen an Amtsträger der vorgenannten öffentlichen Stellen sowie Angehörige der vorgenannten privaten Vergabestellen,
d) Terminkalender, Notizbücher, Hinweise auf Bankunterlagen, Organigramme,

---

[41] Immerhin als geschichtlicher Vorgang, BayObLG, NJW 1996, 268 ff. Die Schilderung der Tat als Bestechlichkeit erfasst also auch die Untreue.

e) Hinweise auf durchgeführte Absprachen mit anderen Sanitär-, Kanal- und Rohrleitungsbaufirmen im Bereich der unter a) genannten Auftraggeberinnen,
f) Subunternehmer-, Bietergemeinschafts- und Arbeitsgemeinschaftsverträge, Abrechnungen zwischen den Arbeitsgemeinschaftspartnern sowie Haupt- und Subunternehmer,
g) Hinweise auf die Entgegennahme von Schmiergeld- und Bestechungszahlungen oder anderer Zuwendungen.

Die Beschlagnahme dieser Gegenstände wird angeordnet, wenn die Gegenstände nicht freiwillig herausgegeben werden.

Gründe:

Die angeführten Gegenstände sind als Beweismittel für das anhängige Ermittlungsverfahren von Bedeutung. Es ist zu erwarten, dass sie bei der Durchsuchung aufgefunden werden.

Die Firma gehörte zu einem Kreis von Firmen, die seit Jahren Aufträge der öffentlichen Hand und von großen privaten Auftraggebern im Bereich des Kanalbaus, des Rohr- und Druckleitungsbaues sowie der Sanitärinstallation durch strafbares Verhalten erlangten und unter sich aufteilten.

Die Firmen klärten dabei bereits im Vorfeld ab, wer welchen Auftrag zu welchem Preis erhalten soll. Es wurde auch festgelegt, wer als „Schutzgeber" höhere Angebote abgibt und welche der „Konkurrenzfirmen" später als Subunternehmer oder Arbeitsgemeinschaftspartner beteiligt werden sollten, um am Gewinn durch höhere Absprachen zu partizipieren.

Der Schaden für die Auftraggeber liegt in der Differenz zwischen dem Wettbewerbspreis und dem abgesprochenen Vergabepreis.

Bei den nachfolgend genannten Bauvorhaben wurden Preisabsprachen durchgeführt, so dass die jeweils auftragnehmende Firma den Auftrag zu einer höheren Angebotssumme erhielt, als es im Wettbewerb der Fall gewesen wäre.
BV ..., Stadt ..., Los-Nr. ...
Das Verhalten des Beschuldigten stellt sich dar als
16 in Tatmehrheit stehende Vergehen des Betruges in Mittäterschaft gem. §§ 263, 25 Abs. 2, 53 StGB.

Eine Vielzahl weiterer Vergehen des Betruges und auch der Bestechung sind verjährt. Im Einzelnen handelt es sich um folgende Bauvorhaben:
BV ...

X-Stadt, den ...
Richter am Amtsgericht"

Als abzuarbeitende Gedächtnisstütze bei der Vorbereitung eines Beschlusses und zur **56** Kontrolle bei Durchführung der Durchsuchung gibt es verschiedene Zusammenstellungen an den angegebenen Fundstellen insbesondere bei *Vahlenkamp/Knaus*[42] und in der Arbeitshilfe für Korruptionssachbearbeiter.[43]

Als zu durchsuchende **Objekte** sind hervorzuheben jedenfalls Büro, Wohnung, Nebenwohnungen, Zweitwohnungen u.ä., Bank-, Safe- sowie Schließfächer und Fahrzeuge.

Wichtige **Dokumente** können sein
- Organigramme,
- Haustelefonlisten,
- Hinweise auf Hierarchie und Zuständigkeit in der Behörde,

---

[42] Fn. 27.
[43] Rn. 43 mit Fn. 36.

- Ausschreibungsunterlagen,
- Bewerberlisten,
- Leistungsverzeichnisse,
- Angebote (erst recht solche, die von der Konkurrenz stammen!),
- Submissionsergebnisse,
- Auftragsunterlagen,
- Baustellenbesprechungsliste,
- Verträge (auch Subunternehmer, Beratung, Schreibarbeiten etc.),
- Rechnungen,
- Schlussrechnung,
- Hinweise auf Bestechungsgelder,
- Terminkalender, Notizbücher,
- Telefonverzeichnisse,
- Handschriftliche Aufzeichnungen (z.B. Hinweise auf Reihungen und Absprachen, Ziffern, Codes, eigentümliche Kürzel oder Zeichen), Telefonvermerke,
- Hinweise auf Scheinfirmen (z.B. Ehegatten, Sohn, Tochter als Rechnungssteller bzw. Firmeninhaber)

und

- Schwarze Kassen.

57   Durchsuchungsmaßnahmen in diesen Bereichen können – wie am Beispiel eines Verfahrens aus der Medizintechnik gezeigt werden kann – **erheblichen Umfang** annehmen. Ist durch eine Anzeige oder auf anderem Weg hinreichender Verdacht entstanden, der eine Durchsuchung nach § 102 StPO rechtfertigt (vgl. Rn. 50 f.), so wird man zunächst nach gründlicher Vorabklärung die beschuldigte Medizintechnik- oder Pharmafirma durchsuchen müssen. Zeitgleich können unter Umständen auch die in der Anzeige oder sonst bekannt gewordenen beschuldigten Ärzte Gegenstand einer Durchsuchung werden, wenn die Anhaltspunkte hierfür ausreichend sind – meist sind das aber dann nur einzelne Personen. Sind die Ärzte Amtsträger, also an öffentlichen Krankenhäusern beschäftigt, so wird auch dieses durchsucht, sowohl das Arztzimmer als auch die Verwaltung. Letzteres um beispielsweise die Personalakte mitzunehmen und zu prüfen, ob notwendige Genehmigungen einliegen oder nicht. Ist diese Durchsuchung durchgeführt, die bei großen Konzernen enormen Aufwand verursachen kann, so ergibt die Auswertung *immer*, dass weitere Zuwendungen an andere Krankenhäuser und andere Ärzte festzustellen sind. Nun muss eine weitere Anzahl von Durchsuchungen erfolgen, nämlich der jetzt bekannt gewordenen Krankenhäuser und Ärzte. Zeitgleich oder möglichst eng zusammenhängend sollten dann auch die Außendienstmitarbeiter der Firma durchsucht werden – falls es nicht aufgrund der bekannt gewordenen Durchsuchung bei der Firma zwischenzeitlich entbehrlich ist, da alle Betroffenen bereits unterrichtet und gewarnt sind. Gleichwohl wird die Durchsuchung kaum verzichtbar sein, um etwa noch vorhandene Unterlagen über die Verwendung der Gelder zu sichern. Schließlich ergeben die Ermittlungen oft, dass Reisen abgerechnet oder mit falscher Bezeichnung bezahlt worden sind, ebenfalls Zuwendungen, die aufzuklären sind. Dies zieht nun wiederum die Durchsuchung der beteiligten Reisebüros nach sich, hinzu treten schließlich noch „Durchsuchungen" von Banken und Bankkonten, die üblicherweise durch bloße Anforderung und Herausgabe der Belege erledigt sind. Eine solche zwangsläufige Auffächerung dieser Maßnahmen zeigt, warum beispielsweise die mehrfach erwähnte Abteilung der Münchner Staatsanwaltschaft in den zehn Jahren ihres Bestehens bereits mehr als 2.200 Durchsuchungen durchführte.

4. Zusammenfassung

Die Erfahrung hat gezeigt, dass gründlich vorbereitete Durchsuchungen und findige 58
Ermittler fast stets beweiserhebliche Unterlagen zu Tage fördern. Mit etwas Glück z.B. die komplette Festplatte, die der aufgeregte Beschuldigte vergessen hat zu entfernen, als er sich absetzen musste, mit einer akribisch genauen Buchhaltung über die Schmiergelder und Preisüberhöhungen. Es fanden sich auch übervolle Papierkörbe mit jeder Menge belastender Unterlagen, die hätten verschwinden sollen. Da man aber wegen Geldknappheit die Putzfrau nicht mehr bezahlt hatte und sie sah, dass die Chefs verschwinden, quittierte sie den Dienst. Entgegen den Erwartungen wurden die Papierkörbe nicht mehr geleert: eine Fundgrube an Beweisen. Es finden sich oft auch handschriftliche Unterlagen, Aufstellungen von Firmen mit zugeordneten Nummern, die für Platzierungen sprechen, Aufstellungen von Zahlenkolonnen mehr oder minder geschickt mit Kürzeln und Daten vermischt. Grund hierfür ist die Begrenzung des menschlichen Gedächtnisses. Man braucht einfach einen zuverlässigen Überblick darüber, was gezahlt wurde, nicht nur für den Fall von Streitigkeiten. Man braucht auch Unterlagen, um eine abgesprochene Reihenfolge auch durchzusetzen. Niemand kann sich immer alles merken. Zu bedenken ist für die Ermittler auch, dass solche Unterlagen oft bei Personen hinterlegt sind, die dem Berufsgeheimnis unterfallen (Steuerberater, Wirtschaftsprüfer und Rechtsanwälte), oft aber auch bei der Lebensgefährtin oder Freundin, bei den Eltern oder anderen nahe stehenden Personen. Bei Anhaltspunkten hierfür sollte stets beim Beschuldigten oder dem Helfer nachgefragt werden, gegebenenfalls kommt eine Anschlussdurchsuchung in Betracht.[44] Werden solche Beweismittel gefunden, ist bereits der Weg geebnet, um zu ergiebigen und fruchtbaren Vernehmungen zu kommen – dazu Rn. 68 ff.

IV. Haft

1. Voraussetzungen

Der Haftbefehl, § 112 StPO, ist das ultimative Mittel der Ermittler. Voraussetzung für 59
seinen Erlass ist der „dringende" Tatverdacht, also doch schon mindestens Beweismittel wie Aussagen, Dokumente, beweiskräftige Unterlagen oder Ähnliches. Hinzutreten müssen Haftgründe (für die hier interessierenden Delikte jedenfalls die Flucht- § 112 Abs. 2 Nr. 2 StPO oder die Verdunkelungsgefahr § 112 Abs. 2 Nr. 3 StPO). Die Rechtsprechung verlangt hierfür – besonders bei der **Verdunkelung** – bestimmte Tatsachen, die diese Gefahr belegen sollen. Die Begehung eines Korruptionsdeliktes allein reicht hierfür nicht aus – auch wenn diese Delikte typischerweise auf Verdunkelung und Vertuschung angelegt sind. Mit diesem Problem befasst sich ausführlich das OLG Frankfurt in seiner Entscheidung vom 30. August 1996.[45] Allerdings genügen vorbereitende Verdunkelungsmaßnahmen bereits während der Tatbegehung eindeutig, um die Verdunkelungsgefahr zu bejahen. Hier dürfen die vorher genannten schwarzen Kassen zur Bezahlung von Verteidigern, Absprachen zur Vernichtung von Unterlagen und Absprachen über das spätere Aussageverhalten bzw. die Beseitigung von Beweismitteln als völlig ausreichende Indizien angesehen werden. Je nach Gewicht der vorgeworfenen Straftaten dürfte im Regelfall durchaus auch die Prüfung des Haftgrunds der **Fluchtgefahr** in Betracht kommen. Dies gilt umso mehr, als die Taten zum Teil sehr lange zurückliegen, so dass der Täter, um sei-

---

[44] Falls nicht Beschlagnahmefreiheit gegeben sein sollte, § 98 StPO.
[45] NStZ 1997, 200 mit Anm. *Otto*.

ner Verurteilung zu entgehen, in manchen Fällen nur noch für einen geringen Zeitraum unterzutauchen bräuchte. Die Alternative, sich für kürzere Zeiträume entweder ins Ausland abzusetzen oder stattdessen längere Zeiträume in der Haft auf sich zu nehmen, bietet doch einen hohen Anreiz, sich dem Verfahren zu entziehen.

Aus dem Vorstehenden ergibt sich, dass entsprechende Anträge der Staatsanwaltschaft im Hinblick auf Flucht- und Verdunkelungsgefahr ausführlich begründet sein sollten, um den Richter zum Erlass eines Haftbefehls zu bewegen, der dann auch späterer rechtlicher Prüfung standhält.

2. Muster eines Haftbefehls

60

Geschäftsnummer ER I 123456
Geschäftsnummer der Staatsanwaltschaft
München I 123 Js 123456
ahn

Amtsgericht München
– Ermittlungsrichter –

München, den 26.9.03

Haftbefehl

Gegen den Beschuldigten
Österreichischer Staatsangehöriger, verheiratet,
wohnhaft: …strasse 1,

wird die Untersuchungshaft angeordnet.

Dem Beschuldigten liegt folgender Sachverhalt zur Last:

Der Beschuldigte … ist seit dem 21.3.1988 Geschäftsführer der … GmbH, in … Seit dem 3.10.2000 ist der Beschuldigte … Vorstand der … AG. Außerdem ist der Beschuldigte Geschäftsführer der … GmbH, in …

I. Die … GmbH erbaute im Auftrag der … im Jahr 2000 das xxx Objekt

Um den Auftrag für die Ausstattung des Objektes zu erhalten, zahlte der Beschuldigte … in bewusstem und gewollten Zusammenwirken mit den anderweitig Verfolgten Dr. …, … und … 130.000,- DM an einen Mitarbeiter der … GmbH und 195.871,- DM an einen Mitarbeiter der …

Am 30.11.1998 gab der Beschuldige … wiederum in bewusstem und gewollten Zusammenwirken mit den anderweitig Verfolgten …, … und … für die Firma … ein Angebot über 6.529.000,20 DM ab. Dieses Angebot war um mindestens die oben erwähnten Schmiergelder in Höhe von insgesamt 325.871,- DM überhöht. Hierüber täuschte der Beschuldigte … in bewusstem und gewollten Zusammenwirken mit den anderweitig Verfolgten … und … den Verantwortlichen der … Dieser erteilte der Firma … den Auftrag über die Ausstattung nur im Vertrauen darauf, dass das Angebot dem tatsächlichen Marktpreis entsprach. Wie von den Beschuldigten beabsichtigt, entstand der Firma … hierdurch ein Schaden in Höhe von mindestens 325.871,- DM.

II. Die Firmen …, … GmbH, … (SBS) sind weltweit auf dem Gebiet der Herstellung von xxx Produkten sind tätig. Sie haben sich zu einem „Kartell" zusammengeschlossen.

Um Aufträge für Bauvorhaben auf dem Gebiet des xxx zu erhalten, klären diese Firmen in wechselnder Besetzung vor Abgabe eines Angebotes untereinander ab, wer welchen Auftrag erhalten soll. Es wird insbesondere festgelegt, wer als „Schutzgeber" überhöhte Angebote abgibt und welche der Firmen später als Subunternehmer an dem Bauvorhaben beteiligt werden sollen. Zu diesem Zweck leiten sich die Firmen gegenseitig im Vorfeld ihre für die verschiedenen Bauvorhaben erstellten Leistungsverzeichnisse zu, schließen telefonisch und schriftlich Vereinbarungen und treffen sich persönlich im Rahmen von fachspezifischen Veranstaltungen.

Infolge der durchgeführten Absprachen und der damit erreichten weitgehenden Ausschaltung des Wettbewerbs liegt das Angebot des jeweiligen Mindestbieters, der plangemäß den Auftrag erhält, über dem im freien Wettbewerb erzielbaren Preis. Dies ist von den an den Absprachen beteiligten Firmen auch gerade beabsichtigt. Bei der Abgabe des Angebotes spiegeln die einzelnen Firmen dem Auftraggeber vereinbarungsgemäß jeweils vor, dass das von ihnen abgegebene Angebot im freien Wettbewerb, ohne Absprachen, zustande gekommen ist und dem tatsächlichen Marktpreis entspricht. Durch dieses Vorgehen entsteht dem Auftraggeber jeweils, wie von den Firmen beabsichtigt, ein Schaden in Höhe des über dem Marktpreis liegenden Angebotes.

Für die einzelnen Firmen handeln hierbei insbesondere die folgenden Personen:
…
Im Einzelnen handelt es sich um Absprachen bezüglich zumindest der folgenden Bauvorhaben:
1. Städt. Baumaßnahmen B
folgt Schilderung der Vereinbarung, wonach vereinbart wird, für ein konkretes Bauvorhaben überhöhte Angebote abzugeben.

Entsprechend dieser Vereinbarung gaben beide Firmen an die die Ausschreibung durchführende … mbH überhöhte Angebote ab. Wie beabsichtigt, vergab die … mbH den Auftrag am 19.5.1999 an eine Arbeitsgemeinschaft bestehend aus den Firmen … und … zu dem überhöhten Preis von 13.700.00,- DM.
2. Städt. Baumaßnehmen E
Am 9.3.2000 vereinbarte der Beschuldigte mit dem anderweitig Verfolgten …, dass die Firma … für das Bauvorhaben E ein für den Bereich Y überhöhtes Angebot und die Firma … ein für den Bereich Z überhöhtes Angebot abgeben werden. Ziel der Vereinbarung war, die … dazu zu veranlassen, das Angebot der Firma … für den Bereich Y und das Angebot der … für den Bereich Z zu einem jeweils über dem Wettbewerb liegenden Preis anzunehmen.

Am 28.3.2000 gab der Beschuldigte … absprachegemäß für die Firma … ein Angebot über insgesamt 28.058.561,40 DM ab.

Wie von dem Beschuldigten beabsichtigt, vergab … am 5.7.2000 das Teillos 4.1 an eine Arbeitsgemeinschaft aus den Firmen … und … zu dem überhöhten Gesamtpreis von 21.175.927,76 DM.

Der Beschuldigte wird daher beschuldigt,

im geschäftlichen Verkehr zu Zwecken des Wettbewerbs einem Angestellten oder Beauftragten eines geschäftlichen Betriebes einen Vorteil für diesen oder einen Dritten als Gegenleistung dafür gewährt zu haben, dass er ihn bei dem Bezug den Waren oder gewerblichen Leistungen in unlauterer Weise bevorzuge und durch dieselbe Handlung einem anderen dabei Hilfe geleistet zu haben, dass dieser die ihm kraft Rechtsgeschäfts oder einem Treueverhältnis obliegende Pflicht, fremde Vermögensinteressen wahrzunehmen, verletzte und dadurch dem, dessen Vermögensinteresse er zu betreuen hat, Nachteil zufügte (Fall I)
und durch zwei weitere selbständige Handlungen bei einer Ausschreibung über Waren oder gewerbliche Leistungen ein Angebot abgegeben zu haben, das auf einer rechtswidrigen Absprache beruhte, die darauf abzielte, den Veranstalter zur Annahme eines bestimmten Angebots zu veranlassen, und durch dieselbe Handlung, jeweils in der Absicht, sich oder einem Dritten einen rechtswidrigen Vermögensvorteil zu verschaffen, das Vermögen eines anderen dadurch beschädigt zu haben, dass er durch Vorspiegelung falscher oder Unterdrückung wahrer Tatsachen einen Irrtum erregte (Fall II 1 und II 2),

strafbar als Bestechung im geschäftlichen Verkehr in Tateinheit mit Beihilfe zur Untreue, in Tatmehrheit mit 2 tatmehrheitlichen Fällen der wettbewerbsbeschränkenden Absprachen bei Ausschreibungen, diese jeweils in Tateinheit mit Betrug
gemäß §§ 263 Abs. 1, 266 Abs. 1, 298 Abs. 1, 299 Abs. 1, 27 Abs. 1, 52 Abs. 1, 53 Abs. 1 StGB.

Der **dringende Tatverdacht** ergibt sich aus dem Ergebnis der polizeilichen Ermittlungen, insbesondere den geständigen Aussagen der anderweit Verfolgten A und B, sowie den ausgewerteten (Teil) Unterlagen.

Es besteht gegen den Beschuldigten der **Haftgrund der Fluchtgefahr** gemäß § 112 Abs. 2 Nr. 2 StPO, da bei Würdigung der Gesamtumstände die Gefahr besteht, dass der Beschuldigte sich dem Strafverfahren durch Flucht entziehen werde.

Der Beschuldigte ist österreichischer Staatsangehöriger. Er ist außerdem Vorstand der … in Österreich. Er hat somit jederzeit die Möglichkeit, sich in sein Heimatland abzusetzen und dort seine Tätigkeit fortzusetzen.

Der Beschuldigte hat außerdem im Falle einer Verurteilung mit einer sehr empfindlichen Freiheitsstrafe zu rechnen.

Zusätzlich besteht der **Haftgrund der Verdunkelungsgefahr** gemäß § 112 Abs. 2 Nr. 3 StPO, da das Verhalten des Beschuldigten den dringenden Verdacht begründet, er werde auf Beweismittel einwirken und dadurch die Ermittlung der Wahrheit erschweren.

Die interne Kalkulation der Firma … vom 14.12.1998 enthält den Zusatz, dass die Provisionszahlungen an den Mitarbeiter der … nicht im Schriftverkehr erscheinen dürfen. Die Kalkulation wird außerdem ausdrücklich als vertraulich bezeichnet. In dem Fax vom 9.3.2000 an den anderweit Verfolgten …, in dem der Beschuldigte die verschiedenen Möglichkeiten zur Einreichung eines Angebots bezüglich des … darstellt, bittet der Beschuldigte den anderweit Verfolgten … bezüglich zwei verschiedener Varianten um Rückruf, um einen schriftliche Fixierung der wettbewerbswidrigen Absprachen zu meiden. Diese Verhaltensweisen zeigen, dass der Beschuldigte konkrete Verschleierungsmaßnahmen getroffen hat.

Der Beschuldigte gehört zudem einem Kreis von Wirtschaftskriminellen an, deren Tat nach Planung und Ausführung die Verdunklung vor und nach ihrer Begehung voraussetzen. Die oben genannten Absprachen können nur solange funktionieren, wie die Beteiligten sich einer strikten Geheimhaltung unterwerfen.

Im derzeitigen Ermittlungsstadium bedarf es noch weiterer umfangreicher Beweiserhebungen, welche durch Absprachen der Tatverdächtigen vereitelt werden können, insbesondere ist noch die Durchführung zahlreicher Zeugen- und Beschuldigtenvernehmungen notwendig. Der Beschuldigte und die anderen Tatverdächtigen haben ein erhebliches Interesse daran, Aussageabsprachen zu treffen, insbesondere mit dem Ziel, die Strafverfolgung zu vereiteln.

Bei diesem Hintergrund ist der Beschuldigte daher bei einer Entlassung nicht nur in der Lage, sondern wird geradezu bestrebt sein, durch Einwirkung auf Zeugen und Mittäter die Ermittlung der Wahrheit zu erschweren bzw. zu vereiteln.

Auch bei Berücksichtigung des **Grundsatzes der Verhältnismäßigkeit** (§ 112 Abs. 1 Satz 2 StPO) ist die Anordnung der Untersuchungshaft geboten. Eine andere, weniger einschneidende Maßnahme verspricht – derzeit – keinen Erfolg (§ 116 StPO). Die Auferlegung eines Kontaktverbotes ist nicht geeignet, die Gefahr der Vereitelung der Wahrheitsermittlung auszuräumen, da die Einhaltung eines solchen Kontaktverbotes zum gegenwärtigen Zeitpunkt nicht überprüft werden kann.

Richter am Amtsgericht
Anliegend Rechtsbehelfsbelehrung

3. Taktische Überlegungen

Ermittlungstaktisch empfiehlt sich selbstverständlich, diese Haftbefehle im Zusammenhang mit einer ohnehin geplanten Durchsuchung zu vollstrecken und dies auch möglichst **zeitgleich** gegen alle Beteiligten. Wird dies nicht so durchgeführt, kann man sich bei den oft existierenden festen Strukturen darauf verlassen, dass augenblicklich alle in Frage kommenden Beteiligten unterrichtet werden, die – wie oft schon vorbesprochen – alle Beweismittel vernichten und sich soweit möglich absetzen werden.   61

Außerhalb einer solchen größeren Aktion kommt es öfters vor, dass ein Beschuldigter anlässlich einer Vernehmung (vorläufig) festgenommen wird, so dass spätestens am nächsten Tage ein ermittlungsrichterlicher Haftbefehl vom Staatsanwalt erwirkt werden muss. Natürlich kann auch der Fall vorkommen, dass bereits ein Haftbefehl gegen den Beschuldigten erlassen ist – der dies noch nicht weiß – wenn er zu seiner terminierten Vernehmung erscheint. Meist ist dies dann der Fall, wenn der Staatsanwalt schon weit umfangreichere Erkenntnisse über die strafrechtliche Verwicklung des Beschuldigten besitzt, als diesem aufgrund der Vorladung zur Beschuldigtenvernehmung bekannt ist.   62

Auch in diesem Bereich spielt natürlich die Kooperation und Aussagewilligkeit des Beschuldigten bereits deshalb eine große Rolle, weil hiervon abhängen wird, in welchem Umfang der Staatsanwalt noch Verdunkelungsgefahr behaupten kann. Es ist zwar richtig, dass die Verdunkelungsgefahr generell mit zunehmendem Zeitablauf abnimmt, in welcher der Beschuldigte in Haft ist und deshalb keine Verdunkelungsmöglichkeit mehr hat. Zudem wird man den Verfolgungsbehörden vorhalten, dass ihnen gewisse Zeit zur Verfügung stand, um die Beweismittel zu finden. Ist dies in angemessener Frist nicht gelungen, werden die Verfolger mit der Behauptung, sie bräuchten hierfür noch mehr Zeit, generell nicht gehört. Ohnehin ist es sehr schwer begründbar, nach Abschluss aller Vernehmungen und aller Durchsuchungen zu behaupten, dass weiterhin Verdunkelungsgefahr bestehe.   63

Andererseits kann der Beschuldigte selbst früh von sich aus die Verdunkelungsgefahr abschwächen oder gar beseitigen, wenn er vollständig und vor allem wahrheitsgemäß zur Sache aussagt. Ist dies der Fall und hat der Staatsanwalt keine besseren Erkenntnisse, dass etwa doch noch weitere Verdunkelungsgefahr besteht, so wird er mit einer **Außervollzugsetzung** des Haftbefehls (§ 116 StPO) im Regelfall einverstanden sein. Neben den dann zu diskutierenden Auflagen, unter denen ein solcher Außervollzugsetzungsbeschluss ergeht (üblicherweise zur Abwendung der Fluchtgefahr: Abgabe der Reisedokumente, Stellung einer angemessenen Kaution und Meldeauflage), kommt insbesondere bei der Verdunkelungsgefahr in Betracht, gegen den Beschuldigten Kontaktverbote auszusprechen und speziell zu verfügen, dass der Beschuldigte die Mittäter nicht treffen und mit den Geschädigten keinen Kontakt aufnehmen darf. Außerdem wird er umgekehrt verpflichtet, etwaige solche Kontaktversuche der anderen Täter der Staatsanwaltschaft mitzuteilen. Die Einhaltung solcher Auflagen lässt sich im Übrigen gegebenenfalls durch eine Observationsmaßnahme überwachen.   64

Leider zeigt die Praxis immer wieder, dass in einigen Fällen aus dem Täterkreis entweder sofort wieder weitere einschlägige Straftaten begangen oder die noch nicht abgeschlossenen zu Ende gebracht werden oder dass gegen die festgesetzten Auflagen verstoßen wird. Dies führt zur **Wiederinvollzugsetzung** des Haftbefehls (§ 116 Abs. 4 StPO), der dann im Regelfall allerdings keine zweites Mal außer Vollzug gesetzt werden wird.   65

Seitens der Verteidigung wird dieses Verfahrensstadium gerne dazu benutzt, Pluspunkte zu sammeln. Durch **geständige Einlassungen** an diesem Punkt der Ermittlungen kann man ein maximal mögliches Entgegenkommen des Staatsanwaltes erreichen. In zahlreichen Fällen wurden vom Beschuldigten bzw. dem Verteidiger dann auch umgehend Beweismittel herbeigeschafft und übergeben die – sicherheitshalber – bei Familienangehörigen oder dem Steuerberater deponiert worden waren – für den Fall, dass etwas   66 schief geht. Wichtig war dies auch in den Ermittlungen im Medizintechnikbereich, in welchen die Außendienstler, die den Ärzten Schmiergelder bezahlen sollten, diese in nicht ganz seltenen Fällen selbst eingesteckt hatten. Die befragten Ärzte hatten zuvor zum großen Teil bestritten, diese Gelder tatsächlich erhalten zu haben, was sich jedenfalls in einigen Fällen als richtig erwies. Für den Außendienstmitarbeiter, der sich plötzlich unter der Anschuldigung sah, er habe möglicherweise die gesamten (Millionen) Beträge selbst vereinnahmt, war es danach geradezu existenziell wichtig, dass er anhand der beigeschafften Unterlagen seine Behauptungen stützen konnte, wem er wann wie viel bezahlt habe. Nicht zuletzt hat ein Geständnis hier die Folge, dass der Staatsanwalt sich mit dem Erreichten zufrieden gibt und nicht immer weiter nachbohrt, bis er weitere Beweise findet – und damit womöglich weitere Straftaten.

67 An der **Verhältnismäßigkeit** der Haftbefehle bestehen generell keinerlei Zweifel. Die Sanktionen – dazu später – sind mittlerweile so einschneidend, dass die angenommene Fluchtgefahr alles andere als eine bloße Behauptung ist. Dem überführten beschuldigten Amtsträger und Schmiergeldempfänger drohen nicht nur Haftstrafen, vielmehr auch die Entfernung aus seiner Dienstposition, Verlust der Bezüge, Steuernachforderungen und Schadensersatzansprüche – mit einem Wort das Ende der wirtschaftlichen bürgerlichen Existenz. Das Bekanntwerden der Vorwürfe und einer Verhaftung steigert die ohnehin schon schwerwiegenden und nachteiligen Folgen für den Beschuldigten – gleichgültig wie die Sache am Ende für ihn ausgeht – so nachhaltig, dass der Wunsch, dem zu entfliehen, stark wird, besonders, wenn man durch Auslandsbeziehungen und dortiges Vermögen schon vorgesorgt hat.

E. Vernehmungen

I. Allgemeines

1. Verjährungsunterbrechung

68 Die Anordnung der Beschuldigtenvernehmung selbst, die bereits die Verjährung unterbricht (§ 78c Abs. 1 Nr. 1 StGB), betrifft den **historischen Vorgang**, der ermittelt wird (also nicht nur beispielsweise die Vorteilsnahme, sondern gegebenenfalls auch die Untreue und den Betrug), und zwar *ohne Außenwirkung*, was den besonderen Charme dieser Maßnahme ausmacht. Natürlich darf es sich hierbei um keine Scheinanordnung handeln, die lediglich aufgesetzt und zur Akte genommen wird; diese Anordnung muss in den Geschäftsgang gelangen, wenn die Polizei beauftragt werden soll, also auch an diese hinausgegeben und zeitnah vollzogen werden.[46]

2. Bedeutung der Vernehmungen

69 Beschuldigten- und Zeugenvernehmungen sind der **entscheidende Punkt** der Ermittlungen. Wenn es hier gelingt, von Zeugen Informationen zu bekommen und von Beschuldigten etwa Geständnisse, kann der Fall bereits im Wesentlichen gelöst sein. Für jeden Ermittler stellt sich also die Frage, mit welchen Mitteln er im Rahmen einer solchen Vernehmung zu befriedigenden Aussagen kommen wird. Es gibt in diesem Bereich im-

---

[46] *Sattelberger* (Fn. 38), Rn. 60.

mer wieder exzellente Könner, die mit staunenswerter und großer Regelmäßigkeit verblüffende Erfolge vorweisen können. Diese Polizeibeamten, Staatsanwälte oder Ermittlungsrichter finden „einen Draht" zu dem zu Vernehmenden und sind meist aufgrund natürlicher Veranlagung, Intelligenz und „Riecher" psychologisch so fundiert, dass sie traumwandlerisch sicher wissen, wann festes Auftreten und ein strenger Ton erforderlich sind, wann und wie Druck aufgebaut werden muss oder wann im Gegenteil der Beschuldigte eigentlich eher Hilfe und Unterstützung braucht, weil er aus eigenem Antrieb aussagen will.

II. Hindernisse

Die grundsätzlichen Hindernisse, die einer erfolgreichen Vernehmung im Wege stehen 70 können, sind regelmäßig bereits die **Vorbereitung des Beschuldigten** selbst auf dieses Ereignis, sei es durch vorangegangene Beratung seitens der Anwälte oder anderer Berater, weil man mit dem Verfahren ohnehin gerechnet hat, sei es durch Vorhandensein und Studium von Leitfäden etwa des Inhalts „Was tun, wenn der Staatsanwalt kommt?". Solche Handlungsanweisungen gibt es tatsächlich, seien sie von Verbänden erstellt oder von Anwaltskanzleien – in letzterem Fall enthalten sie immer die Empfehlung „Rufen sie als erstes Rechtsanwalt X an!" – oder der Beschuldigte hat sich selbst schon vorbereitet, weil ähnliche Aktionen mit Durchsuchungen und Festnahmen bereits in unmittelbarer Nachbarschaft seiner Dienststelle oder ähnlichen Geschäftsbereichen der Branche abgelaufen sind. Natürlich überlegt man und legt sich erklärende Aussagen oder sonst für plausibel gehaltene Ausreden zurecht, um die inkriminierten Vorgänge „logisch" darzustellen. Eine andere – selbstredend zulässige – Taktik besteht darin, möglichst nicht auszusagen (wobei der Beschuldigte nach § 136 StPO nicht nur dieses Recht hat, sondern auch darüber bereits zu Beginn der Vernehmung zu belehren ist – ebenso wie der Zeuge gemäß § 55 StPO, der sich durch eine Aussage selbst der Gefahr strafrechtlicher Verfolgung aussetzen würde), oder der zu Vernehmende will sich nur in Anwesenheit seines Verteidigers äußern (§ 137 StPO). Und schließlich ist noch eine letzte Taktik bekannt, nämlich „freiwillige und kooperative" Aussagen, die allerdings so zuvor mit den anderen in Frage kommenden Beschuldigten abgesprochen worden sind.

III. Kronzeugenproblematik, Zusagen

Dieser bereits oben als kritischer Punkt jeder Ermittlung bezeichnete Ermittlungs- 71 schritt hat schon seit jeher unter der Weigerung des Gesetzgebers zu leiden, die Aussagebereitschaft von Beschuldigten durch die Gewährung einer Kronzeugenstellung zu fördern. Jeder erfahrene Ermittler bedauert dies in hohem Maße. Bei den Deliktsbereichen der organisierten Kriminalität, des Betäubungsmittelhandels, der kriminellen Vereinigungen, des Terrorismus und ähnlicher Bereiche sind Vorbreitung und Durchführung der Straftaten immer durch Vertuschung, Verdunkelung und eisernes Dichthalten aller Beteiligten gekennzeichnet. Diese oft so genannte **„Mauer des Schweigens" zu durchbrechen** ist demzufolge einerseits sehr wichtig, andererseits – wie schließlich alles im Leben – aber für die Verfolger nicht „kostenlos" zu haben. Hier spitzt es sich immer auf das Prinzip „do ut des" zu, also Aussage gegen Vergünstigung oder Schonung. Kann dies nicht gewährt oder jedenfalls in Aussicht gestellt werden, steht der Vernehmungsbeamte vor einem Problem. Die Stellungnahme des Deutschen Richterbundes (z.B. die Presseerklärung vom 26. Januar 2004), mit welcher sich der Richterbund gegen die Einführung einer Kronzeugenregelung wendet, hilft bei der Lösung des Problems nicht weiter. Die dort gesehene Gefahr eines Missbrauchs, „um die eigene Strafbarkeit zu verharmlosen, wird falsch ausgesagt und werden Dritte zu Unrecht belastet", ist ebenso wenig mit Tatsachen fundiert wie gleichlautende Abhandlungen in zahlreichen Presseartikeln. Die Befürchtungen hinsichtlich dieser angeblichen Falschaussagen sind diffus und allgemein gehalten, konkrete Fälle (außer vielleicht der jüngst aufgefallenen Quelle eines berufsmäßigen Märchenerzählers der Nachrichtendienste) gibt es nicht. Der von der Kronzeugenregelung Begünstigte muss als Zeuge gegen die anderen in deren Prozess aussagen. Die Verteidiger dieser Angeklagten prüfen mit Sicherheit solche Zeugen auf das Genaueste und befragen sie entsprechend. Kaum je wird ein Urteil *nur* auf eine solche Aussage und eine so schmale Grundlage gestützt, vielmehr werden natürlich weitere Beweismittel und andere Aussagen geprüft. Auch zeigt die breite Anwendung von § 31 BtMG, der etwa der angestrebten Regelung entspricht und der als Strafmilderungsgrund in jedem zweiten bedeutenderen BtM-Urteil wegen Handeltreibens diskutiert wird, die erhebliche Bedeutung dieser Vorschrift in der Praxis (von den Verfahren gegen die RAF und ethnische Terrorgruppen in neuerer Zeit ganz abgesehen). Der vage salvatorische Hinweis des Richterbundes, auch derzeit bestünden bereits Möglichkeiten, Kooperationsbereitschaft des Beschuldigten ausreichend zu berücksichtigen und zu honorieren, trifft natürlich zu. Naturgemäß legen die Richter großen Wert auf Geständnisse im Rahmen der Hauptverhandlung, die die Durchführung der Prozesse erleichtern. Frühzeitige Geständnisse in den Ermittlungsverfahren, die einiges andere aufdecken, werden – zu Unrecht – vielleicht als nicht so wesentlich angesehen. Genau hier liegt die Schwachstelle der bisherigen gesetzlichen Regelungen. Immer wieder tauchen Behauptungen auch in Befragungen in der Hauptverhandlung auf, dass mit – womöglich unrealistischen – Zusagen seitens der Staatsanwälte Aussagen erzielt worden seien, denen das Odium des „gekauften Zeugen" angehängt werden soll. Diese Praxis der Zusicherungen im Rahmen der §§ 153 und 154 StPO ist – allerdings nur sehr selten – auch kritisiert worden.[47]

72   Eine gesetzliche Neuregelung insoweit hat zu Recht *Dölling* gefordert.[48] Bereits 1996 hat der Bundesrat in der Drucksache 13/6424 vorgeschlagen, unter anderem einen § 337a in das StGB einzufügen, der insbesondere vorschreibt, dass in den Fällen der Bestechungstatbestände die Strafe nach dem Ermessen des Gerichts gemildert oder ganz von Strafe abgesehen werden kann, wenn der Täter durch freiwillige Offenbarung seines Wissens wesentlich dazu beigetragen hat, dass die Tat über seinen Tatbeitrag hinaus aufgedeckt werden konnte. Begründet wurde dieses zentrale Anliegen im Rahmen der gesetzgeberischen Bemühungen zur besseren Korruptionsbekämpfung damit, Regelungen einzuführen, mit denen kooperatives Verhalten des Beschuldigten honoriert werden könne. Zu diesem Vorschlag erfolgte eine Gegenäußerung der damaligen Bundesregierung, die tatsächlich wie folgt lautet: *„Dem Vorschlag wir nicht zugestimmt. Die Bundesregierung weist darauf hin, das dem Anliegen des Bundesrates bereits nach geltendem Recht im Rahmen der Strafzumessung und über eine Anwendung der Einstellungsvorschriften in der Strafprozessordnung (§§ 153 ff StPO) Rechnung getragen werden kann."* Es ist absehbar, dass das aktuell von den Bundesländern Bayern und Niedersachsen eingebrachte KrzG ein ähnliches Schicksal erwartet. Die nachfolgend geschilderten Instrumente zur Vernehmung beruhen somit auf der derzeit geltenden unumstrittenen Rechtslage, auch wenn eine nachhaltige Verbesserung durch ein Kronzeugengesetz wünschenswert wäre.

---

[47] *Volk*, NJW 1996, 897 ff.
[48] *Dölling* (Fn. 11), C 112 (These IV 1. j).

IV. Technisches

Die Vernehmungen sollten immer zeitgleich mit den Durchsuchungen angesetzt werden. Hierbei ist auch in Betracht zu ziehen, dass der Beschuldigte zur Vernehmung durch die Staatsanwaltschaft so weit erforderlich in deren Räumlichkeiten verbracht werden kann (hierzu empfiehlt sich eine auszuhändigende sofort zu vollziehende **Vorladung** zur Vernehmung nach § 163a Abs. 3 StPO). Sind Schwierigkeiten bei dieser Vernehmung absehbar, ist insbesondere sicher zu erwarten, dass keinerlei Kooperation, sondern Konfrontation stattfinden wird, oder muss sogar damit gerechnet werden, dass später Vorwürfe über Art und Weise der Vernehmungen erhoben werden, empfiehlt sich auf jeden Fall die Anwesenheit von **zwei Vernehmungsbeamten**, z.B. Polizeibeamter und Staatsanwalt – an sich öfters wünschenswert, aus Personalgründen aber nicht darstellbar. Solche Strategie wirkt auch dem Versuch entgegen, in der späteren Hauptverhandlung den Sitzungsstaatsanwalt mit der Benennung als Zeugen aus dem Verfahren zu entfernen.

73

V. Methoden

Die Instrumente der Ermittler (deren Wirksamkeit in hohem Maße vom persönlichen Geschick abhängig ist) für erfolgreiche Vernehmungen sind nach den Erfahrungen des Verfassers – auszugsweise:

74

- Erstklassige **Vorbereitung der Vernehmung** (wichtig sind Kenntnisse über persönliche Hobbys, womöglich die letzte Urlaubsreise, Verhältnis zu den Geschäftspartnern, in sachlicher Hinsicht das Wissen um die zuletzt durchgeführten Projekte oder Leistungen) vermittelt den Eindruck, dass der Vernehmungsbeamte bereits viel weiß und deshalb nicht mit völlig abwegigen Einlassungen zufrieden zu stellen sein wird.
- Der Überraschungs- und **Besorgniseffekt**, der durch eine Durchsuchung entsteht, verursacht immer starke Unruhe und Nervosität. Auch wenn der Beschuldigte meint, er habe alles vorbereitet, können ihm immer wieder noch Fehler unterlaufen sein. Auch ist für ihn unklar, wie der weitere Ablauf des Verfahrens sein wird, welche Auswirkungen vorläufige Maßnahmen zur Gewinnabschöpfungen haben werden (beträchtliche!) oder wie der Umstand zu bewerten ist, dass eine größere Aktion durchgeführt werden wird, die sich nicht nur gegen ihn richtet, so dass auch andere Beteiligte vernommen werden.
- Herstellung einer Vertrauensbasis zwischen Vernehmungsperson und zu Vernehmendem, die ohne unzulässigen Druck, aber doch auch deutlich die **objektive Situation** im Gespräch beleuchtet:
  a) Man hat Verdachtsmomente eindeutiger Art (z.B. belastende Aussagen anderer Beteiligter oder Protokolle einer Telefonüberwachung).
  b) Man rechnet mit dem Fund weiterer belastender Unterlagen (auch wenn der Beschuldigte meint, alles beseitigt zu haben, ist dies insbesondere in der EDV wenig wahrscheinlich).
  c) Gewicht und Glaubwürdigkeit von Aussagen hängen stark davon ab, ob sie gleich kommen oder später als bloße „Retourkutsche" auf belastende Aussagen anderer bewertet werden müssten.
  d) Etwaige Zusicherungen und Zusagen, dass Geständnisse stark und Geständnisse bezüglich noch nicht bekannter Taten sehr stark honoriert werden – im letzteren Falle

z.B. durch eine extensive Anwendung der §§ 154 und 154a StPO (also die Nichtverfolgung dieser selbst aufgedeckten noch nicht bekannten Taten wegen angenommener geringer Bedeutung) im Hinblick auf die bekannten und zu verfolgenden Straftaten, außerdem Berücksichtigung als Strafzumessungsgrund nach § 46 StGB.

e) Bei weniger gewichtigen Vorwürfen Zusage der Anwendung der §§ 153, 153a StPO (Opportunitätsvorschriften zur Ermöglichung einer Einstellung ohne Anklageerhebung) – falls ein ggf. zu beteiligendes Gericht zustimmt (§ 153 ff. StPO).

f) Diskussion der Strafverwartungen der Staatsanwaltschaft und des gegebenenfalls zu erwartenden Antrages in der Hauptverhandlung – möglicherweise kann ein bloßes Strafbefehlsverfahren ausreichen – unter Hinweis auf die Entscheidungsfreiheit der Gerichte, die an diese Anträge nicht gebunden sind.

g) Laufende Unterrichtung über den Stand der anderen Vernehmungen, um dem zu Vernehmenden zeitnah die Möglichkeit der Rechfertigung zu bieten und zugleich den Aussagedruck auf ihn zu erhöhen, weil er stets damit rechnen muss, dass ein anderer früher aussagen wird – wodurch er nicht mehr im Vorteil wäre, sondern naturgemäß im Hintertreffen.

VI. Geständnisse

Ist nunmehr Aussagenbereitschaft hergestellt, kann es zu weiteren Schwierigkeiten kommen:

1. Preisabsprachen

75 Erfahrungsgemäß sind Geständnisse hinsichtlich durchgeführter Preisabsprachen oder entsprechenden Submissionsbetruges verhältnismäßig leicht zu erreichen. Hier fehlt es zum Teil bereits an einem wirklichen Unrechtsbewusstsein. Die Beschuldigten tragen regelmäßig vor, „das" (Absprachen) würden ohnehin alle machen, man habe dieses Vorgehen nur als Ordnungswidrigkeit angesehen – bis man durch die „Wasserstraßen-Entscheidung" des Bundesgerichtshofs[49] überrascht worden sei, man befinde sich in Wirklichkeit als Firma in einer Notwehrsituation gegenüber den öffentlichen Auftraggebern, durch die moderaten Absprachen sei kein Schaden entstanden und anderes mehr. Die Täter hegen zu Recht die Hoffnung und setzen auf die Erwartung ausbleibender gesellschaftlicher Ächtung dieses Verhaltens. Die Akzeptanz solcher Praktiken erleichtert ganz offenbar hier Geständnisse, auch wenn solche Aussagen mit zivilrechtlichen Folgen (Schadensersatzforderung des geschädigten Auftraggebers) verbunden sind.

2. Mittäter

76 Schon schwerer kommen Geständnisse über die Lippen, wenn die genaue Identifizierung der Mittäter (mit denen man möglicherweise auch noch befreundet ist) ansteht. Hier gehen die Einlassungen gerne in die Richtung, man sei zwar sicher, dass die Firma X „auch mit am Tisch" war, welche Person genau, wisse man allerdings nicht mehr. Andere Einlassungen lauten, der Vorhalt sei zutreffend, das „sehe tatsächlich nach einer Absprache aus", natürlich könne es aber auch anders gewesen sein. Man sei bereit, diesen Sachverhalt als „Absprache" gegen sich gelten zu lassen, könne aber sonst niemanden konkret belasten.

---

[49] BGH, NJW 1992, 921 ff. grundlegend zur Strafbarkeit des Submissionsbetruges.

3. Das Problem des „Verrats"

Sehr schwer fällt es offenbar, „echte" Korruptionsstraftaten zu gestehen, sei es bestochen zu haben oder bestochen worden zu sein. Hier weiß jeder Beschuldigte, dass es sich um schwere – allgemein missbilligte – Straftaten handelt und dass er nicht nur sich selbst die Schlinge um den Hals legt, sondern dass ein solches Geständnis auch den anderen (Bestecher oder Bestochenen) ins Gefängnis bringen wird. Mit solchen Geständnissen fliegt im Regelfall das ganze Kartell (oder womöglich mehrere) auf und man ist als (Vertrauens-) Person in der Branche „erledigt". Die tradierten Weisheiten „Ich liebe den Verrat, aber ich hasse den Verräter" (Gaius Julius Caesar) oder „Der größte Lump im ganzen Land, das ist und bleibt der Denunziant" (Hoffmann von Fallersleben) sind nicht ohne Grund jedem vertraut. Die Verachtung für einen „Judas Ischariot" ist in unserem Kulturkreis tief verankert und erschwert eine solche Aussage, die andere mit hineinreißt, *immer*. Also wird niemand *ohne* Not solche Aussagen zu Protokoll geben, zumal er sich selbst belastet und sein öffentliches Ansehen schwer beschädigt. Erfahrungsgemäß kommen solche Aussagen daher nur dann, wenn der Beschuldigte darum kämpft, ein einigermaßen erträgliches Strafmaß in Aussicht gestellt zu bekommen oder womöglich eine Bewährungsstrafe.

VII. Zusammenfassung und Fragenliste

Die vorstehenden Ausführungen und Erwägungen sind den in diesen Bereichen langjährig erfahrenen Strafverteidigern bekannt, sie beraten deshalb auch ihre beschuldigten Mandanten entsprechend. Gegen die frühe **Teilnahme von Verteidigern** an den Ermittlungen in diesem Stadium – die verfahrensrechtlich ohnehin nicht unterbunden werden kann – ist daher nichts einzuwenden. Vielmehr kann eine sinnvolle Verteidigung allen Beteiligten viel nutzlos aufgewandte Zeit für sinnlose Vernehmungen ersparen. Die Einschaltung des Verteidigers bietet überdies den Vorzug, dass dieser mit dem Beschuldigten vorbespricht, welche Dimension und welches Thema die zu erwartenden Aussagen haben werden. Der Verteidiger kann sodann – ohne den Beschuldigten direkt zu binden – offen mit dem Staatsanwalt besprechen, was diesem eine solche Aussage an Entgegenkommen tatsächlich wert ist. Hat man sich dann schließlich zur Aussagebereitschaft durchgerungen, so ist auf eine vollständige, umfassende und sorgfältige Ausschöpfung des Sachverhaltes zu achten, um viele Nachvernehmungen zu vermeiden. Eine Handreichung für die üblicherweise im Bereich der Preisabsprachen vorkommenden wichtigen **Fragestellungen** sind etwa in der „Arbeitshilfe für Korruptionssachbearbeiter"[50] aufgeführt. Danach sind insbesondere folgende Punkte von Bedeutung:

1. Bauvorhaben (möglichst genaue Bezeichnung)
   - Auftraggeber
   - Auftragnehmer
   - Auftragssumme (brutto oder netto)
   - Auftragsdatum
   - Submissionsdatum
2. Datum und Höhe der Schlussrechnung
   - Wer hat diese veranlasst?

---

[50] Rn. 43 mit Fn. 36.

3. Welches Planungsbüro war mit der Auftragsvergabe befasst?
   - Von wem wurde es beauftragt (öffentlich)?
   - Wer war Sachbearbeiter?
4. Wurden Bieterlisten herausgegeben?
   - Wurde das Budget genannt?
   - Von wem aus dem Ing.-Büro – wann, wo, wie?
   - Wurde die Bieterlist gemeinsam mit dem Ing.-Büro aufgestellt?
   - Wurde dem Ing.-Büro Planungshilfe geleistet?
   - Wurden Blindpositionen oder Massenreserven mit aufgenommen?
5. Erfolgten Leistungen an das Ing.-Büro (Wertsachen, Geld, Planungshilfe etc.)?
   - Wofür/Höhe/wo/wann/wie/gegen Rechnung?
   - Wurde Mehrwertsteuer als Vorsteuer abgesetzt?
6. Wurden Absprachen geführt?
   - Wo/bei welcher Firma/wann?
   - Welche Firmen/Vertreter waren anwesend?
   - Wer wäre in den anderen Firmen grundsätzlich Ansprechpartner?
   - Ergebnis des Gesprächs?
   - Wurde die Kalkulation für Mitbieter gemacht, wurden deren Leistungsverzeichnisse ausgefüllt?
   - Wer hat das Angebot unterschrieben?
7. Wurden Abstandszahlungen an schutzgebende Firmen oder sonstige Leistungen vereinbart und gezahlt?
   - Wie/wo/wann/von wem?
8. Wie wird im Wettbewerb kalkuliert/Kalkulationsfaktor-Gewinn?
   - Wie wurde hier kalkuliert (interessiert/üppig/normal)?
   - Wer hat kalkuliert?
   - Wurden Abstandszahlungen in die Kalkulation eingerechnet?
   - Wurden Leistungen an das Ing.-Büro/den Amtsträger in die Kalkulation mit eingerechnet?
   - Ergebnis des Bauvorhabens/Gewinn? (Kostenstellenübersicht!)
   - Pauschaler Schadensersatz/Vertragstrafe vereinbart für den Fall von Absprachen?
   - War bei Vertragsschluss die PreisVO (Reduzierung auf den Selbstkostenpreis) bekannt?
9. Hat der Vorstand/Geschäftsführer von der Zahlung gewusst?
   - Waren Absprachen evtl. verboten?
10. Gab es Mitwisser in der eigenen Firma?
    - (Nachgeordnete Mitarbeiter/Vorgesetzte/Kalkulatoren)
11. Wurde mit den an der Absprache Beteiligten/dem Ing.-Büro besprochen, wie man sich verhalten wird, wenn die Sache aufkommt?
    - Sonstige Verdunklungshandlungen?
12. Wer war an dem Auftrag als Subunternehmer beteiligt?
    - Wer war an dem Auftrag still beteiligt?
    - Waren Subunternehmer oder still Beteiligte an den Punkten oben 4 ff. beteiligt?

F. Gewinnabschöpfung

I. Grundlagen und Probleme

Dieser brandaktuelle Bereich der Ermittlungsmaßnahmen hat ein etwas wechselvolles 80 Schicksal hinter sich. Unter Anwendung von **§ 73 Abs. 1 S. 1 StGB** haben sich Polizei und Staatsanwaltschaft früher im Bereich der Korruptionsermittlungen befugt gesehen, vorläufige Maßnahmen zur Sicherung der (endgültigen) Gewinnabschöpfung durch Verfall- oder Einziehungsanordnung vorzunehmen. Denn diese Vorschrift sagt: Ist eine rechtswidrige *Tat* begangen worden und hat der Täter oder Teilnehmer für die Tat oder aus ihr etwas erlangt, *so ordnet* das Gericht dessen Verfall an. Hieraus ergibt sich auf den ersten Blick eine Anordnungs*pflicht* des Gerichts in dem Falle, dass eine rechtswidrige Tat vorliegt, dass eine Verurteilung wegen dieser Tat erfolgt und dass der Täter aus der Tat oder für sie etwas erlangt hat – ein durchaus häufiger Fall, insbesondere jeder, in dem der Täter Schmiergeld bekommen hat. Da für die Frage, was „erlangt" ist, seit BGHSt 47, 367[51] das Bruttoprinzip gilt, handelt es sich um eine durchaus lukrative Angelegenheit für die Ermittler und die Staatskasse. Der Täter hat alles herauszugeben, was er erhalten oder erspart hat, gleichgültig welchen Aufwand er hierfür betrieben hatte oder welche Unkosten ihm in diesem Zusammenhang entstanden sind. Die löbliche Absicht der Verfolger, möglichst viel an beweglichen Sachen und Grundstücken zu beschlagnahmen, an Rechten zu pfänden oder an Wertersatz zu arrestieren, erhielt allerdings einen erheblichen Dämpfer. § 73 Abs. 1 S. 2 StGB sagt nämlich, dass „dies" (die Regel von Satz 1 Abs. 1) nicht gilt, soweit einem Verletzten *aus der Tat* ein Anspruch erwachsen ist, dessen Erfüllung dem Täter oder Teilnehmer den Wert des aus der Tat Erlangten entziehen würde. Da nach der Rechtsprechung hierfür bereits die bloße rechtliche Existenz dieses Anspruches ausreicht, ergingen mehrere für die Verfolger nachteilige Urteile, die in der Praxis die Anordnung des Verfalls in einem Urteil zur absoluten Ausnahme gemacht haben.

War zunächst allgemeine Meinung, dass der Behörde durch die Tat des Amtsträgers 81 (Entgegennahme des Schmiergelds) kein ersatzfähiger Schaden entsteht,[52] wurde später – richtig – entschieden, dass dies aber dann nicht gilt, wenn das erhaltene **Schmiergeld** im Grunde das **Spiegelbild** der betrügerisch überhöhten Zahlung oder der „untreu" nicht geforderten Preisreduzierung darstellt.[53] Weitere Entscheidungen traten hinzu, die die Bemühungen der Verfolgungsbehörden, die deliktisch erlangten Gelder einzuziehen oder für verfallen zu erklären, doch erheblich behindert haben. So ist die – noch gar nicht geltend gemachte – **Forderung des Steuerfiskus** als eine Forderung eines anderen Verletzten anzusehen, die den Verfall zu Gunsten des *Justiz*fiskus verhindert.[54] Nicht grundlos hat man § 73 Abs. 1 S. 2 StGB daher als den „Totengräber des Verfalls" bezeichnet.

---

[51] = NStZ 2003, 37.
[52] BGHSt 30, 46 und BGH v. 12.7.2000, NStZ 2000, 589; vgl. aber auch BGH v. 8.6.1999, wistra 99, 384.
[53] BGH v. 6.2.2001, 5 StR 571/00, StV 2001, 684.
[54] BGH v. 19.10.1999, NJW 2000, 297 ff; BGH v. 28.11.2000, NStZ 2001, 155 ff.

II. Rückgewinnungshilfe

82 Allerdings sind in erheblichem Umfang und bei vielen Ermittlungsverfahren Maßnahmen nach **§ 111b Abs. 3 StPO** durchzuführen, die so genannte „Rückgewinnungshilfe". In diesem Verfahren wird versucht, die absehbaren Ansprüche der Verletzten und Geschädigten durch Sicherstellung von Vermögenswerten des Täters abzusichern. Es handelt sich hierbei um sehr komplizierte Vorschriften im Einzelnen, deren Besprechung den Rahmen der Darstellung bei weitem sprengen würde, so dass nur einige **Hinweise** erfolgen sollen:

83 – Diese Maßnahmen haben Außenwirkung (Mitteilungen von Pfändungen und Arrestierungen an die Banken und Behörden).
  – Sie führen oft zu einer völligen wirtschaftlichen Lähmung des Beschuldigten (Kontensperre).
  – Sie bedürfen akribischer Vorbereitung – für die allerdings hervorragende Finanzermittler bei der Polizei vorhanden sind.
  – Sie werfen aber auch in der Abwicklung und Verteilung der Gelder große praktische Probleme auf. Angefangen bei der Ermittlung der Geschädigten über die Frage der gerechten Verteilung und die weitere Frage, ob das „Windhundprinzip" gelten soll, stellt sich danach das Problem, ob sich Geschädigte überhaupt rechtzeitig melden, wie sie benachrichtigt werden, ob Verfahrensbeschränkungen noch zulässig sind, ob die kurze Ausschlussfrist nach Rechtskraft des Urteils – § 111i StPO – eingehalten werden kann, verlängert werden muss oder letztlich zur Abweisung auch berechtigter Ansprüche führt. Dies alles sind hoch komplizierte Themen, die bei weitem noch nicht abschließend geklärt sind.

III. Zusammenfassung und Ausblick

84 Eine Gesetzesnovellierung, die hier Verbesserungen bringen soll, ist bereits in Arbeit. Die extrem vielschichtige Materie führt naturgemäß dazu, dass alle Seiten versuchen, die wirtschaftlich erwünschten Ergebnisse einfacher zu erreichen. Deshalb kommt es wiederholt vor, dass Beschuldigte ihre Guthaben abtreten, der Auszahlung an Geschädigte **zustimmen**, notarielle Schuldanerkenntnisse abgeben oder solche zu Protokoll des erkennenden Strafgerichts und hiermit einen Titel schaffen, alles Versuche, zum gerechten Ergebnis zu kommen, ohne sich in den Fallstricken einer schwer durchschaubaren verfahrensrechtlichen Situation völlig zu verheddern.

85 Gleichwohl sollten hier die Anstrengungen nicht nachlassen. In einem einzigen Fall konnten durch Auszahlung von Kontoguthaben bei ausländischen Banken und Einräumung von Grundschulden sowie Übertragung eines Pkw's zu Gunsten der geschädigten Stadt bereits mehr als eine Millionen Euro **wiedergutgemacht** werden, ohne dass im Urteil eine Entscheidung zu treffen war. Selbstredend hat sich die „freiwillige" Kooperation des Angeklagten als **Strafzumessungsgrund** nach § 46 StGB zu seinen Gunsten ausgewirkt – wobei demgegenüber zu bedenken ist, dass nach feststehender Rechtsprechung des BGH der Verfall „keine Strafe" darstellt.[55]

---

[55] BGH, NStZ 2003, 37; NStZ-RR 2004, 214 f.

G. Führung des Tatnachweises, Anklageerhebung, Hauptverhandlung

I. Allgemeines zum Tatnachweis

Der Tat- und Schuldnachweis wird nach dem vorstehend Ausgeführten regelmäßig erbracht durch Geständnisse, Aussagen von Zeugen, durch belastende Urkunden, sofern auffindbar, und teilweise auch durch Gutachten (beispielsweise um nachzuweisen, ob und in welcher Höhe gezahlte Schmiergelder in die Preiskalkulation eingeflossen sind). Fast nie sind demgegenüber Gutachten wirklich erforderlich zu der Behauptung, der verlangte Preis entspreche dem Wert „des Bauwerkes", somit gebe es keinen Schaden. Eine solche **Schadensberechung** ist nach feststehender Rechtsprechung des Bundesgerichtshofs nicht angezeigt, vielmehr berechnet sich der Schaden bei Preisüberhöhungen danach, welcher Wettbewerbspreis ohne die Absprache zu vereinbaren gewesen wäre und welcher irrtumsbedingt aufgrund der Preisabsprachen tatsächlich vereinbart wurde.[56] In der überwiegenden Zahl der Fälle wird der Tatnachweis geführt durch ein Geständnis des Angeklagten, sei es noch im Ermittlungsverfahren, sei es im Rahmen der Hauptverhandlung. **86**

II. Verfahrensbeschleunigende oder -beendigende Absprachen

Verfahrensverkürzende Absprachen zwischen der Staatsanwaltschaft, dem Beschuldigten und der Verteidigung sind nicht nur **zulässig**,[57] sondern sogar erwünscht. Die Generalstaatsanwälte haben hierzu Hinweise erlassen,[58] die Handlungsanleitungen bieten. Zweifelsfrei zulässig sind hiernach Verständigungen darüber, in welchem Umfang Verfahren (mit Zustimmung des Beschuldigten) nach §§ 153, 153a oder 154a StPO beendet werden können. Unzulässig wiederum ist zweifelsfrei solches zuzusagen für weitere Straftaten, die zum fraglichen Zeitpunkt noch gar nicht bekannt sind. Naturgemäß kann dann auch nicht deren Wertigkeit ermessen werden und eine Absprache hierüber würde dem fundamentalen Grundsatz, dass die Ahndung für eine Straftat in angemessenem Verhältnis zu deren Gewicht stehen muss, verletzen. **87**

Nicht zulässig sind auch Absprachen, in denen dem Beschuldigten vom Staatsanwalt eine bestimmte Strafe zugesagt wird. Eine solche Bindung oder Festlegung des bis dahin nicht befassten Gerichtes ist *ausgeschlossen*. Selbst wenn nun eine solche unzulässige Absprache getroffen worden sein sollte, wäre sie in keinem Fall bindend – auch nicht unter dem Gesichtspunkt des fairen Verfahrens. An Verständigungen dieser Art ist das Gericht *in keiner Weise* gebunden. Allerdings kann der Staatsanwalt darlegen, welche Straferwartung er hat und auch, welchen Strafantrag er in der mündlichen Verhandlung stellen wird – wenn sich am Sachverhalt nichts ändert. Er ist aber weiterhin gut beraten, wenn er in **88**

---

[56] BGH, NJW 1995, 737; NJW 1997, 3084.
[57] Zur Zulässigkeit von Verständigungen im Strafverfahren grundlegend BVerfG, NJW 1987, 2662 = NStZ 1987, 419 und BGH 43, 195 = JR 1998, 245, sowie zum Ganzen *Meyer-Goßner* (Fn. 25), Einl. Rn. 119–119h m.w.N.
[58] Abgedruckt in StV 1993, 280.

diesem Zusammenhang auf die völlige Unabhängigkeit des Gerichtes verweist, das weder an seinen Strafantrag gebunden ist (§§ 155 Abs. 2, 206, 264 StPO) noch an die Verständigung der „Streitparteien". Ebenfalls unzulässig wäre eine Verständigung über die Frage, welcher Straftatbestand überhaupt erfüllt sein soll, die rechtliche Wertung entzieht sich solchen Verständigungen. Zulässig hingegen ist wiederum eine Absprache darüber, wie das Verfahren abgeschlossen werden soll. Der Staatsanwalt kann das bei Beschuldigten sehr beliebte – weil die Öffentlichkeit der Hauptverhandlung vermeidende – Strafbefehlsverfahren vorschlagen oder Anklageerhebung zum Amtsgericht oder zur Strafkammer des Landgerichts (nachfolgend Rn. 90 ff.).

89 Aus tatsächlicher Sicht ist die Bedeutung dieser Verständigungen als sehr hoch einzuschätzen. Rund die Hälfte aller Verfahren, die zu den Gerichten gehen, sind im vorstehenden Sinne „verständigt" worden, im Rahmen umfangreicher und komplexer Wirtschaftsverfahren ein Alltagsgeschäft.

III. Anklageerhebung

1. Strafbefehl

90 Das vorerwähnte Strafbefehlsverfahren (§ 407 ff StPO) bietet die Möglichkeit, falls der Richter am Amtsgericht dem Verfahren zustimmt und den Strafbefehl antragsgemäß erlässt, eine Ahndung für das strafbare Verhalten herbeizuführen, ohne eine öffentliche Hauptverhandlung für den Beschuldigten nach sich zu ziehen. Ist der Angeschuldigte durch einen Verteidiger vertreten, so kann in einem solchen Strafbefehl auch **Freiheitsstrafe** bis zur Höhe von 1 Jahr festgesetzt werden, wenn deren Vollstreckung zur Bewährung ausgesetzt wird (§ 407 Abs. 2 Satz 2 StPO). Da nach § 407 Abs. 2 Satz 1 StPO im Strafbefehl mehrere Rechtsfolgen der Tat nebeneinander festgesetzt werden können, ist es ebenfalls möglich, zu dieser Freiheitsstrafe eine **zusätzliche Geldstrafe** festzusetzen, wenn die Voraussetzung des § 41 StGB vorliegen, also insbesondere eine Bereicherung des Täters vorliegt. Mit einer sodann nach § 40 Abs. 1 Satz 2 StGB möglichen maximalen Anzahl von 360 Tagessätzen entspricht ein solches kombiniertes Strafmaß auch im Strafbefehlsverfahren etwa einer Freiheitsstrafe von 2 Jahren, wobei noch eine zusätzlich festzusetzende Bewährungsauflage hinzutritt.

2. Anklage zum Amtsgericht

91 Soll eine höhere Strafe als die im Strafbefehlsverfahren mögliche angestrebt werden, so ist Anklage zu erheben – bei einer Strafererwartung von mehr als 4 Jahren zur Strafkammer des Landgerichts (§ 74 Abs. 1 Satz 1 GVG), ansonsten zum Amtsgericht – Schöffengericht – (§ 24 Abs. 1 Nr. GVG) oder, wenn keine höhere Strafe als 2 Jahre Freiheitsstrafe zu erwarten ist, zum Amtsrichter (§ 25 GVG). Auch hierüber ist unter anderem unter Berücksichtigung der **Strafzumessungserwägungen** nach § 46 StGB zu entscheiden. Bei einer geständigen Einlassung und Verzicht auf eine durchzuführende Beweisaufnahme ist die Honorierung solchen Verhaltens durch das Gericht zu erwarten. Dann hat auch der Staatsanwalt wohlwollend zu prüfen, ob das Verfahren nicht beim Amtsgericht durchführbar erscheint. In sehr vielen Fällen wird die Strafererwartung ohnehin nicht über 4 Jahren liegen.

3. Anklage zur Strafkammer

Im Falle umfangreicher Tatvorwürfe, einer Straferwartung von mehr als 4 Jahren und 92
der Erwartung eines schwierigen und streitigen Prozesses mit umfangreicher Beweisaufnahme und erhöhten Anforderungen an das wirtschaftliche Verständnis hinsichtlich der Nachvollziehbarkeit von Abrechnungswegen, Vergabepraktiken und Ausschreibungsmodalitäten wird eine entsprechende Anklage nach § 74c GVG zur Strafkammer des Landgerichts, dort zur **Wirtschaftsstrafkammer**, erhoben werden. Besonders gilt dies natürlich für die ausdrücklich aufgeführten Delikte wie wettbewerbsbeschränkende Absprachen bei Ausschreibungen sowie Bestechlichkeit und Bestechung im geschäftlichen Verkehr (§ 74 Abs. 1 Nr. 5a GVG), sowie weiter gemäß § 74 Abs. 1 Nr. 6a GVG bei Betrug, Vorteilsgewährung und Bestechung (wobei eigenartigerweise Bestechlichkeit nicht vorkommt), soweit zur Beurteilung des Falles besondere Kenntnisse des Wirtschaftslebens erforderlich sind. Verfahren diesen Zuschnitts erfreuen sich immer breiter Resonanz in der Öffentlichkeit, sie dauern im Regelfalle sehr lange und sind für alle Beteiligten auch belastend. Vorteilhaft an dem Landgericht als erste Instanz ist allerdings auch, dass mit dem Rechtsmittel der Revision gegen das Urteil eine Entscheidung des Bundesgerichtshofs herbeigeführt werden kann. Dies ist außerordentlich wichtig, weil noch sehr viele Zweifelsfragen einer höchstrichterlichen Klärung zuzuführen sind.

4. § 444 StPO

Bei Abschluss des Verfahrens durch Anklageerhebung ist auch auf § 444 StPO zu ach- 93
ten. Soll eine Festsetzung von **Geldbußen gegen juristische Personen** erreicht werden (z.B. § 30 OWiG, vgl. Rn. 102), so muss schon im Ermittlungsverfahren der juristischen Person dies mitgeteilt werden, sie soll Gelegenheit zu einer Verteidigerbestellung erhalten und sich äußern können. Schon in der Anklageschrift sollte der Antrag an das Gericht enthalten sein, die entsprechende Beiordnung durch das Gericht zu beschließen. Die Verfahrensregelungen finden sich in § 444 Abs. 2 StPO.

IV. Hauptverhandlung

1. Vorbereitende Absprachen

Mindestens die Hälfte der Fälle aus diesem Bereich der Korruptionsdelikte im Wirt- 94
schaftsbereich sind vorbesprochen oder womöglich „verständigt" zwischen den „Parteien" Staatsanwalt und Verteidigung, wenn sie dem Gericht vorgelegt werden. Aufgrund persönlicher Erfahrung – ohne Anspruch auf wissenschaftliche Fundierung – werden weitere 25% der Verfahren vor Gericht noch einer Verständigung zugeführt. Zur Zulässigkeit der Verständigung allgemein vergleiche die Ausführungen in Rn. 87 f. und zu den speziellen Anforderungen bei Verständigungen in der laufenden Hauptverhandlung die Entscheidungen BGHSt 43, 195 und den Beschluss des Großen Senats für Strafsachen des BGH vom 3.3.2005 GSSt 1/04 = NStZ 2005, 389.[59] Ganz knapp gesagt soll die Verständigung unter Beteiligung aller am Verfahren Beteiligter stattfinden, sie soll öffentlich sein, mindestens soll das Ergebnis öffentlich bekanntgegeben werden, sie muss sich im Rahmen des allgemeinen Gerechtigkeitsgedanken halten und sie darf nicht durch unzulässi-

---

[59] = JR 1998, 245.

gen Druck herbeigeführt werden. Unzulässig ist somit auch eine bindende Absprache über den späteren Verzicht auf ein Rechtsmittel. Der auf einer solchen unzulässigen Vereinbarung beruhende Rechtsmittelverzicht gilt als unwirksam.[60]

95 In aller Regel gehen solche verfahrensbeendigenden Ansprachen vollkommen reibungslos vonstatten. Nach Schätzung des Verfassers ist höchstens die Hälfte der streitig durchgeführten Verhandlungen Gegenstand eines Revisionsverfahrens, in welchem wiederum nur in wenigen Fällen Aufhebungen der Urteile erfolgen. Somit darf als Erfahrungstatsache gelten, dass in diesem Bereich rund 7/8 aller Verfahren rechtskräftig werden, ohne dass Revisionsentscheidungen ergehen.

2. Die üblichen Streitpunkte

In den streitig durchgeführten Verhandlungen sind im Regelfall folgende Streitpunkte festzustellen:

a) Schäden beim Betrugsvorwurf oder „Absprache" bei § 299 StGB

96 Sollte, was wirklich selten vorkommt, der Angeklagte seine Täterschaft oder den Vorsatz bestreiten, ist die Klärung durch Beweiserhebung herbeizuführen. Ist ein Vergehen des Betruges (oder des Ausschreibungsbetruges) angeklagt, so sind häufige Einlassungen, über die keine Einigkeit zu erzielen ist und die deshalb tatsächlich oder rechtlich zu klären sind, folgende:

– Es habe in Wirklichkeit keine **Täuschung** des Auftraggebers oder der auftragserteilenden Stelle vorgelegen, da diese entweder die Absprachepraxis gekannt oder sogar gewünscht hätten, um die einheimischen Betriebe zu bevorzugen.
– Oder: Die **Kausalität** einer etwa doch ursprünglich gegebenen Täuschung oder Absprache im Ausschreibungsverfahren sei später weggefallen, weil die Ausschreibung aufgehoben und sodann im Wege freihändiger Verhandlungen schließlich ein anderer Vertrag abgeschlossen worden sei.
– Es liege keine **Schädigung** des Auftraggebers vor, da gar kein überhöhter Preis vereinbart worden sei; oder es liege kein Schaden vor, weil man später kompensierende Preisnachlässe gegeben habe oder andere Leistungen ohne Berechnung erbracht habe.
– Oder: Es fehle am Schaden für den Auftraggeber, weil zwar Schmiergeld gezahlt worden sei, dieses aber nicht in die Auftragssumme eingerechnet worden sei, sondern aus dem Gewinn des Unternehmers bezahlt worden sei. Folge: Auch ohne das gezahlte Schmiergeld wäre der Preis nicht niedriger ausgefallen, da dann der Unternehmer einen höheren Gewinn hätte realisieren können und wollen, statt Preisnachlässe zu geben.

97 Soweit bei diesen Einlassungen Tatsachenbehauptungen der Anklage bestritten werden, etwa die Vereinbarung überhöhter Preise, kann dies nur durch Beweismittel (Geständnisse, Zeugen oder entsprechende Dokumente) nachgewiesen werden. Dies ist im Regelfall ohne weiteres möglich, sonst wäre die Beweislage falsch eingeschätzt worden. Schwierigkeiten haben sich allerdings ergeben, wenn weitere Mitbeschuldigte, die bereits ausgesagt hatten, sich nunmehr auf ihr Aussageverweigerungsrecht nach § 55 StPO berufen und in der Hauptverhandlung keine Angaben machen oder andererseits – wenn bereits verurteilt – unter plötzlichen Erinnerungslücken zu leiden haben und sich im Unterschied zur Aussage in den Ermittlungsverfahren nicht mehr eindeutig erinnern oder festlegen können, ob und wenn ja bei welchen Gesprächen der Angeklagte tatsächlich anwesend war und mit entschied.

---

[60] BGH, NJW 2003, 3426.

Soweit in einer Mischung von rechtlichen Feststellungen und tatsächlichen Feststellungen zu entscheiden ist, ob ein **Schaden** beim Auftraggeber eingetreten ist, hat die höchstrichterliche Rechtsprechung den Tatnachweis erleichtert und in einer ganzen Anzahl von Urteilen die Gerichte von der Pflicht zu fast unmöglichen Feststellungen entlastet. Zu erwähnen ist zunächst die grundlegende „Wasserbau-Entscheidung" in NJW 1992, 921 zur Strafbarkeit des Subventionsbetruges, dann die Entscheidung BGH, JR 2001, 425 ff. zur Anwendung von § 30 OWiG und zur Verjährung des Bußgeldanspruches gegen die juristische Person, und die wichtige Entscheidung vom 11. Juli 2001 in NStZ 2001, 540 f., wonach Betrug durch vorangegangene Preisabsprachen auch bei nachfolgender freihändiger Vergabe anzunehmen ist, da die Angebote regelmäßig die schlüssige Erklärung beinhalten, sie seien ohne Absprachen zustande gekommen; ferner führt diese Entscheidung aus, dass absprachebedingte Preisaufschläge jedenfalls den Mindestbetrugsschaden bei wettbewerbswidrigen Preisabsprachen darstellen. 98

b) „Nachteil" beim Untreuevorwurf

Diese Erwägungen dürften in ähnlicher Weise gelten für ein Strafverfahren wegen Untreue (§ 266 StGB) und die dort wesentliche Frage, wann ein Nachteil zugefügt wurde (oder durch spätere Preisnachlässe oder anderes kompensiert). Einer solchen „kompensierenden Betrachtung" steht der BGH sehr zurückhaltend gegenüber, sehr aufgeschlossen hingegen den Bemühungen der Instanzgerichte, den dem Auftraggeber zugefügten Schaden zu ermitteln und darzulegen. Lediglich in einem Falle (aus dem Ärztebereich) hat sich der BGH in dieser Richtung weniger hilfreich gezeigt – ohne dass dies die Entscheidung allerdings letztlich beeinflusste – was nämlich die Verurteilung des Professors wegen Untreue zum Nachteil der Klinik betraf. Der Professor hatte Zuwendungen der Lieferfirma erhalten und die ihn verurteilende Strafkammer des Landgerichtes war der Meinung gewesen, die Lieferfirma hätte, wenn sie ihm diese Zuwendungen nicht gegeben hätte, die Produkte entsprechend preiswerter an die Klinik liefern können und müssen. Somit habe sich der Arzt der Untreue schuldig gemacht, weil er nicht den letzteren Weg eingeschlagen habe. Dem konnte sich der BGH nicht anschließen, weil die Lieferfirma – offenbar glaubwürdig – dargelegt hatte, dass sie einen solchen Nachlass auf ihre Preise der Klinik auf keinen Fall gegeben hätte (BGH, NJW 2002, 2801). Bei diesen Ärzteverfahren, die im Falle der Hauptverhandlung fast immer streitig durchzuführen sind, wird im Regelfall von den beschuldigten Ärzten ohnehin eingewandt, es liege weder Vorteilnahme noch Bestechlichkeit vor, weil sie das Geld nicht für sich persönlich genommen, sondern für Instituts- oder Klinikangelegenheiten verwendet hätten, dass die Genehmigung für etwaige Tätigkeiten und die Entgegennahme der Gelder oder Bezahlung von Kongress- oder sonstigen Auslandsreisen vorgelegen habe, durch die Entgegennahme dieser Drittmittel- und Forschungsgelder keinerlei Einfluss auf ihr Bestellverhalten erfolgt sei oder es keine Unrechtsvereinbarung gebe. Diese sehr häufig vorgetragenen Einwendungen müssen jeweils durch Beweisaufnahmen geklärt werden. 99

H. Sanktionen

I. Strafrechtliche Sanktionen

100 Für größere Komplexe aus dem Bereich der Korruptionsstraftaten ist eine Verschärfung der Rechtsprechung dahin festzustellen, dass mittlerweile zum Teil sehr hohe Strafen verhängt werden. Insbesondere gilt dies bezüglich bestochener **Amtsträger**. Die Freiheitsstrafen können, wenn Bestechungsgelder in Millionenhöhe geflossen und entsprechende Schäden für den Auftraggeber zu beklagen sind, leicht den Bereich von 5 Jahren und mehr, teils über 8 Jahre erreichen. In einem Fall von Bestechung und Bestechlichkeit im Bereich kirchlicher Wohlfahrtsverbände mit allerdings hohen Betrugssummen ist der Hauptbeschuldigte mittlerweile zu Freiheitsstrafen von mehr als 10 Jahren verurteilt. Demgegenüber fallen die Sanktionen gegen **Firmeninhaber oder Mitarbeiter** von Firmen, die bestochen haben oder durch Preisabsprachen Betrug begingen, etwas moderater aus. Zuallererst natürlich deshalb, weil der Mitarbeiter sozusagen „fremdnützig" betrügt, da der Erfolg seiner Firma zugute kommt und nicht ihm persönlich. Auch der Firmeninhaber selbst kann manchmal ins Feld führen, dass er diese Straftaten nur zum Besten seiner Mitarbeiter und Angestellten durchführen musste und ähnliches mehr. In sehr vielen Fällen verhängen die Gerichte deshalb (nur) Bewährungsstrafen auch bei Millionensummen und/oder sehr hohe Geldstrafen – manchmal ebenfalls im Millionenbereich, verlangen Schadenswiedergutmachung und anderes mehr. Auch wird hier – wie auch in den Prozessen gegen die Amtsträger – großer Nachdruck darauf verwandt, den Tätern die **Vorteile ihrer Tat wieder abzunehmen**. Sehr schwierig ist dies über die Anwendung der Verfallsvorschriften zu bewerkstelligen (vgl. oben Rn. 80 f.). Umso mehr Wert wird darauf gelegt, dass der Beschuldigte seine Forderungen aus Bankkonten abtritt oder das in das Ausland geschaffte Vermögen zurückgeführt wird und Ähnliches mehr. Insbesondere wird auch versucht, den Behörden der Steuerverwaltung die Möglichkeit einzuräumen, für ihre Ansprüche entsprechende Sicherungshypotheken einzutragen, die sie später mit ihren Forderungen unterlegen können, bevor die vorläufigen Rückgewinnungshilfen wieder aufgehoben werden müssen (§ 111i StPO).

101 Hinzu kommt, was nicht jeder Straftäter weiß, dass auch **ausländische Staaten** für die dort begangenen Straftaten Sanktionen verhängen. Ein wegen Bestechlichkeit inhaftierter deutscher Amtsträger musste dies wie folgt erfahren: Er hatte über einen Kurier einen nicht unerheblichen Teil des Schmiergeldes nach Monaco verbringen lassen und bei einer dortigen Bank angelegt. Die Kontounterlagen hierüber wurden bei Durchsuchungen gefunden. Der Beschuldigte hatte sich dann damit einverstanden erklärt, die Forderung hinsichtlich dieses Kontos an die geschädigte Stadt abzutreten. Durch die Rechtshilfeersuchen war allerdings den monegassischen Behörden bekannt geworden, dass die dort eingezahlten Gelder Bestechungsgelder waren. Die Nutzung monegassischer Konten zu diesem Zweck, nämlich Gelder zu „waschen", die im Ausland durch Amtsmissbrauch erlangt wurden, ist nach monegassischem Recht strafbar, weshalb der hier in Untersuchungshaft sitzende Beschuldigte in Abwesenheit in Monaco nochmals zu einer erheblichen Freiheitsstrafe verurteilt wurde.

II. Bußgelder, Unternehmens„strafrecht"

Weitere empfindliche Sanktionen sind Bußgelder, die gegen die Firmen nach § 30 **102** OWiG festgesetzt werden können. Der Höchstbetrag der Geldbuße beträgt im Falle einer vorsätzlichen Straftat immerhin 1 Mio. Euro, im Falle einer fahrlässigen Straftat immer noch 500.000,- Euro (§ 30 Abs. 2 Satz 1 OWiG). Auch wenn man diese Summen bei entsprechend großen Firmen für nicht übermäßig hoch hält, ist doch darauf zu verweisen, dass einige dieser Unternehmen lediglich mit Umsatzrenditen von 1 % arbeiten. Hinzu tritt § 17 Abs. 4 OWiG, der knapp aber deutlich sagt: „Die Geldbuße soll den wirtschaftlichen Vorteil, den der Täter aus der Ordnungswidrigkeit gezogen hat, übersteigen. Reicht das gesetzliche Höchstmaß hierzu nicht aus, so kann es überschritten werden". Dies bedeutet, dass der Gewinn, den der Straftäter erzielt und der der Firma zugute gekommen ist, in unbegrenzter Höhe abgeschöpft und als Buße festgesetzt werden kann. Dies ist – besonders unter dem Gesichtspunkt des Unternehmensstrafrechts – eine sehr wichtige Sanktion, die auch dem Prinzip Rechnung trägt, dass sich Straftaten nicht lohnen sollen.

Ferner führt die Festsetzung einer solchen Geldbuße zum Eintrag der Firma im Ge- **103** werbezentralregister und jedenfalls zu einem Eintrag in den so genannten verwaltungsinternen **„Ausschlusslisten"** (hierzu auch Rn. 105), bald wahrscheinlich auch in ein bundesweites „Korruptionsregister". Firmen oder Beschuldigte, die in diesen Listen aufgeführt werden, sollen – gegebenenfalls nach Anhörung – von weiteren Vergaben ausgeschlossen werden. Solche Listen werden von vielen Körperschaften, Städten und Gemeinden oder Ländern geführt. Meistens sind sie so ausgestaltet, dass nicht nur die örtliche (strafrechtlich auffällige) Niederlassung gesperrt wird, sondern der Gesamtkonzern (nicht ganz unumstritten bei ausländischen Konzernen). Gesperrt werden auch solche Unternehmen, die bei anderen öffentlichen Auftraggebern (z.B. Kommunen) auffällig geworden sind. Gegebenenfalls wird diesen Auftraggebern auch Auskunft aus der Liste gegeben. Um von einer solchen Liste (die auf Zeiträume von 3 bis 5 Jahren angelegt ist) vorzeitig wieder heruntergenommen zu werden, sind umfangreiche vertrauensbildende Maßnahmen notwendig, insbesondere personelle Konsequenzen hinsichtlich der Straftäter, organisatorische Maßnahmen, die künftiges Fehlverhalten ausschließen, Ersatz des verursachten Schadens etc. Nach allen bisherigen Erfahrungen stellt sich dieses Instrument als außerordentlich wirksam dar. Voraussetzungen für die Aufnahme sind meist ein Haftbefehl, Geständnisse, eine (möglichst fundierte) Anklage und jedenfalls sicherlich eine Verurteilung – allesamt Grundlagen, die die Unzuverlässigkeit des Unternehmens belegen und den Ausschluss von Ausschreibung und Wettbewerb tragen.

III. Weitere Konsequenzen für Amtsträger und Firmen

1. Konsequenzen für Amtsträger

Dem bestochenen und verurteilten Amtsträger droht immer die **Entfernung aus dem** **104** **Dienst**, meist durch einen Aufhebungsvertrag, bei dessen Vereinbarung auch Gelegenheit besteht, die Schadensersatzfrage (nachfolgend Rn. 108) zu klären. Möglich ist auch der Verlust von Altersbezügen, wobei interessanterweise die Vorschriften des § 80 Bundesdisziplinargesetz und des § 110 Wehrdisziplinarordnung eine Art von Kronzeugenstatus bieten und denjenigen Beamten, die sachdienliche Angaben und Aussagen machen – dann allerdings bereits aus dem Dienst entfernt sind – ab dem 65. Lebensjahr noch einen Unterhaltsbeitrag zubilligen, möglicherweise kein besonders verlockendes Angebot.

2. Konsequenzen für Firmen

105 Den betroffenen Personen und sicherlich den verurteilten Firmen droht eine **Sperre bei zukünftigen Vergabeentscheidungen** der öffentlichen Hand. Nicht nur das gestörte Vertrauensverhältnis zwischen Auftraggeber und Auftragnehmer verlangt eine solche Regelung, dem Steuerzahler wäre es auch nicht zuzumuten, Firmen zu beauftragen, die unmittelbar vorher betrogen haben („Unzuverlässigkeit"), siehe Rn. 103.

IV. Steuerliche Aspekte

106 Fast immer haben sich die Beteiligten bei Schmiergeldzahlungen der **Steuerhinterziehung** schuldig gemacht (so beispielsweise der nicht erklärende Empfänger) oder der Beihilfe hierzu (die zahlende Partei), letzteres allerdings nicht immer zwingend. Dies führt nicht nur zu einer **Nachforderung** in erheblicher Höhe, sondern selbstverständlich auch zu einem Strafverfahren wegen Einkommensteuerhinterziehung (§ 370 Abgabenordnung) mit dem weiteren Aspekt, dass bei Steuerhinterziehung die Festsetzungsfrist auf 10 Jahre verlängert ist, so dass erheblich Steuerzahlungen nachgefordert und auch konsequent durchgesetzt werden können.

107 Aber auch wenn die Einnahmen an sich versteuert wurden, können sich die Beteiligten noch wegen Steuerhinterziehung strafbar gemacht haben. Dies gilt beispielsweise für den Bereich der **Umsatzsteuer** deshalb, weil oft bei den verwendeten Scheinrechnungen die angegebenen Leistungen regelmäßig nicht diejenigen sind, die tatsächlich erbracht wurden. Entweder wurden tatsächlich überhaupt keine Leistungen erbracht und die Rechnung dient lediglich als Grundlage der Zahlung oder es wurde eine ganz andere Leistung erbracht als „Schreibarbeiten, Baggerstunden, Baustelleneinrichtungen" oder Ähnliches, nämlich Geheimnisverrat und Bestechlichkeit. Ist dies so, so darf die Vorsteuer nicht abgezogen werden, da der Leistungsinhalt der Rechnung falsch angegeben ist (§ 15 Abs. 1 Ziff. 1 UStG, Abschnitt 192 insbesondere Abs. 12–16 UStR) hinsichtlich Rechnungsaussteller, Rechnungsempfänger, Leistungsbezeichnung, Rechnungsbetrag und Umsatzsteuer. Sind diese Angaben falsch und wird der Vorsteuerabzug zu Unrecht vorgenommen, so wird Steuer in dieser Höhe hinterzogen.

V. Schadensersatzforderungen

108 Erhebliche und unter Umständen existenzbedrohende oder sogar existenzvernichtende Wirkung haben die Schadensersatzforderungen der geschädigten öffentlichen Hand gegenüber den Schmiergeldempfängern. Schäden in Millionenhöhe können von diesen kaum ausgeglichen werden, werden aber von den entsprechenden Körperschaften durchgesetzt – soweit irgend möglich durch Leistungsbescheide, Zivilklagen und Vollstreckungen in das gesamte vorhandene Vermögen. Auch für die betroffenen Firmen kann die Schadensersatzfrage erhebliche Auswirkungen haben, nicht nur für den wichtigen Punkt der vorzeitigen „Entsperrung" von der Ausschlussliste. Dies zeigt ein rechtskräftiges Urteil des OLG München vom 19. Februar 2002,[61] das folgende hochinteressante Rechtsausführungen enthält:

---

[61] 9 U 3318/01, abgedruckt in NJW-RR 2002, 886.

– Erlangt der Auftragnehmer einen Bauauftrag durch Submissionsbetrug, ist die vertragliche Preisvereinbarung nichtig, während der übrige Vertrag wirksam bleibt.
– Der Vergütungsanspruch beschränkt sich auf den hypothetischen Wettbewerbspreis.
– Diese Beschränkung gilt auch für gesetzliche Ansprüche des Auftragnehmers.
– Den hypothetischen Wettbewerbspreis (oder dessen Schätzgrundlagen) darlegen und beweisen muss der *Auftragnehmer*, und nicht der Auftraggeber muss Schaden oder Schätzgrundlagen darlegen und beweisen.

Gestützt auf solche Urteile und die heilsame Wirkung der Ausschlusslisten gelingt es der öffentlichen Hand – profitierend von den Arbeiten der Ermittlungsbehörden – erheblichen Schadensersatz in Millionenhöhe zu realisieren.

J. Schlussbemerkungen

I. Kein Alleingang der Strafverfolger

Wie eingangs ausgeführt, ist die Strafverfolgung in diesem Bereich enorm wichtig, um zum einen abzuschrecken, zum anderen das etwas verlorengegangene Unrechtsbewusstsein für Straftaten aus dem Korruptionsbereich zu schärfen und schließlich Straftäter ihrer gerechten Bestrafung zuzuführen. Genauso deutlich muss aber gesagt werden, dass dann, wenn der Fall zum Gegenstand der Strafverfolgung wird, bereits vorher erhebliches Versagen im Bereich der Vorbeugung und Kontrolle stattgefunden hat. Ein entschiedenes Bekämpfen und Zurückdrängen der Korruption allein mit den Mittel des Strafrechts und der Strafverfolgung ist nicht erzielbar. Korruption ist ein Kontrolldelikt und kann nur gedeihen in schattigen Umgebungen, ruhigen Biotopen und intransparenten Bereichen. Dem muss man Rechnung tragen, man muss das Bewusstsein der Bürger beeinflussen und sie wachrütteln. Die Bedeutung und enorme Sozialschädlichkeit dieser Form von Straftaten kann nicht oft genug dargestellt werden. **109**

II. Umfang des Phänomens

Welchen Umfang diese Straftaten mittlerweile erreicht haben, kann niemand ganz sicher sagen, die vorliegenden Untersuchungen sind eingangs erwähnt, ebenso die Abteilung XII bei der Staatsanwaltschaft München I. Die von dieser Abteilung bis Ende 2003 in 9 Jahren geleistete Arbeit lässt sich durchaus vorzeigen. Die Zahlen müssen auch unter dem Aspekt gesehen werden, dass sie nicht die mehreren tausend separat geführten Medizintechnikverfahren umfassen. Ferner ist zu sehen, dass sich die örtliche Zuständigkeit dieser Abteilung auf den Landgerichtsbezirk München I mit rund 1,6 Mio. Einwohnern beschränkt. Die Abteilung hat über 4.000 Ermittlungsverfahren geführt. Die Ermittlungen konzentrierten sich auf rund 2000 Beschuldigte, wovon noch die Verfahren gegen ca. 400 Beschuldigte offen sind. 1600 Verfahren sind erledigt. Hierin wurden 820 Beschuldigte rechtskräftig verurteilt. Die gegen sie verhängten Freiheitsstrafen summieren sich auf rund 660 Jahre Freiheitsstrafe. Die gegen die Beschuldigten und die Firmen festgesetzten Geldauflagen, Geldbußen und Geldstrafen belaufen sich auf fast 30 Mio. Euro. Aufgrund der Ergebnisse der durchgeführten Ermittlungsverfahren und natürlich der **110**

Verurteilungen konnte die öffentliche Hand annähernd 50 Mio. Euro Schadensersatz realisieren. Den Tätern und ihren Firmen wurde somit durch die Arbeit dieser Abteilung insgesamt bereits ein Betrag von rund 80 Mio. Euro abgenommen, die den Geschädigten oder der öffentlichen Hand[62] gutgebracht werden konnten. Diese Zahlen sind kein Beleg für eine besonders hohe Korruptionsanfälligkeit, sondern eher für das entschiedene Verfolgen dieser Kriminalitätsform. Das mittlerweile geflügelte Wort „Frankfurt ist überall" kann heute auf zahlreiche andere Bereiche ausgedehnt werden.

III. Bedeutung der Prävention durch Aufklärung

111 Das vor diesen Beitrag gestellte Bibelzitat Mathäus 7,7 umspannt unser ganzes Thema, zunächst die Bitte um Schmiergeld, die Tätigkeit von Polizei und Staatsanwaltschaft und schließlich noch den Schlussvorgang, wenn der Beschuldigte nach Verbüßung seiner Haftstrafe wieder in Freiheit treten kann. Die Folgen dieser Straftaten sind schwerwiegend. Für manchen Beschuldigten war der Tag der Durchsuchung ein „dies ater", von dem er sich beruflich und wirtschaftlich nie wieder erholt hat. Auch diese Auswirkungen potentiellen Beschuldigten in potentiell gefährdeten Bereichen immer wieder vor Augen zu führen, ist eine wichtige Aufgabe der Strafverfolger.

---

[62] Nicht selten identisch.

11. Kapitel. Verteidigung in Korruptionsstrafsachen

von *Jürgen Taschke*

Literatur: *Bernsmann/Gatzweiler*, Verteidigung bei Korruptionsfällen, 2006; *Bittmann*, in: Bittmann (Hrsg.), Insolvenzstrafrecht, Handbuch für die Praxis, 2004; *Dahs*, Handbuch des Strafverteidigers, 7. Aufl. 2005; *Dierlamm*, Verteidigung in Wirtschaftsstrafsachen, in: Wabnitz/Janovsky (Hrsg.), Handbuch des Wirtschafts- und Steuerstrafrechts, 2. Auflage 2004; *Greeve*, Korruptionsdelikt in der Praxis, 2005; *Große Vorholt*, Management und Wirtschaftsstrafrecht, 2001; *Hamm*, Zwischenverfahren, in: Hamm/Lohberger (Hrsg.), Beck'sches Formularbuch für den Strafverteidiger, 4. Aufl. 2002, Abschnitt VI, S. 255 ff.; *Hoffmann/Wißmann*, Die Erstattung von Geldstrafen, Geldauflagen und Verfahrenskosten im Strafverfahren durch Wirtschaftsunternehmen gegenüber ihren Mitarbeitern, StV 2001, 249 ff.; *Krekeler*, Wirtschaftstrafverfahren, in: Brüssow u.a. (Hrsg.), Strafverteidigung in der Praxis, 3. Aufl. 2004, S. 1585 ff.; *Krieger*, Zahlungen der Aktiengesellschaften im Strafverfahren gegen Vorstandsmitglieder, in: H.P. Westermann/Mock (Hrsg.), FS Bezzenberger, 2000, S. 211 ff.; *Park*, Die prozessuale Verwertbarkeit verschiedener Formen der Beschuldigteneinlassung im Strafverfahren, StV 2001, 589 ff.; *ders.*, Handbuch Durchsuchung und Beschlagnahme, 2002; *Michalke*, Umweltstrafsachen, 2. Aufl. 2000; *Schlothauer*, Vorbereitung der Hauptverhandlung, 2. Aufl. 1998; *Schlothauer/Weider*, Untersuchungshaft, 3. Aufl. 2001; *Schubert*, Korruption, in: Wabnitz/Janovsky (Hrsg.), Handbuch des Wirtschafts- und Steuerstrafrechts, 2. Aufl. 2004, S. 691 ff.; *Taschke*, Straftaten im Interesse von Unternehmen – auch strafbar wegen Untreue? In: Prittwitz/Baurmann/Günther/Kuhlen/Merkel/Nestler/Schulz (Hrsg.), FS Lüderssen, 2002, S. 665 ff.; *Volk*, Kronzeugen praeter legem? NJW 1996, 879 ff.; *ders.* (Hrsg.), Münchener Anwaltshandbuch Verteidigung in Wirtschafts- und Steuerstrafsachen, 2006; *Weihrauch*, Verteidigung im Ermittlungsverfahren, 5. Aufl. 1997; *Widmaier* (Hrsg.), Münchener Anwaltshandbuch Strafverteidigung, 2006.

Inhaltsübersicht

	Rn.
A. Begleitung bei Durchsuchungen, Beschlagnahmen und sonstigen Zwangsmaßnahmen	1–43
I. Im Vorfeld von Durchsuchungen und Beschlagnahmen	1
II. Zum Verhalten bei Durchsuchungen und Beschlagnahmen	2–40
III. Haftbefehl	41–43
B. Maßnahmen nach der Einleitung eines Verfahrens	44–91
I. Beurteilung der aktuellen Geschäftspolitik	45
II. Interne Sachverhaltsaufklärung	46–48
1. Steuerliche Aspekte	47
2. Vorbereitung der Verteidigung/interne „Standortbestimmung"	48
III. Akteneinsicht	49–55
1. Individualverteidigung	49–53
2. Akteneinsicht für Unternehmen	54, 55
IV. Kontaktaufnahme mit der Staatsanwaltschaft	56, 57
V. Schriftliche Stellungnahme im Ermittlungsverfahren?	58–65
1. Individualmandat	58, 59
2. Die Unternehmensstellungnahme	60–65

11. Kapitel. Verteidigung in Korruptionsstrafsachen

VI. Koordinierung der Verteidigung durch einen Unternehmensanwalt	66–78
1. Allgemeine Überlegungen	66–70
2. „Sockelverteidigung"	71–72
3. Koordinierung der Verteidigung der Unternehmensmitarbeiter	73–76
4. Koordination der Zeugenbeistände	77
5. Verteidigung von Ärzten?	78
VII. Kommunikation	79–81
VIII. Übernahme von Verteidigerkosten, Verfahrenskosten, Geldstrafen o.ä.	82–91
C. Abschluss des Ermittlungsverfahrens durch die Staatsanwaltschaft	92–95
D. Zwischenverfahren	96–99
I. Ablauf	96
II. Verteidigungsstrategien	97–99
E. Hauptverhandlung	100–107

A. Begleitung bei Durchsuchungen, Beschlagnahmen und sonstigen Zwangsmaßnahmen

I. Im Vorfeld von Durchsuchungen und Beschlagnahmen

1   Die Ermittlungen in Korruptionsverfahren beginnen meist verdeckt:[1] Der Verteidiger oder unternehmensberatende Anwalt wird daher häufig erstmals bei Durchsuchungen und Beschlagnahmen hinzugezogen. Es kommt aber auch oft vor, dass Unternehmen sich – mit oder ohne konkreten Anlass – im Vorfeld beraten lassen, wie sie sich im Falle einer Durchsuchung zu verhalten und welche Rechte und Pflichten das Unternehmen und seine Mitarbeiter haben. Organisatorisch sollte bei jedem Unternehmen gewährleistet sein, dass derjenige, der den Zugang kontrolliert, also der Pförtner, die Zentrale oder der Empfang, weiß, wen er im Falle einer Durchsuchung zu **unterrichten** hat. Zweckmäßigerweise ist das die Rechtsabteilung des Unternehmens. Es sollte auch bereits vorher festgelegt sein, welcher Rechtsanwalt im Falle einer Durchsuchung zu kontaktieren ist. Hierzu empfiehlt es sich, eine Liste mit Namen und Telefonnummern von Rechtsanwälten zu haben, aus denen sich die Erreichbarkeit auch außerhalb der üblichen Bürozeiten ergibt. Der Rechtsanwalt sollte sofort unterrichtet und die Beamten gebeten werden, das Eintreffen des Anwalts abzuwarten. Hierauf besteht kein Rechtsanspruch.[2]

II. Zum Verhalten bei Durchsuchungen und Beschlagnahmen

2   Es kann daher vorkommen, dass die Beamten das Eintreffen des zu benachrichtigenden Rechtsanwaltes nicht abwarten, sondern von den Mitarbeitern **Auskünfte verlangen**, etwa zum Aufbewahrungsort von Akten oder zu bürointernen Vorgängen (z.B. wer sich hinter welchem Diktatzeichen verbirgt, welcher Mitarbeiter für einen bestimmten Kun-

---

[1] Siehe dazu Kap. 10 Rn. 25.
[2] *Dierlamm*, in: Wabnitz/Janovsky (Hrsg.), Handbuch des Wirtschafts- und Steuerstrafrechts, 2. Aufl. 2004, Kap. 27 Rn. 65.

den arbeitet oder welches Projekt bearbeitet hat). Für die Strafverfolgungsbehörden sind solche Gespräche oder Vernehmungen von einiger Bedeutung.[3]

Hierbei sind folgende **Grundsätze** zu beachten, die in zusammengefasster Form jedem Mitarbeiter schriftlich ausgehändigt werden können,[4] sofern man es nicht für ausreichend hält, die Mitarbeiter nur darüber zu informieren, dass sie sich im Falle einer Durchsuchung sofort an die Rechtsabteilung zu wenden haben:[5] 3

Zeugenvernehmungen können auch ohne förmliche Ladung durchgeführt werden. Eine **Pflicht zur zeugenschaftlichen Auskunftserteilung** besteht gegenüber den Beamten der Staatsanwaltschaft gemäß § 161a Abs. 1 S. 1 StPO und den Beamten der Bußgeld- und Strafsachenstellen der Finanzbehörden im Steuerstrafverfahren gemäß §§ 161a Abs. 1 S. 1 StPO, 399 Abs. 1 AO. Gegenüber anderen Beamten der Finanzbehörden – insbesondere der Steuerfahndung – und gegenüber Polizeibeamten besteht eine Verpflichtung zu einer Zeugenaussage *nicht*. Es ist bei Beamten der Finanzbehörden für den Außenstehenden nur schwer erkennbar, ob er eine Aussagepflicht hat oder nicht. Deshalb sollte jeder Beamte gefragt werden, ob eine Verpflichtung zur Aussage besteht. Diese Frage und die Antwort sollten in das betreffende Vernehmungsprotokoll (siehe hierzu nachstehend) aufgenommen werden. Wenn die Auskunft des Beamten unzutreffend war, besteht ein Verwertungsverbot nach den §§ 163a Abs. 5, 136 Abs. 1 S. 1 StPO wegen Täuschung. 4

Sofern die Verpflichtung zu einer Zeugenaussage nicht besteht, sollte jeder Mitarbeiter sich hierauf berufen. Sofern eine solche Verpflichtung – nach Auskunft der Ermittlungsbeamten – besteht, sollte der Mitarbeiter darum bitten, dass eine **Befragung bis zum Erscheinen des Rechtsanwaltes zurückgestellt** wird. Jeder Zeuge hat das Recht, vor seiner Vernehmung einen Zeugenbeistand zu konsultieren. Der betroffene Mitarbeiter kann dieses Recht gegenüber den Ermittlungsbeamten vor Beginn seiner Vernehmung und auch währenddessen jederzeit geltend machen. Gehen die Beamten hierauf nicht ein, muss der Mitarbeiter darauf bestehen, dass dieser Umstand in das Protokoll aufgenommen und eine förmliche Vernehmung durchgeführt wird. Hierzu gehört, dass der Mitarbeiter mit dem Gegenstand der Untersuchung bekannt gemacht wird. Es muss ihm gegenüber also benannt werden, wer Beschuldigter ist (gegen wen das Verfahren sich richtet) und welcher Tatvorwurf erhoben wird (§§ 161a Abs. 1 S. 2, 69 Abs. 1 S. 2 StPO). 5

Jeder Mitarbeiter sollte an die Ermittlungsbeamten die Frage stellen, ob ihm ein **Zeugnisverweigerungsrecht** (etwa aus einem Angehörigenverhältnis) oder ein Auskunftsverweigerungsrecht wegen der Gefahr eigener strafrechtlicher Verfolgung zusteht. Der Mitarbeiter hat darauf zu achten, dass diese Frage und die Antwort in das Vernehmungsprotokoll aufgenommen werden. Hierauf hat er einen Anspruch. 6

Sollten die Ermittlungen sich gegen einen namentlich benannten Mitarbeiter richten, hat dieser als Beschuldigter ein uneingeschränktes **Schweigerecht**. Hiervon sollte er in jedem Fall Gebrauch machen und sich anschließend anwaltlich beraten lassen. Dieser Punkt gerät insbesondere dann leicht in Vergessenheit, wenn während einer Zeugenvernehmung der Verdacht auf den betroffenen Mitarbeiter fällt und sich das Verfahren dann gegen ihn als Beschuldigten richtet. Zwar haben die Beamten ihn dann entsprechend zu belehren, doch zeigt die Erfahrung, dass dieser unfreiwillige „Rollentausch" des – im Falle einer staatsanwaltschaftlichen Vernehmung – eben noch zur wahrheitsgemäßen und vollständigen Aussage verpflichteten Betroffenen diesen häufig überfordert.[6] 7

Wird erkennbar, dass die Ermittlungen sich gegen andere Angehörige des Unternehmens richten werden (wenn z.B. ersichtlich ist, dass ein bestimmter Mitarbeiter federfüh- 8

---

[3] Kap. 10 Rn. 70; zur Vernehmungstaktik a.a.O. Rn. 74.
[4] *Dierlamm* (Fn. 2).
[5] *Michalke*, Umweltstrafsachen, 2. Aufl. 2000, Rn. 492.
[6] *Michalke* (Fn. 5), Rn. 505.

rend mit der Abwicklung des Projekts, das Gegenstand der Durchsuchung ist, befasst war), haben diese ein **Auskunftsverweigerungsrecht** nach § 55 StPO. Dieses berechtigt zwar grundsätzlich nur zur Nichtbeantwortung einzelner Fragen. Jedoch kann es Situationen geben, in denen jede Äußerung die Gefahr eigener Strafverfolgung bewirken kann. Dann darf die Antwort auf sämtliche Fragen zur Sache verweigert werden.[7] Dies gilt auch für alle Mitglieder der Geschäftsführung, wenn sich die Ermittlungen allgemein gegen Verantwortliche des Unternehmens richten. Von seinem Auskunftsverweigerungsrecht sollte ein Betroffener unbedingt Gebrauch machen, ohne allerdings bei den Ermittlungsbehörden umfangreiche Erklärungen abzugeben, *weshalb* er keine Aussage machen möchte. Der jeweilige Mitarbeiter sollte sich auf die Mitteilung beschränken, er könne aufgrund seiner früheren Tätigkeit oder seiner Stellung innerhalb des Unternehmens nicht ausschließen, dass er sich selbst der Gefahr strafrechtlicher Verfolgung aussetze. Nur darauf kommt es nämlich an, so dass eine solche Äußerung auch kein Schuldeingeständnis darstellt. Geben die Beamten sich mit dieser Erklärung nicht zufrieden, muss der Mitarbeiter entweder die Aussage verweigern oder sich zu einer förmlichen Vernehmung bereit erklären, dann aber zu Beginn der Vernehmung aufnehmen lassen, dass die Beamten ein Aussageverweigerungsrecht als nicht gegeben ansehen und ihn zu einer Aussage verpflichtet halten. Sollte es bei einer Durchsuchung zu einer derartigen Situation kommen, ist unbedingt, gegebenenfalls telefonisch, ein Rechtsanwalt zu konsultieren. In der Regel ermöglichen die Beamten dem betreffenden Mitarbeiter auch ein Telefongespräch mit einem Rechtsanwalt.

9 Es ist ein **Vernehmungsprotokoll** zu erstellen. Dies kann in der Form geschehen, dass Fragen und Antworten von einem Ermittlungsbeamten handschriftlich oder maschinenschriftlich festgehalten werden oder der Beamte in Anwesenheit des Mitarbeiters die Fragen und Antworten auf ein Tonbandgerät diktiert. Schriftliche Vernehmungsniederschriften sollte der Mitarbeiter nach Fertigstellung sorgfältig durchlesen. Er hat (ggf. begleitet durch anwaltlichen Rat) darauf zu achten, dass seine Antworten vollständig und richtig wiedergegeben sind. Erst dann darf er seine Unterschrift unter dem Protokoll leisten. Der Mitarbeiter hat einen Anspruch darauf, sich ausreichende Zeit für die Durchsicht des Protokolls zu nehmen, Rückfragen an die Beamten zu richten und ergänzende Erklärungen abzugeben, die in das Protokoll aufzunehmen sind. Wird das Vernehmungsprotokoll in Anwesenheit des betroffenen Mitarbeiters diktiert, sollte er darauf bestehen, eine Leseabschrift zur Prüfung und Genehmigung zu erhalten.

10 Kein Mitarbeiter sollte von sich aus, sondern nur auf Befragung und nur bei Verpflichtung zu einer Zeugenaussage Angaben machen. Die Antworten sind knapp zu halten. Antwort ist nur auf die jeweils gestellte Frage zu geben. Die Mitarbeiter haben sich darauf zu beschränken, Angaben nur im Rahmen von förmlichen Vernehmungen zu machen.[8] **Erklärungen**, die **in sonstigem Zusammenhang**, also außerhalb einer förmlichen Zeugenvernehmung, abgegeben werden, können durch die Ermittlungsbeamten in Form von Vermerken festgehalten werden. Diese Angaben sind im Strafverfahren in vollem Umfang verwertbar. Erklärungen von Mitarbeitern während einer Durchsuchung ändern im Übrigen am Fortgang des Verfahrens nichts. Die manchmal anzutreffende Vorstellung, durch geeignete Sacherklärungen die Beamten zum Abbruch der Durchsuchung zu bringen, verkennt die faktischen Gegebenheiten.[9]

11 Sofern ein förmliches Protokoll erstellt worden ist, sollte der Mitarbeiter die Beamten darum bitten, ihm eine **Fotokopie** auszuhändigen. Ein Anspruch hierauf besteht nicht.

---

[7] BGHSt 10, 104, 105; *Meyer-Goßner*, StPO, 47. Aufl. 2004, § 55 Rn. 2.
[8] *Dierlamm* (Fn. 2).
[9] Gleicher Meinung *Dierlamm* (Fn. 2).

Es dürfen **keine aktiv die Durchsuchung behindernden Maßnahmen** ergriffen werden.[10] Ein solches Verhalten birgt strafrechtliche Risiken. Es kann zur Folge haben, dass ein Ermittlungsverfahren wegen Strafvereitelung eingeleitet oder der Betroffene, wenn er zu dem Kreis der potentiell Verdächtigen gehört, wegen Verdunkelungsgefahr festgenommen wird. Mitarbeiter, gegen die kein Verdacht vorliegt, können als Störer in gravierenden Fällen auch kurzzeitig festgenommen werden.

Bei Beginn der Durchsuchung sollte zunächst in Erfahrung gebracht werden, auf welcher Rechtsgrundlage die Durchsuchung erfolgt. Bei der Durchsuchung von Geschäftsräumen wird regelmäßig ein richterlicher **Durchsuchungsbeschluss** vorliegen. Es sollte um Aushändigung einer **Kopie** dieses Beschlusses gebeten werden. Ein Anspruch darauf besteht allerdings erst nach Abschluss der Durchsuchung. Hierbei ist es unzulässig, wenn versucht wird, Teile des Durchsuchungsbeschlusses – etwa die Konkretisierung des Tatvorwurfes – zurückzuhalten.[11] In seltenen Ausnahmefällen kann bei Gefahr in Verzug von der Staatsanwaltschaft eine Durchsuchung ohne einen schriftlichen richterlichen Durchsuchungsbeschluss angeordnet werden. In einem solchen Fall ist die Herausgabe einer Kopie des Beschlusses daher ausnahmsweise nicht möglich. Verweigern die Beamten die Herausgabe des Durchsuchungs- und Beschlagnahmebeschlusses oder einer Fotokopie, so müssen folgende Punkte erfragt werden:

– Datum und Aktenzeichen des Beschlusses,
– Amtsgericht, das den Beschluss erlassen hat,
– ermittlungsführende Staatsanwaltschaft und deren Aktenzeichen,
– Rechtsgrundlage für die Durchsuchung (§ 102 StPO: Durchsuchung bei dem Verdächtigen oder Gehilfen; § 103 StPO: Durchsuchung bei unverdächtigen Dritten),
– Beschuldigter des Verfahrens,
– Vorwurf in rechtlicher und tatsächlicher Hinsicht,
– Räumlichkeiten, die durchsucht werden sollen,
– Beweismittel, die beschlagnahmt werden sollen.

Der Rechtsanwalt hat zu prüfen, ob der Durchsuchungsbeschluss den **gesetzlichen Anforderungen** entspricht.[12] Der hinzugezogene Rechtsanwalt sollte auch versuchen, über die zumeist dürftigen Angaben im Durchsuchungsbeschluss hinausgehende Informationen zu erhalten. Regelmäßig sind die Beamten bereit, den Vorwurf näher zu substantiieren.

Bei der Durchsicht von Unterlagen sollte ein **Mitarbeiter anwesend** sein und handschriftlich oder per Diktat festhalten, welche Urkunden etc. sich in den Akten befinden. Auf diesem Weg ist später einigermaßen verlässlich zu rekonstruieren, welchen Inhalt die beschlagnahmten Unterlagen haben.

Es sollte den Ermittlungsbeamten angeboten werden, ihnen die vom Beschlagnahmebeschluss erfassten **Akten herauszusuchen** und sie vorzulegen. Von der Frage einer tatsächlichen Kooperation mit den Ermittlungsbeamten bei Herausgabe der Akten ist die Frage zu unterscheiden, ob in formeller Hinsicht Widerspruch gegen die Beschlagnahme eingelegt wird.

Es ist mittlerweile üblich, dass die Ermittlungsbeamten mit Hilfe eines EDV-Spezialisten Zugriff auf die **Computereinheiten** eines lokalen Netzwerkes nehmen. In diesen Fällen sollte darauf geachtet werden, dass sich der Durchsuchungsbeschluss auch auf die Räumlichkeiten erstreckt, in denen sich die Speichermedien befinden, etwa der Standort des Zentralrechners.

---

[10] *Dierlamm* (Fn. 2).
[11] *Volk*, NJW 1996, 882.
[12] Vgl. dazu Kap. 10 Rn. 50–55; siehe auch umfassend *Park*, Handbuch Durchsuchung und Beschlagnahme, 2002.

18 Mitunter versuchen die Ermittlungsbeamten auch, über „**Online-Verbindungen**" Daten an anderen Unternehmensstandorten innerhalb Deutschlands abzurufen. Auch hier muss sich der Durchsuchungsbeschluss auf die entsprechenden Standorte und Räumlichkeiten beziehen. Es ist also grundsätzlich nicht zulässig, aufgrund eines Durchsuchungsbeschlusses für den Unternehmensstandort A online auf Computer oder Server im Unternehmensstandort B zuzugreifen, wenn nicht der Durchsuchungsbeschluss dies ausdrücklich zulässt. Sollte sich ein Durchsuchungsbeschluss nicht auf alle zu durchsuchenden Standorte und Räumlichkeiten beziehen, werden die Ermittlungsbeamten oftmals eine dennoch stattfindende Durchsuchung mit „Gefahr im Verzug" begründen. Hier sollte genau nachgefragt und dokumentiert werden, auf welche konkreten Umstände diese Annahme gestützt wird. Nach der neueren Rechtsprechung des Bundesverfassungsgerichts sind an die Annahme von **Gefahr im Verzug hohe Anforderungen** zu stellen,[13] so dass unberechtigt erfolgende Durchsuchungen gegebenenfalls erfolgreich angegriffen werden können.

19 Unzulässig ist ein „Online-Zugriff" auf Datenbestände, die im **Ausland** gespeichert sind. Ein Zugriff auf im Ausland gespeicherte Datenbestände (insbesondere auf den Zentralserver eines Unternehmens) ist nach geltender Rechtslage ausschließlich im Wege des Rechtshilfeverfahrens zulässig, da der hoheitliche Zugriff auf Daten von Servern im Ausland einen Eingriff in die Souveränität des anderen Staates darstellt. Dies gilt auch für Datenbestände, die sich in öffentlich zugänglichen Datenbanken im Ausland befinden. Sollten die Ermittlungsbeamten trotz eines entsprechenden Hinweises auf diese Datenbestände zugreifen, sollte dem widersprochen und ein entsprechender Vermerk angelegt werden.

20 Liegen die Unterlagen den Ermittlungsbeamten vor (sei es, dass sie sich mit einer Vorlage begnügt haben, sei es, dass sie die Unterlagen selbst in der Registratur gesucht haben), ist Folgendes zu beachten:

21 Sowohl die Beamten der Staatsanwaltschaft als auch die Angehörigen der Finanzbehörden (Bußgeld- und Strafsachenstelle und Steuerfahndung im Steuerstrafverfahren) sind zur **Durchsicht von Papieren** ohne weiteres befugt (§ 110 Abs. 1 StPO). Polizeibeamte, die für die Staatsanwaltschaft ermitteln, sind zur Durchsicht der Papiere berechtigt, wenn und soweit dies von der Staatsanwaltschaft angeordnet **oder** von dem berechtigten Inhaber der Papiere genehmigt worden ist (§ 110 Abs. 1, Abs. 2 StPO). Wenn und soweit eine solche Anordnung der Staatsanwaltschaft oder eine Genehmigung des berechtigten Inhabers nicht vorliegt, sollte den Polizeibeamten regelmäßig eine Durchsicht von Papieren nicht genehmigt, sondern untersagt und eine Versiegelung verlangt werden.

22 Bei der Durchsicht von Unterlagen durch Polizeibeamte sollte stets gefragt werden, ob eine entsprechende **Anordnung der Staatsanwaltschaft** vorliegt. Es sollte (falls möglich) der schriftliche Nachweis der Anordnung für Dokumentationszwecke erbeten werden. Im Falle einer solchen Anordnung der Staatsanwaltschaft ist zudem genau zu prüfen, auf welche Papiere sich die Anordnung bezieht.

23 Zu den „Papieren" gehören auch **computergespeicherte Daten**, etwa Disketten, sowie die zum Lesen und Verarbeiten der Disketten notwendigen technischen Geräte, wie die Zentralcomputereinheit.[14]

24 Auch hinsichtlich der Durchsicht von Computerdaten gelten die vorstehend dargestellten Grundsätze: Nur Beamte der Staatsanwaltschaft und im Steuerstrafverfahren Angehörige der Finanzbehörden sind ohne weiteres zur Durchsicht der Inhalte der Computerdateien befugt. Die genannten Amtsträger können sich hinsichtlich technischer Fragen hierbei von EDV-Experten unterstützen lassen (müssen aber auch in diesem Fall die Durchsicht selbst vornehmen).

---

[13] Vgl. die Grundsatzentscheidung BVerfG, NStZ 2001, 382.
[14] BGH, StV 1988, 90; *Meyer-Goßner* (Fn. 7), § 110 Rn. 1.

A. Begleitung bei Zwangsmaßnahmen II. Zum Verhalten

Polizeibeamte dürfen dagegen über den Abruf von Inhaltsverzeichnissen (Directo- 25
ries) vorgefundener Datenträger hinaus nur dann Programme oder Dateien aufrufen und
durchsehen, wenn die Durchsicht der Computerdaten durch die Polizeibeamten entweder von der Staatsanwaltschaft angeordnet oder vom berechtigten Inhaber genehmigt
worden ist.

Freilich ist die Erteilung einer **Genehmigung zur Durchsicht** der Papiere und Com- 26
puterdaten durch Polizeibeamte und andere Ermittlungspersonen der Staatsanwaltschaft
auch eine Frage der Zweckmäßigkeit. So kann eine (beschränkte) Genehmigung zur
Durchsicht sinnvoll sein, wenn bestimmte Dokumente oder Daten mit dem Verfahren
eindeutig in keinerlei Zusammenhang stehen und der Inhaber eine Sicherstellung (auch
von Kopien) vermeiden will, jedoch kein Staatsanwalt oder (im Steuerstrafverfahren)
kein Angehöriger der Finanzbehörden bei der Durchsuchung anwesend ist, der die Papiere und Computerdaten selbst durchsehen oder den Polizeibeamten eine entsprechende Anordnung zur Durchsicht erteilen könnte.

Der begleitende Anwalt sollte darauf hinwirken, dass die sicherzustellenden oder zu 27
beschlagnahmenden Unterlagen fotokopiert werden, und es sollten auch **Kopien** sämtlicher elektronisch sichergestellter Dateien gezogen werden. Zur Begründung kann – je
nach Sachlage – darauf hingewiesen werden, dass die Unterlagen im Rahmen laufender
Geschäftsbeziehungen benötigt werden. Gegebenenfalls kann angeboten werden, die beschlagnahmten Unterlagen unter Aufsicht eines Beamten durch einen Mitarbeiter des
Büros kopieren zu lassen. Mit den Kopien kann auch die erforderliche interne Sachverhaltsaufklärung durchgeführt und die Verteidigung vorbereitet werden (siehe dazu nachstehend).

Sobald die Unterlagen vom Staatsanwalt durchgesehen sind, ist ein **Beschlagnahme-** 28
verzeichnis zu erstellen.

Auf die Anfertigung eines Beschlagnahmeverzeichnisses besteht ein Rechtsanspruch. 29
Es ist darauf zu achten, dass im Beschlagnahmeverzeichnis sämtliche beschlagnahmten
Unterlagen erfasst werden, also nicht nur die Aufschrift auf dem Rücken der einzelnen
Ordner oder Akten, sondern auch eine Übersicht des Inhalts. Weigert sich der Durchsuchungsbeamte, eine Auflistung der Unterlagen zu erstellen, sollte ihm vorgeschlagen werden, dass ein qualifizierter **Mitarbeiter** die Ordner durchsieht und die betreffenden
Schriftstücke per Diktat aufnimmt (sofern dies nicht bereits bei der Durchsicht der Akte
geschehen ist).

Im Zusammenhang mit der Durchsicht und Beschlagnahme von Unterlagen, die auf 30
Datenträgern gespeichert sind, gilt ergänzend Folgendes:

Bei allen Durchsuchungs- und Beschlagnahmehandlungen, die sich auf EDV-Anlagen 31
beziehen, sollten die Ermittlungsbehörden von qualifizierten **Mitarbeitern** begleitet werden, die entsprechende Hilfestellung beim Abruf und der Sichtung der Datenbestände
leisten und den ungewollten Verlust oder die ungewollte Veränderung von gespeicherten
Daten durch unsachgemäße Bedienung verhindern können.

Die Ermittlungsbehörden können die Sicherstellung und **Beschlagnahme** der auf 32
EDV-Anlagen gespeicherten Daten auf verschiedene Weise bewirken, ohne dass die konkrete Art der Sicherstellung der Daten in dem Durchsuchungsbeschluss bereits spezifiziert werden muss:

– Die Beschlagnahme der Datenbestände kann z.B. durch Beschlagnahme der gesamten
  Hardware (mit den darauf gespeicherten Daten),
– durch die Erstellung von Kopien der Datenbestände (CDs, Disketten etc.) oder
– durch den Ausdruck der entsprechenden Datenbestände in „Papierform" erfolgen.

In der Praxis wird regelmäßig die gesamte **Hardware** (insbesondere das Laufwerk samt 33
der Festplatte) beschlagnahmt. Hierbei ist darauf zu achten, dass die Beschlagnahme sich
ausschließlich auf die Hardwareteile bezieht, welche die eigentlichen Träger der Daten

11. Kapitel. Verteidigung in Korruptionsstrafsachen

darstellen: Daher ist etwa die Beschlagnahme von Scannern oder Druckern ohne eigene Speicherkapazität unzulässig.

34 Es sollte darauf geachtet werden, dass **Kopien** der beschlagnahmten Daten (in elektronischer Form von DVDs, CDs oder Disketten) im Unternehmen verbleiben und genau vermerkt wird, welche Dateien mit welchen Inhalten und welchem Status sich auf den Festplatten der beschlagnahmten Geräten befunden haben.

35 Da die Ermittlungsbehörden gehalten sind, durch die Sicherstellungs- und Beschlagnahmemaßnahmen nicht schwerwiegendere Eingriffe als notwendig vorzunehmen, sollte stets von Unternehmensseite bei der Durchsuchung das Angebot gemacht werden, statt der Beschlagnahme der gesamten Computeranlage Kopien der Daten (in Form von DVDs, CDs oder Disketten) zur Verfügung zu stellen, um die **Arbeitsabläufe im Betrieb** nicht aufgrund der (oft lange andauernden) Beschlagnahme von Computeranlagen oder Computerdaten zu gefährden. Wird vom Unternehmen eine solche konkrete Gefährdung der Arbeitsabläufe durch die Beschlagnahme der Computeranlage nachvollziehbar dargelegt und werden vom Unternehmen daher Kopien der entsprechenden Datenbestände angeboten, sind die Ermittlungsbehörden regelmäßig rechtlich verpflichtet, auf ein solches Angebot einzugehen und lediglich Kopien der Daten zu erstellen und zu beschlagnahmen. Dieses Angebot (insbesondere auch die Begründung mit dem Hinweis auf die Notwendigkeit der Geräte für den unternehmensinternen Arbeitsablauf) und die Reaktion der Ermittlungsbehörden sollten schriftlich dokumentiert werden. Wird dieses Angebot abgelehnt, sollten vom Unternehmen Kopien der beschlagnahmten Daten in zweifacher Ausführung erbeten werden (eine Kopie als Dokumentation der beschlagnahmten Daten, eine zweite Kopie für die weitere Arbeit im Unternehmen).

36 Hinsichtlich des Zugangs zu den Computerdateien aufgrund von **Passwörtern** gilt Folgendes: Gegenüber Polizeibeamten sind die Mitarbeiter zu keinen Angaben verpflichtet und müssen daher auch Passwörter für den Zugang zu Computersystemen nicht preisgeben. Gegenüber Beamten der Staatsanwaltschaft und der Finanzbehörden (im Steuerstrafverfahren) besteht bei förmlicher Zeugenvernehmung der Mitarbeiter hingegen eine solche Verpflichtung zur Preisgabe von Passwörtern. Die Mitwirkungspflichten aufgrund der Zeugenstellung umfassen auch die Hilfestellung bei der Bedienung der Computeranlage sowie die Veranlassung des Ausdruckens von Daten.

37 Von den Ermittlungsbehörden können auch Gegenstände beschlagnahmt werden, die sich auf andere als die im Durchsuchungsbeschluss genannten Straftaten beziehen (sog. **Zufallsfunde**). Die Ermittlungsbehörden sind jedoch nicht berechtigt, anlässlich von Durchsuchungen EDV-Anlagen (insbesondere deren Suchfunktionen) zur gezielten „Suche" nach Anhaltspunkten für bisher unbekannte anderweitige Straftaten zu verwenden.[15]

38 Der Berater hat auch darauf zu achten, dass keine sonstigen unzulässigen Beweiserhebungen durchgeführt werden. Die Mitarbeiter des Unternehmens sind beispielsweise nur dazu verpflichtet, ihre Personalien anzugeben (§ 111 OWiG), sie sind aber nicht verpflichtet, **Personalbögen** auszufüllen und zu unterzeichnen. So hat es der Verfasser etwa in einem Bankenverfahren erlebt, dass die Mitarbeiter der Steuerfahndung Personalbögen an die Kundenberater verteilten und darum baten, Angaben zur Person zu machen. Auch ein Feld „Unterschrift" war vorgesehen. Da die Mitarbeiter zur Unterschriftsleistung nicht verpflichtet waren – anhand der Unterschriften hätte dann leichter nachvollzogen werden können, welcher Mitarbeiter welche Überweisung unterzeichnet hat –, und eine Belehrung nicht erfolgt war, mussten die Unterschriften entfernt beziehungsweise geschwärzt werden.

39 Der anwaltliche Berater wird im Rahmen der Durchsuchung auch einen Rat geben müssen, ob die (im Durchsuchungsbeschluss bezeichneten und am Ende der Durchsu-

---

[15] Vgl. LG Berlin, StV 1987, 97; LG Baden-Baden, wistra 90, 118; *Meyer-Goßner* (Fn. 7), § 108 Rn. 1.

chung herausgesuchten) Unterlagen **freiwillig herausgegeben** werden sollen oder ob eine förmliche Beschlagnahme und gegebenenfalls Vorlage der Unterlagen beim Richter zu erfolgen hat. Die Beantwortung der Frage ist einzelfallabhängig. In jedem Fall sollte sie in einen größeren Kontext (Verteidigungsstrategie, Umgang mit dem Ermittlungsverfahren in der Öffentlichkeit, bei Mitarbeitern und bei Geschäftspartnern) eingebunden sein. Da das Unternehmen jederzeit einen Antrag auf gerichtliche Entscheidung stellen kann, empfiehlt es sich in vielen Fällen, die Unterlagen zunächst freiwillig herauszugeben und zur Niederschrift zu erklären, dass eine endgültige Entscheidung erst zu einem späteren Zeitpunkt erfolgen wird.

Der Anwalt hat auch dabei zu beraten, ob **Rechtsmittel** gegen die Durchsuchung und 40 Beschlagnahme eingelegt werden sollen. Auch diese Frage ist in einen größeren Kontext zu stellen. Wenn die Chancen eines Rechtsmittels eher gering sind – was der anwaltliche Berater zu beurteilen hat –, erweist es sich oft als richtig, den Durchsuchungsbeschluss zu akzeptieren. Sind die Erfolgsaussichten dagegen gut, etwa weil weit mehr Unterlagen mitgenommen worden sind, als vom Beschlagnahmebeschluss gedeckt oder beispielsweise beschlagnahmefreie Unterlagen mitgenommen worden sind, bedarf es der Prüfung und Überlegung, ob Rechtsmittel der richtige Weg sind, die Unterlagen herauszubekommen oder ob nicht ein Gespräch mit der Staatsanwaltschaft wegen der Herausgabe sinnvoll ist und zu schnelleren Ergebnissen führt.[16]

III. Haftbefehl

In schwereren Fällen ist mit dem Erlass von Haftbefehlen zu rechnen. Häufig wird die 41 Staatsanwaltschaft versuchen, die Festnahme aufgrund des Haftbefehles anlässlich einer Durchsuchung vorzunehmen.[17] In Korruptionsstrafverfahren kommen fast ausschließlich Flucht- und Verdunkelungsgefahr als Haftgründe in Frage. Gewisse Besonderheiten bestehen bei der **Verdunkelungsgefahr**.[18]

Nach der Rechtsprechung gibt es erstens Delikte, die ihrer Natur nach auf Verheimli- 42 chung und Vertuschung angelegt sind. Zweitens soll es (mutmaßliche) Täter geben, deren gesamte Lebensführung auf Drohung, Täuschung und Gewalt ausgerichtet ist. Drittens wird vereinzelt von „Wirtschaftskriminellen" gesprochen, deren Taten nach Planung und Ausführung die Verdunkelung vor und nach ihrer Begehung voraussetzen sollen.[19] Diesen allesamt zweifelhaften Konstellationen ist gemeinsam, dass sie Gericht und Staatsanwaltschaft nicht von einer Würdigung der **konkreten Tatumstände** entbinden und auch nichts daran ändern, dass Verdunkelungshandlungen mit hoher Wahrscheinlichkeit zu erwarten sein müssen.[20] Dennoch haben die vorgenannten Überlegungen erhebliche praktische – präjudizielle – Bedeutung.

Da nach bisheriger Rechtsprechung Korruptionsstraftaten nicht zu denjenigen gehö- 43 ren, die per se Verdunkelungsgefahr nahe legen, und mafiöse, auf Gewalt beruhende und der Organisierten Kriminalität ähnliche Strukturen kaum einmal bestehen dürften, gewinnt vor allem die dritte Variante an Bedeutung. Das OLG Frankfurt überträgt sie unter gewissen Umständen auf Korruptionsfälle. Dabei bezieht es sich insofern auch auf die erste Variante, als der Deliktscharakter der §§ 331 ff. StGB und ähnlicher Taten nicht notwendig auf Verdunkelung angelegt sei, es sei denn, der Beschuldigte sei „derart in ein Sys-

---

[16] Insgesamt ähnlich *Dierlamm* (Fn. 2).
[17] Kap. 10 Rn. 61.
[18] Grundlegend und umfassend *Schlothauer/Weider*, Untersuchungshaft, 3. Aufl. 2001.
[19] *Meyer-Goßner* (Fn. 7), § 122 Rn. 30 m.w.N.
[20] OLG Frankfurt, NStZ 1997, 200; *Meyer-Goßner* (Fn. 7), § 112 Rn. 30.

tem von Vorteilsgewährungen eingebettet [...], dass Planung und Ausführung der konkreten Tat Ähnlichkeiten mit der Vorgehensweise von Wirtschaftskriminellen aufweisen".[21] Auch hierin ist kein Automatismus zu sehen, wie das Gericht selbst feststellt.[22] Die weiteren Ausführungen des OLG Frankfurt geben aber Anlass zu der Befürchtung, dass es bei Vorliegen der genannten Voraussetzungen im Regelfall schwierig sein wird, gegen die Indizwirkung der Tatumstände argumentativ vorzugehen, sofern der Beschuldigte keinerlei Angaben zur Tat macht.[23] Ob dem so erzeugten Kooperationsdruck nach reiflicher Überlegung nachgegeben werden soll, ist eine folgenreiche Entscheidung, die einzelfallbezogen zu treffen ist. Anderseits zeigt eine ebenfalls in einem Strafverfahren wegen Korruptionsvorwürfen ergangene Entscheidung des OLG Köln, dass auch bei einem schweigenden, in ein **Korruptionssystem** eingebetteten Beschuldigten erfolgreich gegen einen Haftbefehl wegen Verdunkelungsgefahr vorgegangen werden kann.[24] Bei langandauernden Ermittlungen besteht eine Möglichkeit in dem Hinweis, dass es den Ermittlungsbehörden innerhalb angemessener Frist nicht gelungen sei, den Vorwurf zu erhärten.[25] Daran würde eine Inhaftierung des Beschuldigten nämlich selbst dann kaum etwas ändern, wenn man ihm prinzipiell Verdunkelungsabsicht unterstellt.

B. Maßnahmen nach der Einleitung eines Verfahrens

44 Nach der Einleitung eines Verfahrens bedarf es bei Unternehmen einiger interner Maßnahmen:

I. Beurteilung der aktuellen Geschäftspolitik

45 Wenn das Ermittlungsverfahren und der geschöpfte Verdacht nicht auf isolierte Einzelfälle beschränkt sind, sondern aus Sicht der Staatsanwaltschaft die Vermutung besteht, dass die Geschäftspolitik eines Unternehmens korruptiv sei – so beispielsweise die Annahmen der Staatsanwaltschaft in den Korruptionsverfahren gegen Medizinprodukte- und Pharmahersteller –, bedarf es unternehmensintern einer Bewertung der aktuellen Geschäftspolitik. Das Unternehmen ist natürlich nicht verpflichtet, die Perspektive der ermittelnden Staatsanwaltschaft zu übernehmen.[26] Gleichwohl wäre es risikoreich, die von der Staatsanwaltschaft **als verdachtsbegründend angesehene Geschäftspolitik**, etwa bei dem Vertrieb von Waren oder Produkten, ungeprüft und nicht hinterfragt fortzusetzen. Häufig wird sich dabei herausstellen, dass bestimmte Vertriebswege ordnungsgemäß sind und auch von der Staatsanwaltschaft nicht beanstandet werden können. In anderen Fällen gelangt man bei der Überprüfung möglicherweise zu dem Ergebnis, dass zwar kein Gesetzesverstoß vorliegt, mit der Verbesserung von Abläufen und Dokumentationen aber von vornherein Verdachtsmomente vermieden werden können. Ergibt die

---

[21] OLG Frankfurt, NStZ 1997, 200 unter Hinweis auf die ständige Rechtsprechung des Senates.
[22] So ebenfalls OLG Köln, StV 1999, 323.
[23] *Schubert*, in: Wabnitz/Janovsky (Hrsg.), Handbuch des Wirtschafts- und Steuerstrafrechts, 2. Aufl. 2004, Kap. 10 Rn. 138.
[24] Vgl. OLG Köln, StV 1999, 323.
[25] Vgl. Kap. 10 Rn. 63.
[26] *Taschke*, in: Prittwitz/Baurmann/Günther/Kuhlen/Merkel/Nestler/Schulz (Hrsg.), FS Lüderssen, 2002, S. 665.

Überprüfung, dass auch mit einer Verbesserung von Abläufen ein hohes Verdachts- und gegebenenfalls Strafbarkeitsrisiko besteht, sollte eine Einstellung dieser Praxis erfolgen.

II. Interne Sachverhaltsaufklärung

Bei der Bewertung der aktuellen Geschäftspolitik bedarf es einer Analyse nur der aktuellen Geschäftsvorfälle. Diese Aufbereitung ist sodann intern auf den verfahrensgegenständlichen Zeitraum auszudehnen, und zwar aus folgenden Gründen: 46

1. Steuerliche Aspekte

Seit 1999 können Bestechungsgelder nicht mehr steuerlich abgesetzt werden.[27] Die interne Sachverhaltsaufklärung ist notwendig, um beurteilen zu können, ob **Berichtigungserklärungen** nach § 153 AO oder eine **Selbstanzeige** nach § 371 AO abzugeben sind. 47

2. Vorbereitung der Verteidigung/interne „Standortbestimmung"

Die Sachverhaltsaufklärung ist auch erforderlich, um zum einen die Verteidigung von Mitarbeitern und gegebenenfalls Geschäftspartnern vorzubereiten (siehe dazu nachstehend), zum anderen sollte sie eine interne Position zur Bestimmung ermöglichen, mit welchem weiteren Verlauf des Ermittlungsverfahrens zu rechnen ist. Da Korruptionsverfahren gegen Unternehmen im Regelfall über mehrere Jahre gehen, ist eine Prognose nicht immer einfach. Auch im Zuge steuerlicher Rückstellungen, etwa wegen der Sanktionen gegen das Unternehmen, bedarf es einer Einschätzung über den Ausgang des Verfahrens. 48

III. Akteneinsicht

1. Individualverteidigung

Eine effektive Vereidigung setzt voraus, dass der Betroffene mit Hilfe der Akteneinsicht über den Vorwurf informiert wird und sich entsprechend verteidigen kann.[28] Richten sich die Vorwürfe gegen einen Individualbeschuldigten, hat dessen **Verteidiger Anspruch auf Akteneinsicht** nach § 147 Abs. 1 StPO. Der Verteidiger ist befugt, die Akten und Beweismittel einzusehen, die dem Gericht im Falle der Anklageerhebung vorzulegen wären.[29] Häufig wird zu einem frühen Zeitpunkt die Akteneinsicht nicht gewährt. Der Verteidiger sollte hinterfragen, was die Begründung hierzu ist. Die Einsicht in die Akten oder einzelne Aktenstücke darf nur dann **versagt** werden, wenn sie den **Untersuchungszweck gefährden** kann (§ 147 Abs. 2 StPO). Auch in einem solchen Fall hat der Verteidiger Anspruch auf Einsicht in die Protokolle der Beschuldigtenvernehmungen, in Protokolle richterlicher Untersuchungshandlungen, bei denen dem Verteidiger die Anwesenheit ge- 49

---

[27] Vgl. dazu und zu allen weiteren steuerrechtlichen Aspekten Kap. 5.
[28] *Lüderssen*, in: Löwe-Rosenberg, StPO, 25. Aufl., Dritter Bd., 2004, § 147 Rn. 1.
[29] *Lüderssen*, in: Löwe-Rosenberg (Fn. 28), § 147 Rn. 29.

11. Kapitel. Verteidigung in Korruptionsstrafsachen

stattet worden ist oder hätte gestattet werden müssen, sowie in die Gutachten von Sachverständigen (§ 147 Abs. 3 StPO). Allein der große Umfang von Akten rechtfertigt die Versagung von Akteneinsicht nicht. Ebenso wenig sollte der Hinweis akzeptiert werden, dass die Akten versandt sind oder die Akteneinsicht zur Verzögerung des Ermittlungsverfahrens führen würde: Die Staatsanwaltschaft hat in solchen Fällen notfalls Duplo-Akten anzulegen.[30]

50   Der Verteidiger hat einen Anspruch darauf, dass die Akten **in die Kanzlei übersandt** werden (§ 147 Abs. 4 StPO), „soll" ist in dieser Vorschrift also als „muss" zu lesen.[31] Gerade in umfangreichen Wirtschaftsstrafverfahren lässt sich eine Akteneinsicht auf der Geschäftsstelle technisch ohnehin nicht bewerkstelligen.

51   Für die **Beweismittel** gilt ein Aushändigungsverbot (§ 147 Abs. 4 StPO). Die Beweismittel kann der Verteidiger daher nur in den Räumen der Staatsanwaltschaft einsehen. Der Beschuldigte darf bei der Besichtigung anwesend sein.[32] Gegebenenfalls ist ihm ein akustisch nicht überwachtes Gespräch mit seinem Verteidiger zu ermöglichen. Der Verteidiger kann auch Sachverständige zur Beurteilung der Beweismittel herbeiziehen.[33]

52   Nach Abschluss der Ermittlungen darf die Akteneinsicht nicht mehr verweigert werden (§ 147 Abs. 2, 6 StPO). Geschieht dies dennoch, so kann seit dem StVÄG 1999 **gerichtliche Entscheidung** nach § 147 Abs. 5 S. 2 StPO beantragt werden. Diese Regelung gilt auch bei Versagung der Einsicht nach § 147 Abs. 3 StPO und bei einem nicht auf freiem Fuß befindlichen Beschuldigten. Außerhalb dieser Fälle bleibt es bei der vorigen Rechtslage: Nach wohl überwiegender Ansicht kann der Verteidiger dann nur die (wenig hilfreiche) Dienstaufsichtsbeschwerde einlegen, weil es sich bei der Versagung der Akteneinsicht nicht um einen Justizverwaltungsakt im Sinne des § 23 EGGVG handeln soll.[34] Nach der zutreffenden Gegenauffassung ist aber der Rechtsweg nach § 23 EGGVG eröffnet.[35] Wieder andere sprechen sich für eine analoge Anwendung des § 147 Abs. 5 S. 2 StPO aus.[36]

53   Der Verteidiger ist nicht nur berechtigt, sondern auch verpflichtet, seinem **Mandanten den vollständigen Akteninhalt zur Kenntnis zu bringen**.[37] Dies geschieht zweckmäßigerweise durch Überlassung einer Kopie. Der BGH hat in einem obiter dictum die Frage der Strafbarkeit des Verteidigers wegen Strafvereitelung (§ 258 StGB) aufgeworfen, wenn er den Beschuldigten von bevorstehenden, auf einen Überraschungseffekt abzielenden Zwangsmaßnahmen wie Festnahme oder Durchsuchung unterrichtet.[38] Diese Frage ist zu verneinen.[39] Das OLG Hamburg hat Strafbarkeit in diesen Fällen mit Recht nur dann angenommen, wenn der Verteidiger unbefugt Einsicht in die Akten nimmt oder vorsätzlich auf die Flucht des Mandanten hinwirkt.[40] Demnach kann inzwischen als gesichert gelten, dass der Verteidiger berechtigt und verpflichtet ist, seinem Mandanten alles mitzuteilen, was er im Rahmen befugter Akteneinsicht erfahren hat. Stets sollte der Mandant darauf

---

[30] *Lüderssen*, in: Löwe-Rosenberg (Fn. 28), § 147 Rn. 99.
[31] *Lüderssen*, in: Löwe-Rosenberg (Fn. 28), § 147 Rn. 141 m.w.N. auch zur Gegenmeinung.
[32] *Lüderssen*, in: Löwe-Rosenberg (Fn. 28), § 147 Rn. 113.
[33] OLG Köln, StV 1995, 12.
[34] OLG Hamm, wistra 2001, 320; *Meyer-Goßner* (Fn. 7), § 147 Rn. 40 m.w.N.
[35] *Lüderssen*, in: Löwe-Rosenberg (Fn. 28), § 147 Rn. 157, 161 m.w.N.; a.A. neben den in Fn. 34 Genannten unter Hinweis auf die Subsidiarität des § 23 EGGVG OLG Frankfurt, StV 1993, 292 mit abl. Anm. *Taschke* 294 ff. (vor Inkrafttreten des jetzigen § 147 Abs. 5 S. 2 StPO, jedoch übertragbar).
[36] So SK-StPO/*Wohlers*, § 147 Rn. 112 unter Berufung auf Art. 19 Abs. 4 GG.
[37] BGHSt 29, 99, 102; *Lüderssen*, in: Löwe-Rosenberg (Fn. 28), § 147 Rn. 126 m.w.N.
[38] BGHSt 29, 99, 103.
[39] Herrschende Auffassung in der Literatur, vgl. nur *Lüderssen* (Fn. 28), § 147 Rn. 7 und 127; *Schlothauer/Weider* (Fn. 18), Rn. 378, beide m.w.N.; a.A. *Meyer-Goßner* (Fn. 7), § 147 Rn. 21; zur Vorsicht unter Hinweis auf die Rechtsprechung des BGH rät dennoch *Weihrauch*, Verteidigung im Ermittlungsverfahren, 5. Aufl. 1997, Rn. 84; offensiver *Dierlamm* (Fn. 2), Rn. 53.
[40] OLG Hamburg, BRAK-Mitteilungen 1987, 163 m. zust. Anm. *Dahs*.

hingewiesen werden, dass er die Akte Dritten nicht zugänglich machen darf, sie verschlossen und vor dem Zugriff Dritter geschützt aufbewahren sollte und sie nach Abschluss des Verfahrens vernichten oder an den Verteidiger zurückgeben sollte.

2. Akteneinsicht für Unternehmen

Es entspricht inzwischen gefestigter staatsanwaltschaftlicher Praxis, dem anwaltlichen 54
Unternehmensvertreter Akteneinsicht zu gewähren. Rechtsgrundlage hierfür ist § 475 StPO, da ein Unternehmen nicht Beschuldigter sein kann, ihm aber gleichwohl Sanktionen drohen können. Dem Unternehmensanwalt kann die Akteneinsicht in den Grenzen verweigert werden, in denen sie auch beim Individualbeschuldigten verweigert werden kann (siehe vorstehend).

Der Unternehmensanwalt ist – wie der Individualverteidiger – befugt und verpflichtet, 55
seinem Ansprechpartner, also etwa einem Vorstand oder dem Leiter der Rechtsabteilung, die **Akte zur Kenntnis zu bringen**. Im Interesse aller Beteiligten sollte der Anwalt darauf achten, dass keine Weitergabe der Akten im Unternehmen erfolgt, insbesondere nicht an möglicherweise betroffene Zeugen. (Das hindert selbstverständlich nicht, mit möglicherweise betroffenen Zeugen oder Beschuldigten über den Akteninhalt zu sprechen, etwa bei einer internen Sachverhaltsaufklärung oder bei der Vorbereitung einer Stellungnahme.)

IV. Kontaktaufnahme mit der Staatsanwaltschaft

Eine Kontaktaufnahme mit der Staatsanwaltschaft ist in mehrfacher Hinsicht **sinnvoll**. 56
Zum einen sollte es im Gespräch gelingen, von der Staatsanwaltschaft zusätzlich Informationen zu erhalten, etwa über die das Ermittlungsverfahren auslösenden Verdachtsmomente, die Zahl der Beschuldigten, die Ermittlungsrichtung der Staatsanwaltschaft u.a. Der Rechtsanwalt kann dabei möglicherweise auch Punkte identifizieren, bei denen eine Unterstützung der Sachaufklärung durch das Unternehmen oder durch den Beschuldigten hilfreich ist.[41] Auch der Staatsanwaltschaft ist bewusst, dass eine sinnvolle Verteidigung Nutzen für alle Verfahrensbeteiligten bietet.[42]

Bei umfangreichen Ermittlungen ist auch auf Seiten der Ermittlungsbehörden nicht 57
immer klar zu erkennen, worin konkret die Verdachtsmomente liegen sollen. Es ist Aufgabe des Verteidigers, darauf zu drängen, dass eine **Präzisierung der Verdachtsmomente** erfolgt. Gegen den Vorwurf, ein Pharma- oder Medizinprodukteunternehmen habe „massiv Ärzte bestochen, um die eigenen Produkte abzusetzen", ist eine Verteidigung nicht möglich. Die Staatsanwaltschaft hat daher die Vorwürfe zu präzisieren, und zwar auf einer allgemeinen Ebene sowie dann später auf einer individuellen Ebene. Lautet der präzisierte Vorwurf der Staatsanwaltschaft, Ärzte seien von den Unternehmen zu teuren Urlauben, getarnt als Fortbildungsveranstaltungen, eingeladen worden, ist eine Verteidigung dagegen möglich: Das Unternehmen kann etwa darlegen, dass es klare Richtlinien hat, welche Ärzte zu welchen Fortbildungsveranstaltungen eingeladen werden, dass die Fortbildungsinhalte, etwa Informationen über neue Behandlungsmöglichkeiten oder die Anwendung der Medizinprodukte des Unternehmens, im Vordergrund standen und ein sogenanntes Beiprogramm allenfalls untergeordneter Natur war.

---

[41] *Michalke* (Fn. 5), Rn. 518.
[42] Kap. 10 Rn. 78.

V. Schriftliche Stellungnahme im Ermittlungsverfahren?

1. Individualmandat

58 Für den Verteidiger stellt sich im Individualmandat die Frage, ob und zu welchem Zeitpunkt er eine Stellungnahme zu den Vorwürfen abgeben soll. Die Entscheidung sollte sich an folgenden Grundsätzen orientieren: Eine Stellungnahme für den Beschuldigten sollte erst dann abgegeben werden, wenn die **Vorwürfe vollständig bekannt** und der Verteidiger die **Akte eingesehen** hat und weiß, welche Beweismittel vorliegen. Die Abgabe einer Stellungnahme empfiehlt sich dann, wenn entlastende Gesichtspunkte vorgebracht werden können. Eine Verteidigungsstrategie, entlastende Gesichtspunkte bis zur Hauptverhandlung aufzusparen, schadet ganz nachhaltig den Mandanteninteressen, wenn das Verfahren vorher zum Abschluss gebracht werden kann. Wenn ein Verfahrensabschluss nicht in Aussicht ist, kann es mit Hilfe der Stellungnahme gelingen, den Vorwurf erheblich einzugrenzen.[43] Ein großer Vorteil der Stellungnahme durch den Verteidiger ist, dass sie in der Hauptverhandlung nicht als Urkunde verlesen werden kann, sofern sich der Mandant des Verteidigers nicht lediglich „als Schreibhilfe" bedient hat.[44]

59 **Entlastende Gesichtspunkte** können solche auf Tatbestandsebene sein, z.B. eine Zuwendung erfolgte aus langer freundschaftlicher Verbundenheit und nicht mit Blick auf eine dienstliche Tätigkeit des Amtsträgers, oder auf der Rechtfertigungsebene, etwa Vorlage einer Genehmigung nach § 331 Abs. 3 StGB. Eine schriftliche Stellungnahme kann aber auch dann sinnvoll sein, wenn sie zwar nicht den Tatbestand entfallen lässt, sich aber über die Darstellung der Hintergründe, Motivationslagen der Beteiligten u.a. positiv auf die Bewertung der Schuld auswirken kann.

2. Die Unternehmensstellungnahme

60 Wenn das Verfahren sich auf die Geschäftspolitik des Unternehmens richtet, empfiehlt es sich **im Regelfall**, eine Unternehmensstellungnahme vorzubereiten und in das Verfahren einzuführen. Im Ermittlungsverfahren ist es dabei oft hilfreich, zunächst die Verdachtslage zu präzisieren. Eine Unternehmensstellungnahme ist aus verschiedenen Gesichtspunkten ratsam: Wenn eine Geschäftspolitik von der Staatsanwaltschaft beanstandet wird, sind hierfür im Regelfall mehrere Personen (möglicherweise) verantwortlich und waren mehrere Personen (möglicherweise) mit der Umsetzung betraut. Die Beteiligten können in ihrer Stellungnahme oft nur punktuell zu einzelnen Abschnitten im Entscheidungsprozess oder auch in der Umsetzung beitragen. Eine von ihnen (über ihren Verteidiger) abgegebene Stellungnahme kann den sachlich unzutreffenden Eindruck entstehen lassen, der konkrete Beschuldigte, der sich über seinen Verteidiger äußert, sei in den Gesamtkomplex eingebunden gewesen. Eine Stellungnahme eines Individualbeschuldigten hebt diesen prominent heraus und veranlasst ihn, möglicherweise Positionen einzunehmen, die er im weiteren Verlauf der Individualverteidigung nicht mehr aufrecht erhalten kann.

61 Eine Unternehmensstellungnahme ist auch dann besonders sinnvoll, wenn sich das Ermittlungsverfahren in einem frühen Stadium gegen „die Verantwortlichen des Unternehmens X" richtet, Individualverteidigung also noch gar nicht stattfinden sollte. Eine solche abgestimmte Äußerung kann dazu beitragen, die Ausweitung des Ermittlungs-

---

[43] Dierlamm (Fn. 2), Rn. 58.
[44] BGH, NStZ 2002, 555; Dierlamm (Fn. 2), Rn. 59.

verfahrens zu verhindern.⁴⁵ Unterstützt wird dieser Befund indirekt durch den Ratschlag des Generalstaatsanwalts *Schubert* an die Strafverfolgungsbehörden, in Korruptionssachen müssten die Anfangsermittlungen zunächst in die Breite gehen, dann müssten rechtzeitig Grenzen gesteckt werden und erst dann dürfte eine vertiefte Beschäftigung mit den verbleibenden Komplexen erfolgen.⁴⁶ Nicht empfehlenswert ist es in einer solchen Situation hingegen, (in entlastender Absicht) personenbezogene Tatsachen vorzutragen. Aus diesen könnten später von den Strafverfolgungsbehörden direkt oder indirekt strafrechtliche Verantwortlichkeiten hergeleitet werden.⁴⁷ Überhaupt sollten nur solche Umstände vorgetragen werden, von denen der Verteidiger sicher weiß, dass er oder sein (künftiger) Mandant sie in einem späteren Stadium des Verfahrens nicht wieder zurücknehmen oder bestreiten müsste. Im Zweifel sollten diese Punkte zunächst zurückgehalten werden.⁴⁸

Fiktive **Beispiele** für Unternehmensstellungnahmen in Verfahren wegen Verdachts der Korruption (Pharmaunternehmen und Medizinproduktehersteller): **62**

Wenn der Vorwurf etwa lautet, das Unternehmen habe umfangreiche Zahlungen an Ärzte für die Durchführung von Studien gezahlt, tatsächlich seien die Studien aber niemals durchgeführt worden, kann das Unternehmen durch die Vorlage von Studienprotokollen, durch die Vorlage von Auswertungen u.a. nachweisen, dass die von den Ärzten gelieferten Teilergebnisse im Unternehmen sinnvoll zusammengeführt, ausgewertet und zu Ergebnissen zusammengefasst worden sind. Eine solche Verteidigung ist einem Individualbeschuldigten, etwa einem Außendienstmitarbeiter, ohnehin nicht möglich, da er nicht über die Informationen verfügt, die notwendig wären, um die unternehmensinterne Behandlung der Studien darzulegen. **63**

Lautet der präzisierte Vorwurf der Staatsanwaltschaft, das Unternehmen habe zum Schein Studien oder Anwendungsbeobachtungen durchgeführt, so kann das Unternehmen sich auch hiergegen verteidigen: Durch Vorlage der Studienprotokolle etwa kann nachgewiesen werden, dass die Ärzte einen in angemessener Relation zum Honorar stehenden Aufwand hatten. Auch kann das Unternehmen die Ergebnisse der Studie vorlegen und so für die Staatsanwaltschaft nachvollziehbar machen, dass die wissenschaftliche Motivation im Vordergrund stand. **64**

Die Verteidigungsmöglichkeiten sind natürlich dann beschränkt, wenn sich nach Aktenlage der Verdacht aufdrängen muss, dass die Studien nicht ernsthaft durchgeführt worden sind. Das ist beispielsweise der Fall, wenn die Original-Erhebungsbögen der Ärzte in der Buchhaltung bleiben oder wenn erkennbar keine weitere Auswertung („follow-up") der Ärztemitteilungen erfolgte. Da kein Unternehmen für Informationen zahlt, mit denen es nichts weiter anfangen kann, wird die Staatsanwaltschaft dann vermuten, dass das Studienhonorar doch eher als Gewährung unzulässiger Vorteile gedacht war. Eine solche Vermutung wird von Seiten der Staatsanwaltschaft umso eher angenommen, wenn die buchhalterische Behandlung der Zahlungen an die Ärzte Anlass zu Fragen gibt. Das kann beispielsweise der Fall sein, wenn die Zahlungen für Anwendungsbeobachtungen dem Etat des Vertriebs belastet werden, es sei denn, es ergibt sich aus dem Kontenplan eine ganz klare Zuweisung, dass Kosten für die Produktsicherheit als Vertriebskosten zu behandeln sind. **65**

---

⁴⁵ *Michalke* (Fn. 5), Rn. 515, die treffend von einem „Basisschriftsatz" spricht.
⁴⁶ *Schubert* (Fn. 23), Rn. 146; ähnlich *Nötzel*, Kap. 9 Rn. 25.
⁴⁷ *Michalke* (Fn. 5), Rn. 516.
⁴⁸ *Michalke* (Fn. 5), Rn. 517.

VI. Koordinierung der Verteidigung durch einen Unternehmensanwalt

1. Allgemeine Überlegungen

66 Schon aus den vorstehenden Ausführungen ergibt sich, dass es in groß angelegten Korruptionsverfahren, die auf die Geschäftspolitik des Unternehmens zielen, wesentlich sinnvoller ist, über einen Unternehmensanwalt zu agieren.

67 Im Verhältnis zur Staatsanwaltschaft kann es für das Unternehmen sinnvoll sein, selbstständige Positionen zum Ermittlungsverfahren einzunehmen. Entschließt es sich beispielsweise, nicht mit den Ermittlungsbehörden zu kooperieren, kann dies dem Individualbeschuldigten nicht zugerechnet werden. Umgekehrt lässt die Entscheidung des Unternehmens zur Kooperation die Position des Individualbeschuldigten unberührt, an der Sachverhaltsaufklärung nicht mitzuwirken.

68 Staatsanwälte nehmen die Unterscheidung zwischen dem Unternehmensanwalt und dem Individualverteidiger sehr genau wahr. Das zeigt sich beispielsweise in der Bereitschaft, dem Unternehmensanwalt Informationen zu geben oder Aktenteile zugänglich zu machen, die der Staatsanwalt aus Gründen des Schutzes der Ermittlungen gegenüber einem Individualverteidiger nicht oder noch nicht preisgeben möchte. Dies ermöglicht die Herausbildung einer vertrauensvollen Zusammenarbeit, die einem Anwalt aufgrund seiner Stellung als Verteidiger eines Beschuldigten in dieser Form nicht möglich ist, sondern erst zu einem späteren Zeitpunkt.

69 Ein Unternehmensanwalt kann weiterhin die Verteidigung in einer sinnvollen Art und Weise koordinieren und die Kommunikationsflüsse vereinfachen sowie auch beschleunigen. Die Handlungs- und Kommunikationsmöglichkeiten der Individualverteidiger gegenüber der Staatsanwaltschaft oder auch weitergehend, etwa gegenüber den Medien, bleiben dadurch unberührt. Ein weiterer Vorteil besteht darin, dass die Koordination der Verteidigung durch einen vom Unternehmen beauftragten Anwalt die zuweilen entstehende Sorge entfallen lässt, ein Individualbeschuldigter könnte sich zum Nachteil eines anderen Individualbeschuldigten entlasten.

70 Die weiteren Aufgaben des Unternehmensanwalts im Strafverfahren sind die folgenden:

2. „Sockelverteidigung"

71 Der Unternehmensanwalt hat dafür zu sorgen, dass eine Sockelverteidigung stattfindet. Dies kann in Form einer **Unternehmensstellungnahme** (siehe Rn. 60 ff.) geschehen. Strafprozessual ist eine solche Firmenstellungnahme zwar kein Beweismittel. Die Staatsanwaltschaft wird bei ihrer Beurteilung der Frage, ob das Verfahren einzustellen oder ob ein hinreichender Tatverdacht zu bejahen ist, aber selbstverständlich die Unternehmensstellungnahme berücksichtigen.

72 Eine Sockelverteidigung ist strafprozessual auch **zulässig**.[49] Vorbereitende Termine, bei denen ein Verteidiger dem Gespräch eines anderen, im selben Verfahren tätigen Kollegen mit dessen Mandanten beiwohnt, verstoßen beispielsweise nicht gegen das Verbot der Mehrfachverteidigung (§ 146 StPO).[50] Zwar stecken die §§ 146 StPO, 258, 356 StGB

---

[49] OLG Frankfurt, NStZ 1981, 144; *Schlothauer*, Vorbereitung der Hauptverhandlung, 2. Aufl. 1998, Rn. 32.
[50] OLG Düsseldorf, NJW 2002, 3267.

der Sockelverteidigung Grenzen – diese gelten allerdings für jede Form von Strafverteidigung und sind deshalb ohne besondere Bedeutung. Eine Sockelverteidigung eignet sich für die Bereiche, in denen alle Beschuldigte eines Verfahrens gleichlaufende Interessen haben. Beispiel: Verteidigt das Unternehmen in einer Firmenstellungnahme, dass die Fortbildungsveranstaltungen mit Ärzten notwendig und sachlich angemessen waren, hilft dies allen Beschuldigten des Verfahrens, dem Geschäftsführer wie den beschuldigten Außendienstmitarbeitern.

3. Koordinierung der Verteidigung der Unternehmensmitarbeiter

Richten sich die Ermittlungen gegen eine Vielzahl von Unternehmensmitarbeitern (etwa gegen alle Mitarbeiter des Vertriebs und beispielsweise mehrere Mitglieder der Geschäftsführung), empfiehlt es sich, die Koordination der Verteidigung durch den Unternehmensanwalt durchführen zu lassen.[51] Diese Koordination kann wie folgt aussehen: Der Unternehmensanwalt **schlägt** den Mitarbeitern des Unternehmens **Anwälte vor**, von denen er weiß, dass sie über die notwendigen Erfahrungen verfügen und fachlich eine sinnvolle Verteidigung auf Individualebene gewährleisten können. Arbeitsrechtlich ist es nicht möglich, dem Unternehmensmitarbeiter vorzuschreiben, dass er einen bestimmten Verteidiger zu wählen hat. Dem Mitarbeiter sollte daher neben dem Vorschlag über den Unternehmensanwalt auch noch ein eigenes Wahlrecht verbleiben. 73

Die Verteidiger der Individualbeschuldigten sollten sodann, zweckmäßigerweise bei einem gemeinsamen Treffen, auf einen **gemeinsamen Sachstand** gebracht werden, und zwar in allen relevanten Aspekten: Stand des Verfahrens bei der Staatsanwaltschaft, Stand der internen Aufklärung, bisherige oder beabsichtigte Verteidigungsanstrengungen durch das Unternehmen, mögliche Verfahrensabschlüsse, Haltung des Unternehmens zu den Vorwürfen und zur Position der Mitarbeiter. 74

In der Koordination der Verteidigung der Unternehmensmitarbeiter sollte auch darauf geachtet werden, dass unnötige **Ineffizienzen vermieden** werden. Die Sockelverteidigung dient gerade dazu, dass nicht jeder Mitarbeiter über seinen Verteidiger Grundsatzfragen, etwa zur Geschäftspolitik des Unternehmens, vortragen muss. Die Individualverteidigung baut insoweit auf der Sockelverteidigung auf. 75

Auf der Ebene der Individualverteidigung ist es dann umso wichtiger, Fragen der individuellen Verantwortlichkeit (oder auch fehlenden Verantwortlichkeit) vorzutragen. 76

4. Koordination der Zeugenbeistände

Im Rahmen groß angelegter Korruptionsverfahren können auch Mitarbeiter des Unternehmens vernommen werden, die nicht beschuldigt sind. Es ist dann Aufgabe des Unternehmensanwaltes, für eine ordnungsgemäße Vertretung der Zeugen zu sorgen. Es ist aber auch zulässig, den Zeugenbeistand über die Hintergründe des Verfahrens zu unterrichten sowie ihm Unterlagen, etwa Verteidigungsschriftsätze, zur Verfügung zu stellen. 77

5. Verteidigung von Ärzten?

In Korruptionsverfahren gegen Unternehmen der Pharma- und Medizinprodukteindustrie stellte sich die Frage, inwieweit das Pharmaunternehmen oder der Medizinprodukteherstellter bei der Verteidigung der gleichsam auf der Gegenseite beschuldigten Nehmer, nämlich der Ärzte, mitwirken kann. Eine **Unterstützung** der Verteidigung der 78

---

[51] *Dierlamm* (Fn. 2), Rn. 25.

Ärzte ist dabei generell zulässig. Beispielsweise können dem Verteidiger eines Arztes Unterlagen zur Verfügung gestellt werden, die für dessen Verteidigung hilfreich sind. Derartige Unterlagen können zum Beispiel sein: Die von dem Arzt erbrachten Studienprotokolle und Belege für die Auswertung der Studienergebnisse; Vorlage von Prospekten über Kongressveranstaltungen und interne Fortbildungen zum Beleg für die Ernsthaftigkeit der Veranstaltung. Auch ein Informationsaustausch zwischen dem Unternehmensanwalt und dem Anwalt des Arztes ist möglich und zulässig.

VII. Kommunikation

79 Werden Korruptionsvorwürfe bekannt, etwa im Rahmen einer Durchsuchung, bedarf es der Kommunikation nach innen und nach außen.

80 Unternehmensintern erwarten die Mitarbeiter eine Stellungnahme des Unternehmens. Extern kann es zu Medienanfragen kommen. Auch die Staatsanwaltschaften gehen davon aus, dass in größeren Verfahren mit Presseanfragen zu rechnen ist, und stellen sich darauf ein.[52] Die Kommunikation nach innen wie nach außen hat dem Umstand Rechnung zu tragen, dass im Regelfall zu Beginn des Verfahrens noch sehr wenig zu den Vorwürfen gesagt werden kann. Es empfiehlt sich deshalb eine zurückhaltende und sachliche Kommentierung, was die Vorwürfe sind und dass das Unternehmen sich an der Aufklärung beteiligen wird. Die interne wie die externe Kommunikation sollte dabei nicht über den Rechtsanwalt erfolgen, sondern über den Pressesprecher des Unternehmens oder denjenigen, der sonst die Kontakte zur Öffentlichkeit hält oder für die interne Kommunikation verantwortlich ist.[53]

81 In Individualmandaten sollte der Rechtsanwalt im Umgang mit der Medienöffentlichkeit äußerst zurückhaltend sein. Eine erfolgreiche Strafverteidigung über die Medien gelingt selten. Ein Beschuldigter, der sich gegen einen Verdacht verteidigen muss, wird es schwer haben, diesen Verdacht via Medienberichterstattung zu widerlegen. Stellen Staatsanwaltschaft oder Gericht von sich aus Öffentlichkeit her und geben eine einseitige, den Mandanten benachteiligende Stellungnahme ab, wird dem Verteidiger allerdings häufig nichts anderes übrig bleiben, als sich ebenfalls an die Öffentlichkeit zu wenden, auch wenn die Erfolgsaussichten gering sind.[54]

VIII. Übernahme von Verteidigerkosten, Verfahrenskosten, Geldstrafen o.ä.

82 Für den oder die Beschuldigten ist ein Strafverfahren in der Regel mit Kosten verbunden. Zunächst entstehen **Verfahrenskosten**. Kosten des Verfahrens im Sinne der StPO sind die Gebühren und Auslagen der Staatskasse (§ 464 Abs. 1 S. 1 StPO). Diese trägt der Staat nur unter bestimmten Voraussetzungen, z.B. bei einem Freispruch (§ 467 StPO). Daneben fallen aber eigene Auslagen des Beschuldigten an, zu denen die **Kosten der Strafverteidigung** gehören. Auch im Falle eines Freispruchs trägt der Staat diese nur, soweit sie im Sinne des Gesetzes „notwendig" sind und den Vorgaben des § 91 Abs. 2 ZPO

---

[52] *Bittmann*, in: Insolvenzstrafrecht, Handbuch für die Praxis, S. 36, Rn. 138.
[53] *Dierlamm* (Fn. 2), Rn. 14.
[54] *Schlothauer* (Fn. 49), Rn. 33a.

entsprechen (§§ 467 Abs. 1, 464a Abs. 2 Nr. 2 StPO). Nach § 91 Abs. 2 ZPO werden nur die im RVG gesetzlich festgelegten Gebühren erstattet,[55] nicht aber die in aller Regel höheren vollen vereinbarten Honorare. Desweiteren können im Falle einer Verurteilung oder einer Einstellung gegen Geldauflage noch zusätzlich erhebliche Zahlungsverpflichtungen auf den betroffenen Mitarbeiter zukommen.

Damit ist die Frage aufgeworfen, ob das Unternehmen dem Mitarbeiter insofern behilflich sein und die Zahlungsverpflichtungen direkt oder indirekt erfüllen darf, falls dieser Wunsch bei den für die Bereitstellung der Mittel Verantwortlichen besteht.[56] 83

Die **Übernahme von Verfahrenskosten und Verteidigungskosten** ist an sich möglich. 84
Erforderlich ist, dass die Übernahme der Kosten im Interesse des Unternehmens liegt; dann scheidet auch eine Strafbarkeit wegen Untreue (§ 266 StGB) aus. Eine im Unternehmensinteresse liegende Handlung kann nämlich niemals pflichtwidrig sein. Dass die finanzielle Unterstützung durch Übernahme von Anwalts- und Gerichtskosten in vielen Fällen im Interesse des Unternehmens liegt, zeigen folgende Überlegungen: Es kann der Abwanderung von wertvollen Mitarbeitern vorgebeugt werden.[57] Außerdem kann ein Mitarbeiter durch die Zahlungen dazu bewegt werden, beispielsweise auf ein aussichtsloses Rechtsmittel zu verzichten, um unnötige weitere Publizität zu verhindern.[58] Zudem gerät die Zahlung gleichzeitig auch zum Wohl des betroffenen Mitarbeiters. Deshalb kann auch die arbeitsrechtliche Fürsorgepflicht des Arbeitgebers die Kostenübernahme gebieten. Unter Umständen hat der Mitarbeiter hierauf sogar einen Anspruch aus § 670 BGB analog,[59] was die Pflichtwidrigkeit erst recht ausschließt. Vorstandsmitglieder haben ebenfalls einen solchen Anspruch aus den §§ 675, 670 BGB, solange die aktienrechtliche Sorgfaltspflicht beachtet wurde.[60] Bei Straftaten wird dies selten der Fall sein, doch ist der Aufsichtsrat in seiner Entscheidung nicht an das Strafurteil gebunden.[61] Steht dieser Anspruch dem Vorstandsmitglied nicht zu, so ist umstritten, ob § 93 AktG einer Übernahme der Kosten entgegensteht. Im Ergebnis ist dies abzulehnen, solange gewichtige Gründe des Unternehmenswohls diese gebieten.[62]

Es ist darauf zu achten, dass die Zahlung von der zuständigen Stelle oder der zuständigen Person geleistet wird. Ansonsten könnte der Vorgang schon aus diesem Grunde pflichtwidrig sein. Da die Zahlung von Verteidigerkosten der Sache nach einen zusätzlichen Lohn darstellt, liegt die Zuständigkeit bei der Person oder dem Gremium, das auch zur Entscheidung über die Festsetzung des Gehalts berufen wäre. Dies richtet sich nach der Rechtsform des Unternehmens. So obläge die Entscheidung dem Geschäftsführer, wenn ein Angestellter einer GmbH Beschuldigter wäre. Würde es sich um eine AG handeln, müsste der Personalvorstand die Anweisung erteilen. Wäre stattdessen ein Mitglied des Vorstands einer AG in ein Strafverfahren verwickelt, läge die Zuständigkeit für die Entscheidung beim Aufsichtsrat (§ 112 AktG). 85

Offen bleibt allenfalls, ob zwischen der **vorherigen Zahlungszusage** und der späteren Übernahme der Kosten zu differenzieren ist. Die bisherigen Überlegungen bezogen sich nur auf die Zahlung im Nachhinein. Eine Zusage nach Beendigung der Straftat kann niemals als Teilnahme an dieser bewertet werden. Vor diesem Zeitpunkt kommen theoretisch Anstiftung oder Beihilfe zur Straftat des Mitarbeiters in Betracht. Dann müssten die 86

---

[55] Vgl. § 2 Abs. 2 RVG i.V.m. dem Vergütungsverzeichnis (Anlage 1 zum RVG; dort 4. Teil).
[56] Ausführlich *Hoffmann/Wißmann*, StV 2001, 249 ff.
[57] *Große Vorholt*, Management und Wirtschaftsstrafrecht, 2001, Rn. 184; *Hoffmann/Wißmann* (Fn. 56), 251.
[58] *Hoffmann/Wißmann* (Fn. 56), 251; Vorsicht ist aber in diesem Zusammenhang bei darüber hinausgehenden Entschädigungsleistungen angeraten, vgl. *Krieger*, in: FS Bezzenberger, 2000, S. 227 f.
[59] *Hoffmann/Wißmann* (Fn. 56), 250.
[60] *Krieger* (Fn. 58), S. 212.
[61] *Krieger* (Fn. 58), S. 215.
[62] *Krieger* (Fn. 58), S. 217 bis 219 m.w.N. auch zu anderen Auffassungen.

11. Kapitel. Verteidigung in Korruptionsstrafsachen

Unternehmensverantwortlichen durch die Zusage vorsätzlich die Tat fördern oder im Mitarbeiter den Entschluss zur Begehung einer konkreten als rechtswidrig erkannten Tat wecken. Es liegt auf der Hand, dass diese Voraussetzungen so gut wie nie vorliegen. Auch die Zusage an einen bestimmten Mitarbeiter dient für sich genommen nicht dazu, die Begehung von Straftaten zu unterstützen. Vielmehr soll sie ihn absichern und seine Entscheidungsfreudigkeit angesichts zunehmender strafrechtlicher Risiken bewahren helfen.[63] Von vornherein unbedenklich sind Zusagen an die gesamte Belegschaft oder größere Gruppen, Rechtsschutz bei betriebsbezogenen Ermittlungsverfahren zu gewähren.[64]

87 Mit der oben getroffenen Feststellung, dass es sich bei der Übernahme von Verfahrenskosten um zusätzliches Gehalt handelt, sind zugleich steuerliche Aspekte angesprochen: Die Leistungen unterliegen der Lohnsteuerpflicht. Für den Arbeitgeber handelt es sich um Betriebsausgaben.

88 Wenn im Zuge eines eingeleiteten Ermittlungsverfahrens die Zusage gemacht wird, Verteidigungskosten und gegebenenfalls entstehende Verfahrenskosten zu übernehmen, empfiehlt sich die Anbringung eines **Vorbehalts**. Das Unternehmen sollte in die Lage versetzt werden, bei einem sich ändernden Sachverhalt die Unterstützung nicht weiter zu gewähren oder gegebenenfalls bereits gewährte Zuwendungen zurückzufordern. Nur mit einem solchen Vorbehalt ist gewährleistet, dass das Unternehmen nicht (mehr) verpflichtet ist, die Verteidigung eines Mitarbeiters zu unterstützen, obwohl die Verteidigung längst nicht mehr im Unternehmensinteresse liegt.

89 Auch wenn das Unternehmen Verteidigungskosten übernimmt, besteht das konkrete Verteidigungsmandat nur zwischen dem Unternehmensmitarbeiter und dem von ihm beauftragten Rechtsanwalt. Verpflichtungen gegenüber dem die Verteidigungskosten tragenden Unternehmen hat der Rechtsanwalt im Regelfall nicht. Seine Verpflichtungen bestehen ausschließlich gegenüber dem Mitarbeiter. Der beauftragte Verteidiger hat sein Handeln daher ausschließlich an den Interessen des Mitarbeiters auszurichten, nicht an dem (vermeintlichen oder tatsächlichen) Interesse des Unternehmens.

90 Auch die **Übernahme von Geldstrafen** durch das Unternehmen ist zulässig, wenn mit ihr das Unternehmensinteresse gewahrt ist. Das war lange Zeit umstritten. Mit der Entscheidung BGHSt 37, 226[65] hat der BGH Klarheit geschaffen. Die Übernahme einer fremden Geldstrafe stellt sich nicht als Vollstreckungsvereitelung dar, obwohl mit der Zahlung nicht der Zweck der eigentlich auf den Täter abzielenden Strafe erreicht wird. Begründet hat der BGH dies damit, dass nur die Zahlung des Geldbetrages Gegenstand der Vollstreckung ist, nicht aber die vom Willen des Verurteilten abhängige „persönliche Betroffenheit".[66]

91 Für die Übernahme von Bewährungsauflagen, Geldbußen nach dem OWiG und Geldauflagen im Rahmen des § 153a StPO gilt in jeder Hinsicht dasselbe wie für die Begleichung von Geldstrafen.

---

[63] *Hoffmann/Wißmann* (Fn. 56), 251 f.
[64] *Hoffmann/Wißmann* (Fn. 56), 252.
[65] = BGH, NJW 1991, 990, 991.
[66] BGHSt 37, 226, 229 f.

C. Abschluss des Ermittlungsverfahrens durch die Staatsanwaltschaft

In welcher Weise die Staatsanwaltschaft das Ermittlungsverfahren abschließt, ist zunächst eine Frage des **hinreichenden Tatverdachtes**. Fehlt es an ihm, ist also eine spätere Verurteilung nicht wahrscheinlich, so stellt die Staatsanwaltschaft das Verfahren nach § 170 Abs. 2 StPO ein. Besteht aus Sicht der Staatsanwaltschaft hinreichender Tatverdacht, so eröffnen sich eine Reihe von Möglichkeiten: Sie kann das Verfahren aus Opportunitätsgründen nach den §§ 153 ff. StPO einstellen, wobei in erster Linie § 153 und § 153a StPO von praktischer Bedeutung sind. Diese Normen tragen dem in vielen Fällen bei allen Beteiligten vorhandenen Interesse an einer pragmatischen, unnötigen Aufwand vermeidenden Lösung Rechnung.[67]

92

Die Einstellung nach § 153 StPO bei hypothetisch geringer Schuld und fehlendem öffentlichen Interesse bleibt ohne weitere Folgen für den Beschuldigten. Die Schuld ist als gering anzusehen, wenn sie bei Vergleich mit Vergehen gleicher Art nicht unerheblich unter dem Durchschnitt bleibt.[68] In der Regel ist für die Einstellung noch die Zustimmung des Gerichts erforderlich, die aber kaum verweigert wird.

93

Dagegen wird das Verfahren nach § 153a StPO nur gegen Auflagen – in der Praxis in aller Regel die Zahlung eines bestimmten Geldbetrages – eingestellt. Voraussetzungen sind, dass die Schwere der Schuld nicht entgegensteht und dass die Auflagen geeignet sind, das öffentliche Interesse an der Strafverfolgung zu beseitigen. Außerdem sind noch die Zustimmung des Gerichts und des Beschuldigten vonnöten. Dabei stellt weder die Zustimmung noch die Zahlung der Geldauflage ein Schuldeingeständnis dar. Auch handelt es sich bei der Geldauflage nicht um eine Strafe. Die Unschuldsvermutung bleibt bestehen.[69] Ebensowenig wird eine Eintragung im Bundeszentralregister vorgenommen, jedoch wird der Vorgang im nur intern verwendeten länderübergreifenden staatsanwaltschaftlichen Verfahrensregister (ZStV, vgl. §§ 492 ff. StPO) eingetragen. Er wird dort im Regelfall nach zwei Jahren gelöscht (§ 494 Abs. 2 S. 2 StPO). All dies ist dem Mandanten zu verdeutlichen, der in dieser Hinsicht nur selten ausreichend informiert sein wird.[70] Bei sorgfältiger Analyse stellt sich zudem heraus, dass in Anbetracht der immensen Kosten der Durchführung der Hauptverhandlung, von denen auch bei einem Freispruch – wenn überhaupt – nur ein Teil ersetzt wird, die Zahlung der Geldauflage auch finanziell gesehen der bessere Weg ist. Hinzu kommt noch, dass die mannigfaltigen weiteren Belastungen einer öffentlichen Hauptverhandlung so vermieden werden können.

94

Nimmt die Staatsanwaltschaft hinreichenden Tatverdacht an und lehnt gleichzeitig die Einstellung aus Opportunitätsgründen ab (oder fehlt es an der notwendigen Zustimmung eines anderen Beteiligten), so kann sie entweder beim zuständigen Gericht Anklage erheben oder den Erlass eines Strafbefehls beantragen. Ein **Strafbefehl** kommt nur in Betracht, wenn lediglich Geldstrafe oder – bei verteidigten Beschuldigten – Freiheitsstrafe bis zu einem Jahr auf Bewährung verhängt werden soll (§ 407 Abs. 2 StPO). Aber auch unterhalb dieser Grenzen wird sich die Staatsanwaltschaft bei komplizierten und/oder aufsehenerregenden Sachverhalten zumeist für die Anklageerhebung entscheiden. Wählt sie den Strafbefehlsantrag, so findet ein schriftliches Verfahren statt, in dem der Richter den Vorwurf zunächst nach Aktenlage prüft. Dann erlässt er gegebenenfalls den Strafbe-

95

---

[67] Zu der Interessenlage bei Richtern und Staatsanwälten kritisch *Nötzel*, Kap. 10 Rn. 23.
[68] *Meyer-Goßner* (Fn. 7), § 153 Rn. 4.
[69] BVerfG, MDR 1991, 891, 892.
[70] *Dierlamm* (Fn. 2), Rn. 78.

fehl. Legt der Beschuldigte gegen diesen keinen Einspruch ein, wird der Strafbefehl rechtskräftig und hat dieselben Wirkungen wie ein Urteil. Auf diesem Wege entgehen Beschuldigter und Unternehmen den negativen Auswirkungen einer öffentlichen Hauptverhandlung. Im Falle eines Einspruchs wird Termin zur Hauptverhandlung anberaumt. Diese unterscheidet sich im Wesentlichen nicht von der Hauptverhandlung nach Anklageerhebung.

D. Zwischenverfahren

I. Ablauf

96 Bevor es zur Hauptverhandlung kommt, muss das Gericht entscheiden, ob es das Hauptverfahren eröffnet. Dieses sogenannte Zwischenverfahren beginnt damit, dass das Gericht die von der Staatsanwaltschaft übersandte Anklageschrift dem Angeschuldigten (so wird der Beschuldigte in diesem Verfahrensabschnitt bezeichnet) zustellt (§ 201 StPO). Es besteht dann die Gelegenheit, Einwendungen gegen die Eröffnung des Hauptverfahrens und die Zulassung der Anklage vorzubringen. Das Gericht eröffnet das Hauptverfahren nämlich nur, wenn es der Meinung ist, dass nach dem Akteninhalt eine Verurteilung mit einiger Wahrscheinlichkeit zu erwarten ist (hinreichender Tatverdacht nach § 203 StPO).

II. Verteidigungsstrategien

97 Es ist zwar zutreffend, dass 99,7 % der Anklagen die Eröffnung des Hauptverfahrens zur Folge haben. Dies ändert aber nichts daran, dass Verteidigungsaktivitäten in diesem Stadium von immenser Bedeutung sind.[71] Der Beginn des Zwischenverfahrens stellt eine Zäsur dar. Zum ersten Mal ist das Gericht mit der Sache ausführlich beschäftigt; die Staatsanwaltschaft ist nicht mehr „Herrin des Verfahrens". Es ist deshalb notwendig, dem Gericht **so früh wie möglich die Sicht der Verteidigung darzulegen** – die der Staatsanwaltschaft liegt dem Gericht in Form der Anklageschrift vor. Ein Beleg für die Notwendigkeit einer solchen Stellungnahme ist auch, dass der über die Eröffnung entscheidende Richter schon aus psychologischen Gründen im Regelfall geneigt ist, die Bewertung der Staatsanwaltschaft jedenfalls dann mehr oder weniger unkritisch zu übernehmen, wenn er nur diese eine Sicht kennen lernt.[72] Die schriftliche Stellungnahme der Verteidigung kann und sollte sich in den meisten Fällen auf einzelne Punkte beschränken, seien sie tatsächlicher oder rechtlicher Art. Zurückhaltung im Tatsachenvortrag kann dann sinnvoll sein, wenn das Gericht sich gerade durch ihn veranlasst sehen könnte, im Hinblick auf offene tatsächliche Beweisfragen das Verfahren zu eröffnen und die Klärung der Hauptver-

---

[71] *Hamm* vermutet sogar, dass die Untätigkeit vieler Verteidiger in dieser Verfahrenslage eine von mehreren Ursachen für diese Statistik ist, in: Hamm/Lohberger (Hrsg.), Beck'sches Formularbuch für den Strafverteidiger, 4. Aufl. 2002, VI S. 245.

[72] Vgl. die Experimente und Schlussfolgerungen zum Eröffnungsbeschluss von *Schünemann*, Der Richter im Strafverfahren als manipulierter Dritter?, StV 2000, 159 ff., der aber leider die Auswirkungen einer Verteidigungsschrift nicht erforscht hat.

handlung zu überlassen.⁷³ Aber auch dann, wenn der Verteidiger nur geringe Chancen für die Nichtzulassung sieht, kann er in tatsächlicher Hinsicht vortragen, wenn dadurch die Beweisaufnahme besser strukturiert werden kann.⁷⁴ Auch ein persönliches Gespräch des Verteidigers mit dem Richter kann weiterführend sein.⁷⁵

Im besten Falle lehnt das Gericht die Eröffnung des Hauptverfahrens ab, weil es eine Verurteilung nicht für wahrscheinlich hält. Wesentlich leichter zu erreichen, aber auch sehr effektiv ist die **von der Anklageschrift abweichende Eröffnung** nach § 207 StPO. Nach dessen Abs. 2 Nr. 1 können bestimmte Tatkomplexe von vornherein von der Hauptverhandlung ausgeschlossen werden, wenn das Gericht insofern hinreichenden Tatverdacht ablehnt. Ebenso kann das Gericht in seinem Eröffnungsbeschluss dieselbe Tat zu Gunsten des Angeschuldigten rechtlich abweichend von der Anklageschrift würdigen (§ 207 Abs. 2 Nr. 3 StPO), z.B. „nur" Vorteilsgewährung statt Bestechung. Beides entlastet die Hauptverhandlung erheblich und ist daher von großem Wert. Chancen bestehen auch für eine Einstellung nach den §§ 153 ff. StPO oder wegen eines Verfahrenshindernisses (§§ 205, 206a, 206b StPO).⁷⁶ Wegen dieser vielfältigen Möglichkeiten kann die bisweilen geäußerte Ansicht, Verteidigungsvorbringen solle zurückgehalten und für die Hauptverhandlung aufgespart werden, in dieser pauschalen Formulierung nicht überzeugen.⁷⁷ Selbst wenn keines der soeben genannten konkreten Ziele erreicht wird, war die Stellungnahme wegen ihrer Informationsfunktion für das Gericht nicht vergebens. **98**

Ebenso ist eine Verteidigungsschrift vorstellbar, die von vornherein nicht auf die direkte Beendigung des Verfahrens, sondern auf die Vorbereitung der Hauptverhandlung abzielt.⁷⁸ Die Bandbreite möglicher Inhalte ist groß: Einlassung, Beweisanträge, rechtliche Stellungnahme usw. Auch insoweit dürfte die Befürchtung, durch detaillierte Äußerungen die Verteidigungsposition zu schwächen, in der Regel unbegründet sein.⁷⁹ **99**

E. Hauptverhandlung

Sollte eine Hauptverhandlung unvermeidlich sein, ist – zumeist nach erneuter Akteneinsicht des Verteidigers – gemeinsam eine Verteidigungsstrategie für die Hauptverhandlung zu entwerfen. Für diese spielen verschiedene Überlegungen eine Rolle. Am wichtigsten ist es, sich zu verdeutlichen, welches Ziel man verfolgt. Als Beispiel soll die Frage dienen, ob sich der Angeklagte **zur Sache äußern** soll. Das Gewicht einer solchen Einlassung ist kaum zu unterschätzen. Sie wird den weiteren Ablauf des Verfahrens prägen.⁸⁰ Vor allem dann, wenn der Anklagevorwurf nicht vollumfänglich eingestanden werden soll, kann sie häufig von Nachteil sein. Dem verständlichen Bedürfnis, den Vorwurf der Anklage durch eine ausführliche Einlassung endlich widerlegen zu können, sollte der Angeklagte also widerstehen.⁸¹ **100**

Wie in den vorigen Abschnitten des Verfahrens kann es auch während der Hauptverhandlung ratsam sein, eine **schriftliche Erklärung** der Verteidigung zu verlesen. In ge- **101**

---

⁷³ *Michalke* (Fn. 5), Rn. 524.
⁷⁴ Siehe beispielsweise *Hamm* (Fn. 71), S. 248.
⁷⁵ *Dierlamm* (Fn. 2), Rn. 85.
⁷⁶ Dazu ausführlich *Dahs*, Handbuch des Strafverteidigers, 7. Aufl. 2005, Rn. 414 ff.
⁷⁷ In der Sache ebenso *Dierlamm* (Fn. 2), Rn. 86; *Hamm* (Fn. 71), S. 246; *Krekeler*, in: Brüssow u.a. (Hrsg.), Strafverteidigung in der Praxis, 3. Aufl. 2004, § 16 Rn. 43.
⁷⁸ Ausführlich dazu *Schlothauer* (Fn. 49), Rn. 118 ff.
⁷⁹ *Schlothauer* (Fn. 49), Rn. 120.
⁸⁰ Näher *Schlothauer* (Fn. 49), Rn. 53 f.
⁸¹ *Dierlamm* (Fn. 2), Rn. 97; *Schlothauer* (Fn. 49), Rn. 52.

eigneten Fällen kann auch eine Erklärung des Mandanten vom Verteidiger oder vom Angeklagten selbst vorgetragen werden. Während sich Letzteres zumeist auf Tatsächliches beschränken wird, sind der Erklärung der Verteidigung keine Grenzen gesetzt.

102 Wurde eine rein oder überwiegend tatsachenbezogene Einlassung des Mandanten verlesen, kann es vorkommen, dass das Gericht die Erklärung im Urteil unzureichend würdigt oder den Inhalt unzutreffend wiedergibt. Für diese spezielle Fragestellung ist es ohne Belang, ob der Mandant oder sein Verteidiger die Erklärung verlesen hat.[82] Nach der Rechtsprechung wird in diesen Fällen nur der entsprechende mündliche Vortrag Inhalt der Hauptverhandlung; dasselbe gilt gegebenenfalls für die Erklärung des Angeklagten, er mache sich die Ausführungen seines Verteidigers zu eigen.[83] Der exakte schriftlich niedergelegte Wortlaut wird hingegen nicht Gegenstand der Hauptverhandlung, selbst wenn die Verteidigung die Erklärung mit gerichtlicher Billigung als Anlage zum Protokoll gibt.[84] Es ist dann Aufgabe des Tatrichters, die Erklärung wie jedes andere Beweisergebnis in den Urteilsgründen dem Inhalt nach wiederzugeben und zu würdigen. Ob er diese Anforderungen in akzeptabler Weise erfüllt hat, ist der revisionsgerichtlichen Bewertung entzogen – sog. Verbot der Rekonstruktion der Hauptverhandlung.[85]

103 Für die Verteidigung folgt aus diesem Umstand, dass es günstiger wäre, wenn die Erklärung vom Gericht **als Urkunde verlesen** würde.[86] Dann würde sie unzweifelhaft in ihrem Wortlaut Gegenstand der Hauptverhandlung. Ob das Gericht dazu verpflichtet ist, fragt sich nur bei einem gänzlich oder im Übrigen schweigenden Angeklagten. In der Literatur wird vertreten, dass das personale Beweismittel der mündlichen Aussage dem Gericht in prozessual nicht zu beanstandender Weise entzogen sei und sich die Verlesung durch das Gericht deshalb im Hinblick auf die Aufklärungspflicht aus § 244 Abs. 2 StPO aufdrängen müsse.[87] Die Rechtsprechung ist weiterhin der Auffassung, dass eine solche Verpflichtung in der Regel nicht bestehe.[88] Zur Begründung werden die §§ 243 Abs. 4 S. 2, 136 Abs. 2 StPO angeführt: Nach diesen Normen habe die Vernehmung mündlich zu erfolgen,[89] sei der Angeklagte anwesend, könne er mündlich Auskunft geben.[90] Jedoch zeigt eine andere Entscheidung des BGH, dass es zu dieser Frage noch keine eindeutige und gefestigte Rechtsprechung gibt.[91] Dort hielt es der BGH unter dem Gesichtspunkt der gerichtlichen Aufklärungspflicht für zulässig, die Verlesung abzulehnen, wenn der Angeklagte (lediglich) seine bisher gemachten mündlichen Aussagen in einer Erklärung zusammenfassen möchte, ohne dass sich Anhaltspunkte für Abweichungen ergeben.[92] Wird das Ersuchen des Verteidigers – stets in Gestalt eines förmlichen Beweisantrags gemäß § 245 Abs. 2 StPO[93] – um eine Verlesung durch das Gericht also abgelehnt, kann eine auf die Aufklärungsrüge gestützte Revision durchaus erfolgversprechend sein.

104 Die Möglichkeiten für Angeklagte und ihren Arbeitgeber bzw. ihr Unternehmen, den Begleitfolgen einer einmal eröffneten öffentlichen Hauptverhandlung zu entgehen, sind leider minimal. Sowohl der **Ausschluss der Öffentlichkeit** als auch die Verhandlung in

---

[82] BGH, NStZ 2004, 163, 164., Park, StV 2001, 592; zu den unter anderen Gesichtspunkten wichtigen Unterschieden vgl. Park, 592 und 594.
[83] BGH, NStZ 2004, 163, 164 im Anschluss an BGHSt 38, 14, 16 f. und BGH, JZ 1998, 53 mit Anm. G. Herdegen; zuvor schon Park (Fn. 82), 592.
[84] BGH, NStZ 2004, 163, 164.
[85] BGH, NStZ 2004, 163, 164; Park (Fn. 82), 592.
[86] Park (Fn. 82), 592.
[87] Park (Fn. 82), 593.
[88] So explizit BGH, NStZ 2004, 163, 164.
[89] BGH, a.a.O.
[90] OLG Zweibrücken, StV 2001, 549.
[91] BGH, StV 2001, 548 f.
[92] Angesichts dessen erstaunt es, dass sich BGH, NStZ 2004, 163, 164 auf diese Entscheidung stützt.
[93] Park (Fn. 82), 593.

E. Hauptverhandlung

Abwesenheit des Angeklagten werden nur in absoluten Ausnahmefällen angeordnet, deren Voraussetzungen in Korruptionsverfahren kaum erfüllt sein dürften.[94]

Die **Medienberichterstattung** über laufende Verfahren, die in aufsehenerregenden Fällen überregional, manchmal sogar international erfolgt, kann eine schwere Belastung für das betroffene Unternehmen sein. Die Imageschäden bei Kunden und Geschäftspartnern können ebenso groß sein wie die Verunsicherung der eigenen Mitarbeiter. Daher ist es sehr wichtig, durch eine geeignete interne und externe Kommunikation dafür Sorge zu tragen, dass Imageschäden so gering wie möglich ausfallen. In geeigneten Fällen beauftragen Unternehmen inzwischen Agenturen, die Kommunikationskonzepte für den Umgang mit Strafverfahren entwickeln. 105

Ergeht in der Sache ein Urteil, kann das Gericht den Angeklagten entweder freisprechen oder zu einer Strafe verurteilen. Bedeutsam in der Praxis ist die Verfahrensbeendigung im Wege einer **Absprache**. Der Große Senat für Strafsachen des BGH hat in einer Entscheidung vom 3.3.2005 für Absprachen im Strafprozess folgende Mindestbedingungen bestätigt und konkretisiert:[95] 106

– Das Tatgericht darf nicht vorschnell auf eine Urteilsabsprache ausweichen, ohne zuvor pflichtgemäß die Anklage tatsächlich anhand der Akten und insbesondere auch rechtlich überprüft zu haben.
– Das bei einer Urteilsabsprache in der Regel abgelegte Geständnis muss auf seine Zuverlässigkeit überprüft werden. Das Gericht muss von seiner Richtigkeit überzeugt sein.
– Der Schuldspruch kann nicht Gegenstand einer Urteilsabsprache sein.
– Die Differenz zwischen der absprachegemäßen und der bei einem „streitigen Verfahren" zu erwartenden Sanktion darf nicht so groß sein, dass sie strafzumessungsrechtlich unvertretbar und mit einer angemessenen Strafmilderung wegen eines Geständnisses nicht mehr erklärbar ist (**„Sanktionsschere"**).
– Das erkennende Gericht darf – nach entsprechendem Hinweis – von seiner Zusage abweichen, wenn sich entweder neue zwingende Erkenntnisse ergeben oder wenn schon bei der Urteilsabsprache vorhandene relevante tatsächliche oder rechtliche Aspekte übersehen wurden.
– Das Gericht darf mit den Verfahrensbeteiligten einen Rechtsmittelverzicht weder vereinbaren noch am Zustandekommen einer Absprache mitwirken, die einen Rechtsmittelverzicht enthält.
– Wird ein Verfahren im Wege einer Absprache beendet, ist der Angeklagte darüber zu belehren, dass er ungeachtet der Urteilsabsprache und ungeachtet der Empfehlung der übrigen Verfahrensbeteiligten, auch seines Verteidigers, in seiner Entscheidung frei ist, Rechtsmittel einzulegen, und dass eine zuvor getroffene Absprache, nach welcher der Angeklagte angekündigt hat, keine Rechtsmittel einzulegen, ihn weder rechtlich noch auch sonst bindet.

Der Strafrechtsausschuss der Bundesrechtsanwaltskammer hat jüngst den „Vorschlag einer gesetzlichen Regelung der Urteilsabsprache im Strafverfahren"[96] vorgelegt, nach dem die Urteilsabsprache als „eigenständiges prozessuales Institut mit spezifischen ge- 107

---

[94] *Dierlamm* (Fn. 2), Rn. 100.
[95] BGH GSSt, NJW 2005, 1440 ff. [unter Bezugnahme auf BGHSt 43, 195 = NJW 1998, 86 = NStZ 1998, 31.] = NStZ 2005, 389 ff. m. Anm. *Dahs* S. 580 ff. = StV 2005, 311 ff. m. Anm. *Duttge/Schoop* S. 421 ff. = JR 2005, 430 ff. m. Anm. *Rieß* = JZ 2005, 628 ff. m. Anm. *Seher*, vgl. auch *Widmaier*, NJW 2005, 1985, 1986 f.
[96] Abrufbar auf den Internetseiten der Bundesrechtsanwaltskammer unter http://brak.de/seiten/pdf/Stellungnahmen/2005/Stn25_05.pdf, siehe hierzu die Stellungnahme des Strafrechtsausschusses des Deutschen Anwaltsvereins StraFo 2006, 89 ff., sowie *Meyer-Goßner*, StraFo 2006, 485 ff.

setzlichen Anforderungen bei gleichzeitiger Integration in das herkömmliche Verfahren"[97] in das Regelwerk der Strafprozessordnung aufgenommen werden könnte. Ob der Gesetzgeber einem solchen Vorschlag nachkommen und Absprachen im Strafprozess eine (auch ausdrückliche)[98] rechtliche Grundlage geben wird, bleibt mit Spannung zu erwarten.[99, 100]

---

[97] So auf S. 6 des Vorschlags.
[98] Zum Konsensprinzip als Grundlage eines Abspracheverfahrens vgl. S. 3 des Vorschlags.
[99] Der Vorschlag ist insoweit angreifbar, als darauf abgestellt wird, dass das Urteil „aufgrund einer Absprache" (so in § 337 Abs. 3 des Entwurfs, vgl. S. 10 des Vorschlags) und nicht etwa aufgrund einer rechtlichen Überprüfung durch das Tatgericht ergeht. Vorzugswürdig wäre eine Klarstellung dahingehend, dass Grundlage des Schuldspruchs auch nach erfolgter Absprache die (nicht ersetzbare!) rechtliche Würdigung des Gerichts der (gegebenenfalls auch im Wege einer Absprache) gewonnenen Tatsachen bleibt.
[100] Vgl. dazu auch den Referentenentwurf des BMJ vom 18.05.2006, abrufbar unter http://www.bmj.de/media/archive/1234.pdf.

Sachverzeichnis

Fette Zahlen = Kapitel, magere Zahlen = Randnummern

Abfindung **3** 190
Abgabenüberhebung (§ 353 StGB) **8** 178, 183 ff.
Abgeordnete
- Lobbyarbeit **4** 114 ff.
- Rechtsfolgen bei Verletzung der Verhaltensregeln **6** 189
- steuerliche Behandlung von fortgezahlten Bezügen **5** 62
- Verhaltensregeln **6** 170
Abgeordnetenbestechung **4** 114; **6** 192; **8** 77 ff.
Abhören von Telefongesprächen **3** 96 ff.
Abmahnung **3** 57, 70, 77 f., 79, 113, 153, 154, 155 f.; **6** 141, 144
Abrechnung, präventive Maßnahmen **7** 95 ff.
Absprache, wettbewerbsbeschränkende **1** 20; **8** 137 ff.
Absprachen in Strafverfahren **1** 51; **10** 87 ff., 94; **11** 106 f.
Abzugsverbot, steuerrechtliches **5** 22 ff.
Akteneinsicht in Verwaltungsakten **6** 73
Akteneinsicht in Strafverfahrensakten **11** 49 ff.
Amtshaftungsanspruch **6** 159 f.
Amtsträger i.S.d. §§ 331 ff. StGB **4** 106, 114; **6** 47; **8** 10 ff.
Amtsverlust als strafrechtliche Rechtsfolge **8** 209
Anfangsverdacht **10** 10 ff.
Anfechtung von Arbeitsverträgen **3** 33
Anfüttern **1** 20; **4** 106, 114
Anklage in Korruptionssachen **10** 90 ff.
Ansprechperson für Korruptionsprävention **6** 30 ff., 108
Anstiftung **3** 116
Antikorruptionsbeauftragter **3** 126, 231; **6** 31; **7** 27; **10** 26
Anzeige, anonyme **6** 43; **10** 12
Anzeige von Korruptionsfällen **2** 130 ff.; **3** 1, 125 ff.; **6** 150 ff.; **7** 6
Anzeigepflicht **3** 56, 63 ff., 65; **6** 106 ff., 143; **10** 17
Anzeigerecht **3** 132
Äquivalenzprinzip **4** 46 f., 80, 119, 121; **6** 56

Arbeitnehmerdatenschutzgesetz **3** 2
Arbeitsgemeinschaft für Sicherheit in der Wirtschaft e.V. **2** 196
Arbeitsrechtliche Konsequenzen von Korruptionsdelikten **3** 154 ff.; **6** 140 ff.
Arzneimittelforschung **4** 76, 92
Audit Committee **2** 131 ff.; **3** 219, 232
Auditing Standards Board **2** 115
Aufgabentrennung **2** 169; **7** 36
Aufhebungsvertrag **3** 1, 154, 189
Aufsichtspflicht des Arbeitgebers **3** 46
Aufsichtsrat **2** 80 ff.; **3** 231 ff.
Auftragsausführung, präventive Maßnahmen **7** 87 ff.
Auftragssperre s. Vergabesperre
Auftragsvergabe, präventive Maßnahmen **2** 57; **7** 1 ff.
Aus- und Fortbildung **1** 55; **6** 21 ff.
Ausdehnung eigener Integritätsstandards **2** 56
Auskünfte bei früheren Arbeitgebern **3** 38
Auskunftei **3** 25, 36, 41
Auskunftsanspruch
- im Arbeitsverhältnis **3** 63 ff.
- im Beamtenrecht **6** 162, 166, 167
Auslandshandelskammern **2** 185
Auslieferung **8** 413 ff.
Auslieferung nach dem OECD-Übereinkommen **9** 102
Aussagepflicht **11** 4
Aussageverweigerungsrecht **11** 8
Ausschluss vom laufenden Vergabeverfahren **7** 38
Ausschluss voreingenommener Personen vom Vergabeverfahren **7** 46 ff.
Ausschlussliste s. Vergabesperre
Ausschreibung **7** 44 ff.
Aut dedere aut iudicare **8** 339, 423 f.

Bargeld **6** 133, 145
Bayerisches Verfassungsschutzgesetz **10** 7, 18
Beauftragter für Korruptionsprävention s. Antikorruptionsbeauftragter
Beendigung des Beamtenverhältnisses kraft Gesetzes **6** 134

669

Sachverzeichnis

Begriff der Korruption 1 1 f.; 7 4
Belehrung von Mitarbeitern des öffentlichen Dienstes 6 21 ff
Belehrungspflichten der Finanzbehörde 5 42 ff.
Belohnungen 6 75 ff.
Beratervertrag 4 71 ff., 113, 115
Beratervertrag, steuerliches Abzugsverbot 5 61
Bereicherungsanspruch 3 207
Berufsverbot als strafrechtliche Rechtsfolge 8 210
Beschlagnahme 4 98; 11 1 ff.
Beschlagnahme von in EDV-Anlagen gespeicherten Daten 11 31 ff.
Beseitigungsanspruch 3 11
Bestechlichkeit im geschäftlichen Verkehr (§ 299 StGB) 8 88 ff.
– ausländischer Wettbewerb 8 102, 395
– besonders schwere Fälle 8 107 ff.
– geschäftlicher Verkehr 8 90
– Rechtsgut 8 89
– Strafverfolgung 8 103
– subjektive Tatseite 8 101
– Täterkreis 8 91 ff.
– Tathandlungen 8 101
– Unrechtsvereinbarung 8 96 ff.
– Vorteil 8 95
Bestechlichkeit und Bestechung (§§ 332, 334 und 335 StGB) 8 5 ff., 343 ff.
– besonders schwere Fälle 8 54 ff.
– Diensthandlung 8 30 ff.
– Entwicklung der Gesetzgebung 8 5
– internationale Übereinkommen 8 284 ff; 9 7 ff.
– Pflichtverletzung 8 35 ff.
– Rechtsgut 8 9
– von Richtern 8 51 ff.
– subjektive Tatseite 8 49 ff.
– Täterkreis 8 10
– Täterschaft und Teilnahme 8 70 ff.
– Tathandlung 8 41 ff.
– Unrechtsvereinbarung 8 29 ff.
– Vorteil 8 24 ff.
Bestechung im geschäftlichen Verkehr (§ 299 StGB) 8 88 f., 104 ff.
– besonders schwere Fälle 8 107 ff.
– Entwicklung der Gesetzgebung 8 88
– internationale Übereinkommen 8 307 ff.
– Rechtsgut 8 89
– Täterkreis 8 104
– Tathandlungen 8 106
– Unrechtsvereinbarung 8 105

Bestechung, Regelungen in internationalen Übereinkommen 8 284 ff.; 9 7 ff.
Betriebsausgabenabzug 5 20 ff.
Betriebsbesichtigung 4 49, 52 ff., 68 ff.
Betriebsbuße 3 57
Betriebsrat, Mitbestimmung 3 2, 18 ff., 31, 62, 69, 78, 84, 90, 95, 115, 122 ff.; 4 24, 34
Betriebsratsanhörung 3 175, 179
Betriebsvereinbarung 3 4, 59, 62, 65, 75, 78, 87, 103; 4 24
Betrug (§ 263 StGB) 8 131 ff., 392; 10 96 ff.
– besonders schwere Fälle 8 136
– Irrtum 8 134
– subjektive Tatseite 8 135
– Täuschung 8 134
– Vermögensschaden 8 135
– Vermögensverfügung 8 135
Beurteilungsgespräch 2 50
Beweisverwertungsverbot 3 15 f.
Bewerberauswahl 3 26
Bewirtung 3 49; 4 52 ff., 65 ff.; 6 95 ff.
Bewirtung, steuerrechtliche Behandlung 5 57, 83 ff.
Bieterdatei 7 37
Bildaufnahme 3 11, 14, 21
Branchenkodex 4 8, 54, 59, 70, 86, 87, 97, 119, 122
Brettspiel Integrity© 2 151
Briefgeheimnis 3 17
Buchführung 2 192; 5 15
Bundesminister 4 113; 6 76, 86, 121, 124, 125, 160, 161; 8 69
Bundesverband der Deutschen Industrie 2 192
Business Conduct Guidelines 3 44
Business-Keeper-Monitoring-System 1 50, Fn. 142; 6 43
Business-Partner-Screening 2 53

Code of Conduct s. Ethik-Richtlinien
Code of Ethics s. Ethik-Richtlinien
Compliance Audits 4 94
Compliance-Beauftragter 3 228, 230; 4 26, 33, 90
Compliance Governance 4 83 ff., 97; 5 13
Compliance Officer, s. Compliance-Beauftragter
Compliance-Programm 3 149, 228; 4 5 ff., 26, 83 ff., 104, 121; 5 29
Controlling 2 65 ff., 169
Corporate Governance 2 170; 3 1, 209 ff.; 5 13
Corporate Governance Codex 2 88, 105; 3 212 ff., 222 ff.; 5 13

Sachverzeichnis

Corporate Identity 2 167 f.
Corruption Perception Index 2 178; 7 3; 10 1

Datenerhebung bei Dritten 3 36 ff.
Datenerhebung beim Bewerber 3 27 ff.
Datenschutz 3 2, 7 f., 12, 94, 105, 131
Definition von Korruption s. Begriff der Korruption
Denunziation 10 29
Detektei 3 20, 25, 41, 119 ff.
Deutscher Industrie- und Handelskammertag 2 186
Deutscher Schutzverband gegen Wirtschaftskriminalität 2 175
Deutsches Forum für Kriminalprävention 2 197
Deutsches Netzwerk Wirtschaftsethik 2 198
Dienstaufsicht 6 25 ff.
Dienstrecht, öffentliches 6 75 ff.
Dienstvergehen 6 126, 132
Direktionsrecht des Arbeitgebers 3 45, 59, 81 ff.; 4 24
Diskriminierung 3 151
Disziplinarmaßnahmen 6 132 ff.; 10 104
Disziplinarverfahren 6 127 ff.
Disziplinarrecht 6 126 ff.
Dokumentationsprinzip 4 48 f., 79, 92, 121; 5 52 f.; 5 60, 61, 64, 69; 6 56; 7 42
Drittmittel 4 50, 54, 61, 76, 82; 6 54 ff.; 8 45, 63, 66
Drittvorteil 4 40, 54, 62, 76, 108; 10 28
Drittvorteil, steuerrechtliche Behandlung 5 98
Due Diligence Prüfung 4 94
Dunkelfeld 1 5 ff.; 7 2
Durchsuchung 4 98; 10 43 ff.; 11 1 ff.
Durchsuchungsbeschluss 10 50 ff.; 11 13

Ehrlichkeitstests 3 111 ff.
Eigenerklärung 7 32
Eingehungsbetrug 8 140
Einladung 3 52
Einstellung des Strafverfahrens
– gegen Auflagen 11 94
– mangels hinreichenden Tatverdachts 11 92
– wegen geringer Schuld 11 93
Einstellung von Mitarbeitern 3 1, 25 ff.
Einziehung
– als strafrechtliche Rechtsfolge 8 236 ff.
– nach dem OECD-Übereinkommen 9 65 ff.

Elektronische Vergabe 7 35, 108
E-Mail-Nutzung, Kontrolle 3 102 ff.
Entfernung aus dem Beamtenverhältnis 6 133
Eröffnungstermin 7 74 ff.
Erstes Protokoll zum Übereinkommen über den Schutz der finanziellen Interessen der Europäischen Gemeinschaften 8 277
Ertragsteuerliche Folgen der Korruption 5 20 ff.
Ethik-Kodex s. Ethik-Richtlinien
EthikManagenemtSystem e.V. 2 193
Ethik-Richtlinien 1 55; 2 48; 3 44 ff., 220 f., 230
EU-Bestechungsgesetz 5 6; 8 363 ff.
Europäischer Haftbefehl 8 415 ff.
Europaratsübereinkommen gegen Korruption 8 88
European Business Ethics Network 2 198
Exportorientierte Branchen 4 8, 122; 5 125
Externe Revision 2 99 ff.

Fachaufsicht 6 25 ff.
Filmkamera s. Bildaufnahme
Financial Auditing 2 91
Firmendatei 7 37
Flaggenrechtsprinzip 8 410 f.
Foreign Corrupt Practices Act 5 10; 8 273; 9 2
Formulare 4 85 f., 89, 94
Fortbildungsveranstaltung 4 49, 52 ff., 68 ff.
Fragerecht des Arbeitgebers 3 27 ff., 37, 63 ff.
Freiheitsstrafe 8 206 ff.
– nach dem OECD-Übereinkommen 9 54 ff.
Freistellung von der Arbeit 3 197
Früherkennungssystem 2 60, 84
Frühwarnsystem s. Früherkennungssystem
Führungszeugnis 3 40
Funktionstrennung 2 28 ff.; 3 230

Garantieerklärung 3 42
Gebührenüberhebung (§ 252 StGB) 8 178 ff.
Gehaltskürzung 3 57
Geheimschutzbeauftragter 6 32
Geldauflagen, steuerrechtliche Abzugsfähigkeit 5 27
Geldbuße, steuerrechtliches Abzugsverbot 5 54

Geldstrafe 8 206 ff.
– nach dem OECD-Übereinkommen **9** 63
– steuerrechtliche Abzugsfähigkeit **5** 27
– Übernahme durch das Unternehmen **11** 90
Geldwäsche (§ 261 StGB) 8 190 ff., 397 f.
– in internationalen Übereinkommen **8** 313 ff.
– nach dem OECD-Übereinkommen **9** 87 ff.
Geldwäschegesetz 8 201 ff.
Gemeinderatsmitglied 8 81
Gemeinsame Maßnahme betreffend die Bestechung im privaten Sektor 8 277
Genehmigung durch den Vorgesetzten 3 49, 51, 68; 76 f.; **4** 62 f.; **5** 31; **8** 48, 69
Genehmigungsprinzip 4 44 f., 77, 78 f., 113, 121
Gerichtsbarkeitsregelungen in internationalen Übereinkommen 8 335 ff.
Gesamtkonzept zur Korruptionsprävention 1 54; **6** 1
Geschäftsleitung 2 59 ff.
Geschäftsreise 3 52
Geschenk 2 126, 145, 192; **3** 49, 50, 161; **4** 52 ff., 56 ff.; **6** 75 ff.
– steuerrechtliches Abzugsverbot **5** 47 ff., 81 f.
Geschenkannahmeverbot 6 75; **7** 18, 104
– für Abgeordnete **6** 173
Gewinnabschöpfung 8 211 ff.; **10** 48, 80 ff., 100
Globales Korruptionsbarometer 1 12 f.
GRECO 9 3
Großer Lauschangriff 10 40 ff.
Gutachtervertrag 4 71 ff.

Haftbefehl 10 59 ff.; **11** 41 ff.
– Außervollzugsetzung **10** 64
– Muster **10** 60
– Verhältnismäßigkeit **10** 67
– Voraussetzungen **10** 59
Hauptverfahren in Korruptionssachen 11 100 ff.
Hauptverhandlung in Korruptionssachen 10 94 ff.
Haushaltsuntreue 8 123, 125 ff.
Hausrecht 3 4
Hehlerei in internationalen Übereinkommen 8 321
Heilmittelwerbegesetz 4 59
Herausgabe des Schmiergelds 3 66
Herausgabenanspruch 3 208; **6** 161 ff., 193 ff.

Hinweisgeber s. Whistleblower
Hörfalle 3 96
Hotline 3 230; **4** 93

IDW Prüfungsstandards 2 107 ff.
IIR-Revisionsstandard 2 96, 120 f.
Indikatoren für Korruption 1 44; **2** 109, 113 f., 118 ff., 124 ff.; **7** 7 f.
Industrie- und Handelskammern 2 182 ff.
Informationelle Selbstbestimmung 3 5, 7
Informationsfreiheitsgesetze 6 71 ff.
Innenrevision 6 44 ff.
Institut der Wirtschaftsprüfer in Deutschland (IDW) 2 102
Integritätspakt 2 179
Integrity Workshops 2 177
Inter-Amerikanisches Übereinkommen gegen Korruption 8 277; **9** 5
Interessenkonflikte, Offenbarung 3 56, 67, 225, 233; **7** 44 ff.
International Auditing and Aussurance Standards Board 2 108
International Standard on Auditing 2 108
Internationale Handelskammer 2 187 ff.
Internationale Übereinkommen gegen Korruption 6 4; **8** 271 ff.
Internationales Bestechungsgesetz 5 7; **8** 81, 347 ff.
Internationales Strafanwendungsrecht 8 399 ff.
Interne Revision 2 90 ff.
Internes Kontrollsystem (IKS) 2 91 ff.
Internet-Nutzung, Kontrolle 3 102 ff.
Islands of Integrity 2 179

Jahresabschluss 5 16
Jahresabschlussprüfung 2 104
Jahressteuergesetz 1996 5 5
Job-Rotation s. Personalrotation
Juristische Personen
– Geldbußen gegen **8** 252 ff.; **10** 93, 102
– Verantwortlichkeit im EU-Recht und in internationalen Übereinkommen **8** 322 ff.
– Verantwortlichkeit und Sanktionen nach dem OECD-Übereinkommen **9** 44 ff., 54 ff.

Kapitalbeteiligungen 2 192
Kickback-Zahlungen 4 16
Klimapflege 4 106; **8** 64
Klinische Prüfung 4 76, 92
Kommunaler Hauptverwaltungsbeamter 6 120
Kommunale Mandatsträger 6 76

Sachverzeichnis

Kommunaler Wahlbeamter **8** 67
Konkurrenztätigkeit **3** 72 ff.
Konnivenz **8** 70, 76
KonTraG **2** 60, 94, 96, 119 f.; **3** 229, 231
Kontrollbefugnisse, arbeitsrechtliche **3** 3 ff., 87 ff.
Kontrollbewusstsein **2** 126
Kontrolleinrichtung, technische **3** 21
Kontrollen **1** 56; **2** 20 ff., 192; **3** 1, 227; **6** 11 f., 25 ff., 112, 118; **7** 15 f., 109
– heimliche **3** 89, 93
– permanente und nachgelagerte **2** 58 ff.
– vorgelagerte **2** 40 ff.
Kontrollmitteilung **5** 45
Korruptionsbeauftragter s. Antikorruptionsbeauftragter
Korruptionsklausel **7** 33
Korruptionsregister **6** 74; **7** 40, 110
Korruptionsstraftaten **8** 2 ff.
– Auslandsbezug **8** 342 ff.
Kriminalpolitischer Handlungsbedarf **10** 8
Kronzeugenregelung **10** 71
– im Disziplinarrecht **6** 138 f.; **10** 104
Kündigung **2** 51; **3** 1, 57, 79, 150, 153, 154
– außerordentliche **3** 34, 70, 157 ff.
– durch den Arbeitnehmer **3** 13
– fristlose **3** 67
– öffentlicher Dienst **6** 141 ff.
Kündigungserklärungsfrist **3** 171 ff.
Kündigungsfrist **6** 146 ff.

Landesminister **6** 121, 124, 125, 160, 161
Legalitätsprinzip **10** 9 ff.
Leistungsverzeichnis **7** 55 ff., 106
Lieferanten **2** 52 ff.
Lieferantenbewertung **2** 54
Lieferanten-Monitoring **2** 53
Lobbying **1** 26; **4** 99 ff.
Lohnpolitik **2** 49

Management Auditing **2** 93
Mehr-Augen-Prinzip **7** 15, 29, 31, 58, 69, 99, 103, 105
Meinungsfreiheit **3** 135 f.
Meldesystem **2** 130 ff., 169
Meldeverfahren **2** 192
Mitbestimmung des Betriebsrats, s. Betriebsrat, Mitbestimmung
Mitteilungspflicht der Finanzbehörden **5** 8 f., 32 ff.
Mobbing **6** 155 f.
Motive für Korruptionsstraftaten **1** 43

Nachtragsauftrag **7** 87 ff.
Nationalitätsprinzip, s. Personalitätsprinzip
NATO-Truppen **8** 272, 345 f.
Nebentätigkeit **2** 192; **3** 68, 226; **4** 45, 47, 49, 113; **8** 83
– von Abgeordneten **6** 183 ff.
– von Mitarbeitern des öffentlichen Dienstes **6** 110 ff., 144; **7** 25; **8** 25, 33
Nebentätigkeitsverbot **3** 71 ff.
Need-to-know-Prinzip **2** 32 ff.
Nettoprinzip **5** 4, 123
Nichtigkeit von Folgeverträgen **3** 203 ff.
Nichtigkeit von Schmiergeldabreden **3** 200 ff.

OECD-Übereinkommen über die Bekämpfung der Bestechung ausländischer Amtsträger im internationalen Geschäftsverkehr **8** 277, 347 f.; **9** 1 ff.
– anwendbares Recht **9** 73 ff.
– Buchführungsdelikte **9** 93 ff.
– Geldwäsche **9** 87 ff.
– Kommentar **9** 15
– Monitoring **9** 17 ff.
– Rechtshilfe **9** 96 ff.
– Revisionsbestrebungen **9** 103
– Sanktionen gegen Individuen **9** 59 ff.
– Sanktionen gegen juristische Personen **9** 54 ff.
– Straftatbestand **9** 22 ff.
– Strafverfolgung **9** 80 ff.
– Verantwortlichkeit juristischer Personen **9** 44 ff.
– Verjährung **9** 85 f.
– Vermögensstrafe **9** 72
Offenbarungspflicht **3** 35, 40
Öffentliche Ausschreibung, Vorrang der **7** 50 ff., 106
Ökonomische Theorie der Korruption **2** 4 ff.
Ombudsman **2** 134 ff.; **3** 230; **6** 36 ff.
Operational Auditing **2** 92
Opferbefragungen **1** 10
Opportunitätsprinzip **10** 9
Ordnungsgeld, steuerrechtliches Abzugsverbot **5** 54
Organisatorische Maßnahmen gegen Korruption **2** 20 ff, 169
Organisierte Kriminalität **1** 16, 32; **7** 5

Parlamentarische Staatssekretäre **6** 76, 86, 121; 125; **8** 69
Parteienfinanzierung **8** 67

673

Parteispenden 8 125
Personalakte 3 11, 38, 156
Personalauswahl 6 15
Personalfragebogen 3 31, 69
Personalitätsprinzip, aktives 8 340 f., 412 ff.; 9 75 ff.
Personalitätsprinzip, passives 8 341, 421 f.
Personalpolitik 2 41 ff.
Personalrat, Anhörung 6 146, 149
Personalrotation 1 55; 2 36 ff., 169, 192; 3 43, 80 ff., 230; 6 16 ff.; 7 17, 76, 102
Persönlichkeitsrecht 3 2, 3, 4, 5 f., 9 ff., 21, 22 ff., 26, 31, 36 f., 38, 41, 64, 91, 98 f., 105, 113, 115, 120, 156
Petitionsrecht 3 137
Post- und Fernmeldegeheimnis 3 17
Postkontrolle 3 100
Prävention von Korruption – Grundlagen 1 54 ff.
Pre-Employment-Screening 2 41 ff.
Preisabsprachen 7 84 ff.
Presse 4 3, 98, 110, 118
Private Aufträge 3 53
PRO HONORE e.V. 2 195
Prospekthaftung 3 218
Protokoll gegen Korruption (zu dem Vertrag über die Einrichtung der Südafrikanischen Entwicklungsgemeinschaft) 8 281
Provisionsvertrag, steuerrechtliches Abzugsverbot 5 59 f.
Prüfungsausschuss nach dem deutschen Corporate Governance Codex 3 232
Prüfungsstandards 2 103
Public Company Accounting Oversight Board 2 116

Rahmenbeschluss der EU über die Bekämpfung der Bestechung im privaten Sektor 8 277
Rechnungshof 6 46
Rechnungsprüfung 2 192
Rechnungsprüfungsamt 7 76, 80, 91
Rechtsanwaltsvergütungsgesetz 11 82
Referentenvertrag, steuerliches Abzugsverbot 5 61
Registerauskünfte 3 40
Remonstrationsrecht 6 151
Restrisiko 2 155 ff.
Revision 2 169
Risikoanalyse 6 10 ff.
Risikomanagement 2 60, 118 ff.; 3 229
Risikomanagementsystem 2 82
Rotationsprinzip s. Personalrotation

Rückgewinnungshilfe 10 82 f.
Ruhestandsbeamte 6 123, 133, 134; 8 11

Sanktionen gegen Korruption
– in internationalen Übereinkommen 8 329 ff.
– strafrechtliche 8 206 ff.; 10 100 f.
Sanktionen gegen Unternehmen 4 3
Sarbanes-Oxley-Act 2 131 ff.; 3 219; 4 93
Schäden durch Korruption 1 33 ff.; 71
Schadensersatzanspruch 3 12, 34, 57, 70, 208, 216 ff.; 6 157; 10 108
Scheinvertrag 4 74
Schenkungssteuerliche Aspekte der Korruption 5 120 ff.
Schufa-Selbstauskunft 3 40
Schulung 4 32, 87, 98, 121; 7 14, 101
Schutzprinzip, siehe Personalitätsprinzip, passives
Schwarze Kasse 8 122, 125
Schwedisches Institut zur Bekämpfung der Korruption 2 181
Schweigerecht des Beschuldigten 11 7
Securities Exchange Commission 3 221
Sensibilisierung für die Korruptionsproblematik 2 19; 6 21 ff.; 7 10, 14
Sicherheitsunternehmen 3 20
Situative Korruption 1 15
Sockelverteidigung 10 23; 11 71 f.
Sofortige Maßnahmen bei Korruptionsverdacht 6 29
Sog- und Spiralwirkung 1 39; 2 11
Soldaten 6 76, 123; 8 74
Sozialadäquanz 4 17, 38, 56, 58, 59, 65, 107; 6 100, 178; 8 65, 69, 80, 83, 87, 100
Spende 2 192; 3 54 f.; 4 52 ff., 60; 6 59 ff.; 8 63, 68, 83
– an Abgeordnete 6 177, 180 f., 196
– an politische Parteien 3 54; 4 108
– steuerrechtliche Behandlung 5 49, 72
Spendenähnliche Vergütungen 3 55
Spezialabteilungen bei Staatsanwaltschaft und Polizei 10 3 f.
Sponsorenkartei 7 24
Sponsoring 1 22; 6 59 ff.; 7 21 ff., 104; 8 63, 68, 123
– steuerrechtliche Behandlung 5 65 ff.
Spontanes Aufsuchen am Arbeitsplatz 3 90
Statement on Auditing Standards 2 115
Stellvertretende Strafrechtspflege, Prinzip der 8 423 f.
Steuerentlastungsgesetz 1999/2000/2002 5 6
Steuerfahndung 10 49

Sachverzeichnis

Steuerhinterziehung 10 106
Strafanzeige 3 88
Strafbefehl 10 90; 11 95
Strafen für Korruptionsdelikte 1 53; 8 206 ff.
Strafrechtskorruptionsübereinkommen des Europarats 8 277
Strafvereitelung 6 109
Strafverfolgung in Korruptionssachen 1 50 ff.
- Aklageerhebung 10 90 ff.
- Aktenführung 10 31 ff.
- Einsatz von Zwangsmitteln 10 39 ff.
- Verdachtsschöpfung 10 9 ff.
- Vorgehen bei den Ermittlungen 10 25
Strafverteidigerkosten, steuerrechtliche Abzugsfähigkeit 5 25 f.
Strukturelle Korruption 1 16
Strukturen der Korruption 1 14 ff.
Submissionsverfahren 7 74 ff., 107
Suspendierung 3 154, 197
Systematische Korruption 1 16

Tarifvertrag 3 65, 75, 87
Täter von Korruptionsdelikten 1 40 ff.
Tatkündigung 3 1, 113, 154, 177 ff.; 6 142
Tatprovokation 3 116 f.
Tax Compliance Governance 5 13
Technische Einrichtung 3 95, 122
Telefonabhöranlagen 3 11, 14, 21
Telefondatenerfassung 3 11, 14, 21
Telekommunikationsüberwachung 10 8, 40 ff.
Territorialitätsprinzip 8 336 ff., 399 ff.; 9 74
Trading in influence 8 305 f.
Transparency International 1 9; 2 176 ff.
Transparency International Bribe Payers Index 1 11
Transparency International Corruption Perceptions Index 1 9
Transparenzprinzip 2 21 ff., 169; 3 43, 54, 63, 222, 225; 4 44, 62, 64, 70, 77, 78 f., 108, 113, 119, 121; 6 12, 25; 6 56, 63, 67, 69, 102, 188; 7 10, 13, 24, 42; 8 66
Trennungsprinzip 4 42 f., 61, 70, 72, 76, 108, 119, 121; 6 56
Trinkgeld 6 100

Übereinkommen der Afrikanischen Union über die Verhinderung und Bekämpfung von Korruption 8 80, 282
Übereinkommen der Vereinten Nationen gegen Korruption 8 80, 283

Übereinkommen über die Bekämpfung der Bestechung, an der Beamte der Europäischen Gemeinschaften oder der Mitgliedschaften der Europäischen Union beteiligt sind 8 277
Überwachungspflicht 4 5 ff.
Überwachungssystem 2 58 ff., 82, 105, 119; 3 229
Umfang der Korruption 1 3 ff.; 10 110
Umsatzsteuerliche Aspekte der Korruption 5 103 ff.; 10 107
UN-Antibestechungskonvention 9 6
Unterlassungsanspruch 3 11, 22, 76, 79
Unternehmensbroschüren 4 95
Unternehmensethik 2 126, 128, 140 ff., 167 f.
Unternehmenskultur s. Unternehmensethik
Unternehmensleitbild 2 144, 149, 152
Unterschlagungsprüfung 2 100, 107
Untersuchungshaft 10 59 ff.; 11 41 ff.
Untreue (§ 266 StGB) 4 64, 116, 121; 8 110 ff., 393
- besonders schwere Fälle 8 130
- Entstehungsgeschichte 8 111
- Missbrauchstatbestand 8 114 ff.
- Pflichtverletzung 8 120 ff.
- Rechtsgut 8 112
- Schaden 10 99
- subjektive Tatseite 8 128
- Treubruchstatbestand 8 116
- Verfolgungsvoraussetzungen 8 129
- Vermögensschaden 8 124 ff.
Ursachen von Korruption 1 45 ff.; 2 4 ff.
US-amerikanische Prüfungsstandards 2 115

Vendor Audit 2 56
Verbände 2 171 ff.
Verbreitung der Korruption, siehe Umfang
Verdachtskündigung 3 1, 113, 154, 175, 176 ff.; 6 142
Verdeckter Ermittler 10 38
Verein gegen das Bestechungsunwesen 2 174 f.
Verfahrenskosten in Strafverfahren 11 82 ff.
Verfall 6 161, 194; 8 211 ff.
- dienstlicher 6 165
- erweiterter 8 231 ff.
- steuerrechtliche Behandlung 5 54, 101, 113 f.
Vergabe nach Losen 7 53 f.
Vergabe öffentlicher Aufträge 6 74

Vergabesperre 7 39, 110; 8 210; 10 103, 105
Vergabevermerk 7 42, 109
Verhaltenskodex 2 50; 3 1, 42, 44 ff., 223, 230; 4 22, 27, 34, 83, 98, 118 ff.; 6 23; 7 14, 101
Verhaltensrichtlinien s. Verhaltenskodex
Verhaltenstraining 3 61
Verjährung von Korruptionsstraftaten 10 30
Verjährungsunterbrechung 10 68
Verleitung eines Untergebenen zu einer Straftat (§ 357 StGB) 8 70, 76
Verletzung von Dienstgeheimnissen (§ 353b Abs. 1 StGB) 8 156 ff.
Verletzung von Geschäfts- und Betriebsgeheimnissen (§ 17 UWG) 8 166 ff., 396
Verletzung von Privatgeheimnissen (§ 203 Abs. 2, § 204 StGB) 8 162 ff.
Verlust des passiven Wahlrechts als strafrechtliche Rechtsfolge 8 209
Vermittlungsvertrag, steuerrechtliches Abzugsverbot 5 59 f.
Vernehmung 10 68 ff.
Vernehmungsprotokoll 11 9
Verpflichtungsgesetz 6 47 ff.; 7 45; 8 22
Verschwiegenheitspflicht des Mitarbeiters 3 130 ff.
Versetzung 3 81 ff.
Verteidigerkosten 11 82 ff.
Verteidigung in Korruptionsstrafsachen
- Begleitung bei Zwangsmaßnahmen 11 1 ff.
- im Ermittlungsverfahren 11 44 ff.
- im Zwischenverfahren 11 96
- in der Hauptverhandlung 11 100 ff.
Vertragsmanagement 4 88 f.
Vertragsmuster 4 89, 94
Vertragsstrafe 3 58; 4 22, 24; 7 34
Vertrauensanwalt 6 36 ff.
Vertrauensschadenversicherung 2 157 ff.
Vertrauensstelle der Hamburger Wirtschaft im Kampf gegen Korruption 2 195
Vertraulichkeitszusage 6 155; 10 36 f.
Verwaltungsvorschriften 4 38, 54, 58, 70, 107; 6 3, 6, 63 ff.
Verwaltungsvorschriften über die Annahme von Belohnungen und Geschenken 6 88 ff.
Verwarnungsgeld, steuerrechtliches Abzugsverbot 5 54
Verweis 3 57

Videoüberwachung 3 7, 21, 91 ff., 114
Vier-Augen-Prinzip 1 55; 2 24 ff., 169; 3 43, 230; 4 91; 6 13 f.
Vorbildfunktion 1 55; 2 170, 192; 7 14
Vorsteuerabzug 5 115 ff.
Vorstrafe 3 28
Vorteil, steuerrechtliche Behandlung 5 93 ff.
Vorteilsannahme und Vorteilsgewährung (§§ 331, 33 StGB) 8 57 ff.
- Dienstausübung 8 62
- Entwicklung der Gesetzgebung 8 57 ff.
- Genehmigung 8 69
- Täterschaft und Teilnahme 8 70 ff.
- Unrechtsvereinbarung 8 63 ff.

Wählerbestechung (§ 108b StGB) 8 85 ff.
Wechsel in die Privatwirtschaft 6 123
Weiterbildungspolitik 2 50
Werbegeschenk 3 49; 4 58
Wertemanagement 2 140 ff., 193
Wertgrenze 6 93, 101, 182
Wertneutralität des Steuerrechts 5 3
Wettbewerbsbeschränkende Absprachen bei Ausschreibungen (§ 298 StGB) 8 141 ff., 394; 10 96 ff.
- Angebotsabgabe 8 153
- Ausschreibung 8 144 ff.
- Entstehungsgeschichte der Vorschrift 8 141
- Rechtsgut 8 143
- rechtswidrige Absprache 8 151 f.
- subjektive Tatseite 8 154
- tätige Reue 8 154
Whistleblower 2 133, 195; 3 1, 125 ff., 230; 4 93; 6 150 ff.
Wiedereinstellungsanspruch 3 176
Wirtschaftsprüferkammer 2 101
Wirtschaftsprüfung 2 99 ff.
Wirtschaftsstrafkammer 10 92

Zentrale Stelle zur Korruptionsbekämpfung 6 41 ff.
Zentrale Submissionsstelle s. Zentrale Vergabestelle
Zentrale Vergabestelle 7 29 ff., 58, 73, 76, 80, 99, 105
Zentralstelle zur Bekämpfung der Schwindelfirmen 2 175
Zeugnisverweigerungsrecht 11 6
Zivilrechtskorruptionsübereinkommen des Europarats 8 277
Zollverwaltungsgesetz 8 205

Sachverzeichnis

Zurückstufung eines Beamten 6 137

Zusatzprotokoll zum Strafrechtskorruptionsüberein-kommen des Europarats 8 277

Zuverlässigkeitstests 3 111 ff.

Zweites Protokoll zum Übereinkommen über den Schutz der finanziellen Interessen der Europäischen Gemeinschaften 8 277

Zwischenverfahren, strafprozessuales 11 96 ff.